PROPYLÄEN WELTGESCHICHTE

EINE UNIVERSALGESCHICHTE

Herausgegeben von Golo Mann
und Alfred Heuß

Zweiter Band

IM PROPYLÄEN VERLAG

BERLIN · FRANKFURT AM MAIN

Der Text dieser Sonderausgabe ist identisch mit der 1960 bis 1964 in zehn Bänden erschienenen,
von Golo Mann, Alfred Heuß und August Nitschke herausgegebenen
PROPYLÄEN WELTGESCHICHTE

Einband unter Verwendung von:
Sitzender Lohan. Glasierte Tonplastik aus einer Höhle bei I-choú in der Provinz Hopei.
11./12. Jahrhundert. Philadelphia, Pa., Museum of Art. Foto: Museum

Druck und Bindung: Graphischer Großbetrieb Pößneck GmbH, Pößneck

ISBN für das Gesamtwerk: 3 549 05840 3

ZWEITER BAND

HOCHKULTUREN DES MITTLEREN UND ÖSTLICHEN ASIENS

Die Mitarbeiter

ALFRED HEUSS
Dr. phil., Dr. jur., Professor für Alte Geschichte
an der Universität Göttingen

WOLFRAM FREIHERR VON SODEN
Dr. phil., Professor für Altsemitische Philologie und Orientalische Altertumskunde
an der Universität Münster

FRANZ ALTHEIM
Dr. phil., Professor der Alten Geschichte
an der Freien Universität Berlin

HANS-JOACHIM KRAUS
D. theol., Professor für Altes Testament
an der Universität Hamburg

LUCIANO PETECH
Dr. litt., Professor für die Geschichte Ostasiens
an der Universität Rom

A. F. P. HULSEWÉ
Professor für Sinologie
an der Universität Leiden

HERBERT JANKUHN
Dr. phil., Professor für Vor- und Frühgeschichte
an der Universität Göttingen

ARNOLD TOYNBEE
The Royal Institute of International Affairs, London

Band I
Vorgeschichte · Frühe Hochkulturen

Band II
Hochkulturen des mittleren und östlichen Asiens

Band III
Griechenland · Die hellenistische Welt

Band IV
Rom · Die römische Welt

Band V
Islam · Die Entstehung Europas

Band VI
Weltkulturen · Renaissance in Europa

Band VII
Von der Reformation zur Revolution

Band VIII
Das neunzehnte Jahrhundert

Band IX
Das zwanzigste Jahrhundert

Band X
Die Welt von heute

INHALTSVERZEICHNIS

Textredaktion: *Dr. Ernst Wilhelm Graf Lynar*

Bildredaktion: *Dr. Karl Danz, Wolfram Mitte*

Der Beitrag von *Luciano Petech* ist von *Dr. Arianna Giachi,* Frankfurt a. M., der von *Arnold Toynbee* von *Dr. A. R. L. Gurland,* Frankfurt a. M., in die deutsche Sprache übertragen worden. Den Abschnitt »Die Keilschrift« hat *Dr. Wolfgang Röllig,* Münster/Westf., verfaßt.

Alfred Heuß

EINLEITUNG

Der Leser, der diesen Band in die Hand nimmt, wird sich auf den ersten Blick in einiger Verlegenheit sehen. Er greift nach einem bunten Strauß sehr verschiedenartiger »Blumen« und dürfte kaum über das ästhetische Empfinden verfügen, welches so mannigfaltige Stücke zu einer Einheit zusammenzwingt. Je nachdem, wie er gerade blättert, befindet er sich einmal im fernen China, bei den Indern des Ganges und dann wieder am Euphrat und Tigris; aber da ist er dann sowohl bei den Assyrern wie bei den Persern zu Gast, und schließlich lädt ihn das Kapitel über Israel und die Juden ein, seine weitausholenden, die gigantischen Entfernungen ganz Asiens überwindenden Schritte zu hemmen und sich in einer Miniaturlandschaft umzuschauen, gleichsam die makroskopische Einstellung mit einer mikroskopischen vertauschend. Diese Umständlichkeit enthält genug Aufforderung, ihr ein wenig mit dem Hinweis abzuhelfen, wie denn dies alles zusammenhängt oder doch zusammenhängen könnte. Ja, auch nur »könnte«, denn kein Kundiger wird sich vermessen, in diesen Fragen über ein abgeschlossenes und festgegründetes Wissen zu verfügen. Er muß vielmehr den Leser zu einigen Überlegungen einladen und ihm dabei doch freistellen, davon zu halten, was er schließlich selbst für richtig befindet.

Vielleicht verschafft ihm von vornherein die Mitteilung ein wenig Beruhigung, daß sein Unbehagen im Grunde schon seit eh und je besteht und er hierin seinen Vorfahren keineswegs nachsteht, auch wenn er sie bis zum Beginn der Neuzeit, also etwa der Renaissance, zurückverfolgt. Universalgeschichte war schon immer ein Problem, jedenfalls seitdem die Autorität der Tradition nicht mehr ausreichte, sie in bestimmter Weise zu rechtfertigen. Unser Mittelalter mag hierin noch besser drangewesen sein; es wußte von der Geschichte auch weniger, zumal wenn es sich um ferne Zeiten und Landstriche handelte. Was das jüdisch-griechisch-römische Altertum ihm durch den Filter einer bestimmten »orthodoxen« Anschauung überlieferte, reichte völlig aus. Man wurde auf diesem Weg nicht nur über die Erschaffung der Erde und die ersten Menschen aufgeklärt, sondern erfuhr auch von den fernen Zeiten der Assyrer, Meder und Perser und bekam ihre Geschichte zugleich in den plausiblen Zusammenhang hineingestellt, daß eines hübsch nach dem anderen kam und ein »Reich« gleichsam dem anderen die Hand reichte, so daß das Gesetz der Zeit als eine Ablösung von Zeitstufen in befriedigender Weise sich zu bewahrheiten schien.

Daß man hierbei von frommen Einbildungen lebte, diese Einsicht meldete sich eigentlich recht spät zu Wort, nicht vor der Wende des 17. zum 18. Jahrhundert.

Das hatte seine guten Gründe. Vorangehen mußte erst einmal die Erfahrung der Fremde, die Reisen und Entdeckungen. Ihre Geschichte ist, was den Mittleren und Fernen Osten angeht, außerordentlich langwierig und unübersichtlich. Es gibt keinen Kolumbus, der mit einem Schlag das Tor aufgerissen hätte; von Indien und China konnte man schon bei den antiken Autoren lesen, von jenem natürlich mehr als von diesem, denn immerhin hatte ein Grieche (Skylax) schon Ende des 6. vorchristlichen Jahrhunderts das westliche Indien bereist, und Alexander der Große war ja schließlich auch dorthin gekommen. Die Anwesenheit nestorianischer Christen in China (seit dem 7. Jahrhundert) hatte in dieser Hinsicht ebensowenig Auswirkungen. Um so mehr sticht der ganz einzigartige Bericht des Venezianers Marco Polo hervor, der als junger Mensch siebzehn Jahre (1275–1292) in China zubrachte und als Angestellter des chinesischen Kaisers Gelegenheit fand, mehrere größere Reisen durch das ganze Land zu unternehmen.

Marco Polo war auf dem Landwege nach China gelangt. Das unwahrscheinliche Unternehmen war nur möglich gewesen auf Grund der Sicherung der Reiseroute durch das Mongolenreich, aber diese außerordentliche Voraussetzung, welche nach dem Urteil Alexander von Humboldts Marco Polo zum »größten Landreisenden aller Jahrhunderte« erhob, erklärt auch, warum mit dem Zerfall des Mongolenreiches diese Reise dazu verurteilt war, ein Unikum zu bleiben. Es mußte erst der große Aufschwung der europäischen Seefahrt seit dem Ende des 15. Jahrhunderts eintreten, um China verkehrstechnisch zugänglich zu machen. Hierfür lieferten von 1517 an nacheinander Portugiesen, Spanier, Holländer und Engländer den Beweis. Freilich war das Anlaufen eines chinesischen Hafens noch nicht gleichbedeutend mit der Kenntnis des ungeheuren Landes. Sie ließ sich nur durch dauernden Kontakt mit der chinesischen Regierung gewinnen. Diese erstaunliche Tat gelang den jesuitischen Missionaren, die seit 1579 im Reiche des Himmelssohnes Fuß gefaßt hatten, indem sie mit überlegenem Geschick unter Anerkennung des Ahnenkultes und des Konfuzius den Samen eines chinesischen Christentums ausstreuten. Obgleich diese »liberale« Bekehrungsmethode schon seit 1645 von Dominikanern und Franziskanern heftig bekämpft und zum Götzendienst erklärt wurde, vermochte sie sich bis ins 18. Jahrhundert hinein zu halten. Der Verzicht auf sie (1742) brachte dann folgerichtig den Untergang der christlichen Mission in China und damit den Abbruch eines intimeren europäisch-fernöstlichen Verkehres.

Inzwischen hatten jedoch die Berichte Europa und zumal Frankreich erreicht. Mußte es in der Gesellschaft der Aufklärung schon Genugtuung erwecken, daß selbst christliche Priester die chinesischen Heiden bis zu einem gewissen Grade gelten ließen und Konfuzius als chinesischen Paulus apostrophierten, so war erst recht die Sympathie des säkularisierten Bewußtseins zur Stelle, als die Kirche mit der jesuitischen Missionspraxis brach – dies geschah offiziell schon 1704 – und die chinesische Kultur damit in den Augen der Freidenker ihren Eigenwert zurückgewann. Der hohe Stand der äußeren Lebensform, die strenge konfuzianische Moral, die Hochschätzung der konfuzianischen Intellektuellen durch den Staat und die Rationalität ihrer Erziehungsmethoden verliehen China einen besonderen Glanz.

Als man dann noch erfuhr, daß seine Kultur uralt war und bis angeblich in das vierte vorchristliche Jahrtausend zurückreichte – nach Auskunft der chinesischen Historiker, die hierbei freilich das Opfer eines erst in neuerer Zeit aufgedeckten Irrtums waren –, da schien es eine ausgemachte Sache, daß China dem Christentum weit überlegen war und daß auch das ehrwürdige Alter der Chaldäer und der frühen jüdischen Geschichte vor dieser weit ehrwürdigeren verblich. Für Voltaire bedeutete solche Feststellung einen Triumph, und er zögerte nicht, die Axt an die Wurzel der christlichen Universalgeschichtstradition zu legen. Ihre Voraussetzungen stimmten offenbar nicht, schon wegen der Chronologie, und eben dies wurde nicht zuletzt auch durch Indien bestätigt mit seinen »Menschen, die am frühesten zu einer Welt vereint worden wären«, und ihren Herren, den Brāhmanen, die »bei allem Aberglauben einen einzigen Gott zu erkennen vermochten«.

Was Voltaire hier zu erkennen gab, war nicht nur Kritik an der Unzulänglichkeit einer mit Israel und den assyrischen Königen beginnenden Weltgeschichte. Es war mehr, nämlich zugleich die Beseitigung des vorderorientalischen Ursprungs der Weltgeschichte zugunsten der neuentdeckten Geschichtsbereiche im Mittleren und Fernen Osten. In Wahrheit lag der Anfang bei den Chinesen und Indern, und erst von ihnen ging es weiter über Mesopotamien, Syrien nach Europa; der Prozeß war nun kein göttlich-providentieller mehr, sondern bedeutete die Weitergabe der Kultur im Sinne der säkularisierten Teleologie der Aufklärung.

Das 18. Jahrhundert gab jedoch für eine so konzipierte Weltgeschichte nur das Programm. Voltaire war kein Gibbon, der die herkulische Arbeit einer überdimensionalen Darstellung auf sich genommen hätte.

So kann es nicht verwundern, daß zunächst die Führung bei der Umwertung des christozentrischen Geschichtsbildes in der Hand des Denkens verblieb. Derjenige, der mit dem Ansatz des 18. Jahrhunderts in der Frage der Priorität wirklich Ernst machte, war bezeichnenderweise Hegel. Er besaß die konstruktive Kraft, die flüchtige Zeichnung Voltaires auszuführen, den leeren Raum, den jener gelassen hatte, wenn nicht mit neuem Material, so doch mit der zwingenden Gewalt einer dynamischen Deutung auszufüllen.

Da heißt es dann ganz unmißverständlich: »Die Weltgeschichte geht von Osten nach Westen. Denn Europa ist schlechthin das Ende der Weltgeschichte, Asien der Anfang.« Was dazwischenliegt, ist der Weg der dialektischen Entfaltung des Bewußtseins der Freiheit, mit dem den Leser unserer Universalgeschichte zu behelligen gewiß kein Anlaß besteht. Für seine Zwecke befand sich Hegel in der glücklichen Lage, vom Fernen Osten immerhin einiges zu wissen. Neuere Untersuchungen (Schulin) haben gezeigt, daß er sich die Kenntnisse seiner Zeit gründlich angeeignet hat. Nach Indien gab es, schon aus geographischen Gründen, weit eher Möglichkeiten zu Kontakten, und seitdem die Engländer von der Mitte des 18. Jahrhunderts an dort eingedrungen waren, konnten die Verbindungen Europas dahin sogar als sehr dicht gelten. Doch die indische Geschichte teilte sich deshalb noch nicht mit, schon aus dem einfachen Grund, weil die Inder selbst von ihr nicht allzuviel wußten. So war die Begegnung Europas mit Indien in erster Linie eine Berührung mit indischer Literatur, und sie eröffnete sich nur einem genaueren Verständnis des Sanskrit, das längst keine lebende Sprache mehr war. Die Geburtsstunde der indischen Philologie mußte erst kommen, ehe sich die Tür zu diesem unendlichen Reich auftun konnte. Hegel erlebte diesen Vorgang und zugleich das lebendige Engagement, das Deutschland mit den beiden Schlegel an ihm nahm.

Trotzdem war die Hegelsche Geschichtsphilosophie keine Bewältigung des Problems, wie Ost und West zusammen zu sehen seien. Ihre Einheit der Weltgeschichte war unmöglich von der Kenntnis der historischen Phänomene aus zu vollziehen. Die Verlegenheit, in der sich die historische Forschung befand, zeigt sich deutlich an der Art und Weise, wie sich Ranke aus der Affäre zu ziehen suchte. Ranke ist deshalb in diesem Zusammenhang wichtig, weil er an sich noch die Verbindlichkeit einer einheitlichen Auffassung der Weltgeschichte bejahte. Seine Weltgeschichte ist zwar ein Alterswerk und entstand erst in den achtziger Jahren des 19. Jahrhunderts, biographisch und geistespsychologisch ist sie aber eng mit seiner Jugend in der ersten Hälfte des Jahrhunderts verknüpft. Ohne die Erfahrungen dieser Jahre hätte er am Ende seines Lebens niemals zur Feder des Universalhistorikers greifen können. Da ist es denn auch die Überzeugung, daß es »ein historisches Leben (gibt), welches sich fortschreitend von einer Nation zur anderen, von einem Völkerkreise zum anderen bewegt«; und diese Überzeugung ist es, die ihm die Basis für sein Vorhaben liefert und die im Grunde nichts anderes ist als die säkularisierte Teleologie des christlichen Geschichtsplanes, nicht anders als bei Voltaire und Hegel. Ranke hätte sich zwar eine solche Verdächtigung energisch verbeten. Gerade von einem bestimmten Ziel der Geschichte wollte er nichts wissen und ebensowenig von einer Verteilung bestimmter Rollen an die verschiedenen Nationen. Er glaubte, das metaphysische Geheimnis einer solchen Regie durch den erfahrbaren »Zusammenhang« des Geschehens ausschließen zu können, unterstellte dann freilich gleich wieder, daß dieser Zusammenhang »eine lebendige Gesamtheit ausmache«, in der die Nationen, eine auf die andere wirkend, nacheinander erscheinen. Diese Harmonisierung, offenbar ein Versuch, die beiden miteinander in Konflikt liegenden Gesichtspunkte zu versöhnen, gab Ranke immerhin die Möglichkeit, auf diese Weise den Fernen Orient *in toto* aus der Weltgeschichte zu eliminieren. Von ihm spricht er nicht und will er nicht sprechen. Ein ganz gutes Gewissen bei diesem Schritt, der ja hinter das 18. Jahrhundert zurückführte, hatte er freilich nicht. So plausibel der Umstand sein mag, daß im Kontext der Europa mit dem Vorderen Orient zusammenschließenden Geschichte die des Mittleren und Ferneren Ostens nicht viel zu suchen hat, so bleibt doch die Peinlichkeit bestehen, daß die eine deshalb nicht weniger Geschichte ist und der Anspruch der anderen, »Weltgeschichte« zu sein, recht fragwürdig wird.

Wenn wir so bei dem größten Historiker des 19. Jahrhunderts das eben im 18. Jahrhundert geknüpfte Band zwischen West und Osteurasien wiederum zerschnitten sehen, so bedeutet dies das Eingeständnis der Ohnmacht, die Geschichte der Welt als Weltgeschichte aufzufassen, und hierin stand Ranke keineswegs allein. Die emsige Forschungsarbeit, die das 19. Jahrhundert auszeichnet, brachte zwar auf allen historischen und philologischen Gebieten eine ungeheure Erweiterung der Einzelkenntnisse. Ihr Zusammenhang ließ sich aber deshalb nur um so schwieriger herstellen, zumal das Bedürfnis danach kaum empfunden wurde. Als Hans Delbrück, diese so unzeitgemäße Gestalt in der deutschen Professorenwelt, um die Jahrhundertwende seine Vorlesungen über Weltgeschichte an der Berliner

Universität hielt (nach dem ersten Weltkrieg veröffentlicht), da war das ein ganz außerordentliches Unterfangen. Aber auch Delbrück, in seiner Art Ranke gar nicht verwandt, vermochte bezeichnenderweise dies nur in der Nachfolge von dessen Weltgeschichte durchzuführen: auch bei ihm waren China und Indien von der Betrachtung ausgeschlossen. Daß hier etwas nicht in Ordnung war, konnte auf die Dauer nicht verborgen bleiben.

Die neue Generation, die sich zu Beginn unseres Jahrhunderts energisch Raum schaffte, begann auch in dieser Hinsicht das Ungenügen der Gegenwart zu registrieren. Und nicht von ungefähr trat Spengler mit einer weltgeschichtlichen Betrachtung auf den Plan, die energisch mit dem alten und längst verbrauchten Schema brach. Spengler gab, keineswegs widerwillig dem Zwang der Umstände weichend, die Einheit »der« Weltgeschichte thematisch preis und setzte damit eine Position frei, von der bislang nur die negative Rückansicht ins Blickfeld getreten war. Nach Spengler ist bekanntlich die Weltgeschichte die Summe einzelner weniger Kollektivsubjekte, der Kulturgemeinschaften. Unvermittelt stehen sie nebeneinander, gleichgültig, ob sie demselben natürlichen Raum oder derselben astronomischen Zeit angehören, gleichsam solipsistische Wesenheiten, die nur dem Gesetz ihres eigenen Wachstums folgen. Die Gestalt der Geschichte ist die Gestalt der Kulturen und die »Morphologie der Weltgeschichte«, wie der ursprüngliche Titel des Werkes lauten sollte und jetzt der Untertitel heißt, ist die Zusammenschau des Werdens und Vergehens dieser Kulturen. Spengler rechnete mit sechs solchen Einheiten: der griechisch-römischen Antike, Europa, Ägypten, dem Vorderen Orient, Indien und China. Die Zahl ist bei ihm überschaubar und wäre deshalb wohl zu gliedern gewesen, was aber nur die Frage der äußeren Darstellung betroffen hätte. Die Einheit kommt bei Spengler durch eine bewußt subjektivistische Akzentuierung der europäisch-abendländischen und an nächster Stelle der antiken Kultur zustande. Das hat gewiß seine guten Gründe, geht uns jedoch hier nichts an. In unserem Zusammenhang bleibt nur zu konstatieren, daß auf der Spenglerschen Grundlage auch andere Lösungen möglich waren, und dies vor allem bei der Aufstellung der verschiedenen Akteure der Weltgeschichte. Mußten es unbedingt gerade diese sechs sein?

Die negative Antwort gab Arnold Toynbee, die allerdings nur logisch, nicht biographisch verstanden sein wollte. Als Toynbee seine »Study of History« konzipierte, wußte er noch nichts von Spengler. Er hatte mit ihm nur das Bewußtsein gemein, daß es nach der üblichen weltgeschichtlichen Manier nicht mehr weiterging. Aber daß er ebenfalls auf die Idee kam, die Weltgeschichte in verschiedene Zivilisationseinheiten aufzulösen, beweist, daß zur Zeit des ersten Weltkrieges der Gedanke in der Luft lag. Wenn Toynbee bei seiner Aufstellung zu einer anderen Zahl gelangte und mit den berühmten einundzwanzig Zivilisationen seiner Theorie die Würde einer statistisch gesicherten Faktizität verlieh, so macht das im Grundsätzlichen wenig aus, sondern hat allenfalls die Vermutung einer größeren Folgerichtigkeit im Vergleich zu Spengler für sich. Er ist ja, neben Spengler gestellt, gewiß auch der gelehrtere Autor, und so könnte man gerade an diesem Punkt mit ihm diskutieren, wogegen bei Spengler, dem es auf diese Frage wenig ankam, dies nicht eben sehr sinnvoll wäre. Jedenfalls sieht es bei dieser auffallenden Konvergenz zweier bedeutender Köpfe so aus, als wäre das Problem der Struktur der Weltgeschichte nun in recht eindeutiger Weise gelöst. Damit käme auch unsere Weltgeschichte gerade in dem Augenblick, da sie am buntesten völlig verschiedene Geschichtsabläufe zusammenwürfelt, der Wahrheit am nächsten. Alle Empfindungen des Zweifels, denen wir zu Anfang dieser Betrachtung ein gewisses Recht einräumten, scheinen also nicht stichhaltig zu sein.

Bevor wir diese Frage weiterverfolgen, müssen wir allerdings kurz einen anderen Problemkreis anschneiden, der für die Disposition unserer Beiträge nicht minder ins Gewicht fällt. Er betrifft die zeitliche Begrenzung, in der üblichen Redeweise die historische Periodisierung. Auch sie hat eine Vorgeschichte, die sogar recht nahe bei der eben erörterten Frage nach der Reichweite der Weltgeschichte liegt.

Unsere Universalgeschichte gebraucht zwar in ihren Schlagzeilen den Begriff »Altertum« nicht, aber sachlich seiner zu entraten vermag sie deshalb doch nicht. Die ersten vier Bände können nicht verleugnen, daß er bei ihrer Gliederung Pate gestanden hat, und es nützt dem Leser wenig, wenn die Herausgeber gestehen, daß sie sich hierbei einer objektiven Gewohnheit anpaßten, ohne damit in Abrede stellen zu wollen, daß man über ihre Berechtigung verschieden denken könnte. Dabei ist der Begriff »Altertum« gewiß durch eine lange Tradition gerechtfertigt, andererseits ist diese Tradition wieder nicht so alt, daß man Veranlassung hätte, von den Bedingungen ihrer Herkunft völlig abzusehen. Die altchristliche Weltgeschichtskonzeption kannte nur ein Kontinuum der Zeit von der Erschaffung der Welt an, und ihre einzige Gliederung war das Nacheinander von Großreichen. Ihre Benennung war nicht ganz einheitlich, aber Einigkeit bestand darüber, daß das letzte Reich das Römische und seine Dauer providentiell bis zum Ende aller Geschichte garantiert sei. Dieser Dogmatismus mag in unseren Augen sehr merkwürdig sein, erklärt sich aber leicht durch die Autorität, die antike Vorstellungen auf die in vielem unselbständige Geistigkeit des Mittelalters ausübten. Mancherlei paßte ja schon damals nicht in dieses Schema, andererseits hob aber die Reichserneuerungstradition (seit Karl dem Großen) den zugrunde liegenden Gedanken aus dem Bereich bloßer Spekulation heraus; und schließlich: was wußte man denn von den letzten Tagen Roms, von der Völkerwanderung der Spätantike? Das wurde erst anders mit der Renaissance und dem Humanismus. Flavio Biondo veröffentlichte 1483 seine florentinische Geschichte unter dem Titel »Geschichte von Florenz *ab inclinatione Romani Imperii* [Seit dem Niedergang des Römischen Reiches]«, und die neuen lateinischen Stilisten in der Nachfolge Petrarcas hatten längst gemerkt, daß das in lebendiger Übung überlieferte Latein nicht die Sprache des alten Roms war und dessen *antiqua vox Latina* sich deutlich abhob von der *media et infima latinitas*. Das Bewußtsein der Modernität, gerade einer Modernität, die nicht zuletzt im Rückblick auf die römisch-antike Literatur hervortrat, zeigte und prägte den Begriff des Mittelalters und gewann damit nach vorn den einer neuen Gegenwart, nach hinten aber den des Altertums. Dadurch war die alte Kontinuität gleich in zweierlei Hinsicht unterbrochen, und die wichtige Vorstellung bildete sich heraus, daß vor dem Mittelalter die römische Welt zu Ende gegangen war.

Wenn auch die Anregung zur Kritik an dem herkömmlichen Geschichtsbegriff sicherlich nicht exakter historisch-antiquarischer Erkenntnis entstammte, so hat doch die später folgende Geschichtsforschung diese Einsicht, die im Grunde mehr Ahnung war, bestätigt. Sie setzte sich keineswegs mit einem Schlage durch, obgleich ihr schon so helle Geister wie Jean Bodin und Francis Bacon recht gaben. Noch im 17. Jahrhundert folgte man in bekannten

Büchern der Periodisierung nach den vier Weltreichen. Die moderne Anschauung mußte erst in die Schulstuben und in die instruktive Literatur eindringen, ehe sie sich im allgemeinen Gebrauch durchsetzte; und Schule gemacht hat deshalb auch ein ganz subalternes Schulbuch, die *historia tripartita* des Christoph Cellarius (1638–1707), eines geistig kaum bedeutenderen Mannes, der in mehreren Städten Mitteldeutschlands (so in Zeitz und Merseburg) Gymnasialdirektor war und sich als Autor eines *antibarbarus Latinus* [einer lateinischen Stillehre], einer *orthographia Latina* und eines *breviarium antiquitatum Romanarum* [Abriß der römischen Altertümer] einen Namen gemacht hatte, bis er als Krönung seiner Laufbahn 1694 an der neugegründeten Universität Halle das Katheder für Beredsamkeit und Geschichte bestieg. Seitdem können wir uns ohne die Begriffe Altertum, Mittelalter, Neuzeit keine Geschichte mehr denken; zumindest als Verständigungsmittel sind diese Begriffe unentbehrlich. An der Festlegung des Schnittes zwischen Mittelalter und Neuzeit auf etwa 1500 wurde zwar zeitweise heftig Kritik geübt, doch kein Mensch hat jemals daran gezweifelt, daß Altertum und Mittelalter zweierlei sind und daß die mit Recht ziemlich breit bemessene Trennungszone etwa zwischen dem 4. und 7. nachchristlichen Jahrhundert liegt, damit also die beiden einschneidenden äußeren Ereignisse, die Völkerwanderung und den Aufbruch des Islams, umfassend.

Doch gerade in dieser Selbstverständlichkeit steckt für unsere Weltgeschichte – und für jegliche heutige, die es mit ihrer Aufgabe ernst nimmt – der Stachel. Der Zusammenbruch des Römischen Reiches, seine Überflutung im Westen durch die germanischen Völker, das Absinken der Romania in eine primitive Zivilisation, die Grundsteinlegung der späteren politischen Ordnung im Frankenreich, der Verlust eines großen Teiles der ehemaligen griechisch-europäischen Kultur in Vorderasien an den morgenländischen Islam und dessen Ausbreitung über die ganze südliche Mittelmeerküste, die Zurückdrängung des einstigen römischen Universalreiches auf das Maß eines durch ebenbürtige und teilweise lebensgefährliche Rivalen begrenzten Großstaates, all dies (und noch manches mehr) rechtfertigt die Ansetzung eines fundamentalen Einschnittes, einer wirklichen »Epoche« in der eigentlichen Bedeutung des Wortes und damit Ende und Ausklang auf der einen und Neubeginn auf der anderen Seite. Niemand wird jedoch bestreiten, daß diese überzeugende Beobachtung an einem bestimmten historischen Milieu gewonnen wurde. Zu Ende geht mit dem Abschluß des »Altertums« die griechisch-römische Geschichte (ihre Verzahnung wird dem Leser bei der Lektüre des dritten und vierten Bandes unseres Werkes klarwerden) und damit indirekt auch die Geschichte des Vorderen Orients, die in jener aufgegangen war. Letzteres ist eine nicht unproblematische Formulierung; wir haben noch Gelegenheit, auf sie zurückzukommen. Fürs erste interessiert uns hier nur die Feststellung: der Gegensatz von Altertum und Mittelalter ist nur sinnvoll, so weit sich das Römische Reich und seine Grenzgebiete erstreckten, also für Europa, für Kleinasien, Syrien, Mesopotamien, Persien und für Ägypten und Nordafrika. Jenseits dieses Umkreises aber, überall da, wo die Wirkung dieser großen europäisch-vorderasiatischen Wende nicht hinreichte, kann sie keinen Schatten einer Berechtigung für sich in Anspruch nehmen.

Die Abgrenzung unserer Beiträge über Indien und China von Luciano Petech, Rom, und A. F. P. Hulsewé, Leiden, läßt sich deshalb nicht den uns vertrauten Gesichtspunkten unterordnen. Sie gehorcht eigenen Direktiven und ist natürlich auch in beiden Gebieten selbständig. Der Leser wird es schon beim bloßen Durchblättern spüren und sich möglicherweise wundern, daß Hulsewé für China Anfang des 3. nachchristlichen Jahrhunderts den Schlußstrich zieht, während bei Petech diese Linie wesentlich später (im 6. Jahrhundert) verläuft. Es empfiehlt sich – übrigens nicht nur zum Verständnis dieses Umstandes –, von den Kategorien energisch abzurücken, die wir unserer großen Zeitmarkierung unterlegen und die uns, ebenso wie die uns umgebende Naturordnung, wie man wohl sagen kann, in Fleisch und Blut übergegangen sind. Natürlich kennt die indische und chinesische Geschichte auch ihre Epochen, aber einen Einschnitt, der auch nur im entferntesten mit unserer antik-mittelalterlichen Zäsur vergleichbar wäre, hat sie nicht. Infolgedessen ist auch der Abbruch unserer Darstellungen für unser Empfinden mit keinem besonderen Gewicht ausgestattet. Mancher Benutzer dieses Bandes wird sich vielleicht über die abrupte Weise wundern, in der unsere beiden Berichterstatter die Feder aus der Hand legen. Es sei deshalb daran erinnert, daß sie im Hinblick auf die spätere Geschichte keine Veranlassung haben, die Vorstellung irgendeines »Ausganges« oder eines »Abklingens« hervorzurufen. Auch die Geschichte Indiens oder Chinas brachte selbstverständlich Veränderungen und Wandel, aber sie verläßt in keinem Fall den einmal beschrittenen Pfad. Das Ende der Darstellung ist daher bis zu einem gewissen Grade beliebig oder konventionell und verträgt außerhalb der Fachkreise keine besondere Diskussion.

Man hätte sich etwa für Indien gut denken können, daß die Erzählung bis ungefähr 1200, das heißt bis zum Beginn des definitiven Eindringens des Islams in Indien, weitergelaufen wäre, und vielleicht hätte sogar manches dafür gesprochen, etwa die Tatsache, daß dann die rückläufige Bewegung des Buddhismus, mit dem neben anderem unsere Schilderung abschließt, bis zu dem bedeutsamen Faktum weitergeführt worden wäre, daß diese weltweite Bewegung den Boden ihrer Herkunft verliert und das ferne Asien gewinnt. Auf der anderen Seite empfahl die Rücksicht auf unsere Gewohnheiten, diese nicht allzusehr zu brüskieren und dem Leser nicht in allzu starkem Maß eine radikale Abstraktion von unserem Geschichtsrhythmus zuzumuten. Da käme denn so etwas wie ein synchronistischer Parallelismus heraus – wir haben auf diese Weise einen vorläufigen Abschluß der indischen Geschichte, der nicht zu weit von dem unserer Antike abweicht –, doch gebietet die Gewissenhaftigkeit, ihn nicht für bedeutsamer zu halten, als er ist, und in ihm eher eine optische Gefälligkeit als eine Wahrheit zu sehen. Bei China kommt sie weniger zustande. Die Han-Dynastie, mit deren Ende zu Beginn des 3. nachchristlichen Jahrhunderts unser Bericht abbricht, wird zwar gern zum Römischen Kaiserreich in Analogie gesetzt, aber kein historisch halbwegs Gebildeter würde es ertragen, dessen Geschichte so früh abzuschließen. Die Auflösung liegt da mindestens zwei Jahrhunderte später. Aber wäre dann, unter Berücksichtigung dieser Verschiebung, die Konvergenz berechtigt? Auch das nicht. Das China der Teilreiche – die an unsere Darstellung anschließende Zeit – ist strukturell etwas ganz anderes als unser Mittelalter mit Frankreich, Italien und Byzanz. Natürlich ist das Ende der Han-Dynastie ein wichtiger Einschnitt, aber selbst über die Frage, ob die Han im chinesischen Sinne »Altertum« oder »Mittelalter« sind, besteht noch heute keine Einigkeit unter den Sinologen. Wir dürfen deshalb die Auseinandersetzung über die Anwendung und Brauchbarkeit solcher entlehnter Begriffe ruhig den Fachleuten überlassen und hätten für unseren Gebrauch nur die Folgerung abzuleiten, daß eine Fortsetzung über eine problematische »Altertumsgrenze« hinaus ohne weiteres denkbar gewesen wäre und möglicherweise im Hinblick auf die endgültige Durchsetzung und institutionelle Etablierung des Konfuzianismus unter den Tang (618–906) auch einiges im Sinn einer Grundlegung für sich gehabt hätte; dann wäre aber wieder dem abendländischen Leser gleich auf den ersten Blick ein ziemliches Maß von historischer Relativierung zugemutet worden.

Im Gegensatz dazu ist die Abgrenzung bei den anderen Beiträgen über Assur, Iran und Israel durchsichtiger. Bei Assur ist sie durch den evidenten Sonderfall einer politischen Abschlußkatastrophe gegeben, ein klar artikuliertes Faktum, das freilich auch einen tieferen Hintergrund hat und nicht zu selbstverständlich hingenommen werden sollte. Es wird sich zeigen, daß wir ein paar Überlegungen noch daran zu wenden haben. Die Geschichte Israels und der Juden ist so weit verfolgt, als sie ihr Zentrum noch in Palästina hat. Mit dem Bar-Kochba-Aufstand ist es damit endgültig vorbei. Seitdem existieren die Juden als eine von ihrem Heimatland unabhängige, auf die Synagoge gegründete Religionsgemeinschaft, haben also die Verfassung, die uns seit bald zwei Jahrtausenden vertraut ist, ohne den Tempel in Jerusalem, dessen Wiederaufrichtung selbst der neue Staat Israel nicht wieder brachte. Das Ende einer palästinensisch-jüdischen Geschichte tritt also klar zutage. Und schließlich Iran: sein Geschick wird durch die Islamisierung und den Untergang der Sasaniden, die für uns den Abschluß bildet, in eindeutiger Weise gekennzeichnet. Der Vorgang fügt sich ohne Schwierigkeit in die uns geläufige Gliederung Altertum–Mittelalter ein; kein Wunder, da das Heraufkommen des Islams ja eine ihrer bestimmenden Elemente ist.

Wir müssen also auf die Einheit der »Weltgeschichte« schon im Hinblick auf den unterschiedlichen Gang des Geschehens in Ost und West verzichten. Die Disparatheit des menschlichen Schicksals da und dort, die eine der Hauptcharakteristiken der Geschichte zu sein scheint, tritt bereits mit dem zweiten Band unseres Werkes offen zutage. Es wäre töricht, diesen Tatbestand nicht eingestehen zu wollen.

Trotzdem sind wir hier in der Geschichte noch nicht so weit fortgeschritten, daß wir uns völlig außer Reichweite desjenigen Horizonts befänden, in dem die verschiedenen Linien nach rückwärts zusammenlaufen. Er bietet sich uns im Phänomen des Ursprunges der höheren Zivilisationen. An ihn wurden wir bereits im ersten Band herangeführt, und der Leser tut an dieser Stelle gut daran, sich zu erinnern, daß die beiden Bände in diesem Sinne eine Einheit bilden und daß ihre Aufgliederung mehr den Gesetzen äußerer Ökonomie als einem sachlichen Gebot gehorcht. Was wir damals nur anrühren konnten, dafür liegt jetzt das Material – in dem für unser Vorhaben möglichen Umfang – erst wirklich vor; denn wir erfahren, wie es sowohl in Ägypten und Mesopotamien als auch in Indien und China zugegangen ist.

Die Möglichkeit, geographisch weit auseinanderliegende Vorgänge nicht nur als konvergent, sondern als einen einheitlichen historischen Sachzusammenhang zu begreifen, ist sehr eigenartig. Sie erklärt sich daraus, daß der »frühe«, der »urgeschichtliche« Mensch kein rechtes geschichtliches Konkretum ist. Er ist noch nicht individualisiert, sondern steht noch unter der Dominanz anthropologischer Gattungsmerkmale. Primär ist er (im Neolithikum) Viehzüchter, Pflanzer, Bauer, je nachdem ausschließlich oder kombiniert, und geht in dieser Existenzweise derartig auf, daß alle Bestimmungen eines *hic et nunc* für ihn noch gar nicht einschlagen. Mit einer gewissen Übertreibung kann man sagen: der Mensch ist sich auf dieser »Stufe« zum Verwechseln ähnlich und repräsentiert sich in der Einheit seiner typischen Daseinsform. In diesem Stadium gibt es noch eine »Menschheit«, die in der Identität ihres Soseins aufgeht. Das soll nicht heißen, daß sie diese späterhin einfach verliert. Der aufmerksame Leser des ersten Bandes wird bemerkt haben, daß sehr wohl Bestimmungen des Menschen »an sich« auch in der historischen Zeit möglich und gültig sind. Deshalb die im ersten Band angestellten Versuche, einer »Anthropologie« näherzukommen. Aber von einem gewissen Punkt an überspielt der Mensch diesen Bereich durch freie Gestaltung des Daseins und macht in sehr verschiedener Weise etwas aus sich. Mit diesem Schritt beginnt die Geschichte im engeren Sinn, und das Tor zur Mannigfaltigkeit der geschichtlichen Phänomene wird aufgeschlossen.

Wir pflegen diesen fundamentalen Schritt der Geschichte mehr zu beziffern als unter der Vorstellung eines »Übergangs zur Hochkultur« zu begreifen; dabei wissen wir doch recht wenig darüber, was denn da eigentlich vor sich gegangen ist. Uns ist lediglich bekannt, daß das Unternehmen keineswegs zwangsläufig und »von selbst« ins Werk gesetzt wurde und sich infolgedessen in gleichmäßiger Streuung über den Globus verteilt hätte, daß vielmehr der Schritt nur an besonderen und ganz vereinzelten Stellen getan wurde. Wenn unsere Erkenntnismöglichkeiten besser wären, hätte wahrscheinlich die Frage nach den näheren Umständen dieser Entdeckung längst ihren guten Sinn bewiesen. Aber bislang lag ein undurchdringliches Dunkel über diesem wichtigen historischen Zusammenhang.

Nun ist es ein eigenartiger Glücksfall, daß unsere Universalgeschichte gerade zu einem Zeitpunkt herauskommt, da zum erstenmal in der Geschichte der Forschung diese Fragestellung über ein gewisses empirisches Material verfügt. Im kürzlich abgelaufenen Jahrzehnt wurden die inzwischen berühmt gewordenen Grabungen der ältesten Schicht von Jericho durchgeführt, womit der ganze Problemkreis mit einem Schlag ein neues Gesicht bekam. Was dabei sofort ins Auge fiel, war die Tatsache, daß bereits für die Wende vom achten zum siebenten Jahrtausend befestigte Siedlungen nachzuweisen sind – und zwar nach der modernen Radio-Karbon-Methode ziemlich sicher datiert –, die wir früher allenfalls im vierten Jahrtausend zu vermuten berechtigt gewesen wären. Der aufsehenerregende Fund besagt aber weit mehr, wenn man ihn methodisch in unser Problem einpaßt und die notwendigen Verbindungslinien zu anderen, uns schon länger bekannten Fakten zieht.

Diese Aufgabe ist der Wissenschaft gestellt, und ihre Lösung wird von der Zukunft zu erwarten sein. Der Leser unserer Weltgeschichte genießt den Vorzug, daß er unmittelbarer Zeuge dieses erst im Anfang stehenden Prozesses wird. Herbert Jankuhn, Göttingen, unser Gewährsmann und Vertreter einer vor- und frühgeschichtlichen Forschung, die bloß antiquarische Angaben – etwa Fundstatistiken – durch historische Fragestellungen erweitert, unternimmt es in seinem Essay, den Blick des historischen Verstandes auf die geschichtlichen Hintergründe der Funde von Jericho zu lenken. Was das bedeutet, kann im Grunde nur der ermessen, der sich bisher zu seinem Unbehagen mit der spekulativen Theorie abgespeist sah, daß der Übergang in die höhere Zivilisation auf die Überlagerung von Bauern durch kriegerische Hirten und Jägernomaden zurückzugehen hätte (noch vor kurzem wieder als Grundlage eines bekannten soziologischen Werkes verwandt). Jetzt erst werden wir in Stand gesetzt, diese luftige Konstruktion zu verabschieden. Jankuhn zeigt uns einleitend an dem Beispiel von Qalat Jarmo und vor allem von dessen Vorläufern, daß die Antithese Hirten – Jäger und Bauern nur rein begrifflich gilt, daß in der Empirie vielmehr die Verbindung der beiden Wirtschaftsweisen anzutreffen ist, und dies – das ist das Entscheidende – schon auf der Basis der »neolithischen Revolution«, die von der sammelnden und jagenden Lebensfristung den Weg zur Produktion der Nahrungsmittel fand. Der Fortschritt kann von diesem Standort aus nicht in dem Postulat einer Fremdherrschaft angegeben werden, sondern er zeigt sich in einem neuen ökonomischen Prinzip: in der Ersetzung der bloßen (augenblicklichen) Bedarfsbefriedigung durch die Überschußproduktion. Es war gewiß ein entscheidender »Fortschritt«, als der Mensch auf diese Art die Zukunft in die Gegenwart hereinnahm und Vorratswirtschaft zu treiben begann. Verbindlich, das heißt mit einigermaßen sicherem Effekt, konnte dies freilich nur durch eine wirkungsmächtige Herrschaft geschehen.

Auch »Herrschaft« mußte »gefunden« oder »erfunden« werden. Ihre pragmatische Herleitung aus den Nöten des Daseins, zumeist vorgestellt als Reaktion auf die großen Stromüberschwemmungen und die Notwendigkeit, die Flußoase zu bändigen und den momentanen Wasserüberschuß rationell in einem System von Kanälen zu verteilen, ist, wie Jankuhn mit Recht betont, unzureichend. Die heutige Fundsituation lehrt vielmehr, daß die eigentliche Wiege der Zivilisation weder am Nil noch am Euphrat stand. Die entscheidenden Stadien wurden am Gebirgsabhang bei günstigen Regenverhältnissen und dann in der Quelloase zurückgelegt, und sie liegen viel früher als das reife »Entwicklungsprodukt« der großen Stromkulturen, die gewissermaßen erst die Spätfrucht dieser Vor- und Frühzeit sind.

Was unter ihr zu verstehen ist, eben das lehrt uns Jericho mit seinem imposanten Turm und seiner Stadtmauer und vor allem mit seiner Bewässerungsanlage unter Verwendung eines Wasserspeichers. Weder das eine noch das andere »mußte« sein. Die Oasenquelle hätte selbstverständlich für einen beschränkten Kreis von Menschen auch weiterhin ihren Dienst getan. Nur ein ganz originärer Willensimpuls führte zur Anlage des Reservoirs, das ja bedeutend höher als die Quelle angelegt werden mußte. Erst dadurch wurde die Existenzgrundlage für weit mehr Menschen als vorher, also die Voraussetzung für eine dichtere Bevölkerung, geschaffen. Diese Leistungen sind das Ergebnis von Organisation, und immer ist Organisation Herrschaft. Dieselben Leute, das ist die besonders wichtige Feststellung Jankuhns, stellten sie aus sich heraus. Jericho erlebte nach Auskunft der Ausgrabung mehr als einmal eine völlige Unterbrechung der Siedlungskontinuität, aber gerade diejenigen Stadien, in denen sich der Übergang von den noch mesolithischen »Jägern und Sammlern« über die seßhaften Pflanzer zu den Erbauern der Festungsanlage vollzog, können, wie das Inventar lehrt, keine Unterbrechung der Bevölkerungstradition erlebt haben. Ein geradezu musterhaft sauberer Beweis für einen verhältnismäßig differenzierten Sachverhalt angesichts der beschränkten Erkenntnismöglichkeit.

Die Stadt ist stets der Träger jeglicher Differenzierung gewesen, der ökonomischen, der sozialen, der politischen und der geistigen. Wir tun jedoch gut, das früheste Bild nicht gleich mit dem Reichtum der späteren Möglichkeiten auszustatten. Die Angabe von Jankuhn, daß die beiden »städtischen« Phasen von Jericho (siebentes und sechstes Jahrtausend) noch keine Keramik, sondern nur Steingebilde kannten, bedeutet eine Warnung, die Artefakte zum alleinigen Indikator der sozialen Struktur zu machen. Wir sind darüber schon durch die präkolumbischen Hochkulturen Amerikas belehrt worden, es dürfte aber nützlich sein, auch hier diese Beobachtung nicht zu vernachlässigen. Die Töpferei brachten erst nomadenhafte Einwohner nach Jericho, die dort zwischen 5000 und 3000 v. Chr. lebten. Natürlich brauchen sie sie nicht erfunden zu haben, sie können aber und werden die Vermittler gewesen sein. Und umgekehrt strahlte wieder Jericho aus, auch nachdem es im fünften Jahrtausend in seiner bisherigen »städtischen« Gestalt zerstört worden war.

Wir dürfen uns Jericho überhaupt nicht als Unikum vorstellen und den heuristischen Aspekt, in dem es uns – vielleicht *noch* – erscheint, mit seiner objektiven Stellung verwechseln. Die Bedeutung Jerichos liegt darin, daß es uns an seinem Beispiel zeigt, wie der bedeutsame Schritt von der dörflichen, ackerbauenden Lebensweise zur Herrschaftsorganisation getan wurde und wie sich dieser Vorstoß an Befestigung und städtische Siedlungskonzentration knüpfte. Dergleichen ist gewiß anderswo auch vorgekommen, und es ist schwer, für solche Wandlungen einen Mittelpunkt ausfindig zu machen.

Geschichtliche Veränderung beruht stets auf Übernahme, auf Lernen und eigener Initiative, und auch das ist noch sehr vieldeutig, denn jedes »Lernen« setzt zumindest eine Disposition voraus und deckt sich nicht mit äußerer Nachahmung; obendrein braucht *in praxi* keineswegs immer das Urbild bei der Reproduktion herauszukommen. Auch die Umstände, unter denen historisch »gelernt« wird, können recht verschieden sein und bewegen sich auf einer Skala zwischen den beiden Enden der »freiwilligen« Aneignung und gewaltsamer Oktroyierung. Eine Spielart des »Lernens« ist auch die Anregung, welche lediglich so weit geht, daß sie die Einsicht in bestimmte Möglichkeiten vermittelt und dem anderen überläßt, was er im einzelnen daraus macht. Bei »technischen« Fertigkeiten liegen Nachahmung und Anregung dicht beieinander. Die Verbreitung von Pflanzenbau und Tierzucht läßt sich primär nur als lernende Nachahmung vorstellen; trotzdem ist selbst eine solche Rezeption zugleich Anregung, wenn das »gelernte« Modell variiert wird und sich die Domestikation andere Objekte als das Vorbild wählt, wenn dies die äußeren Umstände mit sich bringen. Es kommt freilich sehr darauf an, worum es im einzelnen bei dem Verhältnis von Vorbild und Nachbildung geht. Es scheint so, als wenn die Sphäre des objektivierten Geistes in frühen Zeiten eine starke Behauptungskraft gegenüber fremden Einflüssen besessen hätte und sich nicht ohne weiteres dazu herbeiließ, ihnen Tür und Tor zu öffnen. Die Gebundenheit bestimmter Artefaktgestaltungen wie die der Keramik an einen und denselben Träger ist dafür ein sprechendes Zeugnis. Die – einigermaßen gesicherte – Arbeitshypothese der Prähistoriker, Gefäß und Bemalungstypen in ihrer Streuung mit einem jeweils identischen Substrat zu verbinden, findet hier ihre Berechtigung. Ohne beträchtliche Resistenz wäre sie gar nicht denkbar, und ohne sie würde man auch nicht die verhältnismäßig geringe Ausstrahlungskapazität der ältesten sumerischen Kultur begreifen, die ja doch lediglich die unmittelbar in ihren inneren Raum eintretenden Semiten ergriff. Unser Band weist mit der interessanten Beilage über die Keilschrift auf diese bereits im ersten Band behandelten Verhältnisse zurück. Hier erfahren wir von unserem Gewährsmann Wolfgang Röllig, Münster, daß der Anstoß zur Erfindung des Schrifttums von Sumer ausging, daß die Sumerer sie auf unserem Globus zum erstenmal handhabten, aber sie keineswegs in dem Sinn »erfanden«, daß nun alle anderen ihr »Alphabet« von ihr bezogen hätten. Jeder suchte sich seine eigenen Zeichen, ganz evident zu sehen an den Ägyptern, und noch viel auffälliger ist, daß selbst das räumlich gar nicht weit entfernte Elam sich ebenso verhielt und zuerst seine eigenen Symbole entwickelte.

Die Berührung erschöpfte sich also in der »Anregung«. Diese war im Grunde nicht mehr als die Erweckung eines latenten Bedürfnisses. Auf dem Wege solch loser Kontakte ist offenbar vieles »gewandert«, quer durch ganz Asien, so eben auch die Schrift beziehungsweise die Idee von der Schrift. Der präarischen Induskultur war sie schon vertraut; aber trotz der genetischen Rückbeziehung zu Sumer können wir sie nicht lesen (ebensowenig wie die frühelamitische und noch manche andere), und schließlich ist auch die – bedeutend spätere – chinesische Schrift in diese Sukzessionsreihe einzuordnen.

Die Schrift ist aber auch, und zwar in ihrer ersten Verwendung, ein Mittel der Herrschaftsstabilisierung und kann in der elementarsten Definition als Fixierung von Zeichen (früheste Stufe für unsere Kenntnis: die sumerischen Siegelzylinder) geradezu als Indikator eines besonderen Entwicklungsgrades von Organisation gelten. Es ist sehr wichtig, daß dieses Reifestadium auch im Vorderen Orient offenbar keineswegs überall gleichzeitig auftrat, sondern sich auf wenige Punkte beschränkte; und umgekehrt kann immerhin behauptet werden, daß ein solcher Verzicht kein intellektuelles Unvermögen zu erkennen gibt, sondern lediglich ein geringeres Bedürfnis verrät, Herrschaft mit diesem Herrschaftsmittel auszustatten. Die Schrift wird von jeher und mit Recht als Symptom höherer Zivilisation angesehen, wobei vor allem an ihre Funktion bei der Ausbildung des »Geistes« im Sinne eines »ideellen« Vermögens gedacht wurde. Mit vollem Recht, denn erst die Schrift verleiht den geistigen Funktionen jene Möglichkeit der Entäußerung, die sie zu ihrer Verdichtung und Lebensmächtigkeit benötigen. Ihrem Ursprung nach ist sie jedoch ein Instrument der äußeren politischen Ordnung. Aber gerade diese Ordnung mit dem Maß von Ansprüchen, daß sie der Schrift bedarf, ist auch der bestimmende Wesenszug der »Hochkulturen«.

Toynbee hat bekanntlich die Hochkulturen und ihr historisches Schicksal, in der angelsächsischen Terminologie die Zivilisationen, zu den »intellegible fields of historical study« erklärt, und der Historiker hat wohl nirgends so viel Ursache, sie ernst zu nehmen, als da, wo er sich dem Ursprung dieser Kulturen gegenübergestellt sieht. Ferner hat Toynbee mit Recht festgestellt, daß nicht jede der uns bekannten Hochkulturen originär den Schritt aus dem vorangehenden Stadium vollzog, sondern daß sich dieses spezifische Ereignis auf einige wenige beschränkte. Diese Erkenntnis ist nicht minder gewichtig, gerade auch für unsere Betrachtung. Sie beseitigt den Anschein, als ob sich die geschichtliche Welt mit einer gewissen Zwangsläufigkeit in die Vielzahl ihrer Bildungen ausmünze, und gerade angesichts der reichen »Statistik«, die Toynbee mit seinen einundzwanzig Zivilisationen treibt, ist diese Erkenntnis ein wichtiges Korrektiv gegenüber der Versuchung, die Geschichte von vornherein in einen bunten Pluralismus aufzulösen. Nur solange historische Varietäten nach der Logik der Geschichte als ganze zusammengeschaut werden können, verbürgen sie jene Homogenität, welcher sie bedürfen, um die Gleichheit ihrer Herkunft und damit ihre Zusammengehörigkeit zu erweisen. Es geht darum, im Vergleich den konkreten Vorgang mit allen seinen individuellen Bestimmungen im Auge zu behalten und nicht zu einer abstrahierenden Analyse gezwungen zu sein, die lediglich die Gemeinsamkeit einzelner Elemente ans Licht hebt. Der Umschlag der generellen Seinsweise des Menschen zu singulärer Gestaltung vollzieht sich dann in einer bestimmten historischen Stunde und unter Umständen, die nicht auswechselbar sind. Die entscheidenden »Fortschritte« kennen keine Notwendigkeit als geheimen Motor, und niemals ist der Mensch weniger Marionette des Weltgeistes als an der Stelle seiner großen Peripetien.

Wenn wir die rund sechshunderttausend – oder auch eine Million – Jahre Menschheitsgeschichte überblicken, gibt uns keine höhere Vernunft das Recht, als selbstverständlich hinzunehmen, daß der Mensch sich die längste Zeit von Beeren und Wild in einsamen Horden umherirrend nährte, dann aber in verhältnismäßig kurzer Zeit zu Ackerbau und Viehzucht überging und schließlich die freigesetzte Kraft zur Errichtung von Herrschaft und sozialer Differenzierung und von da zur metaphysischen Durchwirkung der menschlichen Ordnung fand. Diese Verwandlung des Menschen ging auch deshalb völlig anders als gleichmäßig vonstatten, da beide »Stufen«, wir kommen nach unserer Kenntnis um die Feststellung nicht herum, zuerst im Bereich des um das östliche Mittelmeer liegenden Teiles von Vorderasien erreicht wurden. In kürzerem Abstand schloß sich, offenbar in räumlichem Kontakt mit der anderen Zone, wohl das nordwestliche Indien an – das einleitende Kapitel des Indologen Petech enthält interessante Hinweise –, und wesentlich später erscheinen die Bauernkulturen des Huang-ho, im Spiegel der »schwarzen«, »roten« und »grauen« Keramik bekannt, wie der Leser dem China-Abschnitt Hulsewés entnehmen kann.

Aber das ist nicht alles. Es handelt sich nicht nur um chronologische Präferenzen, welche etwa die Überlegungen nicht als völlig abwegig erscheinen ließen, daß die Verzögerung im fernöstlichen Areal durch das Tempo einer Kommunikation bedingt ist; sondern die augenscheinliche Tatsache gibt zu erkennen, daß an verschiedenen Orten im Vorderen Orient Energien akkumuliert waren, die durch die bäuerliche Kultur hindurch auf eine politische Organisation höheren Stils drängten. Was in Jericho zutage tritt, kann in Syrien kein vereinzeltes Phänomen gewesen sein, und außer Zweifel steht, daß Kleinasien und die Ägäischen Inseln (vor allem Kreta) im dritten Jahrtausend bereits die Konzentration der städtischen Siedlungen kannten. Es muß auch daran erinnert werden, daß die archäologische Erforschung dieser Phänomene noch in den Anfängen steckt und beispielsweise, wie am Anfang unseres Irankapitels von Franz Altheim, Berlin, vermerkt ist, noch völlig offensteht, inwieweit Iran in diesen Aspekt einzubeziehen ist. An der Grenze von Iran und Mesopotamien liegt aber Elam, und von dem steht fest, daß es nicht nur etwa gleichzeitig mit der sumerischen Stadtkultur, sondern auch mit einer eigenen Schrift ins Leben trat und damit typusmäßig wenigstens jener nahekommt, ohne daß man es jedoch als ihren Ableger anzusehen genötigt wäre. Und schließlich entwickelte Ägypten trotz der nicht allzu weiten Entfernung doch völlig eigenständig seine Zivilisation.

Dies alles zusammengehalten weist auf die eigenartige Erscheinung einer Häufung von selbständigen, auf eine höhere Zivilisation hindrängenden Impulsen im Vorderen Orient. Im Vergleich dazu muß die Spärlichkeit von ältesten Zivilisationszentren in den weiten Flächen Indiens und Chinas auffallen. Dem liegt wohl ein struktureller Unterschied im ganzen Ursprungsmilieu zugrunde, welcher die Erwartungen rechtfertigen dürfte, daß eine solche Verschiedenheit des Ansatzes auch zu verschiedenen Konsequenzen führte.

Der präarische Kulturhorizont von Mohenjo-daro und Harappa in Indien ist gewiß noch ganz ungenügend erforscht, aber auffallend ist seine weite Dislokation (zwischen den beiden Städten liegen fast sechshundert Kilometer) und dabei trotzdem eine so enge Artzusammengehörigkeit, daß an der zivilisatorischen Einheit nicht zu zweifeln ist und man höchstens fragen könnte, ob sie nicht auch einen politischen Niederschlag fand. Petech hebt mit Recht hervor, daß bei einer solchen, an sich nicht sehr wahrscheinlichen Annahme Indien durch die weiträumigste Reichsschöpfung in frühester Zeit ausgezeichnet wäre. In China hebt sich der Raum politischer und kultureller Initiative deutlich in den gewaltigen, auf relativ begrenzten Raum verteilten Städten der Shang-Dynastie ab. Die anschauliche Schilderung Hulsewés läßt durchblicken, wie hier, und nur hier, von einer verhältnismäßig primitiven, in ununterbrochenem Zusammenhang mit der alten neolithischen Tradition stehenden Basis aus eine Aufgipfelung der sozialen Kräfte und damit eine Sammlung der politischen Energien erfolgten. Der Vorgang war gleichsam auf die Träger dieser Schöpfung für den ganzen Fernen Osten monopolisiert.

Im Vergleich hierzu ist der Vordere Orient durch ein konkurrenzartiges Beieinander von Zivilisationszentren verschiedener Provenienz ausgezeichnet. Daraus ergab sich eine von Indien und China völlig verschiedene Lage. Es fehlte im Vergleich zu diesen der Auslauf in weite Gebiete, die sich allein kraft des Kulturgefälles hätten amalgamieren lassen. Syrien und Kleinasien waren kein echtes »Barbarenland«. Die Ägypter behaupteten das zwar von Syrien, aber trotz jahrhundertelanger Superiorität über dieses Gebiet wurde es niemals ägyptisiert. Bei Mesopotamien kam hinzu, daß der hochgetriebenen sumerischen Zivilisation von Anfang an eine ausreichende Vitalitätsbreite abging. Sie hatte genug damit zu tun, die einströmenden Semiten zu assimilieren, und leistete auch dies nur mit einer bezeichnenden Einschränkung: sie zwang ihnen die sumerische Kulturtradition auf, mußte ihnen jedoch die eigene Sprache lassen. Schließlich wurde sogar das Sumerische vom Semitischen überwältigt. Ein merkwürdig gebrochener Traditionsvorgang, der infolge der Festlegung der geistigen und sozialen Kräfte auf diesen Prozeß innerer Integration – er mußte zudem infolge nie aufhörender semitischer Infiltration immer wieder von neuem in Gang gesetzt werden – anscheinend nicht genügend Freiheit zur Expansion fand.

Das semitische Zweistromland (seit Anfang des zweiten Jahrtausends) vermochte wohl die kulturelle Homogenität Mesopotamiens, also die babylonische Kulturlandschaft, herzustellen, aber zu ihrer Ausbreitung über diese Grenzen hinaus fehlten die Möglichkeiten. Es gebrach dem Land auch an einer verbindlichen politischen Tradition, trotz des noch auf das dritte Jahrtausend zurückgehenden Weltherrscherbegriffs, dem aber alle Realität abging. Nicht nur geriet Mesopotamien immer sehr bald an die Grenzen seines Ausdehnungsvermögens, es mußte im Gegenteil froh sein, wenn es von äußeren Gewalten nicht untergepflügt wurde. Sein Beharrungsvermögen war trotz aller Niederlagen bemerkenswert. Die Darstellung von Sodens setzt in diesem Band gerade mit einer solchen Phase ein. Es war nicht die erste. Schon Ende des dritten Jahrtausends hatten für zwei Jahrhunderte die Gutäer eine Fremdherrschaft im Süden aufgerichtet, ohne daß sie imstande gewesen wären, die eingesessene Lebensform wesentlich zu verändern. Dann waren nicht lange nach Hammurabi die Kassiten ebenfalls von Osten eingedrungen. Und nun wurde in der Mitte des zweiten Jahrtausends das nördliche Mesopotamien von den Churritern in Gestalt des Mitanni-Reiches so vollständig überlagert, daß sich das ursprüngliche Substrat eine Zeitlang gar nicht mehr zu Worte meldet. Vernichtet war es keineswegs, aber während die Kassiten allmählich absorbiert worden waren und zu Trägern der alten Geschichte wurden, läßt sich das von Mitanni kaum sagen. Es war offenbar eine richtige Fremdherrschaft, die ihren eigenen Gesetzen folgte.

Das Mitanni-Reich machte sich dabei natürlich gewisse Mittel der mesopotamischen Zivilisation zunutze und gebrauchte etwa die Keilschrift und die akkadische Sprache für seine Verwaltungsbedürfnisse. Das war aber mehr ein gewiß sehr intensiver und von dringenden praktischen Bedürfnissen motivierter Widerschein der allgemeinen Ausstrahlung Babyloniens in die Welt Vorderasiens als eine Durchdringung derselben mit babylonischer Gesittung. Der babylonische »Kulturexport« erbrachte genau das Gegenteil von einer Anpassung an das Ursprungsland. Vorderasien war in seinem Zeichen zu einer vielgliedrigen Kultur- und Staatenwelt geworden mit einem intermediären, über die vielen Zentren hinweggehenden Firnis, und der war auf Grund des allseitigen, auch vom politisch weit stärkeren Ägypten gehandhabten Gebrauchs der Keilschrift und des Akkadischen im internationalen Verkehr babylonisch. So wurde wohl die hauchdünne Schicht der »Schreiber« gezwungen, sich mit Schreibweise und Sprache Babylons vertraut zu machen. Das bedeutete aber ein sehr bewußtes, rein zweckhaftes Verhalten, das keineswegs dem Bedürfnis innerer Anlehnung gehorchte. Auch außerhalb Mesopotamiens war alter Kulturboden, der wie Mesopotamien seine Resistenz gegenüber den Churritern und in Kleinasien gegenüber den Hethitern bewies. Auch das Hethiterreich war in erster Linie ein politischer Überbau über eine ältere (»protohattische«) Kulturschicht und keineswegs in der Lage, sich an deren Stelle zu setzen. Im Vorderen Orient zeigt sich also die interessante Konstellation, daß alte Kulturen nicht nur durch die Nachbarschaft gleichgearteter begrenzt werden, sondern daß sich auch ältere und jüngere, durch Völkerbewegungen eingedrungene in einer Art von Symbiose die Waage halten. Sobald die politische Übermacht zu Ende ist, löst sich das Verhältnis schier in Nichts auf. Mitanni-Reich und Hethiterreich wurden mit einem Schlage hinweggefegt; ihre Spuren entdeckte erst die moderne Archäologie wieder.

Wie wenig der Vordere Orient geeignet war, einen einheitlichen Zivilisationsbereich abzugeben, und wie sehr er, je weiter die Zeit voranschritt, die Fähigkeit dazu noch weiter einbüßte, wird, wie in einem Experiment, durch die Geschichte des jüngeren Assyrerreiches bewiesen. Unser Autor von Soden widmet ihm eine eingehende Schilderung, und der Leser, der ihm schon im ersten Band gefolgt war, wird spüren, daß die Geschichte Mesopotamiens nur in jener Zeit einen derartig gleichmäßigen Aufwand von politischer und militärischer

Energie über mehrere Jahrhunderte hinweg gekannt hat. Schonungslos brachen die Assyrer jeden Widerstand, und da es die Assyrerkönige bald nirgendwo mit halb-»barbarischen« Völkern zu tun hatten, die sich der Überlegenheit der mesopotamischen Zivilisation gefügt hätten, suchte er das, was das Kulturgefälle nicht mehr hergab, durch brutale Gewalt, das heißt durch physische Vernichtung des Gegners mittels Dezimierung und Deportation zu erreichen und damit von außen her eine homogene Untertanenschicht zu schaffen. Aber ungeachtet des Meeres von Blut und Tränen war der Versuch des assyrischen Großreiches ein Schlag ins Wasser. Es gelang Assur nicht einmal in Mesopotamien, eine stabile Ordnung herbeizuführen. Andauernd wurde sein Expansionsdrang durch das Problem der alten Kulturmetropole Babylon paralysiert. Das Ende war bezeichnend genug: innerhalb von ein paar Jahren wurden Assur und die Assyrer ausgelöscht, sie ereilte das Schicksal ihrer unzähligen Opfer. Diese ganze Politik war ein Anachronismus gewesen. Mit den eigenen Kräften des alten Orients ließ sich die in Jahrtausenden gewordene Völker- und Zivilisationskarte nicht mehr verändern, ein Satz, der bis zum Aufkommen des Islams seine Gültigkeit behalten sollte. Babylon mit seiner uralten Kulturtradition ging mit der Zeit von selbst ein, obgleich kein Schwert es vernichtete und auch die Fremdherrschaft ihm nicht den Lebensfaden durchschnitt. Seit dem ersten vorchristlichen Jahrhundert bleibt es ohne Zeichen seines Daseins. Es verdämmert in der Geschichte.

Unvermerkt haben wir damit bereits ein anderes Grundproblem berührt. Die Existenzfrage schlechthin für die Hochkulturen ist ihr Verhältnis zu den »barbarischen« Randvölkern. Der Leser dieses Bandes wird fortwährend darauf stoßen. Es ist eines der Sachmomente, das sowohl im Westen wie im Osten auftaucht, das China so gut kennt wie Indien, das nicht minder die Geschichte des Vorderen Orientes erfüllt. Und dies gilt nicht nur für das Altertum. Das Mittelalter ist kaum weniger von dem Problem betroffen, so daß eher die Überlegung gerechtfertigt wäre, seit wann und weshalb es eigentlich die Weltgeschichte nicht mehr beschäftigt. Der ganze Fragenkomplex läßt eine bezeichnend einfache, um nicht zu sagen, rohe Alternative zu: entweder hält die höhere Zivilisation die Bedrohung aus oder sie fällt ihr zum Opfer. Diese banale Formulierung täuscht allerdings über den sehr vielfältigen Sachverhalt hinweg. Es kommt schon sehr darauf an, welcher Art diese »barbarischen« Randvölker sind und in welcher schon rein physischen Kräfterelation sie zu ihrem Gegner stehen. Solange die Kriegstechnik noch nicht die naturwissenschaftlichen Entdeckungen der Neuzeit in Dienst nehmen konnte, kam es oft genug vor, daß die sonst viel weniger differenzierten Invasoren in diesem entscheidenden Punkte überlegen waren und der Gegner nichts Besseres tun konnte, als bei ihm in die Schule zu gehen. So ging es mit der Verwendung des Streitwagens und der Verwendung des Reitpferdes. Der Essay von Franz Altheim über West und Ost enthält über das Phänomen, das dem Leser vielleicht an seinem Orte bereits aufgefallen ist, einige zusammenfassende Bemerkungen. Auch diese Randvölker machten schließlich ihre Geschichte durch, eine individuell verschiedene und meistens leider für uns nicht recht sichtbare; sonst würde sich wahrscheinlich gezeigt haben, daß sie von der Hochkultur nicht ganz unberührt blieben, ohne die Voraussetzung freilich, diese wirklich nachzuahmen. Dementsprechend hatten sie Anfang des dritten Jahrtausends weit geringere Möglichkeiten als tausend Jahre später. Wenn sie auch gerade durch den

Mangel an einer stabilen und umfassenden Organisation charakterisiert waren, so konnten ihnen doch die Umstände eine solche vorübergehend aufzwingen, vor allem, wenn ganze Völkerschaften sich auf die Wanderung begaben. Militärischer Sieg und Überwältigung des höher zivilisierten Gegners waren dann keine Seltenheit; dessen Schicksal war aber deswegen noch nicht festgelegt. Er vermochte unter Umständen den anderen zur Anerkennung seiner höheren Lebensform, zu ihrer Nachahmung oder wenigstens zu ihrer Respektierung zu veranlassen. All dies ging natürlich leichter vonstatten, wenn die Niederlage nicht gleich total war, sondern sich ein Balancezustand, wenigstens eine Zeitlang, herausstellte, womit eine Präformierung des künftigen Siegers möglich wurde. Aber auch wenn die Absorbierung des Eindringlings nicht völlig gelang, konnte die innere Resistenzfähigkeit des Unterlegenen dem fremden Oberbau gegenüber gewährleistet sein, so daß nach einiger Zeit dieser zerfiel und der alte Zustand sich mehr oder weniger unversehrt wiederherstellte.

So ging es mit den Hyksos in Ägypten oder mit den Churritern in Mesopotamien, und in unserem Indienabschnitt von Petech ist in dem Kapitel über »Das Zeitalter der Invasionen« nachzulesen, wie Nordwestindien zu Anfang unserer Zeitrechnung nacheinander gleich drei solche »Barbarenvölker«, die Shaka, die Pahlava und die Kushāna, erlebte, ohne dadurch in seiner Substanz wesentlich Schaden zu erleiden. Das lag an der Breite der indischen Lebensgrundlage. Dagegen wurde Urartu, ein schmales, auf sich gestelltes Kulturzentrum am Wan-See, 620 v. Chr. durch die Skythen vom Erdboden hinweggefegt. China war fast andauernd durch die gemeinsame Grenze mit den Nomadenvölkern im Norden engagiert und mußte sich in einer späteren (außerhalb unseres Bandes liegenden) Phase seiner Geschichte sogar deren Herrschaft über das Gesamtreich gefallen lassen. Aber zugrunde gegangen ist es an den Mongolen ebensowenig wie an den Manchus.

Nun ist gewiß das Beispiel von Urartu für Vorderasien nicht typisch; das liegt aber nicht zuletzt auch daran, daß der Vordere Orient keinen in dieser Hinsicht gleich starken Gefahren ausgesetzt war, jedenfalls nachdem er die ägäische Wanderung der »Seevölker« hinter sich gebracht und von ihr sogar einige gewichtige Modifikationen davongetragen hatte. Danach spielten jedoch diese Probleme – abgesehen von der Keltenepisode – keine bedeutende Rolle mehr; die Geschichte erhielt ihren Antrieb vielmehr von dem Verhältnis der eigenständigen Kulturstaaten zueinander. Aufschlußreich ist da die Situation des 6. vorchristlichen Jahrhunderts, vor der Errichtung des Achaimenidenreiches: Lyder, Meder und Perser, Babylon und Ägypten, schließlich noch die Griechen standen nebeneinander; keiner ein Neuankömmling, aufgetaucht aus den unendlichen Fernen jenseits der Kulturzone. Aber die Kulturzone selbst war in sich gespalten; infolgedessen wurde das gewaltige Perserreich ein Konglomerat vieler Zivilisationen und war alles andere als die äußere Organisation einer Kultureinheit. Der Vergleich ließe sich gerade mit Hilfe des in unserem Band zur Verfügung gestellten Materials weiter ausführen. Der Leser wird jedoch auch so bemerken, daß eine Art von synoptischer Betrachtung einen gewissen Erkenntniswert besitzt und daß der Umgang mit ihr gerade auch geeignet ist, die individuellen Konturen schärfer herauszuheben.

Die geschichtlichen Phänomene weisen eben ungeachtet ihrer Zerstreuung über Ort und Zeit und ihrer schon dadurch bedingten Verschiedenheit gemeinsame Elemente auf: die

Geschichte verfährt keineswegs absolut originell. Gerade unser Band mit seiner großen äußeren Spannweite vermittelt Gelegenheit zu solcher Einsicht. Die Geschichte Chinas von Hulsewé beispielsweise läßt aufmerken, wenn die große Periode zwischen den Shang und den Han unter das Zeichen des Feudalismus gestellt wird, das heißt einer dezentralisierten Form der Herrschaftsorganisation auf der Grundlage persönlicher, mehr oder weniger effektiver Bindungen. Den mannigfachen Spielarten politischer Gestaltung in Indien ist diese Möglichkeit selbstverständlich auch nicht fremd, etwa dem Gupta-Reich, wie aus einigen Bemerkungen unseres Gewährsmannes Petech zu ersehen ist. Im Vorderen Orient bildet, auf kleinerem geographischem Grundriß, der parthische Asarkidenstaat eine markante Analogie, wogegen sich dann die Reaktion der Sasaniden wendet, um schließlich doch dem gleichen Schicksal – wenigstens zeitweise – zu verfallen, ein politisch-historischer Kontrapunkt, der, auch für sich genommen, dem Denken im Hinblick auf manche Parallele neuen Anstoß geben könnte. Wenn wir in unserer Weltgeschichte zurückblättern, fielen uns vielleicht die Verhältnisse des mittleren ägyptischen Reiches, auch etwa die des hethitischen Großstaates bei. Auch an das churritische Mitanni-Reich ließe sich denken, wie uns von Soden belehrt. Desgleichen drängen sich »Parallelen« bei der Sozialform der »Stadt« auf, wie der Leser jetzt schon weiß und wie er auch im Indienkapitel zu konstatieren Gelegenheit hat. Sogar dem im allgemeinen städtefeindlichen Indien sind richtige Stadtrepubliken nach abendländischem Zuschnitt nicht ganz fremd. Man könnte eine derartige vergleichende Betrachtung, die jeweils einzelne Gestaltungselemente heraushebt, sehr weit fortsetzen. Trotzdem öffnet sie allein noch nicht den Blick auf die dominanten Figurationen, in denen sich erst das Wesen der historischen Erscheinung abzeichnet. Sie ergeben sich aus dem Zueinander der einzelnen Züge und ihrer Verrechnung innerhalb des Ganzen.

Am klarsten fällt der Sachverhalt bei China und Indien ins Auge. Die Geschichte Chinas hat im Altertum – und darüber hinaus – ein durchgängiges Generalthema: die äußere und innere Kolonisation, also denjenigen Vorgang, den wir auch sonst als eine wesentliche Lebensäußerung der höheren Kulturgesellschaften kennen. Aber in China wurde er wie nirgends im Vorderen Orient in einem gewaltigen Rahmen eingespannt. Die ungeheure Fläche Ostasiens wurde von ihm erfaßt. Und aus uns inzwischen bekanntem Grunde (dem gewiß noch andere, etwa solche der Bodengestaltung, hinzuzufügen wären) war dies im mittelmeerischen Orient nicht möglich. Zu diesem Vorgang in China gibt es Entsprechungen nur in Indien und bei der Kolonisation der Neuen Welt durch Europa, wobei natürlich sogleich das Problem auftaucht, was dabei, zumal in den Konsequenzen, anders war. Fundamental war für China auf jeden Fall die Verknüpfung von zivilisatorischer Ausbreitung und Kontinuität der Herrschaftsidee. Die Herrschaftsidee war im Zeitalter der »kämpfenden Staaten« – und schon vorher – aufs höchste gefährdet, aber doch nicht so weit, daß sie die Begründung des einheitlichen Kaiserreiches unmöglich gemacht hätte. Diese große Tat war, gepaart mit der Zurücknahme einer divergenten Schriftentwicklung zugunsten der Vereinheitlichung, für die Han-Zeit, Chinas klassische Periode, unmittelbare Voraussetzung. Seitdem erlebte das gewaltige Reich noch verschiedene Auflösungsphasen, in denen es in mehrere Teilstaaten auseinanderfiel, aber die Idee der Zusammengehörigkeit und damit die Möglichkeit einer Wiederherstellung ging nicht mehr verloren.

China ist – immer abgesehen von Amerika – die jüngste der originären Hochkulturen (im Sinne Toynbees), mit seiner Entstehung um 1500 v. Chr. eineinhalb Jahrtausende jünger als die der Sumerer. Aber China war in seiner Geschichte bis auf unsere Tage mit der Errichtung der kommunistischen Diktatur in einem fortlaufenden Traditionsstrom an die frühesten Tage höherer Gesittung angeschlossen, kann also eine Geschichte von dreieinhalb Jahrtausenden sein eigen nennen. Außerordentlich ist das freilich nur in unseren Augen, nicht zum Beispiel in denen eines Inders. Die heutige indische Geschichte beginnt ungefähr zur selben Zeit, aber sie ist nicht »originär«, sondern auf die untergegangene von Mohenjodaro und Harappa (mit deren Beginn um 2900 v. Chr.) aufgepfropft, also nach Toynbee »abgeleitet«. Ist dies nun aber wirklich so? Der Leser wird unserem Berichterstatter Petech für die genaue Information (im Rahmen des heute Möglichen) Dank wissen und mit Interesse feststellen, daß eine richtige Ablösung der präarischen durch die arische Kultur nicht nachzuweisen ist, nicht einmal die Zerstörung der großen Städte durch die Einwanderer. Innerer, autogener Rückgang und Naturkatastrophen waren offenbar die Werkzeuge der Vernichtung, und überhaupt stand es um die Produktivkraft jener ersten Hochkultur nicht zum besten. Ein richtiges Erbe war da wohl nicht anzutreten.

Während das Werden der chinesischen Einheit ein Vorgang ist, in dem sich gesellschaftliche und politische Triebkräfte vereinten, wurde die indische Einheit unter ausschließlicher Führung der sozial-geistigen herbeigeführt. Eine totale politische Einheit hat es in Indien bis auf die Engländer nie gegeben, und noch weniger lag ein solches Muster auf dem Grunde der indischen Geschichte. Was der indische Staat hier nicht leisten konnte, brachte das Kastenprinzip zuwege, das bekanntlich noch heute den Inder zu einem Hindu macht. Unser Beitrag versäumt nicht, auf die verschiedenen Stadien aufmerksam zu machen. Es war eine allmählich entwickelte »Leistung« der arischen Einwandererschicht, einer Minorität im Vergleich zu den zahllosen Einwohnern des großen Subkontinentes. Die Direktiven gingen von den Brāhmanen aus, womit natürlich noch nicht erklärt ist, worauf die Durchschlagskraft dieses Systems beruhte und wie es seine Fähigkeit zu immer weiterer Ausbreitung gewann. Jedenfalls war aber die Indisierung des ungeheuren Landes eng mit ihm verknüpft, und es war offenbar immer wieder möglich, für die rituelle Tabuierung des Lebens neue Interessenten zu finden. Ohne Zweifel steckten dahinter sehr wirkungsfähige Impulse. Wie so oft in der Geschichte uns der Einblick gerade in die wichtigsten Zusammenhänge verschlossen ist, so steht es auch hier bei der Aufklärung über das fundamentale indische Sozialprinzip. Man darf deshalb auch von Petechs Darstellung nicht mehr verlangen, als die Wissenschaft redlicherweise zu geben vermag.

Um die Quellen der indischen Geschichte ist es ohnehin eigenartig genug bestellt. Sie sind ausgesprochen dürftig. Mit Recht wird der Leser gleich zu Anfang mit diesem kardinalen Faktum bekannt gemacht. Der Grund ist nicht nur der Überlieferungsstand, sondern die Tatsache, daß die Inder sich nicht sonderlich für Geschichte interessierten. Die indische Geistigkeit war, wie auch die Darstellung Petechs genügend zu erkennen gibt, von einer geradezu tropischen Fruchtbarkeit in der religiösen und metaphysischen Spekulation, ließ aber der Erinnerung an die politische und soziale Weltgestaltung wenig Raum. Sie besaß wohl auch nicht den Willen, ihr Energien zukommen zu lassen, wenigstens nicht im Sinne eines Protestes gegen die bestehende Ordnung. Sie zu bestätigen war sie dagegen durchaus in der Lage, wie die von Petech an verschiedenen Orten hervorgehobenen Lehrbücher (Dharmasūtra) verraten. Selbst politische Rationalität für die methodische Durchgliederung eines Herrschaftsapparates war in Indien unter Umständen denkbar, aber selbst die heterodoxen Religionsphilosophen stellten das Kastenwesen ernstlich nicht in Frage, obschon im allgemeinen die Reflexion in allen ihren Spielarten nicht zuletzt um das menschliche Leben und das Karman kreiste. Aber wenn auch, wie im Buddhismus, Kastenwesen und Ritualismus für den Erlösungsweg beseite geschoben wurden, so war die Praxis offenbar nicht darauf angelegt, die Schranken der sozialen Ordnung, wenn auch nur im Verkehr untereinander, zu zerbrechen. Im übrigen wurde nicht zufällig der Buddhismus später (jenseits des in diesem Band besprochenen Zeitraums) verdrängt. Auf jeden Fall ist die Grundlage der Kontinuität der indischen Geschichte die unerschütterte Stabilität der gesellschaftlichen Ordnung, die nicht nur die Kraft der Beharrung besaß, sondern ebenso das Vermögen, sich immer wieder zu regenerieren und die Ausbreitung des indischen »Volkskörpers« vorwärtszutreiben. Gerade zu diesem letzten Punkt enthält der Beitrag Petechs wichtige Bemerkungen, auch zu den Ausstrahlungen nach Ceylon, Indonesien und Hinterindien.

In China wurde ein ähnliches Ergebnis auf anderem Wege erzielt. Unser Berichterstatter Hulsewé macht unseren Leser in dankenswerter Weise gleich zu Anfang mit einigen Grundtatsachen der chinesischen Geschichte vertraut. Wer schon einmal mit früheren Zeiten zu tun gehabt hat, wird gewiß überrascht sein, in welch weitem Umfang die Chinesen uns Mitteilungen von ihrer Geschichte machten und wieviel davon trotz aller Verluste noch erhalten ist. Wer beispielsweise mit der griechischen und römischen Geschichte befaßt ist, könnte beinahe auf seine sinologischen Kollegen neidisch sein. Das kommt nicht von ungefähr. Eine Geschichte, die sich ihrer Homogenität bewußt ist, kann nicht nur, sondern muß geradezu auf die Quellen ihrer Vergangenheit zurückgreifen. Andererseits ist der chinesische Geist beinahe exemplarisch der innerweltlichen Daseinsgestaltung zugewandt; er folgt darin nicht nur einem Prinzip seiner selbst, sondern deckt damit ein Stilgesetz der ganzen chinesischen Geschichte auf. Die Anlage hierzu bestand wohl von Anfang an. Auf die Höhe des Bewußtseins hat sie Konfuzius gehoben, der deshalb für Jahrtausende zum Lehrer der Chinesen wurde und der diese Wirkung ausübte, weil er eine schon vorhandene Tradition in ihrer ganzen Lebensfähigkeit aufgriff: »Ich wiederhole, ich schaffe nicht«. Seine Weisheit galt weniger dem metaphysischen Sein als dem richtigen Handeln, dies nicht naturrechtlich-revolutionär aufgefaßt, sondern als ethisch gefordertes Sicheinfügen in die hierarchische Ordnung des Lebens mit all ihren Obedienzien, angefangen bei dem Respekt des Sohnes gegen den Vater. Es war kein Wunder, daß die rücksichtslos durchgeführte Reichsorganisation des Ch'in Shi Huang-ti (221–210 v.Chr.) zu einem schweren Zerwürfnis mit den Intellektuellen führte, übrigens nicht nur mit den Konfuzianern (Bücherverbrennung). Die anschließende Han-Zeit machte diesen ekzessiven Schritt aber nicht nur wieder rückgängig, sondern erbrachte sowohl die Ausweitung des ethischen Konfuzianismus zu einem universalistischen kosmologischen System als auch seine Installierung als offizielle Staatsideologie. Die geistige Kultur Chinas war damit in konsequente Führung genommen, was zwar die Bildung von Heterodoxien – zum Glück – nicht ausschloß, was aber doch eine wirksame Garantie für eine gesicherte Tradition bot. Freilich hing das Gelingen dieser Bestrebung auch davon ab, wieweit sich die außerkonfuzianische »Wissenschaft« von den konfuzianischen Grundlagen entfernte. Eine radikale Distanzierung war hier im ganzen selten, wie der Darstellung unseres Beitrages indirekt zu entnehmen ist.

Wir vergessen gern die Traditionsmächtigkeit des Ostens und erliegen dadurch leicht der Versuchung, unsere eigenen geschichtlichen Erfahrungen für die allein möglichen zu halten. Selbst unsere universalhistorischen Begriffe verraten etwas von solcher Egozentrik. Mit Recht hat man dies sowohl Spengler als auch Toynbee vorgehalten. Demgegenüber könnte man sich wohl, wenigstens als Arbeitshypothese, einmal fragen, wie die Dinge in der umgekehrten Optik aussähen, und versuchen, von der Lebensgesetzlichkeit des Ostens auszugehen. So ganz abwegig wäre das nicht einmal. »Statistisch«, das heißt nach der Zahl der davon erfaßten Menschen, war der Osten die längste Zeit mächtiger als der Westen, und hinsichtlich des »Kulturniveaus« steht für lange Phasen einer dreieinhalbtausend Jahre alten Geschichte seine Überlegenheit ebenfalls außer jedem Zweifel. Aber um eine absolute Wertung geht es hierbei gar nicht. Es sollte nur einmal probiert werden, ob unter Ansetzung des Ostens als »Normalfall« der Westen nicht ein noch spezifischeres Relief erhält, als er dies im Hinblick auf die Geschichte des modernen Europas ohnehin tut, und ob sich nicht schon in den Verhältnissen der vorderorientalischen Hochkulturen eine besondere Lage abzeichnet.

Ohne bestimmte Bemerkungen, die im Zusammenhang dieser Betrachtung schon fielen, nochmals ausdrücklich aufzunehmen, braucht man sich hier nur einmal an die Zusammenstellung der Beiträge unseres Bandes zu halten. Der Nahe Osten aus der Feder von Sodens ist die Fortsetzung einer Linie, die, wie wir sahen, Ende des vierten Jahrtausends in Mesopotamien beginnt. Aber sie geht nun zu Ende, inmitten unseres »Altertums«. Dies allein schon ist ein Phänomen, zu dem der Ferne Osten im Grunde kein Analogon bietet und an Hand dessen sich vermuten ließe, daß in dem jüdisch-christlichen Geschichtsaufriß von der Abfolge verschiedener Reiche vielleicht doch der gebrochene Reflex einer gewissen Wahrheit zum Vorschein kommt. Diese Frage zu präzisieren ist hier allerdings nicht der Ort. Wir haben aber gleich wieder Ursache, uns zu wundern: die anschließenden Kapitel über das alte Iran und über Israel sind alles andere als eine »Fortsetzung« des ersten. Beide fallen dabei zweifellos, wenigstens geographisch, unter den Begriff des »Nahen Ostens«. Aber die Einordnung in ihn und seine Geschichte ist höchst eigenartig.

Von Israel sprechen wir im Grunde nur, weil die künftige Geschichte ohne dieses Kapitel völlig unverständlich bliebe. Christentum und Islam erfordern es als »Vorgeschichte«. Im Rahmen der gleichzeitigen Weltgeschichte wäre es nur die Geschichte einer drittrangigen Größe, von der der Historiker nicht mehr Notiz zu nehmen hätte als etwa von den Moabitern oder von Kommagene. Das historische Gewicht Israels kommt allein in der ungeheuren geistigen Fernwirkung zum Ausdruck. Und Iran? Trotz des achaimenidischen Weltreiches wurde es auf Grund seiner politischen Geschichte allein im letzten Sinne doch keine säkulare Erscheinung. Die Herrlichkeit der Achaimeniden dauerte reichlich zwei Jahrhunderte und war gewiß, wenn man auf die Ausdehnung sieht, die gewaltigste politische Organisation, die bis dahin unser Globus gesehen hatte; aber was ist davon geblieben, was hat sich gerade davon der Welt mitgeteilt? Nach dem Sieg Alexanders des Großen waren außerhalb Irans die Spuren des Achaimenidenreiches – von vereinzelten Ausnahmen abgesehen – alsbald verweht.

Und auch später ist das Bild sehr ungleich. Selbst unser Berichterstatter Franz Altheim, dem man gewiß keine Abneigung seinem Gegenstand gegenüber nachsagen kann und der seit einem Vierteljahrhundert nicht müde wird, die Historiker immer wieder an die weltgeschichtliche Stellung Irans zu erinnern, muß sich in weiten Partien seines Beitrages damit begnügen, Geschichte auf iranischem Boden und Geschichte iranischer Völker (in einem ungefähren Sinne) zu erzählen, weil die konkrete Größe Persien zeitweise zu einem Stern recht geringer Ordnung absank. Erst mit den Sasaniden wird das anders. Keine Geschichte der Spätantike ohne sie, dem großen Gegner von Rom und Byzanz. In Wirklichkeit wurde jedoch Sieger der Islam, und dasjenige Persien, dessen Ruhm Hafis, Firdusi und Avicenna verkünden und dessen künstlerischer Glanz auch von der Alhambra ausstrahlt, ist das mohammedanische Persien, von dem man zweifeln kann, ob es noch die alte iranische oder eine Spielart islamischer Zivilisation vertritt.

Es zeigt sich also: wir kommen offenbar schon im Westen von Asien mit einem Geschichtsbegriff nicht aus, der sich in der historischen Entwicklung einzelner, geschlossener Zivilisationsgesellschaften erschöpft. Nicht nur werden die Interferenzen zwischen solchen wichtiger als diese selbst, sondern es kommt auch zu universalhistorischen Anstößen, die weder identisch sind mit der Einheit des kulturellen Mutterbodens, dem sie entstammen, noch, wie im Falle Israels und der Juden, ursprünglich mit der Gesamtheit eines zivilisatorischen Milieus verknüpft sind. Diese beiden fundamentalen Tatbestände mag der Leser mit einiger Aufmerksamkeit den beiden ihm in diesem Band gebotenen Darstellungen entnehmen.

Franz Altheim stellt nicht ohne Grund die Person Zarathustras in den Vordergrund, obgleich in seiner Geschichte und in der des Zoroastrismus keineswegs Irans Geschichte wirklich aufgeht. Trotz des persönlichen Bekenntnisses der ersten Achaimeniden zu Zarathustra war ihr Verhältnis zu ihm zwiespältig. Altheim macht darüber interessante Mitteilungen. Das Iran der Achaimeniden war nicht im Glauben an Zarathustra zusammengefaßt, noch weniger stand das Weltreich unter seinem Zeichen. Die »Kirche« Zarathustras erscheint erst unter den Sasaniden, aber da war sie ein »nationales« Binnenereignis. Die universalen Äußerungen und Wirkungen liegen ganz woanders, in der Infiltration zoroastrischer Vorstellungselemente in die ökumenische Gesellschaft des Hellenismus und des Römischen Weltreiches. Da sich diese Zusammenhänge in Altheims Beitrag vielleicht nicht ganz mit der an sich wünschenswerten Deutlichkeit niederschlagen, wird es zweckmäßig sein, den Leser daran zu erinnern, daß etwa der Mithras-Kult der römischen Kaiserzeit iranischer Herkunft ist. Der christliche Satan ist von Iran über das Judentum zu uns gekommen, ebenso die christliche Metaphysik der Zeit mit der Apokalyptik, worüber Altheim einige dankenswerte Hinweise gibt. Überhaupt erfuhr das Judentum wichtige Einflüsse von Iran, wie neuerdings auch die Qumranfunde vom Toten Meer lehren und der Leser im Ausgang unseres Israelabschnittes erfährt (wo allerdings die iranische Herkunft von Dualismus und Enderwartung hinzuzufügen wäre). Die letzte große universalhistorische Chance

Irans ergab sich in der Gestalt Manis und des Manichäismus. Was die offizielle Kirche Zarathustras in ihrer Verknöcherung nicht zu leisten vermochte, wie Altheim mit Recht hervorhebt, nämlich ein lebendiges Weiterdenken der alten Ansätze in Berührung und Auseinandersetzung mit den Gedanken der größten zeitgenössischen Religionsgemeinschaften, vor allem des Christentums, und die Bildung einer missionierenden Gemeinde, all das gab sich in Mani und seinen Anhängern während des 3. nachchristlichen Jahrhunderts an die Hand, wurde aber gerade von der zoroastrischen Staatsreligion niedergetreten. Diese Dinge pflegen gewöhnlich in dem bunten Spektrum der Religionsgeschichte des Römischen Reiches ihren Platz zu finden, obgleich sie weit über seine Grenzen hinausgingen und in ihnen auch nicht ihren Ursprung haben. Da unser Gewährsmann sie dementsprechend kaum berührt, sie jedoch eine universalhistorische Betrachtung Irans durchaus bereichern würde, sei wenigstens hier auf die Möglichkeit eines solchen Ausblickes aufmerksam gemacht.

Mit Israel stehen wir naturgemäß auf vertrauterem Fuß. Bis zum 19. Jahrhundert vermittelte das Alte Testament die vermeintlich älteste Geschichte der Menschheit, und schon deshalb bildete Israels Geschichte oder die der Erzväter schlechthin den Eingang zur Geschichte überhaupt. Inzwischen ist alles ganz anders geworden. Nach der Entzifferung der Keilschrift (bereits Anfang des 19. Jahrhunderts von Grotefend begonnen) und der Entdeckung der unzähligen Keilschrifturkunden bekam unser ganzer historischer Prospekt, damit auch die Einordnung Israels in ihn, ein völlig neues Gesicht. Israel ist danach – der Leser wird es bei näherem Zusehen selbst feststellen – weit entfernt, zu den ersten Schrittmachern der höheren Zivilisation zu gehören.

Israels Geschichte ist die Geschichte eines ursprünglich aus Nomadenhirten zusammengewachsenen kleinen Volkes. Ihr Thema ist der Kampf nach innen und außen und die Behauptung des Gottes Jahve. Damit ist sogleich die entscheidende Frage gestellt: woher kommt Jahve? In Übereinstimmung mit wohl der Mehrzahl der heutigen Forscher erkennt auch unser Berichterstatter Hans-Joachim Kraus, Hamburg, Moses nicht mehr als Religionsstifter an. Zu diesem Standpunkt hat ein langer wissenschaftsgeschichtlicher Prozeß geführt, in dem das Alte Testament seinen autoritativen Charakter einbüßte (Kraus selbst ist der Verfasser eines lehrreichen Buches darüber); aber dem Leser soll doch nicht vorenthalten werden, daß es auch heute noch hervorragende Gelehrte gibt, etwa den auch einem größeren Publikum bekannten Orientalisten Albright, die nach wie vor mit Moses die Geschichte Israels als die der Jahvegläubigen beginnen lassen. Wer und was tritt nun an die Stelle von Moses? Wie öfters in der Geschichtswissenschaft, scheint es auch hier leichter zu sein, eine vorhandene Tradition zu entthronen, als sie durch ein gleich anschauliches Bild zu ersetzen. Kraus legt im Anschluß an neuere deutsche Forschungen den Nachdruck auf die formale Bestimmung der Moses-Sinai-Überlieferung als einer Kultlegende des amphiktyonischen Zwölfstämmeverbandes, läßt darüber freilich die Rekonstruktion des realen Vorganges von dessen Entstehung etwas zu kurz kommen. Wir können danach mit ihm nur die historische Stelle angeben, an der Jahve als Gott der Israeliten ins Leben trat, eben da, wo und wann auf dem Boden Kanaans die Vereinigung begründet wurde. Das darin zum Ausdruck kommende Gottesverhältnis war von besonderer, persönlicher Art: Gott und der politisch-soziale Verband gehörten zusammen, jeder mußte sich auf den anderen verlassen können.

Trotzdem bleibt die Herkunft Jahves eines der fundamentalen Probleme, das die Weltgeschichte kennt, denn in ihm verbirgt sich die Frage nach dem historischen Ursprung des Monotheismus als lebendiger Kultfrömmigkeit. Alle anderen Erscheinungsformen des Monotheismus in der Welt haben von Haus aus spekulativen Charakter und konnten deshalb von sich aus niemals einen praktizierenden Monotheismus urtümlicher Glaubensfrömmigkeit hervorbringen, wie er in der Nachfolge der Juden dem Christentum und dem Islam eignet. Nur wo Jahve mit seiner eifersüchtigen Exklusivität durchdrang, kam es zu der eigentümlichen, auf einem konkreten Gottesglauben fußenden Intoleranz und der Diffamierung aller anderen Götter als Götzen. Gerade der Leser dieses Bandes hat Gelegenheit, an Hand des Indienabschnittes festzustellen, daß selbst ein subtiler Glaube sich durchaus mit einem Pluralismus göttlicher Wesen zu vertragen vermag.

Mit Jahve als Amphiktyonengott war allerdings erst eine Möglichkeit an die Hand gegeben. Den Weg zur Verwirklichung bezeichnet die so überaus fesselnde Geschichte Israels und des frühen Judentums, wie sie Kraus vor uns ausbreitet. Viele Fakten wirkten da zusammen. Am deutlichsten wurden die negativen der Bedrohung, der Bedrohung durch die Übermacht der kanaanitischen Zivilisation, durch die in Anlehnung an sie erfolgende Staatswerdung Israels und schließlich durch die äußere Katastrophe in Gestalt des assyrischen Imperialismus. Kraus hat diesen Dingen eingehende Aufmerksamkeit geschenkt und vermittelt unseren Lesern eine verhältnismäßig ausführliche, vielleicht allzu ausführliche pragmatische Geschichte der beiden nachsalomonischen Teilreiche. Wer mit einiger historischer Vorstellungskraft diese Geschichte verfolgt, wird bemerken, daß nach dem Untergang des Nordreiches (734–722 v. Chr.) alles auf die Existenz des südlichen Juda abgestellt war und dessen Rettung vor Sanherib 701 v. Chr. an einem dünnen Faden hing. Die Rettung brachte das Mirakel eines »Zufalls«. Wäre damals Juda dem Schicksal des nördlichen Israels erlegen, schwerlich hätte es noch eine künftige Geschichte der Juden gegeben. Die rund hundert Jahre einer inneren geistigen Konsolidierung bis zur Babylonischen Gefangenschaft hätten dann gefehlt.

Damit rückt eigentlich von selbst das Schwergewicht auf diesen inneren Prozeß, dessen Träger in der Hauptsache die Propheten waren. Ihr Gewicht ist deshalb auch in den Augen einer profanen Geschichtsschreibung, wie sie unsere Weltgeschichte bietet, gar nicht zu unterschätzen. Die Erhebung des Jahve-Glaubens von einem lokalen Binnenkult zu einem säkularen, der gesamten Welt entgegengesetzten Monotheismus von universalem Aspekt, ist ja ihr Werk. Gefährdung und Bewährung treten auch später noch genug und zahlreich auf, die Babylonische Gefangenschaft, die Neugründung durch Esra und Nehemia und die Abwehr des Hellenismus. Die Linie verläuft bis zur Entäußerung der Juden von einer volks- und raumbedingten Existenz und ihrer Überwindung in einer rituellen Glaubensgemeinschaft, eine Entwicklung, die sowohl das Judentum die Katastrophe der Römerzeit überstehen ließ, als auf der anderen Seite den gewaltigen Protest Jesu hervorrief und damit das Tor zum Christentum öffnete. Es ist also auch von daher gut motiviert, wenn unsere Darstellung bis zu diesem Stadium weitergeführt wird.

Die Weltgeschichte ist kein einziger Strom, dem das Boot geschichtlicher Erkenntnisse mühelos folgen könnte. Sie bewegt sich auch nicht in mehreren Strömen gleichmäßig vorwärts. Sie gleicht vielmehr, wenigstens teilweise, einem komplizierten Flußsystem, dem nur mit einer beweglichen Navigatorik beizukommen ist. Trotzdem ist sie kein Reich absoluter Beliebigkeit, das jeglichem Begreifen spottet. Auch ihre schier unübersehbare Mannigfaltigkeit trägt eine Begrenzung in sich. Irgendwo und irgendwie passen die Dinge doch zueinander. Unsere Betrachtung, die diesem Nachweis dient, darf es deshalb als glückliche Bestätigung ansehen, wenn in freierer Verfügung über den Stoff die beiden Essays von Altheim und Toynbee zu diesem drängenden Thema einen Beitrag liefern. Altheim ist es darum zu tun, den Eindruck räumlicher Isolierung von West- und Ostasien, der sich jedem Beobachter aufzudrängen scheint, zu korrigieren. Der Nachdruck seiner Darlegungen liegt auf dem Nachweis, daß die gewaltigen Entfernungen des eurasischen Kontinents auch Verbindungen schafften, in den die Steppe durcheilenden Reitervölkern, daß auch die frühen Perioden der Weltgeschichte jene Verbindungen kannten, welche im Ausgang unseres Mittelalters so bedeutsam waren. In Toynbee meldet sich derjenige Forscher zu Wort, der, wie es nicht anders sein konnte, schon bisher unser ständiger Gesprächspartner war. Es ist schön, daß er nun selbst noch, gestützt auf seine gewaltigen Kenntnisse, am Ende eines Buches, das dem Leser die Geschichte unter mancherlei fremder Gestalt zeigt, eindrucksvoll die Tatsache verkörpert, daß welthistorische Orientierung heute zur Existenzfrage geworden ist, ganz gleichgültig, was man von seiner, dem Kundigen längst bekannten Position hält, das heißt von seinem geringen Vertrauen in die profane Vernunft und von seiner Überzeugung von dem durch alle Zeiten unverlierbaren Beharrungsvermögen der großen religiösen Offenbarungen. Weltgeschichte letztlich als Religionsgeschichte? Die Frage mag auf sich beruhen; sie ist so wahrscheinlich auch nicht ganz richtig gestellt. Wohl aber Weltgeschichte als ein Ganzes, das dem Menschen aufgegeben ist – theoretisch wie praktisch. Unsere Universalgeschichte ist nur für jenes zuständig und möchte da dem Ausspruch des jungen Ranke recht geben: »Es käme darauf an, eine Anordnung zu finden, welche auf innerem Grund beruhend die mannigfaltigsten Einzelheiten zu einem Ganzen zu verknüpfen vermöchte. Diese müßten sich nicht auf allgemeine Gedanken, sondern auf eine Anschauung des Ganzen im Einzelnen gründen.«

Wolfram von Soden

DER NAHE OSTEN IM ALTERTUM

Churriter und Arier in Vorderasien
Das Mitannireich

Im zweiten Drittel des zweiten Jahrtausends setzt für uns in allen Ländern Vorderasiens die Überlieferung für längere oder kürzere Zeit fast ganz aus. Dieses »dunkle Zeitalter«, das die Königslisten lediglich mit einer Anzahl von meist nichtssagenden Königsnamen ausfüllen, beginnt in Assyrien schon vor 1700, in Babylonien und Syrien nach 1600 und in Anatolien um 1500. Die dunklen Perioden in diesen Ländern decken sich also nur teilweise, so daß heute wenigstens einige Aussagen über die sehr bewegten Zeiten möglich sind. Die chronologischen Angaben können allerdings bestenfalls annähernd richtig sein.

Wir hatten von neuen Vorstößen der nordwestiranischen Churriter nach Assyrien und Nordmesopotamien nach etwa 1760 gehört, die zur Bildung churritischer Staaten in diesen Ländern und später auch in Syrien-Palästina führten. Für etwa 1640 lassen hethitische Berichte auf die Existenz eines auch auf Ostkleinasien übergreifenden Churriterreichs in Mesopotamien schließen, dessen Schicksale dann wieder für über hundert Jahre ganz im dunkeln liegen. Vermutlich in dieser Zeit, sicher aber vor 1500, rissen in den meisten Churriterstaaten aus Iran nachstoßende arische Adelsgruppen die Führung an sich. Die dem ältesten Indischen ganz nahestehende Sprache dieser Arier, die sich vielleicht im Aralseegebiet von den späteren Indern gelöst hatten, ist uns nur durch Namen von Fürsten und Adligen sowie durch eine größere Zahl von Lehn- und Fremdwörtern in den Sprachen Vorderasiens in den Grundzügen bekannt; zusammenhängende Texte wurden noch nicht aufgefunden. Da diese Fremdwörter überwiegend Termini der Pferdezucht und des Wagenbaus sind, kann kein Zweifel daran bestehen, daß der von Pferden gezogene schnelle Streitwagen mit leichten Speichenrädern von diesen Ariern nach Vorderasien gebracht wurde. Die trotz der schlechten Wege große Beweglichkeit des Streitwagens, der freilich nur in offenem Gelände wirksam eingesetzt werden konnte, revolutionierte die damalige Kriegstechnik, und die kleinen arischen Kriegergruppen verdankten vor allem ihm ihre überraschenden Erfolge. Die anderen Völker Vorderasiens und die Ägypter des Neuen Reiches mußten sich auf die neue Kampfesweise so schnell wie möglich umstellen, bedurften dazu aber arischer Lehrmeister, die ihnen vor allem ihre in Generationen erworbenen Erfahrungen in der Pferdezucht vermitteln mußten. Dabei bereitete die Akklimatisierung der Pferde in den subtropischen Steppen und Flußtälern größere Schwierigkeiten als in den

Gebirgsgebieten. Später wurden die neugewonnenen Erfahrungen in Lehrbüchern der Zucht und des Trainings von Wagenpferden niedergelegt, von denen uns aus dem Hethiterreich und aus Assyrien Stücke erhalten sind.

Die erste arische Reichsgründung, von der wir wissen, ist das Reich Mitanni oder Maitani in Mesopotamien (etwa 1530–1350). Seine Hauptstadt trug den arischen Namen Wassukkanni und konnte noch nicht aufgefunden werden; sie lag wohl an einem der Quellflüsse des Chabur. Einen gewissen Ersatz für die fehlenden Archive der Hauptstadt bieten uns die reichen Funde in zwei Provinzstädten, dem nahe der Westgrenze gelegenen nordsyrischen Alalach und dem osttigridischen Nuzi bei Kerkuk (damals Arrapcha). In beiden Städten schrieb man in Keilschrift ein etwas mangelhaftes Akkadisch, das mit vielen churritischen und einigen arischen Wörtern und Wendungen durchsetzt war. Literarische Texte fand man leider nur wenige, dafür aber in Alalach Hunderte und in Nuzi Tausende von Urkunden und in kleinerer Zahl Briefe, die, obwohl noch nicht vollständig erschlossen, überaus wichtige Erkenntnisse vermittelt haben. Die Urkunden aus Alalach erweisen schon für die Zeit vor 1700 eine starke churritische Besiedlung neben der kanaanitischen; nach 1500 sind die Namen ganz überwiegend churritisch. Die in ihrer großen Mehrheit leider sehr schwer zu datierenden Urkunden aus Nuzi gehören etwa in die Zeit von 1500 bis 1350. Beide Urkundengruppen erweisen, daß das Mitannireich durch einige Generationen mindestens von den Abhängen des Zagrosgebirges in Kurdistan bis ans Mittelmeer reichte; Babylonien scheint jedoch nie dazu gehört zu haben.

Um 1500 regierte es ein König Barattarna, dessen (sonst damals nur bei den Hethitern übliche) Brandbestattung in einer Urkunde erwähnt wird. Einer seiner Vasallen war Idrimi von Mukisch, von dem in seiner Hauptstadt Alalach ein gut ein Meter hohes, recht grob gearbeitetes Sitzbild gefunden wurde. Die nach dreißigjähriger Regierung in einem barbarischen Akkadisch abgefaßte Inschrift ist ein überaus interessantes Dokument. Idrimi tammte aus Halab und mußte von dort vor seinen Brüdern fliehen und sich sieben Jahre bei nomadisierenden Hapiru-Gruppen in Syrien aufhalten. Er kam dann über See unerwartet in sein Land zurück und nahm es nach einem Ausgleich mit seinem Oberherrn Barattarna in Besitz. Später machte er reiche Beute im hethitischen Grenzgebiet, ohne dort auf Widerstand zu stoßen, und bemühte sich um die Ansiedlung der semitischen Sutû-Nomaden. Sein so wechselhaftes Schicksal war in vielem typisch für eine Zeit, in der viele Kondottieres churritischer, arischer und semitischer Herkunft in den zwischen den Großmächten strittigen Gebieten herumzogen und zeitweilig größere Fürstentümer beherrschen konnten. Das Nebeneinander von oft aus Eindringlingen bestehenden herrschenden Klans, Alteingesessenen und Flüchtlingsgruppen aus Nachbarländern führte in diesen Gebieten zur Bildung sehr zahlreicher sozialer Klassen und Grüppchen, deren sehr unterschiedliche Rechtsverhältnisse wir trotz vieler Urkunden nur unzureichend durchschauen.

Der große Gegner von Mitanni in Syrien war damals Ägypten, das unter Thutmosis I. um 1510 erstmalig auch auf Nordsyrien übergriff und unter Thutmosis III. nach 1480 häufig weit nach Norden vorstieß und mit wechselndem Erfolg mit dem Naharina (»Flußland«) genannten Mitanni kämpfte. Leider nennen die Ägypter keinen der Mitannikönige namentlich. Thutmosis III. hatte es aber wohl vor allem mit Sauschschatar (1470–1440?)

zu tun, dessen schön geschnittenes Siegel wir im Abdruck kennen, aber leider keine Inschrift. Sein Urenkel berichtet, daß er aus Assur eine Tür mit Goldbeschlägen weggeführt habe, die später »leider« zurückgegeben worden sei. Da die ungewöhnlich großen Häuser reicher Adliger teilweise königlichen Geblüts und die Urkunden in Nuzi auf eine Zeit des Wohlstands im Mitannireich schließen lassen, ist es wohl nicht verfehlt, wenn man in Sauschschatar trotz der so dürftigen Zeugnisse den erfolgreichsten Herrscher von Mitanni vermutet. Ebenso dürftig sind die Nachrichten über seinen Sohn Artatama (1440–1415) und seinen Enkel Schuttarna II. (1415–1390). Wir hören von beiden, daß sie mit ihren königlichen »Brüdern« in Ägypten, Thutmosis IV. und Amenophis III., Gesandtschaften austauschten und ihre Töchter erst nach mehrfachen Bitten und entsprechenden Zugeständnissen in das Frauenhaus des Pharaos sandten. Assur versuchte damals, durch selbständige Verhandlungen mit Babylonien seine Abhängigkeit von Mitanni zu lockern; Assurbelnischēschu baute um 1430 die vorher gewiß geschleifte Stadtmauer von Assur neu, durfte sich aber noch nicht König nennen. Assurnadinachche II. (1403–1393) wandte sich sogar schon an Ägypten, um das begehrte Gold zu erhalten.

Der letzte ganz selbständige König von Mitanni war Tuschratta (1390–1352), der allerdings nur in der ersten Hälfte seiner Regierung das alte Ansehen seines Reiches aufrechterhalten konnte. Von seiner umfangreichen Korrespondenz mit den Pharaonen Amenophis III. und IV. sind im Archiv von el-Amarna in Ägypten beträchtliche Reste gefunden worden; einer seiner oft sehr langen Briefe war nicht in der akkadischen Diplomatensprache geschrieben, sondern churritisch. Als eine sehr starke Persönlichkeit erscheint Tuschratta, der vom Mörder seines thronberechtigten älteren Bruders noch als Kind auf den Thron gesetzt worden war, in den vom Handel und von Heiratsplänen handelnden Briefen nicht; es verwundert daher nicht, daß er weder den Wiederaufstieg des Hethiterreichs noch die Verselbständigung von Assur in seinen späteren Jahren verhindern konnte. Nach mehreren Niederlagen fiel er schließlich durch Mord.

Über die gewiß in vielem bedeutsame Kultur des Mitannireichs wissen wir leider noch ziemlich wenig. Manches können wir nur aus ihren Nachwirkungen im Hethiterreich und in dessen Nachfolgestaaten sowie vor allem in Assyrien erschließen. Dabei gelingt es nur selten, die besondere Leistung der arischen Führungsschicht, die sich früh mit den Churritern zu vermischen begann, zu erkennen. Daß diese den Streitwagen und die Pferdezucht nach Vorderasien brachte, wurde schon erwähnt. Überwiegend durch sie bestimmt war sicher auch die feudale Struktur des Reiches. Der Boden wurde an die Adelsfamilien als unveräußerliches Lehen gegeben. Daher fehlen Urkunden über Grundstücksverkäufe in Nuzi wie in Alalach fast ganz. Nach 1450 wurde das Verbot des Bodenverkaufs in Nuzi aber in zunehmendem Maß durch das Institut der sogenannten Verkaufsadoption umgangen. Dabei »adoptierten« die Verkäufer den Käufer und gaben ihm das Grundstück als seinen Anteil am »Erbe«, erhielten aber ihrerseits Dankgeschenke von entsprechendem Wert. Der reiche Bodenaufkäufer Techiptilla wurde an die zweihundertmal so »adoptiert« und erwarb damit riesige Ländereien, ohne daß die Behörden dagegen einschritten. Noch nicht ganz klar ist, woher er die Mittel für seine »Geschenke« nahm. Sicher gewann er einen großen Teil durch die lukrative Bewirtschaftung seiner Güter; er dürfte sich aber auch im

Handel erfolgreich betätigt haben. Notlagen seiner Kontrahenten nutzte er rücksichtslos aus, um sich billige Arbeitskräfte zu beschaffen, so einmal einen Weber gleich für fünfzig Jahre gegen Zahlung eines bescheidenen zinslosen Darlehens an dessen Vater.

Die Gerichte waren in Nuzi nach babylonischem Vorbild gut organisiert und überwachten die Erfüllung der formal immer korrekt abgeschlossenen Abmachungen. Leider verstehen wir viele der in den Verhandlungen gebrauchten churritischen Fachausdrücke noch nicht. Die sehr zahlreichen Urkunden und Aufzeichnungen aus dem Palast vermitteln eine gute Vorstellung von den sehr mannigfachen Betätigungen der königlichen Verwaltung, der lange ein Prinz vorstand. Die Ausrüstung und Verpflegung des Heeres, voran der Streitwagentruppe, die Verwaltung der königlichen Güter mit ihren großen Herden und die öffentlichen Bauten erforderten einen großen Stab geschulter und hinlänglich schreibkundiger Beamter sowie die notwendigen Archive. Auf den Gütern selbst war die »Buchführung« einfacher: man verwendete wie in Israel die manchmal noch heute gebräuchlichen unbeschriebenen Rechensteine, die in die für die einzelnen Tiergruppen aufgestellten Tonbehälter für jedes Tier hineingelegt oder bei Abgängen ihnen entnommen wurden.

Über die Religion der arischen Adligen wissen wir nur sehr wenig. Aus den Staatsverträgen geht aber hervor, daß zu ihren Göttern auch die indischen Götter Indra, Mitra, der Himmelsgott Varuna und die Nasatjas gehörten. Das Pantheon der Churriter war sehr gestaltenreich und umfaßte auch viele babylonische Götter; bei der Behandlung der Religionen des Hethiterreichs wird darüber noch einiges zu sagen sein. Die bisher bekannten Tempel sind monumental, aber von bescheidenen Ausmaßen; ihre Grundrisse sind in Nuzi wie in Alalach durch die (ganz verschiedenen) örtlichen Traditionen bestimmt. Die Paläste sind weitaus größer und waren in einigen Räumen mit Fresko- (Alalach) oder Secco- (Nuzi) Gemälden geschmückt. In Nuzi erscheint neben Ornamentmotiven und dem uralten Stierkopf auch ein der ägyptischen Göttin Hathor nachgebildeter Frauenkopf; er zeigt, wie weit damals der ägyptische Kultureinfluß reichte. Über die Großplastik des Mitannireichs ist noch nichts bekannt. Die Kleinplastik und die Terrakotten erscheinen nicht besonders originell. Dafür erfreute sich die Siegelschneidekunst einer sehr liebevollen Pflege. Das Weiterwirken der babylonischen, assyrischen und syrisch-kleinasiatischen Traditionen ist unverkennbar, die geflügelte Sonnenscheibe wurde aus Ägypten übernommen. Auffällig oft finden sich Kulttänzer, öfter mit Masken. Antithetische Gruppierungen der Figuren, deren Körper gern naturalistisch gezeichnet werden, sind beliebt, ebenso die Wiedergabe von Göttern, Menschen und Tieren in lebendiger Bewegung. Die bemalte Schmuckkeramik verwendet überwiegend die herkömmlichen figürlichen und ornamentalen Motive, zeichnet sich aber durch besondere Feinheit der Zeichnung aus und vor allem dadurch, daß anders als sonst weiß auf schwarzem oder braunem Grund gemalt wird. Diese Maltechnik könnte arischer Herkunft sein.

Zikkurrat von Dur-Kurigalzu
Kassitischer Ziegelbau, 14./13. Jahrhundert v. Chr.

Berggott und Göttin mit Lebenswasservasen
Kassitisches Backsteinrelief von der Fassade des Inanna-Tempels in Uruk, um 1440 v. Chr.
Berlin, Staatliche Museen, Vorderasiatisches Museum

Großmächte und Kleinstaaten Vorderasiens in der Amarnazeit

Während man in der Geschichte Ägyptens als Amarnazeit im wesentlichen die Regierungszeit des »Ketzerkönigs« Amenophis IV. (Echnaton) bezeichnet, umgreift dieser Begriff in der Geschichte Vorderasiens auch die Zeit Amenophis' III. Denn die 1887 und später gefundenen Reste des diplomatischen Archivs von Keilschrifttafeln (bis auf drei in akkadischer Sprache) im Palast Echnatons umfassen Briefe aus den rund fünfzig Jahren von 1400 bis 1350 und sind, obwohl heute nicht mehr die einzige Quelle, immer noch die wichtigste Grundlage für die Rekonstruktion der politischen Geschichte dieser Zeit. In ihr war Ägypten zunächst noch eindeutig die Vormacht des Orients und wurde auch weiterhin als *primus inter pares* anerkannt. Weitere Großmächte waren Babylonien und Mitanni, die sich vergeblich dem Wiederaufstieg Assyriens und des Hethiterreichs widersetzten. Die vielen Kleinstaaten Syrien-Palästinas waren von den Thutmosiden unterworfen worden oder gehörten zu Mitanni, gewannen aber durch die Gegensätze der Großmächte und den Rückgang der Macht Ägyptens trotz fehlender Souveränität eine immer größere Bewegungsfreiheit vor allem dort, wo geschickte Söldnerführer die Macht an sich reißen konnten. Um die Lage um 1400 verständlich zu machen, müssen wir zuerst einen Blick auf die Geschichte der Nachbarländer von Mitanni vor der Amarnazeit werfen.

Der Raubzug der Hethiter nach Babylon 1595 hatte es den Kassiten ermöglicht, sich endgültig in Babylonien festzusetzen, wenn sie auch den Süden des Landes noch für längere Zeit der Meerlanddynastie überlassen mußten. Wie das vor sich ging, wissen wir nicht, und die folgenden Jahrzehnte liegen wegen des Fehlens sicher authentischer Königsinschriften und der schlechten Erhaltung der Königsliste fast ganz im dunkeln. Nach im Kern gewiß zutreffender jüngerer Überlieferung wurde die von den Hethitern aus Babylon entführte Mardukstatue nach vierundzwanzig Jahren wieder zurückgesandt, vermutlich gegen eine vom Kassitenkönig angebotene Kompensation. Das Interesse der Kassiten an dem Gottesbild ist ein Zeichen dafür, daß ihre Könige sehr schnell lernten, sich auch als Babylonier zu fühlen. 1474 eroberte Ulamburiasch, der Bruder des Königs Kaschtiliasch III., das Meerland, dessen letzter selbständiger König Eagamil nach Elam fortgeführt worden war. Agum III. vereinigte dann wenig später wieder ganz Babylonien in seiner Hand. Daher konnte Karaïndasch um 1440 schon mit Ägypten auf gleichem Fuß diplomatisch verkehren und in Uruk einen Tempel errichten, der seinem Grundriß nach nicht in der babylonischen Tradition stand, sondern in der des nördlichen Osttigrislandes. Ganz neuartig, aber etwa gleichzeitig auch in Susa bezeugt, ist der Schmuck der Außenwände mit je fünfzehn Ziegelschichten hohen Backsteinreliefs, die abwechselnd einen Berggott und eine Göttin mit der Lebenswasservase darstellten. Für seine Inschriften wählte er ebenso wie manche seiner Nachfolger wieder die sumerische Sprache, allerdings in sehr wenig klassischer Gestalt, wobei er vermutlich an die Tradition der Meerlanddynastie anknüpfte. Sein zweiter Nachfolger Kurigalzu I. (etwa 1425–1400) hat uns viele kurze, überwiegend sumerische Bauinschriften vor allem aus Ur und Uruk sowie aus der von nun an Dur-Kurigalzu genannten Residenz einiger Kassitenkönige westlich von Bagdad hinterlassen, wo er eine umfangreiche Bautätigkeit entfaltete; der noch heute verhältnismäßig hoch anstehende Tempel Edublalmach in Ur gehört zu den schönsten babylonischen Kultbauten. Sein Herrschaftsbereich umfaßte außer Babylonien gewiß auch das südliche Mesopotamien; denn seine Gesandten konnten ebenso wie die seiner Nachfolger Kadaschmanellil I. (1400–1380) und Burnaburiasch III. (1380–1352), die vor allem in Nippur bauten, die syrische Provinz Ägyptens erreichen, ohne fremdes Gebiet zu berühren. Eine expansive Außenpolitik betrieb, soweit wir sehen können, keiner dieser Könige.

Während Ägypten, Mitanni und Babylonien im wesentlichen auf die Wahrung des für sie günstigen Status quo bedacht waren, mußten Assyrer und Hethiter ihre Gleichberechtigung erst erkämpfen. Für Assur waren militärische Aktionen aussichtslos, solange das Mitannireich noch intakt war; für die nicht zwischen zwei Reichen eingeklemmten Hethiter war die Lage günstiger. Nach dem Tode des Telepinus um 1500 war ihr Reich zu einem bedeutungslosen anatolischen Kleinstaat geworden. Der einzige Sieg, den eine jüngere Überlieferung verzeichnen konnte, war die Eroberung von Halab durch einen Tudhalijas, der dabei vermutlich die vorübergehende Schwächung von Mitanni durch einen Krieg mit Ägypten ausnutzte. Wahrscheinlich hatte Tudhalijas II. um 1450 im Bunde mit Thutmosis III. diesen Erfolg; vielleicht ist er aber auch erst Tudhalijas III., der um 1400 Hatti erneut einigte, zuzuschreiben. Eine schwere Krise gegen Ende der Regierung Tudhalijas' III., die durch Aktionen Mitannis im Bunde mit anderen Nachbarstaaten ausgelöst wurde, konnte erst sein Sohn Suppiluliumas (etwa 1385–1345) meistern. Nach anfänglichen Mißerfolgen wurde er der eigentliche Begründer des jüngeren Hattireichs und dessen bedeutendster Herrscher. Er gehört bereits in die Amarnazeit.

Neben den bisher genannten größeren Staaten stand nun um 1400 eine Fülle von selbständigen oder abhängigen Kleinstaaten. Keinen erkennbaren Einfluß auf die große Politik hatten Iran, Kaukasien und andere von den damaligen Machtzentren weit entfernte Gebiete. Die in den hethitischen Texten von Mitanni unterschiedenen Churriländer Ostkleinasiens hingegen und das nördlich an diese anschließende Azzi/Hajasa hatten in der Auseinandersetzung zwischen Mitanni und Hatti sicher ein beträchtliches Gewicht; wir hören, daß etliche dieser Gebiete nicht von Fürsten, sondern von Adelsgruppen regiert wurden. Wesentlich besser, obschon durchaus bruchstückhaft unterrichtet sind wir durch die Archive von Amarna, Alalach, Ugarit und das wesentlich kleinere von Qatna über die Kleinstaaten Syrien-Palästinas. Bis etwa 1700 waren in ihnen kanaanitische Semiten offenbar das beherrschende Element. Dann setzte immer stärker der Druck der Churriter ein und führte zunächst zum Ausweichen größerer Gruppen der Semiten nach Ägypten in Gestalt der sogenannten Hyksosinvasion um 1650. Im weiteren Verlauf kamen Churriter, teilweise wieder unter Führung arischer Adliger, bis nach Südpalästina und übernahmen die Herrschaft in den alten Stadtstaaten oder gründeten auch neue. In der vorläufig nur unzureichend bekannten Kultur der Städte kamen kanaanitische wie churritische Elemente zur Geltung, nicht zuletzt aber auch sehr wesentliche Einflüsse Ägyptens und in manchen Bereichen auch Babyloniens und Kretas.

Im Raum dieser Mischkultur bereitete sich seit etwa 1700 eine der bedeutsamsten Leistungen der Menschheit vor, nämlich der Übergang von den gemischten Wort-Silben-Schriften der Ägypter, Babylonier und Kreter zur Buchstabenschrift. Zunächst erscheint wieder die alte Hafenstadt Gubla/Byblos führend. Hier schrieb man um 1700 auf Bronze und Stein die sogenannte gublitische Schrift mit über hundert meist noch bildhaften Silbenzeichen. Édouard Dhorme hat unter der Annahme, daß mit der Schrift die phönikische Sprache geschrieben wurde, die Entzifferung der wenigen Inschriften versucht; erst neue Funde können zeigen, ob seine Deutung zutrifft. Um 1500 schrieb man in den Bergwerken des Sinai und in Palästina ähnliche Schriften, die noch viel schlechter bezeugt und daher noch nicht deutbar sind. Vermutlich durch Vereinfachung der gublitischen Schrift entstand wohl nach 1400 die phönikische Konsonantenschrift und etwa gleichzeitig das Keilschriftalphabet von Ugarit, dessen dreißig Zeichen teilweise dieselben Grundformen haben; in ihm wurde neben churritischen und einigen akkadischen Texten das noch zu besprechende ugaritische Schrifttum geschrieben. Merkwürdigerweise blieben die Ägypter wie die Babylonier und Hethiter trotzdem bei ihren alten Schriftsystemen mit den Hunderten von Zeichen. Daher mußte man auch in Syrien-Palästina den Schriftverkehr nach außen in babylonischer Keilschrift und in einem stark kanaanäisierten Babylonisch abwickeln, schrieb in Ugarit und Qatna aber auch sonst sehr viel in babylonischer Sprache.

Das Archiv von Amarna enthält außer einigen Archivkopien von Schreiben des Pharaos an seine »Brüder« oder seine Untergebenen Briefe, die an den ägyptischen Hof gerichtet sind. Nur knapp ein Zehntel stammt von den gleichgestellten Königen, zu denen zeitweise auch der von Cypern (damals Alaschia) gehörte. Dieser lieferte Kupfer an Ägypten und erbat dafür Gold und Silber. Das Betteln um Gold steht neben den Verhandlungen über Heiratsfragen auch im Mittelpunkt der Briefe Tuschrattas von Mitanni und derer aus Babylon. Die Art, wie gebettelt wird, zeigt oft sehr wenig Gefühl für königliche Würde, und es kann daher nicht verwundern, wenn die hochmütigen Ägypter manchmal nur minderwertige Goldlegierungen schickten oder die babylonischen Gesandten wenig achtungsvoll behandelten. Als Gegenleistung für das Gold bot man den Ägyptern Pferde und Streitwagen sowie Lapislazuli und andere wertvolle Steine an; außerdem tauschte man Erzeugnisse des Kunsthandwerks aus. Tuschratta schreibt einmal übertreibend, er würde seinem »Bruder« jeden Wunsch zehnfach erfüllen, denn »dieses Land ist das Land meines Bruders«. Um ernstere politische Fragen ging es, wenn sich Burnaburiasch darüber beschwert, daß Ägypten mit den Assyrern, die er als seine Untertanen reklamiert, direkt verhandelt oder sich unter Echnaton als unfähig erweist, den babylonischen Gesandtschaften den nötigen Schutz gegen die Aufständischen in Palästina zu garantieren. Der durch die expansive Politik Suppiluliumas' von Hatti gefährdete König von Cypern warnt wiederum die Ägypter, gewiß vergeblich, vor der Anknüpfung von Beziehungen mit den Hethitern.

Viel mehr um Politik und um die sich mehrenden Kleinkriege geht es in den vielen Briefen der Fürsten Syriens und Palästinas. Der schreibfreudigste unter ihnen ist Ribaddi von Gubla, von dem über sechzig Briefe an den Pharao oder seine Minister bekannt sind. Da er wegen des gewinnbringenden Ägyptenhandels treu zu seinem Oberherrn hielt, war er dauernd Schikanen der Aufständischen ausgesetzt und hatte viel Anlaß, sich über die »Hunde« zu beschweren und ägyptische Truppen zu seinem Schutz anzufordern, offenbar nur selten mit Erfolg. Ebenso wie Ribaddi wirft sich in den Briefen aber auch sein Hauptgegner Abdaschirta von Amurru »siebenmal und siebenmal« vor dem Pharao nieder, obwohl er die Ergebenheit offenbar nur heuchelt. Denn er versteht es, sein ursprünglich sehr kleines Gebiet auf Kosten seiner Nachbarn immer mehr zu vergrößern, und vermißt sich sogar, allerdings vergeblich, Gubla zu belagern. Er befindet sich dabei im Bunde mit den gefürchteten Hapiru, Banden heimatloser Söldner, die man in den Städten doch als Bürger dritter Ordnung behandelte und die daher kein Interesse an stabilen Verhältnissen hatten; die früher übliche Identifizierung mit den Hebräern des Alten Testaments läßt sich nicht mehr aufrechterhalten. Abdaschirta fällt durch Mord, aber sein Sohn Aziru vergrößert das Gebiet noch und baut es zu dem Staat Amurru aus, der nach Bedarf einmal zu Ägypten und einmal zu den Hethitern hält. Waren diese beiden Kanaaniter, so waren der in ähnlicher Weise agierende Etakkama von Kadesch und sein Bruder Birjawaza arische Adlige. Im südlichen Kanaan (damals Kinachchi oder Kinachna, »Purpurland«) spielte Labaja eine verwandte Rolle. Die Mehrzahl der aus späterer Zeit bekannten Küstenstädte begegnet in den Briefen, darunter Ugarit, Arwad, Beruta, Sidon, Tyros (Ssurru), Joppe, Askalon und Gaza, aber erstmalig auch Jerusalem (Urusalim), dessen Fürst Abdichepa ebenfalls eine umstrittene Persönlichkeit war. Von Israeliten in Palästina wissen diese Briefe aber noch nichts. Die kanaanitische Muttersprache der meisten Fürsten oder ihrer Schreiber kommt in zahlreichen kanaanitischen Glossen zum Ausdruck, die auch geläufigen akkadischen Wörtern beigefügt werden; ägyptische und churritische Wörter begegnen aber ebenfalls öfter.

Das Ende der Amarnazeit wird herbeigeführt einmal durch den gänzlichen Zusammenbruch der ägyptischen Herrschaft in Syrien und großen Teilen Palästinas gegen Ende der Regierung Echnatons, zum anderen durch die weitgehende Ausschaltung des Mitannireichs durch die Hethiter und die Assyrer und die ersten Vorstöße neuer Semitengruppen aus Arabien, die später Aramäer genannt wurden. Eine radikale Änderung der Verhältnisse in Syrien-Palästina trat dadurch allerdings nicht ein.

Das jüngere Hethiterreich und seine Kultur

Unsere Quellen für die Geschichte des jüngeren Hethiterreichs (1400–1200) sind auf der einen Seite recht mannigfaltig und damit ergiebig, für manches, darunter auch die Chronologie und mehr noch die Geographie, aber auch besonders unzureichend, so daß wichtige Fragen offenbleiben müssen. Neben die große Menge der hethitischen und akkadischen Keilschrifttexte, mit ganz wenigen Ausnahmen aus dem Archiv von Hattusas stammend, treten nunmehr luvische Texte in der hethitischen Hieroglyphenschrift, deren Entzifferung nach mancherlei Irrwegen jetzt im wesentlichen gelungen ist, obwohl die so wichtigen bildhethitisch-phönikischen Bilinguen von Karatepe (um 725) immer noch nicht vollständig veröffentlicht wurden. Wann diese gewiß von den ägyptischen Hieroglyphen beeinflußte, gemischte Silben- und Wortschrift eingeführt wurde, ist noch umstritten. Einzelne Zeichen erscheinen schon vor 2000 als Symbole, und auf Stempelsiegeln der Zeit um 1800 finden sich kleine Gruppen von Bildzeichen, die man als Schrift deuten könnte. Ein sicheres Zeugnis ist ein Siegel aus Kizwatna (um 1500), das ebenso wie die Staatssiegel der hethitischen Großkönige Namen und Titel des Fürsten in Hieroglyphen und in Keilschrift schreibt. Die geringe Zahl der bildhethitischen Inschriften aus der Großreichszeit vor 1200 hat zu der Vermutung geführt, daß diese Schrift damals vorzugsweise auf vergänglichem Material wie Holz geschrieben wurde. Die große Masse der erhaltenen Inschriften stammt aus den Nachfolgestaaten des Hethiterreichs.

Ob der Begründer des Großreichs, Suppiluliumas, selbst ausführlich über seine Taten berichtet hat, ist noch unbekannt. Wir wissen einiges über ihn aus den Staatsverträgen und dem leider schlecht erhaltenen, sehr ausführlichen Bericht, den sein Sohn Mursilis II. über »die Taten« seines Vaters abfassen ließ. Dieser Bericht beginnt bereits mit der Zeit des Tudhalijas III. und betont, daß Suppiluliumas schon als Prinz erfolgreiche Feldzüge gegen die Nachbarländer, vor allem Azzi im Nordosten, die Kaskäer in Pontus und die Arzawaländer im Südwesten, geführt habe. Später versuchte er, Azzi dadurch in Ruhe zu halten, daß er dem Fürsten Hukkanas seine Schwester zur Frau gab und mit ihm einen Vertrag schloß, der ihn zu loyalem Verhalten gegen Hatti verpflichtete. Dazu gehörten militärische Hilfe, wenn notwendig, und die Auslieferung politischer Flüchtlinge. Eine große Zahl von Göttern verschiedener Völker wurden als Eidhelfer namhaft gemacht.

Zum Hauptgegner ist später aber Tuschratta von Mitanni geworden. Da Suppiluliumas ihm allein zunächst noch nicht gewachsen war, verbündete er sich mit Artatama, dem Fürsten des armenischen Churri, und konnte so Mitanni zuerst seine syrischen Besitzungen abnehmen und später sogar die Hauptstadt Wassukkanni erobern. Als Vizekönige setzte er seine Söhne Pijassilis in Karkemisch und Telepinus in Halab ein. Da nun der Zusammenbruch Mitannis nach der Ermordung Tuschrattas sehr bald das befreite Assur zu einer neuen Gefahr werden ließ, hielt er es für zweckmäßig, einen verkleinerten Mitannistaat unter Tuschrattas Sohn Mattiwaza neu zu begründen. Den akkadischen Vertrag, der die Pflichten Mattiwazas nach einer ausführlichen historischen Einleitung genau festlegt, aber auch Verpflichtungen des Großkönigs einschließt, haben wir in zwei Fassungen erhalten. Später breitete Suppiluliumas seine Macht in Kleinasien und im südlichen Syrien weiter aus und setzte auch dort Vasallenfürsten ein. Sein gewaltiger Machtzuwachs brachte die Witwe des früh verstorbenen Pharaos Tutanchamun auf den eigenartigen Gedanken, einen Hethiterprinzen als Gemahl zu erbitten. Suppiluliumas schickte den Prinzen erst, als er sich vergewissert hatte, daß die Bitte ernst gemeint sei. Inzwischen war aber die Opposition gegen den Plan in Ägypten so stark geworden, daß sie den Prinzen noch vor seiner Ankunft ermorden lassen konnte.

Nach einer kurzen Zwischenregierung folgte Suppiluliumas' jüngerer Sohn Mursilis II. (1343–1315), der uns sehr ausführliche Annalen hinterlassen hat. Er führte viele Kriege, vor allem in Kleinasien gegen die Arzawaländer im Südwesten und gegen Azzi und die Kaskäer. In Syrien konnte er einen Aufstand unterdrücken und die Grenze gegen Ägypten südlich von Kadesch wiederherstellen. Auch er schloß zahlreiche Verträge mit den Vasallenfürsten, von denen mehrere teilweise erhalten sind. An der Westküste Kleinasiens erscheint unter seinen Gegnern auch ein Land Ahhijawa, dessen Namen man wohl mit Recht mit Achaia gleichsetzt, obwohl vorläufig nichts dafür spricht, daß dieses noch nicht genau lokalisierbare Land über die ägäischen Inseln hinaus auch auf Griechenland übergriff. Ein besonders wertvolles Dokument sind die Gebete, die Mursilis an die Götter richtete, als das Land durch die Pest schwer mitgenommen wurde. Sie führen die Katastrophen auf menschliche Schuld zurück, freilich ganz überwiegend auf die des Vaters und eines früh umgekommenen Bruders. Der Vater habe Verträge gebrochen und ein zu Ägypten gehöriges Land in Syrien überfallen; die von dort eingebrachten Gefangenen hätten die Pest eingeschleppt. Er sagt: »Ihr Götter, meine Herren: es liegt so, man sündigt oft. Auch mein Vater sündigte und übertrat den Befehl des Wettergottes von Hatti; ich habe aber in nichts gesündigt. Aber die Sünde des Vaters kommt über den Sohn, und so habe ich sie jetzt den Göttern gestanden: es ist so, wir haben es getan.« Er bittet dann um Befreiung von der Seuche und verspricht dafür Opfer. Bei der Feststellung der Ursachen des göttlichen Zorns wandte man sich an die Orakel und prüfte die Träume. In einem anderen Text berichtet der König, daß er nach einem schweren Gewitter eine Sprachstörung hatte. Das Orakel sagte, der Wettergott von Manuzzija habe die Krankheit geschickt. Ein Ersatzopfer-Rind, Wagen und Pferde mußten dem Gott geopfert werden, um ihn zu versöhnen.

Sehr viel weniger wissen wir über die Regierungszeit des Muwatallis (um 1315–1293). Einige Verträge zeugen von den üblichen Kämpfen in Kleinasien; der Vertrag mit Sunaschschura von Kizwatna ist besonders gut erhalten. Mehrfach mußte er nach Syrien ziehen, weil Ägypten seit Sethos I. dort wieder im Angriff war. Die Auseinandersetzung verschärfte sich, als Ramses II. sich zur Wiedereroberung von Nordsyrien anschickte, aber in seinem fünften Jahr von Muwatallis bei Kadesch empfindlich geschlagen wurde, wenn es auch nicht gerade zu einer Katastrophe kam. Ramses schrieb sich natürlich den Sieg zu, mußte sich aber nach Galiläa zurückziehen. Unter Muwatallis' Sohn Urhiteschup (1293–1286) lähmten innere Unruhen das Reich; denn sein Onkel Hattusilis III. (um 1286–1260) agitierte systematisch gegen ihn. Als Urhiteschup den Machtbereich seines Onkels im Osten des Reiches beschnitt, empörte sich Hattusilis, setzte seinen Neffen, der im Reich nicht viel Gefolgschaft fand, ab und verbannte ihn auf eine Insel. Er berichtete davon in einer großen Rechtfertigungsschrift, in der er alles auf seine Berufung durch die Göttin Ischtar von Samuha zurückführte. Er sei als kränklicher Knabe ihrem Dienst übergeben worden, und sie habe ihn dann trotz mehrfacher Rückschläge immer wieder gegen die Intrigen seiner Gegner schon während der Regierungszeit seines Bruders Muwatallis beschützt. Offensichtlich ist dieser Bericht, der sich so moralisch gibt, alles andere als zuverlässig, sondern höchst subjektiv gefärbt. Dennoch war Hattusilis ein kluger und erfolgreicher Herrscher. Die Auseinandersetzung mit Ägypten beendete er 1283 durch den Abschluß eines Friedensvertrages mit Ramses II., dessen akkadischer und ägyptischer Text teilweise erhalten ist. Beide Teile einigten sich auf die Anerkennung des Status quo in Syrien und beschworen Bruderschaft untereinander. Später schickte Hattusilis dem Ramses eine Prinzessin als Gemahlin. Auf diplomatischem Wege durch Vereinbarungen mit Babylonien versuchte Hattusilis auch, das bedrohliche Anwachsen der Macht Assyriens einzudämmen, wahrscheinlich vorübergehend mit Erfolg. Ein sehr ausführlicher akkadischer Brief an den Kassitenkönig Kadaschmanellil II. ist größtenteils erhalten. Ein assyrischer Brief an Salmanassar I. von Assur ist wesentlich unfreundlicher gehalten.

Tudhalijas IV. (1260–1230) hat die Großmachtstellung von Hatti im wesentlichen noch zu wahren gewußt, wenn er auch nach einer Schlappe Assyrien gegenüber defensiv und vor allem mit handelspolitischen Maßnahmen operieren mußte. Das Verhältnis zu Ägypten blieb gut und Nordsyrien in seiner Hand. Aktiver war er im Westen, wo das Vordringen neuer Volksgruppen von Thrakien her, die man nach der ägyptischen Bezeichnung Seevölker zu nennen pflegt, auch für Hatti gefährlich wurde. Wieder steht Ahhijawa auf der Seite der Feinde der Hethiter. Tudhalijas kämpfte außer mit Arzawa besonders mit dem

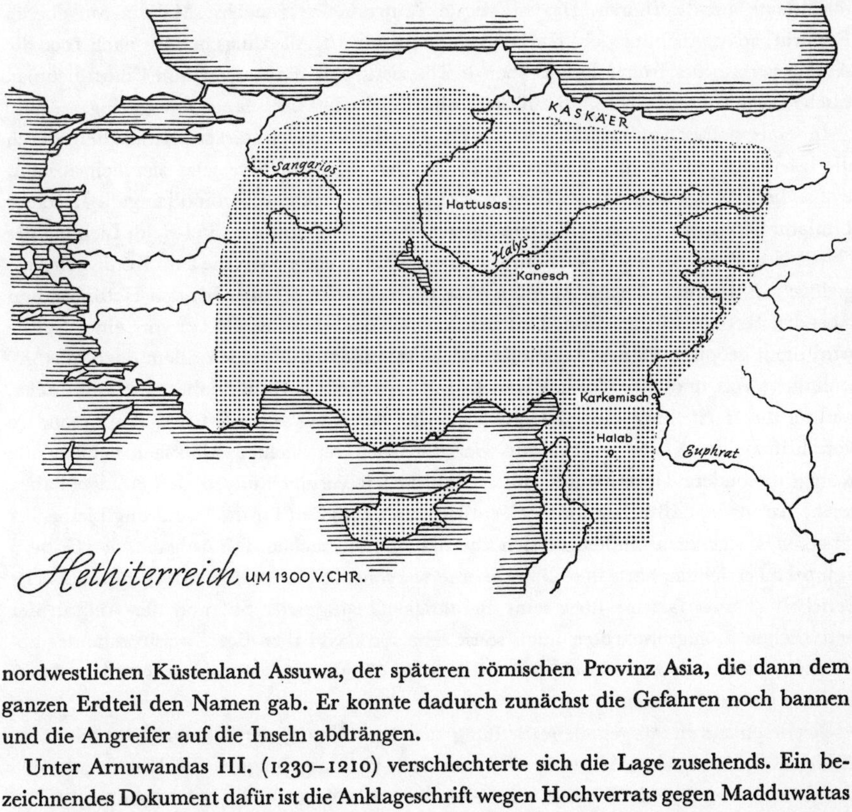

Hethiterreich UM 1300 V. CHR.

nordwestlichen Küstenland Assuwa, der späteren römischen Provinz Asia, die dann dem ganzen Erdteil den Namen gab. Er konnte dadurch zunächst die Gefahren noch bannen und die Angreifer auf die Inseln abdrängen.

Unter Arnuwandas III. (1230–1210) verschlechterte sich die Lage zusehends. Ein bezeichnendes Dokument dafür ist die Anklageschrift wegen Hochverrats gegen Madduwattas von Zippaslâ, den Tudhalijas nach dessen Flucht vor Attarsijas von Ahhijawa in seinem Land wieder eingesetzt hatte, der später aber in einer hattifeindlichen Koalition in Westkleinasien, an der sogar Cypern beteiligt war, eine maßgebliche Rolle spielte. Arnuwandas konnte sich anscheinend Madduwattas gegenüber nicht mehr durchsetzen. Nach ihm haben noch drei Könige wahrscheinlich sehr kurz regiert, über die nur sehr wenig bekannt ist. Bald nach 1200 muß dann die Katastrophe über die Hauptstadt Hattusas und das Kerngebiet des Reiches hereingebrochen sein, über deren Verlauf uns keine Quelle berichtet. Wir wissen nicht einmal, welches Volk das Hethiterreich vernichtete. Die später in

Anatolien ansässigen Phryger scheinen es nicht gewesen zu sein. Eine ägyptische Quelle berichtet nur kurz, daß die Seevölker Hatti, Arzawa, Cypern und Karkemisch vernichteten und dann auch auf dem Landweg Ägypten angriffen, das sich ihrer mit Mühe erwehren konnte. Damals wurden die Philister nach Palästina abgedrängt.

Trotzdem müssen sich Teile der hethitisch-churritischen Bevölkerung haben retten können. Denn in Südostkleinasien und Nordsyrien entstanden Reststaaten des Reichs, in denen die hethitische Kultur lebendig blieb. Vor allem wurde in ihnen noch fünfhundert Jahre lang das Luvische in bildhethitischer Schrift geschrieben, während die hethitischen Keilschrifttexte ganz aufhören. Das wichtigste Zentrum war zunächst Malatia am oberen Euphrat; später lief ihm wohl Karkemisch den Rang ab. Allerdings machte nach 1000 die Aramäisierung des früher hethitischen Nordsyriens, das die Assyrer nun Chatti nennen, rasche Fortschritte; ihr Einfluß auf die Kultur blieb aber noch lange sehr gering.

In seiner politischen Struktur war das jüngere Hethiterreich stärker als das ältere durch die orientalischen Nachbarländer beeinflußt. Der König regierte jetzt ziemlich absolut, wobei die Erbfolgeordnung des Telepinus anscheinend noch als verbindlich galt. In seiner Titulatur kommen zu den alten Titeln Tabarna und Großkönig die Titel Held, Liebling des Gottes X und vor allem »Meine Sonne«. Dieser Titel ist ebenso wie die zum König gehörige geflügelte Sonnenscheibe aus Ägypten entlehnt, kennzeichnet aber bei den Hethitern den lebenden König nicht als Gott. Erst bei seinem Tode »wird er Gott«; vor seiner Statue wird dann geopfert. Das sehr komplizierte Hofzeremoniell dient vor allem dazu, das gewöhnliche Volk und alles Unreine vom König fernzuhalten. Er hat daher eine Leibwache, und für die Herstellung seiner Kleidung und die Bereitung seines Essens gelten besondere Vorschriften; die Küche wird darauf monatlich neu verpflichtet. Mehrfach nehmen die Könige besondere Thronnamen an. Die kultischen Verpflichtungen der Könige haben solche Ausmaße, daß neben ihnen eigentlich nur wenig Zeit für die Regierung bleibt. Bei längeren Kriegszügen mußten sie sich aber davon frei machen. Die Aufgabe, den Göttern Tempel zu errichten, hatte der König ebenso wie sonst in Vorderasien. Merkwürdigerweise berichtet er aber fast nie über seine Bautätigkeit, wie ja der Stil und der Aufbau der hethitischen Königsinschriften auch sonst sehr stark von dem des Zweistromlandes abweichen, nicht zuletzt dadurch, daß Mißerfolge öfter zugegeben und als göttliche Strafgerichte gedeutet werden.

Die besonders herausgehobene Stellung der Tawananna, der Königin, die schon im älteren Reich zu beobachten war, wird nun noch viel ausgeprägter. Ihr Amt vererbt sich unabhängig von dem des Königs, der neben ihr noch Nebenfrauen haben konnte; sie behielt es auch nach dem Tode des Königs, wenn sie ihn überlebte, so daß die junge Königin zunächst noch nicht Tawananna wurde. Die Könige Suppiluliumas und Hattusilis III. verwendeten zumeist Staatssiegel, auf denen ihre Namen und die der Tawananna standen. Noch auffälliger ist, daß die Staatsschreiben fremder Könige in einem zweiten Exemplar an die Tawananna gehen mußten. Sie hatte offenbar ein eigenes Staatssekretariat, durch das sie auch auf die äußere Politik Einfluß nahm. Besonders stark war der Einfluß der Puduchepa unter Hattusilis III., die die Tochter eines Priesterfürsten war. Die Opfer nach dem Tode standen auch der Tawananna zu.

Der Kronprinz und andere Prinzen erhielten frühzeitig verantwortliche Aufgaben in der Verwaltung und bei der Führung von Feldzügen, vor allem auf Nebenschauplätzen. Es konnte nicht ausbleiben, daß sie die dadurch erworbene Machtstellung bisweilen gegen den König mißbrauchten. Der oberste Feldherr war der König selbst, der, solange er gesund war, auch selbst die Mehrzahl der militärischen Unternehmungen anführte. Soweit das Gelände es zuließ, wurde dabei die von den Mitanni übernommene Streitwagenwaffe ausgiebig eingesetzt. Für die dafür notwendige Pferdezucht ließ man sich von Kikkuli aus Mitanni ein hethitisches Lehrbuch schreiben. Die Wagenkämpfer rekrutierten sich vor allem aus dem Adel und aus »freien« Städten mit Sonderstatut. In der Schlacht von Kadesch sollen die Hethiter etwa siebzehntausend Mann Infanterie und dreitausendfünfhundert Wagen eingesetzt haben, wobei sie ihren Erfolg übrigens auch einer den Aufmarsch sehr geschickt verschleiernden Strategie verdankten. Die Kriegführung war nicht so brutal wie die der Assyrer, das Niederbrennen von Ortschaften und Verschleppungen großer Bevölkerungsteile waren aber häufig.

Das Ziel der Kriege war den kleineren Staaten gegenüber selten deren völlige Einverleibung. Meistens ging es darum, sie zu Vasallenstaaten zu machen, wobei Verträge die beiderseitigen Rechte und Pflichten genau festlegten. Auch mit den größeren Staaten, die man als gleichberechtigt anerkennen mußte, wurden nach Möglichkeit Verträge abgeschlossen, die klare Rechtsverhältnisse schaffen sollten. In ihnen wurde darauf Bedacht genommen, daß Rechte und Pflichten beider Seiten paritätisch ausgewogen waren. Der hethitisch-ägyptische Vertrag von 1283 ging besonders weit und sah neben dem Verzicht auf Angriffe »für immer« sogar die Pflicht zu gegenseitiger Hilfeleistung bei Angriffen Dritter oder Aufständen vor, wenn solche ausdrücklich angefordert wurde. Politische Flüchtlinge sollten ausgeliefert werden. Die Verträge mit einigen Nachbarstaaten erkannten diesen zwar keine volle Selbständigkeit in der Außenpolitik zu, forderten aber auch nur einen Teil der Pflichten, die den Vasallen auferlegt wurden. Die Fürsten dieser Staaten erhielten dadurch einen besonderen Status im Verhältnis zu Hatti. Die eigentlichen Vasallen galten als Lehensleute, die im Falle der Nichterfüllung ihrer Pflichten, darunter vor allem auch der Tributzahlung an König und Königin, abgesetzt und durch andere ersetzt werden konnten. Hethitische Garnisonen im Lande sorgten für die Durchführung der Verträge, solange nicht veränderte Machtverhältnisse sie gegenstandslos machten. Ungetreue Vasallen wurden in der Regel verbannt oder unter Hausarrest gestellt, hatten aber ihr Leben nicht verwirkt. Der Staatsaufbau war auch im jüngeren Reich föderalistisch, so gewiß auf die Stärkung der Zentralmacht Bedacht genommen wurde. Dementsprechend waren die Vasallen wie die als Kleinkönige eingesetzten hethitischen Prinzen in ihrer inneren Verwaltung weitgehend autonom.

Das jüngere Reich befand sich im Übergang vom reinen Feudalstaat zum Beamtenstaat. Der Adel hatte nach wie vor viele Vorrechte, die allerdings mit einer besonderen Treuepflicht dem König gegenüber gekoppelt waren. Nur der Priesterstand hatte ähnliche Rechte. Die Bauern und Handwerker auf den Dörfern waren nur Halbfreie, ebenso die Klasse der Deportierten, aus der man in den Handwerkerstand aufsteigen konnte. Aus dem Adelsstand stammten gewiß die Statthalter in den Grenzgebieten, die es neben den Kleinkönigen gab und die wie der König auch eine Fülle von kultischen Pflichten hatten. Ihre zivilen und militärischen Befugnisse waren umfassend. Für verschiedene Gruppen von Beamten sind Instruktionen überliefert, auf deren Beobachtung sie vereidigt wurden. Formal waren diese den Vasallenverträgen nachgebildet. Höheren Offizieren wurden neben den kultischen Funktionen auch richterliche Aufgaben übertragen. Eine besondere Klasse waren die Verwalter der königlichen Magazine, in denen Korn und Geräte aufbewahrt wurden. Die überwiegend in Naturalien geleisteten Steuern wurden wohl direkt an die Magazine abgeliefert. Ackerbau und Viehzucht standen ja neben dem Handwerk in Kleinasien viel mehr im Mittelpunkt der ganzen Wirtschaft als etwa in Babylonien und Syrien, weil der Durchgangshandel anscheinend Anatolien meist umging. Unter den Handwerkern waren die Schmiede besonders angesehen, die im jüngeren Reich zunehmend neben dem Kupfer auch Eisen verarbeiteten. Aus Eisen wurden auch Schmuckgegenstände, Statuetten und sogar gelegentlich Schrifttafeln hergestellt; es blieb aber wegen der Verhüttungsschwierigkeiten noch kostbar. Die Maßsysteme stammten überwiegend aus Mesopotamien, obwohl die Unterteilungen der Hauptmaße teilweise andere waren, weil man das Sexagesimalsystem nicht übernommen hatte.

Das Nebeneinander mehrerer Völker und Volksgruppen ganz verschiedener Herkunft im Hethiterreich findet vielleicht seinen sinnfälligsten Ausdruck im Bereich der Religion. Man kann nicht von einer hethitischen Religion so sprechen wie etwa von der babylonischen. Denn in dieser sind die Elemente verschiedener Herkunft trotz unausgeglichener Widersprüche zu einer Einheit verschmolzen, bei den Hethitern aber nicht. Sie ließen die verschiedenen Kulte nebeneinander bestehen und waren sogar bereit, immer noch neue dazuzunehmen. Zu einem synkretistischen Ausgleich finden sich nur ganz schwache Ansätze. Man sprach von den »tausend Göttern«, von »allen Wettergöttern, allen Chepats« und deutete damit an, daß hier nicht etwa ein Gott mehrere Kultstätten hatte wie der Adad der Semiten, sondern daß es mehrere Wettergötter gab, die durchaus nicht in allem wesensgleich waren. Da uns nur wenige Mythen überliefert sind und die kleine Zahl der Gebete auch nicht viel Charakteristisches über die einzelnen Götter aussagt, bleibt die große Masse der Namen für uns ganz farblos. Weil für Wetter-, Sonnen- und Mondgott, die Ischtar-Gestalten und noch andere ganz überwiegend babylonische und bildhethitische Wortzeichen verwendet werden, kennen wir gerade bei mehreren Hauptgöttern noch nicht einmal die hethitischen Namen. In die Religion außerhalb der Staatskulte geben die Texte nur einen unzureichenden Einblick.

Die eigentlichen Staatsgötter waren vorwiegend von den Protohattiern übernommen worden. Unter ihnen steht an erster Stelle die »Sonnengöttin von Arinna« (in Ostanatolien), deren hethitischer Name unbekannt ist. Sie »leitet im Hatti-Lande Königtum und Königinnentum«: vor ihr muß der König Rechenschaft ablegen, vor ihr die Staatsverträge deponieren, von ihr Hilfe in Krieg und Frieden erbitten und ihr opfern. Als Gatten wie als Söhne hatte sie Wettergötter, die auch oft angerufen werden. Ein anderer protohattischer Gott ist der Fruchtbarkeitsgott Telepinus, dessen Namen auch ein König trug. Altkleinasiatisch sind auch die meisten luvischen Götter, darunter der Mondgott Armas, der Hirschgott Rundas und der Wettergott Dattas. Aus Kanesch stammen Götter mit hethitischen Namen wie die Nachtgöttin Ispanz und die Korngöttin Halkis. Weitaus bedeutsamer ist die Stellung der Hauptgötter der Churriter, vor allem des Wettergottes Teschup, des Göttervaters Kumarpi, der Chepat, Sauschka und Kubaba und mancher anderer; sie wurden auch im Mitannireich und in manchen syrischen Kleinstaaten wie Alalach und Ugarit verehrt. Merkwürdigerweise steht neben der Sonnengöttin von Arinna ein Sonnengott Istanus, der wohl die eigentliche Gestirngottheit war und als Sonne des Himmels und Sonne der Unterwelt angerufen wurde. Übernommen wurden schließlich auch eine Anzahl babylonischer Götter und die Ischtar von Ninive.

Die erhaltenen Mythen sind sicher oder doch wahrscheinlich churritischen Ursprungs und zeichnen die Götter demgemäß sehr menschlich und nicht selten abstoßend. In einem Mythus besiegt der Drache Illujankas den Wettergott von Nerik; erst als die Göttin Inaras sich den Menschen Hupasijas als Buhlen und Helfer geholt hatte, konnte der Drache überlistet und getötet werden; der Mensch wurde später aber auch umgebracht. Eine jüngere Fassung dieses Mythus schaltet den menschlichen Helfer aus und stellt das Verhalten der Götter weniger kraß dar. Mehrere Varianten hatte auch der unvollständig erhaltene Mythus vom Verschwinden des Telepinus, das das Aufhören jeglicher Fruchtbarkeit im Himmel und auf Erden bewirkte; den Grund für sein erzürntes Weggehen erfahren wir nicht. Eine Fassung spricht von einer Sünde seines Vaters. Die verzweifelten Götter schicken zuerst vergeblich einen Adler aus, den Telepinus zu suchen, dann seinen Vater. Nach einer andern Fassung senden sie auf den Rat einer Göttin eine Biene, die ihn findet und sticht, worauf mit magischen Mitteln seine Rückkehr bewirkt wird. Die Götter dieser Mythen sind weder ethisch hochstehende Gestalten, noch bestimmt sie die Sorge um eine höhere Ordnung. Wahrscheinlich verstehen wir aber den Sinn der als Festperikopen überlieferten Mythen nur unzureichend. In der hethitisch-churritischen Variante des Mythus von den Göttergenerationen, die gewissermaßen die Brücke zwischen den mesopotamischen und den griechischen Fassungen (Kronos-Mythus) bildete, entthronten und entmannten dreimal die Söhne ihre Väter. In einem andern Mythus will der Gott Kumarpi sich an seinem Sohn Teschup rächen, indem er durch Vereinigung mit einem Felsen das Steinungeheuer Ullikummi zeugt, das Teschup erst nach einem langen Kampf überwältigen kann.

Das Gottesbild in den Gebeten ist aber weithin ganz anders. Schon in einigen der besprochenen Königsinschriften des älteren und des jüngeren Reichs, deutlicher in den Pestgebeten von Mursilis II. wachen die Götter über das sittliche Verhalten der Menschen und ziehen auch die Könige zur Rechenschaft. Wahrscheinlich ist hier mehr die Gottesvorstellung der Hethiter selbst bestimmend. Aus Babylonien übernommene Gebete mögen aber auch von Einfluß gewesen sein. Ein Gebet an die Sonnengöttin von Arinna rühmt ihre Milde und Gnade sowie ihre Fürsorge für das Recht. Ein kurzes Gebet an den Sonnengott sagt: »Du schaust dem Menschen ins Herz, aber niemand sieht in dein Herz!« Aber auch Fürbittgebete und Dankgelübde sind bezeugt.

Die Gebete bedurften der Ergänzung durch Opfer. Die Opferkulte in den Tempeln waren außerordentlich mannigfaltig und bis ins kleinste geregelt. Die Höhepunkte bildeten die großen Feste, für die umfangreiche Rituale die nötigen Anweisungen gaben. Bei einem Fest mußte der König so schnell wie möglich von einem Kultort in den anderen ziehen und überall die ihm vorbehaltenen Kulte zelebrieren. Aber auch jedes Dorf hatte seinen Kult, wenn auch mit bescheidenen Mitteln. Der Gedanke, daß die Götter die Opfer für ihre Verpflegung brauchen, begegnet öfter, war aber in dieser Primitivität sicher nicht mehr allgemein anerkannt. Für die Kulte brauchte man eine reichgegliederte Priesterhierarchie, zu der auch verschiedene Klassen von Priesterinnen gehörten. Für sie waren regelmäßige Reinigungen unerläßlich, die Abwehr jeder denkbaren Verunreinigung von den Tempeln eine ihrer Hauptaufgaben. Bei Reinigungskulten nach feindlichen Siegen wird vereinzelt auch einmal ein Menschenopfer gefordert.

Den Willen der Götter erforschte man durch Träume und verschiedene Orakel wie Vogel- und Losorakel. Die Leber- und Eingeweideschau übernahm man aus Babylonien; sie gelangte von Kleinasien aus zu den Etruskern. Die Astrologie trat ihr gegenüber sehr zurück. Von großer Bedeutung war die Magie, die weiße wie die schwarze; die schwarze in den Fluchzauberriten gegen Feinde und Eidbrüchige. Die weiße Magie hatte es vor allem mit der Beseitigung von Verunreinigungen, die auf alle möglichen Weisen eintreten konnten, und der Abwehr des Zaubers dämonischer Mächte wie der Menschen zu tun. Lebendige Dämonengestalten, wie die babylonische Lamaschtum, treten in den Texten aber nicht auf.

Fünf hethitische Tempel konnten in Hattusas im Grundriß freigelegt werden. Sie sind von den Tempeln des übrigen Vorderasiens in ihrer Anlage sehr verschieden. Bei rechteckiger Gesamtanlage weist die Außenmauer Vor- und Rücksprünge in ganz unregelmäßiger Folge auf. Die Innenhöfe sind von Pfeilerhallen umgeben, die Kultachsen mehrfach gebrochen, das Adyton durch drei oder vier Fenster sehr hell. Ein Tempel ist von großen Magazinbauten umgeben. Die Mauern bestanden auf Steinsockeln teilweise wohl aus Fachwerk. Über die Herkunft dieser Bauweise ist noch nichts bekannt. Die Festungsanlagen sind denen des älteren Reiches ähnlich, doch noch monumentaler. An den Torgewänden fanden sich Plastiken, darunter der berühmte »Krieger« vom Königstor, wahrscheinlich ein Gott, bei aller Schlichtheit der Gestaltung ein Meisterwerk. An anderen Toren waren Löwen- oder Sphinxfiguren angebracht. Die Paläste der Hauptstadt auf der Burg und in der Stadt konnten erst teilweise freigelegt werden.

Eine einzigartige Anlage ist das Felsheiligtum von Jazilikaja nordöstlich von Hattusas. Vom Tempel fand man nur geringe Reste, dafür aber lange Reihen von Götterbildern, die im Hochrelief aus dem Felsen herausgearbeitet sind. Bildhethitische Inschriften bei einigen Figuren belehren uns, daß hier König Tudhalijas IV. dargestellt ist; mehrere Götter tragen churritische Namen. Die Churritisierungstendenzen der Könige des jüngeren Reiches auf religiösem Gebiet lassen es denkbar erscheinen, daß die Dynastie aus dem churritischen Gebiet stammte. Über achtzig Figuren wurden in Jazilikaja festgestellt. Felsreliefs ähnlicher Art mit weniger, aber teilweise größeren Figuren wurden in Kleinasien mehrfach aufgefunden und sind eindrucksvolle Zeugnisse einer monumentalen Bildkunst.

Werke der Kleinkunst sicher aus der Großreichszeit und eindeutig hethitischer Herkunft sind nicht sehr zahlreich. Vielleicht gehören einige Figuren dazu, die wie Karikaturen wirken und möglicherweise ebenso wie etliche Orthostatenreliefs aus Aladscha Hüyük Gaukler und Musikanten im Tempeldienst darstellen. Einige Jagdbilder auf Orthostaten sind recht lebendig, technisch aber ziemlich primitiv. Auf den Rollsiegeln begegnen neben

Löwe an einem Stadttor in Hattusas, 14./13. Jahrhundert v. Chr.

Nebenkammer im Felsheiligtum von Jazilikaja, 13. Jahrhundert v. Chr.

Inschriften ähnliche Göttergruppen wie auf den Felsreliefs. Gemeinsam ist den Fels- und Siegelbildern auch das beliebte Motiv der Belehnung des Königs durch Gottheiten.

Im hethitischen Schrifttum, das wir fast nur aus der Hauptstadt selbst kennen, fehlen Privaturkunden und -briefe fast ganz. In der Literatur stehen neben der Masse der hethitischen Werke viele in kleinasiatisch gefärbter babylonischer Sprache. Zusammen mit den überaus zahlreichen akkadischen Wörtern und Wortzeichen in den hethitischen und luvischen Texten sind sie ein Beweis dafür, wie vielfältig der babylonische Einfluß auf Religion, Kultur und Literatur der Hethiter war. Man hat jedoch in Hatti nur selten babylonische Werke einfach kopiert, sondern sie meistens stark umgestaltet. Leider haben sich im Archiv von Hattusas nicht sehr viele Dichtungen gefunden, dagegen viele Rituale, Instruktionen und Omentexte. Die Rituale enthalten auch leider nur mangelhaft verständliche luvische, palaische, protohattische und churritische Abschnitte; offensichtlich rief man die Götter fremder Herkunft gern in »ihren« Sprachen an. Eine besondere Erwähnung verdient noch das Ritual »Wenn in Hattusas ein großes Vergehen geschieht, indem König oder Königin Gott wird«. Es schildert die vierzehntägigen Totenfeiern für Könige, die in der Leichenverbrennung gipfeln. Manches erinnert an ähnliche Erzählungen in Homers Ilias. Da die Ausgrabungen die Erdbestattung neben den Brandbestattungen bezeugen, waren diese vielleicht wie im Mitannireich nur bei Königen und Adligen üblich.

Ugarit

Unter den nordsyrischen Vasallenstaaten des Hethiterreichs war Karkemisch politisch wohl der bedeutendste, der nach den Funden für uns interessanteste aber ist Ugarit. Die französischen Ausgrabungen seit 1929 unter Claude Schaeffer haben vor allem für die Zeit von 1400 bis 1200 eine Fülle wichtigster Funde gebracht. Am ergiebigsten war wie in Mari der noch nicht ganz freigelegte prächtige Palast mit seinen Archiven, deren Urkunden und Briefe überwiegend in einem ugaritisch gefärbten Akkadisch geschrieben sind und nur zum kleineren Teil in der dem Phönikischen verwandten ugaritischen Sprache, für die man ein besonderes Keilschriftalphabet gebrauchte. An literarischen Texten fand man viele Wortlisten, darunter sumerische, sumerisch-akkadische und einzelne sumerisch-akkadisch-churritisch-ugaritische; dazu Mythendichtungen und andere religiöse Texte in ugaritischer Sprache und einige churritische Texte, Plastiken und Siegel.

Als Suppiluliumas von Hatti nach Syrien vordrang, stellte sich Niqmaddu II. von Ugarit (um 1370–1340) auf seine Seite und wurde unter besonders günstigen Bedingungen als Vasall über einige den Hethitern feindliche Grenzgebiete wie Mukisch eingesetzt. Sein älterer Sohn Arichalbu regierte nur kurz, um so länger sein jüngerer Sohn Niqmepa (um 1332–1280), der von Mursilis II. als Vasall unter Eid genommen wurde, wodurch ihm die Grenzen garantiert wurden. Aus dieser Zeit stammen besonders viele Urkunden. Niqmepa erlebte noch den Regierungsantritt von Hattusilis III., und sein Sohn Ammistamru II. (um 1280–1240) verhandelte oft mit Hattusilis' Gattin Puduchepa und später mit deren

Sohn Tudhalijas IV. Ammistamru II. kaufte sich mit Gold von der Teilnahme an einem Feldzug gegen Assyrien los und mußte die Autorität des Großkönigs in Anspruch nehmen, um Intrigen in seiner Familie zu unterdrücken. Ebenso trat Initeschup von Karkemisch mehrfach als übergeordnete Autorität in Ugarit auf. Das politische Gewicht von Ugarit war auch unter Ibiranu (1240–1220) schwach und Karkemisch weiterhin unterlegen. Der Seevölkersturm vernichtete etwa zur gleichen Zeit wie Hattusas auch Ugarit (um 1200).

Die Personennamen in den Urkunden zeigen, daß damals in Ugarit eine ähnliche semitisch-churritische Mischbevölkerung lebte wie in den anderen syrischen Städten. Seinen großen Wohlstand verdankte es vor allem dem Handel mit Ägypten, Cypern und Kreta und der Herstellung von Bronzegegenständen und Purpurstoffen. Neben den Beamten der königlichen Verwaltung spielten daher die Kaufleute und Handwerker die Hauptrolle. Die Archive der Handelshäuser sind allerdings bisher noch nicht aufgetaucht. Die große Mehrzahl der im Palast gefundenen Urkunden handelt von Grundstücken und Häusern, von den verschiedenen Lehnsgütern und den auf ihnen ruhenden Verpflichtungen; daneben gibt es mancherlei Aufzeichnungen der Verwaltung. Sie alle bezeugen die Existenz eines einheimischen Schreiberstandes, dessen Traditionen sich auf das altbabylonische Mari zurückführen lassen, dagegen sind Beziehungen zu Babylonien kaum erkennbar, eher noch da und dort zu Assyrien. Auffällig ist die häufige Nennung des Königs auch in privaten Verkaufsurkunden; sie besagt gewiß nur, daß er als Autorität hinter dem Notar stand, vor dem das Geschäft abgeschlossen wurde. Das Lehnswesen in Ugarit ist in vielem dem von Nuzi ähnlich, und wie dort wurden manche Besitzübertragungen und Erbeinsetzungen juristisch als Adoptionen stilisiert, ohne daß eigentliche Adoptionen beabsichtigt waren.

Die Religion von Ugarit hat, der Bevölkerung und der Lage der Stadt entsprechend, einen synkretistischen Charakter. Die meisten Götter tragen westsemitische Namen und werden oft später auch noch von den Phönikern verehrt, die Mythologie aber ist überwiegend von churritischen Vorstellungen bestimmt. Einige babylonische Götter, mit ihnen der kassitische Schuqamuna, hatten ebenfalls ihren Platz im Kult, während Götter der Hethiter und der Ägypter nur vereinzelt genannt werden. An der Spitze des Pantheons stehen El (»der Gott«) und seine Gemahlin Aschera, die oft »Aschera des Meeres« genannt wird. El ist der Schöpfer der Welt und der Menschen und erscheint als gütiger alter Gott, oft als Stier-Gott, und Vater vieler anderer Götter, darunter der Sonnengöttin Schapsch und des Gottes Mot, »Tod«. Als sein Bruder gilt der altamoritische Gott Dagan, der Vater des Alijan-Ba'al und seiner Halbschwester und Gattin, der Fruchtbarkeits- und Kriegsgöttin Anat. Die Venusgöttin Aschtart tritt hinter der wesensverwandten Anat zurück, dafür erscheint, wie häufig in Südarabien, der Venusgott Aschtar. Die Gattin des Mondgottes Jarch führt den ursprünglich sumerischen Namen Nikkal. Unter den vielen Göttern mit Doppelnamen ist vor allem der Handwerkergott Koschar-wa-Chasis zu nennen, der Hephaistos von Ugarit.

Die Texte erwähnen auch die in den anderen Städten Syriens verehrten Wettergötter und Aschtart-Gestalten, deren Namen aber nur teilweise feststellbar sind. Ein solcher Gott ist wohl Raschp, der »Gott des Pfeiles«, ein dem Nergal der Babylonier verwandter Licht- und Pestgott. Dazu kommen viele untergeordnete Gottheiten. Da die Texte statt der Namen gern Beinamen verwenden, können manche dieser Gottheiten mit anderen identisch sein, ohne daß das immer klar erkennbar wäre.

Die religiöse Literatur umfaßte, soweit bisher bekannt, Rituale für Götterfeste und magische Riten, die sich aus den wenigen erhaltenen Bruchstücken noch nicht rekonstruieren lassen. In ein Ritual für Sühnopfer sind auch Gebete eingefügt, die mehrere Götter gleichzeitig anrufen. Gebete an einzelne Götter wurden noch nicht gefunden. Weitaus bedeutsamer sind die leider auch nur sehr unvollständig erhaltenen und in manchen Einzelheiten noch schwer verständlichen Mythendichtungen. Ihre rhythmische Sprache mit dem streng durchgeführten *parallelismus membrorum* ist der mancher Dichtungen des Alten Testaments ähnlich, so andersartig ihr überwiegend düsterer Geist ist. Besonders charakteristisch ist der Mythus von Alijan Ba'al und Anat. Ba'al erschlägt zunächst Jam, das Meer, der El herausgefordert hat, und läßt sich von Koschar-wa-Chasis einen Palast bauen. Später steigt er zu Mot in die Unterwelt hinab und wird dort getötet; da hört jegliche Fruchtbarkeit auf. Als Anat das hört, stellt sie Mot und tötet ihn: »Sie packt den Göttersohn Mot, spaltet ihn mit dem Schwert, worfelt ihn mit der Kornschaufel, verbrennt ihn mit Feuer, zermahlt ihn mit Mühlsteinen, sät ihn auf dem Feld aus.« Dann betrauert sie ihren Gatten und erweckt ihn wieder zum Leben. Dieser schlägt erneut den trotz des geschilderten Todes wieder lebendigen Mot, bis die Sonnengöttin dazwischentritt. Man hat gemeint, daß Ba'al hier die jährlich sterbende und wieder auferstehende Vegetation verkörpere; die Erwähnung von Siebenjahresperioden läßt jedoch eher daran denken, daß auf sieben fette Jahre unter Ba'al sieben dürre Jahre unter Mot folgen. Wahrscheinlich war der Mythus die Festlegende für eine Kultfeier, die von den Göttern die Bewahrung vor unfruchtbaren Jahren erbitten sollte. Ethische Motive oder gar echte Güte bestimmen hier wie in den anderen Mythen die Götter freilich höchst selten!

Zyklen von sieben und acht Jahren tauchen auch in einem anderen Mythus auf, der die Geburt von zwei Götterpaaren schildert und im Text Anweisungen für Aufführungen mit Musikbegleitung gibt. Die Form eines Hymnus hat die Erzählung von der Werbung des Mondgottes Jarch um die Nikkal unter Beistand des Sommergottes Charchab; sie mag einen astralen Hintergrund haben. In allen Göttermythen finden sich Motive, die auch in babylonischen, altkleinasiatischen und gelegentlich griechischen Mythen wiederkehren, wenn auch oft in anderen Zusammenhängen. Der hellenistische Schriftsteller Philo von Byblos schreibt auf Grund des ihm noch bekannten Buches eines Sanchunjaton, vermutlich eines Ugariters, den Phönikern ähnliche Mythen zu.

Halbgöttliche Heroen stehen im Mittelpunkt weiterer Mythen. König Kart, vielleicht ein mythischer Ahn der Könige von Ugarit, verliert seine ganze Familie und erhält im Traum von El den Befehl, sich eine neue Frau vom König von Edom zu holen. Er gewinnt die Prinzessin und bekommt erneut sieben Söhne und acht Töchter, vergißt aber, ein Gelübde zu erfüllen, das er vorher der Aschera geleistet hatte. Er wird daher krank, wird aber später durch einen Ritus wieder geheilt. Schließlich zwingt ihn sein Sohn abzudanken, denn »du schaffst nicht Recht der Witwe und führst nicht den Prozeß der Bedrückten!« Leider fehlt der Schluß der Dichtung. In einem anderen Mythus lädt König Danel die Götter ein und erbittet von ihnen einen Sohn. Der Wunsch wird erfüllt, und Prinz Aqhat erhält von den

Göttern einen wunderbaren Bogen, den später die Anat von ihm erbittet, aber nicht erhält. So veranlaßt sie seine Ermordung durch einen Mann, den sie in einen Adler verwandelt. Nach sieben Jahren Trauer nimmt Aqhats Schwester am Mörder Rache. Leider fehlt auch hier der Schluß des Mythus, der uns vermutlich über seinen Sinn aufklären würde.

Wir haben vorläufig keine Möglichkeit festzustellen, wie weit das ugaritische Sprachgebiet reichte. In Gubla jedenfalls wurde wohl ein anderer Dialekt gesprochen. Babylonische Urkunden fanden sich auch in Qatna am Orontes; in Megiddo in Palästina wurde sogar ein Stück des Gilgameschepos gefunden. Offenbar gab es in vielen Städten einen an babylonischen Vorbildern geschulten Schreiberstand, dessen Aufgaben sich nicht mit der Führung der diplomatischen Korrespondenzen erschöpften.

Die Kultur war im ganzen Gebiet von einer gewissen künstlerischen Gleichartigkeit. Die Tempelanlagen hatten meist bescheidene Ausmaße, dürften aber reich ausgestattet gewesen sein. Die sorgfältig gemauerten Grabkammern in Ugarit mit ihren echten oder »falschen« Gewölben unter dem Palast, die man ausgeraubt vorfand, waren vielleicht von ägyptischen Vorbildern beeinflußt. Der Palast selbst hatte säulengeschmückte Toranlagen, aber auch die Stadttore waren kunstvoll angelegt. Ähnlich waren die Funde in Gubla. In der Plastik sind neben einheimischen Traditionen ägyptische, hethitische und mesopotamische Einflüsse wirksam gewesen. Man fand zahlreiche Stelen und Statuetten, vor allem des Wettergottes, aus Stein, Bronze und Silber, aber auch El, Aschera und Anat oder Aschtart sind sitzend oder in Schrittstellung mit zumeist sehr schlanken Körpern dargestellt. Die Gefäße hatten häufig Tiergestalt oder waren mit Tierköpfen verziert. Besondere Meisterwerke sind einige Goldschalen, die in getriebener Arbeit Jagdszenen und mythologische Motive zeigen. Auch die Siegelschneidekunst blühte, zeichnete sich aber nicht durch sonderliche Originalität aus.

Der Aufstieg Assyriens und der Ausgang der Kassitenzeit in Babylonien

Solange das Mitannireich eine Großmacht war, hatte Assur keine Aussicht, aus seiner abhängigen Stellung herauszukommen. Als aber die Angriffe Suppiluliumas' von Hatti auf Tuschratta in dessen späteren Jahren Mitanni ernstlich schwächten, hatte auch Assurs Stunde geschlagen, es fand in Assuruballit I. (1366–1330; der Name »Assur erweckte zum Leben« ist ein Programm!) den Mann, der die Chance zu nutzen verstand. Seine Bauinschriften berichten darüber nichts, aus gleichzeitigen und späteren Nachrichten erfahren wir aber das Wichtigste über seine Kämpfe. Er brachte einem Mitanniheer eine schwere Niederlage bei und stieß bis ins armenische Bergland vor. Nach diesem Sieg meldete er als »König von Assurland« beim Pharao seine Gleichberechtigung an und gewann auch dessen Anerkennung. Er nannte das Land Assurland, um den alten Namen Subartu zu vermeiden, den die Babylonier betont abschätzig gebraucht hatten; nun hieß Subartu nur noch das Land im Nordwesten. Die Assyrer nahmen den neuen Namen sofort an, die Babylonier hingegen blieben noch lange bei dem alten.

Assuruballit gab seine Tochter dem babylonischen König Karakindasch (um 1352 bis 1344) zur Frau, der, trotz seiner Erfolge gegen die Sutäer Mesopotamiens oder vielleicht eben deswegen, von dem Usurpator Nazibugasch ermordet wurde. Der empörte Schwiegervater zog alsbald nach Babylonien, tötete den Mörder und setzte Kurigalzu II. (1343 bis 1318) ein. Nach diesem neuen Erfolg nannte ihn sein babylonischer Schreiber »König der Welt« und nahm damit den von Schamschiadad I. geschaffenen anspruchsvollen Titel wieder auf, aus dem von nun an die Assyrerkönige das Recht zu immer weitergreifenden Eroberungen herleiteten. Sie waren überzeugt, daß der Gott Assur hinter ihrem Machtanspruch stehe und die strenge Bestrafung all derer wünsche, die sich nicht schnell genug unterwarfen.

Kurigalzu II. konnte sich trotz seiner Protektion durch Assuruballit in Babylonien durchsetzen, wo er, wie seine zumeist sumerischen Inschriften berichten, viel gebaut hat. Ein Dichter pries seine Taten und nannte ihn »König der Welt«, weil er nach anderen Erfolgen einen gefährlichen Angriff des Hurpatilla von Elam abwehrte und dann selbst bis nach Susa vorstieß. Nach dem Tode Assuruballits glaubte er sich stark genug, um von dessen Sohn Ellilnarari (1330–1320) die Rückgabe von Grenzgebieten zu verlangen; dieser blieb aber in einer Schlacht Sieger und wies Babylons Ansprüche ab. Ellilnararis Sohn Arikdenili (1320–1308) hatte nach diesem Sieg von Babylon nichts mehr zu befürchten. Er wandte sich zunächst gegen einige Fürsten der Turukkäer und anderer Stämme im Zagrosgebiet und schlug sie ebenso wie das Land Kutmuch in Armenien. Danach mußte er mesopotamische Nomaden abwehren, unter denen neben den Sutäern die Achlamu auftraten. Mit diesen Achlamu (vermutlich eine Selbstbezeichnung, die »Jungmannschaft« bedeutet) taucht für uns erstmalig eine ganz neue Gruppe semitischer Stämme auf, für die sich später der Name Aramäer durchsetzte. Sie drangen in den nächsten Jahrhunderten in immer größeren Scharen aus Arabien nach Vorderasien vor, setzten sich in dünnbesiedelten Gebieten fest und griffen bald auch die größeren Städte an. Auch da, wo man sie zunächst abwehren oder unterwerfen konnte, blieben sie ein gefährliches Element der Unruhe, bis sie viel später erst in der Bevölkerung des Landes aufgingen. Kulturell waren die Aramäer kaum irgendwo schöpferisch; sie paßten sich den vorgefundenen Kulturen an. Daß sie um 1300 schon aramäisch sprachen, wird neuerdings von einigen bestritten, weil keine aramäische Inschrift vor 900 bekannt wurde. Die typisch aramäischen Erscheinungen in Grammatik und Wortschatz, schon in den ältesten Inschriften feststellbar, setzen aber für ihre Entwicklung eine sehr lange Vorgeschichte voraus.

Noch zur Zeit Arikdenilis kam in Babylonien der energische Nazimaruttasch (1318 bis 1292) zur Regierung, der nordostwärts bis in das Land Namri in Luristan vordrang und dadurch erneut mit Assyrien in Konflikt geriet. Dessen König Adadnarari I. (1308–1276) schlug ihn zurück und zwang ihn zur Abtretung von Rapiqum am Euphrat. Von Nazimaruttasch besitzen wir die früheste Grenzsteinurkunde. Diese Grenzsteine sind zumeist phallisch geformte Steinblöcke mit einer Inschrift, die eine Landschenkung an verdiente Offiziere und Beamte genau beschreibt, oft auch deren Anlaß angibt und am Schluß jeden verflucht, der die Schenkung anfechten sollte. Die in der Fluchformel genannten Götter waren durch ihre Symbole auf dem Stein vertreten. Die Grenzsteine erweisen das kassitische

Babylonien als einen Feudalstaat, dessen Rechtsordnungen allerdings von denen Mitannis vielfach abwichen.

Adadnerari I. schrieb in seinen Inschriften wie sein Vater und seine Nachfolger ein assyrisch gefärbtes Babylonisch, weil das in Assyrien als feiner galt. Er berichtet uns von seiner sehr umfangreichen Bautätigkeit in Assur am Palast, den Tempeln, den Befestigungen und an der noch heute erhaltenen Flußmauer am Tigris, aber auch ausführlich von seinen Kriegen, die in den Zagros und nach Armenien, besonders aber nach Mitanni führten. Er schlug nacheinander die Mitannikönige Satvara I. und Wasaschatta und besetzte ganz Mesopotamien bis hin nach Karkemisch. Die im Nordosten liegende Mitannistadt Taite baute er als Provinzhauptstadt neu auf. Natürlich nannte er sich, wie übrigens auch Nazimaruttasch, König der Welt. Gegen Ende seiner Regierung muß das Mitannigebiet, vermutlich durch Eingreifen des Hethiterkönigs Hattusilis III., wieder verlorengegangen sein, die späteren Inschriften nennen es nicht mehr als erobertes Gebiet.

Sein Sohn Salmanassar I. (1276–1246; so die hebräische Namensform von assyrisch Schulmanaschared) ging sofort wieder zum Angriff über und besetzte zunächst acht armenische Fürstentümer. Von hier aus führte er einen Raubzug nach Hatti und zerstörte das hethitische Nationalheiligtum Arinna. Nun wurden die Hethiter aktiv und verbündeten sich mit Kadaschmanturgu von Babylonien (1292–1274), den allerdings sein Minister Ittimardukbalatu von einem aktiven Eingreifen abhielt, wie Hattusilis in einem langen Brief an Kadaschmanellil II. (1274–1268) empört feststellte. Als Salmanassar das von ihm Chanigalbat genannte Mitannigebiet zurückerobern wollte, traf er auf eine Koalition Satvaras II. mit den Hethitern und den Achlamu-Nomaden, die ihn in eine wasserlose Wüste abdrängte. Die Assyrer griffen nun mit dem Mut der Verzweiflung an und errangen einen großen Sieg, den Salmanassar höchst lebendig schildert. Vierzehntausendvierhundert Gefangene verschleppte er und besetzte erneut ganz Mesopotamien. Später wandte er sich wieder gegen die Qutäer (früher Gutäer) des Zagrosgebirges und benutzte die reiche Beute, um seine umfangreiche Bautätigkeit zu finanzieren. Einen strategischen Blick bewies er auch dadurch, daß er in dem vom Tigris und vom Oberen Zab gebildeten Winkel die neue Hauptstadt Kalach gründete, die allerdings nach seinem Tode für viele Generationen wieder aufgegeben wurde. Sein Kanzler war der aus Briefen bekannte Babu-acha-iddina, den er von seinem Vater übernahm und der ihn noch überlebte. Aus hethitischen Briefentwürfen an ihn und Salmanassar ergibt sich, daß das Verhältnis zu Hatti später ein recht gutes wurde, da offenbar die Assyrer das von den Hethitern gewonnene Eisen brauchten.

Salmanassars Sohn Tukultininurta I. (1246–1209), ein begabter, aber maßloser Fürst, führte das assyrische Reich auf einen ersten Höhepunkt; selbst die Griechen kannten ihn noch unter dem Namen Ninos. Er wandte sich zunächst wieder gegen die Stämme des Zagrosgebirges und Armeniens, die bei einem Herrschaftswechsel ja immer zu Raubzügen ins Fruchtland neigten, zerstörte ihre Ortschaften und machte sie tributpflichtig. Dann griff er trotz anfänglich freundlicher Beziehungen zu den Hethitern auf Ostanatolien über und brachte von dort Tausende von hethitischen Siedlern, nach einer späteren Inschrift angeblich achtundzwanzigtausendachthundert, nach Assyrien; dazu beschaffte er sich große Massen von Bauholz für seine vielen Bauten. Auch ganz Mesopotamien wurde wieder assyrisch. Noch wichtiger war dem König die Eroberung Babyloniens, das seine Vorgänger ganz gewiß wegen der Gemeinsamkeit in der Kultur immer mit einiger Rücksicht behandelt hatten. Schagaraktischuriasch (1258–1239) blieb zwar noch unangefochten, doch schon unter dessen Nachfolger Kaschtiliasch IV. (1239–1231) kam es zu Auseinandersetzungen, ein Krieg endete mit der Niederlage des Kassiten und dessen Verschleppung als Gefangener nach Assyrien. Wir erfahren davon nicht nur aus Kriegsberichten in Tukultininurtas Inschriften, sondern auch aus einem Epos von etwa tausend Versen, das ein Hofdichter in Anlehnung an ähnliche, etwas ältere Kompositionen verfaßt hat. Das Epos schildert äußerst breit und in oft schwülstiger Sprache den Babylonkrieg. Kaschtiliasch erscheint darin anfangs höchst überheblich, später aber mehr als kleinlaut; er spart nicht mit Selbstvorwürfen: »Jetzt sind überaus bedrückend geworden die Frevel meines Landes, viel meine Sünden; eine Strafe ohne Entrinnen warf mich nieder, gebunden hält mich der Tod.« Tukultininurta und seine Assyrer werden dafür heroisiert. Das Propagandawerk in babylonischer Sprache fand wegen seiner Verherrlichung der Kampfesfreude, die ganz religiös begründet wird, noch nach Jahrhunderten Abschreiber.

Sehr bald verjagten die Babylonier den von Tukultininurta eingesetzten Schattenkönig wieder. Nun zerstörten die Assyrer die Befestigungen der Stadt und plünderten die Tempel; die Statue Marduks wanderte für längere Zeit nach Assur. In seinen Inschriften verschwieg Tukultininurta diese Aktion, weil sie auch in Assur als frevelhaft galt; wir hören nur, daß er jetzt Bahrein und Ostarabien als Teil seines Gebietes reklamiert. Von seinem schlechten Verhältnis zu den Bürgern der Hauptstadt Assur zeugt der Entschluß, am anderen Tigrisufer die neue Hauptstadt Kar-Tukultininurta zu erbauen, eine Eintagsgründung mit einigen interessanten Bauwerken, an denen sich Reste von Wandmalereien im Stil der mitannischen fanden. Gegen Ende seiner lange so erfolgreichen Regierung setzte sich sein eigener Sohn an die Spitze der vielen, deren religiöse Gefühle Tukultininurtas Vorgehen gegen Marduk verletzt hatte. Babylon hatte sich schon vorher unter Adadschumussur (1223–1193) befreit. Der in Kar-Tukultininurta eingeschlossene König ließ nun durch denselben Hofdichter, der den Babylonkrieg besungen hatte, einen Klagepsalm verfassen, der den Gott Assur um Hilfe bittet und alle Schuld an dem Geschehen den anderen anlastet, die die Wohltaten Assurs mißachtet hätten. Die Klage war nutzlos, denn eine babylonische Chronik meldet triumphierend die Ermordung des Tempelschänders. Der Bürgerkrieg führte schließlich zum Zusammenbruch des Reiches. Tukultininurtas Sohn Assurnadinapli (1209–1205) konnte trotz anmaßender Titulatur keinen Erfolg melden, und Assurnarâri III. (1205–1199) mußte sich mit seinem Vetter und Mitregenten Iluchadda von dem Babylonier Adadschumussur in einem nur in Resten erhaltenen Brief abkanzeln lassen: »Die großen Götter haben euren Sinn verrückt!« Vielleicht war Assur jetzt nur noch ein Vasallenstaat Babylons. Ein Angriff des Ellilkudurrussur (1199–1194) auf Babylonien scheiterte und führte in Assur zur Thronbesteigung des nach Babylon geflüchteten Ninurta'apalekur I. (1194–1181), der eine Nebenlinie zur Herrschaft brachte und sich wie sein Sohn Assurdân I. (1181–1135) vor allem inneren Reformen widmete, die später ihre Früchte tragen sollten.

Babylonien hatte auch noch unter Melischichu (1193–1178) und Mardukaplaiddina I. (1178–1165) eine ziemlich ruhige Zeit. Von beiden Königen sind mehrere Landschenkungsurkunden auf Grenzsteinen erhalten; sie suchten sich offenbar durch großzügige Landschenkungen treue Gefolgsleute zu sichern. Melischichu hat den einen Stein sogar handschriftlich signiert. Die Mehrzahl der Grundstücke lag im Osttigrisland, wo mehr Land verfügbar war als in Babylonien selbst. Ein Hauptgrund für diese Maßnahmen war gewiß der Wiederaufstieg von Elam, das jetzt für einige Zeit zum gefährlichsten Gegner Babyloniens wurde.

Was in den Jahren von etwa 1600 bis 1350 in Elam geschah, ist unbekannt. Seit 1350 ist eine expansive Politik unter nationalen Vorzeichen feststellbar. Die Könige schreiben meistens in elamischer Sprache mit nur wenigen akkadischen Lehnwörtern. Nach wie vor geht im Königshaus die Bruderfolge der Deszendenz voraus. Hupannumena (um 1270) dehnte sein Reich bis zur Insel Lijan im Persischen Golf aus. Sehr zahlreich sind die Bauinschriften seines Sohnes Untaschhupan (um 1250), der auch für babylonische Götter kleine Tempel baute. Zur Zeit Tukultininurtas griff Kidinhutran zweimal Babylonien an und drang tief ins Land ein, konnte sich dort aber nicht halten. Erst Schutruknahhunte (etwa 1200–1164) hat nach Eroberungen in Iran in seinen letzten Jahren zusammen mit seinem Sohn und späteren Nachfolger Kutirnahhunte Babylonien für einige Jahre besetzt und schwere Verwüstungen angerichtet, die dort noch Jahrhunderte später beklagt wurden. Er entführte eine große Zahl von babylonischen Denkmälern, darunter die Siegesstele des Naramsuēn von Akkade und die Gesetzesstele des Hammurabi und brachte auf vielen von ihnen eigene Inschriften an. Den Kassitenkönig Zababaschumiddina setzte er um 1164 ab; den letzten König Ellilnadinach verschleppte Kuternahhunte 1160 und bereitete damit der Kassitendynastie in Babylonien ein Ende. Die größte Ausdehnung erreichte das elamische Reich unter Schilhakinschuschinak (1155–1135), der im Osttigrisland bis nördlich von Kerkuk tief in assyrisches Gebiet vordrang. Die vielen iranischen Orte, die er nennt, können wir meist nicht lokalisieren. Von den Bauten dieser Könige ist das von Untaschhupan erbaute fünfstöckige Tempelmassiv von Dur-Untasch (heute Tschoga-Zembil, dreißig Kilometer südöstlich von Susa) der interessanteste, eine sehr originelle Variante babylonischer Hochtempelbauten. Neben Tieftempeln auf allen vier Seiten des Massivs und dem nicht erhaltenen Tempel auf der obersten Plattform wurden zwei in das Massiv eingebaute Tempel freigelegt, deren Anlage noch nicht ganz geklärt ist. Dem Hochstand der Baukunst entsprach eine hochentwickelte Bildkunst. Der Bronzetorso der Königin Napirasu ist besonders fein gearbeitet, aber auch unter den Kleinplastiken aus Stein und Metall fanden sich in Susa einige besonders gelungene Stücke.

Tiglatpilesar I. von Assyrien und die zweite Dynastie von Isin

Vermutlich noch in Abhängigkeit von Elam kam in Babylonien 1160 Mardukkabitachchēschu (1160–1142) zur Herrschaft, mit dem die zweite Dynastie von Isin (1160–1028) begann. Der bedeutendste König dieser Dynastie war Nebukadnezar I. (biblische Namens-

Kassitischer Grenzstein aus Susa, 12. Jahrhundert v. Chr.
Paris, Louvre

Das elamische Tempelmassiv von Dur-Untasch, 12. Jahrhundert v. Chr.

form von Nabukudurri-ussur, 1128–1106), der Hutelutusch-Inschuschinak von Elam in einem Hochsommerfeldzug vernichtend schlug, Elam plünderte und das iranische Namar seinem Reich einverleibte. Mit wechselndem Erfolg kämpfte er auch gegen Assyrien, das nach der Zeit des Niedergangs in Assurreschischi I. (1135–1117) wieder einen energischen Herrscher bekommen hatte und so Angriffe der aramäischen Achlamu, der Lullumäer und Qutäer des Zagros zurückwies. Beide Könige beanspruchten den Titel »König der Welt«, aber erst Tiglatpilesar I. (biblische Namensform von Tukultiapileschарra, 1117–1078) von Assur konnte diesen Titel wieder mit einigem Recht führen. Gleich sein erster Feldzug führte ihn nach Südarmenien, wo sich zwanzigtausend Krieger der vielleicht mit den späteren Phrygern verwandten Muschki versammelt hatten, um aus der Gegend von Malatia nach Südosten vorzustoßen. Sie erlitten eine schwere Niederlage, und die Assyrer konnten in den kommenden Jahren große Teile Südarmeniens tributpflichtig machen, darunter churritische Staaten, denen auch die Hilfe der aus Pontus gekommenen Kaskäer nichts nützte. Die später noch oft bewährte Meisterschaft der Assyrer im Gebirgskrieg, der eine gut ausgebildete Pioniertruppe erforderte, feierte hier Triumphe, ebenso freilich ihre brutale Kriegführung mit Massenabschlachtungen und -verschleppungen. Zugunsten dieser anscheinend besonders bedrohten Nordfront hat Tiglatpilesar die damals wohl weniger gefährlichen Zagrosländer vernachlässigt.

In seinen späteren Jahren waren die Aramäer seine Hauptgegner, gegen die er mindestens achtundzwanzigmal nach Syrien zu Felde zog. Als Kamelbeduinen konnten die Aramäer vor den Assyrern immer leicht in unzugängliche Gebiete ausweichen. Trotzdem wurden Mesopotamien und Nordsyrien zu assyrischen Provinzen, ja, Tiglatpilesar drang als erster Assyrerkönig nach Schamschiadad I. bis zum Mittelmeer vor und konnte es sich erlauben, mit phönikischen Schiffen eine längere Spazierfahrt auf dem Meer zu unternehmen, wobei man ihm einen Pottwal fing. Wahrscheinlich waren den phönikischen Händlern die fernen Assyrer bequemer als die nahen aramäischen Räuber. Einmal verfolgten die Assyrer die Aramäer übrigens auch in die Syrische Wüste bis hin nach Tadmor/Palmyra.

Um Babylonien kümmerte sich Tiglatpilesar zunächst längere Zeit nicht. Daher wagte der auf einem Grenzsteinbild sehr energisch aussehende Marduknadinachchi von Babylon (1102–1084) einen Vorstoß gegen die assyrische Stadt Ekallātum, die er plünderte. Die Vergeltungsangriffe der Assyrer führten erst im zweiten Jahr zu einem vollen Erfolg. Sippar und Babylon wurden neben anderen Städten gebrandschatzt, aber die Tempel, anders als unter Tukultininurta, blieben verschont. Unter der Beute befanden sich anscheinend auch viele literarische Tontafeln aus den Archiven der Tempel und Paläste, die dann in Assyrien sorgfältig abgeschrieben wurden. Zahlreiche wichtige Texte sind uns dadurch wenigstens teilweise erhalten.

Man täte Tiglatpilesar unrecht, wenn man in ihm nur den kriegsfreudigen Eroberer sähe, mögen auch seine ausführlichen Inschriften, darunter ein achtseitiges Tonprisma, die Kriegsberichte in den Vordergrund stellen. Er sorgte für die Landwirtschaft, führte neue Pflüge ein und förderte den Anbau von Obstbäumen und Nutzhölzern aus anderen Ländern. Dabei bemühte er sich aber auch um die Pflege von Literatur und Wissenschaft, um

Assyrien auch darin mit Babylonien wettbewerbsfähig zu machen. Die assyrische Sprache wurde allerdings fast nur in technischen Rezepten verwendet, darunter auch Anweisungen für die Zucht der Kampfwagenpferde. Vor allem aber ging es ihm um die Straffung der Verwaltung und um eine einheitliche Rechtspflege. Er sammelte alle Verfügungen seiner Vorgänger für das Leben im Palast und ergänzte sie durch eigene. Wir erfahren daraus, daß der König neben seiner Gemahlin zahlreiche Palastdamen hatte, deren Verhalten und höfischer Rang der Regelung bedurften; vor allem mußten die vielen Palastfunktionäre in Ordnung gehalten werden. Dabei galt dieselbe brutale Härte wie im Gerichtswesen. Neben der Todesstrafe, nicht selten in verschärfter Form, gab es oft, selbst bei kleineren Vergehen, wie dem Zuhören beim Zank der Palastfrauen, Prügel bis zu hundert Hieben, teilweise in Verbindung mit Verstümmelungen und Fronarbeit. Die rechtliche Stellung der Frau war weitaus schlechter als irgendwo sonst im Orient, wie die Hoferlasse und vor allem die größtenteils erhaltene Eherechtstafel des Rechtsbuches zeigen.

Die Familienordnung war uneingeschränkt patriarchal und gab dem *pater familias* auch das Recht, unter bestimmten Voraussetzungen seine Frau zu töten oder zu verstümmeln. Im Falle des Ehebruchs mußte er das sogar tun, wenn er Wert darauf legte, daß der Ehebrecher entsprechend bestraft wurde. Eine Bestimmung über Scheidung lautete: »Wenn ein Mann seine Gattin verlassen will, gibt er ihr etwas, wenn er will; wenn er nicht will gibt er ihr nichts, und sie geht mit leeren Händen weg.« So einfach war die Scheidung be Hammurabi nicht! Eine Frau, die abgetrieben hat, wurde gepfählt und dann nicht begraben. Auf der Straße mußte eine Frau verschleiert gehen; Nebenfrauen und Dirnen war das bei schwerer Strafe verboten. Dieselbe Strafe traf übrigens den Mann, der eine verschleierte Dirne nicht anzeigte. Positiv war an der barbarischen Strafpraxis, daß der Delinquent überführt werden mußte, wenn nicht anders möglich, mit Hilfe des Flußordals, das oft gefordert wird; Lügendenunzianten trafen schwerste Strafen.

Das bürgerliche Recht, soweit bekannt, regelte die Formen der Eheschließung und das Erbrecht, ferner das Eigentumsrecht, besonders an Grundstücken, sowie das Mietrecht auch an Flußschiffen. Jede Art von Betrug wurde schwer, auch mit Verstümmeln, bestraft. Die Gesetze enthielten viele ältere Bestimmungen, teilweise wohl schon aus der Zeit Assuruballits I. Die letzte Aufzeichnung stammte vermutlich von Tiglatpilesars ältestem Sohn Ascharedapalekur (1078–1076).

Sehr umfangreich war Tiglatpilesars Bautätigkeit in Assur und Ninive. Der Doppeltempel des Anu und Adad hatte für jeden Gott einen Stufenturm, so daß in Assur zusammen mit dem Hochtempel des Gottes Assur drei solcher Türme standen. Außerdem baute er Paläste, die mit glasierten Ziegeln, wie sie vielleicht zuerst in Elam verwendet wurden, geschmückt waren. Seine Leidenschaft aber war die Jagd auf Großwild.

Der zweite Sohn des großen Eroberers, Assurbelkala (1076–1058), konnte das Reich trotz seiner vielen Kriege nicht mehr ganz halten. Zu Babylonien hatte er sehr freundliche Beziehungen und half den Babyloniern gegen Angriffe der Beduinen aus Mesopotamien. Sonst kämpfte er wie sein Vater in Südarmenien und gegen die Aramäer, teilte auch dessen Jagdleidenschaft. Sein Sohn wurde bald von einem dritten Sohn Tiglatpilesars, Schamschiadad IV. (1056–1052), abgesetzt, der vorher ins Gebirge und dann nach Babylonien geflohen war. Schamschiadads Sohn Assurnassirpal I. (1052–1033) mußte nach dem Staatsstreich den Rest des Reiches in ziemlich trostlosem Zustand übernehmen und konnte über seine Regierung, außer der Wiederherstellung von verfallenen Tempeln, auch nicht viel Rühmliches berichten. Wir besitzen von ihm nur Bruchstücke von drei Gebeten an Ischtar, auf deren Walten er seine Einsetzung als Herrscher zurückführte. Er sagt darin, daß er, wohl auf der Flucht seiner Eltern, in einem Gebirge geboren sei und viel unter Krankheiten gelitten habe. In dem einen Gebet stellte er die verzweifelte Frage, wie ihm das ganze Unglück trotz vieler frommer Werke habe zustoßen können. Anders als seinerzeit Tukultininurta I. gibt er nach der Aufzählung seiner Verdienste auch schweres Versagen zu: »Ich dachte nicht an deine Herrschaft, betete nicht dauernd; die Menschen Assyriens wußten nicht Bescheid, wandten sich nicht immer an deine Gottheit.« Sünde und Frevel waren für ihn also nicht nur persönliches Verschulden, sondern auch, daß er seine Untertanen nicht richtig zur Gottesfurcht angeleitet hatte. Er mußte daher die Göttin nicht nur um Befreiung von seiner Krankheit, sondern vor allem auch um Sündenvergebung bitten sowie um Fürsprache bei Assur, vor dem er sich gewiß auch schuldig fühlte. Hier wird deutlich, daß im Leid auch ein König nichts anderes war als jeder Untertan: abhängig von der Gottheit, die vor der Heilung ein Schuldbekenntnis forderte.

Die babylonische Kultur im Ausgang des zweiten Jahrtausends

Die Kassiten waren als fremde Eroberer nach Babylonien gekommen; schon frühzeitig hatten sie sich der weitüberlegenen Kultur der Unterworfenen angepaßt und sie als ihre eigene empfunden. Mindestens seit 1400 fühlten sich die Könige im Auftrag der Götter des Landes als Schirmherren babylonischer Kunst, Wissenschaft und Literatur. Die zweite Dynastie von Isin übernahm dieses Erbe. Auch Assyrien blieb unter seinen weitblickenden Königen bald nicht nur rezeptiv, sondern nahm schöpferisch an der Kultur teil, die die beiden so oft feindlichen Länder miteinander verband. So wurde die Zeit von etwa 1400 bis 1050 zu einer geistig besonders fruchtbaren Epoche.

Obwohl die feudalistische Grundstruktur des Staates in Babylonien und in Assyrien vorherrschte, sind die Unterschiede wesentlich. In Assyrien hatten die feudalen Grundherren, die die Hauptstütze der Militärkaste waren, ungleich größeren Einfluß als in Babylonien. Daraus und aus dem viel härteren Volkscharakter rührte die grundsätzlich keine Grenzen kennende Eroberungspolitik her, auf die nur die schwachen Herrscher Assyriens verzichteten, während in Babylonien ausgeprägt aggressive Könige eher die Ausnahme bildeten. Der Überlandhandel war für beide Länder von großer Bedeutung, die babylonischen Kaufleute, deren Einfluß auf die Politik ständig wuchs, vertrauten aber weniger auf den Schutz militärischer Maßnahmen als die Assyrer und waren vielleicht gerade deshalb erfolgreich, obwohl sie nicht selten auch aus den kriegerischen Aktionen der Assyrer ihren Nutzen zogen. Die Priesterschaft hatte in beiden Ländern sehr großen Einfluß, die babylonischen Priester waren aber geistig weit besser geschult und erfreuten sich überdies der

Jüngeres Hethiterreich

um 1450 Tudhalijas II.
um 1400 Tudhalijas III.
1385—1345 Suppiluliumas I.
1343—1315 Mursilis II.
1315—1293 Muwatallis
1293—1286 Urhiteschup
1286—1260 Hattusilis III.
1260—1230 Tudhalijas IV.
1230—1210 Arnuwandas III.
1210—? Tudhalijas V.
Arnuwandas IV.
Suppiluliumas II.

Mitannireich

um 1500 Barattarna
1470—1440 Sauschschatar
1440—1415 Artatama
1415—1390 Schuttarna II.
1390—1352 Tuschratta
Satvara I.
Waraschatta
Satvara II.

Assyrien

um 1500 Lokalfürsten von Assur
1433—1424 Assurbelnischeschu
1403—1393 Assurnadinachche II.
1393—1366 Eriba'adad I.
1366—1330 Assuruballit I.
1330—1320 Ellilnarari
1320—1308 Arikdenili
1308—1276 Adadnerari I.
1276—1246 Salmanassar I.
1246—1209 Tukultininurta I.
1209—1205 Assurnadinapli
1205—1199 Assurnerari III.
1199—1194 Ellilkudurrussur
1194—1181 Ninurta'apalekur I.
1181—1135 Assurdân I.
1135—1117 Assurreschischi I.
1117—1078 Tiglatpilesar I.
1078—1076 Ascharedapalekur
1076—1058 Assurbelkala
1058—1056 Eriba'adad II.
1056—1052 Schamschiadad IV.
1052—1033 Assurnassirpal I.
1014—973 Assurrabi II.
973—968 Assurreschischi II.
968—935 Tiglatpilesar II.
935—912 Assurdân II.
912—891 Adadnerari II.
891—884 Tukultininurta II.
884—859 Assurnassirpal II.
859—824 Salmanassar III.
824—810 Schamschiadad V.
810—806 Sammuramat
806—782 Adadnerari III.
782—772 Salmanassar IV.
772—754 Assurdân III.
754—746 Assurnerari V.
746—727 Tiglatpilesar III.
727—722 Salmanassar V.
722—705 Sargon II.
705—681 Sanherib
681—669 Assarhaddon
669—627 Assurbanipal
632—624 Assuretelilani (Sinschumlischir)
629—612 Sinscharischkun
612—609 Assuruballit II.

Ugarit

1370—1340 Niqmaddu II.
1340—1332 Arichalbu
1332—1280 Niqmepa
1280—1240 Ammistamru
1240—1220 Ibiranu

Tyros

969—936 Hiram I.

Hama

um 850 Irchuleni
um 790 Zakar

Ja' dija

um 830 Kilamuwa
um 760 Panamu I.
743—732 Panamu II.
732—720 Barrakab

Guzana

um 900 Abisalamu
um 825 Kapara

Arpad

um 760—740 Mati'ilu

Adana

etwa 735—715 Azitawadda

Urartu

835—825 Sardur I.
825—805 Ischpuini
815—790 Menua
790—760 Argischti I.
760—734 Sardur II.
734—714 Rusa I.
714—680 Argischti II.
680—655 Rusa II.
655—640 Rusa III.
640—620 Sardur III.

Babylonien

Kassitendynastie

1500—1470 Kaschtiliasch III.
1470—1450 Agum III.
1445—1430 Karaïndasch
1425—1400 Kurigalzu I.
1400—1380 Kadaschmanellil I.
1380—1352 Burnaburiasch III.

1352—1344 Karakindasch, Nazibugasch
1343—1318 Kurigalzu II.
1318—1292 Nazimaruttasch
1292—1274 Kadaschmanturgu
1274—1268 Kadaschmanellil II.
1268—1258 Kudurellil
1258—1239 Schagaraktischuriasch
1239—1231 Kaschtiliasch IV.
1223—1193 Adadschumussur
1193—1178 Melischichu
1178—1165 Mardukaplaiddina I.
1165—1164 Zababaschumiddina (elamische Herrschaft)
1163—1160 Ellilnadinachche

Zweite Dynastie von Isin

1160—1142 Mardukkabitachchêschu
1128—1106 Nebukadnezar I.
1106—1102 Ellilnadinapli
1102—1084 Marduknadinachchi
1084—1071 Mardukschapikzeri

Zweite Meerlanddynastie 1028—1006

1028—1010 Simmaschschichu
1006—980 fremde Könige
980—944 Nabumukinapli

930—904 Schamaschmudammiq
904—888 Nabuschumischkun
888—882 Nabuschumukin
882—852 Nabuapaliddin
852—826 Mardukzakirschumi
826—813 Mardukbalassuiqbi
813—810 Baba'achiddin
795—764 Eribamarduk
762—748 Nabuschumischkun
748—734 Nabonassar
732—729 Ukinzer
729—727 Pulu (= Tiglatpilesar III.)
727—722 Ululai (= Salmanassar V.)
722—710 Mardukapaliddin II.
710—705 Sargon II.
705—703 Sanherib
703 Mardukapaliddin II.
703—700 Belibni
700—694 Assurnadinschum
693—689 Muschezib-Marduk
689—681 Sanherib
681—669 Assarhaddon
669—648 Schamaschschumukin
648—627 Kandalanu

Chaldäerreich 629—539

626—605 Nabupolassar
605—562 Nebukadnezar II.
562—560 Awilmarduk
560—556 Neriglissar
556 Labaschimarduk
556—539 Nabonid

Meerlanddynastie

Erste Dynastie 1722—1474

1482—1474 Eagamil

Elam

um 1330 Huspatilla
um 1300 Pahirischschan
um 1290 Attarkittah
um 1270 Hupannumena
um 1250 Untaschhupan
um 1230 Kidinhutran
um 1215 Hallutuschinschuschinak
1200—1164 Schutruknahhunte I.
1164—1155 Kuternahhunte I.
1155—1135 Schilhakinschuschinak
1135—1115 Hutelutuschinschuschinak

Elam

742—717 Humbanigasch I.
717—699 Schutruknahhunte II.
699—693 Hallutusch
693—692 Kuternahhunte II.
692—688 Humbanmenanu
688—681 Humbanhaltasch I.
681—675 Humbanhaltasch II.
675—664 Urtaku
664—655 Te'umman
648—639 Humbanhaltasch III.

Karkemisch

980—880 Luhas I.
Astuwatimas
Luhas II.
Katuwas
um 860 Sangara
um 780 Araras
745—717 Pisiris

Unterstützung einer in ihren Schulen vorzüglich ausgebildeten Schreiberschicht, während in Assyrien sich darin erst allmählich eine Tradition ausbildete. In den Schreiberschulen wuchsen die Beamten heran, die das so eroberungsfreudige Assyrien in großer Zahl, aber auch mit besonderen Qualifikationen benötigte.

Privaten Grundbesitz gab es in beiden Ländern. In Babylonien war aber noch immer ein großer Teil des Landes Eigentum der Tempel, die Tausende von Angestellten, vor allem in der Landarbeit, einsetzten. Deshalb haben wir nur wenige Privaturkunden aus der Kassitenzeit gegenüber der großen Masse von Tempelabrechnungen. Die wirtschaftliche Betätigung der assyrischen Tempel dagegen war offenbar weit weniger umfangreich, ihre Abhängigkeit vom Staat entsprechend größer.

In die Götterwelt Babyloniens fanden jetzt manche kassitische Götter Eingang, wie das Paar Schuqamuna und Schimalia, in Assyrien kamen churritische Gottheiten hinzu. Die Priesterschaften sorgten aber dafür, daß die alten einheimischen Götter den Vorrang behielten. In Babylonien setzte sich Marduk, teilweise unter dem Namen Bel, »Herr«, immer weiter durch; sein Kult drang auch in Assyrien ein und trug dort mit dazu bei, den Gott Assur aus der Verehrung des Volkes zu verdrängen, was Tukultininurta I. zu seinem Schaden unterschätzte. Der sumerische Ellil trat in beiden Ländern wieder stärker als der Gott von Nippur in den Vordergrund, der oft mit dem »alten« Kassitengott Charbe gleichgesetzt wurde. In Assyrien konnte sich die Verbindung des Himmelsgottes Anu mit dem Wettergott Adad seit der Kanaanäerdynastie Schamschiadads I. halten, wobei Anu den kanaanitischen El vertrat. Der Sonnengott Schamasch als Schützer des Rechts wurde hier wie in Babylonien vom einfachen Beter in allerlei Nöten angerufen, von den Königen aber auch als Auftraggeber für die scheußlichen Strafgerichte im Kriege in Anspruch genommen.

Die Gestirngottheiten erscheinen auf den Grenzsteinurkunden nur noch mit ihren astralen Symbolen. In einem inneren Zusammenhang damit wächst das Interesse an der beobachtenden Astronomie als Voraussetzung für eine feiner differenzierende Astrologie. Die Venusgöttin Ischtar tritt in zwei ganz verschiedenen Gestalten auf: als die bei aller Strenge gütige Mutter, deren kriegerische Eigenschaften vor allem in Assyrien betont werden, und als Schutzherrin der Dirnen und der Liebeszauberpraktiken, die keinerlei Moral kennt. Die Gebete an jene vermeiden jede Hervorhebung des Sexuellen. Manche früher zweitrangige Gottheit gewinnt jetzt steigende Bedeutung, so der Lichtgott Nusku, der die Dämonen bekämpfende Papsukal und der Richtergott Madānu.

Das Gottesbild bleibt in sich widerspruchsvoll. Den Polytheismus der Mythen versuchten die Theologen in den großen Götterlisten in immer besser durchgegliederte Systeme zu bringen. Zwar hatte die Gleichsetzungstheologie der Listen längst Hunderte von sumerischen Göttern zu bloßen Erscheinungsformen anderer Gottheiten verflüchtigt, es blieben aber immer noch Hunderte, darunter viele, die ausschließlich in gelehrten theologischen Kompilationen erschienen. Zum mythischen Gottesbild gehörte der Götterkampf und damit auch die Übertragung fragwürdiger menschlicher Kampfesweisen auf die Welt der Götter. Diese Übertragung nahm man früher oft recht unbekümmert vor und unterstellte den Göttern Handlungen, die allenthalben Anstoß erregen mußten. Man traf daher nach 1400 bei der Kanonisierung der Literatur eine Auswahl unter den älteren Werken und schloß manche sumerische und altbabylonische Mythendichtung von der Weiterüberlieferung aus, wenn auch die alten Tafeln erhalten blieben; in anderen Fällen suchte man fragwürdiges Handeln durch positive Zielsetzungen zu rechtfertigen.

Ein geradezu klassisches Beispiel für das menschliche Handeln der Götter ist das wahrscheinlich um 1400 entstandene Weltschöpfungsepos, eigentlich ein großer Hymnus auf den Gott Marduk. Am Anfang stehen die Chaosmächte, Apsû als Gott des Süßwassers und die Tiamat, »das Salzmeer«. Sie erzeugen den Anu und dessen Sohn Nudimmud/Ea, den Apsû ebenso wie die anderen jungen Götter vernichten will. Nur Ea ist Apsû gewachsen; er tötet ihn und errichtet auf seiner Leiche im lebenschaffenden Grundwassermeer seinen Palast. Dort wird das Wunderkind Marduk geboren, das alsbald alle älteren Götter überragt. Die ältesten unter ihnen veranlassen nun Tiamat, mit Hilfe von dunklen Mächten die jüngeren Götter zu vernichten. Diese erstarren vor Furcht, selbst Ea versagt und schickt Marduk vor, der sich aber nur dann zum Kampf bereit erklärt, wenn ihm die Herrschaft übertragen wird. In ihrer Angst stimmen die Götter nach einem kräftigen Umtrunk zu, und Marduk rüstet ein Heer von Sturmdämonen aus, das Tiamats Scharen gewachsen ist. Er selbst tötet die Tiamat, spaltet sie und erschafft aus ihrer einen Hälfte den Himmel, aus der anderen die Erde. Dann weist er Mond und Sternen ihre Zeiten an und wird zum Götterkönig ernannt. Daraufhin schafft er Babylon und aus der Leiche von Tiamats General Kingu die Menschen, um den Himmlischen Arbeit abzunehmen. Zum Dank dafür erhält Marduk fünfzig Namen und damit die Funktionen von ebenso vielen Göttern. Am Schluß steht ein Segenswunsch für alle, die das Lied zum Preise Marduks singen.

In dieser Dichtung entmachten sich die Götter selbst in wenig würdiger Form zugunsten Marduks und nehmen aus seiner Hand ihren Anteil am Weltregiment zurück. Obwohl noch große Götter, sind sie es doch eigentlich nicht mehr. Viele Gebete variieren den gleichen Gedanken. Marduk selbst erstrebt die Macht wie ein erfolgreicher junger König, wobei er mit den alten Göttern nicht sehr taktvoll umgeht; ein höheres ethisches Prinzip vertritt er in diesem alljährlich am Neujahrsfest in Babylon rezitierten Epos noch nicht. Mit dem Schöpfungsbericht der Bibel hat diese Dichtung außer der Konzeption des Urchaos fast nichts gemein.

Ähnlich widerspruchsvoll ist das Gottesbild des jüngeren Gilgameschepos, als dessen Dichter eine Überlieferung den Urukäer Sinleqeunnîni (um 1150?) nennt. Von Marduk weiß dieses Epos nicht. Die Götter unter Führung des Anu, der nur in der Sintfluterzählung des Epos hinter Ellil zurücktritt, setzen dem heroischen Menschen unübersteigbare Schranken und geben ihm mit Ausnahme des stets gütigen Schamasch keine Wegweisung. Geradezu brutal geißelt das Epos durch den Mund der Helden die Dirnenhaftigkeit und Rachsucht der Ischtar. Offenbar kam es zu diesen Blasphemien aus Empörung über die Entartung des Ischtarkultes in Uruk, der den Frauen ihre Würde raubte. Im Mittelpunkt der Dichtung steht der über die Unabwendbarkeit des Todes verzweifelte Mensch. Die beiden Freunde Gilgamesch und Enkidu, anfangs als Gegner geschaffen, helfen sich auf dem abenteuerlichen Zug gegen Chumbaba gegenseitig immer wieder über ihre Ängste hinweg und steigern sich nach dem Sieg in eine Selbstüberhebung hinein, die die Götter mißachtet. Als nun Enkidu zur Strafe todkrank wird, kann ihn der Freund in seiner Verzweiflung nicht trösten; nur Schamasch findet gute Worte. Der Tod Enkidus lähmt Gilgamesch zunächst völlig, treibt ihn dann aber zu übermenschlicher Anstrengung, sein eigenes Los zu wenden; als er trotzdem scheitert, flüchtet er resigniert in den Stolz auf die eigene Leistung, ohne sie im letzten ganz ernst zu nehmen. Das auch sprachlich gewaltige Epos hat, den großen Heldengedichten anderer Völker durchaus ebenbürtig, mit diesen eine tragische Weltsicht gemeinsam, die die Größe und zugleich die Kleinheit des heroischen Menschen in der Ausweglosigkeit der Situationen zeigt, in die ihn Schuld und die Unbegreiflichkeit der Götter führten. Indem es jeden herkömmlichen Trost zerschlägt, zwingt es den Hörer, nach etwas ganz Neuem Ausschau zu halten.

Gemessen an Gilgamesch hat Adapas Scheitern auf dem Weg zum ewigen Leben etwas Tragikomisches. Weil er dem Südwind die Flügel zerbrach, zitiert ihn Anu zur Bestrafung vor sich. Ea warnt ihn vor der Speise des Todes, die Anu ihm anbieten würde, rechnet aber nicht mit dessen Gutmütigkeit angesichts des komischen Auftretens Adapas. Als Anu ihm nun Lebensspeise anbietet, nimmt Adapa sie nicht und bleibt dem Tod verfallen, weil Ea nicht klug genug ist und er zuwenig Vertrauen hat. Am mangelnden Vertrauen läßt auch der Etanamythus seinen Helden scheitern. Etana ist von den Göttern als erster König und Baumeister in Kisch eingesetzt, bleibt aber kinderlos. Schamasch schickt ihn ins Gebirge, wo ihm ein Adler das Gebärkraut zeigen soll. Er findet den Adler hilflos in einer Grube, in die ihn eine Schlange auf Schamaschs Geheiß geworfen hat, weil er deren Junge trotz eines Eides gefressen hatte. Nach einer Textlücke ist vom Gebärkraut nicht mehr die Rede, sondern nur von Etanas Wunsch, auf dem Rücken des gesundeten Adlers zur Erlangung des ewigen Lebens gen Himmel zu fahren. Der Wunsch wird erfüllt, doch bevor der oberste Himmel erreicht ist, bekommt Etana Angst, und beide stürzen ab. Die fein gestaltete Dichtung weist dem Menschen, der den Weltenraum erobern möchte, seine Grenzen zu; sie ist aber auch ein Hoheslied auf Schamasch, der den Frevel des Adlers hart bestraft, ihm aber auf seine Bitte um Vergebung dadurch hilft, daß der hilflose Adler und der hilfsbedürftige Mensch einander die notwendigen Dienste leisten. Trotz des tragischen Endes weist der Mythus nach vorn, indem er dem todgeweihten Menschen zeigt, welche Möglichkeiten ihm gegenseitige Hilfe und das Gebet um Vergebung schwerer Schuld eröffnen.

Von den sumerischen Mythen wurden nur die Unterweltsmythen in teilweise neuer Gestalt weiterüberliefert, dazu noch einige, die den Götterkampf gegen die Mächte der Unordnung schildern. Die Sphäre des Erotischen bleibt in ihnen fast immer unberührt, da man sich, von Ischtar abgesehen, auch junge Götter nicht mehr als unbeherrscht triebhaft vorstellen mochte. Umstritten ist, ob und wieweit einzelne Mythen Vorgänge am Himmel schildern sollten und damit im eigentlichen Sinn Astralmythen sind. Da die Sternbilder als Götter oder mythische Tiere personifiziert wurden, ist es möglich, daß ihnen der Mythus bisweilen auch ein Handeln zuschrieb. Mehr als Einzelzüge aber wird die astralmythologische Ausdeutung der Mythen kaum klären können.

Neben den Mythendichtungen stehen die Kriegsepen, die in Assyrien in dem schon erwähnten Epos von Tukultininurta ihren Höhepunkt fanden und in Babylonien die Siege Nebukadnezars I. besangen, aber auch die Katastrophen des Hethitereinfalls von 1595 und der elamischen Fremdherrschaft vor 1160 eindringlich schilderten. Von den Chroniken unterscheiden sie sich durch die reichlich eingestreuten Reden der Beteiligten. Zahlreich sind stilistische Entlehnungen aus den Königsinschriften, und, wie in diesen, nimmt der hymnische Preis der von den Göttern erfahrenen Hilfe einen breiten Raum ein.

Weitaus vielseitiger als früher ist jetzt die Gebetsliteratur. Allerdings ist eine auch nur ungefähre Datierung bei vielen Gebeten besonders schwierig. Neben den Hymnus tritt jetzt das Gebet, vor allem als Gebetsbeschwörung, die, oft in magische Riten eingebettet, zahlreiche, den Gott mehr beschwörende als bittende Wendungen enthält. Den meisten Menschen ist die Existenz vieler Götter immer noch selbstverständlich, auch wenn nur ein einzelner Gott angerufen wird. Die individuellen Unterschiede zwischen den Göttern aber schwinden immer mehr. Jeder Gott ist ein barmherziger, aber gegen den Sünder strenger Vater, jede Göttin eine Mutter von der gleichen Art. Der Gedanke, daß sie einmal gegeneinanderstehen könnten, ist verschwunden, und es erscheint jetzt undenkbar, daß sie an den Menschen strenge ethische Forderungen stellen, aber selbst dagegen verstoßen. Wer in diesem Sinne weiterdachte, mußte zu der Frage kommen, ob nicht die vielen Götternamen im Grunde nur ganz wenige oder gar nur einen Gott oder eine Göttin meinten. Tradition und Priesterschaft waren jedoch so mächtig, daß sich eine radikale Antwort auf diese Frage nicht durchsetzen konnte, wenn sie auch da und dort anklingt. Als möglicher Ausweg blieb, daß man unter den vielen Namen *eine* Göttlichkeit suchte, also eine Auffassung vertrat, für die man die Bezeichnung »Monotheotheismus« vorgeschlagen hat. Diese Auffassung erlaubte es, überlieferte Gottesnamen beizubehalten, wie vor allem Schamasch oder Marduk, jedoch auch Ischtar und etliche andere. Oft sprach man aber nur von »dem Gott« oder »der Göttin«.

Von den Menschen forderten die Götter nicht nur die Erfüllung kultischer Pflichten, sondern auch ein Verhalten zum Mitmenschen, das strengen Maßstäben zu genügen hatte. Ein umfangreicher Sündenkatalog verwirft nicht nur jedes Tun, das den Bestand der Familie gefährdet, sondern auch Unbarmherzigkeit gegen gefangene Feinde, ja sogar Tierquälerei. Niemand konnte alle diese Forderungen immer erfüllen, daher kamen die Babylonier wie die Israeliten zu der Überzeugung, daß Sündhaftigkeit und Angewiesensein auf die göttliche Vergebung zum Wesen des Menschen gehören: »Wer hat nicht gesündigt, wer nicht gefrevelt?« Diese Erkenntnis entzog der verbreiteten, primitiv eudämonistischen Lehre, daß die Gottheit den Frommen mit Wohlergehen belohnen müsse, weithin den Boden; denn wer konnte bei solchen Forderungen dem Gott seine Verdienste vorrechnen? Auch der Frömmste mußte aber in Anfechtung fallen, wenn er in schweres Leid geriet und einen ausgemachten Bösewicht im Glück leben sah. Einige Gebete setzen sich mit dieser Anfechtung auseinander; zum Thema wird sie vor allem in dem über vierhundertfünfzig Verse umfassenden Selbstbericht eines hohen Beamten mit dem Anfangsvers: »Ich will preisen den Herrn der Weisheit (Marduk)«. Nach einleitenden Worten über die Größe Marduks schildert er die Krankheiten und das schwere Leid, die ihm trotz dauernder Mühen um gottwohlgefälliges Leben auferlegt sind und ihn an den Rand des Grabes bringen. Wenn er dabei Leiden nennt, die ihn selbst sicher nicht betroffen haben, so tut er es, damit jeder Hörer die Klage zu seiner eigenen machen kann. Er ist wirklich fromm, aber: »Wüßte ich doch, daß das alles dem Gott gefällt! Was einem selbst gut erscheint, ist vor Gott ein Frevel, was man für schlecht hält, könnte vor Gott gut sein! Wer durchschaut den Sinn der Götter im Himmel?« Erst als alle ihn aufgeben, erscheinen ihm in drei Träumen engelähnliche Gestalten und verheißen ihm im Auftrag Marduks baldige Heilung. Er wird darauf mit Segen überschüttet und kann nun den Menschen nur noch Marduks Ruhm verkünden.

Für menschliches Denken ist diese Heilung ebenso unmotiviert wie vorher die Überlastung mit Leid. Aber der Mensch soll den Gott nicht verstehen wollen, sondern sich vor ihm beugen und ihn für jeden Segen preisen. Anders als die Ägypter hatten die Babylonier keine Möglichkeit, die unverständliche göttliche Gerechtigkeit in einem Jenseits zu erwarten. Ihre Religion konnte nichts Überzeugendes über den Sinn des Leidens sagen, sie kannte weder die Erziehung durch das Leid noch die Aufgabe stellvertretenden Leidens.

Unter den Hymnen steht ein Lied von zweihundert Versen an Schamasch obenan, das nicht nur die Wirkungen der Sonne eindrucksvoll schildert, sondern auch das Eintreten des Gottes für den, der recht tut, und gegen die Unehrlichen preist: »Wer keine Bestechung nimmt, für den Schwachen eintritt, der gefällt Schamasch und lebt länger. Wer aber Geld für Trug gibt und Unrecht tut, was gewinnt er? Er tut dem Gewinn Abbruch und ruiniert das Kapital!« Der Glaube an eine gerechte Vergeltung auf Erden ist hier noch ungebrochen.

In der sehr umfangreichen magischen Literatur finden wir auf der einen Seite die Zusammenfassung älterer, vor allem sumerischer Beschwörungen zu kanonischen Werken, auf der anderen viele neue Werke, die gegen den »Bann« als Folge der Sünde gerichtet sind, gegen Hexerei und die durch Totengeister hervorgerufenen Leiden. Medizin und Magie bleiben nach wie vor miteinander verquickt, wenn auch das Studium der Heilpflanzen und mineralischer Drogen weit systematischer betrieben wird. Ein großes Werk mit Krankheitsdiagnosen zeigt allerdings, daß man trotz guter Kenntnis des Körpers Symptome und Ursachen der Krankheiten nicht auseinanderhielt. Daher werden auch viele Rezepte in der Hoffnung zur Auswahl angeboten, daß wenigstens eines davon helfen wird.

Auch die Sammlungen von Vorzeichen wurden systematisiert und stark erweitert, wobei gelegentlich lehrhafte Abschnitte eingefügt sind. Neben den Leberomina erscheinen nun in immer größerem Ausmaß astrologische Vorzeichen, mögen sie auch erst später zusammengefaßt worden sein. Interessant sind die aus der Physiognomie des Menschen und seinem Verhalten abgeleiteten Vorzeichen, die in Omenform eine primitive Morallehre bieten.

Sehr intensiv gepflegt wurde die Lexikographie in Gestalt der schon früher ausgebildeten zweisprachigen Listen. Zu den nach Zeichen und Sachgruppen geordneten und nun stark erweiterten alten Werken kamen viele neue, darunter Zusammenstellungen von Synonymen und Homonymen oder von Wörtern vermeintlich gleicher Wurzeln. Die Vorliebe aller Semiten für primitive Volksetymologien feierte seltsame Triumphe. In der sumerischen Spalte merkt man, wie die lebendige Kenntnis des Sumerischen immer mehr verlorengeht und an ihre Stelle merkwürdige sprachliche »Rekonstruktionen« treten.

Die Baukunst der Zeit findet, nach einigen originellen Gestaltungen, wie dem Innin-Tempel des Karaïndasch in Uruk und dem älteren Sin-Schamasch-Tempel in Assur, in beiden Ländern zu traditionellen einheimischen Bauformen zurück, bereichert allerdings durch neue Elemente wie das Ziegelrelief mit und ohne Farbglasur. Von den Bauten dieser

Zeit wurde bisher noch nicht sehr viel freigelegt, auch über die Großplastik wissen wir nur wenig, da sich auf den babylonischen Grenzsteinen meist nur abstrakte Götter- und Sternsymbole finden; Götterbilder sind nicht erhalten. In Assyrien beschäftigte Tukultininurta I. einige fähige Künstler. Auf einem Symbolsockel ließ er sich als Beter stehend und kniend vor dem Symbol des Nusku darstellen; der Rest eines Kriegsbildes auf einer Steinplatte legt bei aller Brutalität der Szene Zeugnis ab von einer feinen Behandlung des menschlichen und tierischen Körpers.

In weitaus größerer Zahl kennen wir aus dieser Zeit Rollsiegel, in Babylonien oft mit Inschrift, manchmal einem Gebet, und mit Figuren, die eng im Raum beschränkt sind; gute Siegelbilder begegnen selten. In Assyrien hat die Kunst der Churriter sichtbare Spuren hinterlassen, aber bald entwickelte sich ein eigener Stil. Menschen werden selten, zumeist nur als Beter vor Symbolen oder Gottheiten, dargestellt. Um so häufiger begegnen dämonische Mischwesen, oft in mythischen Kampfbildern, in denen eine Überfüllung der Bildfläche vermieden ist. Die Darstellung von Tieren und Bäumen zeigt oft eine bemerkenswerte Freiheit von starren Schemata, auch wenn die uralten Motive vom Angriff wilder Tiere auf die Herden variiert werden. Man spürt das Wachsen einer Kunst, die zu größerem berufen ist.

Syrien nach 1200 v. Chr. Die phönikische Kolonisation

Über die Verhältnisse in Syrien und an der phönikischen Küste nach dem Seevölkersturm von 1200 ist kaum etwas bekannt. Die Aramäer dürften damals in hellen Scharen in das Binnenland eingebrochen sein und teils alte Stadtstaaten übernommen, teils neue gegründet haben. Unter den alten Staaten behielt Hama am Orontes weiter seine Bedeutung. Die Küstenstädte, mit Ausnahme von Beruta und Ugarit, müssen sich ziemlich schnell von der Katastrophe erholt haben, hatten aber wegen der Angriffe der Aramäer keine Möglichkeit, ihr übervölkertes Gebiet jenseits des Küstengebirges zu erweitern. Sie wurden mehr noch als früher auf das Meer verwiesen und übernahmen nach dem Zusammenbruch Kretas die Seeherrschaft über weite Teile des Mittelmeers. Leider stehen uns für den so bedeutsamen Vorgang der phönikischen Kolonisation an allen Küsten des Mittelmeers, der bald nach 1200, zunächst unter der Führung von Sidon, begonnen haben muß, nur späte griechische Quellen zur Verfügung; für die Geschichte von Tyros nach 1000 berufen sie sich allerdings auf dort geführte Annalen. Nachrichten, die sich bei assyrischen Königen – Tiglatpilesar I. nennt um 1100 Arwad, Sidon und Gubla – und später im Alten Testament finden, erwähnen nur ganz selten die für Assyrer und Israeliten wenig interessanten Seefahrten der Phöniker.

Phönikische Inschriften aus Gebal/Gubla aus der Zeit von etwa 1000 bis 900 enthalten außer einigen Königsnamen keine historischen Nachrichten. Die früheste dieser Inschriften wurde von Itoba'al auf dem Steinsarkophag seines Vaters Ahiram angebracht; ein Abiba'al war Zeitgenosse von Scheschonk I. von Ägypten. Alle rufen die Ba'alat (»Herrin«) von

Gebal um ihren Segen an. Wie andere phönikische Götter forderte auch sie Menschenopfer, vor allem Kinderopfer, etwa bei der Grundsteinlegung von Gebäuden. Nach seinem Bildschmuck ist der Ahiram-Sarkophag ein typisches Produkt der phönikischen Mischkultur. Ein einheimisches Motiv auf ihm ist die Darstellung eines Leichenzuges und der mit erhobenen Armen klagenden Frauen.

In Tyros regierte zur Zeit Davids und Salomos Hiram I. (969–936) und gewann durch den Handel im Mittelmeer und im Roten Meer, hier im Zusammenwirken mit Salomo, große Reichtümer, die er in prächtigen Bauten anlegte. Von seinen Nachfolgern erwähnen die Annalen wenig Positives, dafür aber manche Mordtat. Im Binnenland bestand schon vor der Zeit Davids der Aramäerstaat von Zoba im Libanongebiet, der zeitweilig eine beträchtliche Macht ausgeübt haben muß. Damaskos spielte um 1000 noch eine bescheidene Rolle und wurde von David seinem Reich einverleibt. Zur Zeit Salomos aber machte es sich selbständig und wurde über mehrere Generationen zur Hauptmacht des Aramäertums und, bei der Schwäche der Großmächte Assyrien und Ägypten, zu einem gefährlichen Gegner Israels. Einheimische Quellen für die Geschichte dieses Aramäerstaates fehlen leider fast ganz. Das wenige, was an Plastik aus der Zeit bis etwa 900 bekanntgeworden ist, wirkt durchaus epigonenhaft gegenüber den Arbeiten vor 1200.

Über die Gründungszeit der phönikischen Kolonien und Handelsfaktoreien haben wir nur viel spätere griechische Nachrichten, die wir meist nicht nachprüfen können. Daß auf den Ägäischen Inseln um 1000 schon zahlreiche Niederlassungen bestanden, geht jedoch aus der Tatsache hervor, daß dort die Griechen um 900 die phönikische Schrift übernahmen und durch Vokalbuchstaben erweiterten. Mit dem Aufstieg der griechischen Seemacht nach 900 ging die Bedeutung der ägäischen Kolonien, über die manche Gedanken und Fertigkeiten des Orients nach Griechenland gelangt sind, rasch zurück, während sich an der Südküste Kleinasiens einige Kolonien wahrscheinlich noch länger selbständig erhielten.

Geschichtlich noch weitaus bedeutsamer waren die phönikischen Kolonien in Nordafrika und an den Küsten des westlichen Mittelmeers, vor allem in Spanien, auf Sizilien und Sardinien. In Libyen wurden später Leptis Magna, Leptis Parva und Thapsus besonders bekannt, in Nordwestafrika Hadrumetum, Hippo, Utica und als bei weitem bedeutendste Karthago, das wohl schon bald nach 1200 von Sidon aus gegründet worden war, aber erst durch die 814 von Tyros aus gegründete »Neustadt« (phönikisch Qart-hadascht) seine spätere Stellung gewann. Die phönikischen Hauptgottheiten wurden in diesen Städten unter den Namen Ba'al-Hammon und Tanit auch mit Menschenopfern verehrt. Die Sprache der Kolonisten, das Punische, entfernte sich unter dem Einfluß des Berberischen allmählich immer mehr von der phönikischen Muttersprache. Während Utica noch lange auch politisch mit Tyrus verbunden blieb, wurde Karthago schon früh selbständig und unterwarf sich nach und nach die anderen afrikanischen Kolonialstädte. Die Verfassung dieser Städte war eine aristokratische mit Suffeten (»Richtern«) an der Spitze, die dem Rat der Stadt verantwortlich waren. Von Karthago aus wurden später zahlreiche neue Kolonien angelegt.

In Spanien war Gades nahe der Guadalquivir-Mündung die älteste Faktorei (Gründung um 1100?); in ihrem Hinterland, das die Phöniker ebenso wie später oft die Stadt Tarschisch (griechisch Tartessos) nannten, lagen ergiebige Kupfer- und Silbergruben. Die

Grüßender Phöniker
Relief vom Palast Assurnassirpals II. in Kalach, um 870 v. Chr.
London, British Museum

Angriff assyrischer Truppen unter Assurnassirpal II. auf eine Festung
Relief vom Palast des Königs in Kalach, um 870 v. Chr.
London, British Museum

Straße von Gibraltar wurde wohl schon um 1100 durchfahren; später entstanden Faktoreien auch in Portugal und Westmarokko. Die Kolonien waren den einheimischen Fürsten noch sehr lange abgabepflichtig, genossen aber dafür deren Schutz. Nur Karthago hat später seinerseits die Einheimischen unterworfen.

Assyrien und Babylonien bis Assurnassirpal II.

Aus der Zeit nach dem Tode Assurnassirpals I. (1033) und dem Ende der zweiten Dynastie von Isin in Babylonien (1028) kennen wir zwar alle Königsnamen, zumeist auch mit ihren Regierungsdaten, wissen aber sonst fast nichts über sie. Nach der Königsliste regierten in Babylonien 1028 bis 980 sieben Könige, die aus dem Meerland und dem Osttigrisland stammen sollen; nur von Simmaschschichu (1028–1010) haben wir eine Grenzsteinurkunde. Stabile Verhältnisse herrschten also gewiß nicht. Erst unter Nabumukinapli (980 bis 944), von dem eine umfangreiche Grenzsteinurkunde vorliegt, hat wohl wenigstens in Teilen des Landes Ruhe geherrscht. In Assyrien haben Assurrabi II. (1014–973) und Tiglatpilesar II. (968–935) recht lange regiert, woraus man auf eine gewisse Stabilität im Inneren des Landes schließen mag; wir besitzen von ihnen nur nichtssagende Stelenaufschriften.

In der Zeit Assurrabis fand ein großer Vorstoß der Aramäer statt, durch den Westmesopotamien ganz von Assyrien gelöst wurde. Diese Nachricht bestätigt die auch aus anderen jüngeren Quellen zu gewinnende Einsicht, daß in den Jahrzehnten vor und nach 1000 die Aramäer, sicher durch neue Einbrüche aus Arabien verstärkt, außerordentlich aktiv waren und Mesopotamien und Syrien zum größten Teil besetzten. Angriffe auf Babylonien und Assyrien selbst haben sie sicherlich auch unternommen, doch blieben ihnen hier wohl dauerhafte Erfolge versagt. Über ihre politische Organisation wissen wir nichts, nach späteren Berichten der Assyrer müssen sie vor allem Kleinstaaten begründet haben.

Von einem ersten energischen Widerstand berichtet Assurdân II. (935–912). Er befand sich zunächst noch in der Verteidigung und mußte sich der Angriffe von Aramäern und Stämmen aus dem Zagrosgebiet erwehren. Die Kämpfe wurden offenbar auf beiden Seiten hart und grausam geführt. Die zunehmende Vorliebe der Assyrer für Massenexekutionen mit den barbarischen Methoden der Pfählung, des Schindens und Verbrennens auch von Kindern nahm gerade in den Aramäerkriegen mit ihren vielen Rückschlägen und Vergeltungsaktionen überhand. Später griff Assurdân an und gelangte wieder nach Ostkleinasien in die Gegend von Malatia und nach Nordosten in das Gebiet nahe dem Urmiasee. Zu dauerhaften Eroberungen hat aber kaum einer dieser Kriege geführt. Im Inneren bemühte er sich um die Hebung der daniederliegenden Landwirtschaft und um die Anlage von Getreidevorräten. Seine Bautätigkeit beschränkte sich auf die Wiederherstellung des Palastes, des Assurtempels und der Festungsanlagen von Assur.

Assurdân und seine Nachfolger schrieben anders als früher einen meist überaus trockenen Annalenstil. Ihre Sprache ist ein ungepflegtes Assyrisch mit zahlreichen babylonischen

Elementen, wobei zwischen der dritten und ersten Person mehrfach ohne erkennbaren Grund gewechselt wird. Assurdân erzählt uns, daß in der Zeit vor ihm viele Assyrer infolge von Hungersnöten ausgewandert seien, die er dann zurückgeholt habe. Es verwundert nicht, daß in einer solchen Zeit manche Schultraditionen abrissen und ein empfindlicher Rückgang der Kultur festzustellen ist.

Weit ausführlicher berichtet Adadnerari II. (912–891) über seine vielen Feldzüge, die nun die Assyrer wieder meistens im Angriff sahen. Zuerst zieht er wieder in die Gegend von Malatia und plündert das Land gründlich. Dann kamen die Bergländer östlich von Assyrien an die Reihe, wobei Adadnerari weiter südlich auf den Babylonierkönig Schamaschmudammiq (etwa 930–904) stieß, dessen Heer schlug und ihn zu großen Gebietsabtretungen zwang. Die Niederlage des Babyloniers führte zu einem Aufstand in seiner Hauptstadt und zur Übernahme der Herrschaft durch Nabuschumischkun (904–888?), der nun seinerseits versuchte, die Assyrer aus den bis dahin babylonischen Gebieten nördlich von Bagdad zu vertreiben. Er erlitt aber auch eine Niederlage und fand sich schließlich zu einem Friedensvertrag bereit, der für längere Zeit gute Beziehungen zwischen beiden Ländern herstellte. Eine Chronik spricht von der »Vermischung« beider Völker, also einem intensiven Austausch von Gütern aller Art.

Adadnerari bekam dadurch freie Hand an den anderen Fronten, von denen zunächst die mesopotamische die gefährlichste wurde. Hier war der Aramäer Nuradad aus Teman, wohl der arabischen Landschaft dieses Namens, eingebrochen und über Nissibin hinaus bis in die Grenzgebiete Assyriens vorgedrungen. Von 901 bis 896 mußten die Assyrer sechs Feldzüge führen, bis die Eindringlinge endlich vernichtet waren und das Gebiet zur Provinz Nissibin gemacht wurde. Nach diesem Sieg war ein Feldzug von Guzana den Chabur abwärts und an den Euphrat nur noch Demonstration der großen Macht Assurs. Alle Stadtstaaten, die Adadnerari mit seinem Besuch beehrte, beeilten sich, ihren Tribut zu leisten. Auch in die Nairi-Länder Südarmeniens unternahm der König einige Beutezüge. Dabei benutzte er jede Gelegenheit, um auf die Jagd zu gehen und Tiere lebend zu fangen. Seine Bautätigkeit war umfangreich und erstreckte sich auch auf einige Provinzhauptstädte; ebenso sorgte er für die Landwirtschaft und legte weitere Kornspeicher an.

Seinem Sohn Tukultininurta II. (891-884) war nur eine kurze Lebenszeit beschieden, während der er wohl jedes Jahr zu Felde zog. Die Winter verbrachte er teilweise fern von der Hauptstadt Assur in Ninive, das sich offenbar seiner besonderen Gunst erfreute. Im Gegensatz zu seinen anscheinend recht nüchternen Vorgängern brachte er auch der Bildkunst größeres Interesse entgegen. Er ließ sich zu Wagen unter der geflügelten Sonnenscheibe Assurs in Schmelzfarbengemälden darstellen, in denen Blau und Gelb dominierten; in Mesopotamien errichtete er Stelen im späthethitischen Stil. Seine Feldzüge führten ihn wieder in die Nairi-Länder und weiter ostwärts in die Hochgebirgsgebiete des Zagros; dort mußte er Wagen und Pferd verlassen, um Felsnester anzugreifen, die – selbst für Vögel kaum zugänglich – kein früherer König erreicht habe. Weitaus bequemer war der große Marsch 885, der ihn durch die Wüstensteppen beiderseits des Tartarflusses nach Sippar in Babylonien führte, das ihm anscheinend freien Durchzug gewährte; von dort zog er euphratabwärts bis zur Chaburmündung und weiter chaburaufwärts. Kämpfe gab es in diesem schon früher befriedeten Gebiet nicht, dafür aber reiche Tribute und manches Jagdvergnügen mit straußähnlichen Wüstenvögeln. Der Rückmarsch brachte in den armenischen Gebirgen Gelegenheit zu Metzeleien und Brandschatzungen; für die Kampfwagentruppe erbeutete er angeblich zweitausendsiebenhundertzwanzig Pferde.

Sein Sohn und Nachfolger Assurnassirpal II. (884–859) setzte äußerst zäh und planmäßig die Eroberungspolitik der Vorgänger fort und übertraf dabei an Brutalität alles bisher Dagewesene. Er wurde gleichsam zur Symbolgestalt für die rohe Grausamkeit assyrischer Heere, was um so leichter war, als er sich besonders oft abbilden ließ. Gleichwohl war er, dem Mongolen Timur Leng nicht unähnlich, ein äußerst vielseitiger Mann, dessen Wirken in der Geschichte nicht nur negativ gesehen werden kann.

Sein erster großer Feldzug führte ihn nach Südarmenien. Als jedoch ein Aramäerstaat im Chaburgebiet den Assur ergebenen Fürsten ermordete, kam er schnellstens herbei und vollzog das Strafgericht selbst. Daraufhin ließen es die anderen Aramäerstaaten in Mesopotamien nicht mehr auf eine Kraftprobe ankommen und unterwarfen sich sofort. Trotzdem waren in den kommenden Jahren noch mehrere Feldzüge gegen Aramäerstaaten notwendig, wobei Assurnassirpal 877 den Euphrat bei Karkemisch überschritt und bis zur Küste vordrang. Als er dort keinen Widerstand fand, begnügte er sich mit Tributen und ließ Syrien künftighin in Frieden. Dafür kämpfte er noch öfter in Südarmenien und östlich von Assyrien im Zagrosgebiet, hatte aber anscheinend nirgends den Ehrgeiz, besonders wei vorzustoßen. Ihm lag vor allem daran, die eroberten Gebiete fest mit Assyrien zu verbinden. Zähen Widerstand vergalt er mit Massenabschlachtungen, die ganze Landstriche entvölkerten, oder er verpflanzte, besonders in den späteren Jahren, viele Tausende in andere Reichsteile, nicht zuletzt auch nach Assyrien selbst; denn die vielen Kriege forderten immer wieder hohen Blutzoll und machten Maßnahmen zur Auffüllung der Bevölkerung notwendig.

Diese Politik erschwerte den nicht an die Städte gebundenen Stämmen ihre oft geübte Taktik, den assyrischen Heeren auszuweichen oder durch einmalige Zahlung deren Abzug zu erkaufen, um sich dann wieder allen Verpflichtungen zu entziehen. In den von Blutgericht und Deportation betroffenen Gebieten entstand so immer mehr eine Mischbevölkerung ohne ausgeprägten nationalen Charakter, die an dauernden Aufständen gegen die Assyrer kein großes Interesse mehr hatte und die verbesserten Verdienstmöglichkeiten in einem Großstaat wohl zu schätzen wußte. Als Einheitssprache setzte sich in Mesopotamien nach und nach das Aramäische durch. Nur in einigen Städten mit starken assyrischen Besatzungen, Verwaltungsbehörden und Nachschubbasen sprach und schrieb man auch assyrisch. Da man aramäisch meist auf vergänglichem Material schrieb, sind fast keine aramäischen Urkunden erhalten.

Assurnassirpal verdankte seine Siege nicht nur seiner unbeugsamen Energie und der Kampfesfreude seiner Soldaten, sondern auch der verbesserten Ausrüstung seines Heeres. Als erster setzte er Reiterverbände neben Infanterie, Pionieren und der Wagentruppe ein, die im Kampf um die Festungen von schweren fahrbaren Sturmböcken und Mauerbrechern unterstützt wurden; so konnten die Feldzüge schon in den Sommermonaten erfolgreich beendet werden. Verpflegung und Nachschub für die gewaltigen Heeresmassen erforderten eine sorgfältig durchdachte Verwaltung, deren Aufbau er zum großen Teil seinem tüchtigen Minister Gabbi-ilāni-eresch verdankte. Während der Feldzüge mußte der Minister ja auch die Regierungsgeschäfte führen und mit den gegensätzlichen Kräften von Landadel und Bürgertum, Priesterschaft und Handwerk im Lande allein zurechtkommen.

Als überlegener Politiker erwies sich Assurnassirpal auch in seiner Einsicht, daß militärische Siege und eine zentralistisch geführte Verwaltung allein den Bestand eines Reiches nicht zu sichern vermögen. Gewiß hat er dabei manches von Babylonien gelernt, das er, von der Wegnahme einiger Grenzfestungen abgesehen, unbehelligt ließ; so konnte sich in Babylonien Nabuapaliddin (etwa 882–852), von außen nur wenig gestört, nach Abwehr eines Einfalls der Sutû-Beduinen ganz dem Wiederaufbau der Tempel widmen. Da Assurnassirpal Assur als Hauptstadt und geistiges Zentrum eines großen Reiches für wenig geeignet hielt, kehrte er in das von Salmanassar I. gegründete und seither verfallene Kalach zurück und baute es großzügig aus; auch in der Fürsorge für den Tempel der Ischtar in Ninive folgte er dem von ihm hochgeachteten Vorgänger. In Kalach erneuerte er die Festungsanlagen und baute für sich einen gewaltigen Palast, daneben einen Tempel für den von ihm neben Assur und Ischtar bevorzugten Gott Ninurta. Auf einem Stufenturm im Tempelbezirk befand sich außer dem Heiligtum auch ein Observatorium, das von nun an eine der wichtigsten Pflegestätten der beobachtenden Astronomie werden sollte. Der Kriegs- und Jagdgott Ninurta galt ja auch als Gott des Sirius. Dem Grundriß nach stand der erst unvollkommen ausgegrabene Tempel ganz in der assyrischen Tradition.

Der ebenfalls nur teilweise freigelegte Palast auf einer künstlichen Terrasse dürfte eine Fläche von mehreren Hektar bedeckt haben. An seiner Errichtung waren die aus dem Westen verschleppten Aramäer wesentlich beteiligt, die zu der Zeit einen großen Teil der Bewohner von Kalach ausmachten. Unter ihnen befanden sich Hunderte von Handwerkern und Künstlern, die in der reichen Kunsttradition der früher hethitischen Kleinstaaten Syriens und Mesopotamiens standen und nun gemeinsam mit den assyrischen Künstlern an dem großen Werk arbeiten mußten. Ihre bewunderungswürdige Leistung können sie aber nicht widerwillig, unter der Knute brutaler Aufseher, sondern nur mit Freude an ihrer Arbeit vollbracht haben. Derselbe König, der sich in Wort und Bild eiskalt seiner Massenmorde rühmt, hatte offenbar auch die Fähigkeit, Künstler für ihre Arbeit zu begeistern und sie angemessen zu behandeln. Eine Stele Assurnassirpals, vor zehn Jahren in Kalach geborgen, zeigt ihn in der üblichen Herrscherpose unter den Symbolen von fünf Göttern. Der Text beginnt wie immer mit der anspruchsvollen Titulatur und mit der Aufzählung der wichtigsten Eroberungen, schildert dann aber den Wiederaufbau der Stadt und des Palastes und nennt die Länder, aus denen er Bewohner herbeigeholt, und die Bäume, die er in seinen Parks angepflanzt hat. Nach einem Bericht über seine Jagden schildert er ein großes Fest, das er zur Einweihung der Stadt und der Tempel für fast siebzigtausend Menschen aus allen Teilen des Reiches bis hin nach Tyros und Sidon gab; nur ein Viertel der Gäste waren Einwohner von Kalach. Es folgen genaue Angaben über ungeheure Massen von Lebensmitteln aller Art, die für das Fest herangeschafft und dabei verzehrt wurden: Tausende von Rindern, Schafen, Vögeln, Fischen, Stück Wildbret und Eiern, dazu Brote, Kuchen und Korn sowie Gemüse und Obst. Leider können wir manche Ausdrücke nicht deuten

Assurnassirpal II.
Relief vom Palast des Königs in Kalach, um 870 v. Chr.
New York, Metropolitan Museum of Art, Schenkung von John D. Rockefeller jr.

Assyrische Truppen unter Salmanassar III. auf ihrem Marsch durch Armenien
und Zug der Assyrer zu den Tigrisquellen
Bronzebeschläge vom Tor in Imgur-Ellil, um 830 v. Chr. London, British Museum

und daher auch den Küchenzettel nicht ganz rekonstruieren. »Zehn Tage lang speiste ich die Geladenen aus allen Ländern und Kalach, tränkte sie, badete sie, salbte sie, tat ihnen Ehre an und entließ sie gesund und freudig in ihre Länder.« Wir haben von keinem König einen ähnlichen Bericht.

Assurnassirpal hat an vielen Orten Stelen von sich im Rundbild oder im Relief aufstellen und mit Inschriften versehen lassen. Alle zeigen ihn in starrer, unnahbarer Haltung, die im Relief noch abweisender wirkt. Die Wände seines Palastes ließ er, nach unserer Kenntnis als erster, mit Hunderten von großen Kalksteinplatten in flachem Relief schmücken, von denen viele noch vorhanden sind. Nach Farbresten zu schließen, waren sie bemalt und müssen dadurch noch lebendiger gewirkt haben. Wegen der mangelhaften Aufzeichnungen bei den ersten Ausgrabungen wissen wir wenig über die ursprüngliche Anordnung der Platten; sie waren wohl vielfach zu großen Bildkompositionen verbunden. Diese Art von Wandschmuck haben die Assyrer letztlich von den Hethitern der syrischen Städte wie etwa Karkemisch übernommen. Bei ihnen waren die einzelnen Platten jedoch viel höher und breiter als in Syrien und weitaus sorgfältiger bearbeitet. Die Abhängigkeit ist auch bei verschiedenen Bildmotiven erkennbar, die aber nie sklavisch nachgeahmt wurden.

Die Mehrzahl der Platten enthält religiöse Darstellungen. Auf den übrigen sehen wir entweder den König allein oder Kriegs- und Jagdszenen. Zwischen den Reliefs und oft über sie hinweg laufen lange Inschriften, zumeist Wiederholungen ein und derselben Standardinschrift. Auf den religiösen Bildern begegnen viele dämonische Mischwesen, ähnlich den Siegelbildern der Zeit. Stehend oder kniend, mit Menschen- oder Vogelkopf, meist zwei gleiche Gestalten einander gegenübergestellt, führen sie symbolische Handlungen aus; häufig ist es die Befruchtung der stilisiert dargestellten Dattelpalme, bei der sich der König nicht selten selbst abbilden ließ, wohl um seine Fürsorge für die Menschen zu zeigen. Ähnliche mythologisierende Darstellungen waren auch in die Festgewänder des Königs eingestickt, wie wir sie aus den peinlich genauen Wiedergaben der Reliefs kennen. Die zum Fanatismus neigende Religiosität des Königs wird auch in diesen Bildfolgen sichtbar. Die Eingänge zum Palast und zu einigen Haupträumen waren von über drei Meter hohen geflügelten Stieren mit Götterkopf oder etwas kleineren Löwen im syrischen Stil flankiert, die alles Böse abwehren sollten. Sie haben fünf Beine, damit von vorn zwei und von der Seite vier sichtbar sind. Bei allen Figuren ist die Muskulatur stark herausgearbeitet, und Barttracht, Flügelzeichnung und Gewandung sind bis in die Kleinigkeiten hinein höchst sorgfältig gestaltet.

Im Gegensatz zu der Vorliebe für Symbole auf religiösen Bildern steht der massive Realismus der Schlachten- und Jagdbilder, die wie in Syrien die Zahl der Figuren sehr beschränken und die Landschaft nur sparsam andeuten. Um so schonungsloser werden die Brutalität des Kampfes und die barbarischen Exekutionen zur Abschreckung der Betrachter dargestellt; aber auch Technisches, wie der Einsatz der Mauerbrecher oder ein Angriff über den Fluß mit Soldaten, die auf aufgeblasenen Hammelhäuten schwimmen, ist genau wiedergegeben. Da und dort erscheinen Szenen aus dem Lagerleben, die die Liebe der Künstler zum schlicht Menschlichen verspüren lassen. Auffällig ist immer wieder die Ausdruckslosigkeit der Gesichter, weder die Kämpfer noch die Sterbenden, weder die Henker noch die grausam Gequälten verziehen eine Miene, gleich als ob sie ganz unbeteiligt wären. Im krassen Gegensatz dazu ist die Wut anstürmender Löwen ganz naturgetreu wiedergegeben. Die verkrampfte Selbstbeherrschung der religiös-politisch Fanatisierten findet auch im Kunststil ihren wenig erhebenden Ausdruck.

Salmanassar III. von Assyrien und seine Nachfolger

Auf Assurnassirpal folgte sein ähnlich gearteter und sehr befähigter Sohn Salmanassar III. (859–824), der überall das Werk seines Vaters weiterführte, aber, anders als dieser, die Grenzen seiner Macht nicht immer klar erkannte und daher nach großen Erfolgen oft Rückschläge hinnehmen mußte. Auch von ihm besitzen wir mannigfache Schilderungen seiner Taten in Wort und Bild, sicher nur einen Bruchteil dessen, was er hat schreiben und darstellen lassen. Der Mangel an Wahrhaftigkeit tritt bei ihm in den unterschiedlichen Berichten über dasselbe Ereignis besonders deutlich hervor.

Die meisten Feldzüge Salmanassars führten nach Syrien. 856 nahm er dort das Fürstentum Bit-Adini mit der Hauptstadt Tilbarsip am Euphrat (heute Tell Achmar) in Besitz, die nun als »Salmanassarsburg« Provinzhauptstadt wurde. Die anderen Fürsten zahlten Tribut. 853 setzte er sich die Eroberung von Damaskos zum Ziel, um damit den stärksten Aramäerstaat auszuschalten. Barhadad II. von Damaskos hatte sich jedoch auf den Besuch der Assyrer gut vorbereitet und eine Koalition von zwölf Fürsten zusammengebracht, unter denen Achabbu aus Sir'al, also Ahab von Israel, das hier erstmalig in einer assyrischen Inschrift erscheint, Irchulēni von Hama und der Araber Gindibu von Salmanassar genannt werden. Scheich Gindibu ist nach unserer Kenntnis der erste Araber, der einen Vorstoß in das Gebiet des Fruchtbaren Halbmonds unternommen hat. Damit greifen Araber, nachdem die Aramäer Arabien verlassen hatten, schon fast 1500 Jahre vor Mohammed in die Geschichte ein; mehr als vorübergehende örtliche Erfolge konnten sie allerdings noch jahrhundertelang nicht erringen. Ob Gindibu zu den späteren Nordarabern gehörte oder aus dem südarabischen Königreich von Saba stammte, dessen Geschichte sich bis etwa 1000 zurückverfolgen läßt, wissen wir nicht. Salmanassar behauptet, diese Koalition bei Qarqar nördlich von Hama vernichtend geschlagen zu haben. Die Zahl der getöteten Feinde gibt er zuerst mit vierzehntausend, zuletzt aber mit neunundzwanzigtausend an. Da er die »Besiegten« aber nicht verfolgte, sondern nach Assyrien zurückkehrte und erst 848 wiederkam, dürfte er dort mindestens eine Schlappe erlitten haben. Eine kurze altaramäische Weihinschrift Barhadads sagt nichts von diesen Kämpfen.

Mit Nabuapaliddin von Babylon hatte Salmanassar in Frieden gelebt. Nach dessen Tod 852 stritten sich aber die beiden Brüder Mardukzakirschumi (852–826) und Mardukbelusati um die Herrschaft. Salmanassar griff zugunsten des ersten ein und tötete nach zweijährigen Kämpfen den »Usurpator«. Er opferte in Babylon und ließ sich feiern; dann unternahm er noch einen Zug nach Südbabylonien, das jetzt Kaldu (Chaldäa) genannt wurde und vermutlich schon teilweise von Aramäern besetzt war. In den kommenden

Jahren zog er wieder meistens nach Syrien gegen Karkemisch und andere Fürstentümer, wobei er große Massen von Bauholz und Steinen erbeutete. Mit den zwölf Verbündeten Barhadads kämpfte er 848 und 845 erneut. Der »Sieg« seiner einhundertzwanzigtausend Mann über die »zahllosen« Truppen der Syrer 845 blieb aber wieder ohne Wirkung. Bald danach trat aber, wie das Alte Testament berichtet, in Damaskos Haza'el an die Stelle des Barhadad, und in Israel machte sich Jehu zum König. Dadurch zerfiel die Koalition, und Salmanassar kam 841, ohne auf großen Widerstand zu stoßen, bis an den Hermon, schlug dort ein Heer Haza'els und belagerte diesen in Damaskos, freilich vergeblich. Er rächte sich dafür durch planmäßige Verwüstung der Obstplantagen in der Umgebung der Stadt. Auch 838 konnte er in Syrien nur Tribute einsammeln und mußte Damaskos und Phönikien die Selbständigkeit lassen. In den nächsten Jahren zog er einige Male nach Kilikien und in die Taurusländer, wo er auch die Silbergruben von Bulgar-Maden aufsuchte.

Andere Feldzüge führten Salmanassar und, als er selbst zu alt für die persönliche Leitung geworden war, seinen General Dajjanassur nach Armenien, wo aber gegen das aufstrebende Urartu, von dem noch die Rede sein wird, keine größeren Erfolge zu erzielen waren. Auch in das Zagrosgebiet im Osten zog der König mehrfach. Hier begegnen jetzt nur noch wenige frühere Namen wie der des alten Fürstentums von Namri (früher Nawar), dessen Fürst 843 der Babylonier Mardukmudammiq war, dafür aber verschiedene neue, die zeigen, daß von Osten zugewanderte Volksgruppen weithin veränderte Verhältnisse geschaffen hatten. 843 taucht erstmals das Land Parsua auf, das Perserland, das damals allerdings noch weit nordwestlich der späteren Persis lag. Das Land hatte seinen Namen von den zur iranischen Völkergruppe gehörenden Persern, die also um 900 nach Westiran gelangt sein müssen. Der große Feldzug des Jahres 835 führte wieder nach Parsua, aber auch nach Madai, also gegen die Meder, die weiter östlich ihre Wohnsitze hatten und in diesem Jahre erstmalig genannt sind. Die Iranier waren damals in viele, einander befehdende Fürstentümer aufgesplittert und daher noch lange nicht zu größeren Angriffen gegen Assyrien imstande. 829 wird auch das westiranische Königreich Man erstmalig erwähnt.

Im Bereich von Man und den benachbarten iranischen Gebieten wurden übrigens, leider nicht bei wissenschaftlichen Ausgrabungen, die vielen Hunderte von »Luristanbronzen« gefunden, deren Datierung (zwischen 1200 und 700?) noch sehr umstritten ist. Technisch und künstlerisch oft sehr fein gearbeitet, sind sie Zeugnisse für eine reiche religiöse Symbolik; die Deutung der Tierbilder und der primitiven Götterbilder ist allerdings nur selten möglich. Die Kupferschmiede gehörten einem kriegerischen Reitervolk an, wie aus der großen Zahl von Schwertern und vor allem von mannigfachen Teilen des Pferdegeschirrs, besonders Knebeltrensen, hervorgeht. Das Land Zamua nahe Man lieferte noch in späterer Zeit viele Pferde.

Trotz der vielen Kriege entfaltete auch Salmanassar in den Städten Assyriens eine intensive Bautätigkeit. Er baute in Assur den Doppeltempel des Anu und des Adad etwas kleiner wieder auf und verstärkte die Festungswerke. In Kalach setzte er die Bauarbeiten an der unvollendet gebliebenen Stadtmauer fort, errichtete aber auch einen neuen befestigten Palast mit umfangreichen Magazinen, die bis zur Zerstörung der Stadt in Benutzung blieben. Wandreliefs aus seiner Zeit sind noch nicht gefunden worden, dafür aber etliche Stand- und Sitzbilder, denen seines Vaters sehr ähnlich, einige davon in den Provinzhauptstädten. Berühmt geworden ist der etwa zwei Meter hohe schwarze Marmorobelisk aus dem Jahre 828. Außer einer umfangreichen Inschrift enthält er Bilder von Tributleistungen, die vierteilig um den ganzen Obelisken herumlaufen. Die Reliefzeichnung ist in manchem einfacher als bei Assurnassirpal, aber auch weniger schwerfällig. Dargestellt sind Tributbringer aus dem Urmiasee-Gebiet mit Trampeltieren, ein angeblich von ihm selbst überbrachter Tribut Jehus von Israel, dazu exotische Tiere aus Ägypten, die der Künstler offenbar nach Beschreibungen nur mangelhaft wiedergeben konnte, Elfenbeinplastiken aus Mesopotamien und syrische Tributbringer. Künstlerisch viel wertvoller sind die Bronzebeschläge eines Tores in der assyrischen Sommerresidenz Imgur-Ellil (heute Balawat), die kleinere Bronzereliefs Assurnassirpals beträchtlich übertreffen. Auf dreizehn Schienen mit je zwei Bildreihen untereinander sind Feldzüge des Königs ausführlich dargestellt. Menschen und Tiere erscheinen jetzt schlanker und doch kraftvoll; die Gesichter bleiben weiter ziemlich ausdruckslos. In bunter Folge sind die Kämpfe und lange Reihen von Gefangenen und Tributträgern dargestellt. Die Landschaft ist vereinfacht und schematisch wiedergegeben, aber mit gutem Gefühl für das Typische. Auch Bauwerke und Stelen werden sauber gezeichnet, so daß die im ganzen recht gut erhaltenen Bronzereliefs in mannigfacher Hinsicht lehrreich sind. Ihre Vorbilder hat die assyrische Kunst hier weit hinter sich gelassen.

Die letzten Jahre des wohl sehr alt gewordenen Salmanassar verdüsterte der Aufstand seines ältesten Sohnes Assurdanninapla, der sechs Jahre lang einen großen Teil des Reiches beherrschen konnte. Da außer Kalach ganz Assyrien sich dem Empörer anschloß, werden wohl nicht nur persönliche Differenzen zwischen Vater und Sohn, sondern auch innenpolitische Spannungen zu dem Konflikt geführt haben, doch wissen wir darüber nichts. Salmanassar konnte sich in Kalach noch vier Jahre lang halten und starb dann eines natürlichen Todes. Der von ihm nach oder kurz vor dem Aufstand zum Thronfolger bestimmte Schamschiadad V. (824–810) hatte nach dem wohlwollend neutralen Babylonien fliehen müssen und noch als Kronprinz dort einen Vertrag mit Mardukzakirschumi abgeschlossen, der ihm wohl unter bestimmten Bedingungen die babylonische Unterstützung sichern sollte. Leider ist nur ganz wenig davon erhalten. Erst in seinem zweiten Jahr konnte er seinen Bruder schlagen und sich in ganz Assyrien durchsetzen. Nordsyrien und Mesopotamien waren so wirksam befriedet worden, daß sie den Bürgerkrieg nicht zu ihrer Befreiung ausnutzten. Schamschiadad zog dann in die südarmenischen Nairiländer, um sie vom Anschluß an Urartu abzuhalten, was aber nur vorübergehend gelang. Ein erfolgreicher Plünderungszug führte ihn nach Aserbeidschan.

Seine schwersten Kämpfe hatte der König mit Babylonien, dessen König Mardukbalassuiqbi (826–813) aus seiner anfänglichen Unterstützung Schamschiadads vermutlich mehr Rechte ableiten wollte, als die assyrische Auslegung des Vertrages anerkannte. Vier Jahre nacheinander (814–811) zogen die Assyrer nach Süden, konnten aber Babylonien zunächst nicht frontal, sondern nur über das Osttigrisland angreifen, wo sie Dēr (bei Bedre) eroberten. Erst 812 erlitt Baba'achiddin (813–810) eine so schwere Niederlage, daß er den Einzug Schamschiadads in Babylon und anderen Städten dulden mußte. Die Assyrer drangen dann bis nach Chaldäa vor und erzwangen eine neue Grenzregelung, ließen aber Babylonien seine Selbständigkeit.

Schamschiadad starb so jung, daß sein Sohn Adadnerari III. (806–782) noch minderjährig war. Die Regentschaft für ihn führte vier Jahre lang höchst erfolgreich seine Mutter Sammuramat, eine babylonische Prinzessin, die Beutezüge gegen Meder und Mannäer veranlaßte und das aufständische Guzana (Tell Halaf) unterwarf. Daß sie eine Frau von ganz ungewöhnlicher Bedeutung war, läßt sich aus ihrem Weiterleben in der Sage er-

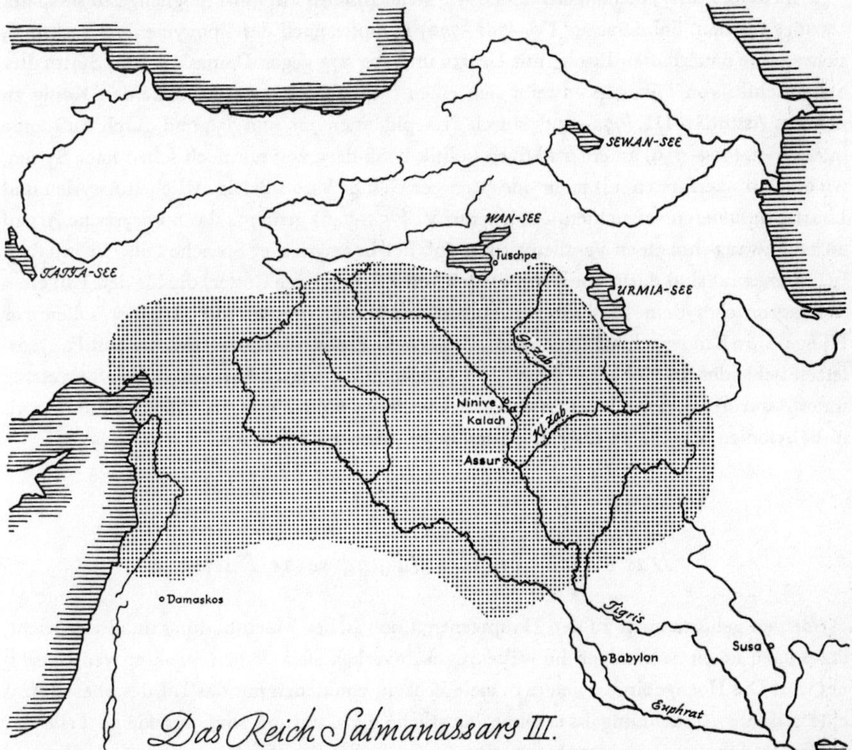

Das Reich Salmanassars III.
859-824 V. CHR.

schließen. Die Griechen kannten sie unter dem Namen Semiramis und erzählten sich von Eroberungszügen bis nach Indien und Abessinien, wohin nie ein Assyrer gekommen ist; sie schrieben ihr auch die Anlage »hängender Gärten« in Babylon zu, obwohl die Terrassengärten dort erst von Nebukadnezar II. geschaffen wurden. 806 nahm Adadnerari selbst die Regierung in die Hand und führte, vor allem gegen die Meder, zahlreiche Feldzüge, über die Einzelheiten kaum bekannt sind, weil er uns, anders als sein Vorgänger, nur wenige und nicht sehr inhaltsreiche Inschriften hinterlassen hat. In Syrien war er auch einige Male und gelangte 804 bis nach Gaza in Südpalästina. Die bei dieser Gelegenheit versuchte Eroberung von Damaskos mißlang auch ihm; andere größere Städte hat er wohl umgangen, wenn er auch größere Tributzahlungen erzwingen konnte. Einer Auseinandersetzung mit Urartu wich er aus. In Babylonien waren nach mehreren Jahren schwerer Wirren mit häufigem Thronwechsel erst unter Eribamarduk (etwa 795–764) wieder geordnetere Verhältnisse eingetreten; Adadnerari schloß mit ihm einen Freundschaftsvertrag und half ihm wohl gegen die Ituräer, einen der zahlreichen Aramäerstämme, die jetzt in Babylonien das flache Land fast ganz beherrschten und die Städte je nach der Stärke der Zentralgewalt mehr oder minder tyrannisierten.

Von Adadneraris Nachfolgern haben wir keine Inschriften; es ist möglich, daß sie später zerstört wurden. Salmanassar IV. (782–772) kämpfte nach der Eponymenliste sechsmal, sicher ohne dauerhaften Erfolg, mit Urartu und zog 773 gegen Damaskos. Sein Statthalter Schamschilu von Tilbarsip schreibt sich einen Sieg über Urartu zu, ohne den König zu nennen. Assurdân III. (772–754), durch Pestepidemien 765 und 759 und durch Aufstände in Assyrien (762–759) an einer aktiven Politik behindert, zog nur noch selten nach Syrien, wo die Aramäerfürsten mit mehr oder weniger Geschick und Erfolg zwischen Assyrien und Urartu zu lavieren versuchten. Assurnerari V. (754–746) griff 754 das nordsyrische Arpad an und zwang ihm einen Vasallenvertrag auf, der in assyrischer Sprache teilweise erhalten ist. Interessant sind darin vor allem die schweren Strafen der Götter, die für den Fall eines Vertragsbruches dem Mati'ilu von Arpad angedroht werden: die Arpader sollen vor Hunger ihre Kinder schlachten müssen, Erde essen, Eselsurin trinken und, nur mit Papyrusfetzen bekleidet, in Höhlen wohnen. Die Lähmung der assyrischen Angriffskraft erreichte unter Assurnerari, der nur selten zu Felde zog, ihren Höhepunkt, mochte auch, anders als in Babylonien, die innere Ordnung zumeist gewahrt geblieben sein.

Das Reich von Urartu und seine Kultur

Armenien gehörte nicht zu den Hauptzentren politischer Machtbildung im alten Orient, da es dazu schon nach seiner auf weite Strecken verkehrsfeindlichen Struktur wenig geeignet war. Die Hochgebirge teilen es in viele Becken, von denen nur das Tal des oberen Aras eine größere Ausdehnung hat. Ohne künstliche Bewässerung sind nur kleine Teile der Hochtäler für den Getreideanbau geeignet; der größte See, der Wansee, ist abflußlos und daher salzig, während der Sewan(Göktscha)-See einen Abfluß zum Aras hat. Über das eigentliche Armenien fehlen noch für das zweite Jahrtausend die Nachrichten fast ganz. Die Hethiter müssen es vor 2000 durchzogen haben, kamen aber von Anatolien aus höchstens bis in seinen äußersten Westen. Ob die von ihnen Churri-Länder genannten Gebiete auch Zentralarmenien umfaßten, ist noch nicht bekannt. Die Nairi-Länder, in die die Assyrer seit 1300 viele Feldzüge unternahmen, dürften überwiegend südlich des Euphrat-Quellflusses Murad-Su zu suchen sein. Das Wansee-Gebiet nennt Salmanassar I. um 1250 Uruatru; seit etwa 900 wurde daraus Urartu. Die biblische Namensform Ararat hat sich als Name des höchsten Berges Kleinasiens bis heute gehalten. Die gewiß überwiegend churritische Bevölkerung Armeniens hat vor 900, mindestens auf dauerhaftem Material, nicht geschrieben. Bald danach übernahmen sie die Keilschrift aus Assyrien und schrieben auch teilweise in neuassyrischer Sprache. Die spätchurritische Sprache Urartus wird von manchen Forschern urartäisch, von anderen chaldisch genannt; ihre heute noch unvollkommene Enträtselung wurde erst durch zwei leider schlecht erhaltene zweisprachige assyrisch-urartäische Königsinschriften möglich. Neben der Keilschrift auf Steininschriften und Tontafeln wurde, überwiegend wohl auf vergänglichem Material (Holz?), auch eine Hieroglyphenschrift geschrieben, die noch nicht entziffert ist. Leider gibt es neben den zum Teil sehr umfangreichen Königsinschriften nur wenige Urkunden und Briefe und bisher gar keine Literaturwerke. Nach den Inschriftenfunden war das Gebiet zwischen Wan- und Sewansee das Kernland von Urartu, das von seinen Bewohnern Bia genannt wurde. Als Hauptstadt erscheint Tuschpa (heute Wan). Systematische Ausgrabungen wurden bisher nur von den Russen in Karmir Blur, dem alten Teschebaini bei Eriwan, seit 1939 durchgeführt; frühere Grabungen in Wan waren unzureichend.

Schon der erste durch eine Inschrift bezeugte König Sardur I. (um 835–825) nennt sich, vielleicht zur Zeit des Bürgerkriegs in Assyrien nach 828, kühn »König der Welt und der Nairi-Länder«, nimmt so die assyrische Titulatur für sich in Anspruch; er muß demnach bereits ein größeres Gebiet beherrscht haben. Sein Sohn Ischpuini (um 825–805) regierte etwa zehn Jahre allein und dann zusammen mit seinem Sohn Menua (815–790), der eine besonders große Zahl von Inschriften hinterlassen hat. Beide Könige zogen gemeinsam mit etwa siebzehntausend Mann, davon fünfzehnhundert Reitern, und vielen Wagen gegen das Etiu-Gebiet (um Leninakan und den Tschaldyrsee) und wollen von dort zwanzigtausend Gefangene mitgebracht haben. Danach zogen sie mit zweiunddreißigtausend Mann nach Südosten gegen das Perserland Parsua und machten dort etwa doppelt so viele Gefangene. Auf dem Paß von Kelischin südwestlich des Urmiasees, über den man nach Parsua hinabstieg, steht noch heute eine Stele von ihnen mit zweisprachiger Inschrift und berichtet von Weihgaben für den Gott Chaldi von Mußaßir nordwestlich des Passes und den großen Schafherden des Tempels. Menua allein hat dann die Eroberungen nach allen Richtungen hin erweitert.

Soweit wir die geographischen Bezeichnungen und die militärischen Fachausdrücke in seinen viel von Feldzügen handelnden Inschriften verstehen, zog Menua oft auch in die pferdereichen Etiu-Länder und in das südlich daran anschließende Land Alzi. Der König des späthethitischen Staates von Malatia mußte ihm Tribut zahlen, ebenso das noch weiter westlich gelegene Tilgarimmu (in der Bibel Togarma). Unmittelbar assyrisches Interessengebiet waren die Nairi-Länder und das iranische Man südlich des Urmiasees, doch nennt Menua die Assyrer in diesem Zusammenhang nicht, obwohl er in diesen auch von Assyrien oft heimgesuchten Ländern auf assyrische Truppen gestoßen sein muß. Vermutlich hat er gegen die Assyrer keine Erfolge erringen können, wie auch die Assyrer nichts von größeren Siegen über Urartu berichten; die in den Bergländern vom oberen Euphrat bis zum Urmiasee etwa gleichstarken Großmächte vermieden wohl nach Möglichkeit große Schlachten und hielten sich lieber an die schwachen Kleinstaaten.

Die friedliche Tätigkeit des Menua erstreckte sich wie bei seinen Vorgängern auf den Bau von Tempeln, Bergfestungen und vor allem von Kanälen im Wansee-Gebiet. Manches unzureichend bewässerte Hochtal muß damals durch Stauanlagen, die wie die Festungen aus sorgfältig gefügten großen Steinquadern errichtet waren, in ein blühendes Gartenland verwandelt worden sein. Der König erzählt auch von der Anlage von Obst- und Weingärten. Die in der Burg von Teschebaini aufgefundenen Weinkeller, deren große Krüge insgesamt an die zweihunderttausend Liter faßten, zeugen ebenso von der Trinkfreude der Fürsten und Krieger von Urartu wie von den gewaltigen Weinmengen, die damals in Armenien zur Verfügung standen.

Argischti I. (790–760) dehnte seine Eroberungszüge teilweise noch weiter aus als sein Vater. Von ihm stammt die längste derzeit bekannte Inschrift am Felsen von Wan, die allerdings nur teilweise erhalten ist. Danach kam er im Nordwesten bis in die Gegend von Ardahan und will im ganzen einige Hunderttausend Menschen teils dienstpflichtig gemacht, teils in andere Gebiete umgesiedelt haben. Die heutige Stadt Eriwan (damals Erbuni) ist von ihm erbaut oder wiederaufgebaut worden, ebenso Armavir unter dem Namen Argischtichinili. Zusammenstöße mit assyrischen Truppen, die nach dem Eponymenkanon 776 und 774 stattfanden, waren nach seiner Darstellung erfolgreich für Urartu; Argischti brandschatzte das Land Man mit der Stadt Buschtu und war darin anscheinend ein gelehriger Schüler der Assyrerkönige. Viele andere Länder, die er nennt, lassen sich noch nicht lokalisieren; sie dürften überwiegend in den von den Assyrern nie betretenen Gebieten im Norden Armeniens zu suchen sein. Berichte über seine Bauten und Weihungen treten hinter den Kriegsberichten sehr zurück.

In die Regierungszeit von Argischtis Sohn Sardur II. (760–734) fällt der größte Machtzuwachs Urartus, aber auch der Beginn seines Abstiegs. Den schwachen Assurnerari V. von Assyrien drängte er ganz in die Defensive und unterwarf das Land Kummuch südwestlich von Malatia, mußte aber auch gegen die Länder im Nordwesten und Nordosten erneut zu Felde ziehen. Wo die Nordgrenze von Urartu zu seiner Zeit verlief, ist vorläufig nicht zu sagen. Aber eindeutige Hinweise fehlen, daß das mittlere und untere Kura-Tal einbezogen waren oder daß Züge das Schwarze oder das Kaspische Meer erreicht haben. Im Südosten war Man Urartu weiterhin tributpflichtig, während Parsua nicht mehr genannt wird.

Gegen Ende der Regierung Sardurs hatte die Auseinandersetzung mit Assyrien unter Tiglatpilesar III. schwere Rückschläge und die Verwüstung des Wansee-Gebiets zur Folge, und sein Nachfolger Rusa I. (734–714) mußte in seinen letzten Jahren die Zerstörung vieler blühender Städte durch die Assyrer erleben. In anderen, noch nicht lokalisierten Landschaften und im Gebiet von Mußaßir westlich des Urmiasees nimmt freilich auch Rusa noch große Erfolge für sich in Anspruch, sagt aber nichts über die damals wohl über den Kaukasus nach Transkaukasien eingedrungenen iranischen Kimmerier, die Urartu im Norden seines Reiches schwere Schäden zugefügt haben müssen, ehe sie sich nach Südwesten gegen Phrygien wandten. Über die Wege des Kimmeriersturms in Vorderasien, der überall, wo er hinkam, Schrecken verbreitete, ist im einzelnen sehr wenig bekannt. Rusa soll sich nach seinen Niederlagen das Leben genommen haben.

Die späteren Könige Urartus haben, zwischen dem assyrischen Großreich der Sargoniden und den Staaten der Kimmerier, später auch der Skythen eingeengt, auf eine aggressive Außenpolitik im allgemeinen verzichten müssen und wandten ihre Kraft mehr den

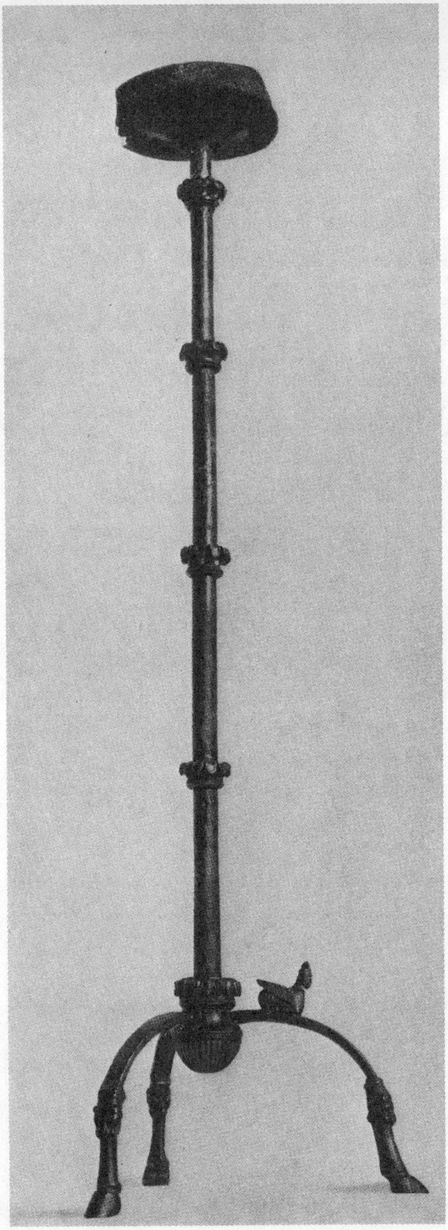

Leuchter des Königs Rusa II. (?)
Urartische Bronzearbeit, 7. Jahrhundert v. Chr.
Hamburg, Museum für Kunst und Gewerbe

König Katuwas
Späthethitisches Basaltrelief aus Karkemisch, um 900 v. Chr. Ankara, Archäologisches Museum

Bauten zu, besonders aber der Anlage von Kanälen und Gärten in dem jetzt stark verkleinerten Gebiet. Argischti II. (714 bis um 680) vermied eine erneute Auseinandersetzung mit Sargon II. von Assyrien und wurde von Sanherib in Ruhe gelassen. Rusa II. (680–655) schloß sogar mit Assarhaddon einen gewiß vor allem gegen die Kimmerier gerichteten Vertrag, auf Grund dessen ihm 673 Flüchtlinge aus Schubria ausgeliefert wurden. Rusa III. (655–640), nach mindestens acht Generationen ungestörter Thronfolge anscheinend der erste Usurpator, schickte an Assurbanipal eine Gesandtschaft, ebenso sein Sohn Sardur III. (640–620), der sich vielleicht schon als Vasall Assyriens bezeichnen mußte. Um 620 erlag Urartu den Skythen und verschwindet damit wenig vor Assyrien aus der Geschichte. Reste der Urartäer haben sich noch lange in abgelegenen Gebieten neben den nach 600 von Westen her eindringenden indogermanischen Armeniern halten können und waren den Griechen unter dem Namen Alarodier bekannt.

Urartu war eine erbliche, absolute Monarchie, in der sich der König in allen seinen Handlungen als Beauftragter des Gottes Chaldi fühlte. Über den Aufbau des Staates wissen wir sehr wenig. Er mag anfänglich locker gefügt gewesen sein, wurde dann aber zu einem Beamtenstaat nach dem Muster des assyrischen, wie Urartu überhaupt Assyrien in vielem nachgeahmt hat; der Stil der Inschriften war allerdings trotz mancher Entlehnungen ein durchaus eigener. Die Provinzen wurden von Statthaltern verwaltet, die, wie die Ausgrabung von Karmir Blur zeigt, vor allem große Magazine für die Abgaben anzulegen und zu verwalten hatten. Daß Urartu der zentrifugalen Tendenzen an den Rändern seines nie sehr großen Reiches immer nur vorübergehend Herr werden konnte, lag gewiß vor allem an der unwegsamen Hochgebirgslandschaft.

Einige noch heute erhaltene Kanalbauten der Könige schufen neben der seit alters intensiv gepflegten Viehzucht die Grundlage für eine blühende Acker- und Gartenkultur. Auch in Assyrien war die Pferdezucht, vor allem im Gebiet des Urmiasees und bei Kars, hochberühmt; am Export von Pferden hat Urartu viel verdient. Eine weitere Quelle des Reichtums war die Gewinnung, mehr noch die Verarbeitung von Metallen. Neben den Gold-, Silber- und Kupferschmieden zeigten auch die Eisenschmiede ein damals wohl nirgends übertroffenes Können. Die Erzeugnisse ihrer Arbeit wurden anscheinend nicht nur in die Nachbarländer exportiert.

Die Bedeutung der urartäischen Plastik liegt nicht so sehr in ihren Motiven, sondern in ihrer handwerklichen und künstlerischen Gestaltung; die Motive sind fast durchweg aus Kleinasien oder von den Assyrern übernommen; Großplastik ist bisher nicht bekanntgeworden. Das Menschenbild wird vor allem durch die Bronzestatuette eines Beamten aus Tuschpa mit einem unvollständig erhaltenen Kalksteinkopf vertreten, die trotz sehr feiner Oberflächenbehandlung starr wirkt. Dasselbe gilt von Götterfigürchen auf Tieren oder Säulenbasen, vielleicht Teilen von monumentalen Götterthronen, zu denen auch die für Urartu charakteristischen kleinen Sphinxen und sonstigen Mischwesenfiguren aus getriebener Bronze gehört haben mögen. Künstlerisch weitaus wertvoller sind einige Rundschilde, Helme und Köcher aus Bronze mit Darstellungen von Löwen, Stieren und anderen Tieren, die höchst lebendig modelliert sind. Der Bronzehelm Sardurs II. aus Karmir Blur ahmt in den Kriegsszenen die Bronzetore Salmanassars III. von Balawat nach, während die mythologisch-symbolischen Motive den Reliefs am Palast Assurnassirpals in Kalach nachgebildet sind. In Karmir Blur fanden sich auch Reste von Wandmalereien. Die Bronzeschilde hingen wohl als Weihegaben an den Außen- und Innenwänden der Tempel, wie wir einer assyrischen Darstellung des Tempels von Mußaßir entnehmen können. Das Dach dieses Tempels war dem griechischer Tempel ähnlich und trug am First eine riesige Lanzenspitze, sein Eingang war von großen Lanzen und von Götter- oder Königsbildern flankiert. Soweit bisher festgestellt, hatten die Tempel nur wenige Räume. Die Paläste waren nach eben diesem Bild auf mörtellosen Quadersteinsockeln, teilweise dreistöckig, aus Ziegeln errichtet und mit Zinnen gekrönt.

Über die Religion der Urartäer wissen wir mangels religiöser Dichtungen nur wenig. Die Deutung der religiösen Formeln, die die Kriegsberichte einleiten, und der Fluchformeln am Schluß ist noch zu sehr umstritten. Nach den Inschriften, von denen einige lange Listen von Opfergaben enthalten, war die Zahl der Götter ziemlich groß und umfaßte neben der Masse der churritisch-urartäischen Namen auch etliche akkadische. Der Nationalgott Chaldi an der Spitze des Pantheons bildete mit dem Wettergott Tescheba (früher Teschup) und Schiwini, einer Sonnengottheit unbekannten Geschlechts, eine Dreiheit. Die Göttin Chutuini war vielleicht die Gemahlin des Chaldi, anderen Götternamen können wir nicht viel entnehmen. Die Opfer, teilweise vor den als Heiligtümer geweihten Felstoren dargebracht, waren vorwiegend Schlachtopfer; große Bronzekessel dienten wohl zur Aufnahme des Blutes. Über die Priesterschaft selbst ist fast nichts bekannt.

Die späthethitisch-aramäischen Kleinstaaten nach 1000 v. Chr.

Bei der Darstellung der Geschichte Assyriens und Urartus mußten wir schon mehrfach Kleinstaaten Südostkleinasiens, Syriens und Mesopotamiens nennen. Die Funde, die in manchen ihrer Hauptstädte gemacht wurden, rechtfertigen ein eigenes Kapitel, obwohl die Geschichte keines dieser Staaten über einen längeren Zeitraum zusammenhängend zu rekonstruieren ist. Sichere Datierungen für die Inschriften und Bildwerke lassen sich nur da gewinnen, wo uns die assyrischen und vereinzelt auch urartäischen Inschriften zu Hilfe kommen. Ergänzend können dann sprach-, schrift- und stilgeschichtliche Beobachtungen herangezogen werden.

Im ganzen Gebiet, von Malatia im Norden bis nach Hama im Süden und von Kilikien im Westen bis nach Guzana im Osten, kommen Denkmäler der späthethitisch-churritischen Kunst vor, die trotz beträchtlicher örtlicher Verschiedenheiten durch sehr wesentliche Gemeinsamkeiten des Stils miteinander verbunden sind. Zusammen mit den Bildwerken finden sich in den meisten Orten auch Inschriften in hethitischen Hieroglyphen und in luvischer Sprache, deren Verbreitung nach Osten allerdings am nordsüdlich verlaufenden Teil des Euphrattales ihre Grenze findet. Nach 900 treten neben den bildhethitischen Inschriften solche in phönikischer Buchstabenschrift auf, die an der Küste, in Kilikien und teilweise auch in Nordsyrien in phönikischer Sprache, sonst aber, vor allem nach 800, in

Aramäisch oder einem verwandten semitischen Dialekt abgefaßt sind; das Assyrische verwendeten die Einheimischen wohl nur in Mesopotamien. Durch größere oder kleinere Funde ist bisher nur ein Teil der Staaten bekanntgeworden; die Listen eroberter Länder in den assyrischen Inschriften zeigen aber, daß es dort noch mehr Staaten gab.

Im Norden nimmt Malatia insofern eine Sonderstellung ein, als es die hethitische Überlieferung ungebrochen erhielt und am wenigsten von fremden Elementen beeinflußt war; die Aramäisierung hatte damals auf dieses Gebiet noch nicht übergegriffen. Die Inschriften nennen neben anderen bisher nicht einzuordnenden Königen einen Sulumeli, der mit dem bei Tiglatpilesar III. genannten Sulumal von Milid gleichnamig ist, aber nicht identisch sein muß, weil sich die Königsnamen in den Dynastien oft wiederholen. Malatia mußte sich häufig den Assyrern, nach 800 mehrfach den Urartäern und wahrscheinlich auch den Phrygern und Kaskäern unterwerfen und dürfte politisch kaum je eine größere Bedeutung erlangt haben, um so mehr, als das benachbarte Kummuch, das Assyrer und Urartäer oft nennen, als eigener Staat erscheint.

Im Gebiet von Mar'asch zwischen den Hauptketten des Amanus und im östlichen Kilikien lebte mindestens nach 900 eine semitisch-kleinasiatische Mischbevölkerung, deren Fürsten allerdings fast niemals semitische Namen tragen. Mar'asch/Marqasi ist die Hauptstadt des früher Gurgum genannten Fürstentums, zu dem auch die Stadtreste des heutigen Saktsche-Gözü gehören. Südlich davon schließt sich das durch Ausgrabungen in Sendschirli bekannte Fürstentum Ja'dija mit der Hauptstadt Sam'al an. Die fast kreisförmig geführte Doppelmauer mit drei Toren umschließt die Wohnstadt, in deren Mitte die in ihrer Anlage besonders gut erkennbare Burg liegt. Um 830 regierte dort ein Fürst Kilamuwa, der sich in seiner phönikischen Inschrift als vom König von Adana abhängig bezeichnet und dann erzählt, wie er die drückende Armut der als »Hingelegte« bezeichneten Bevölkerungsschicht beseitigt und sie mit einer anderen Gruppe, vielleicht den aramäischen Eroberern, gleichgestellt habe. Um 800 gehörte Sam'al zu einer gegen Hama gebildeten Koalition. Um 760 kam der wieder durch eine Inschrift bekannte Panamu I. zur Herrschaft, die nach seinen eigenen Worten glücklich und erfolgreich verlief, aber von Barrakab (732–720?) in der seinem Vater Panamu II. (743–732) gesetzten Grabinschrift als Katastrophenzeit geschildert wird. Wahrscheinlich enthält jede der sich widersprechenden Darstellungen ein Stück Wahrheit. Gegen Ende der Regierung Panamus I. müssen wohl innere Schwierigkeiten aufgetreten sein, die neben anderen Gründen Tiglatpilesar III. von Assyrien 743 zur Einsetzung Panamus II. veranlaßt haben dürften. Panamu II. und später sein Sohn hielten, nachdem ihr Gebiet nach Norden hin vergrößert worden war, Assur die Treue, gleichwohl wurde Sam'al um 720 zu einer Provinzstadt ohne eigenen Fürsten. Das wechselhafte Schicksal des zwischen den Großmächten lavierenden Sam'al dürfte in vielem typisch sein für die uns weniger gut bekannten Staaten in ähnlicher Lage.

Weiter westlich bildete der Taurus die Nordgrenze für das Eindringen semitischer Bevölkerungsgruppen. Das in den assyrischen Inschriften oft genannte Fürstentum Tabal gehörte ebenso wie das mindestens zeitweise von ihm unabhängige Tyana, anders als das im Norden angrenzende Phrygien, zum späthethitischen Kulturkreis. Der von Tiglatpilesar III. unter den Tributpflichtigen erwähnte Urballâ von Tyana hat sich auf einem

Felsen bei Ivriz überlebensgroß vor dem Gott Tarhunt abgebildet. In Kilikien umfaßte das Fürstentum Qūe nach 800 wohl meist nur den Westen des Landes um Tarsus und Mersin, während Adana, damals Atun, ein selbständiges Fürstentum war, das jetzt durch die türkischen Grabungen in Karatepe am mittleren Dscheyhan für uns besonders interessant geworden ist. Man fand dort in einem Palast neben vielen Bildwerken die Inschrift eines Königs Azitawadda in einer phönikischen und einer bildhethitischen Fassung, von denen die erste die bei weitem umfangreichste phönikische Inschrift ist, die wir kennen. Die ungefähre Datierung der Inschrift war dadurch möglich, daß sich Azitawadda auf seine Einsetzung durch Urikki von Adana berief, der Tiglatpilesar 740 Tribut zahlte. Inzwischen hat sich gezeigt, daß Azitawadda unter dem Kurznamen M/Wattî von Sargon II. als loyaler Vasall genannt wird, dem 718 eine vorher assurfeindliche Stadt unterstellt wurde. Damit dürfte die große Inschrift etwa 725 zur Zeit Salmanassars V. abgefaßt worden sein. Azitawadda nutzte die Jahre geringerer assyrischer Aktivität nach 730, um sein Gebiet nach Westen hin zu erweitern und durch Umsiedlungen die Grundlage seiner Herrschaft zu festigen. Als Sperrfestung gegen Nordosten errichtete er die Stadt Azitawaddija, deren Reste bei Karatepe im Urwald nur durch Zufall aufgefunden wurden. Ob diese Stadt längere Zeit bestanden hat, wissen wir nicht. Von einem Fürstentum Adana hören wir jedenfalls nach 710 nichts mehr.

Im eigentlichen Syrien war Karkemisch seit alters das wichtigste Zentrum. Von semitischen Inschriften fand man dort nur geringe Reste, um so mehr aber bildhethitische Inschriften, aus denen wir eine ganze Anzahl von Königen nach 1000 kennen, die über ihre Bauten und sonstige Anlagen berichten. Da sie in den assyrischen Inschriften, die nur zwischen 870 und 845 einen Fürsten Sangara als besiegten Gegner nennen, nicht erwähnt werden, ist eine genaue Einordnung noch nicht möglich. Die besonders als Bauherren hervorgetretenen Könige Luhas I., Astuwatimais, Luhas II. und Katuwas, der letzte ein Urenkel des ersten, sind aber wohl zwischen 980 und 880 anzusetzen, gehören also in eine Zeit, in der Karkemisch außerhalb des assyrischen Machtbereichs lag. Erneut gewann Karkemisch größere Bedeutung, als nach 790 Araras seine Tätigkeit entfaltete. Tiglatpilesar III. gegenüber zog dann Pisiris die Unterwerfung vor, fiel jedoch nach dessen Tod wieder von Assur ab und suchte ein Bündnis mit Midas von Phrygien. Seine Gefangennahme 717 bedeutete das Ende des selbständigen Karkemisch, das nun zur Provinzstadt wurde.

Während Aleppo (damals Halman) nach 900 politisch keine größere Bedeutung hatte, gewann Arpad, dreißig Kilometer nördlich davon, als Hauptstadt des Fürstentums Bit-Agusi nach 800 zeitweise einen gewissen Einfluß und nahm damit die Stelle des von Salmanassar III. beseitigten Bit-Adini ein. Um 760 kam dort ein Fürst Mati'ilu zur Regierung, der alsbald in Konflikt mit Assyrien geriet und 754 genötigt war, den erwähnten Vasallenvertrag mit Assurnerari V. abzuschließen. Wir besitzen nun in aramäischer Sprache größere Teile eines anderen Vasallenvertrages, den Mati'ilu mit einem dort nur »Sohn der Majestät« genannten König von Kat(a)k abschließen mußte. Der Vertragspartner fordert in der üblichen Weise die Auslieferung von Flüchtlingen, die Enthaltung von jeglicher politischer Konspiration gegen ihn und das freie Durchzugsrecht für Gesandtschaften; von Rechten Mati'ilus ist dabei nicht die Rede.

Kat(a)k ist die aramäische Namensform von Kaschk. Auf dem Gebiet der aus den hethitischen Inschriften bekannten Kaskäer in den Gebirgen von Pontus muß also um 800 ein größerer Staat entstanden sein, der sich zwischen Urartu im Osten und Phrygien im Westen behaupten und sich zeitweilig sogar in Nordsyrien einmischen konnte und dabei von allen denen unterstützt wurde, die Assyrien für die größere Gefahr hielten. Die Rechnung von Arpad ging nicht auf; nach einem furchtbaren Strafgericht wurde es 740 assyrische Provinzstadt.

Das am weitesten südlich gelegene Zentrum hethitisch-aramäischer Kultur war Hama am Orontes, das immer wieder mit Damaskos um die Vormacht über die Aramäerstaaten südlich von Aleppo rang. Irchulēni, ein Gegner Salmanassars III., trug keinen semitischen Namen; man schrieb hier ja auch bildhethitisch. Wahrscheinlich aramäisch ist der Name des Fürsten Zakar, der eine leider sehr unvollständig erhaltene aramäische Inschrift hinterlassen hat. Er nennt sich dort König von Hama und Luchasch (das syrische Nuchaschsche der Amarnazeit, Luchuti der Assyrer), muß also ein größeres Gebiet beherrscht haben. Seine Angriffslust brachte um 790 eine große Koalition gegen ihn auf die Beine, der Damaskos im Süden und im Norden Malatia, Gurgum, Kilikien und Sam'al angehörten. Nach der religiösen Einleitung der Inschrift muß Zakar in der Schlacht Sieger geblieben sein. An Tiglatpilesar III. zahlte Hama Tribut, erhob sich dann aber erneut und zog das Strafgericht Sargons II. auf sich, der die nicht getöteten Bewohner nach Samaria aussiedelte und dafür Bewohner aus dem armenischen Grenzgebiet heranholte.

Von den mesopotamischen Aramäerstaaten ist nur Guzana (heute Tell Halaf) wegen der dort gemachten Funde zu nennen. Auf dem seit dem Ausgang der Buntkeramikzeit unbesiedelten Hügel legten Aramäer nach 1000 eine neue Siedlung an. Adadnerari II. nennt dort um 900 einen ihm tributpflichtigen Fürsten Abisalamu. Von ihm oder von dessen Nachfolger muß dort der erste mit Orthostaten geschmückte Palast erbaut worden sein. Nach 830 hat dann Kapara ein neues Bauwerk errichtet und zugleich seine Inschrift auf die nach eigener Aussage von Großvater und Vater übernommenen Bildplatten gesetzt. Er selbst oder sein Nachfolger meinte dann, sich 808 gegen Sammuramat auflehnen zu können, scheiterte aber damit. Guzana wurde nun eine Provinzhauptstadt, die den Untergang Assyriens noch überlebte. Kapara und seine Vorgänger müssen die Verbindung mit Syrien intensiv gepflegt und von dort Künstler gewonnen haben.

Architektonisch verbindet die Mehrzahl dieser Städte, dazu auch die Ruine Tell Tainat bei Alalach, die Art der kunstvollen Befestigungsanlagen und insbesondere der von den Assyrern mit dem hethitischen Wort Hilāni-Haus benannte Vorhallentypus. Einem monumentalen Breitraum mit weiteren Räumen ist eine Halle vorgelagert, deren Decke auf kurzen Wandvorsprüngen und auf zwei oder drei Säulen mit breiten Durchgängen ruht. Die Säulen stehen auf Basen, die voll- oder halbplastisch als Löwen mit weit aufgerissenem Rachen oder seltener als Stiere ausgebildet sind. An den Wandvorsprüngen stehen bisweilen Sphingen, die wie die Löwen Unberufene abweisen sollen. Die Säulen sind einige Male, insbesondere in Guzana, als Standbilder von Göttern gestaltet, die auf ihrem Haupt das Dach tragen. Dieser Hallentypus wurde, wenn wir recht sehen, in Syrien ausgebildet.

Die Götterstandbilder in den Hallen zeigen ebenso wie die Sitzbilder auf Löwenbasen vor allem die männlichen Gottheiten, oft in ihrer die Menschen erschreckenden Majestät. Besonders eindrucksvoll ist das Sitzbild des Atarluhas in Karkemisch. Wir erkennen da die nicht selten grausigen Götter der churritischen und ugaritischen Mythen wieder, auf der anderen Seite lebt darin die Neigung der Hethiter zu leicht humoristischen, ja grotesken Darstellungen weiter, wodurch Bilder von Göttinnen freundlicher, zuweilen sogar mütterlich wirken. Die Zahl der aufgefundenen Löwenplastiken ist besonders groß und der Einfluß der älteren unter ihnen auf die assyrische Kunst von Kalach unverkennbar. Auf die jüngeren Bildwerke hat umgekehrt die assyrische Kunst überaus stark gewirkt. Die sehr oft dürftige handwerkliche Qualität der älteren Bilder wird später, unter assyrischem Einfluß, vielfach weitaus besser, wenn sie auch weiter provinziell bleibt.

Die Hilāni-Hallen sind trotz ihrer Götterbilder wohl nicht als eigentliche Kultbauten anzusprechen. Die anschließenden Wände waren ebenso wie die manche Torbauten flankierenden Mauern und mehrfach auch Palastwände wie in Assyrien mit langen Reihen von reliefierten Orthostaten geschmückt. Ursprünglich gewiß überall sinnvoll angeordnet, wurden sie bei Neubauten nicht selten ohne erkennbares Prinzip nebeneinandergestellt, oft von unbearbeiteten Steinplatten unterbrochen. Ob die späteren Bauherren die Bildfolgen nicht mehr verstanden? Manchmal fehlte vielleicht auch die Zeit für eine vernünftige Anordnung der Bilder. Besonders lange Orthostatenreihen fand man in Azitawaddija, Sam'al, Karkemisch und Guzana. Die Platten aus meist grobkörnigem Stein sind zwischen fünfundvierzig und einhundertvierzig Zentimeter hoch, im Durchschnitt also weit kleiner als die assyrischen Reliefplatten.

Inhaltlich sind die Darstellungen sehr mannigfaltig; nicht alle Motive sind schon sicher zu deuten. Vor allem auf den älteren Orthostaten sind die religiösen Motive reichlich vertreten. Wir finden da die von den sumerischen Bildern von der heiligen Herde abgeleiteten Tiere am stilisiert gezeichneten Lebensbaum, aber auch Kämpfe der Tiere untereinander; bemerkenswert ist ein aufrecht stehender Stier aus Guzana, der einen Löwen aufgespießt hat. Beliebt ist auch die kultische Trinkszene, bisweilen mit Musikkapellen, die wohl als weltliches Motiv mißverstanden wurde, und der Kampf von Gilgamesch und Enkidu mit Chumbaba. In Malatia lebten die typisch hethitischen Götterreihen ebenso weiter wie die Opferszenen. Das Motiv der von mischgestaltigen Genien gehaltenen geflügelten Sonnenscheibe war weit verbreitet, wie auch sonst Mischwesen aller Art, nicht selten mit Vogelköpfen oder in Vogelgestalt, gern abgebildet wurden. Zahlreiche Tierbilder in Guzana, auch von Straußen und Vögeln, bleiben allerdings in ihrer Deutung fraglich. Eine überaus eigenartige Neugestaltung fand dort das aus Ur bekannte sumerische Motiv der Tierkapelle; ausnahmsweise vereinigt hier eine Platte eine größere Zahl von Figuren, die nicht ohne Sinn für humoristische Wirkung angeordnet sind.

Der weltliche Bereich kommt in bisweilen recht lebendigen Jagd- und Kampfbildern, vor allem in Darstellungen von Wagenkämpfern, zur Geltung, die gelegentlich wohl zu größeren Bildfolgen zusammengeschlossen gewesen sind. Der veränderten Kampftechnik entsprechend begegnen auch Reiter, sogar Kamelreiter. Zahlreiche Platten zeigen schreitende Fußsoldaten auf dem Marsch oder auf Siegesparaden, auch Bogenschützen im Kampf. Der große Abstand zu den assyrischen Bildern ist hier besonders augenfällig.

Die nach 800 in Karkemisch, Mar'asch und Sam'al beliebten Familienszenen stellen teilweise eine Säkularisierung ursprünglich religiöser Motive dar; sie gehören zu den besten Werken der syrischen Kunst. Bildhethitische oder aramäische Inschriften geben über die Dargestellten Auskunft; wir finden Kinder mit Spielzeug oder mit Schreibtafel und Griffel auf dem Schoß der Mutter. Eine Bildfolge zeigt Araras von Karkemisch, der den Kronprinzen Kamanas führt, und dahinter die zahlreichen Kinder, einige beim Spiel, ein kleiner Junge nackt, das Jüngste auf dem Arm der Amme, die ein Schaf mit sich führt. Bilder aus Azitawaddija zeigen Köche, Boxkämpfe und auch Ruderschiffe mit Fischen.

Unter den vielen hundert Bildwerken dieser syrisch-hethitischen Kunst befinden sich nur wenige Meisterwerke, dafür zahlreiche sehr grobe Darstellungen. Sie sind uns aber willkommene Zeugnisse für die überaus große Freude am Bild in den Kleinstaaten, die, in vielen Kriegen so oft ausgeplündert, trotz ausgeprägter Mischkultur und ohne eigene Literatur immer wieder die Kraft zu künstlerischer Gestaltung fanden. Erst als assyrische Provinzstädte wurden die kleinen Kulturzentren ganz unfruchtbar.

In diesem Zusammenhang muß auch noch die nach unserer Kenntnis bedeutendste Leistung des phönikischen Kunsthandwerks erwähnt werden, die Elfenbeinschnitzerei. Ursprünglich wohl aus Ägypten importiert und dann nachgebildet, hat sie vor allem als Möbelschmuck nach 1000 einen beachtlichen Hochstand erreicht; freiwillig oder als Tribut wurde sie in viele Länder exportiert. In Vorderasien reicht das Fundgebiet von Südpalästina über Syrien und Assyrien bis nach Babylonien; aber auch im Mittelmeergebiet gibt es viele Fundorte. In Assyrien, besonders in Kalach und Dur-Scharrukin, mußten deportierte Künstler Werkstätten einrichten, deren Arbeiten den Einfluß auch der assyrischen Großplastik erkennen lassen. Wieder treffen wir viele Szenen aus dem Tierleben, zum Teil in wundervoller Ausführung. Ein beliebtes Motiv ist die Kuh, die ihr säugendes Kalb ableckt; aber auch Tierkämpfe und Jagdbilder finden sich oft, die die uralten Motive der frühen Sumererzeit mehrfach neuartig wiederaufnehmen. Eine kleine Plastik aus Kalach verbindet Tier und Mensch in einzigartiger Weise: eine Löwin im Dickicht springt einem jungen Neger an die Kehle und tötet ihn. Hier wie auch bei vielen Darstellungen von Menschen und Gottheiten können wir feststellen, daß die Künstler aus dem weichen Elfenbein auch dem menschlichen Gesicht einen starken Ausdruck zu geben vermochten, den wir bei den Steinplastiken so oft vermissen. So ist oft der Kopf einer Göttin höchst lebendig gestaltet, wenn sie aus dem über drei oder vier Lotuskapitellen liegenden Fenster ihres Tempels hinausschaut. Dasselbe gilt von Sphinxköpfen und männlichen Figuren in mythologischen Kampfszenen. Die genauen Nachbildungen von Bauelementen dürften ebenso wie manche der Bildplättchen zu größeren Kompositionen gehört haben.

Tiglatpilesar III. und Salmanassar V. von Assyrien

Die Untätigkeit, die dem assyrischen Heer unter Assurnerari V. auferlegt war, konnte bei dem Aufbau des Staates und seiner politischen Ideologie kein Dauerzustand sein. Der normale Steuerertrag reichte zur Unterhaltung der Truppen nicht aus; außerdem führte die unzureichende Beschäftigung der Offiziere immer wieder zu Aufständen von Statthaltern, die in den großen Provinzen zu mächtig geworden waren. So kam es 746 zu neuen Unruhen in Assyrien, die einen älteren General, nach einer Inschrift vielleicht ein jüngerer Sohn Adadneraris III., mit dem programmatischen Namen Tiglatpilesar III. (746–727) auf den Thron brachten. Noch im selben Jahr unternahm er einen Feldzug ins babylonische Grenzgebiet; vor allem aber leitete er innere Reformen ein, über die in seinen überaus nüchternen Kriegsberichten allerdings nichts gesagt wird. Um die Steuerkraft des Reiches besser nutzen zu können, hob er die Privilegien auf, die bestimmte Städte wie etwa Assur und Harran bis dahin genossen hatten. Natürlich machte das bei der herrschenden Schicht dieser Städte böses Blut, und es sollte sich zeigen, daß deren Macht damit keineswegs gebrochen war. Nach und nach teilte er auch die großen Provinzen auf und verminderte die Befugnisse der Statthalter, die fortan keine eigene Politik mehr machen konnten. Die Zahl der Provinzen wuchs ferner dadurch, daß immer mehr kleine abhängige Fürstentümer in Provinzen umgewandelt wurden; mit dem Reich so viel fester verbunden, verloren sie bald jedes eigene Nationalgefühl. Dieser Auflösung der bisherigen Staaten diente auch die Umsiedlungspolitik, die der König in noch weitaus größerem Umfang als seine Vorgänger betrieb. Bei der Mischbevölkerung, die so auch in Assyrien selbst bewußt geschaffen wurde, bürgerte sich das Aramäische als Verständigungsmittel immer mehr ein und wurde bald zu der im Reich am meisten gesprochenen Sprache. Das Assyrische blieb außerhalb der Verwaltung nur in Mesopotamien da und dort erhalten, wo es auch immer mehr aramäisiert wurde. Sogar in die Hofkorrespondenz von Kalach und später Ninive, eine überaus ergiebige Quelle für die Folgezeit bis zum beginnenden Zusammenbruch des Reiches, dringen immer mehr aramäische Elemente ein, so etwa das auch von den Juden verwendete Wort für die gewaltsame Umsiedlung in andere Reichsteile. Aramäische Urkunden sind selten, da sie meist auf Wachs oder Papyrus geschrieben waren.

In Babylonien war 748 Nabonassar (748–734) auf den Thron gekommen, über ihn kann die mit ihm einsetzende babylonische Chronik nicht viel berichten; nach griechischen Nachrichten soll er eine neue Zeitrechnung eingeführt haben. Mit ihm beginnt der sogenannte ptolemäische Kanon babylonischer Könige. Schon unter seinen Vorgängern waren das flache Land und das südliche Osttigrisland zunehmend in die Hände der meist halbnomadischen Aramäerstämme geraten; der Einfluß der Zentralregierung ging immer mehr zurück. Als einige dieser Stämme auch assyrisches Gebiet plünderten, durchzog Tiglatpilesar 745 Babylonien bis zum Meer und brandschatzte die Stämme, ließ aber die Städte nach Entgegennahme von Ergebenheitserklärungen in Frieden; Nabonassar blieb weiter auf dem babylonischen Thron. 744 kamen die Meder an die Reihe, wobei ein assyrisches Kommando bis zum Elwend-Berg vordrang. 743 machte sich der König auf, um Arpad zu strafen, das trotz der Assurnerari V. geschworenen Eide mit fremden Mächten konspiriert

Vernichtung einer babylonischen (?) Festung durch Tiglatpilesar III.
Relief vom Zentralpalast in Kalach, um 730 v. Chr.
London, British Museum

Mardukapaliddin II. von Babylon bei der Übergabe einer Schenkungsurkunde an einen Beamten
Babylonischer Grenzstein, um 715 v. Chr. Berlin, Staatliche Museen, Vorderasiatisches Museum

hatte. Die Belagerung der Festung mußte zunächst wieder aufgehoben werden, weil Sardur von Urartu mit seinen Verbündeten zum Entsatz heranzog. Tiglatpilesar zog ihnen entgegen und schlug sie südlich von Samosata, konnte aber die Flucht eines großen Teils der Feinde über den Euphrat nicht verhindern und mußte sich zunächst mit der Plünderung des zurückgelassenen Feldlagers und einiger Städte begnügen. Dann kehrte er nach Arpad zurück, konnte aber die Stadt, die sich bis zum letzten verteidigte, erst 741 erobern. Die Rache des Siegers war furchtbar. Daraufhin zogen es die anderen Aramäerstaaten vor, dem König 740 ihren Tribut entgegenzubringen. Das Ländchen Unki (bei Antiochia) beteiligte sich nicht an der Zahlung und mußte es schwer büßen. Urartu griff der König, nach der Wegnahme einiger Grenzgebiete 739, im Jahre 735 in dessen Kerngebiet an. Die Hauptstadt Tuschpa konnten die Assyrer aber wegen ihrer Lage am Wansee, die eine Einschließung unmöglich machte, nicht einnehmen.

In Syrien hatte sich 738 noch einmal eine große Koalition unter Führung von Hama gebildet, die aber Tiglatpilesar gleichfalls zerschlug. Auch Rezin von Damaskos und Menahem von Israel mußten ihm Tribut zahlen. 734 zog er erneut nach Syrien und durch Israel bis zur Philisterhauptstadt Gaza, die der König Hanun durch seine Flucht nach Ägypten preisgab. Damit stand Assur erstmalig an der Grenze von Ägypten. Da versuchten 733 Damaskos und Israel noch einmal, den Widerstand gegen Tiglatpilesar zu organisieren, und zogen gegen Jerusalem, weil Juda sich der Koalition nicht anschließen wollte. Juda wandte sich nun an die Assyrer, die wohl schon in Anmarsch waren, um Hilfe. Zunächst mußte Peqach von Israel ausgedehnte Gebiete abtreten und Deportationen dulden. 732 kam dann die große Abrechnung mit Damaskos, das schon so oft jeder Belagerung getrotzt hatte. Tiglatpilesar, der nicht nur stärkere Streitwagen mit achtspeichigen Rädern, sondern auch wirksamere Belagerungsmaschinen in seinem Heer mitführte, schloß die Stadt nach einem Sieg im nördlichen Transjordanien ein und erstürmte sie schließlich. Rezin wurde getötet und die Stadt nach furchtbaren Verwüstungen in der Umgebung zur Provinzialhauptstadt erniedrigt. An den Bündnissen gegen Assyrien waren auch Araber beteiligt. Die arabische Königin Zabibija hatte 738 Tribut zahlen müssen, ihre Nachfolgerin Samsija verweigerte ihn zunächst. Da zog Tiglatpilesar ihr nach der Eroberung von Damaskos weit in die Wüste nach und zwang ihr Tributzahlung und Duldung eines assyrischen Agenten in ihrer Residenz auf. Nun schickten viele arabische Stämme bis hin zu den Sabäern im Süden ihre Geschenke und erreichten damit, daß die Assyrer den gewinnbringenden Handel über Gaza weiterhin zuließen.

Inzwischen waren in Babylonien nach dem Tod Nabonassars 734 chaotische Verhältnisse mit häufigem Herrscherwechsel entstanden, wobei der Aramäer Ukinzer für kurze Zeit in Babylon König werden konnte. Tiglatpilesar kam 731 nach Babylonien, belagerte Ukinzer in seiner ursprünglichen Hauptstadt Schapija in Mittelbabylonien, konnte sie aber erst 729 einnehmen und das übliche Strafgericht vollstrecken. Nunmehr vereinigte er Assyrien und Babylonien durch Personalunion, nannte sich in Babylonien aber Pulu und unterzog sich auch den Kulten, die ein König von Babylon ausüben mußte, wie etwa die »Ergreifung der Hand Marduks« beim Neujahrsfest. Weitere Feldzüge führte Tiglatpilesar bei seinem hohen

Alter nicht, hatte aber auch keinen Gegner mehr, der auch nur ein Grenzgebiet anzugreifen gewagt hätte. Er starb im Januar 727.

Residenzstadt von Tiglatpilesar war vor allem Kalach, wo er ein Hiläni-Haus nach syrischem Muster errichtete und den Palast Salmanassars III. für sich umbaute. Mit seiner vielen Kriegsbeute konnte er den Palast prächtig ausschmücken und mit Schätzen füllen. Damals mögen viele erlesene Elfenbeinplastiken aus den Ländern Syriens, von denen beträchtliche Reste gefunden wurden, nach Kalach gekommen sein. Auf den Wänden des Palastes berichtete er in Wort und Bild von seinen großen Siegen. Fünfzig Jahre später demolierte Assarhaddon den Palast, um mit den Bildplatten seinen eigenen auszuschmükken; so sind Inschriften wie Bilder viel schlechter erhalten als im Palast Assurnassirpals. Das, was an Bildern noch gefunden wurde, zeigt aber, daß die assyrischen Künstler in den hundert Jahren seit Salmanassar III. allerlei dazugelernt hatten. Die Gesichter der dargestellten Menschen blieben freilich auch jetzt noch ziemlich ausdruckslos, obwohl in der Haltung schon weitaus besser ihre Gefühle sichtbar wurden. So sehen wir vor den Toren einer eroberten Stadt übereinander – statt hintereinander – Beamte, die eiskalt die fortgeführten Herden zählen, während aus der Stadt vertriebene Frauen und Kinder nach der Ermordung der Männer verängstigt auf kleinen Wagen sitzen. Neben Kriegs- und Jagdbildern gab es auch bei Tiglatpilesar Kultbilder; sie waren anscheinend aber ebenso wie die wenigen Hinweise auf göttliche Hilfe in seinen Kriegsberichten mehr Zugeständnisse an die religiöse Tradition als Ausdruck eines wirklichen Sendungsbewußtseins. Der sehr nüchterne König verließ sich wohl in erster Linie auf seine eigene Kraft.

Eine durchaus beachtliche Kunstpflege finden wir jetzt auch in einigen Provinzhauptstädten. In Tilbarsip wird die alte Maltradition des mittleren Euphrattals wieder lebendig. Die Vorführung von Gefangenen durch den Minister vor den siegreichen König ist dort in mannigfachen Variationen festgehalten. Eines dieser vielfarbigen Gemälde mit einer Fülle von Figuren ist zweiundzwanzig Meter lang.

Tiglatpilesars Sohn Salmanassar V. (727–722) behielt unter dem Namen Ululai die Personalunion mit Babylonien bei und führte auch sonst die Politik seines Vaters wohl unverändert fort. Er hatte aber nicht die gleiche Kraft, um die Auseinandersetzungen der verschiedenen Parteien und Interessengruppen in Assyrien in Schranken zu halten. Da sein Nachfolger seine Inschriften zerstören ließ und auch andere Quellen für seine Regierungszeit fast ganz fehlen, wissen wir nur sehr wenig über ihn. Wie das Alte Testament berichtet, zog er nach einigen anderen Feldzügen 724 gegen Samaria, da sich das Restkönigreich Israel unter Hosea erneut empörte. Auch in diesem Fall war eine dreijährige Belagerung erforderlich, die der König aber nicht mehr zu Ende führen konnte. In seiner Abwesenheit hatten sich die mit der Mißachtung der alten Privilegien schon seit seinem Vater Unzufriedenen zusammengetan und ihren Führer in einem jüngeren Bruder gefunden, dessen ursprünglicher Name allerdings nicht bekannt ist. Ob nun Salmanassar fern der Heimat eines natürlichen Todes starb oder ermordet wurde, wissen wir nicht. Sein Nachfolger mag in einer schlecht erhaltenen Proklamation das Ende des Königs meinen, wenn er sagt, der Gott Assur habe ihn gestürzt, weil er ihn nicht gefürchtet habe. Darin wird wohl die

Ansicht der Assurpriesterschaft wiedergegeben, die die Bevorzugung von Kalach nicht verzeihen konnte. Der äußere Anlaß aber war die Besteuerung der Bürger von Assur und ihre Heranziehung zu untergeordneten Militärdiensten, die Tiglatpilesar eingeführt hatte.

Sargon II. von Assyrien und Mardukapaliddin II. von Babylon

Der Anführer der Verschwörung gegen Salmanassar V. nahm den altberühmten Namen Sargon (722–705) an, den er als Kurzname für »(Assur) legitimierte den König« verstand. Er nimmt in seinen vielen Inschriften die Abstammung von der alten Dynastie in Anspruch, nennt aber nur einmal Tiglatpilesar als seinen Vater. In Ausführung der Zusagen, die er vor seiner Nominierung gewiß hat geben müssen, stellte er als erstes die alten Privilegien wieder her und gewährte besonders den großen Tempeln wieder ihre Abgabenfreiheit. Im Gegensatz zu seinen Vorgängern stützte er sich also wieder auf die konservativen Kräfte, konnte Assyrien aber auch damit keinen dauernden Frieden geben, wie die folgende Zeit zeigen sollte.

Außenpolitisch war er äußerst aktiv, wenn auch nicht immer erfolgreich. 721 fiel das schon von Salmanassar V. belagerte Samaria. Das bisherige Gebiet von Israel, jetzt teilweise mit Syrern und Babyloniern besiedelt, wurde nun zur assyrischen Provinz. Juda rettete sich durch die Zusage regelmäßiger Tributzahlungen. Babylonien hatte die Revolution in Assyrien ausgenützt, um sich wieder selbständig zu machen. König wurde 722 der sehr energische und bewegliche Chaldäer Mardukapaliddin II., der gewiß nicht mehr ganz junge Sohn des früheren Königs Eribamarduk (um 795–764). Zur Abwehr des mit Sicherheit erwarteten assyrischen Angriffs verbündete er sich mit Humbanigasch I. (742–717) von Elam, der nach für Elam dunklen Jahrhunderten große Teile seines Landes wiedervereinigt und das neuelamische Reich begründet hatte. Noch 721 zogen Sargon und Humbanigasch in das Osttigrisland und trafen nahe bei Dēr aufeinander. Sargon behauptet gesiegt zu haben. Da er sich aber zurückzog, dürfte die babylonische Chronik mit mehr Recht Elam den Sieg zugeschrieben haben. Mardukapaliddin kam nach derselben Quelle zu spät zur Schlacht, rühmt sich aber auch eines großen Sieges über Assyrien, das er wieder geringschätzig Subartu nennt; vielleicht hat er einige assyrische Garnisonen in Babylonien ausgehoben. Er nutzte dann seine Erfolge aus, um seinen Chaldäern auf Kosten der alteingesessenen Babylonier beträchtliche Ländereien zukommen zu lassen.

720 zog Sargon zum erstenmal nach Syrien; Ilubi'di von Hama hatte, zusammen mit Arpad, dem phönikischen Simyra, Damaskos und dem gerade eroberten Samaria und im Vertrauen auf die Hilfe des damals von den nubischen »Äthiopier«-Königen regierten Ägyptens, die Fahne des Aufruhrs erhoben. Auf dem alten Schlachtfeld von Qarqar wurden die Syrer geschlagen und Ilubi'di gefoltert. Dann zog Sargon gegen Hanun von Gaza und den ägyptischen General Re'e, die er bei Raphia an der ägyptischen Grenze ebenfalls schlug. Daraufhin sandten Sabäer und Araber erneut Geschenke. Das Jahr 719 führte Sargon in das Königreich Man, das damals gegen Urartu zu Assyrien hielt. Einige Meder-

und Perserfürsten, von Urartu gegen die Mannäer aufgewiegelt, wurden in der üblichen Weise gezüchtigt und die assyrischen Provinzen in Westiran vergrößert. 718 und 717 zog der König nach Nordsyrien, um zunächst die Stadt Schinuchtu im Taurus, die gewiß unter dem Einfluß Phrygiens stand, zu erstürmen und dem Azitawadda von Adana zu übergeben, dann bereitete er der Selbständigkeit von Karkemisch ein Ende, ohne daß Urartu oder Phrygien einschreiten konnten. Das Jahr 715 brachte nur verschiedene kleinere, von Generälen geführte Unternehmen, weil Sargon selbst sich für die große Abrechnung mit Urartu rüstete.

Dem urartäischen Feldzug von 714 ist die längste Inschrift gewidmet, die in Assyrien über einen einzigen Kriegszug abgefaßt wurde; ihre vierhundertdreißig sehr langen Zeilen sind größtenteils erhalten. Die Inschrift bezeichnet sich als Erstbericht an den Gott Assur, ist aber mit ihrer oft schwungvoll dichterischen Sprache alles andere als ein nüchterner Bericht, sondern weit mehr ein Propagandadokument, das auf Menschen als Hörer wirken wollte und daher mehr noch als sonst üblich packende Naturschilderungen von den durchzogenen Bergländern einflicht. Wie wenig sich Sargon Assur gegenüber zu strenger Wahrhaftigkeit verpflichtet wußte, zeigt am klarsten die Schlußmeldung über die eigenen Verluste: ganze sechs Mann werden zugegeben, obwohl der sehr beschwerliche Marsch allein sicher das Vielfache an Toten gefordert hat. Der Feldzug führte zunächst über Man zu einigen medischen Fürstentümern östlich des Urmiasees. Rusa von Urartu sperrte inzwischen mit einem Heer den schmalen Durchgang zwischen Urmiasee und dem Sahendberg, »den nicht einmal ein Vogel überfliegen kann«. Aus einer Schlucht heraus wollte er die Assyrer überfallen, wenn sie übermüdet und durstig heranrückten. Sargon aber griff mit einer kleinen Reiterschar die feindliche Koalition an einer Stelle an, wo sie ihn nicht erwartete, und konnte den Überraschungserfolg zu einem Sieg ausweiten. Rusa floh allein und starb bald darauf in den Bergen. Die Assyrer zerstörten nun auf dem Wege zum Wansee alle Städte und Bewässerungsanlagen, ließen aber die uneinnehmbare Hauptstadt unbehelligt liegen. Auf dem Rückweg schickte Sargon das Gros des Heeres nach Hause, griff mit einem kleinen Korps die Gebirgsstadt Mußaßir an und brachte auch von ihr unermeßliche Beute heim, die die Inschrift im einzelnen aufzählt. Sie verschweigt allerdings, daß dieser Erfolg wohl nur durch Angriffe der Kimmerier auf Urartu möglich war. Obwohl die assyrischen Spione, deren Berichte teilweise erhalten sind, über die Bewegungen der Kimmerier und über andere Vorgänge in Nordkleinasien sicher gut informiert waren, sind förmliche Vereinbarungen zwischen Assyrern und Kimmeriern über Angriffe auf Urartu wahrscheinlich nicht getroffen worden.

Die nächsten Jahre brachten kleinere Feldzüge in Medien, nach Malatia und Gurgum; auch hier entstanden assyrische Provinzen. 711 wurde ein General nach Palästina geschickt, um Asdod und einige andere Städte für die Ermordung des Assyrien ergebenen Fürsten Achimiti zu bestrafen. 709 bequemte sich dann Midas von Phrygien, wohl unter dem Druck der Kimmerier, zu Tributzahlungen, so auch etliche Städte Cyperns; eine der Stelen Sargons, die diese Vasallen aufstellen mußten, ist gefunden worden. Viel wichtiger war aber für den König die schon lange aufgeschobene Abrechnung mit Babylonien. 710 wurde es mit einer großen Zangenbewegung angegriffen. Mardukapaliddin mußte aus

Babylon in seine Heimat im Süden fliehen, da Elam unter Schutruknahhunte II. (717 bis 699) seine Bündnisverpflichtungen nicht erfüllte. Aber auch von dort wurde er trotz der im Meerland oft als Kampfmittel angewendeten künstlichen Überschwemmung 709 vertrieben und mußte in Elam auf bessere Zeiten warten. Die Babylonier nahmen Sargon jetzt als Befreier auf, der sich auch wirklich bemühte, die Wünsche der Priester in Babylon, Uruk und anderen Städten zu erfüllen; die Aramäerstämme wurden in die Schranken gewiesen. Um die Babylonier zu gewinnen, nannte sich Sargon nur »Statthalter von Babylon«, verfaßte Bauinschriften im babylonischen Stil und stellte, ähnlich wie in Assyrien, alte Rechte wieder her, die die Chaldäer abgeschafft hatten. So fand man sich mit seiner Herrschaft als dem kleineren Übel ab.

Sargon hat in den ersten Jahren seiner Regierung anscheinend nicht sehr viel gebaut. In Assur erneuerte er den Assurtempel und schmückte ihn mit glasierten Ziegeln. In Kalach ließ er am Palast Assurnassirpals geringfügige Arbeiten ausführen. Neben der Beanspruchung durch die Kriegszüge war ein Hauptgrund für diese Zurückhaltung offenbar der, daß er sich zunächst nicht darüber klarwerden konnte, welche der alten Städte er als Hauptstadt wählen sollte. Das Verhältnis zu den Priesterschaften der alten Tempel, die an seiner Machtergreifung doch einen so großen Anteil gehabt hatten, muß sich bald verschlechtert haben; Vorfälle, über die unsere Quellen schweigen, mögen das Mißtrauen des Königs gegen sie verstärkt haben. So entschloß er sich, nördlich von Ninive eine neue Hauptstadt mit dem Namen Dur-Scharrukin, »Sargonsburg«, zu bauen. Er fand die Grundbesitzer in dem alten Dorf Magganubba ab, ebnete es ein und grenzte 713 ein fast quadratisches Landstück von über drei Quadratkilometer ab, das er mit einer gewaltigen Doppelmauer umschloß. Auf einer vierzehn Meter hohen künstlichen Terrasse im Nordosten der Stadt legte er die Zitadelle mit seinem Palast an. Ob ein Haupttempel außerhalb des Palastes geplant war, wissen wir nicht. Jedenfalls baute er zunächst nur kleine Tempel für sieben Hauptgötter in den Palast ein und erreichte damit, daß er die gewiß nur kleinen Priesterschaften dieser Tempel leicht beaufsichtigen konnte. Eine vollständige Rekonstruktion des gesondert ummauerten Palastrechtecks, in dem auch ein Hochtempel des Gottes Assur stand, ist noch nicht möglich; der Palast war offenbar noch monumentaler geplant als die Riesenpaläste von Kalach. Bei aller Anlehnung an sie auch im Baustil wirkte er aber weniger massig; die assyrischen Künstler hatten inzwischen gelernt, besser zu gliedern und auch überlebensgroße Bildwerke eleganter zu gestalten.

Die Stierkolosse als Wächter an den Eingängen waren noch mächtiger geworden; ein überwiegend im Hochrelief gearbeiteter löwentötender Gilgamesch war gar fünf Meter hoch. Auf den Palastwänden fanden sich wieder lange Reihen von Kriegsbildern, die die Bewegung des Kampfgeschehens besser als früher einzufangen wußten. Das Interesse an den Bauwerken in den feindlichen Städten ist bemerkenswert, wird übrigens auch durch die Inschriften bezeugt. Die mythologisch-symbolischen Szenen, fast durchweg ganz traditionell gehalten, beherrschen aber die Reliefs aus farbig glasierten Ziegeln und die in ihren Ausmaßen alles Frühere überbietenden Wandgemälde auf Gipsputz. Lange Friese von farbigen Rosetten, Palmetten und Zinnen rahmen Darstellungen von Fruchtbarkeitsgenien und Stieren ein. Die Reliefs zeigen lange, etwas eintönige Reihen von Höflingen, Soldaten und Dienern, die Beute und Opfergaben tragen. Für unsere Kenntnis des Kunsthandwerks in Stoffen, Holz und Metall ist die peinlich genaue Nachbildung der Gegenstände von größter Bedeutung. Die vielen bartlosen Gestalten unter den Dienern sind sicher nicht durchweg als Eunuchen zu deuten, wenn auch ihre Zahl am Hof offenbar zugenommen hatte. In einigen Fällen gelang den Künstlern auch eine sehr ausdrucksvolle Gestaltung des Gesichts; die Augen, bei den älteren Figuren in Seitenansicht ganz von vorn zu sehen, sind jetzt im Teilprofil wiedergegeben und wirken schon dadurch weniger starr. Stilistisch in manchem ähnlich, aber in der Zeichnung einfacher sind der König Mardukapaliddin und sein Beamter auf einem Grenzstein dargestellt, der im übrigen deutlich macht, wie weit Assyrien Babylonien damals in der Bildkunst überflügelt hatte. Das gilt auch für die Kleinkunst, vor allem für die Siegelschneiderei mit ihren recht ungleichwertigen Erzeugnissen. Ihre Motive entsprechen weithin denen der Wandreliefs; Kriegsbilder fehlen, dafür sind die mythologischen Darstellungen häufiger. Als Material für die einfacheren Siegel findet sich jetzt oft Fritte. Die Beherrschung der Glasurtechnik führte nach Jahrhunderten der Sterilität zu einer Neubelebung der Gefäßbemalung. Das Motiv der Tiere am Lebensbaum und andere sind oft mit feinem Gefühl für die Harmonie der Farben gestaltet.

Die viel zu groß geplante Hauptstadt Dur-Scharrukin blieb – trotz schärfster Anspannung der Kräfte und wahrhaft imponierender Leistungen zwischen 713 und 705 – unvollendet. In der Wohnstadt gab es außer einigen palastartigen Häusern hoher Beamter und Offiziere wohl nur wenige dauerhafte Bauten. 705 ließ sich der zur Tollkühnheit neigende Sargon erneut zu einem unvorbereiteten Unternehmen in den Felsengebirgen Westirans verleiten. Mit einer kleinen Elitetruppe fiel er in einen Hinterhalt, wurde erschlagen und unbestattet, wie die Assyrer es ihren Feinden oft antaten, den Vögeln zum Fraß liegengelassen. Gegen mögliche Mordanschläge seiner Untertanen hatte Sargon jegliche Vorsorge getroffen, aber die äußeren Feinde hat er bisweilen unterschätzt. Sein Sohn Sanherib, der dem Vater als Statthalter in Südarmenien und Babylonien gedient hatte, fragte voll Entsetzen die Priester, womit der Vater, der für die Tempel doch viel getan hatte, die Götter so erzürnt haben könnte, daß sie ihm dieses Ende bereiteten. Der davon berichtende Text ist sehr schlecht erhalten, so daß wir die Antwort nicht kennen. Unzweifelhaft haben die Priester Sargon die Gründung der neuen Hauptstadt als größte Schuld angelastet.

Sanherib (705–681)

Sanherib (hebräische Namensform von Sinachcheriba »Sin, gib Ersatz für die Brüder!«) war, wie der Name sagt, nicht der älteste Sohn Sargons. Er wurde aber nach dem Tode der älteren Brüder schon früh zum Kronprinzen bestimmt und demgemäß mit den Staatsgeschäften vertraut gemacht. Er bestieg als reifer Mann von mindestens dreißig Jahren den Thron und begann alsbald, vielleicht unter dem Eindruck des furchtbaren Endes seines Vaters, Assyrien in manchem in eine andere Richtung zu lenken. Er verließ das neue Dur-Scharrukin, kehrte zunächst nach Assur zurück und machte 701 Ninive endgültig zu seiner

Hauptstadt. Diese Maßnahme betonte er noch dadurch, daß er in seinen Inschriften nie seinen Vater nannte, obwohl doch er anders als dieser der legitime Thronfolger war. Noch wichtiger aber war, daß er seine Babylonpolitik radikal änderte. Bestimmt wohl durch negative Erfahrungen mit den Babyloniern, hielt er es nicht mehr für sinnvoll, auf das alte Kulturland die von den meisten assyrischen Königen geübte Rücksicht zu nehmen, sondern entschloß sich im Sinne der assyrischen Nationalpartei zu äußerster Härte. Da die Babylonier trotz ihrer Abneigung gegen Elam und die räuberischen Aramäerstämme mit diesen oft gegen das verhaßte und verachtete Assyrien gemeinsame Sache machten, war Assyrien bei Feldzügen nach Westen oder nach Osten immer in der Flanke bedroht. Es war daher nur folgerichtig, wenn Sanherib dieser Bedrohung ein für allemal ein Ende bereiten wollte. Wie Tukultininurta I., dessen schlimmes Ende er sicher kannte, aber nicht beherzigen wollte, bemerkte er jedoch nicht, daß sich die meisten Assyrer trotz Abneigung und Haß durch mehr als tausend Jahre gemeinsamer Kultur mit Babylonien eng verbunden fühlten und daher eine Vernichtung dieses Feindes gar nicht wünschten. Und selbst Sanherib ging von der alten Gewohnheit nicht ab, die Inschriften in dem als feiner geltenden Babylonisch zu schreiben, womit er zeigte, daß auch er von den ererbten Minderwertigkeitskomplexen Babylonien gegenüber nicht frei war, obwohl dafür kaum noch ein Anlaß bestand. Sein Haß gegen Babylonien trieb ihn aber immer mehr in die Überzeugung hinein, daß sein Gott Assur von ihm ein rücksichtsloses Vorgehen verlange.

Die Babylonier bemerkten bald, daß sie von Assur nichts Gutes mehr zu erwarten hatten, und wehrten sich daher nicht, als der in seiner früheren Regierung so wenig beliebte Mardukapaliddin mit Hilfe von Elam Anfang 703 zurückkehrte und sich wieder zum König machte. Er nahm sofort Verbindungen mit anderen Feinden Assyriens auf, darunter nach dem Alten Testament, das ihn Merodachbaladan nennt, mit Hiskia von Juda. Nach nur neun Monaten mußte er aber erneut weichen, nachdem Sanherib eine Koalitionsarmee aus Babyloniern, Aramäern und Elamitern geschlagen, den in Assyrien aufgewachsenen Belibni (703–700) als Schattenkönig eingesetzt und Tausende verschleppt hatte. 702 zog Sanherib nach Westiran und brandschatzte die Ortschaften der Kassiten und des Landes Ellipi und erhielt daraufhin Tribut auch von den Medern, angeblich als erster Assyrerkönig, obwohl das seit 835 ziemlich oft geschehen war.

701 unternahm Sanherib seinen berühmten Feldzug gegen eine Koalition von phönikischen und palästinischen Fürsten mit Ägypten. Lulê von Sidon floh beim Heranrücken der Assyrer, so daß diese den bequemeren Etba'al einsetzen und dann von den meisten Fürsten der Koalition Tribute einziehen konnten; Ssidqâ von Askalon erschien nicht vor Sanherib und wurde mit seiner Familie verschleppt. Von den weiteren Ereignissen berichtet nicht nur Sanherib selbst, sondern viel ausführlicher noch das Alte Testament und, wesentlich knapper, Herodot. Die Berichte widersprechen sich in manchem, erlauben aber eben dadurch eine leidlich glaubwürdige Rekonstruktion der Hauptereignisse. Hiskia von Juda, beraten durch den Propheten Jesaja, war der einzige König von Juda, der Assyrien zu widerstehen versuchte. Das ihm von Ägypten zugesagte Hilfsheer kam auch wirklich, wurde aber bei Elteke von Sanherib vernichtend geschlagen. Nun sandte Hiskia an Sanherib, der nach der Eroberung vieler judäischer Ortschaften in Lachisch Hof hielt, kostbare

Geschenke aus dem Tempelschatz, konnte ihn aber jetzt nicht mehr zufriedenstellen. Sanherib wollte Jerusalem erobern und sandte vor dem Großangriff zweimal hohe Beamte vor die Stadt, die nach dem biblischen Bericht die Einwohner durch den Hinweis auf das traurige Schicksal anderer Städte, die vergeblich auf ihre Götter hofften, zur Übergabe überreden sollten. Wir haben hier sicher eine lebensechte Probe assyrischer Kriegspropaganda vor uns, die ausgiebig auch mit religiösen Argumenten arbeitete und auf viele Siege im Namen Assurs hinweisen konnte. Jerusalem lehnte die Übergabe ab, trotzdem unterblieb der Angriff. Sanherib sagt darüber nur, er habe Hiskia wie einen Käfigvogel eingeschlossen und dann eine riesige Beute nach Assyrien gebracht, verschweigt aber, warum er die Belagerung aufgab. Die Bibel berichtet, der Engel Gottes habe in einer Nacht hundertfünfundachtzigtausend Assyrer umgebracht, Herodot aber erzählte man, daß unzählige Mäuse das assyrische Lederzeug zerfressen hätten. Alle Berichte werden verständlich, wenn wir aus ihnen den Ausbruch einer von Ratten in das Assyrerlager eingeschleppten schweren Pestepidemie herauslesen, die Tausende von Opfern forderte und die Assyrer zur Räumung des verseuchten Landes zwang. Hiskia aber wollte angesichts der Schwäche Ägyptens nach der Niederlage von Elteke keinen neuen Feldzug Sanheribs riskieren und sandte schließlich seinen Tribut. Sanherib kam tatsächlich nie wieder.

Der Mißerfolg vor Jerusalem ermutigte Belibni 700, sich von Assyrien loszusagen, er wurde aber nach Assyrien weggeführt. Sanherib setzte nun seinen ältesten Sohn Assurnadinschum (700–694) als Unterkönig in Babylon ein, nachdem er ganz Babylonien durchzogen und Mardukapaliddin zur Flucht über das Meer gezwungen hatte. Etwa 698 zog er nach Südarmenien, erkletterte dort etliche steile Berge und brachte nach der Zerstörung mehrerer Bergfesten seine Inschrift am Dschudi-Dagh an. 696 und 695 schickte er seine Generäle nach Kilikien und nach Tilgarimmu bei Malatia, um kleinere Aufstände niederzuwerfen. Er selbst benutzte die Zeit, um einen großen Feldzug nach Elam auf einem ungewöhnlichen Weg vorzubereiten. Dort hatte Hallutusch (699–693) seinen Bruder und Vorgänger beseitigt und die Zugänge nach Elam von Babylonien her gut befestigt. Sanherib ließ nun in Ninive und Tilbarsip durch Phöniker und Griechen eine Flotte von Kampf- und Transportschiffen bauen und bemannen, was vor ihm wirklich noch niemand getan hatte. Die Schiffe fuhren stromab oder wurden auf Rollen über Land gezogen. In den Lagunen des Persischen Golfes kam es zu Seegefechten, dann setzte die Flotte nach Elam über und brandschatzte dort viele Städte. Inzwischen aber zog Hallutusch nach Nordbabylonien, eroberte Babylon, führte Assurnadinschum fort und setzte den Schattenkönig Nergaluschezib ein. So waren die Assyrer in Südbabylonien abgeschnitten, kämpften sich aber 693 wieder durch; in Babylon kam Muschezib-Marduk (693–689) auf den Thron, und Hallutusch wurde ermordet. Sein Nachfolger Kuternahhunte II. erlitt nach neuen assyrischen Erfolgen zehn Monate später das gleiche Schicksal. Humbanmenanu (692–688) aber verbündete sich erneut mit Babyloniern und Aramäern und traf 691 bei Chalule auf die Assyrer; beide Parteien behaupteten, gesiegt zu haben, alle aber zogen sich erschöpft aus dem mörderischen Ringen zurück. 690 folgte ein kurzer Feldzug gegen die Araber und 689 der große Rachezug gegen das nun isolierte Babylon. Die Stadt wurde erobert und völlig zerstört, die Tempel ausgeraubt und eingeebnet und das Wasser des Arachtu-Kanals über die Ruinen geleitet. Acht Jahre lang blieb die Stadt unbewohnt. Diese Unmenschlichkeit erregte auch in Assyrien Empörung und hat in den letzten Jahren Sanheribs zu schweren Auseinandersetzungen geführt. Denn Marduk war durch die Zerstörung seines Tempels und die Verschleppung seines Bildes beleidigt worden, und zu Marduk beteten doch auch Tausende von Assyrern, die zu Assur kein Vertrauen hatten. Da begann wie vor Jerusalem die assyrische Propaganda. Man ersetzte Marduk im Weltschöpfungsepos und im Neujahrskult durch Assur und schuf einen mythischen Bericht, der vielleicht auch szenisch aufgeführt wurde, nach dem Marduk einer Sünde wegen von den Göttern festgenommen und vor ein Gericht gestellt worden sei. Ein Teil des Kommentars zu diesem Machwerk ist erhalten, während wir die literarische Gegenpropaganda, die es in Babylonien sicher auch gegeben hat, nicht kennen.

Sanheribs Maßlosigkeit im Haß hat Assyrien wenig Nutzen gebracht; er hat das Reich nicht vergrößert, sondern durch die vielen Zerstörungen wirtschaftlich geschwächt. Wirkt Sanherib als Politiker auch trotz seiner erstaunlichen Zähigkeit durch die Mißachtung der religiösen Gefühle aller besonders abstoßend, so kann man doch seiner technischen Begabung die Bewunderung nicht versagen. Sie kam nicht nur dem Krieg und der Zerstörung, sondern auch bedeutsamen Bauwerken zugute. Die Fruchtbarkeit des Landes um Ninive war mit den üblichen Kanalbaumethoden nicht zu steigern, weil das Wasser nicht ausreichte. Daher zweigte Sanherib, der an den Plänen seiner Ingenieure gewiß keinen kleinen Anteil hatte, bei Bawian aus einem Nebenfluß des Oberen Zab einen Kanal ab, der bei Dscherwan ein zweihundertachtzig Meter breites Tal überqueren mußte. So baute man eine zweiundzwanzig Meter breite Damm-Mauer aus zwei Millionen behauenen Kalksteinblöcken, die fünf Durchlässe unter großen Spitzbogen für den Bach im Tal frei ließ; das Kanalbett auf dem Damm wurde mit magnesiumhaltigem Kalkmörtelzement ausgestrichen. Beträchtliche Teile des Bauwerkes stehen noch heute. Sanherib will dafür nach einer schon damals mit Recht angezweifelten Angabe nur fünfzehn Monate gebraucht haben. Der Bewässerung im kleinen dienten neuartige Wasserhebewerke, die er auch für seine Parks benötigte. Im Hof des Neujahrsfesthauses von Assur wollte er einen Hain anlegen und schlug zu dem Zweck für jeden Baum ein Loch in den gewachsenen Fels; in der dann eingefüllten Erde sind die Bäume wirklich angewachsen. Auf den Bildwerken seines Palastes in Ninive sind gerade diese technischen Leistungen oft wiedergegeben, wobei auf die Einzelheiten größter Wert gelegt wurde.

Die dreißig Tonnen schweren Stierkolosse für den neuen Palast in Ninive wurden in einem Steinbruch nordwestlich von Ninive herausgeschlagen, dann während des Frühjahrshochwassers auf gewaltige Flöße verladen und flußabwärts auf das andere Ufer gebracht, wo sie mit Hilfe riesiger Hebel und starker Stricke auf Rollen an Land gezogen und zum Palast hinaufgebracht wurden. Der König führte nach Bildern persönlich die Aufsicht und gibt in seinen Inschriften zu, daß diese Transporte für die Arbeiter schwerste Strapazen mit sich brachten. Uns erscheint die Bewältigung der ungeheuren Gewichte bei der starken Strömung des Tigris mit den damaligen technischen Mitteln fast unvorstellbar. Der Kalkstein für alle Bildwerke ist übrigens in der Erde so weich, daß man ihn mit dem Messer schneiden kann, und wird erst an der Luft ganz hart. Nur dadurch konnten die vielen hundert Platten und Figuren in wenigen Jahren so sorgfältig bearbeitet werden. Nachahmungen hethitischer Felsheiligtümer sind die Götterprozessionen auf den Felswänden von Bawian und Maltai, nahe der Mündung des großen Kanals.

Der Gesamtplan von Sanheribs riesigem Palast in Ninive ist noch nicht zu rekonstruieren. Die Ausgrabungen vor über hundert Jahren haben vor allem sehr viele Reliefplatten ans Tageslicht gefördert. In den einzelnen Räumen wurden jeweils bestimmte Themen, oft auf drei Bildstreifen übereinander, behandelt. Die Kriegsbilder, nach Hauptschauplätzen geordnet, sind am zahlreichsten; andere Themen sind der Palastbau und der Transport der Bildwerke sowie die Kämpfe zwischen Dämonen und Mischwesen. Dem technischen Sinn des Königs entsprechend, der an allem sicher persönlichen Anteil nahm, bemühten sich die Künstler viel mehr als früher um Ansichtsbilder, die nur das von einer Seite Sichtbare wiedergaben. Daher verschwand das fünfte Bein der Stierkolosse, die Wiedergabe der Augen im Profil gelang manchmal recht gut; die Gesetze der Perspektive blieben freilich unbekannt. Die Landschaft wird durch charakteristische Pflanzen und Tiere gekennzeichnet, besonders ansprechend die Lagunen, in deren Uferdickicht wir eine Wildsau mit Frischlingen und eine verängstigte Hindin sehen und in deren Gewässern sich Fische, Krebse und Seesterne unter den Kriegsfahrzeugen tummeln. Die Künstler versuchten sich auch auf neue Weise in Massenszenen, teilweise in aufgelockerter Form. Mit viel Liebe gestalteten sie Menschen und Tiere in den Szenen unter den Kampfbildern, die uns in das Lagerleben führen oder in die Not der Verschleppten, von der die Inschriften allerdings keinerlei Kenntnis nehmen.

Die letzten acht Jahre Sanheribs verliefen ohne größere Kriege, waren aber durch Parteienhader und heftige Kämpfe um den Thron verdunkelt; wir sind darüber nur einseitig durch die Inschriften Assarhaddons, der schließlich Thronfolger wurde, unterrichtet. Ende 681 kam es zum offenen Aufstand, in dessen Verlauf Sanherib im Tempel des von ihm neben Marduk besonders vernachlässigten Gottes Ninurta (der Nisroch der Bibel ist für Nimrod verschrieben!) ermordet wurde; als Täter nennt die Babylonische Chronik einen seiner Söhne, die Bibel zwei. In Juda wie in Babylonien sah man hier die göttliche Vergeltung am Werk, und die Nachwelt hat Sanheribs positive Leistungen rasch vergessen, während die Werke des Hasses in der Erinnerung blieben.

Assarhaddon (681–669)

Assarhaddon (Assurachiddin »Assur gab einen Bruder«) war nach eigener Darstellung auf einem Reichstag unter Übergehung seiner älteren Brüder zum Kronprinzen bestimmt worden; man hätte Adel und Bürger auf ihn vereidigt, und die Götter hätten dies als ihren Willen in einer Opferschau zu erkennen gegeben. Da er im Gegensatz zu seinem Vater ausgesprochen babylonfreundlich war, hat man seine Schilderung der Ereignisse auch wegen mancher innerer Widersprüche angezweifelt. Sicher ist, daß seine energische und

Die Erfindung der Schrift, oder besser: die Idee des Schreibens, verdanken wir höchstwahrscheinlich den Sumerern. Sogar der Zeitpunkt dieses Ereignisses läßt sich mit ziemlicher Sicherheit festlegen: es war das Ende des vierten vorchristlichen Jahrtausends. Im südlichen Zweistromland können wir eine der wichtigsten Erfindungen entstehen sehen; von hier aus mag sich die Idee des Schreibens nach Indien, China und Ägypten verbreitet haben.

Der Anlaß zum Gebrauch der Schrift war in Sumer ein anderer als in Ägypten. Sie sollte nicht der Verherrlichung des Königs und seiner Taten dienen, sondern praktischen Zwecken. Die Verwaltung der großen Tempelgüter, der Zentren altsumerischen Wirtschaftslebens, war ohne Buchführung nicht mehr möglich. Ein- und Ausgänge mußten registriert, die Verteilung von Rationen an Bedienstete mußte einheitlich geregelt werden. Dies überstieg allmählich die Gedächtniskraft der Beamten. Die Bürokratie erforderte und erfand ihr notwendigstes Instrument, die Schrift.

Der vom Ägyptischen verschiedene Verwendungszweck ließ auch eine andere Form der Schrift entstehen, wozu der Schriftträger entscheidend beitrug. Als Eigentumszeichen waren schon längere Zeit Stempelsiegel und daneben auch Rollsiegel in Gebrauch, die in den plastischen Ton von Krugverschlüssen gedrückt wurden und so – vergleichbar einem Petschaft – einen Hinweis auf den Eigentümer gaben. Vielleicht in Anlehnung an diese Sitte wurde der feine Ton des mesopotamischen Schwemmlandes nun auch zum Schriftträger. Mit einem fein zugespitzten Rohr wurden Schriftzeichen in die weiche Masse eingedrückt, mit dem runden Ende des Griffels Zahlzeichen.

Zunächst waren die Zeichen bildhaft. Gegenstände – etwa ein Gefäß – wurden nachgezeichnet, aber bereits in der frühesten Zeit überwogen schematische Darstellungen. Die Schrift war also keine reine Bilderschrift. Sie war aber zunächst, soweit wir erkennen können, eine Wortschrift. Jedem Wort entsprach ein Zeichen oder eine Zeichengruppe, etwa  = *udu* »Schaf«. Das hatte verschiedene Nachteile. Vor allem war die Zeichenzahl sehr groß – etwa zweitausend in der frühesten Epoche –, und doch reichte sie nicht aus. Verschiedene Wörter ließen sich gar nicht oder nur schwer durch Zeichen ausdrücken, da nicht alle so einfach darzustellen waren wie das Verbum »essen« durch »Kopf + Brot« 

oder »trinken« durch »Kopf + Wasser« . Dafür bekamen viele Zeichen einen größeren Geltungsbereich. So bedeutet das Zeichen , das Bild einer über dem Gebirge aufgehenden Sonne, zunächst »Tag« (sumerisch *u(d)*), dann aber auch »hell, weiß« (sumerisch *babbar*), da die strahlende Helle eben für den Tag charakteristisch ist. Natürlich waren dabei Mißverständnisse unvermeidlich. Dem versuchte man bald dadurch zu steuern, daß Deutezeichen, Determinative, vor oder weniger häufig hinter ein Zeichen gesetzt wurden, ein Stern () vor Götternamen, das Zeichen für »Mensch« () vor Berufe und so fort.

Diese frühe Wortschrift war für ihre Zwecke, die Registrierung von Ein- und Ausgängen der Tempelwirtschaft, ganz gut geeignet. Aber schon die Aufzeichnung eines Personennamens bereitete Schwierigkeiten. Völlig unmöglich war es jedoch, komplizierte Sachverhalte oder gar historische oder religiöse Texte aufzuzeichnen. Die Bildungselemente an Verben und Substantiven, Partikel und Pronomina konnten in einer Wortschrift keinen Ausdruck finden. Hier kam die Struktur der sumerischen Sprache zu Hilfe, die zahlreiche gleich oder ähnlich klingende ein- bis zweisilbige Wörter kennt. Der nächste Schritt bestand nun darin, daß man das Bildzeichen eines Wortes auch für ein anderes aus einer vollständig anderen Bedeutungssphäre, aber mit ähnlicher Lautung, einsetzte. Das älteste Beispiel ist das Zeichen  *ti* »Pfeil«, das nun auch zur Schreibung von *ti(l)* »Leben« verwendet wurde. Der Übergang von der Wortschrift zur Silbenschrift war gefunden und damit der Weg der Keilschrift in den folgenden Jahrtausenden bereits vorgezeichnet. Er führte aber zu keiner reinen Silbenschrift. Vielmehr wurden neben den Silbenzeichen stets auch Wortzeichen verwendet. Sie wurden aber in den verschiedenen Sprachgebieten, in denen die Keilschrift später gebraucht wurde, jeweils anders ausgesprochen, so wie etwa das Zahlzeichen »5« in deutschem Kontext »fünf«, in englischem »fife«, in französischem »cinq« gelesen wird. Demnach hat das Zeichen 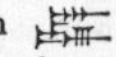 zwar immer die Bedeutung »König«, wurde aber von Sumerern *lugal* ausgesprochen, von Akkadern *scharrum*, von Hethitern *chaschschu*, von Churritern *iwri* und von Urartäern *ereli*.

Bleiben wir aber zunächst noch bei der archaischen sumerischen Schrift. Hier vollzogen sich noch einige Wandlungen in der äußeren Form, denn das Schreibmaterial, der zähe Ton, ließ die Verwendung gebogener Linien kaum zu. Diese wurden schon bald in gerade Striche zerlegt, die sich mit dem Rohrgriffel, der jetzt wesentlich dicker wurde, leichter eindrücken ließen. Damit entstand die typische Keilform der einzelnen Striche, nach der wir die Schrift nennen. Dadurch wurden aber auch die Zeichen, deren Urbild auf alten Tafeln noch klar zu erkennen ist, immer abstrakter, so daß bei fast allen jüngeren Formen die Herkunft von einer Bilderschrift nicht mehr zu ersehen ist. Im Laufe der Zeit entwickelte sich schließlich eine Kursive, und die Zeichen machten auch in den verschiedenen Sprachperioden Wandlungen durch, so daß man ganze Entwicklungsreihen aufstellen kann:

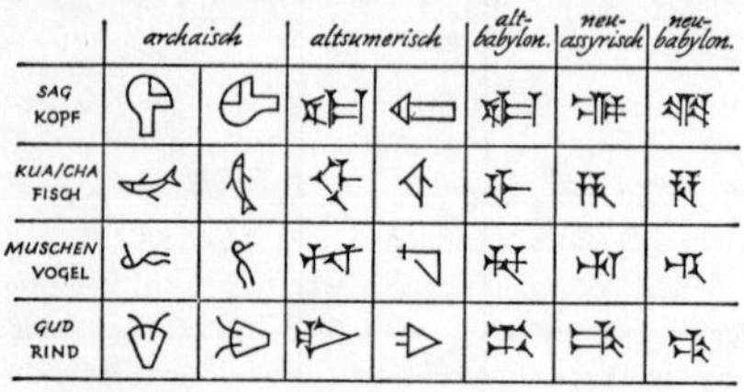

Eine gewisse normative Schönschrift ist in neuassyrischer Zeit bei den Texten der Bibliothek Assurbanipals festzustellen.

Auch die Schriftrichtung hat sich in alter Zeit einmal geändert. Auf den kleinen archaischen Tafeln wurden die wenigen Zeichen frei über die Fläche verteilt oder in Fächer eingetragen, die durch Striche abgeteilt waren. Dieser Brauch blieb noch ziemlich lange bewahrt und erschwert das Verständnis der Texte erheblich, da die Beziehung der Satzteile zueinander oft nur erraten werden kann. Man schrieb in schmalen Kolumnen von oben nach unten, wobei man links oben begann. Die Tafeln wurden jedoch bald größer und ihre Handhabung schwieriger. Vor allem konnten sie nicht mehr schräg in die Hand gelegt werden, sondern wurden senkrecht gehalten. Diese Drehung um fünfundvierzig Grad bewirkte, daß die Zeichen um neunzig Grad gedreht erscheinen. Sie wurden auch nicht mehr von oben nach unten, sondern von links nach rechts geschrieben und in Zeilen angeordnet. Damit war die für alle Zeiten und jede Textart gültige Schreibweise gefunden, denn eine eigene Monumentalschrift wurde nicht ausgebildet.

Die Schrift besaß jetzt also Wortzeichen, Silbenzeichen und Determinative. Im Laufe der Entwicklung waren jedoch durch Vereinfachung zahlreiche Zeichen zusammengefallen oder ganz ausgeschieden worden, so daß von den ursprünglich etwa zweitausend Zeichen noch rund sechshundert übriggeblieben waren, die aber noch in verschiedenen Zusammensetzungen als Wortzeichen verwendet werden konnten. Durch diesen Zusammenfall einst getrennter Zeichen wurde allerdings die Mehrdeutigkeit der Schrift wieder vergrößert. Hierzu kam noch ein weiterer Umstand: Die frühen Schriftzeichen machten keinen Unterschied zwischen Gegenständen, Personen und Verben, die zum gleichen Tätigkeitsbereich gehörten, obgleich die sumerische Sprache für jeden Begriff ein eigenes Wort hatte. Zum Beispiel bezeichnete man mit  einen »Pflug« (sumerisch *apin*), aber auch den »Pflüger« (sumerisch *engar*) und das Verbum »pflügen« (sumerisch *uru*). Das Zeichen mußte also je nach dem Zusammenhang anders gelesen werden. Als später das Akkadische mit der gleichen Schrift geschrieben wurde, wurden auf diese Art noch weitere Lautwerte geschaffen, die z.T. von akkadischen Wörtern abgeleitet wurden. Besonders aufschlußreich ist das Zeichen , ursprünglich das Bild einer Bergkette (), sumerisch *kur* »Berg(land)« (daneben zum Beispiel auch *gin*) gelesen. Ins Akkadische übernommen stand das Zeichen auch dort für »Berg« (Lesung *schadu*) oder »Land« (Lesung *matu*), woraus sich die Silbenzeichen *schad* und *mat* ableiten lassen, zu denen noch die verwandten Silben *nad*, *lad* und *sad* traten. Die dadurch entstandene »Polyphonie« erschwert das Verständnis von Keilschrifttexten oft recht erheblich, denn das angeführte Zeichen kann nun *kur*, *mat*, *mad*, *nat*, *nad*, *lat*, *lad*, *schat*, *schad*, *sad*, *sat*, *gin* oder *kin* gelesen werden. Es kann außerdem Wortzeichen für »Berg« oder »Land« und noch einiges andere sein und schließlich als Determinativ vor einem Landes- oder Bergnamen stehen. Nur aus dem Zusammenhang kann die jeweils zutreffende Lesung bestimmt werden. Diese Möglichkeiten sind aber dadurch wieder eingeschränkt, daß manche Lautwerte nur in einer bestimmten Epoche der Keilschriftliteratur verwendet werden oder auf bestimmte Textgattungen beschränkt sind.

Die Keilschrift ist also ein recht kompliziertes Instrument. Sie gelangte aber im Vorderen Orient zu einer außerordentlich weiten Verbreitung, da das System der gemischten Wort- und Silbenschrift offenbar leichter auf andere Sprachen anwendbar war als die ägyptische Schreibweise. Zunächst verwendeten die Akkader und nach ihnen Babylonier und Assyrer die Schrift, die allerdings nicht für ihre semitische Sprache geschaffen war und deshalb rechte Mängel in der Wiedergabe bestimmter spezifisch semitischer Laute zeigt. In der Akkade-Zeit wurde die Keilschrift dann auch von Elam übernommen, wo man zunächst eine eigene, bisher noch nicht gedeutete Schrift entwickelt hatte. Dort schrieb man nun akkadische und elamische Urkunden in der babylonischen Schrift. Gleichfalls um 2300 v. Chr. wurde der erste Text in churritischer Sprache, ebenfalls in Keilschrift, niedergeschrieben. Noch früher drang die Keilschrift nach Mari vor und verbreitete sich von da aus über Nordsyrien und bis nach Kleinasien, wo die Hethiter begannen, ihre indogermanische Sprache mit den gleichen Zeichen aufzuschreiben. Aber auch die mit dem Hethitischen eng verwandten Sprachen Luvisch und Palaisch konnten mit ihnen festgehalten werden, ebenso die Sprache eines alten kleinasiatischen Volkes, das Protohattische. Auf einem anderen Wege, nämlich über Assyrien und mit assyrischen Kaufleuten, gelangte am Anfang des zweiten Jahrtausends eine andere, stark kursive Form der Keilschrift nach Kleinasien, erlosch aber nach dem Verfall der dortigen Handelsniederlassungen. Im 14. Jahrhundert v. Chr. hatte die Keilschrift ihre weiteste Verbreitung gefunden. Selbst in Ägypten bediente man sich ihrer und der akkadischen Sprache zum Verkehr mit syrischen Kleinfürsten, mit babylonischen und assyrischen Königen, wie das Archiv von Amarna beweist. Über Assyrien gelangte die Schrift nach Armenien, wo seit dem 9. Jahrhundert v. Chr. die Könige von Urartu Inschriften in ihrer Landessprache verfaßten. Wenig später kam in Elam eine abgewandelte Form der babylonischen Schrift in Gebrauch, die noch in achämenidischer Zeit in der Buchführung Verwendung fand, wie Funde in Persepolis zeigen. Im babylonischen Raum wurde noch lange Jahrhunderte Keilschrift geschrieben, doch zeigen aramäische Beischriften auf Rechtsurkunden, daß diese bequeme Schrift mehr und mehr an Beliebtheit gewann, bis sie schließlich die komplizierte Keilschrift fast völlig verdrängte. Nur noch selten in privatem Gebrauch, wurde sie schließlich eine Schrift der Gelehrten, die noch bis in das 1. nachchristliche Jahrhundert astronomische, mathematische und verwandte Texte in Keilschrift verfaßten.

Wie stark die Gewohnheit war, sich einer Keilschrift zu bedienen, zeigen zwei Schriftsysteme, die zwar die äußere Form der Keile beibehalten haben, aber dem oben skizzierten Prinzip der Keilschrift völlig fernstehen. Das eine entstand um 1400 v. Chr. in Ugarit (Ras Schamra) an der syrischen Küste, einer Handelsstadt, die zu der babylonischen, hethitischen, churritischen und ägyptischen, ja sogar zur kretischen Kultur Beziehungen unterhielt. Rechtsurkunden und Briefe wurden hier meist in akkadischer Sprache und Schrift abgefaßt. Aber einige Briefe und vor allem umfangreiche mythologische und andere religiöse Texte in einer Keilschrift wurden hier gefunden, die sich schon durch die geringe Anzahl der verwendeten Zeichen (dreißig Zeichen) und das Fehlen von Wortzeichen und Determinativen als Buchstabenschrift verriet. Sie setzt also eine Schriftentwicklung voraus, die, wie wir wissen, vom Ägyptischen her zur Schaffung eines kanaanitischen Alphabets führte. Hier in Ugarit begegnen sich die Einflüsse: die kanaanitische Buchstabenschrift erscheint im Gewande einer Keilschrift. Sogar die Reihenfolge der Buchstaben entsprach bereits der aus späterer Zeit bekannten und auf die europäischen Alphabete vererbten. Allerdings mußte das Ugaritische, das noch einige später verschwundene Laute besaß, auch für diese noch Zeichen einführen. Gegenüber der phönikisch-aramäischen Schrift, die nur das Konsonantengerippe berücksichtigt, konnte die ugaritische noch in beschränktem Umfange, nämlich soweit sie im Zusammenhang mit dem Stimmabsatz Aleph erscheinen, auch Vokale schreiben.

Ebenfalls unter dem Einfluß der semitischen Buchstabenschrift, aber fast ein Jahrtausend später, schufen die Perser zur Zeit Dareios' des Großen eine einfache Keilschrift, die mit ihren sechsunddreißig Silbenzeichen und wenigen Wortzeichen noch Elemente der Silbenschrift bewahrt hat. Sie war jedoch eine künstliche Schöpfung und hatte, soweit wir wissen, keine praktische Bedeutung. Immerhin bildeten die in dieser Schrift verfaßten Inschriften der persischen Könige die Grundlage, von der aus im 19. Jahrhundert die Entzifferung fast aller der skizzierten Keilschriftsysteme begonnen wurde und gelang.

---

intrigante Mutter Nakija, eine Syrerin oder Jüdin, die Hände im Spiel hatte; denn die älteren Söhne waren nicht ihre Kinder. Sie müßte die babylonfreundliche Partei auf ihrer Seite gehabt und die zu Sanherib stehende Nationalpartei überspielt haben. Assarhaddon beschuldigte die Brüder, ihn später beim Vater verleumdet zu haben, so daß er fliehen mußte; da sie untereinander uneins waren, hätte er dann ihr Heer vor der Schlacht zur Übergabe genötigt und in Ninive den Thron besteigen können. Die Brüder, denen er trotz aller Beschimpfungen den Mord nicht zur Last legte, wären nach Urartu geflohen. Manche

Gelehrten schlossen aus seiner offenbar bewußt unklaren Darstellung, daß er selbst die Ermordung Sanheribs veranlaßt hat, um seine Absetzung als Kronprinz zu verhindern, haben damit aber die Meinung der Zeitgenossen auch in Babylon und Jerusalem gegen sich. Dafür könnte man anführen, daß er nach seinem weiteren Verhalten anscheinend immer unter einem Schuldgefühl litt. Eine klare Entscheidung für eine der beiden Auffassungen ist noch nicht möglich.

Trotz des Gegensatzes zu seinem Vater nennt Assarhaddon ihn immer in seinen Inschriften. Einer seiner ersten Befehle betraf den sofortigen Beginn des Wiederaufbaus von Babylon, dessen Zerstörung der erzürnte Gott Marduk angeblich durch eine Wasserflut veranlaßt hätte. Marduk hätte die Stadt eigentlich siebzig Jahre wüst liegenlassen wollen, sie aber vor der Zeit begnadigt. Mit dieser Version sagt Assarhaddon in einem Satz zugleich ja und nein zu seinem Vater. Die Arbeiten in Babylon wurden mit Energie vorangetrieben; der riesige Marduktempel blieb aber zu seiner Zeit unvollendet. Er baute auch in anderen Städten Babyloniens ebenso wie in Assyrien selbst. Da er sich in Babylonien wieder nur Statthalter nannte, söhnte er zwar die Stadtbewohner mit der assyrischen Herrschaft aus, mußte aber mit den Aramäerstämmen auf dem Lande noch mehrfach kämpfen. Die mit diesen erneut verbündeten Elamiter schlug er zurück und erreichte es, daß nach dem plötzlichen Tod Humbanhaltasch II. von Elam (681–675) dessen Nachfolger Urtaku (675 bis 664) mit ihm Frieden schloß. Dadurch bekam er im Westen freie Hand, wo der Äthiopierkönig Taharka von Ägypten (690–664) ständig die Unruhe schürte. Schon 679 hatte Assarhaddon an der ägyptischen Grenze in Arzâ eine Garnison stationiert. 677 schlug er einen Aufstand in Sidon blutig nieder; der König Abdimilkutti floh, wurde aber später auf See gefangengenommen und enthauptet. Ba'al von Tyros mußte für die Überlassung einiger Ortschaften mit Assarhaddon einen Vasallenvertrag abschließen, dessen Bedingungen, vor allem zum Schiffahrtsrecht, zum Teil erhalten sind. Die Fürsten Cyperns schickten wiederum Geschenke. Nun ging es gegen Ägypten selbst, wo weite Kreise mit der Äthiopierherrschaft sehr unzufrieden waren. Der erste Angriff 674/673 wurde abgewiesen, aber 671 schlug der General Schanabuschu den König Taharka, drang in Ägypten ein und eroberte Memphis. Nach der Vertreibung der Truppen Taharkas nach Süden setzte er in Ägypten zweiundzwanzig Gaufürsten mit assyrischen »Beratern« ein, die einige Zeit Ruhe hielten und hohe Tribute nach Assyrien abführten.

Im Zusammenhang mit den Feldzügen nach Ägypten und den Kämpfen gegen die Aramäer in Babylonien kam es mehrfach zu Zusammenstößen auch mit arabischen Stämmen. Da diese untereinander uneins waren, konnte Assarhaddon hier ohne größere Schwierigkeiten als Schiedsrichter die assyrischen Interessen durchsetzen. Weitaus ernstere Gefahrenherde aber bildeten sich im Norden und Nordwesten. Hier drückten die Skythen auf die in Transkaukasien und Nordiran eingedrungenen Kimmerier, die nun ihrerseits nach Südwesten und Südosten drängten. 679 verhinderten die Assyrer, wahrscheinlich nördlich von Malatia, ein weiteres Vordringen des Kimmerierfürsten Tschischpis nach Süden. In der Folgezeit schloß Assarhaddon mit dem Skythenfürsten Partatua ein Bündnis und gab diesem eine Tochter zur Frau. 673 mußten die Kimmerier erneut von dem nordmesopotamischen Schubria abgewehrt werden.

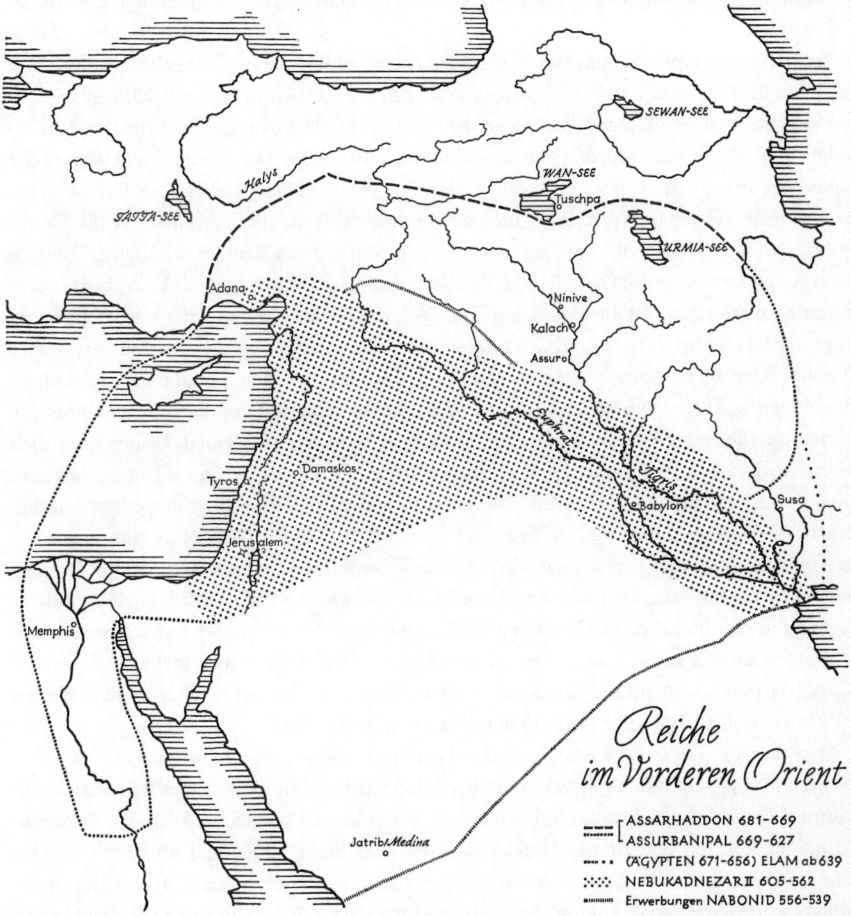

Ziemlich verworren waren die Verhältnisse in Iran. Das einst gute Verhältnis zum Königreich von Man, dessen assyrisch-iranische Mischkultur durch Jagdbilder eines in Ziwije südöstlich des Urmiasees gefundenen Bronzekessels eindrucksvoll bezeugt ist, hatte einer tiefen Feindschaft Platz gemacht. 674 wurde Man selbständig und annektierte etliche vorgeschobene Festungen der Assyrer. Also drangen assyrische Heeresgruppen durch das pferdereiche Zamua, das damals als Vasall zu Assyrien hielt, weit in das Innere Irans bis zur großen Salzwüste vor und konnten verschiedene medische Fürstentümer durch Vasallenverträge eng an Assyrien binden. Weiter im Norden machten die Meder freiwillig oder gezwungen mit den Kimmeriern unter Kschatrita (assyrisch Kaschtarit, von den Griechen Phraortes genannt) und den Mannäern gemeinsame Sache gegen Assyrien und drängten es in die Defensive.

Von den schweren Sorgen, die Kschatrita Assarhaddon bereitete, berichten dessen im traditionell überheblichen Stil gehaltene Inschriften natürlich nichts; wir können sie aber aus den zahlreichen Opferschauanfragen herauslesen, die uns meist in Bruchstücken erhalten sind. Auch sonst wurden von alters her die Götter gebeten, aus den Eingeweiden der Opfertiere erkennen zu lassen, ob ein geplanter Feldzug Erfolg haben, ein Bau gelingen werde. Kein König hat aber nach unserer Kenntnis in wenigen Jahren so oft die Götter befragt, und zwar sehr oft weniger nach dem Erfolg eigener Unternehmungen, sondern nach erwarteten Angriffen der Feinde. Wir lesen da: »Schamasch, großer Herr, beantworte mir mit zuverlässiger Zusage, was ich dich frage!... Werden innerhalb der nächsten vierzig Tage und Nächte... Kaschtarit, der Stadtherr von Karkaschschî oder der Sapardäer Dusanni oder die Kimmerier, Meder oder Mannäer oder irgendein Feind die Stadt Kilman einnehmen?« Diese Anfrage zeigt auch, daß Assarhaddon mit militärischen Mitteln die Einnahme dieser iranischen Stadt nicht glaubte verhindern zu können. Weniger deutlich lassen die Berichte der Beamten und Offiziere aus den Grenzprovinzen erkennen, daß man damals durchaus nicht immer optimistisch in die Zukunft sah. Allerdings hatte Assarhaddon Glück: die verschiedenen Völker Westirans waren damals noch zu uneinig, um gegen die assyrische Militärmacht entscheidende Schläge zu führen. Sie konnten einige vorgeschobene Garnisonen ausheben, aber nicht viel mehr. In den gleichen Nöten fragte Assarhaddon übrigens auch oft ekstatische Priester und Priesterinnen vor allem der Ischtar und erhielt von diesen Orakel in oft sehr schwer verständlicher Sprache, die stets mehr oder weniger günstig lauteten und immer wieder den Satz enthielten: »Fürchte dich nicht!« Vielen früheren Königen brauchte man diesen Satz nicht zuzurufen!

Aber auch in Assyrien selbst gab es Anlaß genug zur Sorge, da die Parteien, die den Vorgängern so viel zu schaffen gemacht hatten, noch da waren. Oft wußte der mit gutem Grund mißtrauische König nicht, ob ein Beamter, den er ernennen wollte, wirklich den Beamteneid halten und die Befehle des Hofes ausführen oder nicht manchmal anderen sein Ohr leihen werde. Er fragte daher auch den Sonnengott, der aber schließlich nur durch die Opferschaupriester reden konnte, die ihr Gutachten aber sicher nicht nur nach den Grundsätzen der Opferschaulehre abgaben. Der älteste Sohn Assarhaddons starb wohl bald nach seiner Ernennung zum Kronprinzen. Gegen den nächsten Sohn, Schamaschschumukīn, hatte die assyrische Nationalpartei etwas einzuwenden, da er die babylonfreundliche Linie wohl noch entschiedener als der Vater vertrat. Sie erreichte es, daß der jüngere Sohn Assurbanipal, der ursprünglich zum Priester bestimmt war, 672 Kronprinz wurde, aber neben ihm Schamaschschumukīn Kronprinz für Babylon blieb, eine höchst merkwürdige Kompromißlösung, die schon damals Kopfschütteln und Proteste ausgelöst hat. Der Astrologe Adadschumussur, einer der interessantesten und gebildetsten Höflinge der Zeit, schrieb empörte Briefe und nahm sogar in Kauf, daß er zeitweise in Ungnade fiel. Von ihm stammt vielleicht die eigenartige Erzählung von der im Traum erlebten Unterweltfahrt eines assyrischen Kronprinzen, die offenbar als getarnte politische Propaganda zu deuten ist.

Assurbanipal auf dem Prunkwagen
Relief vom Palast des Königs in Ninive, um 640 v. Chr. Paris, Louvre

Verfolgung arabischer Kamelreiter durch assyrische Truppen
Reliefs vom Palast Assurbanipals in Ninive, um 640 v. Chr.
London, British Museum

Leider verstehen wir wegen der schlechten Erhaltung der Tafel die meisten Anspielungen nicht.

Auf einem Reichstag im Mai 672 wurden die assyrischen Großen, die Priester und Bürger auf die Thronfolgeregelung feierlich vereidigt. Zu diesem Reichstag schickten auch viele Vasallenfürsten ihre Gesandten oder kamen selbst und wurden auch schriftlich zur Treue gegen Assurbanipal im Falle des Todes Assarhaddons verpflichtet. Kürzlich wurden in Kalach einander ergänzende Bruchstücke des umfangreichen Treueschwurvertrages gefunden, der dort von neun iranischen Fürsten, zumeist Medern, in assyrischer Sprache hinterlegt wurde. Die sehr großen Tafeln mit je etwa sechshundertsiebzig Zeilen Text waren teilweise mit älteren assyrischen Königssiegeln gesiegelt. Die Verträge nennen erst die Partner der »Eide« und die göttlichen Zeugen, dann folgen in dreiunddreißig Paragraphen die einzelnen Verpflichtungen, die den Fürsten zur späteren Unterstützung Assurbanipals auferlegt wurden. Sehr umfangreich sind die Fluchandrohungen für die Fürsten, wenn sie ihre Eide nicht halten sollten. Vieles ähnelt den älteren Verträgen, anderes haben sich wohl die abfassenden Beamten ausgedacht, so den Wunsch, daß die vertragsbrüchigen fürstlichen Familien wegen unerträglichen Taubengurrens keine Nacht Ruhe finden sollten.

Neben den Nöten an der Nordostgrenze und im Inneren schreckte den König Assarhaddon immer wieder seine schlechte Gesundheit, deren Wiederherstellung seinem tüchtigen Leibarzt Aradnanâ nur mangelhaft und für kurze Zeit gelang. Da waren für Assarhaddon die Mondfinsternisse, darunter zwei totale 671, die man schon voraussagen konnte, in besonderem Maße Anlaß zur Angst. Um die in einem großen astrologischen Werk verzeichneten üblen Folgen der Finsternisse für den König abzuwehren, verfiel man auf die alte Praxis, einen Ersatzkönig für die kritische Zeit einzusetzen, ein Verfahren, das schon Erra'imitti von Isin 1861, freilich ohne Erfolg, geübt hatte. In den zwölf Jahren Assarhaddons geschah das nicht weniger als dreimal, wir erfahren aus Briefen und einem Ritualbruchstück allerlei darüber. Einmal nahm man als Ersatzkönig für die hundert Tage, in denen der König seine Regierung als »Bauer« weiterführte, den Sohn eines kleinen Beamten von Akkade. Während bei einer anderen Finsternis der Oberrichter als »Vertreter« des Königs starb und damit das böse Vorzeichen erfüllt schien, geschah 671 nichts dergleichen. Also mußte nach der Ritualvorschrift der unglückliche Ersatzkönig am Ende der hundert Tage samt seiner Frau sterben, worauf beide wie Könige dem Ritus gemäß bestattet wurden. Dieser Kult ist zweifellos ein verkapptes Menschenopfer und überdies ein Versuch, die Götter zu betrügen. Da die babylonische und assyrische Religion anders als die phönikische in der für uns überblickbaren Zeit die Menschenopfer ablehnten, muß die Angst des Königs sehr groß gewesen sein, daß er einen solchen Weg zur Rettung seines Lebens beschritt. Allerdings kannte auch das damalige assyrische Recht höchst barbarische Strafklauseln für Vertragsbrecher. Selbst wenn es nur um bescheidene Beträge ging, konnte ihnen auferlegt werden, einen Liter verstreuter Senfkörner einzeln mit der Zunge aufzulesen, ein Pfund Wolle zu essen und darauf viel Wasser zu trinken, was sicher meistens zum Tode durch Darmzerreißung führte, oder einen Sohn in den Tod zu geben. Städtische Kultur und Zivilisation und primitive Barbarei wohnten damals nah beieinander.

Die Bildkünstler hat Assarhaddon wenig angeregt. Die in Syrien aufgestellten Stelen, von denen drei gefunden wurden, zeigen ihn in recht plumper Darstellung überlebensgroß, wie er Abdimilkutti von Sidon und einen ägyptischen Prinzen, die nur ein Drittel seiner Größe haben, am Nasenseil führt. Die aus Tiglatpilesars Palast in Kalach entnommenen Reliefplatten, die er mit der Rückseite nach vorn in seinem Palast aufstellen ließ, hat er nicht mehr neu mit Reliefs versehen lassen können.

Assarhaddon war an Begabung und schöpferischer Phantasie weder seinen Vorgängern noch Assurbanipal ebenbürtig, hatte aber wohl mehr die Gabe zum Verhandeln, wo Gewalt nichts nützte, und besaß einen klareren Blick für die Grenzen seiner Macht. Mit der Eroberung Ägyptens war ihm noch einmal ein großer Erfolg beschieden. 669 aber fielen drei der 671 eingesetzten Gaufürsten wieder zu Taharka ab und bedrohten damit die assyrische Besatzungsmacht. Assarhaddon schickte sofort den General Schanabuschu nach Ägypten und hielt es für notwendig, ihm mit einem größeren Heer zu folgen. Den Strapazen des Marsches war er aber nicht mehr gewachsen und starb auf dem Wege in Syrien oder in Palästina.

Assurbanipal (669–627)

Die so umstrittene Thronfolgeregelung durch Assarhaddon bewährte sich zunächst. Trotz des Todes seines Vaters fern der Heimat konnte Assurbanipal ungehindert den Thron besteigen und seinen Bruder Schamaschschumukin (669–648) in Babylon einsetzen. Ein recht energischer Brief seiner Großmutter Nakija zeigt, daß sie sich auf seine Seite stellte und noch Einfluß genug hatte, um einen etwa geplanten Widerstand im Keime zu ersticken. Die alte Dame hatte gewiß ebenso wie Assarhaddon die überlegenen Fähigkeiten Assurbanipals erkannt, der uns in einer besonders lebendig abgefaßten Inschrift von seiner vielseitigen Erziehung, wenn auch leicht übertrieben, erzählt. Als Priesterschüler hatte er nicht nur schreiben und rechnen, sondern die ganze traditionelle Wissenschaft erlernt, so daß er mit Gelehrten diskutieren und auch sumerische Tafeln, angeblich aus der Zeit vor der Sintflut, lesen konnte. Außerdem liebte er es, sich als Waffenschmied zu betätigen; dazu pflegte er alle Arten des Waffensports, schleuderte »schwerste Lanzen wie einen Pfeil« und war ein vorzüglicher Reiter. Als Kronprinz hatte er auch die Verwaltung des Riesenreichs genau kennengelernt und war somit wirklich allseitig auf sein hohes Amt vorbereitet. Der alte Adadschumussur begrüßt ihn denn auch in einem Brief geradezu überschwenglich. Sogar die Natur schien der dauernden Katastrophen müde zu sein und schenkte im ersten Jahr des Königs eine Rekordernte mit »fünf Ellen langen Halmen und Ähren von fünf Sechstel Ellen«, wie man sich dreißig Jahre später noch erzählte. Auch die kommenden Jahre brachten reiche Frucht.

Anfangs war Assurbanipals Außenpolitik fast überall erfolgreich. Den ägyptischen Aufstand von 669 hatten Assarhaddons Generäle nach längeren Kämpfen, in die er selbst noch eingegriffen haben will, 668 niedergeworfen. Taharka verzichtete jetzt auf weitere Versuche, Ägypten wiederzugewinnen. Sein Neffe Tanutamun aber ging 664 erneut zum Angriff über, so daß Assurbanipal gegen ihn ziehen mußte und ihn nach einem Sieg über Theben hinaus nach Süden verfolgte. Die Fürsten Syriens und Kilikiens, darunter Ba'al von Tyros, zogen es nun vor, ihre Tribute und als Geiseln ihre Töchter für das Frauenhaus zu senden. 656 machte sich jedoch der von Assurbanipal als Gaufürst von Saïs eingesetzte Psammetich nach sorgfältiger Vorbereitung mit Hilfe von karischen und ionischen Söldnern zum König von ganz Ägypten, vertrieb die Assyrer und verhinderte gleichzeitig die Rückkehr der Äthiopier. Assurbanipal war klug genug, das ferne Ägypten jetzt abzuschreiben und nicht noch einmal die Eroberung zu versuchen. Die Fürsten Syro-Phönikiens lösten sich nur da, wo ihre Untertanen durch die assyrische Deportationspolitik noch nicht entnationalisiert waren, nach und nach von Assyrien. Zu einer organisierten Gegenbewegung kam es aber nicht, da die Oberherrschaft des wieder erstarkenden Ägyptens ebensowenig beliebt war. Psammetich hatte sich bei der Vertreibung der Assyrer der aktiven Unterstützung Lydiens unter Gyges erfreut. Assurbanipal berichtet, Guggu von Luddi habe zunächst gemäß einer im Traum von Assur erhaltenen Aufforderung ein Bündnis mit ihm gegen die Kimmerier gesucht und diese darauf geschlagen. Später schickte Guggu keine Gesandten und Tribute mehr, dafür aber Truppen nach Ägypten. Da Assyrien das ferne Lydien nicht bestrafen konnte, betete Assurbanipal zu Assur und Ischtar, sie möchten Guggu tot vor seine Feinde werfen. Als dieser 652 den Kimmeriern allein gegenüberstand und dabei Thron und Leben verlor, verzeichnete Assurbanipal das triumphierend als Gebetserhörung. Des Gyges Sohn Ardys suchte daraufhin schleunigst wieder ein Bündnis mit Assyrien, angeblich mit den Worten: »Du, der König, den Gott kennt, verfluchtest meinen Vater, und es kam Böses. Grüße mich als deinen Knecht, und ich will dein Joch ziehen!« Solche erfundenen Reden streute Assurbanipal gern in seine Erzählungen ein.

Die Freude über diese Ereignisse und der Sieg über die Mannäer waren nur ein schwacher Trost angesichts des 652 nach umfangreichen Vorbereitungen ausbrechenden Aufstandes in Babylonien. Obwohl Assurbanipals Verhältnis zu seinem Bruder Schamaschschumukin anfangs recht gut schien, fühlte sich dieser doch bald und gewiß nicht ohne Grund zurückgesetzt und nutzte die Befreiung Ägyptens aus, um eine große Koalition aus Iraniern, Elam, den Aramäerstämmen, Arabern und Ägypten gegen seinen Bruder auf die Beine zu bringen. Da sein Geheimdienst offenbar versagt hatte, wurde Assurbanipal zunächst überrascht, faßte sich aber rasch und schlug zu, ehe sich die Heere der Verbündeten vereinigen konnten. Das günstige Orakel, von unbekannter Hand auf eine Sin-Statue geschrieben, schien sich zu erfüllen. Er besiegte die Truppen seines Bruders und belagerte ihn in Babylon, schloß aber gleichzeitig die anderen ihm feindlichen Städte Babyloniens ein. Da Elam durch innere Schwierigkeiten nicht zum Eingreifen bereit war, unternahmen nur wenige auf Kamelen kämpfende Araberstämme den Versuch, Babylon zu entsetzen; ihre geschlagenen Reste mußten in der Stadt Zuflucht suchen. Dadurch verschlimmerten sich Hunger und Seuchen, die dort ohnehin schon wüteten; Assurbanipal behauptet, die Bewohner hätten schließlich ihre Kinder gegessen. Als dann 648 die Assyrer zum großen Sturm auf Babylon ansetzten, waren die Kräfte der Verteidiger erschöpft, und die Belagerer drangen in die Stadt. Ein grauenhaftes Gemetzel setzte ein, aber die Stadt wurde nicht wieder zerstört. Schamaschschumukin stürzte sich in die Flammen seines brennenden Palastes. Einige besonders verhaßte Anführer wurden später als »Totenopfer« für Sanherib abgeschlachtet, an dessen Ermordung wohl auch Babylonier beteiligt waren. Statthalter und später Unterkönig in Babylon wurde Kandalānu (648–627). Gegen die Araber kam es später noch zu Vergeltungsfeldzügen, die tief in die Wüstensteppengebiete hineinführten und für längere Zeit die Stoßkraft der nordarabischen Stämme brachen.

Am langwierigsten war die große Auseinandersetzung Assyriens mit Elam; sie zog sich über dreißig Jahre hin. Schon während des Ägyptenfeldzuges von 664 versuchte der Elamier Urtaku, einen Teil Babyloniens zu besetzen, wurde aber von den assyrischen Generälen hinausgeworfen und starb sehr bald. Nun setzte in Elam eine Zeit innerer Wirren ein, deren Verlauf teilweise noch undurchsichtig ist. Zu den Streitpunkten zwischen den Parteien gehörte natürlich auch das Verhältnis zu Assyrien, mit dem einige den Ausgleich suchten. Die Anhänger einer unbedingt assyrienfeindlichen Politik setzten sich aber immer wieder durch, hatten jedoch nicht die Macht, ihre Politik erfolgreich auszuführen. Wie so oft verband sich Te'umman (664–655) mit den Aramäern, wurde aber nach längeren Kämpfen nahe Susa vernichtend geschlagen und mit seinem Sohn getötet. Anknüpfend an Traditionen des elamischen Staatenbundes, setzten die Assyrer nun in den Städten mehrere miteinander rivalisierende Fürsten ein. Dadurch blieb die Unterstützung des Schamaschschumukin ganz ungenügend. In Elam jagte ein Aufstand mit Ermordung oder Flucht des Königs den anderen; es folgten mehrere Kriege, bis die Assyrer schließlich 640 Susa einnahmen, ausplünderten und großenteils zerstörten. Auch hier wütete die Rache fürchterlich. Mit einem schwachen Versuch 639, den Staat neu zu errichten, endete die Geschichte Elams als selbständiger Macht, aber auch seine für Babylonien so wichtige Rolle als Prellbock gegen die Völker Innerirans. Damit war der Weg für die Perser frei. Zunächst allerdings zog Kurasch (Kyros) I. es vor, Gesandte an Assurbanipal zu schicken (um 639), da er wohl Rückendeckung gegen das immer mächtiger werdende Medien brauchte. Assyrien und Medien hatten zur Zeit Assurbanipals anscheinend wenig Berührungen miteinander.

In den Jahren nach 640 stand Assurbanipal auf der Höhe seiner trotz des Verlustes von Ägypten immer noch sehr bedeutenden Macht. Seit den Tagen Sargons II. war sie bei vielen Wechselfällen an den verschiedenen Grenzen im ganzen bewahrt, aber nicht mehr wesentlich vergrößert worden. Assurbanipal, der selbst übrigens wohl nicht sehr oft zu Felde zog, hatte kein großes außenpolitisches Konzept, wie es seine Vorfahren hatten, sondern begnügte sich mit der meist erfolgreichen Abwehr von unmittelbar drohenden Gefahren; die neuen Machtzentren, die sich in größerer Entfernung von Assyrien bildeten, beachtete er nicht, da sie ihn nicht direkt bedrohten. Sein großes Verdienst war es, daß er die Bedeutung der geistigen Kräfte neben den militärisch-politischen erkannte und viel zu ihrer Anregung tat. Gewiß diente er damit zugleich seiner ungewöhnlichen Eitelkeit, da er bei der Pflege von Kunst und Literatur seine eigene Gelehrsamkeit oft genug leuchten lassen konnte; aber ohne ein echtes Interesse hätte sich seine Eitelkeit eben anders und weit weniger fruchtbar ausgewirkt.

Seine mit Recht bekannteste Leistung ist die Gründung der großen Bibliothek von Ninive. Er konnte dabei an Erfahrungen anknüpfen, die man beim Aufbau von Archiven der Verwaltung und vor allem der großen Tempel gesammelt hatte. Um eine so vollständige

Der Sieg Assurbanipals über die Elamiter unter König Te-umman am Ufer des Ulai
Relief vom Palast Sanheribs in Ninive, um 640 v. Chr.
London, British Museum

Ruinen von Babylon mit den Resten des Ischtartores Nebukadnezars II., um 570 v. Chr.

Erfassung der literarischen Überlieferung hatten sich jedoch vor ihm allenfalls die Hethiterkönige in Hattusas bemüht. Die Briefe geben uns aufschlußreiche Einblicke in die Sammeltätigkeit des Königs. Überall spürte er den »die Weisheit des Gottes Nabû« enthaltenden Tafeln nach, die er aber meist nur entlieh, um eine oder mehrere Abschriften anfertigen zu lassen; die Abschriften reihte er dann, mit seinem Bibliothekskolophon versehen, in die Sammlung ein. Hier gab es keine »flüchtigen Exzerpte«, wie sie die Priester in Assur so oft vornahmen, sondern nur sorgfältig geprüfte, saubere Abschriften, in denen Fehler selten sind. In den Unterschriften nennt er sich meist selbst den Schreiber, das ist aber orientalischer Hofstil; in Einzelfällen könnte es übrigens sogar stimmen. Sicher hat er beim Aufbau der Bibliothek sehr tüchtige Mitarbeiter gehabt, die nicht zuletzt auch eine vielbewunderte Ordnungs- und Katalogisierungsarbeit leisteten; ohne seine eigene Initiative aber wäre die Arbeit wahrscheinlich schon früh steckengeblieben. Obwohl die Tafeln der Bibliothek bei der Zerstörung von Ninive oft in kleinste Stücke zerschlagen wurden, stände die Assyriologie ohne diese Reste nicht da, wo sie heute steht.

Assurbanipal hat zumeist in Ninive residiert. Dort ließ er neben den Palast Sanheribs einen neuen bauen, dessen Grundriß nur unzureichend bekannt ist. Aber Hunderte von Reliefplatten sind geborgen worden, über deren ursprüngliche Anordnung freilich ausreichende Aufzeichnungen fehlen. Die Themen aus dem kultischen Bereich traten hier sehr zurück; bei dem berühmten Bild von Assurbanipal und seiner Gemahlin in der Weinlaube steht nicht fest, ob das alte Motiv des heiligen Kultmahls hier noch ein wirklich religiöses war. Die großen Folgen von Schlacht- und Jagdbildern lassen nur selten Fortschritte gegenüber der Zeit Sanheribs erkennen. Die Versuche, figurenreichere Schlachtbilder zu schaffen, sind wegen der Unübersichtlichkeit der im einzelnen sehr sorgfältig gearbeiteten Kompositionen kaum geglückt, am besten sind noch die Darstellungen der Kamelreiterschlachten mit den Arabern gelungen, oft in vier übereinanderliegenden Bildstreifen von geringer Höhe. Besonders zahlreich sind die mit kurzen Beischriften versehenen Bilder aus den Kriegen gegen Elam. Da der König die Jagd sehr liebte, waren mehrere Räume des Palastes mit Jagdbildern geschmückt. Während die Darstellung der Menschen hier selten über das Konventionelle hinausführt, finden sich bei den Tierbildern die bekannten unübertroffenen Meisterwerke. Die voll Wut anspringenden und sterbenden Löwen sind ebenso großartig gestaltet worden wie die gewaltigen, blutgierigen Jagddoggen; aber auch die persischen Wildesel mit ihren Füllen, die Kampfkamele und Gazellenherden haben liebevolle Beobachter und meisterhafte Zeichner gefunden. Eine Überladung der Bildfläche mit Figuren wurde von den Künstlern vermieden. Die todbringenden Pfeile sehen wir im Flug; und der grausame Todeskampf bei Tier und Mensch wird realistisch, aber dadurch etwas gemildert wiedergegeben, daß auch die Mutterliebe der Tiere und freundlichere Züge bei den Menschen gezeigt werden.

Die Kultur zur Zeit des neuassyrischen Großreichs

Über Babylonien zwischen etwa 1050 und 750 sind wir recht unvollkommen unterrichtet, da wir außer den Grenzsteinurkunden und wenigen anderen Königsinschriften kaum sicher datierbare Texte haben. Und doch kann der Strom der Überlieferung in den Schulen der großen Tempel nicht abgerissen sein, wie die Fülle von Abschriften älterer Werke aus der Zeit nach 750 zeigt. Auch an originalen Schöpfungen hat es damals gewiß nicht gefehlt; es gibt aber nur ziemlich wenige Dichtungen, die wir mit einiger Wahrscheinlichkeit in diese Zeit datieren können. Der Aufbau des Staates hat sich seit der späten Kassitenzeit wohl nicht sehr stark verändert, auch wenn sich der feudale Staat infolge der vielen Umwälzungen immer mehr in einen Beamtenstaat umbildete. Über die Funktionen der verschiedenen Gruppen von Beamten wissen wir nur wenig. Nach 750 aber fließen die Quellen wieder reichlicher. So haben wir viele Briefe assyrischer Beamter und Agenten in Babylonien, die ihrem König über die dortigen Verhältnisse berichten; doch erfahren wir da mehr über die unruhigen Aramäerstämme auf dem Lande als über die Städte. Wir sehen nur, wie mächtig hier Priesterschaft und Bürgertum waren; auch die assyrischen Eroberer hielten es immer wieder für zweckmäßig, darauf Rücksicht zu nehmen. Eine Überlegenheit Babyloniens bestand wohl allenfalls noch auf dem Gebiet der Literatur; sonst hatte Assyrien aufgeholt oder war in der Bau- und Bildkunst Babylonien sogar weit überlegen.

Die ranghöchsten Beamten waren in Assyrien der Tartan (»der Folgende«), der den König, wenn notwendig, vertrat, dann der Palastvogt, der Obermundschenk, der Palastverwalter und der Präfekt des eigentlichen Assyriens. Ihnen unterstanden Vertreter und Schreiber sowie oft eine große Zahl von örtlichen Behörden. Dazu kamen die Generalität und das Offizierskorps, dessen Spitzen oft gleichzeitig hohe Staatsfunktionen innehatten. Die Herstellung der Waffen und Fahrzeuge, die Aufzucht und Pflege der Pferde für das zuletzt wohl einige hunderttausend Mann umfassende Heer erforderten ein gewaltiges Personal. So stand ein beträchtlicher Teil der Assyrer direkt oder indirekt im Staatsdienst und weitere im Dienste der Tempel und Städte. Nur durch ausgiebige Heranziehung der Unterworfenen fand man immer wieder die für die vielfachen Funktionen notwendigen Menschen, zumal da Kriege und Seuchen oft einen hohen Blutzoll forderten. Die Landbevölkerung war weithin vom Staat abhängig, wenn er ihr auch durch seine Fürsorge für die Bewässerung sehr viel half. Ein großer Teil der Kriegsgefangenen wurde versklavt, doch läßt sich der Anteil der Sklaven an der Gesamtbevölkerung nicht einmal ungefähr abschätzen. Die Zahl der Sklavenverkaufsurkunden indes ist sehr groß. Merkwürdig ist, daß man aus neuassyrischer Zeit keinerlei Reste von Gesetzessammlungen fand; aller Wahrscheinlichkeit nach haben die Könige sich als Gesetzgeber nicht betätigt. Das Strafrecht ist uns auch durch Urkunden nicht bezeugt, da die Richter ihre Urteile meist nicht schriftlich ausfertigten. Im bürgerlichen Recht im weiten Sinn des Wortes galten wohl feste gewohnheitsrechtliche Normen. Die Stellung der Frau war viel weniger frei als in Babylonien, auch wenn sich Königinnen, wie wir sahen, und Orakelpriesterinnen ausnahmsweise einen großen Einfluß verschaffen konnten. Die Eheverträge sind teilweise noch als Kaufurkunden stilisiert, ähnlich auch Adoptionsverträge. Die Geldwirtschaft war noch nicht voll ausgebildet, obwohl Edelmetalle aus Kriegsbeute und Tributen sehr viel reichlicher vorhanden waren; Gold wird vor allem in Strafklauseln gefordert.

Das Bild von der Religion Babyloniens und Assyriens, das wir aus den Texten der Zeit ablesen können, ist in sich noch widerspruchsvoller als das uns von früher her vertraute. Nach außen hin herrschte ein in manchem bereits erstarrter Traditionalismus. In den Ritualen begegnet uns eine große Zahl von Göttern verschiedener Herkunft, die in ihrer Mehrzahl für den Glauben des Volkes gewiß keine Rolle mehr gespielt haben; ein beträchtlicher Teil findet sich nur in assyrischen Ritualen und läßt uns etwas ahnen von der Mannigfaltigkeit der Lokaltraditionen im Norden Mesopotamiens. Die ihrer sprachlichen und rhythmischen Gestalt nach späten Hymnen prunken mit theologischer wie philologischer Gelehrsamkeit; die Häufung von oft dunklen mythischen Anspielungen und seltensten Wörtern hat sie gewiß auch damals nur den wenigsten verständlich gemacht. Echte religiöse Töne klingen kaum in ihnen an. Sie wurden auch in Assyrien in babylonischer Sprache abgefaßt, selbst wenn sie an Assur gerichtet waren, der jetzt fast nur noch in den Inschriften der Könige und in den Staatskulten angerufen wurde.

Die meisten Menschen suchten sich aus den vielen Göttern der Tradition ihren persönlichen Schutzgott heraus; bei besonderen Nöten riefen sie dazu noch den einen oder anderen Gott an; natürlich feierten sie die oft mehrtägigen örtlichen Götterfeste mit. In der Bildkunst spielten Genien eine große Rolle; wieweit sie sie auch für den einfachen Menschen spielten, ist noch nicht klar. Auch die assyrischen Könige bevorzugten nicht selten bestimmte Götter, ohne daß der Vorrang Assurs in Frage gestellt wurde. Für Assurnassirpal und andere in Kalach residierende Herrscher gewann Ninurta eine besondere Bedeutung. Vielleicht stammt aus Kalach auch ein Hymnus, den wir durch ein Tafelbruchstück aus Assur kennen: wenig geschmackvoll sind darin die anderen Götter zu Körperteilen Ninurtas reduziert. Später trat Ninurta wieder etwas mehr hinter Nabû zurück, der übrigens auch in Babylonien zu dem neben Marduk und Ischtar am meisten angerufenen Gott wurde. Adadnerari III. baute Nabû in Kalach einen Tempel mit dem Namen des alten Nabûtempels in Borsippa: Ezida. Ein hoher Beamter von ihm verstieg sich auf einer Stele zu der Aufforderung: »Auf Nabû vertraue, auf einen anderen Gott vertraue nicht!« Dieser Mann muß die anderen Götter nicht mehr ernst genommen haben, da er sonst bei einer solchen Äußerung deren Vergeltung hätte fürchten müssen. In den Namen von Assyrern nach 800 hat Nabû einen weiten Vorsprung auch vor Assur und Ischtar. Vereinzelt meldet sich in den Namen schon eine radikale Leugnung der Götter zu Wort; ein Name »Fürchte Gott nicht!« wäre früher auch als Einzelfall nicht denkbar gewesen. Daß ein Teil der assyrischen Götter damals im Glauben des Volkes noch durchaus lebendig war, können wir aber der Tatsache entnehmen, daß Jahrhunderte nach der Vernichtung Assyriens im parthischen Hatra (westlich von Assur) noch assyrische Götternamen auftauchen.

Neben dem Götterglauben stand die Dämonenfurcht nach wie vor sehr im Vordergrund. Vor allem der Totengeist und die kindermordende Lamaschtum erscheinen immer wieder. Zur Zeit Sanheribs hat man die magischen Kulte für Lamaschtum sehr lebendig auf amulettartigen Beschwörungsreliefs dargestellt. Ebenso begegnet häufig das fratzenhafte Gesicht des gegen die Dämonen angerufenen Gottes Pazuzu. Die Briefe zeigen die große Bedeutung der Magie am Krankenbett und bestätigen damit die medizinisch-magische Literatur. Daß sich daneben die Ärzte auch sehr ernsthaft um gute pflanzliche und mineralische Heilmittel bemühten, wird in den Briefen und der Literatur aber ebenso deutlich.

Da auch die spätere Zeit nicht zum Glauben an ein Leben nach dem Tode und an ein Totengericht kam, trieben die alten Fragen nach dem rechten Verhalten des Menschen gegenüber der Gottheit und nach der Gerechtigkeit Gottes die nachdenkenden Menschen weiter um. Die Antworten sind ganz verschieden. In einem Zwiegespräch in höchst kunstvoller, ja künstlicher Sprache streitet ein Leidender mit seinem Freund darüber. Der Freund verteidigt die Götter mit allen Argumenten der gelehrten Theologie, während der Leidende ihm immer wieder seine negativen Erfahrungen entgegenhält: der Böse entgeht so oft seiner Strafe, während der Fromme viel leidet. Schließlich gibt der Leidende nach und bittet die Götter für seine Zweifel um Vergebung; befreit vom Leid wird er aber nicht. Mit dem Buch Hiob hat dieses Zwiegespräch neben anderem auch die Frage nach dem rechten und dem falschen Trost gemeinsam. Wenn der Leidende den Rat des Freundes als Nordwind bezeichnet, so meint er damit, daß lieblos ausgesprochene theologische Richtigkeiten keinem Dulder helfen. Aus ähnlichen Gründen werden die drei älteren Freunde Hiobs scharf zurechtgewiesen.

Dagegen rät das sprachlich einfache, stellenweise witzige Zwiegespräch zwischen einem Herrn und seinem Sklaven dem Hörer den Weg der Skepsis an. Es besteht aus zehn gleichgebauten Strophen, die in ihrer Blasphemie recht weit gehen:

> „Sklave, gehorche mir ganz!" – „Jawohl, mein Herr, jawohl!" – „Wecke mich alsbald und gib mir Wasser für meine Hände! Ich will meinem Gott ein Opfer bringen!"
> „Bringe es, mein Herr, bringe es! Dem Mann, der seinem Gott ein Opfer bringt, geht es gut, eines über das andere wird ihm anvertraut!"
> „Nein, Sklave, ich will meinem Gott kein Opfer bringen!"
> „Tu es nicht, mein Herr, tu es nicht!
> Du legst damit dem Gott nur nahe, daß er immer wie ein Hund hinter dir herlaufen soll. Entweder einen Kult oder ein magisches Bild oder etwas anderes wird er dann von dir verlangen!"

Am Schluß sagt der Sklave auf die Frage des Herrn »Was ist denn gut?«: »Meinen und deinen Hals brechen ist gut.« Damit sind alle Grundwerte der babylonischen Religion, aber auch der Wunsch nach einem langen Leben ins Lächerliche gezogen. Mindestens drei jüngere Abschriften zeigen, daß dieses Gedicht gern gelesen wurde.

Neue literarische Gestaltungen der alten Mythen gab es in dieser Zeit nicht mehr. Wohl aber hat im 8. Jahrhundert der babylonische Dichter Kabtilānimarduk unter dem Eindruck einer der schweren Epidemien seiner Zeit einen breit schildernden, aber eindrucksvollen Mythus vom Pestgott Era geschaffen, der trotz einer antiassyrischen Spitze vor allem in dem gleichfalls pestgequälten Assyrien oft abgeschrieben wurde. Der Dichter bezeichnete ihn als eine persönliche Offenbarung: »Den Verfasser ... ließ er (Era) es während der Nacht sehen. So wie er es ihm im Schlummer gesagt hatte, ließ er nichts aus und fügte keine einzige Zeile hinzu.« Wer die Dichtung in seinem Hause als eine Art von Amulett liegen hat, soll, so wird verheißen, von einer künftigen Seuche verschont werden. In dieser Weise hat sich noch nie ein Dichter auf eine persönliche Offenbarung berufen. Die einzigen Parallelen sind die Orakelsprüche im Assyrien der Zeit und – tausend Jahre früher – in Mari.

Nach einem kurzen Anruf an Marduk wird in diesem Mythus unter Einfügung langer Reden der Götter erzählt, daß Era nach einer Zeit der Ruhe erneut zu seinem grausigen Kampf mit Hilfe der wilden Siebenergottheit aufgerufen wird. Der Gott Ischum will ihn beruhigen, aber Era geht zu Marduk, um diesen zu überreden, ihm die Herrschaft über das Land eine Zeitlang zu überlassen. Marduk willigt schließlich ein und begibt sich zur Unterwelt. Nun fängt Era an zu wüten, unbewegt durch die Klagen der Götter und Menschen. Endlich gelingt es Ischum, ihn zu beruhigen. Era sagt, daß ein Land das andere und die feindlichen Länder im Bürgerkrieg sich selbst umbringen sollen; Akkade solle dann aber alle beherrschen, ein schwacher Akkader sieben starke Feinde wie Schafe abführen. Am Ende der Katastrophe steht also ein Segenswunsch nur für Babylonien, das für alles Ungemach entschädigt werden soll. So konnte ein Dichter wohl nur vor Tiglatpilesar III. in den Jahrzehnten sprechen, in denen Assyrien verhältnismäßig schwach war.

Eine ganz neue Gattung ist in dieser Zeit die weltliche Erzählung mit einem einfachen Mann als Haupthelden. Gewiß sind zu allen Zeiten Hunderte solcher Geschichten wie im späteren Orient umgelaufen, sie werden aber erst jetzt, wenigstens in Einzelfällen, literaturfähig. Ein Beispiel ist die erst kürzlich bekanntgewordene Verserzählung vom armen Mann von Nippur, der dem Statthalter der Stadt seinen einzigen Besitz, eine Ziege, schenkte in der Hoffnung auf eine noble Gegengabe, die seine Not lindern sollte. Doch der wies ihn schnöde ab. Nun beschloß er drei Rachehandlungen und sagte das auch dem Pförtner, der es aber nicht ernst nahm. Zuerst drang er als Bote des Königs verkleidet beim Statthalter ein, forderte viel Gold und verprügelte ihn »vom Kopf bis zur Fußsohle«. Dann kam er als Arzt zur Behandlung des Geschlagenen und verprügelte ihn noch einmal. Als man ihn nun verfolgte, verstand er es, die Verfolger zu trennen und den Statthalter allein zu erwischen und noch einmal zu prügeln, so daß dieser »kriechend in sein Haus eintrat«. Er selbst suchte nun das Weite. In dieser Erzählung haben sich die Wunschträume nicht weniger niedergeschlagen, die unter den hohen Herren zu leiden hatten.

Auf dem Gebiet der Wissenschaft war das erste Jahrtausend nur noch begrenzt fruchtbar. Die Philologie schuf viele Kommentare überwiegend mit Worterklärungen, aber auch Mythenkommentare, die Vorgänge in Riten nicht selten höchst abstrus ausdeuteten. Die Unterschriften sagen dann auch in solchen Fällen meistens, daß diese Werke nur für den Wissenden bestimmt seien. Im übrigen wurde gesammelt, ergänzt und immer wieder abgeschrieben. Einige mehr als früher erläuternde medizinische Werke und Erklärungen der Prinzipien der Leberschau stammen wohl auch erst aus dieser Zeit. Nach den Briefen spielte die Tageswählerei auf Grund der Kalenderwissenschaft eine größere Rolle als je zuvor. Kultrituale sorgten dafür, daß bei den Tempelopfern und -festen alles genauestens nach Vorschrift ausgeführt wurde. In Assyrien wurden neue Werke der Rezeptliteratur geschaffen, besonders für die Herstellung der verschiedenen Farbglasuren.

Bedeutende Leistungen vollbrachte diese Zeit, vor allem in Assyrien, wohl nur auf dem Gebiet der beobachtenden Astronomie. Erst jetzt wurden gemeinsam mit Griechen die langen Reihen genauer Beobachtungen angelegt, die für die Entwicklung einer rechnenden Astronomie nach 400 die unumgänglichen Voraussetzungen schufen. Finsternisse, Gestirnauf- und -untergänge, Konjunktionen und vieles andere wurden beobachtet und gemessen. Veranlassung für dieses Tun war neben dem Wunsch nach genaueren Zeitmessungen die Überzeugung, daß das Schicksal von König und Staat und manchmal auch der einzelnen von den Sternen abhing.

In der Bildkunst finden wir neben der bereits besprochenen großen Kunst ein blühendes Kunsthandwerk, das oft sehr zierlich geschnittene Siegelzylinder, glasierte Gefäße, Metall- und Steingefäße sowie mannigfache Figürchen aus Metall, Stein und Ton hervorbrachte.

Der Untergang des Assyrerreiches

Nach 639, dem Jahr des großen Erfolges Assurbanipals gegen Elam, werden die bis dahin so reichlich fließenden Quellen für die Geschichte Assyriens sehr dürftig. Eponymenlisten fehlen schon seit 648, daher können wir selbst die Rechtsurkunden der Spätzeit nicht mehr genau einordnen. Ziemlich rätselhaft mußte es bis vor kurzem erscheinen, daß zwischen dem Höhepunkt der assyrischen Macht um 639 und dem Ende 609 nur dreißig Jahre lagen. Waren die Feinde wirklich so stark, daß sie die größte Militärmacht der damaligen Zeit niederringen konnten? Einige neue Quellen, die schon länger bekannte erst in das richtige Licht setzten, haben jetzt einiges geklärt; vieles bleibt allerdings nach wie vor dunkel.

Die wesentlichste neue Erkenntnis ist die, daß bereits gegen Ende der Regierung Assurbanipals, spätestens 632, ein Bürgerkrieg in Assyrien ausgebrochen sein muß. Wir haben keine eindeutigen Berichte darüber, sondern können nur aus sehr allgemein gehaltenen Andeutungen in den Inschriften von Assurbanipals jüngerem Sohn Sinscharischkun (629 bis 612) über vorausgegangene Unruhen und aus der Tatsache von zwei, zeitweilig drei nebeneinander regierenden Königen auf innere Auseinandersetzungen schließen. Assurbanipal hat in Harran nachweislich bis 627 regiert; in Nippur wurde, da es nicht dem Unterkönig Kandalānu in Babylon unterstand, noch im Juni 631 nach ihm datiert, wenig später aber schon nach seinem ältesten Sohn Assuretelilani (632–624). Das Doppeldatum der Abschrift einer Urkunde aus Nippur vom Herbst 629 belehrt uns, daß das dritte Jahr des letzteren dem Jahr der Thronbesteigung Sinscharischkuns entspricht. Assurbanipal muß also in seinen letzten Jahren von seinem Sohn oder seinen Söhnen aus Assyrien und Babylonien, gewiß nicht ohne vorausgegangene heftige Kämpfe, verdrängt und auf den westlichen Reichsteil mit Harran als Hauptstadt verwiesen worden sein. Ob damit zusammenhängt, daß Reste einer Art von Zweigstelle der Bibliothek von Ninive auf dem Sultantepe bei Harran gefunden wurden, muß vorläufig dahingestellt bleiben. Ein Teil der dortigen Tafeln ist freilich ganz ungewöhnlich fehlerhaft geschrieben.

In zwei leider sehr schlecht erhaltenen Urkunden sagt Assuretelilani: »Als mein Vater sich davongemacht hatte – ein häßlicher, sonst nur von Feinden gebrauchter Ausdruck! –, hat mich niemand aufgezogen.« Er rühmt dann den General Sinschumlischir, der sich seiner angenommen habe. Später hat sich dieser General aber selbst zum König gemacht, seine Regierung dürfte nur sehr kurz gewesen sein. Vorher muß er aber den Assuretelilani auf den Thron gehoben haben, der dann drei Jahre mindestens Teile Assyriens und Babyloniens beherrscht und in mehreren Städten gebaut hat. Aus Assyrien hat ihn sein Bruder Sinscharischkun schon 629 vertrieben, wie aus einer Inschrift aus diesem Jahr zu entnehmen ist; in Nippur aber hat er sich bis Ende 628 oder Anfang 627 halten können und nach dem Tode Assurbanipals (vermutlich Anfang 627) von Harran aus noch bis 624 den westlichen Reichsteil regiert. Danach fiel auch dieses Gebiet an Sinscharischkun, ob durch den Tod des Assuretelilani ohne Gewalt oder als Folge eines erfolgreichen Angriffs, entzieht sich unserer Kenntnis. Beide Brüder führten noch den traditionellen Titel »König der Welt«. Jedenfalls muß Assyrien durch die jahrelangen Auseinandersetzungen der drei rivalisierenden Könige sehr geschwächt, und mindestens Teile der Armee dürften demoralisiert worden sein. Dadurch war es für die kommenden Auseinandersetzungen denkbar schlecht gerüstet.

Wenn wir Andeutungen der Propheten Jeremia und Zephanja mit Nachrichten Herodots richtig kombinieren, muß in den kritischen Jahren um 626 eine Invasion skythischer Stämme nach Syrien und bis nach Palästina hinein schwere Verheerungen angerichtet haben; das in sich gespaltene Assyrien hat das nicht verhindern können und mußte schwere Einbußen hinnehmen, auch wenn schließlich die Skythen wieder zurückgeworfen wurden.

Spätestens Anfang 626 starb der von Assurbanipal in Babylon eingesetzte Kandalānu. Nach einem kurzen Interregnum, während dessen man »nach dem Tode Kandalānus« datierte, machte sich in Babylon der Chaldäer Nabupolassar zum König (626–605), der vorher einen assyrischen Angriff auf die Stadt abgewiesen hatte; gleichzeitig setzen ziemlich ausführliche Chroniken ein, die uns über die Hauptereignisse recht gut berichten. 625 bis 623 kämpften Assyrer und Babylonier auf babylonischem Boden mit wechselndem Erfolg gegeneinander, doch müssen die Assyrer wenig später nach schweren Kämpfen um Nippur Babylonien ganz geräumt haben. Da die Assyrer jetzt offenbar die Schwächeren waren, stellte sich Ägypten auf ihre Seite gegen die aufsteigende babylonische Macht, konnte aber den Gang der Ereignisse höchstens etwas verlangsamen.

Die andere neue Großmacht war das nun geeinigte Medien unter Kyaxares (Huvakhschatra, um 625–585). Ein erster Angriff der Meder auf Ninive vor 616 soll nach Herodot mit Hilfe der Skythen abgewehrt worden sein. Aber schon 615 nahmen sie Arrapcha (Kerkuk) ein und 614 als erste der assyrischen Hauptstädte Assur, das geplündert und gänzlich zerstört wurde. Kyaxares und Nabupolassar schließen nun ein förmliches Bündnis zur Vernichtung Assyriens, das die Aufteilung des Reichsgebietes vorsieht. 613 bringt ein assyrisches Heer bei Ana am Euphrat den Babyloniern noch eine Schlappe bei, doch 612 schon erliegt auch Ninive der Übermacht der Verbündeten wie wohl vorher schon Kalach.

Alle assyrischen Städte werden nun völlig zerstört und ausgemordet. Die Rache für das, was die Assyrer jahrhundertelang anderen Völkern angetan haben, tobt sich furchtbar aus. Die Ausgrabungen zeigen, wie gründlich das Zerstörungswerk betrieben wurde. Die Städte blieben nun für lange Zeit gänzlich unbewohnt; das eigentliche Assyrien fiel mit allen nördlichen Provinzen an Medien. Noch Xenophon fand bei seinem Rückzug das Land fast menschenleer.

Sinscharischkun erlitt bei der Eroberung Ninives wahrscheinlich im brennenden Palast den Tod. Doch gab es noch ein kurzes Nachspiel. In Harran machte sich der Führer der letzten noch gebliebenen assyrischen Armee zum König und nahm den Namen Assuruballit II. (612–609) an, also den Namen des Begründers der assyrischen Macht nach der Mitanniherrschaft. Doch trotz des Namens gelang kein neuer Anfang. Ägypten raffte sich erst nach der Thronbesteigung Nechos 609 auf, um mit einem großen Heer Assyrien zu Hilfe zu kommen, wurde aber von Josia von Juda bei Megiddo aufgehalten. Trotz ihres Sieges dort kamen die Ägypter zu spät, denn 610 fiel Harran; und 609 müssen die letzten Assyrer kapituliert haben, da die Chronik für die folgenden Jahre kein Wort mehr über sie sagt. Das Schicksal der assyrischen Hauptstädte blieb Harran offenbar erspart, es erscheint einige Jahrzehnte später wieder als bedeutende Stadt. Die medisch-babylonische Grenze verlief zunächst südlich von Harran.

So endete das größte Reich des Orients vor den Persern mit einer Katastrophe, die die des Hethiterreichs noch bei weitem übertraf. Assyrien ist in erster Linie ein Militärstaat gewesen, der ohne immer neue Eroberungen nicht leben konnte. Wir dürfen aber über all dem Furchtbaren, das die assyrischen Heere angerichtet haben, die sehr bedeutende kulturelle Leistung Assyriens vor allem auf dem Gebiet der Kunst nicht vergessen. Das Perserreich ist Assyrien mit seiner politischen Organisation und mit seiner Kunst in vielem sehr verpflichtet.

Das Chaldäerreich (626–539)

Über vierhundert Jahre lang war Babylonien kein politischer Faktor von größerer Bedeutung mehr gewesen. 729 hatte es sogar seine Selbständigkeit verloren und nur ganz vorübergehend einige Male wiedergewonnen. Mit dem politischen war ein kultureller Niedergang auf vielen Gebieten verbunden gewesen. Als nun der Chaldäer Nabupolassar es 626 unternahm, das Land wieder auf eigene Füße zu stellen, fand er in den Jahrhunderten vor ihm keine Vorbilder, an die er sich hätte halten können. Er mußte sie im Babylonien Hammurabis suchen und noch früher in der großen Zeit der Akkade-Könige. Daß er ebenso wie sein Sohn hier anknüpfte, zeigen Schriftform und Sprachgestalt seiner Inschriften, die recht wenig glücklich altbabylonische Formen, bisweilen sogar die altakkadische Schreibweise nachzuahmen suchen. Man muß also einige Inschriften der alten Könige gekannt und im wesentlichen noch verstanden haben. Die späten Aramäer standen aber der alten Sprache zu fern, um sie als Literatursprache wirklich neu beleben zu können.

Nabupolassar (626–605) war von geringer Herkunft und nannte sich »Sohn eines Niemand«, einst eine verächtliche Bezeichnung für feindliche Usurpatoren, oder auch »schwach, Kümmerling«, legte sich also Titel bei, die jeder frühere König weit von sich gewiesen hätte. Um so deutlicher brachte er dadurch den Glauben an seine Erwählung durch Marduk und andere Götter zum Ausdruck; sie haben ihn vollbringen lassen, was ihm gelang. Er macht ganz den Eindruck eines ungewöhnlich bescheidenen, ja aus echter Frömmigkeit lebenden Königs, obwohl auch bei ihm die traditionellen Titel zum Preise der eigenen Leistung nicht fehlen. Immerhin hatte er viele nicht alltägliche Erfolge zu verzeichnen. In Nabupolassar zeigte sich die babylonische Religion noch einmal von ihrer besten Seite. Dem in Babylonien herkömmlichen Stil entsprechend, erzählte er nichts von seinen Kämpfen, wenn er auch die Vernichtung Assyriens kurz erwähnte. Näheres hören wir nur aus den Chroniken. Er begann umfangreiche Bauarbeiten an den verfallenen Tempeln von Babylon und an den Kanälen, konnte sie aber ebenso wie den Neuaufbau eines babylonischen Großreichs nicht mehr vollenden, weil er verhältnismäßig früh krank wurde und starb.

Sein Sohn, dem er den seit dem 12. Jahrhundert berühmten Namen Nebukadnezar II. (Nabukudurriussur, 605–562) gab, wurde eine der bedeutendsten Herrschergestalten Babyloniens. Vom Vater früh mit allen Pflichten eines Königs vertraut gemacht, führte er schon 607 eine babylonische Armee und wurde 605 allein nach Syrien gesandt, um dem Pharao Necho, der nach vorbereitenden Operationen 606 mit einem großen Heer ganz Syrien seinem Reich angliedern wollte, entgegenzutreten. Denn Babylonien beanspruchte südlich der Grenze des Mederreiches alle früher assyrischen Gebiete für sich. Nebukadnezar erfocht bei Karkemisch einen glänzenden Sieg, verfolgte die Ägypter bis Hama und hätte sie vernichtet, wenn ihn nicht dort die Nachricht vom Tode seines Vaters erreicht hätte. So mußte er sofort umkehren, um die Herrschaft zu übernehmen. Doch bald war er wieder in Syrien und führte in den kommenden Jahren fast jedes Jahr einen Feldzug dorthin, traf allerdings nur selten auf ernsteren Widerstand; Askalon wurde 603 geplündert. Auch davon erfahren wir durch eine Chronik, die leider nur bis 594 reicht, während seine vielen Bauinschriften nur gelegentlich ganz allgemein gehaltene Hinweise auf militärische Erfolge bringen. 601 versuchte er in Ägypten einzudringen, zog sich aber nach einer verlustreichen Schlacht wieder zurück. Auch ein weiterer Angriff 567 blieb ohne Erfolg.

Die wegen ihrer weltgeschichtlichen Bedeutung bekanntesten unter den Syrienfeldzügen Nebukadnezars sind die gegen Juda 598/597 und 589/587, die mit der Zerstörung Jerusalems und der Wegführung großer Teile des jüdischen Volkes endeten. Über den ersten Zug lesen wir in der erwähnten Chronik: »Im 7. Jahr... legte der König ein Lager gegen die Stadt von Juda an und eroberte sie am 2. Addar (= 16. März 597), nahm den König gefangen und setzte einen ihm genehmen König ein. Ihren schweren Tribut brachte er nach Babylon.« Das bestätigt den Bericht der Bibel und fügt das genaue Datum hinzu. Urkunden aus Babylon, eine von 592, nennen den König Jojachin und andere Juden als Empfänger von Rationen. Nach den Annalen von Tyros belagerte Nebukadnezar Tyros von 586 bis 573, ohne die von Itoba'al beherrschte Inselfestung erstürmen zu können. Schließlich ergab sie sich, konnte aber erträgliche Bedingungen aushandeln. Aber auch mit inneren Schwierigkeiten hatte Nebukadnezar bisweilen zu tun. Ein großer Aufstand 595, dessen Ursache nicht genannt wird, wurde erst nach längeren Kämpfen blutig unterdrückt.

In seinem großen Reich, das ganz Syrien-Palästina von Karkemisch bis zur ägyptischen Grenze umfaßte, baute der König eine gut funktionierende Verwaltung auf, die in vielem sicher der assyrischen nachgebildet war. Trotz der ungeheuren Beträge, die er für seine Bauten und das Heer brauchte, wurde das früher verarmte Babylonien unter ihm zum reichsten Land von ganz Westasien und Babylon zur größten Stadt der Mittelmeerwelt. Die gewissenhafte Pflege der Kanäle und die Anlage neuer steigerte die Fruchtbarkeit des Bodens; er soll sogar ein großes Auffangbecken für das Frühjahrshochwasser angelegt haben. Handel und Gewerbe blühten; Tausende von Urkunden bezeugen die Mannigfaltigkeit der Transaktionen, die schon von richtigen Banken, wie zum Beispiel dem Haus Egibi und Söhne in Babylon und Uruk, finanziert wurden.

Die Bauten Nebukadnezars übertreffen in ihrem Ausmaß noch die der meisten Assyrerkönige und müssen während seiner langen Regierungszeit seinen Untertanen eine riesige Arbeitsleistung abgefordert haben, die gewiß nicht immer ohne drastische Zwangsmittel erzielt worden ist. Der größte Teil aller dieser Arbeiten galt Babylon. Da Nebukadnezar voraussah, daß eines Tages die große Auseinandersetzung mit Medern und Persern, den Bundesgenossen von gestern, kommen würde, wollte er die Stadt zu einer mit damaligen militärischen Mitteln uneinnehmbaren Festung machen. Daher verstärkte er zunächst die Doppelmauer um die alte Stadt und legte noch eine dreifache äußere Mauer an, die auch weite nichtbebaute Gebiete einschloß. Schließlich erbaute er etwa sechzig Kilometer nördlich von Babylon vom Euphrat zum Tigris die »Medische Mauer«, die nach griechischen Berichten dreißig Meter hoch gewesen sein soll. In die Nordwestecke der Stadt, an den Euphrat angelehnt, baute er zwei gewaltige Paläste mit Hunderten von Räumen und platzartigen Innenhöfen. Die Innenwände waren teilweise mit buntglasierten Ziegelreliefs geschmückt. In der sogenannten Südburg befanden sich auch die Terrassengärten, die Herodot als »hängende Gärten« rühmt.

Der Marduktempel Esangila mit dem Hochtempel Etemenanki und den zugehörigen Bauten übertraf alle früheren Tempel bei weitem. Seine Grundlagen waren seit Assarhaddon in unermüdlicher Arbeit gelegt, aber erst jetzt wurde er vollendet. Der Grundriß des Hochtempels maß einundneunzigeinhalb Meter im Quadrat und war in dieser ganz ungewöhnlichen Größe offenbar schon viel früher geplant worden. Da er jahrhundertelang unvollendet dastand, erzählte man sich allerlei Geschichten, die die biblische Sage vom Turm zu Babel aufgreift und neu deutet. Der Turm wurde später von Ziegelräubern fast bis auf die Fundamente abgetragen; so können wir uns von seinem Aussehen nur nach Beschreibungen einer babylonischen Tafel und den Berichten Herodots eine nicht in allem eindeutige Vorstellung machen. Er war danach genauso hoch wie breit und wurde in seinen Ausmaßen nur von den drei größten Pyramiden übertroffen. Auf fünf Kolossalstufen von insgesamt siebzig Meter Höhe mit großen Freitreppen erhob sich der zweistöckige Tempel mit einem Prachtbett für Marduk und Kulträumen auch für andere Götter. An der Ostseite des Tempelkomplexes entlang führte die große Straße für die Neujahrsprozession Marduks. Wo sie die innere Stadtmauer durchbrach, wurde das gewaltige, mit farbig emaillierten Ziegelreliefs bedeckte Ischtartor errichtet, das noch heute zwölf Meter hoch ansteht; die mit eintöniger Wiederholung dargestellten mythischen Tiere sollten ebenso wie die Löwen der Prozessionsstraße böse Mächte abwehren. An diesem nur durch Technik und Ausmaße imponierenden Schmuck wird erkennbar, daß weder der König noch seine Baumeister ein Kunstverständnis hatten, das mit dem der großen Assyrerkönige auch nur verglichen werden könnte. Hier wie in den wenigen Literaturwerken liegt nichts als geistig dürftige Nachahmung vor. Dabei war Nebukadnezar ohne Zweifel aufrichtig fromm – seine vielen Bauinschriften schließen wie bei Nabupolassar und seinen Nachfolgern fast immer mit Gebeten – und wollte für seine Götter sicher das Beste schaffen. Aber Babylon hatte keine Kunsttradition mehr.

Die anderen Tempel in Babylon waren sehr viel kleiner, so auch viele seiner Bauten in den anderen Städten. Äußerst großzügig hat er anscheinend in Ur geplant, doch konnte er die Bauten nicht vollenden. Eine gewaltige Anlage war auch der erneuerte Nabû-Tempel Ezida in Borsippa, dessen Tempelturm noch heute eine stattliche Ruine ist.

Nebukadnezars Sohn und Nachfolger Awilmarduk (562–560), der nach der Bibel dem früheren König Jojachin die Haft wesentlich erleichterte, überwarf sich bald mit den Mardukpriestern und wurde beseitigt. Die Nachfolge riß sein Schwager Nergalscharrussur (in der Bibel Neriglissar, 560–556) an sich, ein verdienter General Nebukadnezars, der aber bald starb. Bis vor kurzem wußte man nur von seinen Bauarbeiten. Kürzlich wurde jedoch ein chronikartiger Bericht über seinen Feldzug nach Kilikien 557 bekannt, der uns belehrt, daß er weit in das »rauhe« Kilikien vorstieß, das die Assyrer nie erreicht hatten. Hundertfünfzig Kilometer weit will er dort über ganz schmale Gebirgspfade gezogen sein. Die Tyros ähnliche Inselfestung Pitussu nahm er mit Hilfe von Schiffen ein. Sein Sohn Labaschimarduk kam noch als Kind auf den Thron (556) und fiel nach wenigen Monaten angeblich wegen seiner schlechten Eigenschaften den Priestern zum Opfer.

Nun wurde der Aramäer Nabonid (556–539) König, eine der interessantesten und zugleich rätselhaftesten Gestalten des alten Orients. Er stammt aus Harran und nennt Nabubalassuiqbi seinen Vater, gibt ihm aber keinen Titel. Seine aramäische Mutter hieß Adadguppi und wurde fast hundertdrei Jahre alt. Als sie 547 starb, bereitete er ihr ein fürstliches Leichenbegängnis und stellte zwei Stelen auf, deren fast ganz verlorene Reliefbilder wohl eine Opferszene darstellen. Die erste Hälfte des Textes ist als Selbstbericht der alten Dame kurz vor ihrem Tode stilisiert; der Rest beschreibt die Beisetzungsfeierlichkeiten. Die Mutter gibt mit Regierungszeiten genau die Könige an, die sie erlebt hat. Sie diente zunächst Sin in Harran, kam wohl nach der Eroberung der Stadt durch die Babylonier 610 oder auch schon früher nach Babylonien und erreichte dort, daß ihr Sohn Nabonid verantwortliche Hofämter bekam, wie auch sie selbst den Königen in Babylon eifrig diente. Sin belohnte ihr frommes Tun und machte ihren Sohn zum König; sie durfte dem Gott gewiß auch bei diesem Werk dienen!

Wir wissen nicht, welche Gruppe in Babylon Nabonid auf den Thron erhoben hat; eine Chronik, die mit unfreundlicher Tendenz seine ganze Regierungszeit behandelt, ist nur unvollständig erhalten. 555 zog er nach Kilikien und in den beiden folgenden Jahren nach Syrien. Nach seinen Bauinschriften hat er in mindestens sieben babylonischen Städten gebaut und sich dabei in ungewöhnlicher Weise für die Auffindung der alten Bauurkunden in den zu erneuernden Tempeln interessiert. Man hat ihn daher einen Archäologen auf dem Thron genannt, ihn damit aber doch recht einseitig charakterisiert.

Sehr bald muß es zu ernsten Differenzen mit maßgeblichen Gruppen in Babylon und fünf anderen Städten des Landes gekommen sein, die ihren Grund gewiß darin hatten, daß Nabonid den Sin von Harran einseitig bevorzugte. Nabonid selbst wirft in einer Inschrift den Babyloniern Frevel gegen Sin vor und behauptet, der Aufstand gegen ihn habe eine Hungersnot ausgelöst, bei der sich die Menschen wie Hunde gegenseitig gegessen hätten; die Babylonier hätten ihn gezwungen, Babylon zu verlassen und sich nach Arabien zu begeben, da auch Syrien sich am Aufstand beteiligte. In Arabien schuf er sich systematisch Stützpunkte in den Oasen des Nordens und Westens bis hinunter nach Jatrib, dem späteren Medina, das damit über tausend Jahre vor Mohammed erstmals genannt wird. Da ihm anscheinend nur Truppen aus Syrien und Mesopotamien zur Verfügung standen, siedelte er diese in den Oasen an und mag damit, wie die arabische Überlieferung berichtet, den Grund für eine jüdische Besiedlung einiger Teile des Landes gelegt haben. Zehn Jahre hat er der Einverleibung großer Teile Arabiens in sein Reich gewidmet und Babylon in der Zeit nicht betreten. Als sein Vertreter in Babylon fungierte derweil sein Sohn, der Kronprinz Belscharussur, der Belsazar des Buches Daniel.

Die lange Abwesenheit von Babylonien, während der er das Land aber durchaus nicht sich selbst überließ, verstärkte natürlich die Abneigung gegen ihn. Nach seinem Sturz durch Kyros II. hat ein Priester im Auftrag der ihm feindlichen Gruppen ein Gedicht gegen ihn verfaßt und verbreitet, das alles zusammenstellt, was man schon vorher gegen ihn einzuwenden hatte. Es wirft ihm Rechtsbrüche, Vergeudung und lügenhafte Siegesberichte vor, besonders aber Religionsfrevel. Er habe unter dem Namen Sin ein ganz fremdartiges Götterbild im Tempel Echulchul in Harran aufgestellt und darüber die anderen Kulte vernachlässigt. Dazu habe er in Tema die Araber mißhandelt und sich dort einen großen Palast erbaut. Diese Tatsachen werden durch Nabonids Inschriften großenteils bestätigt, freilich ohne die gehässigen Ausdeutungen und die karikierenden Einzelheiten. Den Aufenthalt in Arabien hat man als sinnloses Unternehmen hingestellt, eine spätere Zeit machte daraus gar ein im Wahnsinn begangenes Tun. Diese Überlieferung fand im Buch Daniel ihren Niederschlag, das aus Belsazar einen König macht und Nabonids Taten Nebukadnezar zuschreibt, gegen den die späteren Juden einen verständlichen Haß hegten. Diese beiden doch wirklich recht ungleichen Könige wirft übrigens schon Herodot unter dem Namen Labynetos zusammen, während die jüdischen Essener von Qumran Nabonid noch dem Namen nach kannten.

In Wirklichkeit war der systematische Ausbau einer Position in Arabien das Herzstück einer wohlüberlegten politischen Planung. Schon vor Regierungsantritt Nabonids hatte in Persien Kyros II. 559 den Thron bestiegen, und Nabonid muß früh gespürt haben, daß ihm von dieser Seite Gefahr drohte. Er schloß daher ein Bündnis mit Astyages (Ischtuwegu) von Medien, der ihm das in der Zwischenzeit von den Medern beherrschte Harran zurückgab. Wohl wegen der Feindschaft der Babylonier war Nabonid aber außerstande, Astyages zu helfen, als Kyros diesen 550 stürzte und Medien mit Persien vereinigte. Er verbündete sich nun mit Krösus von Lydien, konnte aber auch diesen nicht wirksam unterstützen, als

Kyros 546 gegen Lydien zog und das ganze Land seinem inzwischen gewaltigen Reich einverleibte. So stand Nabonid seit 546 allein. Etwa 542 kehrte er nach Babylonien zurück und versuchte, dort seiner Herrschaft wieder ein festes Fundament zu schaffen, nachdem sein Sohn wenigstens die Ausrufung eines anderen Königs verhindert hatte. Er unternahm noch allerlei, um die Babylonier durch reichliche Fürsorge für ihre Tempel und durch Teilnahme an den Kulten zu versöhnen. In diese Jahre mag die Einsetzung seiner Tochter als *entu*-Priesterin des Sin in Ur gefallen sein, womit Nabonid uralte sumerische Gebräuche im Zusammenhang mit der Feier der »Heiligen Hochzeit« wieder erneuerte; seine Gelehrten hatten nach langem Suchen Urkunden über die Berufung von Rimsins Schwester in dieses Amt gefunden. In Ur baute er, da er sich dort öfters aufhielt, einen neuen Palast und im Hafengebiet einen Tempel. Schließlich bemühte er sich auch um die Erneuerung schadhafter Teile der Stadtmauern in Babylon.

Nabonid hatte in den Jahren in Arabien und durch das Festhalten an Gebräuchen seiner alten Heimat Harran allzuviel versäumt. Die Mardukpriester in Babylonien und andere waren zu der Überzeugung gekommen, daß es ihnen unter der Herrschaft des Kyros besser gehen würde, da dieser sich bisher immer als maßvoller Sieger gezeigt hatte. In geheimen Vorverhandlungen sagte ihnen Kyros die freie Kultausübung zu, wie er sie allen Unterworfenen gewährte. Als er nach gründlicher Vorbereitung 539 Babylonien angriff, mußte er nur noch das gewiß nicht sehr starke Heer Nabonids aus dem Felde schlagen und zog dann kampflos in Babylon ein, das sich trotz seiner gewaltigen Festungswerke nicht verteidigte. Die anderen Städte folgten diesem Beispiel. Nabonid selbst ergab sich und erhielt als Lehen eine kleine Herrschaft in Ostiran, die er noch einige Zeit verwaltete. Damit hatte Babylonien als selbständiger Staat zu bestehen aufgehört und wurde eine persische Provinz. Mesopotamien und Syrien-Palästina unterwarfen sich ebenfalls kampflos dem neuen Herrn. Alle diese Gebiete waren zu sehr daran gewöhnt, von anderen beherrscht zu werden, und ihre Mischbevölkerung kannte nach den Massendeportationen fast nirgends mehr ein Nationalbewußtsein. Auch hatte man die wirtschaftlichen Vorteile der Großräume schätzengelernt und mochte sie nicht mehr missen. Immerhin vermied Babylonien durch den kampflosen Verzicht auf Selbständigkeit, daß am Ende seiner Geschichte eine wie in Assyrien fast alles auslöschende Katastrophe stand; das Leben ging weiter wie bisher, und der einzelne merkte von den neuen Verhältnissen zunächst recht wenig.

Ausklang:
Babylonien unter Achaimeniden, Seleukiden und Parthern

Nicht alle Babylonier hatten sich mit dem Aufhören der Selbständigkeit ihres Landes abgefunden. Kleine Gruppen benutzten noch einige Male günstig scheinende Gelegenheiten, um von Persien loszukommen, wie sie sich beim Tode des Kambyses und in der Auseinandersetzung zwischen Dareios und Gaumata ergaben. So machte sich Nidintubel unter dem Namen Nebukadnezar III. von Oktober bis Dezember 522 selbständig, wurde aber von Dareios I. alsbald getötet. Im August 521 empörte sich Araka, der den Namen Nebukadnezar IV. annahm, wurde aber schon Ende November gefangengenommen. Während diese Aufstände für Babylonien keine schwerwiegenden Folgen hatten, griff Xerxes 482 gegen Belschimanni und Schamascheriba schärfer durch, wobei der Marduktempel in Babylon in Mitleidenschaft gezogen wurde. Danach gab es keine von Babyloniern geführten Aufstände größeren Ausmaßes mehr. Die politische Geschichte Babyloniens ist jetzt die Geschichte der Großreiche der Achaimeniden und Alexanders des Großen, der Seleukiden und der Arsakiden.

Über die wirtschaftliche Entwicklung kann man aus den Urkunden ablesen, daß die von Nebukadnezar heraufgeführte Zeit des Wohlstands trotz aller politischen Unruhe nicht nur unter Nabonid, sondern auch noch unter Kyros, Kambyses und Dareios I. weiter anhielt. Unter Xerxes müssen allerdings zahlreiche Städte, so auch Babylon, teilweise verfallen sein. Der wirtschaftliche Niedergang drückt sich auch in einem starken Rückgang der Zahl der erhaltenen Urkunden aus; er muß auch dann noch als sehr bedeutend angesehen werden, wenn man annimmt, daß mehr und mehr aramäische Urkunden auf Papyrus, der sich in Babylonien anders als in Ägypten nicht erhalten hat, an die Stelle babylonischer Tontafeln getreten sind. Die Urkunden lassen erkennen, daß nach wie vor die großen Tempel Wirtschaftskörper mit weitgespannter Aktivität waren. Weiter stellen wir fest, daß die Erfindung der geprägten Münzen in Lydien von Babylonien bald übernommen wurde und mit dazu beitrug, die Tätigkeit der großen Bankhäuser zu erleichtern. Zu dem Haus Egibi und Söhne in Babylon trat nach 500 in Nippur das Haus Muraschschû und Söhne (der Name bedeutet »Wildkatze«!), über dessen Geschäfte unter Artaxerxes I. und Dareios II. in den Jahren 455 bis 403 wir durch ein Urkundenarchiv recht gut unterrichtet sind. Das Archiv zeigt, wie stark die feudale Struktur des Achaimenidenreichs das Bodenrecht in Babylonien umgestaltet und die soziale Stellung der wirtschaftlich abhängigen Bevölkerungsgruppen beeinflußt hat. Neben aramäischen Wörtern und Namen und aramäischen Satzfügungen finden wir jetzt eine beträchtliche Anzahl von Ausdrücken aus der persischen Verwaltungssprache. Nach Ausweis der Namen gab es außer Babyloniern, Aramäern und den persischen Funktionären auch viele Juden, die von der Möglichkeit zur Heimkehr keinen Gebrauch gemacht hatten und in Babylonien geblieben waren.

Das Alexanderreich und später das Seleukidenreich brachte den meisten babylonischen Städten keinen Aufstieg aus dem Niedergang, den sie in der späteren Achaimenidenzeit erlebt hatten. Eine Ursache dafür war gewiß die, daß der Staat sich nur noch unzureichend um die Bewässerung kümmerte und daher beträchtliche Teile des Landes versteppten. Urkunden aus der Spätzeit in der akkadisch-aramäischen Mischsprache sind in größerer Anzahl nur in Babylon und vor allem in Uruk gefunden worden. Uruk erlebte im 3. und 2. Jahrhundert noch einmal wirtschaftlich und geistig eine Spätrenaissance des Babyloniertums, wenn auch der Einfluß der griechischen Führungsschicht immer mehr spürbar wurde. Die Urkunden befassen sich zum größten Teil mit Grundstückskäufen und mit dem Handel mit Tempelpfründen, die fast wie Aktien wechselnde Kurse hatten. Die Kursschwankungen auch in den Boden- und Sklavenpreisen verliefen im großen sehr ähnlich wie in Ägypten und auf den Ägäischen Inseln; es gab also schon damals weltwirtschaftliche Verflechtungen.

Der Übergang Uruks an die parthischen Arsakiden brachte zunächst keine größeren Veränderungen mit sich, führte aber später zu zunehmender Verarmung der alten Familien und damit allmählich zu einem völligen Versiegen der babylonischen Urkunden, die in den anderen Städten schon längst aufgehört hatten; aus der Zeit nach 80 ist keine babylonische Urkunde mehr bekannt.

Monumentale babylonische Bildkunst hatte es schon unter den Chaldäern kaum noch gegeben; einige Stelen Nabonids im syrisch-aramäischen Stil sind höchst dürftige Werke, die nur den König und einige Symbole zeigen. Die Kleinkunst hingegen war noch recht fruchtbar. Vor allem gibt es unter den Terrakotten sehr feine Gestaltungen des uralten Motivs der nackten Muttergöttin mit Kind. In Uruk fand man das Tonfigürchen eines schleichenden Löwen, das an die assyrische Tradition erinnert. Wenig fruchtbar war hingegen die Siegelschneidekunst, die schon seit der Spätzeit des Assyrerreichs neben dem Rollsiegel immer mehr das anspruchslose Stempelsiegel pflegte. Originelle, neue Motive begegnen nur selten, wie etwa die früher ungewöhnliche, jetzt sehr beliebte Darstellung von Hühnern. In der Seleukidenzeit gab es fast nur noch Stempelsiegel.

Im Bereich der Religion sind neue Gedanken nicht mehr erkennbar; man hielt, solange das in den einzelnen Städten möglich war, zäh an den alten Kulten fest. Neben den babylonischen Göttern spielten auch aramäische eine zunehmende Rolle in der Volksreligion. Für synkretistische Erscheinungen fehlten in der Achaimenidenzeit die Ansatzpunkte; die altiranische und die babylonische Religion waren allzu verschieden. Die Hellenisierung unter den Seleukiden führte zu Gleichsetzungen babylonischer und griechischer Götter, wobei etwa Marduk mit Zeus identifiziert wurde. Antiochos I. Soter vergab sich daher nichts, wenn er in einer babylonischen Inschrift, die ganz im alten Stil von seinen Arbeiten an den Tempeln in Babylon und Borsippa berichtet, den Nabû anruft, da er für ihn mit Hermes identisch war. In Uruk führte die Gleichsetzung des alten Himmelsgottes Anu mit Zeus zu einem Wiederaufleben des Kultes dieses Gottes, der seit der frühsumerischen Zeit dort die Stellung eines hochangesehenen *deus otiosus* gehabt hatte; im Mittelpunkt des Kultes in Uruk aber stand Ischtar. Nun wurden plötzlich die mit Anu zusammengesetzten Namen wieder sehr modern, und man stellte Rituale für den Kult Anus an normalen Tagen und in den Festzeiten zusammen. Da sein alter Tempel Eanna längst ein Ischtartempel geworden war, wurde in der Nachbarschaft auf dem lange Zeit verlassenen Gebiet der frühsumerischen An-Tempel ein gewaltiger neuer Tempel mit dem Namen Resch (»Haupthaus«) errichtet, der sich im Grundriß sehr eng an die im Lande traditionellen Tempelanlagen anlehnte. Wegen des Verfalls von Eanna bekamen auch die Göttinnen Ischtar und Nanâ einen neuen gemeinsamen Tempel von ähnlichen Ausmaßen und mit einem gleichartigen Kernheiligtum, der den Namen Eschgal (»Großtempel«) erhielt. Im Resch fand man zwei babylonische Bauinschriften, aus denen hervorgeht, daß der babylonische Statthalter von Antiochos II. und von Seleukos II., Anu'uballit, mit dem zweiten, griechischen Namen Nikarchos, 244 den ersten Bauabschnitt beendet hat. 201 errichtete dann ein anderer Anu'uballit mit dem Beinamen Kephalon den Kernbau des Heiligtums. Von demselben Statthalter fand sich im Eschgal eine aramäische Inschrift, die diesen Tempel als etwa gleichzeitig erweist. Mit ihren bis zu fünf Meter starken Mauern sind beide Tempel

Monumentalbauten, die zeigen, welche Bedeutung die Seleukiden den babylonischen, nur äußerlich da und dort hellenisierten Kulten in den wenigen Städten beimaßen, in denen sie noch bestanden. In beiden Tempeln gab es Archive mit sorgfältig geschriebenen religiösen Keilschrifttexten, meist Abschriften älterer Texte, einige davon mit Flüchen gegen säumige Entleiher.

Sehr bedeutsam war, daß sich auch die Seleukiden wie vorher die Achaimeniden die Pflege der babylonischen Astronomie gemeinsam mit babylonischen und griechischen Gelehrten angelegen sein ließen. Die Astronomie war das einzige Gebiet, auf dem babylonischer Geist, bereichert durch griechische Theorien, noch in der Spätzeit sehr fruchtbar war. Erst nach 500 entstand eine die alten Beobachtungsreihen nutzende rechnende Astronomie, der so wichtige Entdeckungen wie die der Präzession der Tag- und Nachtgleichen durch Kidinnu/Kidenas um 380 gelangen. Zu systematischen Darstellungen gelangte man allerdings auch jetzt nicht; man schrieb lange Reihen von Beobachtungen und oft formelhaft abgekürzte Berechnungen in babylonischer Sprache auf, gab Anweisungen für bestimmte Operationen, konnte aber den Rahmen der an den herkömmlichen literarischen Gattungen haftenden Ausdrucksformen nicht sprengen. Einige Astronomen schrieben auch in griechischer Sprache und für griechische Leser und übernahmen dabei die Formen der griechischen Literatur. Mehr Literat und Historiker als Astronom war Berossos (babylonischer Name Belussur?); er wurde um 340 geboren und widmete 279 dem Seleukiden Antiochos I., dessen Vater er auch politisch beraten hatte, sein Werk Babyloniaca in drei Büchern. Nach den geringen Resten, die davon überliefert sind, enthielt dieses Werk neben manchem Fragwürdigen viele gute Traditionen. Die Astronomen blieben noch lange bei der babylonischen Sprache; das späteste Täfelchen stammt aus dem Jahre 75 n. Chr. Es ist zugleich die letzte Lebensäußerung der uralten sumerisch-babylonischen Kultur.

Die babylonische Kultur hat noch lange nach ihrem scheinbar spurlosen Verschwinden sehr erhebliche Nachwirkungen gehabt. Ihre Religion hat vor allem Israel befruchtet, obwohl die Entlehnungen der Israeliten längst nicht mehr alle der babylonischen und der israelitischen Religion gemeinsamen Züge zu erklären vermögen. Auch in der griechischen Mythologie sind babylonische Einflüsse erkennbar. Die ganze Antike und damit letztlich auch wir haben von den Babyloniern, von ihrer Astronomie ganz abgesehen, viel gelernt, von ihrem Kalenderwesen, von ihrer Zeitrechnung und von ihrer Wirtschaftsgestaltung; dazu gehört auch die Übernahme verschiedener babylonischer Maßsysteme, teilweise, wie bei der »Mine«, sogar mit dem Wort dafür. Die Anzahl der babylonischen oder sogar sumerischen Lehnwörter in den modernen Sprachen läßt sich noch nicht zuverlässig abschätzen. Die Assyrer haben vor allem durch ihre Kunst eine bedeutende Wirkung auf die Bauten und Bildwerke der Achaimeniden und später der Sasaniden ausgeübt, im einzelnen aber auch auf die griechische Kunst. Manche Motive sind über die skythische Kunst Westirans und Südrußlands zu den Goten gewandert und finden sich noch in der romanischen Baukunst Westeuropas wieder.

Für unser modernes Geschichtsbild sind aber weitaus wichtiger die grundsätzlichen Erkenntnisse, die wir der Wiedergewinnung der neben der Ägyptens frühesten Hochkultur der Menschheit verdanken. Wir haben gelernt, daß die Wege, die die Antike auf der einen Seite und das jüdische Volk auf der anderen Seite gingen, nicht die einzigen waren, die im Bereich der Mittelmeerkulturen zu geistiger Entfaltung geführt haben. Wir haben eine ganz eigentümliche und nur unter den geschilderten Voraussetzungen mögliche Art Wissenschaft zu treiben kennengelernt, ohne daß die unserem Denken unerläßlich scheinenden Darstellungs- und Erkenntnisformen ausgebildet waren. Wir haben in der politischen Geschichte an vielen Beispielen gesehen, daß es einseitig und zutiefst unfruchtbar ist, nur die demokratischen und die absolutistischen Regierungsformen einander gegenüberzustellen. Es gibt bei beiden viele und wesentliche Spielformen, und es sind in beiden die Persönlichkeiten, die sie zum Guten oder zum Schlechten oder, was das Normale ist, in verschiedenem Ausmaß zum Guten und Schlechten wenden. Hammurabi und Assurnassirpal regierten absolutistisch, und doch: welche Unterschiede! Sehr wesentlich ist allerdings, daß nicht alle Macht in einer oder in wenigen Händen konzentriert ist. Ein Hammurabi, der die Möglichkeiten gehabt hätte, die äußere Macht zu gewinnen, über die Sargon von Akkade oder die großen Assyrerkönige verfügt haben, wäre vielleicht auch in manchem einen anderen Weg gegangen. Und so ließe sich noch viel anführen, was deutlich machen könnte, wie sehr unser Geschichtsbild durch die Wiederauffindung der alten Denkmäler nicht nur erweitert, sondern vor allem vertieft wurde. Es kann nicht zweifelhaft sein, daß tieferes Eindringen in die alten Texte und Kunstwerke uns noch sehr wesentliche, beglückende wie bedrückende Erkenntnisse über den Menschen bescheren wird.

Franz Altheim

DAS ALTE IRAN

Vorgeschichte. Erstes Auftreten arischer Stämme

Die vorgeschichtliche Zeit gehört nicht zum Darstellungsbereich einer Geschichte Irans. Gleichwohl läßt sich nicht ganz umgehen, auf die Anfänge einen Blick zu werfen. Freilich wird man sich auf Umrisse beschränken müssen, auf die Voraussetzungen, die zum Verständnis der geschichtlichen Gegebenheiten notwendig sind. An erster Stelle ist die Einwanderung der indogermanischen Stämme zu nennen, die sich selbst als Arier bezeichneten und Träger der verschiedenen iranischen Sprachen, Kulturen und Staatenbildungen waren.

Die Einwanderer stießen in einen Raum vor, der kulturell seit alters geprägt war. Das iranische Hochland, nach fast allen Seiten von Gebirgswällen abgeschlossen, stand gleichwohl dem Einfluß der Nachbarländer offen. In den Flußtälern, die dem Hochland nach Südwesten (Irak) und Südosten (Punjab) vorgelagert sind und im Nordosten (turanische Senke) den Übergang zur eurasischen Steppe bilden, waren schon im dritten Jahrtausend städtische Kulturen erwachsen. Während die ältesten Stufen im Gebiet des Oxos und Iaxartes (Amu- und Sir-Darja) schattenhaft bleiben oder allenfalls aus den weiter westlich gelegenen Fundstätten von Anau, am Atrek und in Gurgan sich erschließen, waren an Euphrat und Tigris einerseits, im Punjab andererseits uralte Hochkulturen entstanden.

Zwischen den Funden der Induskultur – Mohenjo Daro und Harappa, Amri und Rupar (am oberen Satlej) – und der sumerischen des Zweistromlandes lassen sich verbindende Fäden knüpfen. Die bemalte Irdenware aus dem Übergang der steinzeitlichen zur bronzezeitlichen Stufe, die in Uruk und el-Obed, Chafadschi und Arpatschije, Tell Halaf und Susa gefunden wurde, war nach Osten hin weit verbreitet. Von Beluchistan erstreckte sie sich nach Sistan und zum Persischen Golf, aber auch nach Nordiran und Westturkestan. Ein vorgeschichtlicher Kulturkreis zeichnet sich ab, der weite Teile Irans umfaßt und sich nach Süden bis zu den Küstenländern des Indischen Ozeans erstreckt hat.

Auch die nachmalige Persis gehörte diesem Kulturkreis an. Unter Persepolis wurde eine dörfliche Siedlung mit bemalter Ware gefunden; ihr entsprechen Ruinenhügel in benachbarten Orten. Welcher Art die Bewohner waren, läßt sich nicht mit Bestimmtheit sagen. Man hat sie den Elamitern zugewiesen, die nach Ausweis ihrer Sprache weder semitischer noch indogermanischer Herkunft waren. Nachwirkungen der elamischen Kultur haben sich im iranischen Südwesten bis tief in geschichtliche Zeit hinein erhalten.

Noch die mehrsprachigen Inschriften der Achaimeniden, die mit dem letzten Viertel des 6. Jahrhunderts beginnen und bis ins 4. Jahrhundert reichen, verwenden neben dem Persischen und Babylonischen regelmäßig das Elamische. In Persepolis wurden die Ein- und Ausgänge des Schatzhauses bis kurz vor die Mitte des 5. Jahrhunderts auf elamisch beschrifteten Keilschrifttabletten verzeichnet. Maraphier und Maspier, die Herodot unter den Stämmen der Persis nennt, tragen einen elamischen Namen. Elamische Kleidung und Haartracht herrschten langehin, und die altpersischen Felsreliefs besitzen ihre elamischen Vorgänger. Politisch und kulturell muß die Persis einmal eine elamische Provinz gewesen sein.

Was in diesem Fall sich fassen läßt, darf man anderswo wenigstens vermuten. Ganz Iran wird eine alte und vergleichsweise entwickelte vorindogermanische Kultur gekannt haben. In diesen Bereich brachen wandernde Stämme ein, übernahmen die Herrschaft und gaben dem Land den Namen Iran, der nichts anderes als das »(Land) der Arier« bedeutet.

Inder und Iranier hatten einen Teil ihres Wanderweges gemeinsam. Die vedischen Inder mögen als erste Welle vom Nordwesten und Westen, also über den Hindukush und aus Ostiran, ins Punjab und das Industal gelangt sein; daß sie vorher den Oxos und Iaxartes überschritten haben oder doch dem Westufer des Oxos entlang gewandert sind, läßt sich kaum abweisen. Denn zweifellos entstammten die Einwanderer dem transkaukasischen, überhaupt dem südrussischen Bereich, wo ihre Sprache tiefe Spuren bei den dort wohnenden Ugro-Finnen hinterlassen hat. Den gleichen Weg schlug ein Teil der Iranier ein, vor allem die nachmaligen Baktrer und Sogder, deren Einbruch über Oxos und Iaxartes sich abzeichnet. Sie folgten den Spuren ihrer indischen Vettern, mehr noch: sie drängten und vertrieben ihre Vorgänger, die im »Weißen Indien«, in Arachosien, sich zu halten suchten, übers Gebirge hinweg in die Indusebene. Und der ersten Welle zur Seite gab es eine zweite, die neben den Einwanderern von Nordosten her den Kaukasus überschritten haben muß: die Meder und Perser.

Vorerst lassen sich die Spuren der einwandernden Ost-Iranier archäologisch kaum fassen. Die zweite Schicht von Nad-i Ali, im heutigen Sistan, fällt ins 8. Jahrhundert und zeigt die Pfeilformen eines aus Südrußland stammenden Reitervolkes. Tiefere Schichten hat man nicht erreicht. Man mußte sich damit begnügen, die eingewanderten Iranier in einem Stadium kennenzulernen, das sie vermutlich erst einige Jahrhunderte nach ihrer Ankunft erreicht haben. Besser steht es mit Westiran, vor allem mit jenem Stamm, dessen Name als eine Art »Leitfossil« gelten darf, den Persern.

Ihnen gehörten nicht nur die nachmaligen Bewohner der Gebirgslandschaft im Südwesten an, die heute noch nach ihnen heißt (Fars). Stämme, die den Persernamen trugen, lebten in geschichtlicher Zeit in Chwarezm und seiner Nachbarschaft, am Unterlauf des Oxos und südlich des Aralsees. Dort hatte man den persischen Kalender, persische Titel und Ortsnamen; man rühmte sich, »ein Zweig von dem großen Baum der Perser und ein Wurzelschoß ihres Stammes« zu sein, wie Chwarezms größter Sohn Biruni es ausdrückte. Das Zeugnis der ältesten Sprachreste bestätigt solch persische Verwandtschaft.

Den Parsua begegnet man erstmals auf medischem Gebiet, westlich des Urmiasees. Davon künden assyrische Annalen, die auch die Wanderung nach Südosten verfolgen lassen. Sie verläuft in das Gebiet nordöstlich von Susa, nicht weit vom elamischen Anschan (Parsamasch, Parsumasch), bis sie endlich in der Persis ihr Ziel findet. Von diesem Wanderzug haben sich die Chwarezmier und ihre Nachbarn (Parsier, Pasianer) frühzeitig, wohl schon am Urmiasee, getrennt. Sie umgingen die Salzwüste, die Irans Mitte einnimmt, im Norden, wie dies ihre Vettern im Süden taten. Am Nordrand des Landes, innerhalb der Gebirgsketten sich nach Osten vorschiebend, erreichten sie den Oxos, dessen Flußlauf sie nach Nordwesten folgten; so gelangten sie in die Niederung südlich des Aralsees, nach Chwarezm. Die letzte Wegstrecke läßt sich an Hand von Angaben der Griechen Hekataios und Herodot verfolgen.

Der persischen Einwanderung ging die der nachmaligen Meder zur Seite. Auch sie mögen über den Kaukasus gekommen und von dort in den Nordwesten Irans vorgedrungen sein. Ihre Kultur kennt man aus der Nekropole B von Sialk (Beginn des ersten Jahrtausends v. Chr.); in der Bestattung und den Beigaben bezeichnet sie einen Wandel gegenüber allem, was an älteren Stufen in der Nachbarschaft (Kaschan) vorangegangen ist. Gleich den Ostiraniern in Nad-i Ali handelte es sich um ein kriegerisches Reitervolk. Man führte den Bogen und das Hiebschwert; man schützte sich durch bronzene Helme und Panzerbleche. An der Stelle der älteren steinzeitlichen Siedlung von Sialk erhob sich jetzt die Burg eines reisigen Herrn, auf einem Hügel angelegt und von turmbewehrter Mauer umgeben.

Ein mit Figuren verziertes Bronzeblech bestätigt, daß diese Meder sich nicht mehr des Streitwagens bedienten. Sie ritten das Pferd, und diese umstürzende Änderung der Kampfesweise sollte die Iranier zu gefährlichen Feinden, schließlich zu Siegern über die uralten Kulturen und Herrschaften des Zweistromlandes werden lassen. Dem Reiterkrieger war – zunächst durch Nachahmung anderer, bald aber in eigenem Vordringen – der Siegeszug vorherbestimmt. Überall faßte er seit seinem ersten Auftreten in Sialk Fuß. Man begegnet ihm seit der Jahrtausendwende in Syrien und im oberen Mesopotamien: in Mar'asch und Sendschirli, in Karkemisch, Tell Achmar und Tell Halaf. Im Jahre 860 v. Chr. erscheint eine Reiterei erstmals auch im assyrischen Heer, bewaffnet mit dem Bogen, seltener mit der Lanze.

Zeitlich und ursächlich fällt dieser Wandel mit dem Vordringen der iranischen Stämme in dem nach ihnen genannten Hochland zusammen. Unter Salmanassar III. (gestorben 824) werden die Meder erstmals erwähnt, unter Sargon II. (722–705) lieferten sie als Tribut Pferde eigner Zucht für das assyrische Heer. In den fruchtbaren Tälern Mediens wuchs eine edle Rasse, bevor noch unter den Achaimeniden die nisäischen Rosse und ihre Weiden in aller Munde waren. Reliefs aus Persepolis zeigen den Pferdetribut der Meder. Die neueingeführte »medische Hose« war, wie ihr Name besagt, ein Schenkelschutz *(sarabara)* und ursprünglicher Bestandteil reiterlicher Tracht. Berittene Bogenschützen brachten den Medern den Sieg über die kriegsgewohnten Heere der Assyrer.

Der Begründer des medischen Reiches, Deiokes, bleibt freilich ein Schatten. Herodots Bericht über ihn, über die Gründung der Hauptstadt Ekbatana und die Aufstellung einer Leibgarde läßt sich geschichtlich nicht auswerten. Man kann diesen ersten Mederkönig auch kaum jenem Stammesfürsten Daiaukku gleichsetzen, den Sargons II. Annalen unter dem Jahre 715 aufführen. Sicher ist nur, daß das neue Herrschaftsgebilde schon im ersten Viertel des folgenden Jahrhunderts unter den Druck einer weiteren Welle iranischer Herkunft geriet. Kimmerier, aus dem transkaukasischen Bereich nach Süden drängend, ergossen sich über Armenien, schwächten das dortige Reich Urartu und plünderten die Nachbarländer (um 680). Durch skythische Scharen verstärkt oder abgelöst, traten die nordiranischen Nomaden zeitweilig in die Dienste des zweiten Mederkönigs Phraortes (Kschatrita, Kaschtarit), der um 675 Deiokes gefolgt war. Aber auch die Hilfe dieser Reiterkrieger konnte nicht verhindern, daß Phraortes dem assyrischen Heer Assurbanipals (669–630) erlag. Niederlage und Tod des medischen Herrschers (653) beraubten das Land der einheitlichen Lenkung. Fast drei Jahrzehnte hindurch konnten die Skythen von Armenien aus die umliegenden Gebiete heimsuchen.

Erst Kyaxares (Uwachschatra, 625–585) gelang es, die Plünderer zu Paaren zu treiben und die Ordnung wiederherzustellen. Das neu erstarkte Mederreich griff alsbald in die Kämpfe ein, die gegen den zweiten Erbfeind, die Assyrer, begonnen hatten. Mit Babylonien verbündet, das sich unter König Nabupolassar (626–605) von der Fremdherrschaft endgültig befreit hatte, ging Kyaxares gegen die assyrischen Kernlande vor. Ein erster Versuch gegen das wohlbefestigte Ninive scheiterte. Aber 614 wurde Assur erobert, und 612 folgte, in gemeinsamem Bemühen genommen, Ninive. Sechs Jahre darauf fiel auch das Gebiet von Harran, wo sich ein Teil des assyrischen Heeres noch gehalten hatte, den Siegern zur Beute. Der Untergang Assyriens war damit vollendet.

Kyaxares' letzter Feldzug gegen das Reich der kleinasiatischen Lyder endete mit einem Frieden, den Nebukadnezar II. vermittelte (585). Als dieser größte Mederkönig kurz darauf starb, fiel eine ausgedehnte und gesicherte Herrschaft seinem Sohn Astyages (Ischtuwegu, 585–550) zu. Ein allseitiger Friede ließ das Land aufblühen, stumpfte freilich auch die kriegerische Kraft ab. In Astyages' Jahren, da die Freude am Hofleben zunahm, mag der Schatz von Ziwije zusammengekommen sein, in dem Goldschmiedearbeiten der verschiedensten Herkunft begegnen. Auch die Anlage der medischen Felsgräber mag in dieselbe Zeit fallen. Beides bezeugt, daß man den unter Kyaxares erworbenen Reichtum zu genießen verstand.

So schien das Land nach wechselvollen Schicksalen zur Ruhe gekommen zu sein. Doch schon stand der Nachfolger bereit, der die Meder an die zweite Stelle unter Irans Stämmen verweisen sollte.

Beginn der iranischen Geschichte

Meist läßt man Geschichte dort beginnen, wo das schriftliche Zeugnis sich einstellt. Solche Begrenzung mag hingehen, wofern man sich bewußt bleibt, daß mit Schriftlichkeit nur ein äußeres Merkmal erfaßt ist. Voraussetzung aber aller Überlieferung ist, daß einer die Berufung fühlte, seiner Mitwelt zu sagen, was nicht verlorengehen durfte. Dazu mochte ihn sein Innerstes bewegen oder der Auftrag eines Gottes ihn treiben. Oder er wünschte, daß »bei der Nachwelt nicht vergessen werde, was unter Menschen einst geschehen ist«. Herodot fügt diesen Worten hinzu: »Auch soll das Andenken an große und wunderbare Taten nicht erlöschen, die Hellenen und Barbaren getan haben.«

Schriftlichkeit konnte hinzutreten, um der Aussage Dauer zu verleihen. Aber gesprochenes Wort der Dichter, von Mund zu Mund und Generation zu Generation gehend, durch Eindringlichkeit und unwiederholbare Schönheit, durch rhythmische Bindung und Glanz der Rede einprägsam und unverlierbar, hat schon immer das Schreiben zu ersetzen vermocht. Scheinbar Flüchtigstes, in Wahrheit Unzerstörbares trat dem zur Seite, was mit der stofflichen Haltbarkeit von Stein, Pergament und Papyrus gerechnet hatte. Mündliche Überlieferung hat weder den Veden noch der altarabischen Dichtung oder dem finnischen Kalewala ein Bestehen über Jahrhunderte hinweg verwehrt. Denn um den Fortbestand ging es: geprägte Kunde und geprägtes Wort so aufzurichten, daß im Anspruch zugleich Verheißung gestiftet war. Stiftung ist Mythos, unveräußerliches Erbe, das fortzeugt und fortwirkt. Damit hebt an, was allein des Namens Geschichte würdig ist.

Für Iran trat Stiftung, die Geschichte aus sich entläßt, gleichzeitig an doppeltem Ort hervor. Die Persis im Westen und das Land an Oxos und Iaxartes im Osten, Gründung eines Weltreiches und Forderung im Bereich des Geistes, beides den Zeitgenossen mit siegreicher Gewalt sich offenbarend – genug: Kyros und Zarathustra besagen, daß die geschichtliche Stunde geschlagen hat. Die beiden Grundlagen iranischer Geschichte: Berufung zur Herrschaft und Verkündigung der wahren Lehre standen sich schon zu Anfang gegenüber.

Bisher hatte sich iranisches Wesen unter fremder Form geäußert. Nirgendwo bediente man sich der eignen Sprache, weder in Recht und Verwaltung noch innerhalb des Kultes. Hier war man stumm geblieben, und dort hatte sich das Elamische angeboten. Auch unter Kyros ward es nicht anders. Nur sollten, entsprechend der gewaltigen Erweiterung seiner Herrschaft, Akkadisch und Aramäisch hinzutreten. Man besitzt zwar kurze Inschriften, die auf altpersisch in Kyros' Namen sprechen, doch sind sie möglicherweise von Dareios I. gesetzt. Dagegen hat Zarathustra erstmals seinem Volk die Zunge gelöst und sich in seiner Sprache vernehmen lassen. Als Künder und Dichter trat er vor dieses Volk und gebrauchte jene Worte, die allein zum Herzen gingen. Darum soll mit ihm die Darstellung beginnen.

Zarathustra. Geschichtliche Einordnung

Iran hat mit Griechenland eines gemeinsam: ihr größter Geist erscheint als Auftakt ihrer Geschichte. Zarathustra und Homer haben – bei aller Verschiedenheit – länger als ein Jahrtausend das Gesicht ihres Volkes und ihres Landes geprägt. Als die großen Archegeten behielten sie auch dann ihren Ort in der Geschichte, als ihre Welt von einer anderen verdrängt wurde – vom Islam und vom Christentum. Zarathustra und Homer schufen Unverlierbares. Diese Feststellung aber erschöpft die Vergleichbarkeit Zarathustras mit Homer. Was darüber hinausführt, betont nur ihre Verschiedenartigkeit. Zarathustras Stellung in der Geschichte ist nur in ihrer Einmaligkeit zu verstehen.

Die Klarheit der sprachlichen Form und die zwingende Gültigkeit der homerischen Gestaltung haben in den Jahrtausenden nichts von ihrer Wirkung eingebüßt. Im Gegensatz zu dem Strom homerischer Verse, deren Zahl in die Tausende geht, füllen die Gathas allenfalls einen schmalen Band. Und das wenige, das dieser Band enthält, gehört nach sprachlichem und sachlichem Verständnis zum Unzugänglichsten der alten Literaturen. Gedrängte Form, Wortverschränkung und syntaktisch harte Fügung treffen sich mit stärkster Eigenwilligkeit der Gedanken. Alles zusammen bewirkt, daß Zarathustras Hinterlassenschaft trotz philologischer Bemühung eines Jahrhunderts und mehr weithin unerschlossen geblieben ist. Leuchtkraft und geprägte Form des Griechen bewirken, daß man von ihm, der so vollendet hervortritt, als dem Wunder Homer sprechen darf. Im anderen Fall trifft das Wort vom Rätsel Zarathustra das Richtige.

Zarathustra steht an der Grenze von Vorgeschichte und Geschichte oder, wenn man will, an der von Mythos und Geschichte. Er schien sich der genaueren zeitlichen Festlegung zu entziehen. Wieder ist er Homer vergleichbar, dessen Jahrhundert, Heimat und Wirkungsbereich nicht einhellig festzulegen war. Athena gleich, so schien es, waren beide fertig aus Gottes Haupt hervorgegangen. Alle Spuren des Werdens mit seiner Unfertigkeit hatten sie hinter sich gelassen. Doch bei Zarathustra geschah das Unerwartete: das Jahr seines »Erscheinens« ließ sich auf 569/568 v. Chr. festlegen.

Mit dem »Erscheinen« konnte das vierzigste Lebensjahr, die »Blüte« eines Menschen nach alter Zeitrechnung, oder das dreißigste gemeint sein, das Jahr der ersten Offenbarung Zarathustras. Da zeigte ein in arabischer Übersetzung wiedergefundenes Bruchstück aus Porphyrios' Chronik, daß der Prophet 522/521 gestorben war. Rechnet man dessen bezeugte siebenundsiebzig Lebensjahre zurück, so kommt man auf 599/598 für seine Geburt und auf 569/568 für den Beginn der ihm zuteil gewordenen Offenbarung.

Nun ist eine geschichtliche Einordnung möglich. Zarathustra war jüngerer Zeitgenosse des Jeremia von Anatoth, älterer des Deuterojesaja. Er steht in der Mitte der Männer, die den Höhepunkt jüdischen Prophetentums verkörpern. Das Zusammentreffen ist bedeutungsvoll. Prophetie in Ostiran und Prophetie in Juda sind Teile *einer* geschichtlichen Erscheinung. Auch im benachbarten Indien bieten sich Parallelen an. Ein Beispiel mag für andere stehen:

Das frag' ich dich, künd es mir recht, o Herr:
Wer wahrt' die Erde drunten und den Himmel
Vor ihrem Sturz? Wer Wasser und die Pflanzen?
Wer lieh dem Winde und den Wolken Schnelle?
Wer, Weiser, ist des Guten Sinnes Schöpfer?
Das frag' ich dich, künd es mir recht, o Herr:
Wer schuf wohlwirkend Licht und Dunkel?
Wer schuf wohlwirkend Schlaf und Wachen?
Wer Morgen, Mittag und die Nacht,
Die den Verständ'gen seiner Pflicht gemahnen?

Diese Strophen Zarathustras erinnern an bestimmte Lieder des indischen Rigveda: an die »philosophischen« Hymnen des ersten und des zehnten Buches. Erneut zeigen sich Zusammenhänge, in denen Zarathustra seiner geschichtlichen Stellung nach steht. Zur selben

Zeit trennt man sich in Ostiran und Indien von überlieferten Formen des Denkens und der dichterischen Rede.

Und noch etwas zeichnet sich ab: der ornamental strenge Aufbau dieser Gathas. Zu Beginn jeder Strophe kehrt fast wörtlich dieselbe Frage wieder; fast ebenso regelmäßig erscheint das Fragewort am Anfang der übrigen Zeilen. In einer anderen Gatha heißt Zarathustra seinen Anhänger Fraschauschtra Haugava sich dorthin wenden,

Wo mit der Wahrheit Demut sich vereint.
Wo in des Guten Sinnes Hand die Herrschaft,
Wo im Gedeihen wohnt der Weise Herr,

und dann, über die Strophengrenze hinüberreichend,

Wo künden will ich eure gute Tat...

Vier Verse also, die eine Sinneseinheit bilden und mit »wo« eingeleitet sind. Auch hier wird das Ornamentale deutlich, ein Parallelismus, eine fast schematische Reihung.

Die Konjunktion »wo«, die wie eine Klammer die parallelen Glieder zusammenhält, ist in Zarathustras Sprache, im Avestischen, vom Relativstamm abgeleitet. Und eine gemeinsame Wurzel verbindet diesen mit dem Fragepronomen »wer«, das den Anrufungen Ahuramazdas, ihrem stets erneuerten Anheben Pathos verleiht. Die Reihung von Relativsätzen oder Sätzen, die mit relativischen Konjunktionen eingeleitet sind, findet sich in der altiranischen Literatur nicht nur in den Gathas. Dareios I. gebraucht sie in seinen Inschriften, wenn er Ahuramazdas Größe preist:

der diese Erde schuf,
der jenen Himmel schuf,
der den Menschen schuf,
der die Segensfülle schuf für den Menschen,
der Dareios zum König machte...

Das Relativum am Anfang jeder Zeile kehrt wieder, die Parallele bleibt gewahrt. Relativstil und Partizipialstil gehören zu den Typen religiöser Rede, die auch dem semitischen Vorderasien zur Verfügung standen. Beispiele aus dem Babylonischen stehen neben solchen, mit denen die klassischen Literaturen in ihrer Spätzeit dem Vorbild gefolgt sind. Der jüdische Prophet nimmt diese Form wieder auf:

Ich bin Jahve, der alles schafft, der den Himmel ausbreitet ganz allein,
Der die Erde festigt aus eigner Kraft,
Der die Zeichen der Orakler zerbricht und macht die Weissager zu Toren,
Der die Weisen zum Rückzug bringt und narrt ihre Kunst...

So spricht Deuterojesaja, ein Zeitgenosse Zarathustras. Jede Doppelzeile beginnt im hebräischen Text mit dem Partizip und geht ins Imperfekt über, statt der ersten Person wird meist die dritte gebraucht. Dieser Stil bestätigt, daß Prophetie in Ostiran und in Juda gleichermaßen zu einer Bewegung gehören.

Zarathustras Heimat

Zarathustras Heimat hat man bisher mit den Methoden der Dialektforschung festzulegen versucht. Das Avestische ist zwar eine ostiranische Sprache; es läßt sich aber keinem der bekannten Dialekte gleichsetzen. Große Literatursprachen – und das Avestische gehört als Sprache Zarathustras dazu – sind auf solchem Weg in ihrem Werden nicht zu erfassen. Dialekte wachsen naturhaft-organisch, Literatursprachen aber – mag es die Sprache Homers oder Sanskrit, klassisches Arabisch oder eine europäische Literatursprache sein – entspringen der einmaligen Schöpfung. Als große Form, geprägt in unwiederholbarem Augenblick der Geschichte, gehören sie der Welt des Geistes an.

Nach späterer Überlieferung wirkte Zarathustra am Ufer des Oxos und in Medien. Wie diese Doppelheit des Ortes entstand und was sich dahinter verbirgt, ist ungeklärt. Sprachliche und geschichtliche Zeugnisse deuten an, daß der Prophet im ostiranischen Baktrien, nicht in Medien, mit seiner Verkündigung begann.

Das Land beiderseits des Oxos und Iaxartes besaß eine uralte städtische Kultur. Sieben Städte am Iaxartes wehrten unter den Achaimeniden die Einfälle der Nomaden aus der westlich sich erstreckenden Steppe ab. Die größte unter ihnen war eine Gründung oder Umgründung des Kyros; als Kyreschata oder Kyropolis trug sie seinen Namen und war am stärksten bewehrt; ihre hohen Mauern wurden von einer Burg überragt. Diese fortgeschrittene Festung war die jüngste, angelegt von einem Zeitgenossen Zarathustras, die anderen Burgen müssen aus noch früherer Zeit stammen.

Eine nomadische Welt wird sichtbar, gegen die eine städtische Kultur kämpft und sich mit Sperrlinien abschirmt. Eine Linie verläuft den Iaxartes entlang; eine zweite wird am Oxos angenommen. Nach Kyros hat hier Dareios Krieg gegen die Saken oder Skythen geführt, Nomaden, die sich in die Stämme der »Spitzmützigen« und der »Haoma-Trinker« schieden. Zarathustras Anhänger müssen innerhalb dieser Sperrlinien gesucht werden, denn die »Haoma-Trinker« genossen den aus arischer Vorzeit überkommenen Rauschtrank, den »Todabwehrer« Haoma, und ihn hatte der Prophet verdammt. Wider die »Wahrheit« wenden sich alle, so heißt es in der fünften Gatha, die den Genossen der Lüge helfen und das Rind töten, weil sie damit die Hilfe des »Todabwehrers« herbeirufen. Von dem »Unflat des Rauschtrankes« spricht eine zweite Stelle, und weiter heißt es, daß durch ihn die schlechten Herrscher die Lüge fördern.

Zarathustras Verkündigung gilt dem befriedeten und geschützten Gebiet diesseits des Oxos und Iaxartes, der Zarathustra feindliche Bereich der Räuber und Nomaden lag jenseits der beiden Ströme. Schon früh ist das »Land des Friedens« dem Ackerbau erschlossen worden. Herodot berichtet von einer Stauanlage an den Grenzen von fünf Stammesgebieten, die diese Länder bewässerte. Der persische Großkönig hatte sie errichtet, indem er Abflüsse mit Schleusen verschloß und nur so viel Wasser zuteilte, wie die Länder benötigten. Dem königlichen Schatz erwuchsen daraus erhebliche Einnahmen. Herodots Angaben deuten neben der achaimenidischen Ordnung eine ältere an, die schon vor Errichtung der persischen Herrschaft bestanden hat. Damals floß das Wasser noch ungehindert und unbesteuert auf die Felder.

Der Gott Ahuramazda
Relief am Felsdenkmal Dareios' I. in Bisutun/Medien, um 520 v. Chr.

Skythischer Bogenschütze
Griechische Marmorskulptur vom Westgiebel des Tempels der Aphaia auf der Insel Ägina, um 510 v. Chr.
München, Staatliche Antikensammlungen

Ausgrabungen im Gebiet des unteren Oxos, in Chwarezm, bestätigen diese Angaben. Immer schon wurde Bewässerung des Landes mit größter Sorgfalt betrieben. An den Funden der früheisenzeitlichen Kultur ist bereits bäuerliche Besiedlung zu erkennen. Aus der ersten Hälfte des letzten vorchristlichen Jahrtausends fanden sich langgestreckte Gemeinschaftshäuser mit rechtwinkligem Grundriß. Im 6. Jahrhundert traten umwallte Festungen auf, die Mensch und Tier Zuflucht boten. Es waren Wohnmauersiedlungen, wieder mit rechtwinkligem Grundriß, darin der Bevölkerung die Gänge zwischen den Häusern zugewiesen waren, den Herden aber der freie Raum blieb, den die Befestigung umschloß. Die späteren Bücher des Avesta kennen ähnliche Verhältnisse. Des sagenhaften Königs Yima berühmter *vara*, darin er Rinder, Menschen, Hunde, Vögel und das Feuer vor der Sintflut schützt, erweist sich als solch eine Wohnmauersiedlung, rechteckig und mit langen Gängen angelegt.

Die Auffassung, daß Zarathustra Bauern gepredigt habe, ist durch nichts gerechtfertigt. Nirgends fällt in den Gathas ein Wort vom Ackerbau und dessen Voraussetzung, der Bewässerung. Zarathustra wendet sich vielmehr an den Heger und Pfleger der Kuh; ihm kündet er, und für ihn tritt er ein. Und doch kann es sich nicht um viehzüchtende Nomaden gehandelt haben, ausdrücklich nennen die Gathas Haus, Gemarkung und Dorf. Für »Dorf« gibt es eine Bezeichnung, die zugleich »Geschlecht« bedeutet; das blutsmäßige Band bestimmte also die Beziehungen zwischen den Bewohnern, vor allem unter den herrschenden Geschlechtern. Wieder sind die chwarezmischen Wohnmauersiedlungen zu vergleichen, die Siedlungen einer Sippe oder einer Anzahl verwandter Sippen gewesen sein mögen.

Entscheidend ist, daß für Zarathustra und seine Hörer Kuh, Weide und Milch traditionelle Bilder der Dichtung waren. Übereinstimmung mit den Veden drängt sich auf. Die Gathas sprechen, wenn sie diesem Brauch folgen, in mythischen Bildern und wollen nicht vom örtlichen Viehzüchtertum berichten. Zarathustras Zeugnis gilt nicht ohne weiteres für wirtschaftliche oder soziologische Tatbestände. Es kündet vielmehr von den Vorstellungen, die ihn und seine Zeitgenossen bewegten. Und da besteht kein Zweifel, daß gleich überkommener und gegenwärtiger Dichtung die Vorstellungswelt der Menschen dieser Zeit vom Tier erfüllt war. Sie lebten und dachten in ihm; was sich auf den Bereich des Tieres bezog, bewegte sie stärker als Ackerbau, Hauswirtschaft und Bewässerung, Tätigkeiten, die ihnen zumindest gleichermaßen vertraut waren.

Hinzu kommen noch Pferd und Kamel, das Pferd *(aspa)* taucht im Namen des Vischtaspa und seines Vaters Aurvataspa auf, des Dschamaspa und anderer. Der Name Zarathustra bedeutet »Besitzer goldfarbener Kamele« oder, nach anderer Deutung, »Kameltreiber«. Ahuramazda hat seinem Propheten zehn Stuten samt einem Hengst und ein Kamel als Lohn verheißen. Noch in islamischer Zeit bewahrt Balch den Ruf des baktrischen Kamels.

Vor allem aber dem Rind gilt Zarathustras Sorge, und die gleiche Haltung ist denen auferlegt, an die sich seine Mahnung wendet. Denn das Rind ist die Verkörperung des »Guten Sinnes«, Spender und Nährer des Menschen. Als Heger und Züchter dieses gütigen Tieres bewährt sich ein Mann, der Gott am Herzen liegt. Das Rind liefert Zarathustra die Bilder und Gleichnisse, daran es seiner Rede nicht mangelt, und das Rind darf sich gar

Frühgeschichte

1500–1000 v. Chr. Eindringen der indogermanischen Iranier (Arier) in Iran. Im Nordosten lassen sich die späteren Sogder zwischen Iaxartes und Oxos, die späteren Baktrer südlich des Oxos nieder.

836 Unter *Salmanassar III.* treten die Meder erstmals auf.

715 Der medische Fürst *Daiaukku* in assyrischen Annalen erwähnt.

um 700 Die Perser in ihrer späteren Heimat (Persis) zum erstenmal bezeugt; Beginn des Königtums der *Achaimeniden.*

um 680 Einbruch der südrussischen Kimmerier in Kleinasien und Nordwest-Iran.

679 Abwehr der Kimmerier durch *Assarhaddon* von Assyrien.

675–653 *Phraortes* König von Medien.

um 660 Die Skythen folgen dem Einbruch der Kimmerer und treten in medische Dienste.

653 *Phraortes* unterliegt den Assyrern unter *Assurbanipal.*

um 640 Teilung der achaimenidischen Herrschaft über die Persis, *Kyros I.* erhält das elamische Anschan.

625–585 *Kyaxares* König über Medien; ihm gelingt die Abwehr und Vertreibung der Skythen.

616 *Kyaxares* vernichtet im Bund mit *Nabupolassar* von Babylon das assyrische Reich.

614 Zerstörung Assurs.

585 *Kyaxares* zieht gegen Lydien, Friede unter *Nebukadnezars II.* Vermittlung.

Das Reich der Achaimeniden

599/8 Geburt *Zarathustras.*

569/8 *Zarathustras* erste Offenbarung. Er beginnt mit der Abfassung der Gathas.

559–530 *Kyros II.* König von Persien.

550 *Kyros* erhebt sich erfolgreich gegen seinen medischen Oberherrn *Astyages* und erbaut Pasargadai als Residenz.

547–546 *Kyros* besiegt König Kroisos von Lydien und erobert das lydische Reich; Unterwerfung der Griechenstädte im westlichen Kleinasien, der Lykier und Karer.

539 Eroberung Babylons (Oktober); Ende des babylonischen Königtums.

530 *Kyros* sichert die Iaxartesgrenze. Gründung von Kyreschata. *Kyros* fällt im Kampf mit den Massageten.

530–522 *Kambyses, Kyros'* Sohn; er tötet nach seinem Regierungsantritt seinen Bruder *Bardija.*

525 *Kambyses* erobert Ägypten.

522 Erhebung des Magiers *Gaumata.*

522/1 *Zarathustras* Tod.

521–486 *Dareios I.*, aus einer Nebenlinie des Achaimenidenhauses; er tötet *Gaumata* und besteigt den Thron (16. Oktober). Niederwerfung der Aufstände im Reich. Abfassung der großen Inschrift von Bisutun.

519/8 Zug nach Ägypten, Hinrichtung des Satrapen *Aryandes.* Neuordnung des Landrechtes (bis 503).

512 Feldzug gegen die Skythen mißlingt.

500 Aufstand der ionischen Griechen in Westkleinasien. Nach anfänglichen Erfolgen niedergeworfen (494).

498 Die Ionier erobern Sardes.

495 Seesieg der Perser bei der Insel Lade.

494 Zerstörung Milets.

490 Persisches Unternehmen gegen Euboia und Attika, das Landheer bei Marathon geschlagen.

485–465 *Xerxes I.;* Unterdrückung von Aufständen in Babylonien und Ägypten.

480–479 *Xerxes'* Unternehmen zur Unterwerfung Griechenlands endet mit einem Mißerfolg; Athen und seine Bundesgenossen tragen den Krieg nach Kleinasien und Cypern.

465–424 *Artaxerxes I.;* Aufstand in Baktrien unterdrückt.

456 Ägyptischer Aufstand des *Inaros* von *Megabyzos* niedergeschlagen.

448 Friede mit Athen (Kallias-Friede, Frühjahr), Westkleinasien bleibt unter athenischer Führung selbständig.

424–405 *Dareios II. Nothos.*

412 Aufstand des *Amyrtaios* in Ägypten.

405–359 *Artaxerxes II. Mnemon.*

404 Fall Athens.

401 *Kyros der Jüngere* erhebt sich gegen seinen Bruder *Artaxerxes* und fällt in der Schlacht bei Kunaxa.

387 Antalkidas-Friede, Westkleinasien und Cypern fallen ans Reich zurück.

359–338 *Artaxerxes III. Ochos;* Niederwerfung von Aufständen in Kleinasien und Phönikien.

341 Ägypten unterworfen.

338/6 *Artaxerxes III.* und sein Nachfolger *Arses* vom Eunuchen *Bagoas* vergiftet.

336–330 *Dareios III. Kodomannos; Bagoas* getötet.

Fremdherrschaft

334 *Alexander* von Makedonien siegt am Granikos, Eroberung Kleinasiens.

333 *Alexander* besiegt *Dareios III.* bei Issos, an den kilikischen Pforten, Eroberung Syriens und Ägyptens (bis 331).

331 *Dareios III.* zum zweitenmal von *Alexander* bei Gaugamela besiegt (Oktober), Eroberung von Babylon, Susa, Pasargadai, Persepolis und Ekbatana.

330 *Dareios III.* auf der Flucht nach Ostiran von dem Satrapen Baktriens, *Bessos*, getötet. Ende der achaimenidischen Dynastie.

330–327 Kämpfe *Alexanders* in Ostiran.

329/8 *Alexander* legt makedonisch-persische Königstracht an, Beginn der Versöhnungspolitik zwischen Makedonen und Persern.

324 Hochzeit zwischen Makedonen und persischen Frauen in Susa.

321 *Seleukos* wird Satrap in Babylonien.

318–316 *Eumenes* verbündet sich mit *Peukestes*, Satrap der Persis. Niederwerfung der Selbständigkeitsbestrebungen in der Persis.

316 *Seleukos*, aus Babylon vertrieben, gewinnt seine Satrapie zurück, dazu Medien und die Susiane, 312 auch Baktrien.

305 *Seleukos* nimmt die Königswürde an. Sein Reich umfaßt ganz Iran und das Zweistromland.

293 *Seleukos'* Sohn *Antiochos* wird Mitregent und König der Oberen Satrapien.

281–261 *Antiochos I. Soter*, Sohn und Erbe *Seleukos'*.

261–246 *Antiochos II. Theos;* zunehmende Selbständigkeit des baktrischen Satrapen *Diodotos.*

247 Der Partherkönig *Arsakes I.* gründet die arsakidische Dynastie.

246–226 *Seleukos II. Kallinikos;* Bruderzwist im Seleukidenhause. Fortschreitende Selbständigkeitsbestrebungen in Baktrien und bei den Parthern.

228 *Diodotos II.* von Baktrien schließt ein Bündnis mit den Parthern.

223–187 *Antiochos III.*, der Große.

209–206 Anabasis *Antiochos' III.* Er besiegt die Parther und *Euthydemos*, den König Baktriens, und gewinnt ganz Iran bis zum Hindukush zurück.

um 206–174 *Mao-dun* gründet das Reich der Hiungnu. Er und sein Nachfolger besiegen die sakischen (nordiranischen) Stämme der Tocharer, Sakarauken und Asier und treiben sie nach Westen.

188 *Antiochos III.* schließt nach der Niederlage gegen die Römer den Frieden von Apameia. *Euthydemos* von Baktrien macht sich erneut selbständig und erobert ganz Ostiran.

187–175 *Seleukos IV. Philopator.* Abfall der Persis und der Elymais.

um 170 *Euthydemos'* Sohn *Demetrios I.* erobert Nordwest-Indien. In seinem Rücken erhebt sich Baktrien unter *Eukratides'* Führung.

175–163 *Antiochos IV. Epiphanes.*

164 Vergeblicher Angriff *Antiochos' IV.* auf die Elymais und ihren Herrscher *Kamnaskires I. Nikephoros.* Königtum der Fratadara in der Persis.

nach 160 *Heliokles* ermordet seinen Vater *Eukratides* und tritt dessen Nachfolge in Baktrien und den nordwestindischen Besitzungen an.

Die Partherherrschaft

171–138 *Mithridates I.*, Gründer des parthischen Reiches.

146/5 Der Seleukide *Demetrios II.* besteigt den Thron.

141 *Mithridates I.* erobert das unter seleukidischer Herrschaft stehende Babylonien und wehrt einen Angriff der Skythen (Saken) ab.

140 Baktrien, die Persis und Elymais schließen mit *Demetrios II.* ein Bündnis angesichts der parthischen Gefahr. *Demetrios II.* erobert Babylonien zurück, wird aber besiegt und gerät in parthische Gefangenschaft.

139/8 Persis und Elymais von den Parthern unterworfen. In beiden Ländern regieren fortan arsakidische Unterkönige. Baktrien (Ostiran bis zum Hindukush) und Teile Indiens hinzugewonnen. Ansiedlung der Saken in Sistan durch *Mithridates I.*

138/7 *Phraates II.* folgt *Mithridates I.* auf den Thron.

138–129 *Antiochos VII. Sidetes*; er faßt noch einmal alle Kräfte des seleukidischen Reiches zusammen und rüstet zum Entscheidungskampf gegen die Parther.

130 *Antiochos VII.* gewinnt Babylonien und Medien zurück und fordert von *Phraates II.* Verzicht auf alle Eroberungen.

129/8 Niederlage und Tod *Phraates' II.* im Kampf mit den von Norden angreifenden Skythen (Saken), Zusammenbruch der parthischen Macht.

123–87 *Mithridates II.;* er stellt die parthische Macht wieder her; er ist der zweite Reichsgründer.

57–37/6 *Orodes II.*, von seinem Feldherrn *Surenas* auf den Thron erhoben, Seleukeia am Tigris unterworfen.

53 *Surenas* schlägt die Römer bei Karrhai. Beseitigung *Surenas'* durch *Orodes II.*

51 *Pakoros, Orodes' II.* Sohn, fällt in das römische Syrien ein und scheitert.
41 Neuer parthischer Einbruch in Syrien und Kleinasien.
38 Römische Verstärkungen stellen die Lage wieder her, *Pakoros* fällt.
37 *Orodes II.* stirbt von der Hand seines Sohnes, der ihm als *Phraates IV.* nachfolgt. *M. Antonius'* Partherfeldzug scheitert nach anfänglichen Erfolgen.
34 *Antonius* erobert Armenien.
20 *Augustus* begnügt sich mit einem diplomatischen Erfolg: die bei Karrhai verlorenen römischen Legionsadler werden zurückgegeben.
8 v. Chr. *Vonones, Phraates' IV.* Sohn, besteigt mit römischer Hilfe den Thron.
12 n. Chr. bis 40 *Artabanos III.*
55–65 Krieg mit Rom.
66 *Tiridates*, Bruder des Partherkönigs *Vologeses I.*, empfängt die armenische Königskrone aus *Neros* Hand.
114–117 *Trajans* parthische Feldzüge, Armenien wird römische Provinz. *Trajan* erobert Ktesiphon und erreicht den Persischen Golf.
117 *Hadrian* räumt die Eroberungen bis zum Euphrat, Armenien römischer Klientelstaat.
vor 150 Beginn der Herrschaft der *Kushan* in Ostiran, buddhistische Mission in Ostiran.
148–192 *Vologeses III.*
162–165 Partherfeldzug unter *Lucius Verus*, Mitregent *Mark Aurels;* Mesopotamien römische Provinz.
197–199 Parthische Feldzüge unter *Septimius Severus*, erneute Eroberung Ktesiphons, Vordringen zum Persischen Golf. Erfolglose Belagerung der arabischen Festung Hatra.
216 Der Religionsstifter *Mani* geboren.
216–217 Partherfeldzug unter *Caracalla* und *Macrinus. Macrinus* schließt mit *Artabanos V.* gegen Geldzahlung Frieden.

Die Sasaniden

208 *Pabek, Sasans* Sohn, gründet eine örtliche Herrschaft in der Persis, Anerkennung durch *Artabanos V. (Ardewan)* verweigert.
224 *Ardascher, Pabeks* Sohn, besiegt den Partherkönig in drei Schlachten.
226–241 Der Sieger zieht in die Hauptstadt Ktesiphon ein und besteigt als *Ardascher I.* den Thron. Beginn der sasanidischen Dynastie. Erneuerung des Zarathustrismus.
230–232 Perserfeldzug unter *Severus Alexander.*
239–272 *Schapur I.*, bis 241 Mitregent seines Vaters *Ardascher I.*
241 *Mani* predigt am Krönungstag *Schapurs I.* In der Folge Mission in Ostiran und Indien.
242–244 Perserfeldzüge unter *Gordianus III.* und *Philippus Arabs*, Rückeroberung Mesopotamiens. Nach der Ermordung *Gordianus' III.* schließt sein Mörder und Nachfolger *Philippus* Frieden.
254–260 Perserkrieg unter *Valerian.*
256 Die Truppen *Schapurs I.* erobern Antiocheia, die Metropole Syriens; Aufstellung eines Gegenkaisers.
257 Kaiser *Valerian* erobert Antiocheia zurück.
260 Niederlage *Valerians* bei Edessa. Er stirbt in persischer Haft.
262–266 *Odaenath* von Palmyra, von *Gallienus* mit der Fortführung des Krieges betraut, erobert Mesopotamien zurück.
276–293 *Bahram II.*
277 *Mani* auf Betreiben der zarathustrischen Priesterschaft hingerichtet, der Zarathustrismus als Staatsreligion bestätigt.
284 Perserfeldzug unter *Carus.* Eroberung Seleukeias und Ktesiphons.
293–302 *Narseh.*
296–297 Perserfeldzug unter *Diokletian.* Kleinarmenien und Gebiete östlich des Tigris werden römisch.
302–309 *Hormizd II.*; er erobert den Nordteil des Kushanreichs.
309–379 *Schapur II.*
nach 360 Ansiedlung der Hephthaliten (Weiße Hunnen) in der Sogdiane unter sasanidischer Oberhoheit.
363 Perserfeldzug unter *Iulian;* dessen Nachfolger, *Iovianus*, erkauft den Frieden durch Abtretung der Gebiete östlich des Tigris und Armeniens. Schwere Christenverfolgungen in Armenien.
384 Armenien zwischen Rom und Persien geteilt.
399–420 *Yazdgard I.* Vorübergehende Erleichterung in der Lage der Christen.
420–438 *Bahram V. Gor.* Sieg über die Hephthaliten, die sich selbständig gemacht haben.
438–457 *Yazdgard II.* Neue Christenverfolgungen im persischen Teil Armeniens. Niederlage gegen die Hephthaliten.
459–484 *Peroz. Barsauma* vermittelt den aus dem Oströmischen Reich geflüchteten Nestorianern eine Sonderstellung.
484 *Peroz* erneut von den Hephthaliten geschlagen. Er fällt im Kampf.
488–531 *Kawadh I.;* soziale Revolte *Mazdaks. Kawadh I.* sucht mit den Mazdakiten gemeinsame Sache zu machen, muß aber zu den Hephthaliten fliehen (496).
498 *Kawadh I.* kehrt mit hephthalitischer Hilfe zurück. Landvermessung und Steuerreform.
528/9 Niederwerfung der Mazdakiten durch *Kawadhs* Sohn *Chusro.* Tod *Mazdaks.*

531–578 *Chusro I. Anoscharwan.* Besteuerung nach römischem Vorbild. Persien wird die finanziell führende Macht. Neuer Amts- und Militäradel. Blüte der spätsasanidischen Kultur. Philosophische Interessen *Chusros.* Beginn einer umfassenden nestorianischen Mission.

539–562 Neuer Krieg mit Ostrom. *Iustinian* muß schwere Rückschläge hinnehmen, Antiocheia erobert und seine Bevölkerung ins Perserreich abgeführt (540).

558 *Chusro I.* besiegt mit Hilfe der Osttürken die Hephthaliten, Ende der hephthalitischen Macht.

562 Fünfzigjähriger Friede mit Ostrom.

572 Südarabien wird unterworfen.

578–590 *Hormizd IV.* Wachsende Schwierigkeiten mit dem Militäradel, Säuberungsmaßnahmen des Königs.

590 *Bahram Tschobin*, ein Militärbefehlshaber, greift nach der Krone. *Hormizd IV.* abgesetzt und geblendet.

590–627 *Chusro II. Parwez.* Der oströmische Kaiser *Maurikios* führt ihn auf den Thron zurück. *Bahram Tschobin* flieht zu den Hephthaliten, wo er ermordet wird. Systematische Säuberungen unter dem Militäradel.

602 *Maurikios* ermordet. *Chusro II.* erobert Armenien, Kappadokien und große Teile Kleinasiens.

610 *Chusros II.* Heer steht am Hellespont, dann Einfall in Syrien, Eroberung von Antiocheia und Damaskos.

614 Die Perser erobern Jerusalem, morden die Christen und entführen die Kreuzesreliquie.

616 Eroberung Ägyptens, das bis 628 von den Persern besetzt bleibt.

622 *Herakleios* befreit Kleinasien.

627 *Herakleios* dringt bis zur persischen Hauptstadt Ktesiphon vor. *Chusro II.* wird vom Militäradel gestürzt und sein Sohn *Schiroë* als *Kawadh II.* auf den Thron erhoben. Friedensschluß mit Rom. Herausgabe sämtlicher Eroberungen, Rückgabe der Kreuzesreliquie (628).

629–630 *Schahrbaraz*, ein Militärbefehlshaber, greift nach der Krone und wird wieder nach kurzer Regierung beseitigt.

632–651 *Yazdgard III.*, der letzte Sasanide; Krönung in Stachr.

637 Niederlage seines Feldherrn *Rustam* gegen die Araber bei Qadisiya, Ktesiphon wird von den Siegern geplündert.

642 Neue Niederlage gegen die Araber bei Nihawend, das letzte Aufgebot der persischen Streitmacht vernichtet. *Yazdgard III.* flieht nach Osten, wo er vergeblich Beistand gegen die Araber sucht.

651 *Yazdgard III.* nach erfolglosem Kampf um die Macht in der Nähe der Stadt Merv ermordet.

---

unterfangen, vor Ahuramazdas Richterstuhl zu treten und bei ihm sein Recht zu suchen. Im übrigen nimmt es nicht nur den größten Teil der Verkündigung Zarathustras ein: auch die Irrlehrer, die er bekämpft, leben und denken im Rind. Trotz des Gegensatzes, in den Gathas unerbittlich angeprangert, kreist beider Rede um die gleiche Mitte. Zarathustras Gegner töten das Rind unter Freudenrufen. Die Anteile am Opfer werden von den Teilnehmern der Kulthandlung verzehrt, Haoma, zugleich Rauschtrank und Gott, gehören untrennbar dazu. Der Genuß des geopferten Rindes sicherte den Teilnehmern Unsterblichkeit.

Das Rind bestimmt auch die Lebenshaltung des Königs. Zarathustra eifert in der fünften Gatha gegen die Helden im Mythos: Menschen, die Schlimmes tun, werden Götterlieblinge genannt. Als der Glückliche, Schmausende sitzt der König an vollbesetzter Tafel und verteilt unter seinen adligen Tischgenossen das Fleisch vom geschlachteten Rind. Darin gleicht er dem homerischen König, der seinen Helden ein Ehrengeschenk von gleicher Art zuweist. Die Zahl der Rinder, die Fülle des Fleisches zeigen Glück und Reichtum eines Herrschers an.

Zarathustra schildert eine Gesellschaft mit unübersteigbaren Schranken. Der Hochgestellte besitzt zugleich mit der Macht auch das Recht. Zarathustra dagegen nennt nur wenig Vieh, wenige Männer sein eigen, er ist also machtlos. Der Geringe bedarf vor dem Richter des Schutzherrn, der seinen Klienten vertritt. Auch dieser »Helfer« zeigt, daß das Wort eines Machtlosen kein Gewicht hat: er muß sich einen machtvollen Gebieter suchen.

»Handfeste« Hilfe vor Gericht, um einen Anspruch durchzusetzen, beweist, daß der Rechtsstreit regelrecht zum Kampf wurde (woran sich auch anderswo die Erinnerung erhalten hat): das Urteil war nur Vorschlag zur Verständigung. Und wie fast überall, stützte sich auch am Ufer des Oxos der adlige Mann auf Sippe und Klientel. Er fühlte sich stark genug und befugt, sich das Recht vom Gegner notfalls mit Gewalt zu nehmen. Erst später wurde die Fehde zum Scheinkampf vor Gericht.

Eine adlige Welt wird sichtbar in Zarathustras Dichtung. Die Großen bedeuten alles. Adlige und Könige wie Fraschaustra Haugava oder Zarathustras Gönner und Beschützer Kavi Vischtaspa haben dem Auftreten des Propheten erst den Weg geebnet; Fraschaustra gab ihm seine Tochter zum Weib. Vom Bund mit dem mächtigen Fürsten spricht die vorletzte Gatha, die Reichtum, Verwandtschaft und herrscherliche Stellung der Förderer hervorhebt. Denn neben Besitz sind es Verwandte – Familie und Sippe – und die Freunde, die einem Manne in adeliger Gesellschaft Geltung verschaffen. Zarathustra bekennt, daß ohne Macht die neue Religion wirkungslos sein würde. Auch Zarathustras Gegner, ein Lügenprophet, hat seinen hochgestellten Gönner. Der Herr, nicht der Beschützte ist das Hindernis für die wahre Lehre: er erst gibt dem Gegner Standfestigkeit.

Ansässige und Nomaden

Die Länder am Oxos und Iaxartes kannten dörfliche und städtische Siedlungen, befestigte Grenzstädte und umwallte Fluchtburgen, Bewässerung und Ackerbau, schließlich ein seßhaftes Viehzüchtertum. Aber nur das Viehzüchtertum erscheint in Zarathustras Verkündigungen. Warum diese Auswahl, und warum wurde das andere, das auch vorhanden war, weggelassen? Zarathustra wandte sich an die kleinen Fürsten und den niederen Adel. Seine Verkündigung galt nicht der dörflichen und städtischen Bevölkerung, die seit Urzeiten das Land besiedelte. Ausschließlich richtete sie sich an die herrschende Schicht der iranischen Stämme, die sich seit dem letzten Viertel des zweiten Jahrtausends in mehreren Wellen über die seit alters Ansässigen gelagert hatten.

Die Iranier drangen als früheste Welle der Nomaden aus dem Norden ein und faßten auf dem Hochland Fuß. Die Lebensweise und vor allem die Sprache vereinte die nachmaligen Bewohner Baktriens und der Sogdiane mit den nordiranischen Skythen oder Saken. Es waren nord- oder ostiranische Dialekte, die sie insgesamt sprachen. Aus der Schilderung Herodots und aus Funden kennt man diese Kultur, die sich im Osten bis an den Balchaschsee, im Westen bis zur unteren Donau erstreckte.

Die adligen Herren, denen allein Zarathustras Verkündigung galt, hatten sich reiterliche und schweifende Lebensweise, hatten sich räuberische Gewalttätigkeit aus den Zeiten der Eroberung auch nach dem Seßhaftwerden in Ostiran erhalten. Reiterliches Wesen war zum ritterlichen, das Räuberische zu herrenmäßigem Anspruch erhöht. Man hing an überkommenen Formen als Ausdruck und Gewähr einer bevorzugten Stellung. Zarathustras Schilderung galt noch, als Alexander in Ostiran eindrang. Die hervorragende baktrische und sogdische Reiterei bestand aus den Baronen und ihren Hintersassen. Sie mochten in ihren Dörfern sitzen, die vielleicht schon früh zu Städten geworden waren: ritterliches Herrentum bewahrte den ererbten Lebensstil auch nach den Jahrhunderten, die seit der Eroberung vergangen waren. Desgleichen hielt ein armer oder verarmter Adliger wie Zarathustra aus dem Haus der Spitama an den ihm zustehenden Formen fest.

Zuweilen wird deutlich, wie wenig diese Haltung der Wirklichkeit entsprach. Der »Genosse der Lüge«, der »Übeltäter, der seinen Lebensunterhalt nicht findet ohne Gewalttat an Vieh und Mann«, steht dem »Feind der Lüge« gegenüber, der friedlich und ohne Raub lebt. Auch er ist Viehzüchter, aber er unterscheidet sich von dem Nomaden, der sich zusätzlichen Unterhalt mit Raub an Vieh und Menschen verschafft. Gesittung und Gesetzlosigkeit, Ansässiger und Nomade, Viehzüchter und Räuber treten einander gegenüber.

An anderer Stelle nennt Zarathustra den, der das Weideland »auseinanderwirft« (die kunstvoll angelegten Triften zerstört). Die gleiche Gruppe wird angesprochen, die durch Tötung des Rindes die Hilfe des »Todabwehrers« Haoma zu erlangen sucht. Wieder sind es Nomaden, und sie erheben gegen den Frommen die Keule, die ursprünglich nomadische Waffe, die auch Indras Hand trägt. »Belehrt sie durch die Waffe«, so heißt es diesem Feind gegenüber, denn »Haus und Geschlecht und Gemarkung« bringt er Verderben.

Aber die Vorstellung bleibt fast stets gewahrt, als bestehe nur ein religiöser, kein gesellschaftlicher Gegensatz. Es nimmt nicht wunder, daß Zarathustra die Formen nomadischen und ritterlichen Herrentums bewahrt und bejaht. Auch seine Dichtung hat sich den Einflüssen aus dem eurasischen Norden geöffnet und sich dabei nicht auf Nomadisches beschränkt. In Betonung und Stabreim, in der darauf sich gründenden dichterischen Form, schließlich in den Liedern der Gathas treten diese Einflüsse hervor.

Die Sprache der religiösen Dichtung Zarathustras und seiner Nachfolger war dem Altindischen verwandt. Die Sprache des altiranischen Avesta und die der indischen Veden standen einander so nahe, daß man sich gegenseitig noch verstand. Altindischer Akzent fiel mit dem indogermanischen zusammen. Dagegen hatte sich das Avestische gewandelt. Die Betonung blieb an die drei letzten Wortsilben gebunden. Und an die Stelle des vorwiegend musikalischen, in Stimmhöhe und -tiefe bestimmten Akzents war ein Druckakzent getreten, dessen Auswirkung im Mitteliranischen deutlich wird.

Der avestische Vers war ursprünglich, gleich dem vedischen, durch die Silbenzahl bestimmt. Der Achtsilbler erscheint noch in der jüngeren avestischen Dichtung. Er steht dort an erster Stelle, aber er wechselt innerhalb desselben Gedichtes mit längeren, zuweilen auch kürzeren Versen. Scheinbare Regellosigkeit erklärt sich, wenn man sieht, daß an die Stelle gezählter Silben die Zählung der druckbetonten Hebungen getreten ist. Wurde die Verseinheit durch Hebungen bestimmt, dann konnten sowohl Neun-, Zehn- und Elfsilbler als auch Sieben- und Sechssilbler den einstigen achtsilbigen Vers ersetzen. Nur war es unerläßlich, daß der Vers vier (seltener drei) Hebungen behielt.

Druckakzent und alleinige Wertung der Hebungen im Vers entsprachen einander. Das Altindische hatte einen anderen Weg eingeschlagen. Hier wandelte sich der silbenzählende Vers zum quantitierenden: schon die vedische Metrik zeigt Ansätze, den Vers nach Kürzen und Längen zu messen.

Den Übergang zum Neuen erweisen schon die Versmaße, die Zarathustra in seinen Gathas verwendete. Noch ist die Silbenzahl gewahrt, aber daneben tritt bereits die Zählung der Hebungen. Beim Elfsilbler sind die Hebungen so verteilt, daß den ersten vier Silben zwei Hebungen, den folgenden sieben nach einer Zäsur drei Hebungen entsprechen. In Übereinstimmung mit der Zahl der Hebungen besteht im Elfsilbler Zarathustras die erste Vershälfte meist aus zwei zweisilbigen Wörtern, die zweite aus zwei zweisilbigen und einem dreisilbigen. Der Anordnung von Hebung und Wort entspricht eine andere Neuerung gegenüber der vedischen Metrik: der Stabreim. Am häufigsten begegnet er in der ersten Vershälfte, wo er die beiden zweisilbigen Wörter bindet. Stabreim ordnet sich erneut dem Druckakzent zu, und beide bilden mit der Zählung der Hebungen ein neues, in sich einheitliches System, das sich von dem in den Veden unterscheidet. Das Neue wird noch dadurch betont, daß die Gathas grundsätzlich ungerade Silbenzahlen anstreben, die vedischen gerade.

Der Stabreim breitet sich weithin aus, hält sich dabei aber in festen Grenzen. Unberührt bleiben Griechen, Hebräer, Aramäer, Araber und Inder, überhaupt der Südteil der antiken Ökumene. Eine Gegenwelt, von den Kelten und Germanen im Westen bis zu den Türkstämmen Mittelasiens, hat reichen Gebrauch von ihm gemacht. Kriegsvölker lieben den stampfenden, tönenden Rhythmus der von Hebungen und Stabreim bestimmten Verse. Jene Abkehr von der vedischen Dichtung fällt mit dem ersten Auftauchen eines Formgefühls zusammen, das von nun an den eurasischen Norden prägen wird. Die Eigenart der gesellschaftlichen Struktur bestätigt sich in der Dichtung. Es sei an die Gatha erinnert, die mit dem Vers beginnt: »Das frag' ich Dich, künd es mir recht, o Herr«. Die gleiche Liedform kehrt in der eddischen Dichtung wieder. Auch die Anfänge der dritten und zehnten Gatha sind der Edda vergleichbar. Der Rückschluß auf indogermanische Dichtung bot sich allzuleicht an. Sowenig Stabreim und akzentuierender Vers auf indogermanische Zeit zurückzuführen sind, sowenig ist es bei den Liedformen erlaubt. Es sind vielmehr Prägungen, die eine zusammenhängende und weit sich erstreckende Kultur in Nordeurasien hervorgebracht hat.

Der zeitliche Vorrang gebührt dem Ostteil und nicht nur in Verskunst und Dichtung. Zuvor wurde vom Leben und Denken im Tier gesprochen, dabei neben dem Rind das Pferd genannt. Wie Kelten und Germanen, kannten auch die Inder langehin nur das Pferd vor dem Wagen, insonderheit vor dem Streitwagen. Reiten kam erst im Verlauf der großen Bewegung auf, die überall in der Alten Welt den Wagenkampf durch die Reiterei als schlachtentscheidende Waffe ersetzte. Diese Bewegung ging von den mittelasiatischen Reiternomaden aus; und mit ihnen gelangt man erneut in den Osten des nordeurasischen Bereichs.

In diesen Vorstellungskreis gehört auch der Tierstil in der Kunst. Er setzt, was für jenes Denken im Mittelpunkt stand, in die Darstellung um. Nur daß neben die Haustiere Rind, Pferd und Kamel jetzt ihre friedlose Gegenwelt tritt: Löwe und Wolf, Falke und Adler, dazu Szenen tierischer Kämpfe oder räuberischer Jagd, des Niederreißens und Verschlingens. Bronzenes Gerät, Webereien und Irdenware sind mit diesen und ähnlichen Motiven geschmückt, in langen Reihen geordnet oder zu unentwirrbaren Gruppen geballt. Davor tritt der Mensch zurück und verschwindet zuweilen ganz. Als Gegenstand künstlerischer Gestaltung galt er wenig.

Dichterische Formgebung und Kunst ordnen sich einander zu. Als Schrittmacher und Genosse des Stabreims und seiner Versform tritt der Tierstil erneut im Osten hervor. Das gilt nicht nur für die älteste Phase der chinesischen Bronzekunst, die mit dem 13. Jahrhundert beginnt und schon frühzeitig im Minussinsker Gebiet den ältesten nomadischen Tierstil schuf. Eine im 6. Jahrhundert beginnende neue Phase, mit Zarathustras Auftreten gleichzeitig, erstreckt sich auf den chinesischen Nordosten und Osten. Tierische Wildheit und ungestüme Lebenskraft waren zu strenger, bisweilen heraldisch anmutender Form gebändigt; jetzt regte sich ein neuer Formwille. Tierplastiken an Griffen und Henkeln der Bronzegefäße treten hervor; überall herrschen Spannung und geladene Kraft. In bewegten Bildern führt dieser Stil seine Kampf- und Jagdszenen vor.

Ein zusammenhängendes Kulturreich, das Mittelasien und große Teile des asiatischen Nordens prägte, zeichnet sich vor der Mitte des letzten vorchristlichen Jahrtausends ab. Auch in diesem Zusammenhang muß Zarathustra verstanden werden.

Entlehnung und eigene Form

Was bisher als erratischer Block in den Steppen und Gebirgstälern Ostirans erschien, hat sich als beziehungsreiches Schaffen erwiesen. Zarathustras Verkündigung und Dichtung entsprechen nach ihrer zeitlichen Anordnung einem umfassenden geschichtlichen Zusammenhang, der sich freilich nicht auf das Gemeinsame oder Entlehnte beschränkt. Zarathustra bedurfte für seine Botschaft neuer Formen. So ist denn Zarathustras geschichtliche Stellung weniger durch die Anregungen und Einflüsse bestimmt, die ihm zuströmten, als durch die Elemente, die er auswählte und sich aneignete.

Der Prophet war durch den Tierstil mit den nordeurasischen Nomaden verbunden. Aber Zarathustra sah nur das Rind: nichts von Fabelwesen oder von Raubzeug, keine Jagd und kein Angriff, wie sie auf den Schöpfungen dieses Stils erscheinen; im Rind sah Zarathustra die Verkörperung des »Guten Sinnes«, und es zu töten galt ihm als schwerster Frevel. Von den Nomaden auch ist der erregende Rhythmus entlehnt, der die nach Hebungen und Stäben gegliederten Verse der Dichtungen Zarathustras auszeichnet. Zarathustra bekämpfte den Rauschtrank und die Ekstase blutiger Opfer, seine Verkündigung kannte die Besessenheit nicht.

Gemeinsamkeiten mit dem vedischen Indien hat Zarathustra eher abgelehnt als betont und weitergebildet. Am nächsten steht er noch den späten, philosophischen Hymnen des Rigveda, die schon zu den Upanishaden weiterführten. Und wenn er auf Stilformen verfiel, die bei den jüdischen Propheten wiederkehrten, so einte sie noch mehr die Gleichartigkeit ihres religiösen Strebens. Beide, Zarathustra und Israels Propheten, faßten ihren Gott in bisher unbekannter Tiefe und Strenge, sie strebten Reinigung und Klärung seines Bildes an, in Erhabenheit und unbedingter Größe. Erst dieses andere und vermeintlich ursprüngliche Bild, von den späteren Zeiten verdeckt und verunstaltet, entsprach ihren hohen sittlichen Ansprüchen.

Als Kind seiner Zeit ließ Zarathustra an die Stelle der überkommenen Götter göttliche Abstraktionen treten. Ahuramazda ist umgeben vom »Guten« und vom »Heiligen Geist«, von »Gehorsam« und »Einsicht«, von »Ergebenheit« und »Demut«, »Herrschaft« und »Gewalt«, vor allem aber von der »Wahrheit«. Manches davon, und gerade die »Wahrheit« als ordnendes Element der Welt, entstammt älteren Zeiten, die Götter, wie Mithra und Mazda, wohl auch als Abstraktionen verstanden haben. Doch Begriffe, wie »Vertrag« und »Weisheit«, hatte einstige Gestaltungsfreudigkeit zu männlichen Wesen umgeformt. Zarathustra dagegen fand sich nicht bereit, seinen Abstraktionen männliches oder weibliches Geschlecht zu geben. In seiner Unbedingtheit ging er auch hier eigene Wege.

In dieser Umwertung verquickten sich Abstraktion, Begrifflichkeit und Idealität: die Gottheiten, von Zarathustra als abstrakte Wesenheiten verstanden, formten sich ins Geistige und Sittliche um. Altarisches Königtum und seine Gottesvorstellung verbanden sich zur Einheit. Des persischen Großkönigs »Ohren« und »Augen« waren bekannt, und Mithra ist für das jüngere Avesta der »tausendohrige, zehntausendäugige« Gott, dem von seinen »Ohren« und »Augen« unterrichteten Großkönig gleich. Aber Zarathustra ging es bei seinen göttlichen Abstraktionen, zugleich Werkzeugen Ahuramazdas, nicht um sinnliche Wahrnehmung: er sah in ihnen Forderung und Erfüllung, geistige und sittliche Wesenheiten. Dareios – in seiner Grabinschrift, in der er sich als Zarathustrier vernehmen ließ – rühmte sich nicht der Allgegenwart durch »Augen« und »Ohren«. Ahuramazda hat ihm »Weisheit« und »Guten Sinn« verliehen; durch Ahuramazdas Willen liebte er, was recht ist, und haßte das Unrecht.

Der Schöpfung der neuen Gottheiten entsprach, daß die überlieferten zu Dämonen und Teufeln wurden. Die Verdammung der *daēva* und deren Verehrung traf auch deren Mythos. Ein Schritt von unabsehbaren Folgen war vollzogen.

Karl Kerényi nennt die Mythologie eine Denk- und Ausdrucksform, die wie eine Sprache erlernt werden muß, wenn man ein Volk in seinem Wesen verstehen will. Für jene, die in Mythologien dachten und sich darin ausdrückten, war sie die Grundlage von Urteil und Handeln. Überall berief man sich auf mythische Vorbilder und mythisches Geschehen. Sie waren für die Lebenden allgegenwärtige Daseinswirklichkeit.

Zarathustra verschmähte die Möglichkeit, sich in der »zweiten Sprache« des Mythos zu äußern. Seine Unbedingtheit weigerte sich, die Überlieferung im Sinne seiner Verkündigung umzudeuten. Er widerstand auch der Versuchung, seinen Gottheiten neue Mythen zu schaffen, wie es später Mani tat. Zarathustra war es ernst mit der Abstraktion des Göttlichen, deren karge Natur von der Reichhaltigkeit und Farbigkeit des Mythos abgestoßen wurde. So beschritt er den für ihn einzig möglichen Weg. Er setzte die Abstraktionen in begriffliche Verknüpfung, die sich allein auf ihre Einsichtigkeit berufen durfte und damit für sich selbst stand. Eine große Zahl möglicher Verknüpfungen stellte sich ein, zu der die Abstraktionen sich in besonderem Maße eigneten. Gedankliche Beziehungen, die überall sich anboten, kamen im Satzgefüge als Beiordnung und Unterordnung, als Verschränkung und Gegenüberstellung zum Ausdruck.

Die Einleitungsstrophe einer Gatha führt außer Ahuramazda sieben göttliche Abstraktionen auf. Sie waren sicherlich nicht leicht im knappen Rahmen eines Vierzeilers zu versammeln. Und der Dichter wollte, daß außer Ahuramazda keines der göttlichen Wesen im Nominativ stehe, der allein ihrer aller Herrn vorbehalten sei. So mußten die ihn umgebenden Mächte sich mit den gebeugten Fällen begnügen.

Mit »Heil'gem Geist« und »Gutem Sinn«
»Wahrheits«-gemäß mit Tat und Wort
uns gibt »Heil« und »Ewig Leben«
der Weise Herr, »Demut« und »Macht«.

Die Wiedergabe sucht jene harte Fügung zu erhalten, die das Gesagte einem Rätsel ähnlich macht. Auch sonst werden alle Mittel herangezogen, die die Sprache eben noch zuläßt. Ahuramazdas Name wird meist in seine beiden Bestandteile zerlegt: getrennt umrahmen sie einen Vers oder eine Wortgruppe.

Zarathustras Dichtung hat für uns Heutige leicht etwas Künstliches. Ihre archaische Form ist nur zu verstehen, wenn man sie als gnomische Dichtung sieht. Wie in allen Sinnsprüchen, treten in ihr bedeutungsgeladene Begriffe nebeneinander oder sich gegenüber. Tat und Wort, in der ersten Strophe durch »und« verbunden, entfalten sich in der folgenden, bereichern sich mit neuen Zuordnungen, bauen sich in Entsprechungen auf. Gleichklang betont, was als gedankliche Parallele verstanden werden soll: der mehrsilbige, schwer ins Ohr fallende Endreim prägt die Taten von Mensch und Gott dem Gedächtnis ein.

Die begriffliche Symbolik dieser Dichtung formte auch Überliefertes um, verlieh ihm mit neuen Mitteln ein neues Gesicht. »Mach dich auf zu mir, verleih mir Stärke und Lohn« – als Bitte an den Gott gerichtet, wiederholt sich hundertfach im Rigveda. Zarathustra aber betet zu Ahuramazda, daß »Demut« Rüstigkeit, der »Heilige Geist« Kraft, die »Wahrheit« starke Gewalt und der »Gute Sinn« Belohnung schenken möge. Mannigfache begriffliche Verknüpfung gab dem Sinnfülle und neue Sprache, was infolge ständiger Wiederholung abgegriffen war. Aber Zarathustra wünschte sich nicht nur vom herkömmlichen Kultlied abzusetzen. Die neue Formsprache mag sich in ihrem gemessenen Gang, ihrer begrifflichen Fügung und einem Satzbau, der beides begleitete und hervorhob, noch stärker von dem Gebaren der Gegner Zarathustras unterschieden haben. Es sind die »Zungen«, die in »Unweisheit« zur Raserei führen, und die wilde Freude beim Rindsopfer, denen die gemessene Architektonik der Gathas gegenübertritt.

Ein tiefer und unüberbrückbarer Gegensatz trennte Zarathustra von den falschen Propheten, deren Tun sich im Rindsopfer, ihm wie weniges verhaßt, zum Gegenbild formt. Zarathustra wollte kein stoffliches Opfer, er brachte ein geistiges Opfer dar: er widmete das eigene Sein oder, wie er sagt: »eignen Leibes Leben«. Denn Gott fordert nicht Besitz und Gut, sondern Gehorsam vor seinen Geboten. Neben dem Mythos bildete der Kult und seine Opferhandlungen die zweite Bindung des neuen religiösen Lebens. Alte kultische Gemeinsamkeiten zerbrachen, und an ihre Stelle trat die Vorbildlichkeit des Einzelnen, die der Religionsstifter vorlebte.

Zarathustra war – man weiß es aus seinem Munde – *zaotar*, »Opferer«, dem in Rigveda und Avesta bezeugten Stand der Opferpriester angehörig. Aber er hat seinen eigenen Weg gewählt. Persönliche Berufung, das ihr entspringende unmittelbare Verhältnis zu Gott unterschieden Zarathustra von allem Priestertum. Priestertum verkörpert sich als Stand mit ständischen Interessen: der Prophet ruht allein in sich und in der ihn legitimierenden Erweckung; der Priester lebt und wirkt in einer Gesellschaftsordnung, die ihm Stellung und Unterhalt gewährt. Als Gegenleistung erwartet diese Gesellschaft den Vollzug bestimmter Handlungen, die das rechte Verhältnis zu den Göttern sichern. Der Prophet dagegen kündet ohne gesellschaftlichen Auftrag und ohne Unterstützung. Unentgeltlichkeit ist die Voraussetzung seines Tuns und das Geheimnis seines Erfolgs. Überkommener Bindungen ledig, sammelt der Prophet Anhänger um sich, die sich zu neuer Gemeinschaft mit neuen Ordnungen zusammenschließen.

Die sittlichen Forderungen

Zarathustra findet zu voller Unbedingtheit in seiner sittlichen Haltung. Die Entscheidung für Gut oder Böse ist Kern und Mitte seiner Lehre. Ahuramazda fordert solche Entscheidung; selbst hat er gewählt und seine Wahl in feierlicher Setzung geheiligt. Von nun an war der gleiche Entscheid jedem Einzelnen auferlegt. All dies war Zarathustras eigenste Schöpfung und dazu als apokalyptisches Gegenbild der Tag des Gerichts. Einmal verkündigt, sind diese Gedanken bleibender Besitz der Religionsgeschichte geworden. Auf sie gründet sich die Bedeutung Zarathustras.

Unbegreiflich, daß man meinen konnte, er sei nicht zu den letzten Dingen vorgestoßen. Gewiß kennt er noch kein ausgeklügeltes System wie der spätere Zarathustrismus. Aber die große Wende, die Herrschaft des Himmels auf Erden, ist schon bei ihm da, auch das Gericht des Retters und des Weltheilands. Doch nicht auf die Merkmale kommt es an. Zarathustra war deshalb Eschatologe, weil ihm dies aus Haltung und Lehre zuwuchs: aus dem Gegenüber von Gut und Böse, aus der verantwortlichen Wahl zwischen beiden und aus Gottes Richteramt.

Auch die Höllenstrafen sind schon in Andeutungen da, doch erst die Folgezeit hat sie ausgemalt, hat sie abgestuft und in ein System gebracht: Karpan und Kavi, »die die eigne Seele und das eigne Ich ängstigen, wenn sie hinkommen, wo die Tschinvat-Brücke ist, für alle Zeit Gäste im Haus der Drug«, sie fürchten den Sturz von der Brücke hinab in die Hölle.

»Ich werde euch künden, was wert ist, daß man es wisse«, hebt die dritte Gatha an. »Höret mit Ohren das Beste, sehet mit lichtem Sinn« – denn nur so kann man, vor der Wahl zwischen Gut und Böse, sich vorbildlich entscheiden. Hier ist der Mensch ganz auf sich gestellt. Familie, Sippe und Anhang gelten nichts, niemand kann ihm die Entscheidung abnehmen. Die persönliche Verantwortung vor Gott ist das entscheidend Neue in Zarathustras Forderung.

Zwei Geister, so lehrt er, standen am Anfang: »nach Gedanke, Wort und Tat das Bessere und das Böse«. Zwischen ihnen hat man zu wählen, und wer das »Bessere« wählt, gehört zu den »Klugen«, das »Böse« wird von den »Unverständigen« bevorzugt. Beide Geister offenbarten sich zu Urbeginn im Traum, und auf diese Urbilder hin schuf Ahuramazda »am Anfang Leben und Nichtleben«. »Daß sein möge am Ende schlechtestes Leben dem Lügner, aber dem Gerechten das bessere Denken«, lautete das Gebot, das seitdem über dem Lauf der Welt steht. Dem Beginn entspricht ein Ende, das dem Bösen Strafe, dem Gerechten aber seinen verdienten Lohn bringt.

Und es geht weiter: »Von beiden Geistern wählte sich der Lügner das böseste Wirken.« Wer guten Sinnes ist und wessen Taten Ahuramazda gefallen, hält es mit der »Wahrheit«. Wahrheit ist Weltordnung, und »darum trägt sie die härtesten Himmel als Kleid«, denn der Himmel ist aus Stein gefügt. Die »härtesten Himmel« sind die Himmel mit der festesten Fügung, die alles halten und tragen. Wahrheit besteht, während Lüge vergeht.

Nicht nur der Mensch steht vor der Wahl zwischen Gut und Böse. Auch den Göttern blieb sie nicht erspart, und sie haben die Probe nicht bestanden. »Hinsichtlich der beiden Geister haben nicht richtig gewählt die Götter.« Die *daēva* der Vorzeit haben falsch gewählt, und mit ihrem falschen Entscheid stürzt ein ganzes Pantheon. Die alten Götter wurden zu Dämonen und Teufeln. Sie »überkam Verwirrung, als sie sich berieten. Daher wählten sie den bösesten Geist, dann wandten sie sich zum Mordgrimm, durch den sie den Menschen krank machen«. »Mordgrimm« ist für Zarathustra die Raserei blutiger Opfer. Noch einmal: die Genossen der Lüge töteten das Rind unter Freudenrufen, auf daß der »Todabwehrer« Haoma Hilfe bringe. Aber Zarathustra weiß, daß diese Handlungen nicht gegen den Tod helfen, sie »machen den Menschen krank«.

Das Verhalten der Götter kann dem Menschen nicht Vorbild sein, es muß ihn warnen. Zum Menschen mögen »die Herrschaften kommen durch den Guten Geist, der Leiber Stetigkeit möge geben die dauernde Demut«. Der Mensch soll sich bewähren, auf daß er sein werde in Ahuramazdas Haus, »bei des Erzes Heranschiebung der Erste«. Die Prüfung mit dem glühenden Metall tritt neben die Bewährung auf der Tschinvat-Brücke. Beides erhebt den Menschen über die Götter von einst, die die falsche Entscheidung getroffen haben. Sie trifft Zarathustras Fluch:

> Doch ihr Götter: alle seid ihr schlechten Geistes Schoß;
> Auch wer euch geehret: Lüge und des Hochmuts Sproß;
> Eure Taten mehr noch, rühm' sie gleich der Erdenkreis.

Die Gliederung der drei Verse ist zugleich verwickelt und einfach, verwickelt durch die Sperrungen und einfach im strengen Aufbau. In der ersten Hälfte der Verse sind die Götter genannt, ihre Verehrer und die göttlichen Taten. In der zweiten folgt das Urteil über sie. Noch werden ihre Taten gerühmt, doch nur, um in der nächsten Strophe mit doppelter Schärfe verhöhnt zu werden: »Denn ihr habt es so gehalten, daß, wer Schlimmstes tat, Götterliebling ward geheißen...« Beispiel dafür ist Yima, der Urkönig, der mit seinen Tischgenossen das Fleisch des geopferten Rindes verzehrte.

Das Entscheidende aber enthalten die beiden vorangehenden Strophen. »Viele Frevel vollendete er«, der Genosse der Lüge; Frevel sind es, »durch die er berühmt ist«. Aber »ob er durch sie (rühmenswert ist), o Herr, der du des Verdienstes gedenkst! – weißt du durch den Besseren Sinn«. Ruhm des Unfrommen ist also nicht mehr der wahre Ruhm. In

Ahuramazdas Reich, darin er mit seiner göttlichen Gefolgschaft herrscht, »soll für die Wahrheit der Spruch gefunden werden«.

Der Ruhm, dem Helden gespendet, enthielt das Urteil von Mit- und Nachwelt, er sicherte den Taten und Tätern ein Fortleben in aller Gedächtnis; Ruhm war die Form der Unsterblichkeit. Seine Stelle nimmt jetzt Ahuramazdas Spruch beim letzten Gericht ein. Auch Gott gedenkt des Verdienstes, wenngleich in anderem Maßstab: Ruhm von einst wird zum Frevel. Der »Nichtwissende« mag sich solcher Frevel rühmen »infolge der Begehrlichkeit, die Gewinn genannt wird«. Eitlem Ruhm treten Gottes Gericht und Gottes Urteil gegenüber.

Ein folgenreicher Wandel ist eingetreten. Ruhm und Spruch des Endgerichts, Mythos und Sittengesetz schließen einander aus. Das Jenseits und die Bewährung vor göttlichem Spruch hatten die Diesseitigkeit des Heldenruhms verdrängt.

Der Reichsgründer Kyros

Bisher wurde von Irans Propheten gesprochen; der religiösen »Stiftung« soll nun die Stiftung der weltlichen Herrschaft folgen. Neben den, dessen Reich nicht von dieser Welt ist, tritt der Begründer der persischen Weltherrschaft. Damit vollzieht sich auch ein Wandel der Landschaft. Vom Osten Irans, von den Ufern des Oxos, geht es zurück zum Westen und Südwesten. Zarathustras Bereich stellen sich die Kernländer des altpersischen Königtums gegenüber und stellen sich zu ihm in Gegensatz, eine Zweiteilung, die sich in der ganzen Geschichte Irans auswirkte, mehr noch, die von den geographischen Gegebenheiten vorbereitet war.

Salzwüsten bilden die Mitte der iranischen Hochebene: Descht-i Lut und Descht-i Kewir. Nur an wenigen Orten sind sie bewohnbar, an vielen nicht einmal zu passieren, Marco Polo hat davon ein Bild gegeben. Ausdehnung und Lage der Wüsten bewirken, daß nur die Rand- und Außenbezirke Irans besiedelt sind. An der Innenseite der Gebirgszüge, die das Land begrenzen, liegen die Gebiete, die das geschichtliche Bild bestimmt haben und noch bestimmen.

Ostiran war bereits in unser Blickfeld getreten: Baktrien, dem sich die Sogdiane nach Norden vorlagert, und im Süden die Gebiete bis zum Hamun-See, also Arachosien, Areia und die Drangiane. Auch der iranische Westen war vom ersten Strahl geschichtlichen Lichtes getroffen worden: Medien und die Persis. Zwischen diese Pole ist Iran gespannt. Beide Bereiche sind, da die gebirgige Küste des Indischen Ozeans für die Besiedlung ausfällt, allein von einem schmalen Streifen im Norden miteinander verknüpft. Es ist Chorasan, das sich zwischen den Ausläufern des Elburs und des Hindukush erstreckt.

Der geographischen Gliederung entspricht die geschichtliche. Wieder werden die beiden Pole deutlich. Irans Osten und Nordosten grenzen an die turanische Steppe zwischen Kaspischem Meer und Balchaschsee. Die Weiten Südrußlands und des südlichen Sibiriens schließen sich an. Abwehr der Nomaden wechselte mit Einbrüchen, die oft ganz Iran überschwemmten. Eine bewegliche, kriegerisch-räuberische, geschichtslose Welt von Hirten und Reitern brandete gegen die seßhafte von Dorf und Stadt. Und im Westen haben die uralten Hochkulturen in Elam, Babylonien und Assyrien, in Urartu und Syrien von Anfang an auf Iran eingewirkt. Es mußte das Streben jeder Staatsbildung auf medischem und persischem Boden bilden, jene Länder und ihre Kulturen sich anzueignen. Kyaxares' Eroberungspolitik hatte dies erstmals erwiesen. Was jetzt kommen sollte, ging indessen noch einen Schritt weiter. Die Einigung von ganz Iran mußte bewirken, daß man nicht nur Mesopotamien, Syrien und Kleinasien sich unterwarf, sondern daß man auch im Nordosten, an Oxos und Iaxartes, zum Kampf antrat. Dies bildete die Tat des neuen Herrschergeschlechtes, das aus der Persis hervorging.

Über dieses wenig umfangreiche Gebirgsland nordöstlich des Persischen Golfs und über angrenzende Teile Elams, über Parsua und Parsumasch, herrschte seit etwa 700 v. Chr. das Haus der Achaimeniden (Hachamanischija), das sich nach seinem Ahnherrn (Hachamanisch) nannte. Man hatte lange in Nachbarschaft medischer Stämme gewohnt und sich erst zuletzt auf das unzugängliche Hochland zurückgezogen. König Kurasch von Parsumasch, der 640 v. Chr. seinen Sohn Arukku dem siegreichen Assurbanipal als Geisel nach Ninive sandte, wird von seinem Enkel, dem großen Kyros, »König von Anschan« genannt. Anschan grenzte an Elam: noch in achaimenidischer Zeit galt der Adel des Landes Huwadscha um Susa als persisch.

Wohl immer war man vom medischen Großreich abhängig gewesen, und Spuren seines Einflusses blieben bis in spätere Zeit erhalten. Worte wie »Großkönig«, Ausdrücke der religiösen Rede wie »großer Gott«, »Magier« und die Bezeichnung des kultischen Verbots entstammten der medischen Sprache. Die Magier waren ursprünglich ein medischer Stamm, in dessen Verband die Priesterwürde sich forterbte. Nach dortiger Überlieferung begruben die Achaimeniden ihre Leichen, statt sie nach zarathustrischer Weise Vögeln und Raubtieren auszusetzen.

Um 550 v. Chr. erhob sich der damalige König der Persis, Kyros (Kurusch), der zweite seines Namens (559–530), gegen den medischen Oberherrn. Astyages, um seines prunkvollen Hoflebens willen beim eignen Adel wenig beliebt und möglicherweise von manchen Anhängern verlassen, erlag in der Schlacht und verlor Hauptstadt und Herrschaft. Der Sieger trat als Herr der Perser, Meder und Elamiter die Nachfolge an. Über Nacht hatte sich eine Macht zusammengeballt, die von den Bergen Armeniens bis an den Rand der gedrosischen Wüste reichte.

Unfern der Stätte seines Sieges erbaute Kyros seine Residenz Pasargadai. Sie bezog ältere Anlagen wie die Tacht-i Sulaiman genannte Terrasse ein und enthielt außer dem eigentlichen Palast die gleichfalls auf einer Terrasse gelegene großkönigliche Audienzhalle (*apadāna*). Hinzu kam ein riesiger Wildpark (*paridaiza*, griechisch *parádeisos*, »Paradies«), zu dessen Torgebäude der heute noch stehende Reliefpfeiler mit einer Inschrift gehörte, die Kyros' Namen trägt.

Der König Lydiens, Kroisos, hielt sich auf Grund des 585 v. Chr. zwischen seinem Vorgänger Alyattes und Kyaxares geschlossenen Friedensvertrags für befugt, als Astyages' Verbündeter gegen Kyros einzuschreiten. Bei Pteria, westlich des Halys, kam es zur Schlacht, deren Ausgang unentschieden blieb. Als sich Kroisos aus unbekanntem Grund auf das feste Sardes zurückzog, stieß Kyros nach, besiegte in einer Schlacht vor dessen Toren die treffliche lydische Reiterei und nahm Stadt und Burg ein (547). Damit hatte sich der Sieger ein zweites großes Reich untertan gemacht, das fortan von einem persischen Satrapen auf der Burg von Sardes verwaltet wurde. Die Griechenstädte an der kleinasiatischen Westküste mußten sich ebenfalls fügen, und trotz erbittertem Widerstand wurden auch Karier und Lykier der Fremdherrschaft unterworfen.

Inzwischen verlangte Babylonien nach ordnender Hand. König Nabonid (556–539), obwohl mit Unterstützung der Priesterschaft des Gottes Marduk emporgekommen, hatte es darauf abgesehen, den Stadtgott von Harran, Sin, an Marduks Stelle treten zu lassen. Auch zog er es vor, sich meist in Harran und im nordarabischen Taima aufzuhalten, wo er sich eine eigene Residenz erbaute. Babyloniens Regierung überließ er derweilen seinem Sohn. Nabonids Beweggründe sind trotz zahlreicher Bezeugungen nicht durchsichtig. Es lag auf der Hand, daß seine Lage den mächtigen Nachbarn zum Eingreifen verlocken mußte.

Als Kyros mit Heeresmacht von Norden her einbrach, fand er auf babylonischer Seite Verbündete. Der Statthalter einer ungenannten Landschaft, vor allem aber die Priesterschaft Marduks nahmen für den Perser Partei. Als er, fast ohne auf Widerstand zu treffen, in die befestigte Hauptstadt einzog, begrüßte man ihn als Befreier. Er kam. wie eine Zylinderinschrift in Kyros' Namen bekundet, als Erwählter und Sohn des babylonischen Stadtgottes, dessen Hände er zum Zeichen seines Herrschaftsantrittes nach überkommener Weise ergriff.

Als babylonischer König schonte Kyros Stadt und Land und achtete die Götter und ihre Kulte. Ähnlich verhielt er sich gegenüber den nach Babylonien verschleppten Juden. Sie hatten ihre Hoffnung auf Kyros' Sieg gesetzt, und ihr großer Prophet, der Deuterojesaja, hatte ihn als kommenden Messias bezeichnet. Jetzt gab Kyros ihnen die Freiheit zurück und erlaubte ihnen, den zerstörten Tempel in Jerusalem wiederaufzubauen. Damit begann eine Verbindung zwischen Persern und Juden, die durch ein volles Jahrtausend nicht abbrechen sollte. Achtung des babylonischen und des jüdischen Kultes leitete jene Politik religiöser Duldung ein, die auch Dareios' I. Regiment kennzeichnen wird.

Wie und wann der iranische Osten, vor allem Baktrien, dem Reich hinzugefügt wurde, läßt sich nicht erkennen. Erst aus Kyros' letzten Jahren weiß man von Kämpfen, die er gegen die dortigen Nomaden – Saken oder Skythen und deren führenden Stamm, die Massageten – führte. Es galt die Iaxartes-Grenze zu sichern, zu deren Schutz »Kyros-Stadt« (Kuruschkat, griechisch Kyreschata, Kyropolis) von dem Herrscher angelegt wurde. Sechs wohlbefestigte Städte sollten fortan die Flußlinie decken. Hier ist Kyros im Kampf gegen die Massageten gefallen. Die Nachricht davon muß im August 530 nach Babylon gekommen sein. Seine Leiche wurde einbalsamiert und in Pasargadai beigesetzt. Noch heute erhebt sich dort auf sechsstufigem Unterbau die steingefügte, rechteckige Cella mit gleichfalls steingefügtem Giebeldach, die dem großen Eroberer als Ruhestätte gedient hat.

Bildnis eines Elamiters
Bemalte Tonplastik aus Susa, 8. (?) Jahrhundert v. Chr. Paris, Louvre

Perser und Meder
Silberstatuetten aus den Funden am Oxos, 5./4. Jahrhundert v. Chr.
London, British Museum, und Berlin, Staatliche Museen, Vorderasiatisches Museum

Nachfolge und Krise

Kyros war in erster Linie Eroberer, und als solcher ist er in die Vorstellung der Nachwelt eingegangen. Eine gewaltige Ländermasse war von ihm zusammengefügt worden; niemand hatte zuvor ähnliches versucht, geschweige denn erreicht. Dem Bild vom stürmischen Siegeszug hat auch Kyros' schließliches Scheitern im Kampf gegen die Nomaden des iranischen Nordostens keinen Eintrag tun können. Die Fraglichkeit und Anfälligkeit der neuen Reichsgründung lag an anderem Ort. Das Reich war, als der Welteroberer dahinging, gleichsam im Stadium des Entwurfes verblieben.

Recht ungleichartige Völker standen unter einheitlichem Königtum. Da gab es Menschen und Länder von uralter Kultur, wie die Bewohner des Zweistromlandes. Die Assyrer waren auf ihren Eroberungszügen nach Medien und nach Ägypten gelangt. Auch Babylon hatte über ein großes Gebiet geherrscht. Beide mußten sich jetzt als Untertanen jeden Machttraumes entschlagen. Die ihnen gemeinsame Sprache, das Akkadische, verknüpfte die Völker des Zweistromlandes mit dem Nachbarland Syrien. Das Kanaanitische, will sagen, das Phönikische und Hebräische, dazu das Aramäische gehörten gleich dem Akkadischen zur semitischen Sprachgruppe. Syrien hatte sich schon früher assyrischer und babylonischer Herrschaft fügen müssen. Doch weiter im Süden hatten die Juden hartnäckig, trotz aller Schicksalsschläge, eine Sonderstellung behauptet. Waren Syrien und Palästina Binnenländer, so hatten sich die Phönikier seit unvordenklicher Zeit aufs Meer geworfen und sich eine Handelsflotte und Seemacht geschaffen. Sie waren weit nach Westen vorgedrungen; in Nordafrika und Spanien, auf Sizilien und Sardinien hatten sie ihre Städte gegründet. Phönikische Stützpunkte und Faktoreien säumten die Küsten des Mittelmeers bis zu den Säulen des Herakles.

Daneben Kleinasien: seine Küsten, zumal im Westen, waren von den Griechen besiedelt worden, und Griechen haben auch an den Küsten des Schwarzen Meeres, auf Cypern und an der syrischen Küste ihre Handelskontore errichtet. Im Inneren blühten, vom Griechischen beeinflußt, aber zu eigner Form erwachsen, die lydische und die phrygische Kultur, deren Bedeutung erst aus jüngsten Ausgrabungen erschlossen worden ist. Überall waren die einheimsichen Sprachen im Gebrauch und meist zu Schriftlichkeit gelangt. Lydisch und Phrygsch standen an erster Stelle, letztes dem indogermanischen Sprachstamm angehörig.

Auch Iran bot alles andere denn ein einheitliches Bild. Gewiß waren die Sprachen der eingewanderten Arier untereinander verwandt. Daneben hatten sich aber elamisches Volkstum und Sprache behauptet. Im Osten hatte Zarathustras Dichtung den Schritt zu dichterischer Formung und schriftlicher Festlegung beschleunigt, im Westen dagegen war allenfalls das Medische, nicht aber das Persische zur Schriftsprache geworden.

Auch in ihren Religionen boten die jetzt vereinigten Völker ein buntes Bild. Die babylonischen Götter hatten in Syrien neben den einheimischen Fuß gefaßt. Und wiederum war das Judentum zu einem unüberwindlichen Gegner geworden. In Kleinasien standen sich homerische Götterwelt und einheimische Kulte ohne viel Gemeinsamkeiten gegenüber. Im Osten Irans hatte sich Zarathustra erhoben, und seine Verkündigung stand den Propheten Israels und Judas an Unbedingtheit keineswegs nach.

Für Kyros' Nachfolger schien die Aufgabe vorgezeichnet. Er durfte allenfalls die Grenzen abrunden und im Innern seine Herrschaft ausbauen. Da waren die sprachlichen Unterschiede im Schriftverkehr und in der Verwaltung zu überbrücken, die religiösen Verhältnisse zu ordnen, einheitliche Besteuerung und Münzen zu schaffen, überhaupt sollte an die Stelle des Vorläufigen ein Gefüge treten, das den Herrschenden wie der Masse der Untertanen ein gesichertes Dasein erlaubte.

Kyros' Nachfolger Kambyses (530–522) war von anderem Holz als der große Vater. Er besaß weder Abstand noch Einsicht genug, die Erfordernisse der Lage zu erkennen. Wenn ihn überhaupt etwas verpflichtete, so war es das Vorbild seines Vorgängers. Im Innern beschränkte er sich darauf, seinen Bruder Bardiya als einen gefährlichen Rivalen zu beseitigen. Dann brach er zur Eroberung auf. Es gelang ihm zwar, das letzte der altorientalischen Großreiche, Ägypten, zu besiegen und zu unterwerfen (525), aber die Versuche, weiter nach Süden (Nubien) und Westen (Ammon-Oase und Libyen) vorzudringen, scheiterten. In Ägypten selbst hat Kambyses' Auftreten kein gutes Andenken hinterlassen. Er scheint es nicht verstanden zu haben, die religiösen Empfindlichkeiten dieses alten Kulturvolkes, das jetzt fremde Herrschaft dulden mußte, zu schonen oder gar seine Zuneigung zu gewinnen.

Auf dem Rückzug erreichte Kambyses die Nachricht, daß daheim sich ein Mann des Thrones bemächtigt hatte, der sein ermordeter Bruder Bardiya zu sein vorgab. Wahrer Name des Usurpators war Gaumata. Als Magier hatte er sich mit der religiösen Umwälzung eins erklärt, die von Zarathustra ausgegangen war. Aber Kambyses kam nicht mehr dazu, sich mit dem Rebellen auseinanderzusetzen. Auf dem Marsch durch Syrien ereilte ihn aus ungeklärter Ursache der Tod (522). Es erhob sich die Frage, ob das Reichsgefüge, mehr denn je ein Torso, sich behaupten würde.

Gaumata und Dareios I.

Zarathustra ist in den entscheidenden Ereignissen seines Lebens Zeitgenosse des großen Kyros gewesen. Beide Männer haben wie wenige die Geschichte ihrer iranischen Heimat bestimmt, mochte auch Kyros, als Eroberer und Reichsgründer, zu den Gewaltigen dieser Erde gehören, während Zarathustra vom Anfang her eine religiöse und moralische Welt zu erbauen bestimmt war.

Osten und Westen Irans traten sich damit in ihrer Verschiedenheit gegenüber. Die Jahre um die Mitte des 6. Jahrhunderts sahen den Eintritt beider Bereiche in die große Geschichte. Entzündete sich am Ufer des Oxos im Osten die Flamme, die ganz Iran ergreifen und für das kommende Jahrtausend in seiner religiösen Haltung bestimmen sollte, so entstand im Westen, von der Persis ausgehend, eine Herrschaft, die noch einmal den ganzen Alten Orient überlagerte. Da ergab sich die Frage, ob beide Ereignisse, einzeln oder gemeinsam, all das zum Ganzen fügen würden, was bisher getrennt gelebt hatte. Religion, auf Verkündigung und Bekehrung gerichtet, und ein Reich, das Weltreich zu werden sich anschickte, hatten bei aller Verschiedenheit doch das eine gemein, daß beiden der weitausgreifende Antrieb, Seelen oder Länder und Völker zu gewinnen, mit dem Entstehen eingepflanzt zu sein schien.

Kyros hatte sich nach der Eroberung des Zweistromlandes, Syriens und Kleinasiens bis zum Hellespont dem iranischen Osten zugewandt. Jetzt griff der Osten auf den Westen über, diesmal in Zarathustras Verkündigung, die Medien und dann die Persis erreichte.

Neben Baktrien, das begründeten Anspruch hat, Zarathustras Heimat und erstes Wirkungsfeld gewesen zu sein, hat später das nördliche, »atropatenische« Medien den gleichen Anspruch erhoben. Hat dort die neue Verkündigung, ehe sie sich nach Westen wandte, zum erstenmal Fuß gefaßt? Wer Chorasan, die einzige Verbindung zwischen Irans getrennten Hälften, durchzog, gelangte zunächst in den Norden Mediens. Auch weiter im Süden sind frühe Spuren der zarathustrischen Mission zu erkennen. Dort hatte sich eine Gemeinschaft als Priesterschaft der neuen Religion gebildet, die Magier. Ihren Namen verschweigen Zarathustras Gathas, und im jüngeren Avesta, das auch im Osten Irans entstand, fällt er nur an einer später eingefügten Stelle. Nach Herodot waren sie ursprünglich ein medischer Stamm, und eine Anzahl Wörter medischen Ursprungs bezeugen, daß die zarathustrische Verkündigung über Medien nach der Persis vorgedrungen ist. Wenn man diesen Zeugnissen Glauben schenkt, hat sich die Anhängerschaft Zarathustras noch zu dessen Lebzeiten in Medien ausgebreitet und war bis zu den Grenzen der Persis gelangt. Auf Kyros war sein Sohn Kambyses gefolgt. Er hatte die nach Westen gerichtete Eroberungspolitik fortgesetzt und 525 Ägypten dem Reich einverleibt. Unterdessen erhob sich in seinem Rücken der Aufstand, und nach Kambyses' Tod konnte der Magier Gaumata, übrigens in vielen Teilen des Reiches mit Zustimmung begrüßt, den Thron besteigen (März 522).

Diese überraschende Wendung zeugt vom gewaltigen Fortschritt, den die neue Religion gemacht hatte. Sie hielt sich für stark genug, einen der Ihren, einen Magier, an die Macht zu bringen. Wieweit Zarathustra selbst hinter diesen Bestrebungen stand, ist unbekannt. Aber selbst den sparsamen Angaben läßt sich entnehmen, daß Gaumata ein festumrissenes Programm vertrat.

Dareios' große Inschrift von Bisutun hat den maßgebenden Bericht über diese Ereignisse hinterlassen. Sie berichtet, daß der Magier Heiligtümer zerstört, Weiden und Herden, Sklaven und Häuser den bisherigen Eigentümern weggenommen habe. Dareios rühmt sich, dieses Unrecht wiedergutgemacht zu haben. Der Griff nach den Heiligtümern läßt sich wohl bei einem religiösen Neuerer verstehen. Als Anhänger Zarathustras war Gaumata gegen die bisherigen Götter eingeschritten, hatte die Verehrung der *daēva* zu beseitigen versucht. Und bei den Herden könnte man an Zarathustras Gebot denken, das Rind gegen den »Mordgrimm« der blutigen Opfer zu schützen. Aber gegenüber dem Raub von Sklaven und Häusern versagt solche Deutung. Gaumata muß sich neben den religiösen auch soziale Ziele gesetzt haben.

Als Betroffene des Magiers nennt die Inschrift von Bisutun das »Heer«, ein Wort, das hier wie auch sonst den Adel bezeichnet: die Schicht also, auf der die Stellung des Perservolkes beruhte. Nur der Adel verfügte über Weiden und Herden, Sklaven und Häuser.

Gaumata ging demnach gegen die herrschende Schicht vor, und dieser Deutung entspricht, daß er nach griechischen Berichten den unterworfenen Ländern die Tribute erließ und sich angeblich mit der Absicht trug, die Herrschaft den Medern zurückzugeben. Hier mochte mitgespielt haben, daß die Magier, denen Gaumata entstammte, als medischer Stamm angesehen wurden.

Das übrige läßt sich aber nur verstehen, wenn Gaumata soziale Ziele verfolgte. Indem er dem Adel seine Herrenhäuser und Burgen, die Sklaven, Herden und Weiden nahm, beraubte er ihn der wirtschaftlichen Grundlage seiner Macht. Zugleich suchte er sich die Unterstützung der Untertanen und des gestürzten Herrenvolkes von einst, der Meder, zu sichern. Es war ein politischer und wirtschaftlicher Umsturzversuch, dem der späteren Mazdakiten gleich. Beide hatten gemeinsam, daß sie sich gegen den Besitz des Adels richteten und daß die Ordnung nicht von dem entmachteten Stand, sondern allein von einem Herrscher wiederhergestellt werden sollte. Denn beide Male sollte sich zeigen, daß ohne einen machtvollen König auch ein starker Adel nicht möglich war.

Der Gegenschlag ließ indes nicht lange auf sich warten. Ein Jahr nach Gaumatas Erhebung beseitigte Dareios, Hystaspes' Sohn (521–486), aus einer Seitenlinie der Achaimeniden, im Bund mit sechs adligen Persern den Magier und bestieg den Thron (29.9.521). Auch die zahlreichen Rebellen und Usurpatoren, die sich im Gefolge des Magiers in den iranischen Ländern erhoben hatten, wurden niedergeworfen und getötet. Im Jahre 519 war die Reichseinheit wiederhergestellt.

Das Zeugnis eines Zeitgenossen der Ereignisse, des Geschichtsschreibers Xanthos aus Lydien, führt den Magier in direkter Amtsfolge auf Zarathustra zurück. Als Zarathustrier betrachtete Gaumata Ahuramazda als seinen göttlichen Herrn und fühlte sich deshalb verpflichtet, die Heiligtümer der anderen Götter zu zerstören, die von seinem Lehrer zu Dämonen und Teufeln erniedrigt worden waren. Aber auch Dareios berief sich auf Ahuramazda. Mehr noch: er hat den Kampf der Wahrheit gegen die Lüge aus Zarathustras Verkündigung übernommen. In der Grabinschrift des Königs ist der Kampf der beiden feindlichen Mächte noch in seiner ursprünglichen Bedeutung faßbar. Und nirgendwo finden sich in den königlichen Inschriften die Götter von einst.

War auch Dareios Zarathustrier? Dagegen spricht, daß keine seiner Äußerungen den Namen des Religionsgründers nennt. Auch die Nachfolger des Dareios haben den Mann verschwiegen, unter dessen religiösem Einfluß sie alle standen. Beide Parteien, Gaumata und Dareios, hatten sich auf Ahuramazda berufen. Aber in dem Kampf hatte sich der Gott für den Achaimeniden und gegen den Magier entschieden. Der Sieg des legitimen Herrschers hatte nicht nur den unmittelbaren Gegner getroffen, er brachte auch allen seinen Glaubensgenossen Verderben. Das Fest der Magiertötung, über dessen Einzelheiten Herodot berichtet, feiert diesen Sieg in regelmäßiger Wiederkehr. So blieb eine innere Zwiespältigkeit: Dareios hat Zarathustras Lehre übernommen, der Prophet selbst aber wurde als Magier von dem Verdammungsurteil mitbetroffen, eine Haltung, zu der sich der Sieger nach Ahuramazdas Hilfe berechtigt glauben durfte.

Persischer Lastenträger
Relief an den Burgmauern von Persepolis, erste Hälfte 5. Jahrhundert v. Chr.

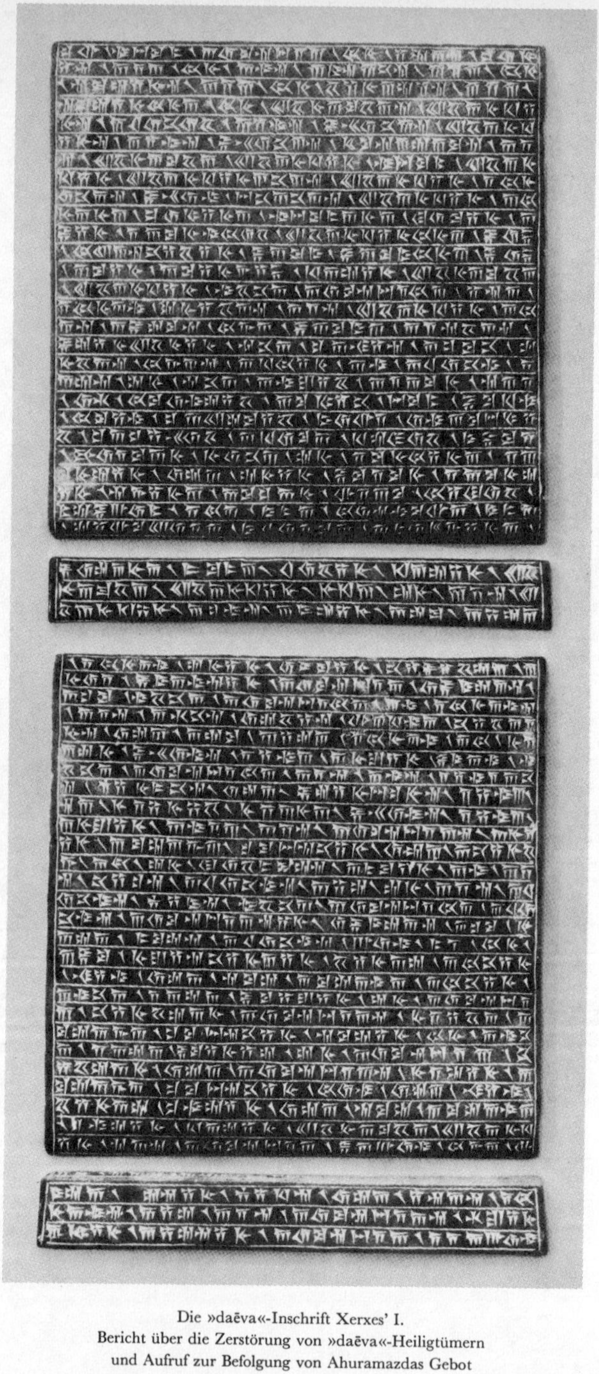

Die »daēva«-Inschrift Xerxes' I.
Bericht über die Zerstörung von »daēva«-Heiligtümern
und Aufruf zur Befolgung von Ahuramazdas Gebot

Spätere Stellung zum Zarathustrismus

Diese innere Zwiespältigkeit, in Dareios' religiöser Einstellung sichtbar geworden, blieb weiterhin bestehen. Auch seine Nachfolger waren von der neuen Verkündigung angerührt, hielten aber mit der vollen Anerkennung dessen zurück, der als Magier mit Gaumatas Rebellion verknüpft schien. Die Zeugnisse beweisen, daß sie sich nicht zu entziehen vermochten und sich doch nicht völlig hingaben.

Im Altpersischen ist das Wort für den Gerechten, den Verehrer der Wahrheit gleichbedeutend mit dem Wort für den Seligen. Also war auch die zarathustrische Eschatologie angenommen. Daneben gab es mancherlei in Seelenglaube und Totenkult, was sich der Vorstellungswelt des Propheten nicht einfügen ließ. Die Königsinschriften geben den Kampf von Wahrheit und Lüge wieder, geben ihm aber einen politischen Sinn. Dareios' Gegner werden unbedenklich der Lüge geziehen, und er selbst beansprucht, allein die Wahrheit zu vertreten. Die Ordnung der Welt, von Gott seinem Verkünder enthüllt, war zum Schlagwort im Kampf um den Thron geworden.

Dareios, Xerxes und Artaxerxes I. riefen in ihren Gebeten nur Ahuramazda an und vermieden die Namen anderer Götter, die Zarathustra in seinen Gathas verdammt hatte. Aber ihre Nachfolger, vor allem Artaxerxes II. und III., brachten die entthronten Götter wieder zu Ehren und nannten sie in ihren Inschriften. Artaxerxes III. weihte der Göttin Anahita Standbilder und Altäre in den Hauptstädten des Reiches.

Keilschrifttafeln und beschriftete Scherben aus der Burg von Persepolis zeigen, daß Magier und Zarathustrier eins waren. Die Magier kannten Trankopfer und heiliges Feuer, trugen Namen zarathustrischer Prägung und gliederten sich in Unterpriester und Opferer. Opferer aber, *zaotar*, war der Prophet selbst gewesen. Dareios' Nachfolger Xerxes unterschied sich kaum von einem strenggläubigen Zarathustrier. In einer Inschrift rühmt er sich, einen Tempel der *daēva* zerstört zu haben und beruft sich dabei auf Ahuramazdas Gebot. Er lehnte ebenso die babylonischen wie die hellenischen Götter ab. Xerxes brach mit dem Brauch seiner Vorfahren, die des Mardukbildes Hand bei der Thronbesteigung ergriffen und so vom Gott die babylonische Königswürde entgegengenommen hatten. Seit seinem fünften Regierungsjahr führten Xerxes und seine Nachfolger nicht mehr den babylonischen Königstitel.

Nach wie vor aber war die Religion der herrscherlichen Macht dienstbar. Der »Große König« erhob sich über die anderen Könige wie der »Große Gott« Ahuramazda über alle Götter. Er opferte Ahuramazda, dem Herrn der »Wahrheit«, und machte seine Feinde, die »logen«, zu Gefangenen. Auf den Reliefs seiner Paläste bezwang er Untiere, wie er dank Ahuramazdas Hilfe die »Lüge« bezwungen hat.

Unübersteigbare Schranken trennten den Gebieter von den Untertanen, auch von seiner nächsten Umgebung. Auf den Reliefs der Freitreppen zur Königsburg sieht man den thronenden Herrscher und ihm zu Füßen die langen Reihen tributbringender Völkerschaften. Das Bild des Königs wuchs zugleich mit dem Reichsgedanken ins Übergroße, ins Maßlose. Wie der Großkönig nur Unterwürfige kannte, so gab es für das Reich kein Gemeinwesen, mit dem es hätte Verträge schließen können. Die einzige Willensäußerung des

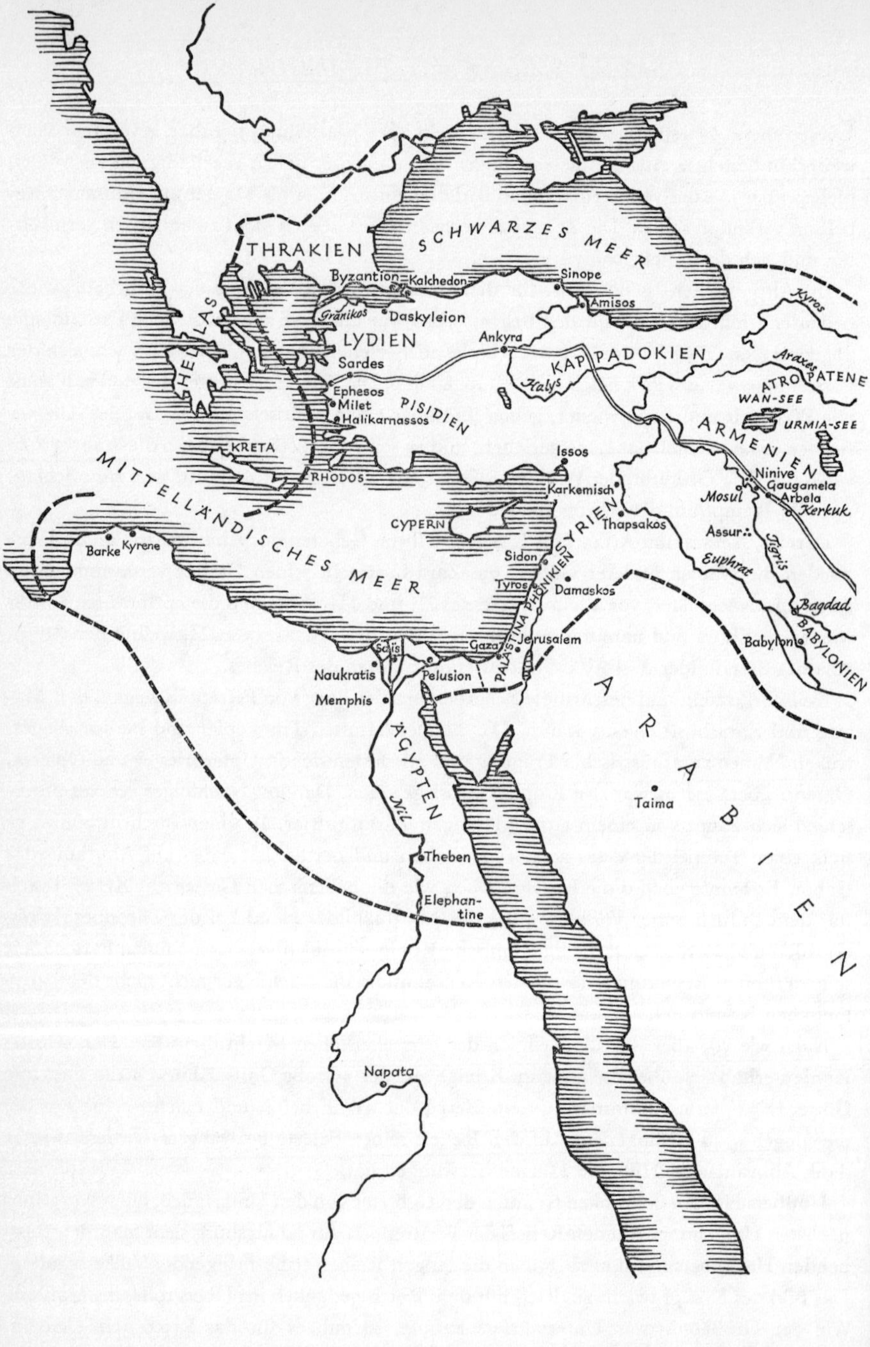

THRAKIEN
SCHWARZES MEER
Byzantion
Kalchedon
Sinope
Amisos
Granikos
Daskyleion
HELLAS
LYDIEN
Ankyra
KAPPADOKIEN
Kyros
Araxes
ATROPATENE
Sardes
Halys
WAN-SEE
URMIA-SEE
Ephesos
Milet
Halikarnassos
PISIDIEN
ARMENIEN
KRETA
RHODOS
Issos
Ninive
Gaugamela
Arbela
Mosul
Kerkuk
Karkemisch
MITTELLÄNDISCHES MEER
CYPERN
Thapsakos
Assur
Tigris
Euphrat
Barke
Kyrene
Sidon
SYRIEN
PHÖNIKIEN
Tyros
Damaskos
Bagdad
BABYLONIEN
Babylon
Saïs
Gaza
Jerusalem
PALÄSTINA
Naukratis
Pelusion
Memphis
ÄGYPTEN
ARABIEN
Nil
Taima
Theben
Elephantine
Napata

SKYTHEN
ARAL-SEE
MASSAGETEN
KASPISCHES MEER
Jaxartes
Oxos
Kyreschata
CHWAREZM
Marakanda
Buchara
SOGDIANE
PAMIR
HINDUKUSH
GANDHĀRA
Merv
Anau
MARGIANE
BAKTRIEN
Baktra-Balch
Kabul
Taxila
Zadrakarta
Amul
CHORASAN
Teheran
Rhagai
PARTHIEN
ochos
ARACHOSIEN
MEDIEN
Salzwüste
AREIA
Ekbatana
Bisutun
DRANGIANE
Kandahar
Hydaspes
Hamun See
Aspadana (Isfahan)
ANSCHAN
Susa
ELAM
Etymandros
SISTAN
SAGARTIEN
SUSIANE
PERSIS
Pasargadai
Persepolis
Schiras
Kirman
Salzwüste
INDIEN
Indus
GEDROSIEN
INDISCHER OZEAN
Perserreich
DAREIOS I. 521-486 V.CHR.
Kursiv = Moderne Namen

Großkönigs war der Befehl, und dieser kannte nur unterworfene oder noch zu unterwerfende Völker.

So war es unvermeidlich, daß solches Herrschertum keinen Propheten neben sich duldete. Es verstand sich unmittelbar zu Gott und glaubte, auf den menschlichen Künder verzichten zu können. Seine Begründung lag im göttlichen Auftrag, und dieser duldete keinen neben sich, der sich auf ähnliches berief. Erst mit dem Sturz der königlichen Macht konnte Zarathustras Prophetentum wieder in seinem ursprünglichen Glanz erstrahlen.

Jahr für Jahr wurde seit dem Sieg über den Magier Gaumata das Fest der Magiertötung gefeiert. Der Schatten, der auf allen Angehörigen dieses Standes lag und der auch ihren Archegeten Zarathustra nicht ausnahm, konnte nur durch Gefügigkeit gegenüber dem Großkönig gebannt werden. Mit Dareios' III. Tod (330) waren die Achaimeniden beseitigt und mit ihnen der Fluch, der auf Zarathustras Andenken gelastet hatte. Aber es kam noch hinzu, daß nach dem Untergang des Herrscherhauses jene Feindschaft gegen Zarathustra und seine Anhänger zumindest mit einem Schein von Wahrheit Alexander von Makedonien, dem Zerstörer der persischen Größe, zugeschrieben werden konnte. Alexander wurde nachträglich zum Urheber jener Magierverfolgung und des Festes der Magiertötung.

Schon Hermodoros, ein Schüler Platons, glaubte zu wissen, daß Alexander einer Gruppe von Magiern, die sich von Zarathustra herleiteten, ein gewaltsames Ende bereitet habe. Fast gleichzeitig mit dem Ende der nationalen Dynastie war von Dareios der alte Vorwurf genommen und auf den Makedonen übergegangen. Ein jüngst gefundenes Bruchstück in einer mitteliranischen Mundart, die in Zarathustras Heimat und nördlich von ihr heimisch war, spricht von der Magiertötung, die, als könne es nicht anders sein, Alexander zugeschrieben wird.

Kultkirche und religiöse Kodifikation

Prophetentum beruht auf der Einzigartigkeit der Person. Persönliche Berufung unterscheidet den Propheten von allem Priestertum. Der Prophet steht außerhalb der Gemeinschaft, gewillt, sie aufzulösen oder doch umzuformen. Der Priester dagegen fügt sich den vorhandenen Ordnungen, neigt zur Erhaltung des Bestehenden. Aber auch der Prophet strebt, indem er vorhandene Gemeinschaften sprengt, neue, durch ihn selbst bestimmte an. Er sammelt Anhänger und schließt sie unter seinem Gesetz, in neuen Ordnungen zu neuer Gemeinde zusammen.

Die ablehnende Haltung des ersten Achaimeniden gegenüber der Person Zarathustras hatte dazu beigetragen, daß dessen Anhänger solche Festigung, Erstarrung schon früh vollzogen. Spätestens um die Mitte des 5. Jahrhunderts scheint die Kultkirche an die Stelle des Bundes religiös begeisterter Jünger getreten zu sein. Priesterliche Ordnung und Zeremoniell ersetzten das spontane Handeln von einst.

Zugleich mit dem neuen Kult, seiner Ordnung und Festlegung mußte auch festgelegt werden, was als Verkündung des Propheten gelten sollte. Aufrüttelndes Wort aus gottbegeistertem Mund war durchaus verschiedener Auslegung fähig, es konnte mißdeutet und verfälscht werden; Umsturz, eben zum Stillstand gekommen, konnte unter Berufung auf angeblich oder wirklich Gesagtes von neuem ausbrechen und der Kultkirche zum Verhängnis werden. Die authentische Ausdeutung des Prophetenwortes und mit ihr der unverrückbare Buchstabe traten der Kirche als Anstalt und der heiligen Handlung als ehrwürdiger Tradition zur Seite.

Spätere Überlieferung wußte, daß Dschamasp, Zarathustras Schüler, die Worte seines Lehrers aufgezeichnet hat. Es waren die originalen Gedichte, die Gathas, deren Niederschrift noch ins 6. Jahrhundert, in die Jahre nach Zarathustras Tod, fallen dürfte. Welcher Schrift aber hätte sich Dschamasp bedient? Allein das aramäische Alphabet kam in Frage. Das Aramäische in Schrift und Sprache war in der Reichsverwaltung zu allgemeiner Anerkennung gelangt, und damit bot sich die Möglichkeit für eine schriftliche Festlegung der Hinterlassenschaft Zarathustras.

Das Königtum von Kyros und Dareios berief sich auf göttlichen Auftrag. Beide Herrscher rühmten sich dessen in ihren Inschriften. Die großen Adelshäuser und die ritterlichen Herren waren ihrem Herrscher weniger dinglich-rechtlich als in persönlichem Treueverhältnis verbunden. Auch die königlichen Maßnahmen trugen das Kennzeichen des Persönlichen. Der Großkönig vollzog sie durch ihm ergebene Männer seines Vertrauens. Persönliche Treue und persönliche Ergebenheit gegenüber dem Herrscher waren Grundlage der Legitimation.

Doch länger waren die Grenzen altiranischen Königtums überschritten. Das Reich umfaßte alle Länder altorientalischer Kultur zwischen Zweistromland und dem Niltal. Seit dem Eintritt in den elamischen und babylonischen Bereich war man mit einem staatlichen Aufbau in Berührung gekommen, der einem anderen Gesetz unterstand. Anstaltsmäßiges hatte persönliche Bindungen ersetzt. Eine schon spezialisierte Bürokratie führte die königlichen Befehle aus, auf Grund fachlicher Eignung und nach festgelegten Normen. An die Stelle des Adels trat ein Berufsstand, statt des Treueverhältnisses galt Beamtendisziplin. Willkür und Gnade des Herrschers, seine persönliche Gunst verschwanden jetzt hinter überpersönlicher Verwaltung und ihren sachlichen Zwecken. Die Treue mit ihren sittlichen Konflikten wurde von den sicheren Instinkten einer Schreiberkaste verdrängt, der es allein um Zuständigkeit, Rang und Stellung ging. Beamtentum berief sich auf fachliche Kenntnisse und Geheimhaltung. Alle Maßnahmen wurden jetzt unter Ausschluß der »Unzuständigen« ausgeführt.

Die Formen der elamischen Verwaltung hatten sich schon früh in der Persis, dem Stammland des herrschenden Königshauses, Achtung verschafft. Im Schatzhaus von Persepolis fanden sich Keilschrifttafeln in einem mit persischen Lehnwörtern durchsetzten Neuelamisch, der Verwaltungssprache der Persis; daneben eine zweite Ausfertigung der gleichen Urkunde auf Pergament, aber statt im überkommenen Elamisch bereits in Aramäisch. Dieses Nebeneinander endete seit 459 zugunsten des Aramäischen; seitdem verschwand das Elamische aus der Verwaltung.

Der Sieg des Aramäischen, einer semitischen Sprache, bedeutete den Höhepunkt einer Entwicklung, die schon in spätassyrischer Zeit begonnen hatte. Es läßt sich gut verfolgen, wie diese Sprache jenseits der Grenzen ihrer syrischen Heimat in Verhandlungen, in der Verwaltung und im diplomatischen Briefverkehr an Bedeutung gewann. Auf zweisprachigen Inschriften tritt sie neben der herrschenden Sprache auf, dem gleichfalls semitischen Akkadisch. Auf den Siegeln begann sie dieses schon zu verdrängen. Aus der Zeit Assurbanipals (669–627) stammt ein langer, aramäisch geschriebener Brief eines Beamten, und gegen Ende desselben Jahrhunderts schreibt ein phönikischer Stadtkönig einen aramäischen Brief an den König von Ägypten.

Ein Grund für den Siegeszug der aramäischen Sprache war ihre größere Brauchbarkeit. Aus dem Alphabet der phönikischen Nachbarn war ein Alphabet entstanden, das gegenüber dem keilschriftlichen mit sehr viel weniger Zeichen auskam, das deshalb leichter zu erlernen, aber auch deutlicher war. Die Achaimeniden haben daraus die Folgerungen gezogen und dieser Sprache und Schrift zu einem ohnedies sicheren Sieg verholfen, als sie das Aramäische in den Dienst der Reichsverwaltung stellten. Damit war der babylonischen Schreiberschule und mit ihr dem Akkadischen und der Keilschrift ein Schlag versetzt, der sie zum Absterben verurteilte. Bald wurde der Gebrauch des Aramäischen auch für solche Gebiete verpflichtend, in denen es bisher noch keinen Zugang gefunden hatte.

Der amtliche Schriftverkehr wurde fortan nur in einer Sprache und in einer Schrift geführt. Das »Reichs-Aramäische«, wie es treffend genannt wird, brachte den Behörden und Untertanen eine einheitliche Form, in der sich alles Schriftliche erledigen ließ. Die völkerumspannende Wirkung der neuen Sprache zeigen die Papyri aus Elephantine in Oberägypten, zeigen Lederurkunden, in denen der ägyptische Satrap während seines Aufenthaltes am königlichen Hof in Susa den Beauftragten daheim Anweisungen gab, und diplomatische Noten, die von den zeitgenössischen Geschichtsschreibern erwähnt werden.

Mit alledem trat neben den persischen Adel, der bisher alles bestimmt hatte, ein Schreiber- und Beamtenstand. Schwerlich mögen viele Iranier dazu gehört haben. Um so stärker wird das semitische Element vertreten gewesen sein. Da das Aramäische längst im Zweistromland gebräuchlich war, dürften Babylonier und Männer aus einstmals assyrischem Gebiet, aber auch Syrier und Juden den größten Anteil der Beamtenschaft gebildet haben. Natürlich konnten sich die Schreiber nach ihrer Abstammung nicht mit dem Adel messen. Sie behaupteten sich vielmehr kraft ihrer Unentbehrlichkeit. Der Jude Esra stieg als Schreiber zu hoher Würde auf, die ihm die Möglichkeit gab, für sein Volk zu wirken, da Eingaben und andere Schriftstücke nur durch solche Männer zur Kenntnis des Großkönigs zu bringen waren.

Das Aramäische erscheint im Achaimenidenreich und in seinen Nachfolgestaaten in Schrift und Sprache, allein oder neben dem Lydischen, Griechischen oder Mittelindischen. Die aramäischen Inschriften reichen von Sardes im Westen bis zum Kaukasus, von Arabien (Taima) bis zu den Ashōka-Inschriften von Kandahar, Pul-i Daruntah (bei Kabul) und Taxila in Nordwestindien. Darüber hinaus wurde das aramäische Alphabet auch zur Aufzeichnung anderer Sprachen verwendet. Am Grabe Dareios' I. in Naksch-i Rustam bei Persepolis sind neben Texten in Keilschrift die Reste eines weiteren entdeckt worden, darin das Altpersische mit aramäischen Zeichen geschrieben war.

Es war ein gewagter Schritt, das Altpersische mit Hilfe des aramäischen Alphabets wiederzugeben. Eine indogermanische Sprache sollte eine Schrift benutzen, die nur Konsonanten, aber keine Vokale kannte. Um Vokale wiederzugeben, mußte man sich der »Lesemütter« bedienen, also solcher Konsonanten, die einen Hinweis darauf gaben, wie der fehlende Vokal ungefähr zu lesen sei. Eine genaue Angabe wurde nicht erreicht. In den gleichen Zusammenhang gehört die zuvor erwähnte Aufzeichnung der zarathustrischen Hymnen durch den Schüler des Propheten, Dschamasp. Auch eine ostiranische Sprache, das Avestische, war also mittels des aramäischen Alphabets festgelegt worden.

Die Aufzeichnung der Worte Zarathustras und dessen, was man ihm zuschrieb, machte den Wortlaut der Verkündung, bisher mündlich überliefert, nun einem größeren Kreis zugänglich. Die Inschrift an Dareios' Grab zeigt engste Anlehnung an Zarathustras »Gathas«. Zu Beginn des 5. Jahrhunderts (Dareios starb 486) war demnach der Wortlaut schon allenthalben bekannt. In späterer Zeit glaubte man zu wissen, daß die heiligen Verkündungen im originalen Wortlaut auf zwölfhundert Kuhhäuten aufgezeichnet und von den Achaimeniden im Feuerhaus und in der Schatzkammer von Persepolis niedergelegt worden seien.

Rechts- und Religionspolitik der Achaimeniden

Die achaimenidische Haltung gegenüber der zarathustrischen Bewegung entsprach einer umfassenderen Politik. Die Duldung der sehr verschiedenartigen Religionen im persischen Reich setzte eine Ordnung voraus, die für alle gelten sollte. Die einzelnen Kultgemeinden wurden veranlaßt, ihr religiöses Gesetz aufzuzeichnen, das dann als verbindlich angesehen wurde. Umfangreiche Aufzeichungen des Rechtes der einzelnen Völker, die zugleich religiöse Gemeinschaften mit religiös geformtem Recht waren, schufen die Grundlage einer Religionspolitik mit eigenen, streng eingehaltenen Normen.

Dareios rief unmittelbar nach der Beseitigung des Magiers und nach der Niederwerfung der Aufstände »die Weisen unter den Kriegern, den Priestern, den Schreibern Ägyptens« zusammen. Mit ihrer Hilfe sollte das Recht des Landes, sollten alle Verordnungen und Gesetze bis zum Jahre 526 gesammelt werden. 503 war das ägyptische Landrecht auf einer Papyrusrolle aufgezeichnet. Abschriften in Briefschrift und in »assyrischen Buchstaben« wurden angefertigt.

Neben der ägyptischen Fassung der Gesetzessammlung in hieroglyphischer und demotischer Schrift gab es eine zweite in »assyrischen Buchstaben«, womit nur das aramäische Alphabet gemeint sein konnte. Und das besagt zugleich, daß man sich der aramäischen Sprache bedient, also die ägyptische Fassung übersetzt hat. Ein Brief vom Ende des 7. Jahrhunderts bezeugt, daß schon damals das Aramäische die Sprache der Diplomatie war und am Nil gebraucht und verstanden wurde. Unter persischer Herrschaft wurde die gesamte Reichsverwaltung auf aramäisch geführt. Wer sich mit einer Eingabe an die Behörden wenden wollte, mußte sich eines aramäischen Schreibers bedienen, die es jetzt überall im Lande gab. Von Memphis bis nach Theben, Assuan und Elephantine, bis ins benachbarte Nubien sind aramäische Papyri aus der Perserzeit gefunden worden. Dieser Entwicklung entsprechend hat die achaimenidische Verwaltung eine aramäische Fassung des neu aufgezeichneten Landrechtes zum eigenen Gebrauch anfertigen lassen.

Ägypten hat sich der Fremdherrschaft nie gefügt. Aufstände gegen die Perser waren an der Tagesordnung, und Jahrzehnte der Unabhängigkeit wechselten mit erneuter Unterwerfung. Um so segensreicher wirkten sich Sammlung und Aufzeichnung des ägyptischen Rechtes aus. Dieses Recht konnte sich auch nach dem Verlust der politischen Selbständigkeit weiterhin behaupten. Unter den Ptolemäern richtete der einheimische Gerichtshof der Laokriten nach dem Landrecht und einem eigenen Gesetzbuch, das jetzt nach dem ägyptischen Bocchoris hieß. Noch im Jahre 124 n.Chr. konnte das »Gesetz der Ägypter« angerufen werden.

Volksrecht war bei den Völkern des Orients weitgehend heiliges Recht, wurzelte im religiösen Bereich. Dareios' Maßnahme war also ein Glied der einheitlichen Religionspolitik der Achaimeniden. Man suchte auf die religiösen Eigenheiten der Untertanen und besonders der einflußreichen Priesterschaft einzugehen. Das Reich duldete die verschiedenartigsten Religionen, deren inneres Leben man zu fördern wünschte, um so die Unterworfenen zufriedenzustellen. Seit Kyros wurde diese Politik verfolgt, und nur vorübergehend sollten Kambyses und ein jugendlicher Eiferer wie Xerxes mit ihr brechen. Beider Könige Verhalten hatte aber nachteilige Folgen gehabt und damit bestätigt, daß nur religiöse Duldsamkeit den Bestand der persischen Herrschaft gewährleisten konnte. Demzufolge blieb das, was in Ägypten geschehen war, nicht allein.

Im Jahre 444, unter Artaxerxes I. (465–424), verlas der Priester und königliche Schreiber Esra kraft der ihm erteilten Vollmachten das Gesetz der jüdischen Gemeinde. Dieses »Gesetz Mose« war bereits der heute vorliegende Pentateuch. Die Niederschrift wird kaum wie beim ägyptischen Recht erst auf Veranlassung des Herrschers ausgeführt worden sein; dies schließt auch ein Thora-Bruchstück in phönikischer Schrift aus, das sich unter den Handschriften vom Toten Meer gefunden hat. Esra hat vielmehr den heiligen Text aus dieser älteren, verwandten Schrift zum erstenmal in die aramäische übertragen lassen. Er hat also das ihm, dem Schreiber, aus täglichem Gebrauch vertraute Alphabet verwendet. Wiederum war es ein lange fortwirkender Erfolg, denn dieses Alphabet fremder Herkunft wandelte sich im Lauf der Jahrhunderte zur eigentlichen hebräischen Schrift. Die Umschrift des jüdischen Gesetzes schloß sich dem an, was in Ägypten ein halbes Jahrhundert zuvor geschehen war. In der öffentlichen Anerkennung der neuen Fassung lag erneut ein Akt achaimenidischer Religionspolitik.

Eine dritte Gesetzesaufzeichnung gehört noch in diesen Zusammenhang. Es ist das »Gesetz wider die *daēva*«, das »Videvdat« oder »Vendidad« der späteren avestischen Sammlung. Xerxes spricht in einer Inschrift von der Ausrottung der *daēva*-Verehrung, der Verehrung der von Zarathustra zu Dämonen und Teufeln degradierten alten Götter Irans. Das erhaltene Videvdat gibt sich in allen Abschnitten als Ahuramazdas Gebot; und da es die Haltung wider die *daēva* im Namen trägt und in jeder Zeile zum Ausdruck bringt, könnte Xerxes' Wort eine Berufung darauf – wenn man will: eine Zitierung – sein, freilich nicht des Videvdat im jetzt vorliegenden Wortlaut, sondern in einer älteren Fassung dieser Gesetzessammlung. In der Tat spricht Platon von Dareios I. als dem Gesetzgeber seines Volkes.

Wie das ägyptische Gesetz in »assyrischen Buchstaben« und der Pentateuch in aramäischem Alphabet aufgezeichnet waren, so mußte sich auch die zarathustrische Sammlung dieser Schrift bedienen. Aramäische Inschriften aus Taxila und Pul-i Daruntah zeigen, daß das Reichsaramäische bis in den äußersten Nordwesten Indiens, also auch nach Ostiran vorgedrungen ist. Das bestätigen die zarathustrischen »Tugenden«, die in den aramäischen Inschriften von Taxila und Kandahar wiedergegeben sind.

Diese Maßnahmen der achaimenidischen Religionspolitik lassen einen einheitlichen Plan erkennen. Doch neben dem Gemeinsamen darf man die Unterschiede nicht übersehen. Das Verhalten paßte sich im einzelnen Fall ganz den örtlichen Gegebenheiten an.

Aramäische Sprache und Schrift bildeten die Grundlage der achaimenidischen Verwaltung. Diese zielte darauf ab, die sprachlichen Unterschiede zwischen den Völkern zugunsten eines einheitlichen Schriftverkehrs der Verwaltung zu überbrücken. Dieselbe Absicht ist in der ältesten Gesetzesaufzeichnung, der ägyptischen, zu erkennen. Sie sollte der aramäisch sprechenden und schreibenden Verwaltung der Achaimeniden in Ägypten zugänglich sein. So entstand die Abschrift »in assyrischen Buchstaben« vom hieroglyphischen Original.

Anders lag es beim Gesetz Mose. Seine Übertragung aus der phönikischen Schrift in die aramäische war die Folge der Brauchbarkeit des neuen Alphabets. Schwerlich war daran gedacht, den ererbten Besitz des jüdischen Volkes der Verwaltung oder gar einer weiteren Allgemeinheit zu erschließen, das Schriftbild sollte lediglich der inzwischen vollzogenen Entwicklung angepaßt werden. Überall wurde aramäisch geschrieben und auch schon gesprochen; so schrieb man das Grundgesetz des eigenen Volkes zeitgemäß um.

Wieder anders war es beim zarathustrischen Gesetz. Es wurde nicht umgeschrieben, sondern zum erstenmal aufgezeichnet; man betrat, wie bei der Aufzeichnung von Zarathustras Gathas, den vorher unbekannten Bereich der Schriftlichkeit. Die aramäische Sprache beschränkte sich aber auf die Wiedergabe von Konsonanten und verwendete für die Vokale allenfalls einen Notbehelf. So ergaben sich bei der Festlegung der ostiranischen Sprache, darin Zarathustra seine Lehre verkündet hatte, mancherlei Unklarheiten. Erst die Berührung mit der griechischen Welt sollte den Versuchen, diesem Mißstand abzuhelfen, den angestrebten Erfolg bescheren.

Der Staatshaushalt der Achaimeniden

Mit Gaumatas Beseitigung war der Bestand von Dareios' Herrschaft noch nicht gewährleistet. Innerhalb des riesenhaft gewachsenen Reiches loderten allenthalben Aufstände auf, nicht weniger als neunzehn Feldzüge mußten gegen die Rebellen geführt werden. Ihre Unterdrückung innerhalb eines Jahres – bis Ende November 521, als der letzte Usurpator, Araka unter dem Namen Nebukadnezar IV., in Babylon erlag – schildert Dareios in seiner Inschrift vom Berge Bisutun. Im Jahre 519 oder 518 folgte noch ein Feldzug nach Ägypten, wo der allzu selbständig gewordene Satrap Aryandes abgesetzt wurde. Dareios ließ sich nach herkömmlicher Weise zum König Ägyptens krönen, nahm sich also Kyros'

Verhalten gegenüber Babylonien zum Vorbild. Ein großangelegter Feldzug gegen die Skythen 512 führte zur Überschreitung des Bosporos und der unteren Donau auf Schiffsbrücken und zur Angliederung Thrakiens und Makedoniens, verfehlte aber sein eigentliches Ziel. Die Skythen entzogen sich dem Kampf, und das Reichsheer mußte sich glücklich schätzen, nach verlustreichem Rückzug glimpflich davongekommen zu sein. Um die gleiche Zeit wurden die an Ostiran grenzenden Teile Nordwestindiens dem Reich einverleibt. Von der Indusmündung aus ließ Dareios die südiranische und arabische Küste von dem Griechen Skylax aus dem karischen Karyanda umsegeln. Der vom Pharao Necho geschaffene Kanal, der den Nil mit dem Roten Meer verband, wurde wiederhergestellt. Wie es in Dareios' Inschrift heißt, »segelten die Schiffe durch diesen Kanal von Ägypten nach Persien, wie es mein Wunsch war«.

Die königliche Politik verlegte sich nunmehr auf die Gliederung und Festigung der beherrschten Länder. Überall geboten die Satrapen in ihres Königs Auftrag. Sie sorgten für militärische Bereitschaft und bürgten für die Eintreibung der Steuern und für unparteiische Rechtsprechung. Über den örtlichen Aufgeboten stand das iranische Heer, vor allem die Reiterei und die Garden, die dem Herrscher unmittelbar unterstellt waren. Daneben widmete sich Dareios der Schaffung weitreichender Verbindungen und einer Reichspost (*angâreia*); wichtigste Anlage war die Königsstraße, die zwischen Susa und Sardes verlief. Hinzu kam die Einführung einer einheitlichen Goldmünze (*dareikós*; als Silbergeld dienten zunächst bis weit in den Osten griechische Prägungen) und der steuerlichen Erfassung der Wirtschaftskraft. Erst die Ordnung der Abgaben, Tribute und Zölle hat dem vielgestaltigen Reich zu einer einheitlichen Organisation verholfen, mochte sich dadurch auch Dareios nach Herodots Wort den Beinamen des »Krämers« erworben haben.

Der achaimenidische Staatshaushalt bildete die Krönung und letzte Steigerung altorientalischer Wirtschaftsform und des dazugehörigen Wirtschaftsdenkens. Er ist allein aus solcher Voraussetzung zu verstehen.

Als bäuerliche Wirtschaft von Tempelwirtschaft, von städtischer und staatlicher verdrängt wurde, wandelte sich die Wirtschaft eines geschlossenen Gebietes aus der Vielzahl einzelner Hauswirtschaften – »Oiken« – gleichsam in einen Gesamt-Oikos. An die Stelle individueller Arbeit trat die gelenkte, trat zugleich die abhängige und dienende. Dem Einzelnen wurde sein Arbeitsplatz und seine Betätigung zugewiesen. Es wurde ihm bedeutet, wo er für Staat, Tempel oder Herrschaft Fronden zu leisten hatte, wobei es wenig ausmachte, ob dies durch Leiturgie, Verdingung oder Versklavung geschah.

Tempel und Staat, Gott und Herrscher waren die Stellen, von denen aus die Arbeit gelenkt wurde und wo die Erträge zusammenflossen. Rodbertus hat vom Königs-Oikos gesprochen und damit sagen wollen, daß die gesamte Wirtschaft vom gottähnlichen Herrscher oder in seinem Namen wie ein Bauerngut geleitet wurde. Königswirtschaft war von der städtischen und bäuerlichen grundsätzlich nicht geschieden. Sie hob sich allein nach ihrem Umfang und der Vielfältigkeit ihrer Ausgaben davon ab.

Im letzten Jahrtausend griff diese Wirtschaftsform auf neue Gebiete über, ohne sich dabei zu verändern. In Nordarabien hatte sich unter Nabonid die Oase Taima zu einer babylonischen Stadt gewandelt. Auch in Südarabien kam es zu einer ausgeprägten Tempel- und

Stadtwirtschaft. Nur mit Fronden unter straffer Leitung waren die umfassenden Entwässerungsanlagen, wie der Staudamm von Mar'ib, zu errichten und zu erhalten. Diese Entwicklung fand ihren Abschluß unter der Herrschaft der Achaimeniden, spätester der altorientalischen Staatenbildungen. Der großherrliche Oikos ragte, altertümlich und zugleich ins Übergroße erweitert, in eine neue Zeit hinein.

Herodots persische Satrapien- und Tributliste war einst Hauptquelle für die Kenntnis großköniglicher Wirtschaft. Heute darf als ausgemacht gelten, daß diese Liste keinen urkundlichen Wert besitzt. Sie ist nicht zufällig in einer Zeit entstanden, da Athen die Mitglieder seines Seebundes zu immer höheren Leistungen heranzog. Den athenischen Tributlisten wünschte Herodot eine persische gegenüberzustellen, deren Vergleich die überragende finanzielle Macht der Achaimeniden veranschaulichen sollte. Da keine originale Urkunde vorlag und auch nicht vorliegen konnte, hat sich Herodot unter Zuhilfenahme geographischer Angaben, die er seinem Vorgänger Hekataios verdankte, das Fehlende selbst geschaffen. Der Aufbau des großköniglichen Haushalts war, wie sich mit Sicherheit sagen läßt, von anderer Art.

Relieffriese mit Tributbringern sind in Persepolis in großer Zahl erhalten. Auf der linken Seite pflegen die königlichen Garden zu stehen, während die rechte den Untertanen vorbehalten bleibt, die ihre Abgaben zu überreichen gekommen sind. Sie werden von einem persischen oder medischen Hofbeamten eingeführt. Unter dem, was sie heranbringen, begegnen Stiere, Rinder und Zebus, Widder und Esel, Kamele und Dromedare, schließlich Pferde, gezäumt oder vor den Streitwagen gespannt; auch Löwen fehlen nicht. Dazu Gefäße aller Art, Armspangen, Gewänder und Felle, Lanzen, Äxte und Beile.

In weit größerem Maße, als Herodot angibt, wurden die Tribute in Naturalien geleistet. Nach den Reliefs zu urteilen, bestanden sie ausschließlich daraus. Tribute dienten demnach, wie meist bei patrimonaler Herrschaft, zunächst der Bedarfsdeckung des großköniglichen Haushalts, der noch unter Xerxes, wie die Reliefs beweisen, vor allem Sachgüter entgegennahm. Herodot hat, wie gelegentliche Hinweise zeigen, davon gewußt. Sein Wunsch, die persische Tributliste den athenischen gegenüberzustellen, hat ihn jedoch veranlaßt, die geldlichen Leistungen hervorzuheben.

Den Tributbringern stehen auf den Reliefs die Garden gegenüber. Sie symbolisieren das vom Herrscher aus den Sachlieferungen ausgerüstete und erhaltene stehende Heer. Den wirtschaftlichen Einnahmen des Groß-Oikos tritt im Bild einer der wichtigsten Ausgabeposten gegenüber. Herodot berichtet, daß Babylonien in bestimmten Monaten den Unterhalt von Hof und Garden zu bestreiten hatte. Im übrigen sind die Darstellungen nicht einheitlich. Von Fries zu Fries, von Herrscher zu Herrscher und oft unter ein und demselben ändert sich die Zahl der Darbringenden und auch die Art des Dargebrachten, das nach Umfang und Zusammensetzung variieren konnte. Auf den späteren Reliefs fehlen die Tiere. Demnach traten bestimmte Naturalabgaben ganz oder zeitweise zurück.

Die altpersische Inschrift einer Silberkanne besagt, daß sie in des Königs »Haus« gemacht ist. Dieses umfaßte demnach auch gewerbliche Betriebe, hier eine Werkstatt für Silberschmiede. Dem Grundsatz eigner Bedarfsdeckung zufolge mußte, wie in jeder Hauswirtschaft, auch menschliche Arbeitskraft dem königlichen Oikos gestellt werden. Dementsprechend gibt Dareios in seiner Gründungsurkunde des Palastes von Susa an, woher die Baustoffe kamen und welche Untertanenvölker arbeitsteilig die einzelnen Verrichtungen ausführten.

So stand achaimenidische Herrschaft überall in der altorientalischen Tradition. Nur in der Spezialisierung tat man einen Schritt darüber hinaus. Dies lag nahe bei einem Reich, das den größten Teil der damals bekannten Welt umfaßte und dem Rohstoffe aus den Ländern zwischen Indus und der Ägäis, zwischen Iaxartes und dem oberen Nil zuflossen. Die Völker waren auf bestimmte Lieferungen festgelegt. Auf der angeführten Inschrift von Susa ist die Herkunft der Materialien ausdrücklich angemerkt. Zedern stammten vom Libanon, anderes Holz kam aus Gandhara und Kirman, Gold aus Sardes und Baktrien. Die Erdarbeiten und die Herstellung von Ziegeln waren den Babyloniern zugewiesen, der Transport des Bauholzes den Assyrern, Kariern und Ioniern, die Goldschmiedearbeiten Medern und Ägyptern. Wie stets bei naturalwirtschaftlicher Bedarfsdeckung, trat neben die Sachlieferungen die staatliche Leiturgie. Auch das Achaimenidenreich war, gleich dem der Pharaonen, ein »Arbeitshaus«; doch übertraf man alle Vorgänger darin, daß man den einzelnen Völkern auf Grund bewiesener Eignung bestimmte Verrichtungen übertrug. Die Untertanen und die untertänigen Gebiete stellten ein System spezialisierter Berufe und spezialisierter Rohstoffquellen dar.

Die Menge der anfallenden Güter überstieg den Bedarf des königlichen Hauses, der Hof- und Heeresverwaltung bei weitem. Man konnte sich der Überschüsse durch Verkauf oder durch Lohnzahlungen in Naturalien entledigen; man konnte aber auch Vorratswirtschaft betreiben, wie sie ausdrücklich für die Edelmetalle bezeugt ist. Ungeheuer waren die Mengen an gemünztem und ungemünztem Gold und Silber, die Alexander in die Hand fielen. Und Antiochos III. entnahm dem Palast von Ekbatana, noch nach den Plünderungen durch Alexander, Antigonos und Seleukos I., die erhebliche Summe von viertausend Talenten. Daß königliche Goldhorte der Wirtschaft gewaltige Mengen an Zahlungsmitteln entzogen, focht niemanden an. In den Schätzen verkörperte sich die Macht des Königs, und staatliche Wirtschaft fiel mit den Bedürfnissen des Königs-Oikos und mit dessen Bedarfsdeckung zusammen.

Grundlage des Steuerwesens war die »Auflage«, in ihrer Bedeutung der spätrömischen Indiktion ähnlich. Sie setzte nach dem königlichen oder, was dasselbe war, staatlichen Bedarf die Höhe der Abgaben im voraus fest und war, wie die Indiktion, ihrer Höhe nach wechselnd, vermutlich zumeist ansteigend. Doch konnte es geschehen, daß ein Usurpator wie Gaumata sich die Herzen seiner Untertanen mit einem Steuererlaß gewinnen wollte. Das Verbum, von dem die Bezeichnung der Auflage abgeleitet war, bezeichnete in verschiedener Stammbildung »Anteil zuweisen« und »Anteil geben«. Einnahme- und Ausgabeseite des Haushaltes treten sich darin erneut gegenüber.

Die rechtliche Grundlage der Besteuerung war die Anschauung, daß nur dem König Besitz an Grund und Boden und damit die Möglichkeit zustand, zu kaufen oder zu verkaufen. Der königliche Oikos war das einzige Unternehmen mit wirtschaftlicher Berechtigung. Der Grundsatz galt allerdings nur gegenüber den königlichen Domänen und vor allem den Bergwerken, die ausschließlich königliches Eigentum waren. Immerhin hatte er

Tributbringende Syrer
Relief am Palast Dareios' I. in Persepolis, Ende 5. Jahrhundert v. Chr.

Ruinen der Königsburg von Persepolis, der Resid

ɩimeniden unter Dareios I. und seinen Nachfolgern

Der thronende Dareios I. und sein Nachfolger Xerxes
Relief am östlichen Torweg der Haupthalle in Persepolis, erste Hälfte 5. Jahrhundert v. Chr.

zur Folge, daß, wer für eigne Rechnung Boden bebaute, Grundsteuern an den König abführen mußte, und wer Handel trieb, eine Erlaubnisgebühr und Hafen-, Durchgangs- und Marktzölle zu entrichten hatte. Auch Herden- und Kopfsteuer waren von dieser Anschauung abgeleitet.

Alle Erträge flossen in Naturalien oder in Edelmetallen bei dem Großkönig zusammen; auch Edelmetall war Naturallieferung. Denn nie wird von Geldbeträgen gesprochen: das Metall ging ungemünzt ein, und die Ausprägung unterstand königlichem Ermessen, dem es überlassen blieb, das Wertverhältnis der Gold- und Silbermünzen zueinander zu bestimmen und ihren Kurs – natürlich zu eignem Vorteil – nach den in den Schatzkammern lagernden enormen Vorräten an ungemünztem Metall zu manipulieren. Das gleiche galt für die Verwertung der eingegangenen Naturalien.

Auch die Aufwendungen des Hofes konnten in Edelmetall oder Naturalien entrichtet werden. Wie bei den Kursmanipulationen der Gold- und Silberwährung gab es auch hier Gewinnchancen für den königlichen Oikos. Hauptposten der Aufwendungen bildeten Gehälter und Löhne, deren Auszahlung in Naturalien oder Münzen der Königswirtschaft neue Gewinne sicherte. Auch der spätrömische Staat – darin dem altorientalischen verwandt – wußte sich bei der Zahlung seiner Saläre desselben Wechsels von Münzen und Naturalien zu bedienen, um der jeweiligen Marktlage seinen Vorteil abzugewinnen.

Das Verfahren wird verdeutlicht durch Funde elamischer Keilschrifttafeln bei dem Schatzhaus von Persepolis. Zahlungsquittungen von Arbeitern in königlichem Dienst zeigen, daß die reine Naturalentlohnung verlassen war. Neben ihr gab es nun die Zahlung oder Berechnung nach Silber; ein Hammel wurde mit drei Schekel Silber, ein Krug Wein mit einem Schekel gleichgesetzt. An Hand reichhaltiger Funde läßt sich die Zahlungsweise von Jahrzehnt zu Jahrzehnt verfolgen. Bis 480 v. Chr. wird in Silber berechnet, aber in Naturalien gezahlt. Später wird ein Drittel, seit 470 die Hälfte und seit 467 sogar zwei Drittel in Silber entrichtet. Aber Urkunden aus Xerxes' letzter Zeit und aus dem dritten Jahr Artaxerxes' I. zeigen die Rückkehr zu voller Naturalzahlung. Gegeben werden Hämmel und Wein, in manchen Fällen Wiein allein. Solche Zahlungsweise mußte die Empfänger in nicht geringe Schwierigkeiten br ngen. Wenn für drei Monate nur in Wein entlohnt wurde, wenn gar über neunhundert Arbeiter für zehntägige Leistung auf diese Weise abgefunden wurden, blieb ihnen nichts anderes übrig, als die gelieferten Mengen auf eigne Rechnung, vermutlich unter erheblichem Verlust, abzustoßen. Der Schaden war um so größer, als die Auszahlung häufig mit Verzug geleistet wurde.

Ein Übergang von der Natural- zur Geldwirtschaft, wie man gemeint hat, liegt somit keinesfalls vor. Vielmehr kann man die Manipulationen der Schatzverwaltung beobachten. Nach Einführung der Münzwährung drückte die neue Goldmünze den Kurs der griechischen Silbermünzen, des Silbers überhaupt, und es lag im Interesse des königlichen Arbeitgebers, seine zur Leiturgie verpflichteten Arbeiter möglichst weitgehend mit billigem Silber zu entlohnen. Mit der Zeit kamen die Preise für Edelmetall und Naturalien ins Gleichgewicht, und der König konnte darangehen, Silber wieder zu horten. Jetzt ging es darum, lebende Tiere wegen der hohen Unterhaltungskosten und Wein, der sich in größeren Mengen schwer stapeln ließ, abzustoßen, und die Arbeiter mußten sich mit oft unverwendbaren

Naturalien abspeisen lassen, nachdem sie vorher zwei Drittel ihrer Forderungen in Silber erhalten hatten.

Auch in dieser rationalisierten Form blieb der großkönigliche Oikos das, was er seinem Ursprung nach war: eine auf Bedarfsdeckung gerichtete, freilich ins Übergroße erweiterte und darum auf Hortung bedachte Privatwirtschaft des Herrschers. Der Schritt zur staatlichen Objektivierung, zu einer anstaltsmäßigen Struktur wurde nicht getan. Der Königs-Oikos hatte lediglich hinzugelernt, die anfallenden Naturalbeträge gewinnbringend zu verwerten.

Höfische Kunst

Ungleich zahlreicher als alles, was sich aus Dareios' Regierungszeit erhalten hat, sind die Zeugnisse ihres künstlerischen Schaffens. Da sind die Felsreliefs, sei es vom Berg Bisutun mit dem Triumph des Herrschers über die Lügenkönige, sei es das Grabrelief von Naqsch-i Rustam. In zwei Reihen tragen dreißig Vertreter untertäniger Völker den königlichen Thron; darauf der König vor dem Feueraltar und vor Ahuramazdas Sinnbild, ihm zur Seite in dreifacher Staffelung die Großen des Reiches. Vor allem ist die gewaltige Palastterrasse von Persepolis zu nennen, Dareios' neuer Residenz, die Pasargadai zu ersetzen bestimmt war. Gründungsurkunden auf goldenen und silbernen Tafeln berichten von Dareios' Bautätigkeit, und ihre Angaben werden von den Ausgrabungen bestätigt. Neben dem eigentlichen Palastviertel und den Wohnungen der hohen Würdenträger und der Garden erheben sich Harem, Schatzhaus und das gewaltige, erst von Xerxes vollendete Apadana; sodann das mächtige Portal mit vorgelagerter Freitreppe, ein zweites, nicht weniger mächtiges im Innern. Dazu die Fülle der Reliefs, an Treppenwangen und Pfeilern, an den Wandungen und Schranken. Die Palastanlage in Susa geht gleichfalls auf Dareios zurück, verwendet aber statt des Steines den getrockneten und gebrannten Ziegel; doch kann sie sich trotz ihres Umfangs nicht mit Persepolis messen.

Nach Herkunft ist, was sich hier zusammengefunden hat, alles andere als einheitlich. Anregungen verschiedenster Herkunft sind bereitwillig übernommen worden. Die Felsreliefs haben ihre Vorgänger in Elam, die teilweise noch ins dritte Jahrtausend zurückreichen. Gemauerte Terrassen als Träger der Paläste waren in Pasargadai begegnet, der Baugedanke entstammte Babylonien. Dort entsprach es den klimatischen Verhältnissen, von den heißen Niederungen in die Höhe auszuweichen. So erwuchsen die gewaltigen, aus Erdpech und Ziegeln errichteten Unterbauten, die Nebukadnezars Paläste und Stadttore trugen. Obwohl in der Persis andere Bedingungen bestanden, ahmte man die babylonische Art nach. Man verwandte den Kalkstein, der am Orte anstand; nur in Susa wurde nach babylonischer Weise gebrannter und ungebrannter Ziegel verbaut. Die einwandernden Perser haben das nordeuropäische Megaronhaus, von rechteckigem Grundriß mit Giebel, mitgebracht, wie es in Kyros' Grab in Pasargadai bezeugt ist. In der Susiane und der Persis wurde der dreiteilige Iwan früh bei Palastbauten eingeführt. Die königliche Audienzhalle mit ihrem von Säulen getragenen Mittelsaal und den Vorhallen gehen auf westasiatische Vorbilder zurück, ebenso das mauerumschlossene Winterhaus. Die Felsgräber entsprechen einer Hausform des südwestlichen Irans.

Bei der Ausstattung der Bauten hat man keineswegs auf eigne Lösungen verzichtet. Aber auch hier wirkten übermächtige Einflüsse der älteren Hochkulturen nach. Türhüterkolosse in Persepolis haben ihre Vorbilder bei Hethitern und Assyrern; Treppenreliefs erinnern an die reliefgeschmückten Orthostaten der assyrischen Paläste. In den Achaimenidenschlössern von Susa und Babylon sind die Wände mit emaillierten Ziegeln verkleidet, deren Technik (»Emaillierung mit toten Rändern«) wiederum aus Babylon stammt. Löwen und Fabeltiere auf den Ziegeln gemahnen an die Tierfriese des babylonischen Ischtartores. Auch sonst hat man in Vorderasien und bis nach Ägypten Anleihen gemacht.

Überall steht man vor hohen Leistungen. Durchbildung der Einzelformen, Gediegenheit im Handwerklichen und sicherer Geschmack eignen der achaimenidischen Kunst wie allem Eklektizismus. Aber diese Kunst war nicht gewachsen, sondern gewollt. Sie war Schöpfung der Könige, getragen von einer Herrscher- und Reichsidee, deren Anschluß an altorientalisches Gottkönigtum sich trotz aller Unterschiede nicht verkennen läßt. Nur künstliches Leben war es, was sich den Darstellungen großköniglicher Majestät, ihrer militärischen und finanziellen Macht einhauchen ließ. Noch einmal war vereint, was Vorderasien an künstlerischen Möglichkeiten hervorgebracht hatte. Aber Neues stand unmittelbar bevor, und mit Reich und Dynastie sollte auch die achaimenidische Kunst verschwinden.

Das Reich in der Krise

Nach den großen Aufständen zu Beginn der Regierungszeit Dareios' I. herrschte Ruhe, die erst nach der Jahrhundertwende unterbrochen wurde. Die Erhebung der ionischen Griechen blieb trotz gelegentlicher Unterstützung von Athen und Eretria zum Scheitern verurteilt. Anfangserfolgen wie der Niederbrennung von Sardes (498 v. Chr.) folgten die Niederlage bei Ephesos, die Vernichtung der ionischen Flotte bei der Insel Lade (495) und die Zerstörung Milets (494) – der Stadt, von der die Erhebung ausgegangen war. Weit mehr bedeutete für die Perser der Mißerfolg in zwei Feldzügen, die sie zur Sicherung Thrakiens und zur Bestrafung jener griechischen Städte unternommen hatten, die den Ioniern zur Hilfe geeilt waren. Dem Verlust vor allem der Flotte (in einem Sturm 492) folgte der Rückschlag, den man vor Athen in offener Feldschlacht (Marathon 490) erlitt. Nach dem Mißlingen des Skythenfeldzuges hatte sich erneut erwiesen, daß der weiteren Ausdehnung des Reiches Schranken gesetzt waren. Dareios war nicht gewillt, diesen Rückschlag hinzunehmen. Aber die Vorbereitungen zu einem neuen Feldzug störte ein Aufstand in dem allezeit unruhigen Ägypten, und bevor dieser niedergeworfenen werden konnte, starb Dareios Ende 486.

Sein Sohn und Nachfolger Xerxes I. (Chschajarscha; 486–465) schlug diesen Aufstand nieder und unterdrückte einen weiteren in Babylonien (482). Dann ging er an die

Ausführung dessen, was sein Vater unvollendet hinterlassen hatte. Das große Unternehmen gegen Griechenland von 480 bis 479 zu schildern, ist nicht Aufgabe dieser Darstellung. Trotz umfassender Vorbereitungen und der Unterwerfung des nördlichen und mittleren Griechenlands, trotz der Eroberung und Niederbrennung Athens erlitten Flotte und Heer Niederlagen, die zum Rückzug und zur Aufgabe des Planes nötigten. Xerxes mußte hinnehmen, daß die Sieger den Kampf an Kleinasiens Küste trugen und auch hier siegreich blieben. Er hat seine Niederlage noch anderthalb Jahrzehnte überlebt, bis er 465 einem Anschlag erlag. Der Mörder Artabanos tötete auch den ältesten Sohn Dareios', so daß sich der Thron auf den jüngeren Sohn, Artaxerxes I. (Artachschassa; 465–423) forterbte.

Der Abstieg, mit Xerxes begonnen, setzte sich unter seinem Nachfolger fort. Aufstände in Baktrien und in Ägypten mußten unterdrückt werden. Der letzte, von Athen unterstützt, führte unter Inaros zur Ausrufung eines nationalen Königtums. Dieses wurde erst 456 niedergeworfen, wobei das athenische Expeditionskorps in den Sümpfen des Nildeltas zugrunde ging. Nachdem Athen und der unter seiner Führung stehende Seebund kurz vor der Jahrhundertmitte nochmals den Angriffskrieg gegen das Perserreich aufgenommen und das aufständische Cypern unterstützt hatte, kam es im Frühjahr 449 zum kimonischen oder Kalliasfrieden. Athen und der Seebund verzichteten auf weiteres Eingreifen in die inneren Verhältnisse der persischen Westprovinzen, wogegen der Großkönig die Autonomie der kleinasiatischen Griechenstädte anerkannte.

Nach dem kurzen Regiment Xerxes' II. und seines Mörders Sogdianos folgte Dareios II. Nothos (423–404). Wieder war der Thronwechsel von Aufständen begleitet; und erstmals mißlang die Niederwerfung einer ägyptischen Erhebung. Amyrtaios, dessen Aufstand um 412 begonnen hatte, errang die Unabhängigkeit des Nillandes, die über sechzig Jahre unter einer Reihe kurzlebiger Dynastien andauerte. Immerhin gelang es der persischen Politik, in die Kämpfe zwischen Athen und Sparta einzugreifen und mit finanzieller Unterstützung Spartas den Krieg zu beenden. Athen, Persiens alter Gegner, lag 404 am Boden. Der Erfolg blieb ungenutzt, da Dareios starb und die Nachfolge seinem schwächeren Sohn Artaxerxes II. Mnemon (404–359) zufiel. Dessen Bruder Kyros, einst Befürworter der Hilfe für Sparta, erhob sich mit spartanischer Unterstützung gegen den König, fand aber in der Schlacht bei Kunaxa (nördlich Babylons, 401) den Tod. Dagegen scheiterte 374 ein erneuter Versuch, Ägypten zu unterwerfen. Nur in die griechischen Wirren vermochte Artaxerxes erfolgreich einzugreifen. Als im Anschluß an Kyros' Untergang zwischen Sparta und dem persischen Satrapen Tissaphernes der Krieg entbrannte, vermochten persisches Gold und persische Diplomatie, Sparta im griechischen Mutterland Gegner zu schaffen. Diesmal Athen und seine Verbündeten gegen Sparta unterstützend, konnte sich der Großkönig im Königs- oder Antalkidasfrieden von 386 zum Schiedsrichter aufwerfen; die kleinasiatischen Griechenstädte und Cypern kamen an das Reich zurück.

Überhaupt mochte es für einen Augenblick scheinen, als seien bessere Tage zurückgekehrt. Dem tatkräftigen Artaxerxes III. Ochos (359/358–338/337) gelang die Unterwerfung von Aufständen in Kleinasien und Phönikien, so daß er bald an die Rückeroberung Ägyptens denken konnte. Nach drei Feldzügen war 341 die Unterwerfung vollendet, und das Land hatte schwer für seine Unbotmäßigkeit zu büßen. Da erlag der König dem

Gift seines Günstlings, des Eunuchen Bagoas, der auch mit dem Sohn und Nachfolger Arses aufräumte (336). Dem nun auf den Thron erhobenen Urenkel Dareios' II., Dareios III. Kodomannos (336–330), gelang Bagoas' Beseitigung; dennoch waren die Tage des Königshauses und seiner Herrschaft gezählt.

Inzwischen war auch die wirtschaftliche Macht des Reiches zurückgegangen, die ihm langehin gestattet hatte, in die griechischen Verhältnisse einzugreifen. Die zeitweilige Loslösung größerer Reichsteile, die zunehmende Selbständigkeit der Satrapen (Kyros und Tissaphernes mögen als Beispiel dienen) und die dadurch bedingte Schwäche des Zentralregiments blieben nicht ohne Folgen. Neben die königliche Planwirtschaft waren kleinere Wirtschaftsorganisationen getreten, die sich zunehmend als erfolgreiche Mitbewerber erwiesen. Wenn einer der großen Dynasten Ostirans aus den Vorräten seiner Burg in der Paraitakene Alexanders Heer mühelos zwei Monate lang ernähren konnte, so setzt dies einen grundherrlichen Oikos voraus, der dem königlichen nach Aufbau und Umfang durchaus entsprach. Am schärfsten zeigte sich die Zersetzung im Westen des Reichs. Die Satrapen in Kleinasien hielten sich für ihre Sonderbestrebungen eigene, zumeist griechische Söldnerheere, deren Unterhalt sie zwang, neben der Befriedigung der großköniglichen Ansprüche genügend große eigene Einnahmen aus ihrem Gebiet zu ziehen. Wie Mausolos von Karien mit Hilfe eines findigen Helfers diese Aufgabe löste, berichtet nicht ohne Behagen das zweite Buch der pseudo-aristotelischen Oikonomika.

Schließlich konnte von Westen her griechischer Unternehmergeist eindringen. Sein rationales und privatwirtschaftliches Denken war nicht gewillt, vor den ehrwürdigen Resten altorientalischer Vergangenheit haltzumachen. Man nistete sich in den Lücken des zerfallenden Gebäudes achämenidischer Wirtschaft ein und gestaltete, schon bevor Alexanders Eroberung die Wende brachte, den ungefügen Wirtschaftskörper um. Männer wie der Tyrann Hermeias von Atarneus (in der Troas), dessen Vater sich bereits als gewiegter Finanzmann ausgewiesen hatte, oder die beiden Rhodier Memnon und Mentor, Reichsfeldherren der letzten Achämeniden, traten im Wettbewerb mit ihrem Oberherrn oder in gegenseitigem Kampf mit Spekulationen und erpresserischen Maßnahmen hervor, die auf zunehmende Selbständigkeit gerichtet waren. Vor allem die Rhodier, echte Söhne ihrer Vaterstadt, nahmen mit ihren Spekulationen und ihrem bedenkenlosen Unternehmertum Formen des Hellenismus vorweg. Auch das zeigte den Anbruch einer neuen Zeit mit einem neuen Wirtschaftsstil an.

Niedergang des Königshauses

Von der Persis war die Erhebung gegen die Meder ausgegangen. Gestützt auf eine kriegstüchtige Bevölkerung hatte Kyros sein Reich begründet, hatten die Nachfolger es erweitert und gefestigt. Doch von der Persis aus ließ sich das persische Weltreich nicht lenken. Das erfuhren die Achaimeniden, wie es später die Sasaniden erfahren mußten.

Der gegebene Herrschaftssitz lag in der fruchtbaren Ebene, an Tigris und Euphrat oder am Eulaios; nicht Persepolis, sondern Babylon und Susa wurden zu achaimenidischen

Residenzen. Nur ausnahmsweise besuchten die Könige ihre gebirgige Heimat; meist begnügten sie sich damit, in Pasargadai zur Krönung zu erscheinen. Persepolis bot zwar mit seinen Palästen genügend Raum für die Hofhaltung, und die Stadt galt als groß und reich. Aber schon der Zugang war schwierig, nicht allein infolge natürlicher Hindernisse. Der Gebieter der damaligen Welt mußte, um nach Persepolis zu gelangen, den Durchzug von den räuberischen Uxiern mit hohen Zahlungen erkaufen. In den sieben kühlen Wintermonaten suchte er Babylon auf, während Susa der Frühlingszeit vorbehalten blieb. Nur in der Hitze des Mittsommers verlegte der König seinen Sitz ins hochgelegene Ekbatana.

Babylon war damals noch eine wohlhabende und ansehnliche Stadt, nach Ausdehnung und Einwohnerzahl wohl die größte des Reichs. »Mehr ein Volk als eine Stadt«, meinte Aristoteles; alle Völker waren dort vertreten. Man zahlte den höchsten Tribut, dazu den Unterhalt für Garden und Hof über vier Monate im Jahr, zuzüglich der Abgaben an den Satrapen. Die Lage an einer der großen Straßen und der daraus entspringende Handelsgewinn sicherten den Wohlstand; ein entwickeltes Handwerk, eine gut bewässerte, fruchtbare Umgebung kamen hinzu. Noch war keine andere Stadt mit Babylon in Wettbewerb getreten.

Babylons Bauten, meist aus luftgetrockneten Ziegeln, bedurften dauernder Pflege; fehlte sie, fehlte überhaupt die durchgreifende Hand, so mußte rascher Verfall eintreten. Fortwährende Erhebungen gegen die persische Herrschaft und Strafmaßnahmen hatten im Straßenbild deutliche Spuren hinterlassen. Die äußere Mauer war zerfallen, Etemenanki und Esagila, Bels Heiligtum – Wahrzeichen der Stadt – lagen in Trümmern, Xerxes' Wut hatte sich an ihnen ausgetobt. Gewaltig waren die Schuttmassen, die weggeräumt werden mußten, als Alexander eine Wiederherstellung versuchte.

Die Großstädte des Zweistromlandes hatten die Nachbarn stets mit Bewunderung und Grauen erfüllt. Nicht Herrschsucht und Grausamkeit, sondern Verführung, Sittenlosigkeit und ausschweifende Gelage hatten Babylons Ruf bestimmt. Sein Name bedeutete Üppigkeit und Verfall, bedeutete Schönheit, deren Verweslichkeit ihren Reiz ausmachte, und hochgezüchtete Formen des Genusses, alles überschattet von einem Sumpfklima, das die Blüten jäh emporschießen, aber auch früh verwelken ließ.

Die Verlegung des königlichen Regierungssitzes in die Ebene bewirkte einen schicksalshaften Wandel. In ihren Bergen hatten die Perser sich ferngehalten von einer überreifen, zersetzenden Spätkultur. Jetzt übernahmen sie nicht nur deren entwickelte Formen; sie empfingen mit ihnen auch die Keime des Verfalls, die sich gerade im unberührten und jugendkräftigen Organismus des Persertums verhängnisvoll auswirken mußten.

Alles hing davon ab, ob Herrscherhaus und Hof, die Träger des Reichsgedankens, auf der Höhe blieben, auf der sie unter Kyros und Dareios I. gestanden hatten. In Asien hat Größe selten zwei Generationen überdauert, und die Achaimeniden machten darin keine Ausnahme. Abgeschnitten vom Mutterboden, im Tiefland inmitten seiner verfallenden Zivilisation ging das altpersische Königshaus an der Schönheit seiner Frauen und am physischen Genuß zugrunde.

Beischläferinnen von ausgezeichneter Gestalt, so viele, wie das Jahr Tage hatte, standen dem Großkönig zur Verfügung. Sie schritten des Abends an seinem Lager vorüber, auf daß er sich die ihm Zusagende auswähle. Für die Genüsse der Tafel wurde ganz Asien geplündert. Ktesias, Artaxerxes' II. griechischer Leibarzt und Chronist des Hofes, hat ein Bild gezeichnet, das noch heute schaudern macht. Günstlings- und Weiberwirtschaft, Niedertracht und Grausamkeit, Nachstellung und Mord sind die bestimmenden Züge.

Neben Artaxerxes II. stand sein jüngerer Bruder Kyros, der sich dem willenlosen Schwächling auf dem Thron gegenüber rühmte, ein »schweres Herz« zu besitzen, ein besserer Magier, ein erprobterer Trinker zu sein. Parysatis' Mutterliebe hatte sich dem Jüngeren zugewandt: offen unterstützte sie dessen Streben nach dem Thron. Als in Pasargadai dem neuen König Artaxerxes bei der Krönung der Königsmantel umgelegt und ihm – Rest einstiger Einfachheit inmitten verderbter Gegenwart – ein Gericht von Feigen, Terebinthen und gegorener Milch gereicht wurde, trat Kyros mit verstecktem Anschlag gegen das brüderliche Leben hervor, und nur Parysatis' Einspruch erwirkte, daß ihm die Strafe erlassen wurde. Dann war es zu offenem Kampf gekommen und Kyros bei Kunaxa gefallen. Sein Tod war Signal zu neuen Untaten, in denen Haß und Neid, Eifersucht und Grausamkeit sich austobten.

Artaxerxes, wider Verdienst und eigne Erwartung Sieger, beanspruchte die zweifelhafte Ehre, den Bruder mit eigner Hand im Kampf getötet zu haben. Ruhmloses Verhalten in der Schlacht ließ ihn um so nachdrücklicher darauf bestehen. Die wirklichen Täter, denen er Leben und Fortbestand seiner Herrschaft zu verdanken hatte, suchte er zum Schweigen zu bringen. Als dies mißlang, mußten sie ihr unbequemes Wissen in grauenvoller Folter büßen. Zugleich stillte Parysatis ihren Rachedurst an denen, die in den Tod ihres Lieblingssohnes verwickelt waren.

Der König selbst wurde nun zum Spielball der Frauen, Mutter und Gattin lösten einander ab. Schließlich ließ die Teufelin Parysatis auch diese letzte Nebenbuhlerin beseitigen. Artaxerxes aber sank immer tiefer. In Blutschande mit den eignen Töchtern verdämmerte er seine letzten Tage, die verdüstert waren von blutigem Zwist um das Erbe des Thrones. Noch einmal schien es, als strebe der energische und erfolgreiche Artaxerxes III. eine nationale Wiedergeburt an. Aber die Szenen des Grauens fanden ihre Fortsetzung, und das Gift des allmächtigen Bagoas räumte im königlichen Hause auf. Als es endlich gelang, diesen Eunuchen unschädlich zu machen, war die Todesstunde des Reiches schon gekommen.

Alexander der Große

Alexanders Sieg am Granikos 334 öffnete dem Makedonen Kleinasien. Die Übergabe von Sardes und Ephesos, die Erstürmung von Milet folgten, nur in Halikarnassos versuchte der Rhodier Memnon, als einzig gleichwertiger Gegner, längeren Widerstand. Das inzwischen versammelte Reichsheer unter des Großkönigs Dareios' III. Führung wurde an der kilikischen Pforte geschlagen und die königliche Familie gefangengenommen (Issos, November 333). Zur Ausschaltung der in seinem Rücken operierenden phönikischen Flotte wandte sich Alexander nach Syrien. Nach siebenmonatiger Belagerung fiel Tyros und nach gleichfalls tapferem Widerstand Gaza; Ägypten begrüßte den Sieger als Befreier. Auf dem Rückzug sah sich Alexander dem inzwischen erneut aufgebotenen Reichsheer gegenüber. Bei Gaugamela (Arbela) kam es zur letzten Schlacht, die wiederum mit Alexanders Sieg endete (Oktober 331). Babylon, Susa, Persepolis, Pasargadai und Ekbatana mit den dort aufgehäuften Schätzen fielen dem Eroberer zu; die Königspaläste in Persepolis wurden niedergebrannt. Auf der Flucht geriet der geschlagene Dareios dem aufsässigen Satrapen Baktriens, Bessos, in die Hände und wurde beim Herannahen Alexanders getötet (330).

Das Reich war zur Beute des Siegers geworden. Im ganzen Westen und in den Kernländern regte sich kein Widerstand mehr. Um so nachhaltiger wirkte die allgemeine Erhebung, der sich Alexander in Ostiran gegenübersah. Die Länder am Oxos und Iaxartes waren bisher nur als Zarathustras Heimat und Wirkungsbereich entgegengetreten. Seit dem Tod des Propheten waren diese fernsten Teile Irans von den Ereignissen unberührt geblieben. In dem Augenblick, da sie Alexanders Eroberungszug erreichte, mußten sie sich auch griechischem Forschungsdrang erschließen. Erstmals erhält man ein geschlossenes Bild.

Dörfliche Siedlungen, den Städten zur Seite, bedeckten überall das Land, im Norden zum Schutz gegen nomadische Angriffe von Lehmmauern umgeben. Die Zahl der Städte hatte zugenommen, und manche besaßen eine Burg, von der Stadt durch einen eignen Mauerring getrennt. Die örtlichen Grundherren hatten sich auf unzugänglichen Felsen einen Rückhalt geschaffen, der eine lange Belagerung zu überstehen vermochte. Der herrschende Adel und seine bäuerlichen Hintersassen stellten eine Reiterei von unbestrittenem militärischem Wert, die am Granikos und bei Gaugamela den Makedonen ihren Sieg sauer gemacht hatte. Ostirans Adel war gesund geblieben: Luxus und Verweichlichung waren an ihnen abgeglitten. Das bäuerliche Gefolge hing an seinem Herrn, und keiner scheute den Tod im Kampf. Auch die Großen wußten zu fechten und zu sterben. Heldentum und Mannestreue, ritterliche Kampfesweise, Herren und Gefolge, die Burgen: alles fügt sich zur Einheit.

Vor allem hing man in Ostiran an Zarathustras Verkündung. Im Westen verfälscht, bestand sie dort in voller Strenge fort. Kampf des Guten gegen das Böse, der Wahrheit gegen die Lüge – dieses Kernstück zarathustrischer Lehre sprach ein kriegerisches und unverdorbenes Volk an. Drapsaka und Balch, die Stadt »mit emporgerichtetem Banner«, gemahnte an das Stierbanner, das nach der Sage Kawa, der Schmied, schuf, indem er sein ledernes Schurzfell an die Spitze einer Lanze heftete. So gab er das Zeichen zum Aufruhr gegen den »Drachen«, Vorkämpfer seines Volkes und des rechten Glaubens gegen das böse Prinzip.

Auch Ostiran hat trotz aller Tapferkeit Alexander nicht widerstehen können. Freilich: die Unterwerfung war schwieriger und beanspruchte längere Zeit, und der Sieger zeigte sich tief beeindruckt von den Gewalten, die ihm entgegengetreten waren. Bisher hatte an der Herrenstellung des Eroberers kein Zweifel bestanden, und von den Unterlegenen hatte ihn eine tiefe Kluft geschieden. In Ostiran dagegen begann Alexander, sich neue Ziele zu setzen.

Der Wechsel meldete sich zuerst auf militärischem Gebiet. Die treffliche ostiranische Reiterei wurde in eignen Abteilungen dem makedonischen Heer eingegliedert. Später wurden einheimische Mannschaften auf makedonische Weise ausgebildet und der Phalanx angeschlossen. Die Besiegten waren von Gegnern zu Waffenkameraden, von Unterworfenen zu Gleichberechtigten aufgestiegen. Bald mußte sich auch die Herrschaft des Siegers zu einer rechtlichen Neuordnung wandeln. Dem makedonischen Gefolgschaftskönigtum zur Seite sollte das Großkönigtum iranischer Prägung sich erneuern.

Königtum ist immer charismatisch gewesen, und für Asien galt dies in besonderem Maß. Asiatisches Königtum war keine rechtliche Einrichtung, es war Bestandteil der Religion. Übernahme der Formen iranischen Herrschertums mußte die Anerkennung seiner religiösen Grundlagen nach sich ziehen. Es war nur eine Frage der Zeit, daß sich Alexander genötigt sah, sich mit dem Zarathustrismus auseinanderzusetzen.

Alexander täuschte sich nicht über den Widerstand, den seine Pläne bei seinen Volksgenossen finden würden. Er verfuhr darum mit aller Vorsicht. Noch wahrte er die Vorstellung, als seien makedonisches Königtum und die Herrschaft über Asien getrennt. Erst 329 oder im Winter 329/328 legte Alexander jene Tracht an, die die Zeichen persischen Herrschertums mit denen der makedonischen Könige verband. Persisches und Makedonisches habe er darum verknüpft, sagt Plutarch, um als »Gebieter über beide Völker und als König, der seine Untertanen liebt, durch Ehrung persischer Tracht das Wohlwollen der Besiegten zu erwerben«. Alexander wünschte, daß »diese in dauernder Liebe den makedonischen Herrschern zugetan blieben und sich nicht gleich Feinden haßten«.

Mit dem neuen Gewand begegnet ein neues Zeremoniell. Im Winter 328/327 verlangte Alexander erstmals die Proskynese. Dem Wortsinn nach war mit ihr ein verehrungsvolles »Zuküssen«, will sagen: eine Kußhand, aber kein Niederwerfen gemeint. Bei den Persern war die Proskynese für die Hochgestellten üblich, und nur bei Männern niedrigeren Ranges trat das Niederwerfen hinzu, das eigens bezeichnet und im Begriff der Proskynese nicht enthalten war. Der Perserkönig begnügte sich gegenüber den Großen seines Hofes mit dem Zuwerfen der Kußhand und einer leichten Verbeugung, wie es in Persepolis gefundene Reliefs bekunden. Auch Alexander hat, wie ausdrückliche Bekundungen zeigen, nichts anderes verlangt.

Wieder war Griechisches mit Persischem vereint, gleich dem, was sich an der königlichen Tracht feststellen ließ. Auch die Griechen kannten die Proskynese, in der Form der Kußhand wurde sie bis in die Kaiserzeit hinein den Göttern dargebracht oder bei Vorgängen vollzogen, darin man ein göttliches Geschehen oder Wirken zu erkennen glaubte. Vor dem Thron der Achaimeniden hatte in durchbrochenen Gefäßen, vor Verunreinigung geschützt, das heilige Feuer gelodert. Auch vor Alexanders Thron befand sich ein Herd oder Altar, darauf man vor der Proskynese dem Herrscher zu Ehren Weihrauch verbrannte. Ähnliches ist aus griechischem Kult bekannt.

An dem neuen Zeremoniell entzündete sich die Gegnerschaft, die Alexander in den eigenen Reihen fand. Gleichwohl ging er auf der eingeschlagenen Bahn weiter. Iran und iranische Anschauung sollten überall berücksichtigt werden: nicht nur militärisch und im öffentlichen Auftreten des Herrschers, auch der Religion schenkte Alexander seine Aufmerksamkeit. Man weiß, daß er sich Dareios' I. Grabinschrift übersetzen ließ. Auch dieser war ein Weltherrscher gewesen, der, obwohl er Zarathustras Namen nie genannt hat, tief von den Gedanken des Propheten durchdrungen war. Gerade in jener Inschrift hat sich Dareios ganz in Zarathustras Sinn geäußert. Sollte sich dadurch ein erster Keim in Alexanders Seele gesenkt haben?

Groß war die Verehrung, die der Makedone Kyros, dem Begründer des Achaimenidenreiches, widmete, dessen geschändetes Grab er wiederherstellen ließ. Gleichzeitig sorgte er für die geplünderten Heiligtümer; und fortan brach solch betonte Rücksicht auf die iranische Religion nicht mehr ab.

In Susa krönte Alexander sein Versöhnungswerk zwischen Makedonen und Persern, indem er neunzig seiner engsten Gefährten mit Töchtern der vornehmsten Häuser Irans verehelichte (324). Er selbst und sein Freund Hephaistion heirateten königliche Prinzessinnen. Hochzeitszelt und Zeremoniell gemahnten an die persische Vergangenheit, und nach persischem Ritus vollzog sich die Verbindung von zehntausend eignen Soldaten mit persischen Frauen.

Die Makedonen meuterten angesichts solcher und ähnlicher Maßnahmen. Da schritt Alexander zur Aufstellung persischer Formationen, die die gleichen Namen wie die makedonischen erhielten. Nun gab es eine persische Gardetruppe zu Pferd (Agema) und persische Einheiten zu Fuß (Pezhetären, Leukaspiden), Perser wurden zu »Verwandten des Königs« ernannt und zum Kuß nach der Proskynese zugelassen.

Eine Feier der Versöhnung war das Ende der erfolglosen Meuterei. Griechische Seher und persische Magier vollzogen gemeinsam die heiligen Handlungen. Der König sprach ein Gebet, darin er »Eintracht und Gemeinschaft der Herrschaft für Makedonen und Perser« erflehte. Überall wurde die Verschmelzungspolitik vorangetrieben. Auch in Tracht, auch in Sprache und Schrift sollten Makedonen und Perser sich zusammenfinden. Der makedonische Satrap der Persis erwarb sich Alexanders Gunst, indem er sich es angelegen sein ließ, medisches Gewand zu tragen und die persische Sprache sich anzueignen. Umgekehrt war den iranischen Rekruten die griechische Schrift zu erlernen auferlegt.

Es gibt darüber hinaus Nachrichten, die sich nicht anders deuten lassen, als daß Alexander auch den heiligen Schriften der Zarathustrier seine Aufmerksamkeit geschenkt hat. Er soll einen Teil ins Griechische übersetzt oder doch begonnen haben, sie aus der aramäischen Schrift in die griechische umschreiben zu lassen. Diese Nachrichten, bisher unverstanden oder nicht richtig bewertet, ordnen sich dem Bild einer bewußten Versöhnungspolitik ein.

Die Seleukiden

Alexanders Reichsschöpfung hatte den Achaimenidenbesitz ausgeweitet und übersteigert. Schon seine nächste Umgebung mochte Alexanders Streben widerwillig genug gefolgt sein; und zuletzt stand vor aller Augen, daß er den Bogen überspannt hatte. Als nach des Königs Hingang (323) seine letzten Pläne, gigantisch und unerfüllbar, wie sie waren, verlesen wurden, war man sich darin einig, sie unausgeführt zu lassen. Die Nachfolgekämpfe mußten denen, die noch zweifelten, die Augen öffnen. Seleukos hatte noch einmal das Unmögliche versucht, aber als der greise Herrscher sich anschickte, auch Makedonien seinem Reich einzuverleiben, traf ihn die Waffe des Mörders (281). Der Traum der Weltherrschaft war ausgeträumt. Ein neues Geschlecht war heraufgekommen, das von titanischem Streben sich abwandte und sich nüchtern, verständig und zuweilen höchst berechnend begrenzte Ziele setzte. Kein halbes Jahrhundert nach Alexanders Tod hatte sich allenthalben der Übergang vom Weltreich zum Einzelstaat vollzogen.

Die Länder Asiens waren zumeist dem Reich der Seleukiden zugefallen. In seiner Ausdehnung von der Ägäis bis zum Hindukush paßte es sich am schwersten den Erfordernissen an, die das neue Prinzip des begrenzten Einzelstaates stellte. Nachdem das ptolemäische Ägypten und das makedonische Königreich der Antigoniden, bald auch kleinasiatische Königtümer sich vom einstigen Alexanderreich losgelöst hatten, war ein Rest geblieben, der staatlicher Formung erheblichen Widerstand entgegensetzte. Auch bedeutende Herrscher des Seleukidenhauses sind an dieser Aufgabe gescheitert. Immerhin hat es an Versuchen, eine neue Einheit zu schaffen, nicht gefehlt, denen für eine Weile gar der Erfolg zu winken schien.

Wie allenthalben, so hatten sich auch die Seleukiden nach Alexanders Tod von dessen makedonisch-iranischer Verschmelzungspolitik abgewandt. Damit entfiel die Möglichkeit, in der Nachfolge der Achaimeniden Iran sowie das vorgelagerte Elam und Babylonien zum Kern eines neuen Staatswesens zu machen. Dagegen gewannen Syrien, Kleinasien und das obere Zweistromland an Bedeutung, da sie dem Mittelmeer näher waren, um dessen Gestade sich nach wie vor alles Entscheidende abspielte. Die Länder im Osten standen außerhalb des Blickfeldes, und es ließ sich voraussehen, daß vor allem Ostiran und die indischen Grenzgebiete sich nicht würden behaupten können.

Überlegt verzichtete man auf Außengebiete, die nicht zu halten waren. Seleukos I., der Begründer des nach ihm benannten Herrscherhauses, ging mit der Abtretung der indischen Grenzgebiete voran; der kürzlich gemachte Fund einer Bilinguie von Ashoka in Kandahar scheint zu zeigen, daß dessen Großvater Candragupta, der Begründer der Maurya-Dynastie, das Land bis zum Hilmend zu eigen erhielt. Andererseits suchte Seleukos das Verbliebene mit einem Netz von Städten, Festungen und Militärkolonien an den Bereich zu ketten, der zum Kernland makedonisch-griechischer Besiedlung werden sollte. Im nördlichen Syrien, vom Orontes bis zum Euphratbogen und darüber hinaus zeichnete sich ein Mittelpunkt seleukidischer Macht ab.

Solche Planung konnte nur erfolgreich sein, wenn die Zentralgewalt die Zügel in fester Hand behielt. Beim geringsten Nachlassen mußte sich das Gegenüber eines kleinen, wenn auch dichtbesiedelten Kernlandes und unverhältnismäßig großer Außengebiete ungünstig auswirken. Gefahr drohte um so mehr, als feindliche Mächte sich an allen Grenzen regten. In Kleinasien hatten sich Pergamon und Bithynien selbständig gemacht, und Armenien, Pontos und das nördliche (atropatenische) Medien waren eigne Wege gegangen. Schon erhob sich die Frage, ob man der Auflösung in den Ländern weiter östlich steuern könne.

Iran gehörte für die seleukidische Verwaltung zu den oberen Satrapien, womit jene Gebiete gemeint waren, die, vom Meer aus (»unten«) gesehen, landeinwärts (»oben«) lagen.

Jene bewußt farblose Bezeichnung sollte verdecken, daß ein geschlossenes Volkstum mit eignem Anspruch und ruhmvoller Vergangenheit seiner Befreiung und eines neuen Aufstiegs harrte. Man hatte sich bereit gefunden, neben der griechischen Verwaltungssprache, die im Westen des seleukidischen Reiches vorherrschte, das von der achaimenidischen Kanzlei übernommene Aramäisch anzuerkennen. Die Einführung einer iranischen Verwaltungssprache war hingegen, nicht ohne Absicht, vermieden worden.

Die Besonderheit einer doppelten Verwaltungssprache zeigt, daß sich die östlichen Reichsteile ihrem Verwaltungsaufbau nach von den Gebieten im Westen unterschieden. Für die oberen Satrapien wurde ein Amt mit besonderen umfassenden Befugnissen eingerichtet, das die Seleukiden bereits vorfanden, aber an entscheidender Stelle abänderten. Die ersten Befehlshaber der oberen Satrapien, von denen man weiß, herrschten von Medien aus. Der Schwerpunkt der Macht lag demnach in den Jahrzehnten nach Alexanders Tod in einem iranischen Land. Seleukos I. nahm aber eine folgenreiche Änderung vor. Er erhob 294 oder 293 seinen Sohn und Nachfolger Antiochos I. Soter (281–265) zum Mitregenten und König der oberen Satrapien, die jetzt den Euphrat zur Grenze hatten, also Babylonien und das einstige Assyrien einbezogen; Seleukeia am Südufer des Tigris wurde Sitz des Mitherrschers. Das besagte: Medien und damit Iran waren entthront, das Zweistromland hatte als Kerngebiet der oberen Satrapien ihre Stelle eingenommen.

Die Gründe für Seleukos' Verhalten liegen auf der Hand. Babylonien war die Satrapie, von der sein Aufstieg ausgegangen war. Er konnte sich dort von Anfang an größter Beliebtheit erfreuen; Bevölkerung und Priesterschaft hatten ihn unterstützt. Er durfte sich als König Babyloniens betrachten und nahm auch diesen Titel an; Antiochos I. ist ihm darin gefolgt.

Konnten sich die Seleukiden in Babylonien auf allgemeine Zustimmung stützen, so mußte Iran niedergehalten werden, das die Zeiten einstiger Herrschaft nicht vergessen konnte und sich noch von Alexanders letzten Jahren den Wiedergewinn des Verlorenen erhofft hatte. Aber die Abkehr von der damals eingeleiteten Verschmelzungspolitik warf die Perser, die Iranier überhaupt ins Dasein von Untertanen zurück. Die Seleukiden konnten sich keinen Augenblick darüber täuschen, daß ein Stachel im Herzen des einstigen Herrenvolkes geblieben war. So sollte die Begünstigung Babyloniens ein Gegengewicht schaffen, das in der Beibehaltung des Aramäischen, Babyloniens jetziger Landessprache, und in der Wahl Seleukeias zur Hauptstadt der oberen Satrapien sichtbaren Ausdruck fand.

Aber auch in den iranischen Gebieten zeigte sich die Verlagerung der politischen Gewichte. Alexanders Städtegründungen hatten den Osten Irans, die Länder an Oxos und Iaxartes und die indischen Grenzgebiete bevorzugt. Die dort angelegten Städte waren dazu bestimmt gewesen, gefährdete Flanken zu schützen und entlegenen Besitz zu behaupten. Die Seleukiden zogen nun mit ihren Gründungen den Westen vor: das Zweistromland, die Elymais und die Persis. Erst in weitem Abstand folgten die ostiranischen Satrapien. Im übrigen zeigen Lage und Bestimmung der neugegründeten Städte, daß man engbegrenzte Ziele verfolgte. Fast alle lagen an der großen Reichsstraße – oder doch in geringer Entfernung von ihr –, die seit achaimenidischer Zeit von Ekbatana nach Rhagai im Osten, am Nordrand Irans entlang, verlief und die Gebiete an Oxos und Iaxartes, am Hamunsee und

Vornehme Perserin und spätere Gemahlin eines Generals von Alexander dem Großen
Römische Kopie eines griechischen Marmorbildnisses, zweite Hälfte 4. (?) Jahrhundert v. Chr.
Cambridge/Mass., Fogg Art Museum, Harvard University

Griechisch-persische Gottheiten im Pantheon Antiochos' I. von Kommagene
Reste der Kolossalstatuen auf der Ostterrasse seines Grabheiligtums auf dem Nemrud Dagh
im östlichen Anatolien, zweite Hälfte 1. Jahrhundert v. Chr.

Hindukush mit dem Westen verknüpfte. Jetzt wurde sie zum militärischen Rückgrat; Gesichtspunkte der Verteidigung, von Nachschub und Beweglichkeit des Verkehrs bestimmten Wahl und Anlage der Neugründungen.

Genug: unter den ersten Seleukiden beschränkte sich zunehmend alles Interesse an den iranischen Ländern auf die militärische Behauptung der Reichsstraße und ihrer unmittelbaren Anlieger. Die Abkehr von Alexanders iranischer Politik war damit vollendet, es blieb die Frage, wie sich die in den fernen Ostprovinzen Irans angesiedelten Griechen zu den neuen Gegebenheiten stellen würden.

Das griechisch-baktrische Königtum

Die Geschichte der Griechen in Baktrien und in der Sogdiane ist die Geschichte eines vergessenen Reiches. Obwohl die Auswirkung dieses Vorpostens hellenistischen Wesens auf Ostiran und Indien, auf Mittelasien überhaupt gewaltig war, ist nur verschwindend wenig von der Geschichte der Herrscher und ihrer Taten bekannt. Ausgrabungen und orientalische Berichte fehlen weitgehend. Zwei zufällig erhaltene Kapitel in Polybios' Geschichtswerk, Münzen und die kargen Reste eines zweiten Geschichtsschreibers, Apollodoros' von Artemita: das war bisher alles. Erst in jüngster Zeit sind Funde von Inschriften hinzugetreten.

Apollodoros war kein Zeitgenosse der von ihm geschilderten Ereignisse. Als er schrieb, gehörten bis auf geringe Reste diese griechischen Reiche bereits der Vergangenheit an. Apollodoros' Interesse galt dem Abfall der Völker des Ostens von der Herrschaft der »Makedonen«, worunter er die Seleukiden verstand. Das Besondere daran war, daß sich auch die »Griechen« Baktriens von den Makedonen losgerissen, ja, daß sie den ersten Anstoß zu dieser Bewegung gegeben hatten. Diese Auffassung stützt sich auf das Bündnis, das die griechischen Handelsherren der Metropole Seleukeia mit dem parthischen Königshaus, Nachfolger der Seleukiden, verband. In beider Sinn hat Apollodoros seine Geschichte geschrieben.

Trotzdem finden sich Einzelheiten in den Berichten des Apollodoros über den Abfall der baktrischen Griechen, die sich der Gesamtschau nicht fügen wollen. Offenkundig haben sich die Herrscher des Landes immer dann mit den Seleukiden zusammengetan, wenn es sich um gemeinsame Gegner oder Fragen der makedonisch-griechischen Herrschaft, Bevölkerung und Kultur handelte. Ein hellenisches Gemeinschaftsbewußtsein scheint beide Herrscherhäuser vereint zu haben. So hat sich die Loslösung der ostiranischen Länder vom ungefügen Gesamtkörper des Seleukidenreichs, im Unterschied zum Abfall der übrigen Gebiete, in weniger gewaltsamer Form vollzogen. In diesem fernsten Nordostzipfel der Ländermasse lagen die Voraussetzungen anders als in der Persis, in Parthien oder Medien.

Ostiran hat immer eine besondere Stellung in den Auseinandersetzungen zwischen mittelasiatischen Nomaden im Norden und der bäuerlichen und städtischen Welt Irans im Süden eingenommen. Schon in den Gathas Zarathustras und in Kyros' Kämpfen mit den

Massageten war dies sichtbar geworden. Auch hierin folgte Alexander seinen Vorgängern. In langen Kämpfen hat er die Grenze des neuen Reiches am Oxos und Iaxartes gegen die räuberischen Stämme verteidigt. Nirgendwo hat der Makedone seine Städte auf so engem Raum gegründet. Die Seleukiden begriffen den Wert dieses Erbes und trachteten danach, mit neuen Städten und dem Ausbau älterer Befestigungsanlagen die turanische Senke, Einfallstor der Nomaden seit alters her, fest an das übrige Reich zu binden. Anders als in den übrigen Satrapien waren hier militärische und zivile Gewalt in einer Hand vereint, denn Baktrien und die angrenzende Sogdiane erforderten als gefährdetes Grenzgebiet jederzeit rasche Entscheidung und wirksame Maßnahmen. Der Zwang der Verhältnisse mußte freilich dazu führen, daß die in den Militärkolonien angesiedelten Truppenteile unter die ausschließliche Verfügungsgewalt der baktrischen und sogdianischen Satrapen gerieten und ihnen eine Machtfülle gaben, die sie bald zu selbständiger Haltung gegenüber dem Zentralregiment gedrängt hat.

Diesen Bestrebungen kamen die Seleukiden entgegen. Ihnen war nicht unwillkommen, daß die Satrapen im Nordosten selbst für alles Organisatorische und Militärische aufkamen, wodurch dem ohnedies überbeanspruchten Reichsregiment die Einrichtung einer eigenen Verwaltung und kostspielige militärische Expeditionen erspart blieben. Freilich vermochte man nicht zu verhindern, daß die Satrapen Baktriens, in dem Maß, wie sie selbständiger wurden, sich die ostiranischen Nachbargebiete aneigneten. Die wichtigste Erweiterung betraf die Sogdiane, nördlich Baktriens und durch den Oxos von ihm getrennt. Aber diese Erwerbung war unumgänglich, wollte man den Kampf gegen die vom jenseitigen Ufer des Iaxartes her andrängenden Nomaden bestehen und ihnen einen einheitlich geordneten Grenzschutz entgegenstellen. Auch die Margiane (Oase Merv) mußte einbezogen werden, denn sie bildete den Flankenschutz. Später kamen Areia im Westen, Arachosien und die Drangiane (um den Hamun-See) im Süden hinzu.

Fürs erste stellten die Seleukiden diesen Bestrebungen nichts in den Weg. Zumindest die Einverleibung der Sogdiane und der Margiane konnte ihnen nicht unwillkommen sein. Auf solcher Annahme gründete sich die vorsichtige, aber zielbewußte Politik des Satrapen Diodotos. Er hielt die Beziehungen zu den Seleukiden aufrecht und führte das Bildnis Antiochos' II. auf seinen Münzen weiter. Er wußte die geschichtlichen und geographischen Bedingungen auf seiner Seite und glaubte, sich nichts zu vergeben, wenn er dem Oberherrn gegenüber eine Geste machte und sich notfalls mit ihm verbündete. Diese Haltung behielt Diodotos auch bei, als der Parthereinbruch nach der Mitte des 3. Jahrhunderts v. Chr. die Nordflanke des Reiches aufriß und Baktrien stärker als zuvor vom Westen trennte. Er tat sich mit Seleukos II. zur Niederwerfung der Angreifer zusammen, und tatsächlich war der erste Gegenangriff erfolgreich: die Parther wurden in die Steppe zurückgeworfen.

Aber sein Sohn Diodotos II. brach nach seines Vaters Tod (228) sogleich mit dessen Politik, prägte Goldmünzen mit dem eigenen Bildnis und zeigte damit seinen Anspruch auf volle Selbständigkeit an. Gleichzeitig änderte er die Außenpolitik drastisch: er verbündete sich mit den eben besiegten Parthern und gab ihnen damit die Möglichkeit, den Angriff Seleukos' II. abzuwehren. Die gemeinsame Abwehr der Griechen Irans gegen die nördlichen Nomaden war auseinandergebrochen.

Diodotos II. kam als junger Mann zur Regierung. Das zeigen seine Münzen, und sie zeigen auch, daß er nicht alt geworden ist. Er unterlag bald einer Bewegung unter Euthydemos. Zu dieser Erhebung dürfte die partherfreundliche Politik des Königs geführt haben, die als Verrat an der gemeinsamen makedonisch-griechischen Sache angesehen werden mußte. Aber die Beseitigung des jüngeren Diodotos' brachte noch keine Entscheidung. Denn wenig später ging der Seleukide Antiochos III. zum Angriff über und eroberte den Osten Irans bis zum Hindukush zurück (208). Er wußte sich aber zu mäßigen und vermied einen Vernichtungskampf mit Parthern und Baktrern. Er erkannte die gemeinsame Gefahr, die den Seleukiden wie den baktrischen Griechen gleichermaßen von den Nomaden drohte, und sah sich deshalb zu großzügigen Verhandlungen mit Euthydemos veranlaßt. Bald aber gewann dieser eine Machtstellung, wie sie vordem kein Herrscher Baktriens innegehabt hatte. Schon vor der Auseinandersetzung mit Antiochos III. gehörte die Militärgrenze am Iaxartes, also die Sogdiane, zu Euthydemos' Machtbereich. Wahrscheinlich kamen nach Antiochos' Niederlage im Kampf mit Rom, also durch den Frieden von Apameia 188, noch die Drangiane im Süden und Arachosien hinzu. Fast ganz Ostiran bis zum Areios im Westen war jetzt unter griechischer Herrschaft vereint.

Eine Besonderheit des neuentstandenen Reichs, die in keinem der hellenistischen Nachfolgestaaten wiederkehrte, war die Einrichtung von Unterkönigen. Von den Münzen kennt man ihre Namen; sie erscheinen neben den eigentlichen Königen mit gleichem Titel. Schwieriger ist, ihren Amts- oder Herrschaftsbereich zu bestimmen. Immerhin erkennt man so viel, daß Antimachos, da sich seine Prägungen hauptsächlich in der Umgebung von Merv finden, den Nordwesten beherrscht haben muß. Von den Seleukiden unterscheidet sich das baktrische Unterkönigtum in wesentlichen Einzelheiten; eher schon läßt es sich mit den Vizekönigen und Unterkönigen im benachbarten indischen Reich der Maurya vergleichen.

Die baktrischen Griechen und die Makedonen haben mit Zähigkeit an ihrer Art festgehalten, ganz auf sich allein gestellt, unter fremden Lebensbedingungen und voller Sehnsucht nach der alten Heimat, die sie zu wiederholten Rückkehrversuchen schon unter Alexander veranlaßt hatte. Diese bewahrende Haltung wird an der Tracht der Herrscher sichtbar, die mit Diadem und Kausia makedonische Formen fortsetzte. In der Kunst zeigen es die Münzen. Das edle Relief und die Vertiefung in der Individualität des Dargestellten läßt nur schwer die Vermutung aufkommen, daß ihre Urheber inmitten eines fremden Volkstums lebten und schufen, in einer sicherlich großartigen, aber ganz und gar unhellenischen Landschaft. Ob von den Münzbildern auf eine Großplastik geschlossen werden darf, soll hier nicht entschieden werden. Aber vor kurzem sind in den afghanischen Bergen Tempel in korinthischem Stil gefunden worden; auch sie ein Zeichen der Entschlossenheit, die eigne, die griechische Form zu wahren.

Aber nicht minder groß war die Eigenwilligkeit der eingesessenen Bevölkerung. Eine feste Gesellschaftsordnung lieh ihnen Widerstandskraft. Der Rolle des ritterlichen Adels war schon mehrfach gedacht worden. Daneben muß das hochentwickelte Stadtwesen genannt werden. Baktrien war für Apollodoros das Land der tausend Städte und ihres Reichtums. An der Hauptstadt Baktra bewunderte man die Märkte und Basare. Um den Hügel, der die Burg trug, lagerte sich die Unterstadt. Diese war zweimal so groß wie Priene und übertraf Gordion um das Dreifache; nur das indische Taxila ließ sich vergleichen. Alle Städte besaßen Mauern, und Baktra selbst galt als eine der stärksten Festungen der damaligen Welt.

Dasselbe Baktrien war auch Heimat und Hochburg des Zarathustrismus. Religiöse Unbedingtheit und kriegerischer Geist waren Alexander entgegengetreten und hatten in ihm den Plan entstehen lassen, Makedonen und Iranier zu einem neuen Volk zu verschmelzen. Jetzt kam es zu neuer Verschmelzung, und sie griff tiefer und hielt sich länger als Alexanders Versuch, der mit seinem Tod ihr Ende pefunden hatte. Iranische Sprachen wurden in griechischer Schrift aufgezeichnet. In Jangial bei Taxila in Indien erstand ein Tempel der Zarathustrier mit griechischen Stilformen; auch die Münzen der ostiranischen Nachfolgestaaten, Inschriften und Handschriftenreste zeugen von dieser Entwicklung.

Überall kam es zu einem Ausgleich, der beiden Seiten ihr Recht beließ. In der Verwaltung blieben aramäische Schrift und Sprache weiterhin im Gebrauch, nur trat jetzt das Griechische hinzu. Eine in Kandahar neu gefundene Inschrift stellt die griechische Fassung vor die aramäische. Selbst die heiligen Schriften der zarathustrischen Religion vermochten sich dem Zwang der Gegebenheiten nicht zu entziehen. Seit Dareios' I. Tagen waren sie in aramäischem Alphabet aufgezeichnet, und diesen Zustand spiegelt noch die Kandahar-Inschrift, deren aramäischer Text mit avestischen Wörtern durchsetzt ist. Alexanders Versuch, die Texte ins griechische Alphabet umschreiben zu lassen, hat man in Ostiran fortgeführt. Auf den Münzen der ostiranischen Kushan, den Nachfolgern der griechisch-baktrischen Könige, begegnen noch die Namen zarathustrischer Gottheiten in griechischer Schrift.

Auf militärischem Gebiet führte die Verbindung makedonischen Fußvolkes mit baktrischer Reiterei zu erhöhter Schlagkraft. Dem einheimischen Adel war es ein leichtes, dem König im Kriegsfall zehntausend Reiter zur Verfügung zu stellen. Nach makedonischer Weise gegliedert, standen sie auf dem Schlachtfeld ihren Mann. Die Folgen dieser Bereitschaft ließen nicht auf sich warten. Nach ausdrücklichem Zeugnis stieg der baktrische Adel in der Verwaltung zu den höchsten Stellen auf. Einheimischen und Griechen war gemeinsam die Verteidigung der Nordgrenze gegen die Nomaden anvertraut. Der Limes, der Baktrien und die Sogdiane abschirmte, ist noch nicht gefunden. Zu seiner Unterstützung wurden jetzt außer den befestigten Städten und Dörfern des Hinterlandes militärische Kolonien (Katoikien) eingerichtet, die schon unter den Seleukiden in den Ländern östlich des Euphrat gegenüber den Gründungen mit Stadtrecht Vorrang genossen. Besiedlung und Grenzschutz gingen dabei Hand in Hand. In den Katoikien siedelten nicht nur die zurückgebliebenen Makedonen und Griechen, sondern auch kriegerische Stämme des nördlichen Balkan, die Alexander Heeresfolge geleistet hatten. Thraker, Illyrer und Paionen werden genannt, und von den letzten kennt man noch den Namen ihrer Katoikie, Menapia, die nach dem Stier oder Büffel hieß. Aus diesen Katoikien rekrutierten sich die Heere, mit denen Euthydemos die ostiranischen Nachbarlande, sein Sohn Demetrios I. Indien unterwarfen. Der Verbindung von baktrischer Reiterei mit makedonisch-griechischer Phalanx und thrakischen Leichtbewaffneten konnte im Mittleren Osten militärisch nichts Gleichwertiges entgegentreten.

Seleukos I. hatte Teile der von Alexander im Nordwesten Indiens (bis zum Hyphasis) eroberten Gebiete an Candragupta, dem Begründer der Maurya-Dynastie abgetreten. Aber dieses anfangs machtvolle Reich konnte den Erwerb nicht lange behaupten. Als der letzte Maurya 184 v. Chr. von seinem Feldherrn Pushyamitra Shunga ermordet wurde, brach Demetrios I. zu einem Feldzug nach Indien auf. Er eroberte den Nordwesten bis zum unteren Industal; dann stieß er von Süden gegen den mittleren Ganges vor; zuletzt schickte er sich an, Pātaliputra zu belagern. Damit stand er vor der Hauptstadt des Gegners. Nirgends hatte das indische Heerwesen, das auf altertümlichem Stand geblieben war, den »ungestüm kämpfenden Yavana (Griechen)« standhalten können. Gegen die Mauern Pātaliputras führte man Belagerungsgerät nach hellenistischer Art heran, das seinen Eindruck nicht verfehlte. Schon ließ sich Demetrios mit dem Elefantenskalp über dem Helm auf seinen Münzen abbilden, als Nachfolger Alexanders und als neuer Dionysos, nach der Sage der erste Eroberer Indiens. Doch am Ganges fand der Siegeszug ein überraschendes Ende: nicht am Widerstand der Gegner, sondern durch einen Aufstand, der in Baktrien ausgebrochen war.

Der Feldzug nach Indien hatte die griechisch-baktrische Macht nach Osten verlagert, wo Demetrios I. selbst über die reichen indischen Gebiete herrschte. Die Länder in Ostiran wurden von den Söhnen des Herrschers als Unterkönigen regiert. Indien schien zum Kernland eines Großreichs zu werden, da erhob sich Baktrien unter Führung des Eukratides, um seine alte Machtstellung wiederzugewinnen. Der Zeitpunkt war gut gewählt, da Demetrios mit dem Heer im Gangestal Pātaliputra belagerte. Die Unterkönige in Baktrien aber, junge und unerfahrene Männer, vermochten Eukratides und dem einheimischen Adel keinen wirksamen Widerstand zu leisten. Eukratides wurde zunächst in einer Festung eingeschlossen und belagert, dann aber von seinen Anhängern befreit. Es gelang ihm nicht nur, die ostiranischen Stammlande zu unterwerfen, sondern er begann auch nun seinerseits in Indien einzubrechen, wo Demetrios Apollodotos als Statthalter zurückgelassen hatte. Eukratides siegte auch hier und bemächtigte sich nun zumindest des Westteils der indischen Besitzungen.

Aber auch Eukratides mußte, wie Demetrios, sein indisches Unternehmen abbrechen. In seiner Abwesenheit hatte der Partherkönig Mithridates I. zwei ostiranische Satrapien erobert. Eukratides eilte zu deren Rückgewinnung heran, wurde aber auf dem Heimweg von seinem Sohn und Mitregenten Heliokles ermordet (um 150). In Baktrien bestieg Heliokles den Thron, und in den Ländern um den Indus und den oberen Ganges wird Menander als Herrscher genannt. Er nahm die Eroberungspolitik des Demetrios wieder auf und zielte erneut auf das Gangestal. An diesem Schicksalsfluß, an dem Demetrios' Vormarsch zum Stehen gekommen war, ereilte auch Menander der Tod. Er hinterließ eine Witwe und einen unmündigen Sohn, die sich sogleich des Zugriffs der auf das Erbe begierigen Nachbarn zu erwehren hatten. Indien hat Menander lange das Gedächtnis bewahrt. In der Überlieferung der südlichen Buddhisten erscheint der »König Milinda« als der weise Herrscher, der sich mit den Anhängern des Erleuchteten über die letzten Fragen unterhält und zuletzt als einer der Ihren galt.

Um 140 v. Chr. verschärften sich erneut die Beziehungen zwischen Parthern und Seleukiden. Antiochos III. hatte inzwischen seine Eroberungen im Osten verloren. Baktriens militärische Macht war in Indien gebunden, und die indischen Gebiete hatten sich unter Menander selbständig gemacht. Hinzu kam, daß Baktrien von den Parthern heimgesucht worden war. Und um sich vor neuen parthischen Angriffen zu schützen, war man bereit, die Oberhoheit des Seleukiden Demetrios II. anzuerkennen und sich militärisch mit ihm zu verbünden.

Aber noch war die Macht des Partherkönigs Mithridates I. von zahlreichen Feinden eingeengt. Vor allem die nomadischen Skythen im Norden bedrängten ihn, dazu Baktrer, Seleukiden und die Persis. Doch seine überlegene Kriegführung half ihm aus seiner gefährlichen Lage. Nach geringfügigen Erfolgen des Seleukiden nahm Mithridates den Gegner gefangen, und bald darauf ereilte auch die Verbündeten des Seleukiden die Vergeltung. Baktrien mußte auf die Gebiete bis zum Hindukush verzichten: in Baktra wurden jetzt Münzen für Mithridates I. geprägt. Auch Teile Indiens sollen dem Eroberer zugefallen sein.

Anscheinend hat sich Heliokles, Baktriens letzter König, durch Vatermord auf den Thron gekommen, nur wenig um seine ostiranischen Länder gesorgt. Ihn trieb es wieder nach Osten. In Indien war Menander während der Wirren in Iran gestorben. Heliokles benutzte die Jugend von Menanders Nachfolger, um sein Reich auf Kosten des griechischen Nachbarn zu vergrößern; der Bruderzwist unter den Hellenen auf indischem Boden war in vollem Gange. Und doch brachte die parthische Eroberung nicht den Untergang. Noch einmal gewann man die Freiheit zurück, die erst im Nomadeneinbruch zehn Jahre später endgültig verlorenging.

Nordiranische Nomadenstämme – Asier, Pasianer, Tocharer und Sakauraker – überschritten den Iaxartes und entrissen den Griechen Baktrien und die Sogdiane. Diese Nachricht des griechischen Geschichtsschreibers, Apollodoros von Artemita, wird von chinesischen Berichten ergänzt. Teile verschiedener Stämme waren vor der unter Mao-dun (etwa 206–174) und seinen Nachfolgern sich ausbreitenden Macht der Hiung-nu nach Westen ausgewichen. Saken oder, nach griechischer Ausdrucksweise, Skythen bildeten den Hauptbestandteil, zu denen Tocharer, Sakauraker und vermutlich auch die Asier gehörten; längst ansässige Stämme wie die Pasianer wurden mitgerissen.

Nach Apollodoros hatten also die Griechen nach der parthischen Eroberung wieder die Herrschaft im Land erkämpft. Baktrien muß in den Jahren nach Mithridates' I. Tod und dem Nomadeneinbruch noch einmal selbständig gewesen sein, was aber erst eingetreten sein konnte, nachdem die Parther anderswo entscheidend geschlagen waren. Tatsächlich hatte der Seleukide Antiochos VII. im Jahre 130 Mithridates' Sohn und Nachfolger Phraates II. erneut angegriffen und ihn in drei Schlachten geschlagen. Daraufhin war Heliokles aus seinem indischen Reich zurückgekehrt und hatte wieder die Macht ergriffen. Im Jahr darauf wurde aber Antiochos VII. von seinem parthischen Gegner besiegt und fiel in der Schlacht. Und wieder sah sich Heliokles in größter Gefahr. Bevor es aber zum Kampf kam, wurde Phraates im Gefecht mit den Skythen getötet. Sofort strömten die Sieger in die parthischen Länder. Es ist dasselbe Ereignis, von dem Apollodoros und die chinesischen Nachrichten sprechen. Auch die Sogdiane und Baktrien müssen den Skythen, will sagen: den nordiranischen Nomadenstämmen, zugefallen sein. Beide Länder wurden ihnen 129/128 tributpflichtig. Ohne viel Aufhebens hatte Heliokles den Thron wieder preisgegeben, die Eroberer waren auf keinen nennenswerten Widerstand mehr gestoßen.

In diesen Jahren reiste der Gesandte des Han-Kaisers Wu-di, Chang-kien, über Buchara, Samarkand und Taschkent zu den Tocharern oder, wie sie auf chinesisch hießen, den Yüe-chi. Von dieser Reise berichtet er über das unterworfene Baktrien. »Ein königliches Oberhaupt gibt es nicht, und überall setzen die Städte kleine Häuptlinge ein. Die Kriegsmacht ist schwach und scheut den Kampf... Als die Yüe-chi nach Westen wanderten, griffen sie dieses Reich an und schlugen es; sie brachten daraufhin Da-hia (Baktrien) in ihre Hand.« Die Yüe-chi selbst wohnten nicht im Lande; als Nomaden blieben sie der Steppe und dem Leben in ihr treu. Von dort aus beherrschten sie das sogdische und baktrische Gebiet; erst später siedelten sie sich dort an und wurden seßhaft. Chang-kien bewunderte, was die Kunstfertigkeit der Bewohner herzustellen vermochte. Im übrigen fand er, daß man in diesem Land selten von Feinden angegriffen werde: »Man suchte nur ein ruhiges und freudiges Dasein zu führen«. Baktrien war aus der großen Politik ausgeschieden, es war »ausgeblutet«, wie Apollodoros zu Beginn des nächsten Jahrhunderts bezeugte.

Der chinesische Gesandte Chang-kien wußte noch von einem anderen Volk zu berichten, dessen Schicksal in die Darstellung der Nomadenzüge gehört: die Sai-wang oder Saken. Die Yüe-chi, so erzählt er, seien von den Hunnen aus ihren Wohnplätzen verdrängt worden und hätten ihrerseits die Sai-wang aus ihren Gebieten vertrieben; die Sai-wang seien dann zum kleineren Teil in den Verband der Yüe-chi aufgenommen worden, in der Mehrzahl aber nach Süden in das Land Ki-bin gezogen.

Zwei Nomadenschübe sind also zu erkennen, einmal die Teile der Sai-wang, die sich den Tocharern, Asiern und anderen Nomadenstämmen anschlossen und mit diesen gemeinsam 129/128 die Sogdiane und Baktrien überfluteten. Dabei handelte es sich um die Sakauraker des Apollodoros. Und zum andern die Hauptmasse der Sai-wang, Apollodoros' Saken, die schon nach Süden gezogen waren, wo das heutige Sistan ihren Namen bewahrt hat. Hier hat sie Mithridates I., nach seinen Siegen über andere Skythenstämme im Norden, zwischen 141 und 138 angesiedelt.

Die weiteren Schicksale seien gleich hier angeschlossen. Erbe der Nomaden war das Reich der Kushan, die aus ihren Reihen hervorgegangen waren. Im Lauf des 2. Jahrhunderts n. Chr. herrschten die ersten Vertreter des kushanischen Hauses, Kujula Kadphises und Vima Kadphises. Die Herrschaft des bedeutendsten von ihnen, Kanishkas, fiel bereits in die ersten Jahrzehnte des 3. Jahrhunderts. Seine Inschrift von Surch Kotal im nordöstlichen Afghanistan gibt das Jahr 219/220 an. Unter ihm verlagerte sich das Gewicht erneut von den ostiranischen auf die indischen Besitzungen.

Unter den Kushan erlebte Ostiran noch einmal eine Zeit der Blüte. Tempelterrassen und Heiligtümer, große und kleine Bildwerke entstanden allenthalben, Einflüsse aus dem römischen Westen kreuzten sich mit solchen aus Indien. Der Buddhismus faßte bis hinauf zum Oxos und jenseits Fuß. Auf einem Bildstein aus dem Norden Afghanistans (Saozma Kala, Masar-i Scherif) trägt Herakles Kennzeichen auch Shivas und Buddhas. In dieser Mischkunst ging auf, was sich an hellenistischem Erbe erhalten hatte. Nach dem Tod Vasudevas I. wurde das Reich in eine Nord- und eine Südhälfte geteilt. Unter Hormizd II.

(302–309) bemächtigten sich die Sasaniden des nördlichen Teils, ohne ihn jedoch behaupten zu können. Die Weißen Hunnen (Kidariten, Hephthaliten), die in Schapurs' II. (309–379) letzten Jahren dort angesiedelt worden waren, rissen sich von ihren bisherigen Oberherren los und traten die Nachfolge der Kushan auch in Indien an. Das türkische Volk wird in der Geschichte der späteren Sasaniden erneut begegnen.

Die Persis

Der Einbruch der Nomaden in den Osten Irans hatte schon über ein Jahrhundert früher weiter im Westen seine Entsprechung gefunden. Doch muß zunächst der besonderen Schicksale des einstmals führenden Landes, der Persis, gedacht werden.

Alexanders Reichsidee war erwachsen aus dem Aufbau eines Heeres, darin Iranier und Makedonen nebeneinander fochten. Reich und Heer waren einander verbunden gewesen, und mit dem Hingang des einen mußte auch das andere zerfallen. Allein der Mann, der die Einheit des Alexanderreiches bis zuletzt verfochten hat, dachte noch daran, Iranier, Asiaten überhaupt zum Kriegsdienst heranzuziehen. Es war Eumenes von Kardia.

Nach Alexanders Tod hatte er die Satrapie Kappadokien erhalten, die im Osten Kleinasiens ein Iran im kleinen bildete. Wie Alexander seinen aufsässigen Makedonen ein persisches Heer zur Seite gestellt hatte, so schuf sich der neu eingesetzte Satrap als Gegengewicht zur einheimischen Phalanx ein Reiterkorps aus Kappadokiern. Mit dessen Hilfe besiegte er einen der kriegserfahrensten Heerführer Alexanders (323); in der Folge aber erlag er der Übermacht des phrygischen Satrapen Antigonos und verlegte sein Wirkungsfeld nach Osten (318). Hier traf er auf Kampfgenossen, die gleich ihm Alexanders Reichsgedanken treu geblieben waren. Noch zweimal hat er in einer Schlacht seinen Mann gestanden. Das Ende fand Eumenes durch Verrat seiner makedonischen Kerntruppe, die ihre Abneigung gegen den gebürtigen Griechen nicht überwinden konnte (316).

Eumenes' Kampfgenosse auf dem neuen Schauplatz im Osten war der noch von Alexander ernannte Satrap der Persis, Peukestes. Treuester der Treuen, hatte Peukestes, als sein Herr auf den Tod getroffen niedersank, den heiligen Schild der Athena von Ilion über ihn gehalten und ihn gerettet. Alexanders Verschmelzungspolitik verschrieb sich Peukestes mit Unbedingtheit. Er legte als Satrap die persische Tracht an und erlernte die persische Sprache, was ihm das Lob seines Königs und die Dankbarkeit seiner Untertanen einbrachte. Beides wog ihm mehr als die Empörung der makedonischen Kameraden.

Das Jahr 316 sah noch einmal ein glanzvolles Bild. In einem Zeltlager bei Persepolis gab Peukestes zu Eumenes' Ehren ein Fest. Vornehme Perser empfingen die gleichen Ehren wie die makedonischen Strategen und Hipparchen. Kurz danach wendete sich das Blatt. Eumenes' Untergang zog Peukestes nach sich: er wurde seines Amtes enthoben. Thespias, Führer des persischen Adels, der für seinen Satrapen eintrat, wurde hingerichtet.

Das Auftreten der einheimischen Persis kündete einen Umschwung an. Thespias Name begegnet im Stammbaum der Achaimeniden (als Tschischpisch), und neben ihm stand ein anderer Perser, Nachkomme eines der Männer, die mit Dareios den Magier Gaumata erschlagen hatten. Peukestes hatte den Persern das Selbstvertrauen wiedergegeben. Aber nun war er abgesetzt, und schon ließ man die Drohung vernehmen, keinen weiteren makedonischen Satrapen anzuerkennen.

Der Umschwung sollte noch weit über ein Jahrhundert auf sich warten lassen. Aber in der Persis verstand man zu warten. Nationale Leidenschaft hatte sich zum Haß gegen die Unterdrücker gewandelt, und dem vermochte die Zeit wenig anzuhaben. Vor allem gegen die militärischen Kolonien, Katoikien, die mit Thrakern und Makedonen besiedelt wurden und den Rückhalt des fremden Regiments bildeten, richtete sich der Zorn derer, die geknebelt werden sollten. Und es wären keine Iranier gewesen, hätte sich der politischen Auflehnung nicht die religiöse zugesellt.

Im Lande hatten, so scheint es, mit den Eroberern die griechischen Götter Fuß gefaßt. Noch heute steht der ionische Tempel von Churha in seinen Resten, und ein zweiter erhob sich am Fuß der Tempelterrasse von Persepolis, dessen Inschriften Zeus Megistos, Apollon und Helios, sodann Athena nennen. Aber jetzt wurde ein neuer Mittelpunkt geschaffen. Persepolis zur Seite, auf dessen Burg die makedonische Besatzung lag, entstand die neue Stadt Stachr. Dort nahm die Erhebung unter Führung des heimischen Priesterhauses, der Fratadara, ihren Ausgang. Diese »Hüter des heiligen Feuers« ließen sich mit dem Barsombündel in der Hand, gleich den Magiern der alten Zeit, darstellen. Sie waren Zarathustrier oder folgten doch jener Form der Religion, die unter den Achaimeniden in Übung gewesen war. Auf ihren Münzen stehen die persischen Priesterkönige neben ihrem Feuerhaus. Über ihnen schwebt die Halbfigur Ahuramazdas, und sie selbst tragen die heilige Fahne.

Ein erster Anschlag der Aufständischen mißlang. Die thrakischen und makedonischen Katoiken lockten die Perser in eine Falle und hieben sie nieder. Aber die Einheimischen hatten in Vahuburz einen Führer, der das Mißgeschick wettmachte. Als es zum zweiten Zusammenstoß kam, deckten dreitausend Gegner die Wahlstatt. Die Persis war befreit, fast die gesamte Besatzungstruppe vernichtet. Doch noch waren die Seleukiden nicht gewillt, die Entscheidung hinzunehmen. Was Seleukos IV. Philopator (187–175) hatte fahren lassen, suchte Antiochos IV. Epiphanes (175–163) in umfassendem Angriff zurückzugewinnen.

Zunächst schien Erfolg zu winken. Es gelang, die Perser in einer Doppelschlacht zu Wasser und zu Lande zu besiegen. Aber vor Stachr, der Nachfolgerin des achaimenidischen Persepolis (später Istachr), wandte sich das Glück: von Vahuburz wurde Antiochos' Angriff blutig abgewiesen. Der Name dieser »Burg der Persis« erschien fortan auf den Münzen der Fratadara, und diese als neue Dynasten der Persis.

Gleichzeitig war im benachbarten Elam die Erhebung ebenfalls gelungen. In Antiochos' III. letztem Jahr (187) belastete ihn die Kriegsentschädigung, die Rom sich im Vertrag von Apameia (188) ausbedungen hatte. Bestrebt, die nötigen Mittel zu beschaffen, wurde der König bei einem Versuch, eines der reichen und mächtigen Heiligtümer in Elam zu plündern, erschlagen. Aber noch kam es nicht zur Gründung einer eigenen Dynastie wie in der Persis. Erster Herrscher, der unter eignem Namen Münzen prägte, war erst Kamnaskires I., Zeitgenosse Antiochos' IV. Epiphanes, der mit der Persis auch Elam in seine Rückeroberungspläne einbeziehen mußte. Wieder vergriff sich der Seleukide am

Tempelgut, aber auch dieser Angriff auf das Heiligtum der Nanaia oder Artemis schlug fehl, woraufhin sich Kamnaskires den Beinamen des Siegreichen, der auf seinen Prägungen erscheint, zugelegt haben muß. Dies wird bestätigt durch den Namen des Usurpators, der elamisch ist und »Schatzmeister« bedeutet. Wer diesen Titel aufgriff, beanspruchte, die ihm anvertrauten Tempelschätze gegen den Versuch des Raubes verteidigt zu haben.

Apokalypse

Nur wenige Jahrzehnte genossen Persis und Elam ihre schwererrungene Freiheit, bis sie 139 den Parthern zufielen, die die beiden Länder von Unterkönigen regieren ließen. Gleichwohl hat diese kurze Episode weitreichende Bedeutung gehabt.

Die Erhebung der Persis und Elams gegen die Seleukiden fällt in die Jahre, da in Judäa die Makkabäer ihren Aufstand begannen (167). Auch in Elam gab es, wie überall im Osten, größere jüdische Minderheiten. Sie standen mit ihren Wünschen und Hoffnungen eindeutig auf der Seite der Freiheitskämpfer daheim, und demzufolge waren sie bereit, auch in Iran den Kampf gegen Antiochos IV. Epiphanes zu unterstützen. Gegenüber dem Mann, der in Jerusalem den Tempel geplündert und entweiht hatte, beriefen sie sich auf die ererbte Freundschaft mit den Persern, die das Volk Israel aus dem Exil heimgeschickt, ihm den Wiederaufbau von Stadt und Heiligtum erlaubt hatten. Literarischer Zeuge dessen ist das biblische Buch Esther, das nach dem Zeugnis seiner Namensformen in Susa entstanden ist (in den vierziger Jahren des 2. Jahrhunderts v. Chr.). Es spiegelt Gegenwärtiges in ein Idealbild der Vergangenheit zurück und begründet damit die Entscheidung, die Juden zuvor getroffen hatten.

Auch das Buch Daniel ist in Susa entstanden, allerdings etwa zwei Jahrzehnte früher als das Buch Esther (zwischen 167 und 163). Darf man in diesem Fall von einem der erfolgreichsten Romane der Weltliteratur sprechen, der schon im Altertum mannigfach übersetzt und bearbeitet wurde, so hat das Buch Daniel in der Geschichte der Apokalypse Epoche gemacht. Es ist eines der frühesten Beispiele für die Übernahme einer literarischen Gattung, die in Iran entstanden war.

Von seinen Anfängen an ist Iran das Land der Apokalypse gewesen. Es hat nicht nur in Zarathustra den ersten Apokalyptiker hervorgebracht, sondern hat auch für eine zahlreiche, nie abbrechende Nachkommenschaft gesorgt. Die Reihe geht über die Enthüllungen und Visionen, die in jüngeren Teilen des Avesta vorliegen, zur Hystaspes-Apokalypse, dem Bahman Yäscht und anderen Erzeugnissen des späten Altertums. In ihren Gesichten kehren dieselben Vorstellungen wieder: die Folge der großen Reiche, die ihre Zeit und ihre Stunde haben; wie sie entstehen, blühen und unwiderruflich verfallen. Dann die sittlichen Prinzipien: Gut und Böse, Wahrheit und Lüge, Licht und Finsternis; diese gleichgesetzt mit dem Ansässigen und dem Nomaden, dem Friedlichen und dem Ruhelosen, dem gerechten Regiment und dem Frevel. Und hinzu kommt das Verderben, das von außen und von innen kommt: die Scharen der Räuber, die ins Land einbrechen, und die Rebellen, die die bestehenden Ordnungen stürzen; und schließlich der Retter, der den Frieden bringt. Was in diesen apokalyptischen Visionen zum Ausdruck kommt, waren die Kräfte, die der Geschichte Irans das Gepräge gaben.

Nun wurde die Apokalypse als Gattung von den Juden übernommen. Die Prophetie auf der einen Seite und eine Geschichte, die sich in ähnlichen Peripetien bewegte wie die iranische, auf der anderen Seite schufen die Voraussetzungen. Möglicherweise hat die Daniel-Apokalypse in den ältesten Teilen des in äthiopischer Übersetzung erhaltenen Henoch-Buches zeitlich einen Vorgänger gehabt. Aber der Verfasser des Buches Daniel hat erstmals eine geschlossene und überzeugende Gestaltung hingestellt, gipfelnd in der Vision, die der Prophet am Ufer des Eulaios empfängt: die Bilder der Weltreiche und zumal des letzten, dessen Untergang damals unmittelbar bevorstand – Bilder zugleich von Vergangenheit und Zukunft, und dies alles, gewiß nicht zufällig, in iranischer Umgebung geschrieben.

Daniel ist nur ein Anfang gewesen. Des »äthiopischen Henoch« wurde bereits gedacht: sein Hauptteil fällt in die Zeit der jüdischen Hasmonäer, Johannes Hyrkanus' (134–103) und Alexander Jannäus' (103–76). Es folgen die apokalyptischen Bruchstücke der Qumran-Schriften vom Toten Meer, wie jene in die Jahrzehnte zwischen 150 v. Chr. und 130 nach Christus zu datieren; weiter die christliche Offenbarung Johannis, und ungefähr gleichzeitig, unter Domitian (81–96) entstanden, das vierte Buch Esra. Die in syrischer Übersetzung bewahrte Baruch-Apokalypse, um 130 n. Chr. entstanden, mag hier den Abschluß bilden.

Die Parther

Im frühen 3. Jahrhundert tauchten am unteren und mittleren Oxos neue Nomadenstämme auf, die Sarmaten; sie stammten aus dem südlichen Rußland. Sie griffen Herakleia und das von Alexander gegründete Alexandreia-Merv an und zerstörten beide. Antiochos I. ließ das Zerstörte wiederaufbauen, und ein Vorstoß über den Iaxartes hinaus brachte die Angreifer zur Ruhe. In seiner Nachfolge errichteten die Herrscher des griechischen Baktriens gegen die Nomaden eine stark bewehrte Militärgrenze.

Aber auch die Nomaden erhielten neue Verstärkung. Um 250 v. Chr. griffen die Parner die benachbarte Nordgrenze an. Die Parner galten als Skythen, die ebenfalls aus Südrußland kamen. Ihr Führer war Arsakes, der, aus Baktrien stammend, die Verhältnisse an der Grenze genau kannte. So vermied er den Angriff auf die stark befestigte Grenze Baktriens und zog gegen die wenig geschützte Nordflanke der Satrapie Parthien, die gebirgig und arm war und nur von einer schwachen Besatzung gesichert wurde. Er eroberte Dara und Asaak, die er zu seiner Hauptstadt machte. Wenig später eroberte er auch Parthaunisa oder, wie es griechisch hieß, Nisaia im Nordosten der Satrapie.

Die Krönung von Arsakes in Asaak bezeichnet den Anfang des neuen Herrscherhauses, der Arsakiden. Nachdem die Parner parthisches Land erobert hatten, nannten sie sich Parther. Vorerst freilich besaßen sie nur die nördlichen Randgebiete der Satrapie, von wo aus aber die übrigen Gebiete mit ständigen Raubzügen heimgesucht werden konnten.

Der seleukidische Satrap Andragoras suchte zwar diese Züge abzuwehren. Aber die Thronstreitigkeiten im Seleukidenhaus versagten ihm jede Unterstützung: auch das übrige Parthien und Hyrkanien fielen in Arsakes' Hand. Erst zehn Jahre später griff Seleukos II. ein (228). Im Bündnis mit Arsakes' früherem Gegner, Diodotos I. von Baktrien, brachte er die Parther in die Gefahr, zwischen zwei mächtigen Gegnern erdrückt zu werden: Arsakes mußte vor ihren Heeren nach Norden ausweichen. Der Parthersturm schien gebannt, da starb Diodotos I. Sein Nachfolger Diodotos II. löste das Bündnis mit Seleukos II. und schloß sich Arsakes an, der in einem erneuten Treffen den Seleukiden besiegte. Sogleich nutzte er den Erfolg und baute seine Macht weiter aus: Städte wurden befestigt, an erster Stelle Syrinx und die Hauptstadt Dara. Die Bedeutung der Burg von Nisaia (Nisa) haben sowjetische Grabungen erwiesen. Arsakes starb nach langer Regierung; Todesjahr und die genaue Dauer seiner Regierung stehen nicht fest.

Erst Jahre später gingen die Seleukiden wieder zum Angriff über. Es war Antiochos III., der in seiner »Anabasis« die östlichen Gebiete dem Reich zurückzugewinnen suchte (209). Nachdem er seine Macht im Innern gefestigt und mit Hilfe von großen, in Ekbatana erbeuteten Mengen Edelmetall eine für jene Zeit gewaltige Heeresmacht zusammengezogen hatte, fühlte er sich für den Angriff auf die Parther stark genug. Die Städte fielen ihm zu, und in offener Feldschlacht wagte sich ihm niemand zu stellen; so blieb nur Unterwerfung. Noch einmal war die seleukidische Herrschaft wiederhergestellt. Da brachte die Auseinandersetzung mit Rom die Wende. Die Friedensbedingungen von Apamea (188) schwächten das Reich entscheidend. Der ganze Osten, darunter die Parther, ging wieder verloren.

Auch alle weiteren Versuche der Seleukiden, die Ostgebiete zurückzugewinnen, blieben im letzten erfolglos. Nachdem Antiochos IV. Epiphanes seine Eroberungszüge im Westen infolge römischen Einspruchs abgebrochen hatte (168), wandte er sich wieder nach Osten: er kam aber über Anfangserfolge nicht hinaus und starb, bevor die Entscheidung gefallen war (Frühjahr 163). Sein Tod ermöglichte Mithridates I., dem Vollender der parthischen Größe, den Aufstieg. Zunächst erweiterte er in kleineren Kämpfen sein Gebiet. Er nutzte die Abwesenheit der baktrischen Könige, die in Nordindien gebunden waren, und ihre Thronstreitigkeiten und entriß ihnen größere Gebiete an der Grenze. Das griechische Baktrien war aber nicht bereit, diesen Verlust ohne weiteres hinzunehmen. Aus Furcht vor neuen Angriffen Mithridates' I. unterwarf es sich der Oberhoheit der Seleukiden, um mit ihrer Hilfe die parthische Gefahr zu bestehen. Wieder drohte den Arsakiden der Kampf mit den verbündeten Baktriern und Seleukiden. Als dritter in diesem Bündnis stand das skythische Heer im Norden zum Eingreifen bereit. In dieser gefährlichen Lage entschloß sich Mithridates zu raschem Handeln. Er kam seinen Gegnern zuvor und besetzte, wieder einmal von Thronwirren im seleukidischen Haus begünstigt, ganz Babylonien. Obwohl der Seleukide Demetrios II. bei seinem Feldzug mit der Unterstützung der Persis und Elymais und des griechischen Baktriens rechnen konnte, wurde er besiegt und als Gefangener zu Mithridates geschickt. Perser und Elymäer wurden unterworfen, Baktrien bis zum Hindukush erobert und Teile Nordwestindiens hinzugewonnen. In Sistan siedelte Mithridates die besiegten Skythen (Saken) an.

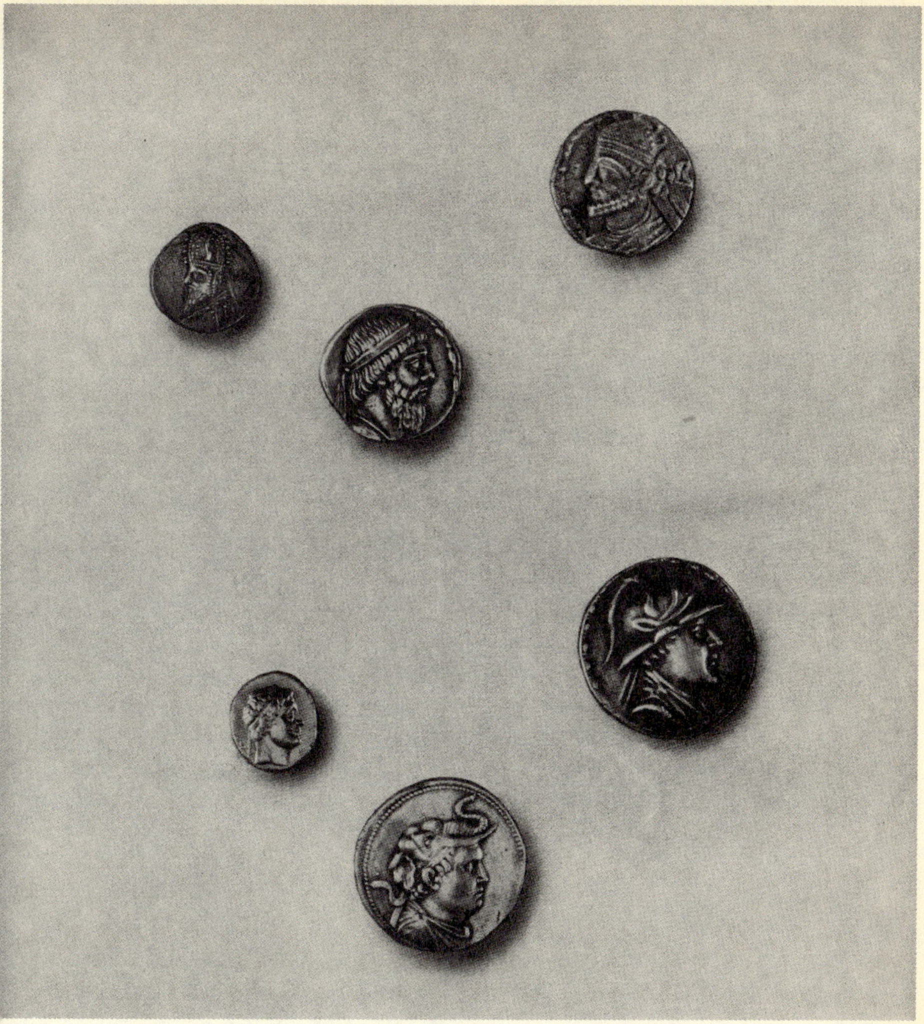

Münzen mit den Bildnissen parthischer Könige und griechischer Herrscher im baktrischen Reich
London, British Museum; Wien, Sammlung der Mechitharisten-Kongregation und Universität

Obere Gruppe, von links: Phraates III. auf einer Drachme; Mithridates I. auf einer Tetradrachme, 140/139 v. Chr.; Volageses II. auf einer Tetradrachme, 123 n. Chr. – Untere Gruppe, von links: Euthydemos I. auf einem Goldstater; Demetrios I. auf einer Tetradrachme; Eukratides I. auf einer Tetradrachme

Gefäß mit parthischen Bogenschützen
Griechisch-parthische Fayence, 1. Jahrhundert. New Haven/Conn., Yale University Art Gallery

Mithridates I. sah in den nachdrängenden Nomaden im Norden, den Vettern seines eigenen Volkes, die größte Gefahr für sein Reich, dem er zu höchster Machtstellung verholfen hatte. Dagegen schienen die makedonischen Nachfolgestaaten von weit geringerer Bedeutung zu sein. Nach dem Tode des großen Eroberers (138) übernahm Phraates II. in ähnlicher Lage die Macht.

Wieder einmal suchte ein Seleukide, das Verlorene zurückzuerobern. Nach sorgfältiger Vorbereitung drang Antiochos VII. in Babylonien ein und gewann auch Medien zurück (130). Der Arsakide sah sich auf Hyrkanien und Parthien beschränkt, entschloß sich aber trotzdem, nochmals das Glück der Waffen zu versuchen. Er überfiel das Heer der Seleukiden in den Winterquartieren und vernichtete es; Antiochos VII. fand im Kampf den Tod (Frühjahr 129).

Aber noch war der Druck der Nomaden aus dem Norden zu bestehen. Es sei daran erinnert: nordiranische Stämme hatten den Iaxartes überschritten und sich der Sogdiane und Baktriens bemächtigt. Phraates II. selbst hatte gegen Antiochos VII. nomadische Hilfe herbeigerufen. Allenthalben brachen daraufhin Reiterstämme in parthisches Gebiet ein. Phraates, eben noch siegreich, wurde geschlagen und getötet (129–128).

Diese Niederlage hat die Arsakiden entscheidend geschwächt. Doch Mithridates II. (seit 123 v.Chr.) gelang es, das Reich in einstigem Umfang wiederaufzubauen. Er stellte im Westen die Ordnung wieder her und schlug, entscheidend für ihn wie für alle späteren Könige Parthiens, die Nomaden endgültig zurück. Bis nach Merv und an den Oxos reichte jetzt wieder die parthische Macht, der auch Herat und Sistan unterstanden. Erstmals wurden Verbindungen mit dem China der Han und mit Rom geknüpft. Als Mithridates II. starb (87), schien die alte Machtstellung wiedergewonnen. Aber bald setzten innere Wirren ein, fast drei Jahrzehnte lang stürzte ein König den anderen. Rom, seit 64/63 im Besitz Syriens, begann sich jetzt in die inneren Angelegenheiten der östlichen Reiche einzumischen. Unter Crassus kam es zum ersten Zusammenstoß.

Die parthische Macht konnte jedoch – wider Erwarten – diesem Angriff widerstehen. Einer der großen Herren – Surenas, aus dem Geschlecht der Suren – erhob Orodes II. (57–37/36) auf den Thron und stellte sich sogleich den römischen Legionen. Mit einem kleinen Reiterheer, wohl nur dem eigenen Aufgebot, vernichtete er sie bei Karrhai (53 v.Chr.). Sämtliche Adler wurden erbeutet und die Überlebenden in die Sklaverei abgeführt; Crassus wurde bei den Verhandlungen getötet. Das Partherreich hatte seine Selbständigkeit mit ruhmvollem Sieg verteidigt. Nach dem Sieg über Crassus lag Syrien dem Angriff der Parther offen, die aber die Gunst der Stunde nicht zu nutzen wußten. Surenas fiel von der Hand Orodes' II., dem er zu Herrschaft und Sieg verholfen hatte. Dessen Sohn, Pakoros, wurde in Syrien vernichtend geschlagen. Erst zehn Jahre später vermochte ein parthisches Heer den Angriff auf das syrische Gebiet zu wiederholen.

Caesar hatte in seinen letzten Jahren umfangreiche Vorbereitungen für einen Rachefeldzug gegen die Parther eingeleitet, dessen Ausführung aber durch seinen Tod vereitelt worden war. Nun überredete Q. Labienus, Sohn eines 45 gefallenen Gegenspielers Caesars, Orodes II. zu einem neuen Feldzug (41). Die Parther fielen mit zwei Heeren in die ungeschützten römischen Ostgebiete ein, Labienus eroberte den größten Teil Kleinasiens,

Pakoros Syrien und Palästina. Römische Verstärkungen schlugen bald darauf die Angreifer wieder zurück; Labienus wurde getötet, und Pakoros fiel beim Sturm auf ein römisches Lager; sein Heer wurde vernichtet (38). Orodes II. aber wurde 37 von seinem Sohn ermordet, der als Phraates IV. auf den Thron kam. Jetzt unternahm Antonius jenen Rachefeldzug, der infolge Caesars Ermordung nicht ausgeführt worden war. Er unterwarf die Kaukasusländer und Armenien, stieß bis ins Atropatenische Medien vor, dessen stark befestigte Hauptstadt seinen Siegeszug aufhielt. Die parthische Reiterei fügte den Römern schwere Verluste zu, mit knapper Not entgingen sie dem Schicksal von Karrhai. Doch konnte Antonius Armenien zurückgewinnen (34); die weitere Entwicklung bestimmte die Auseinandersetzung mit Oktavian, von dem nun die Rache für Karrhai erwartet wurde. Doch Augustus wußte sich zu bescheiden. Er gab sich mit der Rückgabe der bei Karrhai verlorengegangenen Adler (20 v. Chr.) zufrieden. Seine maßvolle Haltung bewirkte, daß Phraates IV. ihm den eignen Sohn, der daheim nicht mehr sicher schien, anvertraute. Und die römische Politik erlebte den Triumph, daß sich die Parther in den Wirren nach Phraates' IV. Beseitigung dessen Sohn Vonones als König von Roms Gnaden erbaten. Mit römischer Hilfe bestieg dieser den Thron (8 v. Chr.), konnte sich aber nicht halten. Seine westliche Erziehung brachte den parthischen Adel gegen ihn auf; in Syrien, wo er Schutz suchte, wurde er ermordet. Artabanos III. (10–40 n. Chr.), aus einer Seitenlinie des Arsakidenhauses, trat die Nachfolge an. Ganz die nationalen und religiösen Interessen Irans verfolgend, suchte er das vielschichtige Reich zu einer Einheit zu zwingen, indem er überall Nebenlinien seines Hauses zur Herrschaft brachte; Rückschläge konnte freilich auch er nicht vermeiden.

Die neue, nationalbewußte Haltung wirkte sich auch in anderer Richtung aus. Nicht nur in Parthien, auch in Armenien wurde den Arsakidenprinzen wegen ihrer griechisch-römischen Erziehung die Anerkennung verweigert. So kam es zu langwierigen Kämpfen um Armenien, den ständigen Zankapfel in der Auseinandersetzung mit Rom, bis es von Cn. Domitius Corbulo, einem Feldherrn Kaiser Neros, 58/59 n. Chr. erobert und, als es in seiner Abwesenheit verlorenging, 63 wieder zurückgewonnen wurde. Endlich schlossen beide Seiten einen Kompromiß. Der Bruder des Arsakiden Vologeses I., Tiridates, wurde armenischer König und erhielt seine Krone aus der Hand des römischen Kaisers.

Obwohl die Römer nicht davon abließen, in die inneren Verhältnisse des Partherreiches einzugreifen, haben sie doch grundsätzlich auf Eroberungspolitik verzichtet. Erst Trajan hat diese seit Augustus verfolgte Politik verlassen. Er unterwarf Dakien (107) und stieß dann in die östlichen Länder vor. Armenien wurde ebenso wie das Königreich Adiabene römische Provinz (114); die parthische Hauptstadt Ktesiphon wurde erobert, und römische Truppen zogen den Tigris abwärts bis an die Küste des Persischen Golfs (115–116).

Das Römische Reich hatte seine größte Ausdehnung erreicht. Da kam der Rückschlag. Die Juden von Nisibis, Edessa und der Adiabene erhoben sich gegen die römische Macht; Judäa schloß sich dem Aufstand an, und die Parther nutzten die Schwäche der Römer zu erfolgreichem Kleinkrieg. Auch Armenien wurde von der Bewegung erfaßt, und der Kaiser selbst wurde bei der Belagerung der Wüstenstadt Hatra entscheidend geschlagen. Bevor die Lage wiederhergestellt war, starb Trajan (117). Und Hadrian (117–138) verzichtete auf die

Gebiete im Osten. Der Euphrat wurde wieder Grenze und Armenien römischer Klientelstaat unter parthischem Königshaus.

Noch einmal versuchte Vologeses III. (148–192), alte arsakidische Machtansprüche zu verwirklichen. Er nahm den Krieg mit Rom wieder auf, überschritt den Euphrat und besiegte die wenig kriegstüchtigen Legionen Syriens (162). Aber römische Verstärkungen trieben die eingedrungenen Parther wieder zurück. Sie überschritten den Tigris (164) und eroberten Ktesiphon aufs neue; der königliche Palast wurde eingeäschert. Diesmal war es die Pest, die die Parther um die Früchte ihres Sieges brachte. Sie breitete sich über den ganzen römischen Osten aus, dann auch in Griechenland und Italien. Rom zog sich aus Babylonien zurück, konnte sich aber die Gebiete und das Protektorat über Armenien erhalten.

Zu neuem Zusammenstoß kam es erst unter Septimius Severus (195–199). Obwohl das römische Heer bis nach Ktesiphon vordrang (198) und den Persischen Golf erreichte, vermochte es sich in dem verheerten Land nicht zu behaupten. Als schließlich Caracalla, Septimius Severus' Nachfolger, mit Heeresmacht angriff (216), zeigte die parthische Verteidigung nur noch ein letztes Aufleuchten dessen, was parthische Macht einst gewesen war. Ihr Niedergang sollte sich jedoch nicht zugunsten Roms auswirken. Die persischen Sasaniden wurden die Erben und wurden Nachfolger auch im Kampf gegen Rom.

Die Kultur der Partherzeit

Die Lebensform der Parther entsprach in den Anfängen ganz ihrer nomadischen Herkunft. Die antiken Schilderungen heben Reiten und Reiterkampf hervor, und die archäologischen Funde lassen schon früh einen ausgeprägten Tierstil erkennen, dem der Skythen und Sarmaten, Reiterstämmen Mittelasiens und Südsibiriens, verwandt. Bis in spätere Zeit hat parthische Kunst ihre ererbte Eigenart erhalten. Die Jagd auf Eber, Wildesel, Löwen und Ziegen – immer eine Jagd zu Pferde – gehörte zu den beliebten Darstellungen. Aber es war nicht das friedliche Rind der Zarathustrier, das im Mittelpunkt ihres Denkens und Handelns stand; es war das Raubtier, das Wild überhaupt. Aber die größte Bedeutung hatte das Pferd; erst im Sattel fanden die Parther sich selbst, alle Angelegenheiten wurden vom Sattel aus erledigt. Das Auftreten zu Pferd unterschied den Freien vom Hörigen.

Reiterliches Dasein wirkte auch auf die Kunst. Die achaimenidische Zeit kannte noch nicht den reitenden Herrscher, wie dann die Arsakiden den Großkönig darstellten, zu Pferd auch bei der Huldigung. Auch nomadische Kampfesweise und Bewaffnung hatten sich in Iran erhalten. Der Bogen war die Hauptwaffe, vom Fußvolk, vor allem von der leichten Reiterei verwendet. Es gab auch eine gepanzerte Truppe, mit dem beweglichen Panzer, nomadischem Erbstück, und der langen Stoßlanze ausgerüstet. Die berittenen Bogenschützen bestanden aus Unfreien, die gepanzerten aber aus Adligen.

Die Stärke der Parther lag im überraschenden Angriff oder in der verstellten Flucht, die den Feind zu unvorsichtiger Verfolgung verlocken sollte. Der Pfeilhagel der überall ausschwärmenden Reiter zermürbte den Gegner, der dann in frontalem Angriff der Gepanzerten vernichtet wurde.

Der zweite Tag der Schlacht bei Karrhai wurde von dem Klang der Kriegspauken eingeleitet, die mit den Trommeln vereint jenes tiefe und furchtbare Dröhnen hervorbrachten, das die Römer mit dem Grollen des Donners verglichen. Pauke und Trommel waren von jeher die Geräte des mittelasiatischen Schamanen. Sie versetzten ihn in jenen Rauschzustand, der ihn befähigte, bis zum obersten Himmel vorzudringen; sie traten überall auf, wo Bezauberung und ekstatischer Taumel die Menschen erfaßten. Zunächst bedeutete parthische Herrschaft einen Einbruch nomadischen Wesens in die bäuerliche und städtische Welt Irans, bedeutete Umwälzung des Bisherigen, Erschütterung alles Bestehenden. Aber es war unvermeidlich, daß die Eroberer sich dem Vorgefundenen anpaßten.

Die Parther sprachen anfänglich einen »skythischen«, also einen nordiranischen Dialekt. Nach ihrer Festsetzung in Iran übernahmen sie den in Medien heimischen Dialekt, der von Sasanideninschriften und den manichäischen Bruchstücken aus Ostturkestan bekannt ist. Daneben wirkte sich griechischer Einfluß aus. Die Arsakiden verwendeten auf ihren Münzen überwiegend das Griechische. Sie fühlten sich der griechischen Kultur verbunden und bezeichneten sich als Philhellenen. Ein Königsbrief an Seleukeia am Eulaios (Susa) läßt erkennen, daß Bürger dieser Stadt zu höchsten Würden im Reich aufsteigen konnten, daß die Hofkanzlei griechisch schrieb und der Partherkönig nach griechischem Recht seine Urteile fällte. Die Herrscher verfolgten eine betont griechenfreundliche Politik. Das galt für die Griechen im Partherreich allgemein, vor allem aber für Seleukeia am Tigris. So standen die reichen griechischen Handelshäuser und Bankherren dieser Stadt, anders als der stets aufsässige Demos, mit unbedingter Treue auf seiten der Arsakiden. Der Nachbarschaft Seleukeias entstammte auch jener Grieche aus Artemita, der sein Geschichtswerk im Sinne des arsakidischen Philhellenismus verfaßt hat: Apollodoros, Zeitgenosse des großen Poseidonios (um 135–50). Wie sich dieser den führenden Schichten Roms verband, so wandte sich Apollodoros nach dem Untergang von Alexanders Nachfolgestaaten den neu heraufkommenden Mächten des Ostens zu. Vorurteilslos erkannte er die Unausweichlichkeit des vollzogenen Umsturzes an und stand ohne Vorbehalt zu dem philhellenisch gesinnten Hof der Arsakiden.

Diese Sympathie der Arsakiden für die griechische Kultur wirkte sich auch in anderer Richtung aus. Sie hat tief in die Geschichte der griechischen Literatur eingegriffen und im Streit zwischen Asianismus und Attizismus zu ihrem Teil dem Attizismus das Übergewicht gesichert. Asianismus war die Spätform späthellenistischer Prosa und Dichtung. So hat sich Antonius, der als Nachfolger der Ptolemäer ein hellenistischer Herrscher zu sein anstrebte, in asianischem Stil vernehmen lassen. Hingegen zeigt der erhaltene Brief Artabanos' IV. an die Stadt Seleukeia am Eulaios, daß die Kanzlei der Arsakiden sich um einen sorgfältigen Attizismus bemühte. Die parthischen Könige fühlten sich ganz als Parteigänger der »Griechen« gegen die »Makedonen«. Wie man politisch für die Freiheit der Hellenen einzutreten vorgab, so verteidigte man auch das, was Quell des griechischen Geistes und der griechischen Form zu sein schien – ein weiterer Hinweis auf den Philhellenismus der Arsakiden.

Wie mit ihrer griechischen Untertanenschaft hatten die Parther auch mit der verbreiteten und zahlreichen jüdischen Diaspora im Lande zu rechnen. Die Herrschaft der Arsakiden war für die Juden eine Zeit des Wohlergehens und der wirtschaftlichen Blüte. In Nisibis, Nehardea, Pumpeditha und Sura gab es wohlhabende jüdische Gemeinden, und die Doppelstadt Seleukeia-Ktesiphon wurde zum Markt für den jüdischen Handel. Unter Artabanos III. (12–41 n. Chr.) kam es gar zur Gründung eines jüdischen Staatswesens, das sich fünfzehn Jahre zu behaupten wußte. Seine Häupter, Anilaios und Anisaios, scheinen sich einer vorübergehenden Anerkennung erfreut zu haben. Wichtiger war die geistige Blüte, die sich in der Folgezeit fortsetzen sollte. Von den berühmten Rabbiner gehörten Hillel und Chija noch unter die Parther. Erneuten Aufschwung brachte der Zustrom von Volksgenossen, die nach der Zerstörung Jerusalems das gastliche Babylonien aufsuchten; dieses wurde damit zum Schwerpunkt des Judentums überhaupt.

Aber trotz aller Vorliebe für griechische Kultur blühte im Partherreich auch ein starkes iranisches Leben. Manichäische Bruchstücke aus Ostturkestan zeigen, daß es schon früher eine Literatur im parthischen Nordwestdialekt gab; die sprachliche und metrische Form konnte nicht über Nacht entstanden sein. Ritterbücher und Romane, aus sasanidischer oder islamischer Zeit überliefert, waren ursprünglich parthisch abgefaßt. Auf Inschriften und Urkunden bediente man sich nach wie vor des Aramäischen, das aber mit zahlreichen Wörtern parthischen Ursprungs durchsetzt war.

Parthisches und Iranisches überhaupt, längst schon miteinander verflochten, begannen, stärker noch als in Apollodoros' Werk, sich mit Griechischem zu verbinden. In der späteren Zeit der arsakidischen Herrschaft entfaltete sich eine hellenistisch-iranische und mehr noch: eine hellenistisch-orientalische Gemeinschaftskultur, eine »Koine«. Das Philhellenentum der Parther wirkte sich jetzt allgemein aus. Eine mehr oder weniger dichte Schicht mit hellenistischen Zügen bestimmte die Kultur in den Ländern zwischen Indus und Syrien, zwischen Pamir und dem Mittelmeer. Trotz aller Unterschiede der Völker und ihrer Kulturen entwickelte sich in Literatur und Kunst, in Schrift und Sprache ein Gemeinschaftsbewußtsein, das sich gegenüber dem Besonderen durchsetzte.

Schrittmacher dieser nun einsetzenden Entwicklung war der Roman. Die Babyloniaka des Syrers Iamblichos, nach der Mitte des 2. Jahrhunderts n. Chr. in vielen Fortsetzungen geschrieben, sind nur in Bruchstücken und in einem späteren Auszug erhalten. Ursprünglich soll der Roman fast vierzig Bücher umfaßt haben. Längst war der griechische Roman dazu übergegangen, seine Handlung in solchen Gegenden spielen zu lassen, da Orient und Hellenismus ineinander übergingen. Ägypten wurde bevorzugt, und das Geheimnisvolle und Ungewisse – die verborgenen Grotten, die geheimen Begehungen, Menschenopfer und Nekromantie – nahmen einen breiten Raum in Anspruch. Iamblichos ging noch einen Schritt weiter: er führte das babylonische Land unter parthischer Herrschaft als neuen Schauplatz ein. Er selbst berichtet, wie er von einem von dort stammenden Kriegsgefangenen babylonische Sprache und Weisheit, babylonische Sitten und Geschichten kennengelernt habe. Die Bruchstücke zeigen, daß in der Tat der Name seiner Heldin – der »Schwalbe« Sinonis – sowie die Bezeichnung für den Zauberer babylonisch-aramäischen Ursprungs sind.

Die Wahl des neuen Schauplatzes wirkte sich darin aus, daß der Mischkessel, den das Land zwischen Euphrat und Tigris in der nachchristlichen Zeit gebildet haben muß, den passenden Hintergrund für all die unerwarteten Ereignisse abgibt, die diesen Roman erfüllen. Chaldäer stehen neben Zarathustriern, Aphroditemysterien neben jeder Art von Magie und Zauberei, ja häufig auch von Spuk. Erinnerungen an die hellenistische Herrschaft kreuzen sich mit babylonischem Erbe; der parthische Hof und die neu ins Land eingedrungenen Araber sind bei Iamblichos Gegenwart. Im übrigen ist alles getan, um solche Mischung mit weiteren Varianten auszustatten: leichenfressende Hunde aus Hyrkanien, entlassene alanische Söldner, königlicher Aufzug, Priester und Tempelschlaf, Folter und Verstümmelung. Vermutlich trifft des Autors Versicherung zu, wonach er das Land, darin er seinen Roman spielen läßt, nicht nur durch seinen Lehrer, sondern später auch durch eigene Erfahrung kennengelernt habe. Solange die Erde das meiste noch in ihrem Schoße birgt, muß Iamblichos' Schilderung dazu verhelfen, jene Welt zu vergegenwärtigen, darin sich die verschiedensten Einflüsse trafen, einen Bund eingingen und sich wieder schieden. Das Partherreich in seiner Spätzeit aber war zum Schauplatz dieser gegenseitigen Einflüsse und des kulturellen Austauschs geworden.

In die parthische Spätzeit gehören auch mit den meisten ihrer Funde die zweite Stadt im nordwestindischen Taxila und die zweite Schicht von Begram in Afghanistan. Beide lagen allerdings am Rand eines Gebiets, das mit Parthern nur vorübergehend in Berührung gekommen war. Dura-Europos am Euphrat dagegen hatte fast drei Jahrhunderte lang unter arsakischer Herrschaft gestanden. Sie zeigt die Entwicklung einer makedonisch-griechischen Siedlung zur parthischen Kleinstadt.

Griechische Götter, zumal solche des seleukidischen Hauses, Apollon, Artemis und der olympische Zeus, verschwanden keineswegs, nahmen aber immer mehr orientalische Züge an. Das wiedererrichtete Heiligtum von Apollon und Artemis entsprach orientalischer Art. Neue Götter trugen aramäische, iranische und griechische Namen, ohne doch griechischen Ursprungs zu sein. Sie entstammten der Elymais, Babylonien und Mesopotamien, Nordsyrien und Phönikien, Arabien und Palmyra. Und vielfältig waren auch ihre Anhänger. Griechen riefen nicht nur Griechengötter, Semiten nicht nur semitische an. Ein Aramäer stiftete Apollon und Artemis einen Altar; Frauen der höchsten makedonischen Familien Duras wandten sich an Artemis Azzanatkona oder Atargatis. Gläubige in iranischer Tracht verehrten sowohl Anaitis wie Aphlad. In buntem Wechsel wurden eigene und fremde Götter angebetet. Die Parther trieben selbst keine Religionspolitik, ließen vielmehr jeden gewähren. Sie griffen ebensowenig in Duras innere Verhältnisse ein wie in die anderer Griechenstädte. Griechische Einwohner haben erst den kultischen Wandel eingeleitet und vollzogen.

Neben der religiösen entstand bald eine künstlerische »Koine«. Auch sie gab das hellenistische Erbe nicht auf, sondern verschmolz es mit östlichen Elementen zu höchst eigenwilligen Formen. In erster Linie prägte die Malerei den neuen Stil. Nicht Griechen, sondern Semiten schufen im einst griechischen Dura ihre Fresken. Frontalität, betonte Zwischenräume, der auf den Beschauer gerichtete Blick sind ihre künstlerischen Mittel; Plastisches tritt zugunsten von Linearem, körperliche Struktur vor dem Beiwerk zurück. Ähnliches zeigt sich im benachbarten Palmyra, wo indessen das Relief im Vordergrund steht. Eine weitere Bereicherung brachte die überall zu beobachtende Darstellungsweise, die zwei oder mehr einander folgende Geschehnisse im Rahmen eines einzigen Bildes zusammenfaßte und ineinander übergehen ließ. Diese »kontinuierende« Form übten die jüdischen Maler aus Babylonien, die die Fresken der Synagoge von Dura-Europos geschaffen haben, gemeinsam mit den Meistern des buddhistischen Reliefs in Sāñchi und Goli. Daneben zeigt sich in den Darstellungen der Schlachten, Jagden und Bankettszenen ein griechisch-iranischer Mischstil, vermutlich aus ostiranischem Gebiet stammend. Auch der ursprüngliche Tierstil der Parther findet sich in einigen Stücken, was ganz den allenthalben einströmenden und sich mischenden Einflüssen entspricht.

Die Plastik war durch die Verwendung von Gips und Stuck bestimmt. Diese Werkstoffe hatten von der Wanddekoration auf Relief und Rundfigur übergegriffen. Neben die tuckierte Wandbekleidung in Assur, Susa, Ktesiphon und Salihije, auf dem Kuh-i Chwadscha tritt die reichentwickelte figurale Plastik der buddhistischen Heiligtümer in Ostiran, treten vereinzelte Stücke aus Susa und Dura-Europos. Ein Fund aus der Elymais (Schami) zeigt auch rundplastische Bronzefiguren. Griechische Plastik hatte sich an der Bewältigung des Marmors entwickelt, eines Stoffes, der den Formwillen zu knapper Geschlossenheit und Gestaltungskraft zwang. Ein leicht zu formender, nachgiebiger Stoff, wie Stuck oder Gips, mußte zu plastischer Ungestalt führen. Die Lösung fand sich rascher, einfacher, spielerischer, jeder Einfall ließ sich mühelos ausführen – ganz im Gegensatz zu dem spröden Stein, diesem nachhaltigen Erzieher der Griechen.

Das Land von Syrien bis nach Nordwestindien war von einer einheitlichen Kunst geprägt. Weit voneinander entfernt, entstanden Kunstwerke von gleichem Stil und ähnlichem Gehalt. Und Vermittler zwischen Ost und West war das parthische Reich. Aber das Gemeinsame hielt sich nicht an die Grenzen dieses Reiches. Ostiran und Nordwestindien etwa waren nur vorübergehend in arsakidischer Hand, Syrien und Ostturkestan aber, ebenso dieser Koine zugehörig, niemals. Die allenthalben spürbaren Gemeinsamkeiten zeugen vielmehr von einer Koine des Ostens. Das Partherreich war einer ihrer wichtigsten Träger, war es jedoch mit anderen zusammen.

Auch für die religiösen Bewegungen galten die politischen Grenzen zum erstenmal nicht mehr. Grenzen gab es sowenig für die Mithrasgläubigen wie für die östlichen Christen. Auch die Lehre Buddhas breitete sich weithin aus und ergriff ganz Ostiran bis zur Sogdiane, Ostturkestan und Indien. Selbst das Judentum hatte, wenn auch in bescheidenerem Ausmaß, missionarischen Erfolg aufzuweisen. Der parthische Vasallenstaat Adiabene am oberen Tigris bekannte sich zwischen 35 und 40 n. Chr. unter seinem Königshaus zum jüdischen Gesetz. In den Hauptstädten waren es die Proselyten, die die jüdischen Gemeinden beträchtlich anwachsen ließen.

Neben Christentum und Buddhismus als den großen religiösen Bewegungen der Zeit ist der Manichäismus zu nennen. Manis Geburt fiel noch in die Zeit der Arsakiden, wenn auch sein Wirken erst unter den Sasaniden begann und seine Lehre ganz der orientalischen Koine angehörte. Im Kampf mit den Manichäern fand die wiedererstarkte Nationalreligion Irans, der Zarathustrismus, jene Form, die er unter den Sasaniden beibehalten sollte.

Grundzug von Manis Lehre war der Gegensatz zwischen Licht und Finsternis, Gut und Böse. Aus beiden setzte sich die Welt zusammen und mit ihr auch der Mensch. Seine Seele war Licht, sein Körper Finsternis, und Ziel alles Heilsgeschehens war die Befreiung der Seele aus den Fesseln von Körper und Finsternis. In gewaltigen Bildern, eines das andere steigernd, stellte Manis mythenschaffende Phantasie diesen Vorgang dar. Sind die befreiten Seelen zur Sonne emporgestiegen, dann ist das Ende der bisherigen Welt gekommen, dann hebt die Herrschaft des Lichtes an, die ewig dauern wird.

Die Gläubigen schieden sich in »Hörer« und in die »Auserwählten«, die sich der Ehe und des Fleischgenusses zu enthalten, Neid und Lüge zu meiden hatten. Es gab Gesang und Gebet, Fasten und Kommunion, Taufe und Sündenvergebung. Von allen Seiten war übernommen, was unvergänglich schien. Der Gegensatz zwischen Gut und Böse entstammte Zarathustras Lehre, die dichterische Form der Gesänge den babylonischen Kulthymnen, Wanderung und Befreiung der Seele dem Buddhismus. Vieles war dem Christentum nachgebildet, wie denn Jesus innerhalb des manichäischen Systems eine ausgezeichnete Stellung zugewiesen war. Nur das Judentum wurde abgelehnt: Moses ebenso wie Jahve, den Mani als Gott der Finsternis bezeichnete.

Eine Religion, die von überall etwas nahm und jedem etwas bot, war von vornherein zu weitester Verbreitung bestimmt. Mani selbst hat bereits Weltmission betrieben. Auf den Spuren des Apostels Thomas zog er nach Osten. Manichäische Schriften paßten sich der iranischen und buddhistischen, der griechischen und römischen Gedankenwelt an. Doch die Anpassung veränderte nur Namen auf dem Grund ererbter Vorstellungen, Äußerliches, nicht die Sache; der Gehalt der manichäischen Lehre blieb unverändert. Mani selbst ging mit solchen »Namensübertragungen« voran, um seine Lehre dem Verständnis der Menschen zu erschließen. Mani war zugleich Künder und Übersetzer seiner Religion.

Er nannte seine Lehre »vorzüglicher und besser als die anderen, früheren Religionen«, weil sie sich an die ganze Menschheit wandte. »Die früheren Religionen herrschten nur in einem Land und in einer Sprache. Meine Religion ist derart, daß sie sich in jedem Land und in allen Sprachen zeigen kann und in den fernsten Ländern gelehrt werden wird.« In Mani gipfelt eine Epoche der Religionsgeschichte, die die Schranken von Nationalität und Sprache durchbrochen hatte.

Der äußeren Universalität entsprach die innere Einheit. In Manis System fiel die Zweckbestimmung der Welt mit der des Menschen zusammen, und um beides zu verwirklichen, galt dasselbe Gesetz: sittliches Handeln war Abbild der kosmischen Entwicklung. Der Einheit von Welt und Mensch entsprach die Einheit des Wissens. Alles Wissen und alle Verkündungen enthielten im Kern Wahrheit. So konnte Mani in den früheren Religionsverkündern seine Vorgänger erkennen, deren Lehren er der eigenen einfügte, denn göttliches Wissen war eins, unabhängig von den Besonderheiten der Kulturen, Völker und Zeiten.

Diese Universalität der religiösen Gemeinschaften mußte die Gegenkräfte der Völker mit ihrer unaufhebbaren kulturellen Eigenart hervorrufen. Den Weltreligionen trat die iranische Staatskirche entgegen, die getragen war durch ein Staatswesen von ausgesprochen nationaler Prägung. Nachdem die Herrschaft der Parther vergangen war, haben die persischen Sasaniden diese Entwicklung entscheidend gefördert.

Emporkommen der Sasaniden. Ardascher I.

Die neue Dynastie heißt nach Sasan, dem Ahnherrn des Königshauses, dessen geschichtliche Züge sich freilich nicht fassen lassen. Ihm folgte 208 sein Sohn Pabek in der Würde eines Feuerpriesters am Tempel der Göttin Anahita, der sich zu Stachr in der Persis erhob. Die Heirat mit der Tochter eines örtlichen Dynasten erlaubte Pabek, sich eine weltliche Herrschaft zu gründen. Er stieß damit auf den Widerspruch seines parthischen Oberherrn und Königs, Ardewans V., der Pabeks Sohn Schapur die Nachfolge und Anerkennung verweigerte. Die Lage verwickelte sich noch, da ein zweiter Sohn, Ardascher, eingriff und sich gleichfalls gegen Schapurs Nachfolge wandte. Den drohenden Bruderkrieg verhinderte Schapurs plötzlicher Tod. Aber der Konflikt mit dem Oberherrn war damit nicht beseitigt.

Man blickt in die Verhältnisse, die den Ausgang der Partherzeit kennzeichneten. Das Zentralregiment war schwach und konnte sich nicht durchsetzen, im Lande kämpfte jeder gegen jeden. Das Maß war voll, als Ardascher daranging, das Erbe an sich zu reißen, alle Nachbarfürsten zu unterwerfen und in der Persis bis nach Isfahan und Kirman seine Herrschaft aufzurichten. Jetzt war der Zusammenstoß mit Ardewan unvermeidlich. Im ausbrechenden Krieg wußte sich der Rebell zu behaupten. Er schlug seinen Oberherrn in zwei Schlachten und tötete ihn in einer dritten (224). Zwei Jahre darauf zog er als Sieger in die Hauptstadt Ktesiphon ein (226) und bestieg den Thron. Ein Fürst aus der Persis hatte die Nachfolge des arsakidischen Hauses angetreten.

Anders erzählt es ein mittelpersisch verfaßtes Buch. Der berühmte »Roman von Ardascher, Pabeks Sohn« faßt die Ereignisse in einem Bild zusammen, das der Nachwelt vor Augen stehen sollte, wenn sie sich die Bedeutung der Ereignisse zu vergegenwärtigen wünschte.

Nach dem Tod Alexanders des Großen, so hebt es an, standen in Iran viele Könige nebeneinander. Ardewan, König der Parther, ließ Ardascher, Sohn Sasans, aus dem Haus der altpersischen Könige an den Hof kommen. Ardascher wuchs dort in ritterlicher Zucht und Umgebung auf. Eines Tages verriet ihm ein Mädchen König Ardewans ein Geheimnis: die Sternkundigen hätten ihrem Herrn geweissagt, ein neuer König werde kommen. Er werde die Welt wiederum in einem Reich vereinigen. Und dazu noch dies: daß jeder Diener, der in den nächsten drei Tagen seinem Herrn entfliehe, zu Größe und Herrschertum gelangen werde. Das Mädchen und Ardascher entflohen darauf mit des Königs besten Rossen und nahmen sein indisches Schwert, eine Krone und viele seiner Edelsteine mit.

Ardewan setzte den Flüchtigen nach. In drei Tagen müsse er sie fangen, verkündete der Oberste der Sterndeuter. Leute, die dem König begegneten, erzählten, des Morgens seien die beiden Reiter vorübergekommen, schnell wie der Wind. Ardewan eilte weiter. Wieder begegneten ihm Leute, sie sagten das gleiche. Rascher eilte Ardewan weiter. Am nächsten Tag traf er eine Karawane. »Wir haben bemerkt«, so sprachen ihre Leute, »daß mit einem jener Reiter ein sehr großer und kräftiger Widder zu Pferde saß.« Ardewan fragte den obersten Magier, und der antwortete: »Möget Ihr, Herr, unsterblich sein. Aber der Widder, der Glanz der königlichen Herrschaft, hat Ardascher erreicht, auf keine Weise könnt Ihr seiner mehr habhaft werden. Darum macht Euch und den Reitern keine Mühe, noch bemühet die Pferde, so daß sie zugrunde gehen. Sucht auf andere Weise ein Mittel gegen Ardascher.«

Der König sandte ein Heer gegen ihn aus. Da aber der Glanz der königlichen Herrschaft bei Ardascher war, gewann dieser den Sieg und tötete Ardewan, all dessen Eigentum kam in Ardaschers Hand, die Tochter Ardewans nahm er zur Frau.

Soweit die Erzählung über den Sturz der Arsakiden, die in dem mittelpersischen Buch, lange nach den Ereignissen, aufgezeichnet wurde. An die Stelle Ardewans, des letzten Herrschers seines Hauses, war Ardascher getreten. Über vier Jahrhunderte sollte Sasans Geschlecht den Thron behalten. Doch die Umwälzung bedeutete weit mehr, und gerade in der Sage tritt dies deutlich hervor.

Iran vollzog den großen Umbruch, der ihm die Besinnung auf die eigne Vergangenheit brachte. Man griff auf das achaimenidische Reich und auf Zarathustras Verkündigung, auf diese frühesten und gewaltigsten Schöpfungen der iranischen Geschichte zurück. Was in ihnen erstanden war, trat jetzt als verpflichtende Norm den parthischen Eindringlingen und der griechisch-orientalischen Mischkultur entgegen. So war das neue Reich der Sasaniden Erfüllung dessen, was in der Geschichte dieses Volkes angelegt war. Als »Reich« mit universalem Anspruch ist es dem Imperium Romanum vergleichbar.

Das Emporkommen der Sasaniden mag anderswo mehr nach Zusammenhängen und Ursachen beschrieben worden sein. Gleichwohl muß die Folgezeit etwas in diesem Roman gefunden haben, was sie fesselte, eine Wirklichkeit, die sie ansprach. Sowenig jener Bericht Geschichte enthält, ist er doch in anderem Sinne wertvoller als historische Schilderung: er ist der Mythos des Reichsgründers und der Reichsgründung. Geschichte im engsten Sinn zielt auf Geschehen, auf zeitlichen Verlauf; Mythos ist zeitlos und auf das Wesen ausgerichtet.

Vieles von dem, was gesagt wird, mag nur lose mit der Person Ardaschers verbunden sein. Es begegnet, wo immer von glücklichem Tun und Gelingen die Rede ist. Daß Frauen und daß Fortuna dem Helden sich antragen; daß diesem sich jegliches zum Guten wendet, wenn die Stunde gekommen ist; daß der Held die Stunde ohne Zaudern nutzt und daß Bereitsein alles ist – dies pflegt allenthalben in dergleichen Erzählungen wiederzukehren. Daneben steht anderes, das nur für Iran und nur für die Sasaniden Gültigkeit hat. Ein höfisch-ritterlicher Stil verschlingt sich in einzigartiger Weise mit einer streng legitimistischen und zugleich universalen Haltung, und beides wird überhöht vom Bekenntnis zu zarathustrischer Rechtgläubigkeit, wie es sich so nur damals hat darbieten können.

Eine ritterliche Welt

Der junge Ardascher hat sich am Partherhof bei den Söhnen der Ritter aufzuhalten. Mit Ardewan und seinen Reitern geht er auf die Jagd. Er sitzt im königlichen Marstall und schlägt die Handpauke, bei den Pferden auch entdeckt ihn das Mädchen des Königs, knüpft sich ihre Freundschaft. Und zu Pferde vollzieht sich das Wettrennen zwischen Ardewan und

Ardascher. Überall trifft man auf Pferd und Reiter. Es ist die Lebenshaltung, die den parthischen Königshof prägt: der junge Perser, der Ardewan dereinst stürzen wird, wächst selbst in diese Form hinein. Sie war den Parthern seit ihren Anfängen eigen und birgt zugleich das Neue, das sie in die iranische Geschichte einführten.

Gewiß nannte bereits Dareios I. die Persis ein »Land mit guten Rossen«, und in Medien lag das Nisäische Gefilde, Heimat einer berühmten Rasse und Weide ungezählter Herden. Und doch: wie gering blieb unter den Achaimeniden die Rolle des Reiters und des gerittenen Tieres. Siegelzylinder zeigen den Herrscher auf dem Streitwagen; sonst zeigen ihn altpersische Reliefs auf dem Thron, unter dem Schirm, im Kampf mit Löwen oder Drachen, vor dem Feueraltar oder vor Ahuramazdas Symbol betend – immer aber zu Fuß; zu Fuß ist er auf den Goldmünzen in seinem Triumph über die Lügenkönige dargestellt, zu Fuß schreiten die Scharen der Leibwache auf den Friesen der Paläste von Persepolis und Susa.

Die Felsreliefs der Sasaniden bezeugen, wie sich die Vorstellungen gewandelt haben. Bei der Huldigung oder in Begleitung der Paladine, bei Szenen der Unterwerfung und Belehnung, im ritterlichen Zweikampf, in der schweren Panzerrüstung und auf der Jagd – überall begegnet der sasanidische Großkönig zu Pferd. Eng ist das Bild der königlichen Majestät mit dem Erscheinen als Reiter verbunden.

Das Bild bestätigt sich bei der Kampfesweise. Reiterliche Taktik, Bogenschützen, flüchtig und dann wieder im Angriff, ausschwärmend und überraschend, mit einer gepanzerten Truppe verbunden, sicherte den Parthern militärische Überlegenheit, ließ sie den Sieg von Karrhai über die römischen Legionen erfechten. Auch in den Heeren der Sasaniden trat fortan der leichtbewaffnete Bogenschütze zu Pferd und ihm zur Seite der gepanzerte Ritter auf. Man kennt diesen, den Kataphrakten oder Klibanarier, aus den Ritzzeichnungen in der Grenzfeste Dura-Europos am Euphrat. Im Galopp sieht man ihn heranstürmen, Mann und Roß vom Schuppen- oder Plättchenpanzer geschirmt, mit langer Lanze und dem Bogen ausgerüstet, auf dem Kopf den schweren, hohen Helm. In großartiger Form wiederholt sich dieses Bild in der überlebensgroßen Reiterstatue vom Taq-i Bostan: Reiter und Pferd tragen den Panzer; Bogen und Köcher, schwerer Visierhelm, Rundschild und Stoßlanze vervollständigen die Bewaffnung. Die Schilderungen in Firdusis Schahnameh, die Fresken aus Chinesisch-Turkestan bestätigen das Bild.

Vorherrschen der Reiterwaffe, Panzerung von Mann und Roß, Visierhelm, Tartsche und Stoßlanze nehmen mittelalterliche Formen vorweg. Dem entspricht die Gesellschaft: mächtige Familien mit ausgedehntem Landbesitz und zahlreichem Gefolge bewaffneter Höriger kennzeichneten die parthische Zeit. Ihre Mitglieder beanspruchten die höchsten Würden und hatten sie oft in erblichem Besitz. Neben großen »Häusern«, wie den Mihran, Suren und Karen, standen halb selbständige Herrschaften, örtliche Dynasten und Stadtstaaten orientalischen oder hellenistischen Ursprungs. Die Könige von Edessa und Hatra, die Herren von Batnai und Singara, Städte wie Seleukeia und Susa hielten sich in mehr oder weniger loser Abhängigkeit vom Großkönig in Ktesiphon.

Das sasanidische Königtum trat mit neuem Anspruch hervor. Es wünschte die »Teilkönige« zu beseitigen und alles Land dem einzig rechtmäßigen Geschlecht zuzubringen. Eine Straffung der zentralen Gewalt unter den ersten Herrschern läßt sich nicht verkennen.

Dem parthischen Adel suchte man einen eignen entgegenzustellen, der dem Königshaus verbunden war und oft dessen Nebenlinien entstammte. Doch vermochte sich ein großer Teil der »Häuser« zu behaupten, vor allem die Mihran und Karen blieben im ungeschmälerten Besitz ihrer Macht. Sie besetzten nicht nur die Hof- und Staatsstellungen; auch in die Reihen des hohen Klerus fanden sie Eingang. Oft genug hat sich das Königtum den Ansprüchen der zarathustrischen Staatskirche und ihrer mächtigen Priesterschaft beugen müssen.

Parther und Perser

Ardascher, so erzählte seine Geschichte an anderer Stelle, tat auf der Jagd einen Meisterschuß. Er durchbohrte einen Wildesel mit dem Pfeil; das Tier starb auf der Stelle. Doch Ardewans Sohn beanspruchte den Meisterschuß und wollte ihn dem Untergebenen nicht gönnen.

Warum dieses Zerwürfnis und was hat der Schuß auf den Wildesel zu bedeuten? Dieses Wild war in mehrfachem Sinn ein königliches. In allen Spielarten über Innerasien verbreitet, wurde es geradezu als Herrscher der Steppen bezeichnet. Assyrische Reliefs zeigen den Wildesel als Jagdtier vornehmlich des Königs. Ein Herrscher der Sasaniden ist bekannt, der nach dem Wildesel benannt war, weil er auf der Jagd einen Meisterschuß getan. Er hat das Tier mitsamt dem Löwen, der sich auf dieses gestürzt, mit einem einzige Schuß erlegt. Der Wildesel ist das königliche Wild, und in der Jagd auf ihn bewähren sich Hand und Glück des Herrschers. Als Ardascher sich herausnahm, was nur dem Herrscher anstand, kündigte Kommendes sich an; nicht ohne Grund begehrte Ardewans Sohn die Tat als die seine.

Ardascher, Ardewan und ihre Ebenbilder, wie sie das sasanidische Kunsthandwerk geschaffen hat – sie alle jagen zu Pferde. Wieder bedeutet das Jagen zu Pferd einen Wechsel gegenüber der vorangegangenen Zeit. Wenn die achaimenidischen Goldmünzen den bogenbewehrten König zu Fuß zeigten, so ist seit der Partherzeit der Schütze und Jäger zu Roß Ebenbild des Herrschers. Der reiterliche Stil macht auch vor der Frau nicht halt. Beliebt ist die Vorstellung von dem königlichen Jüngling Ardascher und seinem Mädchen, wie sie auf ihren Rossen die Lande durcheilen. Da ist etwas vom Zauber der persischen Miniaturen vorweggenommen, die Firdusis Heldenepos zieren werden.

Überall trifft man auf die reiterliche Welt, der die Parther seit ihren Anfängen zugehörten. Und doch: mag vieles in Stil und Lebensführung für die Dauer ihrer Herrschaft und darüber in Geltung geblieben sein, an entscheidender Stelle verläßt die sasanidische Zeit das, was ihr vorausging.

Immer wieder hat sich gezeigt: das Land der Räuber und das Land der Bauern, das der Nomaden und die festen Siedlungen, Dörfer, Burgen und Städte waren die Pole, zwischen die Iran seit den Anfängen gespannt war. Die Parther hatten Medien und alles Land bis zum Tigris und Euphrat in Besitz genommen. Iran hatte sich dem Willen der nomadischen Räuber gebeugt, die sich nach ihrer Weise einrichteten: Stadt und Ackerbau überließen sie den Unterworfenen und fügten sich selbst, wenn überhaupt, dieser Lebensform nur zögernd

Der besiegte Kaiser Valerianus vor König Schapur I.
Relief in Naqsch-i Rustam bei Persepolis, zweite Hälfte 3. Jahrhundert

Die Einsetzung Ardaschers II. zum König durch Ormuzd und Mithra
Relief am Taq-i Bostan bei Bisutun in Medien, zweite Hälfte 4. Jahrhundert

und unvollständig. In Dara, am Rande der Steppe, hatten die parthischen Könige ihre erste Residenz. Auch in Babylonien mieden sie jeden festen Ort. Auf dem nördlichen Tigrisufer, fern von der Metropole Seleukeia, hielten die Arsakiden Hof. Niemals haben die Parther ihre Lebensform aufgegeben, sie blieben der Steppe verhaftet und liebten das Leben im Aufbruch. Lager, nicht Dorf und Flur, sind die Heimat eines Reitervolkes. Als jetzt die parthischen Könige von dem neuen, dem persischen Herrscherhaus verdrängt wurden, kam jene Welt wieder empor, die die einstigen Nomaden stets gemieden hatten.

Auch die Persis hatte viel vom reiterlichen Leben übernommen. Doch hat parthische Herrschaft nie, sowenig wie die hellenistische, dort Fuß fassen können. Einheimische Dynasten blieben bestehen, wenn auch in Abhängigkeit von den Arsakiden und deren Unterkönigen. Ardaschers Vorfahren unterstanden, obwohl selbst »Könige«, einem anderen König, der auf der Weißen Burg östlich von Persepolis regierte. Auch Ardaschers Mutter entstammte einem fürstlichen Geschlecht, und der Sohn besaß die Anwartschaft auf die Burgvogtei und auf die Führung des Aufgebots in einer Nachbarstadt. Stachr, Nachfolgerin des zerstörten Persepolis, bedeutet nichts anderes als »Burg«. Und wie man in festen Schlössern und Städten hauste und untereinander versippt war, so hing man zäh am Althergebrachten. Die Vorschriften der zarathustrischen Religion wurden eingehalten, und kultischer Mittelpunkt war das Feuerhaus der Anahita, dessen Vorsteher Ardaschers Großvater einst gewesen war. Gewiß spielte sich alles in kleinen Verhältnissen ab. Aber diese Persis, mit der die großen Erinnerungen verknüpft waren, wo die Ruinen der Achaimenidenpaläste standen und Kyros' Grab über Jahrhunderte hinweg vom Wirken des Reichsgründers kündete, war gleichsam eine Burg der Überlieferung. Und sie war es noch in einem anderen Sinn.

Die Persis ist nach dem Tigris und dem Küstenland hin von Gebirgswällen abgeriegelt. Acht und neun Berglinien erheben sich hintereinander. Hier zog sich seit alter Zeit die »Fahrstraße« hin, die der achaimenidische Großkönig, von Susa kommend, benutzen mußte, um sein persisches Stammland zu erreichen; dabei hatte er noch den Bergstämmen Tribut zu entrichten. Erst Alexander hat die Unbotmäßigen in ihrem Bergversteck zu Paaren getrieben.

Es war kein Zufall, daß von solch natürlicher Festung die Erhebung gegen die Nachkommen der einstigen Nomaden ausging. Mit den Sasaniden erhob sich der Ackerbauer, der Städter, der Adlige, der seßhafte Mensch überhaupt. Wen hätte Ardaschers Flucht vom Königshof nicht an eine andere Sage erinnert? Als Walthari und Hilda vom Hofe Etzels entweichen, da eilen sie, eben wie der persische Prinz und sein Mädchen, einer Heimat zu. Sie fliehen nicht wie der Steppenbewohner in die Ferne, ins Grenzenlose, sondern sie eilen in ihre Heimat, in dessen Erde sie die Wurzeln ihres Daseins spüren. Bodenständige sind es, die Hunnenkönig wie Partherhof verlassen, um in ihrem heimischen Land sich selbst zu finden.

Wiederkehr Zarathustras

Die Gleichgültigkeit in der Religion, die gemeinhin den Reitervölkern zugeschrieben wird, trifft zumindest auf die religiöse Haltung der Parther zu. Erst spät sind sie Zarathustra gefolgt, und auch dann zeichneten sie sich nicht immer durch Eifer aus. Die Perser dagegen, das neue Herrenvolk, zeigten eine andere Haltung.

Die entscheidende Macht in der Geschichte Ardaschers ist der Glanz der königlichen Majestät. Diese göttliche Wesenheit, in den heiligen Schriften der Iranier »Chwarna« genannt, schenkt dem Helden Erfolg. Auf den Münzen der griechisch-baktrischen Könige heißt sie »Tyche«, und im Mittelpersischen wird es mit einem aramäischen Ideogramm wiedergegeben, das »Glück« bedeutet. Dem sprachlichen Ursprung nach ist es dem Wort für die Sonne verwandt. Und feuriges Gold, vom Himmel herabgekommen, spielt anderen Orts eine Rolle, die sonst dem Chwarna eignet.

Wem der himmlische Glanz des Chwarna sich zugesellt, ist zum König berufen. Das ist der Sinn der Sage von Ardascher. Nur einem Herrscher von iranischem Blut gibt sich solcher Glanz zu eigen. Ardascher, der sein Geschlecht auf altpersische Könige zurückführte, gesellte sich der Widder zu; dagegen blieb der Parther Ardewan bloßer Usurpator und durfte nicht hoffen, gegen den rechtmäßigen Träger des Chwarna aufzukommen.

Dieser Vorstellungskreis mag nachträglich ins zarathustrische System eingedrungen sein. Für frühsasanidische Zeit aber war die Fuge nicht mehr sichtbar, und das Chwarna teilte sich mit Ahuramazda oder, wie er jetzt hieß, Ormuzd in die Rolle der königlichen Schutzgottheit. Ardascher wurde dargestellt, wie er auf Ormuzd zureitet und von dem Gott den Ring der Herrschaft entgegennimmt.

Die Geschichte Ardaschers läßt ihn an vielen Orten das heilige Bahram-Feuer anlegen. Das göttliche Element des Feuers galt als Ormuzds Sohn, und das Bahram-Feuer im besonderen war mit einem Namen bezeichnet, der einstmals »Drachentöter« oder »Feindtöter« bedeutet haben mag, jetzt aber den Sieger oder den Sieg bezeichnete. Als Träger des Chwarna ließ Ardascher die heilige Flamme an den eignen Erfolgen teilhaben. Von seinem Zug nach Osten – nach Merv, Balch und in die äußersten Bezirke Chorasans – sandte er die Köpfe der erschlagenen Feinde dem Feuertempel der Anahita, in Istachr, im Herzen des persischen Landes, eben dem Tempel, dessen Vorsteher Ardaschers Großvater gewesen war; und derselbe Tempel erscheint auf den Prägungen der Sasaniden, neben der königlichen Standarte, neben dem Herrscher in ehrfürchtiger Haltung.

Die Bewahrung des ererbten Kultes findet ihre Ergänzung in einer Tat der Erneuerung. Die Sammlung der heiligen Schriften der Zarathustrier ist die große Tat der ersten Sasaniden. Schon Ardascher verlieh seiner Schriftensammlung kanonischen Rang, alles, was dort nicht aufgenommen war, wurde in Acht und Bann getan.

Die Nachfolger Ardaschers schufen einen Gerichtshof, der Streitigkeiten über religiöse Fragen maßgeblich entschied. Nach des Königs Willen sollte, da das Licht des wahren Glaubens wieder strahlte, alles Wahrheitswidrige abgetan sein; keine falsche Lehre dürfe fortan geduldet werden. Diese Einstellung war etwas Neues in der Geschichte Irans. Religiöse Duldsamkeit war, von Ausnahmen abgesehen, ein Grundzug der achaimenidischen und arsakidischen Politik gewesen. Nun aber schufen Königtum und Priesterschaft gemeinsam den Begriff der Rechtgläubigkeit, und staatliche Gewalt sah sich veranlaßt, ihm innerhalb der Reichsgrenzen unbedingte Geltung zu sichern. Alsbald wandte sich das neue Prinzip gegen die anderen Religionen, vor allem gegen Manichäer und Christen. Mani genoß noch unter dem zweiten Sasaniden zeitweilig die königliche Gunst. Er befand sich auf einem seiner römischen Feldzüge im Gefolge Schapurs I. und durfte mit dessen Erlaubnis im Römerreich, in Ostiran und Indien Mission treiben. Doch unter einem der Nachfolger, Bahram II. (276–293), setzten es die Magier durch, daß der Religionsstifter verurteilt wurde (277). Gegen seine Anhänger wütete blutigste Verfolgung, und kaum weniger hatten die Christen zu leiden. Die syrischen Märtyrerakten bezeugen den Eifer der zarathustrischen Priesterschaft.

Selbst für die Juden waren die Zeiten des Gedeihens vorüber. Die Verfolgung seitens der Magier richtete sich gegen die Gemeinden, deren Selbstverwaltung eingeschränkt, deren eigne Gerichtsbarkeit aufgehoben wurde. Am schwersten lastete im 5. Jahrhundert das Geschick auf dem babylonischen Judentum. Vor allem Yazdgard II. (439–457), Peroz (459–481) und Kawadh I. (488–531) zeichneten sich durch ihren Verfolgungseifer aus. Es kam zu Verboten der Sabbatfeier und des Gesetzesstudiums, zur Zerstörung der Synagogen. Das Judentum ließ sich freilich in seiner Ergebenheit gegenüber den persischen Königen kaum beeinträchtigen und erreichte denn auch, daß unter Chusro I. Anoscharwan (531 bis 578) jenes Einvernehmen wiederhergestellt wurde, das noch unter Schapur I. (241–272) und Schapur II. (309–380) bestanden hatte.

Die Blüte der rabbinischen Gelehrsamkeit, die unter den Arsakiden begonnen hatte, setzte sich unter deren Nachfolgern fort. Es kam zur Gründung der Schulen von Nehardea und Sura, und beide sollten entscheidenden Anteil an der Sammlung und Redaktion des babylonischen Talmuds nehmen. Die Zeiten der Bedrängnis nötigten, vom Verbot der Aufzeichnung mündlicher Lehren abzusehen, da man befürchten mußte, der Zusammenhang der Überlieferung könne abreißen. So kam es zu der gewaltigen Kodifikation, die das Judentum dem Avesta zur Seite stellen und, wenig später als die Zarathustrier die ihre, abschließen sollten.

Geschichte der Sasaniden

Ardaschers Erhebung war eine Tat der Befreiung. Er berief sich dabei auf das Reich der Achaimeniden und auf die Verkündung Zarathustras, diese größten Gestaltungen der iranischen Geschichte. Ardascher verstand sich als legitimer Erbe des Reiches, der seinen angestammten Besitz in den Kämpfen mit den Arsakiden zurückeroberte. Und sogleich wies er in Briefen an alle örtlichen Machthaber, die mit den Parthern emporgekommen waren, seine Rechte nach und forderte sie zu unbedingtem Gehorsam auf. Dem entsprach auch Ardaschers Vorgehen gegen das römische Nachbarreich im Westen. Als altes persisches Erbe forderte er alles Gebiet bis zum Bosporos zurück (230). Kyros, Ardaschers Ahn, habe es erobert, und dessen Geschlecht habe es besessen, bis Alexander das Reich zerstört habe. Nun sei es seine, des Erben, Pflicht, den einstigen Besitz wieder zu übernehmen.

Nachdem Ardascher den Thron bestiegen hatte, nannte er sich »König der Könige von Iran«. Damit erhob er einen Anspruch auch auf die Herrschaft über die örtlichen Gewalthaber. Aber schon sein Nachfolger Schapur I. (241–272) führte den weit anspruchsvolleren Titel des »Königs der Könige von Iran und Nicht-Iran« und griff so in universalem Anspruch über die iranischen Grenzen hinaus. Dieser Anspruch gründete sich auf den Erfolgen im Osten, wo sich Chorasan und das Indusgebiet dem König unterworfen hatten. Nun wurde die römische Überlegenheit nicht mehr anerkannt. Als Gegenspieler der Weltmacht Rom ging man zur Goldprägung über, ein Recht, das die Arsakiden niemals beansprucht hatten. Und das Selbstgefühl steigerte sich zum Triumph, als der römische Kaiser Valerian (260) in persische Hand geriet. Schapur I. hat es niemals unterlassen, dieses große Ereignis auf seinen Denkmälern zu feiern.

Die Auseinandersetzung mit Rom bestimmte auch weiterhin den Gang der Ereignisse. Kaiser Severus Alexanders (222–235) Krieg mit Ardascher I. führte nach wechselvollen Kämpfen zur teilweisen Rückeroberung des verlorenen Mesopotamien. Gordianus III. (238–244) gelang mit Hilfe seines Schwiegervaters Timisitheus, ganz Mesopotamien zurückzuerobern. Doch fiel Gordianus den Nachstellungen seines Gardepräfekten M. Iulius Philippus zum Opfer. Dieser ließ sich selbst zum Kaiser ausrufen (Philippus Arabs 244–248) und beendete die Kämpfe durch Friedensschluß (244). Zwölf Jahre später begann Schapur I. mit neuem Angriff, eroberte Antiocheia (256) und die Grenzfestung Dura-Europos am Euphrat. Das Erscheinen Kaiser Valerians (253–260) auf dem Kriegsschauplatz führte zur Befreiung Antiocheias (257). Doch 260 wurde Valerian bei Edessa geschlagen und bei anschließenden Verhandlungen gefangengenommen; er beschloß sein Leben in persischer Haft. Nach weiterem, wechselvollem Hin und Her beauftragte Valerians Sohn und Nachfolger Gallienus (260–268) den Herrn der Wüstenstadt Palmyra, Odaenath, mit der Fortführung des Kampfes. Diesem gelang in mehrjährigen Kämpfen, die Perser aus Mesopotamien zu vertreiben (262–266).

Einen neuen Perserzug unternahm M. Aurelius Carus (282–283) zusammen mit seinem Sohn Numerianus. Ein rascher Siegeszug ließ ihn Seleukeia am Tigris und Ktesiphon zerstören (283), doch führte seine Ermordung noch im gleichen Jahr zur Beendigung der Feindseligkeiten. Mit ausgesprochenem Erfolg Roms endete der Perserkrieg Diokletians (284–305). Nach anfänglicher Niederlage, die der Caesar und Mitregent Galerius erlitt (296), kam es im folgenden Jahr zu einem entscheidenden Sieg über den Sasaniden Narseh (293–302), Kleinarmenien und das Gebiet östlich des Tigris gerieten unter römische Herrschaft. In Schapurs II. Jahren (309–379) hatte man einen neuen römischen Angriff zu bestehen, der aber vor Ktesiphon zum Stehen kam; der Tod Kaiser Iulians (363) brachte den Rückzug und einen Frieden, der Rom die umkämpften Grenzbezirke mit der starken Festung Nisibis und Armenien entriß. Aber die sasanidische Herrschaft konnte sich in diesem christlich gesinnten Land nicht halten: Parteienhader und blutige Christenverfolgungen ließen es keine Ruhe finden. Endlich kamen die beiden Großmächte zu einer Übereinkunft (384). Armenien wurde geteilt, der größere Teil davon fiel den Sasaniden zu.

Yazdgard I. (399–420) erleichterte die Lage der christlichen Kirche, gewährte ihr einen Katholikos und fünf Metropoliten. Trotzdem hat ihn die zarathustrische Geistlichkeit als »Sünder« gebrandmarkt.

In Ostiran hatten in der Zwischenzeit die Kidariten oder Hephthaliten, ein hunnisch-türkischer Stamm, ein mächtiges Reich errichtet. Schapur II. hatte sie in den sechziger Jahren des 4. Jahrhunderts auf sasanidischem Gebiet angesiedelt; jetzt wurden sie unabhängig und zu höchst erfolgreichen Gegnern ihrer ehemaligen Oberherren. Bahram V. Gor (420–438), der nach Thronwirren mit Hilfe des arabischen Vasallenkönigs von Hira die Herrschaft übernommen hatte, konnte noch einmal die Hephthaliten unterwerfen. Aber in den folgenden Jahren wirkte sich der Kampf gegen Rom und gleichzeitig gegen die Hephthaliten in Iran verhängnisvoll aus.

Auch der eben den christlichen Untertanen gewährte Frieden hielt nicht lange an. Obwohl ihnen Bahram V. ein neues Oberhaupt zugestanden hatte, unter dessen Führung die Kirche Irans sich von der byzantinischen löste und ihre Selbständigkeit erringen konnte, setzten schon unter Yazdgard II. (438–457) die Glaubenskämpfe in Armenien wieder ein. Den König hinderten die Auseinandersetzungen mit den Hephthaliten lange am Eingreifen. Schließlich erstickte er aber die Revolte in einem Meer von Blut. Erst unter Peroz (459 bis 484) gelang es der rührigen Tätigkeit Barsaumas und der von ihm begründeten theologischen Schule in Nisibis, den Nestorianern eine gesicherte Stellung im Perserreich zu schaffen. Mit der Aufnahme der aus dem oströmischen Reich vertriebenen Anhänger des einstmaligen Patriarchen Nestorios (gestorben um 451) bildete sich eine christliche Kirche, die dem Nachbarreich gegenüber feindlich war und sich dazu verstand, ganz im Dienst der Sasaniden zu wirken. Die nestorianische Kirche hat neben dem bislang allein herrschenden Zarathustrismus zeitweilig die Rolle einer zweiten Staatsreligion eingenommen.

Entscheidend wirkte sich die weitere Auseinandersetzung mit den Hephthaliten aus, mit deren militärischer Hilfe Peroz auf den Thron gekommen war. In der Folge suchte er sich dann des fremden Einflusses zu entledigen, erlitt aber bei den Feldzügen gegen die Hephthaliten die schwersten Rückschläge; 465 geriet er in die Gefangenschaft des Chakan und fiel schließlich, nachdem er gegen Zahlungen freigekommen war, in erneutem Kampf mit dem größten Teil seines Heeres (484). Iran vermochte den Einfällen seiner östlichen Nachbarn keinen Widerstand mehr zu leisten, dies um so mehr, als gleichzeitig im Inneren das Königtum zum Spielball in den Händen der adligen Grundherren wurde. Hinzu kam die Revolte der Mazdakiten, die das Gefüge des Reiches und der herrschenden Gesellschaft erschütterte. Nach seiner Flucht vor den Wirren in den ersten Jahren seiner Regierung konnte Kawadh I. wiederum nur mit Unterstützung der Hephthaliten die Macht im Reich wiedergewinnen (498). Aber trotz dieser anfänglichen Schwäche gelang es Kawadh, mit Hilfe der Mazdakiten den aufsässigen Adel zu bezwingen und dann die Mazdakitenbewegung niederzuschlagen. Er nahm auch den Kampf gegen Rom wieder auf, der schließlich unter Kawadhs Nachfolger Chusro I. Anoscharwan (531–578) zum erstrebten Erfolg führte. Syrien wurde geplündert und Antiocheia eingeäschert. Ostrom wurde gegen schwere Zahlungen der Friede gewährt (562). Anoscharwan war es auch, der gemeinsam mit den Türken die Hephthaliten niederwarf (558) und die Ostflanke des Reiches gegen weitere Angriffe sicherte.

Anoscharwans Herrschaft brachte den Höhepunkt sasanidischer Macht. Schon sein Nachfolger Hormizd IV. (578–590) mußte aufs neue innere Widerstände bekämpfen. Die Militärbefehlshaber erhoben sich gegen den König, der gestürzt und geblendet wurde. Ein Nichtsasanide, der Führer des Grenzheeres Bahram Tschobin, konnte vorübergehend den Thron besteigen (590). Bald setzte sich der Sohn Hormizds IV., Chusro II. Parwez (590 bis 637), wenn auch mit oströmischer Hilfe, durch. Er hat aber wenige Jahre später den Kampf gegen Ostrom wieder begonnen. Die folgenden Jahre beherrschte die Auseinandersetzung zwischen den beiden Reichen. In schwersten Kämpfen stießen persische Heere nach Armenien und Kappadokien und bis an den Bosporos vor. Auch Syrien mit Antiocheia und Damaskos wurde von den Persern erobert, die Jerusalem plünderten (614) und unter den dortigen Christen ein Blutbad anrichteten; das heilige Kreuz wurde die Beute der Zarathustrier. Ein Zug nach Ägypten (161) war ebenfalls erfolgreich, in Kleinasien fiel Ankyra, und Konstantinopel wurde belagert. Byzanz war in höchster Gefahr. Aber Kaiser Herakleios (610–641) befreite Kleinasien in verzweifelten Kämpfen und eroberte Armenien und Aserbeidschan. Dann erreichte er das Tigristal (627), zerschlug in mehreren Schlachten das gegnerische Heer und bedrohte schließlich Ktesiphon, die persische Hauptstadt.

Der oströmische Feind, eben noch besiegt, stand im Herzen des persischen Reiches. Das persische Volk, von unerträglichem Steuerdruck ausgesogen, dezimiert von ständigen Feldzügen, die Generalität in der Furcht vor dem königlichen Strafgericht wegen ihres Versagens im Kampf – sie alle erhoben sich. Chusro II. erlag dieser Revolte unter der Führung seines Sohnes Schiroë, der mit dem Kaiser Herakleios einen demütigenden Frieden schließen mußte. Der Sieger brachte im Triumph die Kreuzesreliquie ins befreite Jerusalem zurück (628).

Niedergang der königlichen Gewalt

Geld- und Steuerordnung und der auf ihnen beruhende Haushalt vermögen Vorstellungen vom Wesen eines Staates zu vermitteln, wie sie sich sonst höchstens aus dem Heereswesen gewinnen lassen. Es mag überraschen, daß überhaupt von einem Staatshaushalt der Sasaniden gesprochen werden kann, was doch voraussetzt, daß man Einnahmen und Ausgaben kennt und über Budgetzahlen verfügt. Solche Zahlen stehen selbst für das römische Kaiserreich oder für Byzanz, von den mittelalterlichen Staaten ganz zu schweigen, nur in bescheidenstem Maß zur Verfügung; für das Staatswesen der Sasaniden wird man sie noch weniger erwarten dürfen. Und doch enthalten die arabischen Geschichtswerke und Steuerbücher Angaben, die wirkliche Unterrichtung gewähren.

Diese Angaben beginnen freilich erst mit der Steuerreform Chusros I. Anoscharvan im 6. Jahrhundert. Aber die Berichte, die man über sie besitzt, stellen den neuen einem älteren Zustand gegenüber und erlauben damit, sich von dem Voraufgegangenen eine Vorstellung zu bilden. Die Steuerreform setzte die vollständige Vermessung des Landes voraus. Seit Anoscharwan wurde die Grundsteuer erstmals auf Grund des Katasters erhoben. Also mußte es vorher anders gewesen sein: Steuern wurden nicht nach Größe und Qualität des landwirtschaftlich nutzbaren Bodens, sondern nach dem Jahr für Jahr wechselnden Ernteertrag bemessen.

In der Tat: vor der Steuerreform wurde der Ertrag auf dem Halm geschätzt. Die Ernte durfte nicht beginnen, ehe die Steuerbehörde erschienen war und die Schätzung vollzogen hatte. Da dies erst zur Zeit der Fruchtreife geschah, lag die Gefahr des Verderbens nahe, ein Mißstand, der denn auch die Änderung des Verfahrens verursacht haben soll. Über die Normen der Schätzung ist ebensowenig bekannt wie über die Art der Steuerleistungen. Ob sie in Geld oder in Naturalien erfolgten, ob beides wechselte oder gleichzeitig Verwendung fand, darüber ist nirgends etwas gesagt. Aber allgemeine Erwägungen gestatten, sich ein Bild zu machen.

Wie schon in achaimenidischer Zeit wird die Regierung zu Lasten der Steuerzahler und zum Vorteil der eignen Kasse manipuliert haben. Demnach wurden bei Überangebot von Naturalien, also bei reicher Ernte oder reichen Vorräten, zu sinkendem Marktpreis die Abgaben in Geld verlangt, aber bei niedriger Ernte zu steigendem Marktpreis waren Naturalien zu liefern. Im ersten Fall kamen größere Geldsummen, im zweiten größere Mengen von Naturalien in die Hand der Steuerbehörde, die so den Marktpreis senken oder erhöhen konnte. Die zusätzlichen Geschäfte, die durch solches System den Steuererhebern zufielen, müssen bei der herrschenden Steuer- und Geldmoral erheblich gewesen sein.

Der Steuersatz der nach dem Ernteertrag erhobenen Grundsteuer war gestaffelt. Die Landkreise wurden nach festgesetzten Quoten besteuert, die zwischen einem Drittel und einem Sechstel oder zwischen der Hälfte und einem Zehntel des Ertrages schwankten. Bei guten Anbaubedingungen, besonders bei ausreichender Bewässerung, galt der höhere Satz, bei schlechten ein niedrigerer. Das steuerliche Verfahren hätte demnach auf gerechter Lastenverteilung beruht. Aber Gerechtigkeit, so oft sie im Munde geführt wird, ist selten einzige Norm für die Verteilung steuerlicher Lasten, und im Orient war sie es am allerwenigsten. Erfolgreichster Wettbewerber mit dem Prinzip gerechter Verteilung dürfte der privilegierte Grundbesitz gewesen sein.

Denn nicht nur die Gunst der Anbaubedingungen bestimmte die Höhe der Steuerquote, sondern auch die Entfernung von den Städten. Die Praxis der sasanidischen Städtegründung ging dahin, jeder Stadt tunlichst einen Landkreis zuzuweisen. Die stadtnahen Landkreise zahlten den höchsten Satz, mit zunehmender Entfernung von den Städten wurden die Quoten geringer. Das ergab folgendes Bild: um die städtischen Mittelpunkte lagen hochbesteuerte Landgebiete, während die abgelegenen Landkreise je nach Entfernung in abnehmender Quote ihre Steuern entrichteten.

Städte waren im Sasanidenreich königliche Gründungen, die dazugehörigen Land kreise königlicher Grund. Die Besitzungen der Grundherren lagen weit davon entfernt. Und nur die Grundherren waren, der gesellschaftlichen Struktur des Sasanidenreichs nach, in der Lage, der königlichen Kasse die Steuern teilweise zu entziehen oder sie ihr ganz vorzuenthalten. Die abgelegenen Gebiete führten also zu einer Minderung der Erträge wie der königlichen Gewalt.

Die sasanidische Wirtschaftslandschaft zerlegte sich in zwei Bereiche: auf der einen Seite die Gebiete, die der Königsherrschaft unmittelbar unterstanden, und auf der anderen die dem grundbesitzenden Adel gehörenden Ländereien, in denen sich die Zentralgewalt nur mittelbar auswirkte. Es mußte die Absicht einer kräftig durchgreifenden Königsgewalt sein, die Zahl der königlichen Städte und der ihnen zugewiesenen Landkreise zu vermehren. Denn dies bewirkte, daß aus mittelbar beherrschten Gebieten solche unmittelbarer Herrschaft wurden und aus steuerlich nur teilweise genutzten voll erfaßte. Die Geschichte der königlichen Städtegründungen spiegelt denn auch die Kämpfe der königlichen Gewalt gegen die Grundherren.

Königliche Gründungen, entweder Neuanlagen oder auch einfache Umbenennungen vorhandener Siedlungen, waren allein auf königlichem Boden möglich. Die Beseitigung der Teilkönige, Ardaschers I. Ziel, mit dem er, zumindest der Absicht nach, sein neues Königtum konstituierte, brachte überall speergewonnenes Gebiet in seine Hand. Damit erweiterte sich der unmittelbare Landbesitz Ardaschers, was ihm die Möglichkeit gab, Städte in eignem Namen zu gründen oder umzugründen.

Acht Städte soll Ardascher insgesamt gegründet haben. Von seinem Sohn Schapur I. stammt die Anlage von Gundischapur, darin römische Gefangene aus Antiocheia angesiedelt wurden. Auch Gundischapur lag, wie auch Schapurs sonstige Gründungen, auf Königsland, das Ardascher gewonnen hatte. Auf Gebieten, die nur der mittelbaren Herrschaft des Königs, doch unmittelbar den adligen Grundherren unterstanden, wurden keine königlichen Neugründungen vorgenommen.

Die weiteren Gründungen der Sasaniden bis hin zu Kawadh I. (488–531) bestätigen das Bild. Sämtlich waren sie auf dem Gebiet angelegt, das Ardascher I. erobert hatte. Nirgendwo ist das dem König unmittelbar unterstehende Gebiet erweitert worden. Allenfalls an den Landesgrenzen kam es zu vorübergehender Erweiterung des Königslandes und dabei zu Neugründungen, die aber meist keine Dauer hatten.

An den königlichen Städtegründungen bestätigt sich, was sich bei der Grundsteuer ergeben hatte. Nur vom Königsland empfing der Herrscher die volle Grundsteuer, und nur dort vermochte er Städte zu erbauen. Es blieb jedoch nicht bei einem Stillstand in den königlichen Gründungen. Schon bei der Thronbesteigung Bahrams V. Gor (420–438) verlangten die Grundherren eine Herabsetzung der Grundsteuer. Eine solche Forderung des Adels konnte keine Erleichterung für die Bauern meinen. Sie bekamen denn auch von der Erleichterung nichts zu spüren, die ganz den Grundherren zugute kam. Die Besetzung des entscheidenden Amtes, das über die Beitreibung der Steuer wachte, mit einem Vertreter des grundherrlichen Standes sorgte dafür, daß es nicht bei jener einmaligen Verringerung blieb. Nach einem Sieg über seine östlichen Nachbarn sah sich Bahram veranlaßt, die Grundsteuer für drei volle Jahre zu erlassen.

Solche Einbußen an den wichtigsten Einnahmen mußten ausgeglichen werden. Was der ordentliche Haushalt nicht hergab, sollte tunlichst der außerordentliche leisten: Kriegsbeute mußte die Lücken des ordentlichen Budgets ausfüllen. Aber auch da hatten die Grundherren mitzureden. Wieder verlangten und erhielten die Angehörigen der großen Häuser und des Adels hohe Summen aus dem Beuteerlös.

Sasanidischer König
Spätsasanidische Bronzebüste. Paris, Louvre

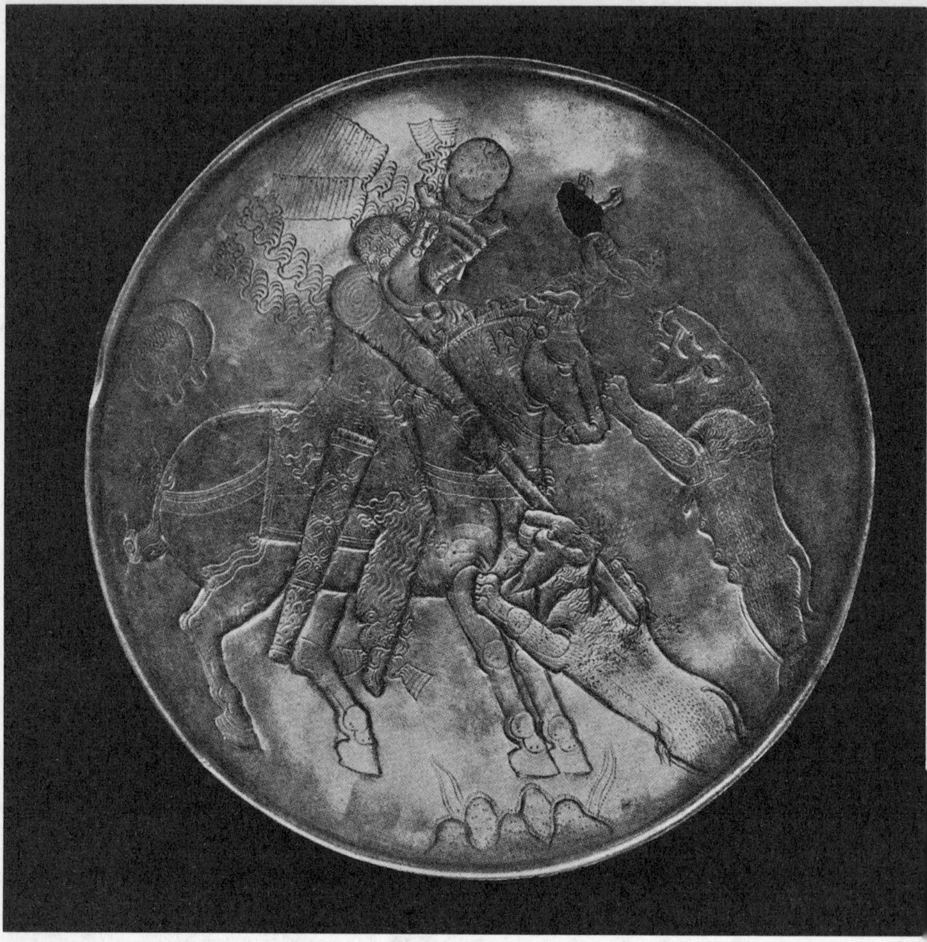

König Bahram V. Gor auf der Löwenjagd
Sasanidische Silberschale, erste Hälfte 5. Jahrhundert
London, British Museum

In dem Maße, wie die Erträge der Grundsteuer zurückgingen, die Beute zur Belohnung der Ritterschaft diente und die Anlage von Städten auf Schwierigkeiten stieß, gewann die letzte Geldquelle an Bedeutung, die dem königlichen Haushalt geblieben war: die Zahlungen, die man sich bei Friedensschlüssen sicherte. Es kam so weit, daß der königliche Haushalt von römischen Zuschüssen abhängig wurde, die um so wichtiger waren, als nicht nur das Ritterheer entlohnt, sondern auch stehende Truppen und Besatzungen erhalten werden mußten.

Da waren Anlagen gegen die Araber oder andere räuberische Stämme; da gab es die Grenzfestungen gegen Rom oder die Sperrmauer am Paß von Derbend, die gegen Einfälle der Kaukasosstämme errichtet war. Rom hatte sich wiederholt verpflichtet, den Sasaniden zur Unterhaltung dieser Anlagen und ihrer Besatzungen Zuschüsse zu zahlen. Auf persischer Seite betrachtete man solch regelmäßige Zahlungen als eine Art Tribut und hielt sich darum für berechtigt, die Summen auch für andere Zwecke zu verwenden. Peroz (459–484) verbrauchte die römischen Zuschüsse zur Führung seines Krieges gegen die Hephthaliten im Nordosten. Das Unglück wollte es, daß dieser Krieg mißlang. Nicht nur Peroz geriet in die Hand seiner Gegner und mußte ausgelöst werden, auch die königliche Kasse ging verloren. So war der König in ständigen Geldschwierigkeiten und suchte durch mannigfache Mittel Rom zur Erhöhung seiner Beiträge zu veranlassen.

Als Peroz auf seinem letzten Feldzug fiel, fehlte das Geld, um die Truppen weiter zu unterhalten. Das Schatzhaus war leer, das Land verödet, und die Römer zahlten nichts mehr. Denn sie bestanden auf der Rückgabe der 363 verlorengegangenen Grenzfestung Nisibis, und da die Perser diese Forderung nicht erfüllen wollten oder nicht konnten, wurde jeder weitere Beitrag von Rom verweigert. Das Ausbleiben des römischen Goldes besiegelte die Machtlosigkeit des Königtums.

In dieser Notlage kündete sich Hilfe von einer Seite an, von der niemand sie erwarten konnte. Sie kam vom untersten Stand im Reich. Denn auch die Bauern waren unter den Betroffenen. Das Königtum, vom Adel bedrängt und aus einer Machtstellung nach der anderen vertrieben, suchte die einfache Landbevölkerung zu begünstigen: die Frondienste wurden gemindert und die Vorratshäuser geöffnet, wenn eine Hungersnot drohte. Lange Zeit blieb der Bund zwischen Bauerntum und König wirkungslos. Erst die soziale Revolte, die mit dem Namen Mazdaks verknüpft ist, brachte den Umschlag. Die von Mazdak und seinen Anhängern aufgewiegelten Bauern waren die natürlichen Parteigänger des Königs gegen den Grundadel, denn auf beiden lastete das Joch der Klasse, die sich der Herrschaft im Reich bemächtigt hatte.

Die mazdakitische Revolte. Neue Ordnung der Gesellschaft

Die äußeren Rückschläge, vereint mit der zunehmenden Entmachtung des Königtums, führten unausbleiblich zu Schwierigkeiten im Inneren. Zum chronisch gewordenen Geldmangel trat eine lang anhaltende Hungersnot. Hervorgerufen durch Ausbleiben der Niederschläge, traf sie die arme Bevölkerung am schwersten. Was unter den Achaimeniden sich schon abgezeichnet hatte, ein sozialer und wirtschaftlicher Umsturzversuch, sollte sich nun in großem Maßstab verwirklichen. Wieder sollte es ein Angehöriger der zarathustrischen Kirche sein, der den Anstoß gab. War Gaumata ein einfacher Magier gewesen, so gehörte Mazdak als »Erklärer« des Avesta zur hohen Geistlichkeit.

Die Bedeutung der Bewegung lag in den sozialen Forderungen, die sie sich zu eigen machte. Die bisherige Ordnung gründete sich auf strenge Scheidung der Klassen. Wirtschaftliche und politische Macht lag ausschließlich in der Hand des grundbesitzenden Adels. Weder Bauern noch städtische Bevölkerung zählten, keiner durfte hoffen, sich über den Stand, darin er geboren war, zu erheben. Gegen diese starre Ordnung wandten sich die Lehren, die Mazdak und seine Anhänger den besitz- und rechtlosen Massen predigten und die in der Tat geeignet waren, einen Umsturz herbeizuführen.

Was man verlangte, war auf breiteste Wirkung zugeschnitten und eingängig formuliert; die handgreiflichsten Folgen lagen nahe. Die Mazdakiten forderten gleiche Verteilung aller irdischen Güter, sie wollten den Reichen nehmen, um den Armen zu geben; den Kleinen sollte das Ihre auf Rechnung der Großen zukommen. Die Forderungen erstreckten sich auf Geld und Besitz, auf Frauen und bewegliche Habe. Binnen kurzem waren die Mazdakiten, deren Ruf die Massen folgten, so mächtig, daß sie in die Häuser der Adligen gingen und sich Wohnung, Frauen und Geld nahmen.

Die Folgen dieser Weiber- und Besitzgemeinschaft waren für den Adel verheerend. Kein Mann kannte mehr sein Kind, kein Kind seinen Vater. Niemand besaß noch, was er Rechtens erworben oder ererbt hatte. Die Reinheit des Blutes war beseitigt und mit ihr die ebenbürtige Abstammung, auf der aller ererbter Anspruch beruhte. Mazdak hetzte die Niedrigen gegen den Adel auf. Sie vergriffen sich an fremdem Gut, an hohen und vornehmen Frauen und verlangten sogar die Auslieferung der königlichen Gemahlinnen. Tiefgreifend zerstörte die mazdakitische Herrschaft das Gefüge der adligen Gesellschaft.

Mazdak war ursprünglich idealen Antrieben gefolgt. Einflüsse neuplatonischer Lehren, vor allem des Porphyrios, wirkten sich bei ihm aus, die während des 5. und 6. Jahrhunderts in Iran Fuß faßten. Aber bald wuchs Mazdak die von ihm ausgelöste Bewegung über den Kopf. Vom Antreiber und Aufpeitscher der Massen wurde er selbst zum Getriebenen. Der damalige Herrscher, Kawadh I. (488–531), litt wie seine Vorgänger unter den Übergriffen des Adels. Ob er zum Anhänger Mazdaks wurde, läßt sich mit Sicherheit nicht sagen. Seine Macht war zu gering, um sich gleichzeitig gegen Adel und Mazdakiten durchzusetzen, und so beschränkte er sich darauf, die beiden Parteien gegeneinander auszuspielen. Schließlich wurde seine Stellung unhaltbar, und er floh zu den Hephthaliten. Nach längerem Warten erhielt er vom Herrscher dieses Volkes ein Heer zur Unterstützung, mit dessen Hilfe er zurückkehrte, um dem Königtum die überragende Stellung zurückzugewinnen, die es einst besessen hatte.

Die Vorherrschaft des Grundadels war von den Mazdakiten gebrochen. So konnte der Adel nicht mehr daran denken, Kawadh Widerstand zu leisten, als dieser an der Spitze eines hephthalitischen Heeres zurückkehrte. Vor allem mußten sich die Grundherren darein fügen, daß das gesamte Land vermessen wurde. Der Zweck war eindeutig: die restlose Erfassung der Grundsteuer war geplant, die bisherige Abstufung der Steuersätze sollte zugunsten eines einheitlichen Satzes beseitigt werden. Der Steuersatz für das Königsland sollte auch für die Besitzungen des Grundadels Geltung haben.

Jetzt konnte Kawadh sich der anderen Aufgabe zuwenden. Die Mazdakiten mußten niedergeworfen werden. Kawadh schloß seinen älteren Sohn, der als erklärter Anhänger Mazdaks galt, zugunsten des jüngeren Chusro von der Thronfolge aus. Chusro gelang es noch zu seines Vaters Lebzeiten, die Mazdakiten blutig zu unterdrücken. Endlich mußte Rom genötigt werden, die Zahlungen wiederaufzunehmen. Kawadh erklärte dem Nachbarn nur um dieses Geldes willen den Krieg. Doch erlebte er nicht mehr den Abschluß des Friedensvertrages (532), der Ostrom zur Zahlung von elftausend Pfund Gold verpflichtete.

Alles zeigt, daß Kawadh ein bedeutender Herrscher war. Er hat über vier Jahrzehnte regiert, und bittere Prüfungen wurden ihm auferlegt. Er hat die Parteien wechseln und sie gegeneinander ausspielen müssen. Grundadel und Mazdakiten haben ihn um die Wette zu demütigen versucht. Gefängnis und Verbannung waren ihm nicht erspart geblieben. Er mußte zusehen, wie das Reich seiner Väter vollends aus den Fugen ging. Aber Kawadh hat die Prüfungen bestanden und zuletzt die Oberhand gewonnen.

Sein Werk vollendete sein Sohn Chusro I. Anoscharwan (531–579). Zunächst war die Landvermessung zu Ende zu führen, die von einer Zählung der Dattelpalmen und Ölbäume ergänzt wurde. Alles sollte für die Grundsteuer erfaßt werden. Gleichzeitig erfolgte eine Zählung der Einwohnerschaft, was darauf hindeutete, daß eine Reform auch der Kopfsteuer beabsichtigt war.

In der Tat war etwas Neues geplant. Das alte Verfahren, die Ernte auf dem Halm zu schätzen und danach die Grundsteuer festzusetzen, wurde aufgegeben. Die königliche Verwaltung war nicht mehr gewillt, weiterhin mit jährlich wechselnden Erträgen zu wirtschaften und sich auf die mehr oder weniger zuverlässigen Schätzungen der Beamten zu verlassen. Sie schob das damit verbundene Risiko auf den Eigentümer ab und belegte das Objekt mit einem feststehenden Steuersatz. An die Stelle wechselnder Ertragssteuern trat das steuerliche Soll. Dieses Soll war in drei Raten zu entrichten, was zum mindesten für die erste Rate Vorauszahlung bedeutete. Man wünschte rechtzeitig mit festen Summen rechnen zu können.

Der König wählte selbst die Kommission aus, die das Steuergesetz auszuarbeiten hatte. Es waren Männer des königlichen Vertrauens, die die Absichten ihres Herrn bedingungslos ausführten. Die Grundsteuer wurde jetzt auf alle Feldfrüchte erhoben, die Mensch und Tier ernährten. Genannt werden Weizen, Gerste, Reis, Weinrebe, Luzerne, Dattelpalmen und Ölbäume. Die niedrigste Steuer erhielt das mit Weizen und Gerste bebaute Areal; wo Luzerne gepflanzt war, mußte man das Siebenfache, bei Weinland gar das Achtfache entrichten. Mit gleicher Steuer wie für Weizen und Gerste wurden vier Dattelpalmen besserer Qualität, sechs gemeiner Art oder ebenso viele Ölbäume belegt. Alles übrige blieb unversteuert, so Gemüse, Sesam, Gurken und Baumwolle, aber auch Dattelpalmen, die am Wege standen. Man setzte voraus, daß jeder von diesen Palmen aß, also für den Eigentümer nichts übrigblieb.

Gegenüber dem bisherigen Verfahren war ein einschneidender Wechsel eingetreten. Woher diese neue Einrichtung stammte, läßt sich noch erkennen. In allem Wesentlichen war die spätrömische Steuerordnung nachgeahmt worden, die Diokletian (284–305) aus der Verbindung von Abgaben auf Grund und Boden mit personalen, die bäuerliche Arbeitskraft erfassenden Leistungen eingeführt hatte. Auch da wurde nicht der Ertrag versteuert, sondern die Steuersumme wurde im voraus bestimmt und auf die einzelnen Grundstücke umgelegt. Selbst die Steuersätze und deren Objekte entsprachen der Neuordnung Anoscharwans, die er in einzelnen Fällen höchstens vereinfachte. Die Übereinstimmung erstreckte sich bis auf die Kopfsteuer, die nach der körperlichen Leistungsfähigkeit der Bauern abgestuft und daher Jugendliche und Leute über fünfzig Jahre ausnahm.

Die Steuern betrafen allein die Landbevölkerung. Aber auch die Städte mußten besteuert werden. Einzelheiten kennt man nicht, aber man darf vermuten, daß die direkten Steuern nur auf dem Land, dagegen in den Städten die indirekten erhoben wurden, vor allem Zölle. Sie erbrachten freilich einen weit geringeren Ertrag als die direkten Steuern: wohl weniger als ein Achtel dessen, was an Grund- und Kopfsteuern einging.

Noch zwei weitere Einnahmequellen wußte Anoscharwan, unersättlich, wie er in seinen finanziellen Bedürfnissen war, zu erschließen. Beide entsprangen der Ausbeutung feindlicher Nachbarländer, vor allem des Oströmischen Reiches.

Iustinians (527–565) Eroberungspolitik im Westen, vor allem seine Gotenkriege, waren für Anoscharwan willkommener Anlaß, die von Truppen entblößten oströmischen Grenzprovinzen schonungslos auszuplündern. Zur Niederbrennung großer Städte, zur Aussiedlung ganzer Bevölkerungsteile kamen gewaltige Kontributionen, die den verschont gebliebenen Gebieten auferlegt wurden. Unter dem Druck der feindlichen Heere wurde das Letzte den Einwohnern abgepreßt. Trotzdem blieben die erbeuteten Summen im Vergleich zu dem, was Grund- und Kopfsteuer aus den heimischen Wirtschaften herausholten, gering. Die Zeiten waren vorüber, da ein persischer König auf römische Zahlungen allein oder vorzugsweise bauen konnte.

Nachhaltiger wirkte sich die Wegführung der gewerbetreibenden Bevölkerung aus den zerstörten Städten Syriens, vor allem aus Antiocheia, aus. Sie wurden in eine Neugründung eingewiesen, die den Massenquartieren der syrischen Großstädte nachgebildet war. Jeder erhielt seinen Platz in der Arbeitskaserne. Die neuen Bewohner wurden auf Kosten der königlichen Kasse ernährt, die auch für die Vergnügungen des Pöbels – Bäder, Zirkus, Wagenrennen und musikalische Unterhaltung – sorgte. Die Stadt wurde von einem königlichen Vogt regiert, der zur Schonung der Gefühle christlichen Glaubens sein mußte. Alle Bewohner galten als Leute des Königs und als sein Eigentum; sie arbeiteten als Handwerker für die Rechnung ihres Herrn. Dafür, daß er ihnen den Lebensunterhalt zuwies, hatten sie ihm die Erzeugnisse ihres Gewerbefleißes abzuliefern.

Anoscharwans nächstes Anliegen mußte die Heilung der Wunden sein, die dem Reich von den Mazdakiten geschlagen worden waren. Schon die Steuerreform hatte mehr bedeutet als eine Änderung vorhandener Mißstände, hatte die Schaffung eines neuen Staatswesens zum Ziel gehabt. Anoscharwan begnügte sich nicht mit Herstellung und Wiedergutmachung, sondern schuf vor allem für Adel und Heer eine neue Ordnung.

Mazdaks Anhänger hatten den Adel in seinem Rang, in der Echtbürtigkeit seiner Kinder und in seinen wirtschaftlichen Grundlagen schwer getroffen. So genügte es nicht, die Führer der Revolte zu enthaupten und den Geschädigten ihre Habe zurückzuerstatten. Eine neue Gesellschaft mußte entstehen, nachdem die alte unter den Eingriffen der Mazdakiten zerstört worden war. Vor allem mußten die Fragen geregelt werden, die sich aus der Weiber- und Kindergemeinschaft ergaben.

Alle Kinder, so verordnete der König, über deren Herkunft man im Zweifel war, wurden der Familie übereignet, bei der sie lebten, und sollten den auf sie entfallenden Teil des Vermögens erben. Wer eine Frau vergewaltigt hatte, mußte die Heiratsgabe bezahlen. Da diese Bestimmung in erster Linie für vornehme Frauen galt, hatte der Schuldige erhebliche Beträge, meist den ganzen Besitz daranzugeben. Auch dann, wenn er bezahlt hatte, besaß er noch keineswegs den Anspruch auf Ehe; es blieb der Frau überlassen, ob sie ihn heiraten wollte oder nicht. Für Frauen, die zum Zeitpunkt der Tat bereits verehelicht waren, sah der Gesetzgeber die Rückkehr zum Gatten vor. Auch wo Besitz geraubt worden war, hatte der Täter dem Geschädigten vollen Ersatz zu leisten und überdies Strafe zu zahlen.

Parallel zur Herstellung der gesellschaftlichen Ordnung gingen Maßnahmen zur Förderung des adligen Grundbesitzes. Wieder galten alle Bemühungen der Wiederherstellung dessen, was der Mazdakitenaufstand beseitigt hatte. Diese Restauration unterschied sich von früheren Maßnahmen dadurch, daß sie aus königlichen Mitteln und unter königlicher Gewähr erfolgte und die adligen Nutznießer alsbald zu Schuldnern der königlichen Kasse werden ließ. Wenn Anoscharwan die Darlehen unverzinslich gewährte, so suchte und fand er seinen Vorteil an anderer Stelle.

Natürlich behielt sich der König, wenn er die Herstellung der Dörfer und Güter aus eigner Kasse bezahlte, die Vergebung der herrschaftlichen Rechte vor. Die Reihen der Grundbesitzer wurden mit solchen durchsetzt, die vom König abhängig waren. Eine ganze Schicht kleiner adliger Grundbesitzer wurde von Anoscharwan – durch Hergabe von Land, Geld und sonstigen Beihilfen – neu geschaffen. Hand in Hand damit ging die Einrichtung eines neuen Ritterheeres.

Bisher hatte der Adlige, der zum Heere stieß, sich selbst ausgerüstet. Nach den schweren Einbußen der mazdakitischen Revolte war er dazu nicht mehr imstande. Hier sprang die königliche Kasse ein, der Ritter erhielt Pferd und Ausrüstung gestellt und überdies eine geldliche Beihilfe. Über all dies – Pferd, Ausrüstung und Geld – wurde Buch geführt und seine sachgemäße Verwendung kontrolliert. Selbstverständlich waren die neugeschaffenen Grundbesitzer im Kriegsfall zum Ritterdienst verpflichtet. Daneben gab es eine stehende Truppe, die gleichfalls mit Landlehen entschädigt wurde. Das Ritterheer, Kern der sasanidischen Streitmacht, war jetzt ebenso wie der kleinere Adel mit seinen Liegenschaften weitgehend vom Königtum abhängig. Die von Anoscharwan betriebene Restauration bedeutete in Wirklichkeit Festigung der zentralen Gewalt.

Die Erblichkeit der militärischen Pflichten und die Ansiedlung der Verpflichteten auf gewährtem Land schufen die Schicht der Dēhkān, die in der Folgezeit zunehmend an Bedeutung gewann und noch unter islamischer Herrschaft ihren Rang zu behaupten vermochte. Diese Ordnung ist der byzantinischen »Themenverfassung« vergleichbar, die seit dem 7. Jahrhundert den sasanidischen Einrichtungen nachgebildet worden war. Sie hat es ihm erlaubt, den Bestand des Oströmischen Reichs für Jahrhunderte zu sichern. Byzanz und das Sasanidenreich, durch Jahrhunderte erbitterte Gegner, verstanden auch hier, voneinander zu lernen.

Religion als politische Macht

Die Stellung der Juden in Iran hatte bisher verschiedene Stufen durchlaufen. Duldung der jüdischen Religion und wirtschaftliche Blüte unter den Arsakiden und noch unter den frühen Sasaniden waren seit dem 5. Jahrhundert von Verfolgungen abgelöst worden. Sie trafen die Juden, treueste Anhänger ihrer Könige, um so schwerer, als sie sich keine feindliche Haltung vorwerfen konnten. Bis zuletzt hatten sie bei allen Auseinandersetzungen mit Rom unbeirrbar auf persischer Seite gestanden. Jetzt traf zarathustrischer Verfolgungseifer auch sie, und ihre Treue und Ergebenheit drohten für Staat und Wirtschaft verlorenzugehen. Doch die arabischen Vasallen der Sasaniden am unteren Euphrat, die Lachmiden von Hira, verstanden, ihre Judenschaft zu verwenden.

Ihnen wurde die Verwaltung und Steuererhebung in den arabischen Gebieten übertragen, die unter sasanidischer Oberhoheit standen. Sie hatten nicht nur die Beduinen am Rand der Wüste und an den römischen Grenzen, sondern auch die innerarabischen Besitzungen unter Kontrolle zu halten. Im Hidschaz, vor allem in Medina, wo die Lachmiden für ihre sasanidischen Oberherren die Grundsteuer erhoben, wählte man als Stütze der eignen Macht das ansässige Judentum, dem als zuverlässigem Parteigänger eine feste Stellung zugewiesen wurde; die Juden durften Burgen innerhalb des Oasengebietes anlegen und sich mit Waffen aller Art, vor allem den begehrten Rüstungen, ausstatten. Auch in der nahe Medina gelegenen Oase Chaibar, wegen ihrer reichen Erträge weithin berühmt, war man ähnlich vorgegangen.

Neben diesen beiden Oasen gab es im Norden und bis an den Golf von Akaba eine Reihe anderer, die von Juden ertragreich bewirtschaftet wurden. In Taima, bereits aus Nabonids Geschichte bekannt, regierte jetzt ein jüdischer König, der durch eine Tat der Treue in die arabische Dichtung eingegangen ist. Ein entscheidender Machtgewinn fiel den Juden zu, als Volk und Königshaus der südarabischen Himyar den Übertritt zum jüdischen Glauben vollzogen. Doch eben hier trat ein Gegner auf, dessen Stärke nicht unterschätzt werden durfte.

Im gegenüberliegenden Abessinien waren die Herrscher von Aksum, die von dort aus über die Nordküste der Halbinsel geboten, zum Christentum übergetreten. Sie beanspruchten gleichzeitig die Oberherrschaft über die Himyar und andere südarabische Gebiete und dachten nicht daran, dem Judentum Raum zu gewähren. Der abessinische Vizekönig setzte den Herrn der Himyar ab; dessen Sohn Dhu Nuwas oder, wie er sich nannte: Yusuf, mußte das Land verlassen.

Yusuf wandte sich an die Lachmiden von Hira mit der Bitte um Unterstützung. Diese hatten allen Grund, in die Verhältnisse in Yemen einzugreifen, denn die Himyar hatten die erbitterten Gegner der Lachmiden, das arabische Königshaus der Kinda, in allen Unternehmungen gefördert und ihnen bei Rückschlägen Zuflucht gewährt. Dieser Umstand wog um so schwerer, als es 503 den Kinda gelungen war, sich Hiras, wenn auch nur vorübergehend, zu bemächtigen. Die Lachmiden zögerten nicht, Yusuf zu unterstützen und ihm zu Thron und Herrschaft zu verhelfen. Der neue Herrscher, fanatischer Anhänger der jüdischen Lehre, trug sich mit weitreichenden Plänen. Das gesamte jüdische Westarabien, bis hinauf nach Taima und zum Golf von Akaba, sollte mit Himyar zu einheitlicher Herrschaft vereinigt werden.

Zunächst ging Yusuf daran, abessinische Besatzungen aus dem Land zu treiben, Kirchen zu verbrennen und die Rechte des Judentums wiederherzustellen. Einer weiteren Ausdehnung nach Norden stand das reiche Nedschran im Wege. Hier bekannte man sich zum Christentum und war nicht gewillt, davon zu lassen. Man durfte um so mehr auf abessinische Hilfe hoffen, als man sich beiderseits zur monophysitischen Lehre bekannte. Der Abwehr entsprach die Heftigkeit von Yusufs Unterdrückungsmaßnahmen (524). Ihre Grausamkeit rief nicht nur den Negus von Aksum, sondern auch den oströmischen Kaiser auf den Plan, der sich als Schutzherr aller Christen fühlte. Dieser stellte dem Negus die Schiffe, die das abessinische Heer nach Yemens Küsten brachten. Yusuf erlag dem Bund der beiden Mächte, denn seinen Bundesgenossen in Hira war es verwehrt, ihn auch diesmal zu unterstützen. Die Kinda hatten, sei es zufällig, sei es von Ostrom und Aksum aufgewiegelt, sich der Stadt erneut und diesmal für länger bemächtigt (525–528). Der Plan eines jüdischen Westarabiens war gescheitert, das Christentum monophysitischer Prägung wurde die herrschende Religion im Land der Himyar, und von neuem gebot dort ein abessinischer Vizekönig (526).

Ostrom erkannte, in welchem Maße der gemeinsame Glaube sich als einigendes politisches Band erwiesen hatte. Selbst die Tatsache, daß Aksum und Nedschran sich nicht zum orthodoxen Glauben, sondern zur monophysitischen Häresie bekannten, hatte dieser Gemeinsamkeit keinen Abbruch zu tun vermocht. So baute Ostrom den Erfolg, der ihm zugefallen war, in der Folgezeit weiter aus. Überall an den Grenzen des sasanidischen Irans trieb man Mission, um sich auf diese Weise mögliche Bundesgenossen, dem Widersacher aber mögliche Gegner zu schaffen. Die feindlichen Brüder, orthodoxe Reichskirche und Monophysiten, duldeten sich gegenseitig, und so gelang ihnen, einzeln oder nebeneinander, im Laufe des 6. Jahrhunderts Nubien zu bekehren, die Araber an der syrischen und mesopotamischen Grenze zu erfassen und auch die Stämme des Kaukasus dem christlichen Glauben zuzuführen. Ein Alarmzeichen für die Sasaniden war die Gründung einer orthodoxen Gemeinde am unteren Oxos, in Chwarezm im Nordosten Irans. Es bedurfte nur noch eines weiteren Schrittes, um die Hephthaliten, die ständigen und gefährlichen Feinde der Perser, mit christlichen Sendboten zu erreichen.

Zunächst waren die Sasaniden machtlos. Die zarathustrische Staatskirche war zur Mission unfähig, ihre Glaubenslehren besaßen keine werbende Kraft. Und daheim hatten die Magier alle Hände voll zu tun, um sich gegen Christen, Manichäer und Buddhisten zu behaupten. Da kam den Sasaniden Hilfe von einer Seite, von der sie sie schwerlich erwartet hatten. Unter Peroz (459–484) waren die aus dem Oströmischen Reich vertriebenen Christen, Anhänger der auf zwei Konzilien verdammten Richtung des Patriarchen Nestorios, zu natürlichen Parteigängern der persischen Sache geworden. Diese Nestorianer standen im Begriff, zu einer Art zweiten Staatskirche aufzusteigen. Ihnen wurde nun die Gegenmission übertragen.

Die Nestorianer zögerten keinen Augenblick, diesem Auftrag nachzukommen. Ihre Sendboten ließen Südarabien, Abessinien und Nubien beiseite: Länder, in denen die oströmische Mission ihnen zuvorgekommen war oder die keine Gewähr für erfolgreiches Wirken zu bieten schienen. Um so stärker wandten sie sich den arabischen Beduinen, dem iranischen Nordwesten und Nordosten zu. Überall gelang es, die monophysitischen Missionare zurückzudrängen. Hira und die Lachmiden nahmen das nestorianische Bekenntnis an und warfen sich zu dessen Vorkämpfern auf. Kurz nach 540 hatte die nestorianische Mission die Nordwestprovinz Aserbeidschan erreicht und gleichzeitig in Merv, der Hauptstadt Chorasans, einen kirchlichen Mittelpunkt geschaffen. Nach Chwarezm vorzudringen war damals nicht möglich. Aber bei den Hephthaliten faßten die Nestorianer erfolgreich Fuß und schoben einem weiteren Vordringen der orthodoxen Mission nach Osten einen Riegel vor. Noch vor der Mitte des 7. Jahrhunderts erschienen die ersten Glaubensboten am chinesischen Kaiserhof.

Die letzten Sasaniden

Die Umschichtung der Gesellschaft, die Anoscharwans Reform zur Folge hatte, fand im Heraufkommen eines Militäradels den sinnfälligsten Ausdruck. Dieser Militäradel trat neben die Reste des grundherrlichen Adels von einst. Die neuen Ritterlehen waren dort am zahlreichsten, wo man ihrer am meisten bedurfte: in den Grenzgebieten. Die »Leute von den Militärgrenzen« bildeten jetzt eine eigne Macht, und mehr noch waren es ihre Kommandeure, die die Befehlsgewalt über die Grenztruppe in der Hand hatten. Bald war es so weit, daß man die vier Spahbed, denen die Grenzgebiete mit ihren Truppen unterstanden, Regenten des Reichs nannte.

Anoscharwan wußte die mächtige Generalität noch zu bändigen. Aber schon unter seinem Nachfolger traten die Schwierigkeiten deutlich hervor. Hormizd IV. (579–590) suchte ihnen zu begegnen, indem er sich gegen die Generalität auf den niederen Adel stützte. Der Versuch blieb erfolglos: gerade in seine Regierungszeit fällt die erste Revolte eines Heerführers, Bahram Tschobin, der sogar die Hand nach der Krone auszustrecken wagte.

Die Vereinigung der Grenzverteidigung in der Hand der vier Spahbed scheint bald dahin geführt zu haben, daß ihnen, um die Schlagkraft der Grenzheere zu erhöhen, die Erhebung der Grundsteuer in ihren Bezirken zugewiesen wurde. Im Römischen Reich des 3. Jahrhunderts n. Chr. war es ähnlich geordnet; Steuererhebung und Militärkommando lagen in der Hand des örtlichen Befehlshabers. Was das bedeutete, zeigte sich sogleich. Die Befehlshaber wurden so mächtig, daß sie sich von der Zentralregierung unabhängig zu machen strebten und gegebenenfalls als Prätendenten auf den Thron auftraten. Im Sasanidenreich war es nicht anders. Militärische Macht und Verfügung über die Grundsteuer in einer Hand waren eine Verführung, der schwer zu widerstehen war. Als Bahram Tschobin, der Spahbed von Chorasan, sich gegen Hormizd IV. erhob (590), war dies das Signal für den Aufstand der Generalität auch in anderen Reichsteilen.

Sobald Chusro II. Parwez (590–627) die Nachfolge seines Vaters gewonnen und Bahrams Aufstand niedergeschlagen hatte, stand er vor der Frage, wie er auch in Zukunft mit dem mächtigen Militäradel fertig werden sollte. Mittel, die sein Vorgänger versucht, hatten nicht verfangen. Parwez griff auf Anoscharwan zurück und setzte auf fiskalischem Gebiet an. Zunächst wurde die Steuerhoheit der Kommandeure in den Grenzbezirken beseitigt und die gesamte Finanzverwaltung wieder in der Hand des Königs vereinigt. Sodann zog Parwez die Steuerschraube ungleich schärfer an. Mit voller Schwere bekam man zu spüren, was eine zentralisierte Steuererhebung und die strenge Auflage eines steuerlichen Solls bedeuteten. Unerbittlich gehandhabte Steuerpolitik gab nun dem König dauernd große Summen in die Hand und gewährte ihm eine Macht, der kein Untergebener ähnliches entgegenstellen konnte. Heer und Militäradel waren erneut von der königlichen Kasse abhängig.

Parwez begnügte sich aber nicht mit fiskalischen Maßnahmen. Bahram Tschobins Erhebung hatte gezeigt, daß große Teile des Heeres sich unter fester Verfügung der Spahbed befanden und daß diese die Neigung hatten, mit ihren Truppen eine selbständige Politik zu treiben. Um dem zu begegnen, sah sich der König veranlaßt, alle Generale zu beseitigen, auf deren unbedingte Verläßlichkeit er nicht rechnen konnte. Die Säuberung führender Stellen, besonders der militärischen, von Ungehorsamen und Unzuverlässigen wurde zum regelmäßig angewandten Mittel königlicher Politik.

Auch Kawadh und Anoscharwan hatten unter ihren Gegnern kräftig aufgeräumt, und Anoscharwan hatte aus den eingekerkerten Vertretern des aufsässigen Militäradels eigne Abteilungen gebildet, die sich in schwierigen Aufgaben bewähren oder auf verlorenen Posten kämpfen mußten. Die Eroberung Südarabiens (572) war einer solchen Truppe anvertraut worden. Bei Aufständen wurde gegen die aufsässigen Ritter schärfer vorgegangen als gegen das gemeine Volk. Man weiß, daß bereits unter Anoscharwan die Zahl der festgesetzten oder zum Tod verurteilten Adligen beträchtlich war. Und doch sollten die eigentlichen Säuberungsaktionen erst beginnen.

Hormizd IV. tötete dreizehntausendsechshundert der Großen, vor allem Angehörige des Militäradels, aber auch Priester, die ebenfalls dem Adel entstammten. Von den Säuberungen unter Parwez sind keine Gesamtzahlen überliefert, zuletzt befanden sich aber sechsunddreißigtausend Gefangene vornehmen Standes in den Kerkern. Parwez' Maßnahmen erhielten ihre volle Schärfe, als sich im Kampf mit Ostrom das Kriegsglück gegen ihn wandte. Er verlangte von den Feldherren, daß sie ihm die Feigen unter ihren Truppen nachwiesen. Die Forderung mußte sich auch auf die Generalität selbst erstrecken, wenn sie dem Feind unterlegen war. So kam es, daß diese den Anordnungen des Königs Widerstand leistete und auf eigne Rettung bedacht war.

Als sich der erste Feldherr gegen seinen König erhob und mit dem Feind verständigte, erwies sich, wie stark die Opposition im geheimen war. Alsbald gingen auch andere Heeresteile zu den Rebellen über. Selbst Parwez' Leibwache versagte, und zuletzt erhob die aufsässige Generalität Parwez' Sohn Schiroë zum König. In einer Anklageschrift wurden alle Beschwerden, Punkt für Punkt, gegen den Gestürzten vorgebracht. Man verschwieg freilich, daß der Militäradel die Erhebung angezettelt hatte: Gott habe die Strafe für des Königs Missetaten gesandt.

In Wirklichkeit war ein neuer Umschlag erfolgt, mit Schiroë geriet das Königtum wiederum unter die Gewalt des Militäradels. Kurzlebige Herrscher folgten einander auf dem Thron, von Gruppen der Generalität erhoben und wieder gestürzt. Zum zweitenmal versuchte ein Heerführer, Schahrbaraz (629–630), die Hand nach der Krone auszustrecken; er hatte freilich ebensowenig Glück wie einst Bahram Tschobin. Vom Haus der Sasaniden waren zuletzt nur noch wenige am Leben; jetzt bestieg eine Frau den Thron. Letzter in der Reihe war Yazdgard III. (632–651).

Schon 637 erlag der Reichsfeldherr Irans, Rustam, den Arabern in der mehrtägigen Schlacht bei Qadisiya. Ktesiphon mit seinen Schätzen fiel den räuberischen Horden der Sieger zur Beute. Bei Nihawend, südlich von Hamadan, entschied das Schicksal endgültig gegen die Perser (642). Yazdgard III. floh in den Osten seines Reiches. In den sich dort abspielenden Kämpfen mit den arabischen Verfolgern, die sich fast ganz Irans bemächtigten, fand Yazdgard III. den Tod, ermordet in der Nachbarschaft der Stadt Merw (651).

Früh- und spätsasanidisches Herrschertum

Die Geschichte des Sasanidenreiches vollzog sich in einem ständigen Auf und Ab. Manchmal mag es scheinen, als sei sie schwer auf einen Nenner zu bringen. Aber durch alle Schattierungen und Übergänge zeichnen sich zwei grundsätzliche Haltungen ab: Pole, dazwischen die Fülle wechselnder Geschehnisse gespannt war. Den Versuchen, die königliche Gewalt zu stärken und sie tunlichst zu alleiniger Geltung zu bringen, stehen Bewegungen gegenüber, darauf gerichtet, Machtkonzentrationen zu verhindern, sie zu schwächen oder aufzulösen.

Vorkämpfer einer zentralisierten Königsgewalt waren Ardascher I. und Chusro I. Anoscharwan. Dem Reichsgründer fiel nicht oder doch nicht in vollem Ausmaß zu, was er beabsichtigt hatte: immerhin erreichte er eine erhebliche Steigerung der königlichen Gewalt, die die unmittelbaren Nachfolger zu behaupten wußten. Aber schwächeren Händen entglitt, was der erste Sasanide gewonnen hatte. Erst Kawadh I. gelang es, von besonderen Umständen begünstigt, die Gewalt des Grundadels zu brechen und erneut die königliche Gewalt aufzurichten. Auf den vom Vater geschaffenen Machtverhältnissen baute der Sohn, Anoscharwan, auf. Nur daß er, was Kawadh ausschließlich auf Verschiebungen der tatsächlichen Macht gegründet hatte, in einer grundsätzlichen Neuordnung zu festigen trachtete.

Das Erreichte ließ sich jedoch nicht halten. Chusro II. Parwez unternahm es noch einmal, die königliche Macht zur vollen Geltung zu bringen. Aber die Staatsordnung, die als Idealvorstellung hinter allen noch so zielbewußten Maßnahmen Anoscharwans stand und diese rechtfertigte, wurde von Parwez zugunsten der tatsächlichen Macht vernachlässigt. Die Ordnung zerbrach, und mit ihr zerbrach auch das Reich. Als die allgemeine Erhebung gegen Parwez siegte, war das Sasanidenreich vernichtet, bevor noch die arabische Eroberung ihm äußerlich ein Ende setzte.

In den langen Zeiten der Zersplitterung heben sich zwei Höhepunkte heraus. Sie fallen mit Ardaschers I. und Chusros I. Anoscharwan Regierung zusammen. Beiden Herrschern lag die Straffung der königlichen Gewalt am Herzen, womit sich allerdings das Gemeinsame ihrer Regierungszeiten erschöpft. Sie unterschieden sich wesentlich in ihrer Auffassung von König und Staat. Ardascher erstrebte eine Erneuerung altpersischer Größe und Macht, vor seinen geistigen Augen stand das Achaimenidenreich, das ein frevelnder Eroberer dem rechtmäßigen Besitzer entrissen hatte und das er, Ardascher, wiedergewinnen wollte. Anoscharwan hingegen dachte nicht an die Wiederherstellung von Familienbesitz. Ihm schwebte ein neuer, ein ständischer Staat vor, in dem alles sich nach Rängen und Ordnungen gliederte. Wollte Ardascher die Festigung der Patrimonialherrschaft, so schuf Anoscharwan den ersten feudalen Staat.

Die Achaimeniden nahmen in Anoscharwans Vorstellungswelt keinen Raum mehr ein. Sein wahres Vorbild war, wenn er es auch aus naheliegenden Gründen nicht nannte, der spätrömisch-byzantinische Staat, seine Ideologie die neuplatonische. Von jenem übernahm er die Steuerordnung und baute, auf diese gestützt, seine staatliche Hierarchie auf. Steuerordnung und Hierarchie zusammen prägten das Bild des Heeres und der Beamtenschaft.

Die Inschriften der ersten Sasaniden zeigen, daß das Titelwesen unter ihnen reich entwickelt war; doch gab es keine als Ämterlaufbahn geregelte Abfolge von Ständen, die mit solchen Titeln festgelegt waren. Den Rang bestimmte die Geburt. Unter Anoscharwan war es dagegen so geordnet, daß ausschließlich der vom König verliehene Rang und Titel die Stellung des Mannes angab. Die Abkunft reichte nicht mehr für einen solchen Rang aus, der im Gegenteil dem Mitglied auch eines hochadligen Hauses, wenn es dem König beliebte, wieder genommen werden konnte. Ein griechischer Geschichtsschreiber der Zeit bemerkte, daß die Perser Rang höher schätzten als Namen und Herkunft. Titel und Würden bildeten jetzt die Maßstäbe, die alles bestimmten und dem Mann seine Stellung zuwiesen.

Was daraus entstanden war, hatte mit dem frühen Sasanidentum nur noch wenig zu tun. Die neue, von Anoscharwan geschaffene Ordnung brachte eine unerhörte Reglementierung mit sich. Aber niemand ahnte, daß aus solcher Reglementierung in kurzer Zeit ein handfester Individualismus schärfster Prägung erwachsen sollte.

Der neue Würdenträger in Anoscharwans Staat war durch eine Schule besonderer Art gegangen. Er hatte viele seiner Vorgänger und manchen seinesgleichen straucheln und fallen sehen; er kannte die Unbarmherzigkeit der periodisch wiederkehrenden Säuberungen. Er wußte, daß königliche Anordnungen um jeden Preis vollzogen werden mußten. Zögerte er oder hielt er sich ängstlich an einen Ehrenkodex, so war sein Schicksal in kürzerer oder längerer Frist besiegelt. Oft genügte schon ein geringfügiges Abweichen von des Königs Wunsch, um das Verderben herbeizuziehen.

Der neue Würdenträger lebte gefährlicher als sein Vorgänger, er mußte wendiger, bedenkenloser sein. Immer hatte er sich ohne Zögern nach dem Wunsch und oft genug nach den Launen des Königs zu richten; ständig mußte er Fühlung mit der Gruppe halten, die gerade am Hofe oder im Reich an der Macht war. Solange er seinen Rang behielt, war er gut gestellt. Aber keiner konnte sich geborgen fühlen. Schon morgen mochte das grausamste Urteil über ihn ergehen, ihm Tod oder Verstümmelung, der Familie Verarmung und Schande bringen. In harter Schule wuchsen Männer auf, die gewohnt waren, alles zu wagen. Und je höher sie durch ihre Fähigkeiten und ihre Ergebenheit stiegen, um so drückender empfanden sie Zwang, Unsicherheit und Bevormundung. In äußerster Not wagten sie dann bedenkenlos das höchste Spiel: sie scheuten sich nicht, nach der Krone zu greifen.

Auch unter Ardascher I. und seinen Nachfolgern gab es eine adlige Fronde. Sie unterschied sich von der späteren, wie sich die beiden Regierungsformen unterschieden. Für Ardascher waren Reich und persönlicher Besitz ein und dasselbe. Auch die Grundherren vertraten jene Auffassung; beanspruchte dieser alles Vorhandene als persönlichen Besitz, so verteidigten sich jene gegen diesen königlichen Anspruch. So war die Fronde unter Ardascher I. und seinen Nachfolgern auf Bewahrung des Überkommenen gerichtet, dagegen sann sie unter den beiden Chusro und ihren Nachfolgern auf Umsturz. Suchten jene die königliche Macht zu beschränken, so strebten diese selbst nach der Macht. Auch dieser Unterschied verweist auf das, was beiden Typen von Herrschaft zugrunde liegt. Er ist der Unterschied von Patrimonialherrschaft und Feudalismus.

Widerstand örtlicher Gewalten macht nie das Wesen des Feudalismus aus. Auch Königtum, das sich innerhalb einer Familie forterbt, hat mit Feudalismus nichts zu tun. Beides gehört der patrimonialen Ordnung an, in der Privates und Öffentliches zusammenfällt. Feudalismus bringt demgegenüber ein Anstaltsmäßiges und Objektives zur Geltung. Was einer ist, wird er durch Auftrag des Königs und der in ihm verkörperten Staatsgewalt. Erbkönigtum, wesenhaft zu patrimonialer Herrschaft gehörig, hielt sich zwar bis zum Untergang des Reichs. Aber seit Hormizd IV. war es immer wieder Durchbrechungen ausgesetzt. Wenn auch mit Yazdgards III. Erhebung (632) zuletzt noch einmal das Erbkönigtum triumphierte: wahrer Machthaber war die Generalität, die jenen auf den Thron gebracht hatte. Das zeigt: wenn feudale Fronde sich aus Männern zusammensetzte, die im königlichen Dienst emporgestiegen und zur Macht gelangt waren, so mußte es bei folgerichtiger Weiterführung dazu kommen, daß ein Frondeur einmal die Stelle des Königs einnahm. Der neue Herrscher konnte sich dann auf die Zustimmung der Gefolgschaft berufen, die ihn emporgetragen hatte. Feudalismus führte folgerichtig vom Erbkönigtum zum Wahlkönigtum.

Ideal und Wirklichkeit, Hohes und Niedriges, Theorie und Praxis stehen sich in Anoscharvans Ordnung gegenseitig im Wege und sind doch auf besondere Weise miteinander verflochten. Hier ist der Ort, wo nochmals nach Mazdaks Bedeutung – genauer: nach seiner Einwirkung auf das Staatswesen – gefragt werden darf, das nicht ohne seine Hilfe geschaffen wurde und sich doch erst nach dem Tode des Revolutionärs verwirklichte.

Mazdaks Schriften sind verloren. Nur ein umfangreiches Bruchstück hat sich in arabischer Übersetzung erhalten. Es umfaßt eine Rangordnung der Welt, der jenseitigen wie der diesseitigen, und auf sie geht zurück, was zuvor als neuplatonischer Einfluß auf Mazdak bezeichnet wurde. Diese religiös oder, wenn man will, philosophisch bestimmte Ordnung

Spätsasanidischer Seidenstoff
Città del Vaticano, Biblioteca Apostolica Vaticana

Ruinen des Palastes Taq-i Kisra in Ktesiphon/Mesopotamien, Mitte 6. Jahrhundert

läßt sich dem spätsasanidischen Feudalstaat an die Seite stellen. Die Übereinstimmungen liegen auf der Hand. Nur daß bei Mazdak nicht der König, sondern dessen himmlisches Urbild, der Lichtgott, die Spitze bildete. Und daß nicht menschliche Schreiber und Schriftstücke, sondern die Buchstaben, ideale Urbilder der menschlichen Schrift, die Anordnungen erteilten. Mazdaks Ordnung hat weiterhin mit der feudalen Anoscharwans gemein, daß ein Aufstieg innerhalb der Ränge möglich war. Wie der sasanidische Würdenträger avancierte auch der Anhänger Mazdaks, der gottgleich zu werden vermochte. Mazdak und Anoscharwan kannten zuunterst die Schichten, die den Lebensunterhalt beschafften und sich in dessen Verzehr und Verbrauch erschöpften. Hier wie dort erhoben sich darüber »Wezire«, gegliedert nach Auftrag und Aufgabe, und die vier Oberämter, unmittelbar dem König unterstehend. Endlich wünschte auch Anoscharwan eine gerechte Ordnung. Aber der feudale Staat war kein klassenloser Staat. Besitz und Frauen, bei Mazdak unterschiedslos allen gehörend, waren nur solchen vorbehalten, denen sie der König garantierte. Nur dem Adel standen die Ränge offen, wie sie den Weziren und Mächten Mazdaks entsprachen.

Anoscharwans feudaler Staat war das irdische, höchst irdische Abbild dessen, was Mazdak erträumt und gelehrt hatte. Ohne Zweifel stand dem Herrscher die Ordnung des Revolutionärs vor Augen, beeinflußte ihn und rief ihn zum Wettstreit auf. Aber Anoscharwan warf die Mazdakiten nieder und setzte an die Stelle des Lichtreiches, das bereit war, alle Menschen in sich aufzunehmen, die staatliche Gewalt. Seine Gerechtigkeit bestand darin, Schranken aufzurichten gegen die Unbeschränktheit, Klassen gegen die Klassenlosigkeit.

Sasanidische Kultur

Auch in der sasanidischen Kultur zeichnen sich die Entwicklungsstufen ab, die an der politischen und der Wirtschaftsgeschichte sich beobachten lassen. Die frühen Sasaniden suchten eine große Vergangenheit zu erwecken, die in Vergessenheit geraten war. Sie stellten Zarathustras Verkündung wieder her und sammelten, um sich eine verbindliche Grundlage zu sichern, alle zarathustrischen Schriften, deren sie habhaft werden konnten. So entstand das »Buch« dieser Religion, ein Kanon anerkannter religiöser Urkunden, das Avesta, und das bedeutet der »Auftrag«, den Ahuramazda durch seines Propheten Mund verkündet hatte. Aus einer Reihe von Sammlungen von Ardascher I. bis Schapur II. erwuchs jene Fassung, deren Reste heute vorliegen.

Man war freilich nicht in der Lage, die frühere Schreibung des Avesta in aramäischen Buchstaben beizubehalten. Nach dem Vorbild des griechischen Vokalalphabets hatte man in Ostiran gegen Ende des 2. Jahrhunderts n. Chr. das avestische Alphabet geschaffen. Man muß annehmen, daß die Kodifikation unter den frühen Sasaniden sich bereits dieses Alphabetes bediente. Anderswo berücksichtigte man das achaimenidische Vorbild in höherem Maß. Zwar wandte man sich jetzt von der überlieferten aramäischen Verwaltungssprache ab, die noch unter den Arsakiden gebraucht worden war. Doch behielt man aramäische Ideogramme bei: erstarrte Formen, die zwar in bisheriger Weise geschrieben, aber mit iranischen Endungen versehen und als Ganzes iranisch gelesen wurden. Diese »ideographische« Schreibweise zeigt, daß man den Erfordernissen der Gegenwart, die endlich nach einer iranischen Verwaltungssprache verlangte, genügen wollte, aber auf die Überlieferung, die sich von den ersten Achaimeniden herleitete, nicht ganz verzichten mochte.

Auch in der Kunst griff man auf das achaimenidische Vorbild zurück. An die bodenständige Überlieferung der Persis und ihrer Nachbargebiete anknüpfend, schuf man wiederum Felsreliefs geschichtlichen und repräsentativen Inhalts. Rasch gelangte diese Kunst unter Schapur I. auf ihren Höhepunkt; in Auseinandersetzung mit der gleichzeitigen Kunst des römischen Nachbarreichs erwuchs sie zu eignem, königliche Größe verherrlichendem Stil. Noch unter Bahram I. (273–276) und Bahram II. (276–293) entstanden bedeutende Leistungen. Doch mit der Wende zum 4. Jahrhundert brach diese Kunst ab; sie erlebte unter Peroz eine Nachblüte im Taq-i bostan, vornehmlich in der monumentalen Reiterstatue des Herrschers.

Daneben entstehen die frühen Palastbauten, zuweilen in Verbindung mit Feuerheiligtümern (Firuzabad, Sarvistan). Auch die Stuckplastik setzte sich unter den Sasaniden fort, und das mit Figuren verzierte Silbergeschirr erlebte seine erste Blüte, vermutlich auch die Malerei mit geschichtlichem Inhalt. Das meiste ging freilich in den Stürmen der Hephthalitenkriege und der mazdakitischen Revolte verloren. Was seit Chusro I. Anoscharwan an seine Stelle trat, trug wesentlich veränderte Züge.

Wiedererweckung der Vergangenheit spielte nun eine weit geringere Rolle. Spätsasanidische Kultur schloß sich dem Fremden gegenüber auf und versteifte sich nicht mehr auf die Pflege nationalen Erbes. Indische Einflüsse zeichneten sich in Mathematik, Astronomie und Medizin ab, das Buch »Kalila und Dimna« war aus dem Sanskrit übersetzt. Auch zwischen dem Reich der Mitte und Iran scheint unter den letzten Sasaniden der kulturelle Austausch sich verstärkt zu haben, dem in und nach den Schlußkämpfen Yazdgards III. im Osten eine politische Annäherung folgte.

Chusro I. gefiel sich überdies als Bewunderer der griechischen Philosophie; Zeitgenossen schrieben ihm Kenntnis aller Feinheiten der platonischen und aristotelischen Lehren zu. Die Neuplatoniker, deren letzte Wirkungsstätte, die Schule zu Athen, geschlossen worden war, nahm er an seinem Hofe auf. Lebhafte Übersetzertätigkeit, meist ins Syrische, hat uns Verlorenes gerettet. Auch lassen sich noch Werke nennen, die unter Chusro I. die westliche Gedankenwelt dem Osten zugänglich gemacht haben.

Solche hohe Einschätzung der griechischen Philosophie blieb freilich auf einen Herrscher beschränkt; Chusro I. fand darin keine Nachfolge. Der Zarathustrismus behielt seine Stellung als Staatsreligion. Und doch war es eine Besonderheit, daß griechische Philosophen mit den Magiern bei Hofe über die Grundfragen disputierten; daß der König selbst den Philosophen schwierige Fragen vorlegte und man ihre Antworten in einem Buch zusammenstellte. Was blieb, war weitgehende Skepsis gegenüber den philosophischen Lehren, den fremden Religionen wie der eignen. In dem Vorwort Burzoës zur mittelpersischen Übersetzung von »Kalila und Dimna« hat diese Haltung klassischen Ausdruck gefunden. Vor allem aber gewann die Astrologie unter den letzten Sasaniden Anhänger in den höchsten Kreisen. Chusro II. Parwez und der Reichsfeldherr Rustam richteten sich in ihrem Tun ganz nach den Hinweisen der Sterndeuter.

Skepsis führte zu allgemeiner religiöser Duldsamkeit. Auch darin unterschied sich die spätsasanidische Zeit von dem, was ihr vorausging. Den Nestorianern, aus dem oströmischen Reich vertrieben, wurde eine kirchliche Organisation zugestanden, und zuletzt wurde nestorianische Lehre zu einer Art zweiter Staatsreligion. Es konnte geschehen, daß der nestorianische Katholikos in der Hofordnung unmittelbar nach dem obersten Magier rangierte. Chusro I. Anoscharwans Mutter ließ sich von einem nestorianischen Abt heilen und baute zum Dank heimlich ein Oratorium. Wieder kam es zu ausgedehnter Übersetzungstätigkeit, darüber hinaus zu nestorianischer Mission in Mittelasien, die zu Beginn des 7. Jahrhunderts ihren Höhepunkt erreichte. Auch das Judentum erhielt die so lange vermißte Anerkennung. Als Oberhaupt der jüdischen Gemeinden Babyloniens wurde der Exilarch bestätigt, der in Seleukeia (Machoza) inmitten einer blühenden Gemeinde von Juden und Proselyten residierte. Unter Anoscharwan konnte die Redaktion des babylonischen Talmuds abgeschlossen werden.

In der Architektur äußerte sich die gefestigte Macht des Königtums in dem gewaltigen Schloßbau, der in Resten im Taq-i Kisra in Ktesiphon erhalten ist. Auch die Trümmer von Qasr-i Schirin zeugen von dem Anspruch, den man damals an bauliche Repräsentation stellte.

Neben dem Königtum beherrschte der neue Adel das gesellschaftliche Leben, das seinen natürlichen Mittelpunkt im Hof fand. Unter adligem Einfluß wandelten sich alle Lebensformen ins Leichte und Gefällige. Zu Jagd und Kriegführung, alten Vorrechten der adligen Oberschicht, traten Polo, Saitenspiel und Schach, literarische Bildung und aufs höchste verfeinertes Benehmen, kulinarischer Geschmack und Verehrung, die den Frauen dargebracht wurde. Überhaupt gewannen die angenehmen Seiten des Lebens einen vordem unbekannten Rang: Musik, Falkenbeize und heiteres Spiel, Körperpflege und Wohlgerüche, Sängerinnen und Tänzerinnen.

Mit der Verfeinerung des Lebens ging eine Eleganz der Tracht einher, die zuweilen stutzerhaft anmutet. Teppiche, Brokat und sämtliche Künste des Wirkens und Webens traten in den Vordergrund; die Silberschmiedekunst, schon unter den frühen Sasaniden auf hoher Stufe, erlebte eine zweite Blüte. Möglicherweise ist auch die neue Form des Emails, der Zellenschmelz, vom spätsasanidischen Iran ausgegangen. Sein hochgezüchtetes Kunsthandwerk hat die arabische Eroberung überlebt oder, mehr noch: mit ihr hat sein Siegeszug seinen Anfang genommen. Nachsasanidische Kunst, in ihrer Auswirkung kaum zu übersehen und von der Forschung noch keinesfalls erschlossen, hat das China der Tang erobert, das abbasidische Bagdad, das fatimidische Kairo, Byzanz und ein wenig auch den frühmittelalterlichen Westen. Ohne ihre Einflüsse ist die Kunst der Chazaren ebensowenig denkbar wie die der eroberungsfreudigen Magyaren. Nachsasanidische Kunst wurde zur Grundlage für die iranische Renaissance unter den Samaniden im 9. und 10. Jahrhundert.

Hans-Joachim Kraus

ISRAEL

Durchgangsland und Brücke

Zwischen der Ostküste des Mittelmeeres und der syrisch-arabischen Wüste liegt ein schmaler Küstenstreifen, dessen nördlichen, größeren Teil man herkömmlich »Syrien« nennt und dessen kleinerer, südlicher Teil – das Land der biblischen Geschichte – in der altchristlichen Literatur den Namen »Palästina« erhalten hat. Die eigenartige Randlage ist beiden Teilen gemein. Der gesamte Streifen zwischen Wüste und Meer ist Kulturland. Er wird durchzogen von einem gewaltigen Grabenbruch, der in Nordsyrien das Tal des Orontes bildet, sich in der Senke zwischen Libanon und Antilibanon fortsetzt, im Jordantal bis in eine Tiefe von vierhundert Metern unter dem Meeresspiegel absinkt, aber auch noch südlich vom Toten Meer bis zum Golf von El-Akaba reicht. Zu beiden Seiten des spaltenden Grabens, der durch einen geologischen Einbruch entstanden ist, liegen Gebirgsschollen und -tafeln, immer wieder von zerklüfteten Tälern zerrissen. Schroffe Kontraste zeichnen das Land: weite Täler, enge Spalten, Hochflächen, felsiges und bewaldetes Bergland, Wüstenstreifen, Oasen; landschaftlich und klimatisch ist der schmale Raum äußerst vielfältig. Dem syrisch-palästinischen Küstenland fehlt die für Ägypten und Mesopotamien so wichtige fruchtbare und verbindende Kraft großer Ströme: Orontes und Jordan fließen in der Tiefe des Grabens und können das Land nur in geringem Maße fruchtbar machen. Regen und Tau müssen für Bewässerung sorgen. Für die Flora ist das subtropische Klima der Mittelmeerwelt bestimmend: von Oktober bis März währt die winterliche Regenzeit, auf die eine trockene, heiße Sommerzeit folgt.

Zur Besiedlung eigneten sich in diesem Küstenstreifen vor allem die fruchtbaren Ebenen, die quellreichen Gebirgsausläufer und die Umgebung der natürlichen Häfen. Die Bevölkerung, von der in Dokumenten aus dem zweiten vorchristlichen Jahrtausend die Rede ist, war weder der Herkunft noch der Sprache nach einheitlich: das vorderasiatische Element aus dem Norden begegnet Einflüssen aus dem östlich-orientalischen Bereich; in der Sprache dominieren die semitischen Dialekte. – Die zerklüftete Landschaft führte dazu, daß die Volksgruppen, die sich hier niederließen, Zwergstaaten in großer Zahl ins Leben riefen. Jeden dieser Stadtstaaten mit dem von ihm beherrschten Einflußgebiet und Hinterland regierte ein Fürst, der sich zwar »König« nannte, aber in der Regel weder selbständig noch souverän war. Da der Küstensaum die Brücke zwischen Großmachtterritorien bildete, war er ständig bedroht. Er war nicht nur Durchgangsland für Karawanen, die ihn auf dem Weg von Ägypten nach Mesopotamien, von Kleinasien zum Golf von El-Akaba und zurück durchwanderten, sondern auch Einbruchs- und Durchmarschgebiet für stärkere Mächte. Jede expandierende Großmacht nahm das schwache Zwischengebiet für sich in Anspruch.

Am Anfang des zweiten Jahrtausends lagen Syrien und Palästina in der Macht- und Einflußsphäre des ägyptischen Mittleren Reiches. Aus dem Briefarchiv der alten Königsstadt Mari am mittleren Euphrat weiß man seit einiger Zeit, daß das syrische Binnenland ungefähr in derselben Periode enge Beziehungen zur mesopotamisch-babylonischen Macht unterhielt. Dann schob sich die fremde Herrenschicht der Hyksos über den Küstenrand, drang bis nach Ägypten vor und brachte einen starken Zustrom nichtsemitischer, horitischer Menschengruppen. Der Gegenstoß kam im 16. Jahrhundert aus Ägypten, und wieder gerieten Syrien und Palästina unter die Oberherrschaft des Reiches am Nil. Unterdes brachen vom Norden her Hethiter in den syrischen Raum ein; im 14. und 13. Jahrhundert konnten sie ihren Einfluß auf das nördliche Gebiet bis zum Libanon hin durchsetzen und wahren. Die Stadtfürsten Syriens und Palästinas waren Vasallen, nur die Oberherren wechselten. Die in Ägypten gefundenen »Amarna-Briefe« vermitteln einen Einblick in die abhängige Stellung der Kleinkönige, die den Oberherren in unterwürfigen Schreiben über Vorgänge in ihrem Gebiet zu berichten hatten, zu Abgaben verpflichtet waren, zum Teil ägyptische Besatzungstruppen unterhalten mußten. Daraus, daß die diplomatische Korrespondenz in babylonischer Schrift und Sprache geführt wurde, kann man schließen, daß die mesopotamische Macht besonders einflußreich gewesen ist.

Handelsverkehr, Invasionen und Unterwerfung unter fremde Herrschaft haben immer wieder neue Menschengruppen in den syrisch-palästinischen Raum einwandern lassen. Wenn in Genesis 15 das den Nachkommen Abrahams zugedachte Gebiet umschrieben wird, ist von »Kenitern, Kenissitern, Kadmonitern, Hethitern, Pheresitern, Rephaitern, Amoritern, Kanaanitern, Girgasitern und Jebusitern« die Rede: hier spiegelt sich die Vielzahl und Buntheit der Bevölkerungselemente vor allem des südlichen Bereiches. Vielfältig waren auch die kulturellen und religiösen Einflüsse aus den Großreichen am Nil und im Zweistromland, aber auch aus Kleinasien und aus der insularen Mittelmeerwelt. Die Wellen überschnitten sich, und die Machtwirkungen des Fremden waren verschieden. Religion, Kultur und Kunst waren durchpulst von den Kräften der Großreiche. Im Kreuzfeuer dieser mannigfaltigen Einflüsse stellten Syrien und Palästina geschichtlich und kulturell kaum eine Einheit dar; gemeinsam war ihnen nur, daß sie dasselbe Schicksal der unglücklichen Brückenlage zu erleiden, fremde Herren zu erdulden, den Einfluß der ihnen zufließenden Kultur- und Ideengüter aufzunehmen und zu verarbeiten hatten.

Noch andere Bewegungen kamen hinzu, die schon unmittelbar an die Schwelle der Geschichte Israels heranführen. Auch die Wüste hatte ihren Anteil an der Gestaltung der Siedlungs- und Lebensverhältnisse in Syrien und Palästina; sowohl die sich von Nord nach Süd erstreckende syrisch-arabische Wüste als auch die südlich von Palästina liegende Sinai-Wüste. Der fließende Übergang von Wüste zu Kulturland deutet auf eine Symbiose der nomadischen Wüstenbewohner mit den Kultursiedlern hin. Ihren Rhythmus bestimmten klimatische Besonderheiten. Während die winterliche Regenzeit mit spärlichen Güssen auch die Randgebiete der Wüste feuchtet und den Kleinviehherden der Nomaden die nötige Nahrung bietet, läßt die sommerliche Trockenzeit die Nahrungsquellen versiegen. Die Großfamilien ziehen mit ihren Herden ins Kulturland, suchen Quell- und Weideplätze und nähern sich der ansässigen Bevölkerung. Verträge über Brunnen- und Weiderechte werden abgeschlossen, Wirtschaftsprodukte ausgetauscht und Regeln für ein friedliches Zusammenleben vereinbart. Immer wieder führt der Weidewechsel die Nomaden im Rhythmus der Jahreszeiten an die Siedlungsgebiete des Kulturlandes heran. Der Wüstenbewohner strebt einem ersehnten Land zu, das »von Milch und Honig fließt«. Mit der Zeit sucht er sich festzusetzen: er fügt sich allmählich in die Ackerbaukultur ein, gründet dörfliche Siedlungen vor den Toren der Städte, akzeptiert die Herrschaftsordnung des Stadtfürsten. Auf diesem Wege der »Transhumanz« zogen immer von neuem Menschengruppen aus der Wüste ins syrisch-palästinische Kulturland; auch sie mußten sich dem Schicksal des Brükkenstreifens an der Küste fügen.

»Umherirrende Aramäer«

Die Väter Israels waren wandernde Nomaden, die auf dem Wege des Weidewechsels nach Palästina einsickerten. In einem bedeutungsvollen kultischen Bekenntnis (Deuteronomium 26) gedachte der Israelit später dieser Anfänge: »Ein umherirrender Aramäer war mein Vater.« Das mit »Umherirren« wiedergegebene hebräische Wort bezeichnete die Existenzweise des zwischen Wüste und Kulturland hin- und herpendelnden Wanderhirten. Auf der Suche nach Weideland durchzog er die fruchtbaren Gegenden und bemühte sich um Verträge mit der seßhaften Bevölkerung. In der Tradition Israels gab es so manche Erzählung über die Schicksale der wandernden, landsuchenden Väter. Von Abraham, Isaak und Jakob handeln die Patriarchengeschichten, in denen sich drei ursprünglich selbständige Überlieferungskreise miteinander genealogisch verbinden. Das spätere Israel sah in Isaak den Sohn Abrahams und in Jakob den Nachkommen Isaaks. Getrennte Komplexe traten so in eine geschichtliche Kontinuität und zugleich in eine lebendige Nähe zur rückschauenden Gemeinschaft. In der ältesten Schicht der Patriarchenerzählungen findet man das typische Bild der landsuchenden Nomaden, die mit ihren Familien in Zelten wohnen, große Herden von Weide zu Weide führen und sich im Kulturland ungestört aufhalten möchten. Brunnen- und Weiderechte werden ausgehandelt: mit dem Stadtkönig Abimelech streitet sich Isaak (Genesis 26) um einen Brunnen, den seine Leute benutzen wollen. Weil sie keinen Boden besitzen, sind die Wanderhirten auf Bündnisse und eidliche Verpflichtungen der ansässigen Bevölkerung angewiesen. Um Sara bestatten zu können, muß Abraham (Genesis 23) die Leute rings um Hebron bitten, ihm einen Acker zu verkaufen: »Ich bin bei euch ein Fremdling und Beisasse; gebt mir eine Grabstätte bei euch zu eigen, daß ich meine Tote hinausbringe und begrabe!« Die Väter, die aus der Wüste kommen, sind »Fremdlinge«; nur als »Beisassen« (Metoiken) dürfen sie in der Nähe der Stammbevölkerung ihre Zelte aufschlagen.

Die im Kulturland ansässige Bevölkerung hatte ihre festen Lokalheiligtümer und verehrte die ortsgebundene Gottheit. Dagegen wußten die wandernden Väter ihr Leben auf einen Gott bezogen, der sie auf ihren Wanderungen begleitete. Nach der Tradition haben die Erzväter die Offenbarung empfangen, die Verheißung des »Gottes der Väter« vernommen, daß das von ihnen immer wieder durchstreifte und ersehnte Kulturland ihren Nachkommen übergeben werden würde. Jüngere Schichten der Erzvätertradition handeln vom Seßhaftwerden der Wanderhirten im Raume Palästina, und hier verschmelzen die Patriarchentraditionen mit den Heiligtumslegenden des Kulturlandes. Jetzt gelten die Erzväter als Kultstifter der kanaanitischen Heiligtümer. Die Abraham-Erzählungen finden ihren Haftpunkt in Mamre bei Hebron (Genesis 13, 18; 18,1 ff.), die Isaaksagen leben fort in Beerseba (Genesis 21, 22 ff.), die Jakob-Geschichten in Bethel (Genesis 28, 11 ff.; 35,1 ff.), und die allerjüngste Überlieferungsschicht bringt die genealogische Verknüpfung der drei Traditionskreise; hier werden die Stoffe auch religiös von neuen Gesichtspunkten aus gestaltet.

Was die Urheimat der Erzväter betrifft, finden sich in den Patriarchenerzählungen zwei Hinweise: einmal wird Ur in Chaldäa, weit östlich der syrisch-arabischen Wüste, ein andermal Haran in Mesopotamien genannt, und dann ist, wie gesagt, von den Vätern Israels als »Aramäern« die Rede. Die rhythmische Saisonbewegung des Weidewechsels rückt somit in das Kraftfeld einer größeren von Osten oder Nordosten nach Westen hin weisenden »aramäischen Wanderung«, deren Intensivierungs- und Abschlußphasen wohl ins 13. Jahrhundert fallen. Glieder eines großen aramäischen Mutterverbandes werden aus dem Gebiete des Zweistromlandes nach Westen abgedrängt und gelangen in einem Wanderungsprozeß, der sich über fast zwei Jahrhunderte hinzuziehen scheint, in den syrisch-palästinischen Küstenstreifen. Möglicherweise berichten die biblischen Patriarchengeschichten von einem sehr frühen Stadium dieser Wanderung und von den ersten Gruppen, die in das westliche Kulturland vorstießen; genau läßt sich das nicht fixieren. Beziehungen einzelner Motive der Erzvätergeschichten zu altorientalischen Texten, wie sie in neueren Ausgrabungen zutage treten, stecken bestenfalls einen größeren Rahmen ab, in dem das Bild der Bewegungen und Wanderungen zu betrachten wäre. Im übrigen sind die Traditionen von Abraham, Isaak und Jakob nur drei Wurzelspitzen des weitverzweigten vorgeschichtlichen Wurzelwerks; daß gerade sie einen bevorzugten Platz erhalten haben, liegt an der großen Bedeutung der kultischen Haftpunkte Hebron, Beerseba und Bethel im späteren Israel.

Einbruch der israelitischen Stämme

Nach der alttestamentlichen Überlieferung stellt sich die Einwanderung und Ansiedlung der israelitischen Stämme einfach und einheitlich dar: von Jakobs zwölf Söhnen wurde einer, Joseph, nach Ägypten verschleppt, und anläßlich einer großen Hungersnot zogen auch seine Brüder an den Nil; die Nachkommen gerieten in den Frondienst des Pharaos, brachen aber aus, wurden auf wunderbare Weise durchs Meer geführt und gelangten nach einer mühseligen Wanderung durch die Wüste ins verheißene Land Kanaan. Die differenzierten und zeitlich weit auseinanderliegenden Ereignisse der Einwanderung und Ansiedlung der einzelnen Stämme waren offenbar den späteren Betrachtern nicht mehr gegenwärtig; sie waren in einem langen Überlieferungsprozeß zusammengewachsen und genealogisch gerafft worden. Aus den im Alten Testament verstreuten Traditionen und Mitteilungen über die einzelnen Stämme Israels, aus altorientalischen Quellen und aus Ausgrabungsberichten läßt sich in Umrissen ein komplexer Siedlungsvorgang rekonstruieren, in dessen Rahmen den einzelnen Stämmen und Stämmegruppen eine bewegte Sondergeschichte zukommt. Was ist hier aber überhaupt ein »Stamm«? In den Erzvätergeschichten sind Wanderung und Seßhaftwerden Schicksale von Familien oder Großfamilien, die verwandtschaftlich zusammengehören und sich in umfassenderen, ebenfalls abstammungsmäßig begründeten Bereichen größeren Sippen zugeordnet wissen; so treten in den Patriarchenerzählungen Lot und Laban als Angehörige größerer Sippen auf. Aber aus den alten Erzählungen geht hervor, daß sich Familien oder Großfamilien gelegentlich aus dem weiteren Sippenzusammenhang lösen und eigenen Zielen nachgehen, ohne daß die Zusammengehörigkeit mit dem größeren Verband vergessen würde. Dagegen sind die Stämme nicht aus gemeinsamer Abstammung, sondern aus dem Zusammenschluß verschiedener Familien und Großfamilien mit gemeinsamen geschichtlichen Schicksalen hervorgegangen; der Anlaß zum Zusammenschluß kann gemeinsame Wanderung, gemeinsame Landnahme oder Abwehr feindlicher Kräfte gewesen sein.

Die »aramäische Wanderung« zog zahlreiche Familien und Großfamilien in die große ost-westliche Bewegung hinein. Wo sich größere Gruppen zusammenfanden, bildeten sich Stämme. Zu verschiedenen, nicht mehr erkennbaren Zeiten und an auseinanderliegenden, nicht mehr feststellbaren Orten müssen in vielschichtigen Vorgängen die israelitischen Stämme entstanden sein. Nur vermuten läßt sich, daß die Nordstämme Sebulon, Issachar und Naphtali schon sehr früh, etwa im 15. vorchristlichen Jahrhundert, in Palästina seßhaft geworden sind. Anscheinend (Genesis 49,15) waren die Angehörigen des Stammes Issachar, vielleicht auch die benachbarten Stämme, den Kanaanitern als »Lohnarbeiter« dienstbar. Nur um den Preis der Freiheit konnten die Stämme des Nordens im Kulturland leben. Sie hatten sich auf den noch unbesiedelten Höhen niedergelassen, galten als »Fremdlinge« und waren von den herrschenden Stadtstaaten abhängig. Zu kultischen Festen auf dem Grenzheiligtum des Thabor vereinigten sich (Deuteronomium 33,18 f.) die drei bereits seßhaften Stämme: an einem gemeinsamen sakralen Ort manifestierte sich die übergeordnete Gemeinschaft eines Stämmebundes als Schutz- und Trutzbündnis. Zu welcher Zeit ähnliche Stämmebünde in Mittelpalästina und im Süden entstanden sein mögen, läßt sich nicht feststellen; die genealogische Einteilung der Jakobssöhne in eine Lea-Gruppe und eine Rahel-Gruppe deutet darauf hin, daß in vorisraelitischer Zeit zwei Stämmebünde in Mittel- und Südpalästina bestanden haben; später wurden auch die länger seßhaften Nordstämme in diese Ordnung einbezogen. Die soziologische Einheit, die nach den Patriarchengeschichten beim Vorgang der Landnahme aktiv auftritt, ist die Großfamilie; das entspricht den ersten Anfängen einer großen Wanderbewegung. Wo von Stämmen und kleineren Stämmebünden die Rede ist, müssen bereits größere Einzugsunternehmungen möglich gewesen sein. Auch wenn man annimmt, daß sich einzelne Stämme erst in Palästina durch den Zusammenschluß schon seßhafter Großfamilien gebildet haben, kann das erst zu einem Zeitpunkt stattgefunden haben, zu dem auch ein stärkerer Zustrom von Einwanderern auf keine ernsthafteren Hindernisse mehr stieß. Wann kann das gewesen sein? Wann konnten sich im noch unbesiedelten Gebirgsland Palästinas größere Gemeinschaften gebildet haben?

Die im 14. und 13. Jahrhundert vorherrschende Machtkonstellation, die den Hethitern den Norden und den Ägyptern den Süden des syrisch-palästinischen Raumes als Einflußsphäre sicherte, geriet gegen Ende des 13. Jahrhunderts ins Wanken. Aus dem Norden brachen die »Seevölker« ein, die das Hethiterreich zerstörten und die Ägypter auf ihr Stammland am Nil zurückwarfen. An der Küste Palästinas entstanden Niederlassungen dieser fremden Schicht, vor allem der Staatenbund der Philister; der übrige, vom hethitischen und ägyptischen Einfluß befreite syrisch-palästinische Raum erlebte dagegen einen neuartigen, außergewöhnlichen Zwischenzustand. Die Stadtfürsten der kleinen Zwergstaaten hatten weder im Norden noch im Süden Oberherren, denen sie Rechenschaft schuldig gewesen wären. In Syrien war das Netz diplomatischer Beziehungen und Verbindungen völlig zerfallen, in Palästina nach Süden hin zusammengerollt worden. In dieses Vakuum stießen die Gruppen und Stämme der »aramäischen Wanderung« mit aller Kraft vor. War bis dahin das Auftreten größerer, gefährlicherer Einwanderertrecks von den Großmächten sorgfältig beobachtet und überwacht worden, so standen die jetzt unbeschützten Zwergstaaten dem Hereinfluten der sich rasch ausbreitenden landsuchenden Elemente mehr oder minder hilflos gegenüber. In Syrien begannen die Aramäer mit der Gründung kleinerer Staatsgebilde; in Palästina entstanden östlich des Jordans und des Toten Meeres die von aramäischen Einwanderern getragenen Staaten Ammon, Moab und Edom. Zwischen die Machtsphäre der Seevölker an der palästinischen Küste und diese neuen ostjordanischen Staaten schoben sich die israelitischen Stämme, deren Einwanderung um etwa 1200 v. Chr. ihren Höhepunkt erreicht haben muß. Um diese Zeit dürften die letzten größeren Schübe das westjordanische Land überlagert und damit den Anstoß zur Gründung des Zwölfstämmeverbandes Israel gegeben haben.

Wahrscheinlich ist die Landnahme in mehreren Phasen vor sich gegangen: zuerst langsames Einsickern einzelner Großfamilien, die als Wanderhirten im Kulturland Fuß faßten; dann, immer stärker anschwellend, Zuzug größerer Gruppen; schließlich, in der Zeit, da die Oberhoheit der großen Reiche auseinanderfiel, Nachrücken machtvoller Verbände. In den Anfängen wird die große Einwanderung ohne kriegerische Auseinandersetzung verlaufen sein. Die Wandererfamilien machten von der Möglichkeit Gebrauch, sich vor den Toren der Stadtstaaten niederzulassen; sie besiedelten die gerodeten Höhen; in den Einflußsphären der Stadtstaaten suchten sie ein schiedlich-friedliches Zusammenleben, nötigenfalls auch entsprechende vertragliche Regelungen. Aber je größer der Zustrom wurde, um so weniger funktionierte das gewohnte Verfahren der »Transhumanz« und ruhigen Ansiedlung. Bewaffnete Auseinandersetzungen werden nicht mehr zu vermeiden gewesen sein, nachdem auch die letzten Schübe der Einwanderung zu einer Zeit ins Land gedrungen waren, da die Stadtstaaten ihre Oberherren verloren hatten. Da gab es ohne Zweifel

Der Gottesberg im Sinai-Massiv

Das Tal von Sichem: Kultisches Zentrum des Zwölfstämmeverbandes
Links der Berg Garizim, rechts der Ebal

Schlachten und Eroberungen. Von Krieg und Kämpfen spricht die Überlieferung im Josua-Buch; allerdings muß man bei solchen Berichten prüfen, ob sie nicht Sagen wiedergeben, die Vorgefundenes ursächlich aufhellen sollten, oder Ereignisse einer späteren Zeit in die Periode der Landnahme zurückverlegen. Wie die fünf Bücher Mose, das Pentateuch, zeigt auch das Buch Josua die Neigung, die vielgestaltigen geschichtlichen Ereignisse zu vereinfachen und zu vereinheitlichen.

Der Bund

Verstreut im Lande – meistens in den Ebenen – lagen noch um 1200 v.Chr. die kanaanitischen Zwergstaaten, im Küstengebiet bereits von der neuen Herrenschicht der Seevölker überlagert. Auf den gerodeten Höhen, im freien Gebiet zwischen den Stadtstaaten der Urbevölkerung, saßen Einwandererstämme aus dem Osten und zum Teil auch aus dem Süden, größtenteils aus Familien und Sippen aramäischer Herkunft zusammengesetzt. Sehr unterschiedlich dürfte das Verhältnis der Einwanderergruppen zur Urbevölkerung gewesen sein: von der »Fronknechtschaft« im streng kontrollierten Machtbereich der Stadtstaaten über vertragsmäßig geordnete Koexistenzverhältnisse bis zu voller Freiheit und Selbständigkeit. War der Stamm Issachar typisch für die Gruppen, die im strengen Dienstverhältnis zur einheimischen Bevölkerung standen, so waren das »Haus Joseph« in Mittelpalästina und der Stamm Juda im Süden repräsentativ für Teile der Einwandererbevölkerung, die sich frei entfalten konnten. Die zwischen den kanaanitischen Stadtstaaten lebenden Stämme bildeten Stämmeverbände, um ihre Interessen gemeinsam zu verfechten. Bevor der große Zwölfstämmeverband Israel zustande kam, scheinen zwei Sechserverbände – einer im Süden und einer im Norden – bestanden zu haben; den Mittelpunkt der südlichen Gruppierung darf man in Hebron, den der nördlichen in der Gegend um Sichem vermuten.

Als der überstaatliche Zusammenhang ganz geschwunden war und von den kanaanitischen Kleinstaaten keine Macht mehr in die von Einwanderern besetzten Räume zwischen ihnen ausstrahlte, vereinigten sich zwölf Stämme der unterdes in Palästina ansässigen Aramäer in einem Stämmebund. Vermutlich hatten Verhandlungen zwischen den Stammesältesten der kleineren Verbände in Nord und Süd den Zusammenschluß vorbereitet. Daß sie näher zusammenrückten, war verständlich: in dieselbe Zeit fiel die Gründung des philistäischen Stadtstaatenbundes an der Küste und der Staaten Ammon, Moab und Edom im Osten. Auch gegenüber den kanaanitischen Stadtstaaten bedurfte es einer wirksameren Organisationsform. Die Initiative ging von den starken mittelpalästinischen Gruppen aus, und offenbar war Sichem das Zentrum der neuen Sammlung. Von den bedeutsamen Ereignissen berichtet im Alten Testament (Josua 24) ein Dokument, das Klaus Baltzer das »Bundesformular« des Zwölfstämmeverbandes nennt. Josua, eine führende Person des »Hauses Joseph«, beruft die zwölf Stämme zu einer großen Zusammenkunft nach Sichem. Die Präambel des Bundesformulars, das in seiner literarischen Gestalt den hethitischen Vertragsurkunden gleicht, geht davon aus, daß alle versammelten Stämme aus dem Lande »jenseits des Euphrats« stammen, daß aber in ihren Reihen verschiedene fremde Götter verehrt werden. Voraussetzung des Zusammenschlusses ist das Bewußtsein der gemeinsamen Herkunft aus dem aramäischen Mutterverband, das durch die Gemeinsamkeit der Wanderungs- und Ansiedlungsschicksale gestärkt worden ist und das durch den Anschluß von Gruppen anderer Herkunft (etwa der Keniter) nicht gemindert wird. Dem verbindenden Element steht aber ein trennendes gegenüber: der religiöse Zwiespalt, der durch den Zusammenschluß überwunden werden soll. Josua und mit ihm wohl auch die im Norden dominierende Stämmegruppe des »Hauses Joseph« (die Stämme Ephraim und Manasse) verehrten den Gott Jahve, der sich am Berg Sinai offenbart und Gebot und Recht mitgeteilt hat. Und nun ruft Josua die versammelten Stämme auf, in den Kult des Gottes Jahve einzutreten und sein heiliges Recht als verpflichtende Lebensordnung zu übernehmen. »Jahve ist unser Gott«, »Jahve wollen wir dienen«, antworten die Stämme – und empfangen von Josua »Gebot und Recht«. Mit symbolischen Handlungen wird die feierliche Bundesverpflichtung abgeschlossen und der Gründungsort zum Gedenken an den konstituierenden Akt besonders gekennzeichnet. Verbunden mit dem Bekenntnis zu Jahve als dem Einen Gott ist die Abschwörung, mit der alle fremden Kulte und Götter fortan verbannt sind.

Das »Bundesformular«, das die Entstehungsgeschichte des Stämmeverbandes enthält, eröffnet wichtige Perspektiven. Die in Sichem gegründete Gemeinschaftsordnung war vor allem sakral fundiert. Die Lebensmitte, von der aus der Zusammenschluß zustande gekommen war, war religiös. An einem zentralen Heiligtum trafen sich die zwölf Stämme und kamen überein, einen einzigen Gott zu verehren. Diese Lebensordnung eines Stämmebundes hat Parallelen in aramäischen, ismaelitischen und edomitischen Bereichen, vor allem aber in den uns besser bekannten griechischen Stämmebünden (Amphiktyonien), die ebenfalls sakral fundiert waren. Die Zahl Zwölf, die in der Struktur der Verbände eine so große Rolle spielte, ursprünglich wohl astralmythologischer Natur, dürfte später zu einem festen Ordnungsfaktor erstarrt sein. Gemeinschaftsverbände mit sechs oder zwölf Stämmen sind sakrale, vorpolitische Lebensordnungen, in denen gemeinsame Herkunft, gemeinsames Schicksal, gemeinsamer Wohnbereich, gemeinsame Sprache und andere Determinanten des Volksdaseins zwar vorausgesetzt, aber für die Konstituierung und das Leben der Gemeinschaft nicht entscheidend sind. Das Entscheidende ist das in der sakralen Sphäre gefundene verbindende Element: die religiöse Verehrung des Einen Gottes. In diesem Sinne wäre es problematisch, von einem »Volk« Israel zu sprechen; die Bezeichnung »Israel« bezog sich auf den sakralen Stämmeverband, dessen Lebensordnung deswegen besondere Beachtung beansprucht.

Sakrale Lebensordnung

Das führende Organ des vorpolitischen Stämmeverbandes war nach allem, was wir heute wissen, ein Amphiktyonenrat. Stammessprecher *(nasi)* gehörten diesem Kollegium an, das die Geschicke der Gemeinschaft verantwortlich leitete. Im Kreise der Ältesten wurden vermutlich in erster Linie Spannungen zwischen den einzelnen Gruppen, aber auch

Auseinandersetzungen mit der Urbevölkerung des Landes beraten. Im einzelnen sind die Funktionen dieses Rates nicht mehr klar ersichtlich. Mehr wissen wir dagegen über die Ämter, die der sakralen Lebensmitte des Gesamtverbandes unmittelbar zugeordnet waren: die der Priester und des »Richters in Israel«. Der Gott Israels war ein Gott des Rechtes. Wer ihm dienen wollte, mußte seine Gebote und Gesetze gehorsam aufnehmen und in allen Bereichen des Lebens wirken lassen. In der Tradition des Alten Testaments herrschten zwei Typen des Rechts vor: der kasuistische und der apodiktische. Israels kasuistisches Recht entsprach der formalen Anlage nach dem Gewohnheitsrecht des alten Orients, wie es etwa in den Gesetzen Hammurabis zutage tritt; zunächst wurde ein Rechtsfall statuiert, an den dann die vorgesehene Rechtsfolge geknüpft wurde; etwa so (Exodus 22,7): »Wenn jemand einem anderen Geld oder Kostbarkeiten zu verwahren gibt und es wird diesem aus dem Hause gestohlen, dann soll der Dieb, wenn man ihn findet, doppelten Ersatz leisten.« Zahlreiche Gesetze dieser Art – alle mit der Sequenz »Wenn..., dann...« – wurden im Laufe der Zeit entwickelt. Eine kundige Priesterschaft mußte im Bereiche des Zentralheiligtums das umfangreiche Korpus ständig bearbeiten und normieren. Die altorientalische Rechtstradition, wie sie die Stämme Israels auch bei der Urbevölkerung Palästinas vorfanden, mußte geprüft, geändert und nach den Prinzipien des Jahve-Glaubens neu formuliert werden. Levitische Priester hatten für die Gerichtsbarkeit, die in den Toren der Städte von den Ortsältesten gehandhabt wurde, alle nach dem göttlichen Recht möglichen Rechtsfälle mit ihren Rechtsfolgen bereitzustellen. Dieser Rechtspflege kam in Israel zentrale Bedeutung zu. Unter der Devise »Das Gerichtsamt ist Gottes« (Deuteronomium 1,17) wußten sich die Priester und die in den Ortschaften tätigen Ältesten in einen pansakralen Rechtsakt hineingestellt. Bei Streitfragen in der lokalen Rechtsprechung (Deuteronomium 17,8ff.) scheinen die Priester des zentralen Heiligtums als »höchster Gerichtshof« fungiert zu haben; ihnen standen technische und divinatorische Mittel zur Einholung eines Gottesurteils oder Orakels (Deuteronomium 33,8ff.) zu Gebote; sie waren (Deuteronomium 33,10) die Hüter und Lehrer des Rechts in letzter Instanz. Natürlich fiel den Priestern auch die Pflege des Zentralheiligtums zu, darunter die Bewahrung und rituelle Handhabung der Kultgegenstände. Daß der zentralen Priesterschaft auch Opferhandlungen anvertraut gewesen seien, ist dagegen wenig wahrscheinlich; die Überlieferung weiß von keiner bedeutungsvollen Opferpraxis im Zentralheiligtum Sichem. Man darf annehmen, daß die spätere Forderung der großen Propheten: »Nicht opfern sollt ihr, sondern Recht und Gerechtigkeit üben«, auf den frühen Rechtskultus des Zwölfstämmeverbandes zurückgeht. Falls es Opferhandlungen in der Frühzeit gegeben hat, müssen sie auf Bräuchen beruht haben, die für das sakrale Leben des Stämmeverbandes keine wesentliche Bedeutung hatten.

Hinter der levitischen Priesterschaft, deren Hauptaufgabe der Überlieferung und Gestaltung des kasuistischen Rechtskorpus galt, stand in der sakralen Gemeinschaft – hauptsächlich als Träger des apodiktischen Rechts – eine Einzelgestalt: der »Richter in Israel«. Im Unterschied zur konditionalen Wirksamkeit der kasuistischen Rechtsfolge galt apodiktisches Recht unbedingt, durchdringend und gebieterisch; es war überall verbindlich. Die Zehn Gebote waren apodiktisches Gottesrecht; die Forderungen, die mit prophetischer

Gewalt als Ich-Wort Jahves an Israel und an den Einzelnen herantraten, hatten absolute Geltung. Das apodiktische Gottesrecht wurde bei einer kultischen Gelegenheit verkündigt, und der auf Lebenszeit berufene »Richter Israels«, ein Mann mit prophetischer Gabe, war der verantwortliche Übermittler. Für das gesamte sakrale Rechtsleben Israels war er die Schlüsselfigur: die über der Priesterschaft stehende höchste Berufungsinstanz (Deuteronomium 17,8f.) und der mit den größten Vollmachten versehene Rechtsprecher (1. Samuel 7,15ff.). Nach einer Formulierung von Martin Noth war er der Mann, der das gesamte Recht »kennen, auslegen und darüber Auskunft geben mußte, der über seine Beachtung zu wachen und vielleicht selbst es öffentlich zu verkündigen hatte, dem es schließlich auch oblag, seine Anwendung auf neue Situationen und damit seine Weiterbildung verantwortlich vorzunehmen und überhaupt die einzelnen Stämme über die Bedeutung und Anwendung seiner einzelnen Sätze ständig zu belehren«.

Die Herrschaft Jahves, des Gottes Israels, äußerte sich im Recht. Auf seiner Autorität beruhten, in seinem Dienst standen die wichtigsten Ämter. Das Recht durchzusetzen war eine zentrale Aufgabe; das Böse aus der Mitte der Gemeinschaft auszurotten war vordringlich. Schwerer Rechtsbruch wurde mit der Steinigung bestraft, und strenge Maßnahmen wurden auch gegen Stämme ergriffen, die sich am heiligen Recht versündigten. In Gibea, einem Ort im Stammesgebiet Benjamins, hatten sich die Einwohner an der Frau eines levitischen Gastes vergangen. Sofort erging an den Stamm Benjamin die Aufforderung (Richter 19,30): »Richtet eure Aufmerksamkeit darauf und fällt einen Spruch!« Die Benjaminiten aber deckten die Einwohner von Gibea und mißachteten das Geheiß des Zentralheiligtums. Die Verletzung des Gottesrechts wurde von den übrigen Stämmen als Anschlag auf die Grundlagen des Zwölfstämmeverbandes empfunden und mit einem Krieg gegen Benjamin beantwortet. Benjamin unterlag, und das Vergehen von Gibea wurde geahndet. Das verletzte Recht war wiederhergestellt. Überhaupt war die Institution der Rechtsetzung und Rechtsprechung, da sie ihren Urgrund in Jahve hatte, unantastbar, und die mit der Wahrung des Rechts betrauten Ämter verfügten über eine einschneidende Vollzugsgewalt.

Zu den sakral geschützten Einrichtungen des Zwölfstämmeverbandes gehörte vor allem auch das Bodenrecht, das auf der in einem kultischen Akt vorgenommenen Auslosung der Landanteile beruhte. Der Landanteil, der dem einzelnen Israeliten zufiel, durfte nicht veräußert werden. Der Gefahr der ungerechten Veränderung der Eigentumsverteilung durch Mißernte oder Verschuldung wurde mit der kultischen Einrichtung des Erlaßjahres (Deuteronomium 15,1ff.) entgegengetreten, das alle sieben Jahre mit der Streichung aller Schuldtitel die gerechte Grundordnung wiederherstellte. Israels Land galt dem Stämmeverband als Jahves Land und der Bodenanteil der einzelnen Familie gleichsam als Lehen. Wenn im Bodenrecht der kanaanitischen Urbevölkerung der Erwerb größeren Grundbesitzes möglich gewesen war, so hatten die aus der Wüste einwandernden Stämme Israels ein freieres Verhältnis zum Lande, das gegen die Konzentration von Grundeigentum in den Händen Einzelner wirkte. Die Auslosungs- und Verteilungsaktionen wurden vom sakralen Zentrum aus geleitet und überwacht und Übergriffen entzogen.

Wie fügte sich der sakral organisierte Stämmeverband in die politisch-geschichtliche Wirklichkeit der Umwelt ein? Wie verhielt er sich bei feindlichen Angriffen oder angesichts einer Bedrohung durch die umliegenden Staaten und Gruppen? Der Abwehr äußerer Gefahren galt die Institution des »heiligen Krieges«. Auch der Krieg war eine sakrale Angelegenheit, die der Verteidigung des Zwölfstämmeverbandes Israel diente, denn für sein angegriffenes Volk trat Jahve als schützender Gott auf den Plan. Drohte in irgendeinem Stammesgebiet ein Angriff von außen, so wurde die Gefahr zunächst durch Hornsignale überallhin gemeldet; Boten eilten durchs Land und riefen die kriegstüchtigen freien Männer in den Heerbann. Im Heerlager bereiteten sich dann die Krieger unter heiligen Riten auf den Kampf vor; jetzt waren sie »Jahves Schar«. Gottes Wille wurde durch Orakel erforscht. Hatte Jahve den Feind Israel »in die Hand gegeben«, so konnte das Heer ausziehen und das Kriegsgeschrei anstellen. Ein Gottesschrecken überfiel sodann die Feinde und bewirkte das Wunder ihrer Bezwingung. Das alles geschah freilich nur im optimalen Fall, der der Theorie der sakralen Institution gerecht wurde. In Wirklichkeit waren jedesmal große Schwierigkeiten zu überwinden, ehe sich die Ordnung des heiligen Krieges durchsetzen konnte. Ein starker Hang zum Partikularismus verleitete die Stämme immer wieder, den bedrohten Gruppen die Hilfe zu versagen. Im Bereich der unmittelbaren Gefahren mußten kleinere Verbände der feindlichen Macht entgegentreten. Und mit der Zeit zeigte sich, daß die sakrale Institution den Erfordernissen der politischen Wirklichkeit nicht mehr gewachsen war.

Die Lebensmitte des Zwölfstämmeverbandes war der Kultus. Im Zentralheiligtum wurde Israel in seiner Ganzheit sichtbar. Beim Konstituierungsakt in Sichem war die heilige Stätte mit einem von Josua errichteten Denkstein gekennzeichnet worden. War das für das zentrale Heiligtum des Zwölfstämmeverbandes eindrucksvoll genug? Von der Errichtung eines Tempels in Sichem weiß die alttestamentliche Überlieferung nichts; im Zentrum steht ein anderes symbolisches Gebilde. In den ältesten Traditionen des Alten Testaments finden sich Hinweise auf zwei symbolträchtige Elemente. Stets fungiert als zentrales Sanktissimum des Zwölfstämmeverbandes die Lade, einmal als kastenförmiger Behälter der Gesetzestafeln, dann aber auch als leerer Thronsitz des unsichtbar in Israel gegenwärtigen Gottes Jahve Zebaoth. Am deutlichsten wird diese Funktion der Lade bei ihrer Überführung nach Jerusalem zur Zeit Davids: erst als Standort der Lade wird die Stadt zum Zentralheiligtum Israels. Doch neben der Lade gibt es noch ein anderes: schon in frühen Schichten der Pentateuchtradition wird mit kultischer Betonung die Lagerordnung der in Zelten untergebrachten Zwölf Stämme Israels geschildert, und in der Mitte der nach Vorschrift angeordneten Zelte steht das heilige Zelt, in dem Jahves Herrlichkeit »erscheint« und sich in Orakeln kundgibt. In der späteren Überlieferung wurden Lade und Zelt miteinander verbunden; es hatte aber vordem eine Zeit gegeben, in der sie getrennt waren und die sakrale Mitte des amphiktyonischen Kultus bezeichneten. Hätten demnach zwei Zentren gleichzeitig bestanden? Vielleicht. Der Zwölfstämmeverband hatte in den ersten Jahrzehnten seines Bestehens eine recht bewegte Geschichte. Nicht immer war Sichem das Zentralheiligtum; zur Wahrung der Parität unter den Stämmen wurde die sakrale Mitte in nicht mehr feststellbaren Zeitabständen verlagert. Mit der Verlagerung konnte sich die symbolische Kennzeichnung des Zentralheiligtums ändern. Wegen der Armut der Quellen läßt sich zwar die Kultgeschichte des Zwölfstämmeverbandes nicht rekonstruieren; bezeugt sind aber in den ältesten Traditionen als Zentralheiligtümer außer Sichem auch die Orte Gilgal, Bethel und Silo, und in denselben Orten wird zu verschiedenen Zeiten auch die Lade erwähnt. Vielleicht kommen als zentrale Stätten auch noch andere Orte – Thabor? Beerseba? – in Frage.

Wo immer der amphiktyonische Kultort gewesen sein mag, er diente auch als Sammelpunkt für die regelmäßigen Treffen der Stämme, die der kultischen Feier der Jahresfeste galten. Das Gebot (Exodus 23,14–16) ordnete an: »Dreimal im Jahr sollst du mir ein Fest feiern. Das Fest der ungesäuerten Brote sollst du halten: sieben Tage sollst du ungesäuertes Brot essen, wie ich dir geboten habe, zur bestimmten Zeit im Monat Abib; denn in diesem (Monat) bist du aus Ägypten ausgezogen. Und man soll nicht mit leeren Händen vor meinem Angesicht erscheinen. Sodann das Fest der Kornernte, der Erstlinge vom Ertrag deiner Aussaat auf dem Felde, und das Fest der Lese beim Herausgehen des Jahres, wenn du deinen Ertrag vom Felde einsammelst.« Die Ordnung des Kultkalenders gibt dem Ablauf des Jahres ein festes Gefüge, in dem sich die sakral geregelte Lebensweise des Zwölfstämmeverbandes in fester Zeitabfolge widerspiegelt.

Die Sinai-Offenbarung

In den Kultkalendern des Alten Testaments tragen die drei großen Jahresfeste die Merkmale der Jahreszeiten, die für das Kulturland wichtig sind: Gerstenernte, Weizenernte, Lese. Von der Urbevölkerung des Landes hatte Israel die Termine übernommen, die dem Rhythmus des landwirtschaftlichen Jahres entsprachen. Immer mehr entkleidete Israel jedoch die Saisonfeste ihres naturhaften, von Vegetationsmythen bestimmten Charakters und rückte geschichtliche Erinnerungen aus der Zeit vor der Begründung des Zwölfstämmeverbandes in den Mittelpunkt der festlichen Kultveranstaltungen. In der alten Zeit ragte aus der Reihe der Feste als Abschluß des Erntejahres das »Fest der Lese«, das herbstliche Laubhüttenfest, heraus. In dieses Fest wurde nun in Israel die Vergegenwärtigung einer grundlegenden Geschichtstradition hineinverlegt: im Herbstfest wurde das Sinai-Ereignis von neuem erlebt und bekräftigt. Besonders treten im kultischen Vergegenwärtigungsgeschehen drei Akte hervor: die Selbstvorstellung Jahves im Vorgang der Theophanie, die Bundesschließung und die Mitteilung der Gebote. Die Tradition weiß, daß der Gottesname Jahve zum erstenmal in der offenbarenden Selbstvorstellung auf dem Sinai gefallen ist. Verbunden mit der Kundgebung »Ich bin Jahve« war die Bundeszusage: »Ich bin Jahve, dein Gott.« Im Gottesdienst des Herbstfestes erinnerte sich der Zwölfstämmeverband des nicht erst in Sichem, sondern schon am Sinai versprochenen Gottesbundes, und im kultischen Akt wurden die Bundesordnungen, die Gebote Jahves, jeweils neu verkündigt. Im Zeremoniell von Sichem (Deuteronomium 27) teilte sich der Zwölfstämmeverband in zwei Halbchöre, am Hange des Ebal und auf dem gegenüberliegenden Berg Garizim; die Leviten verkündigten die apodiktischen Gebote, und die Chöre antworteten jedesmal mit einem bestätigenden »Amen«. Das Sinai-Ereignis wurde kultisch vergegenwärtigt, wie man überhaupt gerade an Hand der alttestamentlichen Sinai-Berichte beobachten kann, wie sehr das Moment der kultischen Aktualisierung die Traditionen durchwirkt. Als Festlegende lebte die Sinai-Tradition in der kultischen Rezeption durch den Zwölfstämmeverband.

Charakteristisch für das Leben Israels vor Jahve waren zwei Gebote. Als Jahve sich selbst kundtat und Israel in den Gottesbund einholte, lautete die erste Forderung: »Du sollst keine anderen Götter neben mir haben!« Über den »Monotheismus« Israels ist viel geschrieben und dabei die Eigenart der »Monolatrie« in den frühen Stadien der religiösen Entwicklung hervorgehoben worden. Solche Kategorien reichen zur Erfassung der Wirklichkeit nicht aus. Die Idee des »Monotheismus« geht von einem statisch fixierbaren »Theismus« aus, während für den religiösen Glauben Israels die dynamische Expansion eines Herrschaftsanspruches kennzeichnend ist, der auf der Selbstvorstellung Jahves und der prophetischen Übermittlung des Gottesrechts beruht. Der Herrschaftswille Jahves duldet keine anderen Mächte, ohne tyrannisch und despotisch zu sein, denn er ist mit dem Heilswillen Jahves identisch. So würde sich Israel, wenn es anderen Göttern folgte, in unheilvolle Koalitionen verstricken und Schaden nehmen; Jahve befreit die Seinen aus dem Bann der numinosen Mächte und aus der Sphäre der geschichtlichen Gewalten (etwa Ägyptens). An der Befolgung des ersten Gebots entscheidet sich daher das Schicksal Israels. Zu den eigenartigen Lebensfundamenten des alttestamentlichen Gottesvolkes gehört indes auch das zweite Gebot: »Du sollst dir kein Gottesbild machen, keinerlei Abbild, weder dessen, was oben im Himmel, noch dessen, was unten auf Erden, noch dessen, was in den Wassern unter der Erde ist!« Dies Verbot der Abbildung Gottes ist vielen Mißverständnissen ausgesetzt. Die Erklärung, daß Israel dem am Sichtbaren und Dinglichen orientierten Kultus der Heiden eine nur auf das Unsichtbare und Geistige ausgerichtete Gottesverehrung entgegengesetzt habe, trifft nicht zu: auch bei den Heiden wurden die Bilder nur in den seltensten Fällen mit der Gottheit wirklich identifiziert; vielmehr glaubte man die Gottheit im Bilde gegenwärtig, und diese Gegenwart stattete den Menschen mit einer gewissen Verfügungsgewalt aus. Solche Fixierungen und Verfügungsmöglichkeiten wurden aber Israel im Alten Testament genommen, und deswegen wurde es zum Fremdling unter den Völkern. Die religiöse Lebensquelle des Zwölfstämmeverbandes war von Anfang an nicht das Kultbild, sondern das prophetisch übermittelte Wort.

Eben darum kam auch den Festlegenden eine wichtige glaubens- und lebensbegründende Funktion zu. Es ist aber nun eine Frage, ob eine Festlegende als Quelle für die Rekonstruktion geschichtlicher Vorgänge in Anspruch genommen werden kann. Als Zwölfstämmeverband hatte sich Israel erst im Kulturland konstituiert. Daß die Sinai-Tradition über die Vorgeschichte etwas hätte aussagen können, war wohl nicht gut möglich, denn die einzelnen Stämme hatten vor der Gründung des Verbandes ihre geschichtlich wesentlichen Erfahrungen in verschiedenen Räumen und zu verschiedenen Zeiten gesammelt. Allenfalls können kleinere Gruppen des späteren Israels die im Buch Exodus überlieferten Ereignisse – Auszug aus Ägypten, Wüstenwanderung, Offenbarung am Sinai – erlebt haben, und es muß noch nicht einmal ein und dieselbe Gruppe Zeuge und Überlieferer aller dieser Ereignisse gewesen sein. Die Sinai-Überlieferung hätte von einer, die Auszugstradition von einer anderen Gruppe bewahrt worden sein, und nur das Schicksal einer kleineren Gruppe wäre durch die historischen Konturen der Sinai-Erzählungen angedeutet. Aber schon die »Konturen« sind fragwürdig. Bei der Frage nach dem Namen und Ort des Gottesberges setzen bereits die Unklarheiten ein: der Berg kann »Sinai«, aber auch »Horeb« genannt werden, und vielleicht waren sogar zwei verschiedene Berge gemeint. Nur mit Vorbehalt kann man aus den Texten herauslesen, daß der Ort der Handlung im südlichen Gebirgsmassiv der Sinai-Halbinsel gelegen haben muß; eine überzeugende topographische Identifizierung fehlt bis jetzt. Was feststeht, ist also nur, daß die Sinai-Tradition in Sichem zur gemeinsamen geschichtlichen Überlieferung des Stämmeverbandes erhoben wurde. Als Josua die versammelten Stämme aufrief, in den Dienst Jahves einzutreten, wurde die religiöse Tradition *einer* Gruppe zur Kultbasis für den gesamten Verband; die Sinai-Tradition wurde vom Volk im Festkult aufgenommen und verarbeitet, mußte also künftighin lebendig bleiben. Die Motive und Tendenzen der in die Vergangenheit zurückgestrahlten Vereinheitlichung des Geschichtsbildes schälen sich nun deutlicher heraus: nimmt ganz Israel an der Vergegenwärtigung des Sinai-Ereignisses im Festkult teil, so muß auch die Geschichtsschreibung alle Stämme am Originalmodell des vergegenwärtigten Geschehens teilhaben lassen.

Welche Bedeutung kommt nun in diesem Geschichtsbild der Gestalt des Mose zu? Durch eine gewaltig ausgreifende Traditionsbildung wurde diese Gestalt in alle Ämter und Bereiche der vorisraelitischen Zeit hineinprojiziert, mit den Mitteln historischer Kritik ist an sie nicht mehr heranzukommen. In den Sinai-Abschnitten des Alten Testaments gilt Moses vor allem als prophetisch begabter Übermittler des heiligen Gottesrechtes. Das Deuteronomium läßt ihn sagen: »Ich stand damals am Sinai zwischen Jahve und euch, um euch die Worte Jahves zu verkündigen.« An keiner Stelle im Alten Testament erscheint Moses als Religionsstifter. Moses »stiftet« keine Religion; er übermittelt Jahves Selbstvorstellung, Bundesschließung und Bundesordnung. Jede Möglichkeit der Verehrung eines religiösen Genius schneidet das Alte Testament ab; andere Gottesmänner können und sollen später die Stelle des Mose einnehmen. Der Gott Israels ist, wie in den Erzvätergeschichten häufig genug betont wird, kein Lokalnumen, das infolge günstiger Zufälle über die lokale Bedeutung hinausgehoben wird und durch einen »Stiftungsakt« in die Welt getragen werden muß; er ist der sich selbst bezeugende Gott, dessen Offenbarung in der Geschichte zum Ziel kommt.

Auszug aus Ägypten: Kultdrama und Geschichte

Im Alten Testament sind die Errettung aus Ägypten und die wunderbaren Ereignisse beim Zug durchs Meer die inhaltliche Grundlage eines immer wieder ausgesprochenen Glaubensbekenntnisses. Stets von neuem wurde die Kultgemeinschaft Israel durch prophetische Verkündigung angeleitet, das Geschehen der Frühzeit als Walten Gottes zu erkennen. Ständig erneuert wurde die Erklärung (2. Samuel 7,23): »Wo ist eine andere Nation auf Erden wie dein Volk Israel, um derentwillen ein Gott hingegangen wäre, sie sich zum Volke

Ausländische Fronarbeiter beim Bau eines Hauses in Ägypten
In der Mitte ein Semit beim Vermessen einer Mauer
Aus einem Wandgemälde im Grab des Rechmirê in Theben, um 1450 v. Chr.

Gefangene Phöniker beim Fällen von Zedern auf dem Libanon
Relief vom Amun-Tempel in Karnak, um 1310 v. Chr.

zu erkaufen und ihr einen Namen zu machen und für sie so große und wunderbare Dinge zu tun...?« Wenn sich die Stämmegemeinschaft am heiligen Ort versammelte, bekannte sich auch der einzelne Israelit zur geschichtlichen Darstellung, die das besondere Verhältnis zum Gott der Väter bekräftigte. Bei der Ablieferung der Ernte-»Erstlinge« stimmte der Opfernde in das große Credo (Deuteronomium 26,5ff.) ein: »Ein umherirrender Aramäer war mein Vater; der zog hinab mit wenigen Leuten nach Ägypten und blieb daselbst als Fremdling und ward dort zu einem großen, starken und zahlreichen Volke. Aber die Ägypter mißhandelten uns und bedrückten uns und legten uns harte Arbeit auf. Da schrien wir zu Jahve, dem Gott unserer Väter, und Jahve erhörte uns und sah unser Elend, unsere Mühsal und Bedrückung, und Jahve führte uns heraus aus Ägypten mit starker Hand und ausgerecktem Arm, unter großen Schrecknissen, unter Zeichen und Wundern, und brachte uns an diesen Ort und gab uns dieses Land, ein Land, das von Milch und Honig fließt.« Der geschichtliche Bericht war Teil des Bekenntnisses, im Bekenntnis antwortete der Einzelne auf die prophetische Verkündigung der großen Taten Gottes. Vornehmlich war auch die Tradition vom Auszug aus Ägypten »Festlegende«; religiöse Aussagegehalte verflochten sich mit der Geschichtsüberlieferung. Als »geschichtliche Urkunden«, als die sie der Historiker gern aufnehmen möchte, müssen daher die Texte zurücktreten. Nur noch in fernen Umrissen ist das tatsächliche Geschehen in den Traditionen erkennbar.

Wie stellt sich dann aber das ganze Geschehen der historischen Kritik dar? Die glaubende Aneignung der Geschichte ist nicht dasselbe wie die historische Sichtung, um die sich die moderne Geschichtsschreibung mit allen brauchbaren Forschungsmitteln bemüht. Und der Historiker, der sich mit dem Alten Testament beschäftigt, kann nicht übersehen, daß nicht allein das alte Israel die alttestamentliche Geschichte glaubend übernahm; noch heute leben Synagoge und Kirche im Glauben an die im Alten Testament bezeugte Geschichte. Daß das dort Berichtete auch in der Gegenwart und mit mächtigen Rückwirkungen auf die Gegenwart aus dem Glauben akzeptiert wird, muß von der historischen Kritik respektiert werden. Auch an der Errettung aus Ägypten sehen die alttestamentlichen Texte grundsätzlich ganz Israel beteiligt. Nach dem bisher über die Sondergeschichte der Stämme und die Hintergründe der Sinai-Tradition Gesagten wird man diese Darstellung auf eine spätere Ausweitung zurückführen müssen. Die Annahme liegt nahe, daß die Erlebnisse in Ägypten einst in Sonderüberlieferungen einzelner Gruppen des späteren Israels lebendig gewesen sein dürften.

Welches Schicksal haben diese Gruppen erlitten? Die als »Hebräer« bezeichneten Verbände hatten Dienstleistungen in Ägypten auf sich nehmen müssen und waren mit ihren Aufsichtsbehörden in Konflikt geraten. Heute weiß man, daß sich die Benennung »Hebräer« *(hapiru)* nicht auf die Zugehörigkeit zu einer ethnischen Gruppe, sondern auf einen sozialen Status bezog. »Hebräer« wurden im alten Orient heimatlos gewordene Menschen oder Menschengruppen genannt, die sich freiwillig zu Dienstleistungen in einem fremden Gemeinwesen verpflichteten. In diesem Sinne waren die Vorfahren Israels, die sich in Ägypten aufhielten, »Hebräer«: dienstverpflichtete Lohnarbeiter. Sie mußten aus Nilschlamm und Häcksel Lehmziegel formen; sie wurden bei der Erbauung der Vorratsstädte Pithom und Ramses beschäftigt; sie arbeiteten an Bewässerungsanlagen. Allmählich wurden ihnen diese Dienstleistungen unerträglich. Die Flucht wurde vorbereitet und eines Tages zur Überraschung der ägyptischen Aufseher ausgeführt. Nachdem der Ausbruch der Hebräer bekanntgeworden war, wurde eine Streitwagenabteilung aufgeboten, die die fliehenden Gruppen abfangen, die wertvollen Arbeitskräfte zurückholen sollte. Nach den im Buch Exodus überlieferten Erzählungen waren die Streitwagen der Ägypter in der Nähe eines Meeres dicht an die fliehenden Hebräer herangekommen, und in diesem Augenblick ereignete sich das Wunder, daß die Verfolgten durch das Meer hindurchziehen konnten, die Verfolger aber von den Fluten verschlungen wurden. Wo ist das Meereswunder geschehen? Wie soll man sich den Vorgang nach den überlieferten Hinweisen vorstellen? An einer Stelle (Exodus 14,2) ist die Ortsbestimmung überraschend genau: »Befiehl den Israeliten, umzukehren und sich bei Piharirot zu lagern, zwischen Migdal und dem Meer, angesichts von Baal Zaphon, diesem gegenüber.« Diese Angaben führen in das Gebiet des Sirbonischen Sees nordöstlich des Nildeltas. Allerdings sind sie einer verhältnismäßig jungen Quelle entnommen, die sich möglicherweise auf lokale Traditionen ihrer Zeit stützte; die älteren Quellen sagen nichts über die Stätte des Wunders, sondern berichten nur, es habe sich »am Meere« zugetragen. Verwirrend wird die Sache, wenn eine andere Stelle (Josua 2,10; 4,23) das Wunder ans »Schilfmeer«, also wohl an den östlichen Arm des Roten Meeres, den Golf von El-Akaba, verlegt; im übrigen ließen sich aus den Quellen auch noch andere Ortsbestimmungsversuche entwickeln. Sicher ist nur, daß die ältere Tradition von den Vorgängen »am Meer« topographisch keine genaue Kenntnis mehr hatte.

Was aber war »am Meer« geschehen? Auch in dieser Beziehung weichen die Quellen voneinander ab. Zunächst zeigte sich im Alten Testament das Bestreben, das Ereignis als Wunder, als plötzliches und staunend wahrgenommenes Eingreifen Gottes darzustellen. Ein alter Hymnus (Exodus 15,1) feierte die Gottestat: »Singen will ich Jahve, denn hoch erhaben ist er; Roß und Reiter warf er ins Meer.« Doch bereits in einem sehr frühen Quellenwerk (Exodus 14,21) wurde eine kausale, rationale Aufhellung des Ereignisses versucht: »Jahve trieb das Meer die ganze Nacht durch einen starken Ostwind zurück und legte das Meer trocken.« Offenbar schwebte dem Erzähler die Möglichkeit vor, daß die fliehenden Hebräer eine durch günstige Windverhältnisse hervorgerufene Ebbe gerade noch ausnutzen konnten, während die ägyptische Streitwagenabteilung bereits in die aufkommende Flut hineingeriet: »Beim Anbruch des Morgens strömte das Meer in sein Bett zurück.« Danach hätten die Verfolger den Fehler begangen, durch das Meer bei Nacht zu waten, so daß sie das Aufkommen der Flut in einen Zustand der Verirrung und Verwirrung (Exodus 14,24) versetzte und sie dem im Morgengrauen zurückflutenden Wasser nicht mehr entrinnen konnten. Bei näherer Prüfung der Quellen läßt sich feststellen, daß der wunderhafte Charakter des Geschehens in späterer Zeit – unter dem Impuls der Kultverkündigung – immer mehr ausgemalt wurde. Ein jüngerer Text (Exodus 14,22) erzählt: »Die Israeliten gingen mitten im Meer auf dem Trockenen, während die Wasser ihnen zur Rechten und zur Linken wie eine Mauer standen.« Zweifellos sah das spätere Israel im wunderbaren Geschehen »am Meere« zuvörderst Gottes machtvolles Eingreifen. Dieser Aspekt steigerte die berichtenden Geschehnisse zu Grundbildern von typischer Gültigkeit: der Gott Israels reißt sein Volk aus der Machtsphäre des ägyptischen Großkönigs heraus,

Das alte Palästina

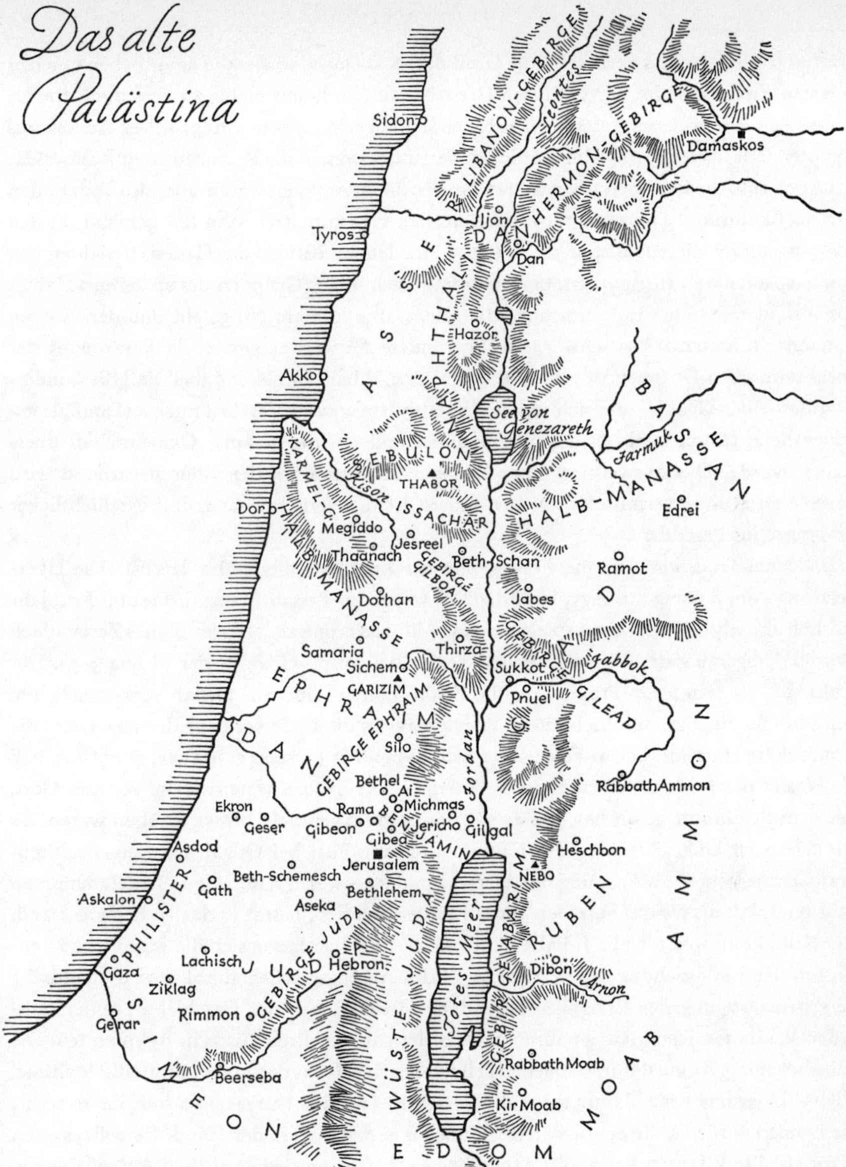

errettet die Seinen und vernichtet die Großmacht. Dagegen wissen die ägyptischen Quellen von den Ereignissen im nordöstlichen Grenzbezirk überhaupt nichts zu berichten; fraglos waren sie für den Bestand des großen Reiches von geringer Bedeutung. – Der Auszug aus Ägypten fällt nach den alttestamentlichen Berichten wohl in die Regierungszeit Ramses' II.

Lassen sich die Gruppen des späteren Israels, die in Ägypten waren und also vom Süden her ins Kulturland Palästina einwanderten, näher bestimmen? Man hat gemeint, in den Josephsgeschichten Anhaltspunkte zu finden: die letzten Kapitel der Genesis berichten von Josephs Aufenthalt in Ägypten, und man fragt sich, ob es Gruppen des späteren »Hauses Joseph«, der Stämme Ephraim und Manasse, waren, die am Nil gelebt und den Auszug mitgemacht hatten. Es ist schwer, eine begründete Antwort zu geben: die Verästelung der vorisraelitischen Gruppen ist zu stark, kaum übersehbar. Es bleibt dabei, daß die Sondertradition einer Gruppe, die sich auf den Exodus bezog, vom Zwölfstämmeverband als geschichtliche Hauptüberlieferung übernommen und auf die gesamte Gemeinschaft übertragen wurde. Die Ausweitung eines Gruppenerlebnisses auf den Stämmeverband wird durch den Kultus vermittelt: ihr Instrument ist die Vergegenwärtigung geschichtlicher Ereignisse im Festkult.

Die Sinai-Tradition war die Festlegende des Laubhüttenfestes im Herbst. Die Überlieferung vom Auszug aus Ägypten hingegen wurde im Passah-Mazzoth-Fest im Frühjahr kultisch aktualisiert. Vielleicht spiegelte diese Aktualisierung ein altes kultisches Zeremoniell aus der Umgebung des alt-israelitischen Zentralheiligtums Gilgal wider (Josua 3–5). Der Kultakt hatte sein festes Programm: die Zwölf Stämme sind am Jordan versammelt, um den Fluß feierlich zu durchschreiten; Priester tragen die Lade voran; jeder Akt atmet die Atmosphäre einer kultischen Feier; zum Schluß heißt es (Josua 4): »Jahve, euer Gott, ließ die Wasser des Jordans vor euch vertrocknen, bis ihr drüben wart, wie Jahve, euer Gott, mit dem Schilfmeer getan hat, das er vor uns vertrocknen ließ, bis wir drüben waren...« Die feierliche Überschreitung des Flusses durch die Furt bei Gilgal kann eine kultisch-dramatische Vergegenwärtigung des Meereswunders gewesen sein. »Ganz Israel« nahm an dem Kultakt teil; als das Volk den Jordan hinter sich ließ, betrat es das verheißene Land. Der Kultakt umspannte alle Inhalte des Credos. Auch hier lassen sich die Motive und Tendenzen der Einbeziehung »ganz Israels« in das Auszugsgeschehen ablesen: die kultische Vergegenwärtigung der Ereignisse glich dem Wiedererleben der Geschichte; anders ausgedrückt: im festlichen Ritus nahm »ganz Israel« an den Ereignissen in Ägypten teil. Die Passahordnung sorgte dafür, daß jeder Teilnehmer die Nacht der Flucht dramatisch-aktuell erlebe. Über das Passahlamm sagte die Vorschrift (Exodus 12,11): »So sollt ihr es essen: die Lenden gegürtet, die Schuhe an den Füßen und den Stab in der Hand. Ihr sollt es essen in angstvoller Eile; ein Passah für Jahve ist es.« In der gottesdienstlichen Aktualisierung, die sogar Gebärden reproduzierte, wurde alles Geschehen der Vergangenheit unmittelbare Gegenwart. Am Rande mag angemerkt werden, daß die Praxis der kultisch-dramatischen Darstellung mit all ihren Abwandlungen auch die Tradition bis in Einzelheiten hinein beeinflußte.

Götzenbilder
Bronzestatuetten fremder Gottheiten aus Kanaan. Paris, Louvre

Der Jordan und seine Mündung ins Tote Meer
Das Eintrittsgebiet des Volkes Israel ins Gelobte Land

Israel und die Kanaaniter

Im Siedlungsgebiet zwischen den kanaanitischen Städten und Stadtstaaten lebte die vorpolitische Stämmegemeinschaft Israel. Aus der Wüste waren die Sippen und Stämme gekommen, und im Kulturland suchten sie ihre andere Wesensart durchzusetzen; so wurde die Naturgebundenheit der Erntefeste mit den Geschichtstraditionen, von denen Israel erfüllt war, durchtränkt oder von ihnen verdrängt. Das Verhältnis der neuen Siedler zur seßhaften Bevölkerung Palästinas war unterschiedlich. Mit der Zeit gewannen die Einwandererstämme, die sich zusammengeschlossen hatten, an Macht und Einfluß. Sie lernten von der ansässigen Bevölkerung. Täglich sahen sie die von Ringmauern und Glacisanlagen umgebenen Städte, in deren Mitte sich die Zitadelle erhob. Die aristokratische Herrenschicht dieser fremden Gemeinwesen benutzte im Krieg »eiserne Wagen«, Streitwagen, wie sie die Hyksos der altorientalischen Welt gebracht hatten. Die Städte schienen uneinnehmbar. An einzelnen Stellen hatten die Stämme Israels schon in früher Zeit Erfolg mit ihren Eroberungsversuchen, doch mußten sie sich, wenn sie Siedlungen gründen wollten, größtenteils nach den Bedingungen richten, die sie vorfanden. Für das fremde Heereswesen gab es zunächst keinen Platz in der Welt des sakral begründeten Stämmebundes; indes machten sich kanaanitische Vorbilder in der Siedlungsweise der Israeliten deutlich bemerkbar. Vor allem machten sich die Stämme die Errungenschaften der kanaanitischen Stadtkultur zunutze, die sich in der Bronzezeit entfaltet und beachtliche Leistungen hervorgebracht hatte. Die Menschen aus der Wüste übernahmen die Geräte, aber auch die Lebensformen und geistigen Güter der Einheimischen. Der Übergang von der Kleinviehzucht der Nomaden zur Ackerbaukultur brachte eine nicht geringe Umstellung mit sich. Die Bearbeitung und Bewässerung der Felder, die Herstellung der Geräte und andere mit dem Ackerbau verbundene Arbeiten mußten erlernt werden, und lernen konnten sie die Israeliten nur von den Kanaanitern. Eine völlig neue Arbeitssphäre war die Großviehzucht. Überall mußten sich die neuen Bewohner des Landes Verhältnissen anpassen, die ihnen fremd waren. Auch die geistige Wirkung der kanaanitischen Kultur war beträchtlich: Dichtungen, Mythen und Erfahrungsweisheiten der Eingeborenen gingen auf die Einwanderer über. Aus der Begegnung mit der Sprachwelt der einheimischen Bevölkerung entstand die hebräische Sprache; aus dem unter den Stämmen Israels wahrscheinlich vorherrschenden früharamäischen Sprachtypus bildete sich ein dem Kanaanitischen ähnlicher Dialekt heraus.

Zahlreich waren die kulturellen Impulse, die von den Kanaanitern ausgingen. In der Begegnung mit der seßhaften Bevölkerung sprang auf die Einwanderer ein zündender Funke über. Anderseits sah sich der Zwölfstämmeverband in der Berührung mit der kanaanitischen Urbevölkerung auch großen Gefahren ausgesetzt. Vor allem war das religiöse Eigenleben Israels von den Kanaanitern in seinen Wurzeln bedroht. Die Sphäre der Ackerbaukultur trägt den Nimbus eigener religiöser Voraussetzungen und Tendenzen. Orte, an denen geheimnisvoll mächtige Wesen erscheinen, gehören zur Eigenart des Kulturlandes. An den Quellen, unter rauschenden Bäumen und auf ragenden Höhen manifestieren sich die »besitzenden Geister« der Ortschaft, die *Baalim* (Singular: *Baal*); ihnen sind weibliche Gottheiten zugeordnet, die *Astarte* heißen. Diesen Gottheiten fühlt sich der ackerbauende

Kanaaniter zu Dienst und Verehrung verpflichtet; er bringt ihnen an den »heiligen Orten« Opfer dar und erwartet von ihnen Fruchtbarkeit und reichen Ernteertrag. Die Fruchtbarkeitskulte zielen darauf ab, die Potenzen der göttlichen Wesen wirksam werden zu lassen: mit Mythen, Riten und kultdramatischen Akten soll die sexuelle Begegnung der Götter im Akt der »heiligen Hochzeit« herbeigeführt und die Fruchtbarkeit gesteigert werden. Orgiastisches Analogiehandeln der Kultgenossen führt zu ekstatischen Exzessen, die gerade für den Baalskult charakteristisch sind. Frauen weihen sich der sakralen Prostitution. Das religiöse Leben ist vom Rausch der Fruchtbarkeitserweckung beherrscht.

Die aus der unfruchtbaren Wüste kommenden Stämme Israels empfanden das kultische Leben der Kanaaniter, das auch ins alltägliche Verhalten ausstrahlte, als unheimlich, schamlos und pervers. Dennoch drang das fremde Unwesen in die Lebensbereiche des Zwölfstämmeverbandes ein. Gewiß strömte der zentrale Kultus Israels seine in Geschichte und Gottesgebot gegründeten Festverkündigungen aus, aber im Spannungsfeld der alltäglichen Berührungen mit der kanaanitischen Ackerbaureligion sickerte unvermeidlich der Fruchtbarkeitskult ein. Auch im gesellschaftlichen Leben lassen sich analoge Erscheinungen nachweisen. Die kanaanitischen Stadtstaaten standen unter aristokratischer Herrschaft: den Häuptern der Städte gehörten Länder, Paläste und Schmuck; der Besitz war ungleich verteilt; wer sich am florierenden Handel der kanaanitischen Städte beteiligte und Erfolg hatte, konnte in die einflußreiche Oberschicht der Besitzenden aufsteigen. Umgekehrt herrschte in Israel das Prinzip der Gleichheit aller Stammesgenossen: die Ackeranteile wurden in unbestechlicher Gerechtigkeit ausgelost und gestörte Besitzverhältnisse durch die sakrale Ordnung des Zentralheiligtums reguliert; nomadische, patriarchalische und vor allem religiöse Kräfte gaben den Ausschlag. Aber das starke Gefälle der sozialen Unterschiede in der kanaanitischen Gesellschaft erschütterte die Stabilität dieses Systems. Der kulturelle Gewinn, den der Zwölfstämmeverband aus der Berührung mit der Urbevölkerung zog, wog die Gefahr der Zersetzung nicht auf, die der ständige Kontakt mit sich brachte. Im Alten Testament hat dieser Prozeß viele tiefe Spuren hinterlassen.

Richter und charismatische Helden

In der vorpolitischen Lebensordnung des Zwölfstämmeverbandes war das Zentralheiligtum der Brennpunkt des Geschehens für alle Gruppen Israels. Der Gottesdienst und die ihm zugeordneten sakralen Institutionen regelten gleichsam den Blutkreislauf des Jahve-Verbandes. Von entscheidender Bedeutung für das Leben der Gemeinschaft war die Institution des »Richters in Israel«. Die Männer, die dieses Amt bekleideten, haben einem längeren Abschnitt der Frühgeschichte Israels das Gepräge gegeben. Die von der Tradition überlieferten Listen der Richter (Richter 10,1–5; 12,8–15) zeigen, daß der Stämmeverband bestrebt war, möglichst alle Stammesgruppen abwechselnd an der Amtsführung zu beteiligen, die zentrale vorpolitische Vertretung auch tatsächlich zu einem Organ aller dem Verband angeschlossenen Gruppen zu machen. Ein eigenartiger Angleichungsprozeß in der alttestamentlichen Überlieferung hat aber auch andere Männer als »Richter« erscheinen lassen, die mit Rechtsprechung nichts zu tun hatten und denen die Tradition eine außergewöhnliche Funktion für außergewöhnliche Situationen zuweist. Typisch dafür sind in den Erzählungen des Alten Testaments Barak und Gideon, keine ständigen Amtsträger, sondern für die Verrichtung bestimmter außergewöhnlicher Gottestaten durch einen plötzlichen Designationsakt auserwählte Helden. Der Geist Jahves, so heißt es, kam über sie und ließ sie gewaltige Heldentaten vollbringen; sie traten ab, nachdem sie ihr Werk vollbracht hatten. Nur für eine kurze Zeit zog sie eine von Gott ausgehende Kraft in ihren Bann, eine Inspiration, die sie zu Heroischem befähigte, ein Charisma; so hat man denn in diesem Zusammenhang von »charismatischen Führern«, »charismatischen Helden« gesprochen. Bei näherem Zusehen stellt man fest, daß diese Auserwählten in direkter Beziehung zur Verteidigungsaufgabe im »heiligen Krieg« standen: sie traten plötzlich auf, wenn Gruppen der Zwölfstämmeverbandes bedroht waren. Wichtig ist hier die Gruppensicht: obwohl der »heilige Krieg« in der Idee dem Schutz des gesamten Stämmeverbandes galt, waren gesamtisraelitische Kriegsaktionen selten und die bedrängten Stämme zumeist auf sich allein gestellt; in ihren Sonderkriegen kamen ihnen die Männer des Charismas zu Hilfe, die also recht eigentlich Stammeshelden waren, nicht institutionelle Vertreter des Gesamtverbandes wie die »Richter in Israel«. Aber die Tradition mit ihrer vereinheitlichenden Geschichtsschreibung hat alle Einzelereignisse und Gruppenerlebnisse zu einem von ganz Israel erlebten, erlittenen Geschehen zusammengefügt.

Genau lassen sich die Ereignisse der Richterzeit nicht datieren. Was in den Büchern Josua und Richter erzählt wird, dürfte sich etwa zwischen 1200 und 1000 v. Chr. abgespielt haben. Der Zwölfstämmeverband Israel mit seinen Gruppen lebte im Spannungsfeld zwischen den kleinen kanaanitischen Stadtstaaten und den an den Grenzen entstehenden größeren Machtgebilden. Zusammenstöße und Kriege von lokaler, aber auch von überregionaler Bedeutung waren nicht ungewöhnlich, aber in der Regel betrafen sie nur Teile des Zwölfstämmeverbandes. Lokale Auseinandersetzungen ergaben sich daraus, daß die Stämme Israels in Nord und Süd eine Regelung der Koexistenz mit den Kanaanitern finden mußten, was nicht immer auf friedliche Weise gelang. So kam es im Gebiet der kanaanitischen Stadt Gibeon zu einem Kampf, durch den die kritische Situation im Siedlungsbereich Benjamins entschieden wurde. Die Einwohner von Gibeon wurden geschlagen, in einem heiligen Krieg, in dem Jahve »für Israel stritt« (Josua 10, 14), besiegt. Im Süden des Siedlungsgebietes Israels gelang es (Richter 1,10–15) den Kalibitern, einer dem »Hause Juda« angeschlossenen Gruppe, die kanaanitische Stadt Hebron zu erobern. Offensichtlich vermochte sich die Urbevölkerung des Landes an einzelnen Orten gegen die zunehmende Macht der Stämme nicht mehr durchzusetzen; möglicherweise wurden die kämpfenden Gruppen oder Stämme Israels von Nachbarn, die zum Zwölfstämmeverband gehörten, unterstützt. Langsam verschoben sich die Gewichte zuungunsten der Kanaaniter.

Aus der Reihe der Berichte über größere Aktionen ragt die Erzählung (Richter 5) über die Schlacht gegen Sisera bei Thaanach, am Wasser Megiddo, heraus, die vor allem für das Schicksal der Nordstämme von außerordentlicher Bedeutung gewesen sein muß. In einem schwungvollen, hinreißenden Gesang, dem »Debora-Lied«, einer der ältesten und imposantesten Dichtungen Israels, sind die Ereignisse festgehalten. Ausgegangen war der Kampf von den Stämmen Naphtali und Sebulon, die für die einheimischen Küstenbewohner Dienstleistungen verrichten mußten. Die Stämme führten einen Befreiungskrieg und erhielten Hilfe vom Zwölfstämmeverband. Bei Thaanach prallten die Heere aufeinander. Unter der Führung Siseras traten die gutausgerüsteten Streitwagenabteilungen der Kanaaniter an. Führer des Heerbannes Israels war der von der Prophetin Debora auserkorene Held Barak. Siseras Heer wurde in die Flucht geschlagen, Sisera selbst, als er auf der Flucht seinen Streitwagen verließ, getötet. Das Debora-Lied, das den Sieg feiert, gibt gleich in den ersten Zeilen die Glaubenserfahrungen des »heiligen Krieges« wieder (Richter 5):

Daß Führer führten Israel,
daß sich willig zeigte das Volk,
darob preiset Jahve!
Höret, ihr Könige, merkt auf, ihr Fürsten!
Ich, ja, ich will singen Jahve,
will spielen Jahve, dem Gott Israels.

Jahve, als du auszogst von Seir,
einherschrittest von Edoms Gefilden,
erbebte die Erde, es troffen die Himmel,
ja die Wolken troffen von Wasser.
Die Berge wankten vor Jahve,
vor Jahve, dem Gott Israels.

Jahve, der am Sinai hervorgetreten war, ist auch in Kanaan gegenwärtig. Er eilt aus dem Süden herbei, erscheint unter gewaltigem Beben der Erde und vollbringt das Wunder der Befreiung. Was bei Thaanach konkret geschah, verbirgt das Hymnische der historischen Erkenntnis. Wahrscheinlich wurde das Heer Siseras von einem Unwetter überrascht, in dem die Streitwagen nicht operieren konnten, weil der Boden aufgeweicht war und die Bäche überquollen: »Der Kidronbach riß sie fort, der Bach wogte ihnen entgegen – der Kisonbach.« Das Ergebnis der Schlacht war, daß die Nordstämme den Frondienst abwerfen konnten.

Beträchtliche Gefahren drohten dem Stämmeverband aus der westlichen Küstenebene. Hier hatten sich die Seevölker niedergelassen, eine neue Herrenschicht, die die Gebiete am Meer beherrschte. Der Name Sisera deutet auf fremde Herkunft, und man darf vermuten, daß die Kanaaniter in der Nähe der Jesreel-Ebene zur Zeit der Schlacht bei Thaanach unter neuer Oberherrschaft lebten. Im südlicher gelegenen Küstenbezirk war die Machtverteilung bereits eindeutig: die Fürstentümer Asdod, Ekron, Askalon, Gaza und Gath hatten sich im Stadtstaatenbund der Philister zusammengeschlossen, der künftighin ein Dorn im Fleische Israels sein sollte. Zunächst allerdings spürte die Macht des neuen Gemeinwesens nur der den fünf Stadtstaaten unmittelbar benachbarte Stamm Dan, der sich in der Nähe der Philister auf die Dauer nicht zu halten vermochte und ein neues Siedlungsgebiet im Norden bezog. In die Zeit der Reibungen und Grenzauseinandersetzungen führen die Simson-Erzählungen, alte Sagen von einem Helden, der den Philistern durch verwegene Streiche auf eigene Faust Schaden zufügen wollte. Den historischen Kern bildeten die Konflikte an den Grenzen des philistäischen Stadtstaatenbundes. Die Philister wurden später mit dem kriegerischen Einbruch in alle Teile des israelitischen Siedlungsgebiets zu einem für den Zwölfstämmeverband schicksalhaften Faktor. In der Richterzeit waren sie noch im Aufbaustadium und verhielten sich ruhig.

Ruhig waren auch die Aramäer im Nordosten. Die gerade entstehenden Staaten des syrischen Raumes machten sich in der Frühzeit des Zwölfstämmeverbandes noch nicht durch Expansionsbestrebungen bemerkbar, und es gab auch noch keine unmittelbaren Berührungspunkte, da die ostjordanischen Siedler aus dem »Hause Joseph« nicht weit in den Nordosten vordrangen. Wirklich gefährlich waren diesen ostjordanischen Gruppen die alteingesessenen Stadtstaaten und die neuen Reiche der Ammoniter und Moabiter. So mußten sich die ostjordanischen Siedler mit König Og von Basan auseinandersetzen, aber diesen alten Staat konnten die Heere Israels leicht bezwingen. Schwieriger waren die Kämpfe mit den ostjordanischen Reichen, die gleich Israel aus eingewanderten Aramäergruppen hervorgegangen waren. Unmittelbare Nachbarn der Ammoniter wurden die in der Landschaft Gilead siedelnden Glieder des Stammes Ephraim. Unter der Führung des Helden Jephta warfen sie die in ihr Gebiet eindringenden Ammoniter in einem heiligen Krieg zurück und sicherten die Besitzungen Israels »jenseits des Jordans«. Kritischer scheinen die Kämpfe mit den Moabitern gewesen zu sein. Nach der alttestamentlichen Überlieferung des Buches Numeri teilten sich die Moabiter und der israelitische Stamm Gad in das gemeinsame Grenzheiligtum Baal Peor. Aber die gemeinsame Benutzung des Grenzheiligtums brachte keine Abschwächung der Konflikte. Da der Stamm Gad dem Zwölfstämmeverband angehörte, schlugen die regionalen Annäherungen in weitgespannte Zwistigkeiten um, und eines Tages wagten die Moabiter einen Übergriff, der ins westjordanische Gebiet hineinreichte; das Stammesgebiet Benjamins wurde besetzt und Benjamin tributpflichtig gemacht. Bei einer Tributablieferung wurde nun der Moabiterkönig vom charismatischen Helden Ehud ermordet, und diese überraschende Tat verwirrte die Moabiter so sehr, daß sie das benjaminitische Heer, das unmittelbar nach dem Mord angriff, nicht abzuwehren vermochten.

Im wesentlichen scheinen die Kriege der Richterzeit Befreiungskriege gewesen zu sein, in denen die Stämme des Jahve-Verbandes ihre Selbständigkeit gegen nahe oder entfernte Nachbarn zu behaupten suchten. Ganz anderer Art war die große Schlacht der Frühzeit, die sich an den Namen Gideon (Richter 6–8) knüpft. Im südlich und südöstlich ans Kulturland Palästina angrenzenden Steppen- und Wüstengebiet lebten große Verbände von Kleinviehnomaden, unter denen um 1200 v. Chr. keine großen Wanderbewegungen mehr zu beobachten waren und mit denen der Zwölfstämmeverband deswegen auch friedlich auskam. Aber nun stießen aus dem Innern der Wüste Schrecken verbreitende Midianiter vor, kriegerische Kamelnomaden, die wiederholt plündernd und friedliches Leben zerstörend ins Kulturland einfielen. Zur Zeit der aufgehenden Saat brachen sie vom Osten her ins westjordanische Land ein, ließen von ihren Kamelen die junge Saat abweiden, raubten die Siedlungen aus und trieben ganze Viehherden von dannen. Bei einem dieser Einbrüche erhob sich aus der Mitte der bedrohten Stämme als charismatischer Führer der Held Gideon vom Stamme Manasse. Die Midianiter waren inzwischen bis zur Küste vorgedrungen und hatten die Jesreel-Ebene überflutet. Am Südwestausgang der großen Ebene trat Gideon mit einem Heerbann den Midianiterhorden entgegen und schlug sie vernichtend. Zersprengte Reste flohen über den Jordan und wurden in die Wüste zurückgeworfen. Das war das Ende der Midianitereinfälle. Gideons großer Sieg war wieder ein Gotteswunder im heiligen Krieg, das von Geschlecht zu Geschlecht weitererzählt wurde. Noch bei Jesaja wird die Freude darüber nachklingen. Waren aber solche Siege von Bestand? Konnte sich die vorpolitische Lebensordnung des Zwölfstämmeverbandes bei zunehmender äußerer Gefahr auch noch halten? Genügte sie zur Abwehr der wachsenden Macht der neuen palästinischen Staaten?

Auf dem Weg zur monarchischen Staatsgewalt

Schon zu einer frühen Zeit waren die Ältesten der Stämme voller Sorge um die politisch-militärische Schwäche des Zwölfstämmeverbandes. Nur zu deutlich war spürbar, daß Feinde, die ins Land einbrachen, nach Belieben schalten und walten konnten, bis sich ein charismatischer Führer als Retter erhob. Das sakral begründete charismatische Führertum als Aktionszentrum des »heiligen Krieges« war kein politisches Machtmittel, sondern eine religiöse Erscheinung, über die man nicht je nach Bedarf verfügen konnte: daß der »Geist Jahves« über den noch unbekannten Helden komme, ließ sich nicht befehlen. Wie ungleich besser war doch die politische Ausgangsposition der Ammoniter oder der Edomiter, die schon früh zu einem staatlich fundierten Königtum und damit zu einem sicheren zentralen Machtorgan gekommen waren! Da brauchte im Kriegsfall kein freier Heerbann charismatisch aufgerufen zu werden: der König verfügte über eine stehende Truppe, die im Notfall schnell erweitert und als militärisches Machtmittel verwendet werden konnte. Sollten die Ältesten Israels in diesen fremden Einrichtungen nicht eine wünschenswerte Neuerung für Israel sehen? Nach dem Sieg über die Midianiter glaubten sie, so sagt die Überlieferung (Richter 8,22ff.), in Gideon einen ersten König gefunden zu haben: »Herrsche über uns, du sowohl wie dein Sohn und dein Enkel, denn du hast uns aus der Hand der Midianiter errettet!« Das kraftvolle Charisma sollte gleichsam in einem Amt konserviert werden und ständig verfügbar sein. Gideon lehnte ab – mit der bezeichnenden Erklärung: »Ich will nicht über euch herrschen, und auch mein Sohn soll nicht über euch herrschen; Jahve soll über euch herrschen.« Immer noch war das Fundament Israels die Herrschaft Jahves; die Errichtung eines erblichen Königtums schien der souveränen Freiheit Gottes Abbruch zu tun. Historiker sprechen in diesem Zusammenhang gern von einer altisraelitischen »Theokratie«. Der Begriff führt in die Irre: zur »Theokratie«, so verschieden sie sein kann, gehören feste Formen und Strukturen, während die Eigentümlichkeit der im Alten Testament für die Frühgeschichte bezeugten Gottesherrschaft darin bestand, daß sie sich in der Freiheit prophetisch übermittelten Wortes und charismatisch hervorbrechender Taten manifestierte. Sie war dynamisch-expansiv. Obwohl sie in den sakralen Formen eines vorpolitischen Stämmeverbandes hervortrat, sprengte sie jeden regulativen Schematismus; auch in den dunkelsten Spätzeiten blieb sie in ihrer ursprünglichen religiösen Macht im Worte der Propheten lebendig.

Die politischen Bestrebungen, die zur Zeit Gideons sichtbar geworden waren, machten sich auch in der Folgezeit geltend. Gideons Sohn Abimelech war keineswegs bereit, die Herrschaft über Israel Jahve zu überlassen, sondern versuchte auf eigene Faust, sich zum König zu machen. Er errichtete ein Gewaltregiment in Sichem, offenbar in der Absicht, seinen Machtbereich nach und nach zu erweitern. Das Unternehmen scheiterte, und Abimelech ereilte ein schmachvolles Ende. Aus dieser Zeit stammt die meisterhafte Fabel des Jotham (Richter 9,7ff.), die Martin Buber die »stärkste antimonarchische Dichtung der Weltliteratur« genannt hat, ein Spottgedicht auf den Machtrausch eines Herrschsüchtigen, der andere unter seinen Willen zwingen und lenken will. Für die Errichtung einer erblichen königlichen Gewalt war Israel offenbar noch nicht reif. Ohne Zweifel gingen aber im Zwölfstämmeverband wesentliche Veränderungen vor, die auch das religiös-kultische Leben nicht unberührt ließen. So schwierig es ist, die Ereignisse chronologisch festzuhalten oder auch nur die Ortsveränderungen des Zentralheiligtums zeitlich zu bestimmen, so läßt sich doch sagen, daß am Ende der Richterzeit, also etwa um 1000 v. Chr., Silo das Hauptheiligtum Israels war und die Lade beherbergte. Mit dem Ortswechsel ging ein weitreichender Umbruch im kultischen und religiösen Leben einher. Entsprechend der nomadischen Herkunft der Stämme war die Lade bis zu diesem Zeitpunkt in einem Zelt untergebracht; zum erstenmal übernahm jetzt Israel vom Kulturland Kanaan die Tradition des Tempelbaus, und die Lade erhielt einen eigenen Bau. Die Sakralarchitektur dieses Bauwerks mit allen von der Existenz des Tempels bedingten kultischen Neuerungen gab dem gottesdienstlichen Leben des Zwölfstämmeverbandes sogleich ein neues Gepräge. Die Quellen wissen zu berichten, daß der Oberpriester Eli mit seinen Söhnen nunmehr in der Hauptsache den Opferdienst versah. Die Opferpriesterschaft trat in den Vordergrund und verschob das Schwergewicht des zentralen Kultus vom Recht zum Opfer. Damit aber schlichen sich ins Zentralheiligtum Zersetzungserscheinungen ein (1. Samuel 2). Der Gottesdienst öffnete sich den religiösen Bräuchen der Umwelt, auch der Naturkult der Urbevölkerung fand in Silo freundliche Aufnahme, und bald wurde über sittlichen Zerfall im Hauptheiligtum geklagt: die Söhne des Oberpriesters Eli eigneten sich die Jahve geweihten Opfergaben an und führten das an kanaanitischen Kultorten übliche Tempeldirnentum ein. Der sexuell-orgiastische Naturkult der kanaanitischen Umwelt verdrängte das Prophetisch-Charismatische: »Offenbarungen Jahves waren selten, Gesichte waren nicht häufig.« (1. Samuel 3,1)

Auf dem dunklen Hintergrund des Zerfalls des zentralen Kultus zeichnen sich Geburt, Kindheit und Berufung des Mannes Samuel ab, der am Ausgang der Richterzeit noch einmal wahres Richteramt und Prophetentum repräsentiert. Als leidenschaftlicher Hüter des Erbes des Zwölfstämmeverbandes erlebt der Gottesmann den beginnenden Zusammenbruch Israels und die Übergangszeit, in der das Königtum heraufzieht. Aus der Fülle der Ämter und charismatischen Missionen, mit denen die Traditionen Samuel bedenken, heben sich zwei Momente heraus: seine prophetische Gabe und seine Tätigkeit als »Richter in Israel«. »Ganz Israel, von Dan bis Beerseba«, sagt der Bericht (1. Samuel 3) über seine

Berufung zum Propheten, »erkannte, daß Samuel damit betraut war, Prophet Jahves zu sein.« In seiner politisch-sakralen Funktion setzte sich noch einmal die Rechtsverkündigung gegen den Opferdienst durch.

Die Katastrophe brach herein, als Eli noch als Oberpriester in Silo amtierte. Die Philister stießen über die Grenzen ihrer fünf Stadtstaaten vor, um sich als Herren auch des westjordanischen Bereichs zu etablieren. In der ersten Schlacht wurden die Heere der Israeliten geschlagen; auch die weiteren Abwehrversuche scheiterten. In höchster Not besann sich der Heerbann Israels auf ein magisches Zaubermittel: die Lade wurde als Palladium des heiligen Krieges auf das Schlachtfeld geholt. Umsonst: die Israeliten unterlagen, und die Lade fiel in die Hände der Philister. Nun waren die Sieger, die sich bald ganz Mittelpalästinas bemächtigten, nicht mehr aufzuhalten. Im ganzen Land wurden philistäische Besatzungstruppen stationiert und Gouverneure eingesetzt. Auf die Nachricht vom Verlust der Lade hin brach der Oberpriester Eli tot zusammen. Das zentrale Sanktissimum Israels wurde als Siegestrophäe in den Tempel des Gottes Dagon verschleppt, der Tempel von Silo zerstört. Die Lebensmitte des Zwölfstämmeverbandes war zersprengt, eine gemeinsame Aktion der Stämme kaum noch denkbar. Die Absicht der Philister, die einzelnen Bestandteile des Verbandes nur noch isoliert fortexistieren und allmählich der Auflösung verfallen zu lassen, schien der Verwirklichung nahe. In dieser Zeit der Unterjochung und Zersplitterung war Samuel der einzige Rückhalt, der persönliche Mittelpunkt der Zwölfstämmegemeinschaft. Mit seinen Söhnen, die in Beerseba – wahrscheinlich außerhalb des besetzten Gebietes – »richteten«, setzte Samuel alle seine Kraft daran, die Grundlagen der Rechtsordnung zu erhalten.

Da das besetzte Land gemeinsamer Aktionen nicht mehr fähig war, nutzten die Ammoniter die Gunst der Stunde und fielen in die Landschaft Gilead im Ostjordanland ein. Erst jetzt griff die Erregung wirklich um sich: Israel entdeckte, daß es ohnmächtig, nur noch ein Spielball der Nachbarn war. Da wurde der charismatische Auftrag lebendig. Eines Abends (1. Samuel 11) erfuhr der Benjaminit Saul, als er mit seinen Rindern vom Felde heimkam, von der Invasion der Ammoniter und von der Einnahme der Stadt Jabes. »Da kam der Geist Gottes über Saul, als er die Botschaft hörte, und sein Zorn entbrannte heftig.« Im heiligen Zorn riß Saul seine Rinder in Stücke und sandte die einzelnen Teile in alle Stammesgebiete mit der Botschaft: »Wer nicht auszieht Saul und Samuel nach, dessen Rindern wird man ebenso tun.« Entsetzen befiel alle, die die Botschaft vernahmen. Trotz Besatzung und Fremdherrschaft war der Held erstanden, der – wahrscheinlich nach bekanntem Brauch – zum heiligen Krieg aufrief! Der Heerbann versammelte sich, und aus den Überlieferungen geht hervor, daß in diesem Augenblick sogar »ganz Israel« zum Kampf antrat. Warum die Philister einen solchen Aufmarsch im besetzten Land duldeten, läßt sich nur vermuten: vielleicht erhofften sie vom Krieg eine Schwächung der Mächte Palästinas, und vielleicht war ihnen eine Aktion willkommen, die der aufstrebenden Ammonitermacht einen Riegel vorschob. Daß das gemeinsame Vorgehen den zerfallenden Zwölfstämmeverband zu neuem Leben erweckte, mögen die Philister nicht sofort erkannt haben, weil der israelitische Heerbann im Ostjordanland, also außerhalb ihres Kontrollbereichs, aufgestellt wurde. Wie dem auch sei: das von Saul geleitete Unternehmen gelang, die

Ammoniter wurden aus Jabes vertrieben und mußten sich in ihr angestammtes Gebiet zurückziehen.

Der Sieg über die Ammoniter ließ unter den Ältesten Israels von neuem den Wunsch nach Errichtung des Königtums aufkommen. Die Kraft, die in der Zeit der Not plötzlich entstanden war, sollte in einem zentralen Machtorgan zusammengefaßt und erhalten werden. Nach der Schlacht gegen die Ammoniter trat der Zwölfstämmeverband – oder eine Gruppe von Stammesabgesandten – in Gilgal, einem alten Gemeinschaftsheiligtum in der Jordansenke nahe Jericho, wahrscheinlich außerhalb des Kontrollbereiches der Philister, zusammen und rief Saul zum König aus. Gewiß war Saul schon vorher ein Auserwählter, da Israel ihn als charismatischen Führer anerkannt hatte. Dazu kam jetzt die Akklamation des versammelten Verbandes, der im begnadeten Helden einen erfolgreichen Organisator sah und mit der Erblichkeit des ihm anvertrauten Amtes eine neue zentrale Instanz begründete. Die politischen Notwendigkeiten hatten den Weg zur Schaffung einer königlichen Zentralgewalt freigelegt, aber auch die Zerreißung aller archaisch-sakralen Ordnungen des alten Verbandes eingeleitet. Zunächst sollte das neue politische Machtgebilde mit einer stabilen militärischen Führung den Philistern entgegentreten, und natürlich mußten dabei innere Spannungen zutage treten. Als Hüter des sakralen Erbes dürfte namentlich Samuel in einer schwierigen Lage gewesen sein. Die militärischen und organisatorischen Erfordernisse, die in der Errichtung des Königtums ihren Niederschlag fanden, waren kaum zu bestreiten. Den Überlieferungen läßt sich entnehmen, daß Zweifel und gegensätzliche Meinungen auch im Volk laut wurden.

Dem neueingesetzten König lag zuallererst die Aufgabe ob, das Land von den Philistern zu befreien. Nach der Tradition griff er mit seinem Sohn Jonathan, der als Feldhauptmann einer ständig unter Waffen stehenden Truppe fungierte, und einem kleinen Heer zunächst einen Militärposten der Philister auf dem Paß von Michmas an, der auch prompt vernichtet wurde. Dieser erste Sieg machte großen Eindruck, und nun wurden die philistäischen Garnisonen von Saul ohne Unterlaß beunruhigt, überfallen und zersprengt. Anfänglich reagierten die Philister kaum, aber lange konnten sie einer entscheidenden Kraftprobe nicht ausweichen. Saul rüstete seine Truppen, berief als weiteren Feldhauptmann seinen Verwandten Abner und schlug eine Anzahl von Grenzgefechten. Aber er muß noch einige Monate Zeit gehabt haben, denn er lebte zurückgezogen auf einer kleinen Burg seiner Heimatstadt Gibea und traf seine Vorbereitungen. Um diese Zeit wurde zu seinem Waffenträger ein junger Krieger namens David, der sich bei einem Grenzgefecht mit den Philistern besonders hervorgetan hatte. Ob in dieselbe Zeit auch der Kampf gegen den südlichen Nomadenverband der Amalekiter (1. Samuel 15) fällt, läßt sich nicht ermitteln, jedenfalls wurden die Amalekiter, die angesichts der Siege der Philister den Einfall ins Kulturland der Israeliten riskiert hatten, in der kurzen Regierungszeit Sauls geschlagen.

Sauls militärische und organisatorische Erfolge hinderten nicht das Anwachsen der inneren Spannungen. Saul wurde nachgesagt, daß er die sakralen Grundrechte des Zwölfstämmeverbandes nicht mehr beachte, sich über heilige Ordnungen hinwegsetze, bedenkenlos in den Opferkult eingreife und für das Königtum eine absolute Verfügungsgewalt in Anspruch nehme. Es kam zu einem heftigen Konflikt mit Samuel, der schließlich kraft seiner prophetischen Vollmacht die charismatische Designation Sauls zurückzog; die Texte deuten an, der Geist Jahves sei von Saul gewichen, Gott habe den Auserwählten verworfen. Saul wurde unsicher und mißtrauisch: »Es quälte ihn ein böser Geist.« Argwöhnisch sah Saul auf David, den strahlenden jungen Helden, von dem schon auf den Straßen gesungen wurde: »Saul hat Tausende geschlagen, David aber Zehntausende!« Gehetzt von Mißtrauen und Eifersucht, geplagt von einer seltsamen Haßliebe zu David, ging der erste König Israels in die entscheidungsschweren Tage des Krieges, den er nach wohl kaum zweijähriger Regierungszeit führen mußte.

Die Philister waren klug und geschickt vorgegangen. Sie hatten sich auf den Feldzug gründlich vorbereitet und ihn gut geplant. Saul wurde zunächst hingehalten und seine stehende Truppe in kleine Grenzplänkeleien verwickelt. Zwar hatte Saul alles getan, um Israels wehrtüchtige Männer in Alarmbereitschaft zu halten, aber der entscheidende Schlag kam dennoch überraschend. Das philistäische Heer zog unbemerkt an der Küste nordwärts, stieß dann in Höhe der Jesreel-Ebene in einer plötzlichen Ostschwenkung nach Mittelpalästina vor und schnitt Israels Nordstämme von Sauls im Süden stehender Truppe ab. Saul kam gar nicht mehr dazu, den Heerbann aus ganz Israel zu sammeln. In der Entscheidungsschlacht an der Harod-Quelle bei Aphek wurde Sauls Heer vernichtend geschlagen, Jonathan fiel, der König mußte fliehen. In tiefster Verzweiflung stürzte er sich ins eigene Schwert. Die Philister gaben keinen Pardon, sie verbreiteten Schrecken, schändeten Leichen, besetzten ganz Israel, nahmen diesmal auch das Ostjordanland unter ihre Kontrolle. So endete der erste Versuch Israels, die Lebensordnung des vorpolitischen Stämmeverbandes mit Hilfe einer königlichen Spitze zu stabilisieren. Samuel war vor der Schlacht an der Harod-Quelle gestorben. Der junge Held David jedoch hatte das Ende des Hauses Saul überlebt. Sein Stern war im Aufstieg.

Der Reichsgründer

Mit David beginnt in Israel die Geschichtsschreibung. Was die Quellen bis dahin – aus der Zeit der Richter oder aus der Sauls – übermitteln, sind Erzählungen, die in vielem noch Sagen sind, und der Beitrag des Erzählers ist reich an tendenziösen Aktualisierungen. Dagegen berichten über den Aufstieg Davids und seine Thronnachfolge exakt abgefaßte annalistische Darstellungen. Zwar sind auch hier mehr sagenhaft geprägte Erzählungen eingeschaltet, aber im wesentlichen befleißigt sich der Erzähler einer genauen Berichterstattung, die den inneren und äußeren Zusammenhang der Geschehnisse scharf erfaßt und alle wunderhaften Züge an den Rand treten läßt. Nur an wenigen Stellen rückt Jahve als die in der Geschichte leitende und wirkende Macht in den Vordergrund.

Den Jüngling David lernen wir als ungewöhnlich begabt, tapfer und liebenswert kennen. Wir wissen von seinem Aufstieg im Dienste des Hofes, in unmittelbarer Nähe Sauls. Lange kann David allerdings nicht in Gibea gewesen sein. Der Entzug des Charismas hatte den

König in Verfolgungswahn fallen lassen, der sein Mißtrauen gegen David, den allgemein Beliebten, lenkte. David floh in den Stammesbereich Judas und scharte dort eine Horde um sich, die in der Krisenzeit Israels von Raubzügen lebte. Das Leben eines Bandenführers gab er erst auf, als seine Bande als Söldnertruppe im Dienste des Philisterfürsten Achis von Gath Beschäftigung fand; die Stadt Ziklag wurde dem Söldnerführer als Lehen gegeben. Natürlich war Davids Dienst bei den Philistern skrupelloser Verrat; aber er war auf diese Weise endlich vor Sauls Verfolgungswahn sicher. Die Lage wurde mehr als schwierig, als das Heer der Philister zur Entscheidungsschlacht gegen Israel aufgeboten wurde und Davids Söldnerschar gegen Saul ins Feld ziehen sollte. Von der verhängnisvollen Pflicht, gegen das eigene Volk zu kämpfen, wurde der spätere König von Israel nur dadurch befreit, daß die anderen Führer des Philisterheeres in ihm einen Verräter witterten und den Ausschluß seiner Truppe aus dem Heer verlangten. Während die Entscheidungsschlacht in der Jesreel-Ebene tobte, ließ sich David mit seinen Leuten in Hebron, dem Zentrum des Südstammes Juda, nieder. In Juda gelang es ihm nach Sauls Tod, zu Macht und Einfluß zu kommen, und es geschah das Überraschende, daß er vom »Haus Juda« (dem Stamm Juda mit den angeschlossenen Gruppen) zum König gesalbt wurde. Offenbar hatte der Räuber- und Söldnerführer die hoffnungslose Lage des Zwölfstämmeverbandes geschickt dazu ausgenutzt, im Süden Palästinas ein kleines Königreich zu begründen, das als Splittergebilde wahrscheinlich auch den Philistern willkommen war.

Gewiß ist David eine der rätselhaftesten und großartigsten Gestalten des Alten Testaments. Was er auch tat, er wußte dafür immer klug und instinktsicher die rechte Stunde zu finden. Er war ungewöhnlich geschickt und konnte sich jeder Bedrängnis entledigen. Selbst der absurdeste Weg war ihm recht, wenn er nur zum Ziel führte. Dabei war David ein Mann von hinreißender Tapferkeit. Es war ihm aber auch keine Schuld fremd, alle menschlichen Tiefen hatte er durchwatet. Dennoch: er liebte Israel und stellte all sein Bemühen konsequent in den Dienst des Zwölfstämmeverbandes; er verehrte den Gott Israels und diente ihm in der vollen Kraft seiner schuldigen Menschlichkeit. Die alttestamentliche Geschichtsschreibung hat alle Seiten seines Wesens rückhaltlos aufgedeckt; sie hat ihn weder idealisiert noch in übermenschliche Größe hineingesteigert. Überhaupt liegt die Bedeutung des Alten Testaments darin, daß es unbestechlich die Wahrheit aufdeckt. Die Tradition fühlt sich nicht einem Menschen oder einem Volk verpflichtet, sondern dem Gott, der Recht, Gerechtigkeit und Wahrheit liebt.

Die Begründung eines Königtums in der judäischen Stadt Hebron hatte zunächst Zerreißung des freilich ohnehin aufgelösten Zwölfstämmeverbandes zur Folge. Die Möglichkeit einer solchen Spaltung war wohl schon in der voramphiktyonischen Gruppierung der in Nord und Süd gebildeten Stämmebünde angelegt. Dieser für die Geschichte Israels verhängnisvolle Dualismus sollte sich politisch vor allem nach dem Tode Salomos auswirken. David bot er den Ansatz zu einer Machtbildung, die von den Philistern geduldet werden mußte. Daß David weitere Ziele verfolgte, zeigt (2. Samuel 2,4–7) sein frühzeitiges Werben um die Herzen der Nordisraeliten: »Als nun David gemeldet wurde, die Männer von Jabes hätten Saul begraben, sandte David Boten an die Männer von Jabes in Gilead und ließ ihnen sagen: Gesegnet seid ihr von Jahve, daß ihr Saul, eurem Herrn, diesen Liebesdienst erwiesen und ihn begraben habt. So erweise euch nun Jahve Liebe und Treue, und auch ich will euch Gutes tun dafür, daß ihr das getan habt. So fasset nun Mut und zeigt euch als wackere Männer, denn Saul, euer Herr, ist tot. Auch hat mich das Haus Juda zum König über sich gesalbt.« Die geschickte Selbstempfehlung – solche Äußerungen sprechen sich schnell herum – war ein erster Versuch, den Norden zu beeindrucken. Indes war die von Saul ins Leben gerufene Dynastie noch nicht von der Bühne der Geschichte abgetreten. Die Nachfolge übernahm Sauls Sohn Esbaal, den man, um ihn dem Zugriff der Philister zu entziehen, in einen entlegenen Teil des Ostjordanlandes gebracht hatte und der nun von Mahanaim aus zu regieren suchte; mit einer kleinen Truppe beschützte ihn der Feldhauptmann Abner. Esbaal nannte sich »König von Israel«, was allerdings auf das »Haus Juda« keinen Eindruck machte: es hatte sich für David entschieden. Faktisch standen zwei getrennte Reiche einander gegenüber, und auch kriegerische Verwicklungen zwischen Juda und Israel blieben nicht aus. Abners Heer wurde von Davids Männern geschlagen. Die Philister hatten keinen Anlaß, darüber unglücklich zu sein.

Der Chronist (2. Samuel 3,1) berichtet: »Und der Krieg zwischen dem Hause Sauls und dem Hause Davids zog sich lange hin; David wurde immer stärker, das Haus Sauls aber wurde immer schwächer.« Die nachteilige Position des Hauses Saul wurde durch ein Zerwürfnis zwischen Esbaal und Abner noch verschlimmert. Abner durchschaute die Schwächen Esbaals und entschloß sich zu Verhandlungen mit David. Die Diplomatie scheiterte an persönlicher Rache. Abner hatte im Kampf einen Bruder Joabs, des Feldhauptmanns Davids, getötet und Joabs Racheschwur auf sich geladen. Als David nach hoffnungsvollen Verhandlungen Abner in den Norden heimkehren ließ, ging Joab dem Feinde nach und tötete ihn. Der Verständigungsversuch war auf tragische Weise fehlgeschlagen. Da stimmte David, der königliche Sänger, ein Lied der Klage an, das im Lande gehört werden sollte:

> Mußte Abner sterben wie ein Gottloser stirbt?
> Deine Hände waren nicht gebunden
> noch deine Füße in Ketten geschlagen.
> Wie ein Ruchloser fällt, bist du gefallen.

Der Klagegesang trug die Kunde durch die Lande, daß der König von Juda Abner nicht zum Gefangenen gemacht und seine Ermordung nicht gewollt hatte. Aber die Wirren wurden dadurch nicht geringer. In Mahanaim wurde Esbaal im Schlaf ermordet. Die Mörder glaubten, sie hätten David einen Gefallen getan, und überreichten ihm das Haupt des Opfers. Das gab David die Gelegenheit zu einer neuen Demonstration: er ließ die Mörder umbringen und das Haupt Esbaals mit allen Ehren neben dem Grab Abners beisetzen. Das Volk sollte erfahren: der König von Juda verabscheut den Mord an Sauls Sohn! Mit der Ermordung Esbaals war indes das Königtum im Norden praktisch erloschen; nur noch ein lahmer Sohn Jonathans konnte das Haus Saul fortführen. Was blieb den Ältesten der Nordstämme übrig, als mit David zu verhandeln? Sie gingen nach Hebron und setzten einen Vertrag auf, der den König von Juda auch zum König über Israel machte. Der Zwiespalt innerhalb des Zwölfstämmeverbandes wurde vorerst durch diese Art Personalunion überbrückt. Er blieb aber latent bestehen; die vertragliche Regelung machte die Königswürde zweiteilig und kündbar.

Wenn die Lage der getrennten und in ihren Bewegungen beaufsichtigten Reiche »Israel« und »Juda« für die Philister noch akzeptabel gewesen sein mochte, gab die neue Regelung den Fürsten der Stadtstaaten akuten Anlaß zum militärischen Eingriff. Die philistäischen Heere wurden in der Nähe der jebusitischen Stadt Jerusalem zusammengezogen und mit der Aufgabe betraut, im Grenzbezirk zwischen Juda und Israel eine Vereinigung der feindlichen Streitmacht zu verhindern. Davids Truppe erwies sich aber als unerwartet schlagkräftig: in einem Überraschungsangriff besiegte sie die Heere der Philister bei Baal-Perazim. Ebenso mißglückte ein zweiter Versuch der Philister, ihre Vorherrschaft in Palästina militärisch zu behaupten. Der Rückzug ihrer Truppen besiegelte das Ende ihrer Oberhoheit im westjordanischen Raum.

Nun stand David vor der Aufgabe der inneren Neuordnung. Das erste Problem war die Schaffung einer zentral gelegenen Hauptstadt, von der aus die Herrschaft über Nord und Süd ausgeübt werden konnte. David entschied sich für Jerusalem, das allerdings noch Stadtstaat der jebusitischen Urbevölkerung war und erst erobert werden mußte. Die Eroberung diente einem weitgesteckten politischen Ziel: David ging systematisch an die Unterwerfung der noch bestehenden kanaanitischen Stadtstaaten, die er dann in sein Staatswesen aufnahm. Jedoch wurde Jerusalem eine Sonderstellung zugewiesen: es ging als Krongut in Davids persönlichen Besitz über, und der König von Israel und Juda wurde Stadtkönig von Jerusalem, das dann auch Erbgut seiner Dynastie blieb. Um das Ansehen der neuen Metropole zu erhöhen und »ganz Israel« an sie zu binden, erneuerte David das vergessene Zentralheiligtum des Zwölfstämmeverbandes und brachte die Lade Jahves, die von den Philistern nach Kirjat-Jearim ausgeliefert worden war, nach Jerusalem. Gleichsam demonstrativ machte er die institutionelle Hinterlassenschaft des Verbandes der Zwölf Stämme zur Grundlage seines Staates. Zugleich wurden in Jerusalem sakrale Fundamente gelegt, die Stämmebund und Königtum auch religiös zusammenschlossen.

Nach der Einverleibung der kanaanitischen Stadtstaaten wandte sich David den Nachbarn Israels zu. Die Philister wurden auf schmalstem Raum zusammengedrängt. Im Südosten wurden die Staaten der Moabiter und Edomiter unterworfen und dem Herrschaftsbereich Davids eingegliedert. Dasselbe Schicksal ereilte die Ammoniter; in ihrer Hauptstadt Rabbat-Ammon setzte sich David die ammonitische Königskrone aufs Haupt. Im Süden wurde der Nomadenverband der Amalekiter in die Wüste zurückgeworfen. Davids Machtsphäre erstreckte sich nun bis zum Golf von El-Akaba. Aus den Aramäerreichen im Nordosten wurden Provinzen des Staates Israel. Um das alles zu erreichen, mußte man wohl verschiedene Kriege gleichzeitig führen. Der neue Staat konnte sich das erlauben: er wurde nach und nach zu einem mächtigen Großreich, das mit Ausnahme der phönikischen Stadtstaaten sämtliche Abschnitte der Länderbrücke Syrien und Palästina umfaßte, mit den Phönikern verbanden David freundschaftliche Abkommen. Das war kaum faßbar: nach einem völligen Zusammenbruch hatte sich aus den Trümmern in wenigen Jahren ein großes Reich erhoben, das vom Golf von El-Akaba bis an den Euphrat reichte, und das alles dank der Klugheit und Kühnheit eines einzigen Mannes!

Unter einem Großreich verstand man im alten Orient ein über die Grenzen des Nationalstaates hinausgreifendes Machtgebilde, das sich über ein großes Gebiet erstreckte, mehrere fremde Vasallenstaaten in sich schloß, von einer straff zentralisierten Staatsgewalt regiert wurde und in seinem großen Heer hauptsächlich Söldner aus den Vasallenstaaten verwendete. Solche Großreiche bestanden im Gebiete des Zweistromlandes, in Ägypten und in Kleinasien. Israel war der erste Staat dieser Art im syrisch-palästinischen Raum. Natürlich mußte ein so umfangreiches Gebilde von einer starken Hand zusammengehalten werden. David sorgte für eine straffe Gliederung des Heeres und für einen Verwaltungsapparat von Ministern und Schreibern, der sich sowohl für das Innere als auch für die Organisation der beherrschten Gebiete eignete. Als Vorbild scheint vornehmlich das ägyptische Reich gedient zu haben. Obgleich der Zwölfstämmeverband im Gefüge des Großreiches vor ganz neue Aufgaben gestellt war, gelang es David, mit der Stabilisierung des zentralen Kultes einen ruhenden Pol zu schaffen, mit dessen Hilfe sich die sakrale Lebensordnung Israels an die neue Machtorganisation anpassen konnte. Wahrscheinlich war es weise, der Stämmegemeinschaft die religiöse Ausdrucksform der alten kanaanitischen Gesellschaft, den Tempelbau, nicht aufzunötigen und in Jerusalem keinen Tempel zu errichten. Unter David blieb es bei der schlichten Kultform, die der Herkunft der Stämme entsprach: die Lade verblieb in einem Zelt.

Mit der Zeit führten in Davids Großreich zwei Schwierigkeiten zu gefährlichen Krisen; einerseits verlagerten die weitreichenden Verwaltungsaufgaben das Schwergewicht vom eigentlichen Kern Israels zu den unterworfenen Gebieten, so daß sich die Stammesältesten in Juda und Israel über die Vernachlässigung der Stämme durch den König beklagten; anderseits zeigte sich immer deutlicher, daß eine gedeihliche Ordnung im großen Reich eng von der Person und Autorität des Königs abhing, womit das Problem der Thronfolge akut und gravierend wurde. David hatte sich nicht entschließen können, seinen Nachfolger früh genug selbst zu bestimmen, obgleich er sich immerhin auf den in Israel bekannten Spruch des Propheten Nathan, der die Fortdauer der Dynastie Davids vorausgesagt hatte, hätte stützen können. So wurde die Thronfolge zum Zankapfel, der Davids Söhne in einen blutigen Zwist stürzte. Davids ältester Sohn Ammon wurde von Absalom, dem nächstfolgenden, ermordet. Absalom fiel in Ungnade, konnte sich aber dank der Fürsprache des Feldhauptmanns Joab mit dem Vater versöhnen. Dadurch sicherer geworden, versuchte er es mit einem Aufstand. Mit Hilfe der von David vernachlässigten Stämme, unter denen das Haus Juda ihm besonders bereitwillig entgegenkam, ließ er sich in Hebron noch zu Lebzeiten des Vaters zum König ausrufen. David war durch den überraschenden Aufstand praktisch abgesetzt, wußte sich aber zu helfen: er zog sich mit seinen Söldnern ins Ostjordanland zurück, bezog in Mahanaim Quartier, nahm offenbar von dort aus Kontakte zu den Vasallenstaaten auf und warb neue Söldner an. Gut gerüstet konnte er in die Schlacht ziehen, in der sich die Überlegenheit der Berufssoldaten über die Stammeskrieger zeigte. Die Aufständischen wurden geschlagen, Absalom auf der Flucht getötet. Doch vermochte David das Vertrauen der Stämme nicht wiederzugewinnen. Auch in Nordisrael brach eine Abfallbewegung aus: die Nordstämme unter der Führung Schebas wollten den Vertrag mit David kündigen und gaben die Kampfparole aus: »Wir haben keinen Teil an David und keinen Erbanteil am Sohne Isais! Jeder kehre heim in seine Zelte, Israel!« Wieder mußte David, um das Auseinanderbrechen des Großreichs in seinem Kern zu verhindern, die Rebellion von Söldnern niederwerfen lassen. Die Zweiteilung Israels, die nach dem Tode Salomos Wirklichkeit werden sollte, warf ihre Schatten voraus.

Der letzte Akt im Nachfolgedrama spielte sich ab, als David im Sterben lag. Als Thronanwärter trat jetzt der Davidssohn Adonia auf, dem am Königshof überaus einflußreiche Männer, vor allem Joab und der Oberpriester Abjathar, zur Seite standen. Alte Rivalitäten führten zur Bildung einer Gegenpartei um den Söldnerführer Benaja, den Priester Sadok und den Propheten Nathan: ihr Kandidat war Salomo, dessen Mutter Bathseba (2. Samuel 12) auf David einen nicht geringen Einfluß ausübte. Der Konflikt erreichte seinen höchst dramatischen Höhepunkt, als die Partei Adonias ihren Anwärter übermütigerweise zum König ausrief, bevor der alte König gestorben war. Natürlich wurde dieser Frevel dem sterbenden David von der Gegenpartei gemeldet, und endlich raffte sich der Unentschlossene auf, den Sohn zu nennen, den er auf seinem Thron sehen wollte. Seine Wahl fiel auf Salomo. Adonia mußte sich dem jüngeren Halbbruder unterwerfen.

Salomo: Potentat und Tempelherr

Wer die biblischen Erzählungen aus der Zeit Salomos mit denen aus der Ära Davids vergleicht, wird feststellen, daß die Berichte über die Taten Salomos weniger farbig und lebendig sind als die über den Aufstieg und die Nachfolge Davids. Das hat seinen guten Grund: gegenüber den beispiellosen Triumphen Davids verblassen die Geschehnisse in der Regierungszeit seines Sohnes, obgleich auch sie ihre erregenden Aspekte boten. Die Staatsschreiber, die wohl noch zu Lebzeiten Salomos die Annalen verfaßten, auf denen die Darstellung des Alten Testaments im wesentlichen beruht, hatten weniger bedrohliche, aber auch weniger strahlenreiche Ereignisse zu registrieren, als sie sich zu Zeiten Davids abspielten. Und auch in den sagenhaften Erzählungen und Anekdoten aus dem Leben Salomos, die die offizielle Chronik ergänzen, findet sich wenig Epochemachendes. Die Zeit Salomos verlief ohne sensationelle Höhepunkte und Krisen, auch wenn sie die Erinnerung an viel Ruhm, Glanz und Prunk hinterlassen hat.

Salomo begann seine Herrschaft damit, daß er alle Widerstände aus dem Wege räumte, die ihm den Weg zur Macht versperrt hatten. Um jede Gefahr auszuschalten, ließ er Adonia und den verdienten Feldhauptmann Joab töten. Der Oberpriester Abjathar bezahlte seine Parteinahme für Adonia mit dem Exil in Anathot. Als Priester erhielt Sadok eine bevorzugte Stellung, und das Privileg, im Jerusalemer Heiligtum priesterliche Funktionen zu verrichten, vererbte sich auf seine Nachkommen. Nach der blutigen Säuberungsaktion am königlichen Hof ging Salomo daran, seine eigenen Vorstellungen vom Königtum in die Tat umzusetzen. War David ein dynamischer, erobernder und aufbauender Regent, so war Salomo darauf bedacht, dem Königtum einen repräsentiven Charakter zu geben und eine glanzvolle Machtentfaltung zu sichern. Trotz allen umstürzenden und revolutionierenden Erfolgen hatte der Vater seine Wurzeln in den patriarchalischen Lebensordnungen des Zwölfstämmeverbandes; der Sohn akzeptierte freudig den vielgestaltigen Einfluß der altorientalischen Kultur, die immer mehr ins Zentrum des Großreichs eindrang. Das Vorbild, dem er nacheiferte, war der altorientalische Königshof mit seiner mythischen Würde, seinem Prunk, seiner strahlenden Machtbekundung. Da man einen mächtigen orientalischen Regenten an der Zahl seiner Frauen erkennt, wurde der Harem vergrößert. Mit Vorbedacht wurden als Hauptfrauen des Königs Töchter bedeutender ausländischer Herrscher ausgewählt. Soweit die Väter von Israel besiegt worden oder von ihm abhängig waren, war das nicht schwer; es bedurfte aber schwieriger diplomatischer Verhandlungen und einer gewichtigen Gegengabe, wenn eine Pharaonentochter den Königsharem zu Jerusalem zieren sollte. Daß das Salomo gelang, daß sein ehrgeiziger Wunsch, sich mit den Großreichen, namentlich mit Ägypten, zu verschwägern, in Erfüllung ging, war ein großer Erfolg; im Vergleich dazu spielten die moabitischen, edomitischen und ammonitischen Haremserwerbungen, die Salomo mehr und mehr zum Verhängnis wurden, politisch eine geringere Rolle. Mit der Schaffung eines Großmachtharems wurde die Hofhaltung anspruchsvoll, luxuriös und kostspielig; aber zum prunkvollen Hof eines Großreichs gehörte auch eine Atmosphäre, die nur weltbejahende und aufgeklärte Menschen hervorbringen können, und in dieser Atmosphäre gedieh das kulturelle Leben. Die Staatsschreiber *(sopherim)* wurden zu Kulturübermittlern, die Verkehr und Austausch mit den umliegenden Reichen und Ländern zu betreuen hatten. Es war ihr Werk, daß die weltliche ägyptische Weisheitslehre nach Jerusalem gebracht wurde. In ihr liegen die Wurzeln der alttestamentlichen Spruchweisheit, in der das ägyptische Ideengut auf recht eigene Art verarbeitet ist.

Natürlich erschöpfte sich Salomos Wirksamkeit nicht in der Entfaltung eines brillanten Hoflebens. Salomo war ein harter, tatkräftiger und umsichtiger Regent, und seine Hauptarbeit galt der Erhaltung und Festigung des ererbten Großreichs. Er teilte Israel in Verwaltungsbezirke ein und stellte das vertraglich besiegelte Königsrecht auf eine feste organisatorische Basis. Zwölf vom König ernannte Statthalter waren die verantwortlichen Vorsteher der Verwaltungsbezirke, die sich nicht ganz mit dem Siedlungsgebiet der einzelnen Stämme deckten, die alte Siedlungsordnung aber nicht grundsätzlich durchbrachen. Die Statthalter waren die Vollzugsbeamten der Königsgewalt, sie mußten vor allem die vertraglich festgelegten Naturalabgaben der Stämme eintreiben und nach Jerusalem abführen. Die Ansätze dieses Systems stammten wahrscheinlich schon aus der Zeit Davids; Salomos anspruchsvolle Hofhaltung machte indes eine straffe Abgabenverwaltung erst wirklich unabweisbar. Bezeichnenderweise war trotz der Feststellung der traditionellen Quellen, daß Salomo »ganz Israel« in Gaue eingeteilt habe, der Stammesbereich Judas in das System der Verwaltungsbezirke nicht einbezogen: das »Haus Juda« existierte, getrennt von den »Zwölf Gauen Israels«, als ein Bereich für sich. Wieder äußerte sich hier die Zweiteilung des Reiches in Nord und Süd; das vertragliche Königsrecht beruhte weiterhin auf der Teilnahme zweier Partner. Salomo ging es offenbar in erster Linie darum, das labile Nordreich in die Hand zu bekommen und mit Hilfe einer straffen Organisation der zentralen Ordnungsmacht zu unterwerfen. Möglicherweise hatten sich nach Davids Tod gerade in diesem Nordbereich Loslösungs- und Selbständigkeitsbestrebungen geltend gemacht.

Luxus, Aufklärung, Verwaltung, Steuereintreibung waren die charakteristischen Merkmale der neuen Atmosphäre. Der Staat öffnete sich allen Einflüssen, die aus der

Jerusalem von Südwesten

Ruinen der Pferdeställe des Königs Salomo in Megiddo

altorientalischen Welt einströmten; ähnliche Einflüsse waren aber auch im Innern erstarkt. Schon unter David waren die Kanaaniter in den israelitischen Staat eingegliedert worden. Über die Grenzen der bis dahin gesondert existierenden Bereiche brachen in Israel in verstärktem Maße die Stadtkultur, die Praktiken des Handels und die fremden Sitten ein. Von innen und außen wogte das Leben der altorientalischen Welt heran und höhlte die noch in der Wüste gelegten Fundamente des Zwölfstämmeverbandes aus. Nachdem die Schleusen einmal geöffnet waren, ließ sich die Flut nicht mehr eindämmen. Diplomatie und höfische Beziehungen ermöglichten den Ausbau eines schwunghaften Außenhandels. Zwei Flotten befuhren die Meere: die im Golf von El-Akaba stationierte durchkreuzte das Rote Meer, landete in Afrika und Südarabien und dürfte sogar in den Indischen Ozean vorgestoßen sein; eine zweite Flotte, die Israel in enger Zusammenarbeit mit dem ihm verbündeten König von

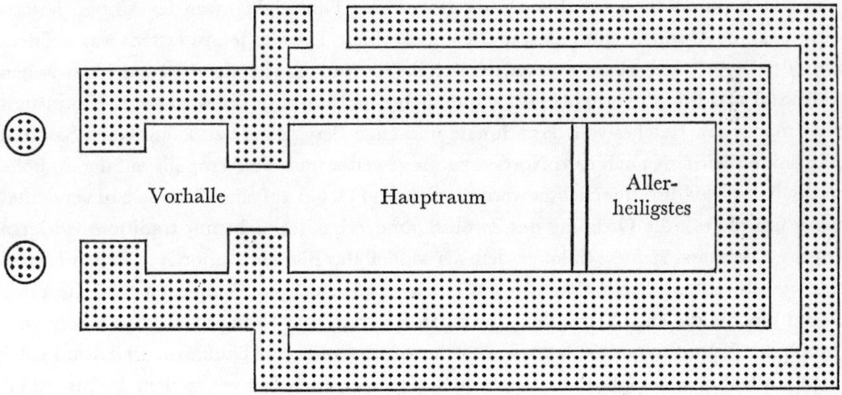

Der Tempel von Jerusalem

Tyros unterhielt, stellte die Verbindung zwischen der syrischen Küste und dem Mittelmeer her. Die Handelsflotten brachten Gold, Silber, kostbares Holz, Elfenbein und – zum Amüsement des Hofes – exotische Tiere. Nach allen Seiten hin wurden Handelsbeziehungen geknüpft. Der Ruhm des israelitischen Großreichs ging in die Welt hinaus. Prominente Besucher – wie die im Alten Testament erwähnte Königin des südarabischen Reiches Saba – kamen mit prachtvollen Geschenken nach Jerusalem und wurden mit Pomp empfangen. Der aufgeklärte, in aller Weisheit geschulte Regent mit seinem großen Reichtum war ein Magnet, der fremde Gäste anzog.

Es gab auch Verluste und Rückschläge. Die aramäischen Provinzen, die David in sein Reich eingegliedert hatte, konnte Salomo nicht halten; es entstand ein neues aramäisches Staatswesen mit dem Zentrum Damaskos. Ein Teil Edoms gewann seine Selbständigkeit wieder und stellte das eigene Königtum wieder her. Die Ammoniter und Moabiter scheinen weiterhin unter israelitischer Oberhoheit geblieben zu sein, aber leicht fiel es Salomo offenbar nicht, die nicht zum eigentlichen Kernland gehörenden Teile des zusammenschrumpfenden Reiches zusammenzuhalten. Das geschah allerdings ohne ernsthafte Krisen oder Kriege, so daß sich Salomo im wesentlichen dem inneren Ausbau seines Staates widmen konnte. Vor allem wurden umfangreiche Bauprojekte verwirklicht. An zahlreichen Stellen ließ Salomo – wahrscheinlich auch hierin dem Vorbild Davids folgend – Magazine und Festungen anlegen; um alle gefährdeten Teile des Landes sollte zum Schutze nicht nur der Nord- und Südgrenzen, sondern auch der großen Verkehrs- und Handelsstraßen ein Festungsgürtel gezogen werden. Starke Festungswerke und Garnisonen wurden in Hazor und Megiddo errichtet. In der Kriegführung gewannen Streitwagen erhöhte Bedeutung, und für das Heer wurden viele Pferde gekauft. Zahlreiche Spuren dieser gewappneten Welt sind bei Ausgrabungen in Megiddo und Hasor ans Licht gekommen; in Megiddo haben sich die Grundmauern eines Bauwerks mit einer Anzahl kleiner Boxen erhalten, das wohl als Pferdestall benutzt wurde.

Der Höhepunkt der von Salomo eifrig geförderten Bautätigkeit war der Ausbau Jerusalems, das eine Akropolis mit Palast und Tempel erhielt. Die alte Jebusiterstadt war auf dem schmalen Bergrücken erbaut worden, der sich im Südosten des heutigen Jerusalems zwischen Kidrontal und Stadttal erhebt; dort stand auch eine Burg. Für die wachsende Hauptstadt eines mächtigen Reiches war das schmale und enge Berggelände zu klein. Nach Salomos Plan sollte die Stadt nach dem Norden zu ausgeweitet und die Akropolis auf der Anhöhe nördlich der Davidsstadt errichtet werden. Während David auf einen Tempelbau verzichtet hatte, um die sakrale Ordnung des Zwölfstämmeverbandes nicht mit traditionswidrigem Prunk zu belasten, richtete Salomo, dem als Modell das Bild einer altorientalischen Metropole vorschwebte, all sein Trachten auf einen repräsentativen Tempelkomplex. Im alten Orient machte die enge Verbindung zwischen Religion und Königsmacht den König zum Haupt der Kultushierarchie, zum Tempelherrn und obersten Bauherrn. Er hatte in der Regel im Rahmen des Palastkomplexes auch seinen eigenen Tempel, in dem der Staatskult seinen sichtbarsten Ausdruck fand. Diesem Vorbild folgte Salomo: Palast und Tempel sollten zwar selbständige Gebäude, aber doch miteinander verbunden sein, eine bauliche Einheit bilden.

Für das gewaltige Bauprojekt wurde zunächst einmal in großen Mengen Zedernholz aus dem Libanongebirge benötigt; um sich die Lieferung zu sichern, trat Salomo in nähere Verbindung mit dem phönikischen König Hiram von Tyros. Sodann wurde eine ansehnliche Arbeitskolonne zusammengestellt, die unter der Leitung erfahrener Baumeister die Bauarbeiten ausführen sollte; zu einer wichtigen Figur im Staatsgefüge wurde der Arbeitshauptmann, der die Arbeiter und Fronsklaven zusammenzuholen und zu beaufsichtigen hatte. Zu Dienstleistungen wurden Arbeitskräfte nicht nur aus unterworfenen Bezirken, sondern auch aus den Verwaltungsbezirken Israels herangezogen; nur Jerusalem und Juda waren, wie es scheint, von Dienstleistungen laut Staatsvertrags ausgenommen, und aus dieser Vorzugsbehandlung sollten sich später beträchtliche Reibungen und Schwierigkeiten ergeben. Das Baugelände, die Tenne des Jebusiters Arauna, galt als auserwählt; wahrscheinlich war sie die Stätte des alten jebusitischen Lokalheiligtums. Als Vorbild für den dreiteiligen Tempel diente die kanaanitisch-syrische Sakralarchitektur. Eine Vorhalle führte in den heiligen Zentralraum, hinter dem sich das Allerheiligste, ein erhöhter Adyton über dem heiligen Felsen, befand. Der Tempel hatte einen Grundriß von etwa elf mal achtunddreißigeinhalb Metern bei einer Höhe von sechzehneinhalb Metern. Die drei Haupträume waren von Priesterkammern umgeben. Durch Fenster strömte Licht in die Vorhalle und den Zentralraum; dagegen war die Cella, das Allerheiligste, ein lichtloser kubischer Raum. Ein innerer und ein äußerer Vorhof schlossen das heilige Gelände von der Außenwelt ab; sie beherbergten den großen Brandopferaltar und das »Eherne Meer«, einen riesigen Wasserbehälter, der auf zwölf bronzenen Stieren ruhte. Der Tempelgottesdienst wurde hauptsächlich in den Vorhöfen verrichtet: hier wurden die Opfer dargebracht und die festlichen Mahlzeiten abgehalten. Während der Festtage durfte jeder Israelit den eigentlichen Tempel betreten, um niederzufallen und Jahve anzubeten.

Der Bau des Tempels erforderte viel Mühe und Aufwand, zumal der Wunsch des Königs, die Vollendung des Werkes zu erleben, zur Eile zwang. Nach der Darstellung des Alten Testaments wurde an dem Bau sieben Jahre gearbeitet. Damit waren natürlich gewaltige Kosten verbunden, und sogar dem reichen Salomo ging zeitweilig das Geld aus. Schließlich sah er keinen anderen Ausweg, als seine Schulden beim König von Tyros mit der Abtretung einiger Städte Nordisraels zu begleichen. Darin äußerte sich zum erstenmal der Verlust an materieller Substanz, den das Bauunternehmen mit sich brachte; darin zeigte sich aber auch, wie rücksichtslos Salomo mit dem Territorium Nordisraels umsprang, wenn es darum ging, die Kosten seiner luxuriösen Machtentfaltung aufzubringen. Noch anspruchsvoller war der Bau des Palastbezirks, der dreizehn Jahre dauerte. Der Komplex bestand aus vier Einzelgebäuden: dem Libanonwaldhaus, der Säulenhalle, der Thronhalle und dem eigentlichen Wohnpalast. Das Libanonwaldhaus, ebenso hoch wie der Tempel, war ein einziger großer Saalbau mit einem Grundriß von fünfundfünfzig mal siebenundzwanzigeinhalb Metern; seinen Namen hatte das Gebäude wohl von den in drei Reihen angeordneten fünfundvierzig Baumsäulen, die, mit kunstvollen Blattornamenten aus Gold belegt, sein Dach trugen. Weniger ist über die anderen Palastbauten bekannt. In der Thronhalle stand ein mit Elfenbein gezierter Thronsessel, zu dem sechs Stufen hinaufführten. In der südwestlichen Ecke des Geländes lag der Wohnplatz, vermutlich ein vielschichtiger Gebäudekomplex, der in voneinander abgesonderten Bereichen nicht nur den vielen Frauen des Königs, sondern auch den Prinzen und anderen Angehörigen des Königshauses als Residenz dienen mußte.

Ein bedeutungsvoller Akt im Leben Salomos (1. Könige 8) war die feierliche Einweihung des Tempels. In einem festlichen Aufzug wurde die Lade Jahves in den Tempelbereich geleitet und im Allerheiligsten niedergestellt. Wir kennen den Tempelweihspruch Salomos:

> Die Sonne hat Jahve an den Himmel gesetzt.
> Er selbst hat erklärt, im Dunkel wohnen zu wollen.
> So habe ich nun ein Haus erbaut, dir zur Wohnung,
> eine Stätte, damit du dort ewiglich thronest.

Der Spruch bezeichnet den Charakter des Tempels. Er gilt als Wohntempel: im Allerheiligsten ist der Gott Israels gegenwärtig. Die Lade, die im alten Israel als zentrales Sanktissimum und Palladium des heiligen Krieges gedient hatte, war der leere Thronsitz, über dem Jahve Zebaoth unsichtbar gegenwärtig war. Sie verwandelte sich jetzt in ein

Prozessionsheiligtum: nach alttestamentlichen Texten soll die Kultgemeinde von Jerusalem in späteren Zeiten das Heiligtum der Lade alljährlich feierlich in den Tempel hineingeführt haben (Psalm 132). Im neugestalteten kultischen Geschehen rückte der König als Tempelherr in den Mittelpunkt. Nach der Überlieferung trat Salomo selbst wie ein Priester auf; er segnete die anwesende Volksgemeinde und verrichtete den priesterlichen Dienst der Fürbitte. Der Bau des Tempels hatte wesentliche kultische Veränderungen nach sich gezogen, und die Rückwirkungen dieser Veränderungen auf die Gesamtstruktur des Gemeinwesens deuteten eine einschneidende geschichtliche Wende an.

Zersetzung und Spaltung

Salomo hatte einen königlichen Eigentempel, ein Staatsheiligtum erbaut, war selbst der Kultherr geworden und hatte damit unabsehbare Gefahren heraufbeschworen. Während David aus kluger Berechnung, aber auch in sichtlicher Frömmigkeit beim zentralen Gottesdienst des Zwölfstämmeverbandes in seiner ursprünglichen Form geblieben war, zog Salomo mit der Lade, dem Zentralheiligtum Israels, auch die ganze Kultinstitution des alten Verbandes in die Sphäre des neuen Staatskults hinein. War es nun Sache des Königs als Herrn des Kultus geworden, darüber zu bestimmen, ob Jahve oder ein anderer Gott in Jerusalem angebetet werden sollte? Die alttestamentlichen Bücher, die aus der Zeit der Könige berichten, lassen erkennen, daß die Entscheidung über das gesamte religiöse Leben Israels jetzt tatsächlich beim König lag. Damit wurde die Gefahr, die sich schon abgezeichnet hatte, als David die Rechtsnachfolge der jebusitischen Stadtfürsten antrat, wirklich akut: sakrale und mythische Elemente des altorientalischen Königskultes begannen in das israelitische Leben einzudringen. Da Salomo mancherlei Elemente aus dem Herrschaftssystem der altorientalischen Großkönige übernahm, gewann auch die Idee der göttlichen Herrschaft eines menschlichen Königs an Bedeutung. Was sollte nun in Zukunft geschehen? Würde der gesamte Kultus in den Dienst des göttlichen Königtums gestellt werden? Würden die Tempelherren mit dem Jahve-Gottesdienst am Ende nur sich selbst feiern und bestrahlen?

Nachdem die Schranken zwischen Israel und den Kanaanitern gefallen waren, erweiterte sich der Einflußbereich der fremden Naturkultreligion: Israeliten suchten immer häufiger die Höhenheiligtümer der Baalim und fanden Gefallen an vielen heidnischen Riten; das Ansehen des Zentralheiligtums, das in den Rang eines Staatsheiligtums erhoben worden war, konnte nicht verhindern, daß in den Ortschaften der lokale Naturkult auch die israelitische Bevölkerung mächtig beeindruckte und anzog. Hinzu kam, daß der König nach der Darstellung der Quellen immer nachhaltiger unter den Einfluß seiner ausländischen Frauen geriet. So heißt es im Buch der Könige, Salomo habe sich von seinen moabitischen und ammonitischen Frauen verführen lassen, von Jahve abzufallen, fremden Göttern zu dienen und ihnen sogar eine Opferhöhe zu errichten. Sichtlich kündigte sich in einer Welt des Glanzes, des Luxus und der religiösen Großveranstaltungen ein gefährlicher innerer Verfall an.

Eine der großen Errungenschaften der Zeit Davids war die Geschichtsschreibung. Auch zu Lebzeiten Salomos wirkten die neuerwachten geistigen Kräfte sich aus. Es entstand das jahvistische Geschichtswerk, eines der drei großen Erzählwerke, die in die Fünf Bücher Mose eingegangen, aber durch die Quellenscheidung der literaturkritischen Analyse als einst selbständige epische Darstellungen ermittelt worden sind. Aus einem kurzgefaßten Bekenntnis hatte sich das ursprüngliche heilsgeschichtliche Credo im Laufe der Zeit zu einer immer stärker anwachsenden Rekapitulation der Anfänge Israels entwickelt. Diese Traditionsmaterialien verarbeitete der Geschichtsschreiber der davidisch-salomonischen Epoche, den die Wissenschaft den »Jahvisten« zu nennen pflegt, in einer Darstellung, die nicht nur die Epoche von den Erzvätern (Genesis 12,1 ff.) bis zum Einzug ins gelobte Land behandelte, sondern ihr auch eine Urgeschichte vorordnete und so den universalen Horizont der bei den Erzvätern anhebenden und in Israel fortgeführten Heilsgeschichte heraushob. Erst die Hofkultur des Großreiches ermöglichte eine Weite des Ausblicks, von der aus die Schöpfung der Welt (Genesis 2) auf den Menschen als Mittelpunkt bezogen werden konnte; das große Interesse an *adam*, dem Menschen, entsprach dem kraftvollen Aufbruch einer dem Humanum zugewandten Aufklärung. Mit dem jahvistischen Werk nahm der Jahve-Glaube zeitnahe Ideen in sich auf und ordnete sie in ein geschlossenes Weltbild ein. Von der Urgeschichte aber wurde ein düsteres Bild gezeichnet: der Abfall des Menschen von seinem Schöpfer und Herrn wurde zum Urdatum der Geschichte, die fortan im Zeichen von Schuld und Gnade, von Gericht und Heil stehen sollte. In einer weitgespannten Typologie erscheinen die Taten der Völker auf dem Hintergrund des souveränen und heilvollen Wirkens des von Anfang an Jahve genannten Gottes (weswegen denn auch die Forschung diesem Geschichtsdeuter den Namen »Jahvist« beigelegt hat). Jahves Gericht dämmt die Schuld ein, wirft den hybriden Menschen an seinen Ort zurück und schafft neue Anfänge. Mit Abraham tritt in die Völkerwelt der eigentliche Heilsträger und erwählte Segensmittler ein, der Erzvater des erwählten Volkes, dessen Weg von diesem Beginn bis zu den Grenzen des Landes Kanaan verfolgt wird. Die Vielzahl der Traditionen ist konsequent dem zentralen Thema des Heils der Völker zugeordnet, das der Menschheit auf dem geschichtlichen Wege über Israel zuteil wird: nicht in einem spontanen Akt, sondern dadurch, daß sich Gott in die Irrungen und Wirrungen menschlichen Wollens, die gerade unter den Erwählten offenbar werden, liebevoll hinabneigt, auch in Perioden der Mühsal, die unter seinem fortgesetzten Walten von Verheißungen schrittweise zu Erfüllungen führen.

Verständlicherweise mußte man sich in der Zeit Davids und Salomos nach den Uranfängen des großen Reiches fragen, das sich so machtvoll entfaltet hatte; man suchte aber auch nach dem universalen Rahmen, in dem sich all das abspielte, was in Israel lebenbestimmend vom sakralen Zentrum des Jahve-Glaubens ausging. Der Jahvist gab die Antwort. Sein Werk ist die erste umfangreiche, größere Zeiträume erfassende Geschichtsdarstellung; es zeigt die Richtung einer Geistestätigkeit an, die in keinem anderen Bereich der antiken Welt einen so klaren und in sich geschlossenen Ausdruck gefunden hat. Geschichte, die sich von den dürren Strukturfäden der Chronologie befreit und zugleich das Zyklisch-Mythische eines der Natur verhafteten Schicksals sprengt, ist recht eigentlich eine Errungenschaft der alttestamentlichen Welt, die ihren Ausgangspunkt und ihre Antriebskraft im Gottesglauben Israels hat. Auch wenn dieser alttestamentliche Glaube beim Durchschreiten fremder Kulturbereiche und Geistessphären vielfach einer synkretistischen Zersetzung anheimfällt, erfährt er immer wieder eine Läuterung, die dem religiösen Rezeptionsvermögen neue Seiten der Machtwirkungen Jahves erschließt. Die Läuterung lebt aus dem Geist der Prophetie, der in Israel in den verschiedenen Geschichtsperioden lebendig ist.

Die einzigartige Leistung des Jahvisten mochte Israel größere Immunität gegenüber zersetzenden Einwirkungen von außen verleihen, aber sie konnte die Folgen der schweren inneren Schäden nicht bannen, die Salomos anspruchsvollen Staatsbau zerfraßen. Das prunkvolle Hofleben hatte seine düstere Kehrseite im Frondienst der Arbeitskolonnen. Salomo hatte Israel die Last der altorientalischen Welt aufgeladen, in der sich hinter staunenerregenden Leistungen stets das unlösbare und meistens verschwiegene soziale Problem verbarg. Solange Salomo König war, fronten die Arbeitskolonnen. In drei Schichten sollen unter der höchsten Führung des Arbeitshauptmanns fast zehntausend Mann pausenlos gearbeitet haben, und eine andere Mannschaft war mehr oder minder ständig mit der Holzzubereitung im Libanongebirge beschäftigt. Von Jahr zu Jahr wurde die Fronlast schwerer, aber nach wie vor blieb der Stamm Juda von Dienstleistungen verschont. Da die Rivalität zwischen Nord und Süd ohnehin zunahm, war der Ausbruch des Konflikts über kurz oder lang unvermeidlich. Die Krise begann, als sich ein Ephraimit namens Jerobeam, der sich als Bauarbeiter hervorgetan hatte und von Salomo zum Aufseher gemacht worden war, an die Spitze einer nordisraelitischen Aufstandsbewegung (1. Könige II) stellte. Die Bewegung, der auch Propheten, namentlich Ahia von Silo, ihren Beistand liehen, erstrebte die Loslösung Nordisraels vom Reiche Salomos. Natürlich sah Salomo nicht tatenlos zu: »Da trachtete Salomo dem Jerobeam nach dem Leben; Jerobeam aber machte sich auf und floh nach Ägypten zu Sisak und blieb in Ägypten bis zum Tode Salomos.« Bezeichnenderweise machte Sisak – wahrscheinlich der Pharao Scheschonk – keine Anstalten, den politischen Flüchtling auszuliefern. Jerobeam konnte in Ruhe auf den günstigen Augenblick warten, der sich allerdings nicht einstellte, solange Salomo noch am Leben war. Mit um so elementarerer Gewalt sollte die Krise nach seinem Tod zum Durchbruch kommen.

Salomo starb im Jahre 926 v. Chr., und zur Jahreswende, die das alte Israel im Herbst feierte, wurde traditionsgemäß sein Nachfolger auf den Thron erhoben. Das ist das erste Datum in der Geschichte Israels, das sich verhältnismäßig sicher ermitteln läßt. Die Chronologie ist von diesem Zeitpunkt an für Juda und Israel auf eine ziemlich solide Basis gestellt. Der Chronologie des deuteronomistischen Geschichtswerks (im Alten Testament von Josua 1 bis einschließlich 2. Könige 25) lagen neben anderem königliche Annalen von Juda und Israel zugrunde, deren Angaben für die getrennten Königreiche die Gleichzeitigkeit bestimmter Ereignisse und die zeitliche Abfolge der berichteten Geschehnisse überhaupt mit einiger Sicherheit festlegten. Soweit diese relative Chronologie Ereignisse festhält, die auch in den Chroniken des neuassyrischen Reiches registriert sind, ist eine verläßliche Zeitbestimmung möglich. Für die Zeit vor dem Tod Salomos sind entsprechende Zeitangaben im deuteronomistischen Geschichtswerk nicht enthalten. Nimmt man indes für David und Salomo auf Grund alttestamentlicher Hinweise eine Regierungszeit von ungefähr je vierzig

Jahren an, so darf man vermuten, daß die Königsherrschaft Davids knapp vor dem Jahr 1000 v. Chr. angefangen hatte.

Nach dem Tod Salomos erfuhr der innere Dualismus in Israel eine fatale Zuspitzung. Zur Jahreswende 926/925 hatte Salomos Sohn Rehabeam den Thron in Jerusalem bestiegen, ohne auf ernsthaften Widerstand in Juda oder Jerusalem zu stoßen. Anders lagen die Dinge in Nordisrael. Jerobeam war aus Ägypten zurückgekehrt und hatte seine separatistische Politik von neuem aufgenommen. Seiner Erhebung zum König kam allerdings Rehabeam zuvor, indem er sich um Verhandlungen mit den Ältesten Israels über die Gültigkeit des alten Königsvertrages bemühte. Wahrscheinlich konnten sich, solange Rehabeams Pläne nicht feststanden, auch die verantwortlichen Männer der Nordstämme nur schwer entschließen, das Wagnis eines sofortigen Bruches auf sich zu nehmen. So zog Rehabeam nach Sichem in Nordisrael, um sich mit den Ältesten zu treffen. Die Nordstämme schienen nicht abgeneigt, Rehabeam als König anzuerkennen, verlangten aber (1. Könige 12,4) eine Einschränkung des offenbar früher vertraglich vereinbarten und von Salomo arg mißbrauchten Rechts des Königs, Angehörige der einzelnen Stämme je nach Bedarf zu Dienstleistungen heranzuziehen: »Dein Vater hat unser Joch hart gemacht; mache du uns die harte Fron deines Vaters und das schwere Joch, das er uns auferlegt hat, leichter, so wollen wir dir untertan sein!« Rehabeam erbat sich Bedenkzeit. Die älteren unter seinen Ratgebern waren für Annahme der Bedingungen des Nordens; doch die jüngeren, in der ehrgeizigen, maßlosen, großspurigen Atmosphäre der Zeit Salomos erzogen, hielten den neuen König zur Unnachgiebigkeit und Strenge an, und Rehabeam hörte auf sie. Töricht und großmäulig herrschte er die Nordstämme an: »Hat mein Vater euer Joch schwer gemacht, so will ich es euch noch schwerer machen; hat mein Vater euch mit Geißeln gezüchtigt, so will ich euch mit Skorpionen züchtigen!« Mit diesem dummen Affront war das Reich Davids und Salomos zerrissen. Von Mund zu Mund ging die alte Parole: »Wir haben keinen Teil an David und keinen Erbanteil am Sohne Isais! Jeder kehre heim in seine Zelte, Israel!« Was das bedeutete, war zwar Rehabeam klar, aber das hinderte ihn nicht daran, der ersten Torheit eine zweite folgen zu lassen: er entsandte den Arbeitshauptmann nach dem Norden mit dem Auftrag, neue Sklaven zu rekrutieren und keine Milde walten zu lassen. Diese königliche Provokation bezahlte der Arbeitshauptmann mit dem Leben: er wurde gesteinigt. Vom Propheten Ahia designiert, wurde Jerobeam von den Nordstämmen zum König ausgerufen.

Nun standen die beiden Reiche Israel und Juda nebeneinander. Was sollte aus dem Großreich Davids und Salomos werden? Von den zwei Reichen war Israel das größere und mächtigere. Juda hatte indes den Vorteil, daß seine Staatsordnung im erblichen Königtum gefestigt war. Von den Vasallenstaaten, die David unterworfen hatte, blieb nicht viel übrig. Ein Teil Edoms war schon vorher abgefallen. Die Loslösung der aramäischen Provinzen wurde jetzt endgültig. Ammon, das David zum König erkoren hatte und das Salomo anscheinend gerade noch hatte halten können, benutzte die Spaltung zur Wiedererringung der Unabhängigkeit. Nur Moab trat noch in dieser Situation als tributzahlender Vasall unter die Oberhoheit Israels. In Wirklichkeit war das Großreich völlig auseinandergebrochen und Israel als das größere Machtgebilde aus dem Zusammenbruch hervorgegangen.

Aber diesem Gebilde fehlte das staatliche Fundament; die kurze Episode Esbaal hatte gewiß keinen Weg zur Staatsbildung gewiesen. Während sich im Staat Juda die Davidsdynastie bis zum Untergang des Staates im Jahre 587 v. Chr. halten konnte, kam im Nordstaat eine stabile erbliche Monarchie nicht zustande. Mit der Designierung Jerobeams durch den Propheten Ahia hatte Nordisrael an den älteren Brauch angeknüpft, der schon zur Entstehung des charismatischen Königtums Sauls beigetragen hatte, und an der durch Akklamation erfolgenden Thronerhebung eines Designierten wurde auch später festgehalten. Immer wieder traten neue, von Propheten designierte Herrscher auf den Plan, und das Königtum blieb labil und ständigen Gefahren ausgesetzt. Wiederholte Versuche, eine feste Erbfolge zu begründen, scheiterten zumeist nach zwei oder drei Generationen am plötzlichen Einbruch eines neuen Designierten.

Durch Wirren zur Dynastie der Omriden

Die Situation der beiden Kleinstaaten Israel und Juda war unmittelbar nach der Trennung sehr verschieden. Dem größeren, aber labilen Reich im Norden stand im Süden ein in Königtum und Kultus gefestigtes Staatswesen gegenüber; außerdem hatte Juda ein ausgebautes Heerwesen, während Jerobeam dies wichtige Machtinstrument erst herstellen mußte. Zuerst residierte Jerobeam in Sichem, später in Pnuel im Ostjordanland; offenbar hatte Rehabeam den Versuch unternommen, das abgefallene Nordreich durch einen Feldzug zurückzugewinnen, so daß der König des Nordstaates ausweichen mußte. Lange Zeit lagen die beiden Reiche miteinander im Krieg. Aus der späteren Mitteilung, daß Jerobeam seine Residenz nach Thirza im Westjordanland verlegt habe, scheint hervorzugehen, daß sich Israel zu diesem Zeitpunkt nicht mehr bedroht fühlte. Aber schwieriger als die äußere Sicherung muß die innere Stabilisierung gewesen sein.

Juda hatte mit Tempel und Lade ein anerkanntes Zentralheiligtum, zu dem Angehörige aller Stämme zu den großen Festen zu wallfahrten pflegten. Bei allen Veränderungen in der Struktur des Zwölfstämmeverbandes war auch im königlichen Staat das gemeinsame gottesdienstliche Leben das feste Einheitsband geblieben, das die Stämme zusammenhielt. Es war nicht ausgeschlossen, daß Angehörige der Nordstämme auch nach der Zweiteilung des Reichs zur Festzeit nach Jerusalem würden pilgern wollen, und vielleicht wartete Rehabeam nur auf diese Gelegenheit, die Abtrünnigen zurückzugewinnen. Jerobeam verbot kurzerhand alle Wallfahrt nach Jerusalem und gründete seinen eigenen Kultus. In den Orten Bethel und Dan wurden Stierbilder errichtet; vor allem Bethel, das schon zur Richterzeit als Heiligtum der Stämme anerkannt war, sollte zum »Reichsheiligtum« werden. Aus religionsgeschichtlichen Parallelen kann man schließen, daß die Stierbilder kleine Postamente waren, auf denen die Gottheit stand; sie sollten also wohl in erster Linie ein Ersatz für die Lade als leerer Thronsitz des unsichtbar gegenwärtigen Gottkönigs sein. Auch wenn die Stiere wahrscheinlich kein absolutes Novum in Israel waren (Exodus 32), wurde mit ihnen ins kultische Leben ein religiöses Fremdelement eingeschleust. In der Umwelt galt

Reste der Palastbauten des Königs Omri in Samaria, 9. Jahrhundert v. Chr.

Ruinen der Stadt Hazor mit den Resten einer Säulenhalle
aus der Zeit des Königs Ahab, 9. Jahrhundert v. Chr.

der Stier als Symbol der Zeugungskraft, und die Fruchtbarkeitsreligion fand in seinem Abbild ihren kraftvollsten Ausdruck. Die Quellen berichten denn auch aus der Folgezeit, in Israel habe der Vegetationskultus immer stärker um sich gegriffen, und der deuteronomistische Geschichtsschreiber verurteilte die »Sünde Jerobeams« in der schärfsten Form; vielleicht war auch die Reaktion der Nordisraeliten, die dem Zwölfstämmeverband treu geblieben waren, nicht anders. Dennoch gelang es Jerobeam, den Staatskultus in Bethel und Dan durchzusetzen. Mit Hilfe einer ihm hörigen Priesterschaft festigte er die sakrale Lebensmitte des Nordreiches. Doch lag es ihm zweifellos fern, einen neuen Nationalgott einführen zu wollen: im Zeichen des Stierbildes sollte der Jahve-Kult nur eine neue Bestimmung erfahren.

Von einer Wiederangliederung Israels an Juda war keine Rede. An der Erreichung dieses Ziels hinderten Rehabeam außer allem anderen schwere Grenzbedrohungen im Süden. Der Pharao Scheschonk (Sisak) fiel 921 in Juda ein, nahm Jerusalem im Handstreich und stieß auch ins Gebiet Israels vor. Das Unternehmen war ein Beutefeldzug, nicht ein Eroberungskrieg. Die Ägypter plünderten den Tempel- und Palastschatz Jerusalems und fügten namentlich dem König von Juda empfindliche Verluste zu; eine Inschrift im Ammontempel von Karnak in Oberägypten gibt Aufschluß über die Erfolge Scheschonks und registriert die reiche Beute. Wahrscheinlich war der Festungsgürtel, den Rehabeam in Juda ziehen ließ, die unmittelbare Reaktion. Im Innern zeigten sich unter Rehabeam Zersetzungserscheinungen: im ganzen Lande entstanden Höhenheiligtümer der Naturreligion, die mit dem kultischen Zentrum in Jerusalem rivalisierten. Den Abstieg des Staatslebens konnte auch Rehabeams Sohn Abia, der überdies in kriegerische Auseinandersetzungen mit Jerobeam verstrickt war, nicht aufhalten. Erst Asa, der nach der dreijährigen Herrschaft Abias auf den Thron kam, schaffte es in seinen einundvierzig Regierungsjahren, die Lebensordnungen des Reiches Juda neu zu festigen. Sein religiöser Erneuerungswille galt der Austilgung der sittenlosen Fremdkulte und der Durchsetzung des zentralen Gottesdienstes, der dem Staat sein eigentliches Fundament gab.

Zweiundzwanzig Jahre hatte Jerobeam über Israel geherrscht. Nach seinem Tod mußte Israel zunächst die akute Frage der Nachfolge lösen. Da kein Prophet einen neuen König designiert hatte, fiel der Thron an Jerobeams Sohn Nadab; aber schon zwei Jahre später, als Nadab gegen die wieder emporstrebenden Philister kämpfte, zettelte ein Rivale, Baesa, eine Verschwörung gegen ihn an. Nadab wurde ermordet. Damit begann eine nicht abreißende Kette von Thronwirren: kurzlebige Dynastien, charismatisch Berufene, Verschwörer und Usurpatoren lösten einander in rascher Folge ab. Nadabs Gegenspieler, der von Thirza aus regierte, ließ alle Nachkommen des Hauses Jerobeam ausrotten. Ungefähr um 890 v. Chr. kam es erneut zu ernsten Kämpfen zwischen Juda und Israel. Baesa fiel in das von Juda besetzte Vorfeld Jerusalems im Stammesbereich Benjamins ein und bedrohte die Metropole. In dieser gefährlichen Lage griff Asa zu einem verzweifelten Mittel: mit hohen Zahlungen sicherte er sich die Bundesgenossenschaft des Königs von Aram-Damaskos und veranlaßte die syrische Streitmacht, Israel vom Norden her anzugreifen. Jerusalem wurde entlastet, und Baesa mußte sich nach Norden zurückziehen. Das Heer Asas stieß sogleich in den benjaminitischen Raum nach und baute gegen Israel die Festungen Geba und Mizpa aus, die eine dauerhafte Grenzregelung garantieren sollten. Über den Ausgang der Kämpfe zwischen Israel und Aram-Damaskos gibt es keine Kunde. Die biblischen Quellen berichten nur vom Ende Baesas: wie Saul zerbricht Baesa an der Aufhebung und Tilgung des Charismas (1. Könige 16,3), nachdem der Prophet Jehu seinem Hause den Untergang geweissagt hat. Das Prophetenwort erfüllte sich allerdings nicht gleich nach dem Tod Baesas. Zunächst folgte ihm noch sein Sohn Ela, der aber nach zweijähriger Regierung von einem neuen Usurpator, Simri, bei einem Trinkgelage umgebracht wurde; auch diesmal wurden die Nachkommen des Königs ermordet. Die Gelegenheit der anhaltenden Krise in Israel ließ Asa, der König von Juda, verstreichen, ohne zum entscheidenden Schlag auszuholen. Im ständig schwelenden Konflikt der beiden Staaten trat damit eine fühlbare Entspannung ein.

In Israel konnte der siegreiche Usurpator Simri seine Herrschaft nicht lange behaupten. Das Heer, das seine Stellungen wieder einmal an den Grenzen Philistäas bezogen hatte, proklamierte einen Gegenkönig, den Feldhauptmann Omri, der auch sofort den Marsch nach Thirza antrat. Ohne den Kampf aufzunehmen, gab Simri das Spiel verloren, zündete den königlichen Palast an und starb in den Flammen. Doch die Entscheidung des Heeres fand im Lande keine ungeteilte Zustimmung, und Omri mußte den Kampf gegen einen neuen Thronanwärter, Thibni, aufnehmen. Omri siegte, und der plötzliche Tod Thibnis ermöglichte eine rasche Konsolidierung des militärischen Erfolges.

Mit Omri begann eine neue Ära. Thirza mußte nach der Vernichtung des Palastes als Hauptstadt aufgegeben werden. Diesen Anlaß benutzte Omri dazu, eine eigenartige neue Ordnung zu etablieren. Er gründete zwei Regierungsmetropolen: Jesreel und Samaria. Während Jesreel zunächst die alte Hauptstadt ablöste, verfolgte Omri mit Samaria einen besonderen Plan. In Israel hatten sich noch kanaanitische Großgrundbesitzer erhalten, die ihre alten Bodenrechte gegen die israelitische Bodenordnung zu behaupten wußten und immer noch über ansehnliche Ländereien verfügten. Von einem solchen reichen Kanaaniter konnte nun Omri als Privatbesitz die hervorragend gelegene Berghöhe Samaria erwerben, auf der sich eine ganz neue Stadt errichten ließ. Hier gründete er nach dem Vorbild Davids einen königseigenen Stadtstaat. In Jesreel war er nun König von Israel und in Samaria Stadtkönig aus eigener Machtvollkommenheit. Was er damit bezweckte, ist leicht zu erkennen: in dem aus der Staatsordnung Israels herausgenommenen Eigenbereich sollte eine neue Omri-Dynastie entstehen, die nicht mehr an das charismatische Designationskönigtum gebunden wäre. Mit Umsicht und Klugheit suchte Omri als erster König des Nordreiches einen Weg zur Festigung der Regierungsgewalt. Da er selbst kein designierter König war, mußte er um die Erhaltung der Macht besonders besorgt sein; es ist auch nicht unwahrscheinlich, daß ihm die Verhältnisse in Juda als Modell vorschwebten, nur daß er es riskieren konnte, alle Regierungsgewalt in Samaria zu zentralisieren. Daher die Lösung mit den zwei Hauptstädten. Daß Samaria mehr und mehr in den Mittelpunkt gerückt werden sollte, ist nicht zweifelhaft; Omri tat alles, um seiner Stadt Jerusalems Rang und Würde zu geben. Vielleicht hatte bereits er das Stierbild aufstellen lassen, das die biblische Tradition (Hosea 8,6) in Samaria im 8. Jahrhundert verzeichnet. Samaria sollte sich als sakrales und dynastisches Zentrum durchsetzen und die Kultorte Bethel und Dan ablösen. Unverkennbar rang das Nordreich um eine bleibende Ordnung, und Omri war auf seine kluge Art bemüht, dem labilen Königtum eine feste politische und sakrale Grundlage zu geben.

Auch die auswärtige Politik Omris war realistisch und weitsichtig. Die Streitigkeiten mit Juda wurden abgeschlossen. Wahrscheinlich hatte Omri ein freundliches Einvernehmen mit Asa gesucht; jedenfalls zeigt sich aus der weiteren Entwicklung des Verhältnisses zwischen Israel und Juda, daß Omri bereit war, neue Wege zu gehen. Gewiß hatte er allen Anlaß, sich nach Süden hin zu sichern, denn im Norden war die Macht der Aramäer im Aufstieg und erforderte die größte Wachsamkeit und Kampfbereitschaft. Daß Omri den Anspruch auf Moab durchsetzte und Israels Oberhoheit über Moab behauptete, ist aus der »Mesa-Stele«, einer moabitischen Inschrift, bekannt. Assyrische Inschriften bezeugen, daß sich Omri weit über die Grenzen seines Reiches hinaus so großes Ansehen verschafft hatte, daß Israel das »Land Omris« oder das »Land des Hauses Omris« genannt wurde. Der schwarze Obelisk Salmanassars III. nennt irrtümlich noch den König Jehu, der die Nachkommen Omris hat umbringen lassen, einen Mann »aus dem Hause Omris«. Die Dynastiegründung in Samaria hatte in kurzer Zeit Anerkennung und Ruhm gefunden.

Nachfolger Omris in Jesreel und Samaria wurde sein Sohn Ahab, der von 870 bis 852 v. Chr. regierte, der mächtigste Herrscher aus der Dynastie der Omriden. Anfänglich baute Ahab auf dem von seinem Vater gelegten Fundament weiter. Eine seiner Hauptsorgen war der Ausbau des Krongutes, denn er wußte wohl, daß mit dem Besitz auch sein Ansehen stieg und die Erhaltung der Dynastie aussichtsreicher wurde. Nicht nur in Samaria wurden prachtvolle Bauten errichtet; auch in Jesreel war Ahab auf die Mehrung seines persönlichen Besitztums bedacht. Die Geschichte von der ungerechten Aneignung des Weinberges Naboths (1. Könige 21) illustriert den rastlosen Eifer, mit dem der König seinen Grundbesitz zu erweitern suchte, um die dynastische Machtposition zu festigen. In der Geschichte Israels hatte das konsequente und straffe Regiment der Omriden eine eigene Note. Zum Schutz gegen auswärtige Mächte wurden Festungen angelegt; vor allem gegen Aram-Damaskos wurde ein Schutzwall aufgeworfen. In mancher Hinsicht erinnerte die Regierungspraxis Ahabs an die Zeiten Salomos. Auch Ahab heiratete zu politisch-dynastischen Zwecken. Nach dem Alten Testament war seine Frau Isebel eine Tochter Etba'als, des Königs der Sidonier; nach dem phönikischen Geschichtsschreiber Menander eine Tochter König Ittobals von Tyros. Unrecht hat hier vermutlich die alttestamentliche Tradition. Es ist wahrscheinlich, daß Ahab mit der dynastischen Heirat darauf aus war, Anschluß an den Überseehandel der Phöniker zu gewinnen und seine ausgedehnten privaten Besitzungen am Strom des internationalen Handels zu beteiligen; außerdem konnte ein Bündnis mit den Phönikern in den Auseinandersetzungen mit den Aramäern von Nutzen sein und seinem Reich Ansehen und Geltung unter den Nachbarn verschaffen. Wie Salomo wurde aber auch ihm der Einfluß der Ausländerin am königlichen Hof zum Verhängnis.

Königinnen, Propheten, Priester

Daß ausländische Prinzessinnen bei der Übersiedlung in die Residenzstadt des königlichen Gemahls den heimischen Glauben mit Priestern und Kultgeräten mitnahmen, war normale altorientalische Praxis. Aber sogar über die normale Praxis hinaus hatte Ahab der tyrischen Prinzessin Isebel viele Sonderrechte einräumen müssen, und in der königseigenen Stadt Samaria wurde eigens für sie ein Baalstempel erbaut. Das hatte schwere religiöse Konflikte zur Folge. Gewiß war Jahve nicht als »Gott Israels« entthront; aber die Einrichtung eines Baalstempels, die ständige Anwesenheit zahlreicher fremder Kultdiener und die despotische Gewalt der Ausländerin Isebel wurden von den Kreisen, die in Israel nur Jahve verehrt wissen wollten und ihm mit Eifer dienten, als erregend und empörend genug empfunden. Zunächst wurden offene Protestäußerungen dadurch gedämpft, daß das Land eine verheerende Zeit absoluter Regenlosigkeit durchmachte. In diese Zeit führen die Elia-Geschichten, die die alttestamentliche Tradition überliefert hat. In Elia erstand Israel ein machtvoller Prophet, den die Zeitgenossen wie einen zweiten Moses verehrten. Die Erzählungen berichten von seinen Wundertaten, von der Wallfahrt zum heiligen Berg Horeb, von seinem autoritativen Eintreten für das alte Jahve-Recht, von seiner kategorischen Forderung, daß nur Jahve und kein anderer Gott verehrt werde. Offen nahm Elia den Kampf gegen Ahab, Isebel und die Baalspriester auf. Noch einmal erwachte in einer Zeit, da Fremdkulte mit Gewalt einbrachen und der verflachte, synkretistische Jahve-Staatskult dahinsiechte, die Urbotschaft des Alten Testaments. Die von Elia ins Leben gerufene Bewegung nahm in Elisa, dem Nachfolger Elias, eine eigenartige Entwicklung. Mit Elisa sollte sie auch auf die politische Sphäre übergreifen: ihm blieb es vorbehalten, den Mann zu designieren, der die Omriden vom Throne stoßen und die charismatischen Ordnungen des Nordreiches wiederherstellen sollte.

Beschleunigt wurde der Niedergang der Dynastie durch die zunehmende Erschwerung der außenpolitischen Lage Israels. Während seiner im Anfang so glanzvollen Regierungszeit mußte Ahab die Energie des Staates in zunehmendem Maße auf kriegerische Auseinandersetzungen konzentrieren. Geführt von ihrem König Benhadad, drangen die Aramäer ins Herz Israels vor und belagerten Samaria, das offensichtlich mehr und mehr als die eigentliche Hauptstadt des Landes akzeptiert wurde. In der umzingelten Residenzstadt eingeschlossen, versuchte Ahab mit Verhandlungen und Tributangeboten die Belagerer zum Abzug zu bewegen. Benhadads unannehmbare Bedingungen erzwangen jedoch den Waffengang. Eine israelitische Elitetruppe wurde dazu auserkoren, in einem kühnen Handstreich die Aramäer so zu verwirren, daß sie die Belagerung aufgeben mußten. Zu Hilfe kamen Israel die Siegestrunkenheit und Undiszipliniertheit des aramäischen Heeres. Der geplante Ausfall gelang während eines von Benhadad veranstalteten Trinkgelages. Das aramäische Heer floh in voller Auflösung. Später trat zwar Benhadad mit einem neuen Heer wieder zum Kampf an, wurde aber erneut geschlagen und mußte einen unvorteilhaften Friedensschluß hinnehmen. Unterdes zeichnete sich am Horizont eine viel größere Gefahr ab. Einen neuen Aufstieg erlebte im 9. Jahrhundert im Norden des Zweistromlandes eine alte Großmacht, die in der Folgezeit den gesamten palästinisch-syrischen Küstensaum in ständiger Unruhe halten sollte: Assyrien. Der assyrische König Assurnasirpal II. (884 bis 859) zog als erster gen Westen. Dann folgte sein Sohn Salmanassar III., der auf ein Heer Israels stieß und Ahab schlug. Über die unmittelbaren Folgen dieser Niederlage fehlen nähere Nachrichten; auf jeden Fall war allen Staaten Syriens und Palästinas vorgeführt worden, daß sich eine neue Macht erhoben hatte. Möglicherweise hatte die Bedrohung durch die Assyrer die Spannungen zwischen Israel und Aram-Damaskus abklingen lassen; eine Weile ließen die Gegensätze nach – bis Ahab einen neuen Vorstoß unternahm, um den Aramäern Ramot in Gilead zu entreißen. Als Bundesgenosse trat jetzt Ahab erstmalig ein König von Juda, Josaphat, zur Seite, ein Zeichen der freundschaftlichen Beziehungen zwischen Nord und Süd, die Asa und die Omriden zuwege gebracht hatten. Der Ausgang des Kampfes ist unklar. Der Tod Ahabs, der, von einem Zufallspfeil getroffen, verblutete, ließ ihn in den Hintergrund treten. Zum herbstlichen Jahreswechsel 852 bestieg sein Sohn Ahasja den verwaisten Thron.

Den Königswechsel nahmen die Moabiter, denen die Last der Tributzahlungen an Israel unerträglich geworden war, zum Anlaß, die Botmäßigkeit abzuwerfen. Der Einflußbereich Israels schrumpfte weiter zusammen. Nur kurze Zeit blieb Ahasja am Ruder. Nach der Überlieferung wurde er durch einen schweren Sturz verletzt, an dessen Folgen er starb. Sein Bruder Joram, der ihm folgte, traf sofort Vorbereitungen zu einem Feldzug gegen die Moabiter, um das verlorene Gebiet zurückzuerobern, und gewann als Bundesgenossen den König von Juda und den König von Edom. Das Unternehmen mißlang, Moab blieb verloren. Weiteres Territorium büßte Israel im Norden ein: ein neuer Angriff der Aramäer endete mit Landabtretung und Tributzahlungen; er hätte mit einer viel größeren Katastrophe ausgehen können, wäre nicht Aram-Damaskus seinerseits von den Assyrern bedrängt worden. Wie so oft folgte auf die Niederlagen eine schwere Krise im Innern.

Während Joram in Jesreel krank daniederlag und der König Ahasja von Juda bei ihm weilte, lancierte der Prophet Elisa seinen Angriff gegen das Königshaus und benannte den Feldhauptmann Jehu als den zum König Erwählten. Jehu, als tollkühner Krieger und rasender Streitwagenfahrer bekannt, befand sich gerade im Heerlager bei Ramot. Das Heer war für ihn, die Soldaten umjubelten ihn mit dem Inthronisationsruf »Jehu ist König geworden!« Um etwaigen Gegenmaßnahmen Jorams zuvorzukommen, galoppierte nun Jehu mit seinem Streitwagen, von einem kleinen Kriegertrupp begleitet, nach Jesreel. Das Herannahen der Krieger, von deren Rebellion die Hauptstadt nichts wußte, wurde dem Palast gemeldet. Da mit bösen Nachrichten von der Front gerechnet werden konnte, fuhr der kranke König selbst voller Sorge dem Trupp entgegen, und der König von Juda begleitete ihn. Jehu ließ es gar nicht erst zu einer Begegnung kommen: in voller Fahrt schoß er seine Pfeile ab. Joram war auf der Stelle tot; Ahasja ereilte ein Pfeil auf der Flucht, er starb am selben Abend in Megiddo. Nachdem er die Könige von Israel und Juda an einem Tag ums Leben gebracht hatte, besetzte Jehu den königlichen Palast und trat die Regierung an.

Aber noch war der von Elisa Erwählte nicht Stadtkönig von Samaria. Ihm standen noch siebzig Prinzen – die gesamte Nachkommenschaft der Omriden – im Wege, die in Samaria residierten. Auch hier machte Jehu kurzen Prozeß: als Treuebeweis verlangte er von den

Stadtältesten von Samaria die Ermordung der Prinzen –, und sein Wille geschah; zusätzlich verzichteten die Stadtväter auf alle Sonderrechte des Stadtstaates. Jehu war aber nicht nur Krieger, sondern auch Glaubenseiferer; in einem weiteren Blutbad wurden die Baalspriester hingeschlachtet. Weniger erfolgreich dagegen war der bewährte Feldhauptmann in der Regelung der Beziehungen zu den Nachbarstaaten. Ihr freundschaftliches Verhältnis zu Juda ging in die Brüche, die Aramäer bemächtigten sich großer Teile des Ostjordanlandes, die mächtigen Assyrer forderten hohe Tributzahlungen. Trotzdem blieb Jehu achtundzwanzig Jahre auf dem Thron und sicherte sogar noch dem Sohn Joahas und dem Enkel Joas die Nachfolge. Ständige Grenzkämpfe und Tributzahlungen belasteten das Land, und nur mit Mühe gelang es den Nachkommen Jehus, das in seinen Grundlagen erschütterte Reich zusammenzuhalten.

Kaum weniger unruhig, wenn auch vielleicht weniger unheilvoll, verlief die zweite Hälfte des 9. Jahrhunderts im Reich Juda. Die lange und ruhige Regierungszeit Asas hatte die Verständigung mit Israel gebracht, die vor allem im Grenzraum Benjamin nach Jahren der Grenzauseinandersetzung eine friedliche Regelung ermöglichte. Und Asas Sohn Josaphat zog sogar mit dem König von Israel als Verbündeten in den Krieg. Noch enger wurde das freundschaftliche Verhältnis mit der Anknüpfung verwandtschaftlicher Bande: Josaphats Sohn Joram heiratete Athalja, eine Tochter des Ahab und der Isebel. Zur selben Zeit wie sein Schwager Ahasja in Jesreel kam Joram auf den Thron in Jerusalem, wo er seiner israelitisch-tyrischen Frau beträchtlichen Einfluß am Hofe einräumte. Gleich ihrer Mutter Isebel wurde auch Athalja zur Wegbereiterin des Baalskultes. Parallelen gab es noch mehr. Auffallend ist schon die Übereinstimmung der Königsnamen: in Israel und in Juda gab es je einen Joram, je einen Ahasja, je einen Joas. Schon daraus kann man auf enge Beziehungen zwischen Nord und Süd schließen. Vor allem der judäische Joram war mit dem Hof seines israelitischen Schwagers eng verbunden: er beteiligte sich an Ahasjas Feldzügen und bemühte sich auch sonst, die aus der Heirat mit Athalja erwachsenden Verpflichtungen gegenüber dem Königshof der Omriden gewissenhaft zu erfüllen. Nur kurze Zeit regierte Joram in Jerusalem. Als ihm sein und Athaljas Sohn Ahasja folgte, konnte die Königinmutter ihren Einfluß auf die Geschicke Judas vermehren. Die Beziehungen zum Throne Israels, auf dem jetzt ihr zweiter Bruder Joram saß, wurden noch intensiver. Nicht zufällig war Ahasja 845, als Jehu losschlug, bei seinem Onkel zu Gast, und vielleicht war es auch kein Zufall, daß er des Onkels Schicksal teilte. Bis nach Jerusalem reichte Jehus Arm indes nicht; was Isebel in Israel nicht gelungen war, gelang ihrer Tochter in Juda: hier konnte Athalja die Macht an sich reißen und ein Gewaltregiment errichten. Sie griff mit besonderer Brutalität gegen ihre Gegner durch; die Nachkommen der Davidsdynastie, die ihr hätten gefährlich werden können, kamen ums Leben. Der Staat machte eine schwere Krise durch.

Womit Athalja nicht gerechnet hatte, war die Macht der jahvetreuen Jerusalemer Priesterschaft. Die Priester hatten einen Nachkommen der Davidsdynastie, den Knaben Joas, gerettet und ihn in den Priesterkammern des Tempels großgezogen. Als Joas sieben Jahre alt war, rief der Oberpriester Jojada die Leibwache der Königin und vereidigte die Soldaten auf den legitimen Davidserben. Als die Judäer zum Laubhüttenfest 839 nach Jerusalem kamen, wurde das Geheimnis bekanntgemacht: Joas wurde auf ein Podium gehoben, wie man es bei der Thronbesteigung zu errichten pflegte, und das Volk brach in Jubel aus. Statt Athalja beizustehen, nahm die von den Priestern rechtzeitig für Joas gewonnene Leibwache sie fest. Die eben erst so Mächtige wurde aus dem Tempelbezirk geführt und außerhalb des geweihten Geländes getötet. Nach alten Bräuchen des Zwölfstämmeverbandes konnte die feierliche Erneuerung des Gottesbundes (2. Könige 11,17) vorgenommen werden: »Nun schloß Jojada den Bund zwischen Jahve, dem König und dem Volk, daß sie ein Volk Jahves sein wollten.« Seit Davids Zeiten war der König in den Bund zwischen Jahve und seinem Volk eingeschlossen, aber seit Salomo hatte sich immer wieder die Tendenz zur Unterstellung des Kultus unter die vom König bestimmte Lebensordnung geltend gemacht. Jetzt sorgte die Priesterschaft, der die Dynastie ihre Rettung verdankte, daß sich der König ihr (2. Könige 12,2) unterwarf. »Joas tat, was Jahve wohlgefiel, sein ganzes Leben lang, weil ihn der Priester Jojada unterwies.« Schnell kam der Feldzug gegen die fremden Kulte in Gang. Nicht nur die unter dem Einfluß Athaljas in Jerusalem aufgerichteten Baalszeichen wurden zerstört, sondern auch die Höhenheiligtümer des Baalskultes im ganzen Lande. Immer wieder waren diese Heiligtümer aus der Symbiose mit den Kanaanitern entstanden; setzte sich in Jerusalem das feuchtwarme Wetter eines allgemeinen Synkretismus durch, so schossen sie jedesmal von neuem wie Pilze aus dem Boden. Aber schon im alten Zwölfstämmeverband hatte es zum gottesdienstlichen Handeln gehört, daß die Verehrung des Einen Gottes auch in der periodischen Reinigung von allen fremden Kultelementen ihren Ausdruck fand. Trotz der Wiederherstellung der Grundlagen der alten Ordnung war aber auch die Regierungszeit Joas' nicht krisenfrei. Die Aramäerheere, die den israelitischen Joas schwer bedrängten, stießen weit nach dem Süden vor: wiederholt mußte auch Juda alle Kräfte aufbieten, um die aramäische Expansion abzuwehren; sogar Jerusalem wurde vom Aramäerkönig Haza'el bedroht, und der judäische Joas mußte aus dem Tempelschatz einen großen Tribut entrichten, um sich loszukaufen. Darüber hinaus ist über diesen Joas nur bekannt, daß er 800 v. Chr. von seinen Dienern ermordet wurde und daß ihm sein Sohn Amazja auf dem Thron Davids nachfolgte.

Assyrer vernichten das Nordreich

Die stärkste Macht im syrisch-palästinischen Raum war zu Beginn des 8. Jahrhunderts der syrische Großstaat von Damaskos; unter seiner Oberhoheit stand der nördliche Teil des Ostjordanlands, und ein festes Bündnis verband ihn mit Philistäa. Israel war gefährlich umklammert; daß es nicht erobert wurde, lag hauptsächlich daran, daß die Großmacht Assyrien mit ihren wiederholten Raub- und Beutezügen auch Damaskos in Atem hielt. Um 800 v. Chr. rückten die Assyrer wieder gegen Westen vor. Auf einer Reliefstele hat der Großkönig Adadnerari III. der Nachwelt mitgeteilt: »Als ich mich im fünften Jahre auf meinen königlichen Thron erhaben setzte, bot ich das Land auf; den ausgedehnten Truppen Assurs nach dem Lande Philistäa zu ziehen befahl ich. Den Euphrat überschritt ich bei seinem Hochwasser; die Könige, die feindlichen, die zur Zeit meines Vaters Schamschiadad abgefallen waren,... meine Füße faßten sie. Steuer, Tribut... brachten sie nach Assur, ich nahm es in Empfang. Nach dem Lande Damaskos zu ziehen befahl ich. Mari in Damaskos schloß ich ein, es unterwarf sich. Hundert Talente Gold, tausend Talente Silber als seinen Tribut empfing ich. Damals ließ ich ein Denkmal meiner Herrschaft anfertigen, die Taten meiner Hände schrieb ich auf, in der Stadt Zabanni stellte ich es auf.« Immer wieder strebten die Assyrer zur westlichen Küste, und wo sie hinkamen, erhoben sie Tribut. Natürlich benutzten die tributpflichtigen Staaten jede Gelegenheit – Thronwechsel in Assur oder Ausbleiben des periodischen assyrischen Demonstrationsfeldzugs –, die Abgaben zu verweigern. Das hatte auch das schwer belastete Damaskos versucht, dem daraufhin Adadnerari mit einer Strafexpedition eine Lektion erteilte. Vermutlich war auch Israel in Mitleidenschaft gezogen worden. Jehu war jedenfalls tributzahlender Vasall Assyriens. Wahrscheinlich hatten die Assyrer Anlaß, Jehus Nachfolger zu Zahlungen zu zwingen. Nach dem Feldzug Adadneraris III. hatte Assyrien allerdings genug mit inneren Angelegenheiten zu tun und mußte seinen Expansionsdrang mäßigen. Erst um 740 v.Chr. rückten assyrische Truppen von neuem ins syrische Gebiet ein.

Im Südreich Juda hatte sich mittlerweile, nachdem er die Mörder seines Vaters hatte töten lassen, Amazja (802–785) durchgesetzt. Der Einfluß der Priesterschaft machte sich weiter geltend, wenn auch Amazja den Höhenkulten großzügiger gegenüberstand und gegen sie nicht mehr so streng durchgriff wie Joas. Dafür entfaltete Amazja eine größere außenpolitische Aktivität. Er unternahm einen Feldzug gegen die Edomiter, um alte Ansprüche zur Geltung zu bringen, siegte und entriß den Edomitern, die sich südlich des Toten Meeres weit nach dem Westen vorgeschoben hatten, erhebliche Gebietsteile. Nach dem Sieg über die Edomiter übermütig geworden, wagte es Amazja, Israel den Krieg zu erklären. Aber Jehus Enkel Joas (800–787) kam den Judäern zuvor, fiel in Juda ein und fügte Amazja bei Beth-Schemesch eine vernichtende Niederlage zu. Ja, er zog sogar als Sieger in Jerusalem ein und nahm den König von Juda gefangen. Doch war er klug genug, das Gleichgewicht zwischen den beiden Kleinstaaten nicht anzutasten. Er ließ Amazja frei und hielt sich am Tempel- und Palastschatz schadlos. In die Mauern Jerusalems wurden auf seinen Befehl große Breschen gerissen. Später erhob sich gegen das geschwächte Königtum eine Verschwörung; Amazja mußte nach Lachisch fliehen, wurde dort überwunden und getötet. Offenbar hatte die Herrschaft der Athalja eine Ära der Palastrevolutionen und Verschwörungen eingeleitet.

Auf den Thron kam Usia (auch Asarja genannt), unter dessen Herrschaft Juda einen erstaunlichen neuen Aufstieg nahm. Von Anfang an erstrebte der tatkräftige junge König eine Erweiterung seines Reiches nach Süden und Westen. Im Süden ging es gegen die Edomiter und die nomadischen Wüstenstämme, im Westen gegen die Philister. Schon frühzeitig bemühte sich Usia um den Ausbau des Heeres: eine große Söldnertruppe wurde aufgestellt und mit mechanischen Eroberungswerkzeugen, Steinschleudern und anderen neuen Waffen ausgerüstet; augenscheinlich hatte Usia den Assyrern einige Geheimnisse der neueren Kriegstechnik abgelauscht. Beim Vorstoß gegen die südlichen Nachbarn gewann Usia die Nordspitze des Golfes von El-Akaba wieder; den Philistern wurden Gath und Jabne abgenommen. Damit waren südlich und westlich zwei Keile vorgetrieben, die Juda den

Die Stele des Königs Mesa von Moab
Bericht über seine Erfolge gegen Israel, um 840 v. Chr. Paris, Louvre

Der gedemütigte König Jehu mit Tributen vor Salmanassar III.
Relief vom Schwarzen Obelisken aus Kalach, 828 v. Chr. London, British Museum

Zugang zu den Meeren eröffnen und den Anschluß an den Überseehandel ermöglichen sollten. Zum erstenmal seit Salomo verfolgte wieder ein judäischer Herrscher so weitgespannte Pläne.

Auch in anderer Beziehung folgte Usia dem Beispiel Salomos. Er ließ einen Festungsgürtel ausbauen, der das gewonnene Gebiet decken und die Handelsstraßen sichern sollte. Jerusalem wurde neu ausgebaut: die Stadtmauern wurden erneuert und an strategisch wichtigen Punkten Wehrtürme gesetzt. Das Festungssystem wurde mit neuen Waffen ausgestattet; auch in kriegstechnischen Neuerungen, die er hauptsächlich von den Assyrern übernahm, folgte Usia dem Vorbild Salomos, dessen Streitwagenabteilung mit pferdebespannten Kriegswagen zu seiner Zeit eine Revolution im israelitischen Heerwesen bedeutet hatte. Nach außen und innen wurde das Reich Juda gefestigt. Der Handel blühte, der Wohlstand wuchs. Auf diesem Boden entstanden jedoch schwerwiegende soziale Probleme, die später vor allem von den Propheten Jesaja und Micha aufgegriffen werden sollten. Auf die glanzvolle Regierungszeit Usias (die wohl bis 755 v. Chr. dauerte) warf sein düsteres persönliches Schicksal einen schweren Schatten: der König erkrankte am Aussatz und mußte sich aus dem öffentlichen Leben zurückziehen. Als Mitregent amtierte sein Sohn Jotham.

Zwei Jahre vor dem Regierungsantritt Usias in Juda war im Nordreich Israels Joas' Sohn Jerobeam II. auf den Thron gekommen. In den vier langen Jahrzehnten seiner Herrschaft erlebte bemerkenswerterweise auch Israel eine Zeit des Aufschwungs und Wohlstands. Zu einem erheblichen Teil hing das damit zusammen, daß sich Assyrien ruhig verhielt. Und auch in Israel wurde in der ersten Hälfte des 8. Jahrhunderts – wie unter Usia in Juda – an die große Vergangenheit angeknüpft. Vielleicht war schon das Wiederauftauchen des Königsnamens Jerobeam bezeichnend. Die Jahre der Staatsgründung wurden wieder lebendig, das Königsheiligtum Bethel gewann seinen alten Rang zurück. Das Reich blühte auf. Von Aram-Damaskos wurde Israel nicht mehr überfallen, vielleicht weil der Aramäerstaat selbst Zeiten des Niedergangs durchmachte. Philistäa hatte von Juda Schläge hinnehmen müssen und rührte sich nicht. So konnte Jerobeam ostjordanische Landstriche zurückerobern, den auswärtigen Handel intensivieren und das Königsregiment festigen. Aber schon in dieser ruhigen Zeit wurden kommende Katastrophen von den Propheten Amos und Hosea angekündigt. Beide ließen ihre Stimmen gegen Ende der Ära Jerobeam vernehmen: Amos zuerst um 760 v. Chr., Hosea etwa ein Jahrzehnt später. Eine dunkle Gerichtsbotschaft beunruhigte das Land: »Durch das Schwert«, verkündete Amos, »soll Jerobeam umkommen, und Israel muß in die Verbannung – hinweg aus seinem Lande.« Der Prophet, der am Reichsheiligtum in Bethel auftrat, wurde verbannt. Das brachte die unheilvollen Prophezeiungen nicht zum Schweigen. Nach Hoseas erstem Wort lautete Jahves Urteil: »In kurzem suche ich die Bluttat von Jesreel heim am Hause Jehus und mache dem Königreich Israel ein Ende!«

Die Propheten des Gerichts treten plötzlich auf die Bühne der Geschichte. Als Gottesboten weisen sie sich aus und leiten ihre Sprüche und Reden mit der Ankündigungsformel »So spricht Jahve« ein. Unergründlich ist das Geheimnis ihrer Inspiration und Sendung, die weder auf einer kultischen noch auf einer hierarchischen Amtsvollmacht beruht. Ja, diese Propheten treten sogar dem in Magie und Synkretismus abgesunkenen Kultus aggressiv entgegen, sie kündigen der religiösen Selbstsicherheit das kommende Gottesgericht an. Doch in ihrer unvergleichlichen Freiheit und Größe haben die Gottesmänner zwei entscheidende Bindungen, von denen sie immer wieder sprechen. Sie wissen sich als die Hüter und Verfechter des alten Gottesrechts: »Recht und Gerechtigkeit« fordern sie als die dem Gottesvolk im Bunde gebührende Verhaltensweise. Jeden Rechtsbruch, jede Verletzung der Gebote decken sie mit unnachsichtiger Strenge auf. Zu dieser Bindung an das Gottesrecht tritt eine andere: das ständige Bezogensein auf die Mitteilung Jahves, auf die Inspiration und die visionäre Enthüllung des Kommenden. Unter einem übermächtigen Zwang kommt das Wort Jahves über den Propheten. Er wird mitgerissen von der Erkenntnis der in der Geschichte anhebenden Gottestat und wird zum Herold einer neuen Begegnung zwischen Jahve und Israel, zum »Sturmvogel des Gerichtes«, in dem Gott seine Macht und Freiheit erweist.

Als Jerobeam II. im Jahre 747 v. Chr. starb, ging für Israel die letzte Blütezeit zu Ende. Auf den Tod des Königs folgten turbulente Thronwirren. Im selben Jahr kam zwar noch Jerobeams Sohn Sacharja auf den Thron, aber schon sechs Monate später ermordeten ihn Verschwörer, an deren Spitze ein Mann namens Sallum stand. Bereits nach einem Monat wurde auch er von einem neuen Usurpator, Menahem, gestürzt. Immerhin konnte Menahem zehn Jahre regieren, doch wurden in dieser letzten Lebensperiode des Reiches Israel die Grundlagen der Königsherrschaft immer wieder im Namen Jahves angezweifelt. Eine charismatische Designation war keinem der letzten Könige des Nordreiches zuteil geworden. Der Prophet Hosea erklärte im Namen Jahves: »Sie haben Könige eingesetzt, doch ohne meinen Willen; haben sich Fürsten erwählt, doch ohne mein Wissen.« Menahem konnte seine Herrschaft nur mit brutaler Gewalt aufrechterhalten. Eine Stadt Tappuah, die sich widerspenstig gezeigt hatte, wurde militärisch niedergeworfen und ihre Bevölkerung ausgerottet. Bald allerdings setzte das Wiederauftauchen der assyrischen Heere dem Wüten Menahems ein Ende.

Im Zweistromland hatte sich um 740 v. Chr. ein mächtiger Herrscher emporgeschwungen, der das assyrische Großreich auf den Gipfel des Ruhmes führte: Tiglatpilesar III., im Alten Testament Phul genannt. Von 745 bis 727 regierte er in der von ihm bevorzugten Residenzstadt Kalach, in der bei Ausgrabungen viele aufschlußreiche Angaben über seine kriegerischen Unternehmungen ans Tageslicht gekommen sind. Zunächst baute Tiglatpilesar das Heer aus, auf das er sich in erster Linie stützen mußte, da ihm die Großen Assyriens wenig Sympathie entgegenbrachten. Das hervorragend gegliederte und mit den neuesten Waffen ausgestattete assyrische Heer wurde von Tiglatpilesar bedeutend vergrößert und in seiner Organisation gestrafft. Vor allem wurden die Streitwagenabteilungen und die technischen Truppen vermehrt und mit Belagerungsmaschinen und Pionierwerkzeugen ausgerüstet. Alte Abbildungen der assyrischen Truppen vermitteln den Eindruck einer geschlossenen Phalanx, die alles, was sich ihr in den Weg stellt, niederwalzt. Kunstvoll konstruierte Belagerungsmaschinen wurden vor feindlichen Städten aufgestellt; unter einem Dach, das Schutz vor Pfeilen bot, wurden mit einer Schwungvorrichtung versehene Rammpfähle gegen die Mauern der belagerten Städte getrieben. Die technische Vollkommenheit der assyrischen Kriegsmaschine war um so unwiderstehlicher, als hinter ihr ein mächtiger religiöser Antrieb stand. Die Großkönige führten ihre Feldzüge nicht aus imperialistischer Machtgier allein. Der assyrische Gott Assur, dessen feierliche Erhöhung jedes Frühjahr kultisch begangen wurde, galt als Schöpfer und Herr der Welt, und als Repräsentant dieser Weltherrschaft des Gottes wurde der Großkönig gefeiert. Von Assur empfing er den Auftrag, die ganze Welt der Gottheit zu unterwerfen; in diesem Sinne wurde der Krieg zu einem einzigen großen Gottesdienst. In einem ekstatischen Kampfesrausch gingen die Truppen gegen den Feind vor. In einem alten Text heißt es: »Feurig, voll Wut sind sie, wie der Sturmgott gewandelten Wesens; sie stürmen im Grimm ins Getümmel ohne Obergewand... Es tanzen im verderblichen Waffenspiel die kriegsgewaltigen Mannen.« Der Gott Assur sollte der Herr der Welt sein, und kein assyrischer Herrscher verfolgte dies Ziel so konsequent wie Tiglatpilesar III. Seine Politik wies der assyrischen Großmacht ihren künftigen Weg, und seine neuartige Unterwerfungstechnik, der eine konsequente Umsiedlungspolitik zugrunde lag, verbreitete unter den Völkern den größten Schrecken. Indem sie die einflußreiche Oberschicht der besiegten Länder deportierten, veränderten die Assyrer von Grund auf die Struktur der unterworfenen Staaten. Die Deportierten wurden in die entlegensten Länder verschleppt, und an ihrer Stelle zwangen die Eroberer dem besiegten Volk die Herrenschicht eines anderen von ihnen unterworfenen, wiederum möglichst fernen Staates auf. Das Leben des eroberten Gemeinwesens wurde so grundlegend umgestaltet, daß ein nationales Freiheitsbegehren nicht mehr erwachen konnte. Darüber hinaus wurden die unterworfenen Länder in ein straff gegliedertes Provinzialsystem eingefügt und die neuen Provinzen von verläßlichen Untertanen des Großkönigs unter Kontrolle gehalten und verwaltet. Im Westen wirkte sich diese Umsiedlungs- und Eingliederungspraxis zum erstenmal voll aus, als Tiglatpilesar im Jahre 738 in den syrisch-palästinischen Raum einbrach.

Zuerst richtete sich der Angriff des Großkönigs gegen den aufsteigenden Stadtstaat Hama, der in den voraufgehenden Jahrzehnten Aram-Damaskos überflügelt hatte. Der Kampf dauerte nicht lange; der größte Teil des Hama-Gebietes wurde dem assyrischen Machtblock als reichsunmittelbare Provinz angegliedert, nur ein kleiner Rest blieb als tributpflichtiger Rumpfstaat, der nicht leben und nicht sterben konnte, bestehen. Auch dies Verfahren gehörte zu Tiglatpilesars treffsicherer Unterwerfungsstrategie. Das assyrische Heer drang nun weiter vor und zwang ganz Syrien in die Knie. Der König Rezin von Damaskos mußte erneut einen hohen Tribut entrichten; da er sich frühzeitig unterwarf, ersparte er seinem geschwächten Staat die militärische Niederlage und Besetzung und wurde zum Vasallen des Großreichs. Diesen Weg beschritten auch andere syrische Stadtstaaten, darunter die phönikischen Küstenstädte. Das gleiche Schicksal (2. Könige 15,19f.) wählte das Nordreich Israel: »Zu seiner Zeit kam Phul, der König von Assyrien, über das Land. Da zahlte Menahem an Phul tausend Talente Silber, damit er ihm helfe, die Herrschaft in seiner Hand zu befestigen.« Und Menahem, der sich nur mit Waffengewalt auf dem Thron halten konnte, war die Unterwerfung ein willkommenes Mittel, sein wankendes Regime zu stützen; aber die schweren Lasten, die er den Vornehmen und Begüterten auferlegte, riefen erbitterten Widerstand hervor, der sich, als er 736 v. Chr. starb, zu einer

Verschwörung verdichtete. Schon kurz nach der Thronbesteigung wurde sein Sohn Pekachja von einem Adjutanten namens Pekach ermordet, der sich sogleich selbst zum König erhob. Die Revolte richtete sich natürlich nicht nur gegen das Haus Menahem, sondern vor allem auch gegen die Abgaben und Tribute an die assyrische Großmacht. Da Israel allein nicht daran denken konnte, das assyrische Joch abzuschütteln, bemühte sich Pekach um ein gemeinsames Vorgehen mit den anderen vom assyrischen Großkönig unterworfenen Regenten des syrisch-palästinischen Raumes. Die von Tiglatpilesar III. überfallenen Reiche fanden sich schnell zu gemeinsamer Abwehr bereit; die Tributzahlungen wurden eingestellt und ein großes Koalitionsheer gegen den im Osten weilenden Eroberer aufgeboten.

Zur Verstärkung der Koalition schien es logisch, den einzigen von Assyrien noch nicht bezwungenen Nachbarstaat, das militärisch schlagkräftige und gutgerüstete Juda, in die gemeinsame Front einzureihen. In Juda regierte Ahas, ein Enkel Usias, und ihn versuchten die gegen Assyrien verbündeten Staaten zu gewinnen. Aus seiner Weigerung, der Koalition beizutreten, ergaben sich scharfe Auseinandersetzungen, die den Häuptern der antiassyrischen Verschwörung, Pekach von Israel und Rezin von Damaskos, die Idee eingaben, Juda militärisch anzufallen, um Ahas zu stürzen und das judäische Heer in die Bewegung einzubeziehen. In diesem »syrisch-ephraimitischen« Krieg, der 734 begann, rückte das Koalitionsheer bald bis Jerusalem vor: die Hauptstadt des Südreiches konnte kaum noch der Kapitulation ausweichen. Angesichts dieser Bedrohung sandte Ahas Geschenke an den assyrischen Großkönig und erbat Beistand. Ohne zu zögern eilte Tiglatpilesar nach dem Westen. Nicht nur mußten Rezin und Pekach die Belagerung Jerusalems aufgeben, sondern es brach auch jeder Gedanke an Widerstand zusammen. Mit unerbittlicher Gewalt traf sie die Strafaktion des assyrischen Großkönigs. Tiglatpilesar riß ganz Israel an sich und ließ nur einen winzigen Bezirk – das Gebirge Ephraim mit der Hauptstadt Samaria – als tributpflichtigen Reststaat fortbestehen. Im übrigen Israel begann sofort die Umsiedlungsaktion: die Oberschicht wurde deportiert, das annektierte Land mit den Provinzen Megiddo, Dor und Gilead ins assyrische Verwaltungssystem eingegliedert. Das war das faktische Ende Israels. Der kleine Reststaat führte nur noch ein Schattendasein. Pekachs Königsherrschaft fand einen blutigen Abschluß. Ein Mann namens Hosea stürzte Pekach und übernahm mit Hilfe der Assyrer die Überreste der königlichen Macht. Damit war Tiglatpilesars Strafaktion noch nicht zu Ende. Außer Israel warf er die philistäische Stadt Gaza, in der der assyrienfeindliche König Hanun regierte, dann Damaskos zu Boden; die Residenz wurde 732 erobert und furchtbar verwüstet. Auf einer beschädigt aufgefundenen assyrischen Steintafel kann man heute noch einen Triumphbericht über Tiglatpilesars Rachefeldzug wenigstens in Bruchstücken lesen: »Hanunu von Gaza, der vor meinen Waffen geflohen war und sich nach Musri geflüchtet hatte – dessen Stadt Gaza eroberte ich; seine Habe, seinen Besitz, seine Götter führte ich weg, mein... und das Bild meines Königtums... stellte ich in der Mitte des Palastes Hanunus auf und... rechnete es zu den Göttern ihres Landes, und Abgabe und Tribut legte ich ihnen auf... warf ihn nieder und wie einen Vogel... brachte ihn an seinen Ort zurück und... Gold, Silber, buntgewirkte Kleider, Leinen...« Über Israel heißt es da: »Die Gesamtheit seiner Leute, ihren Besitz führte ich weg nach Assyrien;

Der Gewittergott Hadad
Stele aus der Gegend von Karkemisch, 7. Jahrhundert v. Chr.
Paris, Louvre

Der Siloah-Stein aus Jerusalem
Bericht über die Vollendung einer Wasserleitung unter König Hiskia von Juda (?), um 700 v. Chr.
Istanbul, Archäologisches Museum

Pekach, ihren König, stürzten sie, und Hosea setzte ich zur Königsherrschaft über sie...« Tiglatpilesar III., nun Herr über den gesamten westlichen Raum bis zu den Grenzen Ägyptens, starb 727 auf dem Gipfel des Ruhmes; sein Werk führte sein Sohn und Nachfolger Salmanassar V. fort. Trotz allen Vorkehrungen zur »Befriedung« der unterworfenen Völker lebte die antiassyrische Bewegung im syrisch-palästinischen Raume von neuem auf. Auf alle erdenkliche Weise suchten die geknechteten Staaten einen Weg in die Freiheit. Zu Herden der Unruhe wurden vor allem die Reststaaten Hama und Samaria. Fortgesetzt wurde insgeheim konspiriert. In diesen antiassyrischen Bestrebungen tauchte ein neuer Machtfaktor auf: Ägypten. Durch die Vormachtstellung der Assyrer in Palästina war das Reich am Nil aus einem Stadium völliger Zurückhaltung aufgeweckt worden: die unmittelbare Nachbarschaft war ein zu ernstes Alarmzeichen. Die assyrischen Vasallenkönige in Syrien und Palästina gewannen nun Kontakt mit Ägypten, erhielten weitgehende Unterstützungszusicherungen und riskierten mit der Kündigung der tributpflichtigen Abhängigkeit einen neuen Vorstoß. Sofort setzte Salmanassar V. zur Strafexpedition an. Irgendwie gelang es ihm 724, Hosea zu fangen. Dann wurde drei Jahre lang Samaria belagert: wahrscheinlich hatte Salmanassar nur eine kleine Truppe abgeordnet, um die einstige Hauptstadt Israels langsam auszuhungern und abzuwürgen; sie fiel 722. Der letzte Rest des Reiches Israel hatte aufgehört zu existieren. Zwar wurde im selben Jahr Salmanassar ermordet, aber das schmälerte nicht den assyrischen Sieg. Der neue Großkönig Sargon II. führte das Werk der Eroberung zu Ende. An den Palastwänden der Sargonsburg in Chorsabad fanden sich Sargons Annalen, in denen ein beschädigter Text über die Belagerung Samarias sagt: »Am Anfang meiner Regierung, in meinem ersten Regierungsjahr,... belagerte und eroberte ich Samaria... führte ich weg. Fünfzig Wagen als Streitmacht meines Königtums hob ich unter ihnen aus... Leute der Länder, Kriegsgefangene meiner Hände, ließ ich in ihr wohnen. Meine Beamten setzte ich als Statthalter über sie, und Abgabe und Tribut... legte ich ihnen auf.« Die Oberschicht Samarias und des Gebirges Ephraim wurde nach Assyrien verbannt, teilweise sogar in die Berge Mediens, in denen einheimische Rebellen wohl ebenfalls durch Fremde ersetzt werden sollten. Zwangsneusiedler wurden dafür nach Samaria gebracht: geschlagene Teilnehmer einer babylonischen Aufstandsbewegung und Leute aus Hama. Da jeder seine Religion und Kultur mitbrachte, entstand ein buntes Völkergemisch. Als neue Provinz wurde Samaria dem Großkönig unmittelbar unterstellt, die vierte assyrische Provinz im ehemaligen Staatsgebiet Israels. Die assyrische Provinzeinteilung sollte sich zwei Jahrhunderte halten, auch nach dem Untergang Assyriens unter den Babyloniern und später unter den Persern.

Juda als assyrischer Vasall

Den Staat Israel gab es nicht mehr. Zersplittert in assyrische Provinzen und überfremdet von heidnischen Bevölkerungselementen lag das Land des Nordens. Vom Zwölfstämmeverband, der als religiöse Ordnung noch lebendig war, blieb als politische Größe nur der Südstaat Juda, tributzahlender Vasall Assyriens, übrig. Im Südstaat lag aber das zentrale

Heiligtum des alten Verbandes Israel, und dorthin verlagerten sich nunmehr viele nordisraelische Traditionen: sowohl die in Nordisrael überlieferten Elemente der Vorgeschichte und Geschichte des Zwölfstämmeverbandes als auch die Überlieferungen aus den Kreisen der Propheten und Priester und wahrscheinlich auch die Bestandteile der Königsannalen Israels. Jerusalem wurde zum Zentrum der Tradition. Vermutlich pilgerten in der folgenden Periode viele Angehörige der Nordstämme aus den nun assyrischen Provinzen zu den großen Jahresfesten nach Jerusalem; von anderen nördlichen Gruppen kann man annehmen, daß sie sich vom synkretistischen Kultus der neuen Mischbevölkerung anziehen ließen.

Die Vorherrschaft Assyriens blieb unangreifbar. Nach der Zerstörung Samarias unterwarf Sargon II. die philistäische Stadt Gaza, die sich erneut an antiassyrischen Komplotten beteiligt hatte, und den Reststaat Hama. Davon erzählt eine Prunkinschrift aus Chorsabad: »Hanunu, der König von Gaza, und Sib'e, der Oberbefehlshaber des Landes Musri, erhoben sich in Rapihu, um Treffen und Schlacht gegen mich zu liefern. Ihre Niederlage brachte ich fertig. Sib'e fürchtete sich vor dem Lärm meiner Waffen, er floh, und sein Aufenthaltsort wurde nicht mehr gefunden. Den Tribut von Pir'u, dem König von Musri, von Samse, der Königin des Landes Arabien, von It'amara, dem Sabäer: Gold, Bergerzeugnisse, Pferde, Kamele, empfing ich. Jaubi'di vom Lande Hama, ein Troßknecht, kein Thronanwärter, ein schlechter Hethiter, hatte seinen Sinn auf das Königtum von Hama gesetzt und die Stadt Arpad, das phönikische Simyra, Damaskos und die Stadt Samaria zum Abfall von mir gebracht und sie einig gemacht und sich zur Schlacht gerüstet. Die Truppen Assurs bot ich massenhaft auf, und in der Stadt Qarqar, seiner Lieblingsstadt, belagerte ich ihn und seine Krieger und eroberte sie. Die Stadt Qarqar verbrannte ich. Ihm zog ich seine Haut ab. In jenen Städten erschlug ich die Schuldigen und führte Frieden herbei. Zweitausend Streitwagen und sechstausend Schlachtrosse hob ich unter den Leuten des Landes Hama aus und gliederte sie der Streitmacht meines Königtums an.« Und Ägypten? Im äußersten Südwesten Palästinas kam es 720 zu einer Begegnung zwischen assyrischen und ägyptischen Truppen, doch zogen sich die Ägypter schnell zurück. Assyrien behauptete seine Vormachtstellung in Syrien und Palästina. Das bestimmte die Lage Judas.

Usias Sohn Jotham hatte, soweit Nachrichten darüber vorliegen, das innere und äußere Aufbauwerk des Vaters fortsetzen können. Nach der Überlieferung soll in seiner Regierungszeit sogar ein erfolgreicher Feldzug gegen die Ammoniter geführt worden sein; das spräche für eine politische Renaissance mit der Tendenz zur Wiederherstellung alter Ordnungen und alten Besitzstandes. Wichtiger war die Wiederaufnahme und Neubelebung der prophetischen Tradition. Nach der alttestamentlichen Tradition fiel ins Todesjahr Usias ein hochbedeutsames Ereignis: die Berufung des Propheten Jesaja. Im Tempel, angesichts der Lade, erschaute Jesaja in einer Vision Jahve als König. Urphänomene des Zwölfstämmeverbandes Israel treten in der Schilderung hervor: über dem leeren Gottesthron der Lade erhebt sich unsichtbar, nur der prophetischen Schau erschlossen, der Herrscher und König Israels, Jahve Zebaoth. Da Jesaja dem Gott Israels begegnet, ertönt der gewaltige Hymnus: »Heilig, heilig, heilig ist Jahve Zebaoth, alle Lande sind erfüllt von seiner Herrlichkeit!« Hier zeigt sich ein Ausschnitt aus der Tempelliturgie: Jahve wird geehrt und angebetet als Gott, von dessen strahlendem Lichtglanz alle Lande erfüllt sind; Jahve ist nicht der Volksgott Israels, sondern der Schöpfer und Weltherr; deutlich hebt sich seine Herrschaft von der Art ab, in der der assyrische Gott Assur das Weltregiment durchsetzt. In einer der Zukunftsvisionen des Propheten (Jesaja 2,2–4) heißt es: »Und es wird geschehen in den letzten Tagen, da wird der Berg mit dem Hause Jahves festgegründet stehen an der Spitze der Berge und die Hügel überragen; und alle Völker werden zu ihm hinströmen, und viele Nationen werden sich aufmachen und sprechen: Kommt, laßt uns hinaufziehen zum Berge Jahves, zu dem Hause des Gottes Jakobs, daß er uns seine Wege lehre und wir wandeln auf seinen Pfaden, denn von Zion wird die Weisung ausgehen und das Wort Jahves von Jerusalem! Und er wird Recht sprechen zwischen den Völkern und Weisung geben vielen Nationen; und sie werden ihre Schwerter zu Pflugscharen schmieden und ihre Spieße zu Rebmessern. Kein Volk wird sich gegen das andere erheben, und sie werden den Krieg nicht mehr lernen.«

Auf Jotham war in Jerusalem Ahas gefolgt, ein König, den das deuteronomistische Geschichtswerk im düstersten Licht erscheinen läßt: Ahas habe sich dem heidnischen Naturkult zugewandt, Höhenheiligtümer errichtet, den Baalim geopfert, überdies aber noch einem heidnischen Kult gehuldigt, dem zuliebe er seinen Sohn habe durchs Feuer schreiten lassen, um dem Gott Moloch mit einem Menschenopfer zu dienen. Des Königs Vergehen machten es dem alttestamentlichen Chronisten leichter, sein Verhalten im »syrisch-ephraimitischen« Krieg, das den Assyrern in die Hände spielte, erklärlich zu machen. Als Ahas' Weigerung, sich dem Aufstand des Nordreiches und der Aramäer gegen die Assyrer anzuschließen, zum aramäisch-israelitischen Einfall in Juda und zum Marsch der verbündeten Heere auf Jerusalem geführt hatte, unternahm Jesaja noch den Versuch, den König zur Umkehr zu rufen. In der Prophetie (Jesaja 7) heißt es: »Und es begab sich in den Tagen des Ahas, des Sohnes Jothams, des Sohnes Usias, des Königs von Juda, da zogen Rezin, der König von Aram, und Pekach, der Sohn Remaljas, der König von Israel, gegen Jerusalem heran, es zu bestürmen; aber sie konnten es nicht einnehmen. Als nun dem Hause Davids angesagt war: Die Aramäer haben sich in Ephraim gelagert, da bebte sein Herz und das Herz seines Volkes – wie die Bäume des Waldes beben vor dem Winde. Jahve aber sprach zu Jesaja: Gehe doch... dem Ahas entgegen... und sprich zu ihm: Hüte dich und bleibe ruhig! Fürchte dich nicht... Weil Aram, Ephraim und der Sohn Remaljas Böses gegen dich beschlossen haben und sprechen: Hinauf gegen Juda wollen wir ziehen, es bedrängen und für uns erobern..., so spricht der Herr Jahve: Es soll nicht zustande kommen noch geschehen! Denn das Haupt Arams ist Damaskos und das Haupt von Damaskos ist Rezin. Noch fünfundsechzig Jahre – und Ephraim wird zertrümmert, daß es kein Volk mehr ist... Glaubt ihr nicht, so bleibt ihr nicht!«

Der Prophet rief den König auf, zu »glauben«, daß Jahve das Unternehmen Rezins und Pekachs nicht gelingen lassen werde. Offensichtlich sollte die alte Stämmeverbandsinstitution des heiligen Krieges zu später Stunde erneuert werden: der König sollte allein auf Jahve vertrauen und alles seinem wirksamen Eingreifen überlassen. Aber Ahas war ja ein Moloch-Anbeter, der Gott Jahve für ihn also keine geschichtsmächtige Wirklichkeit mehr. Es war demnach fast unvermeidlich, daß er eine Unterwerfungsbotschaft (2. Könige 16,7) an Tiglatpilesar richtete: »Dein Sklave und dein Sohn bin ich, komm herauf und rette mich aus der Hand des Königs von Aram und aus der Hand des Königs von Israel, die sich gegen mich aufgemacht haben!« Nachdem Tiglatpilesar Ahas erhört und die antiassyrische Koalition zersprengt hatte, warb der König von Juda weiter um seine Gunst. Tiglatpilesar hielt sich damals in der Nähe von Damaskos auf. Dorthin entsandte Ahas den Oberpriester Uria und ließ dem assyrischen Großkönig melden, er sei bereit, dessen Kultinsignien im Jerusalemer Tempel aufrichten zu lassen. Aber schon warnte der Prophet (Jesaja 8,5f.) vor den Folgen des Kniefalls: »Und Jahve fuhr fort, zu mir zu reden: Weil dieses Volk die sanftrinnenden Wasser Siloahs verachtet, weil es verzagte vor Rezin und dem Sohne Remaljas, darum, siehe, läßt Jahve über sie emporsteigen die starken und großen Wasser des Euphrats. Der wird steigen über alle seine Kanäle und über alle seine Ufer treten und wird eindringen in Juda, wird überschwemmen und überfluten, daß es bis zum Halse reicht...« Allzu große Erfolge brachte Ahas die Unterwerfung unter die Assyrer nicht ein: die Überseepositionen, die Usia erobert hatte, gingen wieder verloren; das südlich des Toten Meeres gelegene Gebiet fiel wieder an die Edomiter; die Philister drangen sogar ins judäische Gebiet ein und verbreiteten Furcht und Schrecken. Immerhin gelang es Ahas zu der Zeit, da die Assyrer am grausamsten hausten, im Vasallenverhältnis glimpflich durchzukommen. Für seinen Nachfolger war es allerdings keine reine Freude, daß die assyrische Provinz Samaria ab 722 unmittelbar an Juda grenzte. Nach dem Tode des judäischen Königs Ahas bestieg dessen Sohn Hiskia den Thron Davids. Freilich haben sich die Komplikationen, die durch die Mitregentschaft Jothams in der Chronologie der Könige von Juda entstanden sind, auch jetzt noch ausgewirkt.

Das Todesjahr Ahas' ist nicht genau zu ermitteln. Wenn die Königsbücher des Alten Testaments damit recht haben, daß sein Sohn Hiskia zur Zeit der Zerstörung Samarias in Jerusalem regierte, spricht einiges für die Annahme, daß Hiskia um 725 König geworden war. Der deuteronomistische Geschichtsschreiber lobt Hiskia über die Maßen. Daß der König eine Säuberung des Kultus durchführte, kann kaum der einzige Grund gewesen sein. Der Chronist erwähnt aber, daß Hiskia, wie es in den Tagen des jungen Joas geschehen war, ausdrücklich den Bund mit Jahve erneuerte, was für einen assyrischen Vasallen zweifellos eine symptomatische politische Handlung war. Mehr noch: Hiskia sandte Boten ins Land, die sowohl in Juda als auch in den Ortschaften des aufgelösten Nordreichs zum zentralen Gottesdienst einladen sollten. In ganz Israel von Dan (im hohen Norden) bis Beerseba (im Süden) wurde die Kunde von einem alle Stämme erfassenden Fest weitergegeben. Die meisten Nordisraeliten lachten Hiskias Boten aus und lehnten die Einladung ab. Aber so manche kamen doch; der Versuch, Jerusalem als zentralen Kultort zu deklarieren, war nicht ganz mißglückt.

Natürlich muß man sich fragen, wie denn überhaupt ein legitimer Jahve-Gottesdienst in Jerusalem im Angesicht der Kultinsignien Assurs abgehalten werden konnte. Wie sah überhaupt das Vasallenverhältnis aus? Hiskia hatte von Ahas das Erbteil übernommen, ein Untergebener des assyrischen Königs zu sein. Aber er lehnte sich dagegen auf. Nachdem Nordpalästina und Syrien völlig unterworfen waren, erwachte im Süden die antiassyrische Bewegung, die im Norden gescheitert war und den Fall Samarias nach sich gezogen hatte. Um etwa 715 v. Chr. mag Hiskia die ersten Schritte zur Lösung von Assyrien unternommen und die Reinigung des Tempels von den Symbolen fremder Kulte gewagt haben. Wieder schlossen sich die Staaten zusammen, die unter den Tributlasten stöhnten und noch nicht ganz zermürbt waren: der philistäische Stadtstaat Asdod, Moab, Edom und Juda. Hinter dieser südpalästinischen Koalition stand unter dem aus Äthiopien stammenden Pharao Schabaka die Macht Ägyptens, das ein Interesse an der Stabilisierung der Abwehrfront in Südpalästina bekundete. Zwischen 713 und 711 machten sich die antiassyrischen Bestrebungen der Koalition intensiver bemerkbar; das Zentrum der Rebellion war Asdod. Aber schon 711 schritt Sargon II. ein. Die Prunkinschrift aus Chorsabad meldet: »Mit meinen Heldenmütigen, die auch am Ort des Friedens nicht weichen, zur Stadt Asdod zog ich; und jener Jamani: von fern hörte er das Heranziehen meines Feldzuges, und er floh ins Grenzgebiet des Landes Musri, das an der Grenze des Landes Meluhha liegt, und nicht mehr gefunden wurde sein Aufenthaltsort. Die Stadt Asdod, die Stadt Gath, die Stadt Asdudimmu belagerte und eroberte ich...« Das Unternehmen gegen Asdod leitete für Sargon ein Oberfeldherr, Turtanu (im Alten Testament »Tartan«). Die Rückwirkungen auf Juda behandelt wieder die Botschaft des Jesaja: »Im Jahre, als der Tartan im Auftrage Sargons, des Königs von Assyrien, nach Asdod kam und die Stadt belagerte und einnahm – zu jener Zeit hatte Jahve durch Jesaja, den Sohn des Amos, also geredet: Geh und löse das härene Gewand von deinen Hüften und zieh die Schuhe aus von deinen Füßen! Und er tat es, ging nackt und barfuß. Da sprach Jahve: Gleich wie mein Knecht Jesaja nackt und barfuß gegangen ist drei Jahre lang, als Zeichen und Vorbedeutung gegen Ägypten und Äthiopien, so wird der König von Assyrien die gefangenen Ägypter und weggeführten Äthiopier forttreiben, Junge, Alte, nackt und barfuß und mit entblößtem Gesäß. Da werden sie erschrecken und beschämt sein wegen Äthiopiens, nach dem sie ausschauen, und wegen Ägyptens, mit dem sie prahlen.« Unter keinen Umständen sollte sich Juda auf Ägypten und Äthiopien verlassen: zu gewaltig erschien dem Propheten die Macht Assyriens! Was sich nach der Niederwerfung Asdods, das gewohnheitsgemäß dem assyrischen Provinzialsystem einverleibt wurde, tatsächlich ereignet hat, ist nicht überliefert. Wahrscheinlich hatten Juda, Moab und Edom vorgezogen, rechtzeitig umzukehren und weiterhin dem König von Assyrien Tribut zu zahlen. Vielleicht war aber auch der Großkönig aus inneren Gründen nicht in der Lage, den Feldzug weiterzuführen.

Erwähnt wird in den Jesaja-Erzählungen eine schwere Erkrankung Hiskias, bei deren Heilung Jesaja mitgewirkt habe, offenbar zwischen 711 und 705. Wichtig ist der Hinweis in den Königsbüchern, daß anläßlich der Genesung des Königs Abgesandte aus Babylonien in Jerusalem mit Glückwünschen erschienen. Die Babylonier bereiteten dem assyrischen Großkönig nicht unerhebliche Schwierigkeiten; nicht ohne Grund hatte Sargon II. nach der Vernichtung des Reststaates Samaria Angehörige der babylonischen Oberschicht in die neue Provinz Samaria ausgesiedelt. Daß Hiskia mit Babylonien Kontakt aufgenommen hatte, deutete auf neue Koalitionsbestrebungen hin. Die konspiratorische Tätigkeit verstärkte sich zusehends, nachdem Sargon II. 705 gestorben war: jetzt sah man eine neue Chance zur Befreiung. Führer der neuen Koalition in Südpalästina wurde Hiskia; diesmal waren seine Bundesgenossen die Ägypter, der philistäische Stadtstaat Ekron, Moab, Edom und die Babylonier. In aller Eile trafen die Koalitionsgenossen Vorkehrungen, um die Machtkonstellation im Vorderen Orient grundlegend zu ändern; namentlich mit Ägypten wurde fieberhaft verhandelt. In Jerusalem erhob wieder der Prophet (Jesaja 30) seine Stimme: »Wehe den widerspenstigen Söhnen, spricht Jahve, die einen Plan durchführen, der nicht von mir kommt, und ein Bündnis schließen, doch nicht durch meinen Geist, um Schuld auf Schuld zu häufen! Die, ohne meinen Mund zu befragen, hingehen, nach Ägypten hinunter, um mit dem Schutze des Pharaos sich zu schützen und Zuflucht zu suchen im Schutze Ägyptens. Doch der Schutz Pharaos bringt euch Schande, die Zuflucht im Schatten Ägyptens Schmach...« Nach der Meinung des Propheten ist das Volk, das im Gottesbund steht, nicht bündnisfähig für andere Mächte.

Auch diesmal war der Koalition kein Erfolg beschieden. Die Strafaktion, die Sargons Nachfolger Sanherib zunächst im Zweistromland unternahm, war noch grausamer als frühere Repressalien. Indes hatte das assyrische Großreich mit zunehmenden inneren Schwierigkeiten zu tun, und erst 701 machte sich Sanherib mit seinen Truppen auf den Weg nach dem Westen. Mühelos unterwarf Sanherib alle Rebellen; in der Südwestecke Palästinas stieß er sogar mit einem ägyptischen Heer zusammen, das sich geschlagen zurückziehen mußte. Über Hiskia sagen die assyrischen Siegesannalen: »Ihn selbst schloß ich wie einen Käfigvogel inmitten der Stadt Jerusalem, der Stadt seines Königtums, ein.« Die Situation schien trostlos. Die Festung Lachisch konnte sich noch eine Zeitlang halten, dann aber war nur noch Jerusalem übrig. Hiskia mußte die Kapitulationsforderung annehmen, hohe Tributzahlungen leisten und dem Sieger den Palast- und Tempelschatz ausliefern. Ob Sanherib Jerusalem besetzt hat, ist nicht klar. Nach alttestamentlichen Berichten soll Sanherib auf die Besetzung verzichtet haben: entweder wegen eines Aufruhrs im Zweistromland oder wegen einer Pestepidemie im assyrischen Heer. Jedenfalls zogen die assyrischen Truppen so plötzlich aus Juda ab, daß das Land darin ein Gotteswunder erblickte. An der Niederlage änderte das nichts. Hiskia mußte Land abtreten, Tribut zahlen und die Kultinsignien Assyriens wieder in den Tempel aufnehmen. Die südpalästinische Koalition hatte ein schmachvolles Ende gefunden. Statt der erhofften Umschichtung der Machtverhältnisse hatte sie nur eine neue Machtsteigerung Assyriens hervorgebracht.

Zerfall und Reform

Um 690 v. Chr. fiel die Königsherrschaft in Jerusalem an Hiskias Sohn Manasse, der mit seinen etwa fünfzig Regierungsjahren in der Geschichte Judas einen Rekord aufstellte. Ihm war ein zerstörtes und auf einen kleinen Rest zusammengeschmolzenes Reich zugefallen. Fast ganz Südjuda war von fremden Mächten beherrscht; sehr viel mehr als Jerusalem unterstand dem neuen König nicht, als er auf den Thron kam. Als getreuem Vasallen der Assyrer scheint es aber Manasse mit einer klugen Verhandlungspolitik gelungen zu sein, die abgetrennten Territorien zurückzugewinnen. Viele Nachrichten haben sich über den Vasallenstaat aus der Zeit zwischen 690 und 640 v. Chr. nicht erhalten; viel konnte auch nicht geschehen, da die Geschicke des Landes in der Hand der assyrischen Großmacht lagen. Dafür hat der deuteronomistische Geschichtsschreiber ein überaus finsteres Bild von den inneren Zuständen in Jerusalem und Juda unter Manasse überliefert. Die Stellung des Herrschers zum Kultus ist das zentrale Problem der deuteronomistischen Geschichtsdarstellung, und in dieser Hinsicht schneidet Manasse, der sogar mit Ahab von Israel verglichen wird, von allen Königen Judas am schlechtesten ab. Freilich nahm die unter Manasse anschwellende Welle des allgemeinen Synkretismus ihren Ausgang davon, daß im Jerusalemer Tempel assyrische Kultinsignien und Bräuche offizielle Anerkennung gefunden hatten; in der alten Welt bedeutete politische Unterwerfung zugleich auch religiöse Einordnung des Besiegten in den Staatskult des Siegers.

Mit den assyrischen Kultelementen erfuhren aber auch die bodenständigen kanaanitischen Fruchtbarkeitskulte einen neuen Aufschwung; die Quellen berichten vom Eindringen der Baalim und Astarten in den Bereich des Jerusalemer Heiligtums. Im Tempel selbst ließ Manasse eine Astarte, eine heidnische Fruchtbarkeitsgöttin, aufstellen. Mit dem stürmischen Einbruch der alten Landeskulte in den Tempel entstanden von neuem im ganzen Lande Höhenheiligtümer. Erwähnt wird noch ein anderer Kult, der unter Manasse besondere Verbreitung gefunden habe: die Verehrung des Himmelsheeres, der Engel- und Gestirnmächte; besondere Altäre seien für diesen Kult im Tempelvorhof erbaut worden. Den in altorientalischen Großreichen beheimateten Himmelskult, der auch im kanaanitischen Raum Verbreitung gefunden hatte, hatte Israel schon früh überwunden; sein Gott war Jahve Zebaoth, der Jahve der Heerscharen, unumschränkter Gebieter aller himmlischen Mächte. Wurde die Wirklichkeit der Herrschaft Jahves – wie zur Zeit Manasses – in Frage gestellt, so mußte die eigenständige Macht der himmlischen Kräfte und »Heerscharen« in den Vordergrund rücken. Alle Grundlagen des Jahve-Stämmeverbandes zerbröckelten in der ersten Hälfte des 7. Jahrhunderts. Ins zentrale Heiligtum Israels waren fremde Numina, Mächte und Geister, eingezogen. Zu allem Überfluß huldigte Manasse auch dem Menschenopfer fordernden Moloch-Kult im Tale Ben Hinnom: er ließ seinen Sohn durchs Feuer schreiten und zeigte sich überaus empfänglich für die obskure Mantik der Zeichendeuter, Totenbeschwörer und Schlangenkundigen. In kürzester Zeit wurde aus dem zentralen Heiligtum ein Tummelplatz für alle Kulte und Bräuche des Landes. Die Wirkungen dieses Wandels sind kaum zu rekonstruieren. Wenn die alttestamentliche Überlieferung sagt, zur Zeit Manasses sei unschuldig Blut vergossen worden, sind wahrscheinlich nicht nur Verfall der Gerichtsbarkeit, Korruption und Bestechung gemeint, sondern auch die gewalttätige Unterdrückung derer, die sich allen heidnischen Greueln zum Trotz zu Jahve, dem Gott Israels, bekannten. Die Vermutung liegt nahe, daß schwere innere Kämpfe ausgetragen wurden, daß der Widerstand prophetischer und priesterlicher Kreise niedergeschlagen werden mußte; nach einer apokryphen Tradition soll Jesaja, zur Zeit Manasses, auf grausame Weise getötet worden sein. Vermutlich sind dem Herrschaftssystem, das die heidnischen Kulte förderte, nicht wenige Märtyrer zum Opfer gefallen.

Manasses lange Regierungszeit war eine Periode wesentlicher Veränderungen in der vorderorientalischen Welt. Sanherib war es noch gelungen, Assyrien durch mancherlei Schwierigkeiten geschickt hindurchzusteuern und die inneren Unruhen im Zweistromland niederzuringen. Unter seinem Sohn Assarhaddon erlebte das Großreich erneut eine gewaltige Expansion, die es über die Südwestgrenze hinaus ins ägyptische Gebiet führte. Ein großer Teil des Landes am Nil wurde erobert und nach bewährtem Vorbild reorganisiert. Aber schon wenige Jahre nach der Unterwerfung begannen die ersten Aufstände im nicht unterworfenen Südbereich Oberägyptens. Sofort brach Assarhaddon nach Ägypten auf, erlag aber in Syrien oder Palästina einer plötzlichen Krankheit; immerhin konnte die Aufstandsbewegung von dem assyrischen Feldherrn noch einmal niedergeworfen werden. Der neue Großkönig Assurbanipal (669–632) hatte an Kriegen und Eroberungen kein Interesse mehr. Seine Aufmerksamkeit galt der Literatur und der Erforschung der großen Traditionen der Vergangenheit; seinem Sammlungs- und Sichtungswerk ist zu verdanken, daß sich viele Dokumente aus uralter Zeit bis in unsere Tage erhalten haben. Die Abkehr des Königs von jeder kriegerischen Aktivität hatte freilich zur Folge, daß die weit vorgeschobenen Grenzen des Großreichs nicht mehr gehalten werden konnten. Ägypten machte sich 664 selbständig; dann fielen die phönikischen Küstenstädte ab. Noch waren Syrien und Palästina fest in assyrischen Händen; aber unter der Asche der zerstörten Staaten schwelte leidenschaftlicher Haß gegen die Unterdrücker. Auch schon im Zweistromland regte sich die Rebellion: die Babylonier erhoben sich im Bunde mit den Elamitern; zwar konnten die assyrischen Heerführer den Aufstand niederschlagen, wobei sie auch noch 639 die uralte elamische Hauptstadt Susa zerstörten, aber das war auch ihr letzter Sieg.

Als Assurbanipal sieben Jahre später in Ninive starb, war das Großreich bereits im Verfall. Allmählich zeichnete sich Babylonien – genauer das »neubabylonische Reich« – als die neue führende Macht ab. Träger der babylonischen Auferstehung waren chaldäische Stämme aus dem Gebiet südlich der Euphratmündung. Sie hatten sich 625 von Assyrien unabhängig gemacht; ihr erster König, der eigentliche Begründer des neubabylonischen Reiches, war Nabupolassar (626–605), dessen Erfolge dem geschwächten Assyrien Furcht einflößten, zumal am getrübten Horizont des Großreichs neue Gefahren sichtbar wurden. Vom Osten ebenso wie vom Norden und Nordosten rückten neue Völkerschaften heran. Vom iranischen Hochland waren die Meder aufgebrochen; schon früh hatten sie sich ein Königtum gegeben; jetzt zogen sie westwärts und bedrohten Assyrien. Und aus der südrussischen Steppe wälzte sich die Flut eines skythischen Eroberungsvolkes heran, der Umman-Manda. Immer mehr wurde Assyrien von den Umman-Manda, den Medern und den Babyloniern eingeschnürt: 616 war es bereits auf sein eigentliches Kernland, das angestammte Gebiet im nördlichen Zweistromland, reduziert; 612 belagerten die feindlichen Heere die assyrische Hauptstadt Ninive, erstürmten und vernichteten sie. Nur noch kurz flackerte die erlöschende Flamme auf: in Harran versuchte Assuruballit den westlichen Restbestand des einstigen Großreichs zu halten, aber 610 wurde auch Harran erobert. Assuruballit floh in die syrischen Provinzen, von wo aus er die Ägypter zu Hilfe rief. Alles mißlang, der Pharao Necho (609–595) mußte auf jede Hilfeleistung verzichten. Die Babylonier stießen nach und gingen daran, das Erbe der assyrischen Provinzen in Syrien und Palästina zu übernehmen.

In Juda war nach Manasse sein Sohn Amon auf den Thron gekommen. Auch er förderte die heidnisch-synkretistischen Tendenzen. Viel Zeit war ihm allerdings nicht beschieden: schon in seinem zweiten Regierungsjahr fiel er einer Verschwörung zum Opfer; die »Knechte

Bericht des Königs Sanherib
über seine Taten und über die Unterwerfung Palästinas
Tonprisma, um 700 v. Chr. Bagdad, Museum

Einnahme einer Stadt und Verschleppung ihrer Einwohner durch assyrische Truppen
Relief vom Palast Assurbanipals in Ninive, um 640 v. Chr.
London, British Museum

des Königs«, sagt das Alte Testament, hätten ihn ermordet. Ob die »Knechte« Palastdiener oder Minister waren, ist ebensowenig zu ergründen wie das Motiv der Tat. Denkbar wäre, daß höhere Würdenträger, auf diplomatischem Weg über die anhaltende Schwächung Assyriens unterrichtet, beschlossen hatten, den assyrienfreundlichen König aus dem Wege zu räumen. Wenn es eine solche Verschwörung gegeben hat, ist sie jedenfalls nicht zum Ziel gekommen: die Mörder wurden gerichtet; die freie alteingesessene Landbevölkerung hatte sich zusammengeschlossen, um Ruhe und Ordnung in Jerusalem wiederherzustellen und für die rechtmäßige Erbfolge Sorge zu tragen. Auch nach Jahrzehnten des Verfalls waren in Juda immer noch Kräfte lebendig, die sich für die alten Ordnungen einsetzten. Das einst so einflußreiche Priestertum schien allerdings kein bedeutender Faktor mehr zu sein; nach der Überfremdung des Tempelheiligtums und seines Personals unter Manasse war sein Ansehen erheblich gesunken. Es gab aber noch andere konservative Kreise, die zur dynastischen Tradition standen, und von ihnen wurde im Herbst 639 der achtjährige Thronfolger Josia als König eingesetzt, wobei natürlich hohe Beamte die Regierungsgeschäfte übernahmen, vermutlich Männer, die in der freien Landbevölkerung verwurzelt waren. Man darf mit Sicherheit annehmen, daß diese Kreise Josia erzogen und die Voraussetzungen für seine künftige Reformtätigkeit schufen. Möglicherweise ist in der Zeit der Minderjährigkeit des Königs auch eine Umgruppierung in der Priesterschaft durchgeführt worden. Mit selbständigen Taten trat Josia erst um 622 hervor. Unterdes hatte sich in der umliegenden Welt vieles verändert. Seit 625 war Babylonien selbständig, und Assyrien hatte nicht mehr die Kraft, im Bereich der westlichen Provinzen Machtdemonstrationen vorzunehmen.

In dieser veränderten Weltlage begann die Kultus- und Staatsreform Josias. Den Anfang machte die Beseitigung der assyrischen Kultinsignien, die einer Kündigung des Vasallenverhältnisses gleichkam. Dann ging Josia an die allgemeine Neuordnung der Lebensgrundlagen, die im Rückgriff auf die ältesten Traditionen und Lebensordnungen die eigentlichen Daseinswurzeln der Überreste Israels im Rumpfstaat Juda sichtbar werden ließ. Symbolisch für den Geist der Reform war das Zutagetreten eines alten Gesetzbuches, von dem es hieß, es sei im Tempelarchiv oder sogar in der Lade (die nach einigen Traditionen des Alten Testaments als kastenförmiger Behälter heiliger Schriften galt) aufgefunden worden. Schon Anfang des 19. Jahrhunderts war die alttestamentliche Forschung zu dem Schluß gelangt, daß die unter Josia entdeckte Gesetzesrolle das »Urdeuteronomium«, die ursprüngliche Grundlage des uns heute bekannten fünften Buches Mose, gewesen sein muß.

Wie war dies Urdeuteronomium entstanden? Aus welchen Kreisen stammte es? Zugrunde lagen ihm alte Überlieferungen des Zwölfstämmeverbandes; seinen Gedanken entstammte die im Gesetzesbuch verankerte und zur Zeit Josias neu proklamierte Forderung, Jahve dürfe nur an einer einzigen Stelle, an dem von ihm selbst erwählten Ort, angebetet und kultisch verehrt werden. Im Reformwirken Josias gab diese alte sakrale Tradition Anlaß zur Zentralisation des zur Zeit Manasses zersplitterten und aufgelösten Kultus. Über die Kreise, aus denen das Urdeuteronomium hervorgegangen war, bekommt man Aufschluß, wenn man an Hand der neueren Untersuchungen Gerhard von Rads in das vorliegende endgültige Deuteronomium hineinhorcht. Außer von der höchsten Autorität Mose spricht der Text immer wieder von den Leviten: während Moses als der erste Sprecher des

Gottesrechtes gilt, erscheinen die Leviten als die Priesterschaft, der das »Gesetz Mose« anvertraut war, die von Geschlecht zu Geschlecht die heiligen Ordnungen weiterzugeben hatten.

Wer aber waren diese Leviten? Niemand anders als die übers ganze Land verstreuten, in den Landstädten wohnenden, den Traditionen des Zwölfstämmeverbandes verpflichteten Hüter und Wahrer der Gesetze. Diese »Landleviten« verrichteten nicht den Tempeldienst in Jerusalem, sondern interpretierten das göttliche Recht in den Ortschaften, in unmittelbarer Nähe der Landbevölkerung. In neuer Zeit neigt man sogar zu der Annahme, daß ein großer Teil dieser Priesterschaft ursprünglich in Nordisrael beheimatet war und erst nach der Zerstörung Samarias in den Landstädten Judas Zuflucht gefunden hatte. Zur Zeit Josias war aus ihr eine »deuteronomische Bewegung« hervorgegangen; wahrscheinlich hatten auch Leviten hinter der freien Landbevölkerung gestanden, die bei der Thronerhebung des achtjährigen Josia den Ausschlag gab. Jedenfalls müssen sich die Traditionen des ursprünglichen Jahve-Glaubens auf dem Lande, das fremden Einflüssen viel weniger ausgesetzt war als der Palast und der Tempel, länger gehalten haben als in der Hauptstadt. Daraus erklären sich denn auch nach Gerhard von Rad die sowohl im Kultischen als auch im Politischen wirksamen restaurativen Tendenzen, die von der freien Landbevölkerung und den levitischen Priestern ausgingen.

So wäre denn das große Gesetzeswerk des Deuteronomiums als Dokument einer reformatorischen Bewegung zu verstehen, die bemüht war, die alten Gesetzestraditionen zu aktualisieren, die teilweise disparaten Stoffe theologisch zu durchdringen und zu vereinheitlichen. Man kann also im Deuteronomium das Resultat einer umfassenden theologischen Vergegenwärtigung alter Überlieferungen sehen, in der das spätere Israel die von Moses übermittelte Botschaft Jahves zu einer zeitnahen und geltenden Gesetzgebung machte. Die Kodifizierung wurde im 7. vorchristlichen Jahrhundert in der Stilform der Predigt und Ermahnung von den Leviten besorgt. Und im Mittelpunkt stand die Hinwendung zu dem Einen Gott, der an der Einen Stätte, die er erwählte, aufgesucht und verehrt werden sollte. Offenbar ging die Erneuerungsbewegung diesmal nicht von der offiziellen Priesterschaft des Jerusalemer Tempels aus, sondern von den mit der Landbevölkerung verbundenen Priesterkreisen der Landstädte. Wenn es stimmt, daß diese Priesterschaft aus Nordisrael gekommen war und ursprünglich, worauf manches hindeutet, priesterliche Funktionen für den Zwölfstämmeverband in Sichem oder in Gilgal versehen hatte, wird das reformatorische Moment in der Forderung des einen zentralen Kristallisationspunktes und des erneuerten Glaubens erst recht verständlich. Vielleicht darf man die deuteronomische Erneuerungsbewegung in einem größeren Rahmen sehen: auch in Assyrien vollzog sich um die Mitte des 7. Jahrhunderts unter Assurbanipal eine kulturelle und religiöse Renaissance, die sich den Ursprüngen zuwandte und nach einer Lebensreform von den Quellen her verlangte.

Den äußeren Hergang hat die Überlieferung (2. Könige 23) festgehalten. Das »Urdeuteronomium«, das Erneuerungsdokument, dessen Umfang schwerlich genau zu bestimmen ist, wurde vom Oberpriester Hilkia gefunden und dem König überbracht, der die Grundsätze des alten Gottesrechtes sogleich akzeptierte; der König wurde aufgerufen, sich konsequent den alten Satzungen zuzuwenden und das religiöse und staatliche Leben zu reformieren. »Da sandte der König Boten aus, die beriefen zu ihm alle Ältesten von Juda und Jerusalem. Dann ging der König hinauf in den Tempel Jahves, und alle Männer von Juda und alle Bewohner Jerusalems mit ihm, auch die Priester und die Propheten und alles Volk, klein und groß. Und er las ihnen alle Worte des Bundesbuches vor, das im Tempel Jahves gefunden worden war. Hierauf trat der König auf das Gerüst und verpflichtete sich vor Jahve, ihm anzuhangen und seine Gebote, Ordnungen und Satzungen von ganzem Herzen und von ganzer Seele zu halten, um so die Worte dieses Buches, die in diesem Buche geschrieben standen, in Kraft zu setzen. Und das ganze Volk trat dem Bunde bei.«

Wieder war ein alter Brauch des Zwölfstämmeverbandes aufgenommen worden: beim Festgottesdienst des alten Verbandes pflegte der »Richter in Israel« als Bundesmittler die Gebote und Gesetze Gottes zu verlesen, womit das ganze Volk in den Bund Jahves eintrat. Dasselbe geschah hier: nach der Verlesung des Gottesrechts wurde die versammelte Schar in den Jahve-Bund aufgenommen. Die alte Ordnung Israels wurde erneut wirksam – wie zu Zeiten Asas, Joas' und Hiskias. Etwas allerdings war neu: die Gesetzesverlesung und Treueverpflichtung auf den Gottesbund war unter Josia kein bloß gottesdienstliches Ereignis mehr; der König hatte das »Gesetz Jahves« zur absoluten Norm erhoben, das Gottesrecht als Staatsgesetz verkündet. Die königlichen Machtmittel sollten fortan dazu dienen, die sakrale Ordnung und die Staatsordnung zu einer letzten, alles Leben regulierenden Einheit zu bringen. Die Reform brachte als grundsätzlich neues Moment die totale Inanspruchnahme des Staates durch das Gottesrecht. Es versteht sich am Rande, daß der politischen Verkündung des Gottesrechts die Säuberung des Kultus folgte; nicht nur die assyrischen Insignien waren verfemt; auch Manasses Astarte wurde ausgestoßen. Alle kultischen Fremdelemente wurden verbannt und alle Splitterheiligtümer durch Staatsgesetz verboten. Befohlen wurde die Zentralisation des Kultus, und die Festtagswallfahrt nach Jerusalem wurde allen Angehörigen des Staatswesens zur Pflicht gemacht. Das erste Fest, an dem die Reform verkündet wurde, war der Auftakt zur Wiederherstellung einer Fülle religiös-staatlicher Bräuche. Angeordnet wurde die seit der Richterzeit vernachlässigte gemeinsame Feier des Passah-Festes, wie sie auch im Deuteronomium, im »Buch des Bundes«, vorgeschrieben ist. Im ganzen Lande wurden die Wahrsager und Beschwörer ausgerottet.

In den auswärtigen Beziehungen des restaurierten Staates begnügte sich Josia nicht mit dem Abfall von Assyrien und der Wiederherstellung der Souveränität. Er nahm den geschwächten Assyrern Teile des ehemaligen Nordreiches Israel weg. Was er anstrebte, war die Wiederaufrichtung des alten davidisch-salomonischen Doppelkönigtums über Juda und Israel. Sicher taten die assyrischen Gouverneure in den Provinzen alles, um mit Hilfe der im Nordreich angesiedelten fremden Bevölkerungselemente das Eindringen Judas zu verhindern. Dennoch konnte Josia in verhältnismäßig kurzer Zeit große Gebiete erobern, nachdem die seit 701 aufgelöste Militärmacht Judas neu aufgebaut worden war. In den Quellen (2. Könige 23,15) finden sich darüber beredte Zeugnisse: »Auch den Altar zu Bethel, das Höhenheiligtum, das Jerobeam gemacht hatte, der Sohn Nebaths, der Israel zur Sünde verführte, auch diesen Altar und das Höhenheiligtum riß er nieder, zerschlug die Steine und zermalmte sie zu Staub, und die Astarte verbrannte er.«

Um in Bethel auf diese Weise zu verfahren, mußte Josia zum mindesten die südliche Hälfte der assyrischen Provinz Samaria bereits annektiert haben. Bei der bloßen Säuberung blieb es nicht; die frühere Stätte des nordisraelitischen Staatskults wurde völlig zerstört und damit die kultisch-staatliche Oberhoheit Jerusalems erneut hervorgehoben. Den Vorstoß Judas in Teile des ehemaligen Nordreiches illustriert eine im Buch Josua enthaltene Gauliste, die sich in Wirklichkeit auf die Gebietseinteilung zur Zeit Josias bezieht. Daraus ergibt sich, daß Josia nicht nur Gebiete des ehemaligen Staates Israel erobert, sondern sich auch in die Bereiche Philistäas vorgewagt hat: die Liste nennt Ekron und das Hinterland der Hafenstadt Japho als judäische Gebiete. Das Reich »unseres Vaters David« lebte wieder auf. Aus den Trümmern erhob sich das alte Israel in neuer Pracht. Josia wurde wie ein Messias gefeiert, wie der Heilskönig, dessen Kommen die Propheten geweissagt hatten.

Trotz aller Hochstimmung entbrannten aber schon zu Lebzeiten Josias leidenschaftliche Auseinandersetzungen über die Folgen seiner Politik und die Zukunft Judas. Mitten in den Jubel fielen die Gerichtsworte des neuen Propheten Jeremia. In einer düsteren Vision (Jeremia 1,13ff.) vernahm der Prophet eine beängstigende Botschaft: »Ich sehe einen siedenden Kessel; er erscheint vom Norden her. Da sprach Jahve zu mir: Vom Norden her kommt siedend das Unheil über alle Bewohner des Landes. Denn siehe, ich rufe alle Königreiche vom Norden, spricht Jahve, und sie werden kommen und ein jedes seinen Thron am Eingang der Tore Jerusalems aufstellen, und gegen alle seine Mauern ringsum und gegen alle Städte Judas. Dann werde ich über sie mein Urteil sprechen wegen aller ihrer Bosheit, daß sie mich verlassen und anderen Göttern geopfert und die Machwerke ihrer Hände angebetet haben.« Die Macht zu identifizieren, die als Gerichtswerkzeug Jahves fungieren würde, war nicht der Sinn der prophetischen Warnung. Wesentlich war die Vision, wonach eine neue Großmacht die Stelle Assyriens einnehmen mußte. Und obgleich der Prophet das kommende Gericht mit Verfehlungen begründete, die aus der Manasse-Zeit stammten, galt wesentlich seine Kritik dem Bestehenden. Josias Reformwerk hatte Jeremia dann aber offenbar so sehr beeindruckt, daß er sich angesichts der allumfassenden Erneuerung von der kritischen Warte des Propheten eine Zeitlang zurückgezogen haben muß. Bald aber schien ihm klargeworden zu sein, daß die Reformbewegung in einen oberflächlichen Rausch religiöser Begeisterung ausartete, daß nationale Leidenschaften erwachten und daß das zentrale Heiligtum in Jerusalem auf die Stufe eines Amuletts mit magischen Wirkungen abzusinken drohte. Das Bekenntnis zur Einzigkeit der Kultstätte wurde zur magischen Beschwörungsformel, sobald die Worte (Jeremia 7,4) umgingen: »Der Tempel Jahves, der Tempel Jahves, der Tempel Jahves ist hier!« Der Prophet spürte die aller geschichtlichen Orientierung bare religiöse Selbstsicherheit, die in die Vorstellung mündete, daß einem nichts passieren könne, weil mit der äußeren Neuordnung alles schon geregelt sei. Er fühlte, daß der Freudenrausch den Blick für die allgemeinen Zusammenhänge trübte, daß die guten Ansätze einer religiösen Erneuerung im nationalen Taumel erstickten. Offenbar erkannte er die Kehrseite der staatlichen Verankerung des Reformwerks in der dadurch hervorgerufenen und durch zahlreiche Heilspropheten gestärkten Gewißheit, daß eine goldene Zeit schon angebrochen sei oder jeden Augenblick anbrechen müsse. Mit diesen Propheten einer realitätsfremden Heilsverkündigung geriet Jeremia in schwere Konflikte. Aber niemand wollte davon Notiz nehmen, daß Josias äußere Machtentfaltung in eine Zeit fiel, in der die Oberhoheit über Syrien und Palästina von einem Großreich auf ein anderes überging, und daß auch der erneuerte Staat Juda nur für kurze Zeit freie Hand haben würde. Als Mahner und Rufer stemmte sich Jeremia gegen eine Welle hochmütig-oberflächlicher nationaler Sorglosigkeit und vereinsamte immer mehr.

Aber schon der Prozeß des Zusammenbruchs des assyrischen Großreichs hatte seine Rückwirkungen auf Juda. Der Rückzug Assuruballits in die syrischen Provinzen im Jahre 610 löste in Palästina Sorge und Furcht aus. Zur akuten Gefahr wurde aber der assyrische Verzweiflungskampf, als Assuruballit an die Waffenhilfe Ägyptens appellierte und Necho ihm tatsächlich zu Hilfe eilte. Der Pharao dachte wohl weniger an die Rettung Assyriens als an die Chance, Palästina und vielleicht sogar Syrien für Ägypten zu gewinnen und als Einflußsphäre zu sichern. Um so schnell wie möglich bis zum Norden zu gelangen, durchzog er 609 das Küstengebiet Südpalästinas, bis ihm Josia mit einer judäischen Streitmacht bei Megiddo den Weg vertrat, um den Anschluß der ägyptischen Streitmacht an die Assyrer zu verhindern: die Neubelebung des sterbenden Assyriens und der Einbruch Ägyptens in den syrisch-palästinischen Raum waren für Juda gleich gefährlich. Nach der Überlieferung (2. Könige 23, 29) kam es aber gar nicht erst zur Schlacht: »Da zog der Pharao Necho, der König von Ägypten, gegen den König von Assyrien an den Euphratstrom. Da trat ihm der König Josia entgegen; jener aber tötete ihn bei Megiddo, sowie er ihn sah.«

Mit dem Tod Josias war der Traum vom neuen nationalen Aufstieg ausgeträumt. Der Chronist sagt, man habe Klagelieder über den toten König angestimmt, und noch viel später sei es Brauch gewesen, ihn zu beweinen. Mit gutem Grund: das abrupte Ende des nationalen Aufschwungs kam einer Katastrophe gleich. Und in Palästina gab es von Stund an den neuen Machtfaktor Ägypten.

Ende des Reiches Juda

Nachdem der erste Schock, den Josias Tod ausgelöst hatte, überwunden war, versuchten die Judäer ihr möglichstes, um das reformierte Staatswesen zu erhalten. Joahas, einer der Söhne Josias, wurde auf den Thron erhoben, da man noch hoffte, das Reich werde weiterhin bestehen. Die Hoffnung war trügerisch. Necho hatte die weitere Unterstützung Assyriens aufgegeben und sich seinen eignen Plänen zugewandt. Drei Monate nach dem Treffen bei Megiddo kehrte er aus Syrien nach Südpalästina zurück. Ohne militärische Aktionen zu erwähnen, sagt die Überlieferung, daß der Pharao den König Joahas sofort abgesetzt und ihn gefangen nach Ribla geführt habe. (In Syrien hatte Necho also offenbar feste Positionen aufgebaut.) Der Pharao war nunmehr Herr über die assyrischen Provinzen in Syrien und Palästina. Josias erweitertes Reich wurde aufgelöst und in die alten Provinzen – jetzt die Einfluß- und Machtsphäre Ägyptens – aufgeteilt. Juda wurde auf sein Stammland reduziert und zu hohen Tributzahlungen verpflichtet. An Joahas' Stelle setzte Necho einen anderen Sohn Josias, Eljakim, der für gehorsame Unterordnung mit seinem Leben haften und zum Zeichen der Unterwerfung auf Nechos Geheiß den neuen Namen Jojakim tragen mußte. Nun war der Pharao seiner Eroberungen sicher und konnte sich nach Ägypten zurückziehen. Der abgesetzte und zunächst in Ribla inhaftierte Joahas wurde nach Ägypten mitgeschleppt, wo er als Gefangener starb. Zum erstenmal seit der Amarna-Zeit hatte Ägypten wieder syrisch-palästinisches Land in seiner Hand. Jojakim blieb keine Wahl: er mußte den Tribut entrichten und treuer Untertan des Pharaos werden. Die Abgaben waren so hoch, daß Jojakim im Lande Sondersteuern erheben mußte; auf Grund seiner genauen Einschätzung wurden die Leistungssätze für jeden einzelnen Judäer festgelegt. Das ganze Land bekam zu spüren, daß es mit dem Traum von der nationalen Größe vorbei war.

Aber auch die Glorie Ägyptens währte nicht lange. Die Sieger über Assyrien meldeten ihre Ansprüche an. Zwar zogen sich die Umman-Manda zurück und verschwanden in die südrussischen Steppengebiete, nicht ohne zuvor die assyrische Königsstadt Ninive und andere Städte des assyrischen Stammlandes gründlich geplündert zu haben. Aber es blieben die Meder und Babylonier. Den Medern fielen die nördlichen und nordwestlichen Bezirke des Zweistromlandes zu; sie übernahmen das assyrische Stammland und die armenisch-iranischen Hochländer. Der südliche und südwestliche Teil ging an die Babylonier, die auch den gesamten assyrischen Provinzialbesitz in Syrien und Palästina für sich beanspruchten. Ihr erster König konnte den Westfeldzug allerdings nicht mehr führen. Die innere Ordnung des neuen Staatswesens gab Nabupolassar nach 610 genug zu tun auf; später erkrankte er, so daß sein Sohn Nebukadnezar schon 605 als Oberbefehlshaber der militärischen Expedition zur Eroberung Syriens und Palästinas in den Vordergrund trat. Über die ersten Feldzüge der Babylonier ist freilich nur wenig bekannt, denn im Gegensatz zu den assyrischen Großkönigen hatten die babylonischen Herrscher nicht die Gewohnheit, ihre Großtaten in Monumentalinschriften und Annalen festhalten zu lassen, und in der »Chronik Gadd«, dem wichtigsten Dokument zum Aufstieg des neubabylonischen Reiches, sind die einzelnen Aktionen der babylonischen Könige nicht aufgezeichnet. In Jeremias »Fremdvölkersprüchen«, prophetischen Botschaften über die Völker und Mächte des Vorderen Orients, ist davon die Rede (Jeremia 46,2), daß »das Heer des Pharaos Necho, des Königs von Ägypten, das am Euphratstrom bei Karkemisch stand«, von Nebukadnezar, der dabei irrigerweise bereits als König von Babylonien erscheint, geschlagen worden sei. Die Niederlage des ägyptischen Heeres wird auch von dem Marduk-Priester Berossus, einem Geschichtsschreiber, der im 3. vorchristlichen Jahrhundert lebte, bestätigt. Trotz manchen Bedenken dürfte auch die Ortsangabe Karkemisch stimmen: wo anders hätte der Pharao dem babylonischen Heer entgegentreten können als an der Euphratgrenze, die die syrischen Provinzen vom Zweistromland trennte? Über die Folgen der Schlacht weiß das Alte Testament (2. Könige 24,7) zu berichten: »Der König von Ägypten aber rückte nicht mehr aus seinem Lande aus; denn der König von Babel hatte alles erobert, was dem König von Ägypten gehörte, vom Bach Ägyptens bis zum Euphratstrom.« Necho wurde in sein Stammland am Nil zurückgetrieben, und die Babylonier übernahmen das assyrische Provinzialgebiet.

Jojakim, der von Necho zum König von Juda eingesetzt und dem Pharao zu Gehorsam und Treue verpflichtet war, wechselte, als die Niederlage Ägyptens besiegelt war, sofort auf die Seite des Siegers hinüber: er unterwarf sich dem Feldherrn Nebukadnezar. Welche Konsequenzen sich daraus ergaben, ist unklar, da über Nebukadnezars Methoden der Behandlung abhängiger Völker wenig Nachrichten vorliegen; so ist auch nicht bekannt, ob die Babylonier gleich den Assyrern auf der Anbringung ihrer Staatskultinsignien in Jerusalem bestanden. Fest steht, daß die Judäer Tributzahlungen an Nebukadnezar entrichten mußten. Später tauchten in Juda Streifscharen des babylonischen Heeres auf, die ständig im Lande umherzogen und den Einwohnern die abhängige Lage des Landes vor Augen führten. Trotz der gewaltigen Überlegenheit Babyloniens unternahm Jojakim nach der Darstellung des Alten Testaments zwischen 605 und 599 zweimal den Versuch, aus dem Vasallenverhältnis auszubrechen. Entscheidend dafür war wahrscheinlich die drückende Last der Tribute, aber auch das Verhältnis zu Ägypten dürfte eine Rolle gespielt haben. Vermutlich hatte Necho an Jojakims Vasallentreue in der Hoffnung appelliert, mit seiner Hilfe im babylonischen Hoheitsgebiet Unruhe stiften zu können; Jojakim wiederum mag, ohne an die Folgen zu denken, auf Ägyptens Beistand bei der Befreiung aus der babylonischen Gewalt spekuliert haben. Ein erster Aufstandsversuch in Juda wurde von den Streifscharen Nebukadnezars im Keime erstickt. Ein zweiter Aufstand, wohl 602 begonnen, endete mit einer Katastrophe, die Jojakim allerdings nicht mehr erleben sollte. Für Juda war aber auch schon Jojakims eigenes Gewaltregiment (2. Könige 24,4) bedrückend genug: »Auch das Blut der Unschuldigen, das er vergoß,... erfüllte Jerusalem...« Von der Tyrannei des Königs hat das Buch Jeremia (Jeremia 22,13f.) einen einprägsamen Bericht hinterlassen: »Wehe dem, der sein Haus mit Unrecht baut und seine Söller mit Unbill; der seine Nächsten umsonst arbeiten läßt und ihm den Lohn nicht bezahlt! Der da spricht: Ich will mir ein weites Haus und luftige Hallen bauen! Der Fenster darein brechen läßt, es mit Zedern täfelt und roh bemalt. Meinst du, ein König zu sein, weil du in Zedernbauten wetteiferst?« Die Ermahnungen des Propheten fruchteten nichts. Jojakim blieb in der Zeit der härtesten Bedrückung bei der größten Verschwendung und schlimmsten Ausbeutung seiner Untertanen. Als ihm der Prophet eine Abschrift seiner Reden zukommen ließ (Jeremias 36), ließ sich der König die mahnenden Worte vorlesen, zerschnitt die Schriftrolle und warf sie ins Feuer. Die Forderung des Gottesrechtes interessierte ihn nicht.

Nach Jojakims zweitem Aufstand gegen Babylonien geschah zunächst gar nichts, wahrscheinlich hatte Nebukadnezar II. andere Sorgen. Als Jojakim 599 starb, folgte ihm ungehindert sein achtzehnjähriger Sohn Jojachin. Aber schon im nächsten Jahr setzte sich das babylonische Heer in Bewegung. Jerusalem wurde belagert und erobert. Babylonische Soldaten drangen in die Stadt ein und zogen raubend und plündernd umher. Der Tempel- und Palastschatz, der ganze Reichtum, den Jojakim sich errafft hatte, fiel in ihre Hände. Die Kostbarkeiten der Bauwerke wurden abgebrochen. Das Heiligtum wurde entweiht. Dann begann nach assyrischem Muster die Deportationsmaschine zu arbeiten. Allerdings beschränkten sich die Sieger darauf, nur bestimmte Gruppen nach Mesopotamien zu verschleppen: zuerst Jojachin und seine Familie, sodann Minister und hohe Beamte, schließlich Handwerker und Waffenkonstrukteure. Juda verlor die Regierungsspitze und wurde radikal entmilitarisiert. Die Neuorganisation des unterworfenen Landes vollzog sich allerdings in relativ erträglichen Formen. Der rebellische Staat wurde 598 noch nicht vernichtet und nicht ins Provinzialsystem eingegliedert, sondern durfte unter einem König aus dem Haus David weiter bestehenbleiben. Dafür behielt sich Nebukadnezar vor, den König, der ihm mit Leib und Leben für absolute Loyalität haften mußte, selbst zu ernennen. Seine Wahl fiel auf Jojachins Onkel Matthanja, dem er nach herrschender Sitte und zum Beweis dafür, daß er, Nebukadnezar, Herr über Leben und Tod sei, einen anderen Namen, Zedekia, gab. Offenbar mußte der halbselbständige Staat auch beträchtliche Gebietsteile an Babylonien abtreten. Im Buch Jeremia (Jeremia 13,18f.) findet sich ein ziemlich eindeutiger Hinweis: »Die Städte im Südland sind verschlossen, und niemand öffnet; ganz Juda muß in die Verbannung, in die Verbannung sie alle!« Danach kann man vermuten, daß das Negeb-Gebiet und wohl auch ganz Südjuda vom judäischen Staat abgetrennt wurden; wahrscheinlich fielen diese Bezirke den Edomitern anheim. Faktisch ließ jedenfalls Nebukadnezar nur Jerusalem und einen kleinen Teil Nordjudas als Staat bestehen.

Nach der deuteronomistischen Version (2. Könige 24,19) unterschied sich die Regierungspraxis Zedekias nicht wesentlich von der Jojakims: »Er tat, was Jahve mißfiel, ganz wie Jojakim getan hatte.« Nichtsdestoweniger herrschte in Jerusalem in den Jahren nach der ersten Deportation eine optimistisch-erwartungsvolle Atmosphäre. Das verhältnismäßig milde Vorgehen des babylonischen Siegers ließ neue Hoffnungen aufkommen; man ließ wieder die traditionellen Heilserwartungen gelten: wie konnte der Bund Jahves mit seinem Volk hinfällig werden? Wieder traten Heilspropheten auf, die dem Volk verkündeten, daß sich alles wieder zum Guten wenden würde: schließlich war die Davidsdynastie weiterhin auf dem Thron, und auch das religiöse Bollwerk der heiligen Stadt Jerusalem mit allen kultisch-politischen Bindungen hatte sich als unzerstörbar erwiesen; selbst die größte Weltmacht konnte die ewigen Satzungen Gottes nicht erschüttern. Die Heilspropheten ließen das Volk glauben, daß eine glückliche Zukunft unmittelbar bevorstand. Diese phantasiereichen Illusionen hat das Buch Jeremia im Detail (Jeremia 28,1ff.) nachgezeichnet: »Im Anfang der Regierung Zedekias, des Königs von Juda, im fünften Monat des vierten Jahres, begab es sich, daß der Prophet Hananja von Gibeon, der Sohn Assurs, im Hause Jahves in Gegenwart der Priester und des gesamten Volkes zu mir sprach: So spricht Jahve der Heerscharen, der Gott Israels: Ich habe das Joch des Königs von Babel zerbrochen. Binnen zwei Jahren werde ich an diesen Ort alle Geräte des Hauses Jahves zurückbringen, die Nebukadnezar, der König von Babel, von diesem Ort weggenommen und nach Babel gebracht hat. Auch Jechonja (Jojachin), den Sohn Jojakims, den König von Juda, und alle Verbannten Judas, die nach Babel gekommen sind, werde ich an diesen Ort zurückbringen, spricht Jahve, denn ich werde das Joch des Königs von Babel zerbrechen!« Als einer der angesehenen staatlichen Kultpropheten konnte Hananja seine trostreiche Prophetie mit dem Siegel des autoritativ übermittelten Jahve-Wortes versehen.

Mit der unerbittlichen Schärfe eines visionären Realismus trat ihm Jeremia entgegen: Gott habe alle Illusionen zerrissen, indem er dem Großkönig Nebukadnezar alle Macht gegeben habe; was geschehen sei, sei kein Anlaß zu Heilserwartungen, sondern verlange

Einwohner der bedrohten Stadt Lachisch auf der Flucht vor Sanherib
Relief vom Palast des Königs in Ninive, um 690 v. Chr.
London, British Museum

Meldungen an den Befehlshaber von Lachisch während der Belagerung der Stadt durch die Babylonier
Beschriebene Tonscherben aus Lachisch, 588 v. Chr.
London, British Museum

Selbstbesinnung und Umkehr; der babylonische König repräsentiere das Gottesgericht (Jeremia 27), und ihm müsse man sich unterwerfen: »So spricht Jahve der Heerscharen, der Gott Israels...: Ich bin es, der die Erde gemacht hat, die Menschen und Tiere auf der Erde, durch meine große Kraft und durch meinen ausgestreckten Arm, und ich gebe sie dem, der mir gefällt. Und nun habe ich alle diese Länder in die Hand meines Knechtes Nebukadnezar, des Königs von Babel, gegeben. Auch die Tiere des Feldes habe ich ihm gegeben, daß sie ihm dienen. Und alle Völker sollen ihm und seinem Sohne und seinem Enkel dienen, bis auch seinem Lande die Stunde kommt...« Eine babylonische Herrschaft über drei Generationen: das mußte alle kurzfristigen Hoffnungen zunichte machen. Das eben wollte Jeremia, und immer deutlicher hob er die Konsequenzen hervor: »Höret doch nicht auf eure Propheten und Wahrsager, auf eure Träumer, Zeichendeuter und Zauberer!... Lüge weissagen sie euch!... Fügt eure Nacken unter das Joch des Königs von Babel und dient ihm und seinem Volke, so bleibt ihr am Leben!« Für die offizielle Meinung der Tempelhierarchie war das Defätismus, Landesverrat und Untergrabung des von Gott erwählten Reiches. Der kurzsichtige Optimismus der religiös-nationalen Ideologie verlangte rebellische Aktion, nicht Unterwerfung. In den Strudel dieser »aktivistischen« Ideologie geriet auch der Vasallenkönig Zedekia: schon 589 kündigte er das Vasallenverhältnis. Aber er wußte auch, daß er den Abfall von Babylon nur riskieren konnte, wenn ihm ein mächtiger Bundesgenosse zur Seite stand. Wieder wurden Verbindungen zu Ägypten aufgenommen, und wieder sicherte der Pharao Waffenhilfe zu. Der katastrophale Ausgang, den solche abenteuerlichen Versuche früher genommen hatten, schien vergessen.

Die Gegenaktion leitete Nebukadnezar persönlich. Er schlug sein Hauptquartier in Ribla auf und entsandte ein großes Heer nach Jerusalem. Dort hielt der überschwengliche Optimismus nicht lange vor: Zedekia schickte Boten zum Propheten Jeremia, die ihn fragen sollten, ob Jahve nicht wieder, »wie er sonst getan hat«, ein Wunder tun werde, um das babylonische Heer abziehen zu lassen. Der Prophet (Jeremia 21) blieb indes bei seiner Botschaft: »So sollt ihr Zedekia antworten: So spricht Jahve, der Gott Israels: Siehe, ich lasse umkehren die Kriegswaffen in eurer Hand, mit denen ihr den König von Babel und die Chaldäer, die euch belagern, außerhalb der Mauern bekämpft, und bringe sie allesamt in diese Stadt. Und ich selbst will gegen euch streiten mit ausgereckter Hand und starkem Arm...« Jerusalem werde fallen, und über König und Volk werde ein erbarmungsloses Gericht ergehen. Nebukadnezar rückte denn in der Tat schnell heran und belagerte Jerusalem achtzehn Monate. Die festen Städte Judas fielen im ersten Ansturm. Eine Weile konnten sich noch die Festungen Lachisch und Aseka halten. Tatsächlich sind bei Ausgrabungen in Lachisch beschriebene Tonscherben gefunden worden, auf denen sich militärische Meldungen aus dem Jahre 588 erhalten haben. Da wird aus Jerusalem gemeldet: »Wir achten auf das Signalzeichen von Lachisch..., die Zeichen von Aseka sehen wir nicht mehr.« Während nun auch Aseka gefallen zu sein scheint, heißt es über die Lage in Jerusalem: »Die Hände des Landes und der Stadt werden schlaff...« Alles ging dem Ende zu. In letzter Stunde eilte ein judäischer Heerführer nach Ägypten, die versprochene Waffenhilfe anzufordern. Sie kam wirklich! Ägyptische Truppen rückten in Südpalästina ein und zwangen die Babylonier, die Belagerung Jerusalems abzubrechen. Nach dem biblischen Bericht (Jeremia 37,5):

»Das Heer des Pharaos war von Ägypten aufgebrochen, und die Chaldäer, die Jerusalem belagerten, waren auf diese Kunde hin von Jerusalem abgezogen.«

Sofort flackerte in Jerusalem wieder die Hoffnung auf baldige Erlösung auf. Nur der Prophet des Realismus (Jeremia 37) zweifelte nicht am Untergang: »Dies sollt ihr dem König von Juda melden...: Siehe, das Heer des Pharaos, das ausgezogen ist, euch zu helfen, wird in sein Land, nach Ägypten zurückkehren. Die Chaldäer aber werden wiederkommen und gegen diese Stadt streiten, sie einnehmen und verbrennen.« Diese Prognose – wie überhaupt die beharrliche Ankündigung des Gottesgerichts – reizte und erbitterte die illusionsfreudigen Judäer. Als der Abzug der Babylonier Jeremia die Möglichkeit verschaffte, die Stadt zu verlassen, wurde er unter der Beschuldigung, er wolle »zu den Chaldäern überlaufen«, am Stadttor festgenommen und in eine Grube geworfen. Natürlich wurde das ägyptische Heer in Südjuda von den Babyloniern schnell besiegt und floh in die Heimat. Die Babylonier erschienen wieder vor den Mauern Jerusalems. Lachisch fiel; der Ausgrabungsbefund läßt erkennen, daß die ganze Stadt eingeäschert wurde. Der Ring um Jerusalem zog sich immer enger zusammen; die Bevölkerung hungerte, und in der Stadt brachen Seuchen aus. Angesichts der nun ganz hoffnungslosen Lage entschloß sich Zedekia zur Flucht; in die Stadtmauer wurde eine Bresche geschlagen, und heimlich zog der König mit seiner Leibwache von dannen. Der fliehende Trupp mit der königlichen Familie wollte über die Jordanfurt bei Gilgal entkommen, aber als die Soldaten merkten, daß eine babylonische Abteilung ihnen auf den Fersen war, überließen sie die Großen von gestern ihrem Schicksal. Im Steppengebiet bei Jericho wurden die Fliehenden eingeholt und festgenommen und von dort nach Ribla gebracht. Über den treulosen Vasallen und seine Familie verhängte Nebukadnezar ein grausames Gericht: vor den Augen Zedekias wurden seine Söhne hingerichtet, dann wurden ihm die Augen ausgestochen; in Ketten wurde der Blinde nach Babylon gebracht, wo er bald starb.

Im Juni 587 brach die Katastrophe über Jerusalem herein. Die Stadt wurde in Schutt und Asche gelegt; die Akropolis mit Palast und Tempel versank in den Flammen. Was an Kostbarkeiten bei der Besetzung 598 verschont geblieben war, wurde weggeschleppt. Unnachsichtig streng war das Strafgericht Nebukadnezars: die führenden Männer Jerusalems und Judas wurden nach Ribla gebracht und dort getötet, die gesamte Oberschicht des Landes wurde deportiert; nur die bäuerliche und im primitivsten Handwerk tätige Bevölkerung durfte im Lande bleiben. Die Babylonier folgten ganz den assyrischen Methoden, mit einer Ausnahme allerdings: an Stelle der Deportierten wurden in Juda keine fremden Volksgruppen angesiedelt. Der unterworfene Staat wurde ins babylonische Provinzialsystem eingebaut, wobei sich aber die Neuordnung in vielem von der Organisation unterworfener Gebiete unter den Assyrern unterschied. Im allgemeinen war der babylonische Großkönig darauf bedacht, die soziale und politische Struktur der eroberten Länder nach Möglichkeit unverändert zu lassen; so war denn auch die Struktur des Reiches Juda 598 unangetastet geblieben. Inzwischen hatte jedoch Nebukadnezar nur zu anschaulich erfahren, daß den Jerusalemer Königen nicht zu trauen war und daß die Bevölkerung Judas von der Idee des Heilsstaates besessen blieb. Daran änderte auch die den Babyloniern bekannte Wirksamkeit eines Mannes wie Jeremia nichts, der übrigens nach der Eroberung der Stadt aus dem Gefängnis befreit und sogar aufgefordert wurde, nach Babylonien zu kommen, was er jedoch ausschlug.

Jerusalem und Juda wurden also der babylonischen Provinzialverwaltung unterstellt, vermutlich als Verwaltungsbezirk der Provinz Samaria, aber an die Spitze dieses Bezirks beriefen die Babylonier nicht, wie es die Assyrer getan hätten, einen fremden Gouverneur, sondern einen Judäer, und zwar einen Mann namens Gedalja, dem sie als Verwaltungssitz Mizpa zuwiesen. Nach dem Alten Testament (Jeremia 40) hatte er »die Judäer vor den Chaldäern zu vertreten«, wahrscheinlich als Untergebener des höchsten babylonischen Beamten in der Provinz Samaria; bezeichnenderweise war Gedalja kein Angehöriger des Hauses David und durfte nicht in Jerusalem residieren: die Davidsstadt sollte ihres Ruhmes entkleidet und nicht wieder zum Zentrum aller national-religiösen Bestrebungen und Verschwörungen werden. Im ganzen Lande wurden babylonische Truppen stationiert und alle Mauern, Türme, Bollwerke und Festungen, soweit sie nicht schon zerstört waren, geschleift. Bei alledem verfolgte Nebukadnezar nicht die Absicht, Juda durch Einpflanzung einer neuen Bevölkerungsschicht um seine nationale Eigenart zu bringen. Insofern zeigte die babylonische Unterwerfungspolitik einen humaneren Zug als die assyrische.

Nach der Deportation waren im Lande hauptsächlich Bauern und Winzer zurückgeblieben. Zu ihnen gesellten sich aber bald in nicht geringer Zahl Angehörige anderer Schichten, die vor dem heranrückenden Feind in die Schlupfwinkel der Wüste Juda und in die benachbarten Staaten geflohen waren und nach einer gewissen Normalisierung der Verhältnisse aus ihren Verstecken hervorkamen. Die Rückkehr war deswegen geboten, weil die Eroberer den Grundbesitz der freien Vollbürger und die Krongüter des königlichen Hauses auf die arme Bevölkerung verteilten.

Bei aller Normalisierung sollte das Land indes nicht zur Ruhe kommen. Gruppen, die sich mit der Vernichtung des Davidsstaates nicht abfinden wollten, gewannen mit ihren abenteuerlich-schwärmerischen Ideen so sehr an Einfluß, daß bald eine neue Aufstandsbewegung ausbrach, die einen Abkömmling der Davidsdynastie namens Ismael auf den Schild hob. Mit einer kleinen Schar überfiel Ismael die judäische Bezirksverwaltung in Mizpa und ermordete den Statthalter Gedalja, der zwar vor dem Attentat gewarnt worden war, aber ein so wahnwitziges Abenteuer nicht für möglich gehalten hatte. Den Rebellen trat eine Richtung entgegen, die, um eine massive Strafaktion der Babylonier abzuwenden, alle weiteren Ausschreitungen zu verhindern suchte; es gelang ihr, Ismaels Anhänger zu zersprengen, worauf Ismael ins Land der Ammoniter entkam. Im Lande löste das Attentat von Mizpa eine panische Stimmung aus. Aus Angst vor babylonischen Repressalien flüchteten viele nach Ägypten. Die Gruppe, die sich gegen Ismael aktiv zur Wehr gesetzt hatte, war unschlüssig. Jeremia, dessen Rat sie einholte (Jeremia 42), mahnte zur Besonnenheit und warnte vor der Flucht. Die Angst war aber stärker: »Ins Land Ägypten«, hieß es, »wollen wir ziehen, wo wir weder Krieg sehen noch Posaunenschall hören noch Hunger leiden werden; dort wollen wir uns niederlassen.« Trotz allem Widerstand wurde auch Jeremia von der Auswanderungswelle nach Ägypten gespült, wo sich seine Spur verlor. Über die Folgen des Ismael-Aufstandes wird im Alten Testament nichts berichtet: entweder hatten die Babylonier den Aufstand als Abenteuer weniger Extremisten von vornherein nicht ernst genommen – oder die Angelegenheit war für sie mit der Flucht der aktiven Teilnehmer erledigt.

Nach der Deportation der Oberschicht war Juda zunächst ohne geordnete Verwaltung und Gerichtsbarkeit geblieben. Ordnung, Sitte und Recht verwilderten. Hunger und Sorge beherrschten den Alltag. Stadt und Land litten an den Folgen der Kriegsverwüstungen und der allgemeinen Zerrüttung. Die Zerschlagung des Grundbesitzes des Königshauses und der Vornehmen vermehrte das Chaos: die Landesverteilung lockte Mittellose in Scharen an; zum Teil wurden die verlassenen Ländereien einfach von denen übernommen, die zuerst da waren. Zur wirtschaftlichen Gesundung trug das alles wenig bei. Mit dem Fortfall des zentralen Kultus hatte sich auch der religiöse Zusammenhalt gelockert; das religiöse Leben verfiel, und Baalismus und Fremdkulte griffen von neuem um sich. Nur die wenigen, die mit allen Fasern am Glauben der Väter festhielten, pilgerten aus allen Ecken und Enden des Landes zur zerstörten heiligen Stätte nach Jerusalem. Auf den Trümmern des Tempels wurden die aufwühlenden Klagegesänge (Threni) angestimmt, die das Alte Testament der Nachwelt erhalten hat:

> Ach, es umwölkt in seinem Zorn der Herr die Tochter Zion,
> geworfen vom Himmel zur Erde hat er Israels Pracht
> und gedachte nicht des Schemels seiner Füße am Tage seines Zorns.
> Es vertilgte der Herr ohne Schonung alle Gefilde Jakobs,
> riß nieder in seinem Grimm die Festen der Tochter Juda,
> hat zu Boden gestoßen, entweiht das Reich und seine Regenten...
> Wie ein Feind ward der Herr, vertilgte Israel;
> zertrümmerte alle seine Burgen, zerbrach seine Festen
> und häufte in der Tochter Juda Jammer auf Jammer.
> Er tat Gewalt an seiner Hütte, zerstörte seinen Festort.
> Vergessen ließ Jahve in Zion Festtag und Sabbat
> und verwarf in glühendem Zorn König und Priester.
> Seinen Altar hat der Herr verworfen, verabscheut sein Heiligtum.

Babylonisches Exil

Von den inneren Zuständen in Juda wußten sich die Babylonier ein erstaunlich genaues Bild zu machen; welche Kreise ihrer Politik schadeten und Unruhe stifteten und welchen sie Vertrauen schenken durften, war ihnen kein Geheimnis. Diese Kenntnis bestimmte die Gesichtspunkte, nach denen die Deportationen vorgenommen wurden. In Ribla mußten die für den Aufstand Zedekias Verantwortlichen vor Nebukadnezar erscheinen; nach dem Alten Testament ließ der Großkönig fünf Priester, zwei hohe Offiziere, fünf Angehörige des Hofes und sechzig Männer der freien Landbevölkerung hinrichten. Alle übrigen Angehörigen der politisch und geistig führenden und wirtschaftlich wichtigen Schichten wurden dem Deportationskommando unterstellt und in Gruppen nach Babylonien umgesiedelt; insgesamt dürfte die Zahl der Deportierten auf etwa ein Viertel der Gesamtbevölkerung geschätzt werden können.

Juda wurde keineswegs seiner Einwohnerschaft beraubt; das Leben im Lande konnte seinen – zunächst freilich recht verworrenen – Fortgang nehmen. Daß aber die einflußreichen und führenden Schichten ins Exil mußten, war für die weitere Entwicklung Israels insofern von entscheidender Bedeutung, als die deportierte Führungsschicht von Babylonien aus auf die fernere Gestaltung des Lebens in Jerusalem und Juda Einfluß zu nehmen suchte. Über das Schicksal der Verbannten wird im Alten Testament nicht ausführlich berichtet; aber gerade über die vom Exil auf die Heimat ausgestrahlte Wirkung läßt sich den Büchern Jeremia und Ezechiel mancherlei Wesentliches entnehmen. Die im Jahre 587 Deportierten stießen in Babylonien auf eine ältere Exilgruppe, die bereits 598 strafweise verschleppt worden war. Ob auch die von den Assyrern ausgesiedelten Nordisraeliten noch in geschlossenen Gruppen lebten, ist nicht bekannt; vermutlich hatten sich die 722 exilierten Angehörigen des Nordreiches weitgehend der babylonischen Bevölkerung angeglichen und als besondere Volksgruppe aufgehört zu bestehen.

Das Leben der nach Babylonien Deportierten spielte sich anders ab, als die eindrucksvolle Bildsprache des Alten Testaments vermuten läßt. Im Kerker schmachteten außer König Jojachin und seinen Angehörigen nur wenige. Die Masse der Deportierten wurde, ohne auseinandergerissen zu werden, planmäßig angesiedelt; die im Alten Testament als Wohnstätten genannten Orte Tell Abib (am Kanal Kebar nicht weit von Nippur), Tell Melach, Tell Harscha und Kerub Addan lagen in der Nähe größerer babylonischer Städte oder an Kanälen, und hier wurden die Judäer in Sippen untergebracht; ihre Lehmziegelhäuser durften sie sich selbst bauen. In der sozialen Gliederung der babylonischen Gesellschaft, die aus Freien, Halbfreien und Sklaven bestand, zählten sie nicht als Sklaven, sondern als Halbfreie, gehörten also zur mittleren Schicht. Das bedeutete, daß sie sich frei bewegen und in eigenen Siedlungen wohnen durften, daß der Staat aber über ihre Arbeitskraft verfügte. Daher die Ansiedlung in der Nähe der großen Städte und der Kanalanlagen: in den Städten wurden die Deportierten bei Palast- und Prunkbauten des unternehmenden und baufreudigen Königs und an den Kanälen bei Bewässerungsarbeiten beschäftigt. Die Arbeitssphäre erinnert an die Dienste, die die Hebräer einst in Ägypten zu leisten hatten, die Arbeits- und Lebensbedingungen dagegen waren grundsätzlich verschieden: in Babylonien durften die Judäer Häuser bauen, Gärten anlegen, heiraten, Geld verdienen und sogar, soweit dafür lokal die Voraussetzungen gegeben waren, Handel treiben. Besonders Befähigte wurden – als Schreiber, Beamte oder in anderen Funktionen – in den Hof- und Verwaltungsdienst übernommen; später waren einzelne Judäer in den Städten als selbständige Kaufleute tätig. Der Prophet Ezechiel mußte Grund genug haben, vor dem Erwerbsgeist zu warnen, der diese Erfolgreichen der Gemeinschaft der Exilierten entfremdete.

Will man die Rolle der Exilgemeinschaft recht beurteilen, so darf man nicht vergessen, daß das Gros der judäischen Bevölkerung in der Heimat geblieben war. Dort lebte man weiter auf dem traditionell als Gottesgabe verehrten Boden, in Reichweite der ehrwürdigen alten Kultstätten, die als das Zentrum des Volksdaseins galten. Die, die zu Hause geblieben waren, hätten sich durchaus als den von Jahve erretteten Rest Israels betrachten dürfen, in dem die Verheißung eines neuen Anfangs liegen mußte; in den nach Babylonien

Verschleppten mochten sie die von Jahve Gerichteten und aus der Geschichte des Gottesvolkes Ausgeschiedenen sehen. Anderseits waren diese Exilierten unzweifelhaft die führende Schicht des zerspaltenen Volkes mit vielen Priestern und Propheten in ihren Reihen; offenbar waren sie sich auch zu allen Zeiten der ihnen daraus erwachsenden Verpflichtung bewußt. Schon nach der ersten Deportation von 598 hatte sich Jeremia zu dem Zerwürfnis geäußert, das sich aus dieser zwiespältigen Lage ergeben mußte. Aus einer anderen Dimension als der einer augenblicksgebundenen Abwägung der Gegebenheiten meinte er in seiner Vision von den beiden Feigenkörben (Jeremia 24), daß gerade auf den Exilierten die Verheißung ruhe, denn Menschen, die durch die Tiefe des Gerichts hindurchgehen müßten, seien auch ausersehen, Träger der Heilserwartungen zu sein. In einem Brief an die Verbannten (Jeremia 29) gebot er im Namen Jahves: »Bauet Häuser und wohnet darin, pflanzt Gärten und esset ihre Frucht, nehmet euch Frauen und zeuget Söhne und Töchter, werbet um Frauen für eure Söhne und gebt euren Töchtern Männer, damit sie Söhne und Töchter gebären, daß ihr euch dort mehret und euer nicht weniger werden. Suchet das Wohl des Landes, in das ich euch verbannt habe, und betet für es zu Jahve, denn sein Wohl ist euer Wohl!« Die Verbannten sollten sich aber nicht nur in ihr Schicksal fügen und für die Erhaltung der physischen Substanz sorgen, sondern auch – in Abwehr der sogar in ihrer Mitte wirkenden falschen Propheten – nach einer wirklichen Erneuerung des religiösen Lebens trachten. Dafür wurde ihnen ein Fernziel in Aussicht gestellt: »Wenn siebzig Jahre für Babel um sind, will ich nach euch sehen. Dann will ich meine Verheißung an euch erfüllen und euch wieder an diesen Ort Jerusalem bringen!« Die den Verbannten auferlegte Prüfung war also kein auswegloses Strafgericht, sondern eine Läuterung. Aus religiöser Sicht wurde der Exilgemeinschaft eine Pflicht auferlegt, die daheim offenbar nicht im gleichen Maße erfüllt werden konnte. Diese Pflicht war aber nur sinnvoll, wenn zwischen den Exilierten und den im Lande Lebenden eine Verbindung aufrechterhalten blieb. Ein reger Austausch wurde tatsächlich nicht nur nach der ersten, sondern auch nach der zweiten Verbannung gepflegt. So war der exilierte Priesterprophet Ezechiel über die Vorgänge in der Heimat genau unterrichtet. Die Verbannten fühlten sich für das, was in Juda geschah, verantwortlich; sie waren über die Ausbreitung heidnischer Fremdkulte im Lande entsetzt, und man darf vermuten, daß sie sich intensiver Gegenmaßnahmen nicht enthielten.

Das Leben im Exil hing natürlich weitgehend von der Verwaltungspolitik der babylonischen Herrscher ab. Unter Nebukadnezar II. (605–562), der das Reich in festen Händen hielt, gab es weder Krisen noch wesentliche Veränderungen: die Deportierten mußten ihre Dienste verrichten, und ihre Tage vergingen im Gleichmaß der Pflichten. Entscheidende Milderungen kamen unter Awelmarduk (562–560, im Alten Testament Evil-Merodach), der den Judäern freundlich gegenüberstand und ein nachsichtiges Regiment führte: die Dienstleistungen wurden erleichtert und den Exilierten die Teilnahme am Handel gestattet; der eingekerkerte Jojachin wurde freigelassen und sogar an die königliche Tafel geladen. Ein neuerdings ausgewerteter archäologischer Fund hat eine Verpflegungsliste zutage gefördert, aus der die Jojachin und seiner Familie von der babylonischen Verwaltung bewilligten Rationen zu ersehen sind.

Ein scharfer Kurs gegen die Verbannten wurde von Neriglissar (Nergalsarezer, 560–556) eingeschlagen. Nabonid (555–538) wiederum verfolgte gegenüber der Exilgemeinschaft eine unbeständige, schwankende Politik. Wie immer sich die äußeren Lebensverhältnisse gestalten mochten, die innere Not des Daseins in der Fremde war schwer zu tragen. Zunächst hatte sich der Deportierten eine lähmende Hoffnungslosigkeit bemächtigt, die der problematischen religiösen Situation entsprach: man hatte die von Jahve den Vätern gegebene Heimat verloren, man lebte auf unreinem Boden in der heidnischen Welt, und man wußte nicht recht, wie man Jahve fern von seinem Heiligtum verehren sollte. Außerdem waren die Entwurzelten der ständigen Einwirkung einer imponierenden fremden Macht, des babylonischen Staatskults, ausgesetzt. Die babylonischen Könige hatten den alten Mardukkult erneuert. Am Neujahrstag wurden rauschende Götterfeste gefeiert. Das Gottesbild des siegreichen Gottkönigs und Alleinbeherrschers Marduk wurde in den Tempel Esagila gebracht: die Prozession zog über großangelegte Prachtstraßen, und auf geschmückten Barken fuhr das Gottesbild übers Wasser. Ein Rausch religiöser Begeisterung überfiel das Land in den Tagen, in denen der Staatskult zelebriert wurde.

Konnten sich die Judäer den neuen Eindrücken ganz entziehen? Wie nahe lag die Folgerung: Marduk ist der wahre Gott! Er ist der Stärkere! Jahve ist überwunden! Gewiß hatte die Exilgemeinschaft einen starken Rückhalt darin, daß sie in geschlossenen Ortschaften angesiedelt war, daß die Sippenordnung aufrechterhalten blieb und daß die Ältesten der Großfamilien auf die vom Fremdkult beeindruckten Jüngeren helfend und erzieherisch einwirken konnten; überdies verhielten sich die Babylonier in religiösen Dingen – auch nach der Darstellung des Alten Testaments – überall tolerant und zwangen den eigenen Kultus in keiner Weise auf. Dennoch blieb die entscheidende Schwierigkeit, daß die Judäer in der Fremde keinen legitimierten Kultus hatten, weil die entscheidenden Voraussetzungen und sakralen Ermächtigungen für den Gottesdienst fehlten: das heilige Land und das von Jahve erwählte Heiligtum. Keine kultische Feier konnte in ihrem rituellen Ablauf einfach auf die fremden Verhältnisse übertragen und entsprechend abgewandelt werden. Ein Gottesdienst konnte nur dort stattfinden, wo Jahve gegenwärtig war, wo er ein Zeichen seiner Präsenz gegeben hatte, und der zentrale Satz des alttestamentlichen Glaubens lautete: Jahve ist im erwählten Heiligtum in Jerusalem gegenwärtig; Zeichen seiner Gegenwart ist der Gottesthron, die Lade! Auch der Gedanke einer Allgegenwart Gottes konnte in Israel nur unter der Voraussetzung einer höchst konkreten Gegenwartsbekundung Jahwes gedacht werden. Wie sollte man also in der Fremde der Gegenwart Jahves gewiß werden können? Wo waren in Babylonien Ansätze zu neuartigen gottesdienstlichen Versammlungen gegeben? Den 598 verschleppten Judäern hatte Jeremia in seinem Brief das Gotteswort übermittelt: »Wenn ihr mich von ganzem Herzen suchen werdet, so will ich mich von euch finden lassen.« Das war eine Verheißung, keine Gewißheit. Den Durchbruch zu einer neuen religiösen Gewißheit verschaffte der Exilgemeinschaft erst die Botschaft des Propheten Ezechiel.

Ezechiel, der eigenartigste und fremdeste aller alttestamentlichen Propheten, hatte ursprünglich als Priester am Jerusalemer Tempel amtiert und kannte die Sakralinstitutionen des Zentralheiligtums bis in die subtilsten Einzelheiten. Ihm war in der Fremde eine prophetische Berufung zuteil geworden, die den bisweilen in ausgefallenen Vorstellungen und extremen Bildern redenden Mann zutiefst erfüllte und erschütterte. Offenbar war Ezechiel als Angehöriger der judäischen Oberschicht schon 598 nach Babylonien deportiert worden. Da empfing er eine für seine Verkündigung grundlegende und für die Exilierten rettende Gottesbotschaft: in einer gewaltigen Vision (Ezechiel 1) sah er Jahve auf einem Thronwagen in die Fremde kommen. Jahve war in Babylonien gegenwärtig! Diese entscheidende Erkenntnis wurde zum Fundament der Botschaft Ezechiels an die Exilierten, zum aufrichtenden Trost für die Verzagten und Angefochtenen. In ihr lagen die Ansatzpunkte für einen Gottesdienst in der Fremde.

Zunächst fanden im Hause Ezechiels Zusammenkünfte der Sippenältesten statt, in denen alle religiösen Lebensfragen besprochen wurden. Im Bewußtsein der Verantwortung auch für das ferne Jerusalem wurden die ersten Wege gottesdienstlicher Ordnung gesucht, wofür alle äußeren Voraussetzungen fehlten: man hatte weder Kultgeräte noch Kultinsignien. Da im fremden Land keine Opferfeiern abgehalten werden durften, mußte der Kultus jeder materiellen Stützung entsagen, so daß sich die wesentlichen Intentionen notwendigerweise auf das Geistige, Unanschauliche richten mußten. Zu gottesdienstlichen Zwecken kam man wohl in Häusern oder auf freiem Feld zusammen; die Vermutung, daß es im babylonischen Exil bereits Lehrhäuser (Synagogen) gegeben habe, dürfte kaum zutreffen, wenn auch zur Schaffung dieser für das Judentum später so bedeutsamen Institution in Babylonien vorbereitende Schritte getroffen worden sein mögen. Als Zeitpunkt der gottesdienstlichen Versammlungen gewann der Sabbat überragende Bedeutung; seine Heiligung wurde zu einem entscheidenden Bekenntnis. Inhaltlich rückten die heiligen Schriften in den Mittelpunkt: die Erzählungen von den religiösen Traditionen Israels, die zum Teil neu verarbeitet und gedeutet wurden, und die Gesetze. Das Leben der Gemeinde konzentrierte sich auf das Wort; Gebete, insbesondere Buß- und Bittgebete, begleiteten die andächtige Beschäftigung mit den alten Überlieferungen.

Vergleicht man diesen auf das Geistige und Unanschauliche gegründeten Gottesdienst mit dem früheren Kultus in Jerusalem oder gar mit dem prunkvollen babylonischen Staatskult, so kann man die Vermutung kaum ausschließen, daß sich manche Judäer vom sichtbaren, formvollendeten Zeremoniell der Nachbarn eher angezogen gefühlt haben müssen als von diesen nüchternen Versammlungen. Dennoch geschah das kaum Faßbare, daß die Exilgemeinschaft treu im Glauben der Väter verharrte, nicht in herkömmlicher Observanz, sondern in lebendiger Neugestaltung der Kultformen. Dabei war dieser Glaube vielen Gefahren ausgesetzt. Immer wieder wurden fremde Elemente eingeschmuggelt: Zauberei und Mantik, in der babylonischen Religion alltägliche Erscheinungen, drängten sich in die Versammlungen ein. Als integrierender Faktor wirkte sich zunehmend die Institution des Sabbats aus: mochte die heilige Stätte unerreichbar sein, die heilige Zeit konnte auch in der Fremde eingehalten werden; die Befolgung des Sabbats wurde zum »Zeichen zwischen Jahve und seinem Volk«, zum Bundeszeichen, zum Bekenntnisakt auch gegenüber den Babyloniern. Spannungen und Kollisionen entstanden dort, wo man sich, um den Sabbat streng einzuhalten, von den pflichtmäßig zu verrichtenden Dienstleistungen fernhielt.

Neben den Sabbat trat stärker als früher die Beschneidung als weiteres Bundes- und Bekenntniszeichen. Und die Stelle des Opfers wurde nach und nach vom Fasten eingenommen, das als religiöse Übung mit den kultischen Buß- und Klagefeiern der Gemeinde im Zusammenhang stand. Der Gottesdienst wurde zu der Kraft, die dem verbannten Volk half, die langen Jahre des Exils zu überstehen. In ihm war eine religiöse Lebensform gefunden worden, die für das Judentum in der Zerstreuung von grundlegender Bedeutung sein sollte.

Ein anderes Schicksal wurde den Judäern zuteil, die nach der Ermordung des Statthalters Gedalja aus Angst vor babylonischen Repressalien nach Ägypten geflohen waren. Während über die Begebenheiten, die der Auswanderung unmittelbar folgten, nichts bekannt ist, bezeugt ein Papyrus aus der hellenistischen Zeit, der auf der Insel Elephantine am unteren Ende des Ersten Nilkataraktes gefunden worden ist, die Existenz einer Kolonie von Judäern in dieser fernen südlichen Gegend. Hier hatten die Pharaonen die Judäer mit ihren Angehörigen als Wachtruppe zur Bewachung der Südgrenze Ägyptens angesiedelt. Von der Heimat abgeschnitten, waren die Flüchtlinge in den Strudel des Synkretismus geraten; in einem eigenen Tempel verehrten sie eine Göttertrias, den Gott Jahu (eine andere Form des Namens Jahve), eine weibliche Gottheit und einen jugendlichen Gott. Diese Religion war der Ausdruck eines anderen Exilverhaltens: hier wurde der Glaube der Väter preisgegeben und eine Anpassung an die im neuen Lande vorgefundenen Kulte gesucht.

Schicksalswende durch Kyros

Obwohl die Ältesten der Exilgemeinschaft in der Festigung der religiösen Lebensgrundlagen ihr möglichstes taten, breitete sich unter den Verbannten immer wieder dumpfe Verzweiflung aus. Das Wissen von der Schuld der Vergangenheit, aber auch die wachsende Furcht, Jahve könnte sein Volk verworfen und vergessen haben, unterhöhlten den Glauben und das Vertrauen. Zur Quelle neuer Zuversicht wurde nun eine Vision (Ezechiel 37) des Propheten Ezechiel, in der der Geist Jahves über ein mit Totengebein bedecktes Feld wehte und die Toten zu neuem Leben erweckte: Auferweckung des gerichteten Gottesvolkes zu neuem Dasein! Zudem kündigte Ezechiel an, das vereinte Israel (einschließlich der Nordisraeliten) werde in der Heimat unter einem Nachkommen Davids leben, und Jahve werde Rache an den Heiden üben. Jeder einzelne Judäer wurde zur Umkehr und Vergebung aufgerufen. Ezechiels Zukunftsperspektive umfaßte keine politischen Bilder; das in der Vision erneuerte Gottesvolk erschien ihm nur als gereinigte Kultgemeinde, die sich um den neuen Tempel scharen würde. In mehreren kultischen Visionen (Ezechiel 40 bis 48) erschien das Bild des Tempels der Endzeit als des Heilszentrums der Welt. In einer gewaltigen Proklamation wurde ein kultischer Universalismus von großer Spannweite verkündet. Hier sprach, wie Julius Wellhausen sagt, der »Konstitutor der nachexilischen Gemeinde«.

Indessen bahnten sich große Veränderungen im Weltmaßstab an. Der babylonische König Nabonid, der seit 556 v. Chr. regierte, stiftete in seinem Reich Unruhe und Verwirrung;

Konflikte mit der einflußreichen Marduk-Priesterschaft brachten ihn um wesentlichen Einfluß auf das staatliche Leben. Im iranischen Hochland, im Machtbereich des medischen Königs Astyages, erhob sich Mitte des 6. Jahrhunderts mit Unterstützung von medischen Adligen, die sich gegen die Tyrannei des Astyages auflehnten, der persische Fürst Kyros aus dem Haus der Achaimeniden; er stürzte das medische Königtum und machte sich selbst zum König in Ekbatana. Im Sturm griff Kyros nach dem Westen hinüber, schlug 546 den lydischen König Kroisos, der Kleinasien beherrschte, dehnte das persisch-medische Reich bis zur kleinasiatischen Küste aus und zog ins Zweistromland, wo er 539 Nabonid besiegte. Von der Marduk-Priesterschaft als Befreier begrüßt, zog Kyros in die Metropole des neubabylonischen Reiches ein. Damit war ihm auch der gesamte Provinzialbereich Babyloniens zugefallen; Syrien und Palästina kamen unter persisch-medische Herrschaft, Ägypten wurde etwas später – 525 – von Kyros' Sohn Kambyses erobert.

Unter den Judäern blieb diese Weltenwende nicht unbeachtet. Ein Prophet, dessen Namen wir nicht kennen und der »Deuterojesaja« genannt wird, weil seine Botschaft (Jesaja 40–55) in der schriftlichen Überlieferung an die Prophetie des Jesaja aus dem 8. Jahrhundert angehängt worden ist, kündigte die unmittelbar bevorstehende Erlösung an. Jahve, der Schöpfer und Herr der Welt, habe sein Volk nicht vergessen; er neige sich zu den Seinen hinab, vergebe alle Schuld und schaffe einen neuen Anfang. Dann wurde der Prophet, dessen Botschaft von Leidenschaft und Schwung getragen war, in seiner Aussage (Jesaja 45) politisch konkret. Er verkündete im Namen Jahves:

> So sprach ich zu meinem Gesalbten, zu Kyros,
> dessen rechte Hand ich ergriffen,
> so daß ich Völker vor ihm niederwarf
> und die Lenden der Könige entgürtete,
> auftat vor ihm die Tore,
> und die Türen blieben nicht verschlossen:
> Ich werde hergehen vor dir,
> und die Wege werde ich ebnen
> und die ehernen Türen zertrümmern
> und die eisernen Riegel zerschlagen,
> und will dir geben die Schätze aus dem Dunkel
> und die Vorräte aus den Verstecken,
> damit du erkennst, daß ich Jahve bin,
> der dich rief bei deinem Namen, Israels Gott.
> Um meines Knechtes Jakob willen
> und Israels, meines Erwählten,
> darum rief ich dich bei deinem Namen,
> gab dir Ehrennamen, da du mich nicht kanntest:
> ich, Jahve, und es gibt keinen sonst,
> außer mir gibt es keinen Gott.

So erschien Kyros als der von Jahve erwählte »Messias«, dem die Aufgabe zufiel, dem unterdrückten Gottesvolk den Weg in die Freiheit zu öffnen. Schon früh hatte der Prophet den Triumphmarsch des Kyros erschaut und den Untergang Babylons angekündigt. Seine Vision (Jesaja 47) schilderte den Zusammenbruch der Weltstadt, den Anbruch der Schicksalswende, die Prachtstraße, die, von überirdischen Mächten erbaut, von Babylon über die syrisch-arabische Wüste nach Jerusalem führen sollte. Jahve selbst ließ an die Seinen den Ruf (Jesaja 52) ergehen:

Gehet fort, gehet fort, ziehet weg von dort,
Unreines rühret nicht an!
Ziehet weg aus ihrer Mitte; seid rein,
die ihr die Geräte Jahves tragt!
Denn vor euch her zieht Jahve,
und eure Nachhut ist Israels Gott!

Kyros selbst hatte den Ruf zwar nicht aufgenommen, aber in der Behandlung unterworfener Völker schlug er zweifellos einen neuen Weg ein: er tastete das Eigenwesen der Staaten und Religionen nicht an. Das große Reich wurde in Satrapien eingeteilt und den Satrapen, die wie kleine Könige schalten und walten durften, weitgehende Selbständigkeit gegeben; auch Syrien und Palästina wurden in die Satrapienordnung eingegliedert. Von besonderer Bedeutung für die Judäer war die Behandlung der lokalen Kulte in den eroberten Gebieten. Auf dem »Kyros-Zylinder« findet sich eine Proklamation des großen Königs zu diesem Thema: »Von... bis zu den Städten Assur und Susa, Agade, Esnunak, Zamban, Meturnu und Der, bis zum Stammesgebiet der Quti und zu den Städten (jenseits des) Tigris, deren Orte seit langem verödet lagen, brachte ich die Götter an ihre Wohnstätten zurück, wo sie einst geweilt hatten, und ließ sie dort ihre Wohnung nehmen für immer. All ihre Leute habe ich versammelt und ihre Heimat wiederhergestellt. Die Götter von Sumer und Akkade, die Nabonid, den Unwillen des Obersten der Götter erregend, nach Babel verschleppt hatte, ließ ich auf Befehl Marduks, des großen Herrn, in ihrem Heim zur Freude ihres Herzens eine friedliche Wohnstätte aufschlagen.« Von Kyros' erklärter Toleranz profitierten auch die Judäer. Das Alte Testament (Esra 6, 3–5) zitiert den Wortlaut eines von Kyros 538 erlassenen Edikts. Darin heißt es: »Das Gotteshaus zu Jerusalem betreffend: Das Haus soll gebaut werden an der Stätte, wo man Schlachtopfer opfert und Feueropfer hinbringt; seine Höhe betrage sechzig Ellen und seine Breite sechzig Ellen. Es sollen drei Schichten von großen Quadern sein und eine Schicht von Holz; und die Kosten sollen aus der königlichen Kasse bezahlt werden. Auch sollen die goldenen und silbernen Geräte des Gotteshauses, die Nebukadnezar aus dem Tempel von Jerusalem weggenommen und nach Babel gebracht hat, zurückgegeben werden...« So begeistert die Exilgemeinschaft über den befohlenen Neubau des Tempels sein mochte, weder von einer Rückführung der Verbannten noch von einer Erneuerung des Staatswesens in Juda und Jerusalem war im Edikt die Rede.

Trotz allen Hoffnungen, die das Edikt erweckt hatte, war die Lage in den folgenden Jahren noch recht wenig ermutigend. An eine großzügige Repatriierung war nicht zu denken; nur einzelne Gruppen konnten schubweise nach Palästina zurückkehren, und die verworrenen Verhältnisse, die in Juda und Jerusalem auf sie warteten, warfen schwere Schatten auf ihren Weg. In Ausführung des Edikts beschränkte sich Kyros auf eine einzige Maßnahme: mit dem Titel »Statthalter« entsandte er nach Jerusalem einen Mann namens Scheschbassar, wahrscheinlich einen deportierten Judäer, und beauftragte ihn, die Tempelgeräte zurückzubringen und den Neubau des Tempels in die Wege zu leiten. Angaben über die konkreten Aufgaben und Vollmachten des »Statthalters« haben sich nicht erhalten; vielleicht war er im Amtsbereich der zuständigen Satrapie dem Statthalter in Samaria als Kommissar für das Gebiet Judas und Jerusalems verantwortlich. Vollmachten für selbständiges Vorgehen hatte er jedenfalls nicht.

Die Wiedererrichtung des Tempels blieb in den Anfängen der Planung stecken. Während die wirtschaftliche Lage im Lande im Gefolge schlechter Ernten miserabel war, waren die reichen Familien, die sich sogar prunkvolle Bauten leisten konnten, in ihren eigenen Geschäften befangen. Es gab keine etablierte Autorität, die ein großes Bauvorhaben in der ungeordneten allgemeinen Situation hätte zu einem guten Ende führen können. Störend machte sich der bürokratische Instanzenweg der Satrapie und der ihr unterstellten Ämter bemerkbar. Die großen Hoffnungen verflogen, bald hatten die Menschen wieder resigniert.

Erst als das persische Großreich 520 durch Thronwirren aus dem Gleichgewicht gebracht wurde, regte sich neue Initiative in Jerusalem: zwei Propheten, Haggai und Sacharja, gaben einen neuen Anstoß zum Tempelneubau. Beide nahmen die Themen der Heilsbotschaft Ezechiels und Deuterojesajas auf: der Tempel, das Zentrum der Heilszeit, müsse eilig gebaut werden, dann werde auch die universale Herrschaft Jahves in Kürze anbrechen; die weltgeschichtlichen Erschütterungen seien die Wehen, unter denen die Heilszeit komme. Haggais Botschaft (Haggai 2,6ff.) verhieß baldige Umwälzungen: »Noch eine kleine Zeit währt es, dann erschüttere ich den Himmel und die Erde, das Meer und das Trockene; ich bringe alle Völker in Erregung, und die Kostbarkeiten aller Völker kommen her, und ich erfülle dies Haus mit Herrlichkeit, spricht Jahve der Heerscharen... Die zukünftige Herrlichkeit dieses Hauses wird größer sein als die frühere, spricht Jahve der Heerscharen, und an dieser Stätte werde ich Frieden geben...«

Einem neuen »Statthalter«, Serubabel, einem Mann aus dem Geschlecht Davids, fiel in diesem bewegten Jahr 520 in der Sicht der Propheten Haggai und Sacharja eine besondere Rolle zu. Ihm wurden mit allem Glanz der alten Tradition die hohen Prädikate des Messias, des Heilskönigs der Endzeit, beigelegt. Ihm wiesen die Propheten die Funktion des Tempelherrn zu, der wie zu Zeiten Salomos Heiligtum und Königtum in sich vereinigen sollte. Die traditionellen Vorstellungen wurden aber mit der Idee des endzeitlichen Geschehens verschmolzen: Serubabel wurde zum Messias des neuen Kultus, und neben ihm stand der Hohepriester Josua, das Oberhaupt der Jerusalemer Religionsgemeinschaft. Der zündende Aufruf Haggais und Sacharjas trug seine Früchte: in den folgenden Jahren wurde der Tempel tatsächlich erbaut. Doch bald verflüchtigte sich die Erwartung des kommenden Endes der Zeit, und der gefeierte »Messias« trat ins Dunkel zurück.

Im Wirkungsbereich der persischen Satrapie hatte Jerusalem keine politische Bedeutung: es hatte nur das Privileg der Kultausübung wiedererlangt. Das Heiligtum wurde zum Mittelpunkt für alle, die sich zu den Zwölf Stämmen Israels zählten. Zwar konnte die alte Stämmeordnung nicht mehr die straffe Form der Frühzeit zurückgewinnen, aber im Bewußtsein der einzelnen Sippen war sie noch durchaus lebendig; in gewissem Sinne war der sakrale Zwölfstämmeverband wiedererweckt worden. Die Gemeinschaftsordnung hatte jetzt wieder sakralen Charakter; in weiten Teilen des Perserreichs führte Israel sein religiöses Eigenleben. Da es jedoch keine politische Eigenordnung hatte, war das Oberhaupt der

Gemeinschaft nunmehr der Hohepriester, dem die Würdezeichen und Tempelvollmachten des Königs zufielen. Das priesterliche Element trat in den Vordergrund. Nach den epochalen Botschaften Deuterojesajas, Haggais und Sacharjas kamen in das religiöse Leben Ernüchterung und Normalisierung. Allerdings erschwerten diesen Neuanfang spannungsreiche Konflikte im Grenzbereich von Religion und Politik. Es fehlte eine eindeutige Abgrenzung der Kompetenzen des Statthalters in Samaria, und mehr und mehr wurde der Schutz der Kultstadt Jerusalem zu einem spannungsreichen Problem. In den Wirren erwachte die Erinnerung an die leuchtenden Heilserwartungen der Propheten, aber an der Klage (Jesaja 59, 9 ff.) entzündete sich kein gestaltender Wille:

Es bleibt fern von uns das Recht,
und die Gerechtigkeit erreicht uns nicht.
Wir harren auf das Licht, aber finster bleibt es,
auf die Morgenstrahlen, aber im Dunkeln wandern wir.
Wir tasten wie Blinde an der Wand,
und wie ohne Augen so tappen wir.
Wir straucheln am Mittag wie im Zwielicht
und sitzen im Finstern wie die Toten.
Wir brummen allesamt wie die Bären,
und wie die Tauben girren wir sehnsuchtsvoll.
Wir harren auf das Recht, doch es kommt nicht,
auf das Heil, aber es bleibt uns fern...

Prophetenworte aus der Zeit nach der Vollendung des Tempelbaues, die im Alten Testament unter dem Namen Maleachi zusammengestellt sind, sprechen von den Schwierigkeiten und Spannungen der Zeit. In allen Lebensbereichen machte sich Korruption bemerkbar. Priester vergingen sich bei Opferhandlungen; Abgaben an das Heiligtum wurden lässig und unredlich abgeliefert; man löste bedenkenlos Ehen auf und heiratete Frauen aus fremden Glaubensgemeinschaften; der Sabbat wurde nicht eingehalten; im Leben der Menschen büßten Gottesdienst und Gottesfurcht ihren bestimmenden Einfluß ein. Bald versanken die Ansätze zur Neuordnung des Lebens in Verfall und Regellosigkeit.

Nehemias Auftrag

Von den Judäern, die im Exil verblieben waren, wurden die wirren Zustände in Jerusalem mit wachsender Sorge wahrgenommen. In der Fremde hatten sie dem Heidentum kompromißlos widerstanden und einen Weg zur Verwirklichung ihres Glaubens gesucht und gefunden. Jetzt fühlten sie sich für die heimatliche Gemeinde verantwortlich, deren Heiligkeit durch die innere Zersetzung und das erneute Eindringen heidnischer Elemente gefährdet schien. Vor allem wirkten die Meldungen über das gespannte Verhältnis zu den Nachbarn beunruhigend. Der Statthalter in Samaria verhinderte mit allen Mitteln das selbständige Eigenleben Jerusalems, und verantwortungsbewußte Männer in Jerusalem wußten sich nicht mehr zu helfen. Abhilfe war nur noch durch direkten Appell an den persischen König denkbar. Von den ersten Interventionsversuchen am Hofe berichten die alttestamentlichen Memoiren des Nehemia. Der Exiljudäer Nehemia war Mundschenk bei Artaxerxes Longimanus und hatte dank seinem Hofamt die Gelegenheit, an den Großkönig mit einer Petition heranzutreten. Unter dem Eindruck deprimierender Nachrichten aus Jerusalem bat er den Monarchen 445 um Urlaub und um die Ermächtigung, in der Heimat nach dem Rechten zu sehen; namentlich erbat er die Genehmigung zur Errichtung einer Schutzmauer um Jerusalem. Artaxerxes ging über Nehemias Vorschlag noch hinaus: er erteilte ihm nicht nur den erbetenen Auftrag mit entsprechender Ermächtigungsurkunde, sondern betraute ihn auch mit der Schaffung einer von Samaria unabhängigen Provinz Juda, die in der Satrapie des Transeuphratgebietes fortan eine gewisse Selbständigkeit haben sollte.

Zu dieser großen Gunst dürften den König politische Überlegungen bewogen haben. Der persische Hof war in hohem Maße daran interessiert, im Süden Palästinas stabile Lebensverhältnisse zu schaffen. Um die Mitte des 6. Jahrhunderts war in der Transeuphrat-Satrapie vom Satrapen Megabyzos eine Abfallbewegung organisiert worden, und jetzt mußte im Gesamtbereich der Satrapie mit allen Mitteln für Ruhe und Ordnung gesorgt werden. Hinzu kam, daß die wichtigen Verkehrsverbindungen nach Ägypten über Juda führten. Eine stabilisierende Neuordnung mußte dem persischen König mehr als willkommen sein.

Bei der Erfüllung seines Auftrags mußte Nehemia sehr vorsichtig ans Werk gehen. Er kam insgeheim in Jerusalem an und umritt die Stadt, um die gefährdeten Ortsverhältnisse zu erkunden. Die Stadt war jedem Zugriff offen und auch nicht imstande, das Eindringen von Fremden zu überwachen. Die Aufgabe war unverkennbar. Nehemia war vom König ermächtigt worden, Bauholz für die Anfertigung der Tore zu beschaffen. Dann begannen Besprechungen mit Vertretern der Einwohner, die für die schwere Arbeit gewonnen werden mußten. Die Einwohner wurden in Gruppen eingeteilt und einzelnen Bauabschnitten zugewiesen. Die zunächst improvisiert vorgenommene Arbeit fand in den Nachbarprovinzen viele Spötter, aber auch ernste Gegner. Der Statthalter Sanballat aus Samaria mischte sich ein und versuchte mit Unterstützung seines ostjordanischen Kollegen, die Aufbauarbeit zu unterbinden. Intrigen und offene Angriffe erschwerten die Arbeit, feindselige Nachbarn planten sogar einen Überfall auf Jerusalem. Rechtzeitig unterrichtet, stellte Nehemia eine Bereitschaftstruppe zusammen, die einem etwaigen Angriff mit den Waffen in der Hand begegnen sollte. Auch das verzögerte den Mauerbau. Da die Arbeit dennoch Fortschritte machte, begannen Anschläge auf Nehemia, die nicht zum Ziel führten. Schließlich wurden Gerüchte in Umlauf gesetzt: Nehemia wolle sich gegen die persische Herrschaft erheben und sich als Regent von Juda selbständig machen. Auch das blieb wirkungslos, und nach »zweiundfünfzigtägiger Arbeit« wurde die Mauer eingeweiht. Nun wurde ein regelmäßiger Wachdienst organisiert, der den Verkehr zu überwachen und für den Schutz der Stadt zu sorgen hatte.

Als das Mauerwerk fertig war, zeigte sich, daß das Stadtgelände innerhalb der Mauern noch genug Raum für die zusätzliche Ansiedlung von Menschen bot. Auf Anordnung Nehemias mußte ein Teil der Landbevölkerung in die Stadt ziehen. Zur Zeit

Nehemias war Jerusalem über den Umfang der Davidsstadt mit Salomos Akropolisgelände noch nicht hinausgewachsen; erst in der hellenistischen Zeit sollte es über die traditionellen Grenzen hinausstreben. Mit dem Mauerbau war Nehemias Werk freilich noch nicht abgeschlossen. Besonders verworren waren die sozialen Verhältnisse. Die Kluft zwischen arm und reich war in der Zeit der babylonischen Provinzialherrschaft, weil eine ordnende Gewalt fehlte, immer tiefer geworden. Besitzveränderungen nach dem Fall Jerusalems 587 und nach der ersten Deportation hatten die Eigentumsverhältnisse durcheinandergebracht, und die Forderungen der aus dem Exil Heimkehrenden machten das Problem der Regelung der Eigentumsansprüche und des Besitzausgleichs erst recht akut. Im ganzen war die Bevölkerung Judas und Jerusalems schwer verarmt; sie war so arm, daß Nehemia auf die Steuern, die ihm zugesichert waren, verzichten mußte. Aber wenige Reiche hatten große Vermögen zusammengescharrt; viele Notleidende hatten ihnen Äcker und Weinberge, ja sogar ihre Kinder verpfänden müssen. Mit einer radikalen Schuldenstreichung beseitigte Nehemia zunächst die schlimmsten Auswüchse der sozialen Ungleichheit. Auch weiterhin blieben indes erhebliche Schwierigkeiten bestehen, denen der als Sonderbeauftragter amtierende Mundschenk des Königs nur Schritt für Schritt mit Strenge und Klugheit beikommen konnte. Seiner Autorität verdankte Jerusalem eine allmähliche Normalisierung im wirtschaftlichen und sozialen Alltag. In den religiösen Bereich griff Nehemia nicht ein; als seine Aufgabe betrachtete er nur die Wiederherstellung geordneter politischer und gesellschaftlicher Zustände.

Welchen Umfang die von Nehemia organisierte Provinz Juda hatte, ist kaum genau zu ermitteln, zumal auch über die umliegenden Provinzen der Transeuphrat-Satrapie sehr wenig bekannt ist. Bei der Herauslösung der Provinz Juda aus dem Amtsbereich des Statthalters von Samaria wurden einige »Bezirke« benannt, die wohl noch in der babylonischen Zeit gebildet worden waren. Aus solchen Angaben läßt sich schließen, daß die neue Provinz Juda ein ziemlich schmaler Streifen war, der im Süden zwischen Hebron und Beth-Zur und im Norden im Gebiet von Mizpa endete. Interessant ist, daß die Provinz auch das Gebiet um Jericho umschloß, das ursprünglich zu Nordisrael gehört hatte. Wahrscheinlich hatte Josia bei der Angliederung nordisraelitischer Gebietsteile auch Jericho annektiert, so daß diese Eroberung auch noch in den Tagen Nehemias fortwirken konnte. Dagegen war das Bergland westlich des Toten Meeres einschließlich der südjudäischen Bezirke offenbar im festen Besitz der aus ihrem Stammgebiet verdrängten Edomiter.

Im Jahre 433 erachtete Nehemia seine Mission für beendet und kehrte an den persischen Hof nach Susa zurück. Er hatte in zwölf Jahren ein großes Werk vollbracht und fürs künftige Leben der nachexilischen Gemeinschaft entscheidende organisatorische und politisch-soziale Voraussetzungen geschaffen. Später mußte allerdings der tatkräftige Organisator noch einmal nach Jerusalem reisen, um den Kompetenzüberschreitungen eines Hohenpriesters, der sich zu weit vorgewagt hatte, entgegenzutreten. Bei dieser Gelegenheit mußte er sich auch mit dem brennenden Problem der Mischehen befassen: er ließ die Judäer schwören, Ehen ihrer Kinder mit der heidnischen Nachbarbevölkerung zu verhindern. Einen weiteren Eingriff des Reorganisators erforderte die häufige Mißachtung des Sabbatgebots, vielen Judäern war es noch nicht in Fleisch und Blut übergegangen, daß sie am

Sabbat keinem Erwerb nachgehen sollten. Nehemia bestand energisch auf der Heiligung des Sabbats. Schließlich mußte er das Abgabewesen neu regeln und für eine gerechte Verteilung der Steuerlast und für redliche Ablieferung der Naturalleistungen Sorge tragen.

Das »Gesetz des Himmelsgottes«

Nehemia hatte für sich keinen anderen Auftrag beansprucht, als die äußeren Lebensverhältnisse im Lande Juda zu ordnen. So eindeutig feststeht, daß er das Religiöse nicht als seine Domäne betrachtete, sowenig kann ihm entgangen sein, daß auch der kultisch-religiöse Bereich einer gründlichen Reorganisation bedurfte. Die Tätigkeit Esras in Palästina wird etwa um die Zeit der zweiten Reise Nehemias begonnen haben, und so darf man vermuten, daß der Auftrag Esras in gewissem Sinne eine Fortführung der Mission Nehemias darstellte und vielleicht sogar auf seine Initiative zurückging. In den Büchern Esra und Nehemia sind zwei Traditionsströme so eng ineinander verwoben, daß man beim Auseinanderhalten der Komponenten auf Hypothesen angewiesen ist. Und da das einzige authentische Material die Amtsanweisung (Esra 7, 12–26) ist, mit der Esra nach Jerusalem entsandt wurde, kann man nur mutmaßen, daß die Idee der Entsendung eines Emissärs zur Neuordnung des religiösen Lebens aus der Reorganisationstätigkeit Nehemias erwachsen und von ihm der Exilgemeinschaft nahegebracht und bei den persischen Behörden befürwortet worden war. Im kultisch-religiösen Bereich konnte das Werk der Sanierung und Reorganisation nur von einem Priester vollbracht werden, der die Autorisation und die Berufung hatte, in die kultische Sphäre einzugreifen. Esra war ein Priester. Mehr noch: er stand als Priester in hohem Ansehen bei der Exilgemeinschaft in Mesopotamien, und die Exilgemeinschaft wiederum fühlte sich verantwortlich für die Verhältnisse in Jerusalem und verfolgte mit tiefer Sorge das Auseinanderfallen der heiligen Gemeinde und die Lockerung der sakralen Ordnungen. Hatte Nehemia den äußeren Rahmen der Lebensordnung und damit auch der Kultsphäre stabilisiert, so mußte nun auch im Innersten um Erneuerung gerungen werden.

Auf Betreiben der Exilgemeinschaft und wahrscheinlich nicht ohne Fürsprache Nehemias wurde Esra in amtlicher Mission als »Schreiber des Gesetzes des Himmelsgottes« nach Jerusalem abgeordnet. »Schreiber« war in diesem Fall keineswegs eine Umschreibung für »Schriftgelehrter«, sondern – in der reichsaramäischen Amtssprache des Perserreichs – eine offizielle Amtsbezeichnung, und der schwerfällige Titel besagte, daß Esra zum »Kommissar in Angelegenheiten des Gesetzes des Himmelsgottes« bestellt worden war. Seine erste Amtshandlung war die Zusammenstellung einer neuen Gruppe von Rückwanderern, deren Repatriierung er von höchster Stelle genehmigen ließ; als zweites organisierte er eine Sammlung von Sachspenden für die arme Gemeinde in Jerusalem. Und in Jerusalem ging er daran, das ihm anvertraute »Gesetz des Himmelsgottes« zur bindenden und verpflichtenden Norm der Kultgemeinde zu erheben. Daß dieses »Gesetz« Ordnungen enthielt, die das kultische Leben in Jerusalem normieren sollten, ist kaum zu bezweifeln. Die Annahme liegt nahe, daß dieses von den Exilierten zusammengestellte »Gesetzeswerk« nichts anderes war als ein großer Komplex der für die Lebensverhältnisse in Jerusalem aktualisierten Tradition.

Es gibt keinen Streit darüber, daß das von Esra überbrachte Dokument ein Bestandteil der uns heute vorliegenden Fünf Bücher Mose gewesen ist. Umstritten ist die Frage, welches »Gesetz« sich hinter Esras »Gesetz des Himmelsgottes« verbirgt, welche der »Quellenschriften« der Fünf Bücher Mose mit ihm identisch ist. Der früheste, in der davidisch-salomonischen Zeit unternommene Versuch der Sammlung älterer Erzählungs- und Gesetzestraditionen hat, wie schon erwähnt, seinen Niederschlag im Geschichtswerk des Jahvisten gefunden. Als das jüngste Erzählungs- und Gesetzeswerk des Pentateuch erscheint eine Sammlung und Bearbeitung von Überlieferungen, die wahrscheinlich im babylonischen Exil entstanden ist und die in der Forschung die »Priesterschrift« genannt wird; damit ist schon gesagt, daß es sich um priesterliche Traditionen handelt, die im Hinblick auf die kultischen Verhältnisse der nachexilischen Gemeinde aktualisiert und mit verbindlichen Akzenten versehen wurden. Eben mit dieser jüngsten Schicht der Textelemente des Pentateuchs muß nach der in der Forschung überwiegenden Meinung Esras »Gesetz« gleichgesetzt werden. Treffend hat Julius Wellhausen betont, daß die »Priesterschrift« ausschließlich dem Kultus gilt und kein Volk Israel mehr kennt, sondern nur noch die religiöse Gemeinschaft der Stiftshütte, des Tempels, daß diese Gemeinschaft ein geistlicher Begriff und die Zugehörigkeit zu ihr nicht Abstammungs-, sondern Glaubenssache ist. Das alles trifft gerade auf die Lebensbedingungen der nachexilischen Gemeinde zu! Gewiß ließe sich einwenden, daß die als »Priesterschrift« erkannten Textelemente in ihrer Form kein Gesetzeswerk, sondern überwiegend ein erzählendes Werk bilden. Aber auch in ihren Erzählungen ist die »Priesterschrift« in der Tat stets an den Setzungen und Ordnungen interessiert, die für das kultische Leben eine normative Bedeutung haben. Überdies ist es wahrscheinlich, daß auch die im Buch Leviticus enthaltenen wichtigen Sakralgesetze (Leviticus 1–7; 11–15; 17–26) zu den von Esra übermittelten »Gesetzesbestimmungen« zu zählen sind.

Schließlich ist nicht zu übersehen, daß die Bezeichnung des Gottes Israels als *El Schaddaj* – »Himmelsgott« – gerade für die »Priesterschrift« charakteristisch ist und in ihr einen spezifischen Sinn hat, den die persische Amtssprache sicher nicht widerspiegeln konnte, der aber eine direkte Beziehung zu Esras historischer Wirksamkeit hatte. Die Annahme, daß das »Gesetz des Himmelsgottes« mit der jüngsten der Quellenschriften des Pentateuchs identisch sei, scheint somit hinreichend erhärtet.

Das mitgebrachte Dokument verlas Esra bei der Feier des Laubhüttenfestes in Jerusalem vor der versammelten Gemeinde. Die Verlesung wurde an den folgenden Tagen der Festwoche fortgesetzt und fand ihren Höhepunkt in einem Schuldbekenntnis und einem Treuegelübde der Versammelten. Der feierliche Akt der Bundeserneuerung, der zuletzt zur Zeit Josias stattgefunden hatte, bedeutete jetzt die bindende Neukonstituierung der Jahve-Gemeinde, die fortan zu gehorsamer Befolgung der Gesetze verpflichtet war. Das religiöse Leben erhielt in der aktualisierten Neufassung der ältesten priesterlichen Traditionen ein neues Fundament. Im Vordergrund standen diesmal die Überlieferungen der hohen Tempelpriesterschaft aus dem Geschlecht Sadoks, hinter denen die levitischen Traditionen, die sich unter Josia durchgesetzt hatten, zurücktraten. Das entsprach übrigens auch der Rangordnung der nachexilischen Priesterschaft. In Jerusalem leiteten die Sadokiden (oder Aaroniden) die Kultgemeinde. Die Leviten fungierten nur noch als *clerus minor*.

Dem schwankenden und unsicheren Verhalten der Jerusalemer Kultgemeinde war nunmehr ein klarer Weg gewiesen. Künftighin sollte das Gesetz absolut gelten und seine peinlich genaue Erfüllung die Pflicht jedes Angehörigen der Gemeinschaft sein. Beginnt hier das Judentum als »Gesetzesreligion«?

Mit Esra begann ohne Zweifel die eindringliche Beschäftigung mit dem Gesetz, sowohl was seine exakte Befolgung als auch was seine schriftkundige Erforschung und Deutung anging. Aber noch waren daneben auch andere religiöse Momente wirksam, namentlich die Bindung des Kultus an die traditionelle Stätte, in der die Erinnerung an die selbständige staatliche Existenz des erwählten Volkes noch ein kräftiges symbolisches Leben führte; auch der Akt der Bundesverpflichtung deutete darauf hin, daß die nachexilische Gemeinde im eigenen Bewußtsein noch nicht aufgehört hatte, das Bundesvolk Israel zu sein. Das Werk des Esra war anderseits aber auch keine Angelegenheit der Provinz Juda, keine Teilrestauration auf dem Boden und im Rahmen des Staatsgefüges des Perserreiches. Der religiöse Zusammenhalt hatte über die Grenzen der politischen Gebilde hinausgegriffen: für alle, die sich das Bewußtsein der Zugehörigkeit zum alten Zwölfstämmeverband Israel bewahrt hatten, war Jerusalem das religiöse Zentrum; auch aus den Nachbarprovinzen Ammon und Asdod pilgerten glaubenstreue Menschen zum ehrwürdigen Heiligtum, und für die in Ägypten und Mesopotamien zerstreuten Israeliten war Jerusalem nicht nur symbolischer Mittelpunkt. Ernste Probleme der Isolierung oder Trennung häuften sich nur in der Provinz Samaria, die mehr und mehr einem kultischen Eigenleben zustrebte, und in den fernen Bereichen, die dem Synkretismus verfielen.

Erneut wurde mit der Einführung des Gesetzes das Problem der Mischehen akut. Esra ging in der Bekämpfung der Mischehen viel weiter als Nehemia und scheute nicht einen heftigen Kampf mit den Israeliten, ja auch mit den in Jerusalem amtierenden Priestern und Amtsträgern. Er forderte von allen Israeliten sofortige Scheidung von heidnischen Ehepartnern und das Gelübde, in Zukunft keine Mischehen einzugehen. Der alttestamentliche Text (Esra 10,10ff.) berichtet: »Esra, der Priester, stand auf und sprach zu ihnen: Ihr habt euch versündigt; ihr habt fremde Frauen heimgeführt und damit die Schuld Israels noch größer gemacht. So legt nun vor Jahve, dem Gott eurer Väter, ein Bekenntnis ab und tut, was ihm wohlgefällig ist: scheidet euch von den Heiden im Lande und von den fremden Frauen!« Und die »ganze Gemeinde« habe darauf geantwortet: »Ja, es ist unsere Pflicht, zu tun, wie du gesagt hast...« Mit dieser Verpflichtung wurde der Grund gelegt für die unverbrüchliche Tradition der strengen Abschließung der Familien von allen Heiden. Das Motiv war nicht etwa »Reinerhaltung des Blutes«, sondern Abwehr der für die Heiligkeit der Gemeinde gefährlichen religiösen Fremdeinflüsse.

Nur spärlich fließen die Quellen, die das Leben der Kultgemeinde in Jerusalem nach Esras reformatorischem Eingriff betreffen. Im Vordergrund des religiösen Lebens standen die alten Jahresfeste, dazu der Sabbat und die Beschneidung. In den Herbstfestzyklus wurde in der Zeit nach dem Exil eine bedeutsame neue Feier aufgenommen: der große

Versöhnungstag. Dies Fest, das in anderer Form wohl schon in den ältesten Zeiten gefeiert wurde, erhielt seinen besonderen Charakter unter dem Einfluß der priesterlichen Gesetzgebung; seinen Ablauf bestimmte ein Ritual der Entsühnung der Gemeinde und des Heiligtums. Auch hier ging es um Wahrung der Heiligkeit: immer von neuem sollten alle unreinen und sündhaften Elemente in dem großen Sühneakt ausgeschieden werden. Mit aller Strenge wurde das Denken und Handeln der Kultgemeinde auf den Gesetzesgehorsam und die Heiligkeit ausgerichtet; in diesem Zeichen sollte sich fortan das Leben der von Esra reformierten nachexilischen Gemeinde vollziehen. Wahrscheinlich setzten mit dem Reformwerk die ersten Bemühungen um die Kanonisierung der überkommenen heiligen Schriften ein: einmal Sammlung und Kompilation der ältesten Erzählungs- und Gesetzesstoffe, zum andern Zusammenstellung der prophetischen Überlieferungen. Eine Fülle schriftlicher Traditionen mußte gesichtet, geordnet und zu einem einheitlichen Ganzen vereinigt werden. Sicher hatten solche Bestrebungen mit der Umkehr zu den überlieferten schriftlichen Traditionen schon zur Zeit des Exils angefangen; nun gab aber Esras verpflichtendes Gesetz den Anlaß, alle religiösen Schriftgrundlagen, aus denen Glaube und Gehorsam der Gemeinde leben mußten, zusammenzutragen. Das die Kultgemeinde tragende und bestimmende Schrifttum mußte in Inhalt und Grenzen fixiert, zu einem Kanon gefügt werden.

Hellenistische Eroberung und religiöse Spaltung

Aus dem letzten Jahrhundert der Perserherrschaft verraten die Quellen so gut wie gar nichts über die Kultgemeinde in Jerusalem und Juda, und die Darstellung muß notgedrungen ohne Übergang in eine neue Ära hineinspringen. Der Makedonierkönig Alexander drang 333 v. Chr. ins Perserreich ein und schlug Dareios III. bei Issos. Alexanders Vormarsch ins syrisch-palästinische Gebiet wurde von schweren Kämpfen verzögert. Die phönikische Inselstadt Tyros konnte erst erobert werden, nachdem ein eigens aufgeschütteter Damm durch das Meer geschaffen worden war. Alexander umging weitere Hindernisse, zog weiter und überließ die Eroberung syrisch-palästinischer Städte und Bezirke seinem Feldherrn Parmenio. In Samaria gab es neue Schwierigkeiten: der Statthalter widerstand sogar der Belagerung und ergab sich erst, als jedes weitere Ringen aussichtslos geworden war. Dagegen scheint die Provinz Juda mit der Hauptstadt Jerusalem ohne Kampf kapituliert zu haben. Der Übergang aus der persischen unter die griechische Oberhoheit brachte keine tiefgreifenden Erschütterungen; das umstürzende Ereignis fand im Alten Testament keinen wesentlichen Niederschlag. Mit der Schlacht bei Gaugamela (321) war das Schicksal des Perserreiches besiegelt und ein griechisch-orientalisches Großreich im Entstehen. Der plötzliche Tod Alexanders verschob die Situation.

Plötzlich waren Syrien und Palästina im Brennpunkt der Auseinandersetzungen zwischen den Diadochen. Ptolemaios, dessen Kernland Ägypten war, besetzte 312 das südliche Palästina und den westsyrischen Küstensaum, die er als König von Alexandreia, »Alexanderstadt«, aus regierte. Nord- und Mittelsyrien dagegen fielen an Seleukos, dessen Nachkommen von der neugegründeten Metropole Antiocheia aus auch das Zweistromland beherrschten. Wie es der Jerusalemer Kultgemeinde unter den Ptolemäern erging, ist nicht überliefert: wahrscheinlich mischten sie sich ins innere Leben der Gemeinde wenig ein. Kritisch wurde die Lage, als der Seleukide Antiochos III. (223–187) Ansprüche auf Phönikien und Palästina erhob; er eroberte das Gebiet, verlor es wieder, mußte es noch einmal erobern. Das von Schlachten umbrandete Jerusalem verhehlte nicht seine Zuneigung zu den Seleukiden und wurde mit fühlbaren Zugeständnissen belohnt: aus dem Besitz des Königs erhielt die Kultgemeinde Opfermaterialien und sonstige Zuwendungen; dem Kultpersonal, den Ältesten und den bei dieser Gelegenheit erstmalig genannten Schriftgelehrten räumte Antiochos Steuerfreiheit ein. Bald warf indes der Einbruch der Römer in den orientalischen Raum einen düsteren Schatten auf die günstige Entwicklung. Bei Magnesia fügte das römische Heer Antiochos III. eine empfindliche Niederlage zu, die in einem drückenden Friedensvertrag besiegelt wurde. Mit dem Jahr 190 v. Chr. begann ein rapider Niedergang des seleukidischen Staates.

Im ersten Jahrhundert der hellenistischen Herrschaft über Syrien und Palästina machte die Kultgemeinde Israels eine folgenreiche Spaltung durch: in der Provinz Samaria entstand ein selbständiger Kult auf dem Berge Garizim bei Sichem. Schon vor dem Auftreten Nehemias hatten die Statthalter von Samaria eine Stärkung Jerusalems zu verhindern gesucht. Mißtrauen und Neid hatten sich mit der Herauslösung Judas aus dem Provinzialverband Samarias und dem Beginn einer Neuordnung in Jerusalem erst recht verstärkt. Der religiöse Anspruch, der nach den Reformen Esras dank dem wachsenden Prestige der Jerusalemer Kultgemeinde von Juda ausging, unterhöhlte die begrenzten politischen Machtbefugnisse der Statthalter von Samaria. Wahrscheinlich kamen den Männern von Samaria bei dem Versuch, ein ihnen unter der Perserherrschaft vorenthaltenes kultisches Privileg zu erlangen, die weltpolitischen Machtverschiebungen zugute; vermutlich wurde ihnen das Recht der Kultausübung auf dem Garizim von den Ptolemäern oder von den Seleukiden zugestanden. In den Apokryphen wird das Schisma als bereits vollzogen zum erstenmal im Makkabäerbuch erwähnt; aus dem Neuen Testament (Johannes 4,20) ist der Zweifel der samaritischen Frau bekannt, die am Fuße des Garizim Jesus vorhielt: »Unsere Väter haben auf diesem Berg angebetet, und ihr sagt, in Jerusalem sei der Ort, wo man anbeten muß...«

Kulttraditionen sind zählebig; durch Krisen und Strukturveränderungen hindurch bewahren sie ihre angestammten Intentionen, können auch alte Ansprüche bisweilen noch nach Hunderten von Jahren durchsetzen. Das Heiligtum auf dem Garizim hatte in der Geschichte Israels schon in sehr früher Zeit eine große Rolle gespielt: in Sichem kamen die Zwölf Stämme zusammen, und auf den Bergen Ebal und Garizim begingen sie gemeinsam das Zeremoniell der Übermittlung des Gottesrechtes und der Bundesschließung. Später traten an die Stelle Sichems nacheinander Gilgal, Bethel und Silo, und erst unter David wurde Jerusalem zum Zentralheiligtum Israels. Der Nord-Süd-Gegensatz aber blieb. Die Bestrebungen zur Gründung eines von Jerusalem unabhängigen Nordreiches nach dem Tode Salomos gingen bezeichnenderweise von Sichem aus. Die Berge Ebal und Garizim waren seit den ältesten Zeiten der sakrale Mittelpunkt der nördlichen Stämmegruppe. Durch alle

Umstürze, Kriege und Verluste hindurch blieb Sichem das angestammte ehrwürdige Jahve-Heiligtum. Wie vieles dafür spricht, daß die levitische Priesterschaft Sichems nach dem Ende des Nordreichs in Juda Zuflucht und Einlaß gesucht hat, so gibt es auch viele Gründe für die Vermutung, daß levitische Priester aus Sichem nach dem Untergang Jerusalems das traditionelle Kultrecht an der heiligen Stätte Nordisraels auszuüben suchten. Wahrscheinlich waren unter den nach Babylonien Deportierten nicht wenige Leviten, die unter Josia in Jerusalem zu Ansehen und Würde gelangt waren, und es ist möglich, daß ihre Nachkommen bei der Repatriierung oder danach Sichem als Wirkungsstätte vorzogen. In Jerusalem war die hierarchische Führung in der Zeit nach dem Exil auf die Sadokiden übergegangen, und außerdem war es zur unumstößlichen geschichtlichen Erfahrung geworden, daß der in Jerusalem im Kraftfeld des Königtums ausgeübte Kultus von den Lebensgrundlagen des Zwölfstämmeverbandes Israels abgegangen war und darum schwere Gerichte hatte erleiden müssen. Das samaritische Schisma sah seine eigentliche Legitimation darin, daß es die von der politischen Königsgeschichte unberührte, wahre Jahve-Tradition hütete: der Kult auf dem Garizim wollte zu den eigentlichen Ursprüngen Israels zurückführen. Jerusalem erschien den Samaritern als ein unter königlichem Einfluß aufgebautes Sekundärheiligtum, und in der Restauration nach dem Exil mußten sie dementsprechend den verfehlten Versuch sehen, einer offensichtlich abwegigen Entwicklung wieder zu Rang und Würde zu verhelfen.

Im Grunde entsprang die Erhebung Sichems zum Heiligtum einem puristischen Ideal. Das zeigte sich deutlich auch an dem von der samaritischen Gemeinde anerkannten Kanon heiliger Schriften: nur die Fünf Bücher Mose galten ihr als Autorität, während alles, was zur Zeit der Könige geschehen war, als vom Verfall gezeichnet angesehen wurde. Für die Jerusalemer Kultgemeinde lag in dieser puristischen Anschauung eine unerhörte Herausforderung, und in den Jahren der Auseinandersetzung mit dem Schisma entstanden in Jerusalem als Rechtfertigungsdokument die Bücher der Chronik, ein Geschichtswerk, das mit besonderem Nachdruck die Legitimation des von David begründeten Kultus und die Bedeutsamkeit der Jerusalemer Königsgeschichte hervorhob. Auch auf die Bildung des Kanons wirkten sich die Auseinandersetzungen spürbar aus: wo der samaritische Kult eine scharfe Grenze zog, machte Jerusalem schriftliche Traditionen, die für die Geschichte Israels im Sinne der Königstradition wegweisend waren, zu heiligen Schriften. Und natürlich galt die Kultausübung auf dem Garizim als illegitim und glaubensfeindlich, so daß sich die Gegensätze mehr und mehr verhärteten. Entwicklung und Lebensordnung des samaritischen Kults sind durch keinerlei verläßliche Quellen aufzuhellen. Erstaunlich ist immerhin die Tatsache, daß noch heute eine Gruppe der Samariter in Sichem existiert und alljährlich auf dem Garizim ein großes Passahfest in aller Öffentlichkeit feiert.

Hellenisierung: Anpassung und Widerstand

Seit Esra lebte die Kultgemeinde zu Jerusalem unter den strengen Forderungen und Verpflichtungen des Gesetzes. Das Leben in der Furcht Gottes wurde zur eigentlichen Aufgabe der Existenzverwirklichung. Man bekäme jedoch ein falsches Bild von der »jüdischen Frömmigkeit«, wollte man sie ausschließlich im Blickwinkel der rigorosen Härte des Gesetzesgehorsams sehen. Die Gebote wurden als die gnädige Willenskundgebung Gottes aufgenommen, und es schien eine wunderbare Gunst, unter den Weisungen des Höchsten leben zu dürfen. Die Freude am Gesetz erfüllt manche Psalmen aus der nachexilischen Zeit, so auch Psalm 19:

> Das Gesetz Jahves ist vollkommen und erquickt die Seele,
> das Zeugnis Jahves ist verläßlich
> und macht Einfältige weise.
> Die Befehle Jahves sind recht und erfreuen das Herz;
> das Gebot Jahves ist lauter und erleuchtet die Augen.
> Die Furcht Jahves ist rein und bleibt ewig;
> die Rechte Jahves sind Wahrheit, sind allzumal gerecht.
> Sie sind köstlicher als Gold, ja viel feines Gold,
> und süßer als Honig und Wabenseim...

Mit eindringlicher Kraft wurden alle Probleme der Gerechtigkeit Gottes, des Leidens und des ewigen Lohnes durchdacht und bekenntnismäßig fixiert. In der Zeit, da der Hellenismus mit ungeheurer Vehemenz auch in die syrisch-palästinische Welt einbrach, war die Jerusalemer Kultgemeinde ein festes geistiges Bollwerk. Man lebte bewußt in der religiösen Sphäre, ohne ins politische Geschehen einzugreifen. Doch die Invasion der griechischen Macht ließ die in Palästina lebenden Angehörigen der Jerusalemer Kultgemeinde nicht ungestört. Alexander hatte dem Gefüge des persischen Satrapien- und Provinzsystems einen heftigen Stoß versetzt, von dem auch die kultischen Zentren nicht unberührt blieben. Als dann die Diadochen neue politische Einflußsphären schufen, machten sich auch in Palästina mächtige neue Strömungen und Bewegungen bemerkbar.

Es begann eine Ära der Städtegründungen: das griechisch beeinflußte Leben orientierte sich an der Polis, und der Hellenisierungsprozeß nahm seinen Ausgang von den Großstädten. Die Ptolemäer gründeten Alexandreia, die Seleukiden Antiocheia. Von beiden neuen Zentren ging eine ungeheure Anziehungskraft aus. In die ptolemäische Metropole zogen, als Juda im Kraftfeld des Ptolemäerreiches lag, viele Menschen aus Jerusalem und Juda; dort fanden sich nicht nur aus Juda kommende Kaufleute und geistig Beflissene, sondern auch viele Nachkommen der Judäer, die nach 587 nach Ägypten abgewandert waren. Weithin strahlte der Einfluß dieser jüdischen Kolonie und Gemeinde aus. Sie gewann für ihre Religionsgemeinschaft heidnische Familien, die ersten »Proselyten«. Man sprach Griechisch, man wählte griechische Namen. Man setzte sich mit der griechischen Geisteswelt auseinander, die in Alexandreia in einzelnen Typen der hellenistischen Popularphilosophie vertreten war. Überhaupt wurde in den hellenistischen Städten die Beschäftigung mit den großen Philosophen Griechenlands zur Mode. Es entstanden Zirkel und Gruppen, in denen lebhaft philosophiert wurde.

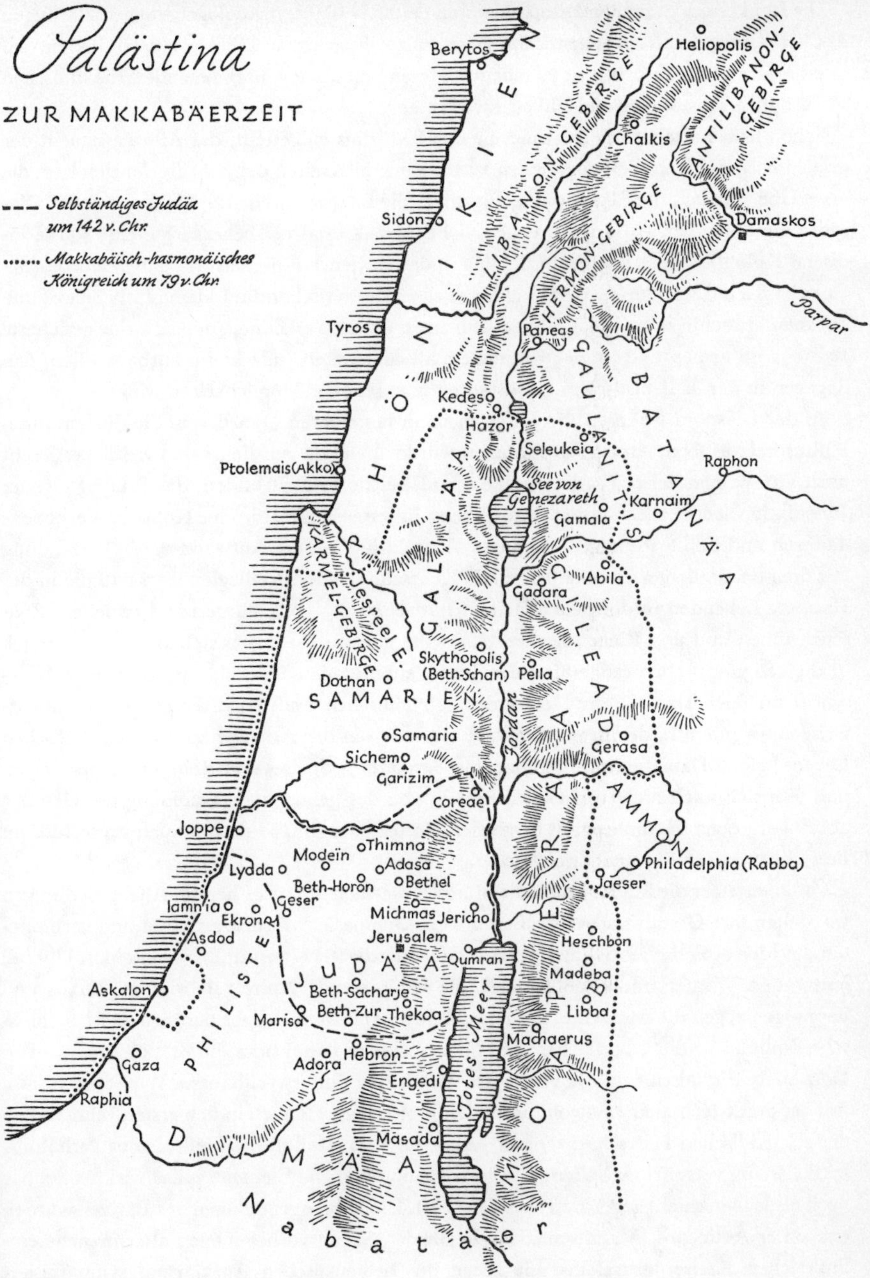

Palästina
ZUR MAKKABÄERZEIT
Selbständiges Judäa um 142 v. Chr.
Makkabäisch-hasmonäisches Königreich um 79 v. Chr.
PHÖNIKIEN
LIBANON-GEBIRGE
HERMON-GEBIRGE
ANTILIBANON-GEBIRGE
BATANÄA
GAULANITIS
GALILÄA
KARMEL-GEBIRGE
Jesreel E.
SAMARIEN
GILEAD
PERÄA
AMMON
JUDÄA
PHILISTER
MOAB
IDUMÄA
Nabatäer
See von Genezareth
Jordan
Totes Meer
Parpar
Berytos
Heliopolis
Chalkis
Sidon
Damaskos
Tyros
Paneas
Kedes
Hazor
Seleukeia
Ptolemais (Akko)
Raphon
Karnaim
Gamala
Abila
Gadara
Skythopolis (Beth-Schan)
Pella
Dothan
Samaria
Sichem
Garizim
Gerasa
Coreae
Joppe
Thimna
Modeïn
Adasa
Lydda
Beth-Horon
Bethel
Philadelphia (Rabba)
Jaeser
Iamnia
Geser
Ekron
Michmas
Jericho
Asdod
Jerusalem
Qumran
Heschbon
Madeba
Askalon
Beth-Sacharje
Beth-Zur
Thekoa
Marisa
Libba
Machaerus
Gaza
Adora
Hebron
Engedi
Raphia
Masada

Die Denker der jüdischen Diaspora waren fleißig bemüht, in apologetischen Erklärungen das Verhältnis des alttestamentlichen Gesetzes zur griechischen Philosophie zu klären und in eine feste Form zu bringen; zu einem späteren Zeitpunkt sollten besonders die jüdischen Philosophen Aristobulos und Philo hervortreten.

Schon früh hatte sich in Alexandreia das Bedürfnis eingestellt, das Alte Testament der griechischsprachigen Welt zugänglich zu machen; in Kreisen der Schriftgelehrten kam die erste Übersetzung, die Septuaginta, zustande, die im griechischen Sprachbereich der Diaspora zur religiösen Autorität wurde. Nicht nur Alexandreia beherbergte eine starke jüdische Kolonie. Nach der Einbeziehung Judas in den politischen Machtbereich des Seleukidenreiches wanderten viele Judäer auch in die syrischen und kleinasiatischen Städte ab: man brauchte kein großer Staatsmann zu sein, um zu erkennen, daß sich eine gesicherte Existenz im armen und immer von neuem ausgebeuteten Juda kaum aufbauen ließ, daß dagegen in den hellenistischen Großstädten unabsehbare Möglichkeiten winkten.

In der Diaspora wohnten die Juden meist in besonderen Quartieren. Sie durften ihren Kultus frei ausüben. An manchen Stellen wurde ihnen, da geistliches und weltliches Recht nach alttestamentlicher Tradition eine unauflösliche Einheit bilden, das Privileg eigener Jurisdiktion zuerkannt. Für den Tempeldienst in Jerusalem wurde eine Kopfsteuer erhoben; dadurch und durch ständigen religiösen Kontakt blieben die Auswanderer in Verbindung mit dem heimatlichen Kultzentrum. Die Kehrseite solcher Privilegien war, daß die in der Diaspora Lebenden in der neuen Heimat nur selten das volle Bürgerrecht erhielten. Zwischen ihnen und den Einheimischen blieb eine gewisse Distanz bestehen. Einen Einblick in die religiöse Lebenseinstellung der Juden zur fremden Umwelt vermittelt eine Lehrschrift im Buch Daniel; am Modell des babylonischen Exils wird die rechte Verhaltensweise eines Juden in der Fremde geschildert: auch in der Atmosphäre fremden höfischen Lebens befolgt Daniel in aller Strenge und Sorgfalt die Speise- und Reinigungsvorschriften und läßt sich auch nicht mit Gewaltmitteln von der gehorsamen Befolgung des Gesetzes abbringen; eben darum kommt der Segen Gottes über ihn, so daß er auch im weltlichen Bereich Anerkennung und Erfolg findet.

Vor allem über die Städte brach die Sturzflut westlicher Kultur herein. Ältere Siedlungen wandelten ihre Gestalt und vergrößerten sich. Gymnasien wurden errichtet und verbreiteten die Idee athletischer Schulung. Akademien förderten Kunst und Wissenschaft. Überall entstanden Theater und neue Tempel, die faszinierende Kulte zelebrierten. Luxus und Vergnügen zogen die Menschen in ihren Bann. In vielem allerdings berührte der hellenistische Einfluß nur die Oberfläche. Vor allem reichte er kaum über die Städte hinaus. »Das Dorf blieb aramäisch und die Wüste arabisch«, sagt Julius Wellhausen. Wie stand es nun mit der Stadt Jerusalem? Sowohl unter den Ptolemäern als auch in den ersten Jahrzehnten der seleukidischen Herrschaft scheint Jerusalem vom Einfluß des Hellenismus verhältnismäßig wenig verspürt zu haben; das vorwiegend dörfliche Element Judas wirkte offenbar noch als Isolierschicht gegen den fremden Geist. Die Lebensgrundlagen des Landes wurden erst unter Antiochos IV. entscheidend gefährdet. Schon vorher mögen aber manche einflußreichen Kreise Jerusalems mit Ideen der hellenistischen Aufklärung sympathisiert haben; das Judentum der hellenistischen Zeit war dabei, eine fremde Geisteswelt kennenzulernen und auf sich wirken zu lassen, wohl auch mit derselben Offenheit und Aufnahmebereitschaft, die das Israel der Zeit Salomos der ägyptischen Kultur und Geisteswelt entgegengebracht hatte.

Interessanterweise gewann in der Auseinandersetzung mit der Welt der Griechen ein geistiges Gefüge zunehmend an Bedeutung, das Israel bereits in der Ära Salomos aufgenommen und sich zu eigen gemacht hatte: seit dem 10. Jahrhundert hatte eine geistige Haltung Gestalt angenommen, die die Impulse der ägyptischen Naturanschauung und Lebenskunde als »Weisheit« in die alttestamentliche Glaubenswelt einführte und umwandelte. Dieser Traditionsstrom hatte einen geistigen Habitus geformt, der sich gerade in der Begegnung mit der hellenistischen Ideenwelt bewähren konnte; er eignete sich vorzüglich zur Orientierung in den Grenzbereichen, in denen die griechische Philosophie das religiöse Überlieferungsgut des Alten Testaments mit der Hervorkehrung universaler geistiger Prinzipien und Ideen in Frage zu stellen drohte. Auf welche Weise die nachexilische Gemeinde der hellenistischen Philosophie begegnete, kann man recht anschaulich aus dem Buch der Sprüche (Sprüche 8) erfahren:

Ruft nicht die Weisheit vernehmlich?
Erhebt nicht die Einsicht ihre Stimme?
Oben auf den Höhen, am Wege,
da, wo die Pfade sich kreuzen, steht sie.
Zur Seite der Tore, am Ausgang der Stadt,
am Eingang der Pforten ruft sie laut:
Euch, ihr Männer, gilt meine Predigt,
an die Menschenkinder ergeht mein Ruf.
O ihr Einfältigen, lernet Klugheit,
ihr Toren, nehmet Verstand an!
Höret zu, Vortreffliches rede ich,
recht und gerade ist, was meine Lippen eröffnen.
Ja, Wahrheit redet mein Gaumen,
und Frevel ist meinen Lippen ein Greuel...
Ich, die Weisheit, pflege die Klugheit,
verfüge über Erkenntnis und guten Rat.
Jahve fürchten heißt das Böse hassen...

Für die Angehörigen der jüdischen Gemeinde war Weisheit keine abstrakte Idee, sondern eine konkrete Gestalt, die gleich einem Propheten auftrat und den Willen Jahves verkündete; sie lehrte die »Furcht Jahves«, die als der Anfang oder das »Prinzip« aller Erkenntnis erschien. In der Begegnung mit dem Hellenismus stellten sich dem Judentum die Gedankengebilde der griechischen Philosophie als unfundiert und unwirklich, die konkrete Willensoffenbarung Jahves dagegen als lebendige Wirklichkeit dar. Die »Weisheit« wurde in den Kreis der Offenbarungsbekundungen des Alten Testaments als ein die Wahrheit vermittelndes und vertretendes geistiges Gefüge hineingeholt, sie wurde zu einem Organ und Medium jener Botschaft, die von Gott selbst ausging. Sie lehrte nicht tugendhaftes Streben oder Selbstverwirklichung menschlicher Existenz, sondern die »Furcht Gottes«, anders ausgedrückt: gehorsames Leben unter den Geboten und unter der Präsenz des heiligen Herrn. Der Konflikt dieser Glaubenswelt mit hellenistischen Haltungen war nicht nur in der Ebene der Ideen unausweichlich.

Antiochos III. hatte der Jerusalemer Kultgemeinde so weitreichende Privilegien eingeräumt, daß zunächst keine Anzeichen einen kommenden Zusammenstoß erahnen ließen. Aber Antiochos starb 187 v. Chr. wenige Jahre nach dem Sieg der Römer und hinterließ dem nördlichen Diadochenreich schwere Tributlasten. Sein ältester Sohn Seleukos IV. konnte der Schwierigkeiten nicht Herr werden und wurde nach achtjähriger Herrschaft auf dem Höhepunkt schwerer Thronwirren ermordet. Die Nachfolge fiel 175 an seinen Bruder Antiochos IV. Epiphanes, dem es zuvörderst um die Stabilisierung seiner Herrschaftsordnung ging, wozu einmal die skrupelloseste Beschaffung der fehlenden Geldmittel, zum andern die Zerschlagung aller organisierten Gebilde gehörte, von denen Widerstand ausgehen konnte. Beides mündete in einen langwierigen gewaltsamen und blutigen Konflikt mit der jüdischen Kultgemeinde, über den die beiden Makkabäerbücher ausführlich berichten. Die Chronik umspannt die Zeit von 175 bis 134 v. Chr. und vermittelt auch eine Vorstellung von den Hintergründen des folgenschweren Zusammenpralls.

Den latenten Gegensatz hatten Spannungen innerhalb der Kultgemeinde selbst zum Durchbruch gebracht. Auch in die Bereiche der jüdischen Kultgemeinde war langsam das fremde Wesen des Hellenismus eingesickert, wobei möglicherweise Wallfahrer aus der Diaspora zur Ausbreitung griechischer Ideen und des griechischen Lebensstils beitrugen. Es entstanden feindliche Parteien, von denen die eine für umfassende Modernisierung, die andere für unbeirrte Gesetzestreue eintrat. Aus dem Widerstreit der Ideen erwuchsen Kämpfe um Machtpositionen, namentlich schwere Auseinandersetzungen um das Amt des Hohenpriesters. Unter Seleukos IV. hatten die ärgsten Zusammenstöße noch vermieden werden können, da sich der Hohepriester Onias, ein gesetzestreuer Frommer, der Gunst des Königs erfreute, so daß der Versuch, ihn mit Verleumdungen zu Fall zu bringen, scheiterte. Als aber Antiochos IV. den Thron bestieg, glaubten die »Modernisten«, weiter vorstoßen zu können. Ihrem Kandidaten Jason gelang es, mit Geldgeschenken und der Zusicherung einer radikalen Hellenisierung Jerusalems den neuen König auf seine Seite zu bringen. Onias wurde abgesetzt und Jason zum Hohenpriester ernannt. Jason war es wohl auch, der in Jerusalem ein Gymnasium nach griechischem Vorbild ins Leben rief und damit der hellenistischen Infiltration den Weg ebnete. Der Eingriff des Königs in die Selbstverwaltung der Kultgemeinde und der demonstrative Modernisierungsakt der Gymnasiumsgründung riefen allseitige Empörung hervor. Ob es Antiochos nicht eher gelungen wäre, das strategisch wichtige, an das Ptolemäerreich grenzende Südpalästina mit dem Seleukidenstaat geistig und politisch zusammenzuschmieden, wenn er sich konsequent an die »Modernisten« gehalten hätte, muß dahingestellt bleiben. Seine Geldnot – oder Geldgier – gab den Ausschlag: als drei Jahre nach Jasons Ernennung ein anderer Priester, Menelaos, ein höheres Gebot machte, zögerte der König nicht, Jason zu entlassen und das Hohepriesteramt dem zahlungskräftigeren Bewerber zuzuschanzen.

Die höchste Würde der Kultgemeinde war käuflich geworden. Aber außer Bestechung gab es auch noch das Mittel der nackten Gewalt. Als 165 das Gerücht umlief, Antiochos IV. sei bei einem Feldzug ums Leben gekommen, vertrieb Jason den Menelaos mit Waffengewalt und machte sich selbst wieder zum Oberhaupt der Gemeinde. Antiochos war jedoch keineswegs tot und konnte dem zahlungswilligen Menelaos zu Hilfe kommen. Wieder wurden Soldaten in Bewegung gesetzt und der vertriebene Hohepriester zurückgebracht. Jason floh ins Ostjordanland.

Polybios, der zeitgenössische griechische Historiker, erzählt in seinen Annalen, Antiochos IV. habe in dem Ruf gestanden, mit Vorliebe Heiligtümer zu berauben: wo er unantastbare Schätze vermutete, da zog es ihn hin. Die Wiedereinsetzung des Menelaos war für ihn eine gute Gelegenheit, die erste Plünderung des Jerusalemer Heiligtums vorzunehmen; er ging in den Tempel und ließ die wertvollen Verzierungen und Kultschätze fortschleppen. Die Schändung des Heiligtums, die schon darin lag, daß der heidnische König es betrat, erregte die gesetzestreuen Jerusalemer aufs äußerste. Überall loderten die Flammen der Feindschaft gegen den greulichen Herrscher empor; der Haß entlud sich in einem spontanen Aufruhr. Antiochos nahm sich die Zeit, einen Ägypten-Feldzug zu Ende zu führen, ließ seine Truppen aber gleich danach über Jerusalem herfallen. Die ganze Stadt wurde ausgeplündert, die Häuser wurden verbrannt; zum Abschluß ließ der König die Stadtmauern schleifen. Frauen und Kinder wurden als Sklaven verschleppt, viele Menschen getötet, viele so in Schrecken versetzt, daß sie in die Wüste flohen. Jerusalem war ein Trümmerfeld. Die Chronik des Makkabäerkampfes (1. Makkabäer 1,37ff.) hat das Klagelied verewigt:

> Sie vergossen unschuldiges Blut rings um den Tempel
> und schändeten das Heiligtum.
> Es flohen ihretwegen die Bewohner Jerusalems,
> und die Stadt wurde zur Behausung für Fremde.
> Fremd ward sie ihren Kindern,
> und ihre Söhne verließen sie.
> Ihr Heiligtum ward verödet wie eine Wüste,
> ihre Feste wandelten sich in Trauer,
> ihre Sabbate in Beschimpfung, ihre Ehre in Schmach.
> So groß wie einst ihre Herrlichkeit war jetzt die Entehrung,
> und ihre Hoheit verwandelte sich in Leid.

Die »Behausung für Fremde« war der Epilog zur Zerstörung der Stadt: Antiochos ließ – wahrscheinlich auf dem Südosthügel, also auf dem Bergrücken südlich des Jerusalemer Heiligtums – eine »Akra« genannte befestigte Anlage errichten, ein von Ringmauern umgebenes Stadtgelände, in dem unter dem Schutz einer Wachtruppe »Hellenisten« angesiedelt wurden. Das war die neue, hellenistisch verwaltete und organisierte Polis, in der die gesetzestreuen Jerusalemer kein Wohnrecht hatten. Sie diente dem Schutz der seleukidenfreundlichen Hellenisten, gegen die sich der Aufstand des Volkes in erster Linie gerichtet hatte. Die bevorzugte Behandlung der Staatsfreunde ging Hand in Hand mit der totalen Unterdrückung der Religion, die die Frommen zusammengehalten und inspiriert hatte. Alle kultischen Akte wurden ohne Ausnahme verboten. Weder durften Opfer dargebracht noch der Sabbat gefeiert werden. Die Beschneidung wurde untersagt. Die heiligen Schriften, deren man habhaft werden konnte, wurden vernichtet. Auf die Ausübung von Kultakten, die mit den Ordnungen der Jerusalemer Gemeinde zusammenhingen, stand die Todesstrafe. Dafür wurde im heiligen Bereich ein fremder Kult eingeführt: der König ließ in Jerusalem ein Abbild des Zeus Olympios aufstellen. Die Makkabäerchronik (2. Makkabäer 6,1ff.) berichtet: »Nicht lange darauf sandte der König einen alten Athener, der die

Juden zwingen sollte, von den väterlichen Gesetzen abzufallen und nicht mehr nach den Geboten Gottes zu leben; auch sollte er den Tempel in Jerusalem entweihen und ihn nach dem olympischen Zeus benennen und den auf dem Garizim nach dem Zeus Xenios, wie es der Art der Bewohner des Ostens entsprach. Dieser Ansturm der Bosheit war selbst für die große Menge schwer und unerträglich. Denn der Tempel war mit Schwelgerei und Gelagen erfüllt durch die Heiden, die mit Buhlerinnen scherzten und in den heiligen Vorhöfen Weibern beiwohnten und noch dazu mancherlei Unziemliches hineinbrachten. Der Altar war voll von ungebührlichen Dingen, die von den Gesetzen verboten waren; und es war weder möglich, den Sabbat zu halten noch die väterlichen Feste zu begehen noch überhaupt sich als Juden zu bekennen.« Dem Heiligtum auf dem Garizim war es nicht anders ergangen als dem in Jerusalem; es geschah alles, was zur Ausrottung des Glaubens Israels beitragen konnte.

Das alles – eine apokalyptische Trostschrift (Daniel 7–12) spricht vom »Greuel der Verwüstung« – ereignete sich im Dezember 167. Auch auf dem Lande wurden heidnische Altäre errichtet. Die Regierung setzte Kommissare mit dem Sonderauftrag ein, die Ausübung der jüdischen Religion sofort mit dem Tode zu bestrafen und dem heidnischen Kult Ansehen und Geltung zu verschaffen.

Der Widerstand der Gesetzestreuen ließ nicht lange auf sich warten. In aller Heimlichkeit wurde ein Ersatzheiligtum in Mizpa gegründet, wo Priestergewänder und heilige Schriften in Sicherheit gebracht worden waren. Die früher an den Tempel zu leistenden Abgaben sollten ohne Verzug nach Mizpa gebracht werden. Ebenfalls in Mizpa wurden geheime Versammlungen abgehalten. Mit ungestümer Gewalt brach ein erbitterter Glaubenskrieg aus. Plötzlich wurde das in der Jerusalemer Kultgemeinde lebendige geistige Potential sichtbar. In einer Bekenntnistreue, die den Tod nicht scheute, kämpften die Frommen gegen einen übermächtigen Feind. Die apokalyptische Trostschrift des Buches Daniel zeigte den religiösen Hintergrund: Gottesreich und Weltreich standen einander gegenüber. Im Bewußtsein der Bekenner ging es um den Endkampf gegen die widergöttliche Gewalt eines vergehenden Äons.

Aufstieg und Niedergang der Hasmonäerkönige

Im beginnenden Glaubenskampf profitierten die Bekenner von der bedrohlichen Lage des Seleukidenreiches, das Antiochos IV. nur mit knapper Not zusammenhalten konnte. Gegen ihn hatten sich die Parther erhoben, die er ständig abwehren mußte, und von Rom drohte eine Gefahr, die sich in ihren Konsequenzen weder übersehen noch berechnen ließ. Antiochos fehlten die militärischen und organisatorischen Mittel, den Staat zu sichern und die Rebellion in Südpalästina in einer konzentrischen Aktion niederzuschlagen. Der Aufstand begann 166 v. Chr. in dem Ort Modeïn, ausgelöst von einigen mutigen Männern, die in der Geschichte nach einem priesterlichen Ahnherrn Hasmon »das Hasmonäergeschlecht« genannt worden sind. Der greise Mattathias, Haupt der tapferen Sippe, verweigerte einem seleukidischen Kommissar, der die Darbringung heidnischer Opfer angeordnet hatte, den Gehorsam und erschlug in heiligem Zorn nicht nur einen Israeliten, der dem Befehl gefolgt war, sondern auch den seleukidischen Vollzugsbeamten. Das war gleichsam das Signal, das allenthalben zum offenen Widerstand aufrief. Zwar mußten die Wagemutigen in die Berge fliehen, um den Strafexekutionen zu entgehen, aber rasch sammelte sich in den unzugänglichen Gebirgsverstecken der Wüste Juda eine Kämpferschar, die von Tag zu Tag anwuchs und bald die ersten Ausfälle und kleineren Kämpfe wagen konnte. Dann kamen auch Überfälle auf größere Ortschaften: heidnische Altäre wurden zerstört, abtrünnige Israeliten getötet. Indessen machten sich die alarmierten Besatzungstruppen die Tatsache zunutze, daß sich die Männer um Mattathias streng an die Sabbatvorschriften hielten. Die Soldaten stellten den Rebellen nach, die am geheiligten Tag keine Waffe in die Hand nahmen; erst ein Sondererlaß lockerte das Sabbatgebot für die Abwehr von Angriffen. Als die erste große militärische Auseinandersetzung bevorstand, starb Mattathias; an seine Stelle trat als Führer sein Sohn Judas, dem man den Beinamen Makkabäus (*makkab*, Hammer) gab.

Unter Judas kam es zur ersten Kampfaktion größeren Stils. Eine seleukidische Truppe unter der Führung des Feldhauptmanns Apollonius wurde geschlagen, der Feldhauptmann fiel. Sofort wurde von den Seleukiden ein größeres Heer unter Seron in die Schlacht geführt, aber auch diesmal blieb Judas siegreich: die Seleukiden wurden bei Beth-Horon geschlagen und bis ins Küstengelände verfolgt. Antiochos konnte sich um die Ereignisse in Palästina nicht selbst kümmern, da er gegen die Parther kämpfte; der Reichsverweser Lysias sah die Lage als so ernst an, daß er eine starke Streitmacht aufstellte, die der Truppe des Judas 163 bei Emmaus, südlich von Beth-Horon, entgegentrat. Den Makkabäern kam ihre genaue Ortskenntnis zugute: sie schlugen das zahlenmäßig überlegene Heer aus dem Hinterhalt, und die Seleukiden mußten sich vorerst zurückziehen. Diese günstige Gelegenheit ergriff Judas, um seine Truppe nach Jerusalem zu führen. Ohne sich um die Akra-Befestigungen zu kümmern, machte er sich sogleich daran, die heilige Stätte zu erneuern. Die heidnischen Kultembleme und Greuel wurden beseitigt, und die gesetzestreue Priesterschaft konnte schon nach kurzer Zeit in den Tempelbereich einziehen. Zum Schutz gegen Ausfälle aus der Akra und sonstige Angreifer ließ Judas den heiligen Bezirk mit einer Festungsmauer umgeben und von einer ständigen Wachmannschaft besetzen. Im Dezember 164 wurde in einem feierlichen Akt der gereinigte Tempel eingeweiht. Trotz der Nähe der von seleukidischen Soldaten und hellenistischen Juden besetzten Festung wurde der Kultus der Jerusalemer Gemeinde wiederaufgenommen.

Bei einem Feldzug gegen die Parther starb Antiochos IV. im Frühjahr 163. Da der Thronfolger Antiochos V. erst acht Jahre alt war, mußte der Reichsverweser Lysias die Regierungsgeschäfte leiten. Noch immer war Palästina ein Herd der Unruhe. In Jerusalem blieb alles in der Schwebe. Die Akra hielt stand. Die Edikte Antiochos' IV., die den jüdischen Kult bei Todesstrafe verboten, waren nicht widerrufen. Nach wie vor herrschten die Seleukiden, auch wenn Judas 163 ungehindert Feldzüge in Galiläa und im Ostjordanland führen konnte. Judas' Bruder Simon stieß über den Jordan vor und stellte mit den seleukidenfeindlichen Nabatäern einen Kontakt her. Judas fiel in edomitisches Gebiet ein und belagerte und zerstörte Hebron. Offensichtlich versuchte Judas nach dem Tode Antiochos' IV., sich auch politisch Ellenbogenfreiheit zu schaffen. Er tastete allerdings einen Lebensnerv des Seleukidenreichs an, als er sich schließlich entschloß, die Akra zu belagern. Vom Süden her rückte Lysias mit einem großen Entsatzheer heran und nahm unterwegs die von Judas ausgebaute Festung Beth-Zur ein. Die Makkabäer mußten im befestigten Heiligtum von Jerusalem eine Abwehrposition beziehen, die nicht übermäßig stark war. Aber wieder kam ihnen die Schwäche des Seleukidenreiches zugute. Lysias geriet in Schwierigkeiten, die ihn zwangen, den Krieg in Palästina so schnell wie möglich zu beenden. Unter Zusicherung freier Religionsausübung im Jerusalemer Heiligtum bot er daher den Belagerten den Frieden an, den sie wohl oder übel annehmen mußten. Bevor Lysias abzog, ließ er jedoch entgegen allen Abmachungen die Jerusalemer Festungsmauern schleifen: auf keinen Fall sollte Jerusalem zu einem politisch wichtigen Machtfaktor werden.

Eigentlich war das Ziel der makkabäischen Erhebung erreicht. Aber neue Streitigkeiten erwuchsen aus weiteren Eingriffen der Seleukiden. Der von ihnen ernannte Hohepriester Alkimus bemühte sich zwar zunächst um allgemeine Befriedung und forderte auch Judas auf, allen kriegerischen Unternehmungen zu entsagen; als sich aber herausstellte, daß Judas mit Religionsfreiheit nicht zufrieden war und politische Unabhängigkeit wollte, sah sich Alkimus bedroht und rief seleukidische Truppen zu Hilfe. Eine Lawine war ins Rollen gekommen, die niemand mehr aufhalten konnte.

Ein großes Heer unter dem Feldherrn Nikanor trat nun gegen Judas an, zog aber in zwei Schlachten den kürzeren. Bei Adasa, wenige Kilometer nördlich von Jerusalem, wurden die Seleukiden entscheidend geschlagen; Nikanor fiel. Doch seit die Römer ihre Gunst den Ptolemäern zugewandt hatten, wußte man am Seleukidenhof sehr genau, was in Palästina auf dem Spiel stand. Wieder zog 160 ein Heer gegen Judas. Diesmal wurde seine Truppe geschlagen; er selbst kam im Kampf ums Leben. Die zersprengten makkabäischen Scharen flohen in die Wüste und sammelten sich dort unter Führung Jonathans, des jüngsten Bruders Judas', von neuem. Es fing wieder mit kleineren Überfällen an, nach denen man sich blitzschnell ins unwegsame Gebirge zurückzog. Inzwischen hatten sich die inneren Schwierigkeiten des Seleukidenreichs, die auch noch durch Thronwirren kompliziert wurden, so verschärft, daß gegen Jonathan kaum noch etwas unternommen wurde. So konnte er sich zwölf Kilometer von Jerusalem entfernt in Michmas niederlassen und dort nach dem Vorbild der »Richter in Israel« Gericht halten. Unverkennbar strebten die Makkabäer eine Wiederherstellung des alten Israels an – womöglich mit vermehrter Macht –, und sie spielten mit hohen Einsätzen.

Als Jonathan merkte, daß nichts erfolgte, wagte er sich noch einen Schritt weiter vor. Er zog mit seinen Leuten nach Jerusalem, befestigte den Tempelbezirk und bedrohte die Akra. Damit hatte er sich im Spiel der Kräfte einen hohen Trumpf gesichert. Alexander Balas, der neue Thronprätendent des Seleukidenreiches, trat mit ihm in Verbindung, einigte sich mit ihm und machte ihn zum Hohenpriester. Zum Herbstfest des Jahres 152 wurde Jonathan feierlich in sein neues Amt eingeführt. Er war zwar Hasmonäer, nicht Sadokide, gehörte also nicht zu dem nach den kultischen Amtstraditionen privilegierten Priestergeschlecht, aber dennoch gab es niemanden, der seine Position hätte anfechten können. Zu seinem Amtsantritt übersandte ihm Alexander Balas sogar einen Purpurmantel und eine goldene Krone: die Attribute der weltlichen Herrschaft. Gewiß unterstand Jonathan dem, der ihm die großen Vorrechte eingeräumt hatte, aber in der politischen Ebene war er jetzt selbst ein einflußreicher Herrscher. Daß er auch später konsequent zu dem umstrittenen Alexander Balas hielt, brachte ihm reichen Lohn ein.

Das Seleukidenreich machte eine turbulente Zeit durch. Die Frage der Thronnachfolge war nach wie vor ungelöst. Alexander Balas mußte sich gegen die vielleicht legitimen Ansprüche Demetrios' I. durchsetzen und konnte jede Unterstützung gut gebrauchen. Er rechnete fest mit Jonathan, der sich in der Krisenzeit als getreuer Verbündeter des Thronprätendenten erwies. Der jüdische Hohepriester, Unterkönig und Feldherr führte Kriege für Alexander Balas und baute mit der Beute, die ihm zufiel, das eigene Herrschaftsgebiet aus. Unterdes wurde die Lage immer konfuser. Die Streitigkeiten um den Seleukidenthron waren den Ptolemäern ein willkommener Anlaß, nach langer Zeit wieder im trüben Palästina-Wasser zu fischen.

Ptolemaios VI. brach ins Land ein, zog nach Jerusalem und belagerte die Akra, das Machtsymbol der Seleukidenherrschaft. Eine unerwartete Entscheidung brachte das Jahr 145: Alexander Balas erlitt eine schwere Niederlage, die ihn endgültig von der Bühne abtreten ließ, und Ptolemaios VI. starb während eines seiner Palästina-Feldzüge. Nun konnte sich Demetrios II. Nikator in Antiocheia durchsetzen und wirklich König werden. Jonathan, der treue Gefolgsmann des Alexander Balas, mußte sich vor dem neuen Herrscher verantworten. Erstaunlicherweise gelang es dem diplomatischen und wendigen Judäer, den zornigen Demetrios freundlich zu stimmen; wahrscheinlich hatte sein Erfolg damit zu tun, daß er sich gleich nach dem Untergang des Alexander Balas für Demetrios entschieden und auf militärische Kraftproben zugunsten diplomatischer Mittel verzichtet hatte. Er erlangte nicht nur eine allgemein freundliche Haltung des neuen Königs, sondern auch konkrete neue Privilegien: die Judäer wurden von Abgaben befreit, und die südlichen Teile der Provinz Samaria, die zur Jerusalemer Kultgemeinde hielten, wurden Juda zugeschlagen. Nicht minder als sein besiegter Rivale war auch Demetrios darauf angewiesen, in dem von innen und außen bedrohten Staatsgebilde möglichst viele Freunde zu gewinnen.

Aber Jonathan überspannte den Bogen: er arbeitete unablässig auf das Ziel der staatlichen Selbständigkeit hin und forderte sogar die Beseitigung der Seleukidenburg in Jerusalem. So weit konnte Demetrios nicht gehen. Während dieser Konflikt ausgetragen wurde, bekam es Demetrios mit einem neuen Gegner zu tun: als Anwalt eines noch unmündigen Sohnes des Alexander Balas machte ihm Diodotos Tryphon den Thron streitig, theoretisch im Namen des unmündigen Kindes, praktisch im eigenen Interesse. Für diesen Tryphon setzte sich nun Jonathan ein, um einen Verbündeten gegen Demetrios zu gewinnen, und während Demetrios und Tryphon miteinander kämpften, benutzte er die Gelegenheit, ganz Palästina unter seine Gewalt zu bringen. Zur Sicherheit verhandelte er auch mit Römern und Spartanern, vermutlich berief er sich auf seinen wirksamen Beitrag zur Schwächung des Seleukidenreiches. Das Gebiet, das er erobert hatte, schirmte er mit Festungen ab; er verstärkte die Mauern von Jerusalem und isolierte die Akra. Dieser große Machtzuwachs war zuviel für Diodotos Tryphon; er lockte Jonathan unter diplomatischen Vorwänden zu sich, nahm ihn gefangen und ließ ihn im Jahre 143 umbringen.

Indes hatte die Hasmonäerherrschaft in Palästina bereits so tiefe Wurzeln geschlagen, daß die Ermordung Jonathans keine weitreichenden Folgen hatte. An die Stelle Jonathans trat der ältere Bruder, Simon, der in den Kampfzeiten der Makkabäer eine Aktion im Ostjordanland geleitet hatte. Simon schlug sich auf die Seite Demetrios' II., der im Kampf mit Tryphon dringend Bundesgenossen brauchte. Die von Jonathan erwirkten Vorrechte wurden zum Teil bestätigt, aber in Wirklichkeit hatte Demetrios nicht die Macht, seine Oberhoheit überhaupt geltend zu machen. Faktisch beherrschte Simon Palästina von Jerusalem aus als selbständiger Regent.

Durch geheime Verhandlungen mit Rom und Sparta ermutigt, begründete Simon dann auch in aller Form ein unabhängiges hasmonäisches Königtum. In Urkunden und Verträgen werden Zeitangaben auf die Regierungszeit des judäischen Herrschers bezogen; die Titulierung, die Simon für sich in Anspruch nahm, war »Erhabener Hoherpriester, Feldherr und Fürst der Judäer«. Die politische Führungsstellung Jerusalems wurde mit weiteren Eroberungskriegen in Palästina demonstriert. Vor allem belagerte und eroberte Simon 141 die Akra, die Seleukidenburg in Jerusalem. Das Festungsgelände wurde mit Judäern besiedelt und der Tempelbezirk erneut gegen alle feindlichen Zugriffe geschützt. In der Makkabäerchronik (1. Makkabäer 14,4) kann man lesen: »Das Land Juda hatte Ruhe, solange Simon lebte. Er war auf das Wohl seines Volkes bedacht, und das Volk war allezeit stolz auf seine Macht und sein Ansehen.« Simon glückte sogar die Eroberung des Seehafens Joppe, womit dem Lande der Anschluß an den Überseehandel ermöglicht wurde. Natürlich war die unabhängige Herrschaft der hasmonäischen Fürsten nur möglich, weil das Seleukidenreich von einer Krise in die andere stolperte und in Palästina nicht eingreifen konnte. Jedesmal wenn die Auseinandersetzungen in Syrien weitere Kreise zogen, geriet auch der Jerusalemer Herrscher in Bedrängnis. Einen dieser übergreifenden Konflikte erlebte noch der greise Simon; es gelang ihm jedoch, die feindlichen Truppen aus seinem Herrschaftsbereich hinauszuwerfen. Ein Lied aus der Makkabäerchronik (1. Makkabäer 14,6ff.) vermittelt eine Vorstellung von der Hochstimmung, die in der Ära des großen Simon im Lande herrschte:

> Er erweiterte seinem Volk die Grenzen,
> und im Lande war er Herr.
> Er brachte viele Gefangene heim
> und gewann die Herrschaft
> zu Geser, zu Beth-Zur und auf der Akra...
> Sie durften in Frieden ihr Land bebauen;
> das Erdreich gab seinen Ertrag,
> die Bäume des Feldes ihre Frucht...
> Er schaffte Frieden im Lande,
> und Israel war hocherfreut.
> Jeder saß unter seinem Weinstock und Feigenbaum,
> und keiner war, der ihn aufschreckte.
> Niemand bekriegte sie mehr auf Erden,
> denn die Könige waren niedergeworfen zu jener Zeit.
> Alle Unterdrückten in seinem Volk richtete er auf;
> streng hielt er auf das Gesetz
> und vertilgte jeden Abtrünnigen und Bösen...

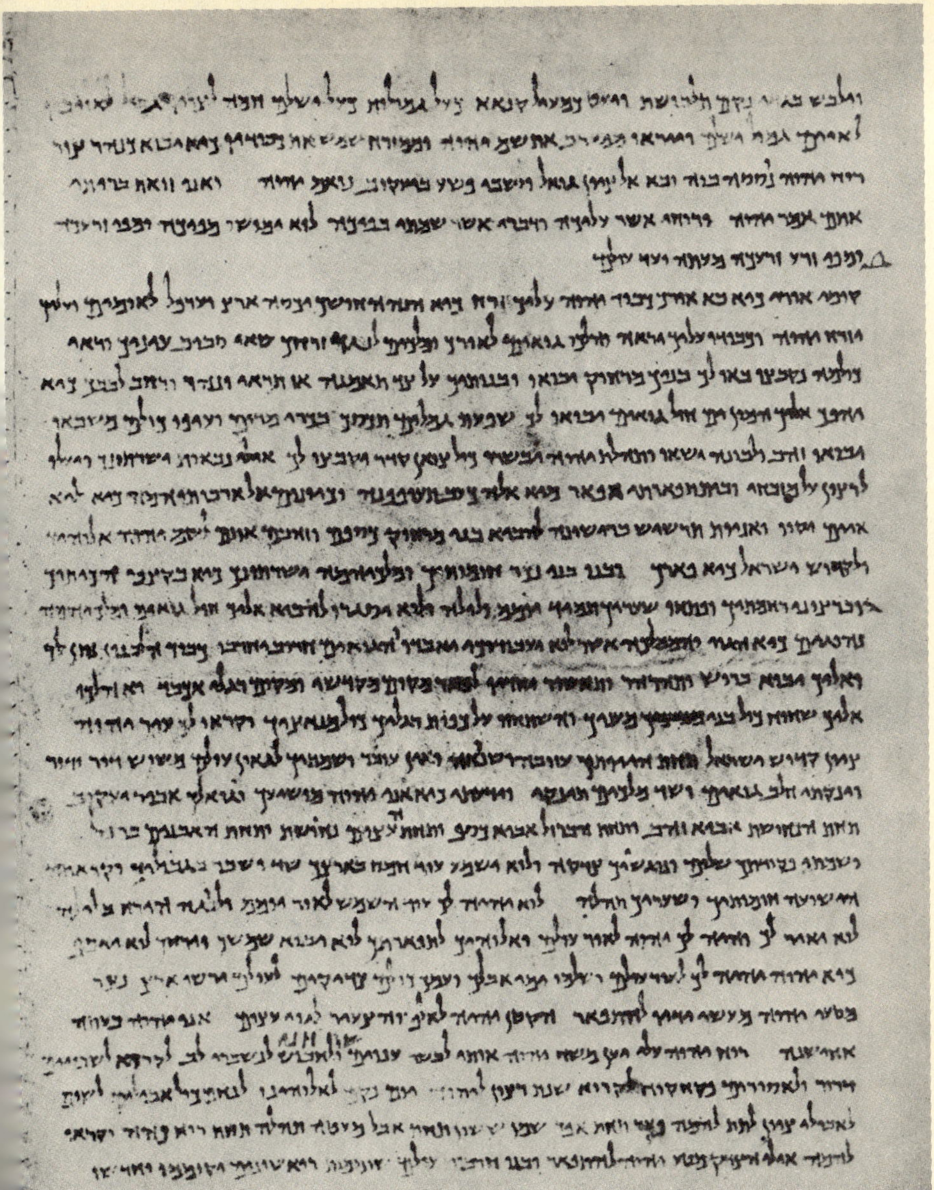

Eine Kolumne aus der Jesaja-Rolle
Kap. 59, 17 bis Kap. 61, 4 aus den Funden in Qumran am Toten Meer

Das Triumphtor in Gerasa, 2. Jahrhundert

Die Zeit des Friedens ging jedoch jäh zu Ende. Im Jahre 134 fiel Simon dem Attentat seines ehrgeizigen Schwiegersohnes Ptolemäus zum Opfer. Rechtmäßiger Nachfolger Simons war sein Sohn Johannes, den Ptolemäus mit Waffengewalt zu beseitigen suchte. Rechtzeitig gewarnt, trat Johannes dem Mörder entgegen, schlug ihn in die Flucht und übernahm die Ämter des Vaters unter dem Namen Johannes Hyrkanus I. Mittlerweile war der Streit um den Seleukidenthron beigelegt worden, und sofort ging der Sieger, Antiochos VII. Sidetes, daran, die Selbständigkeit der in Palästina führenden Provinz Juda zunichte zu machen. Mit einem großen Heer rückte der König aus Syrien heran, schloß Johannes Hyrkanus ein und belagerte die Stadt. Es ist schon fast grotesk, zu sagen, daß auch hier wieder der Jerusalemer Herrscher dadurch gerettet wurde, daß die Parther den Seleukidenstaat schwer bedrängten. Antiochos VII. mußte Verhandlungen aufnehmen, und Jerusalem kam verhältnismäßig glimpflich davon; allerdings mußten alle Waffen abgegeben und Geiseln gestellt werden. Antiochos VII. kam 128 im Krieg mit den Parthern um, und daraus entwickelte sich eine neue Serie von Kämpfen und Wirren in Syrien. Juda konnte sich erholen und beim Programm der politischen Selbständigkeit bleiben. In der Atmosphäre der echten oder vermeintlichen Unabhängigkeit kamen aus dem Dunkel der Vergangenheit die Bilder der ersten Königszeit wieder empor.

Wie einst Josia von der Wiedergeburt des Davidsreiches geträumt hatte, so schwebte jetzt den Hasmonäern ein messianisches Leitbild vor, das für sie die Ziele einer umfassenden nationalen und staatlichen Regeneration Israels bestimmte. Aber die Fundamente des hasmonäischen Königtums waren schwankend und brüchig, und überall – innen wie außen – türmten sich ständig unüberwindliche Widerstände auf. In Jerusalem stellte sich jeder politischen Aktivität die Opposition der Frommen, namentlich der Pharisäer, entgegen. Im Gefolge der tiefgreifenden Wandlungen des religiösen Lebens, die Israel im Exil und unmittelbar nach dem Exil erlebt hatte, hatte sich das Schwergewicht immer mehr vom Politischen zum Geistigen verlagert. Die Jerusalemer Kultgemeinde der nachexilischen Zeit hatte sich längst damit abgefunden, daß sich ihre religiöse Kraft und Autorität unter der Oberhoheit einer fremden Macht bewähren mußte. Für die Frommen waren daher Krieg und Politik ein Rückfall, eine verhängnisvolle Restauration, die Preisgabe der eigentlichen Mission Israels unter dem Gesetz Gottes. An solchen Widerständen gegen ihren »Aktivismus« konnten die Hasmonäer nicht vorbeigehen; anderseits war die große politische Arena, in der sich Juda aktiv zu zeigen trachtete, voller Spannungen und Krafteruptionen, denen die Jerusalemer Fürsten mit ihren beschränkten Machtmitteln nicht gewachsen waren.

Angesichts der Thronwirren im Seleukidenreich führte Johannes Hyrkanus I. zunächst dieselben demonstrativen Eroberungskriege, mit denen Jonathan und Simon Macht und Prestige erworben hatten. Auf längere Sicht wichtig war unter diesen Aktionen der Überfall auf Samaria, bei dem Johannes die Kultstätte auf dem Garizim zerstörte. Im übrigen war seine Herrschaft ganz auf äußere Machtentfaltung gerichtet; so nahm er auch das Münzrecht für sich in Anspruch und demonstrierte damit seine volle Unabhängigkeit.

Wieviel Korruption und Gewalttätigkeit in Jerusalem aufgespeichert war, kam zum Vorschein, als Johannes Hyrkanus I. 104 starb. Er hatte bestimmt, daß seine Frau die

Regierung übernehmen sollte. Aber sein ältester Sohn Aristobulos bemächtigte sich des Staates, ließ die Mutter im Gefängnis verhungern und warf auch seine Brüder in den Kerker. Mit Mord und List erreichte Aristobulos, was er wollte, ließ sich König nennen und trug das Königsdiadem, starb aber schon im folgenden Jahr. Den Thron erbte seine Frau Salome Alexandra, die jedoch die Schwäger befreite und einen von ihnen, Alexander Jannäus, den sie dann auch bald heiratete, zum König machte. Knapp vierzig Jahre nach der offiziellen Staatsgründung, keine fünfundsechzig Jahre nach dem Beginn des Makkabäerkampfes, zeigte die Hasmonäerdynastie bereits sichtliche Verfallserscheinungen.

Alexander führte ein ausschweifendes Leben, verbreitete Krieg und Terror im Lande und versuchte, sein Gebiet im Osten auszuweiten. Dort aber stieß er auf die Nabatäer und konnte sich nur mit Mühe vor ihrer Empörung retten. Nach seinem Tod (76 v. Chr.) scheint Salome Alexandra die Königsmacht wieder übernommen zu haben. Da sie die Funktionen des Hohenpriesters nicht verrichten konnte, fiel dies Amt an ihren Sohn Johannes Hyrkanus II. Die Königin verstand es offenbar mit ungewöhnlichem Geschick, die inneren Zwistigkeiten in Jerusalem zu überbrücken und für einige Jahre geordnete Zustände herbeizuführen. Mit ihrem Tode war es damit wieder vorbei. Die Regierung konnte Johannes Hyrkanus II. zwar antreten, aber schon nach kurzer Zeit wurde er von einem tatkräftigen jüngeren Bruder Aristobulos II. angegriffen und in Jerusalem eingeschlossen. Hyrkanus, dem an Regierungsgeschäften nicht viel lag, verzichtete zugunsten des Bruders auf sämtliche Ämter und zog sich zurück. Da tauchte ein neuer Machtfaktor auf. In Idumäa, dem edomitischen Provinzialgebiet, amtierte ein gewisser Antipas als Statthalter. Sein Sohn, der ebenfalls Antipas hieß, stellte sich auf die Seite des verdrängten Johannes Hyrkanus und rief die Nabatäer zu Hilfe, womit dieses Volk, das mit den Seleukiden vorher schon im Streit gelegen hatte, als einflußreiche Macht den politischen Schauplatz Palästinas betrat. Der Nabatäerkönig, der Johannes Hyrkanus II. in seiner Hauptstadt Petra Asyl gewährt hatte, erschien vor den Toren Jerusalems und belagerte die Festung. Die endgültige Klärung kam von einer ganz anderen Seite. Im Jahre 65 v. Chr. entschlossen sich die Römer zum aktiven Eingriff in die verworrenen Verhältnisse des Vorderen Orients. Mit dem Königsstreit in Palästina befaßt, entschied sich der römische Feldherr Aemilius Scaurus für den aktiveren Aristobulos, der in Jerusalem nunmehr unter römischem Schutz auftreten konnte. Die Situation war von Grund auf verändert: künftighin konnte sich in Palästina nur durchsetzen, wer mit der neuen Macht im Bunde stand.

Römerherrschaft

Das bewegte geistige und religiöse Leben im letzten Jahrhundert vor der Zeitenwende ist nicht einfach zu erfassen. In Palästina standen die verschiedensten Gruppen nebeneinander. Das Hauptthema aller religiösen Lebensäußerungen war nach wie vor die Forderung nach treuer Befolgung des Gesetzes Gottes. Die Pharisäer schlossen sich zusammen, um in strenger Absonderung von allen unheiligen Geschäften den Gehorsam zu erfüllen; sie zogen einen »Zaun um das Gesetz«, schufen Präventivordnungen, um die richtige Einstellung zu den eigentlichen Forderungen der Gottesgebote von Fall zu Fall zu finden. In vorbehaltloser Hingabe stellten sie ihr Leben in den Dienst ihres Gottes; sie kannten keinen Kompromiß, kannten keine Angleichung an die unvermeidlichen Situationen des Alltags; ihre Treue war beispiellos.

Es gab aber auch anderes. Von gewaltiger Kraft war in den zwei letzten vorchristlichen Jahrhunderten die apokalyptische Botschaft, ein Ausläufer der prophetischen Aussage, vom Gericht und Ende, vom Anbruch des Heils und vom Kommen der Gottesherrschaft. War in der Botschaft der Propheten diese Ankündigung noch geschichtsbezogen, so wandelte sie sich nun, im Kraftfeld der Apokalyptik, zu einer dualistischen Lehre von den beiden einander in derselben geschichtlichen Zeit gegenüberstehenden Äonen: dem vergehenden Äon der diesseitigen Weltherrschaft, die nun endgültig zusammenbrechen müsse, und dem anbrechenden neuen Äon der Herrschaft Gottes über die gesamte Schöpfung. Die apokalyptische Lehre hatte die Verzweifelnden aufgerichtet, als Antiochos IV. die Jerusalemer Kultgemeinde auflöste; sie war auch in der Folgezeit ein tragendes Fundament des Glaubens. Daß das Ende der Zeiten unmittelbar bevorstehe, wurde in weitem Umkreis geglaubt. Aber wie sollte man sich auf die Endzeit rüsten?

Im Kreise der Gesetzesfrommen herrschte die Überzeugung, daß man auf die Gottesherrschaft ohne jede politische Aktivität warten müsse, nur in gehorsamer Befolgung des Gesetzes verharrend. Andere jedoch fühlten sich in den kritischen Zeiten dazu gerufen und auserwählt, mit dem Eingriff in die politischen Wirren einen Wandel einzuleiten; ihnen galt die nationale Selbständigkeit und Freiheit Israels gleichsam als der Raum, in den die zukünftige Gottesherrschaft eingehen müsse, wenn sie die ganze Schöpfung ergreifen und umfassen wolle. Dieser Raum mußte erobert und geschaffen werden. Zwischen diesen beiden Extremen gab es indes noch eine dritte Möglichkeit der religiösen Einstellung auf das kommende Ende: man bildete Konventikel und Sekten, um sich auf die nahende Gottesherrschaft vorzubereiten und das Leben für einen neuen Äon zu reinigen.

Bekannt ist vor allem die Gruppe der Essener, die mit Tauf- und Reinigungsriten hervortrat und ihre Mitglieder in einem straff gegliederten Orden zusammenschloß. Dank den überraschenden Funden in den Höhlen am Toten Meer hat die Forschung in der jüngsten Zeit von einer der religiösen Bewegungen der vorchristlichen Zeit nähere Kunde erhalten. Auf einer Mergelterrasse am Westufer des Toten Meeres, am Fuße des Gebirges Juda, lag die Klostersiedlung Qumran, die wahrscheinlich mit der Sekte der Essener im Zusammenhang stand. Ihren Charakter bestimmten strenge Ordnungen und ausgeprägtes Klosterleben. In der »Lebensordnung« der Qumran-Gemeinde findet sich folgender Passus: »Das sind die Gebote für die ganze Volksgemeinde mit Kindern und Frauen: Leben in der Ordnung der Gemeinde, Gott suchen mit ganzem Herzen und mit ganzer Seele, tun, was gut und recht vor ihm ist, wie er durch Moses und alle seine Diener, die Propheten, befohlen hat; alles lieben, was er erwählt hat, aber alles hassen, was er verworfen hat; sich fernhalten von allem Bösen, aber festhalten an allen guten Werken; Wahrheit, Gerechtigkeit und Recht im Lande üben, aber nicht länger im Starrsinn eines schuldbeladenen Herzens und lüsterner Augen wandeln, daß man jegliches Böse tue; alle, die willig sind, Gottes Gebote zu erfüllen, in den Bund der Treue zu bringen, um in Gottes Ratschluß zusammengeschlossen zu sein;

fromm vor ihm zu wandeln gemäß allen Offenbarungen ihrer Zeugenversammlungen; alle Kinder des Lichtes lieben, jeden nach seinem Los in Gottes Ratschluß, aber alle Kinder der Finsternis hassen, jeden nach seinem Schuldanteil an Gottes Rache.« Die in Qumran versammelten Ordensmitglieder hatten sich zu einer Gemeinschaft zusammengeschlossen, die Gott den »Bund der Treue« schwur. Die heiligen Schriften wurden sorgfältig überliefert, gelehrt und gelernt. Die Menschheit wurde als in zwei Lager zerfallen gesehen: die unter Gottes Geboten dem neuen Äon der Gottesherrschaft entgegeneilenden und in einem ritterlich religiösen Kampf die Beschwerden der Zeit überwindenden »Kinder des Lichts« und die den Bräuchen und Zielen der vergehenden Welt verhafteten und Gottes Herrschaft leugnenden »Kinder der Finsternis«. Die dualistische Sicht war charakteristisch für die Ideen, die im Spannungsfeld der Apokalyptik und des Gesetzesgehorsams entstanden.

So intensiv die religiösen Erwartungen, Gehorsamsleistungen und apokalyptischen Hoffnungen im Schoße der Jerusalemer Kultgemeinde gewesen sein mögen, im Vordergrund standen die ernüchternden Tatsachen der politischen Entwicklung. Die römische Militärmacht war in Syrien eingedrungen und hatte alle Gewalt in ihrer Hand. Endlich sollte der korrupte Seleukidenstaat aufgelöst und eine bessere politische Ordnung an seine Stelle gerückt werden. Im Jahr 64 erschien Pompeius in Syrien und wurde sofort von den streitenden Parteien Palästinas bestürmt. Er entschied sich eindeutig im Sinne des Idumäers Antipas, der erneut für den zurückgesetzten Hyrkanus II. plädierte. Vergebens versuchte der von Aemilius Scaurus begünstigte Aristobulos die Entscheidung anzufechten; er mußte sich beugen, aber da er weiterhin ganz Palästina in Unruhe versetzte, wurde er von den Römern in Gewahrsam genommen. Für Jerusalem brach eine schwere Zeit an.

Von Aristobulos angestiftet, weigerten sich die Jerusalemer, den Römern die Tore der Stadt zu öffnen. Pompeius belagerte daraufhin die Stadt und stieß zum Schluß noch auf erbitterten Widerstand im befestigten Tempelbezirk. Als die Gegenwehr gebrochen war, richtete das eindringende Heer in Jerusalem ein grausiges Blutbad an. Pompeius betrat mit den hohen Heerführern das Allerheiligste, übergab jedoch nach kurzer Zeit die kultischen Vollmachten an Hyrkanus, der als Hoherpriester eingesetzt wurde, aber den Königstitel verlor. Aristobulos wurde nach Rom gebracht.

Nachdem Pompeius Syrien und Palästina mit dem römischen Heer durchzogen hatte, führte er eine neue politische Ordnung ein. Der ganze westliche Teil des Seleukidenreiches – Syrien und Palästina – wurde römische Provinz und erhielt die Bezeichnung »Syria«. Das Land wurde in Bezirke mit genau abgegrenzten Kompetenzen eingeteilt. In Palästina wurde das Gebiet der ehemaligen Provinz Juda mit den Landstrichen des mittleren und südlichen Jordanlandes Galiläa und Peräa zum Bezirk Judäa zusammengelegt; Pompeius respektierte die Kultprivilegien Jerusalems und vereinigte mit dem Kerngebiet Jerusalem und Juda die Landschaften, deren Bewohner zur Kultgemeinde hielten. Anderseits stellte er aber auch die von den Hasmonäern zunichte gemachten Rechte Samarias wieder her, so daß sich zwischen Jerusalem und Galiläa der Bezirk Samaria schob. Judäa wurde einem Provinzstatthalter unterstellt; von politischer Selbständigkeit war keine Rede mehr. Nur dem Hohenpriester Hyrkanus wurden als Oberhaupt der Kultgemeinde gewisse Rechte eingeräumt.

Kaum war diese Ordnung geschaffen worden, als sich schon wieder neue Unruhe verbreitete. Aristobulos und seine beiden Söhne unternahmen den Versuch, die Herrschaft in Jerusalem zurückzuerobern. Die Rebellion mißglückte, aber der ältere Sohn entfloh bereits vor dem Abtransport, und auch Aristobulos und der jüngere Sohn konnten später auf abenteuerliche Weise entkommen.

Eine neue Phase in der Geschichte der Provinz Syria begann mit dem Jahr 49. Im Westen setzte sich Caesar machtvoll durch; Pompeius mußte ausweichen und wurde 48 in Ägypten ermordet. Die beiden in Palästina führenden Männer Hyrkanus und Antipas zogen daraus die Konsequenzen und buhlten um die Gunst Caesars; sie konnten ihn für sich gewinnen, als die römischen Truppen in Ägypten in Schwierigkeiten gerieten. Antipas stellte sogar eine Hilfstruppe auf, entsandte sie nach Ägypten und unterstützte Caesar in seinen Kriegen. Natürlich waren hohe Gegenleistungen fällig: bei seiner Rückkehr nach Syrien im Jahre 47 beließ Caesar dem Hyrkanus trotz allen Widerständen die Hohepriesterschaft als erbliches Amt und erhob ihn außerdem zum »Ethnarchen« und Bundesgenossen Roms; die Jerusalemer Kultgemeinde, fortan durch das Synedrium vertreten, erhielt das Privileg eigener Gerichtsbarkeit. Noch großzügiger wurde Antipas belohnt: ihm wurde das römische Bürgerrecht verliehen, worauf er zum Prokurator, zum höchsten Verwaltungsbeamten in Judäa also, bestellt werden konnte. Im Zuge dieser großartigen Belohnungen vergrößerte auch Caesar das Gebiet Judäas.

Damit hatten sich die Verhältnisse in Palästina in kurzer Zeit gründlich geändert. Die politische Gewalt, die Pompeius den Einheimischen gerade erst entwunden hatte, kam auf dem Wege über das dem Idumäer Antipas verliehene Bürgerrecht wieder in die Hand eines Palästinensers. Der neue Prokurator konnte seine Stellung ausbauen und festigen; er beteiligte auch seine beiden Söhne Phasael und Herodes am politischen Kräftespiel, womit auf kaum übersehbare Weise der Erbanspruch auf politische Herrschaft angemeldet war. Als eigenwilliger Gebieter tat sich namentlich Herodes hervor, der wiederholt in die Kompetenzen der Jerusalemer Kultgemeinde eingriff. Der Aufstieg des Idumäers wurde in Judäa mit wachsendem Mißtrauen betrachtet: neue Konflikte waren im Werden. Wiewohl Antipas bemüht war, mit der Kultgemeinde in gutem Einvernehmen zu bleiben, konnte er die Aggressivität der tatendurstigen Söhne schwerlich eindämmen. Der Konflikt wurde auf die Spitze getrieben, als die Kultgemeinde, um dem stürmischen Sohn des Prokurators auf Grund der ihr zugestandenen Gerichtsbarkeit eine Lektion zu erteilen, Herodes vor das Synedrium zitierte. Herodes entkam, stellte eine Truppe auf und erschien drohend vor den Mauern Jerusalems. Nur das energische Einschreiten des Vaters brachte ihn von weiteren Provokationen ab.

Jede Veränderung im großen Römischen Reich wirkte sich sofort auf die Verhältnisse in den Provinzen aus. Nach der Ermordung Caesars wurde Cassius Longinus, einer der Mörder, Statthalter der Provinz Syria. In Palästina herrschten wieder einmal wirre Zustände. Antipas wurde ermordet, aber Phasael und Herodes setzten sich durch, weil Cassius, der für seine Ausbeutungspolitik aktive Vertrauensleute brauchte, ihnen den Steigbügel hielt. Sehr schnell kam freilich das böse Ende nach. Antonius etablierte seine Herrschaft auch im östlichen Teil des Reiches, war aber zunächst an ordnender Aktivität verhindert, weil die Parther siegreich vorgedrungen waren und sich in der Provinz Syria festgesetzt hatten. In dieser turbulenten Zeit machte Antigonos II., der jüngere Sohn von Aristobulos II., seine Ansprüche mit Hilfe der Parther geltend und erlangte alle Ämter, die einst der Vater an sich gerissen hatte: er wurde von den Parthern als König und Hoherpriester in Jerusalem eingesetzt. Hyrkanus wurde verstümmelt, Phasael beging Selbstmord, und nur Herodes konnte sich durch die Flucht vor dem Zugriff des Rächers retten; auf einem unzugänglichen Felsen am Westufer des Toten Meeres baute er die Festung Masada aus. In seiner leidenschaftlichen Machtgier ruhte Herodes nicht, bis er Palästina zurückgewonnen hatte. Die Nabatäer, die er zuerst um Hilfe anging, lehnten ab; da nahm Herodes die beschwerliche und gefährliche Reise nach Rom auf sich, um vom Senat seine Rechte bestätigt zu bekommen und von ihm Beistand zu erbitten.

Die Kühnheit machte sich bezahlt: der Senat ernannte Herodes zum König von Judäa. Den militärischen Beistand zur Eroberung seines Landes mußte der König freilich in der Provinz Syria mit Mühe und diplomatischem Geschick gewinnen. Die Parther waren inzwischen vertrieben worden, in Palästina herrschte aber noch Antigonos. Mit Hilfe römischer Truppen konnte Herodes zunächst in Galiläa Fuß fassen; erst später, nachdem die Römer mit furchtbarem Blutvergießen Jerusalem erobert hatten, trat er 37 v. Chr. seine Königsherrschaft über Judäa an. Von Machtgier besessen, verschlagen, im diplomatischen Verkehr mit den Römern überaus geschickt, ging Herodes ans Regieren. Auch in der kritischen Zeit, in der Antonius unterlag und Oktavian die Macht in die Hand bekam, konnte Herodes sein Regiment festigen. Er huldigte dem Oktavian, wurde zum »verbündeten König« erklärt und mit umfangreichen Gebietserweiterungen bedacht. Ganz Palästina war sein.

Von 37 bis 4 v. Chr. regierte Herodes nach hellenistisch-römischem Vorbild als baufreudiger, prunkliebender und anspruchsvoller Herrscher. Im ganzen Lande entstanden prachtvolle Bauwerke. Samaria wurde als »Augustusstadt« (Sebaste) zu Ehren des römischen Kaisers ganz neu aufgebaut; Herodes ließ als Krönung des Werks einen Augustustempel errichten, dessen Freitreppe heute noch erhalten ist. Theater und Hippodrome, Festungstürme und Hallen entstanden. Auch Jerusalem bekam ein neues Gesicht: Mauern wurden gezogen, Türme erbaut, der gesamte Tempelbezirk erneuert. Im heutigen Jerusalem erinnert die Klagemauer mit ihren gewaltigen Quaderblöcken an die Aufbauarbeit des Herodes. Mit der Wiederherstellung der heiligen Stätten hatte er die Gunst der Anhänger der Jerusalemer Kultgemeinde gewinnen wollen. Im unzugänglichen Bergland wurden Fluchtburgen errichtet. In der heißen Jordansenke ließ der König in der Nähe von Jericho eine Siedlung mit kostbaren Gartenanlagen aufbauen.

Natürlich verschlangen die Bauten enorme Geldsummen. Zahllose Menschen wurden zu den Bauarbeiten – zum Teil unter unsagbar erschwerten Bedingungen – als Pflichtarbeiter abkommandiert. Herodes regierte mit Gewalt und Terror, und jedes Mittel war ihm recht, wenn es galt, seine maßlosen Pläne zu verwirklichen. Auch das Amt des Hohenpriesters wurde ins politische Intrigenspiel hineingezogen. Selbst in der Familie scheute Herodes vor Verbrechen und Mord nicht zurück. So war es nicht verwunderlich, daß er in der Jerusalemer Kultgemeinde – trotz allen Bauten an heiliger Stätte – verhaßt war. Die Judäer sahen in ihm den Fremden, den Heiden.

Als Herodes vier Jahre vor Christi Geburt starb, hinterließ er eine testamentarische Verfügung über die Aufteilung des Herrschaftsgebiets, die von Augustus in Rom genehmigt wurde. Der größte Teil entfiel auf Archelaos, Herodes' ältesten Sohn, der Ethnarch über Judäa, Idumäa und Samaria wurde. Ein jüngerer Sohn, der im Neuen Testament erwähnte Herodes Antipas, erhielt Galiläa und Peräa, wo er von 4 v. Chr. bis 39 n. Chr. regierte; von allen Erben Herodes' versuchte er sich am kräftigsten durchzusetzen. Die Unruhen in Palästina nahmen immer mehr zu. Der Haß gegen die Herodianer wuchs und traf nicht zuletzt die Römer, die hinter den idumäischen Herrschern standen, die drückende Steuern eintrieben und alle Hoffnungen Israels mit dem Gewicht ihrer Macht erdrückten. Von neuem flammten die alten national-religiösen Leidenschaften auf. Es gärte im Lande.

In dieser Zeit trat in Galiläa und Jerusalem Jesus von Nazareth als Wanderprediger auf. Zunächst nahm die Weltgeschichte von ihm keine Notiz. Er sprach und handelte in der Verborgenheit eines kleinen Kreises. An den Ufern des Sees Genezareth wurde einstweilen nur von wenigen eine Botschaft (Lukas 10,23f.) vom Anbruch der Herrschaft Gottes und von der Gegenwart der zukünftigen Welt vernommen, wie sie nie zuvor gehört worden war:

> Heil den Augen, die sehen, was ihr seht!
> Denn ich sage euch:
> Viele Propheten und Könige wollten sehen, was ihr seht,
> und haben es nicht gesehen,
> wollten hören, was ihr hört,
> und haben es nicht gehört!

Jetzt bricht die Herrschaft Gottes an. Alle Schuld wird vergeben, Kranke werden geheilt und den Armen wird das Heil (Lukas 6,20f.) verkündet: »Heil euch, ihr Armen, denn euer ist die Gottesherrschaft! Heil euch, die ihr jetzt hungert, denn ihr sollt satt werden! Heil euch, die ihr jetzt weint, denn ihr sollt lachen!« Als die Botschaft Jesu in Jerusalem laut wurde, mußte die Kultgemeinde Stellung beziehen. Es gab ernste Gegensätze. Für die Pharisäer war wesentlich, daß dieser Mann Jesus das Gesetz übertrat, daß er vor allem das Sabbatgebot verachtete. Die Kreise aber, die national-religiöse Hoffnungen hegten, glaubten, Jesus würde nun das »Reich Israel« aufrichten und den Raum der politischen Freiheit schaffen, in dem sich das letzte Gottesreich verwirklichen könnte. Die offiziellen Vertreter der Kultgemeinde wiesen den Wanderprediger streng ab; mehr noch: sie bezichtigten ihn der Gotteslästerung. Angesichts der tumultuarischen Forderung des Volkes und der Zustimmung des Prokurators Pontius Pilatus wurde Jesus von Nazareth mit dem Schandtod der Kreuzigung bestraft und am Tage vor dem Passahfest hingerichtet. Die Osterbotschaft, die dann Jesus als den von Gott erweckten Messias Israels proklamierte, ließ aus dem Judentum die christliche Kirche hervorgehen. Das Evangelium (Johannes 4,22) erklärt: »Das Heil geht von den Juden aus.«

Das Ende

Von Rom aus flutete im vierten Jahrzehnt unserer Zeitrechnung eine Welle religiöser Beunruhigung in alle Länder des römischen Imperiums: der Kaiserkult sollte nun auch in den Provinzen rigoros durchgesetzt, der Herrscher als Gott verehrt werden. Zunächst war Jerusalem von diesen Maßnahmen nicht betroffen, da die Prokuratoren die Privilegien der Kultgemeinde respektierten und um der allgemeinen Ruhe und Ordnung willen die neuartige religiöse Pflicht dem Lande nicht zumuteten. Dafür hatten die Juden in der Diaspora unter dem Zwang zur Verehrung des Kaisers um so mehr zu leiden.

In der Synagoge der Stadt Alexandreia, dem eigentlichen Zentrum des westlichen Diaspora-Judentums, wurde ein Kaiserbild aufgestellt; wer dem Kaiser nicht huldigte, setzte sich schweren Verfolgungen aus. Unter Caligula wurde schließlich auch Jerusalem mit der Errichtung einer kaiserlichen Kultstätte entweiht; aber schon im Jahre 41, bald nach der Aufstellung des Bildes, wurde Caligula ermordet, was der Kultgemeinde viel Leid ersparte. Die Übergriffe der Römer hatten in Palästina ohnehin eine aufrührerische Stimmung erzeugt. Für radikale Gewaltmaßnahmen zum Sturz der Römerherrschaft setzte sich eine starke Richtung, Zeloten (Eiferer) genannt, ein. Schon wurden keine Steuern mehr entrichtet; schon fanden sich insgeheim Zirkel zusammen, die politische Veränderungen mit aller Macht erzwingen wollten. Vorbehaltlos standen auf seiten der Römer nur die Herodianer, die sich nur dank der Hilfe der Römer halten konnten.

Zwischen 41 und 44 ließen die Römer den Enkel des großen Herodes, Herodes Agrippa I., in Palästina herrschen. Als er plötzlich starb, trauten die Römer seinem jungen Sohn Herodes Agrippa II. die Herrschaft über das unruhige, brodelnde Palästina nicht zu, sondern machten ihn zum König des kleinen Chalkis in der Senke zwischen Libanon und Antilibanon, übertrugen ihm aber zugleich die Oberaufsicht über den Tempelkult in Jerusalem. Schon diese eigenartige Kombination deutet die Komplikationen an, in denen sich die Provinz Syria nun immer mehr verfing. In den folgenden Jahren wurden Statthalter und Prokuratoren ständig neu berufen und bald wieder abgesetzt: die einen, weil sie sich als unfähig, die anderen, weil sie sich als korrupt erwiesen.

Zu ernsten Konflikten kam es um 50 n. Chr. Einmal hatten römische Soldaten Angehörige der Jerusalemer Kultgemeinde beim Passahfest verspottet; zum anderen waren galiläische Festpilger von Samaritern überfallen worden, ohne daß der bestochene römische Prokurator gegen die Mörder eingeschritten wäre. Heftige Protestaktionen der Zeloten trieben die römischen Behörden so sehr in die Enge, daß sie, um die Bevölkerung zu beruhigen, die Hinrichtung führender Samariter befahlen. Das half nicht lange. Tumulte und Rebellionen fanden kein Ende mehr. Sechzehn Jahre später ereignete sich ein neuer Zwischenfall: in Jerusalem wurde der Prokurator in aller Öffentlichkeit verhöhnt, und zur Strafe ließ er die Stadt von römischen Truppen plündern. Die Antwort war ein Aufstand; allerorten bemächtigten sich die Zeloten der Führung der Aufstandsbewegung; in Jerusalem belagerten die Aufständischen die Burg Antonia. Zur Verstärkung der römischen Garnison wurden zwar Hilfstruppen aus dem Norden angefordert, aber Jerusalem blieb in den Händen der Insurgenten, und auf dem Marsch nach Jerusalem wurde eine römische Legion

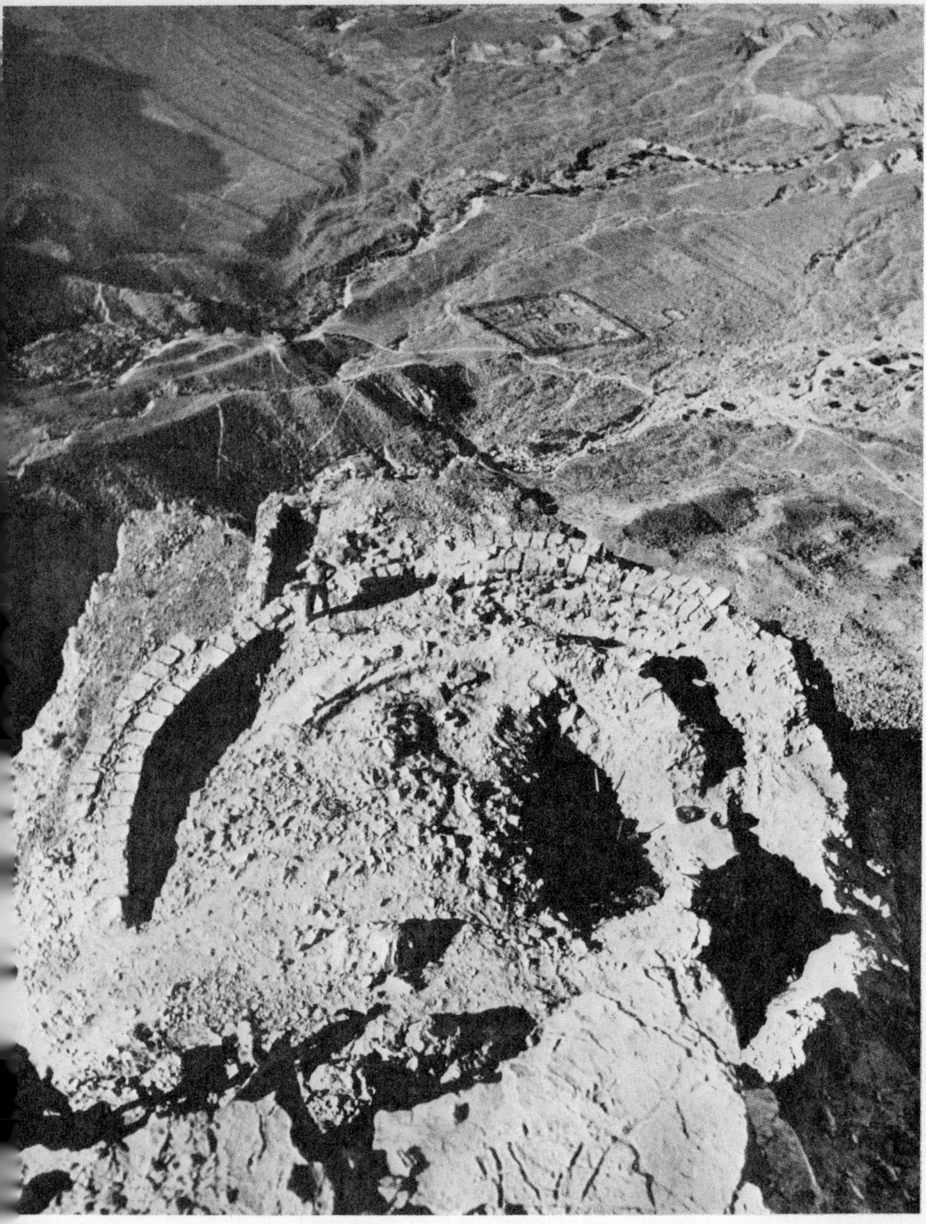

Der Nordturm der Veste Masada des Königs Herodes am Toten Meer
Im Tal die Reste eines römischen Feldlagers, Ende 1. Jahrhundert v. Chr.

Der siebenarmige Leuchter
Die kostbarste Beute aus dem Tempel in Jerusalem im Triumphzug des Titus
Relief am Titus-Bogen in Rom

überfallen. Ohne Organisation streiften Zelotengruppen im Lande umher und stifteten Unordnung. Diese anarchische Lage konnten die Römer auf die Dauer nicht dulden.

Nachdem Nero Kaiser geworden war, wurde die Wiederherstellung der Ordnung in der Provinz Syria beschlossen und die »Pazifizierung« dem Feldherrn Flavius Vespasianus übertragen; er traf Ende 66 in Syrien ein und begann sofort mit Vorbereitungen für einen Palästina-Feldzug. Im Frühjahr 67 wurde Galiläa besetzt. Überall leisteten die Zeloten erbitterten Widerstand, wurden aber von der Übermacht des römischen Heeres zermalmt. In Jerusalem tobten innere Kämpfe, in denen die Zeloten die Oberhand gewannen und beschlossen, die Stadt mit allen militärischen Mitteln gegen das römische Heer zu verteidigen. Der römische Feldherr ließ ihnen Zeit; erst 68 hatte er das umliegende Gebiet von Kämpfenden gesäubert und Voraussetzungen für eine erfolgreiche Belagerung geschaffen. Aber nun starb Nero, und alles kam zum Stillstand. Im Jahre 69 wurde schließlich der Angriff begonnen.

Mittlerweile war Flavius Vespasianus in Ägypten und Syrien zum Kaiser ausgerufen worden; jetzt war es ihm wichtiger, fürs folgende Jahr seinen Einzug in Rom zu organisieren. Die Leitung der Eroberungsaktion ging auf den Feldherrn Titus über. In der Stadt wüteten immer noch die Parteigegensätze. Ausgehungert und ausgebrannt fiel die Stadt dem römischen Feldherrn in die Hand. Sie wurde niedergerissen und restlos zerstört. Wer nicht in dem grausigen Blutbad umgekommen war, floh ins Gebirge oder in die Fremde. In Rom zog Titus als Sieger ein. Von seinem Triumphzug kündet der berühmte Titusbogen, auf dem unter der Beute auch der siebenarmige Leuchter des Tempels zu erkennen ist. Mit dem Triumph war das Nachspiel der Strafexpedition nicht abgeschlossen. Im Süden Palästinas sammelten sich die zersprengten Eiferer in den Fluchtburgen des Herodes, in Herodeion, Masada und Machaerus. Aber auch diese Bollwerke fielen bald in die Hände der Römer.

Die Pharisäer, die das politische Treiben der Zeloten verdammt hatten, waren nun die führenden Männer des zerrissenen Judentums. Das religiöse Zentrum, der Tempel, war vernichtet. Die frommen Lehrer konnten die zersprengte Gemeinde nur noch um das Gesetz der Väter sammeln. Zum Mittelpunkt des religiösen Lebens wurde der Ort Iamnia, von wo aus die Geschicke der weiter im Lande lebenden Juden geleitet wurden. Aber noch waren im enthaupteten Palästina die national-religiösen Eiferer im geheimen am Werk. Sie warteten auf die günstige Stunde für eine neue Erhebung, und diese Stunde schien zur Zeit des Kaisers Hadrian (117–138 n. Chr.) gekommen. Unter der Führung Bar Kochbas wurden fürs erste große Erfolge im Süden des Landes erzielt; die Bewegung proklamierte die »Befreiung Israels«, und eine neue Ära schien heraufzuziehen.

Doch dauerte es nicht lange, bis das römische Heer zugriff, die Aufstandsbewegung niederwarf und die Männer Bar Kochbas zersprengte; von ihren letzten Tagen künden die neuerdings am Toten Meer aufgefundenen Texte. Mit der Zerstörung des kultischen Zentrums der Jerusalemer Kultgemeinde war dem alten Israel, wie es auch in der nachexilischen Kultgemeinde noch lebendig geblieben war, das Fundament genommen. In Iamnia wurden die heiligen Schriften in einem endgültigen Kanon erfaßt, und von hier aus nahm die Geschichte des nachbiblischen Judentums ihren Ausgang: eine Geschichte der Zerstreuungen, Wanderungen, Sammlungen und unendlichen Leiden in der Fremde.

Luciano Petech

INDIEN
BIS ZUR MITTE DES 6. JAHRHUNDERTS

Die Geschichte Indiens spielt sich in einem von der Natur deutlich umgrenzten Raum ab. Die Steinwüste Beluchistans, der Hindukush, das gewaltige Massiv des Himalaya und die Gebirge an der Grenze nach Burma riegeln den indischen Subkontinent nach außen ab. Die einzige, aber sehr wichtige Ausnahme stellen die Pässe an der afghanischen Grenze dar, über die immer wieder Erobererhorden, aber auch Karawanen von Händlern mit den verschiedenartigsten Handels- und Kulturgütern nach Indien eingedrungen sind; auf dem gleichen Wege strahlte Indien seinen Einfluß in den innerasiatischen Raum aus. Ein anderer Verbindungsweg war das Meer, über das die Kaufleute je nach den Epochen mehr oder minder enge Beziehungen zum Roten Meer und zum östlichen Mittelmeer einerseits und zu den indochinesischen Küsten und zum indonesischen Archipel andererseits unterhielten.

Das Herz des Subkontinents und der Schauplatz seiner hauptsächlichsten historischen Ereignisse ist die große Gangesebene, die eine kaum spürbare Bodenschwelle von der Indusebene, ihrer Verlängerung nach Westen, trennt. Die Hügellandschaften Zentralindiens, die Halbinsel Kāthiāwār und die Steppenebenen Rajasthans gehören mehr oder weniger zum Gebiet des Ganges. Dagegen trennt die Vindhya-Kette dieses Gebiet vom Dekhan, einem Plateau, das nach Westen steil, nach Osten sanfter abfällt und ohne Unterbrechung zur südlichsten Spitze der Halbinsel überleitet; als Grenze zwischen Dekhan und Süden kann der Godāvarī gelten.

Die Geschichte Indiens in ihren auf Einigung abzielenden Tendenzen, die allerdings nur gelegentlich und für kurze Zeit auftreten, ist vor allem die Geschichte der Expansion der großen nördlichen Reiche auf den Dekhan hin. Nach dem Abschluß dieser Expansion wird deutlich, welch gewaltiges Verkehrshindernis die Vindhya-Kette bildet. Infolgedessen ist der Dekhan das erste Gebiet, das sich vom Nordreich loslöst, ehe dieses selbst zerfällt. Dieser tausendjährige Prozeß der Einigung und des Zerfalls stellt den eigentlichen Rhythmus der indischen Geschichte dar. Dagegen hat der Süden sein eigenes Leben mit kulturellen und politischen Traditionen, die sich von denen der übrigen Halbinsel unterscheiden; abgesehen von seiner Verteidigung gegen den Druck der Dekhan-Staaten von Norden her, hat seine Geschichte regionalen Charakter mit eigenen, von denen des Nordens unterschiedenen Grundzügen.

Jeweils innerhalb dieser drei Hauptgebiete zeichnen sich dann einige natürliche Regionen ab. Physische Struktur, wirtschaftliche Kapazität, demographisches Potential und ethnische Eigentümlichkeiten gaben die Grundlage für die Bildung unabhängiger Regionalstaaten ab, die sich unter anderen Umständen wie in Europa zu Nationalstaaten hätten entwickeln können. Zu ihnen gehören zum Beispiel Bengalen, Gujarat und Maharashtra. Während des ganzen Altertums und des Mittelalters war dieses regionale Element für die Geschichte Indiens bei weitem wichtiger und entscheidender als die Einheit des Subkontinents.

Die Quellen

Im Gegensatz zu den europäischen Ländern und China ist die Geschichte des alten Indiens hauptsächlich aus den Inschriften erschlossen worden, denn bis auf einige wenige Ausnahmen gibt es im vorislamischen Indien keine geschichtliche Literatur im eigentlichen Sinne des Wortes. Die Werke parahistorischen Charakters tragen vor allem dazu bei, die Lücken in dem Grundgewebe auszufüllen, das sich aus den Inschriften ergibt, können aber die Inschriften niemals ersetzen. Deshalb ist die Rekonstruktion der indischen Geschichte sozusagen aus dem Nichts die Frucht von anderthalb Jahrhunderten geduldiger Kleinarbeit, die zunächst von europäischen, später von indischen Gelehrten geleistet wurde; nur diese Arbeit hat der Welt eine längst vergessene Vergangenheit erschließen können.

Die nach Tausenden zählenden indischen Inschriften stammen nicht nur aus Indien, sondern auch von den Küsten Südostasiens und aus Indonesien. Sie lassen sich in zwei große Gruppen aufteilen: Inschriften auf Stein *(shilapattra)* und Inschriften auf Kupfer *(tāmrapattra)*. Sie enthalten Aufrufe und Edikte, Gedächtnisinschriften, Lobinschriften *(prashāsti)*, Schenkungsurkunden, Votivinschriften und Gebetsformeln. Dazu kommen, mögen sie auch von geringerem historischem Interesse sein, Didaskalien auf Statuen und Reliefs. Bei weitem am zahlreichsten sind die Schenkungsurkunden. Ihr Einleitungsteil kann wichtige historische Elemente, wie Königsnamen, Genealogien, Herrschertaten, Daten, enthalten, während der eigentliche Text uns meist Kenntnisse von den Einrichtungen, der Wirtschaft und den sozialen Verhältnissen vermittelt. Sieht man von den Siegeln der Harappa-Kultur und von drei – vielleicht dem Ende des 4. vorchristlichen Jahrhunderts entstammenden – Inschriften ab, so beginnt die Epigraphik mit den Edikten Ashokas aus dem 3. vorchristlichen Jahrhundert.

Das Münzwesen ist vor allem für die ältesten Zeiten von Bedeutung, für die es häufig die einzige Quelle darstellt; so ist beispielsweise die Genealogie und die Chronologie der indo-griechischen Könige und der Kshatrapa von Ujjain fast ausschließlich aus Münzen erschlossen worden. Mit der Münzprägung ist, teilweise unter persischem Einfluß, vermutlich im 5. vorchristlichen Jahrhundert begonnen worden. Sie beschränkt sich indessen zunächst auf die Punzierung verschiedener Symbole auf rechteckige Metallstückchen. Später treten lokale Münzen auf; Typen und Maßsysteme werden im 2. vorchristlichen Jahrhundert unter griechischem Einfluß grundlegend erneuert.

Zu den literarischen Quellen gehören nur wenige Werke historischen Charakters, die zudem meist dichterische Form haben. Alle haben rein lokale Bedeutung. Das wichtigste ist die Rājatarangini von Kalhana (etwa 1150 n. Chr.), eine Chronik der Könige von Kashmir, die die dem Verfasser nahen Zeiten lebendig und außerordentlich genau schildert. Vier Autoren haben sie später nacheinander bis zum Jahr 1586 fortgeführt. Die Insel Ceylon besitzt alte Chroniken (Dīpavamsa und Mahāvamsa aus dem 5. Jahrhundert) mit jüngeren Fortsetzungen. Außerdem gibt es biographische Gedichte und Romane in Sanskrit, die sich aber auf eine spätere als die hier behandelte Zeit beziehen. Die vedischen, buddhistischen und Jaina-Texte religiösen Inhalts liefern nur ungenaue und chronologisch schwer fixierbare Daten, die außer der Religionsgeschichte die sozialen, wirtschaftlichen und kulturellen Verhältnisse beleuchten. Eine besondere Stellung nehmen die achtzehn Purāna ein, eine Art von Enzyklopädien mit mythologischem und juristisch-sozialem Inhalt, die (in der Gestalt von Prophezeiungen *ab eventu*) lange Königslisten enthalten. Ihr Vergleich mit anderen Quellen hat ergeben, daß diese Listen häufig verworren und voller Irrtümer sind; dennoch muß man sich auf sie stützen, wenn jeder andere Anhaltspunkt fehlt. Von diesen genealogischen Elementen abgesehen, bieten die Purāna jedoch fast keinerlei historisches Material. Dagegen haben die Dramen gelegentlich die Erinnerung an Ereignisse bewahrt, bei denen es freilich immer schwierig ist, authentische Tradition von poetischer Erfindung zu unterscheiden. Die für den Historiker fruchtbarsten literarischen Texte sind vielleicht die tamilischen Idyllen des dritten Shangam (Akademie) von Madurai, die bis in die ersten Jahrhunderte unserer Zeitrechnung zurückreichen und uns, außer genealogischen Nachrichten, ein sehr lebendiges Bild vom Leben im antiken Südindien vermitteln.

Die ausländischen Quellen zerfallen in der Hauptsache in zwei deutlich unterschiedene Gruppen. Die eine bilden die Schriften griechischer und lateinischer Autoren; die frühesten von ihnen sind die Fragmente von Ktesias und Herodot, die wichtigsten die der Schriftsteller, die die Taten Alexanders behandeln. Sie finden eine würdige Nachfolge im »Periplus des erythräischen Meeres« (1. Jahrhundert v. Chr.) und bei Ptolemäus (2. Jahrhundert n. Chr.). Einige Daten liefern auch byzantinische, syrische und armenische Schriftsteller. Die andere Gruppe stellen die chinesischen Quellen dar, die ihrerseits wieder in zwei Kategorien zerfallen. Die eine besteht aus den Angaben, die auf Grund der diplomatischen und militärischen Beziehungen zu Indien und den anliegenden Ländern gesammelt wurden und in die offizielle Geschichtsschreibung der Dynastien eingegangen sind (vor allem Shih-chi, Han-shu und Hou Han-shu). Die andere umfaßt die Berichte der buddhistischen Pilger, die sich zum Besuch der heiligen Stätten und zur Auffindung heiliger Schriften nach Indien begaben. Diese zweite Kategorie gewinnt indessen erst gegen Ende des von uns behandelten Zeitabschnitts Bedeutung.

Die Frühgeschichte

Die Vorgeschichte Indiens ist andernorts behandelt worden. Hier muß der Hinweis genügen, daß ihre Erforschung in den letzten Jahren uns eine hinreichend deutliche Vorstellung von der Menschheitsentwicklung in den verschiedenen Teilen der Halbinsel gestattet. In dieses Bild fügt sich in einem gewissen Augenblick eine kulturelle Erscheinung ein, deren Schauplatz das heutige Westpakistan ist und die gewisse, wenn auch nicht wesentliche Berührungspunkte mit der gleichzeitigen Entwicklung in Mesopotamien aufweist. Sie geht von kleinen Bevölkerungsgruppen in den Dörfern der Täler aus, die von der iranischen Hochebene gegen den Indus zu abfallen. Um 3000 v. Chr. besaß diese Bevölkerung schon eine hochwertige, auf der Töpferscheibe gedrehte, gebrannte Keramik mit geometrischen Ornamenten; ihre Geräte waren noch jungsteinzeitlich, aber Kupfer und Bronze kamen, vorerst nur zu Schmuckzwecken, bereits in Gebrauch. Die Herkunft dieser Gemeinschaften oder jedenfalls die ihrer gewerblichen Tätigkeit muß auf der iranischen Hochebene gesucht werden, wo die Funde von Sialk III., Tepe Giyan V. und Bakun III. und IV. (etwa 3200–2800 v. Chr.) deutliche Entsprechungen aufweisen. Eine Gruppe dieser Bauernschaften hat ihre Spuren in Kechi Beg bei Quetta und in Amri am unteren Indus hinterlassen, während verwandte Völkerschaften die Kulturen von Nal und Nundara, vom Zhob und von Loralai ins Leben gerufen haben. Die am weitesten entwickelte Gruppe war vielleicht diejenige, deren Überreste in Kulli in Beluchistan gefunden worden sind und die bis gegen 2100 tätig war; charakteristisch für sie sind vor allem die Tonfiguren von Zebus und Frauen und die lebendige Dekoration ihrer Keramik mit stilisierten Tierfiguren.

In der Mitte des dritten Jahrtausends beginnen diese bäuerlichen Gemeinschaften unter der Führung unternehmungslustiger Anführer plötzlich ihre Tätigkeit bis in die Indus-Tiefebene auszudehnen, die damals von Dschungeln und Sümpfen bedeckt war und ein sehr viel feuchteres Klima als das heutige trockene besaß. In einigen ihrer Siedlungen (zum Beispiel Kot Diji fünfundzwanzig Kilometer südlich von Khairpur) sind mächtige gemauerte Zitadellen entdeckt worden, die mit rechteckigen Türmen aus Stein und Rohziegeln verstärkt waren. Die Keramik, die dort gefunden worden ist, weist seltsame Ähnlichkeiten mit der aus Tell Halaf in Mesopotamien auf.

Dieser herbe Frühling entfaltete sich sozusagen schlagartig zu der reifen Blüte einer Kultur, die man nicht mehr als Induskultur bezeichnen kann, da ihre Überreste auch im Gangestal und an der Gujarat-Küste zutage getreten sind; vielmehr ist es richtig, sie nach ihrem ersten Fundort zu benennen: Harappa im Punjab. Ein anderer Fundort von großer Bedeutung ist Mohenjo-daro in Sindh. Die beiden Städte liegen fünfhundertfünfzig Kilometer voneinander entfernt, und doch sind ihre Kulturen identisch und ohne lokale Varianten; offensichtlich hat die große Flußader des Indus die Verbindung zwischen beiden erleichtert.

Es handelt sich um zwei große Städte, deren Umfang mindestens fünf Kilometer und vielleicht sogar mehr betrug. In beiden liegt am Westrand eine Zitadelle (etwa hundertzwanzig bis hundertfünfzig Meter zu sechzig bis neunzig Meter), die die eigentliche Stadt

Straße mit Kanalisationsanlage in Mohenjo-daro, 3. Jahrtausend

Siegel mit Bilderschrift und Einhorn (?)
aus Harappa, 3. Jahrtausend. New Delhi, National Museum of India

beherrschte. Der Stadtkern hat einen streng geometrischen Grundriß und entspricht einem fortgeschrittenen Städtebau von erstaunlich modernen Aspekten, die man in dieser Gegend und zu einer so frühen Zeit nicht erwarten würde. Harappa wurde archäologisch unwiederbringlich zerstört, als es vor einem Jahrhundert als riesige Ziegel- und Kiesgrube für den Bau der Eisenbahnlinie Lahore–Multan gedient hat. Immerhin haben die Ausgrabungen eine allgemeine Vorstellung von seiner Anlage und seinem Bau vermittelt.

Die mächtige Zitadelle, die durch Alter und nicht durch Feindeinwirkung in Verfall geraten war, war solide und sorgfältig von Grund auf neu aufgebaut worden. An ihrer Nordseite schlossen sich zwei Reihen kleiner länglicher Bauten in gleichmäßigem Abstand an, vermutlich Behausungen von Arbeitern, die von der Festung abhängig und kontrolliert waren. Noch weiter nördlich grenzten zwei Plattformen mit Mörsern, in denen das Korn zerstampft wurde, an einen Komplex von Kornspeichern an, die aus zwei symmetrischen Gruppen von je sechs von einem breiten Mittelgang getrennten Magazinen bestanden. Das Ganze läßt an ein Regime denken, in dem die Tribute hauptsächlich in Korn bezahlt wurden und in dem das Korn, wie in den gleichzeitigen Siedlungen in Mesopotamien und vor allem in Ur, das Grundelement der Wirtschaft darstellte.

Mohenjo-daro ist besser erhalten; aber hier besteht die Hauptschwierigkeit in der Höhe des Grundwasserspiegels, die keine stratigraphischen Ausgrabungen in der Tiefe zuläßt. Die von festen Ziegeltürmen gesicherte Zitadelle enthielt ein großes Badebassin, dessen Boden sorgfältig abgedichtet und mit einem Abflußrohr aus Ziegeln versehen war; es hat vermutlich zu religiösen Zwecken gedient. Gleich daneben sind die Spuren eines riesigen Kornspeichers entdeckt worden, der in siebenundzwanzig Blöcke unterteilt war. Zu der Zitadelle gehören auch ein Gebäude, das wahrscheinlich der Sitz eines Priesterkollegiums war, und außerdem eine Art Versammlungssaal; das alles vermittelt den Eindruck einer theokratischen Herrschaft, in der politische Gewalt und Priesterklasse nicht getrennt waren. Die Unterstadt war auf einem regelmäßigen rechteckigen Grundriß errichtet, in Blöcken von rund dreihundertsechzig zu hundertachtzig Metern, mit geradlinigen, sich rechtwinklig schneidenden Straßen. Die Häuser waren um einen Innenhof gruppiert mit wenigen und kleinen Öffnungen nach der Straße. Sehr sorgfältig war das Entwässerungssystem; die Häuser waren mit Brunnen ausgestattet, häufig auch mit Baderäumen. Tonrohre leiteten die Abwässer aus dem Hof, dem oberen Stockwerk und vom Dach nach außen. Ein kleines Gebäude, in dem Skulpturenreste gefunden worden sind, scheint ein Tempel gewesen zu sein; merkwürdigerweise gibt es aber keine eigentlichen Sakralbauten, zumindest sind sie schwer als solche zu identifizieren. Auch in Mohenjo-daro wie in Harappa legt ein aus kleinen und armseligen Standardbehausungen bestehendes Viertel die Vermutung nahe, daß hier Arbeiter oder geradezu Sklaven wohnten, die vielleicht von den Priestern abhingen. Als Material der Hauptmauern diente auch hier gebrannter Ziegel, was ausreichende Vorkommen von Brennstoff voraussetzt, vielleicht sogar auf Wälder in der Nähe schließen läßt; für die Innenwände der Häuser wurden indessen auch luftgetrocknete Tonziegel verwendet. Das Ganze macht einen rein zweckgebundenen und ziemlich eintönigen Eindruck. Allerdings müssen die Häuser durch – heute vollständig verschwundene – Holz- und Stuckornamente freundlicher gewirkt haben. Die sanitären Anlagen ergänzte eine Kanalisation, die unter der Straße lag, aus Ziegeln gebaut und mit Steinplatten bedeckt war, alles in allem eine Bemühung um die öffentliche Hygiene und das Kanalisationssystem, wie sie Indien bis in die moderne Zeit nicht mehr gekannt hat.

Die kleineren Städte, von denen Chanhu-daro (hundertdreißig Kilometer südlich von Mohenjo-daro) besonders wichtig ist, wiederholen die gleichen Merkmale in kleinerem Maßstab, ohne dem Bild, das die beiden großen Städte bieten, etwas wesentlich Neues hinzuzufügen.

Von den Bewohnern dieser Indus-Städte weiß man nicht viel. Im Gegensatz zu Mesopotamien, Ägypten und China sind die Gräber der herrschenden Schicht bisher nicht gefunden worden. Die wenigen menschlichen Überreste, über die bisher wissenschaftlich befriedigende Veröffentlichungen vorliegen, entstammen bedauerlicherweise der letzten Periode von Mohenjo-daro. Sie bieten ein sehr komplexes anthropologisches Gesamtbild, ja geradezu ein Rassengemisch: Proto-Australoide, Mediterrane, Alpine, Alpino-Mongoloide.

Die Gesellschaft von Harappa und Mohenjo-daro hatte wesentlich städtischen Charakter, ihr Wirtschaftsleben beruhte auf dem Flußhandel und auf dem Ackerbau der umliegenden Gebiete. Die hauptsächlichsten Erzeugnisse waren Weizen und Gerste, aber auch die Baumwolle war bekannt und wurde angebaut. Der militärische Aspekt dieser Gesellschaft tritt nicht in den Vordergrund. Die meisten der aufgefundenen Klingen können ebensogut häuslichen, handwerklichen und militärischen Zwecken gedient haben. Immerhin gibt es zahlreiche, stets aus Kupfer und Bronze bestehende Pfeilspitzen und Wurfgeschosse aus gebranntem Ton, die von Hand oder mit Schleudern geworfen wurden. Die häuslichen Geräte bestanden zum guten Teil noch aus Stein. Der Handel benutzte vor allem Kähne auf dem Indus und schwere zweirädrige Karren, von denen wir verschiedene Tonmodelle, die als Spielzeug dienten, besitzen. Das einheitliche Gewichtssystem beruhte auf dem – bis in die jüngsten Zeiten in Indien gebräuchlichen – Binarsystem (2, 4, 8, 16, 32).

Die Kunst ist vor allem durch ihre Steinskulpturen gekennzeichnet, von denen einige Stücke ein hohes künstlerisches Niveau haben: so zum Beispiel der bärtige Kopf aus Mohenjo-daro, dessen hieratisch stilisiertes Aussehen an eine Gottheit denken läßt; oder der Torso aus Harappa, der eingehende anatomische Kenntnisse verrät. Unter den wenigen Bronzefigürchen ist die höchst lebendige und natürliche Darstellung einer Tänzerin in Ruhestellung berühmt geworden. Selbstverständlich existieren zahlreiche Terrakottafigürchen, die indessen mehr handwerklichen Charakter und einen nur bescheidenen künstlerischen Wert haben. Die Keramik – eine reine Gebrauchskeramik ohne hervorstechende Merkmale – ist unbemalt grau mit dunkelgrauem Überzug oder rosa mit rotem Überzug. Eine eigentümliche Stellung nehmen die meist aus Speckstein bestehenden Siegel ein, die – wie sich aus den Ausgrabungen von Lothal ergibt – in erster Linie dazu dienten, die Warenballen mit dem Namen des Besitzers oder Spediteurs zu bezeichnen. Diese Siegel tragen lebendige und fast naturalistische Tierdarstellungen – vor allem von Zebus –, seltener menschliche Gestalten, und in einem Fall das Bild einer sitzenden, mit Hörnern geschmückten Gottheit, die von Tieren umgeben ist. In ihr hat man ein Urbild des Shiva in der Gestalt des Pashupati, des Herrn der Tiere, erkennen wollen. In diese Siegel

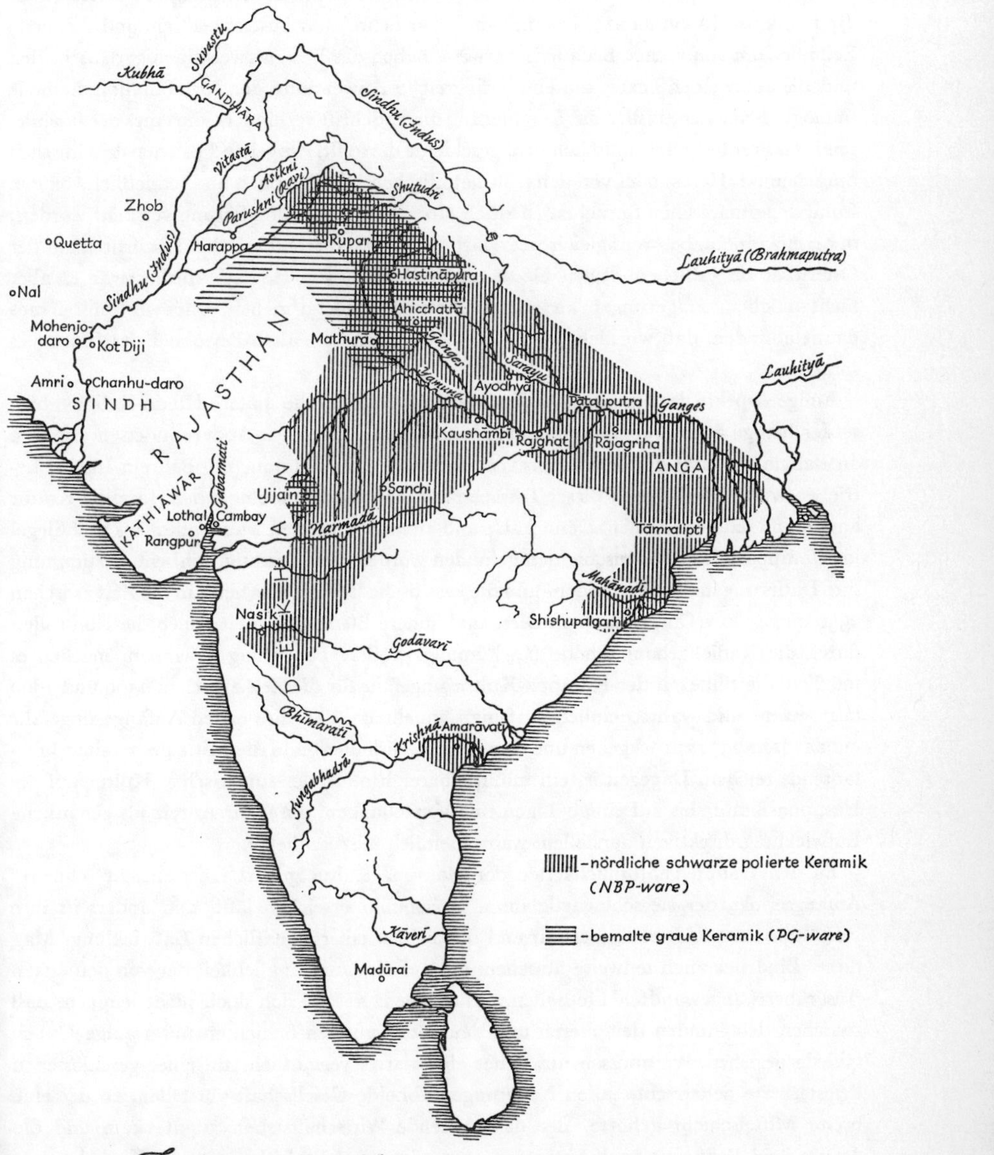

Indien im Altertum

2. UND 1. JAHRTAUSEND V. CHR.

und einige Tontäfelchen sind kurze Inschriften eingeritzt, deren längste aus nicht mehr als siebzehn Zeichen besteht. Es handelt sich um ein System von Bildzeichen, von denen bisher dreihundertsechsundneunzig bekannt sind. Die Schrift war bustrophedisch, und ihre erste Zeile begann von rechts. Bedauerlicherweise haben das Fehlen zweisprachiger Inschriften und die Kürze der Texte, die eine erfolgreiche Anwendung der Kombinationsmethode unmöglich machen, bisher die Entzifferung dieser Schrift verhindert, die eines der faszinierendsten Probleme der indischen Frühgeschichte darstellt. Ausgehend von den dravidischen Sprachen (H. Heras) oder von den früh-hethitischen Hieroglyphen und schließlich von den frühindogermanischen Sprachen (Bedřich Hrozný) ist ihre Entzifferung versucht worden; dabei fiel eine nahe, wenngleich unerklärliche Verwandtschaft mit den Inschriften auf der Osterinsel im östlichen Stillen Ozean auf (Wilhelm von Hevesy). Bisher war es aber nicht möglich, Folgerungen aus diesen Feststellungen zu ziehen, und wir müssen uns damit abfinden, daß wir nicht wissen, welche Sprache die alten Bewohner des Industales sprachen.

Einige Aspekte des religiösen Lebens weisen bereits auf die spätere Hindu-Religion hin: so der heilige Stier und das schon erwähnte Urbild des Shiva. Andere indessen erinnern an Babylonien, mit dem ein intensiver Seehandel über Dilmun (die Bahrein-Inseln) betrieben wurde. Auf Grund dieser Tatsache hat man die Chronologie der Harappa-Kultur annähernd fixieren können. Denn in Ur und an anderen Orten Mesopotamiens sind Siegel im Harappa-Stil in Bodenschichten gefunden worden, deren stratigraphische Bestimmung ihre Datierung in die Sargoniden- und die kassitische Epoche, das heißt in die Zeit zwischen 2350 und 1500 v. Chr., erlauben. Diese und andere Elemente, unter denen die Kontrollen durch die Radiokarbonmethode (C_{14}) immer größere Bedeutung gewinnen, machen es möglich, die Blütezeit der Harappa-Kultur ungefähr für die Zeit zwischen 2500 und 1800 anzusetzen; und wahrscheinlich darf man annehmen, daß ihre ersten Anfänge ungefähr auf das Jahr 2900 zurückgehen und ihre letzten Ausläufer bis in die Mitte des zweiten Jahrtausends reichen. Dagegen ist ein unmittelbarer Einfluß der sumerischen Kultur auf die Harappa-Kultur bis auf einige allgemeine Vorstellungen, die mehr Anreiz als eigentliche Entwicklungsdirektiven darstellen, wahrscheinlich auszuschließen.

Zu den Haupteigentümlichkeiten der Harappa-Kultur gehört einerseits ihr schneller Anfangserfolg, der sie schlagartig ihren Höhepunkt erreichen läßt, und anderseits ihre verhältnismäßige Unbeweglichkeit und das Fehlen einer eigentlichen Entwicklung. Mag dieser Eindruck auch teilweise täuschen und auf die Unzulänglichkeit der von den ersten Ausgräbern angewandten Methoden zurückgehen, so läßt sich doch nicht leugnen, daß zwischen den Funden der oberen und denen der unteren Schichten nur wenige Unterschiede bestehen. Wir müssen uns daher eine starre, vermutlich von einer geschlossenen Priesterkaste beherrschte, allen Neuerungen abholde Gesellschaft vorstellen, zu der eine breite Mittelschicht gehörte, der das blühende Wirtschaftsleben zugute kam und die darum kein Bedürfnis nach Verbesserungen verspürte. Es fehlte deshalb der belebende Wunsch nach einer Veränderung – Toynbees »challenge of environment«. Mit diesem Bild stimmt der allgemeine Eindruck einer eintönigen Symmetrie, eines lähmenden Konformismus, eines rein materiellen Perfektionismus überein, den man aus diesen toten

Städten gewinnt; doch darf man dabei nicht vergessen, daß nur das rohe Mauerwerk erhalten ist, während alle Ornamente verschwunden sind. Jedenfalls aber muß der herrschenden Schicht, mag sie eine Priesterkaste gewesen sein oder nicht, eine beträchtliche Sklavenmenge zu Gebote gestanden haben; denn die Kuliviertel, die in der Nähe der Zitadellen von Mohenjo-daro und Harappa ans Tageslicht gekommen sind, lassen das Vorhandensein von Sklaven als unbestreitbar erscheinen. Die Gesellschaft muß also die Sklaverei des alten orientalischen Typs zur Grundlage gehabt haben.

Wir wissen nicht, ob diese so einheitliche und aller örtlichen Varianten entbehrende Kultur in einer Reihe von Staaten oder in einem großen einheitlichen Reich mit zwei Hauptstädten organisiert war. Jedenfalls stellt uns der – nach den neuesten Ausgrabungen in Indien – ständig wachsende Umfang ihres Bereichs vor die Alternative, daß dieses Reich entweder nie existiert hat oder das größte und mächtigste des frühen Altertums gewesen ist.

Die Randsiedlungen der Harappa-Kultur sind in ihrer Bedeutung mit den beiden Hauptzentren nicht zu vergleichen, mögen einige von ihnen auch interessante Eigentümlichkeiten aufweisen. Aufschlußreich ist vor allem ihre Lage; aus ihr geht hervor, wie die Arbeit der indischen Archäologen in den letzten fünfzehn Jahren bewiesen hat, daß der Bereich der Harappa-Kultur sich sehr viel weiter nach Osten und Süden erstreckte, als man bisher geglaubt hat.

Im Nordosten wurde eine Reihe bemerkenswerter Harappa-Hügelgräber (ungefähr dreißig) in der Gegend von Bikaner im nördlichen Rajasthan identifiziert. Die unteren Schichten von Rupar am Sutlej stehen ebenfalls mit der letzten Harappa-Periode in Zusammenhang und lassen auf eine relativ späte Ausbreitung der Kultur nach Osten schließen. Der östlichste Punkt, an dem bis 1960 Harappa-Keramik gefunden worden ist, ist Alamgirpur bei Mirath in Uttar Pradesh.

Im Süden stellt Rangpur in Kāthiāwār eine späte oder verspätete Phase dar. Aber der weitaus wichtigste Fundort ist Lothal im äußersten Norden des Golfs von Cambay. Hier haben die jüngsten Ausgrabungen eine städtische Siedlung zutage gefördert, der die strengsten städtebaulichen Richtlinien von Harappa zugrunde liegen: ihr großartiges Kanalisationssystem ist technisch noch vollkommener als das von Mohenjo-daro. Bemerkenswert ist ein großes Gebäude, das vielleicht als Magazin für die Warenballen benutzt wurde; interessant aber ist vor allem ein Bau aus gebrannten Ziegeln, zweifellos ein Dock für die Schiffe, die den Sabarmati-Fluß bis zu der Stadt hinauffuhren. Er hat mehr oder weniger die Gestalt eines Rechtecks. Seine nord-südliche Länge beträgt ungefähr zweihundertfünfzehn Meter, die west-östliche fünfunddreißig Meter, er ist über vier Meter tief. Bei Flut ermöglichte eine Öffnung im östlichen Damm die Einfahrt der Schiffe. Aber auch bei Ebbe wurde der Wasserspiegel vermittels einer kleinen Innenmauer und eines zweckmäßigen Regulationskanals auf gleicher Höhe gehalten. Unmittelbar an dem Bassin führte eine große Laderampe aus festgestampfter Erde und Rohziegeln von zweihundertvierzig zu zwölf Metern entlang. Offensichtlich hat das dem Meer nahegelegene Lothal als Hafen für das südliche Gebiet des Staates (oder der Staaten) von Harappa und Mohenjo-daro gedient. In der Tat zeigen einige Keramikfunde Berührungspunkte mit Ägypten einerseits (Mumienmodell) und Babylonien anderseits. Außerdem ist eine erhebliche Anzahl von Siegelabdrücken auf Ton, die die Warenballen schließen und garantieren sollten, ans Tageslicht gekommen. Daß Lothal schließlich ein großes Produktionszentrum für Glasperlen war, ergibt sich aus ungefähr einer halben Million Glasperlen, darunter rund tausend goldenen, die hier gefunden worden sind. In diesem Zusammenhang ist anzumerken, daß eine Glasperlenfabrik schon früher in Chanhu-daro ausgegraben worden ist. Dem Leben dieser blühenden Handels- und Industriestadt setzte eine furchtbare Überschwemmung ungefähr 1500 v. Chr. ein Ende, die die Siedlung trotz ausgedehnten Schutzwällen zerstörte.

Die Gründe für das Ende der Harappa-Kultur und ihre näheren Umstände sind in Geheimnis gehüllt. Zweifellos sind Zeichen des Stillstands, einer allgemeinen Stagnation und eines technischen und wirtschaftlichen Verfalls schon vor ihrem plötzlichen und in manchen Fällen gewaltsamen Ende zu erkennen. Die geometrische Regelmäßigkeit der Stadtbaupläne wurde nicht mehr beobachtet; in den oberen Schichten von Harappa und Mohenjo-daro zeichnet sich die Neigung zu improvisiertem Bauen mit minderwertigen Materialien und in einer primitiveren Technik deutlich ab. Die weiten Höfe wurden mit Lehmmäuerchen unterteilt; bescheidenere Bauten wurden auf den Trümmern der weitläufigen alten Häuser errichtet. Die Kultur hatte sich nun erschöpft und barg in sich keinerlei Möglichkeit einer Erneuerung; von ihrer Gleichförmigkeit und Unveränderlichkeit während der annähernd tausend Jahre ihres Bestehens haben wir bereits gesprochen.

Zu ihrer unmittelbaren Zerstörung scheinen vielfach auch Überschwemmungen beigetragen zu haben, was vor allem in Lothal naheliegt, wovon Spuren aber auch in Mohenjo-daro nicht fehlen. Es ist erwogen worden (Damodar Dharmanand Kosambi), ob die blühende Landwirtschaft der Harappa-Kultur in der Hauptsache von großen Bewässerungsanlagen und Flußregulierungen abhing und ob deren Zerstörung durch die Eroberer – eine Zerstörung, auf die man im Rigveda Hinweise finden will – der entscheidende Grund für den Niedergang und die Entvölkerung der großen Städte war. Hinzu käme die Abholzung, denn die Millionen von Ziegeln, die im Laufe der Jahrhunderte für den Bau der großen Städte gebrannt wurden, müssen gewaltige Holzmengen verbraucht haben. Daß es sich in einigen Fällen gleichwohl um eine gewaltsame Zerstörung gehandelt hat, ist nicht zu bestreiten. In Harappa zeigt ein verrammeltes Stadttor, daß die Stadt sich im Verteidigungszustand gegen Eindringlinge befand; berühmt ist auch das Massaker in Mohenjo-daro, wo auf einer Treppe rund zwanzig durcheinanderliegende Skelette gefunden worden sind, von denen viele die Spuren von Schwert- und Axthieben tragen: tragische Überreste von Flüchtlingen, die an dieser Stelle von grausamen Eroberern eingeholt und hingemordet wurden. Gewiß handelt es sich hier um einen vereinzelten Fall: weder in Harappa noch in Chanhu-daro noch in Lothal ist ähnliches gefunden worden. Dennoch ist die Zerstörung großer Städte offensichtlich wenigstens teilweise das Werk von Eroberern. Die Frage, wer diese waren, ist in den letzten Jahren lebhaft diskutiert worden. Nach der Theorie von Wheeler ist der Untergang der großen Städte das Werk der Ārya; danach wären die Zitadellen von Harappa (vielleicht das Hariyūpīya des Rigveda?) und von Mohenjo-daro die von Indra, dem höchsten Gott der Ārya und dem Symbol ihrer Stärke, zerstörten Festungen der Ureinwohner. Wie es im Rigveda heißt:

> Kampf um Kampf suchst du kühnlich auf, Burg um Burg schlägst du da mit Kraft zusammen, als du, Indra, mit den Genossen Namī in der Ferne den Zauberer Namuci niederstrecktest.
> Wir wollen deine Heldentaten verkünden, welche Dāsischen Burgen du (*soma*-)berauscht im Anlauf gebrochen hast.

Bisher hat diese Theorie die größte Wahrscheinlichkeit für sich. Andere sind indessen der Meinung, das Ende der Harappa-Kultur gehe der Invasion der Ārya voraus und sei das Werk von Völkerschaften, die aus dem Nordwesten oder geradezu aus der Gangesebene eingedrungen seien. Diese Frage kann jedoch vorläufig nicht geklärt werden.

Nicht überall fand die Harappa-Kultur zur selben Zeit ein Ende. In Lothal zum Beispiel wurden die Ruinen wieder besetzt, und eine Phase der Harappa-Kultur dauerte dort noch vier oder fünf Jahrhunderte an. Das gleiche geschah im Nordwesten und vor allem in Rupar. Im Industal folgte auf eine Unterbrechung eine rohere, die Jhukar-Kultur, deren Siegel mit Strahlenmotiven an ähnliche Arbeiten aus dem nördlichen Iran und dem Kaukasus erinnern. Auf sie folgte die noch dürftigere Jhangar-Kultur. Es hat den Anschein, als seien aber wenigstens in einem Fall die letzten Spuren einer Indus-Bevölkerung zugänglich, die auf der Flucht aus ihren geplünderten und zerstörten Städten ihren alten Glanz in kleinerem Maßstab und mit dürftigeren Mitteln in abgelegenen und schwer zugänglichen Gegenden wiederherzustellen versuchte. Bei Mundigak in Südafghanistan haben die französischen Ausgrabungen gut dreizehn Siedlungsschichten zutage gefördert. Einige davon sind gleich alt, ja älter als die Blütezeit der Harappa-Kultur. In der zehnten Schicht aber fällt ein mächtiger Bau auf, der später in der elften Schicht wiederhergestellt wurde. Die Fassade dieses langgestreckten Gebäudes war mit 1,35 Meter hohen Halbsäulen ausgeschmückt; über ihnen befand sich ein ornamentaler Abschluß aus zinnenförmigen Rohziegeln. Fast sicher handelt es sich um einen Palast. Das Ganze scheint eine späte Variante der Harappa-Formen darzustellen, wenngleich deutliche Spuren mesopotamischer Einflüsse nicht fehlen. Was ihre architektonischen und städtebaulichen Aspekte betrifft, ist Mundigak der Schwanengesang der Harappa-Kultur; wir werden jedoch sehen, daß einige ihrer wenigen augenfälligen Seiten sich in Indien bis in spätere Epochen erhalten haben.

Die vedische Periode

Wenn unsere Kenntnisse von der Harappa-Kultur unter dem Fehlen jeglicher literarischen Quellen leiden, so ist uns die folgende Periode dagegen durch die Spärlichkeit und Unsicherheit des archäologischen Materials nur wenig bekannt. Die städtische Harappa-Kultur wird von einer auf Viehzucht und – anfangs nur in zweiter Linie – auf Ackerbau fußenden Kultur abgelöst; ihre Träger sind die Ārya. Dieser Name (wörtlich »edel«) bezeichnete ursprünglich eine soziale Schicht und zugleich ein Volk und wurde erst später als linguistische Bezeichnung gebraucht; auf jeden Fall hat das Wort keinerlei rassische Bedeutung. Eine enge sprachliche Verwandtschaft macht deutlich, daß diese Völkerschaften mit den Bewohnern Irans (Airya) identisch oder wenigstens nahe verwandt waren. Daraus läßt sich fast mit Sicherheit schließen, daß sie über die Grenzpässe nach Indien eingewandert sind. Aus ihren Überlieferungen, wie sie in den heiligen Veden bewahrt werden, ist freilich jede Erinnerung an eine ursprüngliche Heimat außerhalb Indiens und eine Völkerwanderung verschwunden; daraus haben einige moderne indische Wissenschaftler folgern wollen, daß die Ārya eine autochthone Bevölkerung seien. Doch ist diese These unhaltbar. Gleichwohl bleibt es schwierig, das Herkunftsland der Ārya zu präzisieren. Heute neigt man dazu, die Urheimat der Indogermanen (deren östlichen Zweig die Ārya darstellen) in den Steppen Südrußlands zu suchen; ob sie aber über die Kaukasuspässe oder durch das Amu-Darya-Tal nach Iran und weiter nach Indien gezogen sind, läßt sich nicht sagen.

Den einzigen Anhaltspunkt gibt ein in Boghazköi (Kleinasien) gefundenes, aus dem 14. Jahrhundert v. Chr. stammendes Dokument. Es enthält einen Vertrag Suppiluliumas', des Königs der Hethiter, mit Mattiwaza, dem König von Mitanni am oberen Euphrat. Als Zeugen werden die Mitanni-Götter – unter ihnen Mitra, Uruwana, Indar und die Nasattiyana – angerufen; offensichtlich handelt es sich um die vedischen Götter Mitra, Varuna, Indra und die Nāsatya. Hier scheint man den religiösen Einfluß der zukünftigen Ārya auf ihrer langsamen Wanderung nach Indien mit Händen greifen zu können; einen ausschließlich mythologischen Einfluß allerdings, da es feststeht, daß die Mitanni-Sprache keine indogermanische Sprache war. Im übrigen ist nicht einmal auszuschließen, daß dieser Einfluß aus Indien nach Westen zurückgewandert ist.

Andere auf die Wanderung bezügliche Daten fehlen gänzlich. Die vedischen Texte zeigen uns die Ārya schon fest in der Punjabebene beheimatet und nicht nur ohne jeden Kontakt mit Iran, sondern auch ohne jede Erinnerung an eine iranische Herkunft oder an Beziehungen mit Iran.

Wie schon angedeutet, beruhen alle unsere Kenntnisse von der Ārya-Kultur wesentlich auf den vier Veden, dem typischen Erzeugnis einer Priesterschicht, im Sinne einer beschränkten und teilweise künstlichen Kaste. Nicht umsonst beziehen sich die Unterschiede in den Veden auf Fragen der Opfertechnik, die sie auch alle miteinander verbinden. Denn jede vedische Hymne setzt eine Opferzeremonie voraus. Sie kann privat und häuslich *(grihyakarman)* sein und vom Familienoberhaupt abgehalten werden; sie kann aber auch aus einem feierlichen Opfer *(yajña)* bestehen, das auf Kosten des Opferherrn vollzogen, in der magisch bedingten Praxis aber von vier Priestern oder Priestergruppen ausgeführt wird. Diese Priester sind: der Hotri, der Rezitator der Hymnen und Anrufungen; der Udgarit, der Sänger, der mit seiner Melodie die Opferhandlungen begleitet; der Adhvaryu, der unter rituellen Formeln *(yajus)* die Tötung der Tiere und ihre Darbietung im Feuer vollzieht; der Brāhman, der Oberpriester, der das Werk der anderen überwacht und kontrolliert.

Der Zeitpunkt der Entstehung der Hymnen und der – gewiß sehr viel spätere – der Kompilation der vier vedischen Sammlungen *(samhitā)* ist Gegenstand sehr langwieriger Diskussionen gewesen, die einen wollten ihn im vierten Jahrtausend, die andern in der ersten Hälfte des ersten vorchristlichen Jahrtausends suchen. Hier soll – wenn auch mit allen Vorbehalten – eine Chronologie zugrunde gelegt werden, die von der Zusammenstellung des Rigveda um das Jahr 1000 v. Chr. ausgeht, wobei unterstellt wird, daß einige seiner Hymnen möglicherweise schon um 1500 existiert haben, das heißt also schon vor der Erwähnung der vedischen Götter im Dokument von Mitanni.

Die der chronologischen Ordnung und der heiligen Bedeutung ihres Inhalts nach erste der vier Sammlungen ist der Rigveda, die dem Hotri zugedachte Sammlung. Sie ist uns in einer einzigen Fassung, der der Shākala-Schule, erhalten. Sie enthält eintausendachtundzwanzig Hymnen *(sūkta)*, die zu zehn »Kreisen« *(mandala)* gruppiert sind. Die Hymnen sind von verschiedener Länge, die kürzeste hat nur eine, die längste achtundfünfzig Strophen. Selbstverständlich handelt es sich um Kompositionen aus verschiedenen Epochen. Der eigentliche und vom sprachlichen Standpunkt aus altertümlichste Kern umfaßt die Mandala II–VII, von denen jeder einer anderen Priesterfamilie zugeschrieben wird. Auch IX ist sehr alt, wurde aber erst später in die Sammlung aufgenommen. I und VIII sind relativ alt, umfassen aber Gruppen jüngerer Hymnen, die erst später hinzugefügt wurden *(khila)*. Entschieden jünger, sowohl was seine Form wie was seinen Inhalt angeht, ist der X. Mandala. Insgesamt entspricht der Rigveda weit mehr literarischen und religiösen als rituellen Vorstellungen, da in ihm keinerlei Versuch spürbar ist, ihn zu einem praktischen liturgischen Handbuch zu machen.

Die Hymnen stellen in der Hauptsache Lobpreisungen der Gottheit, Gebete und Verfluchungen dar; das Ganze ist von der Erzählung mythischer Episoden – oder häufiger noch von Anspielungen auf sie – begleitet. Zahlreiche Gottheiten werden angerufen; unter ihnen spielen Indra, der Götterkönig, und Agni, der Feuergott, die größte Rolle. Viele Hymnen – vor allem die Agni und Soma gewidmeten – enthalten eine lyrische Beschreibung der rituellen Handlung (Entzündung des Feuers, Spende, Bereitung und Opferung des heiligen Tranks, des *soma*). Einige wenige Hymnen bestehen aus Erzählungen historischen oder doch wenigstens halbhistorischen Charakters. Insbesondere im X. Mandala sind die Erzählungen kosmogonischen Inhalts häufig. Der Stil ist nicht kunstlos. Die Strophe hat zumeist einheitlichen Charakter, ihr emphatischer Stil bedient sich ausgiebig der Anakoluthen und Ellipsen. Viel Raum wird der Metapher gegeben, und der unbekannte Dichter macht gern und häufig Gebrauch von Doppelsinnigkeiten, wobei er sich die Vieldeutigkeit mancher Wörter zunutze macht. Dies Verfahren wird später allgemein üblich, und die Dichter der klassischen Sanskrit-Literatur bedienen sich seiner bis zum Mißbrauch. Im Schutz seines Sakralcharakters, von liebevoller Fürsorge umgeben, Gegenstand philologischer Studien und bis in eine sehr späte Epoche ausschließlich mündlich überliefert, ist der Rigveda in einem außerordentlich guten Erhaltungszustand ohne Varianten und Verderbnisse auf uns gekommen.

Der Yajurveda ist uns in fünf Samhitā erhalten, deren erste vier als »Schwarzer Yajurveda« bezeichnet werden, da sie mit exegetischen Prosastücken vermischt sind; die fünfte,

»Weiße Yajurveda«, beschränkt sich lediglich auf Formeln und Gebete. Die fünf Samhitā sind die folgenden: Kāthaka (Katha-Schule), Kapishthala (eine andere Fassung der Katha-Schule, nur teilweise erhalten), Maitrāyanī (Maitrāyanīya-Schule), Taittirīya (Āpastambhin-Zweig der Taittirīya-Schule), Vājasaneyi (in zwei Fassungen: Kānva und Mādhyamsina). Die fünf Samhitā haben sehr viel Gemeinsames, und man hat nicht feststellen können, welche von ihnen einem hypothetischen Urtext am nächsten steht. Jedenfalls ist der Weiße Yajurveda sicherlich jünger als der Schwarze, in dem die Taittirīya Samhitā gegenüber den andern drei eine Sonderstellung einnimmt. Sein Inhalt ist zum guten Teil dem Rigveda entnommen, enthält aber teilweise tiefgreifende Veränderungen. Sein eigentümliches Element ist die Opferformel *(yajus)* – eine Anrufung der Gottheit, vor allem aber der Opfergegenstände –, die dazu bestimmt ist, ihnen einen nahezu magischen Charakter und die Fähigkeit zu verleihen, die mit dem Opfer beabsichtigte Wirkung zu erzielen.

Der Sāmaveda ist uns in drei Fassungen erhalten: Kauthuma, Rānāyanīya und Jaiminīya oder Talavakāra, von denen die letzte gewisse Abweichungen enthält. Ihr Inhalt besteht aus drei Büchern mit Strophen und vier Liedersammlungen; in der Jaiminīya Samhitā sind die Gesänge weit zahlreicher und bedeutender. Der Inhalt des Sāmaveda ist zum größten Teil dem Rigveda entnommen, und die Melodie ist vermittels einer primitiven und unvollkommenen Notenschrift aufgezeichnet.

Rigveda, Yajurveda und Sāmaveda bilden eine einheitliche, unter dem Namen Triveda bekannte Gruppe; von ihr mußte der Brāhmane eine vollständige Kenntnis besitzen. Eine Sonderstellung nimmt indessen die vierte Sammlung, der Atharvaveda, ein, von dessen zwanzig Büchern die beiden letzten Ergänzungen darstellen. Er ist uns in zwei Fassungen erhalten: Shaunaka, die allgemein verbreitete; und Paippalāda, der heute nur einige Familien in Orissa folgen. Sowohl in ihrem Aufbau als im Gehalt ihres Textes weicht die Paippalāda sehr stark von der andern ab. Eigentümlich für den Atharvaveda, vor allem in seinen ersten sieben Büchern, sind die magischen Formeln, die zu rein materiellen Zwecken verwendet wurden; aus ihnen geht der archaische und volkstümliche Ursprung seiner Geisteshaltung hervor, mag die Sammlung auch von Priestern überarbeitet worden sein. Man geht deshalb mit der Vermutung gewiß nicht fehl, daß sein Ritual ziemlich primitiv ist und derselben Zeit wie der Rigveda entstammt oder gar älter ist; die Fassung aber ist eine späte, weit jünger als die des Rigveda. So wurde der Atharvaveda, der lange Zeit nur wenig Beachtung fand, erst in einem sehr viel späteren Zeitpunkt als vierter in die Reihe aufgenommen.

Die Sprache der Veden stellt das älteste Stadium der indo-arischen Sprachen dar, das sich noch kaum von dem gemeinsamen indo-iranischen Idiom unterscheidet. Ihre Verwandtschaft mit den ältesten Teilen des Avesta ist in gewisser Hinsicht so eng, daß ihre wesentliche Übereinstimmung mit ihnen noch zu erkennen ist. Im Umkreis der Veden selbst ist die altertümlichste Sprache die des Rigveda, die jüngste die des Atharvaveda. Der ursprüngliche grammatikalische Aufbau mit seinen acht Fällen, dem allgemeinen Gebrauch des Duals, dem Gegensatz zwischen Medium und Aktiv beim Verb, der Unterscheidung von Optativ und Konjunktiv und einer typisch archaischen Syntax ist vollständig erhalten. Daneben führt die vedische Grammatik auch einige Neuerungen ein, so die zahl-

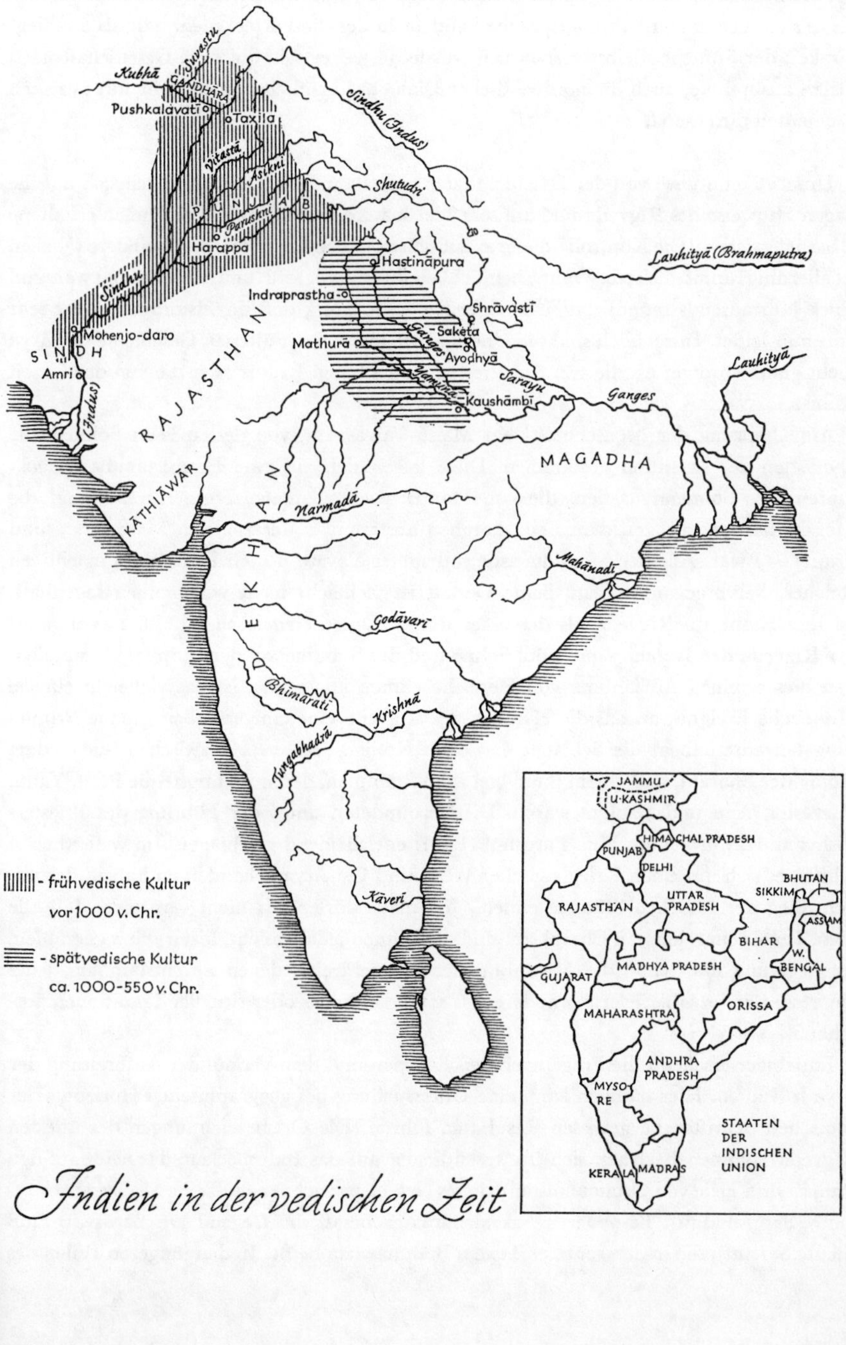

Indien in der vedischen Zeit

reichen Formen des Infinitivs, von denen später nur ein Teil im klassischen Sanskrit erhalten bleibt. Schon fällt eine gewisse Künstlichkeit auf, was insofern nicht überraschen darf, als es sich hier um eine Priestersprache handelt, in der die Formel mehr galt als die Biegsamkeit der Sprache. Selbstverständlich wurde, je weiter sich die Ārya-Gesellschaft nach Osten ausbreitete, auch ihr nordwestlicher Dialekt allmählich immer mehr mit östlichen Elementen durchsetzt.

Unsere Kenntnisse von der Geschichte der vedischen Periode beschränken sich auf die vagen Hinweise des Rigveda und auf sehr viel spätere, vor allem in den Purāna erhaltene Überlieferungen. Die Kontrolle dieser pseudohistorischen Legenden durch andere Quellen ist allerdings unmöglich; die Wahrscheinlichkeit ihrer Verderbnis und Abwandlung während eines Jahrtausends mündlicher Überlieferung ist so groß, daß ihr historischer Wert sehr darunter leidet. Tatsächlich sind die Überlieferungen von der ältesten Geschichte der Ārya nicht glaubwürdiger als die von der ältesten chinesischen Kultur oder die von der Urzeit Roms.

Am Ursprung der Menschheit steht Manu Vaivasvata, von dessen neun Söhnen alle Dynastien der Tradition abstammen. Diese lassen sich auf zwei Hauptstämme zurückführen: die Sonnendynastien, die von Manus zweitgeborenem Sohn Iksvāku, und die Monddynastien, die von dem Erstgeborenen abstammen, der zugleich Mann *(Ila)* und Frau *(Ilā)* war. Aus der Monddynastie soll später Yayāti, der Gründer eines mächtigen Reiches, hervorgegangen sein. Seine Gestalt ist vielleicht nicht vollkommen sagenhaft, da sein Name im Rigveda als der eines frühen Opferherrn erscheint. Ebenso erwähnt der Rigveda den Namen seiner fünf Söhne und der Stämme, an deren Spitze sie standen. Von dieser reinen Aufzählung von Herrschernamen abgesehen, ist das vielleicht einzige historische Ereignis, an das die Hymnen des Rigveda eine einigermaßen genaue Erinnerung bewahrt haben, die Schlacht der Zehn Könige *(dāsharājña)* zwischen Sudās, dem König der Bharata, und einem Bund von zehn Stämmen, deren wichtigste die Pūru, Yadu, Turvasha, Anu und Druhyu waren. Die Verbündeten unter der Führung des Priesters Vishvamitra wurden am Fluß Parushnī (Ravi) entscheidend geschlagen. Im wesentlichen scheint es sich um einen Krieg zwischen West- und Ost-Ārya gehandelt zu haben, der mit dem Sieg der östlichen Stämme endete. Jedenfalls dürfen wir nicht vergessen, daß alle diese Texte rein religiösen Charakters sind, daß ihnen jede Absicht, historisch zu erzählen, fernliegt und daß schon die Mentalität der Priesterkreise, denen sie entstammen, jedes Interesse für die Überlieferung anderer als mythologischer oder ritueller Traditionen ausschließt.

Ergiebiger erscheint die Frage nach den Etappen und dem Verlauf der Ausbreitung der Ārya in Indien. Hier nämlich kann eine Untersuchung des geographischen Horizonts der vedischen Schriften zu gewissen Resultaten führen. Die Ortsbezeichnungen der ältesten Rigveda-Hymnen beziehen sich im wesentlichen auf das Indusbecken, das heißt auf den Punjab und Teile von Ostafghanistan; dieses Gebiet bezeichnen die Texte als Siebenstromland (Saptasindhu). Besonderen Sakralcharakter besaß die Gegend am Sarasvatī-Fluß (heute Sarsuti), die in den späteren Texten Brāhmavarta heißt. In den jüngeren Teilen des

Rigveda und in den drei andern Samhitā verlagert sich der Schauplatz nach Osten. Einerseits wird deutlich, daß die Ārya-Kultur den Westteil des Gangesbeckens – einschließlich Koshala und Videha, aber vorläufig noch ohne Magadha (südliches Bihar) und Anga (westliches Bengalen) – vollständig durchdrungen hat. Anderseits ist der äußerste Westen, Gandhāra (beiderseits des Indus zwischen Peshawar und Rawalpindi) und Bāhlīka (Balkh, das Baktrien der Griechen) ganz den iranischen Völkerstämmen preisgegeben worden und wird nunmehr als nichtarisches Gebiet betrachtet. Im Landesinneren beginnen Stammesgruppen sich abzuzeichnen, die größer und mächtiger als die übrigen sind. Zu ihnen zählen die Kuru oder Kaurava, in denen die Bharata und die Pūru des Rigveda aufgehen; ihre Wohnsitze lagen im Kurukshetra an der oberen Jumna nördlich von Delhi. Später erscheinen sie als Bündnispartner eines verwandten Stammes, der etwas südlicher wohnt, der Pañcāla. Die beiden Völker bildeten eine politische Einheit von einigem Bestand in dem Gebiet zwischen Ganges und Jumna; diese Gegend wurde Mittelland (Madhyadesha) genannt und war das Hauptzentrum brāhmanisch-priesterlicher Gelehrsamkeit.

Etwas besser bekannt als ihre Geschichte ist die politisch-soziale Gliederung der Ārya. Die politische Grundeinheit ist der Stamm. Er wird von einem König *(rājan)* regiert, der zwar beträchtliche Autorität besitzt, aber kein absoluter Monarch ist, da ihm zwei kollegiale Organe zur Seite stehen. Das eine ist die Sabhā, ein Ausdruck, der zugleich den – aus den Brāhmanen und Adligen bestehenden – Rat und das Gebäude bezeichnet, in dem dieser sich unter dem Vorsitz des Königs versammelt. Das andere ist die Samiti, ein Wort, das gelegentlich mit Sabhā synonym ist, das aber eigentlich eine Art Volksversammlung zu bezeichnen scheint. Außerdem bedeutete der sehr starke Einfluß der durch den königlichen Hausgeistlichen *(purohita)* vertretenen Priesterklasse eine weitere Einschränkung der königlichen Gewalt. Der Herrscher hatte das Recht, seinen Untertanen Steuern in Naturalien *(bali)* aufzuerlegen; in der malerischen Sprache eines Hymnus des Rigveda: »Wie der König die Reichen, frißt er (der Feuergott) die Hölzer auf.« Aber seine wichtigste Funktion ist die eines Anführers im Kriege, und in dieser Hinsicht ist die große, von den Ārya eingeführte Neuerung die Verwendung des Pferdes im Kriege; König und Adel *(rājanya)* kämpften vom Kriegswagen aus, während das gemeine Volk das Fußvolk bildet.

Die territoriale Organisation war schon gut ausgebildet; das Stammesgebiet *(rāshtra)* war in Distrikte *(vish)* aufgeteilt, zu denen die Dörfer *(grāma)*, damals wie später stets die Grundeinheit jedes indischen Staates, zusammengeschlossen waren.

Die Frage, wie es mit dem Grundbesitz stand, ist ungeklärt und umstritten; aber es scheint so, als sei die ursprüngliche bäuerliche Gemeinschaft schon damals im Begriff gewesen, sich in persönliches Eigentum aufzulösen. Gleichwohl war das Symbol und das Maß des Reichtums nicht der Grundbesitz, sondern der Viehbestand. Die größte Wertschätzung wurde dem Rindvieh zuteil, das ausschließlich die Maßeinheit für das dem Priester geschuldete Entgelt *(dakshinā)* darstellte. Die Kuh wurde geachtet *(aghnyā*, unverletzlich), aber noch war ihre Opferung üblich. Neben Ackerbau und Viehzucht gab es bereits einen Handel, von dem wir freilich wenig wissen und der keine große Bedeutung gehabt haben kann, und ein Handwerk, zu dem vor allem Schreiner und Schmied gehörten. Der Ausdruck *ayas* für Metall läßt uns indessen darüber in Unkenntnis, ob die primitiven Ārya Eisen oder Kupfer bearbeiteten.

Die Grundeinheit der Ārya-Gesellschaft war die streng patriarchalisch organisierte Familie. Sie war in ein biegsames Geflecht sozialer Beziehungen eingebettet, aus denen erst später das Kastensystem entstand. Es handelte sich um eine Klassifizierung nach Berufen, der indessen noch der später entscheidende Faktor der Erblichkeit des Berufs und der sozialen Stellung fehlte. Aus Gründen, die mit der technischen Schwierigkeit des komplizierten Rituals zusammenhingen, zeichnete sich die Erblichkeit zu allererst in der Priesterklasse, bei den Brāhmanen ab. Im Umkreis der Familie erfreute sich die Frau einer recht gehobenen sozialen Stellung. Sie nahm an der Seite des Gatten an den Opfern teil. Die Witwe durfte sich nicht nur wiederverheiraten, sondern sie mußte, wenn der Mann kinderlos starb, den Bruder des Verstorbenen heiraten und seine Gattin bis zur Geburt eines Sohnes bleiben (*niyoga*, Leviratsehe auf Zeit). Die Polygamie war zugelassen, wenn auch die Einehe die Regel war.

Selbstverständlich war eines der Hauptprobleme dieser Erobierergesellschaft das ihrer Beziehungen zu den besiegten und unterworfenen Ureinwohnern. Eine Angleichung an ihre Kultur fand nicht statt. Bei dieser Feststellung dürfen wir nicht vergessen, daß die materielle Zivilisation von Harappa, die uns in vieler Hinsicht der der Ārya-Hirten so sehr überlegen erscheint, beim Eintreffen der Ārya im Indusbecken bereits untergegangen oder allenfalls so versteinert war und stagnierte, daß sie keinerlei Vitalität mehr ausstrahlen konnte. So fiel den Besiegten eine untergeordnete Stellung in der Ārya-Gesellschaft, ja, im Grunde eine Stellung außerhalb dieser Gesellschaft, zu. Die Dasyu oder Dāsa, wie sie in den vedischen Hymnen heißen, mußten sich damit abfinden, als zweitklassige Menschen unter ihren Herrschern zu leben, wobei sie freilich ihre eigenen Traditionen, ihre eigenen Bräuche und ihren religiösen Glauben bewahrten; und erst später konnte sich jener undurchsichtige Prozeß gegenseitiger Durchdringung anbahnen, der Sieger und Besiegte zu einer einzigen, in Kasten getrennten Gesellschaft zusammenschloß, deren religiöse und soziale Formen arisch waren, aber zum guten Teil einen nichtarischen Inhalt besaßen.

Eines der heikelsten Probleme bei der historischen Auswertung der vedischen Schriften, das ernstlich erst in den letzten Jahren angegangen worden ist, stellt die archäologische Identifizierung der Ārya-Bevölkerung dar. Charakteristisch für die Bodenfunde, die der auf den Untergang Harappas folgenden Kultur zugehören, ist die sogenannte schwarz-rote Keramik. Ihre Fundorte liegen vor allem in Zentralindien (Nagda und Ujjain) und in Westindien (Kāthiāwār), wo sie gleichzeitig mit der Harappa-Keramik vorkommt, diese aber überlebt; anscheinend entstammt sie der Eisenzeit. Auf sie folgt in derselben Gegend eine leuchtend rote Keramik, die schon der ersten historischen Periode anzugehören scheint. Im Norden dagegen (Hastināpura, Rupar, Bikaner) überwiegt eine graue Keramik, die auf der Scheibe gedreht wurde, wenngleich einige Stücke wie von Hand geformt wirken; der feinkörnige Grund, der zwischen Aschgrau und Schwarzgrau wechselt, ist mit abstrakten Motiven (Spiralen, konzentrische Kreise, Hakenkreuze) schwarz bemalt. Die Funde, die sie begleiten, sind äußerst primitiv: dürftige architektonische Reste aus Lehm, tierische

Überreste von Rindern, Schafen und Pferden, einfache Kupfergeräte; dafür fehlen jegliche Steingeräte.

Das Bild der materiellen Zivilisation entspricht also genau dem der vedischen Schriften. Fügt man hierzu die Tatsache, daß die Hauptfunde sich um die Stätten konzentrieren (Hastināpura, Kurukshetra, Mathura), die zur Zeit der Veden, und zwar vor allem zur spätvedischen Zeit berühmt waren, so leuchtet es ein, daß eine große Zahl von Gelehrten die graue Keramik den arischen Eroberern zuschreiben möchte. Diese bisher am besten begründete These zwingt – worauf Heinz Mode mit Recht hingewiesen hat – dann freilich zu der Annahme, daß die durch die graue Keramik charakterisierte Ārya-Kultur mehrere Jahrhunderte lang neben einer weiter westlich beheimateten nichtarischen Kultur existiert hat, die auf den Überresten der Harappa-Kultur entstanden war und für die die schwarzrote und später die leuchtend rote Keramik kennzeichnend ist. Könnte man diese Kultur nicht mit den Dasyu des Rigveda in Zusammenhang bringen? Doch hier betreten wir das Feld der – jedenfalls bei dem jetzigen Stand unserer archäologischen Kenntnisse – um so weniger kontrollierbaren Hypothesen, als das Vorkommen der einzelnen Keramiktypen jeweils nicht das der andern ausschließt und vereinzelte Funde der einen in Gebieten auftreten, wo die andern vorherrschen. Vor allem am mittleren Ganges existiert ein Dreieck von Überlagerungen, das eine ziemlich innige Durchdringung der verschiedenen Kulturen erkennen läßt.

Schließlich finden gewisse Unterschiede innerhalb der grauen Keramik eine merkwürdige Parallele in den sprachlichen Unterschieden, denen zufolge die östlichen und westlichen Dialekte einander näher verwandt erscheinen und in gewissem Sinn von denen des mittleren Nordindiens abweichen. Nach einer Hypothese von Subharao, die andere Deutungen jedoch nicht ausschließt, könnten zwei aufeinanderfolgende Eroberungswellen der Ārya dieses Phänomen erklären.

Noch einmal muß betont werden, daß die Ārya-Eroberer aus dem Kontakt mit den noch vorhandenen Resten der Harappa-Kultur kaum einen – direkten oder indirekten – Nutzen zogen. Nach deren Erlöschen fehlt jede Spur einer Architektur und eines Städtebaus, es gibt fast keine Skulpturenfunde. Der Rückschritt in der materiellen Kultur ist deutlich und eindrucksvoll; an die Stelle der raffinierten Kaufleute der großen Indusstädte treten rohe Viehzüchter und ungebildete Krieger, die ihre – lediglich militärische – Überlegenheit vor allem dem durch die Zähmung des Pferdes ermöglichten Gebrauch des Kriegswagens verdanken. Die Unterschiede zwischen beiden Kulturen gehen sehr weit. Ein Beispiel dafür bietet der Vergleich der Tierdarstellungen auf den Siegeln von Harappa mit den in den vedischen Texten erwähnten Tieren. Dort begegnen wir dem Elefanten, dem Tiger, dem Stier, kurz, typisch indischen Tieren. Bei den Ārya hingegen ist der Elefant fast unbekannt, an die Stelle des Tigers tritt der Löwe, und die Rolle des Stieres als heiliges Tier übernimmt zumeist die Kuh.

Das primitive vedische Denken kreist um die Mythologie, während kosmogonischen und eschatologischen Theorien sehr viel geringere Bedeutung zukommt. In der Hauptsache bezieht sich die Mythologie auf die Naturmächte, kann aber auch anders gedeutet werden, was vor allem bei den späteren Auslegungen der Fall war. Die Gottheiten haben keine deutlich ausgeprägte Individualität, und ihr persönlicher Charakter verwischt sich noch mehr durch die Tatsache, daß in jedem Hymnus der Gott, dem er gewidmet ist, die Attribute der höchsten Gottheit nebst einigen typischen Eigenschaften anderer Götter verliehen bekommt. (Dieses Phänomen wurde von Max Müller als Kathenotheismus bezeichnet.) Es gibt keine eigentliche Hierarchie mit einem gegliederten Pantheon. Die zahlreichen Gottheiten entstammen nur teilweise dem allgemeinen indogermanischen Besitz; altertümlich ist aber gewiß die soziale und religiöse Dreiteilung mit ihrem magisch-religiösen, kriegerischen und Fruchtbarkeitsaspekten (Theorie von Georges Dumézil). Die Götter sind tätige, den Leidenschaften unterworfene Wesen, die jederzeit bereit sind, in die menschlichen Angelegenheiten einzugreifen; vor allem aber sind sie von den Menschen durch Gebet und Opfer beeinflußbar. Der ethische Gehalt dieser Mythologie ist ziemlich schwach, wie aus den vedischen Hymnen selbst hervorgeht. Diese bitten um materielle Vorteile – Reichtum, Viehbestand, Nachkommenschaft, Kriegsglück – im Tausch gegen das dargebrachte Opfer; ihre Grundlage ist daher das *do ut des*. Die Sünde wird als eine rituelle Befleckung verstanden, als eine Fessel *(pāsha)*, die durch rituelle Reinigung *(prāyashcitta)* beseitigt werden kann.

Unter den Hauptgöttern zeichnet sich Varuna, der Schöpfer und Erhalter der Welt, die höchste und souveräne Gottheit, aus. Er steht der ethischen Ordnung der Welt *(rita)* vor, ist ihr Verteidiger und bestraft den, der sie verletzt. Sein Genosse und später sein Gegenspieler ist Mitra (der iranische Mithra), der Verbündete, der Gott der Verträge. Beide stehen an der Spitze der acht Āditya, die von kosmisch-solarem Aspekt und mit dem Königtum verbunden sind. Der Gott, der im Rigveda jedoch die höchste Verehrung genießt, ist Indra, dessen Menschenähnlichkeit schon sehr viel stärker betont wird. Ein großer Krieger, dessen wichtigste Waffe der Blitz *(vajra)* ist; ein großer Trinker, dessen Getränk der heilige Soma ist; ein großer Liebhaber und gleichwohl der Gatte der Indrānī. Seine Hauptkennzeichen sind deshalb seine lärmende, maßlose Kraft, sein Berserkerzorn, sein kriegerisches Heldentum. Er ist der Schirmherr der Krieger und die eigentliche Gottheit ihrer Kaste. Bei den feindseligen Beziehungen zu den Ureinwohnern stellt Indra den Inbegriff des kriegerischen Ārya-Eroberers dar. Vielleicht war er ursprünglich ein einfacher Heros, der sehr bald göttliche Ehren genoß und auf den die charakteristischen Eigenschaften anderer Heroen übertragen wurden. Seine Gefolgsleute und Helfer sind die Marut, Schreckensgottheiten, die mit dem Blitz und dem Sturm zusammenhängen. Eine zweitrangige Rolle, der aber eine große Zukunft beschieden ist, spielt vorläufig Rudra, eine Schrecken einflößende, dem Feuer zugehörige Gottheit, die anderseits aber Helfer, Heiler und Arzt ist; die Polarität seiner Bedeutungen spiegelt sich in seinen Epitheta, die das schrittweise Verschwinden des vedischen Gottes überleben: Shiva, »der Huldreiche«, Hara, »der Zerstörer«, Shankara, »der Heiler«, Mahādeva, »der große Gott«. Die Zwillinge Ashvin bilden eine unzertrennliche Einheit; sie erscheinen abends und morgens auf feurigen Pferden und vollbringen Wunder der Heilung. Vielleicht sind sie ein Symbol des Morgen- und Abendsterns und sicherlich den Dioskuren der klassischen Mythologie vergleichbar. Einige Gottheiten sind deutlich den Himmelserscheinungen zugeordnet; zum Beispiel

Sūrya, die Sonne; Ushas, die Morgenröte; Dyaus, der Himmel (*Dyaus-pitā = Zeus pater*, Jupiter); Vāyu, Gott des Windes als eines reinigenden Hauches. Andere Gottheiten, die sehr häufig angerufen werden, haben eine unmittelbare Beziehung zum Ritus. So Agni, das Feuer und speziell das heilige Feuer des häuslichen Herdes; Soma, der heilige Opfertrank. Von geringer Bedeutung sind die weiblichen Gottheiten, einfache Varianten oder Beisitzer der männlichen Götter.

Kosmologie und Kosmogonie sind nur in Ansätzen vorhanden. Das gilt auch für die Eschatologie, wenngleich die Unterscheidung des Leibes von einem vitalen Prinzip (*asu*) oder Geist (*manas*) schon frühzeitig einsetzt. Das Jenseits wird als ein Überleben vorgestellt und in den Begriffen der irdischen Welt beschrieben. Am Ende seines Lebens folgt der Mensch dem Weg seiner Väter (*pitryāna*) bis in ein Totenreich, das manchmal im Götterhimmel liegt, häufiger aber in einem unterirdischen und düsteren Jenseits, wo Yama, der König der Toten, regiert.

Anfänge einer Spekulation erscheinen in den späteren Hymnen des Rigveda, in denen des X. Mandala, und beschäftigen sich vor allem mit der Kosmogonie oder der Heiligkeit und Wirksamkeit des rituellen Wortes (*vāk*); aber diese bescheidenen Ansätze führen sehr bald zu den Höhepunkten des Denkens in dem berühmten Hymnus X, 129, von dem später die Rede sein soll.

Eine wesentliche Äußerung des vedischen Rituals ist schließlich das Opfer (*yajña*) und die Trankspende ins Feuer (*soma*); auch das Menschenopfer ist nicht ausgeschlossen. Das eigentliche Instrument des Opfers, das privat (*grihya*) oder feierlich (*shrauta*) dargebracht werden kann, ist das Feuer (*agni*). Das Opfer wird von einem Opferherrn (*yajamāna*) bestellt und zu dessen Gunsten dargebracht. Materiell wird es von einer Gruppe von Priestern unter dem Vorsitz des sie überwachenden Brāhmanen vollzogen, an den die Hälfte der Honorare (*dakshinā*) geht. Es gibt keine Tempel, die Opferstätte wird von Mal zu Mal vorbereitet.

Die spätvedische Periode

Die Geschichte des ersten Viertels des ersten vorchristlichen Jahrtausends ist uns vollständig unbekannt bis auf die in den Purāna bewahrten Überlieferungen, die ungefähr tausend Jahre später niedergeschrieben wurden und auf die nur wenig Verlaß ist. Da aber einige der von ihnen erwähnten Königsnamen in der Literatur dieser Zeit wiederkehren, lassen sich wenigstens die Umrisse von einigen ihrer wichtigsten Gestalten erkennen, die gleich schwachen Irrlichten in dem fast vollständigen Dunkel der späten indischen Frühgeschichte aufleuchten.

Nach der Überlieferung soll spätestens zu Beginn dieser Zeit der sagenhafte Krieg zwischen Kaurava und Pāndava stattgefunden haben, der der Gegenstand des großen Epos Mahābhārata ist. In den indischen Legenden spielt dieser Sagenkreis die gleiche Rolle wie der Trojanische Krieg in den griechischen; aber wie bei diesem wissen wir nur annähernd, welche historischen Ereignisse der Sage zugrunde liegen; und ganz unrealistisch erscheinen die Versuche, die in Indien und anderwärts immer wieder unternommen worden sind, ihn auf Grund astronomischer oder anderer Elemente zu datieren. Weniger gewagt, wenn auch vorläufig noch nicht ausgereift, sind die Versuche, die ethnisch-politische Situation, die sich in dem großen Gedicht spiegelt, zu rekonstruieren.

Beschränken wir uns auf das an Hand der Texte aus der spätvedischen Periode Kontrollierbare, so fällt unser Blick zu einem gewissen Zeitpunkt auf die schattenhafte Gestalt eines großen Herrschers: Parikshit, König der Kuru, der außer in den Purāna und im Mahābhārata in einem Hymnus des Atharvaveda mit Ausdrücken erwähnt wird, die ihn beinahe einer Gottheit gleichstellen. Sein Reich, dessen Mittelpunkt nördlich von Delhi lag, erstreckte sich von der Sarasvatī bis an den Ganges. Seine Hauptstadt war Āsandīvat, das häufig mit Hastināpura identifiziert wird, wahrscheinlich aber das heutige Asandh am Fluß Chitang ist. Der König der Kuru gehörte zur Familie Paurava oder Bhārata, und einige Vorfahren Parikshits werden in den vedischen Schriften aufgezählt, ohne daß das genügte, die traditionelle Genealogie der Purāna zu erhärten. Von den Datierungen hat die, die Parikshit im 11. vorchristlichen Jahrhundert ansetzt, die größte Wahrscheinlichkeit für sich.

Noch berühmter ist Parikshits Sohn und Nachfolger, Janamejaya, der nach dem Mahābhārata Taxila erobert haben soll. Möglicherweise ist in dieser Behauptung ein Körnchen Wahrheit enthalten, denn das Aitareya Brāhmana spricht von Janamejaya als von einem großen Eroberer. Das könnte bedeuten, daß Poros, dem Alexander der Große in dieser Gegend begegnet ist, ein Abkömmling des Paurava-Königs Janamejaya war. Janamejayas Eroberungen gaben Anlaß zu großen und vielfältigen Opfern und zu diesbezüglichen Streitigkeiten zwischen verschiedenen Priesterfamilien, die im Shatapatha Brāhmana erwähnt werden. Dem gleichen Text zufolge richteten Janamejayas Brüder Bhīmasena, Ugrasena und Shrutasena das größte und gewichtigste der vedischen Opfer aus, das ashvamedha. Bei ihm wurde ein Pferd feierlich geweiht und dann für ein Jahr freigelassen. Eine Truppenmacht folgte ihm, jederzeit bereit, den Kampf mit demjenigen zu eröffnen, der versuchen sollte, ihm den Weg zu versperren. Am Ende des Jahres wurde das Pferd zusammen mit anderen Tieren in einem prunkvollen, drei Tage währenden Kultakt geopfert. Traditionellerweise war das Ashvamedha den kaiserlichen Herrschern als Höhepunkt und Weihe ihrer Herrschergewalt vorbehalten.

Anscheinend hat sich also zu einem gewissen Zeitpunkt ein starker Staat zwischen Ganges und Indus gebildet, der erste ernsthafte Versuch einer politischen Konzentration in den seit langem von den Ārya beherrschten Gebieten. Aber wir wissen nichts von seiner Dauer. Jedenfalls wird jetzt zum erstenmal eine wirkliche Stadt (Āsandīvat) als politisches Zentrum erwähnt; sie stellt das erste schüchterne Wiedererwachen eines städtischen Lebens dar, nachdem dieses nach dem Verschwinden der großen Indusstädte jahrhundertelang fast vollständig gefehlt hatte.

Unsere Kenntnisse von den politischen Einrichtungen der spätvedischen Epoche leiden unter der Tatsache, daß die verfügbaren Quellen rein priesterlichen Charakter haben und deshalb tendenziös sind. Das färbt zum Beispiel auf die Theorie des Königtums ab. Während das Aitareya Brāhmana sie auf kriegerische Notwendigkeiten und auf die allgemeine Zustimmung zurückführen möchte, wonach der König vor allem ein Heerführer wäre, findet sich in den anderen Texten die Theorie vom göttlichen Königtum: »Er, der Herrscher *(rājanya)*, ist der sichtbare Vertreter von Prajāpati, dem Herrn der Geschöpfe; darum, indem er Einer ist, herrscht er über Viele« (Shatapatha Brāhmana). Seine Legitimität empfängt der König durch eine Weihezeremonie *(rājasūya)*, einen Besprengungsritus mit verschiedenen archaischen Symbolen. Zu ihnen gehört der sinnbildhafte Raub einer Kuhherde, die einem der königlichen Verwandten gehört. Die Monarchie ist erblich, wenngleich im Atharvaveda Spuren einer Wahl durch die Untertanen zu finden sind. Samiti und Sabhā bestehen weiter zur Unterstützung und – vermutlich – Kontrolle des Königs. Auch sie werden auf Prajāpati zurückgeführt und stehen deshalb auf der gleichen Sakralebene wie der König. Offenbar hatte die größere Samiti vor allem politische und gesetzgeberische Aufgaben, während der kleineren Sabhā besonders die Rechtsprechung oblag. Aber im Zusammenhang mit einer Vereinfachung und Konzentration der zahllosen kleinen Stammesstaaten, in denen allein auf die Dauer ein persönlicher Kontakt zwischen König und lokaler Samiti möglich war, war die königliche Gewalt jetzt entschieden im Wachsen begriffen. Gleichwohl unterstand der König noch immer dem moralischen und religiösen Gesetz *(dharma)*, auf dessen Kodifizierung er keinerlei Einfluß hatte; er war der Beschützer des Gesetzes, kein Gesetzgeber.

In den Beschreibungen der Zeremonien werden einige königliche Beamte genannt. So nahmen am Rājasūya die Truppenkommandeure *(senānī)*, die Dorfschulzen *(grāmanī)* und die Steuereinnehmer *(bhāgadugha)* teil. Andere wichtige Figuren bei Hofe waren der Hausgeistliche *(purohita)*, der Wagenlenker *(sūta)*, der zugleich die Aufgaben eines Barden erfüllte, der Schatzmeister *(samgrahitri)* und der Verwalter der Würfel *(aksāvāpa)* für das königliche Spiel, dem auch in den Zeremonien des Rajasūya eine Rolle zufiel. Die Besteuerung in Naturalien unterschied sich nicht von der in der vorangegangenen Epoche; aber die Priester waren davon befreit. Die Rechtsprechung blieb Privileg und wichtigste Pflicht der Könige. Das Strafrecht war ziemlich streng; ein auf frischer Tat ertappter Dieb zum Beispiel wurde mit dem Tod oder durch Abhacken der Hände bestraft. Gottesurteile, hauptsächlich mit glühendem Eisen, waren üblich. Im Zivilrecht war die normale Form noch das freiwillige Schiedsgericht.

Die Struktur der Ārya-Gesellschaft in dieser Zeit ist vor allem durch die Entstehung und Entwicklung des Kastenwesens *(varna)* gekennzeichnet. Da es in anderen indogermanischen Gebieten nicht entstanden ist, darf es nicht als eine arische Schöpfung gelten, sondern als Anpassung an die neuen Verhältnisse, die auf bereits vorhandenen und schon in der Struktur der Industädte angelegten sozialen Gegebenheiten beruhten. Theoretisch bestanden vier Kasten: Priester *(brāhmana)*, Krieger *(kshatriya)* – zu ihr gehörten die Könige –, Ackerbauern und Handwerker *(vaishya)* und Sklaven *(shūdra)*. Die Familie *(kula)* war in die Sippe *(gotra)* eingebettet: innerhalb der Kaste herrschte Endogamie, Exogamie aber für die Sippe. Die zuverlässigsten Elemente der Dasyu wurden vermutlich in die vierte Kaste aufgenommen; der Rest war aus dem sozialen System und damit aus der politischen Gemeinschaft ausgeschlossen. Anderseits trug die Tendenz der einzelnen Berufe, erblich zu werden, dazu bei, die Unterteilungen innerhalb der vier Hauptkasten zu vervielfältigen. Doch war das System noch nicht erstarrt, und die Heirat zwischen Angehörigen verschiedener Kasten noch möglich. Die Stellung der Frau, die jetzt von der Teilnahme am häuslichen Ritual ausgeschlossen war, verschlechterte sich zusehends. Schon im Atharvaveda wird die Geburt einer Tochter beklagt. Immerhin war eine zweite Ehe der Witwen noch zugelassen.

Die wichtigste Grundlage des Wirtschaftslebens war jetzt der Ackerbau, während die Viehzucht in den Hintergrund trat. Immer häufiger beginnen die Texte auch von reichen Kaufleuten und selbst von Wucherern zu sprechen, aber noch gibt es keine deutlichen Hinweise auf Münzen. Der Handel wurde im Tausch oder allenfalls auf der Grundlage von Gold bewerkstelligt, das nach Gewicht angerechnet wurde.

Archäologisch ist diese Epoche keineswegs besser bezeugt als die vorangegangene. Die Ārya-Herrschaft erstreckte sich jetzt, wie aus den Texten hervorgeht, über die ganze nördliche Ebene, vielleicht unter Ausschluß Bengalens; aber weder Bauten noch Skulpturen, die man ihnen zuschreiben könnte, sind erhalten. Das einzige uns überkommene Zeugnis ist die Keramik, bei der, wie immer, eine Zuordnung zu dem einen oder anderen Völkerstamm nur schwer möglich ist. In einem großen Teil Nordindiens bleibt während dieser ganzen Periode die graue bemalte Keramik in Gebrauch; auch Kāthiāwār und Rajasthan bieten kein wesentlich anderes Bild.

Die spätvedische Religion ist uns aus den letzten vedischen Hymnen bekannt und unterscheidet sich kaum von der früheren. Allerdings wird das Pantheon des Rigveda gewissen Veränderungen und Umgruppierungen unterzogen. Varuna ist nicht mehr der Genosse des Indra, sondern sein Widerpart und Rivale.

Interessanter ist indessen die Tatsache, daß in den Lehrgedichten des X. Mandala im Rigveda die philosophische Spekulation ihre ersten unsicheren Schritte tut. Ihr zentrales Problem ist die Kosmogonie; und schon hier taucht jene monistische Tendenz auf, die immer ein bezeichnender Zug des indischen Geistes bleiben wird. In dem berühmten Hymnus X, 129 ist von dem Einen *(ekam)* die Rede, das Seiendem und Nichtseiendem vorausging und inmitten des umgebenden Nichts lebte und atmete. Durch Erwärmung *(tapas*, was später »asketische Meditation« bedeutet) entsteht die Liebe *(kāma)*, derzufolge das Eine sich in ein männliches und ein weibliches Prinzip aufspaltet, aus deren Paarung die Welt der Erscheinungen entsteht. Aber über die Erschaffung der einzelnen Wesen kann niemand etwas sagen, da selbst die Götter ihr unterworfen sind; allenfalls könnte der »Überwacher« (*ādhyāksha*, persönlicher Gott?) im Himmel darüber etwas wissen; vielleicht weiß aber auch er es nicht.

In einem anderen Hymnus tritt die Gestalt des Menschen *(purusha)* auf, »der alles dies (das Weltall) ist, das, was war, und das, was sein wird«. Später töten die Götter den Menschen als Opfer für den Menschen selbst, und aus dem Opfer entstehen die vedischen Hymnen, die Tiere, die Kasten der Menschen, die Götter und außerdem die Luft, der Himmel, die Erde und die vier Himmelsgegenden; anders ausgedrückt, das ursprüngliche Eine ist zugleich transzendent und immanent, und das Weltall nichts anderes als seine

Manifestation. Auch dieser Gedanke war entwicklungsträchtig. Ihm zufolge neigt der primitive Polytheismus der Ārya in der Spekulation dazu, sich auf einen »Theopantismus« hin zu überwinden, der die Vielzahl auf eine letzte Einheit zurückführt.

Weit weniger spekulativ und inniger mit der alltäglichen Wirklichkeit verbunden ist das Denken des Atharvaveda; in ihm wird ein gelegentlich außerordentlich primitiver Inhalt in einer Sprache ausgedrückt, die unter vielen Gesichtspunkten jünger als die des Rigveda ist. Der berühmte Hymnus auf die Mutter Erde ist als ein Stück hoher Poesie wichtiger denn durch seinen gedanklichen Gehalt: »Deine Hügel und schneebedeckten Berge und deine Wälder seien erfreulich, o Erde. Auf der braunen, schwarzen, roten und vielgestaltigen, festen und weiten Erde, von Indra beschützt, stand ich unbesiegt, nicht geschlagen, nicht verwundet. Was dein Mittelpunkt ist, o Erde, was dein Nabel ist, die Erquickung, die aus deinem Leib hervorgeht, leg es in uns und sei uns gnädig, o Erde. Die Erde ist die Mutter und ich bin ihr Sohn; Parjanya ist der Vater, er schenke uns Überfluß.«

Aber vom religiösen Standpunkt aus reduziert der Atharvaveda, hauptsächlich eine Sammlung von Zauberformeln, die Götter zu reinen Namen ohne die geringste Individualität. Er enthält auch einige kosmogonische Spekulationen, aber sie stehen nicht auf der Höhe des Rigveda. So wird in einem Hymnus die Zeit *(kala)* als Ursprung aller Dinge angerufen, während in einem anderen der Atem *(prāna)* und in wieder einem anderen die Liebe *(kāma)* dafür gilt. Der kleine Zyklus der Rohita-Hymnen besingt den »Roten« *(rohita)*, daß heißt die Sonne, als Urprinzip. Im allgemeinen steht der Atharvaveda außerhalb des Hauptstromes des indischen Denkens; er gibt uns einige Vorstellungen vom Volksglauben, von der magischen Welt, in der die Bauern und Hirten lebten, zeigt aber keinerlei Ansätze zu der späteren philosophischen Entwicklung. Dennoch braucht man nicht notwendig an einen Einfluß der nichtarischen Umgebung zu denken; der Atharvaveda kann auch den magisch-religiösen Glauben der untersten Schichten des Ārya-Volkes, im Gegensatz zum Ritualismus und den beginnenden Spekulationen seiner Priesterklassen, wiedergeben.

Dieser Ritualismus gewinnt im Lauf der Zeit ein erdrückendes Übergewicht. Schon in den Hymnen des Sāmaveda und des Yajurveda steht die Opferhandlung ganz im Mittelpunkt und läßt sogar die Gottheit, der sie zugedacht ist, in den Hintergrund treten. Die von den Priester-Autoren der Hymnen ausgesprochene Überzeugung, daß ein nach den Riten dargebrachtes Opfer seinen Zweck nicht verfehlen kann, läßt den Gott fast verschwinden und das Ritual unbestritten herrschen. Diese Vorstellung findet ihren vollkommensten Ausdruck in der Literatur der Brāhmana. Sie stellen ritualistische Abhandlungen über die heilige Wissenschaft *(brāhman)* dar, die nicht in rationalen Begriffen, sondern in mystischen und paramystischen Vergleichen und Behauptungen dargelegt und kommentiert wird. Ihre Vorschriften *(vidhi)* und Erklärungen *(arthavāda)* entstehen aus den Diskussionen der verschiedenen vedischen Schulen, und deshalb werden die Brāhmana überlieferungsgemäß mit den Veden verbunden, besonders eng die des Yajurveda, eigenständiger die der anderen drei. Auf den Rigveda beziehen sich das – ausschließlich dem Soma-Opfer gewidmete – Aitareya Brāhmana in vierzig Adhyāya, die zu acht Pañcikā gruppiert sind, und das Kausītaki Brāhmana in dreißig Adhyāya. Im Schwarzen Yajurveda hingegen enthält die Samhitā selbst große Abschnitte von Brāhmana in Prosa. Nur die Taittirīya-Schule hat ein getrenntes Brāhmana in drei Kanda zusammengestellt, das aber ebenfalls mit vedischen Versen *(mantra)* untermischt ist. Zum Weißen Yajurveda gehört das Shatapatha Brāhmana, das wie der Veda selbst in zwei voneinander stark abweichende Fassungen (Madhyandina und Kānva) zerfällt. Es stellt das bedeutendste Erzeugnis dieser Literatur dar, in dem die Diskussion ihre größte Reife und Tiefe erreicht. Der Sāmaveda enthält zwei eigentliche Brāhmana (Pañcavimsha Brāhmana und Jaiminīya Brāhmana) und eine Reihe kleinerer Werke *(anubrāhmana)* sehr vermischten Inhalts, der zumeist keinen Bezug auf die größeren Werke hat. Mit dem Atharvaveda verwandt ist das Gopatha Brāhmana, in der Hauptsache ein wahlloser Auszug aus den anderen Brāhmana. Chronologisch folgt diese Literatur auf die Samhitā und ist vermutlich im ersten Viertel des ersten vorchristlichen Jahrtausends anzusetzen.

Ihr Inhalt ist immer eine Erörterung der Opfermodalitäten, der mystischen Bedeutung der Opferhandlungen, der Entsprechung zwischen den einzelnen Opferhandlungen und psychischen, kosmischen und anderen Elementen. Häufig führen diese Diskussionen zur Exemplifizierung legendäre Erzählungen *(itihāsa)* an, wie die Geschichte von Shunahshepa; zum guten Teil gehen diese auf vedische Vorbilder zurück, die, der besonderen Denkweise der Brāhmana entsprechend, erweitert worden sind.

Dieses Denken ist ausschließlich und typisch priesterlich. Die Herrschaft der Priesterklasse ist absolut und so erdrückend, daß es zu Behauptungen kommt wie: »Die Sonne würde nicht aufgehen, würde nicht der Priester in der Frühe das Feueropfer darbringen« (Shatapatha Brāhmana). Sie sucht ihre eigenen technischen Kenntnisse auszulegen und erklärt deren Notwendigkeit, Vorteile und Bedeutung. Bei diesen Erklärungen handelt es sich um eine magische Neuauslegung des Götterkultes. Ihre hermeneutischen Mittel sind vorwissenschaftlich.

In den Brāhmana finden wir im embryonalen Zustand etymologische, grammatische und phonetische Theorien, vor allem aber eine physiologische Theorie des Lebensatems *(prāna)*, der so wichtig erscheint, daß sein Name für die Gesamtheit der im Körper vereinigten Lebensfaktoren herhalten muß: Atem, Gedanke, Wort, Gesicht, Gehör. In den Brāhmana erscheinen auch zum erstenmal die Begriffe *rūpa* (Gestalt, Sichtbares) und *nāma* (Name, Unsichtbares, inneres Wesen), die später noch große Bedeutung erlangen sollen. Insgesamt stellen die Brāhmana, zwar nicht in ihren Gedanken, aber in den Mitteln, mit denen sie fixiert und definiert werden, die Anfangsphase der indischen Philosophie dar.

Die Gottheiten der Brāhmana sind die gleichen wie die vedischen, doch gewinnt Rudra als Schreckensgottheit, die das Opfer annimmt (und fordert), immer größere Bedeutung; der Name Shiva wird schon sein gebräuchlichster Rufname. Gleich nach ihm kommt Vishnu, der mit dem Opfer selbst identifiziert wird. Ein Grunddogma, das in dieser Zeit Gestalt gewinnt, erklärt die Veda oder wenigstens die ersten drei von ihnen *(trayī)* für ewig, unerschaffen, heilig und unfehlbar. Die Kosmogonie beruht auf dem Mythos von Prajāpati, der vermittels der Askese *(tapas)* die Welt aus sich ausströmt oder entläßt; er stellt eher eine abstrakte Konstruktion als eine lebendige und volkstümliche Gottheit dar. Schließlich findet man in den Brāhmana zum erstenmal die Vorstellung, daß die guten Werke ihre

Wirkung erschöpfen können, daß das selige Leben der Guten, der Opferer, der Helden in der jenseitigen Welt ein Ende finden könne und daher auch im Jenseits ein Tod (und deshalb eine Wiedergeburt) möglich sei; der erste Schritt auf die grundlegende Theorie von der Seelenwanderung hin ist getan.

Nach dem traditionellen Schema folgen auf die Brāhmana die Āranyaka, »Waldtexte«, das heißt Geheimschriften, die um ihres abstrusen, magischen (und deshalb gefährlichen) Charakters willen außerhalb der Gemeinschaft in der Einsamkeit der Wälder gelesen wurden. Sie stellen jeweils einen Anhang oder ein Schlußkapitel der gleichnamigen Brāhmana dar. Ihr Inhalt ist vermischt, bezieht sich aber immer auf die Symbolik der Opferhandlung und nicht auf ihre Technik. Er kann aus den Versen bestehen, die die Opferhandlung begleiten, oder aus anderen rituellen Charakters, *Mahānāmnī* genannt, aus Spekulationen über Prāna und Purusha, aus grammatischen Symbolismen und magischen Formeln. Das Shānkhāyana Āranyaka des Rigveda gibt eine Darstellung des »inneren Agnihotra«, das heißt eines symbolischen Ritus, der das Opfer ersetzen kann. Der philosophische Gehalt dieser späten Früchte der liturgischen vedischen Exegese ist fast gleich Null. Was sich in ihm aber gewandelt hat, ist die Atmosphäre; jetzt zählt nicht mehr die genaue Ausführung der liturgischen Technik, sondern die Meditation über ihre Bedeutung; nicht die Handlung, sondern der Gedanke. Das Beharren auf dem innerlichen Opfer bereitet den Übergang von dem »Weg der Tat« *(karmamārga)*, das die Brāhmana vorschreiben, zu dem »Weg der Erkenntnis« *(jñānamārga)* vor, das später das entscheidend Neue der Upanishaden ausmachen wird.

Die Epoche der großen religiösen Bewegungen

Parallel zum gleichzeitigen Geschehen in Griechenland und China erlebt auch Indien einen erstaunlichen Frühling des philosophischen und spekulativen Denkens. Vor allem im Gangestal, insbesondere in seinem östlichen Teil, entwickelte sich dieses hochgespannte geistige Leben; Buddha und Mahāvīra lebten und predigten beide im heutigen Bihar und in den östlichen Distrikten von Uttar Pradesh. Das Gravitationszentrum der Welt der Ārya hatte sich endgültig nach Osten verlagert, und die alten Reiche im Industal waren zu Randzonen von geringer Bedeutung abgesunken.

Um 500 v. Chr., also in der Zeit des Buddha und des Mahāvīra, hatte eine Zusammenfassung der politischen Kräfte bereits stattgefunden, die aber noch weiterhin anhielt. Die arischen Stammesstaaten fügten sich zu einigen größeren Gebilden zusammen. Nicht alle waren Monarchien; einige (allerdings nicht die größeren), wie der Staat der Shākya, in dem der Buddha geboren wurde, waren Republiken oder geradezu Bundesrepubliken wie der mächtige Staatenbund der Vrijji. Die Regel war indessen die monarchische Staatsform. Eine buddhistische Schrift (Anguttara Nikāya) enthält die traditionelle Liste der sechzehn großen Staaten *(mahājanapada)*, die mit gewissen Varianten auch andernorts wiederkehrt. Ohne Vollständigkeit anzustreben, sei hier auch auf die wichtigsten Staaten hingewiesen, die dieser Katalog der politischen Konstellation Indiens im 6. vorchristlichen Jahrhundert aufzählt: Magadha, auf das wir später zurückkommen wollen; Kāshi, das heutige Benares, das durch die ganze indische Geschichte eine heilige Stadt war, damals aber, was es in der Folge niemals mehr gewesen ist, auch die Hauptstadt eines starken Staates. Kosala im östlichen Uttar Pradesh, dessen Oberhoheit die Shākya von Kapilavastu anerkannten, war während des 6. und 5. Jahrhunderts eine der Großmächte Nordindiens und der einzige ernsthafte Rivale des Reiches von Magadha. Weiter östlich in West-Bengalen und vielleicht bis zum Meer reichend, bildete Anga die äußerste Grenze für die östliche Ausdehnung der Ārya. Nördlich des Ganges gegen den Himalaya zu, bestand der bereits erwähnte Staatenbund der Vrijji aus acht Stämmen, unter denen die Vrijji und die Licchavi hervorragten; er war auf den Trümmern des Reiches Videha entstanden, das einstmals von dem in der vedischen Literatur erwähnten König Janaka beherrscht wurde. Südlich vom mittleren Ganges lag Vatsa mit seiner großen Hauptstadt Kaushāmbī, nicht weit von Allahabad. Im Zwischenstromland zwischen Ganges und Jumna lag Pañcāla, wo später die Stadt Kanyākubja, ein Jahrtausend später der politische Mittelpunkt Indiens, entstand. Im Mālwā lag das Avanti-Reich mit seiner Hauptstadt Ujjayinī (Ujjain), ein Vorposten der Ārya gegen Süden. Und schließlich lagen an der Westgrenze Gandhāra am mittleren Indus und Kamboja im heutigen Ostafghanistan, ein Land, das schon mehr iranisch als indisch war.

Als wichtigster Staat der Mahājanapada erwies sich alsbald Magadha, das der Brennpunkt der nordindischen Geschichte für die ganze Periode, mit der wir uns beschäftigten, werden sollte. Magadha entspricht dem mittleren Teil des heutigen Bihar zwischen dem Ganges im Norden und den waldigen Hügeln von Chhota Nagpur im Süden. Seine Geschichte, sehr eng mit dem Wirken des Buddha verbunden, ist aus buddhistischen Quellen in Sanskrit und Pāli, aus Jaina-Quellen und den späteren brahmanischen Purāna bekannt. Bedauerlicherweise sind die genealogischen und chronologischen Divergenzen zwischen diesen verschiedenen Quellengruppen groß und häufig nicht miteinander in Einklang zu bringen. Wir werden, wie es seit langem üblich geworden ist, der Chronologie der in der Pāli-Sprache aufgezeichneten singhalesischen Quellen folgen.

Um 546 v. Chr. bestieg Shrenika Bimbisāra, der Begründer der Haryanka-Dynastie (546–414) und Zeitgenosse des Buddha, den Thron des damals kleinen Fürstentums Magadha. Er verließ die alte Hauptstadt, Girivraja, um in ihrer unmittelbaren Nachbarschaft eine neue zu gründen, die den Namen Rājagriha erhielt und mit Mauern aus unbehauenem Stein mit dem gewaltigen Umfang von vierzig Kilometern befestigt wurde. Die Politik von Bimbisāra scheint auf ehelichen Verbindungen mit den benachbarten Königshäusern beruht zu haben; wir wissen, daß er mit den Dynastien von Madra, Kosala und Vaishālī verschwägert war. Nachdem er sich so den Rücken gegen Norden und Westen gedeckt hatte, leitete er gegen Osten eine Eroberungspolitik ein, besiegte den König von Anga und annektierte dessen Herrschaftsgebiete. Sein Ende war tragisch: um 494 wurde er von seinem Sohn Ajātashatru entthront und ins Gefängnis geworfen, wo er Hungers starb.

Der Vatermörder mußte sich selbstverständlich gegen die Verwandten seines Vaters und vor allem gegen die Koshala und Vrijji verteidigen. Von Prasenajit von Kosala besiegt und gefangengenommen, wurde er allerdings befreit und heiratete die Tochter des Siegers. Später wurde Prasenajit entthront und flüchtete an den Hof seines Schwiegersohnes, wo er starb. Nachdem eine Überschwemmung den Usurpator und sein Heer hinweggefegt hatte, annektierte Ajātashatru Koshala. Länger dauerte der Krieg mit den Vrijji. In seinem Verlauf befestigten zwei Generale von Magadha das Dorf Pātaligrāma am Südufer des Ganges, das später unter dem Namen Pātaliputra die Landeshauptstadt wurde. Der Krieg konzentrierte sich sehr bald um Vaishālī, die Hauptstadt der Licchavi, die schließlich der militärisch-technischen Überlegenheit der Magadha-Truppen erlag, da sie zum erstenmal Katapulte und schwere Streitwagen ins Feld führten. Das Gebiet der Vrijji wurde Magadha angegliedert. In religiöser Hinsicht zeigte Ajātashatru sich anfangs dem Buddha feindlich gesinnt und nahm an den Verschwörungen gegen sein Leben teil. Doch dann bat er reuig um Verzeihung, die ihm auch gewährt wurde. Von da an war er dem Buddhismus gewogen und ließ – den Überlieferungen zufolge – dem Konzil, das sich zwei Monate nach dem Tod des Meisters in Rājagriha versammelt hatte, seinen Schutz zuteil werden.

Aber das rächende Schicksal ereilte den Vatermörder Ajātashatru, der – zumindest nach den buddhistischen Quellen – um 462 von seinem Sohn Udāyin, bis dahin Vizekönig von Anga, erschlagen wurde; die jainistischen Quellen hingegen bestreiten diesen Vatermord. Warum Ajātashatru nach seiner Thronbesteigung Rājagriha verließ und um 458 die neue Stadt Pātaliputra, das heutige Patna, erbaute, das seitdem ununterbrochen Hauptstadt geblieben ist, wissen wir nicht. Unter ihm spitzte sich der bereits unter Ajātashatru sich anbahnende Konflikt mit den Avanti-Königen weiter zu, die ihrerseits erobernd vordrangen und sich bereits das Gebiet von Kaushāmbī unterworfen hatten. Der Kampf zwischen den beiden stärksten Mächten der Ārya dauerte nahezu ein Jahrhundert. Es sieht so aus, als sei Udāyin dem Jainismus besonders zugetan gewesen, wenngleich auch die Buddhisten ihn für sich in Anspruch nehmen. Um 446 starb er eines gewaltsamen Todes, entweder von der Hand seines Sohnes oder von der eines von dem Avanti-König gedungenen Mörders.

Nach der buddhistischen Legende machten sich auch die drei folgenden Könige des Vatermordes schuldig, bis der letzte von ihnen mit seiner Grausamkeit seine Untertanen zum Aufstand reizte, die ihn dann absetzten und den Minister Shishunāga auf den Thron erhoben. So endete um 414 die Dynastie der Haryanka, die die Texte uns in düsteren Farben malen: trotz ihrer Hingabe an die milde Lehre des Buddha troffen sie vom Blute ihrer Väter. Jedenfalls hatten sie aber aus Magadha eine Großmacht gemacht, die stärkste im östlichen Indien, und hatten damit die politisch-militärischen Grundlagen für den Imperialismus der Nanda und der Maurya gelegt. Die Gründe für ihren unbestreitbaren Erfolg sind vor allem in einem technisch-wirtschaftlichen Faktor zu suchen: das heißt in dem sich immer weiter verbreitenden Gebrauch eiserner Waffen und in der in diesem Zusammenhang günstigen Tatsache, daß die wilde und für den Landbau ungeeignete Gegend von Rājagriha reiche Vorkommen vorzüglicher Eisenerze nahe der Erdoberfläche barg (Barābar-Hügel) und daß sie zudem an der Straße zu den großen Kupfer- und Eisenerzlagern in den Distrikten Dalbhum und Singhbhum lag. Zu diesen materiellen Vorteilen trat eine tiefgreifende Umschichtung der militärischen Institutionen durch die Haryanka-

Könige. Den Stammes- und Feudalmilizen der anderen Staaten stellte Magadha ein stehendes Heer gegenüber, das dem König unmittelbar unterstand und aus regelmäßigen, durch ein wohlgefügtes Steuersystem gesicherten Einnahmen unterhalten wurde. Zum erstenmal zeichnete sich hier eine absolute Monarchie ab, die nicht mehr den Beschränkungen durch die vedischen Sabhā und Samiti unterlag. Der Adel tritt in den Hintergrund und verschwindet; der absolute Herrscher steht dem Volk unmittelbar gegenüber. Diese einschneidenden Veränderungen lassen es nicht erstaunlich erscheinen, daß die Haryanka-Könige, die als Menschen vielleicht verächtlich, als Herrscher aber sehr tüchtig waren, lange in der Erinnerung fortlebten; sie werden in Inschriften und selbst in den Erzählungen der chinesischen Pilger, die tausend Jahre später Magadha besuchten, immer wieder erwähnt.

Die Shishunāga-Dynastie (etwa 414–346) baute das Werk der Haryanka weiter aus. Ihr Gründer, Shishunāga (etwa 414–396), beendete den fast hundertjährigen Kampf mit Avanti und eroberte so für seine Krone einen guten Teil Zentralindiens. Hauptstadt wurde wiederum das alte Girivraja, während der Erbprinz Gouverneur in Benares war. Shishunāgas Nachfolger Kālashoka (etwa 396–368) verlegte den Regierungssitz endgültig nach Pātaliputra zurück, wenngleich er lange Zeit gern in Vaishālī residierte. Einige Quellen behaupten, das zweite buddhistische Konzil habe während seiner Herrschaftszeit stattgefunden. Seine Nachfolger – nach buddhistischer Tradition seine zehn Söhne der Reihe nach – wurden von einer Palastverschwörung beseitigt, an der die Königin teilnahm und die von einem Räuberhauptmann von niederer Herkunft (Shūdra?) angezettelt wurde. Dieser begründete die Nanda-Dynastie (346–313); aber die Quellen sind sich über dessen Namen (Mahāpadma oder Ugrasena oder Nanda) und über die Zahl seiner Nachfolger keineswegs einig. Angeblich soll die Dynastie aus neun Königen (Nava Nanda), das heißt dem König und seinen acht Brüdern oder Söhnen, bestanden haben. Der erste König nahm die imperialistische Politik wieder auf und dehnte seine – direkte oder indirekte – Herrschaft über die ganze Gangesebene, über Zentralindien, Orissa und vielleicht sogar über Teile des Dekhan aus. Es ist eine Ironie der Geschichte, daß dieses erste indische Großreich von Shūdra, deren arische Reinheit zumindest zweifelhaft ist, auf den Trümmern der von den Kshatriya erschaffenen und beherrschten Mahājanapada errichtet wurde. Als Alexander der Große nach Indien kam, war der König der Gangariden (Anwohner des Ganges) und der Prasier (Prācya, »Orientalen«) der letzte der Nanda-Könige, den die klassischen Autoren Xandrames oder Agrammes (vielleicht eine Umschreibung von Augrasainya) nennen. Quintus Curtius erwähnt Einzelheiten von ihm, die merkwürdig mit denen der Jaina-Quellen übereinstimmen. Und tatsächlich scheint der Jainismus den eigentlichen politisch-religiösen Hintergrund der Dynastie abgegeben zu haben. Von dem Reichtum und der ungeheuren militärischen Macht der Nanda legen sowohl die Pāli-Texte wie die griechischen und lateinischen Texte Zeugnis ab; nach Diodoros und Quintus Curtius bestand das Heer von Magadha in seinen vier traditionellen Waffengattungen aus zweihunderttausend Mann Fußvolk, zwanzigtausend Reitern, zweitausend Streitwagen und dreitausend oder viertausend Elefanten. Aber schon wenige Jahre später wurde die Dynastie trotz ihren Reichtümern und ihrem gewaltigen Heer von einem genialen Abenteurer, dem Begründer der Maurya-Dynastie, gestürzt.

Während Magadha sich schrittweise zur bedeutendsten Macht des Nordens entwickelte, begannen iranische Großmächte mit jenen Vorstößen ins Industal, die – wenngleich nur in langen Abständen wiederholt – schließlich das spätere Pakistan doch gänzlich der übrigen Halbinsel entfremdeten. Das persische Achaimenidenreich drängte von Anfang an (um 550 v. Chr.) gegen die Tore Indiens. Anscheinend hat schon sein Begründer Kyros Expeditionen in die heute afghanischen Gebiete unternommen. Aber die diesbezüglichen Nachrichten entstammen einer späten Zeit. Xenophon spricht von der Eroberung Baktriens und Indiens. Arrian behauptet, Kyros habe die Inder zwischen Indus und Kophes (Kubhā) beherrscht, die ihm Tribut gezollt hätten; und Plinius erwähnt die Zerstörung der Stadt Capisa (Kāpishi, das heutige Begram nördlich von Kabul) durch Kyros. Aber mögen solche Vorstöße auch stattgefunden haben, so spricht doch nichts dafür, daß sie mehr als große Beutezüge waren, denen keinesfalls die Einrichtung einer regulären Verwaltung folgte.

Der wirkliche Eroberer der indischen Gebiete war Dareios I. In der Liste der von ihm beherrschten Gebiete, die in der großen Inschrift von Bisutun (um 516) aufgezählt werden, erscheinen unter anderen Harahuvati (Arachosien; Südafghanistan) und Gadara (Gandhāra; die achaimenidische Keilschrift gibt den Nasal am Ende einer Silbe nicht an). Wenig später nennt die Inschrift von Persepolis (um 513), der diejenigen von Naqsch-i-Rustam und Hamadan folgen, die gleichen Namen und fügt noch Hidu (Hindu) hinzu. Hidu, die normale iranische Form für Sindhu, den Indus, war der Name der achaimenidischen Satrapie am großen Fluß, der von den Griechen zuerst als Völkername, *Indoi*, später als geographische Bezeichnung, *India*, übernommen wurde. Er bezeichnete ursprünglich die Gebiete am mittleren und unteren Indus; mit der allmählichen Ausweitung der geographischen Kenntnisse der Griechen gegen Osten erweiterte sich auch die Bedeutung des Wortes, bis es schließlich auf die ganze Halbinsel angewandt wurde. Die afghanischen Gebiete und Gandhāra wurden von den Persern vor 516 erobert, und die Indus-Satrapie wurde zwischen 516 und 513 eingerichtet. Die näheren Umstände der Eroberung sind fast unbekannt. Wir wissen nur von Herodot, daß ihr die Forschungsreise des Skylax von Karyanda voranging, der sich mit seiner Flotte in Kaspatyros (vielleicht an der Mündung des Kabul-Flusses in den Indus) einschiffte und den großen Fluß bis zu seiner Mündung hinabfuhr. Der Entdeckung folgte unmittelbar die Eroberung. Die so entstandene örtliche Situation spiegelt sich in der Liste der Steuerprovinzen *(nomoi)* bei Herodot: die Gandarioi bildeten zusammen mit den Sattagydai, Dadikai und Aparytai die siebente Provinz, die jährlich hundertsiebzig Talente aufzubringen hatte; die Indoi bildeten die zwanzigste Provinz, die volkreichste von allen und diejenige, die die höchsten Steuern bezahlte: dreihundertsechzig Talente.

Die politische Organisation, die diesen Gebieten gegeben wurde, bleibt ziemlich undeutlich. Anscheinend reichte der Einfluß des Großkönigs nicht über einen Gürtel von unbekannter Breite am Indusufer entlang (bis zur Wüste, sagt Herodot) hinaus; auch ist unklar, ob das Deltagebiet in das Reich eingeschlossen war. Rings um die Verwaltungszentren entstanden richtige Städte, und die jüngsten Ausgrabungen von Charsadda (Pushkalāvatī, die erste Hauptstadt von Gandhāra) haben Befestigungsanlagen ans Tageslicht gefördert, die vielleicht auf das 4. Jahrhundert zurückgehen. Dennoch bleibt die Tatsache bestehen, daß wir keine unmittelbaren Nachrichten über die Indus- und Gandhāra-Satrapien nach Dareios haben, und man kann sogar vermuten, daß sie als solche bald abgeschafft wurden. Denn während es im Heer des Xerxes, das im Jahr 480 in Griechenland einfiel, noch indische und gandhārische, jeweils von persischen Offizieren befehligte Einheiten gab, standen im Heer Dareios' III. bei Gaugamela (331) zwar Inder; sie waren diesmal aber unter den Einheiten anderer Provinzen (Baktrien und Arachosien) aufgeteilt. Es ist auch nicht ausgeschlossen, daß sie Söldner waren, wie sie Arrianus für die Saken, ihre Nachbarn, ausdrücklich bezeugt. Für die Zeit zwischen 480 und 331 fehlt uns jegliche Nachricht, und es ist deshalb nicht unmöglich, daß die persische Herrschaft im Industal de facto schon im Lauf des 5. Jahrhunderts ein Ende nahm. Als einigermaßen aufschlußreich erscheint die Tatsache, daß keine achaimenidische Goldmünze *(dareikos)* in Indien gefunden worden ist; dabei ist jedoch zu bedenken, daß die Münzen nur fakultativen Kurs hatten, vor allem für die westlichen Provinzen geprägt wurden und in den indischen Provinzen, die bereits örtliche Münzen besaßen (von ihnen soll später die Rede sein), nicht zwangsweise eingeführt wurden.

Dennoch bleibt die Anwesenheit der Perser am Indus während fast zweier Jahrhunderte – mag sie auch nur dem Namen nach bestanden haben – eine Tatsache. Mit ihr gelangten zwei teilweise neue Ideen nach Indien. Die eine ist die Idee eines einheitlichen Großreiches, das als selbständiger Organismus und nicht als einfache Gruppierung von Vasallenstaaten anzusehen ist. Die andere ist der ethische, nicht mehr rein pragmatische Charakter der Monarchie, der sich so deutlich in den Inschriften des Dareios ausdrückt. Auch fehlt es nicht an – zwar nur indirekten – Spuren eines materiellen Einflusses der persischen Herrschaft auf Indien. Hierher gehört der Gebrauch der offiziellen Sprache und Schrift der achaimenidischen Verwaltung: des Aramäischen, das in den afghanischen Gebieten auch nach dem Sturz des Reiches weiterverwendet wurde (Inschriften von Pul-i-Darunteh, Taxila und Kandahar); aus ihm entstand später die Kharoshthī-Schrift, die in der gleichen Gegend gebraucht wurde. Deutlicher noch ist der achaimenidische Einfluß auf das Maurya-Reich, wie er sich im Protokoll und im allgemeinen Tenor der Inschriften von Ashoka, in der Architektur der Maurya-Paläste, die den achaimenidischen Apadāna gleichen, und in der von Persepolis abgeleiteten Form der Maurya-Kapitelle widerspiegelt. Dieser größtenteils postume Einfluß war indessen friedlich und indirekt; soweit wir sehen, gab es keine Berührung oder wenigstens keine feindliche Berührung zwischen den Gebieten unter achaimenidischem Einfluß und denen, die die Vorherrschaft der Könige von Magadha anerkannten.

Der letzte Vorstoß der arischen Sprachen und der spätvedischen Religion nach Süden läßt sich zeitlich kaum richtig ansetzen. Bei der allgemeinen chronologischen Unsicherheit der gesamten Literatur bieten die Sanskritquellen keine sicheren Anhaltspunkte. Anscheinend hat um das Jahr 500 der Einfluß der Ārya noch nicht die gebrechliche Schranke der Vindhya-Berge überschritten, die auch später noch als Südgrenze des Āryavarta (so in der Manusmriti) angesehen wurde. Das südlichste arische Königreich war Vidarbha (das heutige Berar). Aber schon im 5. Jahrhundert geben uns Legenden, wie die vom Meister Bāvari, der Koshala verlassen hatte, um sich zusammen mit seinen Jüngern am Fluß Godāvarī im Assaka-Land von Dakshināpatha (Dekhan) niederzulassen, eine Vorstellung davon, wie sich der Ausbreitungsprozeß der arischen Sprachen und Religionen nach Süden abspielte. Kātyāyana, ein Grammatiker des 4. vorchristlichen Jahrhunderts, kennt schon die Namen der Königreiche im äußersten dravidischen Süden: Pāndya, Cola und Kerala. Die Dharmasūtra von Baudhāyana erwähnen bereits einige typisch südliche Bräuche. Es scheint also, als könne man – wenn auch nur durchaus provisorisch – die Arisierung der Zentralhochebene des Dekhan zwischen dem 6. und 4. Jahrhundert ansetzen. Es ist ein vollständig anonymer und uns unbekannter Vorgang, der indessen später von der Überlieferung in der mythischen Gestalt des Weisen Agastya, des Eroberers und Zivilisators des Südens, personifiziert wurde.

Die Sprachwissenschaft weist heute eine arische Sprache, das Marathi, als vorherrschend im Dekhan nach, das ein nichtarisches Substrat überlagert. In den waldreichen und wenig zugänglichen Gegenden sind dazwischen Munda- und Dravida-Sprachinseln eingesprengt. Im Süden dagegen äußerte sich der arische Einfluß vor allem im Eindringen der spätvedischen Religion, die sich aber der dravidischen Sprachen bedienen mußte. Die äußerste Südspitze der Halbinsel blieb dem Sanskrit als Sprache der Hochkultur verschlossen. In der Mitte des 4. Jahrhunderts fand eine regelrechte Kolonialisierung der Insel Ceylon (wahrscheinlich auf dem Seeweg, ausgehend von den Häfen der Nordwestküste) durch die Ārya statt. Und noch heute stellt das Singhalesische, das von der Mehrzahl ihrer Bewohner gesprochen wird, die südlichste arische, von den anderen gänzlich isolierte Sprache dar.

Die spätvedische und die upanishadische Literatur, die allein bis in diese Zeit zurückreichen, sind in Sanskrit verfaßt. Diese Sprache hatte sich in der Periode der Brāhmana und der Upanishaden schrittweise mit kaum spürbaren Abänderungen aus der vedischen Sprache entwickelt, bis sie ihre endgültige Form im 5. Jahrhundert fand. Wahrscheinlich ist sie in dieser Zeit von Pānini fixiert worden. Als Sprache der Priesterklassen war sie damals aber schon im Begriff zu erlöschen, da das Volk die jüngeren Prakrit-Dialekte sprach, von denen später die Rede sein wird. Vermutlich wurden diese Dialekte auch in Priesterkreisen zur alltäglichen Umgangssprache; alles in allem war es ein Vorgang, der seine Parallele zweitausend Jahre später in der Beziehung zwischen Persisch und Urdu in den herrschenden muslimischen Klassen finden sollte. Pānini stellte in seiner Grammatik *(Ashtādhyāyī)* die endgültigen Sprachregeln auf, die er in nahezu algebraischen Formeln von größter Genauigkeit formulierte. Diese Grammatik war ein Werk von ungewöhnlichem phonetischem und morphologischem Scharfsinn und war für die europäischen Gelehrten vor hundertundfünfzig Jahren eine wahre Offenbarung. Aber sie gebot der Entwicklung der Sprache auch Einhalt, da sie sich als literarisches Instrument niemals mehr von Pāninis Norm entfernen konnte und sehr bald die Eigentümlichkeiten einer toten Sprache annahm. Die Sprache der Lehren des Buddha und des Mahāvīra, wie ihre Jünger sie von den Lippen der Meister hörten, war indessen die örtliche Umgangssprache; ihre ersten schriftlichen Zeugnisse gehören aber erst der folgenden Periode an.

Als die großen religiösen Reformen eine Bresche in die alte Bastion des priesterlichen Formalismus der Ārya schlugen, legte diese bei ihrer Verteidigung eine unerwartete Lebenskraft an den Tag. Die Priesterklasse verzichtet zwar nicht auf den Ritualismus, läßt ihn aber, soweit wir sehen, weniger deutlich in Erscheinung treten und bemüht sich, ihre eigene Bedeutung auf andere Weise geltend zu machen. Zu diesem Zweck setzt sie die Kodifikation der Regeln, die die brahmanische Gesellschaft beherrschen, ins Werk und versucht, eine noch fließende Situation zu fixieren und der Kastenstruktur größere Festigkeit zu verleihen. So entsteht die Literatur der Dharmasūtra, das heißt der Aphorismen *(sūtra)* über das religiös-soziale Recht *(dharma)*. Dem vedischen Ritual eng verbunden, sind die ersten von ihnen in einer noch archaischen Prosa geschrieben und könnten auf das 5., ja auf das 6. Jahrhundert zurückgehen. Es folgen die Sūtra, in Versen auch Smriti genannt, die umfänglicher sind und Ansätze zu einer juristischen Systematik erkennen lassen. Diese Literatur wird wenigstens bis ins 2. vorchristliche Jahrhundert fortgesetzt. Ihr Inhalt ist im allgemeinen einheitlich und handelt von den Quellen des Dharma, den auf die Kasten bezüglichen Regeln, der Initiation *(upanayana)*, von dem brahmanischen Studenten *(brahmacārin)*, dem *pater familias (grihastha)*, von den Asketen, der Nahrung, der Theorie der Übertretungen und Sühnungen *(prāyashcitta)*, von den Rechten und Pflichten des Königs *(rājadharma)*, von rituellen Fragen mit besonderer Berücksichtigung der Reinigung und der Totenopfer *(shrāddha)*, dem Privatrecht (Ehe, Adoption, Erbschaft), Eigentumsrecht, Elementen des Strafrechts, den Pflichten gegenüber Eltern und Lehrer. Der älteste Dharmasūtra scheint der von Gautama (um 500 v. Chr.) zu sein, wenngleich verschiedene Gelehrte das bestreiten; er scheint mit dem Ritual der Chandoga, das heißt der Sāmaveda-Sänger, in Zusammenhang zu stehen. Wenig jünger, jedenfalls in seinem Kern, ist der von Baudhāyana, der uns freilich nur in einer relativ späten Umarbeitung überliefert ist. Der am besten erhaltene ist der von Āpastambha, der ebenfalls ziemlich alt ist, wenn er auch nicht auf das 5. Jahrhundert zurückgeht, wie Bühler behauptete. Die anderen Sūtra sind jünger, und einige von ihnen sind nur eine Wiederholung der Smriti, obwohl diese insgesamt jünger als die Sūtra sind.

Gleichzeitig mit den Dharmasūtra, sozusagen als Reaktion auf sie, begann das Kastenwesen seine endgültige Ausprägung zu finden, dessen Starrheit und Exklusivität in striktem Gegensatz zu der Biegsamkeit der spätvedischen Epoche stehen. Die Berufsstände verwandeln sich jetzt in eigentliche Kasten, deren oberste sehr große Privilegien besitzen. Der Brahmane ist heilig und unverletzlich und kann, selbst wenn er schwere Verbrechen begeht, nicht mit dem Tode bestraft werden; ihm sind die höchsten Staatsämter vorbehalten, insbesondere das des Priesters, des Lehrers, des Richters und des Ministers. Am Fuß der sozialen Pyramide tendiert die Stellung des Shūdra zu einer deutlichen Verschlechterung. Seine Hauptaufgabe ist der Dienst; er ist vom Studium der heiligen Schriften ausgeschlossen; die Strafen für ihn sind barbarisch grausam, und er genießt andererseits keinen hinlänglichen Schutz. Wenn ein Brahmane einen Shūdra tötet, muß er die gleiche Buße wie für die Tötung einer Katze, eines Frosches, eines Hundes oder eines Raben leisten. Immerhin war die Eheschließung zwischen Männern höherer und Frauen niederer Kasten *(anuloma)* noch zugelassen, nicht aber das Gegenteil *(pratiloma)*. Die Nachkommenschaft konnte noch im

Verlauf mehrerer Generationen in die höhere Kaste aufsteigen. Schon entwickelt sich, wenn auch erst als undeutliche Tendenz, die Idee, es sei unstatthaft, daß ein Mann der höheren Kasten eine von einem Angehörigen der unteren Kasten bereitete Speise zu sich nehme oder mit ihm zu Tische sitze. Und das fortgesetzte Entstehen neuer Kasten stellte die Verfasser der späteren Abhandlungen vor ernste Probleme.

Dieser Neigung zum sozialen Formalismus bezüglich der Lebensstadien des einzelnen Individuums begegnet man auch innerhalb der Kasten. Jeder Mensch, welcher Kaste er auch angehören mag, soll angeblich im Laufe seines Lebens vier Stadien *(āshrama)* durchlaufen. Zuerst ist er Brahmacārin, Student des heiligen Wissens, dann Grihastha, der Mann, der heiratet und für den Fortbestand der Familie und die notwendigen Opfer für die Vorfahren sorgt; seine Hauptverpflichtungen sind das Opfer, das Studium und die Freigebigkeit gegenüber den Priestern. In der dritten Phase lebt er als Vanaprastha oder Bhikshu in Armut und Entsagung in der Nähe der Dörfer. Schließlich verläßt er als Samnyāsin, als Asket, die Familie und jede menschliche Gemeinschaft und lebt in den Wäldern, ohne das Dorf betreten zu dürfen.

Die Stellung der Frau verschlechtert sich ständig, vor allem mit der schrittweisen Herabsetzung des Heiratsalters und mit der immer vollständiger werdenden Unterwerfung, erst unter den Vater und dann unter den Gatten; vor allem wird ihr so eine gute Bildung fast unmöglich gemacht. Im übrigen erfährt die soziale Struktur keine großen Veränderungen. Die Sklaverei bleibt weiter bestehen, behält aber immer ihre rein häusliche Form und hat keinen Einfluß auf die Landwirtschaft.

Vom materiellen Leben in Nordindien pflegt man an Hand der buddhistischen Texte ein recht vollständiges Bild zu entwerfen. Indessen wurden diese Schriften erst sehr viel später, besonders in Ceylon, gesammelt und enthalten vermutlich deshalb verhältnismäßig viel lokale und zeitgenössische Kulturelemente, die zu Unrecht dem Magadha des 6. Jahrhunderts zugeschrieben werden. Nur vom Handel haben wir etwas deutlichere Vorstellungen. Die allmähliche wirtschaftliche Entwicklung und ihre wachsende Bedeutung führten auch bei den Tauschmitteln zu einem Fortschritt. Noch war zwar der Tauschhandel üblich, und die als Zahlungsmittel dienenden Metalle wurden nach Gewicht berechnet. So zahlte zum Beispiel die achaimenidische Indusprovinz ihren Tribut in Goldstaub. Im 6. Jahrhundert tauchen dann aber die ersten archaischen Münzen auf, das heißt Metallstücke von einheitlichem Gewicht, für das ein Staatssiegel garantierte: Silberstücke, die mit drei Punkten markiert wurden oder gekrümmte Silberbarren mit einfachen Symbolen. Wenig später wurden sie von flachen rechteckigen oder runden Metallstücken abgelöst, die aus einer gehämmerten Blechfolie ausgeschnitten und auf das richtige Gewicht zurechtgestutzt wurden; mit einer Punze wurden ein oder mehrere Embleme oder Symbole auf ihnen angebracht, weshalb sie den etwas schwerfälligen Namen »punzierte Münzen« *(punch-marked coins)*, erhielten. Die Grundeinheit des Maßsystems bildete der ungefähr 0,118 g wiegende Rati (*guñja*-Beere), die übliche Goldmünze war der Suvarna von achtzig Rati, von dem uns jedoch kein Beispiel bekannt ist. Dafür besitzen wir Purāna oder Dharana aus Silber von zweiunddreißig Rati und kupferne Kārsāpana von achtzig Rati und deren Vielfaches oder deren Unterteilungen. Im Nordwesten dagegen standen die silbernen achaimenidischen

Sigloi im Kurs, die die punzierten Münzen anscheinend nur in ihrem Gewicht und besonders in ihrer Symbolik beeinflußt haben. Der goldene Dareikos hingegen kursierte, wie bereits erwähnt, in Indien nicht.

Noch festeren Boden haben wir in der Archäologie unter den Füßen. Charakteristisch für Nordindien in der Zeit vom 6. bis zum 4. Jahrhundert ist die schwarze polierte Keramik (*Northern Black Polished Ware*, NBP), deren Hauptfundorte im Gangesbecken und insbesondere in Magadha liegen. Sie darf also als die Gebrauchskeramik der Ārya-Gesellschaft im Norden gelten, wo sie bis zum 2. Jahrhundert und vielleicht noch länger im Gebrauch war. Sie wurde auf der Töpferscheibe gedreht, ist nicht sehr dick, und ihre Oberfläche hat einen stahlähnlichen Glanz. Regelmäßig und ohne Ausnahme geht der Gebrauch von Eisen für Waffen und Geräte mit ihrem Erscheinen Hand in Hand. Ein anderes Charakteristikum dieser Gegend in dieser Zeit ist das Wiedererstehen großer Städte nach der Unterbrechung, die auf den Untergang von Harappa und Mohenjo-daro folgt. Den riesigen Stadtwall von Rājagriha haben wir bereits erwähnt. Ebenfalls schon in die Epoche des Buddha fällt die Blütezeit von Kaushāmbī, fünfzig Kilometer westlich von Allahabad, und Ahiccatrā im Distrikt Bareli, deren gewaltige Mauern und beachtliches Areal bei Ausgrabungen zutage getreten sind.

Auch im Süden hat die Archäologie in den letzten Jahren bedeutende Ergebnisse erzielt, die eine nützliche Ergänzung der unsicheren literarischen Überlieferungen darstellen. In Malwā ist eine mikrolithische, hochspezialisierte Kultur entdeckt worden, deren Keramik schwarze Zeichnungen auf rotem oder cremefarbigem Grund aufweist; später tritt die vom Ganges stammende NBP-Kultur an ihre Stelle, die höchstwahrscheinlich von den Ārya importiert wurde (Maheshwar; ungefähr das gleiche Bild bietet Ujjain). Zugleich mit dem Vordringen der NBP-Kultur nach Zentralindien, etwa um 500 v. Chr., verbreitet sich hier auch der Gebrauch des Eisens, und eine städtische Kultur entwickelt sich. Aus dieser Zeit stammen die mächtigen, mit Holzbalken verstärkten Lehmmauern, die die heilige Stadt Ujjain, die älteste Zentralindiens, umgaben und die unlängst ausgegraben worden sind. Diese Importe aus dem Norden übten eine schockartige Wirkung aus und verwandelten die vorangegangene mikrolithische Kultur von Grund auf. Die gleiche Reihenfolge wie in Malwā tritt auch im nördlichen Dekhan (Prakasha, Bahal, Nasik) auf; auch hier folgt in einer zweiten Phase die NBP. Weiter südlich im Dekhan bleibt indessen die neolithische Kultur bestehen, die sich nur sehr langsam und teilweise durch das Erscheinen der schwarzroten Keramik und der – allerdings seltenen – Metalle wandelt. Im äußersten Süden schließlich sind, bis auf die Überreste einer primitiven mikrolithischen Jäger- und Sammlerkultur (Teri), fast gar keine Funde gemacht worden.

Insgesamt erweist sich der Süden als kulturell stark zurückgeblieben; erst die Eroberung durch die Maurya im 3. vorchristlichen Jahrhundert läßt ihn mit einem Satz die Entwicklung von mehreren Jahrhunderten überspringen und aus einem vorgeschichtlichen Stadium unmittelbar ins volle Licht der Geschichte treten.

Die Brāhmana und die Āranyaka hatten den alten vedischen Ritualismus durchgehend zu seinen letzten Konsequenzen geführt; die Religion hatte sich in eine Technik verwandelt und interessierte nur noch die Priesterklasse. Sie konnte jetzt weder die Bedürfnisse der Leute aus dem Volk befriedigen, die eines Glaubens und eines Trostes bedurften, noch die anspruchsvolleren Geister, die nach dem Ursprung der Dinge und dem Wesen des Lebens selbst forschten. Den kleinen Leuten schenkte diese Zeit vielleicht die ersten Ansätze zu einem Glauben an persönlichere und individuellere Gottheiten, der freilich erst sehr viel später eine deutliche und für uns greifbare Gestalt annahm. Die höheren Schichten hingegen lehnten den toten Ritualismus nicht nur ab, sondern in ihren Kreisen, insbesondere in der Kaste der Kshatriya, entstand eine denkerische Bewegung, die ihren Ausdruck in den Upanishaden (Geheim-Gleichungen) fand.

Die Upanishaden bestehen aus einem Komplex von angeblich einhundertacht Texten, wobei diese heilige Zahl der Überlieferung um so weniger dem tatsächlichen Umfang der Schriften entspricht, als ihre Abfassung bis in unsere Tage fortgesetzt worden ist. Insgesamt stellen sie wirklich das *Vedānta* im alten Sinn des Wortes dar, das heißt das Ende der Veda. Hier interessieren uns nur die ältesten von ihnen, die auf das 6. Jahrhundert zurückzugehen scheinen, eine oder zwei vielleicht sogar auf das 7., und die unmittelbar an die Āranyaka, ihre liturgische Esoterik und die Symbolik ihrer Melodien und Worte anknüpfen. Vor allem scheinen sie die Spekulationen des zehnten Buches des Shatapatha Brāhmana fortzusetzen. Sie sind in Prosa geschrieben und mit didaktischen Versen und gelegentlich mit lyrischen Strophen untermischt. Die zeitlich frühesten und zugleich längsten und bedeutendsten sind die Brihadāranyaka Upanishad – eine Art siegreichen Disputs des Weisen Yājñavalkya mit seinen Rivalen, der formal den letzten Teil des vierzehnten Buches des Shatapatha Brāhmana darstellt – und die Chāndogya Upanishad, der zweite Teil eines Chāndogya Brāhmana des Sāmaveda. Alt ist auch eine Gruppe von vier Upanishaden in Prosa (Aitareya, Kaushītaki, Kena und Taittirīya) und eine in Versen (Īshā). Wenig jünger, aber den Veden schon ferner stehend und bereits Ausdruck einer ausgereifteren Spekulation sind die Upanishaden in Versen (Katha, Shvetāshvatara, Mahānārāyana, Mundaka, Prashna); noch neueren Datums sind die Māndūkya und die Maitrāyanīya in Prosa, mit denen man wahrscheinlich schon in die Zeit nach der Entstehung des Buddhismus eintritt.

Diese in einer teils scholastischen, teils hochpoetischen Sprache geschriebenen Texte werfen vielerlei Probleme auf. Eines davon ist die alte kosmogonische Frage: Was war am Anfang, das Sein oder das Nichtsein? Dem Zweifel, der den Rigveda-Hymnus erfüllt, setzt der Weise der Chāndogya seine Gewißheit entgegen:

> Am Anfang, mein Lieber, gab es nichts anderes als das Sein *(sat)*, einzig und ohne ein zweites. Andere sagen freilich: »Am Anfang war das Nichtsein *(asat)*, einzig und ohne ein zweites; aus diesem Sein entstand nicht das Sein.« Wie aber könnte es so sein, mein Lieber? Wie kann das Sein aus dem Nichtsein entstehen? In Wahrheit war das Sein am Anfang aller Dinge, das Sein allein und ohne ein zweites. Dann dachte [das Sein]: »Möchte ich doch vieles werden. Möchte ich doch zeugen.« Und so erzeugte es die Wärme *(tejas)*. Die Wärme dachte: »Möchte ich doch vieles werden. Möchte ich doch zeugen.« Und sie erzeugte die Wasser.

Ein anderes Problem von weit größerer Tragweite bezieht sich auf das Ātman, das Selbst jedes Einzelwesens: nicht Seele oder sterbliches Ich, sondern eine geheimnisvolle, der Zeit und dem Raum übergeordnete Präsenz, jenseits aller Leidenschaft. Obwohl sie in allem ist,

ist sie doch nicht vielfältig, sondern eins; infolgedessen wird sie mit dem Brāhman, der letzten Wesenheit des Weltalls, identifiziert. Daraus entsteht eine Heilslehre, denn wer die Identität Ātman-Brāhman erkennt, kann sich dem unaufhörlichen Fluß der Zeit und des Raumes entziehen, die jedes Ding mit sich in ein unbestimmtes Werden reißt; zum erstenmal wird das Heil nicht durch einen liturgischen Akt, sondern durch die Erkenntnis erwirkt. Diese Idee hat einige der sublimsten Seiten der indischen Philosophie inspiriert. Zum Beispiel: »Das Ātman ist Honig für alle Wesen, und alle Wesen sind Honig für das Ātman; jenes aus Glanz und Unsterblichkeit bestehende Wesen, das dem Ātman innewohnt, das auch jenes aus Glanz und Unsterblichkeit bestehende Wesen ist, das das Ātman selbst ist, dieses selbe ist das Ātman, es ist die Unsterblichkeit, ist das Brāhman, ist das All. Dieses Ātman wahrlich ist der Herr aller Geschöpfe, ist der König aller Wesen. Und wie alle Speichen eines Rades zugleich in der Nabe und im Radreifen enden, so enden in diesem Ātman alle Wesen, alle Götter, alle Welten, aller Atem *(prāna)*, alle Einzelwesen.« Und wiederum: »Der Allwirkende, Allwünschende, Allriechende, Allschmeckende, das All Umfassende, Schweigende, Unbekümmerte, dieser ist mein Ātman im inneren Herzen, dieser ist das Brāhman, zu ihm werde ich von hier abscheidend eingehen. Wem dieses wird, fürwahr, der zweifelt nicht.« Und schließlich einer der Höhepunkte menschlichen Denkens zu allen Zeiten: »Diese feine Substanz (die du nicht wahrnimmst), mein Lieber, ist dieses All, dies ist das Reale, dies ist das Ātman, das bist du *(tat tvam asi)*, o Shvetaketu.«

Das Problem dieses wie aller Monismen ist, eine Erklärung dafür zu finden, wie die menschliche und kosmische Dualität zwischen Sein und Werden, Zeit und Ewigkeit, Ātman und Dingen entsteht. Schon in einigen Upanishaden wird dieser Prozeß mit dem Karman (Tat) einerseits und mit der Avidyā (Nicht-Erkenntnis) andererseits in Zusammenhang gebracht. Aus Nicht-Erkenntnis entsteht die Tat, und jede Tat bringt aus sich als Frucht eine ununterbrochene Kette von Gedanken und Wirkungen hervor, die die Erkenntnis der den Dingen innewohnenden letzten Einheit verhindert; nur die Erkenntnis kann zur Befreiung führen. »Wer gebunden ist, geht, von seinem Karman begleitet, dorthin, wohin ihn sein begehrlicher Sinn führt; ist das Karman einmal erschöpft, kehrt er, was immer er vollbracht haben mag, aus jener Welt in diese Welt, zum Tun, zurück. So für den Verlangenden. Nunmehr von dem Nichtverlangenden. Wer ohne Verlangen, frei von Verlangen, in gestilltem Verlangen, selbst sein Verlangen ist, dessen Lebensgeister ziehen nicht aus; sondern Brāhman ist er, und in Brāhman geht er auf.«

Hier stoßen wir auf einen von den Veden, die nur eine Belohnung von Gut und Böse im Jenseits kannten, völlig unabhängigen Gedanken. Das Gesetz des Karman, das heißt der Glaube, daß die Taten des Daseins zwangsläufig ein neues Dasein bedingen, entstammt der von den Ārya unterworfenen und dennoch ununterdrückbaren Urbevölkerung; er geht in das lebendige Glaubensgut der Ārya ein, durchdringt es und verwandelt es schließlich vollständig. Diese so naheliegende Erklärung des Phänomens stützt sich aber insofern auf reine Vermutungen, als die alten literarischen Texte ausschließlich von den Ārya verfaßt worden sind und es unklar bleibt, wieweit frühindisches Denken schon damals in sie eingegangen ist.

In den Upanishaden ist die Spekulation alles, und die praktische Moral hat nur geringen Anteil an ihnen, was insofern verständlich ist, als die Moral in gewisser Hinsicht in die Erkenntnis eingeschlossen ist, die die einzige Grunderfordernis darstellt. Gleichwohl fehlt es nicht an Stellen von hohem ethischem Gehalt, wie die der Taittirīya: »Nachdem er den Veda mit ihm studiert hat, ermahnt der Lehrer seinen Schüler: ›Sage die Wahrheit, übe die Pflicht, vernachlässige nicht das Vedastudium. Nachdem du dem Lehrer die liebe Gabe überreicht hast, sorge, daß der Faden deines Geschlechtes nicht reiße. Vernachlässige nicht die Pflicht, vernachlässige nicht deine Gesundheit, vernachlässige nicht dein Vermögen, vernachlässige nicht Lernen und Lehren des Veda. Vernachlässige nicht die Pflichten gegen die Götter und Ahnen, ehre die Mutter wie einen Gott, ehre den Vater wie einen Gott, ehre den Lehrer wie einen Gott, ehre den Gast wie einen Gott!‹«

Hier erhebt sich die Frage nach den chronologischen und gedanklichen Beziehungen zwischen den vierzehn ältesten Upanishaden und dem Buddhismus. Diese oft diskutierte Frage ist jedoch nicht zu beantworten. Denn es handelt sich um zwei voneinander unabhängige Gedankenstränge, die alle beide als Reaktion auf den vedischen Ritualismus entstanden sind und die nebeneinander existiert haben können, ohne sich gegenseitig zu beeinflussen; und in der Tat ist es schwer, sichere Spuren einer solchen Beeinflussung zu finden. Das einzige, was sich sagen läßt, ist, daß die ältesten Upanishaden ihrer Sprache, ihrer engen Abhängigkeit von der Brāhmana-Literatur und der Primitivität ihres ganz intuitiven und kaum logischen Denkens nach archaisch sind, was man schon von den allerersten buddhistischen Schriften nicht behaupten kann. Andererseits ist nicht auszuschließen, daß einige dem ursprünglichen buddhistischen Denken am nächsten stehende Schriften uns nicht überliefert worden sind, gerade weil sie, durch die große Reform des Buddha überholt und von ihr aufgesogen, in Vergessenheit geraten sind.

Während der upanishadische Gedanke, zumindest formal, auf den Veden beruhte und von der vedischen Literatur seinen Ausgang nahm, kehrten andere Denker der alten Religion der Ārya entschlossen den Rücken, um neue Wege zu gehen. Dennoch blieben immer einige Grundpostulate allen auf indischem Boden erwachsenen Religionen gemeinsam. Eines davon ist das Gesetz des Karman. Ein anderes der schließlich allgemeine Glaube an die Seelenwanderung, das heißt an die Wanderung des – verschieden aufgefaßten – vitalen Prinzips von Leben zu Leben, und infolgedessen an die Unbeständigkeit der verschiedenen Welten, zumindest als subjektiver Erfahrung.

Hiervon geht die Jaina-Bewegung aus, deren Name sich von dem Titel ihres historischen Gründers, Jīna, »des Siegreichen«, herleitet. Bei ihr handelt es sich nicht um die persönliche Schöpfung eines großen Reformators, sondern um die Systematisierung und Vervollständigung einer schon existierenden Denkerschule, die die Überlieferung auf die vierundzwanzig Tīrthankara (»Verkünder des Heils«; wörtlich: »Furtbeschaffer«) zurückführt. Von ihnen ist der vorletzte, Pārshva, wahrscheinlich eine historische Persönlichkeit, die vielleicht gegen Ende des 7. Jahrhunderts gelebt hat. Der letzte war Vardhamāna, gemeinhin Mahāvīra, »der große Held«, genannt, der wahrscheinlich in der Mitte des 6. Jahrhunderts in Magadha geboren wurde. Im Alter von achtundzwanzig Jahren verließ er Besitz und Familie, um sich dem Leben eines wandernden Asketen zu weihen; nach zwölf Jahren erlangte er die Erleuchtung, und darauf verbrachte er weitere dreißig Jahre damit, seine Lehre in einem nicht sehr weiten Bereich Nordostindiens, vor allem in Magadha und Anga, zu predigen. Er starb mit zweiundsiebzig Jahren; sein Todesdatum ist umstritten, wahrscheinlich ist es aber das Jahr 477 oder 468 v. Chr. Sein Leben spielte sich also an den gleichen Stätten und zur selben Zeit wie das des Buddha ab; aber es sieht nicht so aus, als hätten die beiden Reformatoren einander gekannt oder sich gegenseitig beeinflußt.

Wie immer in der Frühzeit einer Religion ist uns die Lehre ihres Gründers nur in den späteren Überarbeitungen bekannt. Hier ist nicht der Ort, die Entwicklung des jainistischen Denkens darzulegen, schon weil sein Einfluß auf die indische Geschichte unvergleichlich geringer als der des Buddhismus war. Die Skizzierung einiger Grundzüge mag genügen, bei der man sich aber vor Augen halten muß, daß es sich großenteils um eine Systematisierung aus wesentlich späterer als der hier behandelten Zeit handelt. Die Theorie des Jainismus beruht auf der Gegenüberstellung von Materie und individuellem Prinzip. Die Materie *(pudgala)* besteht aus Atomen *(paramānu)*, von denen jedes einzelne vier Eigenschaften besitzt: Fühlbarkeit, Geschmack, Geruch und Farbe. Diese Atome gruppieren sich zu Zusammensetzungen *(skandha)*, die sich zu einem Aggregat oder Körper *(kāya)* vereinigen. Die Seelen *(jīva)* existieren in unendlicher Anzahl und sind ihrer eigenen Natur nach mit vollkommener Erkenntnis, Wahrnehmungsvermögen, Glückseligkeit und Energie ausgestattete Monaden. Aber diese ihre Eigenschaften können sich in der Praxis nur sehr unvollkommen entfalten, weil die Jīva mit der Materie verbunden sind, die die ihnen innewohnende Leuchtkraft verdunkelt. Im Hinblick auf ihre Verbindung mit den Jīva, deren Verdunkelung sie bewirkt, heißt die Materie Karman und kann gut oder böse sein. Sie wird außerdem in ein zerstörerisches *(ghātin)* und ein unzerstörerisches Karman *(aghātin)* unterteilt; ihr entstammen acht Bindungen, die die Seelen an sich fesseln. Das Karman reift, übt seine Wirkung aus und verzehrt sich; deshalb gibt es im Leben eine ständige Erzeugung von Karman – sie entsteht aus einem der rechten Haltung und der rechten Erkenntnis widersprechenden Handeln – und einen ständigen Prozeß der Selbstvernichtung *(nirjarā)* des Karman. Bliebe der Mensch jedoch müßiger Betrachter dieser beiden Vorgänge, gäbe es für seine Seele keine Möglichkeit, seine ursprüngliche Reinheit wiederzuerlangen und sich von der Materie zu befreien. Zu diesem Zweck hat sich der Mensch einem Unterdrückungsprozeß oder einer Disziplin *(samvarakarman)* zu unterwerfen; die Dauer und Intensität des zerstörerischen Karman können durch eine freiwillige Unterwerfung *(sakāmanirjarā)* eingeschränkt oder geradezu ausgeschaltet werden. Wem es vermittels des Bewußtseins des Erkennens *(jnānacetanā)* gelingt, das Karman vollständig zu überwinden, ist ein Vereinsamter *(kevalin)*, ihm ist die absolute Isolierung der Seele von der Materie gelungen, und er hat ihr ihren ursprünglichen Glanz ohne jede Verdunkelung und ohne jede Möglichkeit eines neuen Zuflusses von Karman zurückverliehen. Nur ein Mensch kann das erreichen; die Götter, die der agnostische Jainismus als Konzession an die Volksreligiosität hinnimmt, müssen, wenn sie die Erlösung erlangen wollen, als Menschen wiedergeboren werden.

Tanzender Shiva
Südindische Bronzeplastik, 13. Jahrhundert. Zürich, Rietberg-Museum, Sammlung v. d. Heydt

Der Jaina-Koloß von Sravana Belgola
Steinskulptur, spätes Mittelalter

Die Praxis, durch die dieses Ziel erreicht werden kann, besteht in einer ungewöhnlich strengen Askese, deren nur einige erwählte Geister fähig sind. Für die gewöhnlichen Menschen, die sich nicht gänzlich vom menschlichen Leben loslösen können, werden die disziplinarischen Regeln gemildert; dafür können sie nicht unmittelbar ihr Heil erwerben, sondern lediglich eine künftige Wiedergeburt vorbereiten, die günstige Bedingungen bietet, um später das höchste Ziel zu erreichen. In der Praxis werden die Jaina-Gläubigen in zwei Klassen aufgeteilt: die praktizierenden Asketen, die jede menschliche Bindung aufgegeben haben, und die Laiengläubigen *(shrāvaka)*. Grundlegende Voraussetzung der Jaina-Regel ist eine absolute, konzessionslose, vollständige Hochachtung vor jeglicher Form des menschlichen und tierischen Lebens *(ahimsā)*. Jedes Lebewesen besitzt ein Jīva (Seele), und so ist die Welt von ihnen erfüllt. Es gibt Jīva mit nur einem Sinn, dem des Gefühls (Pflanzen und Mikroorganismen), und andere mit zwei, drei, vier und fünf Sinnen. Aber alle sind gleich, und der Asket, der irgendein Jīva verletzt, versündigt sich gegen das Ahimsā und lädt eine schwere Schuld auf sich. Eine vollständige Einhaltung der Ahimsā ist unmöglich, weil sie die Lebensfunktionen verhindern würde. Deshalb sind pflanzliche Speisen erlaubt, aber die absolute Schonung des tierischen Lebens ist bis zu dem Punkt geboten, daß die Gläubigen den Erdboden vor sich mit einem kleinen Besen fegen, um nicht Insekten zu zertreten, und einen Schleier vor dem Mund tragen, um keine Mücken zu verschlucken.

Auch für die anderen Bereiche des menschlichen Lebens sind die Verhaltensregeln sehr streng: Kontrolle des Geistes, der Worte und des Körpers, Entbehrungen und freiwillige Opfer. Eine wichtige Rolle spielt dabei das Fasten, das bis zum freiwilligen Hungertod fortgesetzt werden kann *(samlekhanā)*. Eine ebenso große Rolle spielt die innere Askese, die Achtung vor den Lehrern und Mitschülern, Buße, Studium und Meditation.

In diesem System fehlt jegliche Gottesvorstellung, aber auch der Sinn für wahre menschliche Brüderlichkeit, für das Mitleid mit den leidenden Brüdern. Die finstere Strenge des Jaina-Asketen, die sich immer und ausschließlich auf das eigene Heil bezieht, hat in Indien nicht viele Nachfolger finden und sich nicht in allen sozialen Klassen verbreiten können. Zudem hatte sie einige nicht vorbedachte praktische Folgen. Die Vorschrift der Ahimsā schloß die Jaina vom Ackerbau aus, weil man beim Pflügen und Umgraben unzählige kleine Lebewesen tötet; sie schloß sie auch vom Handel mit jeder Art Waren von organischer und vor allem tierischer Herkunft aus. Deshalb verbreitete sich der Jainismus vor allem unter gewissen Gruppen von Kaufleuten, so den Juwelieren und Bankiers. Das führte dazu, daß diese Gemeinschaft, die heute knapp zwei Millionen meist in Rajasthan, Gujarat und Uttar Pradesh ansässiger Anhänger zählt, eine große Wirtschafts- und Finanzmacht darstellt; ihr nur zeitweiliger politischer Einfluß vor allem im Dekhan und im Süden erlosch hingegen sehr bald.

Von sehr viel größerer Bedeutung sowohl für Indien als auch für ganz Asien war die gleichzeitige denkerische Bewegung, die von dem Buddha ausging und seinen Namen führt. Nur schwer lassen sich aus dem Dickicht von Legenden, das sich im Lauf der Jahrhunderte um ihn gewoben hat, die Elemente herausschälen, die eine Rekonstruktion der historischen Gestalt des Meisters gestatten. Das hat dazu geführt, daß man sogar seine Existenz bezweifelt hat, eine kritische Übertreibung, die aber ohne Folgen geblieben ist. Wenn wir uns auf wenige Angaben beschränken, die wirklich auf die Überlieferung seines Lebens zurückzugehen scheinen, so wurde Gautama Siddhārtha in Kapilavastu (im heutigen nepalischen Terai) geboren. Er entstammte einer führenden Familie des adligen Clans der Shākya. Nach einer in Wohlleben verbrachten Jugend geriet er mit neunundzwanzig Jahren in eine heftige moralische Krise, die ihn veranlaßte, seiner sozialen Stellung zu entsagen und – auf der Suche nach dem Wege der Erlösung aus dem der Welt innewohnenden Schmerz und dem beständigen Fluß der Geburten und Wiedergeburten (Samsāra) – die Welt zu verlassen. Er suchte diesen Weg in Kasteiungen; als er aber nach sechs Jahren dem Tode nahe war, verzichtete er darauf, ohne sein Ziel erreicht zu haben. Und erst jetzt, als er in Bodh Gaya in Bihar am Fuße eines Baumes in tiefe Meditation versunken saß, erlangte er die Erleuchtung *(bodhi)*, das heißt die Erkenntnis, die allein zum Heil führen kann. Zum Buddha (dem Erleuchteten) geworden, begann er im Hirschpark von Benares zu lehren. Von da an gibt es in seinem Leben keine bedeutenden äußeren Ereignisse mehr; er starb achtzigjährig als Haupt einer großen Mönchsgemeinde in Kushinagara unweit von Kapilavastu. Diese wenigen Angaben dürfen als gesichert gelten; der Rest ist fromme Legende. Unsicher ist auch der Zeitpunkt seines Todes, der doch ein Datum von großer Bedeutung ist. Nach der in Ceylon üblichen Chronologie starb der Buddha 543 v. Chr. Heute neigt man dazu, seinen Tod kurz vor oder kurz nach 480 v. Chr. anzusetzen.

Ebenso schwierig ist es, die ursprüngliche Lehre des Buddha zu rekonstruieren. Ausgangspunkte sind die damals dem ganzen indischen Denken gemeinsamen Ideen: die Seelenwanderung, das Gesetz des Karman und die Überwindung von beiden als Endziel. Dieses Endziel ist das Nirvāna, keine Vernichtung, sondern ein unbeschreiblicher Zustand, in dem jede Unterscheidung von Gut und Böse, von Sein und Nicht-Sein aufhört und der nur negativ definiert werden kann. Der vom Buddha entdeckte Weg zum Ziel ist kurz in den »Vier Heiligen Wahrheiten« zusammengefaßt, die vielleicht tatsächlich einen authentischen Ausdruck seines Denkens darstellen. Der Meister hat sie zum erstenmal in seiner Predigt in Benares verkündet, die für den Buddhismus das gleiche bedeutet wie die Bergpredigt für das Christentum.

> Dies, ihr Mönche, ist die heilige Wahrheit vom Leiden: Geburt ist Leiden, Alter ist Leiden, Krankheit ist Leiden, Tod ist Leiden, mit Unliebem vereint zu sein ist Leiden, von Liebem getrennt zu sein ist Leiden, nicht erlangen, was man begehrt, ist Leiden, kurz die fünferlei Objekte des Ergreifens (das heißt die fünf Gruppen von Elementen, aus denen das leiblich-geistige Dasein des Menschen besteht) sind Leiden. – Dies, ihr Mönche, ist die heilige Wahrheit von der Entstehung des Leidens: es ist der Durst, der von Wiedergeburt zu Wiedergeburt führt, samt Freude und Begier, der hier und dort seine Freude findet: der Lüstedurst, der Werdedurst, der Vergänglichkeitsdurst. – Dies, ihr Mönche, ist die heilige Wahrheit von der Aufhebung des Leidens: die Aufhebung dieses Durstes durch gänzliche Vernichtung des Begehrens, ihn fahren lassen, sich seiner entäußern, sich von ihm lösen, ihm keine Stätte gewähren. – Dies, ihr Mönche, ist die heilige Wahrheit von dem Wege zur Aufhebung des Leidens: es ist dieser heilige achtteilige Pfad, der da heißt: rechter Glauben, rechtes Entschließen, rechtes Wort, rechte Tat, rechtes Leben, rechtes Streben, rechtes Gedenken, rechtes Sichversenken.

Es handelt sich hier um Grundprinzipien, um das Minimum, zu dem der Buddha die wesentlichen Elemente seiner Lehre zusammenfassen zu können glaubte. Sie beschränken sich auf die Feststellung, daß die Welt Schmerz ist, auf die Suche nach dem Grund des Schmerzes, auf die Heilmittel, mit denen der Schmerz bekämpft werden kann, und auf die Mittel, die diesen Heilmitteln zur Wirksamkeit verhelfen. Das Ganze hat eine einprägsame Form, es stellt wahre *versus memoriales* in Prosa dar. Auf den lehrhaften Ton dieser Prinzipien mit ihren zahlreichen zur Gedächtnisstütze bestimmten rhythmischen Wiederholungen wird auch in Zukunft der gesamte buddhistische Lehrstil abgestimmt sein. Eine andere Grundlehre, die vielleicht auf den Meister selbst zurückgeht, ist die von den zwölf Ursachen *(nidāna)*, die in ehernem Kausalnexus *(pratītya-samutpāda)* zu den Ursprüngen des Schmerzes in der Welt zurückführen. Es handelt sich dabei um eine Art Schlußfolgerung oder eine Erklärung der zweiten und dritten Wahrheit:

> Da dachte der Bodhisattva (das ist der künftige Buddha) also: Auf Grund welcher Voraussetzungen gibt es Altern und Sterben? Und was muß Altern und Sterben sonst noch bedingen? Und er dachte also: wenn es Geborenwerden gibt, gibt es Altern und Sterben, denn Altern und Sterben liegen dem Geborenwerden zugrunde. Und da dachte der Bodhisattva: unter welchen Voraussetzungen gibt es Geborenwerden? Und was sonst noch mag das Geborenwerden bedingen? Und er dachte also: wenn es Werden gibt, gibt es Geborenwerden, dem Werden liegt das Geborenwerden zugrunde.

Auf die gleiche Weise kommt man vom Werden zum Lebensdrang, zum Durst (Gier), zur Empfindung, zur Berührung, zu den sechs Sinnen, zur Individualität *(nāmarūpa*, Name und körperliche Form), zum Bewußtsein, zu den Triebkräften, zum Nichtwissen *(avidyā)*. Dieser Kausalnexus kann bei seiner Durcharbeitung – wie es auch tatsächlich geschehen ist – zu sehr abweichenden Ausdeutungen führen, von denen verschiedene Schulen ihren Ausgangspunkt genommen haben.

Eine andere, vielleicht auf den Meister selbst zurückgehende Grundanschauung ist die entschiedene Ablehnung eines nach dem Tode fortbestehenden Individuationsprinzips *(ātman)*, wobei freilich mit der gleichen Bestimmtheit die Allmacht des Gesetzes des Karman beibehalten wird. »Das Karman existiert, die Frucht des Karman existiert, aber man kann kein Agens wahrnehmen, abgesehen von einem Aggregat von Elementen.« In anderen Worten: man kann von keinem Ich sprechen, sondern nur von einem vergänglichen Agglomerat der fünf Skandha (Sinnlich-Körperliches, Empfindung, Unterscheidung der einzelnen Wahrnehmungen, Triebkräfte, Bewußtsein); während des beständigen Sichvereinigens und Sichtrennens der Skandha beruht die einzige Dauer eben auf dem Karman. Deshalb beschränkt das Individuationsprinzip sich auf eine ununterbrochene Folge oder einen Strom *(santāna)* von Skandha. Stirbt der Mensch, so zerfallen die fünf Skandha, aber kraft des Karman, das während der Lebenszeit akkumuliert wurde, entsteht eine neue Gruppe von Skandha. Das Karman ist deshalb die Elementarkraft, die ausgeschaltet werden muß. Es gibt keine ewige Wesenheit, die vom Spiel des Samsāra, dem beständigen Kreislauf von Sterben und Geborenwerden, erlöst werden könnte; es gibt nur die Illusion von einer falschen Persönlichkeit, die ausgelöscht werden muß. Wenn das Karman sich verzehrt hat und erloschen ist, bleiben die Skandha müßig; jede Bewegung hört auf, und jener unterschiedslose Zustand absoluter Abgeklärtheit beginnt, das Nirvāna, das der Buddha niemals näher hat definieren wollen.

Zu der theoretischen Lehre traten moralische Vorschriften hinzu, deren wichtigste die fünf Gebote *(shīlā)* sind: nicht töten, das nicht nehmen, was nicht geschenkt wird, keine unreinen Handlungen begehen, nicht lügen, keine berauschenden Getränke trinken. Das gilt für alle. Die Bettelmönche *(bhikshu)* sind indessen noch zur Beobachtung anderer fünf Gebote gehalten: nicht zu verbotenen Stunden essen, sich nicht weltlichen Freuden ergeben, keine Wohlgerüche gebrauchen, sich keiner breiten und schönen Betten bedienen, kein Geld annehmen. Von seinen Anfängen an ist nämlich für den Buddhismus die Bildung eines Mönchsordens *(sangha)* bezeichnend, der an eine Vielfalt von Regeln gebunden war, die sich im Lauf der Zeit ausbildeten und komplizierten. Was indessen fehlte, war ein Lehramt: der Buddha hat die Möglichkeit, einen Nachfolger zu haben, entschieden von sich gewiesen. Er hat nur den Weg gezeigt, und sein wahrer Nachfolger war das Gesetz *(dharma)*. Ebenso fehlte eine hierarchische Organisation; jedes Kloster war vom anderen unabhängig, und der einzige Obere, den ein Bettelmönch anerkannte, war die Gemeinschaft der Brüder. Deshalb bestand von Anfang zu Recht die Anschauung, die Religion ruhe auf drei Säulen, den drei Juwelen *(triratna)*: dem Buddha, seiner Lehre und seiner Gemeinde. Die Gemeinde beruhte ihrerseits im Hinblick auf ihre materiellen Bedürfnisse und auf die Erfüllung ihrer Zwecke auf der Klasse der Laienhörer *(upāsaka)*.

Über die Geschichte der buddhistischen Gemeinde in den nächsten einhundertfünfzig Jahren sind wir schlecht informiert. Nicht, daß es etwa an Quellen fehlte, ganz im Gegenteil. Aber ihr Gehalt ist so legendär und oft so widersprüchlich, daß es fast unmöglich ist, aus ihnen den historischen Kern herauszuschälen. Alle Quellen stimmen jedoch darin überein, daß noch im Todesjahr des Buddha in Rājagriha ein Konzil abgehalten wurde, um das Gesetz *(dharma)* und die Disziplin *(vinaya)* zusammenzufassen und kanonisch festzulegen. Ein zweites Konzil soll hundert Jahre nach dem Tod des Meisters in Vaishālī abgehalten worden sein, vor allem um über einige Punkte der mönchischen Disziplin zu entscheiden. Nicht ausgeschlossen ist, daß im ersten Jahrhundert nach dem Hinscheiden des Meisters Gruppen seiner Schüler versucht haben, sein Wort zu kodifizieren; aber weiter scheint man in der Bewertung der nicht miteinander übereinstimmenden und im ganzen späten Überlieferungen über die buddhistischen Konzilien nicht gehen zu dürfen. Jedenfalls war die Festlegung des Kanons das Werk vieler Generationen und beschäftigte sicher viele Jahrhunderte.

Buddhismus und Jainismus waren nicht die einzigen denkerischen Bewegungen, die aus dem Kreis der Orthodoxie ausbrachen. Anderen war nicht ebensoviel Glück beschieden, sie erloschen im Lauf der Jahrhunderte, ohne bis auf uns zu kommen. Zu ihnen gehörten die sowohl von den Buddhisten wie von den Jaina bekämpften Ājīvika. Zu Zeiten des Buddha und des Mahāvīra war Goshāla Maskarīputra das Haupt dieser alten Sekte, von der wir allerdings nur wenig wissen. Anscheinend hingen sie aber einer fatalistischen Weltanschauung an, die die Wirkungen des Karman leugnete und annahm, das Samsāra kreise durch 8400000 kosmische Zeitalter weiter, und an deren Ende trete eine spontane schicksalsbestimmte Erlösung *(niyati)* ein. Das mußte eine Verleugnung des freien Willens und eine Aufhebung des Kausalitätsprinzips bedeuten. Dennoch befolgten die Ājīvika eine asketische Regel, die der der Jaina nicht unähnlich war. Unter den letzten Maurya-Königen (Ende des 3. Jahrhunderts v. Chr.) wurde diese Sekte gefördert, schwache Spuren von ihr lassen sich jedoch bis ins 5. nachchristliche Jahrhundert verfolgen.

Andere Strömungen hingegen waren entschieden materialistischer; sie leugneten nicht nur den Einfluß des Karman, sondern selbst die Seelenwanderungstheorie; in anderen Worten: sie leugneten alle gemeinsamen Voraussetzungen der indischen Religionen. Unter verschiedenen Namen bekannt (Nāstika, Lokāyata, Carvāka), die ursprünglich verschiedene Bedeutung hatten, bildeten sie zu keiner Zeit eine eigentliche Schule. Ebenso wie bei den Ājīvika kennen wir die Grundlinien ihrer Anschauungen nur aus den Widerlegungen anderer Schulen. Einer ihrer bedeutendsten Vertreter war Ajita Kesekambalī, der ebenfalls ein Zeitgenosse des Buddha war. Er verfocht das Ucchedavāda, das heißt die Lehre, wonach das Individuum im Todesaugenblick völlig ausgelöscht wird; der Leib des Menschen löst sich in die vier Elemente Erde, Wasser, Feuer und Luft auf, während sein Sinnesvermögen im Raum (*ākāsha*) verschwindet. Als Begründer dieses Materialismus galt in der klassischen Epoche Brihaspati, der mit dem vedischen Gott gleichen Namens identisch ist. Doch scheint es sich hierbei um eine willkürliche Rekonstruktion zu handeln.

Die Maurya-Periode

Als das Achaimenidenreich unter dem Ansturm der von Alexander dem Großen angeführten makedonischen und griechischen Truppen zusammenbrach, war die Lage an der Ostgrenze des Reiches einigermaßen verworren. Der Satrap von Baktrien, Bessos, ermordete Dareios III. und wollte seine Nachfolge antreten, wurde aber von dem Eroberer ohne Schwierigkeit geschlagen und getötet. Andere Lokalgouverneure hielten die bedingungslose Unterwerfung für zweckmäßiger, so jener iranische Würdenträger in der Landschaft am Oxos, dem Alexander sein Amt ließ und der in dieser Eigenschaft nach dem Tod des Eroberers Münzen mit der griechischen Aufschrift Sophytes prägte. Unlängst hat man festgestellt, daß er nichts mit dem Sopeithes bei Strabo und Quintus Curtius zu tun hat, daß er kein Inder war und sein Name infolgedessen nicht zu einem hypothetischen und unbelegten Saubhūti rekonstruiert werden kann. In den Gebieten jenseits des Hindukush scheint jeder Überrest einer persischen Verwaltung verschwunden zu sein; jedenfalls fand Alexander nicht die geringste Spur davon, als er sich anschickte, dem Perserreich die Ostprovinzen zurückzugewinnen, für deren legitimen Oberherrn er sich jetzt hielt, nachdem er die Nachfolge der Achaimeniden angetreten hatte. Schon 330 hatte er Alexandreia am Kaukasos (Parvan am Ghorbandfluß, nördlich von Kabul) gegründet. Zu Beginn des Jahres 327 überquerte er den Hindukush, verstärkte Alexandreia und teilte, nachdem er in das Tal des Kabulflusses gekommen war, seine Truppen in zwei Armeekorps auf. Das eine unter der Führung von Hephaistion und Perdikkas folgte dem direkten Weg am Flußlauf des Kabul entlang (der Khaibarpaß wurde damals noch nicht benutzt); sein Hauptziel war die Eroberung von Pushkalāvatī und die Sicherung des Indusübergangs. Dieses Ziel wurde dank der wertvollen Zusammenarbeit mit dem König von Taxila (Takshashilā) erreicht, der sich wegen seines Hasses auf Poros (Paurava? Parvataka?), den wichtigsten Herrscher im Punjab, dem Eindringling sofort zur Verfügung gestellt hatte. Alexander führte unterdessen eine Flankenbewegung durch das Chitraltal – wo er verwundet wurde – und durch Bajaur aus, wobei er auf erbitterten Widerstand der Assakenoi (Asvaka) stieß; die wichtigste Waffentat in diesem Feldzug war die Belagerung der Festung Aornos auf dem Hügel Una zwischen Swat und Indus. Nachdem er sich mit den anderen Heeresteilen vereinigt hatte, setzte er im Frühjahr bei Ohind über den Indus und betrat als Freund und Verbündeter Taxila, wo er von dem neuen König Omphis (Āmbhi) empfangen wurde. Dann trat er dem schwersten Hindernis auf seinem Wege, dem König Poros, entgegen, der ihn an der Spitze einer massiven Streitmacht an den Ufern des Hydaspes (Jhelum) erwartete. Alexander erzwang den Flußübergang und besiegte Poros, der ihm verwundet in die Hände fiel. Ritterlich wie sein Gegner, besaß der Makedonier die diplomatische Klugheit, diesem Freiheit und Reich zurückzugeben, ja, sein Reich sogar durch andere Gebiete zu vergrößern. So gewann er einen zweiten Verbündeten, den er gegen den König von Taxila ausspielen konnte, der nun für ihn nicht mehr unersetzlich war. Nachdem er die Könige Abisares (Abhisāra) und Poros den Jüngeren unterworfen hatte, setzte er sich wieder in Marsch, überquerte die Flüsse des Punjab, einen nach dem anderen, eroberte und zerstörte die Stadt Singala im Sturm und erreichte den Fluß Hyphasis (Beas).

Jetzt fand sich Alexander in der Nähe des Gangariden- und Prasiergebietes, also des Nanda-Königreiches in Magadha, wo er sich der stärksten Militärmacht Nordindiens gegenüber sah. Aber entweder, weil er dies erkannte oder aus natürlicher Müdigkeit nach einem achtjährigen Feldzug oder weil nun die nominellen Grenzen des Perserreiches überschritten waren, für dessen Eroberung die griechischen Soldaten ausgezogen waren: jedenfalls weigerten sich seine Truppen, ihm noch weiter zu folgen. Es war keine Meuterei, sondern ein richtiggehender Militärstreik, dem Alexander machtlos gegenüberstand. Nachdem er große Altäre an den Flußufern errichtet hatte, begann er daher zu Beginn des Herbstes 326 den Rückmarsch. An den Hydaspes-Ufern ließ er eine Flußflotte bauen, auf der er, von Heeresteilen auf beiden Flußufern gefolgt, den Jhelum und dann den Chenab bis zu seiner Mündung in den Ravi hinabfuhr. Am Ravi mußte er sich mit seinen Elitetruppen ausschiffen, um den Durchzug durch die Gebiete der Malloi (Malla) und Oxydrakai (Kshudraka) zu erzwingen, die entschlossen waren, ihm den Weg zu verlegen. Während dieses Feldzuges wurde Alexander schwer verwundet, und seine Truppen metzelten deshalb die Bewohner der feindlichen Stadt nieder. Diese Politik des Terrors diente dazu, den Durchzug bis zur Mündung in den Indus zu sichern, wo Alexander einen letzten Widerstand, den des Königs Musikanos, überwinden mußte. Im Delta angekommen, entsandte er den General Krateros durch Arachosien und Drangiane (Südafghanistan und Sistan) direkt nach Iran. Nach der Erforschung des Deltas und der Errichtung einer Marinebasis in Pattala, verließ Alexander im September 325 auf der mühsamen und kahlen Küstenstraße von Gedrosien Indien endgültig. Zur See begleitete ihn eine Flotte unter Nearchos. Schon 323 starb der große Eroberer in Babylonien.

Alexander hatte die Absicht gehabt, seinen indischen Territorien eine feste Verwaltung zu geben, und hatte zu diesem Zweck die Gebiete zwischen Jhelum und Ravi dem Poros, die zwischen Indus und Jhelum dem Omphis von Taxila, die Gegenden am Fuß der Berge dem König Abisares, das Kabultal, nachdem der makedonische Gouverneur Philippos dort ermordet worden war, einem baktrischen Adligen und das Delta dem Makedonier Peithon unterstellt. Diese Regelung wurde, was die indischen Könige anging, bei der zweiten Teilung von Triparadeisos 321 bestätigt; nur Peithon wurde nach Arachosien versetzt, und Eudamos, Kommandant eines thrakischen Truppenteils, vertrat nun als einziger die makedonische Autorität im Industal. Aber auch er verließ wenige Jahre später, 317, nachdem er Poros ermordet hatte, das Land, um an den Diadochenkriegen teilzunehmen. So wurden der Punjab und Sindh automatisch frei von jeder makedonischen Garnison oder Beamtenschaft. Nur die Paropamisadae (im Kabultal) und Arachosien behielten ihre griechischen Satrapen; 311 bemächtigte sich Seleukos ihrer und gliederte sie seinem Herrschaftsgebiet an.

Der abenteuerliche Feldzug Alexanders war zu rasch über den Nordwesten Indiens hinweggegangen, um bleibende Spuren zu hinterlassen. Seine Herrschaft überdauerte seinen Tod nur um wenige Jahre, und die von ihm gegründeten Städte verschwanden bald; auch seine Gestalt selbst fand praktisch keinerlei Beachtung und keinen Platz in der indischen Überlieferung, wie das sonst für so viele Länder Vorderasiens der Fall war. Es war, wenn man so will, eine vom europäischen Standpunkt aus interessante Episode, die aber aus der indischen Perspektive unerheblich blieb. Wahrscheinlich ist die zutreffendste Definition die, daß Alexander, Erbe der achaimenidischen Könige, die persische Epoche im Indusbecken abschloß, nicht aber die griechische eröffnete. Und in der Tat sollte die griechische Herrschaft erst anderthalb Jahrhunderte später und unter völlig anderen Voraussetzungen ihren Anfang nehmen.

Gleichwohl ist das Eindringen des Makedoniers mit dem Aufstieg des Begründers des ersten indischen Großreiches eng verbunden. Candragupta, der einem alten, seit den Zeiten des Buddha unter dem Namen Moriya bekannten Clan angehörte, verlebte in diesen Jahren eine armselige Jugendzeit in Pātaliputra. Der Knabe fand das Interesse von Cānakya oder Kautilya, einem sehr wendigen Brāhmanen, dessen Name in Indien später synonym für politische List werden sollte. Die beiden verließen die Hauptstadt von Magadha, wo Cānakya vom letzten Nanda tödlich beleidigt worden war, und begaben sich nach Taxila; dort erhielt Candragupta seine Erziehung. Justinus berichtet, Sandrokottos (Candragupta) sei dort Alexander begegnet, da er ihn aber durch die Freiheit seiner Rede beleidigt habe, sei er nur durch die Flucht dem Zorn des makedonischen Eroberers entgangen, der ihn zum Tode verurteilt habe. Später schuf er sich ein Heer aus »Räubern« *(latrones)*, das heißt aus den republikanischen Stämmen des Punjab, die Alexander Widerstand geleistet hatten, und begann den Krieg gegen die makedonischen Generale und ihre indischen Verbündeten. Einem späten Drama, dem Mudrārākshasa, zufolge bestanden seine Truppen aus Shaka, Yavana (Griechen), Kirāta, Parasika (Persern) und Balhika (Baktrern), also Ausländern, und sein Hauptverbündeter war Parvataka, vielleicht der

Poros Alexanders. Wenn dies zutrifft, würde es die Ermordung des Poros durch Eudamos erklären; und der Druck der Banden von Candragupta muß nicht wenig zu dem Zusammenbruch der makedonischen Verwaltung im Punjab beigetragen haben.

Gleich darauf aber wandte sich Candragupta nach Osten gegen die Nanda, deren harter Steuerdruck sie unbeliebt gemacht hatte. Einzelheiten über seinen Feldzug sind uns nicht bekannt, aber es sieht so aus, als sei ein erster Vormarsch auf die Hauptstadt in katastrophaler Weise fehlgeschlagen; bei einer zweiten Expedition ging er methodisch vor und sicherte die Verbindungswege. Pātaliputra wurde belagert und genommen, der letzte Nanda erschlagen (oder, nach anderen, in die Verbannung geschickt), und Candragupta bestieg den Thron.

Die Datierung von Candraguptas Thronbesteigung in Magadha ist sehr umstritten; in Frage kommt die Zeit zwischen 325 und 322 oder das Jahr 313; für das letzte sprechen einige Jaina-Texte und vor allem die Behauptung des Justinus, Sandrokottos sei im Besitze (Nord)indiens gewesen, als Seleukos durch die Rückeroberung Babyloniens 311 die Voraussetzungen für seine spätere Größe schuf. Allerdings ließen sich die beiden Datierungen in Einklang bringen, wenn man annähme, daß Candragupta 322 die – also von diesem Jahr an datierende – Herrschaft über einen großen Teil des Punjab antrat und daß er die Nanda 313 entthronte und in diesem Jahr König von Magadha wurde.

Candragupta und sein getreuer Ratgeber Cānakya sahen sich jetzt dem Problem der Westgrenze, und das heißt der makedonischen Rechte im Industal, gegenüber. Die Frage wurde akut, als Seleukos, nachdem er sich um 311 einige westlich des Indus gelegene Satrapien gesichert hatte, seine Herrschaft auch östlich des großen Flusses aufrichten wollte. Um die Jahre 305 und 304 »überschritt er den Indus und griff Sandrokottos [Candragupta], den König der an diesem Fluß beheimateten Inder, so lange an, bis er mit ihm ein Freundschaftsbündnis und einen Ehevertrag abschließen konnte« (Appianus). Im übrigen trat er die umstrittenen Gebiete gegen fünfhundert Elefanten ab (Strabo); diese Elefanten, wahre Panzerwagen des hellenistischen Kriegswesens, verschafften wenig später Seleukos den Sieg über Antigonos bei Ipsos. Die von ihm abgetretenen Gebiete waren, laut Heratosthenes und Plinius, die Paropamisadae, Arachosien und Gedrosien und Teile von Areia; also weite Teile von Afghanistan und Beluchistan. Erst unter den Moghulen, fast zweitausend Jahre später, hatte Indien wieder eine so weit westlich gelegene Grenze. Auf den Frieden folgten ziemlich enge diplomatische Beziehungen, und zu Recht ist die Gesandtentätigkeit von Megasthenes berühmt, der Seleukos in Pātaliputra vertrat.

Vom Wirken Candraguptas auf der Halbinsel nach der Eroberung von Magadha wissen wir nichts; und es ist unbekannt, ob die Eroberung des Dekhan und eines Teiles des Südens, die als Herrschaftsgebiete seines zweiten Nachfolgers gelten, ihm oder seinem Sohn zuzuschreiben ist. Aber die Tatsache, daß Teile des Dekhan schon zum Herrschaftsbereich der Nanda gehörten, scheint auf die erste Alternative hinzudeuten. Ebensowenig wissen wir über seine Innenpolitik, die offenbar völlig Cānakya anvertraut und deshalb wohl von der brāhmanischen Orthodoxie geprägt war. Tatsächlich bezeugen die buddhistischen Quellen seine Feindseligkeit dieser Religion gegenüber. Offenbar hat er sich aber gegen Ende seines Lebens zum Jainismus bekehrt.

Doch seine persönlichen Glaubensüberzeugungen sind unwichtig. Wichtiger ist, daß Candragupta die Rache des Kshatriya-Adels und der Brāhmanen an der Shudra-Herrschaft der Nanda vollzogen hat. Seine Herrschaft erscheint als eine Restauration der traditionellen Werte der Ārya. Aber unter seinen Nachfolgern sollte der Maurya-Staat ein ganz anderes Aussehen erhalten.

Cānakya oder Kautilya wird eine höchst interessante politische Schrift, das Kautalīya Arthashāstra, zugeschrieben, die zu Beginn des 20. Jahrhunderts in Südindien gefunden worden ist. Seitdem sind die Kontroversen über ihre Authentizität, ob nämlich Cānakya ihr Verfasser ist, nicht mehr zur Ruhe gekommen. Vor allem in Indien pflegt man dieses Werk, das man mit den Fragmenten des Werkes von Megasthenes vergleicht, für die Beschreibung der Lebens- und Verwaltungsverhältnisse unter Candragupta auszuwerten. Aber verschiedene Anzeichen sprechen für ein späteres Entstehungsdatum, und der Gesichtskreis des Buches deutet auf ein System kleiner Staaten und nicht auf ein großes allindisches Reich hin. Deshalb ist es, ohne in die Datierungsfrage einzusteigen, nicht ratsam, das Arthashāstra als Quelle für die politischen Verhältnisse der Maurya-Epoche zu verwenden.

Der Nachfolger von Candragupta, Bindusāra (um 300–272), ist für uns wenig mehr als ein Name. Die Griechen nannten ihn Allitrochades oder Amitrochates (Amitrakhāda, Vernichter der Feinde), und die Beziehungen zum Westen wurden unter ihm genauso intensiv wie unter seinem Vater gepflegt. Deimachos von Plataiai vertrat die Seleukiden an seinem Hof, und auch Ptolemaios Philadelphos von Ägypten (285–261) entsandte einen Dionysios nach Pātaliputra, was als Zeichen für die politische Bedeutung des großen indischen Reiches und für die immer engeren Handelsbeziehungen zwischen seinen Küsten und dem hellenistischen Orient gelten darf. Der alte Cānakya scheint weiterhin Minister, wenn auch nicht der wichtigste, geblieben zu sein. Von den Ereignissen unter Bindūsāras Herrschaft sind uns nur die friedliche Niederwerfung zweier Aufstände in Taxila und Khasha (kashmirisches Himalaya-Vorland) durch den Prinzen Ashoka bekannt. Die Dynastie schenkte auch weiterhin ihre Huld der alten brahmanischen Religion.

Bindusāra hatte seinen Erstgeborenen Susīma zum Nachfolger erwählt, aber Ashoka unternahm unmittelbar nach dem Tod seines Vaters einen Staatsstreich, besetzte Pātaliputra und verdrängte mit Hilfe seines Ministers Rādhagupta alle anderen Brüder außer Tissa, der ihn später in seiner Religionspolitik nachdrücklich unterstützte. Einen Widerschein dieser turbulenten Zeiten erkennen wir in der Tatsache, daß seine feierliche Krönung erst vier Jahre nach seiner Machtergreifung stattfand.

Ashokas Herrschaft (etwa 272–236) bedeutet einen der Gipfelpunkte der indischen Geschichte. Vor allem beruht zum erstenmal die Chronologie nicht mehr auf Hypothesen, sondern schwankt nur innerhalb sehr enger Grenzen, da es möglich ist, sie an Hand der Erwähnung gleichzeitig regierender hellenistischer Herrscher auf den Inschriften zu kontrollieren. Sie stellt deshalb einen Angelpunkt der gesamten Chronologie des alten Indiens dar. Weiterhin muß betont werden, daß die Quellen, die sich auf ihn beziehen, reich und sicher sind. Er ist eine der volkstümlichsten Gestalten der buddhistischen Literatur: der

König, der das Gesetz beschützte, das Vorbild des Laienhörers, Mittelpunkt eines ganzen Kranzes von Sagen, die allerdings leider die historische Gestalt überwuchern und unter sich begraben; der wichtigste Text ist das Ashokāvadāna, dessen Sanskrit-Original verlorengegangen, uns aber in zwei chinesischen Übersetzungen erhalten ist.

Vor allem aber beginnt mit Ashoka die indische Epigraphik. Seine Inschriften sind zahlreich und werden noch ständig in verschiedenen Gegenden der Halbinsel zutage gefördert. Zum größten Teil folgen sie einem großartigen, von der kaiserlichen Kanzlei in großzügigen Zusammenhängen erdachten und ausgeführten Propagandaplan, der auf der ständigen Wiederholung einiger Grundbegriffe beruht. Diese Propaganda auf Stein teilt sich in drei Textgruppen. Zunächst die vierzehn Felsedikte, von der uns acht mehr oder weniger vollständig erhalten sind. In Dhauli und Jaugada in Orissa, dem alten Kalinga, werden zwei von den vierzehn Edikten durch zwei Sondertexte ersetzt, die deshalb als Kalinga-Edikte bezeichnet werden. Dann die zwei kleinen Felsedikte, die an zwölf verschiedenen Plätzen gefunden wurden. Und schließlich die sieben Säulenedikte, die vollständig nur auf einer, ursprünglich in Toprā, heute aber in Delhi befindlichen Säule erhalten sind. Sechs von diesen Texten wurden auch an fünf anderen Orten gefunden. Und hierher gehört auch noch das zweisprachige griechisch-aramäische Edikt von Kandahar, dessen Inhalt den allgemeinen Tenor der Edikte widerspiegelt, ohne sich auf eines insbesondere zu beziehen. Der Rest sind meistens Gedächtnisinschriften, die auf Säulen und Grottenwänden eingemeißelt sind.

Die Sprache der Inschriften ist normalerweise eine Form des Prakrit, wahrscheinlich das von Magadha – also eine östliche Mundart – mit einigen lokalen Varianten; nur die Inschrift von Girnar bietet das vollständige und darum kostbare Beispiel einer Übersetzung ins westliche Prakrit. Die Inschriften des Ashoka sind also in der offiziellen Sprache des Reiches abgefaßt, die auch im Süden, in vollständig dravidischem Gebiet, gebraucht wurde, wo nur wenige sie verstanden haben können. Sie ist eine Verwaltungs- und nicht die Volkssprache, denn die Inschriften wenden sich an die Beamten und Würdenträger und nicht unmittelbar an das Volk. Ihr Alphabet ist, mit Ausnahme der westlich des Indus gefundenen Inschriften, die in Kharoshthī aufgezeichnet sind, das Brahmī-Alphabet, auf das wir später zurückkommen werden. Selbstverständlich sind die zwei fragmentarischen aramäischen Inschriften von Taxila und Pul-i-Darunteh ebenso wie die zweisprachige von Kandahar in den Alphabeten dieser Sprachen geschrieben. Ashoka selbst wird auf diesen Inschriften normalerweise mit den Beinamen Devānampiya (Göttergeliebter) und Piyadasi (von anmutigem Aussehen; Priyadrasi auf aramäisch, Piodasses auf griechisch) bezeichnet. Nur auf den Fassungen der Felsedikte in Maski und Gujarra erscheint der Name Ashoka. Sein Herrschertitel ist einfach der vedische Titel Rāja.

Die Inschriften von Ashoka erlauben uns einerseits eine Rekonstruktion seiner Verwaltung und geben uns andererseits eine Vorstellung von seinen religiösen Anschauungen und seinen ethischen Propagandataten. Im neunten Jahr nach seiner Krönung (etwa 260) eroberte er Kalinga oder unterdrückte dort wohl einen Aufstand. Der Feldzug war hart und blutig; gut hunderttausend Menschen verloren ihr Leben, hundertfünfzigtausend wurden deportiert, und noch sehr viel größer war die Zahl derer, die den Anstrengungen und

Krankheiten des Krieges erlagen. Dieses Morden führte zu einer Gefühlserschütterung, einem wahren seelischen Schock, demzufolge Ashoka dem Krieg entsagte und sich vollständig der Praxis der Gewaltlosigkeit *(ahimsā)* verschrieb.

> Selbst ein Hundertstel oder ein Tausendstel all jener Männer, die zu jener Zeit in Kalinga erschlagen wurden, die starben und verschleppt wurden, würde jetzt von Devānampiya als sehr beklagenswert betrachtet werden. Und Devānampiya denkt, daß selbst einem, der ihm Unrecht tut, vergeben werden soll, was vergeben werden kann. Und selbst die Bewohner der Wälder, die zu der Herrschaft von Devānampiya gehören, selbst diese befriedet und bekehrt er. Und sie hören von der Macht zu strafen, die Devānampiya trotz seiner Reue besitzt, und sie schämen sich ihrer Sünden und werden nicht getötet. Denn Devānampiya erstrebt für alle Wesen Gewaltlosigkeit, Selbstzucht und Unparteilichkeit, wenn Gewalt angewendet wurde (13. Felsedikt).

Nach der buddhistischen Überlieferung wurde Ashoka vom Mönch Ugagupta zum Buddhismus bekehrt. Das trifft wahrscheinlich insofern zu, als nicht nur die Überlieferung in diesem Punkt einhellig und bestimmt ist, sondern auch aus den Edikten hervorgeht, daß er ein Laienhörer *(upāsaka)* wurde. Sicher ist, daß er eine Wallfahrt zu den heiligen Stätten des Buddhismus *(dhammayāta)* unternahm, deren Verlauf er an den wichtigsten Stationen durch Inschriften markierte. Aber die Lehre oder das Gesetz *(dhamma)*, die Ashoka in seinen Edikten predigt, hat nichts Theologisches oder Doktrinäres an sich und bietet nur vage Analogien zum kanonischen Buddhismus. Sie nähert sich allenfalls einem Volksbuddhismus, das heißt einer Religion, die sich nur mit den Fragen der praktischen Moral beschäftigt und die theoretischen Aspekte vollständig beiseite läßt. Man hat sogar mit einer gewissen Wahrscheinlichkeit behaupten können, daß das Dhamma von Ashoka sich lediglich auf die gängigen moralischen Vorstellungen seiner Zeit und nicht speziell auf den Buddhismus bezieht. So ist zum Beispiel das Ziel, zu dem er seine Untertanen führen möchte, nicht das Nirvāna, sondern einfach das Paradies *(svarga)* des Volksglaubens (9. Felsedikt). Auf zwei Inschriften verleiht er der nichtbuddhistischen Sekte der Ājīvika Grotten als Versammlungs- und Kultstätten. Nur zwei seiner Edikte haben unmittelbaren Bezug auf die buddhistische Gemeinschaft. Das eine, das von Bairāt, empfiehlt Mönchen und Laien die Lektüre nicht leicht zu identifizierender Texte, die aber jedenfalls Teilen der ältesten kanonischen Pāli-Texte zu entsprechen scheinen. Und wie um hervorzuheben, daß es sich hier um einen Sonderfall handelt, heißt das Gesetz hier nicht mehr einfach Dhamma, sondern Saddhamma, das Gute Gesetz, entsprechend der durch Gebrauch der Texte geheiligten Formel. Das andere aus den letzten Regierungsjahren stammende Edikt in Kaushāmbī wendet sich gegen die Urheber der Schismen im Sangha und könnte vielleicht zu den Nachrichten über ein Konzil in Beziehung gesetzt werden, das in Ashokas Regierungszeit abgehalten worden ist.

In einem seiner Edikte informiert uns der König darüber, daß er ein Jahr lang »mit der Gemeinde zusammengelebt« habe *(sanghe upete)*, ein Satz, der auf verschiedene Weise gedeutet werden kann. Denn seine auf Stein in allen vier Himmelsrichtungen Indiens verewigten Predigten haben zwar etwas von salbungsvoller Kirchlichkeit an sich, die gleichwohl nicht völlig von der praktischen Regierungstätigkeit abzulösen ist. So hätte ein Fürstbischof des Mittelalters seine Herde belehren können.

> Verdienstvoll ist Gehorsam gegen Vater und Mutter; Freigebigkeit gegen Freunde, Bekannte und Verwandte, gegen Brāhmana und Shrāmana (buddhistische und anderen Sekten angehörige Mönche) ist verdienstvoll. Sich des Tötens von Tieren zu enthalten ist verdienstvoll. Mäßigung in den Ausgaben und im Besitz ist verdienstvoll (3. Felsedikt).

Wie man sieht, war Ashoka völlig tolerant und gedachte in seinem praktischen Verhalten keinerlei Unterscheidung zwischen alter und neuer Religion zu machen. Über allen seinen Predigten steht, still und liebevoll, die wunderbare Erklärung: »Alle Menschen sind meine Kinder *(save munise pajā mama)*« (1. Kalinga-Edikt). Aber die Verwaltungstätigkeit des Herrschers behält ihre volle Bedeutung: »Deshalb sehe ich es als meine Pflicht an, die Wohlfahrt aller Menschen zu fördern, aber die Wurzel alles diesen liegt in der Anspannung aller Kräfte und in der Verrichtung der Geschäfte« (6. Felsedikt). Andererseits wird die Strenge der Gesetze nur zum kleinen Teil gemildert:

> Denn das Folgende ist zu wünschen, daß nämlich bei Gerichtsverfahren wie bei der Bestrafung Gerechtigkeit herrsche. Und mein Befehl geht sogar so weit, daß Gefangenen und zu einer Strafe oder zum Tode Verurteilten ein Strafaufschub von drei Tagen gewährt werde. So werden entweder ihre Verwandten [die königlichen Beamten] dazu überreden, ihnen das Leben zu schenken, oder wenn niemand da ist, der sie überredet, werden sie fromme Stiftungen machen oder fasten, um Glückseligkeit in der anderen Welt zu erlangen (4. Säulenedikt).

Diese Hinweise auf die praktischen Verwaltungsbedürfnisse eines großen Reiches tragen dazu bei, das allzu Moralisierende und in gewissem Sinn Salbungsvolle auf den Inschriften dieses großen Predigers auf dem Thron zu berichtigen.

Ashoka war, nach seinem eigenen Bekenntnis, kein Eroberer. Soweit wir sehen, hat er nach der Eroberung von Kalinga keinen einzigen Feldzug mehr geführt; er selbst sagt: »Diese Eroberung wird von Devānampiya als die wichtigste erachtet, nämlich die durch das Sittengesetz *(Dhammavijaya)*« (13. Felsedikt).

Aber das von seinem Namen und seinem Großvater ererbte Reich war groß genug, um seiner ganzen Anspannung zu bedürfen, damit trotz den gewaltigen Verkehrs- und Verwaltungsschwierigkeiten ein Auseinanderfallen des Staates vermieden wurde. Wie groß dieses Reich war, können wir zweifelsfrei aus den Fundstellen seiner Inschriften ersehen. Kālsī liegt am oberen Ganges, Rumindēi auf nepalischem Gebiet, Jaugada und Dhauli in Orissa, Girnār in Kathiawar, Shiddapura im Kurnool-Distrikt des Staates Mysore. Kandahar, Shahbazgarhi und Mansehra liegen westlich des Indus; ja, das im Gebiet der Yavana (Griechen) und Kamboja (iranische Bevölkerung) gelegene Kandahar war halbes Kolonialland, wo offiziell nicht mehr das Prakrit von Pātaliputra gesprochen wurde, sondern die Sprachen der früheren achaimenidischen und makedonischen Verwaltungen: das Aramäische und das Griechische. Es ist also klar, daß das Reich Ashokas den größten Teil Indiens, Pakistans und Afghanistans diesseits des Hindukush umfaßte. Wir wissen nicht, ob es auch bis nach Sindh, Ostbengalen und Assam reichte. Nicht zu ihm gehörte sicherlich der äußerste Süden (ungefähr vom vierzehnten Breitengrad an), denn das 14. Felsedikt erwähnt als unabhängige Staaten die Königreiche der Cola, Pāndya, Keralaputra und Sātiyaputra, das heißt also die südlichste Spitze der Halbinsel.

Aber die diplomatischen Beziehungen Ashokas reichten weit über die indische Halbinsel hinaus. Singhalesische Chroniken berichten, daß Mahinda als Gesandter seines Bruders

Der Mahabodhi-Tempel in Bodh Gaya
in seiner heutigen Gestalt, ursprünglicher Bau 3. Jahrhundert v. Chr.

Löwenkapitell einer Ashoka-Säule
Steinskulptur aus Sarnath. Maurya-Zeit, 3. Jahrhundert v. Chr.
Sarnath, Archaeological Museum

(oder Vaters) Ashoka die Insel Ceylon aufsuchte; er ließ sich dort endgültig nieder und wurde der Begründer des Buddhismus auf der Insel. Im Westen erwiderten die diplomatisch-religiösen Gesandten Ashokas die Besuche der Botschafter der hellenistischen Staaten, wie aus einer berühmten Liste des 13. Felsediktes hervorgeht. Besonders intensiv waren logischerweise die Beziehungen zu dem unmittelbaren Nachbarn Amtiyaka (Antiochos III. Theos von Syrien 261–246), König der Yona (Sanskrit: Yavana, die Griechen; von dem iranischen Namen, der seinerseits auf das Wort Jonier zurückgeht). Und noch jenseits der seleukidischen Herrschaftsgebiete empfingen weitere vier Könige Ashokas Gesandte, und zwar Tulamaya oder Turamāya (Ptolemaios II. Piladelphos von Ägypten, 285–247); Amtekina (Antigonos Gonatas von Makedonien, 276–239; er war wohl in Indien unter dem Namen Antigenes bekannt); Maka oder Maga (Magas von Kyrene, um 300–250); Alikyasudala oder Alikasudara (Alexander von Epiros, 272–255). Die ganze griechische und hellenistische Welt hatte also Kontakte mit Indien. Wie immer in der Geschichte Eurasiens erwies sich die Bildung eines großen Reiches oder eines Staatensystems von relativ beständigem Gleichgewicht als notwendige und hinlängliche Voraussetzung für die Anbahnung mehr oder weniger enger diplomatischer und Handelsbeziehungen. Bedauerlicherweise ist hiervon keine Spur in den griechischen und lateinischen Quellen erhalten geblieben, die zwar Candragupta und Bindusāra erwähnen, aber den Namen Ashoka nicht kennen. Im übrigen wurden die direkten Beziehungen mit Ausnahme von Ägypten wenige Jahre später unmöglich, als um 250 der Partheraufstand und derjenige des Diodotos von Baktrien die direkten Wege durch den Iran nach dem Mittelmeer abschnitten.

Den Beziehungen zur hellenistischen Welt müßten ebensolche mit dem Orient entsprochen haben. Aber Ashoka selbst berichtet uns nichts darüber; und die uns im Mahāvamsa erhaltene Liste der vom Dritten Konzil in verschiedene Länder entsandten Missionare ist nur von geringem Nutzen, da die meisten der dort erwähnten Orte an den Grenzen von Ashokas Reich liegen. Wir werden später Gelegenheit haben, auf diese Liste zurückzukommen.

Nach einer im Ashokāvadāna erhaltenen Legende soll Ashoka gegen Ende seines Lebens kindisch geworden sein, und die tatsächliche Regierung sei in die Hände seines Enkels übergegangen, der der närrischen Freigebigkeit des alten Herrschers Zügel angelegt habe. Selbst wenn man von diesem Bericht über das traurige Ende einer bedeutenden Regierungszeit absieht, ist es wahrscheinlich, daß die Verkündung und die Ausübung der Ahimsā (und die daraus sich ergebende Vernachlässigung der Streitmacht) einen ungünstigen Einfluß auf den Zusammenhalt des Reiches gehabt haben; wahrscheinlich war das Reich schon in den letzten Lebensjahren Ashokas im Zerfall begriffen.

Über die letzten Maurya sind wir sehr schlecht unterrichtet, da brauchbare epigraphische Daten fehlen und die Königslisten der literarischen Quellen, die eine Aufteilung des Reiches widerzuspiegeln scheinen, voneinander stark abweichen, ja, sich sogar widersprechen. Nach den meisten Purāna war Ashokas unmittelbarer Nachfolger Dasharatha, Sohn des Kunāla, den sein Vater Ashoka auf Betreiben seiner Stiefmutter hatte blenden lassen. Dasharatha ist uns aus drei kurzen Widmungsinschriften auf Wänden von Grotten in den

Nagarjuni-Hügeln bekannt, die er den Ājīvika geschenkt hat; einzig interessant daran ist, daß Dasharatha das Epitheton Ashokas, Devānampiya, weiterführte. Sein Nachfolger war Samprati (?) und dessen Nachfolger Shālishūka, der wohl mit Jalauka, dem Sohn und – nach der Rājatarangini – dem Nachfolger Ashokas in Kashmir identisch war; beide Namen haben einen merkwürdigen Anklang an Seleukos.

In diesen Jahren wollte Antiochos III. nach seinem erfolgreichen Feldzug gegen die Parther, die seleukidische Herrschaft an den Grenzen Indiens, in den von seinem Vorfahren Seleukos I. einst an Candragupta abgetretenen Gebieten, neu befestigen. »Er zog über den Kaukasos (Hindukush) und stieg nach Indien hinunter und erneuerte die Freundschaft mit Sophagasenos dem König der Inder; er erhielt weitere Elefanten, bis er im ganzen einhundertfünfzig Stück besaß, und nachdem er seine Truppen frisch verproviantiert hatte, brach er von neuem auf, führte sein Heer persönlich an und überließ Androsthenes von Kyzikos die Aufgabe, den Schatz zu begleiten, den der König ihm zu übergeben versprochen hatte« (Polybios). Die Tatsache, daß Sophagasenos (Saubhāgasena) wie Sandrokottos »König der Inder« genannt wird und daß von einer »Erneuerung der Freundschaft« gesprochen wird, legt den Gedanken nahe, daß Sophagasenos kein örtlicher Rāja gewesen ist, wie oft behauptet wird, sondern der Herrscher von Magadha war oder zum mindesten das Haupt eines Zweiges der Maurya-Dynastie, die sich in Gandhāra niedergelassen hatte und von einer allerdings sehr späten Quelle (dem tibetischen Historiker Tāranātha, zu Beginn des 17. Jahrhunderts) erwähnt wird.

Nach dem Durchzug des Antiochos senkt sich noch tiefere Dunkelheit hernieder. Das Reich wird bloße Erinnerung an die Vergangenheit, und der letzte Maurya Brihadratha, der nur noch Magadha besitzt, wird um 185 n. Chr. von seinem General Pushyamitra ermordet.

Die Ausdehnung der Nanda-Herrschaft über die Vindhya-Berge hinaus und die Eingliederung des Dekhan und eines Teiles des äußersten Südens in das Maurya-Reich sind für die Geschichte der Halbinsel höchst bedeutungsvolle Tatsachen. Zum erstenmal Teil einer staatlichen Einheit, die fast ganz Indien umfaßte, von der plötzlichen Zunahme des Handelsverkehrs auf den Verkehrsstraßen des Binnenlandes belebt, tat der Dekhan auf dem Wege zu seiner Eingliederung in die Zivilisation und die Religionen Indiens einen plötzlichen Sprung vorwärts. Er wurde das Vizekönigreich Suvarnagiri, eines von den vier, in die das Maurya-Reich offensichtlich aufgeteilt war. Auch ihm galt die nachdrückliche Sorge Ashokas, und das Dritte Konzil entsandte Missionare, um den Glauben des Buddha dort zu verbreiten. Gleichzeitig mit dem Buddhismus und vielleicht schon vor ihm drang der Jainismus dorthin vor; und nach einer Überlieferung beschloß Candragupta sein Leben als Asket in einem Jaina-Heiligtum des Südens.

Zusammen mit Religion und Zivilisation kam die Schrift in diese Gegend. Die Edikte Ashokas im Süden sind in einer leicht abweichenden Form des Brahmī aufgezeichnet, aus dem sich später, über die Inschrift auf dem Schrein von Bhattiprolu und denen in verschiedenen Höhlen des tiefsten Südens (die in Früh-Tamil geschrieben sind), die heute für die dravidischen Sprachen gebrauchten Alphabete entwickelten.

Wie bereits angedeutet, geriet der tiefste Süden nicht in das politische Kraftfeld der Maurya. Seit der Epoche Ashokas ist er in drei Königreiche aufgeteilt, die von beständigem, von den herrschenden Dynastien unabhängigem Charakter waren (was in den Ebenen des Nordens nur selten vorkam). Ihnen war eine Existenz von anderthalb Jahrtausenden beschieden. Diese drei Königreiche waren Cera oder Kerala an der südwestlichen Küste, das weitgehend dem heutigen Staat Kerala entspricht, mit der nicht eindeutig identifizierten Hauptstadt Vanji; Pāndya an der äußersten Südspitze der Halbinsel, dessen Mittelpunkt die berühmte Stadt Madurai war, das Mathurā des Südens, die heilige Stadt Südindiens; und Cola an der Südostküste im unteren Tal des Flusses Kaverī mit der Hauptstadt Uraiyur. Ethnisch gesehen waren alle drei Königreiche der politische Ausdruck für die zähe Eigenart des Tamil-Volkes; gleichwohl entwickelte sich auf dem Gebiet von Cera in einer sehr viel späteren Epoche (zweite Hälfte des ersten nachchristlichen Jahrtausends) die Malayalam-Sprache, ursprünglich ein einfacher Tamil-Dialekt. Die Beziehungen der drei Königreiche zu dem Maurya-Reich scheinen, wenigstens zu Zeiten von Ashoka, friedlicher Natur gewesen zu sein. Das war indessen nicht immer der Fall, denn der Dichter Māmūlanār (3. Jahrhundert n. Chr.) erwähnt in seinem Ahanānūru eine Überlieferung, derzufolge ein kriegerischer Stamm aus dem Süden, die Kōshar, ihre Feinde erfolgreich bekriegten; da aber der Herrscher von Mōhūr sich ihnen nicht ergab, unternahmen die Mōriyar (Maurya), die ein großes Heer besaßen, dessen Vorhut die kriegerischen Vadugar bildeten (Nordmänner, vielleicht die Telugu), einen Zug nach Süden zur Hilfe für die Kōshar. Diese Überlieferung ist vage und nicht zu datieren, bezeugt aber jedenfalls die militärische Aktivität der Maurya im Süden.

Um zu genauen Schlüssen über die materielle Kultur zu kommen, genügen die Funde noch nicht. Jedenfalls ist deutlich, daß zwei kulturelle Grundströmungen sich im Dekhan des 3. vorchristlichen Jahrhunderts vereinigten: eine davon war die Eisenbearbeitung, die aus der Gangesebene kam und mit den gewaltigen, für Südindien der unmittelbar darauffolgenden Epoche typischen Megalithen zusammenhing. Hält man sich an das von Mortimer Wheeler 1959 aufgestellte Schema, so kann man annehmen, daß »um 300 v. Chr. einige Kulturelemente mit dem Eisen als wichtigster Komponente in die chalkolithischen Stämme im Süden einsickerten; ihr Vordringen wurde durch die Ausdehnung des Maurya-Reiches nach Süden plötzlich beschleunigt und geriet damit in einen neuen Zusammenhang. Zwischen den rohen chalkolithischen Kulturen und dem sich in ihrer Mitte festsetzenden Komplex gab es keinen organischen Übergang, ausgenommen dort, wo die Eisenkultur die NBP-Keramik aufgab und weiter südlich die schwarzrote Keramik absorbierte. Größtenteils überschwemmte der Eindringling den Eingesessenen wie die Flut den Sand. Es handelte sich um eine wirkliche kulturelle Eroberung, um nicht mehr und nicht weniger.« Mit anderen Worten, die Maurya-Herrschaft beruhte zum Teil auf der Einführung einer fortschrittlicheren Technik, der des Eisens. Es war die Eisenkultur, die die politische Ausdehnung Magadhas über das restliche Indien, einschließlich des Südens, ermöglichte. Und mit dem Erscheinen des Eisens weist die ganze Halbinsel seit dem 3. Jahrhundert v. Chr. trotz der Verschiedenheit ihrer Bestattungssysteme eine bemerkenswerte Einheitlichkeit in ihrer materiellen Kultur auf; der entscheidende Beweis dafür ist die Einheitlichkeit der keramischen Formen und Techniken in einem großen Teil des Subkontinents von dieser Zeit an (Bendapudi Subbarao).

In dieser Zeit hatten sich die arischen Sprachen mehr oder minder über die Gebiete verbreitet, in denen sie noch heute vorherrschen; wir dürfen jedoch annehmen, daß sie südlich der Vindhya-Berge nur die Sprache der relativ wenig zahlreichen herrschenden Klassen waren und daß sie erst im Laufe vieler Jahrhunderte in niedrigere soziale Schichten einsickerten. Das Sanskrit behält seine Stellung als heilige Sprache des Hinduismus, als Sprache der upanishadischen Philosophie und der Literatur mit brahmanischem Hintergrund. Dagegen bevorzugten die neuen Religionen und vor allem die Inschriften, sofern sie Ausdruck der Verwaltungssprache waren, die verschiedenen Prakrit-Dialekte. Es handelt sich um volkstümliche Formen, die sich aus dem gemeinsamen indogermanischen Erbe herleiten; ihr phonetisches Gerüst ist mehr oder weniger in Verfall geraten (charakteristisch ist die Assimilation der Konsonantengruppen), und ihre Morphologie hat einen Vereinfachungsprozeß durchgemacht. Wir können von dieser Epoche an drei Gruppen unterscheiden: die östliche, die westliche und die nordwestliche. Zu der ersten gehörte der Magadha-Dialekt der Inschriften Ashokas. Zu der zweiten gehört höchstwahrscheinlich der heute allgemein als Pāli bekannte Dialekt (ein Kommentator des 5. Jahrhunderts bezeichnet ihn aber als Magadhī), der zur kanonischen Sprache einer der bedeutendsten Schulen des Buddhismus geworden ist.

Das Sanskrit, das mittlerweile – außer vielleicht in gewissen brahmanischen Kreisen – zu einer toten Sprache geworden war, unterlag dennoch einer Entwicklung, die sich ebensowohl an den grammatischen Arbeiten von Kātyāyana (4. oder 3. vorchristliches Jahrhundert) als am literarischen Gebrauch ablesen läßt. Seine morphologische Struktur verändert sich nicht, aber einige Formen verschwinden mehr und mehr aus dem praktischen Gebrauch, und die Partizipialkonstruktion gewinnt, gleichsam als Präludium zum Nominal- und Attributivstil der klassischen Literatur, immer größere Bedeutung.

Die Schrift ist uns nur aus der Epigraphik bekannt, da uns kein indisches Manuskript aus der vorchristlichen Ära erhalten ist. Das östlich vom Indus gebrauchte Alphabet war das Brahmī-Alphabet, von dem alle modernen indischen Schriftsysteme stammen. Es wird von links nach rechts geschrieben und gibt das Konsonantensystem außergewöhnlich präzise an. Es ist zum Teil eine Silbenschrift, insofern die Vokale mit Hilfe von Zeichen oberhalb und unterhalb der Konsonanten angegeben werden. Ihr Ursprung ist umstritten; aber eine jüngst in Lothal aufgefundene vereinfachte Form der Harappa-Schrift, aus der die beschreibenden Bildzeichen verschwunden sind, scheint die Hypothese, das Brahmī leite sich von der Harappa-Schrift her, entscheidend zu stützen. Dagegen lieferte im Industal und in den heute afghanischen Gebieten die alte offizielle aramäische Verwaltungsschrift der Achaimeniden die Grundlage für ein anderes Alphabet, das Kharoshthī, das von rechts nach links geschrieben wurde und ein weniger vollständiges Vokalsystem besaß. Im Nordwesten blieb es bis zum 4. nachchristlichen Jahrhundert, in Zentralasien vielleicht noch einige Jahrhunderte länger in Gebrauch.

Die sehr langsame Entwicklung des Kastensystems nahm jetzt einen regional verschiedenen Verlauf, weshalb bestimmte Unterkasten heute nur in bestimmten Regionen zu finden sind. Der Brāhmane war nicht mehr der vedische Stammespriester, sondern Glied einer geschlossenen, außer- und oberhalb der verschiedenen Stämme stehenden Kaste, mit denen ihn sozusagen nur dienstliche Beziehungen verbanden. Weit häufiger als die brahmanischen Texte sprechen die buddhistischen Quellen von den Hīnajāti, den sozialen Schichten unter- und außerhalb der vier traditionellen Kasten. Selbstverständlich mußte dieses soziale System den griechischen Beobachtern besonders auffallen. Megasthenes spricht ziemlich ausführlich davon, wobei er aber wohl regelrechte Kasten mit Berufsgruppen vermengt und verwechselt. Er erwähnt sieben Kasten: Philosophen, Ackerbauern, Hirten, Handwerker, Soldaten, Aufseher (oder Spione) und Ratgeber. Aber schon zu seiner Zeit »konnte niemand aus der eigenen Kaste herausheiraten oder einen Beruf oder ein Handwerk mit einem anderen vertauschen oder mehr als einem Beruf nachgehen«. Bei den Philosophen unterscheidet er Brachmanes (Brāhmanen) und Sarmanes (Shrāmana, Asketen im allgemeinen und buddhistische Mönche im besonderen). Die Sklaverei wird in den indischen Texten häufig erwähnt, wenn auch nur in seiner milden häuslichen Form, und wir können Megasthenes gewiß nicht folgen, wenn er behauptet, »alle Inder seien frei, und keiner von ihnen sei Sklave«.

Die Mehrzahl der Bevölkerung bestand aus Ackerbauern, die in der Regel kleine Grundbesitzer waren. Die Zeit der Gründung von großen Staaten und das damit verbundene Ende der Stammesautonomie hatte eine Veränderung der Produktionsweise und des Wirtschaftslebens mit sich gebracht. Wie bereits erwähnt, ging es einen großen Schritt vorwärts, von der primitiven Kollektivwirtschaft dem Privateigentum entgegen. Und selbst an gelegentlichen, auf die Zeiten des Buddha bezüglichen Hinweisen auf Großgrundbesitz fehlt es nicht. Die Viehzucht hatte nur geringe Bedeutung und behielt noch einen Teil der primitiven Genossenschaftsformen bei; mochten auch die Herden nicht mehr wie in der vedischen Periode Kollektivbesitz sein, so unterstanden die Weiden und der private Viehbesitz doch auch weiterhin der Obhut eines gemeinsamen Hirten. Hierher gehört auch die vielleicht richtige Beobachtung, die Ahimsā des Buddhismus und des Jainismus stelle eine sofort populär gewordene Reaktion auf die ungeheure Verschwendung der vedischen Opfer dar, die ohne jegliches Entgelt dem sich damals bildenden Privateigentum allzuviel Vieh entzogen (Damodar Dharmanand Kosambi).

Das Handwerk hatte vor allem lokalen Charakter. Es begann, sich in geschlossenen Zünften *(shrenī)* zu organisieren, deren Zugehörigkeit erblich war. Als Vereinigungen zur gegenseitigen Hilfe hatten sie eigene Satzungen und übten die Schiedsgerichtsbarkeit, in beschränktem Rahmen auch die Gerichtsbarkeit aus. Der Fernhandel wurde hauptsächlich durch Karawanen besorgt, die sich aus dem Zusammenschluß verschiedener Kaufleute unter einem Karawanenführer und Oberkaufmann bildeten. Daneben sprechen schon die alten buddhistischen Texte vom Seehandel, vor allem mit Suvarnabhūmi (Südostasien); und ein interessanter Text, der Baveru-Jātaka, scheint sich auf den Handel mit Babylonien (Babirush) zu beziehen. Auch auf diesem Gebiet hatten die politischen Ereignisse heute schwer abzuschätzende Folgen; so wissen wir zum Beispiel, daß die Kontrolle der Maurya den fast vollständigen Untergang von Taxila als Handelszentrum herbeiführte.

Das Münzsystem war noch dasselbe wie in der vorangegangenen Zeit; auch die Maurya verwendeten punzierte Münzen. Aber da auf ihren Münzen die Königsnamen fehlen, sind ihre Prägungen nur schwer zu identifizieren. Erst unter westlichem Einfluß erscheinen später die Königsnamen auf den Münzen. Vielleicht dürfen wir den Maurya die Münzen mit dem Zeichen des Pfaus (Moriya = zum Pfau gehörig) zuschreiben und vor allem die in ganz Indien ausgegebenen mit dem zunehmenden Mond über Bögen. Unter Ashoka scheint eine Entwertung der Bronze durch eine Erhöhung ihres Kupfergehaltes bis über fünfzig Prozent stattgefunden zu haben.

Die materielle Kultur ist uns vor allem aus der Maurya-Kunst bekannt, von der später die Rede sein soll. Wie schon mehrfach erwähnt, ist sie durch das Wiedererstehen zahlreicher großer Städte gekennzeichnet, wie Pātaliputra, Kaushāmbī, die heilige Stadt Mathurā, die dritte Schicht von Hastināpura mit ihren zahlreichen Münzen, und vor allem die Ruinen von Ahicchatrā, der Hauptstadt des nördlichen Pañcāla. In Zentralindien ist Ujjain auch weiterhin die Hauptstadt. Die allgemein gebräuchliche Keramik ist noch die NBP, die bis zum Ende dieser Periode weiterhin hergestellt wird.

Eine Rekonstruktion der Verwaltung nach wissenschaftlichen Kriterien kann sich lediglich auf zwei Quellen stützen: die Indiká des Megasthenes für die Regierung von Candragupta und die Inschriften des Ashoka für seine Herrschaft. Sich auf die im übrigen stark theoretischen Hinweise des wahrscheinlich späteren Arthashāstra zu stützen, scheint wenig ratsam. Denn ich würde sagen, daß es eine Welt aus der Zeit nach den Maurya in einer noch teilweise der Maurya-Zeit angehörenden Terminologie beschreibt.

Die Indiká des Megasthenes gingen schon im Altertum verloren, und nur mehr oder weniger umfangreiche Fragmente davon sind uns erhalten geblieben, vor allem von Arrianus und Strabo. Ihr Hauptwert beruht auf ihrer Unabhängigkeit von Theorien und auf der Tatsache, daß sie das Werk von Augenzeugen sind.

Die Stellung des Königs war wie in allen absoluten Monarchien die Quelle großer Machtvollkommenheiten, brachte aber auch eine gewaltige Arbeit mit sich. »Der König schläft tags nicht, sondern bleibt den ganzen Tag im Hof, um Gericht zu halten und andere öffentliche Angelegenheiten zu erledigen, die nicht einmal zu der Stunde, da er sich massieren läßt, unterbrochen werden. Selbst während er sich kämmen und parfümieren läßt, hat der König keine Ruhe von den Staatsgeschäften.« In seiner Regierungstätigkeit wurde er von den »Räten und Beisitzern« unterstützt, die nicht zahlreich, aber einflußreich waren; eine ihrer Hauptaufgaben war die Wahl der hohen Beamten und Offiziere. Dem König standen auch ausgedehnte Informationsquellen zu Gebote, die auf einem gut organisierten Geheimdienst fußten.

Wichtiger als früher und später waren jetzt die Städte für das Wirtschaftsleben des Landes. Pātaliputra war eine große Metropole, achtzig Stadien lang und fünfzehn breit. Ein tiefer Graben, der der Verteidigung und dem Abzug des Kanalisationssystems diente, eine Palisade (von der beträchtliche Teile zutage gefördert worden sind) und Mauern mit fünfhundertsiebzig Türmen und vierundsechzig Toren umgaben sie. Megasthenes berichtet, wie die Hauptstadt verwaltet wurde. Die Stadtverwalter *(astynomoi)* bildeten sechs jeweils fünfköpfige Ausschüsse, die die Aufsicht über das Handwerk, das Fremdenwesen, das Geburten- und Totenregister, den Handel (Maße und Gewichte, Überwachung der Märkte), den Verkauf der (staatlichen?) Manufakturerzeugnisse und das Steuerwesen (den Zehnten von dem Preise der verkauften Ware) hatten. Gemeinsam sorgten die sechs Ausschüsse für den Unterhalt der öffentlichen und der Marktgebäude, für die Häfen und die Tore.

Die Provinzialverwaltung beschäftigte sich, wie immer in Indien, vor allem mit der Landwirtschaft und der Grundsteuer und im Zusammenhang damit mit der Wasserregulierung und der Bewässerung; diese Aufgaben wurden von speziellen Beamten *(agronomoi)* wahrgenommen.

Die Streitmacht war groß und gut organisiert; ungefähr sechshunderttausend Mann bildeten ein stehendes Heer, das ausschließlich dem Befehl des Königs unterstand. Verwaltet wurde es von sechs Ausschüssen, denen die Aufsicht über die vier traditionellen Waffen (Fußvolk, Reiterei, Kriegswagen und Elefanten), über die Verpflegung (einschließlich Transports und verschiedener Hilfsdienste) und die Verbindung zur Flotte oblag. Die Hauptwaffen der Fußtruppe waren der große einfache Bogen, der Schild und das Schwert, die der Reiterei zwei kleine Lanzen und ein kleiner Schild.

Selbstverständlich interessierte sich der griechische Gesandte sehr für das Hofzeremoniell, erwähnt aber auch, das Leben des Herrschers sei von Furcht und Mißtrauen erfüllt; er verbringe niemals mehr als eine Nacht in demselben Raum, und seine persönliche Sicherheit sei einer weiblichen Leibwache anvertraut.

Der Lebensstandard war, zumindest in den Städten, sehr hoch, und die Wirtschaft des Reiches muß, vor allem dank dem lebhaften und relativ freien Binnenhandel, in höchster Blüte gestanden haben.

Die Inschriften Ashokas ergänzen die um ein halbes Jahrhundert älteren Mitteilungen des Megasthenes und modifizieren sie teilweise. Eine wesentliche Neuerung ist vor allem, daß aus dem reinen Militär- und Verwaltungsstaat Candraguptas ein ethischer, auf einer Staatsidee beruhender und von ihr bestimmter Staat geworden ist, eine Entwicklung, die sich ungefähr um die gleiche Zeit auch in China anbahnte. Deutlich spürbar ist der nachwirkende Einfluß der – damals freilich bereits gestürzten – Achaimeniden auf den geistigen Gehalt und selbst auf die Form von Ashokas Edikten, bei denen neben ihren moralischen Ermahnungen die Absicht, eine regelrechte Verwaltungsreform durchzuführen, erkennbar ist.

Aus literarischen Quellen (singhalesischen Chroniken) geht hervor, daß dem König sein Bruder Tissa als Unterkönig *(uparāja)* zur Seite stand. Ähnliche Hilfsfunktionen hatten der Erbprinz *(yuvarāja)* und andere Prinzen des königlichen Hauses auszuüben. Vor allem waren sie Vizekönige in den großen Bezirken, in die das Reich unterteilt war und von denen es wenigstens vier gegeben haben muß, mit Regierungssitz in Taxila, Ujjain, Tosali in Kalinga und Suvarnagiri im Dekhan. Den Vizekönigen unterstanden die Provinzgouverneure *(prādeshika)*, von denen ein großer Teil keine Brāhmanen, sogar noch nicht einmal Inder gewesen sein dürften. Eine Inschrift von Junagadh erwähnt Rāja Tushapha, einen

Iranier, als Gouverneur von Surāshtra. König und vielleicht auch Vizekönige und Gouverneure wurden von Räten *(parishat)* in ihrer Tätigkeit unterstützt.

Die wichtigsten Beamten gliedern sich jetzt in drei große Gruppen auf: Rājūka, Yuta, Mahāmātra. Von den Rājūka heißt es etwas vage, sie seien »über viele Hunderttausende von Menschen gesetzt«, bevollmächtigt, »Belohnungen und Strafen zu gewähren«, »eingesetzt zum Wohlergehen und zum Glück der Landleute«. Es handelt sich also um eine Art Bezirksvorsteher. Die Yuta waren Provinzialfinanzbeamte. Die Mahāmātra nahmen im allgemeinen Sonderaufgaben wahr. In seinem vierzehnten Regierungsjahr schuf Ashoka die Spezialkategorie der Dharma-Mahāmātra, die die religiösen Gemeinschaften und gleichzeitig die frommen Stiftungen überwachten.

Der Informationsdienst, dem wir schon bei Candragupta begegneten, besteht weiter; seine Mitglieder heißen Prativedaka. Ein Sonderbeamter *(vrajabhūmika)* war mit der Sorge für die öffentlichen Arbeiten – etwa den Trinkwasserbrunnen, den Baumpflanzungen, die den Straßen Schatten spenden sollten, den Rasthäusern für Reisende – betreut.

Der Staat sorgte auch für den Heilkräutervorrat. Eine Neuerung bedeutet die Inspektionsreisen verschiedener Beamter im fünf- und dreijährigen Turnus zu Aufsichts- und religiösen Propagandazwecken. Sonderaufgabe der Mahāmātra bei ihren Inspektionen war die Überwachung der Rechtsprechung. Alles in allem haben wir es also mit einer wohlgegliederten Verwaltung zu tun, die in recht engem Kontakt mit dem Volk stand.

Durch das Fehlen einer dogmatischen Autorität und einer obersten Disziplinargewalt konnte die buddhistische Gemeinde nach dem Tod des Meisters ihre Einheit nicht aufrechterhalten. Zwar maßten sich Mahākāshyapa und seine Anhänger, zu denen später Ānanda, der Lieblingsjünger des Buddha, hinzukam, die Autorität von Meistern der Lehre und vor allem der Disziplin an, aber ihre diesbezüglichen Ansprüche wurden keineswegs allgemein anerkannt. Vielmehr führte die Absicht, den Alten *(sthavira;* auf Pāli: *thera)* eine Vorrangstellung einzuräumen, zu Spannungen innerhalb der Gemeinde, die sich zu offenem Widerstand auswuchsen. Einer der ersten Gegenstände des Zankes und der Spaltung waren die fünf »Häresien« von Mahādeva, die sich alle auf die Stellung und die Vorrechte des Arhat bezogen, also des Mönches, der die Erleuchtung erlangt hat und bei seinem Tode ins Nirvāna eingehen wird; Mahādevas Tendenz ging dahin, die Stellung der Arhat, also der Sthavira, die sich als solche bezeichneten, einzuschränken. Wahrscheinlich geschah das in Ashokas Regierungszeit, mögen auch einige Überlieferungen das Ereignis in die Zeit der Nanda zurückverlegen.

Die von den Sthavira abgelehnten Thesen fanden in weiten Kreisen der einfachen Mönche Zustimmung. So entstanden zwei Hauptströmungen, die später zur Bildung regelrechter Schulen führten. Auf der einen Seite standen die Sthavira, die dem monastischen Ideal eines strengen Lebens in Heiligkeit treu geblieben waren, auf der anderen die Mahāsanghika, die den Wünschen der Laien mehr entgegenkamen und in gewissem Umfang demokratischeren Glaubensvorstellungen huldigten.

Selbst wenn die Konzilien, deren Historizität außerordentlich zweifelhaft ist, tatsächlich abgehalten worden sind, ist ihre Wirkung in Zeit und Raum nur sehr beschränkt gewesen.

Yakshinī
Relief vom Steinzaun des Stupa in Bharhut, um 100 v. Chr.
Calcutta, Indian Museum

Fassade der Caitya-Halle von Bhaja, 2. Jahrhundert v. Chr.

So nahmen an dem Dritten Konzil, von dem die Pāli-Quellen behaupten, es sei zur Regierungszeit Ashokas in Pātaliputra abgehalten worden, wenn es überhaupt stattfand, lediglich die Sekte der Sthavira oder, wie sie in Ceylon heißen, der Theravādin teil.

Der Buddhismus war von Anfang an eine missionarische Religion. Der Buddha selbst hatte in seiner ersten Predigt seine Jünger aufgefordert, in die Welt hinauszugehen und das Gute Gesetz zum Wohl der Menschen, der Götter und aller Lebewesen zu verkünden. Gleichwohl breitete sich der Buddhismus, der bisher auf das mittlere Gangestal und vielleicht auf einen Teil Zentralindiens beschränkt gewesen war, erst unter Ashoka und teilweise auf seine Veranlassung über fast den ganzen Subkontinent aus. Jetzt erst wurde er eine allindische Religion, ehe er vier Jahrhunderte später eine panasiatische Religion wurde. Leider haben wir auch für die Glaubensverbreitung in dieser Zeit nur späte, verworrene und widersprechende Quellen. Sie gehen zum größten Teil auf die singhalesische Überlieferung zurück, wie sie im Mahāvamsa niedergelegt ist, die den Inbegriff der Interessen der Sthavira-Schule darstellt. Jedenfalls sieht es so aus, als seien hauptsächlich auf Betreiben des Sthavira Moggaliputta Tissa gleich nach dem Konzil von Pātaliputra Missionare in neun Regionen entsandt worden: nach Kashmir und Gandhāra, nach Mahishamandala (an der unteren Narbada), nach Vanavāsa (Dekhan-Hochebene nördlich der Tungabhadrā), Aparantaka (Nordkonkan und andere westliche Küstenstriche), Mahārāshtra, Yonakaloka (die Länder, wo Griechisch die offizielle Sprache war; vor allem Arachosien, also das heutige Südafghanistan), Himavat (Himalaya-Länder), Suvannabhūmi (Chersonesos chryse, Südostasien, insbesondere Südburma; vielleicht eine spätere, ins Altertum zurückverlegte Mission) und nach Lankā (Ceylon). Einige dieser Missionare sind uns außer aus den Pāli-Quellen von den Sāñchi-, Sonari- und Andher-Inschriften bekannt. Die Hauptfiguren sind Majjhantika (Sanskrit: Madhyantika), der Apostel von Kashmir und Gandhāra, von Nordwestindien im allgemeinen; und Mahinda, Sohn oder Bruder Ashokas, der nach Ceylon entsandt, dort einen gewaltigen Predigterfolg hatte, der in der raschen und endgültigen Bekehrung des Königs, der herrschenden Klasse und des größten Teiles des Volkes gipfelte.

Ceylon blieb der Hort des Gesetzes, auch als es aus Indien verschwand; und von dort strahlte es neuerlich auf Südostasien aus, wo es heute noch herrscht. Doch darf man den Einzelheiten dieser – höchst wahrscheinlich in einer späteren Zeit zusammengestellten – Erzählung wohl nicht allzuviel Gewicht beimessen. Sicher bleibt indessen die Intensivierung der buddhistischen Propaganda in der Epoche Ashokas und ihre Ausbreitung über ganz Indien. Vor allem aber unterschied sich diese Propaganda wesentlich von der vom Buddha anbefohlenen, da sie sich nicht an die Eliten wandte, um heilig lebende Mönche unter den schon in diesem Sinn vorbereiteten Laien anzuwerben, sondern die ganze Bevölkerung ferner Länder zum Buddhismus bekehren wollte. Sie bemühte sich also um die Schaffung von Laiengemeinden und nicht von Mönchsorden. Im übrigen unterschied sie sich grundsätzlich von Ashokas harmloser und recht vager Propaganda für das Dharma.

Die alte vedische Religion war jetzt bis zur Unkenntlichkeit verwandelt. Die Ritualschulen, für die es keine praktischen Möglichkeiten mehr gab und die außerhalb der Hauptströmungen des religiösen Lebens geblieben war, lagen im Sterben. Zu den letzten Texten, die sie hervorbrachten, gehören, in direktem Zusammenhang mit der Brāhmana-Literatur, die synthetischen Handbücher *(sūtra)*, die ungefähr zwischen 400 und 200 v. Chr. entstanden sind. Insgesamt bilden sie die Vedānga, die sechs »Körperteile des Veda«.

Phonetik *(shikshā)*. Den Anfang der Studien auf diesem Gebiet bilden die Prātishākhya, Aussprache- und Lautregeln zur korrekten Rezitation des vedischen Textes. Später erscheinen die Phonetik-Handbücher in Versen. Mit diesen Abhandlungen verbunden sind die Listen oder Kataloge der vedischen Hymnen.

Ritual *(kalpa)*. Es besteht aus zwei Teilen: dem großen Ritual *(shrauta)* für die Opferpriester und den häuslichen Riten, die dem *pater familias* oblagen. Diese sind natürlich für die Kenntnis des Alltagslebens in der Familie eines Brāhmanen oder orthodoxen Kshatriya sehr aufschlußreich. Ebenfalls hierher gehören die bereits erwähnten Dharmasūtra und die Shulvasūtra, Handbücher mit Angaben über die Maße und den Bau von Brandopferaltären, die schon gewisse geometrische Grundkenntnisse verraten. Entstanden sind diese Texte zwischen dem 7. und dem 3. vorchristlichen Jahrhundert.

Grammatik *(vyākarana)*. Der einzige uns erhaltene Text ist die Astādhyāyī von Pānini, von der bereits die Rede war.

Etymologie *(nirukta)*. Auch hiervon besitzen wir nur noch einen Text, den Nirukta von Yāska, einen Kommentar zu bereits vorhandenen Listen seltener und dunkler Worte.

Metrik *(chandas)*. Die wichtigste Abhandlung ist der Chandahsūtra von Pingala.

Astronomie *(jyotisha)*. Von ihr ist uns ein einziges ziemlich spätes Exemplar überliefert, der Jyotisha-Vedānga, ein Handbuch zur Festlegung der Daten und des Zeitpunkts für die Opfer.

Aber schließlich kam es so weit, daß der vedische Ritualismus der Vergangenheit angehörte, mochte er auch die ganze spätere Religion durchtränken, die sich auf ihn ausdrücklich beruft.

Der Volksglaube geht nun neue Wege. Die Gottheiten, die jetzt vor allem in den Vordergrund treten, sind Vishnu und Shiva, die den beiden Hauptrichtungen der nachvedischen Religion, des Brāhmanismus, ihre Namen geben. Vishnu wird sehr bald mit Vāsudeva identifiziert, ursprünglich einem vedischen Heros aus dem Clan der Yādava. Spuren eines Vāsudeva-Kultes scheinen bei Pānini vorhanden zu sein, und fast sicher bezieht sich Megasthenes auf ihn. Der griechische Schriftsteller erwähnt nämlich, die Surasenoi (Surasena, in der Gegend von Mathurā) hätten den Herakles besonders verehrt. Heutigentags ist man aber übereinstimmend der Ansicht, daß bei den griechischen Schriftstellern, die über Indisches handeln, Herakles der Name für den Gott Vāsudeva-Krishna war. Vāsudeva ist nämlich mit Krishna identisch, in dessen Gestalt wiederum zwei verschiedene Gottheiten eingegangen sind: ein Hirtengott aus der Mathurā-Gegend und ein kriegerischer Gott, der ursprünglich wohl eine historische oder halbhistorische Persönlichkeit gewesen ist. Shiva, eine vedische Gottheit, deren ursprüngliche Form auf die Harappa-Kultur zurückgehen mag, scheint später als Vishnu zur Gottheit ersten Ranges aufgestiegen zu sein. Jedenfalls ist eine eigentlich shivaitische Sekte nicht vor dem Beginn unseres Zeitalters faßbar. Doch scheint sein Kult im Volk schon zur Zeit des Megasthenes verbreitet gewesen zu sein, dessen

Dionysos wohl mit Shiva identisch war. Schließlich hatte auch der Sonnenkult *(sūrya)* in dieser Zeit noch viel Zulauf, wie man wohl aus einigen Münzen folgern darf; daß im Nordwesten iranische Einflüsse mit dazu beigetragen haben, scheint nicht ausgeschlossen.

Der fortschrittliche Flügel des orthodoxen Denkens, die Upanishaden-Strömung, breitet sich auch weiterhin aus und entwickelt sich, ohne vom Buddhismus beeinflußt zu sein oder Berührungspunkte mit ihm zu haben; dieses Nicht-Wissen voneinander ist so deutlich und auffallend, daß man annehmen muß, daß die beiden Religionen in ganz verschiedenen Kreisen verbreitet waren. Bei einigen der ältesten Upanishaden finden sich schon Züge, die auf den Brāhmanismus (Vishnu- und Shiva-Kult unter der Gestalt des Rudra) hindeuten; zu ihnen gehört die Shvetāshvatara, die von Schrader zutreffend als »Eingangstor zum Hinduismus« bezeichnet worden ist. Die nachvedischen Upanishaden sind sehr zahlreich: mehr als dreihundert sind uns erhalten. Sie enthalten sowohl Verse als auch – vorwiegend – Prosa. Die Theorie vom Ātman-Brāhman ist anfangs noch erkennbar, tritt dann aber nach dem Anwachsen typisch theistischer Elemente zurück. Im allgemeinen sind die spätesten Upanishaden sektiererisch, das heißt, sie hängen dem Vishnu- oder Shiva-Kult oder einer seiner Sekundärformen an. Die nichtsektiererischen befassen sich mit der Deutung der heiligen Silbe *Om*, mit den Yoga-Praktiken und der Theorie, die der Entsagung *(samnyāsa)* den Vorzug vor jeder anderen asketischen oder geistigen Übung gibt. Noch später erscheinen dann die tantrischen Upanishaden.

Aber mittlerweile hat die Orthodoxie offenbar den kühnen Gedankenflügen der ersten Upanishaden entsagt und widmet sich mehr dem Versuch, eine Verbindung zwischen den Ergebnissen und Erwerbungen der vorangehenden Periode und den Gegebenheiten der neuen – in einem höchst lebendigen und fruchtbaren Umbruch begriffenen – Religion herzustellen.

Nachdem die vedische Überlieferung in der Literatur erloschen war, sah es so aus, als sollten die Hervorbringungen der Sanskrit-Literatur nur noch aus den fast ausschließlich auf Brahmanen zurückgehenden juristischen und technischen Texten bestehen oder aus der (häufig literarisch sehr wertvollen) Spekulation der Upanishaden, die vorwiegend Kshatriya-Kreisen entstammen. Aber unabhängig von diesen Strömungen gingen im Volk eine ganze Reihe von Legenden um, die nicht so sehr um einzelne Heroen als um hervorragende Familien kreisten. Allmählich wurden diese Legenden – wahrscheinlich das Werk von berufsmäßigen Barden *(sūta)* – zu zwei großen Epenkreisen zusammengefaßt, dem Mahābhārata und dem Rāmāyana. Ihre Entstehung ist vollständig in Dunkel gehüllt, sowohl was ihre Verfasser, wie die Herkunft des Stoffes und die Chronologie angeht. Jedenfalls ist sicher, daß ihre vollständige Gestaltung lange Jahrhunderte der Bearbeitung erforderte. In gewissem Sinne ist es daher ganz willkürlich und eine reine Bequemlichkeitslösung, wenn wir bei dieser Gelegenheit über sie sprechen.

Die Erzählung des Mahābhārata hat höchstwahrscheinlich einen geschichtlichen Kern: den großen bereits erwähnten Krieg zwischen den Pāndava und den Kaurava, der gegen Ende der rigvedischen Epoche auf dem Kurukshetra zwischen Ganges und Jumna stattfand. Aber um diesen Kern ist ein ganzes Gespinst von – häufig unter sich und mit dem eigentlichen Kern nur locker verbundenen – Randepisoden gewoben, zu denen auch ursprünglich davon unabhängige Episoden hinzukamen, bis eine ungeheure Stoffmasse sich angesammelt hatte. Das heutige Mahābhārata besteht aus achtzehn Büchern *(parvan)* und enthält rund neunzigtausend Distichen *(shloka)*. Anscheinend ist es hauptsächlich das Werk von Brāhmanen, aber für eine vollständig orthodoxe Kshatriya-Gesellschaft verfaßt. Zwischen die Beschreibungen von Schlachten und Festen, von denen einige zu den klassischen epischen Darstellungen der Weltliteratur gehören, sind – meist vom Hauptthema unabhängig – Episoden von lyrischem Gehalt eingestreut, wie die von Nala und Damayantī und die von Savitrī, beides reine und bewegende Liebesgeschichten, in denen das süße Weibtum der indischen Frau in seiner ganzen Reinheit und Keuschheit erstrahlt. Andere Episoden (zum Beispiel die Legende von Rishyashringa, die Legende von der Sintflut und die vom ersten Menschen) haben mythologischen, wieder andere fabulierenden oder lehrhaften Charakter. Selbst die bedeutendste philosophische Dichtung Indiens, die Bhagavadgītā, von der später die Rede sein wird, bildet einen Teil des Mahābhārata. Sein religiöser Hintergrund ist nicht einheitlich; die bedeutende Rolle, die Krishna in seiner kriegerischen Gestalt in dem Gedicht spielt, würde ihm einen vorwiegend vishnuitischen Ton verleihen, wären andere Teile nicht rein shivaitisch. Die Entstehung des Mahābhārata kann man, unter Berücksichtigung einer Jahrhunderte dauernden Entwicklung, grob zwischen dem 4. vorchristlichen und dem 4. nachchristlichen Jahrhundert ansetzen. Diese ungefüge Masse, die voller Schönheiten, aber auch schlechtester Verse ist, ist in gewissem Sinn Symbol und Quintessenz der indischen Kultur, deren Entwicklung inner- und außerhalb der Halbinsel sie begleitet. Tatsächlich ist das Gedicht nicht nur teilweise in die dravidischen Sprachen und in die des modernen Indiens, sondern auch ins Alt-Javanische übersetzt oder, richtiger, adaptiert worden; sein Siegeszug in Kamboja, Thailand und Burma ist durch die Inschriften bezeugt.

Die andere große Dichtung, das Rāmāyana, ist kürzer (rund vierundzwanzigtausend Shloka) und einheitlicher. Es ist vermutlich von einem einzigen Verfasser, dessen Name in der Überlieferung Vālmīki lautet, gesammelt und aufgegliedert worden. Sie besteht aus sieben Büchern *(kānda)* und erzählt in ihrem Kern die Taten des Heros Rāma, seine Heirat mit Sītā, deren Raub durch den Dämonenkönig Rāvana, der sie nach Lankā (Ceylon) verschleppt, Rāmas Feldzug gegen Lankā, die Schlachten, den Endsieg und Sītās Rückgewinnung. Die Bücher I und VII sind offensichtlich spätere Zutaten. In ihnen nimmt Rāma als Inkarnation von Vishnu göttliche Züge an. Die Dichtung kreist, abgesehen von dem Feldzug nach Lankā, um Ayodhyā, ist also ebensosehr das Epos des östlichen Gangestales, wie das Mahābhārata das des westlichen ist. Ihr Geist ist eindeutig ritterlich und weniger priesterlich als der der größeren Dichtung. Auch stilistisch gesehen handelt es sich um eine reifere Kunst, in der schon rhetorische Figuren erscheinen: Metaphern, Vergleiche, Bilder und beschreibende Kompositionen. Das Rāmāyana, das mit Recht als Ādikāvya (erstes ausgeschmücktes Gedicht) gilt, eröffnet die Kunstliteratur des Sanskrit. Bei ihm ist nur eine relative Chronologie möglich; wenngleich jünger als der Mahābhārata, was seine Sprache, seinen Stil, sein Denken und das Fehlen vedischer Reminiszenzen angeht, wird er andererseits doch von der größeren Dichtung zitiert und nachgeahmt. Die Ausarbeitung des Rāmāyana muß also später (3. vorchristliches Jahrhundert?) begonnen und früher beendet worden sein als die des größeren Gedichtes. Auch er fand innerhalb und außerhalb Indiens eine gewaltige Verbreitung, die – wegen seiner größeren Handlichkeit – die des Mahābhārata sogar noch übertraf.

Etwa parallel zur Entstehung dieser Epik verläuft die des buddhistischen Kanons. Die Sammlung der dem Buddha zugeschriebenen Aussprüche und der Mönchsregeln, die auf ihn zurückgehen, muß in den Frühzeiten der Religion begonnen haben. Sie wurden zuerst nur mündlich überliefert und erst später schriftlich fixiert. Fast jede der auf einer gemeinsamen Grundlage beruhenden Schulen ging dabei ihre eigenen Wege, was zur Vervielfachung der Kanons führte. Dennoch fallen auch einem oberflächlichen Beobachter einige gemeinsame Züge bei ihnen auf.

Die übliche Teilung ist immer die in drei »Kisten« *(pitaka)*, daher der Name des Kanons Tripitaka. Die drei Kisten sind: Sūtra oder Lehrtexte, die dem Buddha selbst in den Mund gelegt werden; Vinaya oder Zuchtregeln des Mönchsordens; Abhidharma oder Texte, die vertiefend und systematisierend das Material der Sūtra wiederaufnehmen.

Das Sūtrapitaka ist einheitlich und früh entstanden. Die hauptsächlichen Verschiedenheiten betreffen die kleineren Texte *(kshudraka)*, die einige Schulen in das erste Pitaka als fünfte und letzte Sammlung *(nikāya, āgama)* oder als Unterpitaka einfügen; andere Schulen schließen sie vollständig aus dem Kanon aus; bei ihnen besteht das Sūtrapitaka nur aus vier Sammlungen. Noch andere schließlich machen daraus ein gesondertes viertes Pitaka. Vollständig erhalten ist uns das Sūtrapitaka der Theravādin-Schule in der Pāli-Sprache. Von den Sūtras anderer Schulen existieren umfängliche Bruchstücke in Sanskrit, die in Zentralasien entdeckt worden sind, und außerdem eine vollständige chinesische Übersetzung der vier Āgama einer Schule in Kashmir, die auf Sanskrit- und Prakrit-Originalen fußt. Die kleineren Texte sind uns im Pāli-Kanon, in Sanskrit-Fragmenten und in chinesischen und tibetischen Übersetzungen erhalten.

Wenngleich ebenfalls alter Herkunft ist das Vinayapitaka weniger einheitlich; die Abweichungen der verschiedenen Fassungen voneinander sind so groß, daß man von Dokumenten einzelner Schulen sprechen muß. Es handelt vor allem von den Sünden, die vermieden werden müssen, von den Bußen für Übertretungen *(prātimoksha)* und den abzuhaltenden Zeremonien *(karmavācana)*. Üblicherweise enthält er drei Teile:

1. Der Sūtravibhanga, der seinerseits in Bhikshuvibhanga (zweihundertsiebenundzwanzig Mönchsregeln des Prātimoksha) und Bhikshunīvibhanga (dreihundertelf analoge Regeln für die Nonnen) unterteilt ist.
2. Skandhaka oder Vastu, der das tägliche Leben im Kloster gemäß den vom Karmavācana vorgeschriebenen Zeremonien betrifft.
3. Nur in einigen Schulen vorhandene Anhänge. Erhalten sind uns sechs verschiedene Vinaya: der der Theravādin von Ceylon auf Pāli; der der Sarvastivādin (wenige Sanskrit-Fragmente und eine chinesische Übersetzung), der der Dharmaguptaka (in chinesischer Übersetzung), der der Mahāsānghika (sehr kurze Sanskrit-Fragmente und eine chinesische Übersetzung), der der Mahīshāsaka (eine chinesische Übersetzung), der der Mūlasarvāstivādin (später als die übrigen); er ist vollständig erhalten in einer tibetischen Übersetzung und in großen Teilen im Sanskrit-Original, das in einem zerstörten Stūpa in Gilgit aufgefunden worden ist; außerdem existiert eine unvollständige chinesische Übersetzung.

Das Abhidharmapitaka ist entschieden späteren Ursprungs; manche Schulen schließen ihn vom Kanon sogar aus, da er nicht die Worte des Meisters darstellt; wo er existiert, ist er eine Schöpfung der jeweiligen Schule, und die Verwandtschaft zwischen den einzelnen Fassungen beschränkt sich auf eine vage und allgemeine Ähnlichkeit. Die Theravādin-Schule besitzt einen Abhidharma in sieben Teilen auf Pāli. Auch die Sarvāstivādin hatten einen Abhidharma in sieben Teilen, der heute nur in einer chinesischen Übersetzung und teilweise auf tibetisch erhalten ist. Schließlich existieren vereinzelte Abhidharma-Abhandlungen, die anderen Schulen zugehören.

Ungefähr zur selben Zeit begann nach dem üblichen schrittweisen Entstehungsprozeß ein Jaina-Kanon Gestalt zu gewinnen. Da ihm ein weniger glückliches Schicksal als dem buddhistischen Kanon beschieden war, ist uns seine ursprüngliche – vom Konzil von Pātaliputra im 3. vorchristlichen Jahrhundert festgelegte – Form nicht erhalten; wir besitzen nur eine vom Konzil von Valabhī im 6. Jahrhundert n. Chr. kodifizierte Fassung. Anscheinend hat zumindest ein Teil der alten Werke, wenn auch in anderer Zusammenstellung und in modernisierter Sprache, in diesem neuen Gewand überlebt. Wir wissen nur, daß er ursprünglich in Prakrit geschrieben und in zwölf Teilen aufgegliedert war; der letzte enthielt die vierzehn Pūrva oder ursprünglichen Texte, die Mahāvīra selbst seine Schüler gelehrt haben soll.

Das Kunsthandwerk von Harappa fand keine eigentliche Nachfolge, denn den späteren keramischen Erzeugnissen kann man nur in sehr engen Grenzen einen künstlerischen Wert zubilligen. In jeder Hinsicht beginnt für uns die indische Kunst mit den Maurya. Sollte vor Ashoka etwas existiert haben, so ist uns jedenfalls nichts davon erhalten, da Architekten und Bildhauer Werkstoffe benutzten, die – wie Holz, Elfenbein und Ton – nicht dauerhaft waren. Erst unter den Maurya wird, wohl unter iranischem Einfluß, die Verwendung von Stein allgemein üblich.

Die Maurya-Kunst ist eine höfische Elitekunst, die ausschließlich in Hofkreisen entsteht und stark von der achaimenidischen Kunst beeinflußt ist. Doch wirkt sich dieser Einfluß, wie das für Iran häufig ist, erst postum, also nach dem Sturz der Achaimeniden aus. Höchstwahrscheinlich ist er der Vertreibung der Künstler aus Persepolis und Susa zu verdanken, die nach der makedonischen Eroberung arbeitslos geworden waren. Und vielleicht ist das das einzige Gebiet, auf dem Alexanders Eroberung einen, wenn auch indirekten Einfluß ausgeübt hat. Natürlich haben auch die Kontakte mit dem seleukidischen Iran während der ersten Hälfte des 3. vorchristlichen Jahrhunderts ihre Wirkung gehabt.

Von der Maurya-Architektur ist uns fast nichts erhalten. Immerhin ist bei den dürftigen und unzulänglichen Ausgrabungen in Pātaliputra eine Säulenhalle zutage gekommen, die mehr oder minder unmittelbar von den achaimenidischen Apadāna und speziell von dem »Hundert-Säulen-Saal« des Dareios in Persepolis inspiriert erscheint. Vor ihr lagen zwei große, aus Baumstämmen errichtete Plattformen, die, wie in Mesopotamien und in Iran, einen künstlichen Hügel bildeten. Die Halle selbst bestand aus Reihen riesiger Sandsteinsäulen, achtzig an der Zahl, die ein Holzdach trugen. Eines der Kapitelle ist gefunden worden; mit seinen seitlichen Voluten und den Palmzweigen in seiner Mitte erinnert es stark an die Kapitelle von Persepolis. Diese Halle gehörte zu dem großen Palast Ashokas, der noch im 5. nachchristlichen Jahrhundert stand, als der chinesische Pilger Fa-hsien ihn sah. Heute indessen läßt sich der Glanz Pātaliputras nur aus den Fragmenten des Megasthenes wiedererwecken, dessen Beschreibungen des Parks um das indische Königsschloß sich ebensowohl auf einen persischen Königsgarten *(parádeisos)* beziehen könnte.

Sehr viel bescheidener und diesmal rein indisch ist die architektonisch-bildhauerische Ausstattung der Grotten auf den Barābar-Hügeln, die Ashoka den Ājīvika-Asketen geschenkt hat. Die bedeutendste ist die von Lomas Rishi, die sich äußerlich wie die steinerne Nachahmung eines Holzbaus ausnimmt. Diese Nachbildung von Formen der Holzarchitektur in Stein werden für einen guten Teil der buddhistischen Kunst im nächsten Jahrhundert charakteristisch bleiben.

Die Plastik beschränkt sich fast ausschließlich auf die Säulen, die die Inschriften Ashokas tragen, und andere ähnliche, aber inschriftlose. Ihr wichtigster Teil ist immer das Kapitell. Das raffinierteste ist sicher das von Sārnāth mit lotosförmigem Ansatz, über dem sich drei heraldische, stark stilisierte, einander den Rücken kehrende Löwen erheben. Üblicherweise ist das krönende Tier eben der Löwe (so in Rampurva, Besarh, Lauriyā Nandangarh); es kann aber auch ein Elefant oder ein Pferd sein (Rummindēi, das alte Lumbini, der Geburtsort des Buddha). Sehr lebendig, fast naturalistisch sind dagegen die kleineren Tiere dargestellt, die als Basreliefs aus dem Kapitell herausgemeißelt sind, was wohl auf gewisse Beziehungen zur hellenistischen Kunst hinweist. Recht stark ist der achaimenidische Einfluß auf die Bildhauerei; und ebenfalls von Iran übernommen ist die – ausschließlich in der Maurya-Zeit übliche – spiegelblanke Politur des Steines.

Diese so wenig indische Kunst überlebte das glanzvolle Maurya-Reich nicht. Die Zukunft gehörte, zumindest in der Gangesebene, einer rein indischen und provinziellen Kunst, von der einiges, etwa der kolossale und massive Halbgott *(yaksha)* von Pārkham, der heute im Museum von Mathurā steht, eine rohe Darstellung übermenschlicher physischer Kraft, auf die späte Maurya-Epoche zurückgehen soll. Bei einer anderen Yaksha-Statue aus Patna hingegen, die vielleicht jüngeren Datums ist, verbinden sich achaimenidische Reminiszenzen (Schlangenarmbänder und parallele Faltendrapierung) mit dem Eindruck einer gewichtigen und erdgebundenen Massigkeit. Steigt man sozial noch tiefer hinab, so kommt man schließlich zu den Figürchen von Ahicchatrā, dem rohen und primitiven Ausdruck einer Landbevölkerung, der fast jedes künstlerische Gefühl fremd ist.

Das Zeitalter der Invasionen

Das zerfallende Maurya-Reich überlebte in seinem eigentlichen Kern, dem wirtschaftlich starken Königreich Magadha, das dem Usurpator Pushyamitra zugefallen war (rund 185 bis 149). Pushyamitra begründete die Shunga-Dynastie, die wir fast nur aus den Purāna und anderen literarischen Quellen kennen, da keiner ihrer Könige eine Inschrift hinterlassen hat; vielleicht betrachtete die nationale Reaktion, die die dem Iran zugeneigten

Maurya hinweggefegt hatte, auch die Gewohnheit, große Felsinschriften anzulegen, als einen fremden Import, was insofern einige Berechtigung gehabt hätte, als Ashoka ja tatsächlich mit diesen Inschriften prinzipiell und in gewissen Ausdrücken des Protokolls die Achaimeniden nachgeahmt hatte. Das Harshacarīta von Bāna aus dem 7. nachchristlichen Jahrhundert – also eine sehr späte Quelle – berichtet uns, Pushyamitra sei der General des letzten Maurya gewesen und habe seinen Herrn bei einer großen Truppenparade ermordet. Der neue König herrschte noch über einen großen Teil des Gangestales und Teile Zentralindiens, wo sein Sohn Agnimitra Vizekönig war. Aus dem Mālavikāgnimitra (5. Jahrhundert n. Chr.) wissen wir von Kämpfen zwischen Pushyamitra und den Yavana (Griechen). Nach dem Sieg brachte er das feierliche vedische und brahmanische Roßopfer *(ashvamedha)* dar. Das weist auf eine Wiederaufnahme der blutigen Opfer, die von Ashoka abgeschafft worden waren, und auf eine Rückkehr zur brahmanischen Orthodoxie hin. Und tatsächlich stellt uns die buddhistische Überlieferung Pushyamitra als ihren Verfolger dar, der die Klöster zerstörte und für jeden Mönchskopf, den man ihm brachte, hundert Goldmünzen versprach. Doch handelt es sich gewiß um Übertreibungen, denn der erste große buddhistische architektonische Komplex in Indien, der Stūpa von Bharhut, wurde eben unter den Shunga errichtet.

Pushyamitras Nachfolger sind für uns reine Namen, einigen von ihnen begegnen wir auf den im westlichen Uttar Pradesh gefundenen Bronzemünzen. Der fünfte König dieser Reihe ist anscheinend mit dem König Bhagabhadra der Säuleninschrift von Besnagar identisch, von der weiter unten die Rede sein soll. Eine andere Säuleninschrift von Besnagar nennt den Namen des neunten Königs, Bhāgavata. Der zehnte und letzte König wurde auf Betreiben eines Ministers, des Brahmanen Vasudeva, von einer Sklavin ermordet. Die Regierungszeit der Shunga hatte einhundertzwölf Jahre gedauert (185–73 v. Chr.). Sie begünstigte nicht nur die Wiederherstellung der alten Religion, sondern – wie wir später noch ausführen werden – auch insbesondere die Entwicklung einer von fremden Einflüssen freien indischen Nationalkunst.

Vasudeva begründete die Kānva-Dynastie, die aus vier Königen bestand und nur fünfundvierzig Jahre (etwa 73–28 v. Chr.) regierte. Vermutlich auf Magadha beschränkt und von rein lokalem Interesse, hatte sie keinerlei Bedeutung für die indische Geschichte. Von einzelnen Ereignissen während ihrer Dauer wissen wir nichts.

Den Purāna zufolge wurden die Kānva von den Āndhra aus dem Dekhan beseitigt; doch gibt es keine epigraphischen oder literarischen Spuren von einer Āndhra-Herrschaft in Magadha. Es muß sich also um einen verheerenden Raubzug gehandelt haben, dem unmittelbar ein Rückzug folgte, oder die Purāna wollten nur andeuten, daß nach dem auch nominellen Ende der Vorherrschaft, die Magadha seit den Zeiten der Nanda ausgeübt hatte, die Āndhra die bedeutendste indische Dynastie wurden. Zudem wird der einigermaßen fiktive Charakter dieses Teiles der puranischen Listen durch die Numismatik bestätigt. Die sogenannten Mitra-Münzen, die in Uttar Pradesh gefunden worden sind, nennen einige Namen, die denen in der Liste der Shunga-Könige entsprechen, aber auch verschiedene andere, den literarischen Quellen unbekannte Herrscher. Dabei kann es sich um Namen von Shunga- oder Kānva-Königen oder von lokalen Fürsten handeln, die im 1. Jahrhundert unserer Zeitrechnung im Gangestal herrschten.

Nochmals taucht der Name Pushyamitras in einer Inschrift von Ayodhyā auf, die einen Dhana(-deva), König von Koshala, erwähnt, der in der sechsten Generation (mütterlicherseits?) von Pushyamitra abstammte; er und seine Familie sind uns auch von einer ganzen Reihe von Münzen bekannt. Sie scheinen im ganzen 1. nachchristlichen Jahrhundert die letzten Nachkommen eines lokalen Zweiges der Shunga zu sein. Andere Lokalstaaten der gleichen Art sind Pañcāla (Inschrift von Pabhosa), Kaushāmbī und Mathurā, die ebenfalls nur von Münzen bekannt sind. Neben ihnen bestanden die aristokratischen Republiken der Ārjunāyana (nordwestlich von Mathurā) und der Shibi (in Rajasthan), weiter gab es die Königreiche der Audumbara (zwischen Ravi und Beas) und der Kuninda (Nordteil des indischen Punjab) und die Republik Trigarta (zwischen Ravi und Sutlej), die Republik der Yaudheya (zentraler Teil des indischen Punjab) und der Agastya (Südteil der gleichen Gegend). Es ist deutlich, daß nach dem Sturz der Shunga der Norden in vollständige Kleinstaaterei zurückverfiel, zu der im äußersten Nordwesten die Fremdherrschaft hinzukam.

Ein besonderes Problem stellt Kalinga dar, für dessen Eroberung Ashoka so viel Blut vergossen hatte. Nach dem Ende der Maurya muß das Land seine Unabhängigkeit zurückerworben haben. Aber von seiner Geschichte wissen wir nichts außer dem, was man aus der berühmten, aber stark verwitterten und fast unleserlichen Inschrift des Königs Khāravela in der Elefantengrotte bei Buhaneshwar in Orissa herauslesen kann. Sie enthält keine Zeitangaben, und nur die sehr umstrittene Deutung ihrer Schrift erlaubt uns, sie etwa auf das 1. vorchristliche Jahrhundert anzusetzen. Khāravela war höchstwahrscheinlich ein großer Herrscher, der dreimal in Nordindien einfiel und den König von Magadha zu seinem Vasallen machte, der aber auch Werke des Friedens verrichtete, wie die Wiederherstellung eines Kanals aus der Nanda-Zeit, den Bau eines großen Tempels und Schenkungen an die Jaina-Mönche, deren Religion er angehörte. Aber er war nur ein flüchtiger Meteor, nach ihm versank Kalinga erneut ins Dunkel.

Nach dem Vertrag zwischen Seleukos I. und Candragupta Maurya blieb es zwischen dem seleukidischen Iran und Maurya-Indien mehr oder weniger bei der Grenze im Hindukush. Während der ganzen ersten Hälfte des 3. vorchristlichen Jahrhunderts – solange die beiden starken Reiche und ihre guten gegenseitigen Beziehungen bestanden – änderte sich an dieser Situation nichts. Aber als um 250 in Indien die Regierungszeit des friedliebenden Ashoka sich ihrem Ende zuneigte, machten die seleukidischen Gebiete in Ostiran eine tiefe Erschütterung durch. Die Parther erklärten ihre Unabhängigkeit und begannen damit jene Reihe von Kriegen, die im Laufe eines Jahrhunderts die griechischen Herrscher ganz Iran und Irak kosteten; gleichzeitig rebellierte weiter östlich der Statthalter Diodotos und begründete das griechisch-baktrische Reich (grob gesagt, das heutige Nordafghanistan am linken Ufer des mittleren Oxos).

Dieser äußerste Vorposten des Hellenismus im Fernen Osten stützte sich nur auf eine sehr dünne griechische – zivile und militärische – Herrenschicht, die zum kleineren Teil vielleicht schon vor Alexanders Eroberung existierte, nun aber die iranischen Großgrundbesitzer und Bauern überlagerte. Seine Geschichte ist uns wie die der indo-griechischen Nachfolgestaaten hauptsächlich von Münzen bekannt, die nur für die erste Zeit von knappen und fragmentarischen Hinweisen in griechischen und lateinischen Texten ergänzt werden. Seine Chronologie und Genealogie und ihre historische Bewertung ist deshalb noch sehr unsicher, und oft sind sich die Gelehrten auch über grundsätzliche Dinge nicht einig. Hier wollen wir der 1957 von Awadh Kishore Narain unternommenen und 1958 von Alberto Simonetta modifizierten Darstellung folgen.

Auf Diodotos I. folgte Diodotos II. und auf diesen Euthydemos (etwa 235–200). Dieser mußte sich 208 einem Rückeroberungszug Antiochos' III. von Syrien stellen; nach dreijähriger Belagerung seiner Hauptstadt Baktra erzwang er den Rückzug des Eindringlings durch die Drohung, er werde die zentralasiatischen Nomaden zu Hilfe rufen – was das Ende des Hellenismus in Iran bedeutet hätte. Der Friede wurde geschlossen, und Antiochos wandte sich dem Hindukush zu, wo er – wie bereits erwähnt – vom König Sophagasenos Elefanten erhielt. Dann kehrte er nach Iran zurück. Sein Feldzug hatte lediglich die Wirkung, daß das seit einem Jahrhundert bestehende Gleichgewicht an der indischen Grenze verlorenging. Nach seinem Rückzug bemächtigte sich anscheinend Euthydemos' Nachfolger, Demetrios I. (etwa 200–182), der Westprovinzen des Maurya-Reiches: Drangiane, Arachosiens und wahrscheinlich auch der Paropamisadae, das heißt des ganzen heutigen Afghanistans. Dagegen brachte die Regierungszeit seines Nachfolgers Euthydemos II. (um 182–175) die griechische Expansion zum Stillstand; nach ihm wurde das Reich wahrscheinlich unter Demetrios II. und Antimachos I. aufgeteilt.

Im Gegensatz zu den Gewohnheiten der Seleukiden in Syrien und der Ptolemäer in Ägypten hielten es die baktrischen Griechen, nachdem sie sich Indien zugewandt hatten, für zweckmäßig, auch die Gefühle und Interessen ihrer Untertanen an der indischen Grenze zu berücksichtigen. So beginnt Demetrios II. mit der Prägung zweisprachiger Münzen, deren Verbreitung sich in der Regel auf die Gebiete südlich des Hindukush beschränkt; die Schauseite der Münzen trägt Titel und Namen des Königs auf griechisch, die Rückseite das gleiche auf Prakrit und in Kharoshthi-Schrift. Diese griechisch-baktrischen Münzen gehören im übrigen zu den schönsten und künstlerisch wertvollsten des ganzen Altertums. Der Lebendigkeit und Kraft ihrer Königsporträts können nur die kaiserlich-römischen Münzen Ebenbürtiges an die Seite stellen.

Bald darauf verlor Demetrios II. Baktrien an einen ungewöhnlich genialen Abenteurer, Eukratides I. (etwa 171–157), der sich mit wenigen hundert Leuten des Landes bemächtigte; Demetrios' Gegenmaßnahmen blieben erfolglos, und er verschwand von der Bildfläche. Die Gebiete südlich des Hindukush blieben allerdings in der Hand von Euthydemos' Nachkommen, aber gegen die Paropamisadae und Gandhāra führte Eukratides einen Feldzug, eroberte beides und schlug dort Goldmünzen, was außer ihm nur noch ein griechischer König getan hat. Es sah so aus, als sollte sich die griechische Herrschaft unter ihm konsolidieren; als er aber nach Baktra zurückkehrte, wurde er von seinem Sohn und Mitregenten, vielleicht dem Eukratides II. der Münzen, ermordet. Die Nachfolge trat Heliokles (etwa 157–135), wohl der letzte Herrscher Baktriens, an; mit seinem Tod ging die Wiege der griechischen Könige an zentralasiatische Völker verloren (die Yüe-chih der chinesischen Quellen), die seit einiger Zeit gegen ihre Grenzen andrängten.

Schon zuvor waren die Westprovinzen von den Parthern annektiert worden, und die südlich des Hindukush gelegenen scheint Apollodotos I., ein Nachkomme von Euthydemos, zurückerobert zu haben. Auf ihn folgte sein minderjähriger Sohn, Strato I. (etwa 160–135), für den anfangs seine Mutter Agathokleia regierte. Unter Strato muß die Schlacht am Indus gegen Pushyamitra Shunga stattgefunden haben, die das Drama Mālavikāgnimitra erwähnt. Er verlor Gandhāra an Heliokles, dessen Nachfolgern es Antimachos II. (etwa 135–130) abnahm.

Stratos Nachfolger war, soweit wir sehen, Menander, bei weitem der berühmteste und größte der indo-griechischen Könige, dessen Regierungsdaten jedoch alles andere als sicher sind: um 166 bis 150 nach Tarn, um 155 bis 130 nach Narain, um 130 bis 110 nach Simonetta. Dem Plutarch als das Ideal eines hellenistischen Herrschers bekannt, ist er, unter dem Namen Milinda, auch der Held einer apologetischen buddhistischen Schrift auf Pāli, des Milindapañha, der einen Dialog zwischen dem König und dem Mönch Nāgasena darstellen soll. Gebürtig aus einem nahe Alasanda, das heißt (dem kaukasischen? dem ägyptischen?) Alexandreia gelegenen Dorf, wurde er, wie aus seinem Porträt auf den Münzen hervorgeht, schon in jungen Jahren König. Der Mittelpunkt seines Reiches war Gandhāra, aber sein Herrschaftsgebiet erstreckte sich im Punjab wenigstens bis zum Fluß Ravi. Nach Narain und Simonetta war er (nach Tarn aber Demetrios I.) der Eindringling in der Gangesebene, den einige indische Literaturtexte kurz erwähnen. Im Verlauf dieses Feldzuges belagerten griechische Truppen Sāketa (Ayodhyā) und Madhyamika (Nagar in Rajasthan). Und selbst Pātaliputra belagerten die mit den Herrschern von Pañcāla und Mathurā verbündeten Griechen und nahmen es im Sturm; doch dann brach zwischen den Verbündeten Zwist aus, es kam zum Krieg zwischen ihnen, und die Griechen mußten das Gangestal verlassen. Das Scheitern dieser letzten Anstrengung des Hellenismus im Osten bewirkte, daß die Grenze der hellenistischen Einflußsphäre am Ravi blieb, ungefähr dort, wo Alexander sie gezogen hatte; und auch vom Punjab ist es sicher, daß dort die alten indischen Republiken im wesentlichen unabhängig blieben. Dagegen ist es nicht ausgeschlossen, daß Menander die griechische Vorherrschaft bis in das untere Industal ausdehnte.

Nach Menander zerfielen die griechischen Gebiete in Indien in verschiedene kleine Königreiche, deren Herrscher uns nur von Münzen bekannt sind, da sie keine Spur in der literarischen Überlieferung Indiens oder des Westens hinterlassen haben. Zwischen diesen kleinen Fürsten scheint der Krieg das Normale gewesen zu sein, die schlimmsten Feinde der Griechen waren die Griechen selbst. Unter rund zwanzig oder gar mehr obskuren Herrschern gewinnt nur Antialkidas (um 100–85), dank einer Inschrift seines Gesandten Heliodoros auf einer Säule in Besnagar in Madhya Pradesh, einigermaßen deutliche Gestalt. Er war weitgehend hinduisiert und ein getreuer Anhänger der Bhāgavata-Religion, also des Vishnuismus.

Das Ende war eine lange anhaltende Agonie. Von Norden kommend, besetzten die Shaka um das Jahr 70 Taxila und Arachosien. Nach kurzer Erholung verschwand das griechische Ostreich um das Jahr 28 endgültig. Das letzte griechische Bollwerk, die Paropamisadae, hielt noch länger stand; ihr letzter griechischer König Hermaios (etwa 50 v. Chr. bis

5 n. Chr.) konnte noch einmal eine Offensive gegen die zerfallende Shaka-Konföderation unternehmen, wurde aber sehr bald von der neuen indo-parthischen Macht überwältigt. Einige Münzen bringen seinen Namen mit dem des Kushāna Kujula Kadphises in Verbindung, was oft als Beweis ihrer Zeitgenossenschaft gegolten hat. Vermutlich handelt es sich aber um eine späte Nachahmung, vielleicht zum Zweck legitimistischer Propaganda.

Solange er Verstärkung durch Abenteurer aus hellenischen oder hellenisierten Ländern des Westens fand, erhielt der griechische Drang nach Osten immer neue Impulse. Später ließ dieser Nachschub aber nach und hörte schließlich ganz auf. Aber es bleibt erstaunlich, daß dieser verlorene Posten des Hellenismus im damaligen Fernen Osten sich überhaupt so lange halten konnte, wenn er auch nur rein lokale Bedeutung hatte. Denn die für uns so interessante Geschichte der Griechen in Indien hat auf die indische Geschichte, in der sie eine durchaus zweitrangige Episode blieb, einen ganz geringen Einfluß. Das gilt auch für den kulturellen Austausch. Der griechische Beitrag zur indischen Kultur gehört in eine Zeit lange nach dem Verschwinden der Indo-Griechen; es gibt in Indien kein einziges literarisches oder künstlerisches Element, das mit Sicherheit oder auch nur mit Wahrscheinlichkeit zu dem glanzvollen Abenteuer des Eukratides und des Menander in Beziehung gesetzt werden kann.

Das Ende der Indo-Griechen ist die Folge einer Völkerbewegung, die lange Zeit zuvor an den Grenzen Chinas begann. Am Ausgang des 3. Jahrhunderts v. Chr. hatten die Hsiung-nu einen starken Staat von nomadischem Charakter in den Steppen der heutigen Mongolei gegründet. Sehr bald gerieten sie in Konflikt mit einem Volk in der heutigen chinesischen Provinz Kansu, das den Chinesen unter dem Namen Yüe-chih (Mondvolk?) bekannt war, während sie selbst sich Tochari genannt zu haben scheinen. Um das Jahr 172 bereiteten die Hsiung-nu den Yüe-chih eine verheerende Niederlage, vertrieben sie aus ihrer Heimat und zwangen sie, nach Westen zu wandern. Sie brachen in das Land der Sai-wang (so die Chinesen; es handelt sich um die Shaka der Inder, die Sacae der klassischen Autoren) am oberen Ili ein; die Sai-wang strömten nach Süden weiter, überquerten die sehr schwierigen Pässe im Pamir und ließen sich in der Grenzzone am rechten Indusufer, die die Chinesen Chi-pin nannten, nieder.

Wenig später wurden die Yüe-chih ihrerseits von einem anderen Volk besiegt und gezwungen, ihre Wanderung wiederaufzunehmen, wobei sie mit den Shaka und den skythischen Stämmen am Iaxartes (Sir-Darya) zusammenstießen und diese aus ihren Sitzen vertrieben. Diese Stämme durchzogen Baktrien um das Jahr 135, womit sie dem Griechenreich einen nicht wiedergutzumachenden Schlag versetzten, und ließen sich dann an der Grenze des Partherreiches nieder. Die Yüe-chih eroberten wenig später (um 129) Baktrien endgültig, beseitigten seine griechischen Herrscher und unterstellten das Land – zwar mit weitgehender Autonomie – ihrer eigenen Oberherrschaft; ihre Hauptstadt blieb nördlich des Oxos (Amu-Darya). Erst später (um 100) gliederten sich die Yüe-chih Baktrien endgültig an (Rekonstruktion von Narain).

Die oben erwähnten skythischen Stämme stellten für einige Jahrzehnte eine ernste Gefahr für die Parther dar; zwei Parther-Könige (Phraates II. im Jahr 128, Artabanos II. im Jahr

123) fielen im Kampf gegen sie. Aber ihr Ansturm wurde aufgehalten. In ihren neuen Wohnsitzen im Shaka-Land (Sakastāna, das heutige Sistan) vermischten sie sich mit skythischen Stämmen, die dort seit der Achaimenidenzeit saßen, und mit dem widerspenstigen parthischen Feudaladel der Gegend. Diese skytho-parthische Mischung wurde dann in Indien als Pahlava bekannt; im Westen pflegt man sie auch Indo-Parther zu nennen.

Als im Jahr 52 der Parther-König Orodes den Vizekönig des Shaka-Landes, Surenas, umbrachte, rebellierte ein gewisser Vonones, vielleicht ein Erbe des Verstorbenen, nahm den Titel »König der Könige« an und fand Hilfe und Vasallenschaft des Shaka-Häuptlings Spalahora aus Arachosien und seines Sohnes Spalagadama. Bald aber wurde Vonones beseitigt, und Spalagadama und der neue Oberherr Spalyris, Herren von Südafghanistan, erkannten die Oberhoheit des Shaka-Königs Maues an.

In der Zwischenzeit hatten die Sai-wang oder eigentlichen Shaka unter ihrem König Maues (um 60–30) ein Reich am Indus gegründet und den Griechen Gandhāra und Taxila genommen. Die Shaka-Könige sind uns – wie die Pahlava nach ihnen – nur von Münzen und fragmentarischen, schwer zu deutenden Kharoshthī-Inschriften bekannt. Ihre Datierung hat in ein Dickicht von nicht abgeschlossenen und in absehbarer Zeit wohl nicht endenden Diskussionen geführt. Nicht zu bestreiten ist jedoch, daß die Shaka teilweise unter griechischem Einfluß standen; so benutzten sie auch weiterhin die makedonischen Monatsnamen. Ihr Reich war im Grunde ein Bund von Stämmen, und die Fürsten oder lokalen Herrscher, die den alten iranischen Titel Kshatrapa (Satrap) trugen, erfreuten sich weitgehender Unabhängigkeit.

Die Regierungszeit von Maues muß von fortwährenden Kämpfen mit den Griechen erfüllt gewesen sein. Ihm folgte in der Würde eines Königs der Könige sein Mitkönig (offiziell »Bruder des Königs«) Spalirises. Dieser wiederum verband sich mit Azes als Mitkönig. Nach dem Verschwinden von Spalirises begegnet uns eine Gruppe von Herrschern, auf deren Münzen auf der einen Seite der Name Azes in griechischen Buchstaben und auf der anderen der Name Ayilisha in Kharoshthī-Schrift steht; oder Azilises auf der griechischen und Aya auf der indischen Seite. Einige Gelehrte wollen diese Münzen auf einen einzigen König beziehen, im allgemeinen ist man aber der Meinung, es handele sich um drei Herrscher: Azes (Aya) I., Azilises (Ayilisha) und Azes II. Auch ihre Daten sind umstritten und werden zwischen dem 1. vorchristlichen und der Mitte des 1. nachchristlichen Jahrhunderts angesetzt. Jedenfalls ist sicher, daß der Niedergang des Shaka-Bundes im Industal in die lange Regierungszeit von Azes II. fällt. Jetzt machten die Satrapen sich selbständig und schlugen ihre eigenen Münzen.

Inzwischen war der Parther Orthagones in der Drangiane zur Macht gekommen; sein Nachfolger Gondophares bemächtigte sich der Überreste des Shaka-Reiches und setzte wahrscheinlich auch dem griechischen Reich Paropamisadae ein Ende. Nach Simonetta regierte er von 5 bis 25 n. Chr.; aber diese Daten müßte man auf rund zwanzig Jahre später verschieben, wenn Gondophares tatsächlich identisch mit Gudnaphar in der syrischen (Gundophoros in der griechischen) Fassung der Akten des Apostels Judas Thomas wäre, der diesen König zum Christentum bekehrt haben will. Aber der Inhalt dieser apokryphen

Akten ist rein legendarisch, und möglicherweise haben die unbekannten Verfasser ihre Erzählung um einen realen, aber längst vergangenen und nur noch wenig bekannten historischen Kern gewoben. Merkwürdig ist hierbei, daß heute die Thomaslegende in Südindien angesiedelt ist, wo seit dem 13. Jahrhundert das Grab des Apostels in Mailapur bei Madras gezeigt wird. Mag Gondophoros mit der Thomaslegende im Zusammenhang stehen oder nicht, jedenfalls war er ein großer Herrscher, Herr über das heutige Afghanistan, über Teile des Punjab und des östlichen Irans. Seine Nachfolger (Abdagases, Pakores und Sanabases) indessen mußten sich auf das iranische Gebiet und Arachosien beschränken, während Gandhāra in die Hände eines gewissen – nur von Münzen bekannten – Sasan überging. Doch bald wurden die Gegenden südlich des Hindukush dem unruhigen Shaka- und Pahlava-Feudaladel von einem anderen fremden Eindringling von weitaus größerer historischer Bedeutung genommen: von den Kushāna.

Eine gewisse Vorstellung von dem Leben einer indischen Stadt im Zeitalter der Shaka- und Pahlava-Invasionen bekommen wir aus den Ausgrabungen von Taxila, die Sir John Marshall ein ganzes Menschenalter lang geleitet hat. Die der Invasion Alexanders und der Maurya-Herrschaft entsprechende Phase ist die, die auf dem Bhir-Hügel ans Tageslicht gefördert worden ist; ein armseliger Flecken, ohne eine Architektur, die diesen Namen verdiente, eine Ansammlung von geweißten Mauern, ohne Planung und ohne Verzierungen. Die Griechen verließen ihn und gründeten wenig nördlich die neue Stadt Sirkap; sie war es auch, die der Wundertäter Apollonios von Tyana 44 n. Chr. besuchte, zu dessen Zeit die Stadt unter der Herrschaft eines Königs Phraotes, vielleicht eines parthischen Lokalfürsten, stand. Aus der Beschreibung des Apollonios und den Ausgrabungen erschließt sich uns ein lebhaft gärendes kulturelles und religiöses Leben, wenngleich die Bauten in der Stadt schlicht und keineswegs großartig sind; vor allem der königliche Palast – mag sein Grundriß auch den assyrischen Palästen merkwürdig ähnlich sein – ist sehr bescheiden. Sirkap war ursprünglich von einem Erdwall umgeben, zur Zeit Azes' I. aber erschien der Umfang der Stadt zu groß, und eine feste innere Steinmauer wurde erbaut.

Nach dem Zerfall von Ashokas Reich und einer Periode völliger Dunkelheit erhält der Dekhan zum erstenmal eine eigene, aus den Inschriften und nicht nur aus den purānischen Listen bekannte Dynastie, deren politische Bedeutung über die Grenzen eines einfachen Regionalstaates hinausgeht. Auf Inschriften und Münzen lautet ihr Name – der (nach Przyluski) vielleicht von Munda-Herkunft ist – Shātavāhana oder Sātakarni; in den Purāna dagegen heißt sie Andhra oder Andhrabhritya. Wahrscheinlich ist jener der Name der Dynastie, dieser der des Volkes. Auch hier ist das chronologische Problem schwierig. Die wenigen Inschriften datieren nur nach Regierungsjahren, und auf die Listen der Purāna, laut deren die Dynastie in einem Zeitraum regiert hätte, der zwischen dreihundert und vierhundertsechzig Jahren schwankt, ist kein Verlaß. Einige Wissenschaftler – vor allem indische – halten die längere Regierungszeit für wahrscheinlich. Die Shātavāhana wären dann unmittelbare Nachfolger der Maurya im Dekhan gewesen, und der Beginn ihrer Regierung fiele in die Zeit um 230 v. Chr. Sehr viel mehr spricht aber für die kürzere Zeitspanne mit dem Beginn um die Mitte des 1. vorchristlichen Jahrhunderts.

Vermutlich stammen die Shātavāhana aus dem nordwestlichen Dekhan, und zwar aus der Gegend von Paithan. Nach dem Begründer der Dynastie Shimuka war die bedeutendste Figur in den ersten Generationen Siri Sātakani. Er ist vielleicht mit Saraganes dem Älteren im »Periplus des Erythräischen Meeres« identisch, der am Beginn unserer Zeitrechnung gelebt hat. Als Eroberer des Narbadatales, von Vidarbha (Berār) und Teilen von Malwa nahm er den Titel »Herrscher des Südens« (Dakhināpati) an und brachte zweimal das Roßopfer *(ashvamedha)* dar. Das führte – nach der Vormachtstellung des Buddhismus unter den Maurya – zu einer gewissen Wiederbelebung des vedischen Rituals, wie überhaupt ganz allgemein die Shātavāhana – ähnlich wie die Shunga in der Gangesebene – die Hindu-Reaktion im Dekhan verkörpern.

Die zahlreichen Nachfolger von Siri Sātakani, die in den Purāna-Listen genannt werden, gehörten wahrscheinlich gleichzeitig regierenden Seitenlinien des Hauses an. Der berühmteste dieser kleineren Herrscher ist Hāla (1. Jahrhundert n. Chr.), der zwar auf Inschriften und Münzen nicht vorkommt, den die Texte aber als großen Schirmherrn der Literatur und als großen Dichter preisen. Die offizielle Sprache der Shātavāhana war das Prakrit des Maharashtra. So darf die Dynastie, durch die das sprachliche und religiöse Erbe des Gangestales im Dekhan Verbreitung fand, als Vorkämpferin und Beschützerin der Ārya-Expansion gelten. Hāla soll der Verfasser der Sattasāī sein, einer Sammlung von siebenhundert erotischen Versen, vielleicht der bedeutendsten Dichtung der Prakrit-Literaturen; zumindest wurde sie unter seiner Schirmherrschaft zusammengestellt. Parallel zur literarischen Blüte ging eine Verstärkung des Handelsverkehrs mit dem römischen Osten, von der später noch die Rede sein soll; besonderen Vorteil zog daraus der Hafen des Shātavāhana-Reiches, Bharukaccha (das Barygaza der Griechen, das heutige Broach).

Über dem Süden liegt auch weiterhin das Halbdunkel, in das ihn das fast vollständige Schweigen der Quellen verweist. Wir besitzen keine Anhaltspunkte, an Hand deren wir beurteilen können, wieweit das Herrschaftsgebiet der Shātavāhana im Süden reichte, wie wir auch nichts über die Geschehnisse in den drei Reichen Cera, Cola und Pāndya wissen. Völlig vereinzelt steht die Nachricht, Khāravela von Kalinga habe einen Bund von Tamil-Staaten vernichtet, der schon hundertdreizehn Jahre bestanden habe. Die Datierungsschwierigkeiten für die Inschrift von Hathigumpha machen es unmöglich, diese Mitteilung zeitlich und räumlich zu präzisieren. Sehr viel besser ist uns die materielle Kultur des Südens bekannt. Vom Krishnatal bis zur südlichen Spitze der Halbinsel ist eine große Anzahl von Megalithen verschiedener Typen gefunden und in den letzten Jahren erforscht worden: dolmenartige Bauten aus unbehauenen Granitblöcken, die von einer Felsplatte aus dem gleichen Material überdacht sind und häufig Terrakottasarkophage enthalten, mehr oder minder tiefe, von kreisförmig aufgestellten Steinen umgebene Begräbnisstätten; Felsblöcke, die eine fast wie ein Regenschirm aussehende Steinplatte in der Form einer plattgedrückten Halbkugel tragen; die gleichen Platten, unmittelbar auf der Erde aufliegend: Menhire oder aufrecht stehende Felsplatten. Einem ähnlichen Typus gehören die riesigen Bestattungsurnen in der Umgebung von Pondichery und im Gebiet von

Tinnevelly an. In allen diesen Grabmonumenten wurden die vom Fleisch entblößten Knochen, auch wenn sie verschiedenen Individuen gehörten, zusammengehäuft beigesetzt. Die in der Mehrzahl eisernen Geräte sind in einer ziemlich fortgeschrittenen Technik hergestellt. Die typische Keramik ist die rot-schwarze, aus dem Norden stammende: dünne, auf der Scheibe gedrehte, umgekehrt (mit dem Boden nach oben) gebrannte Gefäße. Die Formen sind einfach und zweckmäßig und, da ein Dekor nur in Ansätzen vorhanden ist, ohne künstlerischen Ehrgeiz. Diese merkwürdige, technisch so fortschrittliche und in ihren Bestattungsbräuchen so eigenartig vereinzelt dastehende Kultur ist ohne zwingende Gründe den Dravidavölkern zugeschrieben worden. Sie scheint vom 3. vorchristlichen bis zum 1. nachchristlichen Jahrhundert bestanden zu haben. Der am gründlichsten erforschte Fundort dieser – sowie der vorausgegangenen und der nachfolgenden – Kultur ist Brahmagiri in Nordmysore, das den Angelpunkt für die gesamte archäologische Chronologie Südindiens bildet.

Die soziale Erstarrung der indischen Gesellschaft hatte inzwischen – zumindest im Herzen des Ārya-Landes, im Gangestal – einen Grad erreicht, der eine endgültige theoretische Festlegung erlaubte, ein Prozeß, der sich bereits in den Dharmasūtra der vorangehenden Periode anbahnt. So entstehen die großen juristisch-sozialen Handbücher (*dharmashāstra* oder *smriti*), poetische Werke, die in Form und Inhalt von der Epik beeinflußt sind. Als ihre Verfasser gelten Weise aus einer längst vergangenen Vorzeit; in Wirklichkeit aber entstanden sie allmählich während rund achthundert Jahren, das heißt zwischen dem 3. vorchristlichen und dem 5. nachchristlichen Jahrhundert.

Das älteste, berühmteste und am meisten verehrte ist die Manusmriti oder Mānava-Dharmashāstra, die aus zwölf Abschnitten (*adhyāya*) mit zusammen zweitausendsechshundertvierundneunzig Versen besteht. Sie darf als ein Spiegel der allgemein juristisch-sozialen Theorie Indiens um die Zeit von Christi Geburt gelten. Nach ihrer Anschauung leitet sich das Gesetz vor allem aus den Heiligen Veda-Texten, dann aus den Vorschriften der Weisen des Altertums und aus den Sitten guter Menschen und schließlich aus der eigenen Neigung her, der indessen die geringste Autorität in diesem Zusammenhang zugebilligt wird. Das Gesetz ist in achtzehn Abteilungen gegliedert, die eine irrationale Mischung von Zivil- und Strafrecht darstellen. Das Strafrecht ist nicht für alle gleich, sondern nach Kasten abgestuft, und läßt den Brāhmanen besonderen Schutz angedeihen. Die Wahrnehmung der Gerichtsbarkeit (*danda*, Stock) ist eine der Hauptpflichten der Regierung ihren Untertanen gegenüber. Der König ist höchster Richter und muß dieses Vorrecht tunlichst persönlich ausüben. Andernfalls muß er seine Gewalt Gerichten übertragen, deren Vorsitzender ein gelehrter Brāhmane ist, dem drei Beisitzer – auch sie gewöhnlich Brahmanen – beigegeben sind. Bei Streitigkeiten über Dorf- und Feldgrenzen hat indessen die bäuerliche Gemeinschaft die entscheidende Stimme. Außer bei Totschlag und den Fällen, wo keine qualifizierten Zeugen vorhanden sind, gilt die Zeugenaussage, deren Wert von der Kaste und dem Geschlecht des Zeugen abhängt, als wichtigstes Beweismittel. Fehlen Zeugen, so greift man auf den Eid oder auf das Gottesurteil zurück.

Jede Kaste hat ihren speziellen Kodex von Pflichten und Rechten (*dharma*); selbstverständlich liegt bei den Brāhmanen der Akzent dabei auf den Rechten und bei den

Shūdra auf den Pflichten. Die Ehe zwischen einem Mann aus höherer und einer Frau aus niedrigerer Kaste ist noch zugelassen, es besteht aber die Neigung, diese Erlaubnis einzuschränken oder abzuschaffen. Die tatsächliche Vermehrung der Kasten versucht die Manusmriti durch die Theorie der Mischehen *(sankara)* und die Degradierung der Angehörigen höherer Kasten, die ihre heiligen Pflichten *(vrātya)* nicht erfüllen, zu erklären. Auf diese Weise gelingt es, alle Arten sozialer Gruppen und selbst die Fremden, wie Yavana, Shaka, Cīna, Pahlava, Dravida, in das komplizierte Gefüge einzuordnen. Wieweit dabei die Theorie der Wirklichkeit entsprach, ist allerdings eine andere Frage. So gilt zum Beispiel im Mahābhārata der Sohn eines Brāhmanen als Brāhmane, welcher Kaste auch immer seine Mutter angehören mag; und die buddhistischen und Jaina-Texte nennen die Kshatriya an der Spitze der Kastenhierarchie. In Wirklichkeit ist die Entstehung der Mischkasten eine Folge der Umwandlung und Schließung der Handwerkerzünfte.

Die sogenannte vereinte Familie (»joint family« im modernen Indien) war die Regel; die verheirateten Söhne und ihre Kinder gehörten auch weiterhin – mit allen daraus resultierenden Konsequenzen für die Erbfolge – der väterlichen Großfamilie an. Die Ehe war exogam, also innerhalb derselben Sippe oder doch bis zu einem bestimmten Verwandtschaftsgrad verboten. Es gab verschiedene Formen der Eheschließung, meistens aber lag es dem Vater ob, für seine Tochter – ohne Ansehen der materiellen Vorteile – eine gute Partie auszusuchen. Nach den Darstellungen des Mahābhārata war ein nicht allzu frühes Heiratsalter üblich. In den Smriti überwiegt die schon zuvor erwähnte Tendenz, das Heiratsalter so weit herabzusetzen, daß schließlich Kinderehen erlaubt, später geradezu vorgeschrieben werden. Frühzeitig erscheint im Mahābhārata und bei den Historikern Alexanders des Großen der Brauch der *Satī*, das heißt der freiwilligen Opferung der Witwe (oder der Witwen) auf dem Scheiterhaufen, auf dem der Leichnam des Mannes verbrannt wird. Überhaupt ist seit geraumer Zeit die Einäscherung zur einzigen erlaubten Bestattungsform geworden.

Die Grundlage der Wirtschaft war der Ackerbau; aus dem Mahābhārata aber geht hervor, daß der Viehzucht mehr Bedeutung zukam, als die anderen Texte vermuten lassen.

Für die staatlichen Institutionen dieser Zeit gibt es keine Quellen, die sich an Zuverlässigkeit mit den Inschriften Ashokas und dem Bericht des Megasthenes für die Maurya-Zeit vergleichen lassen. Aus dem Kautilīya Arthashāstra, der vielleicht auf die ersten nachchristlichen Jahrhunderte zurückgeht, können wir zumindest entnehmen, wie die gängigen politischen Ideen der letzten vorchristlichen Jahrhunderte aussahen. Es genügt dazu, aut zwei seiner Grundkonzeptionen hinzuweisen. Außenpolitisch ist die normale Konstellation die Existenz verschiedener kleiner oder mittlerer Staaten, deren übliche gegenseitige Beziehung der Krieg ist. Innenpolitisch ist das ganze Staatsleben darauf ausgerichtet, der Verwaltung und den Machtmitteln des Königs möglichst große Wirksamkeit zu verleihen; daraus folgen eine peinlich genaue Reglementierung des öffentlichen Lebens in allen seinen Bereichen und ein Eingreifen des Staates auch in geringfügigste Angelegenheiten, woraus sich praktisch eine regelrecht dirigistische Wirtschaftsform ergeben mußte.

Die Struktur der Fremdstaaten im Indusbecken läßt sich aus den Inschriften nur schwer erschließen. Anscheinend behielten die Shaka und Pahlava die griechische Einteilung in

Eparchien bei. Einige griechische Titel, wie Militärgouverneur *(strategos)* und Bezirksvorsteher *(meridarchos)*, sind gebräuchlich, aber die Fürsten der einzelnen zu diesem Staatenbund unter der Oberhoheit des Großkönigs zusammengefügten Staaten trugen den alten iranischen Titel Satrap.

Der Handel gewann immer größere Bedeutung im Wirtschaftsleben. Zum erstenmal tauchen in den chinesischen Texten die Straßen auf, die dem Verkehr mit dem Fernen Osten dienten. Ein Abschnitt in der Geschichte des Han-Reiches (Han-shu) schildert eine Seeroute, die von China aus in die südlichen und südwestlichen Länder führte. Seine Ortsnamen sind nicht zu identifizieren. Immerhin könnte die Erwähnung einer zehntägigen Landreise auf halbem Wege der Durchquerung der malaiischen Halbinsel gelten. Das Ziel der Reise ist das Königreich Huang-chih, vielleicht Kanchī in Südindien oder aber auf Sumatra. Dieser Reiseweg wurde gegen Ende des 2. vorchristlichen Jahrhunderts bekannt, am häufigsten scheint er aber in den Jahren zu Beginn unserer Zeitrechnung benutzt worden zu sein. Später berichten die chinesischen Texte auch von der Existenz einer zwar schwierigen und wenig benutzten Handelsstraße, die von Südwestchina durch die Berge nach Assam führte.

Bei weitem wichtiger als der Handel mit dem Osten waren indessen die Handelsbeziehungen zum Römischen Reich, die in dieser und – wie wir später sehen werden – zu Beginn der nächsten Periode am intensivsten waren. Das übliche Tauschmittel waren dabei noch immer die punzierten Münzen. Bald jedoch tauchten Münzen auf, deren Prägung durch einen Hohlstempel bewerkstelligt wurde und dadurch Reliefcharakter hatte. Dies sind in der Tat die ersten geprägten Münzen. Gleichzeitig erscheinen die ersten Legenden in Brahmī, bei denen die Buchstaben gelegentlich von rechts nach links laufen. Die Münzen haben nur lokale Gültigkeit, und ihre Emission wird kleinen nord- und mittelindischen Herrschern oder den republikanischen Staaten des Nordwestens zugeschrieben; hier allerdings sind die Legenden in Kharoshthī verfaßt, und das Maßsystem läßt griechische Einflüsse vermuten. Die fremden Invasionen führten, was die Legenden und die Gewichte angeht, zu einem anderen Münztypus. Die griechischen Könige von Baktrien schlugen Münzen nach dem attischen System, dessen Grundlage die silberne Drachme von 4,379 Gramm und der goldene Stater von 8,748 Gramm waren. Anfangs war das Münzwesen rein griechisch; unter Demetrios II. beginnen dann aber die für die indischen Gebiete bestimmten zweisprachigen Legenden (griechisch und Kharoshthī). Seit Heliokles wurden für die Silberprägung leichtere Gewichte üblich (Herabsetzung des attischen Münzfußes? Rückkehr zum älteren achaimenidischen System des Siglos?), während die Goldemissionen völlig aufhören.

In ihren Typen und ihrer Zweisprachigkeit stellen die – ausschließlich silbernen – Münzen der Shaka und Pahlava lediglich eine Weiterbildung des griechischen Systems dar; bei den Münzen der Pahlava macht sich selbstverständlich auch der Einfluß arsakidischer Typen aus Iran bemerkbar.

Dieses fremde Münzwesen wirkte nachhaltig auf das indische ein. Vor allem ist die runde (nicht mehr viereckige) Münze mit dem Namen des Herrschers westlichen Ursprungs. Manche indischen Stammesmünzen übernahmen auch das attische Münzsystem, und hellenistisch war auch die allgemein übliche Anordnung von Bild und Legende. Schließlich drang auch die Bezeichnung Drachme in Indien ein. Wir begegnen ihr auf Inschriften in der Form Dramma oder Damma.

Die Volksreligion, die bereits als Hinduismus bezeichnet werden kann, entwickelte sich in der seit geraumer Zeit eingeschlagenen Richtung weiter. In ihrem Mittelpunkt stand die Verehrung der mit Vishnu und Shiva identifizierten oder wenigstens in ihren Kreis gehörigen Gruppe von Gottheiten.

Vāsudeva-Krishna, der nun mit Vishnu identisch ist, muß unter dem Titel Bhagavat, »der Hehre«, schon damals eine ungewöhnlich beliebte Gottheit gewesen sein; seine Anhänger nannten sich Bhāgavata. Inschriftlich wird diese aus der Gegend von Mathurā stammende religiöse Richtung auf der Säule von Besnagar erwähnt. Hier erklärt Heliodoros, der Sohn des Dion und Botschafter des griechischen Königs Antialkidas bei dem indischen Herrscher Bhagabhadra, er sei ein Bhāgavata und errichte deshalb diese Säule mit dem Bild des mythischen Vogels »Garuda von Vāsudeva, dem Gott der Götter«. Aber Vāsudeva-Krishna wird jetzt nicht nur mit dem vedischen Vishnu, sondern auch mit dem – bereits im Shatapatha Brāhmana erwähnten, aber in seinem Ursprung nicht von ihm abhängigen – Nārāyana identifiziert. Im Baudhāyana Dharmasūtra und bestimmt in allerdings schwer datierbaren Teilen des Mahābhārata scheint diese Identifizierung schon stattgefunden zu haben. Den Inschriften des 1. nachchristlichen Jahrhunderts (Ghosundi, Nanaghat) zufolge muß der Bhāgavatakult damals sowohl im Norden wie im Dekhan schon sehr populär gewesen sein. Die ersten Abbildungen von Vishnu begegnen uns auf den Münzen von Pañcāla, die frühestens auf das erste nachchristliche Jahrhundert zurückgehen.

Vor allem aber erschließt sich uns die Bhāgavatareligion oder der primitive Vishnuismus aus den Versen der Bhagavadgītā, des Meisterwerkes der religiösen indischen Poesie, die formal zum Mahābhārata gehört. Sie stellt einen Dialog zwischen Krishna und dem Helden Arjuna dar, der auf dem Schlachtfeld seinen Verwandten und Freunden gegenübersteht und deshalb zögert, sie anzugreifen. Krishna besänftigt seine Zweifel, indem er ihm die Philosophie des Handelns *(karmayoga)* darlegt, von der später noch die Rede sein soll. Von den beiden Wegen, die der Mensch beschreiten kann, um sich von den Tatmotiven zu befreien, ist einer der der Erkenntnis *(jnāna)* und der andere der der mystischen Liebe *(bhakti)*. Bei der Beschreibung der letzteren findet die Gītā Worte von bewegendem lyrischem Klang:

> Wer stets bei seinem Tun nur meiner denkt im Leben,
> mich über alles liebt, sich ganz mir hingegeben,
> wer niemand haßt und wer an keinem Ding mag hangen,
> der wird, o Pāndusohn, dereinst zu mir gelangen.

Was immer man auch tun mag, es ist für den Gott getan und stellt einen Gottesdienst dar. Die Frucht jeder Tat ist dem Gott geweiht. Das Endziel ist die Verwirklichung des Gottes, ja, noch vollständiger, die Einswerdung mit ihm durch die leidenschaftliche Liebe zu ihm und dadurch zu seinen Geschöpfen.

Gegen Ende dieser Periode zeichnet sich die Theorie von den vier »Entfaltungen« ab *(catur-vyūha)*, der zufolge Bhagavat Vāsudeva vier einander folgende Hypostasen aus sich entläßt: Sankarshana, Pradyumna und Aniruddha, von dem Brāhman und die ganze Schöpfung abstammen. Offensichtlich nimmt hier der Vāsudeva-Krishna-Zyklus einen Teil der Pentade der fünf göttlichen Heroen *(vīra)* des Vrishni-Stammes in sich auf, die schon von einer Inschrift des 1. nachchristlichen Jahrhunderts bekannt sind. In einer späteren Zeit gab man diesen »Entfaltungen« eine philosophische Deutung. In der hier behandelten Zeit hingegen wohnen wir lediglich einem jener Prozesse bei, vermittels deren der Vishnuismus die Glaubensinhalte und Kulte anderer Religionen und anderer Zeiten in sich aufnahm.

Der Shivaismus erscheint als Volkskult bereits bei dem Grammatiker Patañjali (2. Jahrhundert v. Chr.?), der die Shivabhāgavata erwähnt. Auch im ersten Buch des Rāmāyana, das indessen auf eine spätere Ergänzung zurückgeht, hat er einen relativ wichtigen Platz inne. Das gleiche gilt für den Mahābhārata, wo er ebenfalls nur in späten Teilen erscheint. Sehr bald und vielleicht noch vor Beginn unserer Zeitrechnung wurde der Shivakult mit dem des *Linga*, des Phallus, Sinnbildes der Männlichkeit, in Zusammenhang gebracht, was später vor allem im Dekhan und im Süden sichtbar wird. Dabei handelt es sich um ein primitives, nichtarisches Element, das sich in der Literatur nur langsam durchsetzen konnte.

Im 2. vorchristlichen Jahrhundert war der Buddhismus durch die – anscheinend aber nicht zu einer wirklichen Verfolgung ausartende – Feindschaft der Shunga-Könige von Magadha, durch die nur anfangs zerstörerischen Shaka- und Pahlava-Invasionen und vor allem durch die wachsende Volkstümlichkeit des Vishnukultes mit seinem theistischen Gehalt bedroht. Diese Religion wandte sich in einem nachdrücklichen, das Gefühl ansprechenden Appell an die mystischen Instinkte des Volkes und stellte so einen Gegensatz zu der rationalen und ein wenig kühlen Logik der frühen buddhistischen Lehren dar, denen sie in mancher Hinsicht überlegen war. Der Buddhismus mußte deshalb Stellung beziehen, suchte sich aber dieses neuen Rivalen in einer lebhaften – freilich einer späteren Epoche zugehörenden – Polemik zu erwehren. Die Anwesenheit der neuen Fremdmächte im Nordwesten veranlaßte ein Gros an propagandistischen Bemühungen, die zunächst den Griechen (ihr Echo begegnet uns im Milindapañha) und dann den Shaka galten; bei den Shaka scheint man vor allem kurze konzentrierte Formeln verwendet zu haben, die einen tiefsinnigen – selbstverständlich der Erklärung und des Kommentars bedürftigen – Lehrgehalt in einem einzigen Distichon ausdrückten. Die bekannteste dieser Formeln, die in Indien, Zentralasien und China unendlich oft wiederholt worden ist, ist das Distichon: *ye dharmā hetuprabhavā hetum tesām Tathāgato hyavadāt – tesām ca yo nirodhah evamvadī mahāsramanah.* »Die Daseinselemente *(dharma)* entstehen alle aus einem Grunde, und den Grund dieses Grundes hat Buddha genannt; er hat auch ihre Vernichtung genannt, und das ist die Lehre des großen Asketen.« Doch gab der Buddhismus nicht nur, er empfing auch; so entstanden in diesem, allen eschatologischen Einflüssen Irans preisgegebenen Durchgangsland für Menschen und Ideen jene Tendenzen, die rasch große Bedeutung erlangen sollten und später zum Nahāyāna-Buddhismus führten.

Soweit diese Erfahrungen in den Grenzgebieten den Buddhismus noch nicht berührt hatten, führten Unstimmigkeiten in der Lehre zur Bildung regelrechter Schulen, die zwar alle eine gemeinsame Grundlage hatten (später als »Kleines Fahrzeug« oder Hīnayāna bezeichnet), die sich aber doch auch in wesentlichen Dingen unterschieden. Diese Abweichungen fanden, wie bereits erwähnt, ihren Ausdruck häufig in verschiedenen Fassungen des Kanons. Auf den fundamentalen Unterschied zwischen Sthavira und Mahāsānghika in der Maurya-Epoche haben wir schon hingewiesen. Der Zersetzungsprozeß machte indessen hier nicht halt, sondern jeder der beiden Zweige spaltete sich seinerseits in verschiedene Sekten *(nikāya)* auf, deren wechselseitige Beziehungen (von Lamotte) mit Recht mit den verschiedenen, alle der gleichen Bewegung zugehörigen protestantischen Bekenntnissen verglichen worden sind. Persönlich standen sich die Anhänger der einzelnen Schulen im übrigen immer gut.

Die Anzahl der Sekten beläuft sich überlieferungsgemäß auf achtzehn, ihre Namen leiten sich von ihrer Lehre, der Zusammensetzung ihrer Gemeinde, ihrer Heimat oder ihrem vermeintlichen Begründer her. Die Unstimmigkeiten beziehen sich auf Fragen der Lehre und Disziplin von sekundärer Bedeutung (vor allem die Klassifizierung des Dharma und seine Realität). Die Reihenfolge, in der sie auseinander hervorgegangen sind, wird von den verschiedenen Autoren verschieden wiedergegeben und ist deshalb schwer zu rekonstruieren. Am wichtigsten waren die – vor allem in Ceylon und im Süden ansässigen – Theravādin (ihre Untersekte Haimavata wird in der Shunga-Epoche in der Gegend von Sāñchi in Madhya Pradesh bezeugt) und die Sarvāstivadin, die nach den Inschriften hauptsächlich in Mathurā und den von Fremden beherrschten nordwestlichen Gebieten mit Ausläufern in Benares saßen; von ihnen spalteten sich vier Zweige ab: Vātsīputrīya, Mahīshāsaka, Kāshyāpīya und Sautrāntika. Zu der von uns behandelten Zeit saßen von diesen Sekten die Kāshyāpīya im Pahlava-Gebiet, im Shunga-Reich und in Karli an der Westküste; die Sautrāntika in Sāñchi und Bharhut; die Dharmottarīya, ein Nebenzweig der Vātsīputrīya, in Karli. Die Mahāsānghika sind in Mathurā und in Karli bezeugt.

Im allgemeinen mußten die Sekten, was ihre Lehre anging, Zugeständnisse an ihre Laienumgebung machen. Das trifft unter anderem auf einige Stationen des Lebensweges des Bodhisattva zu, des Wesens, das durch viele Existenzen hindurch den langen und steilen Aufstieg zum Rang eines Buddha nimmt. Sodann wird der Buddhakult in mehr oder minder großem Ausmaß zugelassen und die Nächstenliebe für mehr oder weniger verdienstvoll gehalten. Die Bilderverehrung hingegen hat im Buddhismus des »Kleinen Fahrzeuges« niemals die gleiche Bedeutung wie die Reliquienverehrung gehabt, die praktisch beim Tode des Buddha begonnen hatte. Die Gründerlegende wird um immer fabelhaftere Züge bereichert, und die Gestalt des Buddha nähert sich immer mehr der eines Gottes. Schließlich beginnt – was offensichtlich eine Konzession an iranische Heilslehren darstellt – die Gestalt des Maitreya volkstümlich zu werden, des Buddha zukünftiger kosmischer Zeitalter, der das in Verfall geratene Gute Gesetz wiederherstellen und die Menschen zur Erlösung führen wird.

Auch im Jainismus führten die inneren Kämpfe zu einer Spaltung, deren genaues Datum – im Unterschied zu den buddhistischen Schismen – bekannt ist: 79 n. Chr. Außerdem entstanden hierbei nur zwei Hauptsekten, die sich ihrerseits allerdings in mehrere Zweige aufspalteten. Die eine Sekte sind die Shvetāmbara (Weißgekleidete), die das Gebot der Nacktheit durch die Erlaubnis zum Gebrauch ganz einfacher Kleider milderten, die andere sind die Digambara (Raumbekleidete), strenge Anhänger der absoluten Nacktheit. Die Gründe für die Spaltung waren also disziplinären Charakters; und tatsächlich sind die Unterschiede in der Lehre von geringer Bedeutung. Recht weit gehen hingegen die Abweichungen in ihrem Kanon. Der in Ardhamagadhī-Prakrit geschriebene Shvetāmbara-Kanon besteht aus fünfundvierzig zu verschiedenen Gruppen zusammengefaßten Texten. Die Digambara behaupten, der authentische Kanon sei verlorengegangen, und setzten an seine Stelle einen sekundären Kanon in Saurasenī-Dialekt, der in vier Abschnitte *(anuyoga)* aufgeteilt ist.

Die Philosophie geht in Indien ohne deutliche Übergänge aus dem religiösen Denken hervor und löst sich niemals ganz von ihm ab. Schon die Upanishaden sind eine primitive Form der Philosophie.

In den letzten Jahrhunderten vor Beginn unserer Zeitrechnung verdichteten sich jene Denkströmungen und nehmen ihre eigentliche Gestalt an, die später als die sechs orthodoxen Systeme *(shad-darshana)* einen organischen Zusammenhang erhalten werden. Eines von den sechs, und vielleicht das wichtigste, der Vedānta, ist *in nuce* bereits in dem irisierenden und begrifflich so schwer zu fassenden Denken der siebenhundert Verse der Bhagavadgītā enthalten, die ihrerseits das Wesentliche des upanishadischen Denkens in einem geschlossenen System zusammenfassen. Die Gītā nimmt eine zugleich pantheistische und theistische Position ein. Es gibt einen (in Krishna-Vāsudeva verkörperten) zugleich immanenten und transzendenten Gott; er ist mit einem Teil seines Wesens in allem enthalten, steht aber gleichzeitig als persönlicher Weltenherr hoch über allem. Er ist die materielle Ursache und Grundlage von allem, was ist; er ist aber auch die wirkende Ursache des Weltgeschehens, durch die »Kraftsubstanz« oder Urmaterie *(prakriti)*. Diese ihrerseits bewirkt alles, was in der Welt vor sich geht, durch ihre drei Konstituenten: Sattva (Güte, Klarheit), Rajas (Leidenschaft, Nebel), Tamas (Dunkel, Schwere). Dies ist eigentlich die Zentraltheorie der späteren Sānkhya-Philosophie. Gott lenkt das Schicksal und Dasein eines jeden; er bewegt die Wesen durch die illusorischen Erscheinungen des Lebens (*māyā*; noch in der Gītā bedeutet Māyā eigentlich die Potenz oder Energie des Selbstwerdens). Die Erlösung geschieht nicht nur durch den vedischen Werkdienst, sondern auf zwei Wegen: dem Weg der intuitiven Erkenntnis des letzten Seinsgrundes *(jnānamārga)* und dem Weg der innigen Gottesliebe *(bhaktimārga)*. Demgemäß ist auch die religiöse Praxis doppelt: entweder Kontemplation, die zu intuitiver Erkenntnis führt, oder Handeln nach den Eingebungen der Pflicht, frei und abgelöst von allem egoistischen Streben nach dessen Früchten *(karmayoga)*. Handeln *(karman)* bedeutet die Reihe der sozialen Pflichten *(varnadharma)* des Individuums, entsprechend seiner Zugehörigkeit zu einer der vier Kasten; so gehört für den Krieger der bewaffnete Kampf zu diesen Pflichten. Das Handeln selbst fesselt den Menschen nicht an den Kreislauf des Sterbens und Wiedergeborenwerdens; nur das Haften an der Frucht des Handelns ist die Wurzel allen Übels. Weder der Verzicht auf das Handeln *(nivritti)* noch das blinde, unintelligente Handeln *(pravritti)*, sondern die rechte Mitte zwischen diesen beiden Extremen, die Loslösung von der Frucht *(samnyāsa)*, führt zur Erlösung.

Zwiegestaltig erscheint schließlich auch die Erlösung selbst. Der Yogin, welcher seine Sinne zügelnd, Gleichmut übend und sich am Wohl aller Wesen freuend das Unwandelbare *(akshara)* verehrt, geht in das Brāhman ein; wobei Brāhman die unpersönliche Seite des Weltenherrn darstellt. Diejenigen, die das Karmayoga üben und ihm alle ihre Werke anheimstellen, gelangen zum Purusha, das heißt zum persönlichen Gott. Dabei ist es nicht klar, ob dann die Individuen bei Vishnu fortleben oder in ihm aufgehen; das Wie der Vereinigung des Erlösten mit dem All-Gott bleibt im Dunkel.

Dieser Dualismus in ihrem Ursprung und ihrem Denken, zwischen Kontemplation und Handeln, zwischen Vedānta und Sānkhya führt dazu, daß die Gītā auf unterschiedliche und manchmal widersprüchliche Weise gedeutet und von verschiedenen Schulen für sich in Anspruch genommen werden kann. Und abgesehen von ihrer vornehmen poetischen Form ist dies einer der Hauptgründe für ihre gewaltige Volkstümlichkeit und den tiefen Einfluß gewesen, den sie auf alle Phasen des indischen Geisteslebens ausgeübt hat.

Die Sanskritliteratur unterscheidet sich auch weiterhin nicht von der religiösen Hinduliteratur. Die einzige Ausnahme bilden die bereits erwähnten Abhandlungen der sechs Vedānga und die Epik, deren Entstehungszeit bis in diese Epoche reicht und die schließlich in rein formaler Verbindung auch lyrische Stücke enthält. Noch gibt es keine unabhängigen Werke oder Autorennamen, die nicht die üblichen legendären Rishi, die heiligen Seher des Altertums wären.

Die Sanskritsprache hat ihre endgültige – von Pānini vorgeschriebene – Form gefunden, und die grammatische Wissenschaft beschränkt sich darauf, sein großes Werk zu kommentieren. Das bedeutendste dieser exegetischen Werke ist das Mahābhāshya (»Großer Kommentar«) von Patañjali, der fast sicher im 2. vorchristlichen Jahrhundert gelebt hat.

Es gehört zur Ironie der Geschichte, daß die wichtigsten indischen Kunstdenkmäler in den zwei letzten vorchristlichen Jahrhunderten ausnahmslos buddhistisch sind, sich aber im Herzen des von der Shunga-Dynastie, der Vorkämpferin der brāhmanischen Orthodoxie, beherrschten Gebietes befinden. Sie bestehen aus der Ausschmückung der Stūpa und der sie umgebenden Balustraden.

Der Stūpa, das typische Denkmal des Buddhismus, war ursprünglich ein Grabhügel, der die Reliquien heiliger Mönche bedecken sollte; ja, nach der Legende wurden die ersten acht Stūpa errichtet, um ebenso viele Teile der Asche des Meisters selbst in sich aufzunehmen. Es ist nicht ausgeschlossen, daß die Volkstümlichkeit des Stūpa wie viele andere Dinge auf Ashoka zurückgeht. Sicher ist, daß die populäre Überlieferung behauptet, er habe einige von ihnen erbaut; so werden zum Beispiel in Pattan in Nepal vier Stūpa von Ashoka an den Hauptpunkten der Stadt gezeigt, und einer soll außerdem im Zentrum der Stadt gestanden haben; die gegenwärtig noch existierenden Bauten gehen allerdings sicher nicht auf eine so frühe Zeit zurück.

Seine wichtigsten Bestandteile sind immer ein halbkugelförmiger Körper mit einem Aufbau darauf, aus dessen Mitte sich ein Mast mit einer Reihe von Sonnenschirmen, den Symbolen des Königtums, erhebt. Sehr bald erstarrten diese Formen und wurden den

Regeln einer komplizierten, mit geomantischen Elementen durchsetzten mystischen Interpretation unterworfen. Die übliche Kultform war die Umwandlung nach rechts *(pradakshinā)*; der dazu dienende Pfad war von einer Balustrade umgeben, die von monumentalen Toren *(torana)* durchbrochen war.

Einer der bedeutendsten Komplexe aus der Shunga-Epoche befand sich in Bharhut in Zentralindien; er ist zerstört worden, aber bemerkenswerte Überreste seines Skulpturenschmuckes befinden sich im Indian Museum von Calcutta und andernorts. Balustrade und Portale waren – wie die Grotten, von denen später die Rede sein soll – Nachahmungen entsprechender Holzbauten. Ihr ungefähr auf das Jahr 100 v. Chr. datierbares und wahrscheinlich Elfenbeinschnitzereien nachahmendes Dekor besteht aus verschiedenen Motiven westlichen Ursprungs (Palmen, persepolitanische Kapitelle), vor allem aber aus Medaillons und Paneelen, die Figürchen in flachem Relief enthalten. Diese stellen nicht eigentliche Gottheiten, sondern Halbgötter oder Übermenschen *(yaksha*, weiblich: *yakshinī)* dar, das heißt Erdgeister, die der vorarischen Grundschicht der lokalen Bevölkerung zugehören. Andere Szenen beziehen sich auf die Jātaka, die Erzählungen aus dem früheren Leben des Buddha, wieder andere auf das Leben des historischen Buddha; letztere sind freilich nicht sehr zahlreich; offensichtlich bildete man nicht gern Szenen aus dem Leben dessen ab, der schon ins Nirvāna eingegangen war und deshalb nicht mehr existierte. Aus dem gleichen Grunde wird der historische Buddha in dieser Zeit niemals in menschlicher Gestalt abgebildet, sondern seine Gegenwart wird durch seine Fußspuren, einen Sonnenschirm, einen kleinen Stūpa oder dergleichen symbolisiert.

Eines der geläufigsten Motive ist eine Yakshinī, die einen Baum umarmt, ein Symbol der Fruchtbarkeit; und dieser archaischen Kunst gelingt es, die schwellenden Formen des weiblichen Körpers kraftvoll, aber nicht ohne eine naive Grazie darzustellen. Ihr Stil ist offensichtlich eine Weiterbildung der rein indischen Strömung in der Maurya-Kunst. Ihm fehlt noch die Fähigkeit zur Synthese; die Kompositionen sind eigentlich nur eine Aneinanderreihung von Einzelheiten, der Faltenwurf ist stark schematisiert, und dem Detail gilt eine fast übertriebene Aufmerksamkeit.

Aus einer etwas früheren Zeit, vielleicht aus der Mitte des 2. vorchristlichen Jahrhunderts, stammt der Skulpturenschmuck des Stūpa Nummer 2 in Sāñchi (Madhya Pradesh); er sollte die Reliquien von zwei Jüngern des Buddha und zehn heiligen Mönchen aufnehmen, deren Namen man unter den Teilnehmern von Ashokas Konzil begegnet. Die Dekoration besteht aus Medaillons, die in die senkrechten Stützen der Balustraden eingemeißelt sind, und einigen rechteckigen Paneelen auf den Pfosten der Eingangstore. Die Medaillons enthalten Einzelfiguren oder dekorative Motive, die sich immer auf die Jātaka-Legenden oder das Leben des Buddha beziehen. Sie machen den Eindruck, als seien sie nach elfenbeinernen oder hölzernen Vorbildern kopiert. Auf den Paneelen weisen einige dekorative Elemente wie der aufrechte Löwe einen gewissen iranischen Einfluß auf. Diese – leider nur aus wenigen Überresten bekannte – Kunst war mit nur geringen Unterschieden, wie sie die Reliefs auf dem Stūpa von Jagayyapeta am Fluß Krishna bezeugen, über einen großen Teil Indiens verbreitet. Im allgemeinen finden wir in der analytischen und sich in Einzelheiten verlierenden Kunst des Stūpa Nummer 2 von Sāñchi die gleichen Elemente wie in Bharhut wieder.

Einen anderen Typus des buddhistischen Kunstdenkmals stellt der Vihāra dar: das Kloster, das dem Aufenthalt der Mönche während der Regenzeit diente. Im wesentlichen besteht der Vihāra aus einer viereckigen Halle, die oft unter Ausnutzung natürlicher Höhlen aus dem lebenden Fels geschlagen wurde und von Zellen für die Wohnung der einzelnen Mönche umgeben ist. Der älteste (aus der Früh-Shunga-Zeit, um 150 v. Chr.) ist der von Bhaja am Südhang der West-Ghat, südlich von Bombay. Seine Paneele sind mit Yaksha-Figuren ausgeschmückt; an dem einen Torpfosten ist eine Gottheit auf einem Wagen mit vier Pferden abgebildet, der Sonnengott Sūrya, und an dem anderen eine auf einem Elefanten reitende Figur, Indra; diesen beiden bemerkenswerten Darstellungen vermochte die Symbolkraft einer noch archaischen und unbeholfenen Kunst höchsten künstlerischen Ausdruck zu verleihen. Analoge Symbole finden sich auf der Balustrade des Mahābodhi-Tempels in Bodh Gayā, der auf dem Boden errichtet wurde, auf dem der Buddha seine Erleuchtung erlangte; sie gehören der Endzeit der Shunga-Kunst um die Mitte des 1. vorchristlichen Jahrhunderts an. Auch hier erscheinen auf den Paneelen Sūrya und Indra als Symbole des Sonnen- und Königtums des Buddha, wobei gewisse Elemente auf hellenistische Inspiration hinzudeuten scheinen. Die Medaillons hingegen bieten eine ganze Schau phantastischer Tiere westasiatischen Ursprungs.

Vom architektonischen Standpunkt aus stellt Bhaja das Vorbild für eine ganze Reihe in den Fels gehauener und durch die gleichen Merkmale gekennzeichneter buddhistischer Heiligtümer dar; es sind Vihāra vom üblichen Typus, häufig mit einem Caitya (Mittelsaal für den Gottesdienst) ausgestattet; offensichtlich handelt es sich um Nachahmungen von Holzbauten; sie gehören zum Buddhismus des Hīnayāna und sind auf die West-Ghat in der Gegend von Bombay konzentriert. In Bhaja hat der Caitya die Form einer Basilika mit einem großen Mittelschiff und zwei kleinen Seitenschiffen. Das Ganze hat einen halbkreisförmigen Abschluß. In dieser Art Absis befindet sich ein Stūpa, der aus dem Fels herausgehauen und dem Kult und dem Umschreiten als dem Symbol des Nirvāna des Buddha bestimmt ist. Holzrippen waren am Gewölbe befestigt, und auch die ganze Fassade mit einer großen Mittelrosette muß aus Holz gewesen sein. Das Ganze vermittelt vor allem durch die Harmonie und Einfachheit der Formen und durch das in ihm herrschende Dämmerlicht den Eindruck eines gesammelten Mystizismus.

Der schönste von diesen Vihāra ist der von Karli, nicht weit von Bhaja, der im Jahr 80 v. Chr. gestiftet und begonnen und im 1. nachchristlichen Jahrhundert bis auf wenige Zutaten aus der ersten Hälfte des folgenden Jahrhunderts beendet worden ist. Vor dem Caitya stehen zwei gedrungene Säulen, die ursprünglich von Löwen auf lotosförmigen Kapitellen – einem unmittelbar von den Maurya übernommenen Element – gekrönt waren. In Karli ist die Fassade aus behauenen Steinen, nicht mehr aus Holz, und von reichem Skulpturenschmuck überzogen, der auf dem Rücken von – ursprünglich mit elfenbeinernen Stoßzähnen und Metallornamenten versehenen – Elefanten zu ruhen scheint. Die Säulen im Inneren haben sechzehneckigen Grundriß, ihre Kapitelle sind lotosförmig mit Aufsätzen in Gestalt umgekehrter Pyramiden, die männliche und weibliche auf Elefanten reitende Figuren tragen. Die Holzrippen der Decke mit rein ornamentaler Funktion – obwohl sie eine tragende Konstruktion darstellen sollen – haben den

Jahrhunderten, dem Klima und den weißen Ameisen getrotzt. Andere nach Art der Vihāra erbaute Klöster sind die Jaina-Klöster in Lalitagiri und Khandagiri bei Bhubaneshvar in Orissa, bei denen sich die Dekoration auf die äußeren Veranden konzentriert; diese Bauten entstammen vermutlich dem 1. vorchristlichen Jahrhundert.

Die ältere indische Plastik erreicht ihren Gipfel in den Reliefs auf dem Stūpa Nummer 1 von Sāñchi, der ursprünglich von Ashoka errichtet worden ist und in seiner jetzigen Gestalt auf das zweite und dritte Viertel des 1. vorchristlichen Jahrhunderts datiert werden muß. Die Balustradenreliefs und vor allem die großartigen, verschwenderisch gebildeten Portale *(torana)* stellen einen Höhepunkt der indischen Kunst dar. Besonders der westliche Torana ist ein wahres Meisterwerk, und die Yakshinī, die auf seiner rechten Seite als eine Art Karyatide eine dekorative Funktion ausübt, repräsentiert mit ihrem strotzenden Busen, ihrer sehr schmalen Taille und ihren mächtigen Hüften den Typ der sinnlichen, indischen Schönheit, der dann zu einem festen Schema in der klassischen Kunst wurde. Bei den Paneelen vertieft sich der Hintergrund, und die Figur nähert sich dem Halbrund. Die Komposition ist vielfältiger und ihrer eigenen technischen Mittel sicherer. Sie vermag auf kleinem Raum Erzählungen, sogar ganze Reihen von Erzählungen plastisch darzustellen.

Schließlich tut in dieser Zeit die indische Malerei ihre ersten Schritte, wovon uns bedauerlicherweise nur wenig erhalten ist. In dem großen Komplex der Ajanta-Grotten in Mahārāshtra, einer wahren Galerie indischer Kunst aus einem halben Jahrtausend, sind die ältesten Teile die Fresken der Grotte X, die wahrscheinlich auf die zweite Hälfte des 1. vorchristlichen Jahrhunderts zurückgehen. Die Hauptszene stellt den Shaddanta Jātaka dar, die Geschichte, wie der Buddha in einer seiner früheren Existenzen als Elefant das Opfer seiner sechs Stoßzähne bringt. Auch hier wie in Sāñchi ist die Darstellung fließend und geht ohne Unterbrechung von Episode zu Episode weiter. Die Freiheit und die Phantasie, mit der die unbekannten Künstler die Umgebung der Szene – das heißt Dschungel und Prärie – behandeln, ist eines der besten Beispiele für den phantastischen Naturalismus, das wir kennen. Leider ist der Erhaltungszustand des Freskos sehr schlecht.

Die Kushāna-Periode

Die Shaka- und Pahlava-Herrschaften in Nordwestindien wurden von einem neuen Einfall fremder Heere fortgefegt, die einen weit mächtigeren und kulturell bedeutenderen, den Kushāna-Staat, begründeten.

Wie wir gesehen haben, beherrschten die aus Zentralasien stammenden Yüe-chih im 1. vorchristlichen Jahrhundert Baktrien. Die chinesischen Texte berichten, sie hätten das Land unter fünf Fürsten mit dem Titel Yabghu aufgeteilt; einer von ihnen herrschte über das Land der Kuei-shuang, das heißt der Kushāna. In anderen Worten: die Kushāna waren, ethnisch gesehen, von baktrischer, also ostiranischer Abkunft, aber ihre Elite war, was ihre Institutionen anging, entscheidend von den Yüe-chih beeinflußt. Ihre Sprache war natürlich die des alten Baktriens; sie wurde in griechischen Buchstaben geschrieben und ist uns jetzt von der großen Inschrift des Kanishka in Surkh Khotal in Nordafghanistan bekannt. Von den Yüe-chih wissen wir nichts weiter, auch nicht, auf welche Weise ihr Reich unterging; spätere chinesische Texte behaupten – wahrscheinlich zu Unrecht – die Kushāna seien mit den Yüe-chih identisch gewesen.

Nach der Geschichte der chinesischen Späteren Han-Dynastie (Hou Han-shu), die in diesem Teil auf die Jahre 25 bis 125 n. Chr. zurückgeht, griff Ch'iu-chü-ch'üeh, Yabghu von Kuei-shuang, die anderen vier Yabghu an, bemächtigte sich ihrer Gebiete, ließ sich zum König ausrufen, besiegte die Parther und eroberte Kabul und die Grenzgebiete. Erwiesenermaßen ist er mit dem auf Münzen und Inschriften Kujula Kadphises (oder ähnlich) genannten Herrscher identisch. Nach seinem Tod im Alter von achtzig Jahren folgte ihm Yen-kao-chên, der Vima Kadphises der Inschriften und Münzen; er eroberte T'ien-chu (Indien) und ernannte einen General zu seinem Statthalter. Auf die beiden Kadphises folgte, wohl nach einer Unterbrechung, der König Kanishka, Begründer einer neuen Dynastie, der von Münzen und Inschriften und aus der buddhistischen Überlieferung bekannt ist, von dem aber die chinesischen Historiker nichts wissen.

Dieses auf den chinesischen Quellen beruhende Schema führt uns zu dem meistumstrittenen Problem der alten indischen Geschichte, dem wegen seiner vielfachen Ausstrahlungen größte Bedeutung zukommt: der Chronologie der Kushāna. Es ist hier nicht möglich, auch nur die wichtigsten Seiten dieser vielschichtigen Frage darzulegen. Ihren Angelpunkt stellen die Inschriften Kanishkas und seiner Nachfolger dar, die auf die Jahre zwischen 3 und 98 einer unbekannten Zeitrechnung datiert sind. Die Hypothesen über die »Zeitrechnung Kanishkas« lassen sich auf zwei Grundtendenzen zurückführen. Eine, der vor allem die indischen und sowjetischen Wissenschaftler zuneigen, identifiziert diese Zeitrechnung mit der »Shaka-Ära« von 78 n. Chr., die in Südindien noch heute gilt. Die andere Hypothese, der die meisten westlichen Forscher folgen, setzt den Beginn dieser Zeitrechnung auf das zweite Viertel des 2. nachchristlichen Jahrhunderts an, das heißt auf 128/129 (Konow, Marshall) oder 144 (Ghirshman). Wir wollen hier der Theorie von Ghirshman folgen, die zwar auf nicht ganz sicheren und heute teilweise als falsch anerkannten Voraussetzungen beruht, die aber in der Tatsache, daß Kanishka anscheinend einige Münzen Hadrians nachgeahmt hat, eine starke Stütze findet.

Die Geschichte der Kushāna-Könige ist wenig bekannt; die kurzen, fragmentarischen und schwer zu deutenden Inschriften sind nur von geringem Nutzen; die chinesischen Texte schweigen nach Wima Kadphises. Genau wie für die Griechen sind die Münzen eine der Hauptquellen. So bestätigt zum Beispiel die einen römischen Denarius nachahmende Münze, die auf griechisch die Legende Koshanou Zaoou (= Kushāna Yabghu) Kozola Kadaphes und in Kharoshthī die Legende Kaphsasa Khusanasa Yauasa trägt, vollständig die oben erwähnte Erzählung des Hou Han-shu. Unter Vima Kadphises scheint der Herrschaftsbereich der Kushāna alle alten Shaka- und Pahlava-Gebiete, von Khalatse in Ladakh im Norden bis Mathurā im Süden, umschlossen zu haben, wo ein Devakula, ein dynastischer Tempel, unter anderem auch eine Statue des Vima Kadphises enthielt. Offenbar fühlte er sich persönlich stark von dem neuen shivaitischen Glauben angezogen. Andererseits leitet sich sein Titel »Mahārāja Rājātirāja Devaputra« (Großkönig, Oberkönig der Könige, Sohn der Götter) nach Maricq direkt von dem iranischen Titel der Arsakiden her, und die iranische Komponente scheint beim Kushāna-Königtum, den baktrischen Ursprüngen der Dynastie entsprechend, tatsächlich alles andere überwogen zu haben. Der Vizekönig, der nach den chinesischen Texten die indischen Provinzen verwaltete, gilt gewöhnlich als identisch mit dem anonymen »Basileus Basileōn Sōtēr Megas« (König der Könige, der Erretter, der Große), von dem zahlreiche Münzen erhalten sind.

Der größte Kushāna-König war zweifellos Kanishka (144–168 n. Chr.). Von ihm besitzen wir Gold- und Bronzemünzen und Inschriften in Brahmī und Kharoshthī, aus denen hervorgeht, daß sein Herrschaftsgebiet bis nach Benares reichte, also den größten Teil der Gangesebene umfaßte. Tibetische und chinesisch-buddhistische Texte bezeugen sowohl seine Kriege gegen die Könige von Sāketa (Ayodhyā) und Pātaliputra wie seine Ermordung, als er zur Eroberung der nördlichen Länder ansetzte. Kanishka hat in der buddhistischen Überlieferung eine Stellung, die der des Ashoka nur wenig nachsteht. In seiner Regierungszeit soll das sogenannte Vierte Konzil stattgefunden haben, das in Kashmir oder in Jālandhara abgehalten worden ist. Das große Reich zwischen Amu-Darya und Ganges, das unter ihm zu seiner größten Machtentfaltung kam, wurde nach dem nun üblichen Feudalsystem mittels Satrapen und Großsatrapen regiert.

Aber die Macht der Zentralregierung zeigt sich in dem für das ganze Reich einheitlichen Münzwesen. Die Gold- und Bronzemünzen tragen gewöhnlich auf der Schauseite die Figur des vor einem Altar stehenden Königs und in iranischer Sprache und griechischen Buchstaben die Inschrift »König der Könige Kanishka der Kushāna« und auf der Rückseite das Bild einer Gottheit und ihren Namen in griechischen Buchstaben. Diese Gottheiten sind recht zahlreich und weisen zugleich auf die religiöse Toleranz der Dynastie und auf die Verschiedenartigkeit ihrer Untertanen hin, für die die Münzen gedacht waren. Es erscheinen der Buddha (Sakaymo Boddo), Hindu-Gottheiten wie Oesho (Shiva), iranische Gottheiten wie Oado (Vādo, der Gott des Windes), Athsho (Atish, der Feuergott), Miiro oder Miyro oder Mioro (Mithra oder Mihr), Pharro (Farr, das königliche Herdfeuer), elamitische Gottheiten wie Nana oder Nanaia (die Große Mutter) und griechische Gottheiten wie Helios und Selene; den Vorrang aber haben eindeutig die iranischen Gottheiten, was entweder auf die Herkunft der Dynastie oder auf ihre hauptsächlichsten Handelsverbindungen zurückzuführen ist.

Auf Kanishka folgte Vasishka (um 168–172), von dem wir Inschriften, aber keine Münzen haben, und auf ihn Huvishka (etwa 172–185), der nur den untergeordneten Titel Devaputra Shāhī trug. Ein Kanishka II. ist uns nur von der einzigen Inschrift von Ara aus dem Jahr 41 (= 185 n. Chr.) bekannt, die dadurch berühmt ist, daß sie ihn mit dem Titel Kaisara (Caesar) zu bezeichnen scheint; doch ist ihre Entzifferung nicht eindeutig. Gleich darauf erscheint Huvishka wieder: entweder handelt es sich um den vorherigen, der jetzt aber alle kaiserlichen Titel trägt, oder aber um einen Huvishka II. Von ihm gibt es bis zum Jahr 60 (= 204 n. Chr.) Inschriften. Seine Regierungszeit, von der wir allerdings fast nichts wissen, dauerte lange und war glücklich. Das Münzwesen entfaltete sich unter ihm zu seiner schönsten Blüte. Der allgemeine Typus der Münzen ist immer noch der gleiche wie unter Kanishka, aber es erscheinen auf ihnen noch weitere indische Gottheiten wie Skanda

Inneres der Caitya-Halle von Karli mit dem Stupa, Ende 1. Jahrhundert v. Chr.

König Kanishka
Statue, 2. Jahrhundert. Mathura, Archaeological Museum

und Kumāra, Umā, Mahāsena, iranische Gottheiten wie Manaobago (Vohumāna) Ardokhsho, Shaoreoro (Shahrewar, der Kriegsgott), Ooromozdo (Ahuramazda), und Gottheiten des mittelländischen Orients wie Oron (Horus), Sarapo (Serapis), Herakilo (Herakles) und selbst Riom (die Göttin Roma).

Dieser Reichtum der Formen und der religiöse Eklektizismus verschwinden unter seinem Nachfolger Vāsudeva, der zwischen 74 und 98 (= 218–242 n. Chr.) bezeugt ist und mit Po-t'iao, dem König der Yüe-chih, identisch zu sein scheint, dessen Gesandte Anfang des Jahres 230 am chinesischen Hof empfangen wurden. Schon sein Name läßt seine weitgehende Indisierung erkennen, wozu wahrscheinlich der Verlust aller oder mindestens einiger zentralasiatischer und afghanischer Gebiete beigetragen hat. Die Inschriften von Vāsudeva stammen lediglich aus Mathurā, und seine Münzen tragen zumeist das Bild Shivas mit seinem Stier Nandin; nur selten begegnen uns Nana und Ardokhsho.

Mit Vāsudeva verschwindet das große Kushāna-Reich. Für mehrere Jahrzehnte gerät das Tal von Kabul unter die Kontrolle der persischen Sasaniden, deren Lokalgouverneure später den Titel Kushān Shāh annahmen. In anderen Grenzgebieten regierten auch weiterhin Lokalherrscher, lediglich von Münzen bezeugt, auf denen die Namen Kanishka und Vāsudeva wiederkehren und deren Typen und Legenden immer barbarischer werden.

Die Kushāna-Herrschaft umfaßte während ihrer Blütezeit Gebiete nördlich und südlich des Hindukush. Sie war also von der Natur dazu ausersehen, eine Vermittlerrolle zwischen drei Welten zu übernehmen: zwischen der iranischen, der indischen und der zentralasiatischen. Ihre Bedeutung in der asiatischen Geschichte ist deshalb überragend. Ein sehr lebhafter Handel entwickelte sich, von dem – wie wir später sehen werden – zahlreiche Spuren ans Tageslicht gekommen sind. Der Buddhismus entwickelte neue Formen gerade in den Kushāna-Gebieten, die ihm die Basis und den Weg für seine Ausbreitung über Zentralasien, China und schließlich bis nach Korea und Japan boten, wodurch sich die religiöse Landkarte Asiens wesentlich gewandelt hat. Auch die Kunst entwickelte hier unter westlichem Einfluß neue Formen, die den Buddhismus auf seinem Weg durch Zentralasien begleiteten. Andererseits vermittelte das Kushāna-Reich römisch-hellenistische Kulturelemente nach Indien, die ihre Spuren vor allem in der wissenschaftlichen Literatur hinterließen. Vermutlich Nachkommen der alten iranischen Untertanen der baktrischen Griechenkönige, waren die Kushāna-Könige für jeden aus der westlichen Welt stammenden Einfluß aufgeschlossen. Und es ist zu bezweifeln, ob ohne sie die Religionen und Künste des Fernen Ostens die Verbreitung gefunden hätten, die ihnen tatsächlich zuteil geworden ist.

Die Hauptstadt der großen Kushāna kennen wir nicht. Gewiß war Peshawar, die Stätte der größten religiösen Gründung Kanishkas, eine ihrer wichtigsten Städte. Besser bekannt ist uns die materielle Kultur einiger toter Städte in Afghanistan, wie zum Beispiel die von Kapishi, dem heutigen Begram; und auch die des dritten Taxila, das sich auf dem Talgrund von Sirsukh erhob, von Natur schwach, aber mit Mauern mächtig befestigt, die sehr viel solider waren als die der griechischen oder der Shaka-Stadt.

Während sich der Shaka-Staatenbund im Industal unter dem Ansturm der Pahlava auflöste und vor der Kushāna-Eroberung vollständig verschwand, siedelte ein Teil seines Adels nach Süden, nach Zentralindien und Gujarat über. Dort boten ihnen die Entfernung und die Steppen von Rajasthan Schutz vor dem Druck des großen nordwestlichen Reiches. Eine ihrer ersten Staatsbildungen in dieser neuen Heimat war die der Kshaharāta, die mit Bhūmaka, dem Herrn von Gujarat und den angrenzenden Gegenden, entstand. Sein Einfluß erstreckte sich vielleicht auch auf Teile von Sindh, denn seine Münzen gebrauchen außer Brahmī auch das ausschließlich im Industal geläufige Kharoshthī.

Bhūmakas Nachfolger Nahapāna ist uns außer von Münzen auch von Inschriften bekannt, die die Daten 41 bis 46 tragen und sich aller Wahrscheinlichkeit nach auf die Shaka-Zeitrechnung von 78 n. Chr. beziehen; Nahapāna hätte also in der Zeit von 119 bis 125 nach Christus regiert. Während Bhūmaka sich mit dem Titel Kshatrapa begnügt hatte, befördert Nahāpana sich in seiner letzten Inschrift zum Mahākshatrapa (Großsatrap) und führt außerdem stets den Titel König (Rāja), der als einziger auf den Münzen erscheint. Kshatrapa war also anscheinend eine Art dynastischer Name geworden, und die Kshaharāta waren völlig unabhängig oder erkannten höchstens eine vage und ferne Oberhoheit der Kushāna-Könige an. In der Tat war Nahapāna ein großer Herrscher, der auch über Maharashtra regierte, wie aus den Inschriften seines Schwiegersohnes Ushavadāta hervorgeht; das bedeutet, daß die Shaka sich des ursprünglichen Kernes des Shātavāhana-Reiches bemächtigt hatten. Dieser Erfolg war aber von kurzer Dauer; nach 125 eroberte Gautamīputra Sātakarni die Gebiete seiner Ahnen zurück, und Nahapāna verschwand, vielleicht im Kampf erschlagen; mit ihm endeten die Kshaharāta.

Aber der – immer stärker indisierte – alte Shaka-Adel besaß noch genug Lebenskraft; sehr bald sammelte er seine Kräfte um die neue Dynastie der Kārdamaka, die Cashtana, Sohn des Ysāmotika, im Ujjain-Gebiet gegründet hatte. Diese Herrscher, die auf allen Münzen Rāja genannt werden, gebrauchten eigenartige neue Titel. Der Herrscher führte in der Regel den Titel Mahākshatrapa und zog seinen Sohn oder Bruder mit dem Titel Kshatrapa in untergeordneter Stellung zur Mitregierung heran. Schon im Jahr 130 (Inschrift von Andhau) fand die wachsende Macht der Shātavāhana in Cashtana und seinem Enkel Rudradāman I. mächtige Gegner. In denselben Jahren nennt Claudius Ptolemäus Ozēnē (Ujjain) als die Hauptstadt des Tiastenes (Cashtana); diese Verlegung der Hauptstadt in ein Gebiet, das keinerlei Verbindung mit dem Industal mehr hatte, führte dazu, daß das Kharoshthī auf den Münzen nicht mehr gebraucht wurde.

Der bedeutendste Kshatrapa war Rudradāman I. (um 135–155). Seine berühmte Inschrift von Junagadh aus dem Jahr 72 der Shaka-Zeitrechnung (150 n. Chr.), die von großen Siegen über die Shātavāhana berichtet, ist das erste große epigraphische Denkmal auf Sanskrit, das damals das Prakrit als offizielle Sprache abzulösen begann. Mit ihrer Beschreibung des Schicksals des großen künstlichen Sees Sudārshana, der von Candragupta Mauryas Vizekönig Pushyagupta angelegt, von dem griechischen Herrscher (Yavanarāja; in Wirklichkeit ein iranischer Adliger) Tushapha in der Zeit Ashokas ausgebaut und nach einem heftigen Wirbelsturm von Pahlava Suvishakha, dem Statthalter Rudradāmans I. in Surāshtra, wiederhergestellt worden war, gibt diese Inschrift eine interessante Einzelheit aus der Bewässerungsgeschichte dieser Gegend. Als Verwandter der Shātavāhana und der Ikshvāku, als Herrscher auch über Teile von Sindh, als Sieger über die republikanischen Stämme der Yaudheya im südlichen Punjab, scheint der Shaka-Herrscher unter Ausnutzung der dunklen

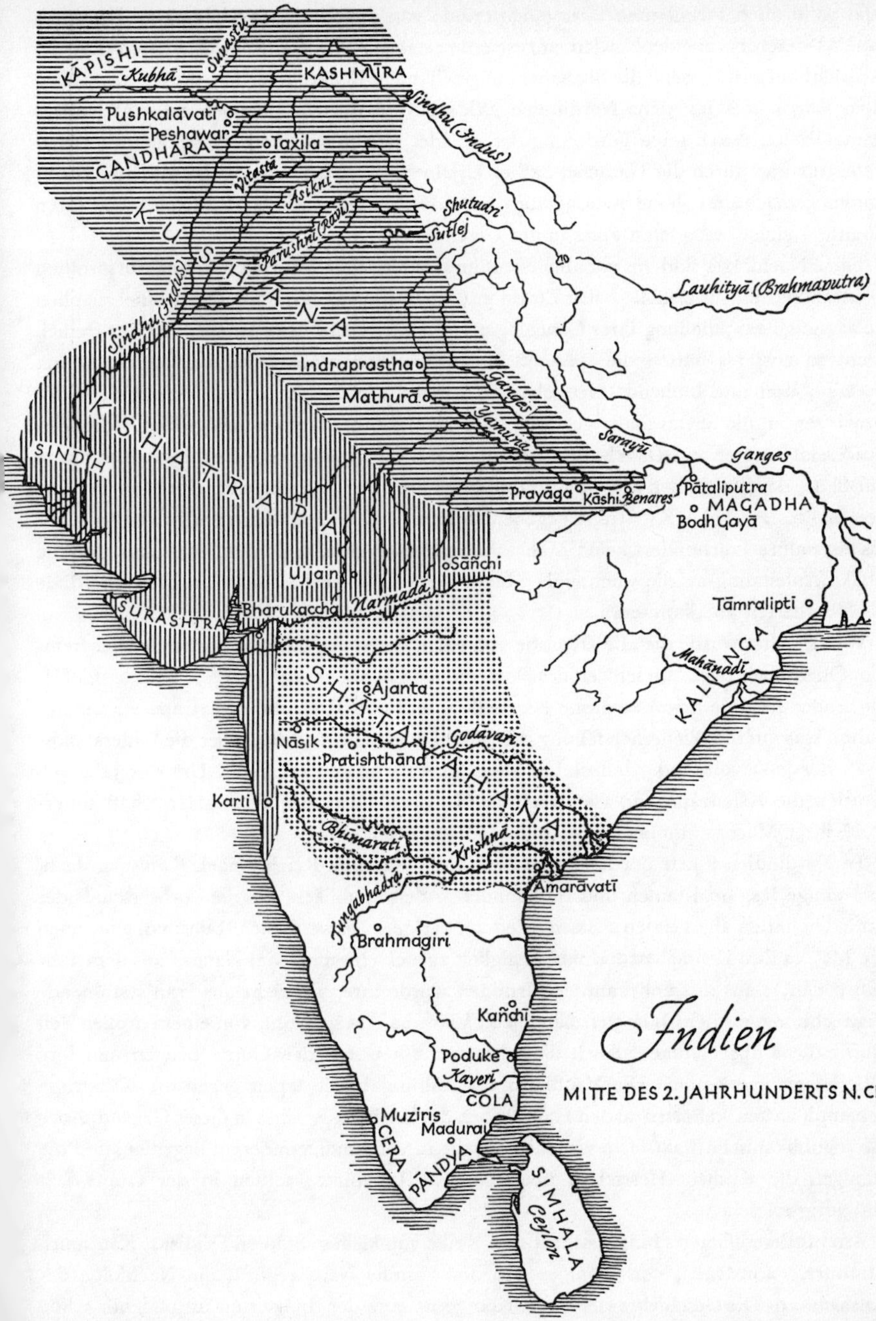

Indien

MITTE DES 2. JAHRHUNDERTS N. CHR.

und wohl auch turbulenten Übergangsperiode von den beiden Kadphises zu Kanishka eine Wiedereroberung des Nordens angestrebt zu haben; diese Politik hatte indessen keinerlei Aussicht auf Erfolg, denn die Shaka waren gewiß nicht in der Lage, dem großen Kanishka, dem Herrn über fast ganz Nordindien, Widerpart zu bieten. Dennoch verdient Rudradāman schon durch seine Förderung der gerade jetzt entstehenden klassischen Sanskrit-Literatur und durch die Tatsache, daß er Ujjain zum Mittelpunkt der Sanskrit-Kultur in Indien gemacht hat – eine Stellung, die die Stadt auch unter seinen Nachfolgern bewahren konnte – einen besonderen Platz in der Geschichte.

Seine Nachfolger sind uns vor allem von ihren zahlreichen Münzen bekannt, die sämtlich – in Indien ein Einzelfall – das Emissionsdatum tragen. Das ermöglicht eine ziemlich vollständige Erschließung ihrer Genealogie und eine sichere Chronologie. Es sieht freilich nicht so aus, als hätten die späteren Kshatrapa eine großangelegte imperiale Politik verfolgt, und ihre blühende Herrschaft in Malwa wird – bis auf den Verlust der Südprovinzen an die Shātavāhana gegen Ende des 2. Jahrhunderts – kaum großen Störungen ausgesetzt gewesen sein. Dem Mahākshatrapa von Ujjain stand auch weiterhin ein Kshatrapa zur Seite, der Statthalter von Gujarat und Surashtra war; allerdings scheint es in der Zeit von 240 bis 275 keine Kshatrapa gegeben zu haben. Nach 295 wiederum gab es für mehr als ein halbes Jahrhundert keine Mahākshatrapa, und es ist nicht ausgeschlossen, daß die Shaka Anlehnung an die wachsende Macht der iranischen Sasaniden suchten und diese als Oberherren anerkannten.

Wenig später wurde die alte Dynastie von einer neuen abgelöst, die aber unter der fremden Oberhoheit blieb. Dieser Zeit des Niedergangs machte um das Jahr 348 Rudrasena III. ein Ende, der eine dritte Dynastie begründete und den Titel Mahākshatrapa wieder annahm, was auf die Wiederherstellung der Unabhängigkeit hinweist. Aber die Widerstandskraft der jetzt vollständig indisierten alten Shaka war nun erschöpft. Um das Jahr 405 wurden die Kshatrapa von Candragupta II., der Malwa der Gupta-Herrschaft unterwarf, ihrer Macht enthoben.

In Nordindien führte der langsame Zerfall des Kushāna-Reiches nach Kanishka dazu, daß einige Regionalstaaten und insbesondere Adelsrepubliken, die die Vorherrschaft der Fremden hatten anerkennen müssen, wiedererstarkten. Im westlichen Rajasthan gewannen die Mālava ihre Freiheit und Unabhängigkeit zurück (Inschrift von Nandsa aus dem Jahr 226 n. Chr.); aus uns unbekannten Gründen wurde ihre, vielleicht aus Iran stammende Zeitrechnung aus dem Jahr 57 n. Chr., jetzt Vikrama-Ära genannt, von einem großen Teil Nordindiens übernommen. Auch die Mālava mußten sich den Gupta beugen und ihre Oberhoheit anerkennen. Die Yaudheya im Südpunjab, die tapfer gegen die Kshatrapa gekämpft hatten, gehörten zu den Haupterben des Kushāna-Reiches in dieser Gegend. Aber die republikanische Staatsform war mittlerweile in vollständigem Zerfall begriffen, und die wenigen die Kushāna-Herrschaft überlebenden Republiken sollten in der Gupta-Zeit endgültig erlöschen.

Am mittleren Ganges hingegen trat eine Reihe von kleinen Staaten (Vidishā, Kāntipuri, Mathurā, Padmāvati), von Königen aus der Familie Nāga regiert, die Nachfolge der Kushāna an. Die Geschichte der Nāga-Könige ist eine der dunkelsten im ohnehin schon dunklen 3. nachchristlichen Jahrhundert; einstweilen erlauben die Quellen, die sich auf die Purāna und einige Münzen beschränken, keine sicheren Kenntnisse. Ebensowenig weiß man von den Pañcāla-Königen des Nordens, die in Ahicchatrā residierten und von einer Reihe von Münzen bekannt sind. Auch in Ayodhyā und Kaushāmbī regierten Lokalfürsten von geringer Bedeutung.

Die Shātavāhana-Herrschaft im nordwestlichen Dekhan hatte durch die Kshaharāta schwere Machteinbußen erlitten; die Dynastie wurde in die Zentralgebiete des Dekhan zurückgedrängt. Aber unter Gautamīputra Sātakarni nahm sie im ersten Viertel des 2. Jahrhunderts einen plötzlichen und glanzvollen neuen Aufschwung. Als »Vernichter der Shaka, Yavana und Pahlava«, wie ihn die Inschriften nennen, führte er den Dekhan-Staat zu neuen Siegen, eroberte die Gebiete seiner Ahnen um Nāsik zurück und dehnte anscheinend die Shātavāhana-Vorherrschaft auch auf Landstriche in Zentralindien und im Gujarat aus. »Er tränkte seine Pferde an den Wassern von drei Ozeanen«, sagen die Inschriften gemäß der damals in Indien entstehenden Konzeption eines Universalherrschers *(cakravartin)*. Aber wie stets bot der spärlich bevölkerte und Angriffen aus dem Süden ausgesetzte Dekhan keine Grundlage für ein Reich von allindischen Ausmaßen. Schon Gautamīputra selbst verlor einen großen Teil seiner Eroberungen an Cashtana, wenngleich er, was zu retten war, durch eine eheliche Verbindung mit den Kshatrapa von Ujjain zu retten suchte.

Sein Sohn und Nachfolger Vāsishthīputra Pulumāvi (Mitte des 2. Jahrhunderts) war auch im Westen bekannt, und Ptolemäus erwähnt ihn unter dem Namen Siri P(t)olemaios, König von Baithana (Paithan, Pratishthāna). Von den Eroberungen seines Vaters konnte er nur die Gegend von Nāsik halten. Aber er suchte eine neue politisch-strategische Grundlage für die Dynastie und fand sie in der Eroberung des Landes an der Ostküste zwischen den Flüssen Godāvarī und Krishna, das heute den Namen Andhra wiederangenommen hat; dort sind seine Inschriften in Amarāvatī gefunden worden.

Seine Nachfolger sind für uns reine Namen, und nur Yajñashri Sātakarni (Ende des 2. Jahrhunderts), der vor allem von Münzen bekannt ist, scheint es gelungen zu sein, die Expansionspolitik seiner Vorfahren wiederaufzunehmen, durch die ihm die Eroberung von Shaka-Gebieten im Narbadatal gelang. Nach ihm kam der völlige Zusammenbruch. Wir kennen die Könige nur von den purānischen Listen und von Münzen; der Staat scheint, der regionalen Gliederung entsprechend, unter den verschiedenen Linien der Dynastie aufgeteilt worden zu sein.

In Kuntala (dem Nordteil des heutigen Staates Mysore) tritt im 3. Jahrhundert ein lokaler Herrscherzweig auf, Chutu genannt, der vielleicht mit den Shātavāhana zusammenhing. Eine andere Linie, die von den Münzen des Schatzes von Tarhala bekannt ist, besaß, bis sie gegen Ende des 3. Jahrhunderts von den Vākātaka verdrängt wurde, die Gebiete von Berar und Madhya Pradesh. Die Wiege der Dynastie in der Gegend von Nāsik ging in die Hände der Ābhīra über, einer Familie von vielleicht iranischer Herkunft, die bedeutende militärische Ämter unter den Kshatrapa innegehabt hatte.

Die Hauptlinie der Shātavāhana war in die neuen Territorien zwischen Krishna und Godāvarī übergesiedelt; aber auch dort wurden sie um 230 von den Ikshvāku, dem –

zumindest vom kulturellen Gesichtspunkt aus – bedeutendsten dieser kleinen Nachfolgestaaten, verdrängt. Ihr Gründer Shāntamūla I. war ein überzeugter Anhänger der brahmanischen Religion; dennoch entstanden unter seinen Nachfolgern in dem Komplex von Amarāvatī die bedeutendsten Denkmäler des buddhistischen Kultes in Südindien. Die Ikshvāku waren nur eine Episode für das Land, und um das Jahr 300 fiel Andhra einer sehr viel langlebigeren Dynastie, den Pallava, zu.

Die Herrschaft der Shātavāhana und ihrer Nachfolger bedeutet für den Dekhan eine Verstärkung, ja, den Höhepunkt und vielleicht das Ende der arischen Impulse. Sie stellt auch eine Zeit erheblichen westlichen Einflusses dar, der dem blühenden Seehandel mit dem Römischen Reich zu verdanken war, von dem noch später die Rede sein soll. Eine für die südlichen Gegenden typische Keramik (die *rouletted ware*) ist deutlich von der mittelländischen Keramik beeinflußt, deren Vorkommen eine recht genaue Datierung gestattet. Roher und ohne künstlerische Ambitionen ist die *russet-coated pottery*, die auch als Andhra-Keramik bezeichnet wird. Sie steht allerdings in keinem ursprünglichen Zusammenhang mit den Shātavāhana, denn ihre Ausbreitung ist auf die erst später eroberten Gebiete zwischen Krishna und Godāvarī beschränkt.

Südindien war auch weiterhin zwischen den drei traditionellen Königreichen Cola, Pāndya und Cera aufgeteilt. Auch jetzt gibt es hier noch keine Inschriften, aber die ältesten Tamil-Texte aus der Shangam-Periode vermitteln uns die Kenntnis einiger Herrschernamen und gestatten vor allem eine recht getreue Rekonstruktion der glanzvollen Kultur dieser Epoche. Offenbar lag die Vorherrschaft im 1. nachchristlichen Jahrhundert bei den Cola und ging dann auf die Pāndya über. Der bedeutendste der alten Cola-Herrscher, Karikāla, begann jene Expansionspolitik gegen die Insel Ceylon, die die Geschichte Südindiens für mehr als ein Jahrtausend begleitete und die Uferstaaten zwang, immer wieder den Aufbau einer Seemacht zu versuchen, ein Phänomen, das in den anderen indischen Küstenstrichen fehlt. Karikāla wird auch der Beginn der großen Flußregulierungsarbeiten am unteren Kaverī zugeschrieben. Die Anlagen sind für die Cola-Dynastie typisch und machten die Bewässerung des dravidischen Südens zur fortschrittlichsten in Indien, der auf diesem Gebiet eine Zeitlang alle anderen asiatischen Staaten außer China übertraf. Nach dem Ende der Maurya-Gefahr blieb der Süden für ein halbes Jahrtausend von Eroberungszügen verschont; die Shātavāhana setzten sich nur an seinen nordöstlichen Grenzen fest. Das allmähliche Eindringen der nördlichen Religion und Mythologie war darum ein völlig friedlicher Prozeß einer spontanen Durchdringung.

In den beiden ersten Jahrhunderten unserer Zeitrechnung kam es zu den intensivsten Handelsbeziehungen zwischen Indien und dem Römischen Reich. Sie sollten vor allem die Wünsche der neuen herrschenden Klasse in Rom befriedigen, die im Zuge der Konsolidierung des Reiches durch Augustus zu großem Wohlstand gekommen war. Es handelte sich also um einen Luxushandel, um den Import von Spezereien, Aromen, Perlen, kostbaren Stoffen und exotischen Gegenständen. Rom hatte im Austausch dagegen nicht viel zu bieten, und an einer berühmten Stelle bei Plinius heißt es, der Handel mit Indien habe Rom ein Defizit von fünfzig Millionen Sesterzen im Jahr eingebracht. Das erklärt die großen

Funde von kaiserlich-römischen Münzen in Indien, deren zwei deutlich voneinander abgegrenzte Schwerpunkte im äußersten Süden der Halbinsel und im äußersten Nordwesten, bei den Pässen an der afghanischen Grenze, liegen.

Tatsächlich benutzte der römische Handel zwei Hauptwege: einen zur See und einen zu Lande. Zu Lande gingen die Waren über die direkte Straße von Antiocheia durch Mesopotamien und Iran bis nach Afghanistan; diese Straße wurde jedoch von den Parthern kontrolliert, deswegen wurde ihr, vor allem in Kriegszeiten, eine Nebenstraße vorgezogen, die an den Nordufern des Schwarzen und des Kaspischen Meeres entlangführte und sich in Baktrien mit der Hauptstraße wieder vereinigte.

Den Hauptfund von diesem Handel stellen zwei praktisch unberührte Zimmer dar, die von französischen Archäologen in den Ruinen von Begram, dem alten Kāpishi, nordöstlich von Kabul ausgegraben worden sind. Sie enthielten ein regelrechtes Warenlager mit Gütern aus allen vier Himmelsrichtungen Asiens. Hier lagen chinesische Bronzespiegel und Lackarbeiten beieinander, Gläser aus dem römischen Orient, römisch-hellenistische Bronzestatuetten und Waagengewichte in Form eines Minerva-Kopfes, indische Elfenbeinplatten, wahrscheinlich Beschläge für Toilettenschreine, die in einer dem Mathurā-Stil sehr ähnlichen, raffinierten Weise gearbeitet waren. Gerade Gegenstände dieser Art entsprachen einer lebhaften Nachfrage in der gehobenen römischen Gesellschaft, wie der Fund einer ähnlichen Elfenbeinschnitzerei – eines fast nackten, aber reich mit Juwelen geschmückten weiblichen Figürchens, wahrscheinlich der Griff eines Spiegels – bei den Ausgrabungen in Pompeji bestätigt. Leider ist dieser Fund vereinzelt geblieben, wenn man von einigen buddhistischen Figürchen in Bulgarien, einer Statuette in Mainz und anderen Gegenständen von zweifelhafter Echtheit absieht.

Der Handelsweg über die Pässe wurde fast bis in die Zeit der islamischen Eroberung Irans (7. Jahrhundert) benutzt. Und auf ihm kam ein merkwürdiges, jetzt verlorenes Bronzefigürchen bis an die Grenzen Indiens, das – wie aus Photographien hervorgeht – eine verkleinerte Kopie der berühmten Petrusstatue in der Peterskirche in Rom darstellte.

Reichere Spuren hat der Seehandel hinterlassen. Seine Basis waren die ägyptischen Häfen Berenike und Myos Hormos am Roten Meer, von denen aus die Schiffe ursprünglich den Küsten Arabiens und Beluchistans entlang bis nach Indien fuhren. Aber um den Beginn unserer Zeitrechnung wurde unter den Schiffern der regelmäßige Wechsel der Monsune (»Hippalus-Wind«) allgemein bekannt, und seither war eine direkte Überfahrt über den Indischen Ozean von Aden nach Indien möglich, die viel Zeit ersparte und größere Sicherheit vor Piratenangriffen bot. Von den Häfen der Halbinsel war der nördlichste Barygaza (sanskrit: Bharukaccha; Broach), von wo aus eine viel benutzte Karawanenstraße zu der indischen Endstation des großen Landweges am mittleren Indus führte; südlicher lag Sopara und noch südlicher an der Malabar-Küste Muziris (das heutige Cranganore); dort oder in der Nähe ist auf der »Tabula Peutingeriana«, der einzigen römischen geographischen Karte, die uns erhalten ist, ein *Templum Augusti* eingezeichnet, vielleicht als religiöser und sozialer Mittelpunkt der römischen Handelskolonien. Von dem Handel in Muziris berichten auch die Tamil-Texte aus der Shangam-Zeit, »... als die Stadt, wo die guten Schiffe, Meisterwerke aus dem Yavana-Land, die den weißen Schaum des

Periyar-Flusses in Kerala durchschneiden, mit Gold ankommen und mit Pfeffer fortfahren, als dieses von Wohlstand überschäumende Muciri belagert wurde...« (Tāyān-Kannanār).

Von Muziris gingen die Waren gewöhnlich auf dem Landweg weiter, mit dem doppelten Ziel, die Beryllgruben der Nilgiri-Berge zu erreichen und die gefährliche Umschiffung von Kap Comorin zu vermeiden. An der Ostküste war der wichtigste Freihafen *(emporion nomimon)* Poduke, das heutige Arikamedu südlich von Pondichery. Dort haben erfolgreiche französische und indische Ausgrabungen eine wohlerhaltene Hafenanlage zutage gefördert. Wichtigster Ausfuhrartikel waren dort die Musseline, um derentwillen die Koromandel-Küste immer berühmt gewesen ist. Unter den Importen zeichnen sich die Gefäße aus Arretium aus, von denen zahlreiche Scherben mit den Stempeln der jeweiligen Fabriken gefunden worden sind. Zusammen mit ihren lokalen Imitationen bilden diese Funde den Angelpunkt der ganzen Keramikchronologie im südlichen Indien.

Weiter nördlich endete die Schiffahrt nach Indien im Hafen von Tāmralipti in der Gangesmündung, wo in den letzten Jahren als verstreute Funde Terrakottafigürchen und sogar ein Täfelchen mit einer griechischen Danksagung an Eurus, den Wind der Morgenröte, ans Tageslicht gekommen sind. Selbstverständlich wurden die römischen Waren von den verschiedenen Häfen aus in das Landesinnere weiterbefördert; so wurden in Kolhapur in Mahārāshtra eine hübsche Statuette des Neptun und ein bronzener Lekythos (griechisches Ölfläschchen) bester Machart aus dem 1. nachchristlichen Jahrhundert gefunden.

Von diesem ganzen lebhaften Handel berichtet uns eine Art praktisches Handbuch, der »Peryplus des Erythräischen Meeres«, ein am Ende des 1. nachchristlichen Jahrhunderts von einem unbekannten Kapitän oder Steuermann geschriebener griechischer Text, der einfach und klar den einzuschlagenden Kurs beschreibt und die für die nach Indien reisenden Kaufleute notwendigen warenkundlichen und finanziellen Informationen enthält.

Eng mit dem römischen Handel hängt die Frage nach den gegenseitigen kulturellen Einflüssen zusammen. Elemente, die über allen Zweifel erhaben sind, gibt es kaum. Ein griechischer Einfluß auf das indische Theater scheint jetzt wohl ausgeschlossen, selbst wenn man diesen Einfluß vom Mimus und nicht von der klassischen Tragödie oder Komödie herleiten will. Das einzige, zweifellos aus dem Westen stammende Element ist ein geringfügiges technisches Detail: der Vorhang, der die Tür im Hintergrund abschloß, durch die die Schauspieler die Bühne betraten, hieß Yavanikā, »die Griechische«. Sicher und nicht zu bestreiten ist hingegen der alexandrinische Anteil an der Weiterbildung der indischen Astronomie. Andererseits sind keine verläßlichen Spuren eines griechischen Einflusses auf das indische Denken nachgewiesen worden. Geringfügig war auch – trotz dem sporadischen Auftauchen von Gymnosophisten (brahmanischen Yogin) und Samanes (buddhistischen Shrāmana) in Rom – der Einfluß indischen Denkens auf die klassische Welt. Das eine oder andere indische Element hat man in der Philosophie Plotins wiedererkennen wollen, aber es handelt sich um ganz unspezifische Aspekte einer allgemein orientalisierenden Tendenz. Gleichwohl ist es nicht zu bezweifeln, daß die neuplatonischen und christlichen Kreise in Rom zumindest die wesentlichen Elemente einiger Grundformen des indischen Denkens kannten. Die aus dem ersten Viertel des 3. Jahrhunderts stammende, auch Philosophoúmena genannte »Widerlegung aller Häresien«, die fälschlich dem heiligen Hippolytos von Rom zugeschrieben wird, gibt eine kurze, aber zutreffende Beschreibung der Lehre der Brahmanen, in der Jean Filliozat unschwer die zentralen Lehren der Upanishaden und insbesondere die einer der spätesten, der Maitri Upanishad, wiedererkannt hat. Auf anderen Gebieten bedient sich zum Beispiel die Nomenklatur der griechischen Arzneimittel verschiedener Begriffe indischer Herkunft, Namen von Drogen, die eben durch den Handel bekanntgeworden waren: *péperi* von *pippali*, Pfeffer; *kóstos* von *kúshtha*, *Costus speciosus* (Pflanze, die ein ätherisches Öl liefert). Auf dem Gebiet der Mathematik könnte der Westen von Indien die trigonometrischen Funktionen (Sinus und Cosinus) übernommen haben, von denen es festzustehen scheint, daß sie in Indien zum erstenmal errechnet wurden. Vor allem aber schenkte Indien dem Okzident die gar nicht hoch genug einzuschätzende Gabe der arabischen Ziffern, wenngleich Indien den Begriff des Stellenwertes und den Gebrauch der Null ursprünglich von Mesopotamien übernommen haben mag.

Die gegenseitigen religiösen Einflüsse waren dürftig. Sowohl Indien wie Europa bekamen in einem bestimmten Augenblick die Macht der religiösen Ideen Irans zu spüren. Aber während der Buddhismus in Europa zwar bekannt, aber stets nur Gegenstand einer rein intellektuellen Neugierde war, drang das Christentum schon recht früh in Indien ein, wo es feste Gemeinden bildete, die sich bis in unsere Tage hielten. Es sind die sogenannten Thomaschristen in Kerala, ursprünglich (vom 5.–6. Jahrhundert) Nestorianer, die zum Katholizismus und dann zum jakobitischen Monophysismus übertraten. Sie stellen eine in sich geschlossene und auf den Südwesten beschränkte Gemeinde dar, wenngleich Spuren christlicher Kolonien auch im Südosten Indiens gefunden worden sind. Ihre liturgische Sprache war und ist das Syrische, was dazu beitrug, aus dem Christentum in Indien einen Fremdkörper zu machen, der nicht den geringsten Einfluß auf das religiöse Denken des Landes genommen hat. Nach Spuren eines solchen Einflusses in den buddhistischen und Hindu-Texten ist wiederholt geforscht worden, aber die Ergebnisse waren immer negativ. Schließlich ist ein Relikt lange zurückliegender Ereignisse die kleine jüdische Kolonie in Cochin, die sich dort zu einer nicht festzustellenden Zeit, vermutlich aber schon im 1. nachchristlichen Jahrtausend, angesiedelt hat.

Von den politischen Einrichtungen der großen indischen Staaten dieser Zeit weiß man nur wenig. Die Kushāna-Verwaltung ist für uns nahezu ein Buch mit sieben Siegeln. Etwas besser ist der Aufbau des Kshatrapa-Staates bekannt. Während die Titel der Herrscher iranisch waren, sind die seiner Minister indisch. Die Beamten im allgemeinen hießen Amātya, und unter ihnen wurden die Gouverneure und Minister ausgesucht, die in Räte (Matisaciva) und Exekutivbeamte (Karmasaciva) unterteilt waren. Zu den militärischen Dienstgraden gehörten Generäle und der Oberkommandierende (Mahādandanāyaka). Mochten aber auch die Titel indisch sein, so bestand doch das Personal, wenigstens in den höheren Dienstgraden, zumeist aus Shaka, also aus Angehörigen der herrschenden Klasse.

Die Verwaltung der Shātavāhana, obwohl vom normalen indischen Typus, führte einige bemerkenswerte Neuerungen ein. Vor allem fügten viele Herrscher ihrem Namen ihren Mutternamen bei (zum Beispiel Gautamīputra, Vāsishthīputra), und die Königinnen hatten einen bedeutenden Anteil an der Führung der Staatsgeschäfte. Es handelte sich dabei um die Überreste einer der Vergangenheit angehörenden matriarchalisch organisierten Gesellschaft; die Nachfolge geht aber stets über die väterliche Linie. Auch hier hießen die Beamten im allgemeinen Amātya, aber es gab einen höheren Rang, der Rājāmātya. Seit Gautamīputra trugen die hohen militärischen Ränge den Titel Mahāsenāpati. Das Königreich war in Distrikte unterteilt, die von Amātya verwaltet wurden. Aber in den westlichen und südlichen Gegenden gab es auch Würdenträger (Mahārathi, Mahābhoja), die deutlich die Eigenschaften von Feudalherren hatten. Die Ehefrauen trugen den Titel ihres Mannes, und die Staatswürden waren auf die wenigen Familien beschränkt, die das Privileg genossen, in die königliche Familie einheiraten zu können. Die Ikshvāku behielten diese Gliederung bei, ergänzten sie aber durch das Amt des Hochrichters (Mahātalavara).

Der soziale Aufbau ist durch eine Verfestigung der Kasten und das allmähliche Vordringen des religiös-sozialen Systems des Brahmanismus gekennzeichnet. Seine Rechtfertigung findet er noch immer in der Literatur der Dharmashāstra. Vermutlich auch dieser Epoche gehören die Yajñavalkyasmriti und die Nāradasmriti an. Die Yajñavalkyasmriti ist systematischer und klarer als die Manusmriti, zumindest in ihrer Darstellung der Prozesse, von denen sie eine vollständige und übersichtliche Beschreibung gibt; als Beweismittel gelten Dokumente, Zeugen und Besitzstand, zu denen in besonderen Fällen das Gottesurteil hinzukommt. Die im wesentlichen auf der Manusmriti fußende Nāradasmriti ist ein fast rein juristisches Werk. Besonderes Gewicht legt sie auf die Darstellung der Gerichtshöfe mit den verschiedenen Instanzen in der Gesellschaft: Familie, Zunft, Ortsversammlung, vom König bestallte Personen und als oberste Instanz der König selbst. Das Verfahren ist nun gut ausgebildet und recht elastisch. Selbstverständlich nimmt in den Texten der Brāhmane den ersten Platz auf der sozialen Stufenleiter ein; nicht so in der Praxis, in der, vor allem wo der Einfluß des Buddhismus und Jainismus spürbar war, die Kshatriya und die regierenden Schichten überhaupt dem Priester übergeordnet waren.

Das Wirtschaftsleben ist wie immer vom Ackerbau geprägt; doch bekam nun der Handel eine Bedeutung, die er niemals – weder früher noch später – besessen hat. Der sehr lebhafte Austausch mit dem Ausland belebte auch den Binnenhandel der Halbinsel. Abgesehen von der Archäologie gibt der »Periplus des Erythräischen Meeres« am deutlichsten Zeugnis von ihm. Gleichwohl waren die Priesterklassen, deren Anschauungen sich in den Smriti widerspiegeln, der Handelstätigkeit eher abhold, die auf die Vaishya beschränkt bleiben sollte. Handel und Gewerbe waren seit geraumer Zeit in Zünften organisiert, die nicht nur Funktionen gegenseitiger Hilfe und Kontrolle ausübten, sondern auch als Treuhänder die Verwaltung frommer Stiftungen versahen. Sie waren, um einen Begriff des römischen Rechtes anzuwenden, juristische Personen.

Die finanzielle Situation ist durch das massenhafte Eindringen kaiserlich römischer Münzen charakterisiert; die goldenen wurden (im Norden) eingeschmolzen oder (im Süden) mit einem Strich durch das Porträt des Kaisers, der sie außer Kurs setzte und nur ihren Metallwert gelten ließ, im Umlauf gelassen. Der Einfluß des römischen Maßsystems ist vor allem bei den Kushāna spürbar, während die Kshatrapa griechische Typen und

Gewichte verwenden. Im Süden scheint die Masse des umlaufenden Geldes aus römischem Gold und Silber, aus punzierten Lokalmünzen und aus Blei- und Kupferprägungen der Shātavāhana zu bestehen.

Der wachsende Einfluß der Laien auf den Buddhismus, sein Kontakt mit anderen Religionen, das Bedürfnis nach einem emotionalen Element, das die ausgeglichene, aber ein wenig trocken vernünftelnde Scholastik der alten Sekten ergänzen könnte, bewirkten, daß in der Kushāna-Epoche bestimmte Tendenzen aufkamen, die den Buddhismus in eine neue Richtung lenkten. Diese neue Strömung wird als »Großes Fahrzeug« (Mahāyāna) bezeichnet, und ihre Anhänger gaben den Angehörigen der alten Sekten den ein wenig abschätzigen Namen »Kleines Fahrzeug« (Hīnayāna). Für sie ist das letzte Ziel nicht mehr das Heil des Individuums, sondern das aller Wesen. Das Ideal ist nicht der Mönch, der seine Erlösung aus dem Kreislauf des Geborenwerdens und Sterbens erstrebt *(arhat)*, sondern der mitleidige Mensch, der nach ihrer Erleuchtung freiwillig darauf verzichtet, ins Nirvāna einzugehen, damit alle Geschöpfe seiner teilhaftig werden *(bodhisattva)*. Der Buddha ist keine historische Persönlichkeit mehr, ist nicht mehr ein erhabener Meister und gleichwohl ein Mensch, der ins Nirvāna eingegangen ist und deshalb nicht mehr existiert und dem, der sich an ihn wendet, nicht helfen kann. Er ist vielmehr ein Symbol der letzten Realität der Dinge, in einer endlosen Reihe von Hypostasen gegenwärtig und immanent, dem ein fast göttlicher Kult geweiht ist. Die Sprache der Texte ist nicht mehr das Pāli und die anderen Prakrit-Sprachen, sondern das Sanskrit oder wenigstens eine stark dem Sanskrit angenäherte Form des Prakrit, das als »hybrides Sanskrit« bezeichnet wird.

Die erste Entfaltung dieser neuen Tendenzen zeichnet sich in der formlosen, chaotischen Literatur der Prajñāpāramitā oder »Vollkommenheit der Erkenntnis« ab, einer der sechs Vollkommenheiten *(pāramitā)*, die schon die Mahāsānghika kennen; diese Literatur ist wahrscheinlich um den Beginn unserer Zeitrechnung in Andhra entstanden. Ihr zentraler Gedanke, in umständlicher Weise immer wiederholt, ist, daß die Elemente des Lebens *(dharma)* ohne Eigensein und darum trügerisch sind und nur in Abhängigkeit von anderen zur Erscheinung kommen und daß jenseits alles Bedingten nur das »Leere« *(shūnya)* übrigbleibt, gegensatzlos und unbegrenzt wie der Weltraum.

Diese mahāyānischen Strömungen fanden ihren großen Theoretiker in Nāgārjuna, die erste der verschiedenen unter diesem Namen bekannten Persönlichkeiten, der etwa im 2. Jahrhundert in Nālandā in Bihar gelebt hat. Sein berühmtestes Werk sind die Mūlamadhyamaka Kārikā; und Madhyamika, »Mittlere Lehre«, ist der Name seiner Schule. Nāgārjuna ist vor allem ein erbarmungsloser Logiker, dessen dialektisches Vorgehen zur *reductio ad absurdum* aller Erfahrungsdaten führt. Kein Ding hat ein Eigensein, es existiert nur in Abhängigkeit von anderen. Sein Sein steht in Beziehung zu einem anderen, das heißt, es ist trügerisch. Seine Individualität und Besonderheit sind ein Irrtum, sie sind nichtig außerhalb der absoluten Identität. Diese Identität ist das Leere *(shūnya)*. Es ist weder Sein noch Nicht-Sein; die Identität steht jenseits aller logischen Kategorien, jenseits von Affirmation und Negation. Über die Welt der Erfahrung läßt sich nichts sagen, weder daß sie ist, noch daß sie nicht ist, noch daß sie zugleich ist und nicht ist, noch daß sie zugleich weder ist noch nicht ist. Keine Idee hat Gültigkeit, alles ist widersprüchlich. Es handelt sich also um einen Relativismus oder vielleicht besser (nach Giuseppe Tucci) um einen Kritizismus, das heißt um eine Analyse der Relativität des Denkens. Alles Denken und aller Gedankeninhalt sind relativ; kein Ding hat eine reale Existenz, sein Sein ist rein vorgestellt und scheinbar *(samvriti)*; Subjekt und Objekt stehen in Interdependenz. Von einem empirischen Standpunkt aus ist die Welt so, wie sie erscheint, aber jenseits dieses Schleiers des Scheins ist das Unqualifizierte und Unqualifizierbare, das Leere. Um diese Theorie zu erhellen, gibt Nāgārjuna das Beispiel des Augenkranken, der sich einbildet, Flecken und Punkte zu sehen: wer nicht weiß, daß er krank ist, hält diese Flecken und Punkte für wahr und real, wer weiß, daß er krank ist, kann zwar diesen Defekt nicht beseitigen, weiß aber, daß der Gesunde ihn nicht hat und daß für ihn diese Punkte nicht existieren.

Vom rein religiösen Standpunkt besteht der Mahāyāna auf der stufenweisen Erlösung *(kramamukti)* vermittels des Aufstiegs durch die zehn aufeinanderfolgenden »Erden« *(bhūmi)*; er weist außerdem immer wieder auf die Figur des Bodhisattva hin, die wir oben erwähnt haben. Der Bodhisattva ist ein Geschöpf von unendlicher Liebe und unendlichem Mitleid, die seinem Gefühl für die absolute Wesenlosigkeit aller Dinge und der daraus folgenden Verleugnung der Illusion, die das Ich heißt, entspringen. Ist ihnen einmal Erleuchtung *(bodhi)* zuteil geworden, so können alle Bodhisattva sein. Und das Ziel umschließt die Identifikation des Buddha mit der Bodhi. Er ist das kosmische Bewußtsein selbst, das in die Welt der Erscheinungen hinabsteigt, um sich zu enthüllen und die Menschen den Weg des Lichtes zu lehren. Deshalb tritt der Kult des Buddha, der der Gott der Götter geworden ist, immer mehr in den Vordergrund. Später vervielfachen sich die Buddhas und Bodhisattvas; einer von ihnen, der fast sicher unter zoroastrischem Einfluß (dem Shaosyant) entsteht, ist die bereits erwähnte Figur des Maitreya, des Buddha der zukünftigen kosmischen Zeitalter, des Heilands, der, wenn die Welt vom Bösen durchdrungen ist, auf die Erde herabsteigen wird, um das Reich des Gesetzes wiederaufzurichten.

Aber sehr bald nehmen von den Hypostasen des Buddha fünf eine wachsende Bedeutung an: es ist die Pentade der Pañca-Tathāgata: Vairocana, der predigende Buddha, Aksobhya, der Buddha, der die Erde zum Zeugen seiner erlebten Erleuchtung anruft, Amitābha, der meditierende Buddha (dessen Gestalt bald die iranischen Vorstellungen vom ewigen Licht und ewigen Leben in sich aufnehmen wird), Ratnasambhava, die unendliche Freigebigkeit des Buddha, Amoghasiddhi, der Schutz, den der Buddha seinen Gläubigen zuteil werden läßt. Und alle fünf sind nichts anders als Projektionen des ursprünglichen Buddha (Ādibuddha), des Symbols des kosmischen Bewußtseins.

Auf diesem Weg verläßt der Mahāyāna den Weg des alten Meisters und schickt sich an, eine große asiatische Religion zu werden, mit einem reichen Pantheon, mit einem Kult und einer Liturgie und vor allem mit einer ausgebildeten Heilslehre. Durch das Kushāna-Reich verbreitet er sich in den afghanischen Gebieten, in Baktrien, in Sogdiana und im Tarim-Becken; von dort, und gleichzeitig über den Seeweg, gelangt er in der zweiten Hälfte des 1. Jahrhunderts nach China, wo er um die Mitte des folgenden Jahrhunderts durch vorwiegend parthische und zentralasiatische Missionare bereits festen Fuß gefaßt hat.

Der Vishnuismus hat in dieser Epoche schon deutliche Konturen angenommen. Die Inschriften der Shātavāhana bezeugen seine Verbreitung im Dekhan, zunächst in einer gemäßigten Form, in der Vāsudeva Indra und anderen Göttern nur gleichgestellt ist (Inschrift von Nānāghāt). In den Süden dringt er schon im 2. Jahrhundert vor (Inschrift von Chinna). Allmählich erfährt er auch eine Ausarbeitung seiner Lehre, die, ausgehend von der Theorie der vier Entfaltungen *(vyūha)*, sich zu einer richtigen Schule ausbildet, das Pañcaratra; und vom 2. und 3. Jahrhundert an wird sein Kult ein Bilderkult, mögen auch nur wenige vishnuitische Statuen aus den ersten Jahrhunderten erhalten sein.

Auch der Shivaismus neigt dazu, konkretere und organischere Formen anzunehmen. Die erste Sekte von unbestreitbar shivaitischem Charakter sind die Pāshupata, deren Name seit dem 1. nachchristlichen Jahrhundert auftaucht, deren Theorien uns aber nur in einer sehr viel späteren Gestalt bekannt sind. Ihr Begründer wird überlieferungsgemäß Lakulin genannt, er ist eine wohl nur teilweise historische Gestalt, von der wir aber nichts wissen, außer daß er zu Beginn des 2. nachchristlichen Jahrhunderts wirkte. Der Shivakult verbreitet sich sehr früh im Süden und wird recht häufig in den ältesten Tamiltexten erwähnt. Einige Gottheiten des shivaitischen Pantheons wurden ungemein volkstümlich, wie zum Beispiel Umā, die Gattin Shivas, eine Sonderform der Magna Mater, die sehr bald mit den Bergen (Pārvatī, Durgā) in Zusammenhang gebracht und zu einer Schreckensgottheit (Kālī) wird. Besonders wichtig war im ersten Jahrtausend unserer Zeitrechnung der heute etwas in den Hintergrund getretene Skanda (Kumāra oder Kārttikeya), ein Kriegsgott, dessen Reittier der Pfau ist. Die Volkstümlichkeit des Anführers von Shivas Scharen, Ganesha mit dem Elefantenkopf, gehört jedoch einer späteren Zeit an. Bereits auf den Reliefs von Bharhut erscheint hingegen Shrī oder Lakshmī, die Göttin der Schönheit und des Glücks, die auf einer Lotosblüte sitzt.

Das indische Denken nach den Upanishaden und der Bhagavadgītā bewegt sich in drei verschiedenen Richtungen: die Exegese des vedischen Denkens oder richtiger, der Versuch, ihm neue Ideen einzufügen, steht neben der Weiterbildung des upanishadischen Denkens und gänzlich neuen Schöpfungen. Im Lauf des 1. Jahrtausends entstanden so regelrechte philosophische Systeme, deren Zahl überlieferungsgemäß auf sechs festgelegt wird und von denen jeweils zwei einer der drei zuvor erwähnten Richtungen angehören: Vedānta und Mīmāmsā, Sānkhya und Yoga, Nyāya und Vaisheshika.

Alle sechs Systeme erkennen mehr oder weniger ausdrücklich die Autorität und Heiligkeit der Veden an und gelten daher als orthodox. Leider ist ihre Chronologie, wie die jeder anderen Manifestationen der indischen Kultur, sehr unsicher, und es ist schwer zu sagen, welche von ihnen in dieser Zeit ihre entscheidenden Entwicklungsphasen durchgemacht hat. In gewissem Sinne kann als äußeres Kennzeichen für eine solche Entwicklung die Abfassung der jeweiligen Sūtra gelten, die als wahre *versus memoriales* weniger einen Abriß als einen Leitfaden durch das exegetische Werk der verschiedenen Denker darstellen; aber selbstverständlich nimmt die Strömung, auf die die Sūtra sich beziehen, schon sehr viel früher ihren Anfang.

Der Vedānta, das weitaus entwicklungsträchtigste System, nimmt seinen Ausgang von einigen Upanishaden, und sein wichtigster Text, als dessen Verfasser Bādarāyana (etwa 3. Jahrhundert) gilt, sind die Brahmasūtra oder Vedāntasūtra, die so lakonisch und schematisch sind, daß sie die verschiedensten Ausdeutungen zulassen. Die Grundanschauung des Vedānta ist monistisch. Das einzig Reale ist das unaussprechliche und undefinierbare Brāhman oder Ātman; die Welt der Erscheinungen ist nur Schein *(māyā)*. Das Zentralproblem des Vedānta ist daher die Erklärung der Beziehung zwischen dem Brāhman und jenem Spiel eitler Illusionen und Erscheinungen, die die Welt sind, das heißt die Beziehung zwischen dem individuellen und dem universalen Ātman. Seine Anschauung ist der des Mahāyāna also ähnlich, und vielleicht gerade darum bekämpfen sich beide erbittert.

Die Mīmāmsā ist im wesentlichen eine Fortsetzung des Denkens der Brāhmana und befaßt sich mit der symbolischen Deutung des vedischen Opfers. Diese Lehre ist in den Mīmāmsāsūtra enthalten, als deren Verfasser Jaimini genannt wird und die vielleicht den beiden ersten Jahrhunderten unserer Zeitrechnung entstammen. Die Mīmāmsā vertritt einen liturgischen Pragmatismus, dessen Gedanken nichts Außergewöhnliches enthalten und keiner bedeutenderen Entwicklungen wie der des Vedānta fähig sind. Bemerkenswert ist allein, daß die nachdrückliche Bejahung der von niemand offenbarten und von Ewigkeit her existierenden Veden zur Negation der Existenz Gottes führt.

Der Nyāya stellt vor allem ein logisches System dar, dessen Text, die Nyāyasūtra, Akshapāda zugeschrieben wird und vermutlich im 3. Jahrhundert entstanden ist. Ursprünglich ist dem Nyāya nicht daran gelegen, das Geheimnis des Universums zu deuten, er beschränkt sich vielmehr darauf, mit dialektischen Mitteln sowohl den Disputen der Brahmanen über Opfer und Liturgie wie den Erörterungen der Ärzte bezüglich der Diagnose einer Krankheit oder der Denker und Lehrer über das Ātman einen logischen Zusammenhang zu geben. Er bietet eine Technik, ein Instrument für andere Theorien, und sein eigentlich philosophischer Gehalt ist etwas Sekundäres.

Der Vaisheshika enthält eine interessante Atomtheorie von sehr umstrittener Herkunft, die man auf ein Schisma der Jaina oder eine primitive Mīmāmsā-Schule hat zurückführen wollen. Die Vaisheshikasūtra soll ein Brāhmane namens Kanāda verfaßt haben, der vielleicht im 1. oder 2. Jahrhundert gelebt hat. Auf den Inhalt der Nyāya und Vaisheshika werden wir später zurückkommen.

In den ersten Jahrhunderten unserer Zeitrechnung entsteht eine Literatur, die zwar noch in enger Bindung an die Religion steht, aber nicht mehr völlig von ihr abhängig ist und keinen reinen Lehrcharakter mehr hat. Diese Entwicklung scheint ihren Ausgang von den Buddhisten genommen zu haben, und tatsächlich ist der erste große Name der bis dahin praktisch anonymen indischen Literatur der eines Buddhisten: Ashvaghosha. Wir wissen, daß er ein Zeitgenosse Kanishkas gewesen ist. So können wir entsprechend unserer Chronologie annehmen, daß er in der Mitte des 2. Jahrhunderts gelebt hat. Von seinem Drama Shāriputraprakarana in neun Akten hat uns der Sand Zentralasiens Fragmente erhalten; es behandelt die Bekehrung der beiden Hauptjünger des Buddha und ist in reinem klassischem Sanskrit geschrieben. Das Drama folgt schon den Regeln, die später der Nātyashāstra des Bharata, der kanonische Text der indischen Dramaturgie, fordern wird. Die weiblichen Personen und die aus niedriger Kaste sprechen Prakrit, das schon drei verschiedene Varianten erkennen läßt.

So wie Ashvaghosha am Beginn des Dramas steht, steht er auch am Beginn der Kunstdichtung *(kāvya)*, von der gewisse Teile des Rāmāyana schon einige primitive Beispiele enthalten. Ashvaghosha ist der Verfasser des Saundārananda in achtzehn Gesängen, der Bekehrungsgeschichte Nandas, des Stiefbruders des Buddha. Sein Meisterwerk indessen und einer der Höhepunkte der indischen Poesie überhaupt ist das versifizierte Leben des Buddha in achtundzwanzig Gesängen, das Buddhacarita, das vollständig nur in einer chinesischen Übersetzung des 5. Jahrhunderts existiert, während uns von dem Sanskrit-Text nur die dreizehn ersten Gesänge erhalten sind. Ashvaghosha ist ein großer Dichter, der seiner innigen Liebe zu der Lichtgestalt des Meisters bewegenden Ausdruck zu verleihen vermochte.

Der nur wenig jüngere Kumāralāta war der Autor der Kalpanāmanditikā, von der wenige Fragmente des Originals und eine chinesische Übersetzung unter dem Titel Sūtrālamkāra erhalten sind. Sie ist eine buddhistische Legendensammlung in einem Gemisch aus Prosa und Versen. Von geringeren literarischen Ansprüchen – obwohl auch sie wahre Juwelen enthält – ist die Literatur der Avadāna, fromme Geschichten von moralisierendem Charakter mit erbaulichem Zweck, unter denen die Jātaka, die Taten des Buddha in seinen früheren Leben, eine besondere Stellung einnehmen. Ein typisches Beispiel dieser Literatur ist das Avadānashataka mit seinen zehn Erzählungsdekaden, das auf das 2. Jahrhundert zurückgeht.

Zwar gab es unter den Brāhmanen keinen Ashvaghosha, gleichwohl war auch in ihren Kreisen bereits eine Kunstliteratur entstanden, wie die Inschrift von Rudradāman in Junagadh (150 n. Chr.), ein richtiges kleines Kunstgedicht *(kāvya)*, beweist. Von allem Anfang an hat diese Literatur, die im höfischen Umkreis der großen Herrscher entsteht, aristokratischen Charakter: sie ist raffiniert, delikat und vornehm und entspricht immer starreren Konventionen.

Zu ihren frühesten Erzeugnissen gehören die dreizehn Dramen, die 1910 in Kerala gefunden worden sind. Als ihr Autor gilt Bhāsa (etwa 3. Jahrhundert). Ihre Themen sind den epischen Dichtungen, der Krishna-Legende und Volkserzählungen entnommen. Sie machen noch einen archaischen Eindruck, haben manchmal etwas unbeholfene Überleitungen und sind in einem einfachen und schmucklosen Stil geschrieben. Ihr Sanskrit läßt gelegentlich den Einfluß der Epik erkennen, während das Prakrit ihrer Dialoge sicherlich einer Zeit nach Ashvaghosha zugehört, an dessen Dichtung der Bhāsa-Komplex nicht heranreicht.

Dagegen ist das Drama Mricchakatika (»Tonwägelchen«), dessen Autorschaft einem auch in seinen Lebensdaten völlig unbekannten König Shūdraka zugeschrieben wird, ein wahres Meisterwerk. Es könnte älter als der Kālidāsa sein und folglich dem 3. oder 4. Jahrhundert entstammen. Es beschreibt im Zusammenhang mit einer großen politischen Intrige die Liebe eines ruinierten Kaufmanns zu einer Kurtisane. Seinen berechtigten Ruhm verdankt es seinem einfachen und glanzvollen Stil und vor allem der köstlichen und wirkungsvollen Darstellung der Sitten und des Alltagslebens, die es zu einem wahrhaft bürgerlichen Drama machen und ihm eine Sonderstellung in der indischen Poesie sichern.

In der Lyrik und Epik fehlen bedeutende Namen, dafür erreicht die literarische Theorie in dieser Zeit ihren Höhepunkt. Um das 3. Jahrhundert schrieb Bharata seinen Nātyashāstra, der das grundlegende Handbuch der Dramaturgie und des mit ihr innig verbundenen Tanzes geblieben ist. Wenig jünger ist Jayadeva, der in seinem Jayavadevachandas auf den Spuren des Pingala die Regeln der Metrik behandelt.

Die Prakrit-Literatur muß in dieser Epoche ihren Höhepunkt erreicht haben, ehe sie Terrain an das Sanskrit verlor und auf die scholastische Hīnayāna- und Jaina-Literatur beschränkt blieb. In den Inschriften hat diese Ablösung des Prakrit durch das Sanskrit zu Beginn des 4. Jahrhunderts bereits stattgefunden. Von der Prakrit-Literatur ist uns nur die Sattasāī von Hāla erhalten. Eine große Novellensammlung, die Brihatkathā von Gunādhya, die in Paishācī-Prakrit geschrieben war, ist verlorengegangen und überlebt nur in späteren Sanskrit-Umarbeitungen.

Von den Handbüchern der literarischen Theorie ist es nur ein Schritt zur wissenschaftlichen und parawissenschaftlichen Literatur. Das bedeutendste politische Handbuch ist das – Kautilya zugeschriebene und vielleicht in dieser Zeit endgültig abgefaßte – Arthashāstra. Die Medizin *(ayurveda)* findet ihre theoretische Systematisierung in der Carakasamhitā, deren Autor Caraka nach der Überlieferung Hofarzt von Kanishka war (2. Jahrhundert). Dieses Werk ist uns aber nur in einer Umarbeitung aus dem 9. Jahrhundert erhalten. Caraka gehörte zur Schule des Ātreya, der einige Jahrhunderte vor Christus gelebt hat. Mit ihr rivalisierte die medizinische Schule von Sushruta, dessen Sushrutasamhitā uns – wenn auch nicht in der Originalfassung – ebenfalls erhalten ist. Die indische Medizin stellt eine rationale Theorie der organischen Funktionen und ihrer Störungen auf. Das Universum besteht aus fünf Elementen (Erde, Wasser, Feuer, Wind, Raum), denen die Bestandteile des menschlichen Körpers (Gewebe, Lebenssäfte, Galle, Atem, Eingeweidehöhlen) entsprechen. Das zweite, dritte und vierte gelten als die aktiven Elemente *(tridhātu)*. Aus ihren verschiedenen Kombinationen und deren Reaktionen aufeinander ergibt sich das Geschehen im menschlichen Körper. Beim Verlust ihres Gleichgewichts entstehen Krankheiten, die folglich dreiteilig *(tridosha)* sind. Schließlich erfuhren auch die Astronomie und die Mathematik in den ersten Jahrhunderten unserer Zeitrechnung starke Impulse, wie sie in den Sammlungen der folgenden Jahrhunderte ihren Ausdruck fanden.

Die erste der dravidischen Sprachen, die eine eigene Literatur entwickelte, war das Tamil. Als einzige in Indien ist diese Literatur in ihren Anfängen – sowohl ihrer Form wie ihrem Inhalt nach – erstaunlich unabhängig von der Sanskrit-Literatur. Die Überlieferung ordnet sie drei literarischen Sammlungen oder Akademien *(shangam)* zu, von denen die beiden ersten sehr alt und praktisch legendär sind. Aus der Endzeit der dritten, und das heißt aus den ersten drei nachchristlichen Jahrhunderten, sollen die ältesten existierenden Werke stammen, deren uns überlieferte Gestalt freilich einige Jahrhunderte jünger ist.

Der lehrende Buddha
Schieferskulptur aus Loriyan Tangai. Gandhāra-Zeit, 2./3. Jahrhundert
Calcutta, Indian Museum

Zofe beim Bedienen einer Dame
Schnitzerei von einem Elfenbeinkästchen aus Begram, 3. Jahrhundert
Paris, Musée Guimet

In dieser ausgesprochenen Laiendichtung hat die Religion fast keinen Platz. Das Jenseits ist ihr kein Problem, und vom Tod ist zwar häufig die Rede, aber nur als Ende des Lebens und der Freude, ohne irgendeinen Gedanken an zukünftige Wiedergeburten. So ist die Tamil-Literatur die einzige in Indien, in der es ein elegisches Genre gibt. Fast immer beschreibt und kritisiert sie das Leben ihrer Zeit: friedliche Taten, kriegerische Siege, Abenteuer und vor allem Liebesgeschichten. Die Dichter, von denen keiner für uns eine deutlich umrissene Persönlichkeit hat, sind keine Priester oder Weisen, sondern junge Sänger, die das Wohlleben und die fröhliche Gesellschaft lieben.

Die ältesten Erzeugnisse dieser Literatur sind in einer Reihe von Anthologien gesammelt. Zu ihnen gehört zum Beispiel der Pattuppāttu (»Zehn Idylle«) mit Werken von acht Dichtern; das schönste dieser zehn Idyllen ist der Nedunalvādai, eine Beschreibung des Winters und seines Einflusses auf die Stimmung von Mensch und Tier. Eine andere Gedichtgruppe ist im Ettuttokai (»Acht Sammlungen«) enthalten: kurze lyrische Gedichte zumeist erotischen Inhalts, unter denen es aber auch einige zum Lob von Lokalgottheiten oder der Taten der Cera-Könige gibt. Einer etwas späteren Zeit entstammt der Shilappadikaram (»Die Ballade vom Armband«), ein romantisches Gedicht von der Liebe zwischen einer Kurtisane und einem jungen Kaufmann, der dann, zu Unrecht eines Diebstahls verdächtigt, zum Tode verurteilt wird; seine glänzenden Beschreibungen des Lebens im Tamil-Land haben diesem Gedicht mit Recht großen Ruhm eingetragen. Die blühende Frische dieser alten Idyllen wurde von keiner der späteren indischen Literaturen wieder erreicht. Die Tamil-Literatur ist älter als die weltliche Sanskrit-Literatur und mag diese deshalb, zumindest in ihrer Ästhetik, beeinflußt haben.

Die Shunga-Kunst, also die rein nationale indische Kunsttradition, findet ihre natürliche Fortsetzung in der Schule von Mathurā, deren Blütezeit mit der des Kushāna-Reiches zusammenfällt (144–232 nach unserer Chronologie). Sie gehört also in dieselbe Zeit wie die Kunst von Gandhāra, von der später die Rede sein soll. Die engen Beziehungen von Mathurā zum Kushāna-Reich lassen sich an der Plastik der Porträtgalerie im königlichen Tempel zu Math ablesen: Vima Kadphises, Kanishka, Cashthana. Diese einzigen Porträts der gesamten altindischen Kunst sind vom Ausland beeinflußt, ein einzigartiges Phänomen, das nur bei den Münzen eine Entsprechung findet.

Eigentlich bedeutsam aber wird die Schule von Mathurā durch ihre Schöpfung des Buddha-Bildes, das sich unabhängig von dem anderen ästhetischen Kriterien verpflichteten Buddha-Bild in der Kunst von Gandhāra entwickelt hat. Die Diskussion um die Priorität des einen oder anderen hat faktisch bei Null geendet. Die ersten Versuche dieser Skulptur (Bodhisattva des Mönches Bala zu Sārnāth) sind eine reine Fortentwicklung der Yaksha-Statuen der Maurya- und Nach-Maurya-Zeit, haben aber einen ausgeprägt hieratischen Charakter, was der traditionellen Vorstellung des Buddha als Übermensch *(mahāpurusha)* und Weltherrscher *(cakravartin)* entspricht; ein gewisses Maß an Abstraktion ist daher unvermeidlich. Ebenso unvermeidlich ist der feste Kanon der Proportionen und der mystischen Gesten und Haltungen der Hände *(mudrā)*, die Augenblicke aus dem Leben und der Aktivität des Buddha symbolisch darstellen. Das Hauptmerkmal der Mathurā-Kunst im

Gegensatz zu der von Gandhāra ist aber das größere Maß an Abstraktheit bei den sitzenden Buddha-Figuren, die im Verlauf der Zeit häufiger werden als die stehenden Figuren. Andererseits erscheinen im Skulpturenschmuck auf den Balustraden der Stūpa, von dem nur wenige Fragmente den islamischen Bildersturm überlebt haben, einige Yakshinī-Figuren, die mit ihrer – fast sicher eine tänzerische Position darstellenden – dreifachen Biegung des Körpers *(tribhanga)* zu den sinnlichsten Darstellungen der indischen Kunst gehören. Im Gegensatz zu Gandhāra hatte Mathurā eine Vorliebe für Einzelfiguren und interessierte sich nicht für die erzählerischen Möglichkeiten, die der anthropomorphen Darstellung des Buddha innewohnen.

Mit der Mathurā-Schule im Zusammenhang steht auch die Elfenbeinschnitzerei, von der die Magazinräume von Begram in Afghanistan, auf die wir schon hingewiesen haben, uns eine Reihe von Meisterwerken wiedergeschenkt haben. Es sind Genrefigürchen, zumeist halbnackte Frauen bei ihrer Toilette, in einer Art Flachrelief von außerordentlich delikater Technik und einer vollentwickelten Kunst würdig. Diese bisher einzigartigen Stücke der weltlichen Kunst Indiens gehörten wahrscheinlich in ein Frauengemach. In ihnen feiert der – sonst in ganz Asien niemals mit soviel sinnlicher Eleganz dargestellte – nackte weibliche Körper seine Triumphe und beschwört darin die Vorstellungen einer glanzvollen und raffinierten Gesellschaft.

Von ganz anderer Art ist die im Kushāna-Reich auftretende Schule oder, richtiger, der Komplex von Schulen, die bald als griechisch-buddhistische, bald als römisch-indische oder – weniger verbindlich – als Gandhāra-Kunst bezeichnet werden. Ihr Ausgangspunkt ist die Begegnung der klassischen Welt mit dem Buddhismus, zu der jene einen großen Teil der Form, diese den ganzen Inhalt beiträgt; im Laufe der Zeit wird immer deutlicher noch eine dritte Komponente dieser Kunst spürbar: die iranische. Diese Begegnung zweier Welten ist eine Folge des lebhaften Handelsverkehrs in den ersten zwei oder drei Jahrhunderten unserer Zeitrechnung; denn auszuschließen ist offenbar, daß die Kunst der indogriechischen Reiche überlebte. Sie ist uns, abgesehen von den Münzen, völlig unbekannt und hat vielleicht nie existiert. Die griechische Überlieferung im Punjab und in Afghanistan wird allenfalls einem Verständnis und der Aufnahme westlicher ästhetischer Maßstäbe den Weg bereitet haben.

So entsteht an den Ufern des Indus das menschliche Bild des Buddha, dessen Typus unzweifelhaft von dem des Apollon beeinflußt ist und an dessen Seite der Bodhisattva in der Tracht eines indischen Königs mit reichem hellenistischem oder sarmatischem Juwelenschmuck steht. Gleichzeitig werden die auf das Leben des historischen Buddha bezüglichen und bisher in der indischen Kunst vernachlässigten Erzählungsschemata ausführlicher weiterentwickelt. In diesen ikonographischen und kompositorischen Schemata ist der Wille zur Klarheit deutlich spürbar. Sie passen die minutiösen Beschreibungen der Texte den Möglichkeiten des Steins an. Mit leichten Abwandlungen werden die Schemata auch von den südindischen Schulen in weitem Ausmaß verwendet; andererseits übt Gandhāra einen – durch die Forschungen von Mario Bussagli eindeutig nachgewiesenen – tiefen Einfluß auf die zentralasiatische Kunst und damit auf die chinesische Plastik der Wei-Dynastie (5.–6. Jahrhundert) aus. Der römisch-hellenistische Faltenwurf und die römisch-hellenistische formale Struktur werden zu wesentlichen Komponenten dieser Kunst. Einige ihrer Bodhisattva erinnern stark an bekannte Statuen des römischen Westens, so scheint zum Beispiel der berühmte Buddha von Hoti Mardan, der heute im Museum von Peshawar steht, eine Nachahmung des Apollon von Belvedere zu sein. Im übrigen ist es nicht ausgeschlossen, daß, zumindest anfangs, Künstler aus dem Römischen Reich in den Kushāna-Gebieten gearbeitet haben. Bei den letzten von dieser Schule hervorgebrachten Typen beginnt der Faltenwurf zu erstarren und gerät in die Nähe jener äußersten, von der späten Partherkunst in Iran bevorzugten Stilisierung. Einzigartig in dieser wenig originalen Kunst ist der Wille der Künstler, den metaphysischen Gehalt des Dargestellten auszudrücken und nicht nur anzudeuten, unter Verzicht auf alle illusionären Mittel, wie sie sowohl der klassische Okzident wie zum Teil auch Indien selbst zur Verfügung stellten.

Trotz ihrer fundamentalen Wichtigkeit für die ganze asiatische Kultur liegt die erste Phase der Gandhāra-Kunst, deren Blüte mit der des Kushāna-Reiches zusammenfällt, abseits von der Hauptströmung der indischen Kunst. Bis auf das rein äußerliche Element des Faltenwurfs gleicht sie einem nicht assimilierbaren Fremdkörper, der, nachdem die indische Kunst unter der Gupta-Dynastie ihr volles Selbstbewußtsein wiedergewonnen hatte, langsam ausgeschieden wurde. Indien noch fremder, ja völlig unabhängig und abgeschieden von ihm ist die zweite Phase der Gandhāra-Kunst, die unter dem Einfluß neuer, mit der sasanidischen Eroberung nach Indien strömender Elemente im zweiten Viertel des 3. Jahrhunderts entsteht und zumindest bis ins 4. Jahrhundert hinein andauert. Eben dieser iranische Einfluß und der fast völlige Ersatz des Steins durch den Stuck, der zum Lieblingsmaterial der Künstler wird, sind für sie kennzeichnend. Die wichtigsten Denkmäler dieser zu Recht auch als irano-buddhistisch bezeichneten Phase sind die berühmten Stuckfiguren von Hadda in Afghanistan. Sie gehören verschiedenen Stilen an, gemeinsam aber ist ihnen einerseits eine realistische Tendenz, die mit der Unmittelbarkeit und Kraft ihres Ausdrucks wahrhaft eindrucksvolle Meisterwerke hervorbringt, und andererseits eine Tendenz, die zur Abwandlung eben dieses Realismus neigt, was zu einer merkwürdigen Vorwegnahme der Gotik, vor allem der Plastik von Chartres und Amiens, führt.

Es handelt sich hier um einen großen geschmacklichen Rückschritt entschieden antiklassischen Maßstäben entgegen, die in der gleichzeitig in Europa sich vollziehenden Umstellung ihre Parallele findet. Neben dieser Kleinkunst der Stukkaturen entsteht in der zweiten Phase der Gandhāra-Kunst aber auch eine Monumentalplastik, der in der buddhistischen Kunst Chinas ein breiter Widerhall beschieden war. Ihre bekanntesten Überreste sind die beiden großen stehenden Buddhas, die bei Bamiyan in Afghanistan aus dem Fels gehauen sind. Es handelt sich um zwei Kolosse, von denen der eine dreiundfünfzig, der andere sechsunddreißig Meter groß ist; aber nur die Grundformen des Kopfes und des Körpers sind aus dem Stein herausgeschlagen, und nur diese sind uns erhalten; Faltenwurf und Gesichtszüge, die heute verloren sind, waren in Ton aufgetragen und mit einem bunt bemalten Überzug versehen. Der kleinere Buddha stammt aus dem 3. oder 4., der größere wahrscheinlich aus dem 5. Jahrhundert.

Im Dekhan blühte fast gleichzeitig mit der Mathurā- und der Gandhāra-Kunst eine gewöhnlich nach ihrem Hauptzentrum Amarāvatī an der Mündung des Krishna bezeichnete Kunst. Der große Stūpa von Amarāvatī, der durch den dortigen Aufenthalt Nāgārjunas berühmt geworden ist, existiert nicht mehr, aber ein guter Teil seines Figurenschmucks, der wahrscheinlich aus dem 2. und 3. Jahrhundert stammt, ist im Museum von Madras aufbewahrt. Der Buddha wird dort wie in der Gandhāra-Kunst im Mönchsgewand dargestellt; aber damit hat es auch mit Berührungspunkten zwischen beiden Kunstrichtungen sein Bewenden. Der Faltenwurf ist von ganz anderem Charakter, und sein Rhythmus hat vor allem dekorative Funktion. Die Figuren sind in die Länge gezogen und von einer schmachtenden und trägen Grazie, »die wollüstigste und delikateste Blüte der indischen Kunst« (Coomaraswamy). Die Reliefpaneele dagegen geben häufig einer krampfhaften, nahezu bacchantischen Bewegtheit Ausdruck, die zu der Abgeklärtheit der zentralen Buddha-Figur in krassem Gegensatz steht und eines der Elemente ist, das für die Kunst des Südens durch die Zeiten hindurch charakteristisch bleiben sollte. Wenig später als die Reliefs von Amarāvatī sind die von Nagarjunikonda (um 300 n. Chr.).

Von der Malerei der ersten drei Jahrhunderte unserer Zeitrechnung scheint nichts übriggeblieben zu sein, da die Fresken von Bamiyan und die Masse derer von Ajanta fast sicher der folgenden Epoche angehören. Auch um die Architektur, die ein Opfer der Zeit und der islamischen Zerstörung geworden ist, steht es nicht besser. Der große Mahabodhi-Tempel von Bodh Gayā nimmt vielleicht die Grundzüge seiner ursprünglichen Gestalt wieder auf, die zur Schule von Mathurā gehört haben muß; seine heutige Gestalt aber ist eine Folge von späteren, sehr unheilvollen Wiederherstellungen. Von der Architektur von Gandhāra besitzen wir nur einige stark zerstörte Vihāra (zum Beispiel der von Takht-i-Bahi bei Peshawar) und die Beschreibung, die die chinesischen Pilger des 6. und 7. Jahrhunderts von einem großartigen, heute verschwundenen Bau, dem großen Stūpa Kanishkas in Peshawar, geben. Die Grotten von Bamiyan haben nur sehr wenig Indisches an sich und gehen auf hellenistische und später auf sasanidische Modelle zurück. Der westliche Dekhan bewahrt auch weiterhin den bereits bekannten Typus von Felsbauten (der große Caitya von Kāṇheri bei Bombay, die Grotten von Pandu Lena bei Nāsik, der Caitya von Bedsa bei Karli), während weiter östlich die Architektur von Amarāvatī nur von einigen interessanten Reliefs bekannt ist, die reichdekorierte Stūpa wiedergeben.

Die Gupta-Periode

Um das Jahr 300 bestanden im Gangestal eine Unzahl von Zwergstaaten. Eine der kleinen lokalen Fürstenfamilien waren die Gupta, die sich in der zweiten Hälfte des 3. Jahrhunderts in der Grenzzone zwischen Bihar und Bengalen festsetzten. Zu Beginn des 4. Jahrhunderts heiratete einer von ihnen, Candragupta, die Prinzessin Kumāradevī aus der vornehmen Familie der Licchavi, die zu Zeiten des Buddha über Vaishālī geherrscht hatte und im 5. Jahrhundert auf dem Thron von Nepal erscheint. Diese Heirat legte den Grund für den Aufstieg der Gupta. Candragupta I. (etwa 310–335) nahm seinen Wohnsitz in der alten Metropole Pātaliputra, die vielleicht zu der Mitgift seiner Frau gehörte, und 320 begründete er zur Erinnerung an seine Hochzeit und Krönung die Gupta-Zeitrechnung, die dann alle seine Nachfolger gebrauchten. Die von ihm geprägten Goldmünzen tragen sein und seiner Frau Bild und den Namen der Licchavi. Hiervon abgesehen wissen wir aber nichts von seiner Tätigkeit; vermutlich umfaßte das von ihm begründete Königreich nur Bihar und Teile von Bengalen.

Sein Sohn und Nachfolger Samudragupta (etwa 335–375) verwandelte diesen Regionalstaat in ein Reich, das sich über einen guten Teil Nordindiens erstreckte. Er ist uns vor allem durch eine der schönsten indischen Inschriften bekannt, seine von dem Dichter Harishena verfaßte Lobpreisung auf der Allahabad-Säule. Nachdem sein Vater ihn feierlich zum Nachfolger ernannt hatte, mußte er anscheinend erst einen Rivalen beseitigen: Kāca, von dem andere annehmen, er habe später als Samudragupta gelebt. Sobald er seine Stellung gefestigt hatte, unternahm er eine Reihe von Eroberungszügen und beseitigte die Nāga-Könige im Westen und verschiedene andere Herrscher. Weitere Staaten – Samatata (Ostpakistan), Kāmarūpa (Assam), Nepal und Kartripura (Jalandhar in Ostpunjab) – wurden unter der Bedingung, daß sie die Oberhoheit des Eroberers anerkannten, verschont. Auch die letzten Republiken – die Mālava in Ost-Rajasthan, die Yaudheya am unteren Sutlej, die Mādraka im Punjab, die Ābhīra in Zentralindien und andere weniger wichtige – mußten ihn als Herrscher anerkennen. Keine dieser Republiken konnte jemals wieder ihre Unabhängigkeit erlangen, und mit den Gupta verschwindet diese alte Staatsform endgültig aus der indischen Geschichte. Direkt oder indirekt erstreckte sich Samudraguptas Einflußsphäre auf das gesamte Gangestal nebst dem Punjab im Westen und Assam im Osten.

Seine größte militärische Unternehmung war der Eroberungszug in den Dekhan, wo er zwölf Herrscher – unter ihnen den Pallava-König von Kañchī – besiegte. Im Grunde war es lediglich ein gewaltiger Beutezug ohne dauerhafte politische Folgen; offenbar geriet die Ostküste niemals – nicht einmal nominell oder zeitweise – unter die Gupta-Herrschaft. Samudraguptas diplomatische Beziehungen reichten bis zu den Kshatrapa von Malwa und den Kushāna-Epigonen in Gandhāra, die in seiner Inschrift mit dem alten kaiserlichen Titel »Daivaputra Shāhi Shāhānushāhi« bezeichnet werden. Sogar Ceylon trat mit ihm in Beziehungen, und Meghavarna, der König der Insel, erbaute mit der Erlaubnis Samudraguptas einen großen Vihāra in Bodh Gayā. Selbstverständlich ist es schwierig, sich eine deutliche Vorstellung von der wirklichen Bedeutung des großen Königs für die Geschichte Indiens zu machen, denn unsere Kenntnisse sind – bis auf seine schönen Münzen – auf eine einzige ihn unverblümt lobende Quelle beschränkt. Jedenfalls steht fest, daß Samudragupta einer der größten Eroberer, wenn nicht der größten Organisatoren der indischen Geschichte war. Unter anderem brachte er ein Ashvamedha dar. Sein männlicher und kriegerischer Hinduismus vermochte seinen Nachfolgern ein großes Reich zu hinterlassen, was dem idealistischen Pazifismus Ashokas nicht gelungen war.

Auf Samudragupta folgte, vielleicht nicht unmittelbar, Candragupta II. (um 375 bis 414). Als würdiger Sohn des großen Eroberers setzte er dessen Werk fort, beseitigte zu Beginn des 5. Jahrhunderts das Kshatrapa-Reich in Zentralindien und stieß bis zur Westküste vor. Wie sein Vater war er ein großer Schirmherr der Literatur, und sein Ehrenname

Vikramāditya wird mit dem Leben einiger der größten indischen Dichter in Verbindung gebracht. Seine Regierungszeit stellt nicht nur den Höhepunkt der Dynastie, sondern der ganzen klassischen indischen Kultur dar. Mit den Nāga und Vākātaka verwandt, regierte er ein großes Reich, von dessen Blüte uns der chinesische Pilger Fa-hsien, der es 400 bis 411 bereiste, berichtet; leider gibt der chinesische Reisende keinerlei Hinweise politischer Art.

Kumāragupta I. (414–455) erhielt das Reich seiner Väter unversehrt und in Frieden. Lediglich gegen Ende seines langen Lebens geriet es durch unbekannte Feinde in eine Krise, die aber dank der Tüchtigkeit des Erbprinzen Skandagupta überwunden werden konnte. Nach seiner Thronbesteigung mußte dieser dann einen Teil seiner Regierungszeit (455 bis 467) in Waffen verbringen. Seine Hauptfeinde waren die Hūna, ein der literarischen Überlieferung (Kālidāsa, Mahābhārata) nicht unbekannter Name, der auf die Kidariten oder die Chioniten an der iranischen Grenze hinweisen könnte. Phonetisch stellt er eine Parallelform zu den Hunnen der europäischen Geschichte dar. Der Krieg muß, wie sich aus dem Verfall der Münzen in Stil und Wert ergibt, die Kräfte des Reiches erschöpft haben. Dennoch wurde die Krise für den Augenblick überwunden, und Skandagupta herrschte noch bis zum Arabischen Meer; sein Statthalter Parnadatta, ein Iranier, stellte den Stausee Sudarshana wieder her, dem einst die Bemühungen der Beamten von Ashoka und Rudradāman gegolten hatten.

Aber nach ihm beginnt der Abstieg des Gupta-Reiches. Die Nachfolge war anscheinend umstritten, binnen weniger Jahre folgten eine Anzahl unbekannter Herrscher einander auf dem Thron. In den westlichen Seeprovinzen machten sich die Gouverneure von Surashtra, mit Sitz in Vālabhi, wenn nicht formal, so doch praktisch unabhängig. Nominell noch unter der Oberherrschaft des letzten Gupta von kaiserlichem Rang, Budhagupta (um 477–495), bildeten sich in der Grenzzone zum Vākātaka-Reich in Bundelkhand weitere Staaten (Parivrājaka, König von Ucchakalpa, Pānduvamsha und andere). Nach dem Tode Budhaguptas scheinen Münzen und Inschriften auf eine Teilung des Reiches zwischen einem Zweig der Dynastie in Malwa und einem anderen in Magadha hinzuweisen, während Pātaliputra für immer aufhörte, eine Hauptstadt oder auch nur eine große Stadt zu sein, und das Reich in seine Bestandteile zerfiel. Mit dem Ende der Gupta büßte Magadha seine Stellung als führender Staat ein, die es, wenn auch mit langen Unterbrechungen, ein Jahrtausend lang innegehabt hatte.

Zu Beginn des 3. Jahrhunderts hatte das Kushāna-Reich für die Entwicklung in Indien keinerlei Bedeutung mehr. Für eine gewisse Zeitspanne in der ersten Hälfte des 4. Jahrhunderts unterstand es als Ganzes der Herrschaft der Kushān Shāh, die, wie wir gesehen haben, persische Statthalter waren. Aber um die Mitte des Jahrhunderts müssen die Kushāna ihre Unabhängigkeit zurückerobert haben, denn sie erscheinen mit allen ihren alten Titeln auf der Inschrift Samudraguptas in Allahabad.

Später erfahren wir aus den chinesischen Texten und den Münzen von der Existenz eines Herrschers namens Kidāra, der von seiner Basis in Baktrien aus den Kushāna-Staat teilweise wiederherstellte und den Königstitel (»Kidāra Kushāna Shāhi«) annahm. Seine Nachfolger, die Kidariten, regierten noch für einige Zeit in Gandhāra und Tokharestan, wie nunmehr der gebirgige Teil Baktriens genannt wurde. Aber ihre Chronologie ist sehr umstritten. Angeblich soll Kidāra um die Mitte des 4. Jahrhunderts gelebt haben, was bedeuten würde, daß er die Kushāna-Macht wiederherstellte; datiert man ihn dagegen auf die Zeit zwischen 415 bis 435, dann wäre er ein Kushāna-Epigone, der von Tokharestan aus lediglich den Namen des längst erloschenen alten Reiches wiederaufleben ließ. In diesem Fall wären die Kidariten die Hūna, gegen die Skandagupta um 455/56 kämpfte; und tatsächlich erwähnt der byzantinische Historiker Priscus für das Jahr 456 die »Kidariten-Hunnen« als Feinde Persiens. Wie immer es sich aber mit ihnen verhalten mag, jedenfalls wurden sie durch die Hephthaliten um das Jahr 500 oder wenig früher aus den afghanischen Gebieten vertrieben. Mitglieder ihrer Familie schlugen indessen noch eine Zeitlang im nördlichen Punjab Münzen, und die aus dem Kashmir stammende Dynastie der Karkota berief sich noch später auf ihren Namen.

Ein Problem, das hier nur gestreift werden kann, weil es den Rahmen unserer Erzählung sprengt, ist das von Toramāna, dem Herrscher von Zabul (»Shāhi Jāuvla«), dem heutigen Ghazni, und seinem Sohn Mihirakula, der mit Kashmir in Beziehung gesetzt wird. Mihirakula, ein überzeugter Shivait, ging in die Geschichte vor allem als heftiger Verfolger des Buddhismus ein. Sicher waren die beiden fremder Herkunft. Doch gibt es nicht den geringsten Anlaß, sie mit den Hūna in Zusammenhang zu bringen, wie das seit einem halben Jahrhundert ganz selbstverständlich geschieht.

Das Gupta-Reich, dieser letzte Versuch des Hinduismus, eine einigende politische Kraft zur Wirkung zu bringen, machte vor der Schranke der Vindhya-Berge halt und dehnte sich nicht in den Dekhan aus. Die großen Plünderungszüge Samudraguptas an der Ostküste blieben ohne Zukunft. Einer der Hauptgründe für diese Begrenzung war die Tatsache, daß die wichtigsten Vindhya-Pässe im Zentrum der Halbinsel seit langer Zeit in der Hand der Vākātaka-Dynastie waren, die aber zu mächtig war, als daß man sie hätte beseitigen können, und mit der die Gupta darum in der Hauptsache eine Politik der Freundschaft und der Zusammenarbeit verfolgten.

Die Vākātaka waren in der Mitte des 3. Jahrhunderts in der Gegend von Nagpur in den Überresten des Shātavāhana-Reiches aufgetaucht. Ihr Begründer Vindhyashakti war ein Brāhmane, was beweist, wie wenig die Vorschriften der Dharmashāstra nun in der praktischen Politik der Zeit befolgt wurden. Sein Sohn Pravarasena I. war Herr über das ganze Herz der Halbinsel und mit den Bhārashiva-Nāga-Königen des Gangestales verschwägert. Nach ihm spaltete sich die Dynastie anscheinend für eine gewisse Zeit in zwei Zweige. Rudrasena II. heiratete Prabhāvatīgupta, die Tochter Candraguptas II., und diese eheliche Verbindung mit dem mächtigsten indischen Staat schenkte den Vākātaka Sicherheit an ihren Nordgrenzen, ließ sie aber auch vorübergehend in die Einflußsphäre der Gupta geraten. Tatsächlich regierte Prabhāvatīgupta nach dem Tode ihres Mannes den Staat als Regentin wenigstens dreizehn Jahre lang. Erst später, in der Mitte des 5. Jahrhunderts, bestieg ihr dritter Sohn, Pravarasena II., den Thron und reorganisierte den Staat auf militärischer Grundlage; seine Provinzialbeamten trugen den Titel General. Er war auch als Dichter berühmt, falls er wirklich der Verfasser des Prakrit-Gedichtes Setubandha war. Aber zwei Generationen nach ihm wurden seine Nachkommen von einem Seitenzweig der

Familie, aus Vatsagulma in Berar, in der Person von Harishena verdrängt. Dieser verlieh den Vākātaka für einen kurzen Augenblick noch einmal neues Leben und war gegen Ende des 5. Jahrhunderts noch Herr über einen guten Teil des Dekhan. Nach ihm aber breitet sich vollständiges Dunkel aus, und wir wissen nicht einmal, wie und wann die Dynastie endete.

Während der Nordteil des alten Shātavāhana-Reiches in die Hände der Vākātaka geriet, zersplitterten sich die westlichen Gebiete unter obskuren Lokalherrschern (die Familien Bhoja und Traikūtaka). Im Osten beherrschten im 4. Jahrhundert die Shālankāyana, die am Ende des 5. Jahrhunderts von den Pallava beseitigt wurden, die Stadt Vengi. Südlich des Krishna begannen sich nach 450 die Vishnukundin festzusetzen, vermutlich Vertreter einer lokalen Reaktion gegen die Pallava. Aber keine dieser Familien kam über ihren rein lokalen Umkreis hinaus.

Ein starker Regionalstaat, der mehr oder minder dem Telugu-Land entsprach, wurde indessen von den bereits erwähnten Pallava begründet. Ihre Herkunft ist in Dunkel gehüllt; sicherlich sind sie in Südindien Fremde, aber abgesehen von der Ähnlichkeit ihres Namens gibt es keinen Grund, sie mit den Pahlava oder Parthern in Zusammenhang zu bringen. Mitten in dravidischem Land förderten die ersten Pallava das Prakrit, das sie in ihren Inschriften gebrauchten; später gaben sie es zugunsten des Sanskrit auf, aber jedenfalls handelt es sich um Ārya-Herrscher in dravidischem Gebiet. Um die Mitte des 3. Jahrhunderts treten sie im Hinterland von Madras ins Licht der Geschichte, ihre Hauptstadt war die heilige Stadt Kañchī (Kanchipuram). Schrittweise dehnten sie sich nach Norden aus, annektierten den Staat der Ikshvāku und dann einen guten Teil des Āndhra-Landes. Im Süden kam es sehr bald zu einem Zusammenstoß mit den Cola; und gegen Ende des 6. Jahrhunderts erscheinen die Pallava als vierter Partner neben der traditionellen Triade der dravidischen Staaten. Aber die Zeit ihrer wirklichen politischen Bedeutung, die bis zu ihrem Sturz gegen Ende des 9. Jahrhunderts anhielt, liegt außerhalb des Rahmens unserer Darstellung.

Über die kleineren Dynastien, die sich in dem Landstrich zwischen dem Dekhan und dem äußersten Süden festsetzten, gehen wir hinweg; zu ihnen gehören die westlichen Ganga im heutigen Zentral-Mysore und die um die Mitte des 4. Jahrhunderts von den Brāhmanen Mayūrasharman wenig weiter im Norden begründeten Kadamba.

Für die drei Staaten im tiefen Süden bedeutete die Gupta-Periode eine Zeit der Finsternis und vielleicht des politischen Verfalls. Es ist nicht ausgeschlossen, daß daran das Abnehmen und dann das Ende des römischen Handels nach der zweiten Hälfte des 4. Jahrhunderts beteiligt war, das unbestreitbare Folgen für die wirtschaftliche Lage des Landes haben mußte. Von den Cera weiß man fast nichts. Die Cola verloren ihre Unabhängigkeit durch die Kalabhra und blieben für lange Jahrhunderte (bis zum 9. Jahrhundert) unbedeutend, selbst als ihre Bedrücker um das Jahr 600 von den Pallava und Pāndya beseitigt wurden. Wer die Kalabhra eigentlich waren, ist eine noch offene und vielumstrittene Frage; jedenfalls waren sie lokale Tamil-Fürsten. Auch das Pāndya-Reich geriet unter ihre Herrschaft.

In der Gupta-Periode gelangen jene Einwanderung nach Südostasien und die kulturelle Durchdringung, die in den vorangegangenen Jahrhunderten langsam begonnen hatten, auf ihren Höhepunkt. Dieser allmähliche, schlecht zu definierende, vollständig anonyme Prozeß macht im Lauf weniger Jahrhunderte aus dem Westteil der indonesischen Inselwelt und den Küsten Südasiens bis nach Kap Varella ein gänzlich von indischer Kultur und indischer Religion durchtränktes Gebiet: eine wahre »Magna India« jenseits des Meeres. Die Zeugnisse aus der Anfangszeit sind ungewöhnlich spärlich. Chinesische Texte setzen die Gründung des Fu-nan-Reiches im heutigen Kamboja durch den Brāhmanen Kaundinya im 1. nachchristlichen Jahrhundert an; und in der Mitte des 3. Jahrhunderts erscheinen die ersten Sanskrit-Inschriften in dieser Gegend. Eine Statuette im Amarāvatī-Stil, die im heutigen Siam gefunden wurde, kann frühestens aus dem 3. oder 4. Jahrhundert stammen, und die Funde in Burma sind noch jüngeren Datums. Im äußersten Osten des indischen Expansionsgebietes, in der Gegend von Hue, mitten im heutigen Vietnam, entsteht gegen Ende des 2. Jahrhunderts das Königreich Campā, dessen Geschichte, bis zu seinem Sturz 1471, ein einziger langer Kampf gewesen ist, zuerst gegen den Druck Chinas, dann gegen den Vietnams mit seiner chinesischen Kultur; der erste materielle Fund ist auch hier ein Buddha im Amarāvatī-Stil. Auf der malaiischen Halbinsel zählt Ptolemäus indisch klingende Ortsnamen auf, und fast zur selben Zeit (2. Jahrhundert) erwähnen die chinesischen Texte indisierte Staaten: Lankasuka, Tambralinga; die ersten Sanskrit-Inschriften stammen aus dem 4. Jahrhundert. In Indonesien erscheinen sie zu Beginn des 5. Jahrhunderts in Kutei in Ostborneo und im Westteil Javas.

Ursprünglich scheint der indische Einfluß wirtschaftlicher Natur gewesen zu sein, als bedeutendste Folge jenes niemals lebhafteren Güteraustauschs, der im 1. und 2. Jahrhundert aus den asiatischen Küsten vom Persischen Golf und vom Roten Meer bis zur Chinesischen See ein einheitliches Handelsgebiet machte. Diese Handelsbeziehungen wurden psychologisch durch den sich ausbreitenden Buddhismus begünstigt. Er nämlich räumte das Hindernis beiseite, das in der Angst der Kastengesellschaft vor der Befleckung durch Berührung mit »wilden« Völkern bestand. Der »Seekaufmann« ist eine wichtige Figur in den Erzählungen der Jātaka. Diese Kaufleute kamen, soweit wir heute sehen können, aus allen Teilen der indischen Halbinsel, vor allem aber, wie nur natürlich, aus Südindien. Die von ihnen in den indochinesischen und indonesischen Häfen errichteten Handelskolonien übten eine starke kulturelle und soziale Anziehungskraft auf die gehobenen Klassen im Osten aus. Ehen mit den Töchtern der lokalen Oberhäupter zwangen dazu, diese wenigstens formal in das Hindu-System einzuordnen, um das Stigma einer Verbindung mit Personen, die keiner Kaste zugehörten, zu vermeiden. Andererseits wurden diese Frauen die besten Propagandistinnen für die Glaubensüberzeugung ihrer Männer. So entstanden Familien hohen Standes und buddhistischer oder hinduistischer Religion, die der indischen Kultur vollständig und begeistert anhingen. Von der Indisierung der herrschenden Klassen bis zur Bildung indischer Staaten war dann nur noch ein kleiner Schritt; schon die Wahl eines Inders zum Herrscher oder die vollständige Indisierung eines lokalen Herrschers konnte das auslösen. So entstand in Südostasien eine Anzahl großer Staaten, deren Religion hinduistisch oder buddhistisch und deren heilige Sprache das

Sanskrit war, deren Könige indische Namen trugen und deren Überlieferungen die Indiens waren. Natürlich wurde dieser indische Firnis immer dünner, je weiter man von der Küste ins Binnenland vordrang und vor allem, je tiefer man die soziale Stufenleiter hinabstieg.

In der ersten Hälfte des 5. Jahrhunderts wurde dieser Prozeß erheblich beschleunigt, was man – vielleicht zu Unrecht – mit der Entstehung des Gupta-Reiches in Indien in Zusammenhang hat bringen wollen; ein Teil der herrschenden Klasse der Vindhya-Staaten, ihre Fürsten, Brāhmanen und Gelehrten, soll vor der Guptaherrschaft über See Zuflucht gesucht und so den indischen Gemeinden, die in diesen Gegenden schon bestanden, frische hochqualifizierte Kräfte zugeführt haben.

Ein teilweise analoger Prozeß spielte sich in den Karawanenstädten des Tarim-Beckens, wahren »Wüstenhäfen«, ab. Freilich mit dem Unterschied, daß hier der indische Einfluß dem iranischen und chinesischen begegnete und infolgedessen nicht wie in der Magna India zu absoluter Herrschaft kam. Seine größte Wirkung lag auf religiösem Gebiet; für fast ein Jahrtausend wurde der Buddhismus unter den zahlreichen dort gedeihenden Religionen die vorherrschende. Auf politischem Gebiet nahm die Entwicklung jedoch einen völlig anderen Verlauf. Die regierenden Familien in den Oasenstädten wurden nicht so vollständig indisiert. Außerdem war die politische Macht dieser Stadtstaaten verschwindend gering, stets waren sie ein Spielball mächtigerer Nachbarn: Chinas und der verschiedenen Steppenreiche. Gleichwohl sind uns die indischen Handelskolonien in Zentralasien unmittelbar und höchst lebendig gegenwärtig, aus Fragmenten der in Prakrit geschriebenen Briefe, Rechnungen und anderen Dokumenten, die im Wüstensand erhalten blieben und die von europäischen Expeditionen im ersten Viertel dieses Jahrhunderts ans Tageslicht gefördert worden sind.

Bei dieser ganzen glanzvollen Ausbreitung der indischen Kultur außerhalb der Grenzen der Halbinsel müssen drei entscheidende Tatsachen festgehalten werden. Erstens war sie nicht von Dauer und besteht heute mit der einzigen Ausnahme der Insel Bali an keinem Ort fort, doch reichte ihr Einfluß so tief, daß sie ihre Zeichen dem Denken, der Folklore und den Überlieferungen der Völker, die diesem Einfluß ausgesetzt waren, auf immer eingeprägt hat. Zweitens hatte diese Expansion keinen politischen Charakter. Kein Teil der Magna India oder Zentralasiens wurde mit Waffengewalt erobert oder einer indischen Herrschaft unterworfen. Und schließlich ist sie fast vollständig anonym; mit Ausnahme einiger weniger Hinweise aus chinesischen Quellen ist uns kein Name dieser kühnen Seefahrer und Reisenden erhalten geblieben. Gleichwohl ist dieser Komplex in seiner Gesamtheit eine der imponierendsten Erscheinungen der Menschheitsgeschichte. Die sozialen Institutionen und Bedingungen dieser Zeit sind uns in ihrem Leben und in ihrer Wirkung besser bekannt als die der vorangegangenen. Das liegt daran, daß wir nicht mehr an die unsicheren literarischen Quellen und die theoretischen Abhandlungen gebunden sind, von denen man nie weiß, inwiefern sie den Tatbeständen entsprechen; zum erstenmal erlauben es die relativ zahlreichen Gupta-Inschriften, die inneren Wirkkräfte der indischen Gesellschaft bei ihrer Arbeit zu beobachten. Dafür läßt die theoretische Spekulation auf juristischem und politischem Gebiet nach und stagniert.

Selbstverständlich kann das Gupta-Reich als Beispiel für die Struktur eines großen Staates während der Gipfelperiode der indischen Kultur gelten. Die Herrschertitel sind weit entfernt von der Einfachheit der Maurya-Zeit, als ein Ashoka sich damit begnügte, sich Rāja zu nennen. Die normale Formel ist jetzt »Höchster Gott, Höchster Kaiser, Oberkönig der Großkönige« (Paramadaivata, Paramabhattāraka, Mahārājādhirāja). Der absolute Herrscher wird wie bisher von einer hohen Bürokratie unterstützt. An ihrer Spitze stand der Großminister, dem der Oberbefehlshaber, der Großgeneral und der Großkämmerer unterstellt waren. Vom Oberbefehlshaber hingen die Kommandanten der drei Waffengattungen ab: Fußvolk, Reiterei, Elefanten; der Wagen war als Kriegswaffe verschwunden. Eine Neuerung der Gupta-Zeit war der Außenminister, buchstäblich: »Minister für Frieden und Krieg« (Sāndhivigrahika). Die Beamten der Zentralregierung wurden unter der Bezeichnung Amātya zusammengefaßt, als Sondergruppe gehörte zu ihnen eine höhere Klasse, die für besondere Vertrauensstellungen ausersehen war: die Kumārāmātya.

Auch in der Provinzialverwaltung gab es Neuerungen. Die Provinzen wurden von Prinzen königlichen Geblüts (Mahārājaputra) oder von Gouverneuren (Uparika) verwaltet. Sie waren im allgemeinen in Distrikte unterteilt, denen vom Provinzstatthalter ernannte Präfekten vorstanden; aber gelegentlich wurde dorthin auch ein Kumārāmātya oder ein königlicher Geheimrat (Āyūktaka) entsandt.

In Grundbuchangelegenheiten (An- und Verkauf, Schenkungen) standen dem Distriktsvorsteher in den größeren Städten ein Bürgerrat (Adhishthānādhikarana) und auf dem Lande ein Bezirksrat (Vishayādhikarana) zur Seite. Der Bürgerrat setzte sich normalerweise aus vier Mitgliedern zusammen: dem Haupt der Kaufmannschaft, dem Haupt des Karawanenwesens, dem ersten Handwerker und dem ersten Schreiber. Gelegentlich taucht auch ein Bauernschaftsrat (Ashtakulādhikarana) auf, an dessen Spitze die Dorfältesten (Mahattara) standen. Insgesamt verraten diese Einrichtungen ein reiches und tätiges lokales Leben und einen bemerkenswerten Grad von Selbstverwaltung. Neben den Provinzen und Distrikten, die der direkten königlichen Kontrolle unterstanden, gab es jedoch auch zahlreiche Lehnsfürstentümer und tributpflichtige Staaten, wie es indischen Traditionen von jeher entsprach.

Auf seinem Höhepunkt war der Gupta-Staat, wie aus der Beschreibung des chinesischen Pilgers Fa-hsien hervorgeht, reich und wohlgeordnet, seine Bevölkerung war ruhig und zufrieden, sein wirtschaftliches Leben blühte. Gleichwohl ist der Verfall der Städte und des städtischen Lebens ein Merkmal dieser Epoche. Pātaliputra ist nach Fa-hsien wenig mehr als ein Dorf; Ujjain, die eigentliche Hauptstadt während der letzten Lebensjahrzehnte der Dynastie, ist klein. Klein soll auch Kanauj gewesen sein, das das geistige Erbe von Pātaliputra antrat und die wichtigste Stadt Indiens zwischen dem 7. und dem 13. Jahrhundert wurde. Ein großer Teil der Gupta-Schenkungsurkunden ist nicht in der Hauptstadt, sondern im königlichen Feldlager ausgefertigt worden. Nach der scharfsinnigen Beobachtung von Damodar Dharmanand Kosambi erstickt in den folgenden Jahrhunderten das Dorf, als eine in sich geschlossene wirtschaftliche Einheit, die Stadt. Die Münzen werden immer seltener, und im 7. Jahrhundert beschreibt der chinesische Reisende Hsüan-tsang ein Indien, das im Grunde zum Tauschhandel zurückgekehrt ist.

Diese Gesellschaft hatte nicht mehr die Kraft für ein großes einheitliches Staatswesen, und daher vermochte sie in der Zeit vom Sturz der Gupta bis zu den islamischen Eroberungen keine staatliche Einheit zu schaffen. Nach den Gupta findet das politische Leben seinen Ausdruck in einem System weniger großer, miteinander im Gleichgewicht stehender Regionalstaaten, einem wahren »indischen Konzert«, um hier einen der europäischen Diplomatie des letzten Jahrhunderts so teuren Begriff zu verwenden.

Auf juristischem Gebiet war am bedeutendsten das verlorene Werk Katyāvana (etwa 400–600), das zwar einiges Originale, etwa auf dem Gebiet des Sklavenwesens bietet, im ganzen aber die von den großen Dharmashāstra gebahnten Pfade nicht verläßt.

Das anfangs sehr lebendige Wirtschaftsleben wird zum großen Teil von den Zünften beherrscht, von denen in Basarh, dem alten Vaishālī, Siegel gefunden worden sind; diese Zünfte waren juristische Personen und konnten als solche Schenkungen zu sakralen Zwecken entgegennehmen. Sie waren intern in vier Stufen gegliedert: Lehrling, Geselle, Sachverständiger und Meister.

Im 4. und 5. Jahrhundert spielt sich der Handel noch auf monetärer Basis ab; die Münzen der Gupta sind das Schönste, was die indische Kunst auf diesem Gebiet hervorgebracht hat; unmittelbar darauf aber beginnt ein rascher und unabwendbarer Abstieg. Die ersten Goldmünzen entsprachen dem auf dem römischen Aureus mit einem Gewicht von 7,8 Gramm fußenden Kushāna-System; und tatsächlich hießen die auf den Inschriften erwähnten Goldstücke Dīnāra (das heißt *denarius aureus*). Skandagupta führte eine radikale Reform durch, er gab den römischen Münzfuß auf und kehrte zum klassischen indischen Modell des Suvarna von achtzig Ratti, also von rund 9,3 Gramm zurück. Gleichzeitig wurde der Feingehalt an Gold von 0,900 auf ungefähr 0,750 herabgesetzt, so daß der Kaufwert der Münze praktisch unberührt blieb. Der Grund dieser Reform ist nicht bekannt. Die Silbermünzen der Gupta hatten lokalen Charakter; anfangs erfolgte ihre Emission nur in Malwa als Fortsetzung des Münzwesens der Kshatarapa, deren Typen und Gewichte (1,9 Gramm; etwas weniger als eine halbe Drachme) übernommen wurden; erst später wurden sie im ganzen Reich in Umlauf gesetzt. Die Bronzemünzen hatten geringe Bedeutung; ihr Gewicht ist sehr unterschiedlich, was auf das Fehlen eines regulären Systems hinzudeuten scheint. Interessant ist, daß das Gupta-Münzwesen und das weniger wichtige der Nāga und der Republiken, die dem Gupta-Staat vorangingen, im Süden keine Entsprechung finden. Die Shātavāhana hatten Münzen geschlagen, aber ihre wichtigsten Nachfolger (Vākātaka, Ikshvāku und Pallava) kamen ihrem Beispiel nicht nach. Im ganzen Süden ist die einzige Dynastie, von der uns wenige Münzen – eines einzigen Herrschers – erhalten sind, die fast bedeutungslosen Shālankāyana. Auch hier wissen wir nichts von den eigentlichen Gründen dieser Erscheinung, aber offenbar hängt sie irgendwie mit der Rückentwicklung der indischen Wirtschaft und ihrer Rückkehr zum reinen Tauschhandel zusammen.

Beim indischen Buddhismus vertiefte sich der Bruch zwischen den verschiedenen Schulen der Hīnayāna einerseits und den Strömungen des Mahāyāna andererseits auch weiterhin. Von jenen haben die Theravādin besondere Bedeutung, deren Hochburg jetzt Ceylon war. Dort haben sie den Untergang ihrer Schule und des ganzen Buddhismus auf der Halbinsel bis heute überlebt. Ein großer Meister, Buddhagosa, ein Brāhmane, der im 5. Jahrhundert aus dem Norden nach Ceylon übergesiedelt war, brachte ihre Lehren in ein System. Wie fast immer in Indien haben seine Werke die Gestalt eines Kommentars; das wichtigste von ihnen ist das Visuddhimagga (»Der Weg zur Reinheit«), ein Werk von hohem philosophischem Rang, das die Grundlage für die Ontologie und die Erkenntnistheorien des südlichen Buddhismus abgibt.

Auch die Sarvāstivādin brachten im 2. Jahrhundert ein großes zusammenfassendes Werk, die Mahāvibhāshā, hervor; das berühmteste Werk der Schule ist jedoch der Abhidharmakosha von Vasubandhu dem Jüngeren (etwa 400–480), der zum Teil auf Sanskrit und vollständig in chinesischen und tibetischen Übersetzungen erhalten ist. Sein Denken ist anscheinend in gewissen Punkten vom Vaisheshika beeinflußt. Seine Lehre stellt den Weltprozeß als das Zusammenwirken von in funktioneller Abhängigkeit entstehenden Einzel-Dharmas dar und bildet sozusagen eine Brücke zum gnoseologischen Idealismus der Yogācāra-Schule.

Der Yogācāra stellt eine Weiterbildung des Madhyamaka dar und ist der Höhepunkt des philosophischen Denkens des Mahāyāna. Ihre drei wichtigsten Meister sind der vielleicht mythische Maitreyanatha (der, falls er wirklich existiert hat, etwa 270–350 gelebt haben muß), Asanga (um 310–390) und Vasubandhu der Ältere (um 320–380). Asanga, der Verfasser des Mahāyānsūtrālamkāra und des Abhidharmasamuccaya, war der Bruder Vasubandhus des Älteren, dessen mittelbarer Schüler Dignāga (Ende des 4. Jahrhunderts) seinerseits als Begründer der formalen Logik des Buddhismus gelten kann.

Der Yogācāra definiert die absolute Realität positiv, die Nāgārjuna nur negativ definieren konnte. Für sie ist diese Realität das Denken, das lichtartige, kosmische Bewußtsein, das Prinzip, das Absolute. Es wird anfangs im »Speicher-Bewußtsein« *(ālayavijñāna)* objektiviert. In ihm findet eine spontane Verunreinigung statt, aus der sich die individuellen Gedankenreihen entwickeln, die sich gegenseitig als Erscheinungsformen einer objektiven Realität und illusorischen Personalität bedingen. Diese Erscheinungsformen lösen sich in dem gereinigten Bewußtsein selbst auf, wenn die Erkenntnis die Gedanken zum Halten bringt. Dem Realismus der Sarvāstivādin wird das reine Bewußtsein gegenübergestellt, die absolute Subjektivität. Im Gegensatz zu den Behauptungen Nāgārjunas ist das Denken nichts Relatives, sondern etwas Kreatives; die Dinge, wie sie der allgemeinen Erfahrung erscheinen, sind irreal, aber diese Irrealität hat ihre Grundlage in etwas Realem, die eben die reine Subjektivität ist; die Objektivität ist nur eine irreale Projektion von ihr. Wenn Asanga diese reine Subjektivität das »Leere« *(shūnya)* nennt, so tut er es also nicht, weil die Subjektivität in sich leer ist, sondern weil sie »leer« genannt werden kann im Hinblick auf die Objektivität ihrer Erscheinungsformen, daß heißt in ihrer Aufspaltung in Subjekt und Objekt.

Neben dem Yogācāra stand auch der Madhyamaka unter den Nachfolgern von Āryadeva, dem Jünger von Nāgārjuna, in hoher Blüte. Sein Zentrum war von der Gupta-Zeit an die große Klosteruniversität von Nālandā in Bihar, die bis zu ihrer Zerstörung am Ende des 12. Jahrhunderts die Hochburg des indischen Buddhismus auch in der Zeit seines Verfalls blieb.

Faßt man die theoretische Position der Hauptströmungen in den beiden buddhistischen Gruppen zusammen, so kann man sagen, daß, während der Hīnayāna lediglich die Existenz des Ichs verneinte, der Yogācāra außerdem die Realität der empirischen Welt, die Universalien und die Existenz eines Schöpfergottes verneinte und nur zwei Erkenntnismittel gelten ließ: Wahrnehmung und Schlußfolgerung.

In der indischen Religionsgeschichte bedeutet die Gupta-Periode den definitiven Stillstand der Ausbreitung des Buddhismus, ja den Beginn seines Zurückweichens, da die Gunst der Höfe und des Volkes sich allmählich immer mehr der alten Religion zuwendet. Im übrigen bekannten sich in der gesamten indischen Geschichte nur zwei Dynastien von nationaler Bedeutung entschieden zum Buddhismus: die Maurya (und von ihnen nur Ashoka) und die Pāla in Bengalen (8.–12. Jahrhundert). Die Gupta selbst waren Vishnuiten, wie der Titel von Candragupta und seinen Nachfolgern (Parama-Bhāgavata) beweist.

Im vishnuitischen Glauben tritt in dieser Zeit die Theorie der Inkarnationen *(avatāra)*, deren Zahl später auf zehn festgelegt wurde, entschieden in den Vordergrund. Es handelt sich dabei um die Systematisierung von Glaubensüberzeugungen und Legenden, deren Ursprünge auf sehr alte Zeiten zurückgehen. Wenn die Welt von Bösen, Dämonen oder auch einfach von allzu mächtig gewordenen Asketen bedrängt wird, nimmt Vishnu die Gestalt eines Tieres oder eines phantastischen Wesens an, in der er den Menschen den Frieden wiederzubringen vermag. Daß diese Liste auf verschiedenartige Quellen zurückgeht, wird durch die Tatsache bestätigt, daß eine dieser Inkarnationen der Buddha ist und daß die letzte *(kalkin)* der Zukunft angehört und am Ende des gegenwärtigen kosmischen Zeitalters die Ordnung auf der Erde wiederherstellen wird. Das heißt, daß hier im Hindugewand die iranische Vorstellung vom Erlöser wiederkehrt, der wir schon im Maitreya des Buddhismus begegneten. Die in der Gupta-Zeit populärste Inkarnation war die des Wildschweins *(varāha)*. Ebenso volkstümlich wurde die Gestalt der Göttin Lakshmī, die als Vishnus Frau galt. Vishnuitische Glaubensvorstellungen breiteten sich über fast ganz Indien aus; Madurai im Süden wurde eines der Hauptzentren der Bhāgavata.

Obwohl nicht von großen Dynastien begünstigt, machte auch der Shivaismus bemerkenswerte Fortschritte, vor allem im Dekhan und später im Süden. Im Vergleich mit den beiden Hauptgöttern traten die übrigen Götter des alten vedischen Pantheons nun in den Schatten und sanken auf die Stufe von sekundären Manifestationen der Gottheit oder geradezu zu deren Gefolgsleuten herab. Nur Sūrya, der Sonnengott, konnte seine Stellung lange bewahren.

Einen besonderen Aspekt gewinnt die Kālī oder Durgā genannte Gefährtin Shivas. Sie bekommt den Charakter einer Shakti, das heißt eines Symbols der aktiven Kraft der Gottheit. In dieser Konzeption zeichnet sich eine fest umrissene Tendenz *(shakta)* innerhalb des Shivaismus ab. Durgā ist die Magna Mater und gilt als Gattin des Shiva; später kommt es zu dem sexuellen Symbolismus der Vereinigung von potentieller und aktueller Kraft, die eben Shiva und Durgā verkörpern. Sie können gütige Götter sein, häufiger aber sind sie Schreckensgottheiten, was für die Ikonographie des Shivaismus besonders kennzeichnend ist.

Verehrung des Buddha vor einem Stupa
Relief von einem Steinzaun aus Nagarjunakonda, 3. Jahrhundert
Nagarjunakonda, Museum

Anhängerinnen der Lehre Buddhas mit Opfergaben
Wandgemälde in der Höhle II von Ajanta, 6. Jahrhundert

Zu den vier Systemen, deren Haupt-Sūtras in der vorangehenden Epoche entstanden, treten jetzt zwei weitere hinzu, Sānkhya und Yoga, um die traditionelle Zahl Sechs zu erfüllen. Der Zusammenhang zwischen den beiden, die eine gemeinsame doktrinäre Grundlage haben, ist vielleicht enger als bei den anderen vier.

Der älteste Text des Sānkhya, der uns erhalten ist, ist die Sānkhyakārikā des Īshvarakrishna (4.–5. Jahrhundert) in nur zweiundsiebzig Versen; aber von einer älteren und abweichenden Form des Sānkhya findet man schon Spuren im Mahābhārata und bei Ashvaghosha. Die grundlegenden Kommentare zur Sānkhyakārikā sind die von Gaudapada und Māthara.

Der Sānkhya nimmt (wie der Yoga) die Existenz zweier entgegengesetzter und gleichermaßen ewiger Substanzen an: die zahllosen Einzelseelen *(purusha)* und die einzige, dynamische komplexe Urmaterie *(prakriti)*. Die Urmaterie besteht unauflöslich aus drei Formen oder Seinsweisen *(guna)*: Sattva (das Gute, die Intelligenz), Rajas (Leidenschaft, Energie) und Tamas (Dunkel, Widerstand), die jeweiligen Grundlagen der Erkenntnis, des Handelns und des Stillstands; sie sind in ständiger Bewegung, und ihre unendlichen Kombinationen erschaffen die Dinge und die ihnen innewohnenden Eigenschaften. Einzelseele und Urmaterie sind Gegensätze und haben miteinander keinerlei Verbindung; aber die Prakriti beeinflußt die Stabilität der Seele dadurch, daß sie ihren unbefleckten Glanz trübt und sie zu der Vorstellung führt, in die Evolution der Materie fortgerissen zu werden. Zur Erlösung führt das Bewußtsein, das diese Beziehung unterbricht und die Einzelseele für immer in ihren untätigen und unbewegten Lichtzustand zurückversetzt. Zumindest in seinen späteren Formulierungen ist der klassische Sānkhya durchweg antitheistisch, das heißt, er verwirft jedes Eingreifen einer Gottheit in die Beziehungen zwischen Urmaterie und Einzelseele.

Der Yoga ist ein System asketischer Praktiken, die ursprünglich einem großen Teil der indischen philosophischen und religiösen Systeme gemeinsam waren. Seine Entwicklung führte aber von der Askese und dem psychologischen Training zu einer theistischen Erlösungslehre. Sein wichtigster Text, die Yogasūtra, wird einem Patanjali zugeschrieben, der fast sicher nicht mit dem berühmten Grammatiker des 2. Jahrhunderts identisch ist; denn die Yogasūtra enthalten Hinweise auf die Theorien des Mahāyāna, die von ihnen widerlegt werden. Sie können deshalb nicht früher als im 5. oder 6. Jahrhundert entstanden sein.

Sein theoretisches Schema ist mehr oder minder das des Sānkhya, behauptet aber die Existenz Gottes als eines höchsten Reglers der Natur; er ist nicht der Schöpfer der Urmaterie, sondern eine auserlesene Seele, die durch ihre Vollkommenheit den Menschen anspornt, sich aus den Fesseln der Materie zu lösen. Die Erlösung tritt dann nicht nur durch die Erkenntnis, sondern auch durch eine spezielle Disziplin ein, die den Verstand von den Neigungen und Verwirrungen, die aus der Vergangenheit herrühren, befreit. Das hauptsächliche Ziel dieser Schule ist gerade die Verwirklichung dieser Disziplin, die die vollständige und endgültige Beruhigung *(nirodha)* aller Weisen und Funktionen des Verstandes bewirken soll. Zu diesem Zweck ist eine detaillierte psycho-physische Analyse des Menschen als Grundlage für eine Reihe von Übungen und Positionen notwendig, die der befreienden Meditation förderlich sind.

In dieser Zeit findet der Nyāya seine systematische Darstellung durch den Kommentator Vātsyāyana (4.–5. Jahrhundert). Im Nyāya kann die erkennbare Wirklichkeit durch vier Erkenntnismittel *(pramāna)* erkannt werden. Die Wirklichkeit ist in sechs Kategorien eingeteilt: Substanz *(dravya)*, Qualität *(guna)*, Tätigkeit *(karman)*, Allgemeinheit *(sāmānya)*, Besonderheit *(vishesha)*, Inhärenz *(samavāya)*. Ein Gott gilt als wirkende Ursache des Universums.

Auch der Vaisheshika wird systematisiert, und zwar von Prashastapāda (im 5. Jahrhundert?). Für ihn ist die Welt eine Realität, und die Dinge sind von der Tatsache, daß wir sie erkennen, unabhängig. Das Erkennbare ist in die gleichen sechs Kategorien eingeteilt wie beim Yoga; aber die erste Kategorie, die Substanz, hat atomare Struktur, das heißt, sie entsteht aus der ständigen Isolation und Verbindung, Ruhe und Bewegung von Atomen *(anu, paramānu)* je nach den Impulsen, die vom Karman auf sie ausströmen. In bezug auf die Existenz Gottes verhielt sich der Vaisheshika anfangs agnostisch, übernahm dann aber die theistische Theorie des Nyāya.

Schließlich fand auch die Mīmāmsā eine im wesentlichen endgültige systematische Form in der Shabarabhāshyā des Shabarasvāmin (im 5. Jahrhundert), von dem die späteren Kommentatoren ausgingen. Dem Vedānta hingegen fehlt es an großen Namen, und erst im 8. Jahrhundert sollte jene herrliche Blüte beginnen, die ihn zum wichtigsten der sechs orthodoxen Systeme machte.

Für die Sanskrit-Literatur stellt die Gupta-Dynastie das Augusteische Zeitalter der indischen Kultur dar. Das Sanskrit herrscht souverän, und einige Inschriften sind von beachtlichem literarischem Niveau. Die brāhmanische Literatur im engeren Sinn findet ihren Abschluß in der Abfassung der Purāna, deren Zahl sich überlieferungsgemäß auf achtzehn beläuft. Nach der klassischen Definition behandeln sie fünf Hauptgegenstände: die Erschaffung der Welt, ihre Wiedererschaffung nach der Zerstörung, Genealogien, kosmische Zeitalter, die Geschichte der in zwei große Gruppen geschiedenen – solaren und lunaren – Dynastien. Sie stellen regelrechte Enzyklopädien mythologischen, historisch-legendären, soziologischen und teilweise auch juristischen Inhalts dar. Wie schon anfangs erwähnt, sind sie eine der Quellen für die dynastische Geschichte Indiens, wenn sie auch nur mit äußerster Vorsicht benutzt werden dürfen. Daneben existieren »Neben-Purāna« *(Upapurāna)*, die zumeist an besonders heilige Stätten und besondere Sekten gebunden sind. Zweifellos gehen die wichtigsten und ältesten Purāna (Mārkandeya, Brāhmānda, Vāyū, Vishnu Purāna) auf die Gupta-Zeit zurück.

Aber während die Priesterliteratur sich anschickt, ihren alten tausendjährigen Zyklus glorreich abzuschließen, entfaltet sich in dem großen Kālidāsa die schönste Blüte der Sanskrit-Kunstdichtung. Die chronologische Stellung weniger Genies der Weltliteratur ist so umstritten wie die Kālidāsas, dessen Daten in der Spanne fast eines Jahrtausends schwanken. Heute scheint sich jedoch eine Übereinstimmung darin anzubahnen, daß Kālidāsa am Hofe Candraguptas II. Vikramāditya, also um 400 n. Chr., gelebt hat. Wir wissen nur von ihm, daß er ein shivaitischer Brāhmane aus Ujjain war und kreuz und quer durch Indien gereist ist. Er ist der Autor dreier Dramen, von denen eines, die Abhijnāna-Shakuntalā, ein Meisterwerk der Weltliteratur ist. Ebenso bedeutend ist Kālidāsa als Epiker. Der Kumārasambhava in achtzehn Gesängen, von denen nur die ersten acht authentisch sind, enthält die Geschichte der Geburt von Kārttikeya oder Kumāra, dem Sohn Shivas und Pārvatīs.

Eine andere große Dichtung ist der Raghuvamsha, der nach dem 19. Gesang abbricht. Er ist nicht so einheitlich wie der Kumārasabhava und erzählt die Heldentaten von dreißig Königen der Sonnenrasse. Ob Kālidāsa auch der Autor des Kleinen Ritusamhara ist, einer Beschreibung der sechs indischen Jahreszeiten, scheint zweifelhaft. Sein Meisterwerk ist vielleicht der Meghadūta (»Wolkenbote«), eine kleine lyrische Dichtung von wenig mehr als hundert Versen. Ein Halbgott, den ein Fluch von seiner Geliebten trennt, beauftragt in diesem Gedicht eine vorüberziehende Wolke, seine Botschaft der Geliebten zu bringen, und beschreibt ihr Schritt für Schritt den Weg, den sie einschlagen soll. Sein brillanter und raffinierter Stil hat dieses Gedicht zum repräsentativen Meisterwerk einer höfischen Poesie gemacht, die nirgends in vulgären und in abgedroschenen Realismus verfällt und dessen ein wenig überzüchtete Eleganz noch nicht in Geziertheit und Effekthascherei abgeglitten ist.

Ein anderer berühmter Dichter, der vielleicht gegen Ende dieser Zeit gelebt hat, ist Bhāravi, der Autor des Gedichtes Kirātārjuniya. Mit ihm beginnt bereits eine gekünstelte Lyrik, so glanzvoll er auch in seiner vollkommenen Beherrschung der wahrhaft virtuosen Sprache ist.

Unabhängig von dieser höfischen Literatur gingen im Volk moralische Erzählungen und Fabeln um, ein wahrer Schatz an Frische und Lebendigkeit. Von den Sammlungen dieser Stücke ist die berühmteste das Pancatantra. Sein verlorenes Original muß in den ersten nachchristlichen Jahrhunderten entstanden sein; es war wohl erfolgreicher als jedes andere literarische Werk und machte in Übersetzungen seinen Weg durch den ganzen eurasischen Kontinent. Seine Sanskrit-Fassungen und Auszüge entstammen jedoch einer späteren Zeit.

Von den Volkserzählungen kommen wir zur Kunstnovellistik, deren erster großer Vertreter Dandin ist, Verfasser des Kāvyādarsha und des Dashakumāracharita, der wahrscheinlich um das Jahr 500 gelebt hat.

Ein bedeutender Name in den literarischen Hilfswissenschaften ist der des Buddhisten Candragomin (Ende des 5. Jahrhunderts?). Er war der Verfasser des Cāndravyākarana und der Begründer einer vor allem im Norden und in buddhistischen Kreisen blühenden Grammatikschule.

Von den Wissenschaften erreichte vor allem die Astronomie, die die Summe aus einer jahrhundertelangen Entwicklung und aus tiefgreifenden hellenistisch-römischen Einflüssen zog, in der Gupta-Periode ein hohes Niveau. In der Mitte des 6. Jahrhunderts erwähnt der Astronom Varāhamihira fünf verschiedene Systeme. Zwei verraten durch ihren Namen westlichen Einfluß: Paulisha-Siddhānta (System des Paulus von Alexandria) und Romaka-Siddhānta (römisches System). Alle diese Schriften, bis auf den Sūrya-Siddhānta, sind verlorengegangen. Die erste Fassung des Sūrya-Siddhānta entstand im 4. Jahrhundert. Sein heutiger Text, der fünfhundert in vierzehn Kapitel eingeteilte Distichen umfaßt, ist ein oder zwei Jahrhunderte jünger. Er steht in rein indischer Überlieferung, der klassische Einfluß ist nur mittelbar und bezieht sich lediglich auf einige Teile. Sein zweites Kapitel handelt von Sinus und Cosinus. Wie schon erwähnt, war die indische Trigonometrie in dieser Zeit vermutlich der griechischen voraus. Der Sūrya-Siddhānta kennt fünf Planeten, die durch die aufsteigenden und absteigenden Knoten der Mondbahn auf die Zahl Sieben ergänzt werden. Auch die Ekliptik der Planetenumläufe ist ihm bekannt. Die Jahresdauer berechnet er – fast genau richtig – auf 365 Tage, 6 Stunden, 12 Minuten, 35,5 Sekunden. Auch die Präzession der Äquinoktien ist bekannt, und ihre Geschwindigkeit wird mit 54 Sekunden bemerkenswert richtig geschätzt.

Ein interessantes, halb astronomisches, halb mathematisches Werk ist das des Āryabhata, der in den ersten Jahren des 6. Jahrhunderts gelebt hat. Āryabhatas mathematische Kenntnisse sind erstaunlich groß; er kennt die Lösung zweier unbekannter Gleichungen ersten Grades durch unendliche Brüche und gibt die Größe Pi (π) mit einem Wert von 3,1416 an.

Die Medizin indessen scheint seit Sushruta und Caraka keine großen Fortschritte gemacht zu haben. Ein kurzes medizinisches Kompendium von hundert Distichen, das Yogashataka, gehört anscheinend in das Ende dieses Zeitabschnitts.

Im Süden setzt sich die Blüte der mit dem dritten Shangam verbundenen Tamil-Literatur in einer Reihe von traditionell mit ihm in Verbindung gebrachten Werken fort. Sie gehören aber, wie aus ihrem sprachlichen Charakter ersichtlich wird, einer späteren Periode an. Einige von ihnen, die »Achtzehn Sammlungen«, enthalten einen gnomischen Zyklus, dessen Meisterwerk der Kural ist.

Die Gupta-Plastik stellt – bis auf einige Reminiszenzen im Faltenwurf – eine vollständige Überwindung der Gandhāra-Kunst dar. In ihr verschmelzen die Eleganz der Amarāvatī-Kunst und die sinnliche Kraft der Mathurā-Kunst zu einem neuen Schönheitsideal, das durch seine Vergeistigung der Erscheinungswelt charakterisiert wird. So kommt die indische Ästhetik hier zu ihrer vollständigen Entfaltung und findet ihr vollkommenes Gleichgewicht. Diese Ästhetik gefällt sich in ihrer Kenntnis des menschlichen Körpers; der Faltenwurf ist jetzt sparsam und wohlüberlegt und erinnert an einen leichten, feuchten Stoff, der den nackten Gliedern fest anliegt. Unumgänglich ist jetzt die – schon früher bekannte – dreifache Biegung des Körpers *(tribhanga)*. Die weiblichen Statuen haben den Kopf nach rechts geneigt, den Körper nach links und die Beine wiederum nach rechts; im umgekehrten Sinn gilt dies für die männlichen Bilder. Die rhythmische Wirkung, die so entsteht, darf wirklich klassisch genannt werden. Und in der Tat ist die Gupta-Kunst die klassische Kunst Indiens. Doch bleibt es merkwürdig zu beobachten, wie spät die Kunst der fortschreitenden Hinduisierung des kulturellen Lebens folgt; in dem typisch hinduistischen Gupta-Reich ist sie noch vorwiegend buddhistisch.

Mathurā bleibt auch jetzt eines der wichtigsten Kunstzentren. In ihrer klugen Stilisierung folgen die Buddhas von Mathurā peinlich genau den Beschreibungen der ikonographischen und religiösen Texte, und doch entfaltet sich das natürliche und wirkungsvolle Spiel ihrer Maße und ihre ruhige Majestät frei im Raum. Diese Kunst ist nicht naturalistisch, das Spiel der Muskeln verschwindet zugunsten einer schon ganz abstrakten Auffassung vom menschlichen Körper, in der sich zwischen der plastischen, ein wenig massiven

Tor des Tempels in Deogarh, 5. Jahrhundert

Der lehrende Buddha
Steinskulptur. Gupta-Zeit, 5. Jahrhundert. Mathura, Archaeological Museum

Festigkeit der Form und den delikaten Einzelheiten der Oberfläche ein vollkommenes Gleichgewicht herstellt. Das trifft auch für die nicht seltenen brāhmanischen Bilder zu.

Das andere große Zentrum der Gupta-Plastik ist Sārnāth bei Benares, der Ort, an dem der Buddha zum erstenmal das Gesetz predigte. Hier kommen die Künstler zu einer noch stärkeren, bereits die Abstraktion streifenden Stilisierung, so bei dem berühmten predigenden Buddha im Museum von Sārnāth, dem vielleicht höchsten Ausdruck indischer Skulptur aller Zeiten. Die Kunst von Sārnāth strahlt auch auf Gebiete außerhalb Indiens aus, ins Khmer-Reich (Kamboja) und vor allem durch die prachtvollen Reliefs des Tempels von Borobudur auf Java, die freilich einer etwas späteren Zeit angehören. Von der Bronzeplastik ist uns wenig erhalten, außer dem großartigen stehenden Buddha von Sultanganj, der sich heute im Museum von Birmingham befindet, und verschiedenen Statuetten aus Gandhāra und dem Gangestal. Ein anderes Zentrum vorwiegend hinduistisch geprägter Kunst muß im nördlichen Teil von Madhya Pradesh gelegen haben; hier handelt es sich aber ausschließlich um Varianten der Kunst von Sārnāth.

Von der Gupta-Malerei kennen wir nur schlecht erhaltene Überreste, die im Süden des Reiches oder in unabhängigen Gebieten gefunden wurden. Vor allem sind hier die Fresken der Grotten I, II, XVI, XVII und XIX von Ajanta zu nennen, die das Leben des Bodhisattva als das eines indischen Fürsten darstellen. Die Hof- und Haremsszenen dieser Fresken haben ein Niveau erreicht, auf dem inneres und äußeres Leben untrennbar sind; und eben diese psychisch-physische Übereinstimmung macht den universalen Rang der Gupta-Malerei aus. Aber die eigentlichen Meisterwerke dieser Schule, zum Beispiel der berühmte Bodhisattva mit dem blauen Lotos aus der Grotte I, entstanden in der späten Gupta-Zeit, also am Ende des 6. Jahrhunderts, und gehören deshalb nicht in den Rahmen unserer Darstellung. Leider ist von den Fresken des Portikus der Grotte XVII, die dem Ende des 5. Jahrhunderts entstammen, nur sehr wenig erhalten; aber der luftige Aufschwung des den Indra und seine Kohorte im Flug zum Buddha darstellenden Fragments sind durch die technische Könnerschaft und die Sicherheit des Pinselstrichs des unbekannten Künstlers bemerkenswert. Dem gleichen Stil gehören die stark beschädigten Fresken in der Veranda der Grotte IV von Bagh in Madhya Pradesh an.

Auch in der Architektur werden die schon seit längerer Zeit üblichen Formen zu ihrer größten Vollkommenheit geführt. Den großen Höhlen-Caitya vom Typus Bhaia und Karli entspricht der Grundriß der Grotte XI von Ajanta, deren Skulpturenschmuck jedoch reich und von einem Raffinement ist, das die herbe Einfachheit der alten Vorbilder weit hinter sich läßt.

Vor allem aber – und das ist trotz einigen Vorbildern in Sāñchi und Taxila die große Neuerung der Gupta-Kunst – werden die in Mauerwerk und Ziegeln nachgeahmten Caitya jetzt selbständige Bauten. So entsteht der indische Tempel, der im Mittelalter eine großartige Entwicklung nehmen wird. Beispiele mit Korbdecke finden sich im Süden, in Chezārlā und Ter. Weiter nördlich besitzen wir in Sāñchi ein buddhistisches Tempelchen, dem ein Portikus mit flachem Dach vorgelagert ist. Im Herzen des Gupta-Reiches ist nur sehr wenig erhalten; denn alle großen Tempel von Sārnāth, Benares, Mathurā und anderen Orten fielen dem islamischen Bildersturm zum Opfer.

Nur einige zweitrangige Bauten wurden gerettet, die der Aufmerksamkeit der Muslimen entgangen waren, da sie in Dörfern abseits von den großen Verkehrsstraßen lagen. Der wichtigste und besterhaltene oder richtiger, am wenigsten zerstörte von diesen Tempeln ist der Shiva-Tempel in Deogarh, wahrscheinlich aus dem 5. Jahrhundert. Er besteht aus einem kubischen Block, aus dem ein verfallener pyramidenförmiger Turm emporragt; ursprünglich war die Cella von Portiken umgeben. Der Skulpturenschmuck der Außenwände ist teilweise erhalten und hält in seinem Reichtum und seiner dramatischen Bewegtheit dem Vergleich mit den großen buddhistischen Skulpturen von Mathurā und Sārnāth durchaus stand. Ein anderer sehr schlecht erhaltener Bau ist der Ziegeltempel in Bhitargāon bei Khanpur. Die Cella ist ein sekundäres Element in dem großen, in enger werdenden Stockwerken aufragenden Turm, der einen später auf Java, im Khmer-Reich und in Campa oft nachgeahmten Typus darstellt.

Der »augusteische« Charakter der Gupta-Zeit hat also seinen vollen Ausdruck außer in der Literatur auch in der Kunst gefunden.

A. F. P. Hulsewé

CHINA IM ALTERTUM

Geschichte und Geschichtsschreibung

Wer über die Geschichte Chinas, zumal über Chinas früheste Zeit schreibt, kann sich – anders als bei der Geschichte des griechisch-römischen Altertums – nicht darauf verlassen, daß die Vorstellungen, die der Leser in der Schule oder aus allgemeiner Lektüre mitbekommen hat, auch nur einigermaßen der historischen Wirklichkeit entsprechen. Wahrscheinlicher ist, daß sich viele Leser an Ideen orientieren, die das Verständnis der tatsächlichen Entwicklung Chinas erschweren. Falsche Vorstellungen, die weite Verbreitung gefunden haben, müssen aus dem Weg geräumt werden, ehe man sich an den eigentlichen Stoff heranwagt. So wird zum Beispiel weit und breit angenommen, das große China von heute sei ein uraltes, seit eh und je von unzähligen Beamten zentral verwaltetes Reich mit einer Hochkultur, die das gleiche Alter erreicht habe wie die Kulturen der hochentwikkelten Reiche des Vorderen Orients, also etwa Ägyptens und Babyloniens. Alles an diesem Bild ist unrichtig.

Bis zum Ende des 2. vorchristlichen Jahrhunderts beschränkte sich das alte chinesische Kulturgebiet auf die Region nördlich des Yang-tzu-kiang, die westlich nicht weiter reichte als bis zum östlichen Teil der heutigen Provinz Kansu. Erst 221 v. Chr. wurde dies Kulturgebiet zu einem Einheitsstaat unter einem souveränen Herrscher, der sich auch einen ganz neuen Titel, gewöhnlich mit »Kaiser« übersetzt, zulegte. Und erst seit dieser Zeit verwaltet den Staat eine Beamtenschaft, die von der Zentralregierung bestellt und besoldet wird; in den Jahrhunderten davor war die Verwaltung des in viele Groß- und Kleinstaaten zersplitterten Gebietes rein feudal. Eine politisch-kulturelle Einheit, die man China nennen darf, läßt sich überhaupt nur bis zur Mitte des zweiten vorchristlichen Jahrtausends zurückverfolgen; dagegen reichen die Anfänge des ägyptischen Reichs und der mesopotamischen Stadtstaaten bis in den Beginn des dritten, wenn nicht gar bis in den Ausgang des vierten Jahrtausends hinein. Man sollte also das, was man sich historisch als China vorstellen muß, nicht überschätzen.

Man sollte es aber auch nicht unterschätzen. Daß die europäischen Atlanten das Hauptgewicht auf das Europäische und Nationale legen, ist begreiflich, ja fast selbstverständlich. Jedes deutsche Land, jedes französische Departement, jede englische Grafschaft, jede holländische Provinz bekommt ein eigenes Kartenblatt, aber mit je einem Kartenblatt von derselben Größe müssen sich dann auch ganze außereuropäische Länder, ja ganze Kontinente begnügen. Das trübt den Blick. Auch wenn man weiß, daß die Maßstäbe auf jeder Karte anders sind, denkt man zumeist nicht daran. Was auf den Kartenblättern gleich groß aussieht, wird auch als gleich groß empfunden. Aber schon beim alten chinesischen Kulturgebiet haben wir es mit Gebietsstrecken von tausend und mehr Kilometern zu tun! Und noch ein anderes: die wenigen Karten Asiens, die einem geläufig sind, gelten in der Regel der politischen Einteilung, und die seltenen physikalischen Karten stellen, weil sie sich eines großen Maßstabs bedienen, nur grobe Annäherungen dar. Selten kann sich der Beschauer die wirklichen natürlichen Verhältnisse richtig vorstellen. Indes besteht das chinesische Kulturgebiet aus mehreren natürlichen »Provinzen«; ihre geographische Verschiedenheit war für die Bildung der frühen Kleinstaaten und der späteren Verwaltungseinheiten des großen Reiches bestimmend.

Sehr reich sind die uns zugänglichen Quellen zur chinesischen Geschichte, und sie fließen um so reicher, je weiter die Geschichte fortschreitet. Wie bei allen Kulturen, die schriftliche Zeugnisse hinterlassen haben, kann man das von der Archäologie zutage Geförderte von den Werken unterscheiden, die sich als Schrifttum erhielten, später gedruckt wurden und noch in der Gegenwart als Dokument älterer Zeiten verfügbar sind. Unter den archäologischen Funden findet sich ergiebiges Material für die letzten Jahrhunderte des zweiten Jahrtausends: Zehntausende von Tierknochen- und Schildpattbruchstücken, die zu Orakelzwecken benutzt wurden und auf denen Fragen und Antworten eingeritzt sind; ihnen verdanken wir eine vollständige Liste von Herrschern und manche Auskunft über Gesellschaft und Religion. Weiteres archäologisches Material – meist aus dem ersten vorchristlichen Jahrtausend – bilden Inschriften auf den wegen ihrer herben Schönheit berühmten Bronzegefäßen; zur Erinnerung an wichtige Begebenheiten im Leben des Auftraggebers angefertigt, haben die Gefäße in ihren Inschriften historische Vorkenntnisse festgehalten: Belehnungen, Schenkungen, Ernennungen zu hohen Ämtern.

Zum archäologischen Material aus der Zeit vor der ersten Einigung Chinas darf man auch noch die Texte rechnen, die 279 n. Chr. bei einer Grabplünderung zufällig zum Vorschein gekommen sind und die seitdem schriftlich überliefert wurden; dazu gehören die überaus wichtigen »Bambus-Annalen«, die »Geschichte des Himmelssohnes Mu« und möglicherweise auch ein Exemplar der »Zerstreuten Schriften der Chou«. Von der größten Bedeutung für die Zeit von 221 v. Chr. bis 220 n. Chr. sind die im 20. Jahrhundert gefundenen Überreste der Verwaltungsarchive, die von Garnisonen an den äußersten Westgrenzen Chinas angelegt worden waren. Darüber hinaus haben sich viele in Stein gemeißelte Inschriften erhalten; andere, die inzwischen der Zerstörung anheimgefallen sind, waren vor fast einem Jahrtausend von frühen chinesischen Epigraphikern registriert worden.

Noch reichhaltiger ist die schriftliche Hinterlassenschaft, aus der die chinesische Geschichtsschreibung schöpfen kann, denn die Vorliebe für historische Parallelen und Anekdoten, die chinesische Autoren zu allen Zeiten ausgezeichnet hat, führt dazu, daß auch die meisten nichthistorischen Werke eine Fülle geschichtlicher Nachrichten enthalten. Chinas historische Literatur im engeren Sinne ist sehr alt. Ein Blick auf die vielen chinesischen Bibliographien, von denen die älteste aus dem 1. Jahrhundert v. Chr. stammt, zeigt, wie intensiv sich die Chinesen in allen Perioden ihrer Geschichte mit Geschichtsschreibung befaßt haben. Gewiß gingen sie an Geschichte mit ihren eigenen Maßstäben heran, die nicht die abendländischen sind. Indes wird man ihnen kaum vorwerfen können, daß sie sich mehr um »große Taten« und »große Männer« gekümmert hätten als um »das Volk«; eher muß man ihnen zugute halten, daß sie mit ihrem stets wachen Interesse an historischen Präzedenzfällen Wirtschaftsgeschichte schon zu einer Zeit trieben, als die europäischen Geschichtsschreiber von ihr noch nichts wußten.

Im Rahmen der traditionellen chinesischen Weltanschauung nahmen die Geschehnisse der Vergangenheit und ihre Beschreibung stets eine besondere Stellung ein. Zwar ist die Vorstellung, daß man aus der Geschichte lernen könne *(historia docet)*, vielen Völkern gemeinsam, aber wenn aus ihr überhaupt Geschichtsschreibung hervorgegangen ist, ist das zweifellos nicht überall in denselben Formen geschehen. Der gläubige Israelit oder Christ suchte in der Vergangenheit nach Beispielen vom Wirken Gottes in der Welt; den archaischen Griechen wurde der Eingriff der Götter in das Weltgeschehen im Mythos vorgeführt. Die Chinesen, die an einen engen Zusammenhang zwischen dem Geschehen in der menschlichen Gesellschaft und dem Gang des Kosmos glaubten, sahen sich in der Geschichte nach Parallelen und Korrelationen zwischen menschlichem Tun und seinen Auswirkungen in der Natur um und deuteten diese Auswirkungen je nach den Umständen als Strafe oder als Mahnung. Sie nahmen den Zusammenhang so ernst, daß sie sorgfältigst alle seine Manifestationen aufzeichneten. Schon die frühen Annalen registrieren ständig sowohl die Handlungen der Menschen als auch die Vorgänge des Naturgeschehens.

Von Anfang an zeichnet sich die chinesische Geschichtsschreibung dadurch aus, daß der Zeitpunkt jeder Begebenheit möglichst exakt notiert wird. Die Bedeutung, die einer peinlich genauen Chronologie beigemessen wurde, mag mit zwei sehr frühen Bräuchen zusammenhängen: alle zehn Tage wurden den zahlreichen Ahnen des Herrschers individuell Opfer dargebracht, und an jedem zehnten Tag wurden die Orakel über das befragt, was in den kommenden zehn Tagen Heil oder Unheil bringen mochte. Beide Bräuche setzten eine festgefügte Zeitrechnung voraus und führten somit zur Festlegung eines sechzigtägigen Zyklus, der den an das Sonnenjahr mit Hilfe von Schaltmonaten angeglichenen Mondkalender ergänzte; im Rahmen dieses Kalenders wurden die Jahre schon sehr früh als Regierungsjahre des jeweiligen Herrschers gekennzeichnet.

Historische Texte

Die chinesischen Historiker haben die Geschichte ihres Landes und Volkes in der Hauptsache chronologisch und analytisch beschrieben. Aus der Fülle des vorhandenen Materials nahmen sie das nach ihrer Ansicht charakteristische heraus und stellten es an den ihm zukommenden Platz, ohne damit ein Werturteil abzugeben, das eher in der Anordnung des Stoffes zum Ausdruck kommen sollte. Selbst ihre großen Gesamtdarstellungen sind niemals persönlich gefärbte Systeme; sie bleiben chronikhaft und diskursiv. Somit ist die alte chinesische Geschichtsschreibung trotz ihrer unübersehbaren Fülle nicht über die preherodotische Phase hinausgekommen und hat einen Thukydides oder Tacitus nicht erreicht, die in ihren Schriften auch ihre Persönlichkeit zum Ausdruck brachten. Bestimmt fehlte es ihnen nicht an tiefer Einsicht; sie tritt aber nur gelegentlich in einem Nebensatz oder in kurzen, meist Sonderfällen gewidmeten Aufsätzen lapidar in Erscheinung. Für die Zeit vor der Errichtung des großen »kaiserlichen« Staates beruht unsere Kenntnis des Werdens Chinas auf den folgenden Geschichtstexten:

Ch'un-ch'iu, »Frühlinge und Herbste«, Annalen des Kleinstaates Lu (im Süden der Halbinsel Shantung), die sich über die Zeit von 722 bis 480 v. Chr. erstrecken. Für die einzelnen Jahre, die als Regierungsjahre der Herzoge von Lu numeriert sind, liefern die Annalen lapidare Angaben über die wichtigsten Vorkommnisse: Geburt, Heirat und Tod der Fürsten und der führenden Amtsträger, Feldzüge und Überfälle, Errichtung von Stadtmauern, Naturerscheinungen, denen übernatürliche Bedeutung beigemessen wird, wie Sonnenfinsternisse, Erdbeben, Überschwemmungen, auch ungewöhnliches Benehmen von Tieren (Hirschen, Vögeln). Von diesen Frühlings- und Herbstannalen behauptet die Tradition, sie seien von Konfuzius (551?–478?) verfaßt; jedenfalls scheint er sie bei seiner Lehrtätigkeit benutzt zu haben, und einige neuere Gelehrte halten es für möglich, daß er sie in mancher Beziehung bearbeitet oder aber diese oder jene Formulierung geändert habe.

Chu-shu chi-nien, die, wie erwähnt, 279 n. Chr. aufgefundenen »Bambus-Annalen«, Chronik des Kleinstaates Wei (am Mittellauf des Gelben Flusses). Diese Annalen umfassen eine viel größere Zeitspanne; von der mythischen Vorzeit bis ins 4. vorchristliche Jahrhundert. Allerdings sind sie infolge der mangelhaften schriftlichen Weitergabe in der späteren Zeit teilweise entstellt und lückenhaft auf uns gekommen.

Die Annalen von Ch'in (im Wei-Tal in Westchina), die zum größeren Teil vom Historiker Ssu-ma Ch'ien, von dem noch die Rede sein wird, um etwa 100 v. Chr. in seine große Geschichte Chinas aufgenommen worden sind.

Tso chuan, »Überlieferungen des Tso«, ein großes, um 300 v. Chr. verfaßtes Geschichtswerk, das hauptsächlich auf den Chroniken des Staates Chin (in der Provinz Shansi) basierte, aber auch Chroniken anderer Staaten und romanhafte Erzählungen verarbeitete und die Zeit vom 8. bis zur Mitte des 5. Jahrhunderts umspannte. In seiner ursprünglichen Form liegt uns das Werk nicht mehr vor: es wurde – vermutlich im 3. Jahrhundert n. Chr. – zerstückelt, damit die einzelnen Fragmente den knappen Eintragungen der »Frühlings- und Herbstannalen« als Erläuterungstexte angehängt werden konnten.

Zwei Werke, »Überlieferungen des Kung-yang« und »Überlieferungen des Ku-liang«, geben vor, die esoterische Auslegung des Konfuzius der »Frühlinge und Herbste« zu enthalten; eine dritte vermeintliche Exegese dieser Art ist übrigens dem Tso chuan in seiner heutigen Gestalt beigegeben.

Kuo-yü, »Diskussionen der Staaten«, dürfte um dieselbe Zeit wie Tso chuan entstanden sein; es ist eine Sammlung historischer Anekdoten und Reden, nach den verschiedenen Teilstaaten der vordynastischen Zeit geordnet.

Ein dem Kuo-yü ähnliches Werk, jedoch mit stark romanhaften Zügen, ist Chan-kuo-ts'e, »Pläne der kämpfenden Staaten«, vielleicht erst im 1. Jahrhundert v. Chr. aus älterem und seitdem verschollenem Material zusammengestellt. Den Inhalt bilden größtenteils ebenfalls Reden, aber aus einer späteren Periode: dem 4. und 3. vorchristlichen Jahrhundert.

Ein Werk ganz anderer Art ist Shu-ching, »Kanon der Schriften«, oder Shang-shu, »Schriften des Altertums«. Hier sind neunundzwanzig Stücke verschiedener Herkunft und aus weit auseinanderliegenden Zeiten zusammengestellt. Die ältesten – vielleicht aus dem 9. oder sogar aus dem 10. Jahrhundert v. Chr. – bringen Beschreibungen von Investituren; andere beschreiben den Endsieg der Chou über die Shang und enthalten Kampfreden gegen deren Herrscher; wieder andere sind entmythologisierende, in gewissem Sinne also »geschichtliche« Darstellungen der mythischen Herrscher der Vorzeit.

Analoges Material enthält I Chou shu, »Zerstreute Schriften der Chou«, bisher noch wenig durchleuchtet.

Eine erschöpfende Darstellung will das großangelegte, aus hundertdreißig Kapiteln bestehende Geschichtswerk des Hofastrologen und Hofhistorikers Ssu-ma Ch'ien (145?–85? vor Christus) sein, seit dem 1. nachchristlichen Jahrhundert als Shih-chi, »Aufzeichnungen des Geschichtsschreibers« bekannt. Es behandelt die Geschichte Chinas von der mythischen Vorzeit bis etwa 100 v. Chr., teilweise in völlig neuer Form. Es umfaßt Reichsannalen, die ab 840 Jahresdaten geben; Abhandlungen über allgemeine Gegenstände, wie Ritual, Wasserhaushalt, Finanzwesen; tabellarische Übersichten über die Adelshäuser der Han-Zeit; Annalen der vordynastischen Teilstaaten; Biographien; Beschreibungen der wichtigsten Fremdvölker an Chinas Grenzen. Im Shih-chi sind viele der vorher genannten Quellen verarbeitet.

Die Aufzählung wäre nicht vollständig, wenn nicht auch Werke Erwähnung fänden, die zwar weder historisch noch philosophisch-anekdotisch sind, aber dennoch wichtige historische Einzelheiten enthalten. Dazu gehören Shih-ching, »Kanon der Oden«, der in seinen Tempelgesängen manche geschichtliche Reminiszenzen bewahrt hat, und die »Ritualhandbücher«, I-li (aus dem 4. oder 3. vorchristlichen Jahrhundert) mit genauen Ritualvorschriften, Li-chi, eine während der Han-Zeit entstandene Sammlung philosophischer Abhandlungen über die Vorschriften des I-li, und Chou-li, ein idealisiertes und systematisiertes Bild der Organisation eines Herrscherhofes am Ausgang der Feudalzeit.

Für die vier Jahrhunderte der Han-Zeit (206 v. Chr.–220 n. Chr.) ist das Material, das sich erhalten hat, reichhaltiger und jedenfalls historiographisch besser organisiert. Für diese Periode sind die bedeutendsten Werke:

Han-shu, »Schriften über die Han«, womit die erste oder frühe Han-Dynastie (206 v. Chr. bis 23 n. Chr.) gemeint ist; verfaßt sind die »Schriften« von Pan Ku (32–92 n. Chr.) unter Benutzung der Aufzeichnungen seines Vaters Pan Piao (3–54); Ergänzungen wurden nach dem Tod des Verfassers von seiner Schwester Pan Chao vorgenommen. Es ist zu vermuten, daß sich Pan Ku auf das Werk des Ssu-ma Ch'ien, soweit es sich auf die Han-Zeit bezieht, gestützt hat. Mit seinen hundert Kapiteln folgt Han-shu der Stoffeinteilung des Shih-chi (das auch den großen Geschichtswerken späterer Jahrhunderte als Vorbild gedient hat); nur fehlen hier natürlich die Annalen der Teilstaaten, die inzwischen verschwunden waren. Übrigens war Pan Ku Hofbeamter und hatte den Inhalt der Palastarchive offiziell zu seiner Verfügung.

Hou-Han-shu, »Schriften über die späten Han« (23–220 n. Chr.), stammen von Fan Yeh (398–436), der sich auf verschiedene frühere Darstellungen stützte; die meisten davon sind verschollen. Aus einer solchen älteren Geschichte, von Ssu-ma Piao (240–306), werden in modernen Hou-Han-shu-Ausgaben neben anderem die Abhandlungen über Ritual- und Verwaltungswesen abgedruckt. Noch einige andere Bruchstücke der älteren Werke haben sich erhalten, am ausgiebigsten und wichtigsten wohl Tung-kuan Han-chi, »Aufzeichnungen über die Han aus dem Östlichen Pavillon«, zwischen etwa 75 und 175 n. Chr. aus verschiedenen Anlässen im Auftrag der Han-Regierung von Gelehrtenkommissionen zusammengestellt.

Auszüge aus Han-shu und Hou-Han-shu wurden im 2. und 4. Jahrhundert unter Verwertung anderen Materials angefertigt; die Ergebnisse sind Han-chi, »Aufzeichnungen über die Han« von Hsün Yüeh (148–209), und Hou-Han-chi, »Aufzeichnungen über die späten Han« von Yüan Hung (320–376).

Interessanten ökonomischen Problemen gilt ein von Han K'uan um 43 v. Chr. verfaßter Bericht über eine 81 v. Chr. am kaiserlichen Hof abgehaltene Konferenz, die sich mit der Frage der Abschaffung der staatlichen Salz- und Eisenmonopole befaßte.

Von gewisser Bedeutung für die späte Han-Zeit sind auch einige politisch-polemische Schriften, die keine historischen Arbeiten darstellen, ebenso fragmentarisch überlieferte Werke, die das reichlich komplizierte Verwaltungssystem der Han, vor allem in seiner Frühzeit, beschreiben. Besonderes Interesse verdienen die »politischen Enzyklopädien« aus späteren Jahrhunderten, die ihre Themen immer an Hand historischer Modelle behandeln und auch auf die Han-Zeit und ihre spezifischen Entwicklungstendenzen ausführlich eingehen. Zu nennen wären da T'ung-tien, »Übersicht über die Verfassungen« (Anfang des 9. Jahrhunderts), T'ung-chih, »Übersicht über die Abhandlungen« (Mitte des 12. Jahrhunderts), Wen-hsien t'ung-k'ao, »Allgemeine Untersuchungen über die Dokumente« (etwa 1275), und Yü-hai (nach Ende des 13. Jahrhunderts). Ein großes kritisches Geschichtswerk hat Ssu-ma Kuang (1019–1086) in seinem »Allgemeinen Spiegel zur Hilfe der Regierung«, Tzu-chih t'ung-chien, geschaffen, das trotz seiner annalenmäßigen Form einen Gesamtüberblick über Chinas Geschichte vom 5. vorchristlichen bis zum 9. nachchristlichen Jahrhundert ermöglicht; in einer modernen Ausgabe zählt das gigantische Werk zwanzig Bände mit insgesamt neuntausendsechshundertzwölf Seiten.

Angesichts des nie erlahmenden Interesses an historischen Studien ist es nicht verwunderlich, daß sich China mit seinen ältesten Geschichtswerken immer wieder befaßt hat und daß sie immer von neuem gedeutet und kommentiert wurden. Ja auch heute noch werden über diese Texte fortgesetzt neue Studien veröffentlicht. So hat die Volksrepublik China den zweitausendhundertsten Geburtstag des großen Historikers Ssu-ma Ch'ien zum Anlaß genommen, eine Sammlung zahlreicher Aufsätze über den »Herodot Chinas« herauszubringen. Für die ältere Kommentarwissenschaft waren vor allem die »Frühlings- und Herbstannalen« und der »Kanon der Schriften« von zentralem Interesse: beide Texte gehören zum konfuzianischen Kanon, und ihnen gelten infolgedessen nicht nur philosophische und historisch-antiquarische, sondern auch ethisch-religiöse Erörterungen, die dem historischen Material immer wieder eine aktuelle Bedeutung verliehen.

Von weitreichender Bedeutung ist aber auch die physische Erhaltung des historischen Textmaterials. Im Altertum schrieben die Chinesen – wie auch heute – mit Pinsel und Tusche; schon auf den Schildpattbruchstücken aus dem 14. vorchristlichen Jahrhundert kommen Schriftzeichen vor, die nicht eingeritzt, sondern ohne jeden Zweifel mit dem Pinsel aufgetragen sind. Das normale Schreibmaterial waren flache Bambus- oder Holzstäbchen von etwa dreiundzwanzig Zentimeter Länge und nur wenigen Zentimetern Breite; besondere Texte wurden auf Stäbchen von doppelter Länge geschrieben. Von den kürzeren Stäbchen sind uns Tausende bekannt; bei neueren Ausgrabungen in Nordchina sind jetzt auch die doppeltlangen Stäbchen zum Vorschein gekommen, auf denen kanonische Texte (Fragmente aus dem I-li) aufgezeichnet sein sollen. Beide Gruppen von Funden stammen aus der Han-Zeit, aus dem 2. vorchristlichen und dem 1. nachchristlichen Jahrhundert. Auch auf Seide wurde geschrieben, allerdings hat sich bis jetzt nur ein solches Dokument gefunden: ein magischer Text, der einen Toten ins Grab begleitete.

Die Texte des Altertums liegen uns jedoch nicht in dieser Gestalt vor; sie wurden immer wieder abgeschrieben und schließlich gedruckt. Ihre Überlieferung wurde gewissermaßen durch den Umstand erleichtert, daß bei allem Wandel der Formen die Struktur der chinesischen Schriftzeichen im Prinzip immer dieselbe geblieben ist. Freilich weichen die Formen der Knocheninschriften von den Formen der heutigen Schrift erheblich ab, und auch die in den Bronzegefäßen eingravierten etwas späteren Texte sind nicht leicht zu lesen und zu deuten. Aber schon gegen Ende des 3. vorchristlichen Jahrhunderts setzte eine Schriftreform ein, womit die chinesischen Schriftzeichen die Form erhielten, die sie trotz einigen späteren Modifikationen bis heute beibehalten haben.

Wie verhalten sich Schrift und Sprache? Trotz gewissen phonetischen Ansätzen ist die chinesische Schrift keineswegs rein phonetisch; die Schriftzeichen haben sich durch die Jahrtausende hindurch erhalten, aber die Sprache hat sich verändert und ist obendrein in viele Dialekte, deren Sprecher einander nicht verstehen, auseinandergewachsen. Mühsam ist rekonstruiert worden, wie die Zeichen um die Mitte des ersten vorchristlichen Jahrtausends ausgesprochen wurden, doch ist es trotzdem dabei geblieben, daß die Zeichen nach der heutigen Aussprache gelesen werden, also ohne Rücksicht auf den phonetischen Wert, den sie hatten, als die Texte geschrieben wurden. In der internationalen Wissenschaft gilt als Grundlage die in Peking gebräuchliche Aussprache, und zwar meistens in der von den englischen Sinologen Wade und Giles festgelegten Umschrift; sie wird auch in der vorliegenden Darstellung benutzt. Die Vokale haben ihren normalen Wert; nur wird das *u* in *ssu* und *tzu* und das *i* in *shih* und *chih* dumpf ausgesprochen, etwa wie *e* in »raten«. Das *e* am Wortende *(te)* und vor *ng (teng)* hat fast denselben dumpfen Klang; nach *i (t'ien)* oder *y* ist *e* jedoch offen, wie das *ä* in Jäger, während es vor *i* geschlossen ist. Bei Vokalzusammenstellungen wird *ao* wie *au* und *ou* wie *oh* gesprochen. *S* und *ss* sind scharf auszusprechen; *sh* ist *sch*, *hs* – nur vor *i* und *ü* – wird ebenfalls scharf wie *ß* bei Muße gesprochen. *Ch* vor *i* und *ü* klingt fast wie *tj*, vor den übrigen Vokalen jedoch wie *tsch*. Die sonstigen Konsonanten – außer *j* – haben denselben Wert wie im Deutschen, doch ist zu beachten, daß die Laute *k*, *t*, *p* (und *ch*) nicht angehaucht werden, während das Aspirationszeichen (wie in *t'ien*) einen kräftigen Anhauch angibt (*t'u* = »*thu*«, *tu* dagegen fast wie

»du«). *Y* wird nur konsonantisch gebraucht und, wie im Englischen, wie *j* gesprochen. *J* dagegen hat ungefähr den Wert des englischen *r*.

Die Erfindung des Papiers knüpft sich nach der geschichtlichen Überlieferung an den Anfang des 2. Jahrhunderts unserer Zeitrechnung: im Jahre 105 n. Chr. soll ein gewisser Ts'ai Lun dem Thron eine Denkschrift unterbreitet haben, in der er sein Verfahren der Papierherstellung entwickelte. Aber schon fast zwei Jahrhunderte früher war eine Art Papiervorläufer aus Seidenabfällen in Gebrauch, wenn auch vielleicht nur für kurze Aufzeichnungen und Vermerke. Das älteste Papierfragment, das sich zeitlich fixieren läßt, dürfte etwa aus dem Jahr 313 n. Chr. stammen. Für uns Westeuropäer ist mit der Einführung des Papiers unmittelbar die Erfindung des Buchdrucks verbunden; jedoch liegen die beiden Erfindungen in ihrem Heimatland China mehrere Jahrhunderte auseinander. Das älteste datierbare gedruckte Fragment fällt ungefähr in die Zeit um 770, seinen ersten beachtlichen Aufschwung nimmt der Buchdruck aber erst in der zweiten Hälfte des 10. Jahrhunderts. Viel früher war die Technik bekannt, mit der von einem in Stein gemeißelten Text ein Abklatsch angefertigt werden konnte; vielleicht hat der Buchdruck von dieser Technik seinen Ausgang genommen.

Mit dem kritischen Studium der Werke des chinesischen Altertums steht es also anders als mit der Textkritik der klassischen Schriften Griechenlands und Roms. Anfang des 20. Jahrhunderts wurde zwar ein chinesischer Bücherschatz entdeckt, der vor 1020 eingemauert worden war: die Bibliothek einer Einsiedelei im fernen Nordwesten Chinas. Daraus kennen wir mancherlei Manuskriptfragmente; außerdem sind Fragmente der kanonischen Werke bekannt, etwa 175 n. Chr. in Stein gemeißelt, ebenso eine gleichartige, vollständige Fassung aus dem 8. Jahrhundert. Für die nichtkanonischen Texte zur frühen Geschichte sind wir allerdings fast ausschließlich auf die seit dem 11. Jahrhundert gedruckten Versionen und auf gelegentliche handschriftliche Kopien früherer Drucke angewiesen, die sich nicht erhalten haben. An der Fülle dessen, was bewahrt worden ist, hat sich auch in China eine wissenschaftliche Textkritik entwickelt, die der westeuropäischen in vielem ebenbürtig ist.

Perioden und Tendenzen

Für die frühe chinesische Geschichte ist die Einteilung in Perioden, auch wenn über ihre Benennung gestritten werden kann, verhältnismäßig einfach. Mit dem Ausgang des 3. vorchristlichen Jahrhunderts sterben endgültig Adelsherrschaft und Kleinstaaterei ab, und mit der Ch'in-Han-Zeit beginnt die zweitausendjährige Ära des trotz allen vorübergehenden Zerfallserscheinungen immer wieder geeinten und als Beamtenstaat verwalteten Kaiserreiches. Demgegenüber zeigt die früheste Zeit traditionell-feudale Züge: einen Erbadel, vom Großkönig oder vom Lokalherrscher belehnt oder mit Unterlehen oder Pfründen ausgestattet, auf der einen, eine an die Scholle gebundene, unfreie Bauernschaft auf der anderen Seite. Wollte man die frühe Zeit weiter gliedern, so könnte man von einem politischen Meilenstein, der Verlegung des Sitzes des Großkönigs nach dem Osten im Jahre

771 v. Chr. oder von einem sozialen und wirtschaftlichen Einschnitt von überragender Bedeutung ausgehen, der sich freilich nicht genau datieren läßt: den Übergang von Bronze- zu Eisengeräten in der Landwirtschaft und der Verwendung tierischer Zugkraft für den Pflug, beides wahrscheinlich um die Mitte des ersten vorchristlichen Jahrtausends.

Die traditionelle Einteilung der chinesischen Geschichte unterscheidet folgende Perioden:

1. vor- oder urgeschichtliche Zeit bis etwa zum 16. vorchristlichen Jahrhundert;
2. Zeit der Shang-Herrscher (auch Yin genannt) vom etwa 16. bis ungefähr zur Mitte des 11. Jahrhunderts;
3. Frühzeit der Chou-Herrscher oder Periode der West-Chou von ungefähr der Mitte des 11. Jahrhunderts bis 771, dem Jahr der Verlegung der Residenz um rund dreihundertfünfzig Kilometer nach dem Osten;
4. Ch'un-ch'iu-Zeit, bis zur Mitte des 5. Jahrhunderts, benannt nach den »Frühlings- und Herbstannalen« des Staates Lu, die die Ereignisse zwischen 722 und 480 v. Chr. registrieren;
5. Chan-kuo-Periode, Zeit der »kämpfenden Staaten«, von der Mitte des 5. Jahrhunderts bis 221 v. Chr., Jahr der Gründung des geeinten Kaiserreichs;
6. Ch'in-Zeit, von 221 bis 209 v. Chr.;
7. frühe Han-Zeit, von 206 v. Chr. bis 23 n. Chr., unter Einschluß der Regierungszeit des »Usurpators« Wang Mang (9–23 n. Chr.);
8. späte Han-Zeit, von 23 bis 220 n. Chr., Jahr der offiziellen Abdankung des letzten Han-Herrschers, der aber schon Jahrzehnte vorher das Auseinanderfallen des chinesischen Kulturgebietes in drei einander unablässig bekriegende Staaten mit eigenen (sich ab 220 Kaiser titulierenden) Herrschern voraufgegangen war.

Legt man sich nicht auf das Jahr 220 als Abschluß fest, so ist diese traditionelle, eigentlich dynastische Einteilung auch heute brauchbar; sie zeigt jedenfalls richtige Einschnitte an. Als die entscheidende Zäsur erscheint das Jahr 221 v. Chr.; vor diesem Zeitpunkt liegt die Periode des Feudalismus, der Teilung des Landes, der Kleinstaaterei, nach ihm das geeinte Reich, das sich trotz aller Zerklüftung und aller Fremdherrschaft bis heute behauptet hat. Manche neueren chinesischen Forscher (die auch im revolutionären China viel Widerspruch ausgelöst haben) wollen auf die Geschichte Chinas das ursprünglich aus westeuropäischen Verhältnissen abgeleitete Periodisierungsschema von Marx und Engels – Urkommunismus, Sklavenhaltergesellschaft, Feudalismus – übertragen wissen. Da chinesische Philosophen im 4. und 3. Jahrhundert v. Chr. mancherlei über den paradiesischen Urzustand der Menschheit zu sagen hatten, wird dabei die Zeit der mythischen Herrscher mit der Periode des Urkommunismus identifiziert; dann beginnt die Sklavenhaltergesellschaft mit den vielleicht schon historischen Zeiten der Hsia-Herrscher (etwa 21. Jahrhundert v. Chr.), und sie endet mit dem Sturz des Shang-Reiches etwa im 11. Jahrhundert, worauf die Epoche des Feudalismus einsetzt, die in diesem Schema fast drei Jahrtausende umspannt und bis ins 19. Jahrhundert anhält. Hat man nur die »Produktionsverhältnisse« und den ökonomischen »Unterbau« der Gesellschaft im Auge, so mag die Anwendung der Kategorie »Feudalismus« auf eine dreitausendjährige Geschichte noch einen gewissen Sinn haben, denn weder in den »Produktivkräften« noch in den »Produktionsverhältnissen« lassen sich in dieser langen Zeit große Veränderungen feststellen. Dabei müssen aber so viele politische und vor allem auch soziale Wandlungen vernachlässigt werden, daß sich die Befürworter des Schemas dann selbst veranlaßt sehen, mit verfeinernden Unterteilungen zu arbeiten, womit die bestehende Einfachheit des Periodisierungssystems wieder zunichte gemacht wird. In keiner Weise verbürgt ist die These von der Sklavenhaltergesellschaft, vom goldenen Zeitalter des Urkommunismus schon gar nicht zu reden (am allerwenigsten, wenn die paradiesische Urzeit aus schlecht angebrachtem Nationalstolz mit Gestalten in Verbindung gebracht wird, die nachweislich nur Mythen entstammen).

Widersteht man den Versuchungen solcher Schematisierung, die ohnehin nicht viel erklärt, so läßt sich der Gang der chinesischen Geschichte in wenigen Sätzen zusammenfassen. Dann scheint zunächst bedeutsam, daß sich die Träger der chinesischen Kultur von ihrem ursprünglichen Zentrum am Gelben Fluß aus ausgebreitet und über sämtliche erreichbaren Gebiete, in denen Ackerbau möglich war, ergossen haben; so vollzog sich die Ausdehnung nach Norden und Westen bis zum Rand der Steppe, bis zu einer Grenze also, die durch die Stärke des Regenfalls bestimmt war und etwa der Linie eines Jahresniederschlags von fünfzig Zentimetern entsprach. In südlicher Richtung war der Expansion keine natürliche Grenze gesetzt, und so ist, seit sich der nordchinesische Raum zu Beginn unserer Zeitrechnung gefüllt hatte, ein nie mehr nachlassender Drang nach Süden zu beobachten, ein Strom chinesischer Ackerbauer, der alle Ebenen und bebaubaren Täler überschwemmt, wobei die Urbevölkerung entweder assimiliert wird oder in Gegenden, die für die Landwirtschaft keinen Anreiz bieten, in Enklaven von der Außenwelt isoliert, ihr eigenes Dasein fristet.

Ein zweiter allgemeiner Wesenszug der chinesischen Geschichte scheint sich im ständigen Streben nach der politischen Einigung des chinesischen Kulturgebiets zu verkörpern. Aus der Vielzahl der Kleinstaaten oder Stadtstaaten, mit der das chinesische Volk aus der Dämmerung der Frühgeschichte heraustritt, bilden sich im Laufe einiger Jahrhunderte größere politische Einheiten, und aus ihnen entsteht wiederum nach wenigen hundert Jahren das geeinte chinesische Kaiserreich. Aber diese Einheit ist nicht stabil: die mehr als zweitausendjährige Geschichte des Kaiserreichs ist von Spannungen zwischen zentrifugalen und zentripetalen Kräften, die gelegentlich das Reich sprengen, angefüllt – von den drei Königreichen des 3. Jahrhunderts bis zu den *war lords*, den regionalen Militärmachthabern, unserer Zeit.

Eben in diesen Spannungen zwischen der zentralen Regierung und den Kräften, die eine lokale Autonomie, eine möglichst geringe Einmischung der zentralen Staatsgewalt wollen, liegt die dritte Grundtendenz. Diese Kräfte sind nicht zufällig. Sie haben ihre solide Basis in der geographischen Besonderheit von Regionen, die Chi Ch'ao-ting »ökonomische Schlüsselgebiete« genannt hat, wie etwa die der nordchinesischen Tiefebene, des Yang-tzu-Stromgebiets, des Lands der »roten Erde« in der heutigen Provinz Ssu-ch'uan oder des Perlfluß-(Chukiang-)Deltas bei Kanton.

Was diesen Spannungen ihren eigenartigen Charakter verleiht, ist viertens bis in die neueste Zeit hinein der Umstand, daß die Zentralregierung, die Macht um den Thron, mit ihren Vertretern in der Lokalverwaltung, in den Provinzen und Präfekturen, im Grunde derselben Gesellschaftsschicht angehört wie die führenden ortsansässigen Gruppen in den einzelnen Lokalbezirken, deren wirtschaftliche Selbständigkeit auf Grundbesitz beruht (und zum Teil durch umfangreiche Handelsgeschäfte verstärkt wird), deren gesellschaftliche Geltung und traditionelles Ansehen jedoch daraus herrühren, daß ihnen seit Generationen die Aussicht gesichert ist, in der Staatsverwaltung Ämter zu bekleiden.

Die fünfte Facette bildete der im wesentlichen zweischichtige Aufbau der chinesischen Gesellschaft. Er entsprang der absoluten Vorherrschaft des Ackerbaus; als selbständige Betätigung nahm der Handel eine höchst untergeordnete gesellschaftliche Stellung ein, zumal der Staat häufig wichtige Handelswaren als Monopol an sich zog. So bestand die Gesellschaft primär aus der großen Masse der steuer- und arbeitsdienstpflichtigen Bauern und einer Oberschicht der »regierungsfähigen« Grundbesitzer.

Ein sechstes Charakteristikum, das aus dem fünften erwuchs, war die Spannung zwischen Unterschicht und Oberschicht, die nicht wie die »horizontale« zwischen Zentrum und Peripherie politisch, sondern überwiegend wirtschaftlich bedingt war. Allzu schwere Lasten konnten die Unterschicht zu Volksbewegungen treiben, die man früher Aufstände nannte und die heute in der marxistischen Geschichtsschreibung als Klassenkampf und Revolutionen erscheinen. Bewegungen, die bis ins 19. Jahrhundert hinein niemals eine grundsätzliche Neuordnung erstrebten, sondern nur die Reinigung und Wiederherstellung der überlieferten gesellschaftlichen und politischen Organisation forderten.

Mythen und Frühgeschichte

Kein mächtiges Gotteswort, kein dröhnender Posaunenstoß eröffnet die Geschichte Chinas; kein leuchtender Mythos, keine hehren Heldentaten erhellen die Anfänge des chinesischen Volkes. Aus Legenden, die wir nicht mehr kennen, haben spätere, nüchterne, mehr rationalistische Geschlechter leblose Schattenrisse tugendhafter Herrscher und dummdreister Übeltäter gemacht; die Überlieferung kennt keine gewaltigen Götter und übermenschlichen Helden, sie zeichnet nur kläglich vermenschlichte Figuren. In diesem bläßlichen Widerschein erscheinen schattenhaft Fu-hsi, Erfinder der Orakel und der Schrift, Shennung, der »göttliche Ackermann«, und Huang-ti, der Gelbe Kaiser, der mit dem Ungeheuer Ch'ih-yu gerungen hat. Diese Hauptpersonen der Mythen haben ihren klassischen Umriß in den Wandverzierungen der Han-Gräber erhalten, die mitsamt einigen später aufgezeichneten Legenden einen vagen Einblick geben in die Götterwelt der ursprünglichen Volksreligion, von der der konfuzianische Entmythologisierungseifer nicht viel übriggelassen hat.

Einiges erfahren wir noch über die vorbildlich tugendhaften Herrscher Yao und Shun und über den großen Yü, der die chinesische Sintflut bezwungen hat: bei den Philosophen des 5. Jahrhunderts sind diese drei legendären Gestalten der Inbegriff eines mustergültigen staatlichen Regiments. Dieselben Philosophen wissen auch von der goldenen Urzeit einer unverdorbenen Menschheit zu berichten, in der weise Herrscher über das irdische Dasein walteten, für die Menschen Nützliches erfanden und sie lehrten, Häuser zu bewohnen, statt im Geäst der Bäume oder in Erdlöchern Unterschlupf zu suchen.

Aus der Urgeschichte wissen wir, daß im gesamten heutigen China schon seit der frühesten Vorzeit Menschen existiert haben. Nicht nur prähistorische Anthropoiden – wie der

Homo pekinensis, der vor fünfhunderttausend Jahren in Nordchina lebte – sind auf chinesischem Boden gefunden worden; auch sämtliche Perioden der Steinzeit haben in fast ganz China sichtbare Spuren hinterlassen. Doch zeigt die Archäologie zugleich, daß sich das eigentliche chinesische Kulturgebiet, der Kern, aus dem später der chinesische Staat hervorwachsen sollte, nur über das mittlere und untere Stromgebiet des Gelben Flusses, des Huang-ho, erstreckte. In der Jungsteinzeit haben vier getrennte Kulturen zum kulturellen Werden Chinas im Raum des Gelben Flusses beigetragen: im Osten der nordchinesischen Tiefebene die Kultur der schwarzen Töpferei, nach ihrem ersten Fundort die Lungshan-Kultur genannt; im Westen, im Lößhügelland, die gleichsam nach Westasien vorstoßende Kultur der roten, teilweise bemalten Töpferei, Yangshao; im südlicheren Teil der Tiefebene die Kultur der grauen Töpferei, Hsiao t'un; schließlich in der Steppe die Mikrolithen- oder Gobi-Kultur. Aus Hsiao t'un, die sich räumlich auf Kosten der anderen Kulturen ausbreitete, ist später in direkter Folge die Shang-Kultur hervorgegangen.

Welchen Anteil diese Kulturen am Zustandekommen der chinesischen Zivilisation hatten, wissen wir nicht. Die Träger dieser Kulturen lassen sich nicht mit den »Barbaren« gleichsetzen, die das chinesische Kulturgebiet bis weit ins erste vorchristliche Jahrtausend umgaben, ja es zum Teil noch bewohnten, und man sollte sie auch nicht in rein mythologischen oder bestenfalls halbgeschichtlichen Gestalten aus der chinesischen Vorgeschichte vermuten. Solche Identifizierungen stützen sich gewöhnlich auf die chinesischen Bezeichnungen der »Barbarenvölker« und auf ziemlich späte Überlieferungen, die eine »barbarische« Herkunft mancher mythologischer Gestalten behaupten. Aber solche Überlieferungen sind nicht sehr zuverlässig, und überdies verbergen sich hinter den wenigen stets gleichbleibenden Namen wechselnde Völkerschaften. Die chinesischen Historiker haben immer, auch in den frühen Zeiten, nach »Ursprüngen« gesucht, andererseits aber den Bewohnern bestimmter Gegenden immer wieder dieselben Namen gegeben und auf diese Weise eine ethnische Verwandtschaft unterstellt, die es in Wirklichkeit nicht gab. Hinzu kam, daß besiegte und assimilierte »Barbaren« sicherlich das Bedürfnis hatten, sich als »legitim« auszuweisen, und zu diesem Zweck Stammbäume aufzustellen, die ihre Abstammung – ähnlich den älteren Geschlechtern des ursprünglichen chinesischen Kulturgebiets – auf die Heroen der Vorzeit zurückführten. Die Bemühungen des deutschen Soziologen Wolfram Eberhard, die verschiedenen Völker, die am Aufbau der chinesischen Kultur teilgenommen hatten, nach ethnologischen Methoden zu bestimmen, hat mit Hilfe von sehr spätem Material Ergebnisse erbracht, die für spätere Perioden eine gewisse Geltung beanspruchen mögen, aber solche Versuche versagen in bezug auf die Völker der chinesischen Frühzeit.

Eine geringe Beachtung der Frühzeit kann man der traditionellen chinesischen Geschichtsschreibung nicht nachsagen. Die erste systematische Zusammenstellung des ältesten Materials findet sich schon um 100 v. Chr. in der großen Geschichte Chinas von Ssu-ma Ch'ien, die mit Huang-ti, dem Gelben Kaiser, anfängt. Die vielen vor Ssu-ma Ch'ien umlaufenden Legenden und Mythen hatten ihren wichtigsten Niederschlag in den Stammbäumen zahlreicher größerer und kleinerer Herrscherhäuser gefunden, die der schwedische Sinologe Bernhard Karlgren in »Legends and Cults of Ancient China« zusammengestellt hat.

Ein starker Drang zur Entmythologisierung der Überlieferung brachte es mit sich, daß die alten Stammesgötter und halbgöttlichen Kulturheroen in menschliche Wesen verwandelt wurden, mit denen sich ein genealogischer Zusammenhang herstellen ließ und die in einem fortlaufenden chronologischen Schema untergebracht werden konnten. Spätere Generationen haben die von Ssu-ma Ch'ien systematisierte Chronologie noch weiter in die Urzeit hinein verlängert: bis zum vierten vorchristlichen Jahrtausend und darüber hinaus. Aus dieser Zeit stammt die Vorstellung, daß China von Anfang an ein gewaltiger, bürokratisch regierter Staat gewesen sei, der auch fast das ganze Yang-tzu-Becken umfaßt habe. In Wirklichkeit verlegten diese Geschichtsschreiber lediglich die ihnen vertrauten Zustände des Han-Kaiserreichs in eine ferne Vergangenheit zurück, dabei im Banne einer Tradition stehend, die die Vergangenheit als das goldene, unverdorbene Zeitalter idealisierte. Im jüngsten Jahrtausend mit seinen vielen einander blutig bekämpfenden Kleinstaaten erblickten sie ein Verfallsstadium, das durch die zunehmende Schlechtigkeit der Menschen, und namentlich der Machthaber, verursacht schien. Da ihnen der regierende Adel mit seinen erblichen Ämtern ein Greuel war, durfte es in der goldenen Urzeit nur unbestechliche, nach Verdienst und Leistung ausgewählte, dem Herrscher treu ergebene Beamte geben.

Auf die unzweifelhaft mythologischen Gestalten der exemplarischen Kaiser Yao, Shun und Yü läßt die traditionelle Geschichtsschreibung mit genauer Zeitangabe – von 2033 bis 1562 v. Chr. – die Hsia-Herrscher folgen. Nun wird Yü die Errettung Chinas aus der Sintflut (Durchstich der Gebirge und Kanalisierung der Flüsse) zugeschrieben, eine durchaus mythische Begebenheit. Haben dann auch die Hsia nur im Mythos geherrscht? Die alten Texte behandeln sie in einer Weise, die keinen legendären Eindruck macht; so vergleicht Konfuzius das Brauchtum der Hsia recht konkret mit dem Brauchtum ihrer bestimmt historischen Nachfolger, der Shang und der Chou. Und bei Ssu-ma Ch'ien findet sich eine sehr exakt anmutende Herrscherliste der Hsia; sie unterscheidet sich in nichts von einer ähnlichen Liste der Shang, die von der Archäologie vollauf bestätigt worden ist. Vielleicht werden künftige Funde auch die Geschichtlichkeit der Hsia beweisen: sei es als Vorläufer der Shang, sei es als Beherrscher West- oder Nordchinas zur Zeit der Vormachtstellung der Shang im Osten (wobei die Ungleichzeitigkeit das Produkt einer späteren Tradition wäre). Daß die Liste der Hsia-Herrscher auch mythische Kulturheroen, so einen »Erfinder der Harnische« aufführt, macht allerdings die geschichtliche Existenz der Hsia wenig glaubhaft.

Festen Boden betreten wir mit den Shang-Herrschern, deren Aufeinanderfolge aus Orakelinschriften einwandfrei hervorgeht; annähernd läßt sich in vielen Fällen sogar die Regierungszeit der einzelnen Herrscher berechnen, was jedenfalls eine relative Zeitbestimmung erlaubt. Die Herstellung einer absoluten Chronologie, die Verknüpfung der relativen Daten mit bestimmten festen Jahren, bleibt bisher noch ein Problem. Moderne chinesische Gelehrte setzen die Shang-Zeit verschieden an: den Ausgang bei 1122, 1111, 1066 oder 1028, den theoretischen Beginn – mit noch größeren Schwankungen – bei 1766, 1751, 1562 oder 1523. Daß sich das Ende der Shang-Periode nicht genauer bestimmen läßt, liegt daran, daß das Jahr der Gründung des Hauses Chou nicht sicher belegt ist. Schon Ssu-ma Ch'ien war sich der Datierungsschwierigkeiten bewußt, weswegen er auch mit genauen

Jahresangaben erst bei 841 v. Chr. anfing; er gibt weiter für die wichtigsten Teilstaaten Herrscherlisten mit genauen Regierungsjahren, die er auch noch in großen Übersichtstabellen aufeinander abstimmt. Mit den von älteren und heutigen Gelehrten angebrachten Detailkorrekturen bilden sie das eiserne Gerüst für die spätere Frühgeschichte.

Die Zeitangaben für die Kaiserzeit liegen ohne Ausnahme fest; die kaiserlichen Annalen stellen ein kontinuierliches Ganzes dar, das bis in die Neuzeit hineinführt und dank der Eintragung der Sonnenfinsternisse mit modernen astronomischen Methoden überprüft werden kann.

Shang-Reich und Shang-Kultur

Über das Reich der Großkönige von Shang im Huang-ho-Delta in Nordostchina, von dem die alten chinesischen Geschichtswerke nur dürftige Nachrichten bringen, geben umfassende archäologische Funde aus der Mitte des zweiten vorchristlichen Jahrtausends genügend Aufschluß. Fundorte von Gegenständen, die unzweifelhaft der Shang-Kultur angehören, liegen verstreut über ein weites Gebiet, das im Osten an der Südseite der heutigen Provinz Shantung bis ans Meer reicht und im Westen am Mittellauf des Gelben Flusses entlang bis ins Tal des Wei-Stromes vordringt. Vom Mittellauf des Gelben Flusses breiten sich die Fundorte in die Täler seiner nördlichen Nebenflüsse aus; von dort folgen sie dem Terrassengelände am östlichen Abhang der T'ai-hang-Kette, die das Bett des alten Flusses beherrscht. Auch noch in geschichtlicher Zeit hat sich das Strombett des Gelben Flusses mehrfach verlagert; im Altertum – etwa bis zum Beginn unserer Zeitrechnung – verlief es weiter westlich und nördlich als heute und erreichte das Meer nach der Vereinigung des Stromes mit den aus dem Nordwesten kommenden Flüssen in der Nähe des heutigen Tientsin. Die nordöstliche Spitze der Tiefebene bestand aus Sümpfen, die offenbar das Kulturgebiet der Shang nach Norden abschlossen; durch das heutige Flußbett des nordöstlichen Arms des Huang-ho strömte damals ein selbständiger Fluß, der Chi. Die Südgrenzen dieses Gebietes waren im Westen die Gebirgsketten, die das Huang-ho-Tal vom Yang-tzu-Tal trennen, und im Osten die wasserreichen Gegenden der heutigen Provinzen Kiangsu und Süd-Anhuei. Die räumliche Ausdehnung der Shang-Kultur ist mit Hilfe der Funde leicht zu bestimmen. Viel schwieriger ist es, in diesen Raum das Territorium einzuzeichnen, das die Großkönige der Shang politisch beherrschten. Die Beschriftung der Orakelknochen, auf der unsere Kenntnisse beruhen, gibt darüber keine ausreichende Auskunft.

Vor jeder wichtigen Handlung pflegten die alten Chinesen die Orakel zu befragen. Das wichtigste Befragungsverfahren bestand darin, daß man einen Knochen erhitzte und die Antwort der höheren Mächte den Sprüngen und Rissen entnahm, wie es die Opferbeschauer in Babylonien und Rom mit den Leberfalten der Opfertiere taten. Zur Shang-Zeit war die Technik verfeinert: das Knochenstück oder der Schildkrötenpanzer wurde mit einem Bohrer angebohrt (nicht durchbohrt) und in die Höhlung zur Erhitzung der Oberfläche ein glühender Metallstab eingeführt; zusätzlich wurde nun auch die an das

Reste einer neolithischen Siedlung bei Hsi-an in der Provinz Shensi

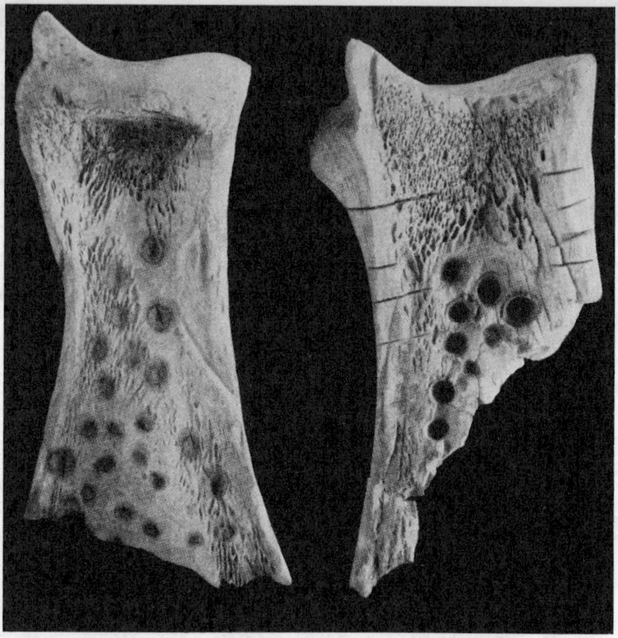

Orakel gerichtete Frage eingeritzt. Die Orakel wurden bei sehr vielen Anlässen befragt und die Knochen- und Schildpattfragmente in eigens dazu bestimmten Archivgruben aufbewahrt.

Das Material, das sich auf diese Weise erhalten hat, ist umfangreich, aber in der Art der Auskünfte, die es gibt, nicht allzu artikuliert. Wird etwa nach den Aussichten eines Krieges gefragt, so erwähnt die Inschrift außer dem Namen des Orakeldeuters und einem recht unsicheren Datum nur den Namen des feindlichen Landes oder Stammes, aber weder Lage noch Entfernung; genannt werden Titel von Militär- und Zivilpersonen, aber nicht die Funktionen, aus denen sich die organisatorische Struktur rekonstruieren ließe. Die Hinweise sind zu vage, als daß sich die politischen Grenzen des Reiches genau abstecken ließen; das Staatsgebiet muß aber wesentlich kleiner gewesen sein als das Gebiet, das an der Shang-Kultur teilhatte. Daß das Reich beträchtliche politische Wechselfälle gekannt haben muß, geht schon aus den Angaben des Ssu-ma Ch'ien hervor, der von acht Verlegungen der Hauptstadt zu berichten weiß.

Beständig war die mit dem Seen- und Sumpfgebiet des Huai und seiner Nebenflüsse gegebene Südostgrenze; das Höchstmaß der möglichen Ausbreitung bestimmten vermutlich die nördlichen »neun Flüsse« des unteren Huang-ho. Im Bereich der »Barbaren« verblieb die östliche Shantung-Halbinsel, und im Nordwesten muß die T'ai-hang-Gebirgskette eine permanente Schranke gebildet haben. Wahrscheinlich beschränkte sich die Expansion des Shang-Reiches auf Vorstöße in der Richtung des unteren Han-Flusses und, was wichtiger ist, auf die weitere Durchdringung des mittleren Stromgebiets des Huang-ho. Von den Chou, die ihren Hauptsitz im Wei-Tal in der heutigen Provinz Shensi hatten, wissen wir, daß sie gegen Ende der Shang-Herrschaft in einem Abhängigkeitsverhältnis zum Großkönig standen.

Bis jetzt haben sich von den acht Hauptstädten der Shang zwei identifizieren lassen: die letzte, das »Zentrale Shang«, wo die Großkönige bis zum Ende ihrer Herrschaft im 11. Jahrhundert verblieben, unweit des heutigen An-yang, und eine frühere, die angeblich vom zehnten Herrscher gestiftete »Stadt Ao«, in der Nähe des heutigen Cheng-chou. Weitere wichtige Shang-Zentren wurden oberhalb des Westufers des Gelben Flusses nördlich und südlich von An-yang entdeckt, ohne daß sich feststellen ließe, ob sie je als Hauptstädte gedient hatten. Eine große Siedlung von Trägern der Shang-Kultur liegt weiter westlich an der Südseite des Huang-ho: das heutige Lo-yang, wo später die Großkönige der Chou residieren sollten.

Bemerkenswert ist die Größe der Shang-Städte: in Ao umschlossen die fast zwanzig Meter dicken Mauern aus gestampftem Lehm ein Gebiet von etwa dreieinhalb Quadratkilometern. Ao wurde durch Feuer vernichtet, und es ist möglich, daß es sich beim großen Auszug nach dem »Zentralen Shang« unter König P'an-keng (1384?), von dem eins der

---

Drei Zeichenorakel aus der Shang-Zeit
Orakelknochen mit eingebohrten Löchern und durch Erhitzen entstandenen und als Antwort gedeuteten Rissen; unten: Orakelbefragung über den Ausgang einer Jagd und Beschreibung der Beute (darunter Tiger und Hirsche) als Antwort, Abklatsch von einer Schildkrötenschale

ältesten Stücke im »Kanon der Schriften« berichtet, um eine Räumung Aos handelte. Eine dritte Shang-Hauptstadt hat möglicherweise in der Nähe des heutigen Shang-ch'iu (östlich von Cheng-chou) gelegen; daß auch Lo-yang eine Shang-Residenz gewesen sei, ist wenig wahrscheinlich: dazu liegt es zu weit abseits im Hügelland.

Die Shang – wie auch die übrige jungsteinzeitliche Bevölkerung Nordchinas – waren Ackerbauern. Sie bauten schwarze und gelbe Hirse, Gerste, Weizen und Sorghum an und benutzten dazu steinerne Hacken und hölzerne Spaten; das reife Getreide schnitten sie mit steinernen Sicheln. Da sich keine Spuren einer Berieselung der Felder gefunden haben, ist es zweifelhaft, ob die Shang-Bauern Reis anbauten, obschon das Zeichen für Reis in den Orakeltexten vorkommt. Sie züchteten Schweine, Schafe und Rinder und hielten Hunde; alle die Tiere wurden gelegentlich zu Opfern verwendet. Auch Pferde gab es, aber der von Tieren gezogene Pflug sollte erst nahezu ein Jahrtausend später kommen. In den neolithischen Fundorten der westlichen Yangshao-Kultur haben sich nur Knochen von Schweinen, Rindern, Hunden und Hirschen gefunden, in denen der östlichen Lungshan-Kultur dazu noch Spuren von Schaf und Pferd; im Vergleich dazu überrascht die Fülle von Tieren in den Shang-Funden, besonders aus der Spätzeit: Bären, Tiger, Panther, Dachse und Füchse, verschiedene Hirscharten, sogar Elefanten und Nashörner. Das ist erjagte Beute; auch aus den Orakeltexten geht hervor, daß im Shang-Reich große Jagden abgehalten wurden: eine Inschrift verzeichnet als Ertrag einer Jagd einen Tiger, vierzig Hirsche, hundertneunundfünfzig Rehe und hundertneunundsechzig Füchse.

Bediente sich die Bauernbevölkerung noch hauptsächlich steinerner Geräte, so waren doch schon seit Beginn des zweiten Jahrtausends auch bronzene Werkzeuge, vor allem aber Waffen in Gebrauch gekommen, die allesamt Vorläufer aus Stein hatten. Wohl nur wenige Jahrhunderte später kommt der Streitwagen auf: mehrere Streitwagengräber haben sich gefunden – mit Roß und Lenker, Rüstung und Zaumzeug. Wie auch in anderen Erdteilen sind an den chinesischen Fundorten neben unzähligen Geschirrscherben ganze irdene Gefäße ans Tageslicht gekommen, darunter viele Formen, die für die späteren Bronzegefäße als Vorbild gedient haben; als charakteristische chinesische Typen zeichnen sich die verschiedenen Dreifüße ab: *ting*, ein runder Topf auf drei runden, stämmigen Füßen; *li*, ein Gefäß mit drei sackförmigen, hohlen Füßen, das wie ein Ziegeneuter aussieht; *hsien*, ein kombiniertes Gerät, bei dem ein Li einen Topf mit durchlöchertem Boden trägt, also eine Art Dampfkocher. Die rußgeschwärzten Füße deuten darauf hin, daß diese Kochtöpfe nicht auf einen Herd, sondern direkt ins Feuer gestellt wurden. Die Bronzegefäße, wesentlich eine Fortsetzung der keramischen Behälter, zeichnen sich durch herbe Formen und vor allem durch Verzierungen mit einer bunten Fülle bewegter Motive aus; darunter sind Tiermasken mit glotzenden Augen und zum Teil freistehenden Hörnern besonders eindrucksvoll. Aus den neuesten Funden (seit 1950) kann man ersehen, daß sich die Kunst des Bronzegusses ganz oder zum allergrößten Teil auf chinesischem Boden entwickelt hat: denn in den älteren Schichten finden sich Bronzegeräte in viel primitiverer, technisch unvollkommener Gestalt. Auch Brennöfen für irdenes Geschirr und Schmelztiegel für Bronze gibt es in der Hinterlassenschaft der Shang-Kultur; dazu viele Gußformen: die Shang-Handwerker kannten doppelte Spiegelbildformen, in denen flache Gegenstände wie

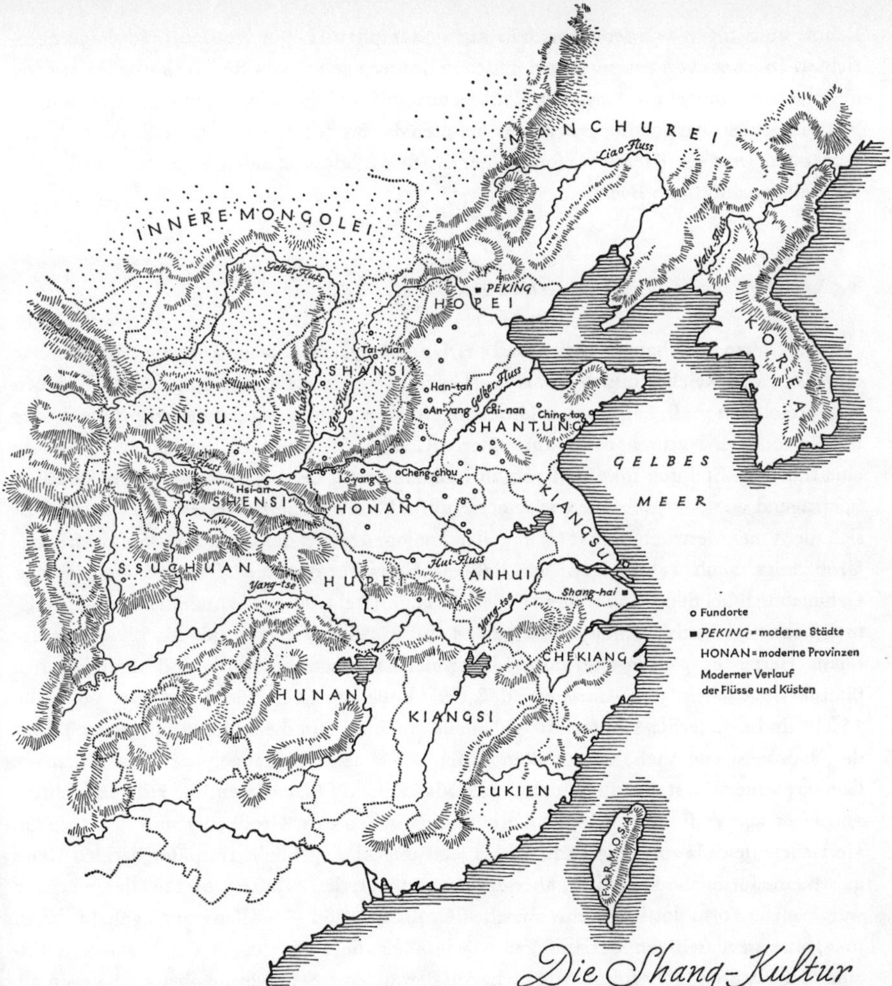

Die Shang-Kultur
Nach Cheng Te-k'un

Messer serienweise hergestellt wurden, ebenso auch überaus komplizierte, mehrteilige Formen für Dreifüße, Vasen und ähnliche Gefäße.

Ihr Obdach fanden die Menschen der Shang-Gesellschaft teils über, teils unter der Erde. In der Jungsteinzeit hausten die Bewohner Chinas allem Anschein nach in offenen Gruben, in denen ein einfaches Pfahlgerüst ein Stroh- oder Schilfdach trug; zum Teil lebten auch die Shang-Ackerbauern noch in Behausungen dieser Art. Wahrscheinlich hat diese Wohnart die Shang überdauert: die früheste Literatur spricht noch davon, daß die Menschen in alten Zeiten in Erdlöchern gelebt hätten. Größere Bauten (Kultstätten, Paläste?) standen auf Terrassen aus gestampfter Erde; das ist auch der Hauptbaustoff für Hausmauern, die wohl zwischen Tragsäulen aus Holz, auf denen das Dach ruhte, mit Blöcken gestampften

Lehms aufgezogen wurden. Ebenfalls aus gestampftem Lehm wurden Stadtmauern errichtet. In einem von zusammengebundenen Brettern gebildeten Rechteck wurde die Erde in Schichten von zehn bis zwanzig Zentimetern mit Schlegel oder Stampfer festgestampft; war die Schicht hart genug gepreßt, so konnten die Bretter für die nächste Schicht hinaufgeschoben werden. Kleinere Wohnhäuser in den Städten standen zu ebener Erde, mit ebenfalls gestampftem Boden.

Shang-Gesellschaft

An der Spitze des Shang-Reichs stand der Großkönig, *wang*. Seine Domäne, die offenbar den Kern des Reiches bildete, war von Gebieten anderer Fürsten umgeben, von denen man annehmen muß, daß sie zum Großkönig in einem Abhängigkeitsverhältnis mehr oder minder feudaler Natur standen. Im späteren Chou-Reich hatte der Großkönig zu Anfang eine führende Stellung inne und vergab Ländereien als Lehen; ob seine Macht politisch überragend war oder sich nur von seiner Kultfunktion als oberster Priester herleitete, läßt sich nicht mehr feststellen. Erst recht gelten analoge Zweifel der Machtposition des Shang-Großkönigs, auch wenn wir wissen, daß die Herrscher der seine Domäne umgebenden Gebiete auch bei den Chou später wiederkehrende Titel trugen, die auf ein Abhängigkeits- und Lehnsverhältnis hinweisen: da gab es *tzu*, wörtlich »Söhne«, als Nachkommen der Shang-Herrscher, *po*, die man mit »Markgrafen« übersetzen könnte, und ähnliches. Am plausibelsten scheint die Annahme, daß der Großkönig über beides verfügte: politische Macht und priesterliche Autorität. Jedenfalls brachten ihm die anderen Herrscher Tribut dar, beispielsweise Vieh, und stellten Truppen für seine Feldzüge, wie etwa gegen die Chiang; seinerseits stellte aber auch der Großkönig den Fürsten, wenn sie Hilfe brauchten, sein Heer zur Verfügung. Wie das Verhältnis zwischen dem Großkönig und den anderen Herrschern jeweils zustande kam, ist bis jetzt ungeklärt geblieben; später bei den Chou gab es eine förmliche Investitur, aber das besagt nicht, daß es auch schon bei den Shang so war. Welche Form das Verhältnis zwischen Großkönig und »Vasallen« auch gehabt haben mag, ihre gegenseitigen Beziehungen – wie auch die Beziehungen der Vasallen untereinander – waren nicht immer friedlich. Auf der anderen Seite wurde aber auch gegen die »Barbaren« nicht immer Krieg geführt. Die Inschriften bezeugen, daß manchen »Barbaren«, so zum Beispiel den Chou, von den Shang-Herrschern Adelstitel verliehen wurden.

Die Verwaltung des Reiches – oder genauer: seiner einzelnen Teile – war bereits so kompliziert, daß es sowohl in der Domäne des Großkönigs als auch in den Fürstengebieten eine ständige Beamtenschaft gab; überliefert sind etwa zwanzig Amtsbezeichnungen von Beamtenpositionen. Die oberste Führung der Verwaltung war dem *yin*, »Leiter«, anvertraut, dem *shih*, »Schreiber« (nach dem Schriftzeichen zu urteilen, »Bewahrer« oder »Hüter der Dokumentenkassette«), *tso-ts'ê*, »Anfertiger der Schriftstücke«, und verschiedene *ch'ên*, »Diener«, zur Seite standen. Besondere Erwähnung verdienen die *pu* oder *chên*, »Orakeldeuter«. Da es neben dem »Großen Diener«, *yüan ch'en*, und dem »Kleinen Diener«, *hsiao ch'en*, auch »ernannte Diener«, *p'i ch'en*, gab, kann man vermuten, daß die

Streitwagenbestattung
Skelette in einem Grab bei An-yang, Shang-Zeit

Innere Gruft der Grabanlage eines Shang-Königs
Modell mit den Skeletten der Gefolgsmänner

höheren Ämter erblich waren. Obwohl die »Diener« gelegentlich auch Heere anführten, verzeichnen die Inschriften auch noch besondere militärische Amtsträger, deren Funktionen sich bisweilen aus ihren Titeln erraten lassen: *ma*, »(Offizier der) Rosse«, also wohl der Streitwagen, oder *shê*, »(Offizier der) Bogenschützen«.

Ein Bataillon des Shang-Heeres scheint aus fünf Kompanien bestanden zu haben, von denen jede eine Vorhut von fünfundzwanzig Mann, fünf Streitwagen (mit je einem Lenker, einem Bogenschützen und einem Dolchaxtträger) und einen Nachschub von hundertfünfundzwanzig Mann umfaßte. Der zweirädrige Streitwagen wurde von zwei Pferden im Joch gezogen; die Räder waren fast anderthalb Meter hoch mit einem Nabenabstand von über zwei Metern. In den Orakelinschriften werden öfter Heere von drei- bis fünftausend Mann erwähnt, aber gelegentlich, im Falle einer *levée en masse*, zu der die Vasallen beizusteuern hatten, ist auch von einem dreißigtausendköpfigen Heer die Rede; ein andermal wird die Zahl der getöteten Gegner mit zweitausendsechshundertsechsundfünfzig angegeben oder von einem Feldzug, der zweihundertsechzig Tage dauerte, gesprochen. Die Waffen waren in der Regel Pfeil und Bogen, Dolchaxt, Messer und Wetzstein, Schild; bekannt waren den Shang Bronzehelme, Helme und Panzer aus aufgenähten Knochen- und Muschelplatten. Den Shang kam die größere Spannkraft des zusammengesetzten Bogens zugute, dessen Einzelteile (Holz, Horn, Sehnen) aneinandergeleimt waren. Von besonderer Bedeutung war die Dolchaxt, *ko*, ursprünglich ein leicht gekrümmter Dolch, dessen flacher Griff in einen Stiel geklemmt war; nach der Shang-Zeit erfuhr diese Waffe weitere Verbesserungen: die Klinge wurde weiter nach unten gekrümmt und ihr unterer Teil in der Richtung des Griffes verbreitert, wobei die Länge des Stiels bis zu anderthalb Meter erreichte.

Die große Vorliebe der Shang-Herrscher für ständige Orakelbefragung zeigt anschaulich genug, wie eng sich Diesseits und Jenseits im Denken der Shang verflochten. Die Orakelinschriften weisen auch darauf hin, wie oft die Shang ihren Gottheiten und ihren näheren und entfernteren Vorfahren Opfer darbrachten: Schafe, Hunde, Schweine, Rinder, ja auch Menschen (meistens wohl in kriegerischen Aktionen gegen Nachbarländer, vor allem gegen die Chiang, erbeutete Gefangene). Dazu gab es verschiedene Formen des Opfers: roh oder gekocht, ganz oder in Teilen, zum Verbrennen oder zum Vergraben bestimmt. Die Ahnen, denen geopfert wurde, waren Himmelsbewohner gleich den Himmelsgöttern, den Göttern des Windes, der Wolken, der Sonne, des Mondes, der Gestirne. Über allen Gottheiten thronte Shang-ti, der »oberste Herrscher«, Herr über die übrigen Götter und über die Menschen; nur wissen wir nicht, ob er selbst ein Urahn war – denn *ti* hießen nach ihrem Tod auch alle Großkönige – oder ein Gott eigener Art. Opfer erhielt er regelmäßig, weil er über Regen oder Dürre gebot und über die Menschen Heil oder Unheil verhängen konnte; die Ahnen wurden um Vermittlung und Fürsprache gebeten, wie sie sich auch bei den übrigen Himmelsgöttern für ihre Nachkommen einzusetzen hatten. Neben den Himmelsgöttern kannten die Shang auch Gottheiten der Erde: den Erdgott T'u oder Shê, zahlreiche Fluß- und Berggötter und die Götter der vier Himmelsrichtungen. Auch ihnen wurde geopfert.

Eine große Rolle spielten die auch aus anderen Weltteilen bekannten Weihopfer bei der Errichtung von Bauwerken: je ein Blutopfer für jedes Stadium der Bauarbeit; ein größeres

Bauvorhaben in der Hauptstadt bedeutete die Opferung eines Hundes oder eines Kindes, bevor der gestampfte Boden gelegt wurde, dann ein dreifaches Opfer – Hund, Schaf und Ochse, gelegentlich auch Mensch – unter jedem Tragpfeiler, kniende Menschen hinter der Türschwelle und auf dem Gesicht mit dem Kopf zum Eingang liegende Menschen vor der Türschwelle vergraben; zu guter Letzt wurde bei der Vollendung des Baus eine ganze Kompanie – fünf Wagen und hundertfünfzig Mann – im Vorhof verscharrt. Bei einem anderen Bau kostete die Konsekration fünfunddreißig Menschenleben. Bis in geschichtliche Zeiten hinein forderte die Verehrung der Flußgottheiten, so etwa des Herrn des Gelben Flusses oder des Herrn des Huan (an dessen Ufer die letzte Hauptstadt lag), die Darbietung nicht nur wertvoller Jadestücke, sondern auch unbescholtener Jungfrauen.

Wichtige religiöse Funktionen wurden bei den Shang – wie auch im späteren China – von Schamanen, *wu*, verrichtet. Sie traten bei rituellen Musik- und Tanzzeremonien auf, bei denen die Götter um Regen angefleht wurden; bei großer Dürre wurde der Schamane (oder die Schamanin) der heißen Sonne ausgesetzt oder verbrannt. Einige der Shang-Musikinstrumente werden in den Orakelinschriften genannt: Bronze- oder Tonglocken mit hölzernem Griff, Trommeln, eine Art Okarina mit drei oder fünf Grifflöchern, Klingsteine (meistens drei Stück in einem Spiel); vermuten lassen sich auch Flöten und Saiteninstrumente. Neben den Schamanen kannte das China der Shang, wie schon gesagt, auch Orakeldeuter. Waren diese Träger ritueller Funktionen auch »Priester«? Daß sie eine besondere Gruppe gebildet oder eigene Macht ausgeübt hätten, ist nicht belegt. Angesichts der späteren schriftlich bezeugten Zustände unter den Chou und des betont persönlichen Charakters der Ahnenverehrung möchte man eher annehmen, daß der Herrscher selbst die Opfer darbrachte, wie wir ja auch aus den Inschriften wissen, daß er die Orakel persönlich befragte, daß also die technisch mit Opfer, Gebet und Deutung Betrauten bloße Helfer und ihre Vorrichtungen zweitrangiger, untergeordneter Natur gewesen sein mögen. Auf die spätere Kaiserzeit haben deutsche Sinologen den Ausdruck »Cäsaropapismus« angewandt; in gewissem Sinne mag der Ausdruck auch auf die ältere Zeit zutreffen, wenn es auch zweifellos weniger mißverständlich wäre, hier von »König-Priestertum« zu sprechen. Ist aber jeder Herrscher – ob Großkönig, ob minderer Landesherr – zugleich auch ein Priester, dem die wichtigeren religiösen Handlungen, wie die Verehrung der eigenen Ahnen oder des regionalen Erdgottes, vorbehalten sind, so bleibt kaum Raum für eine selbständige Gruppe, Kaste oder Klasse von Priestern.

Bisher sind die Großkönige das einzige Geschlecht der Shang-Zeit, dessen Ahnentafel uns bekannt ist; sie umfaßt vierzehn Altvordere des Stifters der Dynastie und einunddreißig Großkönige, von denen der letzte im 11. Jahrhundert von den Chou besiegt und getötet wurde. Die einunddreißig Großkönige verteilen sich indes auf nur siebzehn Generationen: in vierzehn Fällen sind den toten Herrschern Brüder gefolgt; beispielsweise regierten in der zehnten Generation nicht weniger als vier Brüder nacheinander. Erst seit der dreizehnten löste den Vater der Sohn ab, eine Erbfolge, die dann auch von den Chou beibehalten wurde. Gewisse Spuren der Bruderherrschaft blieben jedoch bei den Chou ebenso wie in den Teilstaaten bestehen: sowohl in der Domäne des Großkönigs als auch in den Lehnsbezirken wurden den nicht erbberechtigten Brüdern hohe Funktionen zugewiesen. Sogar die Einteilung der Lehen in neueroberten Gebieten erscheint einigen neueren Forschern als Überbleibsel einer früheren Bruderherrschaft: die großen Lehen fielen an die Brüder des Eroberers; die königliche oder fürstliche Machtposition erbte allerdings in der Regel der älteste Sohn der Hauptfrau des Herrschers.

Den Ahnen brachte jede Adelsfamilie Opfer dar, und zwar opferte der Haupterbe der Hauptlinie dem ersten Ahnherrn des Geschlechts und den Ahnengenerationen, die in direkter Linie dazwischenlagen, die Haupterben der verschiedenen Seitenlinien wiederum den Stiftern dieser Linien und ihren eigenen direkten Vorfahren. In der Shang-Zeit kam es jedoch vor, daß der Großkönig allen früheren Königen und Thronanwärtern und auch ihren Frauen opferte, während sich andere Großkönige damit begnügten, nur je einen Vertreter jeder Generation mit einem Opfer zu ehren.

Von den Chou bis zum geeinten Reich

Schriftlich weitergegebene frühe Quellen und auch einige Bronzeinschriften aus der frühen Chou-Zeit schildern den letzten Herrscher der Shang als grausamen Lüstling. Da die spätere Geschichtsschreibung dies Bild übernommen hat, wird in grellen Farben ausgemalt, wie seine Greueltaten überall Empörung auslösten, bis sich schließlich der tugendhafte Chou-König Wu an der Spitze vieler gleichgesinnter Gebietsherren aufmachte, den Unhold zu bestrafen. Die Shang wurden geschlagen, und mit Jade und Perlen geschmückt, stürzte sich ihr letzter Gebieter in die Flammen. Um den Sieg zu besiegeln, hieb König Wu der Leiche des Bezwungenen »mit der gelben Streitaxt« das Haupt ab und hängte es an »die große weiße Fahne«. So geschehen zu einer nicht genau bestimmten Zeit: es kann 1122 oder auch 1028 v. Chr. gewesen sein.

Jedenfalls wurden die Shang, die am Westrand der großen Tiefebene residierten, von den Chou aus dem Wei-Tal abgelöst. Über die Chou ist viel gefabelt worden. Da sie aus dem Westen kamen, hieß es, ihre ursprünglichen Wohnsitze hätten noch viel weiter westlich gelegen, sie seien Nomaden, ja überhaupt keine Chinesen gewesen. Die Archäologie hat diesen Theorien den Boden entzogen. Die Chou waren in Wirklichkeit eine der vielen Völkerschaften des westchinesischen Hügellands, die unter den kulturellen und offenbar auch den politischen Einfluß der Shang geraten waren. Noch Jahrhunderte später meldeten die Quellen, daß die Chou-Fürsten den Shang botmäßig gewesen waren und sich von ihnen den Titel »Führer des Westens« hatten verleihen lassen. Wenn berichtet wird, einer der früheren Chou-Fürsten sei ein »Barbar« gewesen, so kommt darin nicht mehr zum Ausdruck, als daß die Stämme des fernen Westens den Shang schlechterdings als Barbaren galten. Die Chou hatten den Sieg nicht allein davongetragen: nach den schriftlichen Quellen waren sie mit zahlreichen Verbündeten, unter denen wiederum »Barbaren« waren, gegen die Shang gezogen; der Feldzug soll lange gedauert haben, das Gebiet der Shang wurde mit anderen Worten allmählich, abschnittsweise erobert.

Belohnt wurden die Eroberer mit Lehen im Osten, im früheren Land der Shang: ein Bruder des siegreichen Chou-Königs erhielt den neuen Staat Wei zwischen den Bergen im Westen und dem Gelben Fluß, ein anderer den ebenfalls neuen Staat Lu in der heutigen Provinz Shantung, zwischen Huang-ho und T'ai-shan-Gebirge. Fast unberührt schien nördlich von diesen neuen Staatsgebilden das mächtige Land Ch'i geblieben zu sein, das zur Shang-Zeit als mehr oder minder selbständiger Staat bestanden hatte. Den Nachkommen der Shang-Herrscher wurde weiter südlich ein eigenes Gebiet zuteil, die Herrschaft Sung. Daneben wurden im alten Kulturgebiet der Shang zahlreiche Lehnsmänner eingesetzt. Möglicherweise haben die ersten Chou-Könige, obgleich ihr Hauptsitz weit entfernt im Westen lag, über ihre Lehnsmänner eine echte Oberhoheit ausgeübt: nicht als Priesterkönige, sondern als führende Kraft im steten Kampf gegen die noch nicht assimilierten oder »sinisierten« Völkerschaften, die rings um das chinesische Kulturgebiet siedelten oder Enklaven darin bewohnten. Die Überlieferung berichtet von großen Feldzügen dieser frühen Könige gegen die Barbaren; einer dieser Herrscher soll bei einer Expedition jenseits der Ch'in-ling-Bergkette, die das chinesische Gebiet am Gelben Fluß vom Yang-tzu-Becken abriegelte, im Han-Fluß ertrunken sein. Das kanonische Buch der Lieder und die Chroniken sprechen von kriegerischen Aktionen gegen die Yi-Barbaren von Hsü und Huai in den wasserreichen Südbezirken der großen Ebene, gegen die Jung und Ti im Norden und Westen und gegen die Hsien-yün im oberen Tal des Gelben Flusses.

Aber schon im 9. Jahrhundert – die Chronologie wird da zuverlässiger – schienen die Könige zu bloßen Werkzeugen der mächtigen Herren herabgesunken zu sein, die erbliche Posten am Hofe bekleideten. Nach einem kurzen Aufschwung um die Jahrhundertwende zerfiel ihre politische Vormachtstellung endgültig, und im Jahre 771 wurde der regierende Fürst von seinen allzu mächtigen Hofadligen ermordet. Eine der revoltierenden Cliquen hob einen seiner Söhne in Lo-i (dem späteren Lo-yang) auf den Thron, Hunderte von Kilometern östlich der an der Peripherie des Reiches gelegenen alten Hauptstadt. Nun residierte der König im Schatten der mächtigen Herren, die seine Lehnsleute waren. Mit der königlichen Macht ging es trotz einigen Konsolidierungsansätzen im 8. Jahrhundert schnell bergab, unwiderruflich. Die königliche Domäne der Chou war zu einem Kleinstaat bar jeder wirklichen Macht geworden.

Gleichfalls im 8. Jahrhundert begann der Machtzuwachs des Kleinstaates Cheng am Eingangstor zur großen Ebene, dessen Herrscher seit Generationen als hohe Würdenträger am Chou-Hof amtiert hatten. Cheng wuchs durch Annexion kleinerer Nachbarländer, stieß aber auf Schranken, die ihm die größeren Nachbarn Wei und Sung im Norden und Osten setzten. Eine Zeitlang hielten Cheng, Wei und Sung einander die Waage, aber am Ende fielen auch sie – gleich den unzähligen Kleinstaaten, die ursprünglich den größten Teil des chinesischen Raums eingenommen hatten – größeren Mächten an der Peripherie des chinesischen Kulturgebiets zum Opfer. In den Vordergrund rückten Ch'i im Norden der großen Ebene, Chin auf einem Territorium, das im Westen und Süden auf den Gelben Fluß, im Osten auf das Gebirge stieß, Ch'in im Stromgebiet des Wei-Flusses im Westen und – außerhalb des eigentlich chinesischen Gebietes – Ch'u im mittleren Yang-tzu-Becken.

Sitzender Mann
Marmorkleinskulptur aus An-yang, Shang-Zeit. Hongkong, Sammlung J. D. Chen

Sichelförmige Axt vom Typ Ko
Bronzewaffe aus dem Gebiet des Flusses Huang-ho, 500–450 v. Chr.
Leiden, Rijksmuseum voor Volkenkunde

Ob die Bewohner von Ch'u Chinesen oder »Barbaren« waren, ist eine müßige Spekulation: ohne Zweifel galten sie den Chinesen im Norden als barbarisch. Im Laufe des 8. Jahrhunderts begann nun – in einer für die chinesischen Staaten der großen Ebene bedrohlichen Weise – die Machtausbreitung dieses sehr ausgedehnten Reiches nach dem Nordosten, und gleichzeitig machte sich Ch'u im Westen die Volksstämme tributpflichtig, die den östlichen Teil der heutigen Provinz Ssu-ch'uan bewohnten. Die zunehmende Bedrohung durch Ch'u zwang die älteren chinesischen Staaten zu einer neuen politischen Organisationsform: sie schlossen sich zu einer Liga zusammen, die sich bei all ihrer Schwäche zwei Jahrhunderte lang behaupten sollte.

Von den bedrohten Staaten war zu Beginn des 7. Jahrhunderts Ch'i der weitaus stärkste, und so war es 681 der Fürst von Ch'i, der, von den südöstlichen Kleinstaaten um Hilfe gebeten, das erste Treffen der Liga leitete. Sie stand vor der Aufgabe, nicht nur die Expansion Ch'us militärisch im Zaum zu halten, sondern auch in den endlosen Zwistigkeiten der Kleinstaaten zu vermitteln. Zu Lebzeiten des Fürsten von Ch'i wurde wenigstens die militärische Aufgabe bewältigt. Nach seinem Tod (643) brachen jedoch in Ch'i Thronfolgekämpfe aus, die die Position des Landes schwächten und zum Auseinanderfallen der Liga führten. Ch'u griff zu und erreichte 636 die Unterwerfung aller Länder südlich des T'ai-shan-Gebirges. Jetzt appellierten die Kleinstaaten an den Fürsten von Chin, der gerade an die Regierung gekommen war. Die neue Abwehrreaktion begann 634, und schon 632 war Ch'u besiegt und um seinen Einfluß in der großen Ebene gebracht. Der Chin-Staat war nicht so alt wie Ch'i; er war erst wenige Jahrzehnte zuvor aus der Eroberung vieler Kleinstaaten hervorgegangen; das Land war innerlich zerrissen, und sein Verhältnis zum westlichen Nachbarn Ch'in ließ zu wünschen übrig. Auf die Dauer war Chin dem expandierenden Ch'u nicht gewachsen; daß es die Liga beleben und Ch'u auf den ersten Anhieb in die Knie zwingen konnte, verdankt es schweren inneren Kämpfen im langgestreckten Ch'u und dem schweren Druck, den ein neuer »barbarischer« Emporkömmling auf Ch'u ausübte: das Reich Wu, das sich über die wasserreichen Gegenden in den Mündungsgebieten des Huai und des Yang-tzu erstreckte. Schon 583 brachte es Wu fertig, dem Staat Ch'u das ganze Gebiet der heutigen Provinz Kiangsu und die nördliche Hälfte des heutigen Anhuei zu entreißen.

Die Kriege, von denen zunächst das junge Wu profitierte, gingen weiter. Die Macht der Chin schrumpfte im 6. Jahrhundert noch mehr zusammen: trotz gelegentlicher Machtentfaltung war Chin nie wirklich geeint worden, und der innere Streit untergrub seine Kampfkraft. Aber auch Wu hatte sich auf dem Gipfel der Erfolge nicht lange halten können: ein anderer »Barbarenstaat«, das südlich des Yang-tzu gelegene Yüe, das Wu 494 unter seine Botmäßigkeit gebracht hatte, erhob sich 473 und vernichtete Wu. Das war das Ende der Liga und der einzelstaatlichen Hegemonie. Zwei Jahrzehnte später ging Chin an inneren Kämpfen zugrunde; sein Gebiet teilten sich drei neue Kleinstaaten: Chao im Norden der heutigen Provinz Shansi, Wei im Westen (Ch'in gegenüber) und Han im Südosten, zum Teil im Süden des Gelben Flusses.

Traditionell heißt die Zeit des Zerfalls und der Neubildung von Staaten bis zur Mitte des 5. Jahrhunderts Ch'un-ch'iu, »Frühlings- und Herbstperiode«, nach der schon erwähnten

Chronik des Staates Lu, die gerade die Jahre 722 bis 450 umfaßt; als Zeit der »kämpfenden Staaten« gelten die folgenden dreiundzwanzig Jahrzehnte bis zur Einigung Chinas unter dem ersten Ch'in-Kaiser. Die etwas willkürlich anmutende Zäsur hat ihre guten Gründe: seit dem Ende Chins verschwinden die kleinen Staaten aus der großen Politik; kein Cheng, kein Sung kann künftighin auf die großen Randstaaten durch Bündnisangebote oder Bündnisverweigerung Einfluß nehmen. Anfang des 4. Jahrhunderts nimmt Ch'i wieder an Macht zu. Als Nachfolger von Wu hat sich Yüe in nördlicher Richtung ausgedehnt, aber 379 verlegt es seine Hauptstadt von Süd-Shantung ins heutige Kiangsu zurück. In ständige Kriege mit Ch'u und Ch'i verwickelt, wird Yüe 333 endgültig von Ch'u geschlagen und annektiert. Ch'u im Süden kann seine Herrschaft wieder nach dem Westen ausdehnen, aber dabei prallt es mit Ch'in zusammen, und Ch'in bestimmt die künftige Entwicklung.

Ch'in lag im Westen, hinter dem Gelben Fluß mit unbezwungenen Barbaren im Westen und Norden, doch durch den Wall des Ch'in-ling-Gebirges abgeschirmt. Jahrhundertelang hatte der 770 im verlassenen Stammland der Chou ins Leben gerufene Staat abseits von den Stürmen im Osten des chinesischen Kulturgebietes gelegen. Wie die anderen Randstaaten hatte Ch'in seine Macht auf die Ländereien der umwohnenden »Barbaren« und die kleinen benachbarten Lehnsbezirke ausgedehnt. Gegen Ende des 7. Jahrhunderts war das östliche Wei-Becken so gut wie vollständig erobert; das Gebiet »westlich des Stromes« kam allerdings erst nach der Aufteilung Chins hinzu. Auch jenseits des Ch'in-ling-Gebirges ging die Expansion im Tal des Han-Flusses vor sich, wo Ch'in bald auf das ebenfalls vom Süden her vordringende Ch'u stieß. Praktisch erschöpft sich die Geschichte Ch'ins in fortwährenden Kämpfen mit den angrenzenden Barbaren, mit Chin im Osten und mit Ch'u im Süden. Eine beträchtliche Stärkung Ch'ins wird der Wirkung der Reformen des Shang Yang (356 bis 338) zugeschrieben. Innerlich gefestigt, unternahm der militante Staat neue Eroberungen: 316 annektierte er den Westen des heutigen Ssu-ch'uan mit dem fruchtbaren Becken um Ch'eng-tu, 312 das Gebiet von Ho-hsi und das nördlich davon gelegene Land westlich des Gelben Flusses, 311 den Mittellauf des Han-Flusses.

Gegen das aus dem Süden vorstoßende Ch'u hatten die Kleinstaaten in früheren Zeiten bei Großstaaten Schutz gesucht. Inzwischen waren die Kleinstaaten verschwunden oder fristeten ein Schattendasein unter dem Protektorat von Ch'i oder Ch'u; seit anderthalb Jahrhunderten war Chin als Großmacht ausgeschaltet; seine Nachfolgestaaten, die einer nach dem anderen mit Ch'in Krieg führten, waren selbst hilfsbedürftig.

Den alten Rivalen Ch'i und Ch'u blieb kaum etwas übrig, als sich zusammenzutun, um Ch'in in Schach zu halten. Dauererfolge blieben ihnen versagt. Im Lauf der Jahrzehnte erweiterte Ch'in sein Herrschaftsgebiet diesseits und jenseits des Gelben Flusses und drang immer weiter ins Yang-tzu-Tal ein. Ab Mitte des 3. Jahrhunderts überstürzten sich die Ereignisse: zwischen 231 und 221 besiegten die Heerführer der Ch'in einen Staat nach dem anderen, bis schließlich alle früheren Teilstaaten von Ch'in erobert und zu einem Staat zusammengefügt worden waren. Bei dieser Gelegenheit legte sich der Fürst der Ch'in (259 geboren) einen neuen Titel zu: er nannte sich *huang-ti*, was etwa dem lateinischen *augustus imperator* entspricht und gewöhnlich mit »Kaiser« übersetzt wird; bis 1912 sollte das der Titel der Herrscher Chinas bleiben.

Chou-Gesellschaft und Feudalismus

Den wesensbestimmenden Zug der Chou-Zeit und ihrer Verlängerung in den Staatenkriegsperioden haben chinesische Gelehrte seit zwei Jahrtausenden in der Feng-chien genannten Gesellschaftsordnung gesehen. Man übersetzt das mit »Feudalismus«, was auch weitgehend zutrifft, nur daß diesem besonderen chinesischen Feudalismus die Blutsverwandtschaft sein charakteristisches Gepräge gibt: alle feudalen Verhältnisse waren im chinesischen Altertum, namentlich in der frühesten Periode, durch Verwandtschaft, das heißt durch Zugehörigkeit zu einem Adelsclan, vorgezeichnet. Der Clan war eine religiöse Gemeinschaft, die ihre Herkunft von einem gemeinsamen Ahnen herleitete. Ihn verehrte der Clan, genauer: der älteste Zweig des Clans, während jeder jüngere Zweig als Stammvater dem Nachkommen des Urahns huldigte, der das Haus gegründet hatte. Da die Ahnenverehrung den Charakter der Adelsgemeinschaft bestimmte, waren Clane nicht gebietsmäßig gebunden oder organisiert; ein Clan konnte Angehörige haben, deren vom Großkönig der Chou verliehene Lehen in den verschiedensten Gegenden lagen, oder die als Träger von Afterlehen verschiedenen Großlehen angehörten.

Die Clane waren – wenigstens in der Theorie – gehalten, auf strikter Exogamie zu bestehen: kein Clanangehöriger durfte ein Mädchen aus seinem Clan zur Haupt- oder Nebenfrau nehmen. Heiratete ein Edelmann mehrere Frauen (von denen nur eine Hauptfrau sein konnte), so mußten sie nach der ursprünglichen Regelung demselben Clan, der nicht der Clan des Ehemannes sein durfte, angehören; aber auch später, als solche Heiraten der Herstellung oder Festigung politischer Bindungen dienten und es sinnvoller schien, Mädchen aus verschiedenen Clanen zu wählen, war die Ehe mit einer Frau aus dem eigenen Clan ausgeschlossen. Weil die Zahl der Clane begrenzt war, bildete sich mit der Zeit der Brauch heraus, den einzelnen Sippen eigene, von Ortschaften oder Amtsbezeichnungen abgeleitete Namen beizulegen. Aber die Unterscheidung von Clannamen *(hsing)* und Sippennamen *(shih)* verwischte sich in der zweiten Hälfte des ersten vorchristlichen Jahrtausends; Clan- und Sippennamen wurden durcheinander gebraucht. Das Exogamiegebot blieb jedoch bestehen; es hat sich bis in unsere Zeit erhalten: trotz Aufhebung der entsprechenden Verbote legen Chinesen nach wie vor eine gewisse Abneigung an den Tag, einen Ehepartner zu wählen, der denselben Familiennamen trägt.

Nur, wer einem Clan angehörte, also adlig war, galt als befähigt, Land als Lehen zu erhalten oder ein Amt übertragen zu bekommen, das dem Inhaber seinerseits eine Landgabe eintrug, allerdings als Pfründe, nicht als Lehen. Die offizielle Belehnung erfolgte mit der Übergabe eines Erdklumpens vom Altar des Erdgottes des Herrschers; auf diesem Erdklumpen hatte der Neubelehnte seinen Erdaltar zu errichten, der der neuen Domäne neben den Erdaltären der auf ihr angesiedelten Dorfgemeinschaften als religiöses Zentrum dienen sollte. Ein solcher religiöser Kern fehlte den erblichen Pfründen, die Amtsinhabern als »Nahrungsanteile« zustanden. Ahnentempel und herrschaftliche Erdaltäre waren die Mittelpunkte der Adelsreligion, während die Verehrung des Himmels ausschließliches Privileg des Chou-Königs war. Den Ahnen wurden alle wichtigen Familienereignisse, Geburten, Heiraten und Sterbefälle, mitgeteilt; Kriegshandlungen nahmen vom Erdaltar ihren Ausgang und fanden beim Erdaltar ihren Abschluß; am Erdaltar wurden Kriegsgeräte und Musikinstrumente – manchmal mit Blutopfern – geweiht und erbeutete Gegenstände – mitunter auch Kriegsgefangene – geopfert.

Die Angehörigen der Adelsschicht verwalteten das Land; ganz oben der Fürst, darunter die Inhaber der vielen Posten am Hof, in den Lehnsdomänen und im Heer. Adlige stellten die Streitwagenmannschaften, Bauern das Fußvolk. In den Anfängen waren sogar alle staatlichen Posten – nicht nur Leitungs- und Aufsichtspositionen, sondern auch Hofwahrsager- und Küchenmeisterstellungen – dem Adel vorbehalten; auch der Wagenlenker, der Bogenschütze und der Hellebardier der Wagenmannschaft eines Herrn waren Adlige.

Der charakteristische Unterschied zwischen Adel und Nichtadel war *te*, das chinesische Äquivalent von *virtus*, eine mythisch-magische, aber als wirklich empfundene Kraft, die mit »Tugend« nur unvollkommen wiederzugeben ist. Nur der Adlige hatte Te. Zur vollen Entfaltung mußte Te schon beim Jüngling gebracht werden; ihr diente die Erziehung, ihr diente ein langwieriges Einweihungsverfahren, das mit dem Initiationsritus des feierlichen Aufsetzens der Männerkappe abgeschlossen wurde. Vor Jahren schon hat der deutsche Sinologe Quistorp die Züge hervorgehoben, die die Knabenerziehung im alten China als Fortsetzung der ursprünglichen Erziehung der Jünglinge im Männerhaus erscheinen lassen. In geschichtlicher Zeit war von diesen alten Erziehungsformen nicht mehr viel übrig, wenn es auch bezeichnend ist, daß Musik und Tanz obligatorische Erziehungselemente blieben; darüber hinaus wurden den Knaben Bogenschießen und Wagenlenken, Schreiben (anfänglich wohl nur die Zeichen des sechzigtägigen Kalenders) und Rechnen, schließlich die Vorschriften des Brauchtums beigebracht. Mit der Kappenzeremonie erhielt der Jüngling auch einen neuen Rufnamen; nun war er in die Reihen der erwachsenen Männer aufgenommen, war er für tauglich zum Dienst am Hofe des Fürsten oder des Lehnsherrn und für kriegstüchtig befunden.

Auch geübter Jäger mußte der adlige Herr sein; Jagden werden in einem Ritualhandbuch kriegerische Übungen genannt, und auch ältere Texte erwähnen häufige große Treibjagdveranstaltungen. Genug Gelegenheit boten dazu die weiten Wälder und Sümpfe der großen Ebene, deren Flüsse durch Dämme und Deiche noch nicht gebändigt waren. Die Waffen für Krieg und Jagd waren vor allem Bogen und Armbrust (also wiederum Bogen, auf einen Kolben montiert). Mit der Armbrust wurden Bolzen, mit dem Bogen lange Pfeile abgeschossen; bei der Vogeljagd war eine lange, um eine leichte Spindel gewundene Schnur an das Ende des Pfeils geknüpft. Das schwierige technische Problem der Auslösungsvorrichtung bei der Armbrust hatten die Chinesen schon frühzeitig gelöst; der bronzene chinesische Hahn war sehr stark und technisch einfach: ein paar Bronzehebel in einer soliden Fassung. Um die Armbrust zu spannen, stemmte der Schütze die Füße in den Bogen und zog, den Bolzen zwischen den Zähnen, mit beiden Händen die Sehne über den gesicherten Hahn. Mit Hilfe einer besonderen Sehne wurde auch mit kleinen Lehmkugeln geschossen; die Schleuder scheinen die Chinesen nicht gekannt zu haben. Zu den Schlag- und Stichwaffen gehörte die bereits erwähnte Dolchaxt *ko*; aus einer Kombination von Dolchaxt und Lanze entwickelte sich später eine der gefürchteten Waffen des Han-Kriegers, die der Hellebarde ähnliche *chi*, sowohl Hieb- als auch Stichwaffe.

Vornehmer Chinese mit seinem Gefolge auf der Jagd
Bemalte Muschelschale, späte Chou-Zeit
Cleveland/Ohio, Museum of Art, Schenkung von Mr. and Mrs. Harold T. Clark

Gußform für Bronze-Äxte und drei Ackerbaugeräte
Eisenwerkzeuge aus den Provinzen Jehol und Honan, 5. Jahrhundert v. Chr.

Mit der Ausbreitung der größeren Staaten, die das Ende der kleinen Herrschaften bedeutete, wuchs die Zahl der Adelsangehörigen ohne feudale Positionen. Sie fanden Stellungen in den Heeren, die die Großstaaten allenthalben neu organisierten, oder in einer Verwaltung neuer Art, da es zunehmend üblich wurde, neuerobertes Gebiet nicht mehr als Lehen oder Pfründe zu vergeben, sondern Beamten zu übertragen, die direkt dem Fürsten unterstanden. Aus den Reihen des überzähligen Adels kamen auch die meisten »wandernden Redner« des 4. und 3. Jahrhunderts, die den Fürsten untrügliche Rezepte zur Errichtung absoluter Vorherrschaft zu offerieren suchten. Viele einstige Herren beackerten die kleine Parzelle, die ihnen noch geblieben war; manche wurden Kaufleute: im Gegensatz zur späteren kommerzfeindlichen Ch'in-Haltung war der Handel noch nicht verpönt, und noch Ende des 4. Jahrhunderts konnte der Philosoph Mencius einem Fürsten raten, Maßnahmen zu treffen, damit »die Kaufleute alle ihre Waren auf deinen Märkten lagern«.

Die meisten Bewohner des Landes waren Bauern, ein kleiner Teil Handwerker. Schriftliche Quellen und Inschriften lassen fühlbare gesellschaftliche Unterschiede erkennen, ohne ihren Charakter eindeutig zu beschreiben. Da liest man von Schenkungen von Land und Menschen und denkt an Leibeigenschaft und Sklaverei. Indes gehörten die verschenkten Menschen offensichtlich verschiedenen Gruppen an, über deren Stellung man nur Vermutungen anstellen kann. Bestimmt kannte die Chou-Gesellschaft Sklaven: Kriegsgefangene aus anderen chinesischen Staaten und aus den Gebieten der Barbaren, Schuldhäftlinge, zum Sklavendienst verurteilte Missetäter. Sklaven scheinen in ihrer großen Masse die Bauern nicht gewesen zu sein: offenbar waren sie aber den Grundherren hörig und zur Leistung von Zehnten und sonstigen Abgaben wie auch zu Frondienst verpflichtet; überdies mußten sie im Kriegsfall das Fußvolk stellen. Wie sich diese Hörigkeit im einzelnen auswirkte, ist nicht überliefert. Am Ausgang des 4. Jahrhunderts betrachtete Mencius eine Landverteilung als ideal, die acht Familien ein genau rechteckiges Grundstück zuwies und den Bodenertrag zu acht Neunteln den Bauern selbst und zu einem Neuntel dem Grundherrn übergab. Man kann aber mit ziemlicher Sicherheit sagen, daß eine solche von Zahlenmystik bestimmte Landverteilung niemals existiert hat, und bestimmt nicht zu Mencius' Zeiten.

Wie und wann das Stück Land, das der Bauer bearbeitete, in seinen Besitz übergegangen ist, ist unklar; fest steht, daß das bäuerliche Ackerland bereits Ende des 3. vorchristlichen Jahrhunderts den Bauern selbst gehörte. Dazu dürften verschiedene Faktoren beigetragen haben. Allgemein machte sich die Tendenz bemerkbar, daß Lehnsland und namentlich Pfründenland (der »Nahrungsanteil« der Amtspersonen) in persönliches Eigentum überging; damit wurde der Grund und Boden, was auch dem Vordringen der Geldwirtschaft in den letzten vier oder fünf Jahrhunderten der vorchristlichen Ära entsprach, veräußerlich. Die Ertragslage der Landwirtschaft verbesserte sich mit der Einführung eiserner Geräte (Hacke, Spaten) oder eiserner Schneidevorrichtungen für Holzgeräte (Pflugscharmesser) und mit der Verwendung tierischer Zugkraft. Die Möglichkeit, Mehrerträge zu erzielen, mag den Bodenkauf erleichtert haben. Freilich gehen solche Überlegungen von Vermutungen aus, die sich nicht eindeutig beweisen lassen. Einiges wissen wir aus Berichten über die von dem politischen Reformator Shang Yang im 4. Jahrhundert in Ch'in verwirklichten

Maßnahmen, doch erlauben auch diese Berichte wegen ihrer aphoristischen Kürze verschiedenerlei Auslegungen. Sicher ist immerhin, daß die Reformen Shang Yangs den Kauf und Verkauf von Land möglich gemacht haben.

Das Leben der Bauern spielte sich in kleinen Dorfsiedlungen in der Nähe des lokalen Heiligtums, des Erdaltars, ab, der ursprünglich in einem heiligen Hain untergebracht war. Sitten und Gebräuche der Bauern unterschieden sich, wenn man den späteren konfuzianischen Ritualhandbüchern Glauben schenken darf, recht erheblich von denen des Adels. Sehr verschieden waren jedenfalls die Heiratssitten. Beim Adel war die Heirat eine Familienangelegenheit, bei der das Familienoberhaupt den Ausschlag gab und ein Heiratsvermittler entscheidend mitwirkte; damit hing ein kompliziertes Heiratsritual zusammen. Auf dem Lande waren die Dinge einfacher. Um den heiligen Hain herum wurden im Frühjahr Feste gefeiert, bei denen Gruppen von Jünglingen und Mädchen einander Liebeslieder zusangen und die Paare sich fanden; war das Mädchen im Herbst schwanger, so wurde die Ehe geschlossen. Aufs innigste war das Leben der Landbevölkerung mit dem Werden und Wachsen der Natur verbunden; einen etwas schematisierten Einblick vermitteln einige Gesänge aus dem kanonischen Buch der Lieder. Wahrscheinlich war der Unterschied nicht grundsätzlicher Art, denn auch für das Leben des Adels hatte der Rhythmus der Natur seine Bedeutung: so wurden in der Adelsschule Bogenschießen und Wagenlenken im Frühjahr gelehrt, Rechnen dagegen im Herbst und Winter; Feldzüge sollten grundsätzlich im Herbst stattfinden.

Im Gegensatz zu den Bauern lebte der Adel in ummauerten Siedlungen, auf Burgen und in Städten. Die vielen Hunderte von Lehnsgebieten, die es gab (die Texte allein führen fast hundertfünfzig namentlich an), muß man sich wahrscheinlich als Stadtstaaten vorstellen. Zu Ebenbildern der griechischen Polis mit ihrer demokratischen Regierungsform haben sie sich allerdings nie entwickelt. Im Laufe der Jahrtausende blieb die chinesische Stadt wesentlich das Zentrum der Verwaltung für den Landbezirk, ohne selbständige Bürger, ohne Bürgerrechte.

In den rund acht Jahrhunderten der Chou-Epoche hatte sich eine gesellschaftliche Entwicklung angebahnt, die zwar die seit eh und je tiefe Kluft zwischen Adel und höriger Bauernschaft nicht beseitigte, die aber mit dem Absinken zahlreicher Edelleute auf ein niedrigeres Niveau und mit dem Aufstieg der Hörigen zu freien Landsassen gleichwohl gewisse Gegensätze verschwinden ließ. Die Denker der Übergangszeit sollten die alten Adelsideale in einer Richtung entwickeln und ummodeln, die es späteren Geschlechtern ermöglichte, sie als verbindlich und allgemeingültig zu akzeptieren.

Denker für eine Gesellschaft im Umbruch

Seinen gedanklichen Niederschlag findet der vom 7. Jahrhundert an fühlbare gesellschaftliche Wandel bei den Autoren des späten 6. und des 5. Jahrhunderts. Als den bedeutendsten von ihnen ehrt die Tradition Kuan Chung, den gewandten Staatsminister von Ch'i aus dem 7. Jahrhundert, aber die Textkritik hat endgültig bewiesen, daß die ihm zugeschriebenen

Schriften mehrere hundert Jahre später entstanden sein müssen; dasselbe gilt auch von Lao-tzu, in dem die Überlieferung den Verfasser des weltberühmten Tao-te-ching sieht. Der früheste Denker, von dem wir einiges mit Sicherheit zu sagen vermögen, ist zugleich auch der bekannteste und einflußreichste: Konfuzius. Man kann das Eigenartige seiner Denkweise wie auch der Denkweise späterer Denker dieser für die chinesische Geistesentwicklung überaus wichtigen Periode nicht verstehen, wenn man sich nicht Funktion und Bedeutung des »Philosophierens« in China vergegenwärtigt. Die Denker, die wir vor uns haben, sind keine Philosophen im westlichen Sinn. Die meisten Grundprobleme der Philosophie, namentlich ontologische und metaphysische Probleme, interessieren sie nicht; die im Abendland und auch in Indien immer wieder aufgeworfenen Fragen nach dem Sinn des Lebens, nach dem Warum, Woher und Wohin, werden von ihnen nicht berührt. Die irdische Welt und der Kosmos, der Mensch und die Gesellschaft sind für die Chinesen von damals – und auch in späteren Zeiten – etwas schlechthin Gegebenes, das entweder ohne weiteres Reflektieren oder mit einer rational anmutenden Ursprungserklärung hingenommen wird; spekuliert wird darüber nicht. Was für die chinesischen Denker im Vordergrund steht, sind immer wieder die menschliche Gesellschaft und die Probleme ihrer idealen Ordnung in der Ebene menschlichen Geschehens. Eingriffen übermenschlicher, insbesondere göttlicher Kräfte wird dabei, wenn überhaupt, nur eine geringe Bedeutung beigemessen.

Ein ausgearbeitetes System von Beziehungen zwischen Kosmos und menschlicher Gesellschaft kennen wir in der chinesischen Philosophie erst seit dem Ende des 3. Jahrhunderts. Viele Gründe sprechen aber dafür, daß ein Zusammenhang zwischen kosmischem und menschlichem Geschehen, wenn auch vielleicht ohne die späteren Verfeinerungen, schon sehr viel früher unterstellt wurde. Daraus ergab sich die Vorstellung, daß »Mensch« und »Himmel«, Gesellschaft und Kosmos einander beeinflußten; »richtiges« Verhalten der Menschen mußte sich demnach günstig auswirken, »falsches« dagegen den Ablauf der kosmischen Prozesse stören. Daß an eine Rückwirkung menschlichen Handelns auf Naturprozesse schon in frühen Zeiten geglaubt wurde, kann man aus der ständigen Registrierung als bedeutsam empfundener Naturereignisse in den frühen Chroniken schließen. Zum Teil wurden kosmische Reaktionen auf menschliches Tun als automatisch gesehen, aber zugleich schwingt im Begriff des Himmels auch die Vorstellung von einer aktiv eingreifenden Gottheit. Freilich ist es eine Gottheit ohne scharf ausgeprägte Züge und Attribute; die vage Umrißlosigkeit der Gottheit der Philosophen bildet einen eigenartigen Gegensatz zur bunten Schar der Götter der Volksreligion, die sich gelegentlich in der Literatur kundtut. Es fehlt zunächst auch die Verknüpfung mit dem in der Religion seit jeher überaus wichtigen Ahnenkult. Das mag damit zusammenhängen, daß die chinesische Philosophie über das Verhältnis Gott und Mensch eben überhaupt nicht spekuliert. Da richtiges Verhalten auch den richtigen Lauf der Dinge bewirken muß, richtet sich das Interesse auf die zweckmäßigste Ordnung der Gesellschaft; nur so kann der gewünschte Erfolg, der reibungslose Ablauf der Naturprozesse, verbürgt werden.

Die Annahme, daß menschliches Verhalten auf das Naturgeschehen entscheidend einwirke, ist allen chinesischen Denkern gemeinsam. Der bedeutsame Vorstoß der frühen

Philosophen bestand darin, daß sie das menschliche Tun als fragwürdig ansahen und nach einer Ideallösung suchten: die ideale Ordnung der Gesellschaft sollte das richtige Verhalten der Menschen gewährleisten oder überhaupt erst ermöglichen. Die vorgefundene Struktur der Gesellschaft erschien den frühen Denkern als unzureichend und unbefriedigend und wurde von ihnen implizite und explizite verurteilt.

Tatsächlich traten diese Denker in einer Zeit auf, in der das hergebrachte Gefüge der Gesellschaft ernsthaft erschüttert war. Das altbewährte Lehnssystem mit Großkönig und verzweigten Lehnsbeziehungen war seit dem 7. Jahrhundert durch ständige Kriege wesentlich geschwächt; viele Kleinstaaten waren untergegangen, ihre früheren Herren gestürzt worden; traditionelle Bindungen und Treueverhältnisse waren zerbrochen. Zur selben Zeit vollzog sich der Wandel in den Lebensumständen der Bauernbevölkerung: allmählich wurden aus den Hörigen »freie« Bauern. Das Wort »frei« ist zwar in den Texten nicht zu finden, aber bezeichnenderweise heißt es in der Chronik des Jahres 594, im Staate Lu, also in der nordchinesischen Tiefebene, sei »erstmalig die Grundsteuer erhoben« worden. Das kann nur heißen, daß sich die Bauern nunmehr vom Frondienst mit Abgaben loskaufen konnten: die Lockerung der feudalen Bande begründete ein freieres Verhältnis zwischen Landesherrn und Untertan. Das archaische China war in Auflösung, die alten Werte waren wertlos geworden. Die mühsame Geburt eines neuen Chinas förderten die Philosophen, indem sie sich um die Prägung neuer Werte bemühten oder die alten Werte umzuwerten, ihnen einen neuen, lebenskräftigen, den neuen Verhältnissen angemessenen Inhalt zu geben suchten.

In allen archaischen Gesellschaften, in denen der religiöse Glaube keine Sonderstellung einnimmt und selbständig nur an Festtagen hervortritt, dafür aber, eher unbewußt als bewußt erlebt, den Alltag durchdringt, kommt dem Brauchtum die größte Bedeutung zu. Es ist die sakrosankte Richtschnur für das Leben, es verkörpert Gesetz und religiöse Sanktion: wer es kennt und befolgt, hat es gut; wer es mißachtet oder übertritt, wird bestraft. Sich an Sitte und Brauch halten heißt den Einklang mit der Natur wahren; gegen Sitte und Brauch verstoßen heißt den Rhythmus der Natur stören und Störungen heraufbeschwören. Störungen des kosmischen Ablaufs ziehen aber die Gesellschaft in Mitleidenschaft; so wird der Sünder im Sinne des Brauchtums gleichzeitig als Missetäter gegen die Gesellschaft angesehen.

Das chinesische Wort für Brauchtum in diesem erweiterten Sinne ist *Li* (zumeist mit »Sitte« übersetzt); grundsätzlich umfaßt Li auch das Gesetz. Aus etwa derselben Zeit, in die die Einführung von Grundsteuern fällt, wird nun aber auch die Ausarbeitung von Gesetzen, namentlich der Erlaß von Strafgesetzen gemeldet (für 620 [?], 513 und 501). Dies sind deutliche Anzeichen, daß die Bräuche, die einer wesentlich statischen Gesellschaft entsprechen, den Bedürfnissen einer Welt im Umbruch nicht mehr gerecht wurden. Die Vormachtstellung des archaischen Priesterkönigs war dahin, und das auf der Magie der »Tugend« hergeleitete Prestige des Adels war erschüttert; ein Säkularisierungsprozeß war in Gang gekommen. Nun traten die Denker hervor, die neue Werte zu begründen oder verschüttete alte Werte zu neuem Leben zu erwecken unternahmen. Vor allem zwei, Konfuzius und Mo Ti, haben tiefe Spuren hinterlassen.

Als K'ung fu-tzu, Meister K'ung, was die Jesuiten am Pekinger Hof zu Konfuzius latinisierten, ist der Mann K'ung Chung-ni oder K'ung Ch'iu in die Geschichte eingegangen. Nach einer alten Überlieferung soll er von 551 bis 479 v. Chr. gelebt haben. Die Jahreszahlen sind ungewiß; sicher ist nur, daß der Meister zu Beginn des 5. Jahrhunderts in seiner Heimat Lu und an benachbarten Höfen gelehrt hat. Er war nicht, wie die spätere Tradition behauptet, Justizminister von Lu, aber es ist möglich, daß er als Angehöriger eines verarmten Adelsgeschlechts eine untergeordnete Stellung im Staatsdienst bekleidete. Er lehrte an einer der traditionellen Adelsschulen, wo jungen Leuten die Künste, das heißt Schreiben und Rechnen, Zeremoniell und Musik, Bogenschießen und Wagenlenken beigebracht wurden. Falls er je ein Buch geschrieben hat, hat es sich nicht erhalten. Sieht man von seiner zweifelhaften Beschäftigung mit der Lokalchronik von Lu ab, so bleibt uns nur die Jahrzehnte nach seinem Tode zusammengestellte Sammlung seiner Sinnsprüche, Lun-yü (oft als »Vermischte Gespräche« oder als »Analekten« zitiert), wovon die Kapitel 3 bis 9 das älteste Material enthalten. Außer in den späteren Teilen der Lun-yü finden sich Konfuzius zugeschriebene Sprüche auch in anderen Texten ebenfalls späteren Datums; als Beiträge zur Darstellung seiner Lehre sind sie weniger wichtig, als sie es für die konfuzianische Heiligenlehre sein mögen.

Für Konfuzius gibt es nur einen Ausweg aus der um sich greifenden Verwirrung und Verwilderung: Erhaltung des Li, der Gesamtheit der heiligen alten Bräuche und Riten. Aber nicht darin liegt Meister K'ungs geschichtliche Bedeutung, nicht das allein hat ihn zum »Lehrer von zehntausend Generationen« gemacht. Entscheidend war, daß er dem Li eine neue Wendung, wenn nicht gar einen neuen Inhalt gab. Li war für ihn nicht ein Beieinander von Formvorschriften, die man befolgen mußte, um auf einer mythisch-magischen Grundlage die Harmonie von Mensch und Kosmos zu erhalten und damit das Wohlergehen der Gesellschaft zu sichern; Li war mehr als »nur Gaben nach dem Ritual«, wie auch wahre Musik mehr sein sollte als »nur Glocken und Trommeln«. Die Wendung, das Mehr war moralischer, ethischer Natur. Ohne den Menschen – und bestimmt nicht das »Individuum« – aus seiner archaischen Bindung an den Kosmos zu lösen, stellte Konfuzius den Menschen und die menschlichen Beziehungen in den Mittelpunkt: der Mensch sollte aus moralischer Überzeugung richtig handeln; er sollte *te*, die Tugend, die mehr zu sein hatte als magische Kraft, erstreben; er sollte sich bemühen, *jen*, wahrhaft gut, zu sein. (So verlockend es ist, *jen* im Hinblick auf die Struktur des dafür benutzten Schriftzeichens mit Menschlichkeit oder *humanitas* zu übersetzen, läßt es sich sinngemäß nur mit »Güte« wiedergeben.)

Da er als Abkömmling eines Adelsgeschlechts in einer feudalen Gesellschaft lebte und an einer Adelsschule unterrichtete, konnte Konfuzius kaum umhin, seiner Lehre ein gewisses aristokratisches Gepräge zu geben; er war kein Neuerer, kein Revolutionär, er sagte selbst: »Ich wiederhole, ich schaffe nicht.« Ideal wäre eine Gesellschaft, in der der Fürst wirklich Fürst, der Untertan Untertan, der Vater Vater und der Sohn Sohn wäre; Konfuzius' Idealgestalt ist der *chün-tzu*, der Fürstensohn, der »Edelmann«, der zum »edlen Manne« geworden ist. Was aber den Adel des Edelmanns ausmacht, ist nicht die Herkunft allein; es muß Gesinnung hinzukommen: daß der einfarbige Stier, den sein untadeliges Fell zum geeigneten Opfertier macht, von einem scheckigen Rind gezeugt worden ist, tut seiner Eignung keinen Abbruch. Der ärmste Schüler war Konfuzius willkommen, wenn er nur lernen wollte. Nicht zufällig sprach Konfuzius so oft vom *shih*, dem Ritter, dem Adligen, der im Gegensatz zum gemeinen Fußvolk im Streitwagen kämpfte: gerade dieser Ritterstand hatte, wiewohl er zum Adel gehörte, die politischen und wirtschaftlichen Privilegien der Mächtigen eingebüßt und war zur neuen Zwischenschicht geworden. Seine Angehörigen hatten nicht wenig Ämter im neuen Beamtenapparat der Zentralregierung inne. Und gerade von diesem Ritter, als »ritterlichem Menschen«, erwartete Konfuzius die Bereitschaft, um der Tugend des Jen, um der höchsten Güte willen im Notfall auch ihr Leben zu opfern.

Nicht nur sollte Li erhalten oder wiederhergestellt werden, sondern es kam im Rahmen des Li auch darauf an, daß die richtigen Handlungen von den richtigen Personen vorgenommen werden. Es war Konfuzius ein Greuel, daß zu seiner Zeit Riten, die nur dem König als »Himmelssohn« zukamen, von Lehnsmännern oder noch niedriger gestellten Angehörigen des Kleinadels verrichtet wurden. Insofern war Konfuzius durchaus ein Kind seiner Zeit, als er sich von der vorschriftsmäßigen Befolgung der Riten eine große Heilswirkung zum Nutzen der Menschheit, einen magischen Erfolg also, versprach.

Im übrigen ging es ihm um die Pflege der Persönlichkeit – nicht um der Vervollkommnung des Individuums, sondern um der Gesellschaft willen. Deshalb legte er so großes Gewicht auf das Studium, das zum V rständnis der Tradition und zu richtigem Handeln anleiten sollte; in der Rettung der Kultur *(wen)* der alten Chou-Könige sah er eine seiner vornehmsten Aufgaben. Bei allen chinesischen Denkern begegnet man dieser Neigung zur Idealisierung des Altertums. Für Konfuzius waren die vorbildlichen Herrscher nicht nur die Gründer des Hauses Chou, die Könige Wen und Wu und der Herzog von Chou, sondern auch die mythischen Kaiser der Urzeit, Yao und sein Nachfolger Shun. Die Taoisten verlegen die Idealzeit in eine noch fernere Vergangenheit: in die Zeit, da einfache, unverdorbene Naturkinder unter der Herrschaft des Gelben Kaisers leben.

Im Grunde bestand die Gesellschaft für Konfuzius nur aus zwei Schichten: dem Adel und dem gemeinen Volk; im besten Fall konnte das Volk dazu angehalten werden, dem richtigen Weg zu folgen, denn das Volk ist wie Gras, das sich zur Erde neigt, wenn der Wind darüber hinweht. Aber auch wenn sich Konfuzius nur an den Adel wandte, auch wenn seine Ideale der Sphäre der Aristokratie entstammten, bezeigte er dem Volk mindestens indirekt – bisweilen aber auch direkt – Interesse und Mitgefühl. Der Herrscher müsse, sagt er einmal, dafür sorgen, daß seine wachsende Bevölkerung zu Wohlstand komme, und sie, sobald sie wohlhabend geworden sei, unterrichten. Gewiß war mit diesem Bildungsideal nicht die Vermehrung der Schulkenntnisse gemeint, sondern immer wieder das Erlernen und Beherrschen der Regeln des geheiligten Brauchtums, auf daß ein jeder bewußt und freudig die ihm aus seiner gesellschaftlichen Stellung erwachsenden Pflichten erfülle. Damit rückten zwei Begriffe in den Vordergrund, die bei späteren Denkern der konfuzianischen Schule eine zentrale Bedeutung erlangen sollten und die der orthodoxen konfuzianischen Staatslehre als Tragpfeiler dienten: *Hsiao* und *I*.

Ursprünglich war *Hsiao* die Verehrung der Ahnen; bald jedoch wurde daraus die unabweisliche Pflicht, den Eltern zu dienen, sie nicht nur materiell zu versorgen, sondern auch jeden ihrer Befehle mit absolutem Gehorsam zu befolgen. Schließlich wurde aus der kindlichen Liebe zu den leiblichen Eltern die Gehorsamspflicht gegenüber einer weitaus breiteren Schicht: allen Höhergestellten. Diese Entwicklung wurde dadurch begünstigt, daß der chinesische Staat in der Kaiserzeit als eine große Familie galt, in der der Herrscher am ganzen Volk, der Kreisbeamte an der Bevölkerung seines Kreises Vater- und Mutterstelle vertrat. Aus dem 3. vorchristlichen Jahrhundert stammt eine kurze Schrift, die von der Überlieferung dem Konfuzius-Schüler Tseng-tzu zugeschrieben wird und die ganz der Verherrlichung der Kindesliebe in fast mystischen Worten gewidmet ist. In der Han-Periode war sie eins der ersten Lese- und Lehrbücher, mit denen sich junge Schüler zu beschäftigen hatten, und am Hofe bestand ein besonderer Lehrstuhl für ihre Interpretation, neben Professuren für die Deutung anderer Werke des konfuzianischen Kanons.

Nicht mindere Bedeutung kommt dem Begriff *i* zu, oft in vereinfachender und verdunkelnder Übersetzung mit »Recht« wiedergegeben. Hier geht es in Wirklichkeit um das richtige Gefühl für die gesellschaftlichen Verhältnisse, die Erfüllung der Pflichten, die jedem Einzelnen aus seiner sozialen Stellung erwachsen, die Pflicht, einem jeden, vor allem den Höhergestellten, die Rechte einzuräumen, die ihnen gebühren. Auch dieser Begriff sollte bei den späteren Konfuzianern eine Ausweitung und Vervollständigung erfahren; besonders hat sich um ihn im 3. Jahrhundert Hsün-tzu bemüht, ein im Vergleich zu anderen Konfuzianern viel starrerer und dogmatischerer Interpret der Lehre.

Autoritäres Regiment und allumfassende Liebe

Zeitlich schließt sich an Konfuzius mehr oder minder unmittelbar Mo Ti an, der etwa in der Zeit von 480 bis 405 v. Chr. gelebt haben dürfte. Originalschriften haben sich auch von Mo Ti nicht erhalten: auch von ihm kennen wir nur von Schülern notierte und zusammengestellte Äußerungen. Doch während wir von Konfuzius nur knappe, fast aphoristische Sprüche kennen, sind von Meister Mo neben Einzelsätzen auch ganze Reden oder Predigten überliefert. Im Gegensatz zu Konfuzius, dessen archaische Religiosität in seinen Sinnsprüchen so wenig hervortritt, daß man ihn sogar einen Agnostiker genannt hat, bringt Mo Ti seine Frömmigkeit deutlich zum Ausdruck. Predigend verkündet er den Gottesglauben, aus dem die für ihn entscheidende Idee der »allumfassenden Liebe« *(ch'ien-ai)* fließt; ein wesentliches Element dieser Liebe ist die Verdammung des Angriffskrieges. Wie Konfuzius interessiert sich auch Mo Ti primär für die menschliche Gesellschaft, aber wenn er auch gewiß kein Demokrat ist, fehlt bei ihm die für Konfuzius typische Betonung der aristokratischen Gesellschaftsform; nicht der Adel, sondern die Beamtenschaft wird als die zum Regieren berufene Schicht gesehen. An eine Mitbestimmung des Volkes, dessen durch Unterdrückung und Krieg bedingtes Leid ihn beschäftigt und dem er bessere Lebensumstände wünscht, denkt Mo Ti nicht; wonach er strebt, ist eine auf Gleichschaltung der Meinungen gegründete Diktatur. Besondere Erwähnung verdient, daß Mo Ti (und seine Schule) sich mit dem Problem der Dialektik beschäftigt und darin an Fragestellungen der abendländischen Philosophie erinnert; bei späteren Denkern haben diese Ansätze allerdings keine Beachtung gefunden.

Mo Tis religiöse Vorstellungen finden vor allem in Predigten »Der Wille des Himmels« und »Klarheit über die Geister« ihren Niederschlag. Der Himmel (von Gott wird nicht gesprochen) ist rein und edel und will das Gute; er belohnt die, die Gutes tun, und bestraft die Bösen; alle Menschen – darunter auch der Herrscher, der Sohn des Himmels – sind dem Himmel Gehorsam schuldig, und vom Himmel empfangen sie die Qualitäten der Güte und Rechtschaffenheit (auch Mo Ti bedient sich der bei Konfuzius und seinen Nachfolgern beliebten Begriffe Jen und I). Den gesellschaftlichen Verfall der neueren Zeitläufe sieht Mo Ti im Dahinschwinden der frommen Gesinnung: man verwerfe zwar Fehler und Missetaten, aber nur in der menschlichen Ebene, ohne zu sehen, daß es um Verstöße gegen den Willen des Himmels gehe. Angesichts des schrumpfenden Glaubens an die Welt der Geister ist Mo Ti um den Nachweis bemüht, daß Geister wirklich sind und daß auch sie das Gute belohnen und das Böse ahnden; die Wirksamkeit der Geister ist ihm wichtig, weil durch sie gute Regierung und Ruhe und Ordnung gefördert würden. Vor allem werde die anzustrebende gesellschaftliche Harmonie durch die von Mo Ti geforderte »allumfassende Liebe« geschaffen, die jedes Individuum allen anderen gegenüber zu betätigen habe; nicht nur seine eigene Familie, nicht nur die Mitbürger im näheren Umkreis solle man lieben, sondern auch – und mit derselben Intensität – alle anderen Menschen. Scharf wendet sich Mo Ti gegen alle, die einer »differenzierenden Liebe« *(pieh ai)* das Wort reden: Konfuzianer, die die Liebe auf den Familienkreis beschränken und deren Auffassungen über die Verschiedenheit der Gesellschaftsschichten sich schwerlich damit vertragen, daß Angehörige der verschiedenen, hierarchisch geordneten Gruppen einander vorbehaltlos lieben, oder übereifrige Patrioten, die blutige Kämpfe zwischen den einzelnen Staaten gutheißen.

Ein direkter Weg führt von hier zur Verurteilung des Angriffskrieges. Diebe und Mörder, sagt Mo Ti, werden schwer bestraft, aber wenn Staaten einander bekämpfen und dabei unzählige Menschen umbringen und Beute zusammenraffen, werden die erfolgreichen Täter nicht hingerichtet, sondern mit Lob und Ehrungen überhäuft. Eigenartigerweise gilt Mo Tis Interesse in diesem Zusammenhang nicht ethischen Überlegungen, sondern dem Motiv der Nützlichkeit: weil der Krieg niemandem nutze, solle man keine Kriege führen. Späteren Konfuzianern, namentlich Mencius, diente die Betonung des Nutzens bei Mo Ti als Argument gegen ihn; im ersten Abschnitt seiner Reden antwortet Mencius auf die Frage eines Herrschers, ob er nicht auch Nützliches für den Staat zu bieten habe: »Weshalb mußt du, o König, sogleich von Nutzen reden? Es gibt doch Güte und Rechtschaffenheit, und das genügt!«

Auch wenn sich Mo Ti nicht ausdrücklich mit der Vormachtstellung des Adels beschäftigt, vernachlässigt er nicht den grundsätzlichen Unterschied zwischen Regierenden und Regierten. Er ist radikaler als Konfuzius, wenn er verlangt, daß die Verwaltung dem Fähigsten und Tugendhaftesten ohne Rücksicht auf gesellschaftliche Herkunft anvertraut werde; er ist aber viel autoritärer als Konfuzius, wenn er dafür eintritt, daß alle Menschen im ganzen Reich dieselben Meinungen haben sollten und die Bestrafung derer fordert, die die Ansichten der »Oberen« nicht teilen. Von den drei Schulen, in denen später Mo Tis Weisheit gelehrt wurde, berichtet die Überlieferung, daß sie einem allgewaltigen Vorsteher unterstanden und mit unnachsichtiger Disziplin regiert wurden. Hier zeigen Mo Ti und seine Nachfolger eine gewisse Verwandtschaft mit der späteren »Rechtsschule« und ihren Vorstellungen vom autokratischen Staat, in dem es nur gleichgeschaltete Denker geben dürfe. Wegen ihrer Kunst der Städteverteidigung im Altertum berühmt, waren Mo Ti und seine Schüler Anhänger einer strengen militärischen Disziplin und hatten insofern viel Gemeinsames mit der Rechtsschule, die ein »Volk in Waffen« wollte, um ihrem Herrscher die Macht im Reich zu sichern.

Philosophisch ist der Beitrag Mo Tis und seiner Schule eine einzigartige Erscheinung in der chinesischen Geistesgeschichte: hier gibt es Ansätze zu echter philosophischer Spekulation; es bleibt allerdings bei der Dialektik, ohne daß ein geschlossenes System der Logik entwickelt wurde. Mo Ti ringt um begriffliche Klärung, ja er schneidet erkenntnistheoretische und ontologische Fragen an, bleibt aber bei den Anfängen stehen. Über Ansätze sind auch die chinesischen Sophisten Huei Shih und Kung-sun Lung, die den Faden weitergesponnen haben, nicht hinausgekommen. Bei späteren Denkern finden sich solche Fragestellungen überhaupt nicht mehr.

Im 4. und 3. Jahrhundert muß, wenn spätere Philosophen wie Mencius und Han Fei in ihrer Beurteilung recht haben, die autoritär gefärbte Sozialethik des Mo Ti beträchtliche Erfolge erzielt haben. Nach der frühen Han-Zeit ist freilich von dieser Schule nie mehr die Rede. Was sie – in weitgehender Übereinstimmung mit den Konfuzianern und den Anhängern der Rechtsschule – angestrebt hatte: uneingeschränkte Herrschaft eines autokratischen Fürsten an der Spitze einer aus »tugendhaften« Männern bestehenden Beamtenschaft, war zu einem erheblichen Teil Wirklichkeit geworden. Ihre Ritualfeindlichkeit dagegen stieß auf heftigen Widerstand, und ihre egalitären Tendenzen konnten sich gegen die tiefverwurzelten Vorstellungen vom pyramidenartigen Aufbau der Gesellschaft nicht durchsetzen. Was man als den »Sieg des Konfuzianismus« zur Han-Zeit bezeichnet, war in mancher Hinsicht nichts anderes als die siegreiche Wiederkehr eben dieser Vorstellungen. Daß mit Mo Tis Sozialphilosophie auch die Dialektik seiner Schule und der Sophisten untergegangen ist, ohne Spuren zu hinterlassen, mag daran gelegen haben, daß ihre erkenntnistheoretische Spekulation noch sehr abstrakt war; größeren Anklang fanden bei einer Gesellschaft, die auf Konkretes und Greifbares eingestellt war, die eher auf Naturerkenntnis als auf Metaphysik abzielenden Spekulationen über die kosmischen Grundprinzipien *Yin* und *Yang* und die fünf Elemente des Naturgeschehens. Den meisten Denkern dieser Zeit erschien die Dialektik als eitel Spiel mit Worten, während die Yin-Yang-Theorien nicht als müßige Spekulation, sondern als Erklärung der kosmischen – und gesellschaftlichen – Prozesse empfunden wurden.

Der mystische Weg: Taoismus

Konfuzius und Mo Ti sind der Welt zugewandt; sie wollen die Gesellschaft mit bestimmten Maßnahmen und Regeln ordnen, lenken und in Schranken halten. Etwas ganz anderes wollen die als Taoisten gekennzeichneten Denker und Mystiker. Ihre Lebenseinstellung ist weder positiv noch aktiv; wenn sie nicht offen negativ ist, ist sie zum mindesten passiv. Die menschliche Gesellschaft kann nach ihrer Ansicht nur gedeihen, wenn man in sie nicht von außen eingreift, sondern es dem Gang der Dinge überläßt, sie in Einklang mit dem Naturprozeß zu halten; auch das Individuum soll nicht durch Sitten, Riten oder Gesetze in eine bestimmte Bahn gezwängt werden: das menschliche Tun soll dem Kosmos angepaßt sein und nicht durch »künstliche« Vorschriften von seiner wirklichen Bestimmung abgelenkt werden. Auf die Frage nach der besten Regierung kann die richtige Antwort nur besagen, daß der vollkommene Fürst nicht regiert; seine Devise muß sein: »Handle nicht« *(wu wei)*. Das Regieren, sagt Lao-tzu, ist wie das Braten kleiner Fische: der Fürst muß mit der größten Umsicht vorgehen, damit die Harmonie nicht gestört werde. In diesem Sinne behandeln die taoistischen Texte den vollkommenen Herrscher, den »wahren Menschen« *(Chen-jen)* und das Individuum mit seinem inneren Erlebnis und seiner Selbsterfüllung in der mystischen Vereinigung mit dem All.

Die führenden Denker der Taoisten sind die Männer, von denen die Schriften Tao-te-ching und Chuang-tzu stammen. Der Verfasser des größten Teils des Chuang-tzu ist Chuang Chou, der Ende des 4. Jahrhunderts gewirkt hat. Weniger klar ist die Autorschaft des Tao-te-ching. Die alte Tradition schrieb diesen Text einem Weisen namens Lao-tzu, was aber nur »alter Meister« bedeutet, oder Lao Tan (»alter Tan«) zu, der um 600 v. Chr. geboren sein sollte. Die Schrift muß indes wesentlich jüngeren Datums sein, denn sie polemisiert in manchen Kapiteln gegen die Konfuzianer und die Anhänger der Rechtsschule. Neuerdings wird allgemein angenommen, daß das Tao-te-ching um 300 entstanden sein muß, wobei offenbar viele Sinnsprüche eines weit älteren Mystikers, eben des »alten Meisters«, aufgenommen worden sein dürften, von dem die spätere Tradition wie üblich viel Unbewiesenes zu berichten wußte. So hieß es zum Beispiel, Lao-tzus Heimat sei Ch'u gewesen, und sowohl chinesische wie abendländische Autoren wollten in Lao-tzu aus diesem Grund den Vertreter einer »südchinesischen« Geisteshaltung sehen. Aber der Heimatort des Denkers liegt in einem Bezirk, der seit jeher zum ursprünglichen Kulturgebiet der großen chinesischen Tiefebene gehörte. Und der große Mystiker Chuang Chou stammte einwandfrei aus dem Norden. Dem scharfen Kontrast zwischen einem nördlichen Realismus und einem südlichen Mystizismus ist damit der Boden entzogen. Dennoch darf man festhalten, daß vor allem die Äußerungen Chuang-tzus manche Gemeinsamkeit mit Gedichten schamanistischer Inspiration aus dem Süden aufweisen, in denen der befreite Geist wie im Rausch den Weltenraum durchschweift.

Das Streben aller Mystiker richtet sich auf die *unio mystica*, das Einswerden mit der Gottheit oder mit dem letzten Urgrund aller Dinge. Bei den chinesischen Mystikern heißt dieser Urgrund *Tao*; daher auch Taoismus und Taoisten *(Tao chia)* herstammen. Den Begriff des Tao – »Weg« – haben die Taoisten mit anderen chinesischen Denkern gemein; im Grunde bezeichnet er die ständige Bewegung, den nie abreißenden Prozeß des Weltalls und der Geschöpfe, die im Weltall existieren, die wachsen, blühen und vergehen: Tag und Nacht, Leben und Sterben. Die alten chinesischen Denker sahen, wie schon gesagt, alle Teile der Schöpfung in durchgängigem Zusammenhang und wollten den ungestörten Ablauf der kosmischen Prozesse durch harmonische Ordnung der menschlichen Gesellschaft sichern. Für die Taoisten ist das Tao mehr als die Summierung all dieser Prozesse; es ist der Urgrund alles Seins und Nicht-Seins. Das Tao ist kein personifizierter Gott – wie etwa der Himmel bei den Konfuzianern und bei Mo Ti – und hat weder einen Willen noch eine bestimmte Zielstrebigkeit. Es ist, aber es handelt nicht; es ist »von sich aus so«. So ist das Tao »immer tatenlos, und doch gibt es nichts, was nicht geschähe«.

Um die Vereinigung mit dem Tao zu erreichen, muß der Mensch wie das Tao selbst sein: er muß spontan da-sein, er soll nicht versuchen, durch Streben oder aktives Tun einzugreifen, er soll nichts erreichen wollen. Er soll leer werden, offen sein für alles, was an ihn herantritt. Er soll schwach und biegsam sein, nicht stark und hart; nicht hoch und hervorragend, sondern niedrig und bescheiden. Nur wenn er sich passiv verhält, wächst, da es alle Möglichkeiten in sich einschließt, sein *Te*, seine magische Potenz im archaischen, nicht im konfuzianischen Sinne. Sinnbild dafür ist das neugeborene Kind, das schwach und passiv, zugleich aber auch Inbegriff ist aller Weiterentwicklung. Die Lobpreisung der Schwäche bestimmt den hohen Rang, der dem Begriff der Leere eingeräumt wird; für die Taoisten ist Leere eine überaus wertvolle Eigenschaft: wären Gefäß und Radnabe nicht leer, so wären sie nutz- und sinnlos. Seinen Sinn erhält das Leben erst, wenn sich der Mensch leer macht und den Wirkungen des Tao Einlaß gewährt.

Die Rückkehr zum natürlichen Urzustand ist ernst gemeint: als Endziel schwebt den Taoisten eine Gesellschaft allereinfachster Art vor, eine Gesellschaft ohne bewußt geförderte Kultur. Das Volk, findet Lao-tzu, solle man dumm halten: »In seiner Regierung leert der Weise ihre Herzen und füllt ihre Bäuche, schwächt ihren Willen und stärkt ihre Knochen. Er sorgt fortwährend dafür, daß das Volk weder Wissen noch Begierde habe und daß die Wissenden nicht zu handeln wagen.« Die »große Einfachheit« soll wiederkehren, wobei das mit »Einfachheit« wiedergegebene P'u wörtlich »unbearbeitetes, ungehobeltes, rohes Holz« bedeutet. Künstlich, unecht *(wei)* ist alles andere: Weisheit und Kenntnisse, sogar Güte und Rechtschaffenheit; denn von solchen Dingen ist erst die Rede, wenn sie selten geworden sind, genau wie man von ehrerbietigen Kindern und treuen Dienern erst redet, wenn in der Familie Unfrieden und im Staat Unordnung herrscht. Angestrebt wird zweierlei: in der politischen Ebene soll der weise oder erleuchtete *(ming)* Fürst das Volk zur Einfachheit bringen, und die innere Einfachheit des Individuums soll das Verschmelzen mit dem Tao ermöglichen. Diesem Zweck dient auch die Vorschrift, daß der Mensch alle Begierde auslösche, um geistig leer zu werden.

Auf diese Weise konnte der Tao-Bekenner die mystische Vereinigung vollziehen, mit dem Tao eins werden. Allerdings führten auch andere Wege zur mystischen Verzückung, ältere Wege, die aus Schamanenkulten stammten. Diese Wege brachten normierte, zum Teil mit dem indischen Yoga vergleichbare Lebensregeln verschiedener Art, darunter Ernährungsvorschriften (Kornfruchtverbot), Atmungstechniken, Sexualvorschriften. In das Streben nach religiöser Ekstase spielten hier noch Elemente des Volksglaubens hinein, vor allem die Vorstellung von der Erwünschtheit und auch Erreichbarkeit eines langen Lebens. Kennzeichen des taoistischen Meisters ist hohes Alter und jugendliches Aussehen; schon von Lao-tzu wurde recht früh behauptet, er habe das Alter von über zweihundert Jahren erreicht. Da der Weise seine Kräfte nicht im Begehren und Streben vergeudet, sondern weich und geschmeidig bleibt »wie das Wasser«, so ist er auch gegen alle Gefahr gefeit: weder Waffen noch wilde Tiere können ihm etwas anhaben, im Wasser ertrinkt er nicht, das Feuer verbrennt ihn nicht.

Diese taoistischen Gedankengänge entwickeln sowohl der unbekannte Lao-tzu als auch Chuang Chou. Im Tao-te-ching sind sie aphoristisch knapp, wobei auch die Angriffe auf die Schulen des Konfuzius und des Mo Ti (die selbst nicht genannt werden) nur angedeutet sind; im Chuang-tzu erscheinen sie in ausführlichen Essays, die ihre Veranschaulichung in einer Fülle von Parabeln finden. Philosophisch anregend und literarisch schön ist Chuangs Darstellung der Relativität aller Dinge; meisterhaft ist die Attacke auf die Starrheit und Heuchelei des konfuzianischen Ritualismus in der Erzählung vom »Räuber Chih«. Gedankenreichtum und vollendete literarische Form haben beiden taoistischen Texten jahrhuntertelang Prestige und Anerkennung gesichert. Ihre intime Beziehung zum Schamanismus der Volksreligion ließ sie später zu heiligen Büchern dieser Volksreligion werden, die daher auch den Namen Taoismus erhalten hat.

Philosophische Vorbereitung der Staatsallmacht

Chronologische Folge und logischer Zusammenhang rufen nun zwei Koryphäen der konfuzianischen Schule, Meng-tzu und Hsün-tzu, auf den Plan, die beide – wenn auch auf verschiedene Weise – eine nachhaltige Wirkung auf die weitere Entwicklung ausgeübt haben. Meng-tzu, Meister Meng, eigentlich Meng K'o und von den Jesuiten wiederum als Mencius latinisiert, wirkte in der zweiten Hälfte des 4. Jahrhunderts, mehr als ein halbes Jahrhundert vor Meister Hsün. Beide waren Konfuzianer; beide griffen auf Konfuzius und die von ihm geschaffenen Kategorien zurück; beide – wie alle Denker der Epoche – suchten nach einer idealen Gesellschaftsordnung, wandten aber verschiedene Methoden an und gelangten zu verschiedenen Konsequenzen. Für beide ist indes bei allen Differenzen der grundlegende Unterschied zwischen den Herrschenden und Beherrschten gleichermaßen axiomatisch.

Mencius war um 370 v. Chr. in Lu, der Heimat des Konfuzius, zur Welt gekommen. Mit vierzig Jahren gab er seine Tätigkeit als Lehrer auf und machte sich, von einem Fürstenhof zum anderen reisend, daran, die Herrscher der Teilstaaten für seine Ansichten über das ideale Regierungssystem zu gewinnen. Nachdem ihm das ebensowenig gelungen war wie vor ihm dem großen Konfuzius, kehrte er als Sechzigjähriger nach Lu zurück und wurde wieder Lehrer. Mencius hielt es für seine Mission, das große Werk des Konfuzius fortzuführen. Inzwischen waren aber zwei Jahrhunderte vergangen, und in entscheidenden

Punkten bezog der Fortsetzer andere Positionen als der Schöpfer der Lehre; es ist dabei jedoch zu beachten, daß von Konfuzius nur aphorismenhaft kurze Aussagen vorliegen, während Mencius ausführliche und systematische Auseinandersetzungen hinterlassen hat.

Wie seine über den Staat philosophierenden Vorgänger wandte sich Mencius an die herrschende Schicht und im besonderen an den Herrscher. Das Moment der Legitimität war ihm aber gleichgültig: das alte Herrscherhaus der Chou war bereits so tief gesunken, daß man es achtlos beiseite schieben konnte; tatsächlich war Mencius bereit, die oberste Herrschaft im Lande jedem Fürsten in Aussicht zu stellen, der sich zu seinen Lehren über die »königliche Methode« *(wang tao)* zu bekehren gewillt war. Der gute Herrscher empfängt seinen Auftrag vom Himmel; ob ihm das Mandat wirklich zugefallen ist, ersieht man aus dem Beifall oder der Ablehnung des Volkes. Das Volk ist zwar auch bei Mencius politisch unmündig, aber in seiner Treue oder seinem Abfall kommt der Wille des Himmels zum Ausdruck. Mencius geht sogar so weit, das Volk für das wichtigste Element im Staate zu erklären, die Altäre der Erde und des Korns für das zweitwichtigste und den Fürsten für das unwichtigste. Das macht ihn nicht zum Demokraten: zwar lehrt er, daß schlechte Herrscher abgesetzt werden müssen, aber predigt damit noch lange nicht eine revolutionäre Erhebung des Volkes, sondern überläßt es den adligen Ministern, den untauglichen Fürsten zu entfernen und einen guten auf den Thron zu setzen. Freilich muß der Fürst – das ist der Sinn des himmlischen Auftrags – für die Untertanen sorgen; er muß darauf achten, daß das Volk nicht darbt, und eben deshalb sicherstellen, daß es der landwirtschaftlichen Arbeit nachgeht und nicht zu der Zeit, da die Früchte des Feldes der menschlichen Arbeit bedürfen, zu Kriegs- oder Frondienst aufgerufen wird. Damit der Ackerbau gedeihe, will Mencius ein nach seiner Meinung schon früher angewandtes System einführen, wonach jede Bauernfamilie ein Grundstück von hundert Mu erhält und acht Familien ein neuntes Grundstück von derselben Größe bearbeiten, dessen Ertrag dem Grundherrn zufließt; zusätzlich soll jede Familie einen eigenen Gemüse- und Maulbeergarten bewirtschaften. Damit würden alle genug zu essen haben, die alten Leute warme Seidengewänder tragen und stärkende Fleischspeisen zu sich nehmen können und Grauhaarige keine schweren Lasten zu schleppen brauchen.

Auch noch in einer anderen Beziehung ist Mencius moderner, weniger konservativ als Konfuzius. Das Te, das nach Konfuzius den Fürsten als Adligen auszeichnet und das er mit Selbstzucht pflegt und entwickelt, um so seine magischen Kräfte auf das Volk wirken lassen zu können, ist bei Mencius zu einer rein moralischen Tugend geworden; der Einfluß, der vom Herrscher ausgeht, ist nurmehr die zwingende Kraft des guten Beispiels. Dieser Machttheorie liegt bei Mencius die Überzeugung zugrunde, daß der Mensch von Natur gut und vervollkommnungsfähig ist. Da er das ist, ist es ihm möglich, die höchste Tugend, Jen, Güte, zu erreichen. Jeder kann, meint Mencius, ein Yao oder ein Shun werden und ebenso vollkommen und tugendhaft sein wie diese legendären Herrscher der Vorzeit. Darauf beruht auch die Chance des gesellschaftlichen Aufstiegs für Angehörige der beherrschten Schicht, eine symptomatische These in einer Zeit der schrumpfenden Adelsübermacht.

Die Ideen des Mencius, namentlich die optimistische Vorstellung von der menschlichen Natur, konnten sich erst viele Jahrhunderte später Geltung verschaffen. Zur Han-Zeit, da der Konfuzianismus als alleinige Staatslehre Anerkennung fand, siegte nicht seine Abwandlung der konfuzianischen Lehre, sondern die des Hsün-tzu mit seinem Grundbild vom schlechten Menschen. Gerade ihre Lehren vom Menschen haben beide Denker ausführlich dargelegt und mit psychologischen Beweisen zu erhärten versucht.

Hsün K'uang, als Hsün-tzu, Meister Hsün, bekannt, kam näher an aktive Politik heran und konnte – er starb 235 – den endgültigen Verfall der Kleinstaaten erleben. Auch er führte ein Wanderleben, aber er durfte sich wirksamerer fürstlicher Gunst erfreuen als Meister Meng: eine Zeitlang bekleidete er sogar besoldete Hofposten. Aus der von ihm geleiteten Schule sind gewichtige Denker und Staatsmänner, wie Han Fei, der bedeutendste Philosoph der Rechtsschule, und Li Ssu, Kanzler des Gründers des geeinten Reiches, hervorgegangen; überdies sind seine Schriften größtenteils erhalten geblieben.

Für Hsün-tzus Konzeption ist die Annahme grundlegend, daß der Mensch von Natur nicht gut und nicht in seiner Anlage neutral (wie es manchen Mencius-Gegnern erschien), sondern eindeutig schlecht sei. Von der Wiege an folgt der Mensch seinen Begierden und Gelüsten, kennt als Motive nur Mißgunst und Haß. Er gleicht in seiner Art einem gekrümmten Ast, den der Zimmermann nur geraderichten kann, indem er ihn der Hitze aussetzt, biegt und festklemmt. Ähnlich läßt sich der Mensch nur durch Erziehung und strenge Vorschriften zur rechten Lebensauffassung bringen. Die Natur hat seinem Herzen keine Ansätze zur Güte und zu richtigem Handeln eingepflanzt: das sind künstliche Erzeugnisse der Weisen, die er erst erlernen muß. Künstlich haben die heiligen Herrscher des Altertums *Li* und *I* – Sitten und Riten und das rechte Gefühl für gesellschaftliche Pflichten – geschaffen. Nur indem man den Menschen der Regierung eines weisen Herrschers unterwirft und ihn mit Hilfe der Vorschriften von Bräuchen und Pflichten umformt, kann man eine gefestigte Ordnung begründen und den Menschen dazu bringen, tugendhaft zu handeln. Gewiß unterscheidet sich der Mensch von den Tieren, weil er in Gemeinschaft mit anderen Menschen lebt, aber die Gemeinschaft kann nur funktionieren, wenn ihre Angehörigen aus Brauchtum und Einsicht ihren Anteil *(fen)*, das, was ihnen gesellschaftlich obliegt, erkennen lernen. Das vermag man aber erst, wenn man die Regeln des Brauchtums erlernt hat. Ungeachtet seiner schlechten Grundanlage ist der Mensch vervollkommnungsfähig. Die Erziehung nimmt daher in Hsün-tzus System eine überragende Stellung ein, Hauptthema des Unterrichts sind bei Hsün-tzu, obgleich er das kanonische Buch der Lieder häufig selbst zum Beweis heranzieht, nicht die klassischen Texte, sondern die Vorschriften des Li, Brauchtum und Ritual.

Die Wahrung der guten gesellschaftlichen Ordnung liegt in den Händen des weisen Fürsten, der sich die Vorschriften der früheren Heiligen auf dem Thron zum Vorbild nimmt. Diese idealen Herrscher hatten die richtige Einsicht gewonnen, indem sie ihre ursprüngliche Natur überwanden; das war ihnen nicht kraft reinen Studiums oder Nachdenkens gelungen, sondern dank einer Erleuchtung, die Meditieren – im Sinne taoistischer Praktiken – voraussetzt. Ein wichtiges Mittel zur Erhaltung der guten Ordnung ist für Hsün-tzu neben dem Vorbild der Urherrscher die schon von Konfuzius gewünschte »Richtigstellung der Bezeichnungen« *(cheng ming)*; im Gegensatz zu den Sophisten, die er verurteilt, denkt Hsün-tzu dabei weniger an den Aufbau eines logischen Systems als an gesellschaftliche und politische Ziele. Stehen die Bezeichnungen fest, so weiß jeder, woran er sich zu halten hat, und kann seine gesellschaftlichen Pflichten um so besser erfüllen. In dieser Beziehung zeigen Meister Hsüns Absichten einige Ähnlichkeit mit der Vorstellung Mo Tis, daß die richtige Pflege einer autokratischen Ordnung die Gleichrichtung der Meinungen und Ansichten im ganzen Reich erfordere.

Eine noch größere Ähnlichkeit zeigen Hsün-tzus Ideen mit den tragenden Gedanken der schon erwähnten Rechtsschule *(fa-chia)*. Treffend bemerkt Feng Yu-lan, der neuere Historiker der chinesischen Philosophie, daß während sich die anderen sozialethischen Schulen um die richtige Gesellschaftsordnung zum Besten der Gesamtgesellschaft bemühen, den Anhängern der Rechtsschule nur die Interessen des Herrschers am Herzen liegen. Sie wollen einen starken und reichen Staat, aber seiner Bevölkerung haben sie nur eine untergeordnete, dienende Funktion zugedacht. Nicht zu Unrecht hat man die Fa-chia-Denker Realpolitiker genannt. Was sie sich vorgenommen hatten, war, dem Fürsten, der auf sie zu hören bereit war, dazu zu verhelfen, im Kampf der Teilstaaten den Sieg zu erringen und schließlich die Herrschaft über das ganze chinesische Kulturgebiet an sich zu reißen. Ein starker Staat mußte nach ihrer Meinung über technische Mittel *(shu)* verfügen, und als das Wichtigste erschien ihnen das Gesetz oder das Recht *(fa)*. Dem Wort Fa, das ursprünglich Modell, Norm, Vorbild bedeutete, verliehen sie einen neuen Inhalt: sie meinten das geschriebene Gesetz, die allgemeinverbindliche Vorschrift. Gerade die Allgemeinverbindlichkeit des Gesetzes war für sie entscheidend, denn in der Ausnahmeposition besonderer privilegierter Gruppen sahen sie eine Behinderung der vollen Machtentfaltung des Herrschers; eben darum forderten sie mit Nachdruck die Abschaffung des Feudaladels mit seinen traditionellen Vorrechten. Als Instrument des Herrschers wurde aber das Recht vornehmlich zum Strafrecht, das Übertretungen aller anderen Vorschriften mit schweren Strafen bedrohte.

Obschon sich frühere Ansätze des Systems nachweisen lassen, darf man als seinen eigentlichen Begründer Kung-sun Yang aus Wei ansehen, dem im Staate Ch'in die Gelegenheit geboten wurde, seine Ideen erstmalig zu verwirklichen; seiner großen Erfolge wegen wurde er mit der Landschaft Shang belehnt, weshalb er in der Literatur auch Shang Yang oder Shang-chün, Fürst von Shang, genannt wird. Ihren Niederschlag haben seine Ideen in Shang-chün-shu, dem »Buch des Fürsten von Shang«, gefunden, das bestimmt nicht von ihm selbst stammt, aber als im großen und ganzen richtige Wiedergabe dieser Gedanken gelten mag. Eine Ausweitung und gewissermaßen philosophische Vertiefung dieses Denkgebildes nahm dann Han Fei, der vorhin schon erwähnte Schüler Hsün-tzus, vor.

Im Kampf der Staaten muß, so lehrt die Rechtsschule, das Land siegen, das ihre Ideen verwirklicht, denn dank diesen Ideen wird es stark und reich geworden sein. Dazu muß es all seine Kräfte auf zwei Gebiete, Ackerbau und Heereswesen, konzentrieren; vom Handel soll man keinen Nutzen erwarten, denn Geld kann man nicht essen. Alle Ernteüberschüsse müssen als Vorräte für Kriegs- und Notzeiten gespeichert werden; unter keinen Umständen dürfen sie exportiert werden: das hieße den Feind ernähren. Trotz aller Wertschätzung der Landwirtschaft drückt den Bauern eine doppelte Last, da er nicht nur die Felder bestellt, sondern auch im Krieg kämpfen muß. Dazu schwebt über allen das Gesetz, das alle

Verfehlungen streng bestraft. Das Gegenstück zu den Strafen müssen die Belohnungen sein. Zusammen sind Strafen und Belohnungen die »zwei Handgriffe des Fürsten«. Sie brauchen einander nicht die Waage zu halten: es genügt, wenn auf je zehn Strafen eine Belohnung kommt. Ein politisch wohlausgewerteter, wenn auch archaischer Zug des Strafsystems ist die Bestrafung nicht nur des Missetäters, sondern auch seiner Angehörigen, Nachbarn oder Dorfgenossen. Dem entspricht die Vorschrift, daß wer für sich selbst Straffreiheit erlangen will, die Missetaten seiner Angehörigen ohne Verzug den Behörden zu melden hat. Die allseitige Überwachung und Aufpasserei wird durch die Einteilung der Bevölkerung in Zehnergruppen erleichtert.

In diesem wohldurchdachten Herrschaftssystem galten die gepriesenen Belohnungen allerdings fast nur für den Kriegsfall. Wer mit abgehauenen Köpfen belegen konnte, daß er eine gewisse Zahl von Feinden erschlagen hatte, erhielt eine der Kopfzahl entsprechende Ackerlandzuweisung, in gewissen Fällen zuzüglich der auf dem zugeteilten Boden angesiedelten Menschen, die für den Belohnten fronen mußten. An die Stelle des alten Adels trat eine neue, streng gestaffelte Hierarchie aristokratischer Ränge, die sich ausschließlich auf Kriegsleistungen gründeten. Nicht das versinkende Feudalsystem der Chou, sondern die neue in Ch'in ausprobierte Ordnung wurde nach der Errichtung der Han-Dynastie mit nur geringen Änderungen von den Han-Herrschern übernommen.

Als Endziel schwebte der Rechtsschule ein Zustand vor, in dem es wegen der Strenge der grausamen Strafen keine Missetaten mehr gibt; nach Shang Yang besteht der Zweck der Strafen darin, daß sie sich selbst aufheben. Wenn das erreicht ist, kann sich der Gewaltherrscher dem taoistischen Ideal des *wu wei*, der Tatenlosigkeit, hingeben, weil dann alles wie von selbst zustande kommt. Für die alten Tugenden war in diesem System kein Platz mehr; die strengen Strafen sollten nicht durch mißverstandene Güte gemildert werden, und die Forderungen des alten Brauchtums widersprachen denen der neuen Gesetze. Auch die Methoden der heiligen Herrscher des Altertums hatten ihren Anspruch auf Allgemeingültigkeit eingebüßt: die Realpolitiker der Rechtsschule rechneten nur noch mit Gegenwartskräften und Augenblicksfaktoren und kümmerten sich um das Vermächtnis der einstigen Fürsten um so weniger, als ja auch die verschiedenen Philosophenschulen dieses Vermächtnis vieldeutig und widerspruchsvoll interpretiert hatten.

Von den wiedergegebenen philosophischen und staatstheoretischen Systemen ist nur das der Rechtsschule in vollem Umfang verwirklicht worden, und zwar im Staat Ch'in: dort hatte Shang Yang um die Mitte des 4. Jahrhunderts seine Theorien in die Praxis umsetzen können; dort lehrte ein Jahrhundert später Han Fei; dort hatte gleichzeitig Li Ssu, der mit ihm zusammen bei Hsün-tzu in die Schule gegangen war, als Kanzler die einflußreichste Stelle im Staate inne. Seiner von keinem Adelszwist gestörten Uniformität verdankte Ch'in die Möglichkeit, alle anderen Staaten zu unterwerfen und das chinesische Kulturgebiet unter einen Herrscher zu bringen. Auch noch in der frühen Han-Zeit konnten die Ideen der Rechtsschule einen mächtigen Einfluß ausüben: Ch'ao Ts'o, der führende Staatsmann unter den Kaisern Wen und Ching, war ein überzeugter und tatkräftiger Fa-chia-Anhänger. Später, gegen Ende des 2. Jahrhunderts, sollten die Han den Konfuzianismus als offizielle Staatslehre übernehmen und die Verbreitung und Erörterung der Gedanken

CHINA UM 300 v. Chr.

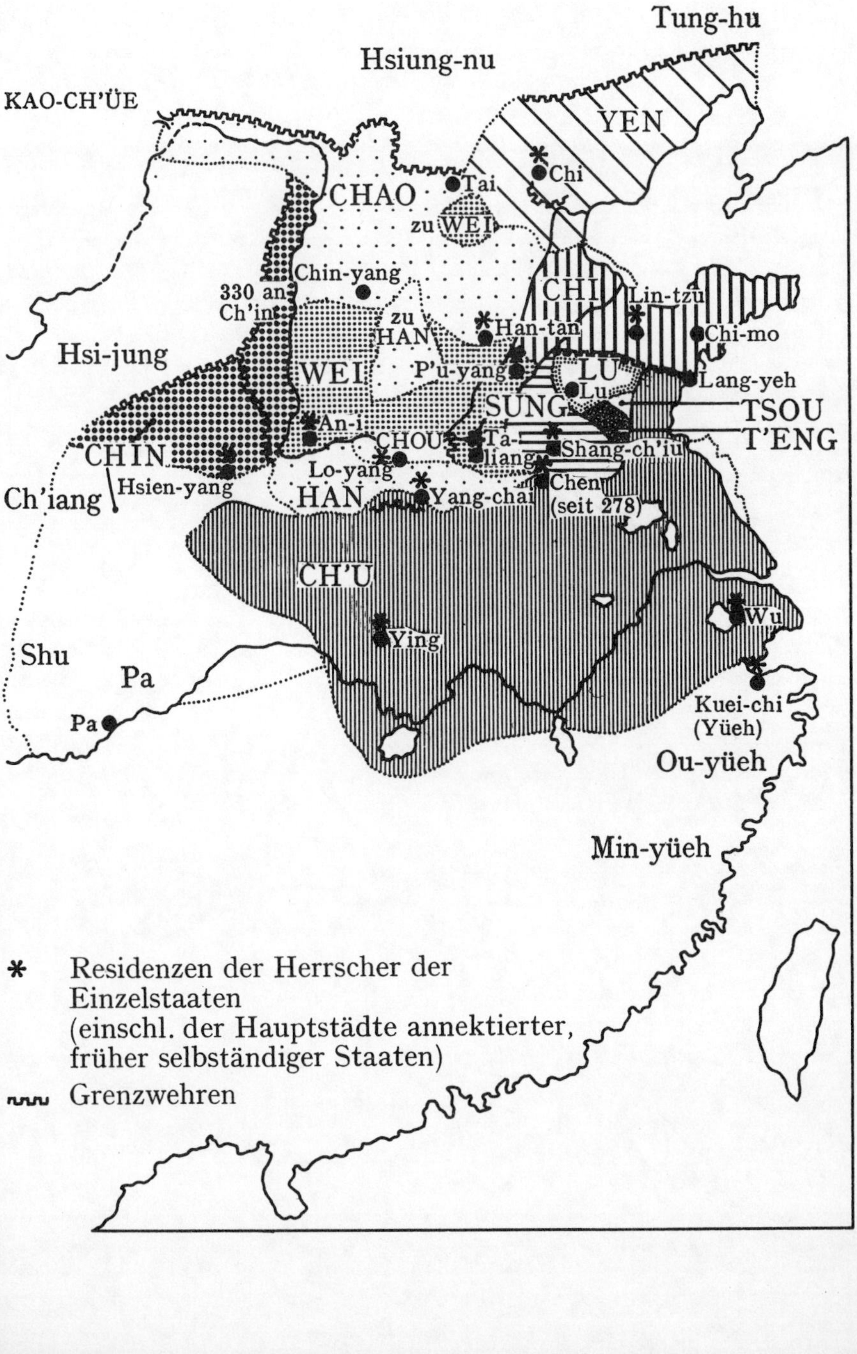

aller anderen Philosophenschulen im Unterricht unterbinden; dennoch erhielten sich viele Ideen der Rechtsschule in der Praxis, namentlich in der Staatsverwaltung, zumal die Konfuzianisierung des Rechts nur langsam und mühselig vor sich ging. Die Schule des Mo Ti war als unabhängiges System verschwunden, auch wenn einige ihrer Ideen in den späten, völlig entfeudalisierten Konfuzianismus eingingen. Von der Dialektik des Mo Ti und von den rein philosophischen Spekulationen der Sophisten war nichts übriggeblieben. Erst in der Neuzeit sollten sie unter dem Einfluß der abendländischen Philosophie erneut einiges Interesse beanspruchen.

Der Ch'in-Kaiser einigt das Reich

Von langem Bestand sind die Ch'in als in ganz China herrschende Dynastie nicht gewesen. Ihre Herrschaft begann 221 v. Chr., nachdem der König von Ch'in alle Teile des Landes erobert hatte. Er regierte nun unter dem Titel Ch'in Shih Huang-ti, was wörtlich etwa »Ch'ins anhebender Augustus Imperator« und sinngemäß »Erster Kaiser der Ch'in« besagt. Aber schon im Jahre 206, als der dritte und letzte Ch'in-Herrscher vor dem Gründer der Han-Dynastie kapitulierte, war die Ch'in-Ära zu Ende. Das ergibt alles in allem fünfzehn oder, wenn man den Beginn der Ära mit dem Regierungsantritt Shih Huang-tis als König von Ch'in im Jahre 247 ansetzt, bestenfalls einundvierzig Jahre.

Nachdem die schon längst ohnmächtigen Chou-Könige 256 entthront worden waren, wurden ein Vierteljahrhundert später die letzten selbständigen Staaten in rascher Folge erobert: 230 fiel Han, 228 Chao, 226 Yen, 225 Wei, 222 Ch'u, 221 Ch'i. Über die für das geeinte Reich zu wählende Verwaltungsorganisation wurde ernsthaft diskutiert; trotz Protesten der Hofbeamten setzte sich das in Ch'in seit geraumer Zeit praktizierte System der Kommanderien *(chün)* als Hauptgliederungen und Präfekturen *(hsien)* als Untergliederungen der zentralen Staatsverwaltung durch: das neue Reich wurde in sechsunddreißig Kommanderien eingeteilt. Bald nach der Reichsgründung setzte in allen Richtungen der Expansionsprozeß ein, der viele Jahrhunderte anhalten sollte. Vermutlich wurde der Name der Ch'in auch außerhalb der Landesgrenzen um diese Zeit bekannt, in Indien als Cīna, bei den Griechen als Thinai; es mag dahingestellt bleiben, ob die Griechen erst auf dem Umweg über Indien von dem neuen Großreich Kenntnis erhielten.

Die neugewonnene Einheit mußte nun konsolidiert und geschützt werden. Zu den ersten Schutzmaßnahmen gehörte die Einziehung aller im Lande vorhandenen Waffen; die Überlieferung sagt, daß aus der beschlagnahmten Bronze außer großen Glocken zwölf Riesenstatuen gegossen wurden, die der Kaiser vor seinem Palast aufstellen ließ. Zwangsweise wurden die führenden und einflußreichen Familien aus allen Provinzen des Reiches – insgesamt nach Ssu-ma Ch'ien hundertzwanzigtausend – in der Hauptstadt Hsien-yang (dem späteren Ch'ang-an der Han und der T'ang, dem heutigen Hsi-an oder Sian) angesiedelt. Vervollständigt wurden die Sicherheitsmaßnahmen mit dem Bau der großen Heeresstraßen, die das Land von Norden nach Süden und von Osten nach Westen durchzogen: sie beschleunigten die Beförderung der kaiserlichen Post und die Fortbewegung des Heeres. Das

Konsolidierungsprogramm brachte die Vereinheitlichung der Gesetze, der Maße und Gewichte, der Schriftzeichen und der Spurbreite der für den Straßentransport bestimmten Karren.

Mit der Einheit der Gesetze ging auch die Gleichheit vor dem Gesetz einher. Weder Adel oder adlige Abstammung (die feudalen Lebensgrundlagen wurden ohnehin zerschlagen) noch hoher Rang sollten künftighin eine günstigere Behandlung sichern, als sie dem gemeinen Mann widerfuhr. Ähnliches hatte der Reformator Shang Yang schon über ein Jahrhundert zuvor empfohlen. Nach einer Inschrift, die 219 am heiligen Berg T'ai-shan angebracht wurde, sollten die Unterschiede zwischen Hohen und Niedrigen erhalten bleiben, dafür aber alle Menschen vor dem Gesetz gleich sein. Auch unter der Han-Dynastie blieb es noch lange so; der archaischen Tendenz zur Verankerung der gesellschaftlichen Unterschiede auch im rechtlichen Status des Individuums wurde nur insofern Rechnung getragen, als hohe Beamte und Angehörige des – neuen – Adels nicht verurteilt werden durften, ohne daß in jedem einzelnen Fall die Genehmigung des Kaisers eingeholt wurde. Mit der Wiederkehr immer stärkerer feudaler Züge im 2. Jahrhundert n. Chr. verfiel allmählich auch die Gleichheit vor dem Gesetz; zugleich erfolgte die offizielle Einführung mancher konfuzianischen Bräuche, zum Beispiel der dreijährigen Pflichttrauer für verstorbene Eltern. Allerdings stimmten das geschriebene Gesetz und das von frommen Konfuzianern schriftlich fixierte Brauchtum mit den verschiedenartigen tatsächlichen Sitten und Gebräuchen vieler heterogener Volksgruppen des großen Reiches durchaus nicht immer überein; so behauptete sich in manchen Landesteilen die bei Konfuzianern verpönte Leviratsehe, ohne von den Behörden bekämpft zu werden.

Die Vorteile einer Vereinheitlichung der Maße und Gewichte liegen auf der Hand. Die früheren Teilstaaten, deren Gebiete zum Teil durch große Entfernungen voneinander getrennt waren, folgten verschiedenen Richtnormen, an deren Stelle nun einheitliche Vorschriften für das ganze Reich traten. Erhalten haben sich Gewichte mit Beschriftungen aus der Ch'in-Zeit und Hohlmaße aus der Han-Zeit. In späteren Jahrhunderten wurden wiederholt neue Eichmaße festgelegt, doch blieben bis in die Neuzeit nicht unwesentliche lokale Abweichungen bestehen.

Von entscheidender Bedeutung war die Schaffung einer einheitlichen Schrift. Aus Inschriften auf Bronzegefäßen läßt sich ersehen, daß sich die Schriftzeichen in verschiedenen Teilen des ausgedehnten chinesischen Kulturgebiets verschieden entwickelt hatten; recht absonderliche Formen hatten sich zum Beispiel im Süden von Ch'u (heutige Provinz Hunan) herausgebildet, das von den Kerngebieten des Reiches weit entfernt war und wo die chinesische Schrift relativ spät eingeführt worden sein dürfte. Die Schriftreform brachte einerseits eine gewisse Vereinfachung der Zeichen, anderseits eine Vereinheitlichung der Formen; Inschriften aus der Zeit des Ersten Kaisers zeigen Formen, die denen der modernen Schriftzeichen bereits ziemlich ähnlich sind. Zur Han-Zeit entwickelte sich aus diesen Formen die sogenannte Kanzleischrift *(li-shu)*, an die sich die heutige Schrift eng anschließt. Während in der Kanzleischrift jede einzelne Linie im Schriftzeichen höchst exakt gemacht wurde, entstand aus ihr im Laufe der Zeit eine handlichere Konzeptschrift *(ts'ao-shu)*, die die einzelnen Striche zusammenzieht und komplizierte Figuren vereinfacht, aber auch verstümmelt. Nicht nur weil sie Zeit spart, hat sich die Konzeptschrift bis in die Gegenwart erhalten: mit ihren grazilen, fließenden Formen, die nicht mühselig gezeichnet, sondern in bewegtem Schwung auf die Schreibfläche geworfen werden, ist sie ein künstlerisches Ausdrucksmittel, das der Malerei nahekommt.

Die Reorganisationsmaßnahmen der kaiserlichen Regierung, die in vielem einen radikalen Bruch mit der Tradition darstellten, müssen schon frühzeitig heftigen Widerstand ausgelöst haben. »Man pries das Altertum, um auf diese Weise die Gegenwart zu kritisieren.« Darauf erfolgten weitreichende Eingriffe der Regierungsgewalt. Auf Vorschlag des Kanzlers Li Ssu, eines der stärksten Initiatoren der Vereinheitlichungspolitik, verfügte 213 ein kaiserlicher Erlaß die Einziehung aller das Altertum behandelnden Schriften und stellte Besitz und Studium solcher Schriften unter Strafe. »Alle geschichtlichen Aufzeichnungen außer der Chronik von Ch'in«, ordnete der Erlaß an, »sind zu verbrennen. Mit Ausnahme der [am Hof beschäftigten] Gelehrten des umfassenden Wissens hat jeder, der das Buch der Oden, den Kanon der Schriften oder die Reden der hundert Schulen [der Philosophie] besitzt, diese Bücher bei Amtspersonen abzuliefern, auf daß sie verbrannt werden. Wer sich herausnimmt, über diese kanonischen Texte zu diskutieren, wird auf dem Marktplatz geköpft; wer unter Berufung auf das Altertum die Gegenwart kritisiert, ist mit seinen Angehörigen zu töten... Von dem vorliegenden Erlaß ausgenommen sind Schriften über Heil- und Arzneikunde, Orakelbefragung und Land- und Forstwirtschaft.«

Inwieweit der Erlaß befolgt worden ist, wissen wir nicht. Im Jahre 212 wurden zwar auf kaiserlichen Befehl etwa vierhundertsechzig »Meister« umgebracht, aber größtenteils waren die Opfer offenbar nicht Schriftgelehrte, sondern Alchimisten und Zauberer, die ein Unsterblichkeitselixier für den gewalttätigen und abergläubischen Herrscher hatten fertigstellen sollen. In jedem Fall waren die Altertumstexte, nach denen unter den Han fünfzig Jahre später gefahndet wurde, als das Interesse für die Vergangenheit von neuem erwacht war, selten und lückenhaft geworden.

Die konfuzianische Geschichtsschreibung verurteilte den Ersten Kaiser der Ch'in als wüsten Unmenschen; dagegen preist die allerneueste chinesische Geschichtsschreibung, die vieles anders deutet, seine Verdienste um die Einigung der kämpfenden Staaten und die Gründung des chinesischen Reiches; sie lobt ihn überdies, was sich schon fast konfuzianisch anhört, weil er die rückständigen Barbaren der Segnungen der höheren Kultur habe teilhaftig werden lassen.

Der Erste Kaiser starb im Sommer 210 auf einer der großen Inspektionsreisen, die er regelmäßig unternahm. Sein Nachfolger war ein Schwächling, der sich von seinem Kanzler, Minister Chao Kao, beherrschen und gängeln ließ. Im Herbst 207 ließ ihn Chao Kao ermorden. Als nun der Neffe des Zweiten Kaisers auf den Thron gehoben werden sollte, war bereits Liu Pang, der künftige Begründer der Han-Dynastie, ins Kernland der Ch'in eingedrungen; »nachdem er sechsundvierzig Tage Fürst gewesen«, entschloß sich der Dritte Kaiser zur Kapitulation.

Aufstieg und Niedergang der Han-Dynastie

Im Herbst 209 begann eine allgemeine Erhebung gegen die Herrschaft der Ch'in. Nach herkömmlicher Auffassung machen chinesische Historiker dafür den Zweiten Kaiser als degenerierten Nachfahren eines großen Herrschergeschlechtes und seinen Kanzler als bösen Ratgeber verantwortlich. Das ist ein beliebtes Klischee, das wenig erklärt. Die Wurzeln der Rebellion wird man eher in dem zähen Widerstand suchen müssen, den die Ch'in-Eroberung und die ihr folgende durchgängige Reglementierung in den früheren Teilstaaten ausgelöst hatten. »Ein Mann schrie auf, und das All, das unter dem Himmel ist, antwortete«, heißt es in Ssu-ma Ch'iens Geschichte. Es fing damit an, daß ein Mann namens Ch'en She, Anführer eines meuternden Trupps von Dienstpflichtigen aus Ostchina, die an die Nordgrenze zum Garnisondienst abkommandiert waren, die Befehlshaber umbrachte und mit seiner zerlumpten Bande, »die sich Knüppel schnitt als Waffen«, eine Anzahl Städte eroberte. Die Kunde vom Gelingen dieser Anschläge verbreitete sich wie ein Lauffeuer, und »wie ein Bienenschwarm« standen in ganz Ostchina Rebellenführer auf. Sie bemächtigten sich großer Bezirke und nannten sich Generale und Könige. Der Begabteste von ihnen, Hsiang Yü, Abkömmling einer adligen Militärfamilie aus dem früheren Reich Ch'u, hatte bald nach siegreichen Kämpfen mit Ch'in-Truppen und feindlichen Rebellenformationen die Führung des Aufstandes an sich gerissen. Im Mai 208 schloß sich ihm der Mann an, der die Han-Dynastie ins Leben rufen sollte: Liu Pang, Bauernsohn, Tunichtgut, Landgendarm, Räuberhauptmann und zuletzt – seit Beginn der Erhebung – oberster Herr über seine Heimatpräfektur.

Im Spätherbst 208 wurde Liu Pang der schwierige Auftrag zuteil, das Kerngebiet der Ch'in (heutige Provinz Shensi) zu erobern. Während die Ch'in-Heerführer und Hsiang Yü im Osten gegeneinander kämpften, zog Liu Pang gen Westen. Da er mit verstärkter Verteidigung der Zugänge im engen Tal des Gelben Flusses rechnete, bog er zunächst nach Süden ab, um über das südöstliche Berg- und Hügelland die von den Ch'in nur schwach besetzten Südpässe anzugreifen.

Ein Jahr später war das Kernland der Ch'in in seinen Händen. Er ließ Paläste und Schatzkammern versiegeln und wartete auf die Ankunft Hsiang Yüs. Sein Vorteil war, daß ein Zivilberater, ein Kanzlist aus seinem Heimatort, die kaiserlichen Archive mit Jahresberichten und Karten hatte beschlagnahmen lassen, so daß Liu Pang über das seit Jahren aufgespeicherte amtliche Informationsmaterial verfügte. Inzwischen hatte Hsiang Yü seinen Soldaten die Hauptstadt zum Brandschatzen und Morden überlassen und ging nun an die Aufteilung des Ch'in-Reichs. Dabei fand sich Liu Pang schwer benachteiligt: statt des versprochenen Ch'in-Gebietes bekam er als Lehnskönigreich nur die Gegenden am Oberlauf des Han-Flusses (daher der Name Han-Dynastie). Hsiang Yü zog sich wieder nach dem Osten zurück; er hatte sich ein eigenes Reich in der großen Ebene ausgesucht. Kaum war er weg, als auch schon Liu Pang sich gegen ihn erhob. Im Sommer 206 fiel Liu Pang von seiner Han-Domäne aus ins benachbarte Ch'in-Territorium ein. Nach dem langen Krieg gegen Ch'in folgten nun Jahre blutigen Machtstreits zwischen Liu Pang und Hsiang Yü, die erst mit Hsiang Yüs Tod im Neujahr 202 ein Ende nahmen.

Am 28. Februar 202 wurde Liu Pang von seinen Mitkönigen die Kaiserwürde verliehen, und nach seinem Tod erhielt er sogar noch den Ehrennamen Kao (»der Erhabene«). Einer der Hauptzüge seines Regiments war die Ersetzung der Lehnskönige durch Mitglieder seines eigenen Geschlechtes der Liu; als er 195 starb, hatte er dies Ziel praktisch erreicht. Seine übrige Tätigkeit galt der – nicht sehr erfolgreichen – Zurückdrängung der nomadischen Hsiung-nu (Hunnen) in den Regionen, aus denen sie mit den Eroberungen des Ersten Ch'in-Kaisers vertrieben worden waren, die sie aber nach dem Zusammenbruch des Ch'in-Reichs erneut besetzt hatten. Von den fortgesetzten Raubzügen der Hsiung-nu an den nördlichen und nordwestlichen Grenzen abgesehen, waren die ersten vier Jahrzehnte nach Kaos Tod eine im großen und ganzen ruhige Wiederaufbauzeit: wenig ereignisreich war die Regierung des Kaisers Huei (196–191), seiner Mutter Lü, der Witwe Kaos (191–180) und des Kaisers Wen (180–157). Kurz nach dem Regierungsantritt seines Nachfolgers Ching (157–141) rebellierten im Frühjahr 154 nicht weniger als sieben Lehnskönige, die sich mit der schon unter Wen begonnenen systematischen Einengung ihrer Machtposition nicht abfinden wollten.

Entscheidend für die weitere Entwicklung des chinesischen Reichs war die lange Regierungszeit Kaiser Wus (141–87). Im Innern gelangen ihm die endgültige Ausschaltung der politischen Macht der neuen Feudalherren, der Aufbau eines durch Prüfungen ausgesuchten Beamtenstandes und die Erweiterung der Zentralverwaltung; auch manchen seiner Bemühungen um die Unterdrückung der lokalen Magnaten blieb der Erfolg nicht versagt. Nicht minder bemerkenswert waren Wus Triumphe nach außen. Seine offensive Politik gegen die Hsiung-nu führte zur Eroberung Nordwestchinas (129–120) und zur Einbeziehung Mittelasiens in den chinesischen Machtbereich (120–100). Das damals noch unabhängige Südchina wurde zum direkten Objekt der chinesischen Durchdringungspolitik: dem Reich einverleibt wurden (112–109) große Teile der heutigen Provinzen Kiangsi, Kuangtung und Kuangsi und das nördliche Indochina einerseits, Kueichou und Yünnan anderseits. Die chinesische Vorherrschaft in der südlichen Manchurei und in Nordwestkorea wurde konsolidiert (109–108).

Nachdem Kaiser Wus Verfolgungswahn den Thronfolger zu einem Aufstand und schließlich in den Selbstmord getrieben hatte (Herbst 91), kam 87 ein unmündiger Knabe auf den Thron. So wurde dessen Regierungszeit (87–72) die Epoche des Huo Kuang, der als Regent bis ans Ende seiner Tage (68) die Zügel in der Hand behielt. Er setzte den Nachfolger des kinderlosen Kaisers Chao nach siebzehn Tagen wegen Unfähigkeit ab und brachte an seine Stelle einen Urenkel Wus namens Hsüan (72–48). Hsüan gelang es zwar, sich von der Vormundschaft des Huo-Clans zu befreien (66), er vermochte aber nicht die Herrschaft der führenden großen Familien zu brechen. In der Regierungszeit Hsüans unterwarfen sich (51) die südlichen Hsiung-nu.

Unter den Kaisern Yüan (48–33) und Ch'eng (33–7) erreichte die Herrschaft der Verwandten der Kaiserinnen ihren Höhepunkt. Seit dem Regierungsantritt Ch'engs lag die wirkliche Macht in den Händen der Familie Wang, aus der die Hauptfrau des Kaisers Yüan stammte. Im Jahre 6 n. Chr. wurde einer ihrer Angehörigen, Wang Mang, zum Regenten für den unmündigen Knaben, der als Han-Erbe auf den Thron gekommen war, und drei

Jahre später war Wang Mang selbst Kaiser. Der Dynastiewechsel war fast reibungslos vor sich gegangen. Zwar rebellierten schon bei der Berufung Wang Mangs zum Regenten einige der vielen Mitglieder des kaiserlichen Geschlechts der Liu, zu dem mehrere Lehnskönige und Dutzende von Markgrafen zählten, aber die Aufständischen, die weder im Volk noch unter den prominenten Geschlechtern Widerhall fanden, wurden schnell niedergeworfen.

Wang Mang war ein extremer Verfechter des Han-Konfuzianismus, ein ehrfürchtiger Verehrer des Altertums und ein Bewunderer der in den kanonischen Büchern beschriebenen Institutionen der Herrscher der Frühzeit; er war aber auch voller Aberglauben und verließ sich immer wieder auf Wahrsagerei und Omendeutung. Unter Berufung auf klassische Lehren und Vorbilder unternahm er wirtschaftliche und soziale Eingriffe, die jedoch fehlschlugen. Die Erlasse, die Grundbesitz und Sklavenhaltung beschneiden sollten, wurden nicht verwirklicht; die neuerrichteten Staatsmonopole und die staatliche Kontrolle und Regulierung der Getreidepreise versagten. Die große Masse durfte die Wirkung der großen Wirtschaftsreformen kaum verspürt haben; dagegen litt sie schwer unter den enormen Soldatenaushebungen und der Lebensmittelrequisition, die den grandiosen, aber nie ausgeführten Expansionsplänen Wang Mangs dienen sollten. Besonders hart wurde das Volk von Naturkatastrophen großen Ausmaßes getroffen; namentlich die Bevölkerung der großen nordchinesischen Tiefebene wurde von Überschwemmungen des Gelben Flusses mit gefährlichen Deichbrüchen heimgesucht. Die Not führte zu Massenwanderungen, die ihrerseits große Aufstände im Gefolge hatten und am Ende den Sturz Wang Mangs nach sich ziehen mußten.

In dieser Wanderungsbewegung zogen unorganisierte Gruppen durchs Land und ernährten sich von dem, was sie jeweils vorfanden, und plünderten die noch seßhafte Bevölkerung aus. Überall herrschte Unruhe. Räuberbanden bildeten sich und vollbrachten noch größere Verwüstungen. Was Wang Mang gegen Anarchie und Bandenunwesen unternahm, blieb wirkungslos. Die Gefahr aber griff um sich. Als die Kommanderie Nan-yang im Süden von einer Anzahl von Banden und im Norden von den herannahenden Trupps der sich »Rote Augenbrauen« nennenden aufständischen Bauern bedroht wurde, schlossen sich Gutsbesitzer der reichen Kommanderie zur Verteidigung von Leben und Besitz zusammen (22 n. Chr.); um die eigenen Kräfte nicht zu verzetteln, verbündeten sie sich anschließend mit den Banden im Süden, was ein gemeinsames Vorgehen der politisch und militärisch erfahrenen Elemente der Begüterten und der notleidenden Volksmasse ermöglichte. Nun mußten sich die neuen Verbündeten auch zum entscheidenden folgenschweren Schritt entschließen: sie sagten Wang Mang die Treue auf, indem sie einen Sproß des Hauses Liu zum Kaiser ausriefen.

Wang Mangs Heere wurden geschlagen, der Usurpator (am 6. Oktober 23) getötet. Die Ruhe war damit freilich noch lange nicht eingekehrt. Die Situation war ähnlich wie zwei Jahrhunderte früher beim Sturz der Ch'in; es gab zu viele widerstreitende Faktoren und Kräfte: die Magnaten aus Nan-yang mit ihrem neuen Kaiser, die große Masse der »Roten Augenbrauen« und viele verschiedene Gruppen und Führer, die nach lokaler Unabhängigkeit, wenn nicht gar nach der Herrschaft im Reich strebten; es gab nicht weniger als zehn

Thronerben, die den Kaisertitel für sich beanspruchten und von denen sich einige auf wirtschaftliche Schlüsselgebiete stützen konnten. Der Mann, der aus diesem wirren Kampf siegreich hervorging, hieß Liu Hsiu und war ein Bruder des zuerst in der Kommanderie Nan-yang proklamierten Thronprätendenten. Im Jahr 25 n. Chr. wurde er Kaiser unter dem Namen Kuang-wu und wählte als Hauptstadt Lo-yang. (Weil Lo-yang östlicher liegt als die entthronte Hauptstadt Ch'ang-an, wird die von Kuang-wu gestiftete spätere Han-Dynastie auch die östliche genannt.)

Ruhe und Einheit kamen erst elf Jahre später. Unterdes hatte sich die Struktur der chinesischen Gesellschaft gewandelt. Der am Anfang der frühen Han-Dynastie stark beschnittene Einfluß der vornehmen und begüterten Familien war beträchtlich gewachsen; unter Kuang-wus Nachfolgern sollte er noch weiter zunehmen. Bedeutende Gestalten kamen nach dem »starken Mann« Kuang-wu nicht mehr auf den Kaiserthron. Am Hof vermehrte sich im 2. Jahrhundert unserer Zeitrechnung die Macht der Eunuchen; im Jahre 150 wurde der letzte der mächtigen Regenten, die jahrzehntelang die Claninteressen der wechselnden Kaiserinnenfamilien wahrgenommen hatten, gestürzt, und zwischen 159 und 184 wurden zwischen den Eunuchen als Repräsentanten der Zentralregierung und den beamteten Sachwaltern der lokalen Magnaten erbitterte Kämpfe ausgefochten. Außer den Hsiung-nu machten der Zentralregierung unter der späten Han-Dynastie auch die im Westen hausenden Chiang schwer zu schaffen; neben dem inneren Machtkampf mußte das Reich auch häufige und ausgedehnte Feldzüge zur Sicherung der äußeren Grenzen bewältigen.

Im Jahre 220 dankte der letzte Kaiser ab und trat den Thron an Ts'ao P'ei ab; die späte Han-Dynastie war damit offiziell zu Ende gegangen. In Wirklichkeit hatte sie die Macht schon viele Jahre vorher eingebüßt. Den Todesstoß hatten ihr die als Bewegung der »Gelben Turbane« um sich greifenden Bauernaufstände des Jahres 184 versetzt, in denen taoistische Heilslehren eine nicht geringe Rolle spielten; im Osten hatte die Bewegung ihre Hauptzentren in der heutigen Provinz Shantung, im Westen in der Provinz Ssu-ch'uan. Die Bande, die die Provinzen an Reich, Zentralregierung und Hauptstadt knüpften, waren bereits weitgehend zerrissen; da nun zur Unterdrückung der Aufstände Heere aufgeboten werden mußten, bekamen die Machthaber oder Machtanwärter in den Provinzen physische Machtmittel an die Hand, die sie durchaus zu gebrauchen wußten. Im Jahr 192 setzte der Kampf ein, der an die Stelle des zerfallenden Reiches drei unabhängige Staaten setzen sollte: Wei im Stromgebiet des Gelben Flusses, Wu im unteren Yang-tzu-Tal und Shu (oder, weil hier ein Sproß der Liu an der Spitze stand, Shu-Han) im oberen Yang-tzu-Gebiet mit der heutigen Provinz Ssu-ch'uan.

Aufbau und Gliederung des Han-Staates

Das Han-Reich, das dem zweitausendjährigen chinesischen Kaiserreich als Ausgangsmodell gedient hat, war nicht über Nacht in vollendeter Gestalt entstanden; eine langwierige Entwicklung bestimmte seinen Aufbau. Nachdem die Ch'in endgültig vernichtet, ihr letzter Herrscher getötet, ihre Truppen geschlagen waren, mußte sich Liu Pang, der Stifter der Han-Dynastie, erst gegen seinen militärisch zunächst stärkeren Verbündeten Hsiang Yü durchsetzen, der sich als Nachfolger der Ch'in-Kaiser etabliert hatte. Nach vielen Feldzügen und Schlachten kam Hsiang Yü an der Schwelle des Jahres 202 v. Chr. mit seinen letzten Getreuen in einem entlegenen Sumpf um. Wie der Sturz der Ch'in waren auch Niederlage und Tod Hsiang Yüs die Frucht der Zusammenarbeit vieler praktisch unabhängiger Heerführer. Wie Hsiang Yü vor ihm mußte auch Liu Pang mit der Macht und der lokalen Vorherrschaft der Mitstreiter, die ihm zum Thron verholfen hatten, rechnen: fürs erste blieb ihm nichts anderes übrig, als sie auf den Posten zu belassen, die sie in jahrelangen militärischen Aktionen erkämpft hatten. Er machte sie entweder zu Lehnskönigen *(chu-hou wang)* oder fand sich mit den Königstiteln ab, die sie sich selbst verliehen hatten. Der Einsetzung der Könige folgte im Jahr 200 die Ernennung von etwa hundert Markgrafen *(hou)*; von außergewöhnlichen individuellen Bestallungen abgesehen, sollte das der einzige Adelsrang im Han-Reich bleiben.

Fast ausnahmslos waren die neuen adligen Herren verdienstvolle Mitkämpfer, die ihren Lohn in Gestalt von Gutsbezirken verschiedener Größe erhielten: mit einer Einwohnerschaft, die von wenigen Hundert bis zu über zwanzigtausend Familien reichte. Als der Zentralverwaltung unmittelbar unterstelltes Gebiet behielt der neue Kaiser nur etwa ein Drittel des Reiches. Über den größten Teil des Landes herrschten fast unumschränkt die neuen Feudalherren, vor allem die Lehnskönige; sie hatten eine eigene Verwaltung, die der zentralen nachgebildet war, und ernannten ihre eignen Beamten; die einzige Ausnahme bildeten die Kanzler der Lehnsdomänen, die theoretisch kaiserliche Beamte waren, in der Praxis aber oft ebenfalls von den Königen berufen wurden.

Die Wiedereinführung der Feudalorganisation bedeutete indes nicht die Wiederkehr der Zustände der frühen Chou-Zeit. Einmal war nun die Verwaltung des gesamten chinesischen Gebietes in den Händen von Beamten: kein Posten war erblich, kein Amt eine Pfründe, und Unterlehen durften die neuen Lehnskönige nicht vergeben; zum anderen war sich die neue Zentralregierung – und erst recht der Kaiser – der im Lehnswesen schlummernden Gefahren vollauf bewußt. Nicht umsonst hatte Li Ssu, der Kanzler des Ersten Ch'in-Kaisers, schon 221 seinem Herrn warnend gesagt: »Die ersten Chou-Könige hatten recht viele ihrer Brüder und Söhne und Clangefährten belehnt, aber die Familienbande lockerten sich mit der Zeit immer mehr, und sie alle bekämpften einander, als seien sie Feinde. Und als die Lehnsfürsten einander immer mehr bekriegten, vermochte der Chou-Himmelssohn ihnen nicht Einhalt zu gebieten. Jetzt ist alles, was zwischen den vier Weltmeeren liegt, vereinigt und in Kommanderien und Präfekturen eingeteilt. Verwandte und verdienstvolle Diener werden mit öffentlichen Steuereinkünften reichlich belohnt, und das ist mehr als genug.« Shih Huang-ti zögerte nicht, seinem Kanzler beizupflichten: »Daß alle im Reich litten und daß die Kriege kein Ende nahmen, lag daran, daß es Lehnsfürsten gab. Jetzt, da das Reich gerade erst befriedet ist, wieder Lehnsländer zu errichten, hieße Krieg zu säen. Wie sollte es da nicht schwer sein, Ruhe und Wachstum möglich werden zu lassen?«

Zwei Jahrzehnte später mußte Liu Pang, der von der Nachwelt als Kao Verherrlichte, das gefährliche Lehnssystem akzeptieren, aber von Anfang an arbeitete er nach

Kräften auf einen Umbau hin. Er versäumte keine Gelegenheit, Lehnskönige zu stürzen, die nicht zu seiner Verwandtschaft gehörten, und Mitglieder der Liu-Sippe an ihre Stelle zu setzen; wirkliche oder vorgebliche Aufsässigkeit gab den willkommenen Vorwand ab. Als Liu Pang starb, waren mit Ausnahme des noch unwichtigen, fast im Barbarengebiet gelegenen Königreichs Ch'ang-sha südlich des Tung-t'ing-Sees sämtliche Königslehen bereits in die Hände von Liu-Angehörigen übergegangen.

Die Macht der Lehnskönige war groß. Das Land lebte von der Landwirtschaft, Verkehrs- und Handelsverbindungen waren spärlich, und jede Dorfgemeinschaft bildete eine gleichsam autarke Zelle. Unter diesen Umständen genossen die Lehnsstaaten in vielen Dingen eine unabhängige Position, und da die verwandtschaftlichen Beziehungen zum Kaiserhaus mit der Zeit lockerer wurden, machten sich gelegentlich radikalere Unabhängigkeitsbestrebungen geltend. Angesichts der nahezu unumstrittenen Vorherrschaft des Einheitsgedankens mußten sie allerdings den Charakter von Angriffen auf das Kaiserhaus annehmen: den rebellischen Feudalherren ging es dann um die Ersetzung der regierenden Familie durch die eigene. Ein erstes Unternehmen dieser Art wurde 174 im Keime erstickt; ein zweites, gefährlicheres, gipfelte 154 in der offenen Rebellion von sieben Lehnskönigen, wurde jedoch auch erstaunlich schnell niedergeschlagen. Die Folge war – in zwei Etappen: 145 und 127 v. Chr. – eine grundlegende Beschränkung der Machtbefugnisse aller Lehnsleute. Ein dritter Aufstand wurde 123 vorbereitet, aber beizeiten entdeckt und vereitelt. Dann verstrichen zweihundert Jahre, bis ein Han-Kaiser – um 68 bis 70 n. Chr. – wieder, aber nun zum letztenmal, gegen einen Lehnskönig die Anklage erhob, einen Aufstand vorbereitet zu haben. In den fast vier Jahrhunderten, die das Haus Han an der Macht blieb, ist nach dem Aufstand der sieben Könige kein Komplott der Lehnskönige über das Vorbereitungsstadium hinausgekommen: die Macht der Feudalherren brauchte die Zentralregierung, der Volkserhebungen und Bauernkriege weitaus schwerere Sorgen machten, nicht mehr zu fürchten.

Die Aushöhlung der Machtposition des neuen Adels, der Lehnskönige und Markgrafen, war nur ein Sonderfall des übergreifenden Kampfes der Zentralgewalt um unmittelbare Machtausübung im gesamten chinesischen Reich. Ihrem Zentralismus standen viele andere zentrifugale Kräfte entgegen, deren Bedeutung aus dem spärlichen historischen Material nicht immer eindeutig hervorgeht. Auf jeden Fall steht fest, daß ein wesentlicher antizentralistischer Faktor die Grundbesitzer waren, deren Interessen eine stark regionale Färbung aufwiesen. Betrachtet man die Geschichte des Han-Reiches unter dem Aspekt des Konflikts zentrifugaler und zentripetaler Tendenzen, so lassen sich in ihr folgende Phasen unterscheiden: eine Periode des gesellschaftlichen Wachstums, in dessen Rahmen die regionalen Kräfte 154 v. Chr. einen Durchbruch versuchen; die Phase aktiver und zunehmender Zentralisierung, die bis nach Wu anhielt; eine Ära des Gleichgewichts bis zum Ende des Interregnums Wang Mangs gegen 23 n. Chr.; die Zwischenphase des nur mühsam eingedämmten Regionalismus bis um die Mitte des 2. Jahrhunderts und schließlich die Phase des Sieges des Regionalismus, der etwa von 180 an zur faktischen und ab 220 auch zur offiziellen Dreiteilung des Han-Reiches führt. Vor allem im letzten Drittel des 2. Jahrhunderts v. Chr. wurde die innere Entwicklung von dem Verhältnis Chinas zu seinen

Nachbarn beeinflußt; die verschiedenen Tendenzen im Han-Reich sind immer wieder von außen durchkreuzt oder doch entscheidend mitbestimmt worden.

Als Liu Pang, früherer Dorfschulze, Bandenführer und König von Han, ungehobelt und ungeschliffen, aber politisch klug und mit großer Menschenkenntnis, im Februar 202 v. Chr. den Thron bestieg, hatten sich die schweren, kaum lösbaren Aufgaben gehäuft: ein von Bürgerkriegen und Hunnenraubzügen verwüstetes Land mußte zur Ruhe gebracht werden und wirtschaftlich wieder auf die Beine kommen. Das nur äußerlich geeinte Reich wurde von den Selbständigkeitsgelüsten der zahlreichen lokalen Machthaber bedroht. In seinem Aufruf von 196, der als erster Schritt zur Schaffung eines ständigen Beamtenkörpers gilt, appellierte Liu Pang an alle tüchtigen Männer, die »mit mir verkehren wollen«. Zugleich begann der listenreiche Herrscher Pläne zur Ersetzung der Lehnskönige durch Mitglieder der eigenen Familie zu schmieden. Schließlich nahm er sich vor, das an die Hsiung-nu verlorene Gebiet zurückzugewinnen. Die Verwaltung des Reiches war unterdes den Männern anvertraut, die Liu Pang schon vor der Thronbesteigung als Ratgeber zur Seite gestanden hatten: dem Kanzler Hsiao Ho und dem Groß-Sekretär Ts'ao Shen, der später (193) Hsiao Ho als Kanzler ablösen sollte. Ihnen wird nachgerühmt, daß sie dem taoistischen Prinzip des Wu-wei gehuldigt, sich also dem »laissez faire« hingegeben hätten. Vermutlich überließen sie die Verwaltung der reichsunmittelbaren Gebiete ihrem eigenen Gang und griffen nicht in das Geschehen außerhalb der Hauptstadt ein. Hsiao Ho gilt als Urheber des Gesetzbuchs der Han, des »Kodex in neun Abschnitten«, des auf den strengen Gesetzen der grausamen Ch'in fußenden Han-Gesetzbuchs. Darüber hinaus hat seine Tätigkeit keine sichtbaren Spuren hinterlassen.

Königslehen

Von den sieben Heerführern, die Liu Pang 202 v. Chr. auf den Thron gehoben hatten und die ihre Macht entweder sich selbst oder – wie Liu Pang – dem geschlagenen Hsiang Yü verdankten, war keiner mit dem neuen Kaiser Liu verwandt. Bald wußte der Kaiser, daß sie ihn haßten oder fürchteten und immer wieder gegen ihn rebellieren würden. Der König von Yen erhob sich schon 202 und wurde noch durch einen Würdenträger ersetzt, der mit den Liu nicht verwandt war. Die Domänen aber, deren Könige 201, 196 und 195 rebellierten, gingen bereits an Brüder oder Söhne des Kaisers. Dazu schuf Liu Pang noch weitere Königreiche, die er gleich Verwandten gab. Die Neigung, die kaiserliche Macht nach alten Vorbildern durch Verleihung von Königslehen zu festigen, zeigte sich, als im Jahre 188 von der Kaiserinwitwe vier Mitglieder ihres Clans, der Lü, als Könige eingesetzt wurden. So stark war diese Neigung, daß trotz aller schlechten Erfahrungen das Lehnssystem beibehalten wurde; doch trat darin insofern ein Wandel ein, als die Könige endgültig aus der Verwaltung ausgeschaltet und in reine *rois fainéants* verwandelt wurden: die Erhebung zu den höchsten Adelsrängen bedeutete nur noch eine Ehrung und materielle Besserstellung. (Den Feudalherren flossen in ihren Domänen die Steuern der Einwohner zu, obgleich die Steuererhebung von kaiserlichen Beamten besorgt wurde.)

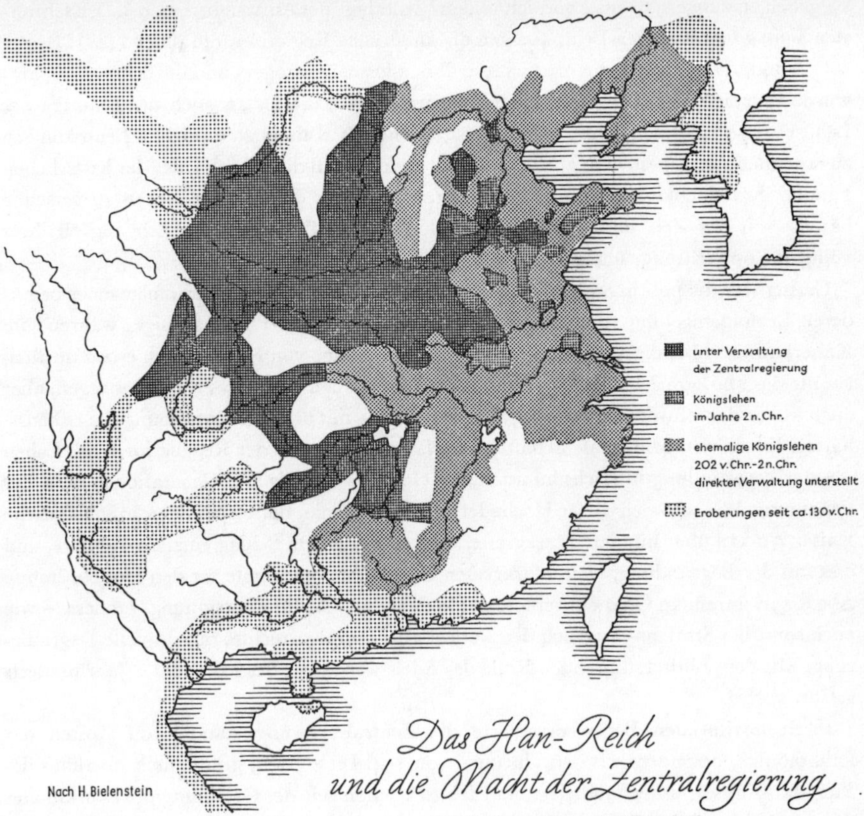

Das Han-Reich und die Macht der Zentralregierung
1. UND 2. JAHRHUNDERT N. CHR.

Die ersten grundsätzlichen Angriffe auf das Lehnssystem gingen von Chia I und Ch'ao Ts'o aus. Der Gefahren bewußt, die dem geeinten Reich von den großen Vasallenstaaten drohten, empfahlen sie ihren kaiserlichen Herren (Wen und Ching) die Zerschlagung und Aufteilung der Königreiche. Die Ratschläge wurden befolgt. Kaiser Wen verteilte 164 die Erblehen zweier Könige auf insgesamt neun Erben, wodurch namentlich das übergroße Königreich Ch'i in der nordchinesischen Tiefebene betroffen wurde. Kaiser Ching seinerseits wurde von Ch'ao Ts'o dazu gedrängt, das wirtschaftlich mächtige Königreich Wu an der Yang-tzu-Mündung zu schwächen; er ging aber auch gegen andere Königsdomänen vor. Von den bedrohten Königen schlossen sich zehn zusammen, um die Zentralregierung zu stürzen: drei Verschwörer wurden zwar an der Teilnahme behindert, aber die übrigen sieben zogen im Januar 154, von verschiedenen Markgrafen unterstützt, gegen die kaiserliche Regierung ins Feld. Obgleich am Hof Panik ausgebrochen war und zur Besänftigung der Rebellen Kanzler Ch'ao Ts'o enthauptet wurde, trugen die großen Entfernungen zwischen den rebellierenden Reichen und ihre Unfähigkeit, sich auf ein gemeinsames

Vorgehen zu einigen, zu einer vernichtenden Niederlage der Aufständischen bei. Den schwersten Schlag versetzte den Lehnskönigen die kaiserliche Regierung 146 (oder 144?): Regierungs- und Verwaltungsbefugnisse wurden ihnen formal entzogen, und ihr Beamtenapparat wurde reduziert und der Zentralregierung unterstellt, die fortan auch die Beamten der Lehnsbezirke ernennen sollte. Der Brauch, Söhne des Kaisers zu erblichen Lehnskönigen zu ernennen, blieb bestehen, aber 127 wurde verfügt, daß diese Mitglieder der kaiserlichen Familie ihre Nachkommen mit Markgrafenschaften aus den eigenen Lehen zu versehen hätten: mit der Zeit mußte die Zerstückelung dieser Großlehen im Erbgang zu ihrer völligen Entmachtung führen.

Gering war die politische Macht der Markgrafen. Ihre Stellung war infolge einer besonderen Erbfolgeregelung von Anfang an unsicherer als die der Lehnskönige: während im Kaiserhaus und bei der übrigen Bevölkerung auch Söhne von Nebenfrauen erben durften, konnte die Markgrafschaft nur an Söhne der Hauptfrauen vererbt werden. Deswegen, aber auch wegen der schweren Bestrafung aller Vergehen – mit häufiger Entziehung des Lehens – hatten die meisten Markgrafenschaften kein langes Leben: in der Regel erlosch das Lehen – unter Verwandlung in reichsunmittelbares Gebiet – vier bis fünf Generationen nach der Verleihung. Wie schwach dieser Hochadel war, ersieht man daraus, daß der absolutistische Kaiser Wu 112 über hundert Markgrafenschaften mit einem Schlag einziehen konnte, und dies mit der Begründung, viele Markgra.en hätten eine bestimmte für den Hof bestimmte Abgabe in unreinem Gold entrichtet; das bedeutete nicht nur Enteignung, sondern – wie auch sonst bei Strafen – zugleich den Verlust aller Adelsvorrechte, mithin volle Degradierung. Mit der politisch führenden Rolle des Adels war es seit der Mitte des 2. Jahrhunderts v. Chr. vorbei.

Ihren territorialen Besitz erweiterte die Zentralregierung ständig auf Kosten der Lehnskönige, besonders seit den Unruhen von 154. Im Westen, größtenteils oberhalb des Yang-tzu-Flusses, unterstand das Land faktisch schon seit der Gründung des Han-Staates der unmittelbaren Verwaltung der kaiserlichen Regierung; dagegen lagen im Osten fast alle Lehnsdomänen der Lehnskönige. Aber nachdem diesen seit 145 die Verwaltung der Lehnsbezirke genommen war, mußten sie in den folgenden Jahrzehnten einer nach dem anderen auch ihr Land überhaupt abgeben. Beschaut man sich die Landverteilung im Jahr 2 n. Chr., so ist die rapide Zunahme der unmittelbar staatlich verwalteten Bezirke unverkennbar. Fast der gesamte Osten war binnen fünfzig Jahren in die Verfügungsgewalt der kaiserlichen Beamten übergegangen, und von den Königslehen war nicht mehr viel übrig. Auch in der späten Han-Zeit sollten die Ausmaße der Königslehen recht bescheiden bleiben.

Grundbesitzer

Ganz anders entwickelte sich die Grundbesitzerschicht. Mit dem der Kaiserzeit voraufgehenden Dahinschmelzen der Hörigkeit, mit der Konsolidierung des Grundeigentumsrechts und mit der Möglichkeit, Grund und Boden käuflich zu erwerben, war eine Schicht von Grundeigentümern entstanden, die ihre Felder nicht selbst bestellten, sondern von den ebenfalls neuen Schichten der Pächter und der völlig landlosen Landarbeiter bestellen ließen. An die Stelle der feudalen war eine neue Ordnung der Landwirtschaft getreten, die auf käuflichem Landbesitz und freien Beziehungen zwischen landwirtschaftlichen Arbeitgebern und Arbeitnehmern beruhte. Die neue Grundbesitzerschicht stand in dem Maße auf seiten der zentralen Staatsgewalt, wie der Staat Ruhe und Ordnung sicherte; sie wehrte sich aber gegen jede Macht, die sie an dem ungestörten Genuß ihrer Eigentumsrechte hindern wollte. Die Grundbesitzer bildeten den Kern der eigentlich regionalen Kräfte; sie tendierten vom Zentrum weg, und diese zentrifugalen Bestrebungen mußte die Regierung des Reiches bei ihren von den Umständen geforderten zentralistischen Bestrebungen in Rechnung stellen.

Nicht nur in den ersten Jahren, sondern auch noch während des ersten halben Jahrhunderts der Han-Herrschaft war die Hauptsorge der Zentralregierung die Sicherung der Ruhe, in der sich das Land von den Kriegen erholen konnte. Die Grundsteuer, in Naturalien zu entrichten, wurde von einem Zehntel des Ernteertrags auf ein Fünfzehntel herabgesetzt, dann, nachdem zwischen 167 und 157 überhaupt keine Grundsteuer erhoben worden war, 156 auf ein Dreißigstel; bei diesem Satz blieb es bis ans Ende der Han-Dynastie. Natürlich kamen die Steuersenkungen den Eigentümern des Bodens zugute. Die ihnen zinspflichtigen Pächter hatten dagegen nach wie vor die herkömmliche Pacht zu entrichten, im Durchschnitt nicht weniger als die Hälfte des Ernteertrags; sogar in den Grenzkolonien belief sich die Pacht auf staatseigenem Boden auf vierzig Prozent des Ernteertrags. Über die Größenrelationen der Grundeigentümer- und Pächterschichten haben sich keine Zahlen erhalten; daß die Zahl der Pächter im Verhältnis recht hoch gewesen sein muß, kann man den frühen Warnungen der kaiserlichen Berater (Ch'ao Ts'o um 170, Tung-chung Shu um 130) entnehmen.

Um dem wachsenden Reichtum und der mit ihm erstarkenden lokalen Macht der Großgrundbesitzer entgegenzuwirken, griffen die Han-Kaiser zu einem politischen Mittel, das sich schon unter der kurzlebigen Ch'in-Dynastie bewährt hatte: Grundbesitzer wurden in Massen zwangsweise umgesiedelt. Das ermöglichte einmal die Schwächung der regionalen Machtzentren, zum andern die Besiedlung von Ödland, vor allem in Nordwestchina, womit wiederum die Abwehr der Hunneneinfälle erleichtert wurde. Ein zweites Druckmittel war die 119 unter Kaiser Wu eingeführte Kapitalsteuer, die das Kapital der Kaufleute mit 6 bis 9,5 Prozent, das Kapital der anderen Begüterten mit dem halben Satz besteuerte. Auch damit hielt sich der Han-Staat im Rahmen der Ch'in-Tradition, die sich auf Unterdrückung des Handels und der Händler gerichtet hatte. Im Jahre 114 wurden verschärfte Bestimmungen erlassen, wonach Anzeigen über der Besteuerung vorenthaltenes Vermögen mit der Hälfte der beschlagnahmten unversteuerten Werte belohnt wurden. Auf diese Weise fiel dem Staat erheblicher Grund- und Sklavenbesitz zu; die nicht unwesentliche Besitzverlagerung beschnitt drastisch die Macht der Grundbesitzer. Um 85 scheint diese Regelung aufgehoben worden zu sein.

Eine gesetzliche Beschränkung der Besitzgröße wurde wiederholt erörtert, aber nicht verwirklicht. Einen solchen Vorschlag hatte Tung-chung Shu schon 135 Kaiser Wu unterbreitet; ein ernsthafter Versuch in dieser Richtung, 7 v. Chr. unternommen, schlug fehl.

Dann setzte 9 n. Chr. der »Usurpator« Wang Mang die Höchstgrenze des Grundbesitzes für eine Familie mit neun und mehr erwachsenen Söhnen auf etwas über vierzig Hektar fest und verbot zugleich allgemein den Kauf und Verkauf von Land. Obgleich Verstöße drakonische Strafen nach sich zogen, leisteten die Grundbesitzer so heftigen Widerstand, daß Wang Mang sein Gesetz – ebenso wie die Bestimmungen gegen den Sklavenhandel – schon zwei Jahre später wieder aufheben mußte.

Damit endeten die Versuche des Han-Staates, die Entstehung regionaler Machtzentren mit einengenden Bestimmungen gegen die wirtschaftliche Betätigung des großen Grundbesitzes zu bekämpfen. Die Niederwerfung der bäuerlichen Aufstandsbewegung, die 23 n. Chr. Wang Mang gestürzt hatte, aber auch noch nach seinem Sturz weitergegangen war, gelang erst, als sich die Grundbesitzer zusammengeschlossen und Truppen gegen die Volkserhebung aufgeboten hatten. Dieser agrarischen Allianz verdankte Liu Hsiu, der mit dem postumen Ehrennamen Kuang-Wu (»der das Kriegerische erglänzen läßt«) ausgezeichnete Stifter der späten Han-Dynastie, seinen zwischen 25 und 36 n. Chr. errungenen Sieg über die Volksheere und die vielen konkurrierenden Thronprätendenten.

Staatsmonopole

Schon Jahrhunderte vor der Entstehung des Kaiserreichs hatten einige Staaten die Gewinnung und den Vertrieb bestimmter Naturprodukte in eigene Regie genommen. Vor allem war das der Fall in Ch'i, wo die Tradition die Errichtung des Monopolsystems dem Minister Kuan Chung zuschrieb, und in Ch'in. Unter der Han-Dynastie wurde das Monopolsystem besonders gefördert, weil es einerseits die Beschneidung des Reichtums und der Macht lokaler Magnaten ermöglichte, anderseits eine wesentliche Vermehrung der Staatseinnahmen mit sich brachte. Die wichtigsten Monopolprodukte waren Salz und Eisen; gelegentlich wurde auch der Vertrieb anderer Waren – so der Verkauf von Spirituosen – vom Staat monopolisiert. Die Staatsmonopole machten es den Kaufleuten unmöglich, mit den monopolisierten Massenbedarfswaren Handel zu treiben. Errichtet wurden die Monopole hauptsächlich in der Regierungszeit des Kaisers Wu; sie gehörten zum Komplex der wirtschaftlichen und politischen Maßnahmen, mit denen das zentralistische Regierungsprinzip verwirklicht werden sollte und die mit einer machtvollen aktiven Außenpolitik Hand in Hand gingen. Da der Vorstoß nach außen – gegen die Hsiung-nu – kurz nach 130 einsetzte, überrascht es nicht, daß das Salz- und das Eisenmonopol wenige Jahre später – 119 – geschaffen wurden. Obgleich Vertreter der »kultivierten Herren«, das heißt der begüterten Schicht, bei einer Besprechung am Hofe im Jahre 81 gegen die Beibehaltung der Monopole heftig protestierten, blieben sie – mit einer nur kurzen Unterbrechung zwischen 44 und 41 v. Chr. – bis 88 n. Chr. weiterbestehen. Daß sie dann doch abgeschafft wurden, war ein Symptom des Machtzuwachses der begüterten Schicht mit ihren regionalen Interessen und einer entsprechenden Machteinbuße der Zentralregierung.

Die staatliche Monopolpolitik war unter Kaiser Wu von weitreichenden Regierungsmaßnahmen zur Bekämpfung der Preistreiberei begleitet, die den Großhändlern Sondergewinne auf Kosten der Bauern sicherte. Das kombinierte System, das aus »Transportausgleich« und »Preisgleichmaß« bestand, sollte allerdings nicht nur den Bauern helfen, sondern auch die Einkünfte der Staatskasse erhöhen. Bis dahin waren die festen Naturalabgaben der Provinzen in die Hauptstadt gebracht worden, was nicht nur hohe Transportkosten verursachte, sondern auch auf die Preise drückte. Der »Transportausgleich« bestand nun darin, daß die abgelieferten Waren auf dem kürzesten Weg zum günstigsten Markt gebracht und dort veräußert werden sollten, und nur der Gelderlös war dem Schatzamt zuzuleiten. Der Staat trat also im Wettbewerb mit dem Privathandel als Warenverkäufer auf und ging durchaus darauf aus, Gewinne zu machen. Umfassende Handelsfunktionen wurden auch den Ämtern für das »Preisgleichmaß« zugewiesen: ihre Aufgabe war es, bei niedrigen Preisen Ware aufzukaufen und sie bei steigenden Preisen wieder zu verkaufen; damit sollte spekulativer Handel unterbunden und eine gewisse Stabilität des Preisniveaus verbürgt werden, die hauptsächlich den Bauern zugute kommen mußte. Ähnliche Versuche gab es nicht nur in späteren Abschnitten der Han-Ära, sondern auch danach; sie scheiterten freilich immer wieder am Widerstand der Reichen und an der Schwerfälligkeit und Korruption des bürokratischen Apparates.

Als weiteres Instrument der staatlichen Wirtschaftskontrolle diente dem Han-Reich die Münzpolitik. Wie alle Herrscher, denen es an Geld mangelt, griff Kaiser Wu zunächst (119–112 v. Chr.) zu primitiver Münzspekulation, wobei nicht nur die leere Staatskasse gefüllt, sondern wiederum auch dem Handel Schaden zugefügt werden sollte. Im Umlauf waren Kupfermünzen mit Gewichtsschwankungen von drei bis acht Shu (1 Shu = 0,64 Gramm), die auch von Privatpersonen geprägt werden durften. Im Jahre 112 v. Chr. entschloß sich die kaiserliche Regierung zur Ausschaltung der privaten Münzprägung. Die staatliche Münze erhielt das ausschließliche Monopol der Prägung von Münzen, Falschmünzerei wurde mit schweren Strafen bedroht und zugleich eine Einheitsmünze von fünf Shu eingeführt, die auch – trotz Umstellungsversuchen unter Wang Mang um 7 bis 14 n. Chr. – bis zum Ende der Han-Zeit beibehalten werden sollte. Die runden Han-Geldstücke mit viereckigem Loch, die links das Schriftzeichen für »fünf« und rechts das für Shu tragen, sind heute noch in manchen Sammlungen zu finden.

Von großer wirtschaftlicher Bedeutung war die große Ausdehnung des Münzumlaufs: so mußte unter der frühen Han-Dynastie sogar der kleine Bauer seine Kopfsteuer in bar entrichten. Auch China liefert indes den Beweis für die These vom Zusammenhang zwischen Feudalismus und Naturalwirtschaft: vom Beginn der späten Han-Dynastie an war die Geldwirtschaft in stetigem Rückgang, während Zahlungen in Naturalien, vor allem in Seidenrollen im amtlichen Verkehr, zum Beispiel bei der Entrichtung von Steuern und Bußen, beträchtlich zunahmen; das war die Kehrseite der auf Kosten der Zentralregierung wachsenden politischen Macht der Großgrundbesitzer und Magnaten.

Kaiserliche Regierungsspitze

In den Anfängen der Han-Zeit hatte der Ausbau des Regierungsapparates mit der Machtsteigerung der Zentralregierung Schritt gehalten. Berühmt ist das Wort des Ratgebers des ersten Han-Kaisers: »Du hast das Reich zu Pferde erobert. Glaubst du, du könntest es nun auch zu Pferde verwalten?« So unwissend und ungehobelt waren auch die Gefährten Liu Pangs nicht, daß sie nicht das Verwaltungssystem der Ch'in übernommen hätten, auch wenn sie unter dem Druck feudaler Kräfte und politischer Augenblickserwägungen Konzessionen an das System der Königslehen machen mußten. Im Prinzip blieb die Verwaltung dennoch zentralistisch, obschon es angesichts des riesigen Gebietsumfangs des Reiches unvermeidlich war, daß die lokalen Beauftragten der Zentralregierung vieles selbständig zu entscheiden hatten und ein beträchtliches Maß an Autonomie eingeräumt bekamen. Die Spitze der Regierung bildete der Kaiser. Theoretisch mag seine Macht unbegrenzt gewesen sein; praktisch waren ihr gewisse Schranken gesetzt: der Kaiser mußte sich einerseits an das Brauchtum halten und war anderseits darauf angewiesen, sich ständig der Unterstützung der herrschenden Schicht zu versichern. In Denkschriften von Staatsmännern heißt es, die Gesetze Chinas, alte und neue, seien der Ausdruck des kaiserlichen Willens gewesen, und tatsächlich konnte es geschehen, daß beispielsweise in Strafsachen nicht das Gesetz, sondern der Kaiser das Strafmaß bestimmte. Indes kennen wir auch genug Dokumente, in denen Staatsdiener ihre kaiserlichen Gebieter daran erinnern, daß die Gesetze nicht persönliche Willenskundgebungen des Kaisers, sondern Staatsakte seien, die auch der Kaiser zu befolgen habe. Wie sollte aber der Kaiser die Meinungen der führenden Gruppen erfahren und ihre Unterstützung erlangen?

Diesem Zweck diente, auch wenn es im Regierungsbau ein solches Gebilde formal gar nicht gab, der Palastrat: die Praxis – namentlich unter der frühen Han-Dynastie – sah so aus, daß der Kaiser einer größeren oder kleineren Gruppe von Ministern, Hofbeamten und Gelehrten wichtige Fragen vorlegte, zu denen sie sich äußern mußten; ohne daß von Abstimmung die Rede gewesen wäre, erwähnen die Quellen häufig die Zahl der Befürworter und der Widersprechenden. Solche Beratungen fanden allerdings nicht regelmäßig, sondern nur dann statt, wenn der Kaiser oder – im Falle seiner Minderjährigkeit – der Hauptregent bestimmte Amtsträger aufforderte, zu einer konkreten Frage Stellung zu nehmen, etwa zur Hunnenpolitik, zu Wirtschaftsmaßnahmen, zur Ernennung eines Thronfolgers, zur Errichtung oder Abschaffung eines Heiligtums und dergleichen mehr.

Es war das Privileg des Kaisers, Adelstitel zu verleihen. Er ernannte die einzelnen Lehnskönige und Markgrafen, bestimmte den Lehnsbezirk, verkleinerte oder vergrößerte ihn – zur Strafe oder zur Belohnung. Er setzte die Erbfolge in den Vasallenkönigreichen und Markgrafschaften fest und genehmigte in Ausnahmefällen die Erbfähigkeit von Anwärtern, die nicht Söhne der Hauptfrau des Erblassers waren. Es war Sache des Kaisers, dem Volke Zugang zu niederen Adelsrängen zu gewähren. Ebenso war dem Kaiser das Recht der Begnadigung und des Strafnachlasses vorbehalten; es gab allgemeine Amnestien, aber auch Amnestien für bestimmte Deliktkategorien oder für Sträflinge in einzelnen durch kaiserlichen Besuch ausgezeichneten Bezirken.

War der Kaiser minderjährig, so wurde die Regentschaft von der Kaiserinwitwe oder in selteneren Fällen von einem durch Verfügung des verstorbenen Kaisers eingesetzten Regentschaftsrat ausgeübt. Berühmte, ja berüchtigte Regentinnen waren die aus dem Geschlecht Lü stammende Witwe Kaiser Kaos, die für seinen kurzlebigen Nachfolger Huei und nach dessen Tod regierte (195–180 v. Chr.), und die Kaiserinwitwe aus dem Geschlecht Teng, die von 97 bis 121 n. Chr. die Geschicke des Reiches nominell lenkte; beide Frauen stützten sich auf die aktive Mitwirkung von männlichen Clanangehörigen. Ein großer Regent (87–68 v. Chr.) war Huo Kuang, der während der Minderjährigkeit zweier Kaiser alle Macht in seiner Hand hielt. Daß eine Kaiserin an die Macht kommen und regieren konnte verdankte sie nicht unbedingt der Größe ihrer Persönlichkeit; den Ausschlag mochte die vorher schon etablierte Vormachtstellung ihrer Verwandten geben. Mit beißendem Sarkasmus äußern sich chinesische Staatsmänner über »die Henne, die den Anbruch des Tages verkündet«, und chinesische Historiker schildern die meisten Herrscherinnen als verabscheuenswürdige Gestalten.

Schwerlich kann man in diesem Frauenregiment die Nachwirkungen eines vermeintlichen frühen Matriarchats erkennen, wenn es auch richtig ist, daß die ungewöhnlich privilegierte Stellung der ältesten Schwester des Kaisers – besonders unter der frühen Han-Dynastie – aus machtpolitischen Gründen allein nicht zu erklären ist. In der überragenden Macht der einen oder anderen Kaiserinwitwe sollte man eher das Ergebnis einer Machtzusammenhaltung in den Händen ihrer Familie, ihrer männlichen Verwandten sehen.

Dynastische Ehen nach europäischer Art waren im chinesischen Reich nicht möglich, da es ebenbürtige Dynastien nicht gab und für den Himmelssohn, den Herrn über das »All, das unter dem Himmel« ist, alle Familien gleich waren. Des Kaisers Harem war groß, aber nur eine Frau konnte Hauptfrau, konnte Kaiserin sein; sie mochte aus einer ohnehin höchst einflußreichen Familie stammen, die natürlich an Macht und Einfluß gewann, wenn eine Stammestochter Kaiserin wurde. Und ebenso natürlich war die Familie der Kaiserin darauf bedacht, die Vorteile der Nähe zum Thron gründlich auszunutzen, denn es war möglich, ja wahrscheinlich, daß der nächste Kaiser unter dem Druck wechselnder Konstellationen im Machtkampf der Clane und Cliquen eine Frau aus einem anderen Geschlecht zur Hauptfrau nehmen würde. Die Geschichte der Han kennt verschiedene Kaiserinnenfamilien, die den Thron zeitweilig zu beherrschen wußten; die Historiker nennen sie »Anverwandte von außen« *(wai-ch'i)*. In diesem Sinne an der Macht waren zu verschiedenen Zeiten die Lü (195–180 v. Chr.), die Tou (150–135), die Huo (87–66), die Wang (33 v. Chr. bis 23 n. Chr.), wieder die Tou (80–92 n. Chr.), die Teng (100–121), die Liang (140–150). Manche Kaiserin, die keine Söhne zur Welt brachte, wurde abgesetzt und mußte einer anderen Haremsinsassin den Platz räumen.

Gewöhnlich ernannte der Kaiser einen Thronfolger *(t'ai-tzu*, »Großer Sohn«), der zwar keine politischen Befugnisse hatte, aber gelegentlich in den Kampf der Hofcliquen hineingezogen werden mochte. Als der abergläubische Wu den Verdacht schöpfte, sein Sohn, der Erbprinz Liu Chü, wollte ihn mit schwarzer Magie ums Leben bringen, kam es 91 v. Chr. sogar zu einer Rebellion des »Großen Sohnes«. In anderen Fällen haben Haremsintrigen und Cliquenstreit das Ergebnis gezeitigt, daß die kaiserliche Hauptfrau mitsamt ihrem Sohn, dem Thronfolger, vom Thron entfernt und aller Vorrechte entkleidet wurde.

Minister

Unter den Dienern des Kaisers stand der Kanzler *(ch'eng-hsiang*, »Stütze und Helfer«) an erster Stelle. Ihm oblag die Führung sämtlicher Regierungsgeschäfte, er war das Haupt der Beamtenschaft und hatte im Auftrag des Kaisers geeignete Kandidaten zu empfehlen; in den niederen Rangstufen konnte er ohne kaiserliches Plazet Ernennungen vornehmen, und er allein war für die Amtstätigkeit der unteren Beamten verantwortlich. Einer seiner Untergebenen, der »Hüter der Rechtschaffenheit« *(ssu-chih)*, war mit der Untersuchung von Verfehlungen höherer Amtsträger betraut. Indirekt unterstand dem Kanzler das Heer, direkt das Finanzwesen; er nahm die Jahresberichte entgegen, die von den Verwesern der einzelnen Kommanderien am Jahresende (»im zehnten Monat«) in die Hauptstadt geschickt wurden.

Gleich nach dem Kanzler kam der kaiserliche Groß-Sekretär, »Groß-Herr über die kaiserlichen Sekretäre« *(yü-shih ta-fu)*, in vielen Fällen ein zweiter Kanzler, der in kaiserlichen Erlassen oft neben dem Kanzler als Befehlsempfänger genannt wird und dem die Weitergabe der Weisungen an die lokale Verwaltung oblag. Seine eigentliche Aufgabe war indes weniger Ausführung als Aufsicht und Überwachung: er war vornehmlich eine Kontrollinstanz zur Prüfung der Verwaltung – bis zum Kanzler hinauf; er war »großer Minister zum Hüten der Gesetze« *(tien-fa ta-ch'en)*; zur Beaufsichtigung der Palastbeamten stand ihm der »Palastgehilfe des kaiserlichen Sekretärs« *(yü-shih chung-ch'eng)* zur Seite. Durch seine Hände gingen die kaiserlichen Erlasse an die Kommanderieverweser. In späteren Jahrhunderten sollte aus diesem Amt als selbständiger Zweig der Regierungstätigkeit das Zensorat hervorgehen; die fortwährende Beaufsichtigung, die Überwachung von Beamten durch Beamte ist ein Wesensmerkmal der chinesischen Verwaltung.

Den beiden obersten Amtsträgern, dem Kanzler und dem Groß-Sekretär, wurde vor 139 v. Chr. von Zeit zu Zeit ein dritter beigesellt, der »große Befehlshaber« *(t'ai-wei)*. Zusammen heißen die drei höchsten Würdenträger oft »die drei Herren« *(san-kung)*. Generale gab es mit verschiedenen Titeln auch unter dem Haus Han. Dem Truppenbefehl haftete historisches Prestige an: kaiserliche Regenten wurden mit dem antiken Oberbefehlshabertitel »großer Minister der Reiterei« *(ta ssu-ma)* geehrt. Nach dem Interregnum des Usurpators Wang Mang wurde der Titel T'ai-wei wieder hervorgeholt und seinem Inhaber, jetzt dem bedeutendsten der »drei Herren«, dem eine Fülle von Ämtern unterstellt waren, verliehen. Doch waren alle drei bei weitem nicht mehr so mächtig wie in der früheren Han-Zeit. Das Schwergewicht hatte sich zu den »ehrenwerten Schreibern« *(shang-shu)* verlagert. Aus dem ursprünglich kleinen Personal des persönlichen Sekretariats des Kaisers war – namentlich seit den Zeiten des autokratischen Kaisers Wu – eine Art »inneres Kabinett« mit verschiedenen Abteilungen geworden, aus denen sich in späteren Jahrhunderten Ministerien entwickeln sollten. In der Zeit der Regentschaft des Huo Kuang, der nach Wu regierte, war die faktische Macht von Kanzler und Groß-Sekretär auf den Regenten übergegangen, so daß die kaiserliche Schreibstube zum Brennpunkt des Verwaltungsbetriebes wurde; dem Kanzler und dem Groß-Sekretär verblieben praktisch nur ausführende Funktionen, nachdem sie ursprünglich die ganzen Staatsgeschäfte geführt hatten.

Dem Kanzler und dem Groß-Sekretär unterstanden im ursprünglichen Aufbau des Regierungsapparates die neun Minister, von denen jeder häufig mehrere Hauptabteilungen unter sich hatte. Die wichtigsten waren: der Befehlshaber der Garde *(wei-wei)*, der die zur Verteidigung der Hauptstadt bestimmten Truppen befehligte; der Großzeremonienmeister *(t'ai-ch'ang)*, zu dessen Ressort die Hofastrologen und Chronisten *(t'ai-shih ling)* und die Hochschule *(t'ai hsüeh)* gehörten; das Haupt des kaiserlichen Palasthaushaltes mit dem unübersetzbaren Titel Kuang-lu-hsün, zugleich Chef der am Hof tätigen Räte und Ratgeber; der Marschall *(t'ai-p'u)*, der dem Marstall und den vielen Gestüten vorstand; schließlich der »Hofbefehlshaber« *(t'ing-wei)*, ein oberster Appellationsrichter, der in schwierigen Fällen, in denen lokale Instanzen keine Entscheidung hatten treffen können, in letzter Instanz zu urteilen hatte, aber in außergewöhnlichen Rechtsstreitigkeiten auch mit der Prozeßführung selbst betraut war. Große Bedeutung beanspruchten die Ämter des »großen Ministers für Ackerbau« *(ta ssu-nung)*, des eigentlichen Finanzministers, und des »kleinen Schatzmeisters« *(shao-fu)*, der die kaiserliche Zivilliste und Privatschatulle verwaltete.

Trotz mancher Unvollkommenheiten waren im Han-Reich Einnahmen und Ausgaben des Staates von denen des Herrschers geschieden. Die Einkünfte des Staates flossen aus der Grundsteuer, dem von allen Einwohnern erhobenen Kopfgeld, den Erträgen der Staatsmonopole und Staatsgüter; daraus waren in der Hauptsache die Personalausgaben der Zivilverwaltung und die Ausgaben für das Heer zu decken. Dagegen stand dem »kleinen Schatzmeister« das Steueraufkommen aus »Bergen und Seen«, also aus Jagd, Holzschlag und Fischerei, zur Verfügung; mit diesen Mitteln mußte er den kaiserlichen Haushalt versorgen und den Betrieb der kaiserlichen Manufaktur *(shang-fang)* aufrechterhalten, deren Bronzearbeiten (Lampen, Hohlmaße und Armbrusthähne), Lackschalen und Dosen datiert und gestempelt auf uns gekommen sind. Ursprünglich war der »kleine Schatzmeister« der Chef der »ehrenwerten Schreiber«, die später, wie gesagt, nicht nur ihm, sondern auch seinen Chefs über den Kopf wachsen sollten.

Der große Aufstieg der »ehrenwerten Schreiber« hing eng mit der Vormachtstellung bestimmter Familien am Hofe zusammen, die schon unter den letzten Kaisern der frühen Han-Dynastie im 1. vorchristlichen Jahrhundert sichtbar wurde und sich nach dem Tode des Stifters der späten Han-Dynastie (56 n. Chr.) definitiv konsolidierte. Aus dieser Sicht ist auch der nach dem Sturz eines der letzten Regenten einsetzende Kampf zwischen den »Konfuzianern« und den Eunuchen (etwa 159–184 n. Chr.) zu verstehen: hier standen verschiedene Cliquen der bis dahin herrschenden Schicht einem Hof gegenüber, der sein Übergewicht mit allen Mitteln durchzusetzen suchte und sich dabei auch des Ehrgeizes der sonst verachteten Eunuchen bediente. Diesem Kampf bereitete der Aufstand der »Gelben Turbane« (184) ein Ende. Zwar wurden die Aufständischen schließlich besiegt, aber die Sieger waren nicht die treuen Diener des Kaisers, sondern einander befehdende regionale Machthaber, von denen einer »den Sohn des Himmels unter den Arm klemmte« und so die Fiktion des geeinten Han-Reiches noch dreißig Jahre aufrechzuerhalten vermochte. Er, der große Ts'ao Ts'ao, Herzog von Wei und Gründer der Wei-Dynastie, sollte noch einmal den Versuch unternehmen, die gesamte Staatsmacht in den Händen des Kaisers zusammenzufassen und nach dem Vorbild der Han, wenn auch mit anderen Methoden, die regionale Verwaltung des ihm zufallenden Erbes wieder unter die Gewalt der Zentralregierung zu bringen.

Lokalverwaltung, Kommanderien, Präfekturen

Seit jeher wurde die Han-Dynastie für ihre großen Leistungen beim Aufbau des Zivilverwaltungssystems gepriesen. Das Lob ist nicht ganz berechtigt. Als die spezifische Leistung der Han bezeichnen chinesische Autoren den Aufbau der Chün und Hsien, der Kommanderien und Präfekturen (die aus der neueren Geschichte bekannte größere Provinz ist eine spätere Entwicklung), aber in Wirklichkeit gab es solche Verwaltungseinheiten schon seit dem 7. Jahrhundert. Schon aus dem Jahr 626 v. Chr. wird berichtet, das Lehnsgebiet der besiegten Gegner des Chin-Herrschers sei in Präfekturen aufgeteilt worden, deren Verwaltung künftighin Beamten anvertraut werde. Auch im Staat Ch'u wurde 597 neuerobertes Gebiet königlichen Beamten unterstellt, die die neuen Präfekturen verwalten sollten. Älteren Datums sind auch die Kommanderien, anfänglich meistens militärisch wichtige Grenzgebiete unter dem unmittelbaren Befehl des Herrschers, oft in Regionen, die gerade den »barbarischen« Nachbarvölkern abgenommen worden waren.

Im Altertum unterschieden sich Präfekturen von Kommanderien durch Lage und Charakter ihres Bereichs; ein Unterordnungsverhältnis bestand nicht, und aus der Literatur wissen wir, daß manche Präfekturen im Gegensatz zu späteren Zeiten stärker bevölkert und von größerer Bedeutung waren als Kommanderien. Seit dem 4. Jahrhundert gibt es in manchen Staaten beide Einheiten auf demselben Territorium, und mehrere Präfekturen scheinen in einer Kommanderie zusammengefaßt. Das Neue bei der Beseitigung des Feudalismus im Reiche Ch'in war die Zerlegung des gesamten Staatsgebiets in Kommanderien und aller Kommanderien in Präfekturen. Mit der Gründung des geeinten Reiches ging die Einteilung des Staatsgebiets in sechsunddreißig Kommanderien einher; die Eroberung neuen Gebiets im Nordwesten und im Süden ließ ihre Zahl auf über vierzig ansteigen.

Grundsätzlich behielt das Han-Reich die Reichseinteilung der Ch'in bei; sogar die Königslehen waren in Kommanderien und Präfekturen eingeteilt. Einige Zahlenangaben finden sich in den geographischen Kapiteln der beiden Han-Geschichten. Danach bestanden im Jahre 2 unserer Zeitrechnung 1346 Präfekturen und 241 ihnen gleichgestellte Markgrafschaften, zusammen also 1587 untere Einheiten, die sich auf 83 Kommanderien und 20 ihnen gleichgestellte Königslehen, also 103 höhere Einheiten, verteilten; für das Jahr 140 n. Chr. wird die Zahl der Präfekturen mit 1180, die der Kommanderien mit 105 angegeben.

Der weitaus größte Teil der Bevölkerung lebte nördlich des Yang-tzu; im Süden waren von alters her nur das Yang-tzu-Delta und das fruchtbare Tung-t'ing-Becken der Provinz Hunan, also die früheren Staaten Wu und Ch'u, die unter den Han-Herrschern als die Königslehen Wu (nach 154 v. Chr. Kommanderie K'uai-chi) und Ch'ang-sha weiterbestanden, mit dem chinesischen Kulturgebiet verbunden. Die Expansion nach dem Süden hatte schon unter dem ersten Ch'in-Kaiser eingesetzt, und er hatte dort sogar einige

Kommanderien eingerichtet, die aber beim Zusammenbruch des Ch'in-Reiches wieder unabhängig wurden, wenngleich sich ihre Herrscher zum Teil als Nachkommen der Ch'in-Verwaltungsbeamten bezeichneten. Erst gegen Ende des 2. Jahrhunderts v. Chr. wurden Teile Südchinas zurückerobert und dem Reich als Kommanderie einverleibt. Von dort ging die Expansion in allen Richtungen weiter. Freilich bildeten diese Expansionsgebiete im Süden kein geschlossenes Ganzes, sondern griffen eher wie Polypenarme ins »Barbarenland« hinein, und weite Strecken zwischen ihnen wurden zunächst nicht annektiert. Die Grenzziehung auf Landkarten wird man daher nur als Schema deuten dürfen, was auch die Bevölkerungsdichte in den Siedlungsgebieten der steuerpflichtigen Chinesen unterstreicht. Eine auffallende Lücke blieb an der Südostküste (heutige Provinz Fukien mit ihren Randgebieten): hier setzte die chinesische Durchdringung erst spät im 2. Jahrhundert ein; die steilen, wenn auch nicht sehr hohen Berge, die dies Gebiet umschließen, und das Fehlen von Wasserwegen zum Innern machten diese heute volkreichen Gegenden im Anfang für die Hauptströmungen der chinesischen Volkswanderung unzugänglich. Der »Drang nach Süden« bemächtigte sich zunächst der Flußtäler und Niederungen im Süden des Landesinnern und erreichte auf dem Landweg das Delta des Kanton-Flusses und die Küste des benachbarten Indochinas.

Im Durchschnitt umfaßte eine Kommanderie ein rundes Dutzend Präfekturen; nur in wenigen Fällen stieg die Zahl auf dreißig oder sogar fünfzig. An der Spitze der Kommanderie stand der Verweser oder Großverweser *(shou* oder *t'ai-shou)* mit einem Hilfsverweser *(shou-ch'eng)* und einem Gesamtbefehlshaber *(tu-wei)*; der V rweser war Haupt der Zivil- und der Militärverwaltung und dem Gesamtbefehlshaber übergeordnet. Die Verwaltung der Präfektur unterstand dem Präfekten (*ling*, wörtlich »dem Befehlenden«), dem wiederum ein Hilfspräfekt *(ling-ch'eng)* und ein Präfekturbefehlshaber *(hsien-wei)* mit polizeilichen, aber ohne militärische Befugnisse zur Seite standen. Sowohl der Kommanderieverweser als auch der Präfekt hatten zahlreiche Amtsstellen unter sich, aber wer dort Dienst tun wollte, mußte – im Gegensatz zu den höheren kaiserlichen Beamten – aus dem Amtsbezirk stammen. Vom Kommanderieverweser wurden die Vorsteher der kleineren Verwaltungseinheiten, der Gemeinden, bestellt; in den größeren Gemeinden waren es »Rangträger« *(yu chih)*, in kleineren – mit weniger als fünftausend Familien – Schulzen *(se-fu)*, jeder mit seinem Gemeindegehilfen und seinem Yu-chiao, »der umhergeht und nachschaut«, also dem Landgendarmen. Die allerkleinsten Einheiten waren Dörfer und Posten zum Schutz der Poststraßen und Posthäuser; auch die Dorfvorsteher und Postenältesten wurden von den kaiserlichen Leitern der großen Verwaltungsbezirke ernannt. Daneben gab es auf den verschiedenen Stufen unbesoldete Ehrenämter, deren Inhaber, »dreifach Ehrwürdige«, wiederum von kaiserlichen Verwaltungsbeamten aus den Reihen der lokalen Prominenz ausgewählt wurden und als Berater und in gewissem Sinne auch als Vertreter der Bevölkerung fungierten.

Von lokaler Autonomie konnte angesichts des Ernennungssystems und der staatlichen Besoldung der gesamten Beamtenschaft keine Rede sein; theoretisch mußten alle Teile des Reiches die Befehle aus der Hauptstadt befolgen. Praktisch jedoch waren die Kommanderieverweser und Präfekten infolge der großen Entfernungen und der unvermeidlichen wirtschaftlichen Autarkie der Bezirke in hohem Maße selbständig. Das Prinzip, daß die hohen Verwaltungsbeamten nicht aus dem von ihnen verwalteten Gebiet stammen durften (wovon nur in der nächsten Umgebung der Hauptstadt abgewichen wurde), verfolgte das Ziel, engere Beziehungen zwischen den Vertretern der Zentralregierung und der lokalen Oberschicht zu erschweren; solchen Bindungen wirkte auch die Gepflogenheit entgegen, die kaiserlichen Administratoren nach Möglichkeit alle drei Jahre zu versetzen. In der späteren Han-Zeit wurden diese Bestimmungen weiter verschärft: nun durfte der Beamte nicht nur im eigenen Heimatbezirk keinen Dienst leisten, sondern auch weder in dem Bezirk, in dem seine Mutter (und ihre Sippe!), noch in dem Bezirk, in dem seine Ehefrau zu Hause war.

Behördeninspektion

Vorbeugungsmaßnahmen dieser Art scheinen nicht ausgereicht zu haben: schon vor der Gründung des Kaiserreiches waren für die Zentralbehörde Inspektionsbeamte tätig; unter den Ch'in war jedem Kommanderieverweser eine solche Aufsichtsperson beigegeben. Unter den Han blieb es zunächst bei gelegentlichen Revisionen: nur unregelmäßig wurden kaiserliche Sekretäre zur Inspektion in der Lokalverwaltung auf Reisen geschickt. Die Errichtung einer ständigen Inspektionsbehörde war wiederum eine der Maßnahmen des autokratischen Kaisers Wu; das Reich wurde 106 v. Chr. in dreizehn Inspektionskreise mit je einem Kreisinspektor eingeteilt. Die Inspektoren mit ihren Gehilfen mußten die riesigen Gebiete in ihrem Inspektionsbereich bereisen und die Verwaltungsarbeit der Kommanderieverweser kontrollieren; über Unregelmäßigkeiten, die sie feststellten, mußten sie der Zentralbehörde Meldung erstatten, eigene Eingriffe in die Verwaltung waren ihnen untersagt. Unterstellt waren ihnen besondere »Sachverwalter«, von denen jeder eine Anzahl von Kommanderien zu revidieren hatte; im Gegensatz zum Kreisinspektor mußten die Sachverwalter in ihrem Inspektionskreis beheimatet sein, durften aber wiederum ihre Heimatkommanderie nicht inspizieren. Zum Jahresende unterbreiteten die Inspektoren ihre Berichte dem Thron. Besonders mußten sie darauf achten, daß sich die Kommanderieverweser und die ihnen gleichgestellten Kanzler der Königslehen an die kaiserlichen Erlasse und Befehle hielten, die Untertanen nicht unterdrückten und aussaugten, den Apparat der Justiz gerecht handhabten, keine Bündnisse mit den reichen und mächtigen ortsansässigen Familien eingingen und ihnen keine Gelegenheit gaben, sich auf Kosten der Bevölkerung zu bereichern.

Allmählich entwickelten sich die Inspektionskreise zu eigenen Verwaltungseinheiten; schon Ende des 1. Jahrhunderts v. Chr. wurde darüber geklagt, daß sich die Inspektoren in die Verwaltung der Kommanderien, ja auch der Präfekturen einmischten. Dieser Tendenz gab die Zentralregierung zunächst nach, indem sie die Inspektoren 8 n. Chr. zu Kreisgouverneuren machte. Das wurde zwar 42 n. Chr. wieder rückgängig gemacht, aber inzwischen war die Macht der Inspektoren viel größer geworden als unter der frühen Han-Dynastie; mit dem zunehmenden Druck der »Barbarenvölker« draußen, der eine Erweiterung ihrer militärischen Befugnisse erzwang, wurde ihre Position immer bedeutender, und der Aufstand der »Gelben Turbane« 184 bewog die Regierung endgültig, die

2 N.CHR.

Jeder Punkt entspricht 25.000 Menschen

Bevölkerungsdichte in China

nach H. Bielenstein

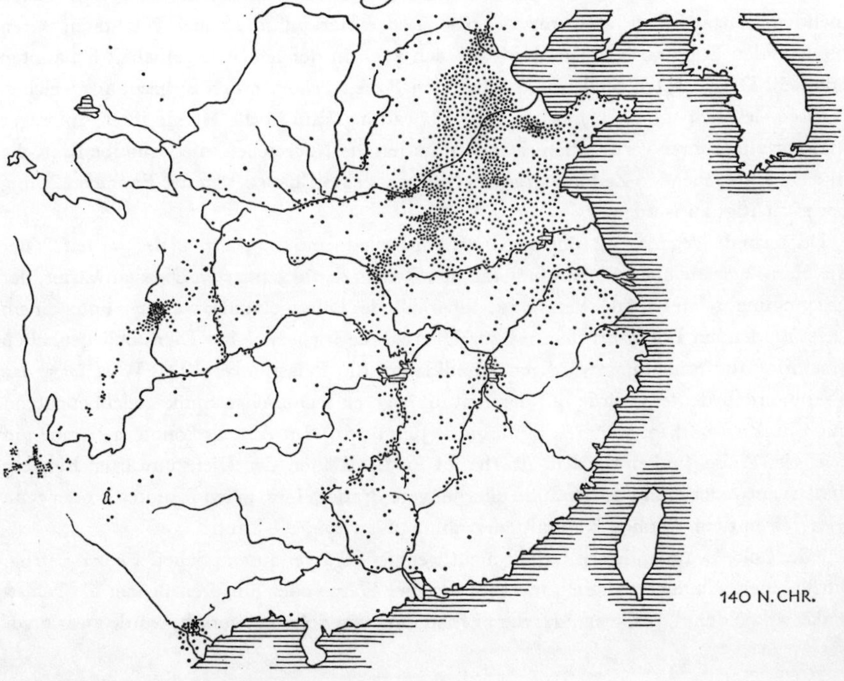

140 N.CHR.

Inspektionsposten in Gouverneursämter zu verwandeln. Um diese Zeit war allerdings der Zusammenbruch des großen Reiches nicht mehr aufzuhalten.

Im Kommanderiebereich wurden die einzelnen Präfekturen regelmäßig von besonderen Kommanderiebeamten, den Tu-yu, eigentlich »Postaufsehern«, inspiziert; jeder von ihnen betreute eine aus mehreren Präfekturen bestehende Revisionsgruppe. Alle Vergehen waren dem Kommanderieverweser zu melden; oft wurden die Tu-yu mit der Untersuchung besonderer Mißstände beauftragt und hatten dann auch die des Amtsmißbrauchs Schuldigen festzunehmen. Sie wurden offenbar so sehr gehaßt, daß ein bitteres Abführmittel mit dem Namen »Postaufseher des Teufels« versehen wurde.

Beamtenauslese

Allein schon die Zahl der kaiserlichen Beamten in den über hundert Kommanderien und über fünfzehnhundert Präfekturen muß an fünftausend betragen haben, und wahrscheinlich arbeiteten weitere tausend Beamte in den Amtsstellen in der Hauptstadt. Wo holte die Han-Regierung diese Männer her? Wie kamen sie zu ihren Ämtern?

Mit Recht betonen chinesische Autoren manche feudalen Traditionen, die sich nach der Generaloffensive der kurzlebigen Ch'in-Dynastie gegen die feudale Ordnung erhalten hatten. Die Namen der Personen und Gebiete, die bei der Erhebung gegen die Ch'in eine Rolle spielten, erinnern häufig an das vordynastische China: da treten – manchmal in führender Position – Nachkommen der alten Adels- und Herrscherfamilien auf, und da werden Staaten wiedererrichtet, die untergegangen zu sein schienen. Solche Staaten waren nicht von langer Dauer, aber trotz der plebejischen Herkunft der neuen Potentaten waren die feudalen Züge noch so stark, daß sie sich auch in der neuen Gesellschaft behaupten konnten. Die höchsten Stellen und führenden Posten gehörten den Siegern, aus welchen Kreisen sie auch stammen mochten; die Verwaltung kam in die Hände ihrer Anhänger und vor allem ihrer Verwandten. Daneben hatten die Neureichen, die Grundbesitzer, die in der voraufgehenden Zeit emporgestiegen waren, eine Chance, von der Postenverteilung berücksichtigt zu werden.

Der formale Weg ins Amt führte in der Ch'in-Periode und fast während der ganzen Dauer der Han-Dynastie über die Berufung aus den Reihen der akzeptierten Dienstanwärter, der Lang-chung, »derer auf der Veranda«: außerhalb des Palastgebäudes warteten unter einem weitausladenden Dach, bis man sie zur Übernahme irgendwelcher Dienstobliegenheiten hineinrief, die ernennungswürdigen Kandidaten, die Palastjunker. (Das Wort *lang*, das »Veranda« bedeutet, wurde mit der Zeit im engeren technischen Sinne gleichbedeutend mit »Junker« und im weiteren Sinne mit »Jüngling«.) Im Anfang konnte man nur auf zweierlei Weise Junker werden, überhaupt in die Reihen der Dienstanwärter Eingang finden: entweder man war der Sohn oder jüngere Bruder eines hohen Beamten – oder man wies sich mit einer hohen Kapitalsteuerzahlung als vermögend aus.

Jeder hohe Beamte, dessen Gehalt nicht weniger als zweitausend Scheffel Korn betrug, durfte einen – manchmal auch mehrere – seiner Söhne oder jüngeren Brüder als Palastjunker anmelden. Das Gesetz, das die »Ernennung von Söhnen« vorsah, wurde zwar 7 vor

Christus aufgehoben, aber die Praxis wurde insofern beibehalten, als der Tod verdienstvoller hoher Hof-, Provinzial- oder Heeresbeamter die Ernennung ihrer Söhne oder Brüder zu Junkern nach sich zog; in jedem Fall wurden Söhne oder Brüder als Anwärter berufen, wenn der Beamte – das galt für alle Ränge – bei der Erfüllung seiner Dienstpflichten ums Leben gekommen war. Außerdem bestand unter der Han-Dynastie die Gepflogenheit, daß jüngere Verwandte der Kaiserin bei ihrer Thronerhebung in den Kreis der Dienstanwärter aufgenommen wurden.

Ein anderer Weg zur Anwartschaft führte über den Besitz. Zur Sicherung der Unbestechlichkeit der Beamten hatte ursprünglich die Bestimmung bestanden, daß jeder Bewerber um ein staatliches Amt einen Kapitalbesitz von mindestens hunderttausend Kupfermünzen zu versteuern hatte; um den Zugang zu den niederen Beamtenrängen zu erleichtern, setzte Kaiser Ching 142 v. Chr. das nachzuweisende steuerpflichtige Vermögen auf vierzigtausend Kupfermünzen herab. Damit sich jedoch ein Junker standesgemäß kleiden und mit Waffen, Pferd und Zaumzeug versehen konnte, wurde ein Kapital von nicht weniger als fünf Millionen gefordert. So konnte nur ein reicher Mann Junker werden und auf einen Posten im Staatsdienst rechnen.

Wiederum war es der autokratische Reorganisator Wu, der im Interesse der wriksamen Zentralisierung des Dienstes das Monopol der »Vornehmen und Reichen« mit seinem Erlaß vom Jahre 134 brach. Allen Kommanderieverwesern, den Kanzlern der Königslehen und bestimmten hohen Beamten der Zentralregierung wurde zur Pflicht gemacht, alljährlich zwei als Dienstanwärter geeignete ehrenwerte Männer zu benennen, und zwar einen »elternliebenden« und einen »unbescholtenen«; später wurde die Unterscheidung beseitigt und die Benennung zweier »elternliebender und unbescholtener« Kandidaten *(hsiao-lien)* verlangt. Der geringe Erfolg des Erlasses von 134 führte 128 zu einer erneuten Verkündung; diesmal wurden Amtsträgern, die nicht eifrig genug nach empfehlenswerten Kandidaten suchten, empfindliche Strafen angedroht.

Die empfohlenen Dienstanwärter mußten zunächst eine allgemeine Kenntnis der Amtsgeschäfte erlangen; als Junker wurden sie in der Hauptstadt beschäftigt: in der frühen Han-Zeit im Palast, einschließlich Leibgarde und Torwache, oder in den Ämtern der Zentralverwaltung, später nur noch in den Regierungsbüros. Nach einigen Jahren Dienst in der Hauptstadt wurden viele Anwärter auf Positionen in der Provinzialverwaltung berufen, oft als Präfekten, Hilfsverweser, Hilfskanzler in einem Königslehen oder – bei geringer Eignung – als Hilfspräfekten. Andere blieben in der Zentralverwaltung. Mit diesem System rekrutierte die Regierung rund zweihundert Amtsanwärter jährlich; im Jahr 100 nach Christus kam eine Neuregelung: nun waren von den Kommanderien nicht je zwei Personen jährlich zu benennen, sondern ein Anwärter auf je zweihunderttausend Einwohner.

Hinsichtlich des Alters der Dienstanwärter gab es anfänglich keinerlei Bestimmungen; da indes der Empfohlene den Empfehlenden lebenslänglich als Gönner ansah, dem er sich zu Dank und Gegendiensten verpflichtet fühlte, überwog mit der Zeit die Neigung, recht junge Leute zu empfehlen, die sich ihren Wohltätern noch lange als nützlich würden erweisen können. Diese Tendenz verbreitete sich immer mehr in der späten Han-Zeit, in der die Beamten der Zentralregierung in zunehmendem Maße den Einfluß lokaler Kräfte zu spüren bekamen; um dem entgegenzuwirken, ordnete die Regierung 132 n. Chr. an, daß fortan nur Männer über vierzig Jahre als empfehlenswerte Dienstanwärter benannt werden durften; die allgemeine Zerrüttung der Verwaltung ließ sich damit jedoch kaum eindämmen.

Eine ältere – und zweckdienlichere – Bestimmung sah Strafen für ungerechtfertigte Empfehlung vor; stellte sich heraus, daß der Empfohlene untauglich war, so haftete dafür der Kommanderieverweser, der ihn in Vorschlag gebracht hatte. Umgekehrt waren – im Sinne der chinesischen Idee der kollektiven Verantwortung – auch die Protegés für ihre Gönner haftbar; hatte sich ein hoher Beamter einer Verfehlung schuldig gemacht, die eine schwere Strafe nach sich zog, so wurden nicht nur seine Verwandten mitbestraft – genauer: hingerichtet oder verbannt –, sondern es wurden auch alle die, die er je als Dienstanwärter empfohlen hatte, aus ihren Ämtern entlassen.

Ein dritter wichtiger Weg zur Dienstanwartschaft und damit zu Amt und Würden führte über die Hochschule, T'ai-hsüeh, genaugenommen eine Akademie für die höhere Beamtenlaufbahn. Im Jahre 123 v. Chr. hatte Kaiser Wu – wieder derselbe Wu! – verfügt, daß die »Gelehrten des umfassenden Wissens«, die in der Hauptstadt als Kommentatoren der Klassiker oder als kaiserliche Berater tätig waren, in Zukunft Schüler ausbilden sollten, die nach Abschluß des Studiums zu Junkern ernannt würden, dann in den Staatsdienst übernommen werden und – den anderen Dienstanwärtern gleich – zu den führenden Staatsstellen aufsteigen könnten. Zunächst wurde die Zahl der Schüler auf fünfzig beschränkt, im Laufe der Zeit jedoch beträchtlich erhöht. Sie mußten eine Prüfung ablegen, in der sie zu beweisen hatten, daß sie einen klassischen Text (oder auch mehr) gründlich studiert hatten. Die Gründung der Hochschule stand in engem Zusammenhang mit der Erhebung der konfuzianischen Philosophie zur offiziellen Staatslehre bei gleichzeitiger Ächtung anderer Denkgebilde, namentlich der Lehren der Rechtsschule.

Die Schaffung der Hochschule war der erste Schritt zur Verpflichtung der Beamtenschaft auf den Konfuzianismus mit besonderer Betonung der Treue und Ergebenheit dem Staat gegenüber, des hierarchischen Aufbaus der Gesellschaft und der daraus erwachsenden gesellschaftlichen Pflichten; die systematische und lückenlose »Schulung« der Beamten im konfuzianischen Sinn sollte allerdings erst Jahrhunderte später kommen.

Über die erwähnten normalen Verfahren hinaus gab es – seltener – die Möglichkeit, in Anerkennung besonderer Fähigkeiten oder militärischer Verdienste zum Junker ernannt zu werden; namentlich zu Beginn der Han-Zeit kam die Auszeichnung bewährter Krieger mit der zivilen Dienstanwartschaft wiederholt vor.

Während die jährlichen Empfehlungen durch die Kommanderieverweser ausnahmslos dazu führten, daß vielversprechende untere Beamte aus der Provinz in die Hauptstadt kamen, wurden Dienstanwärter auch an höherer Stelle benannt: von den Vorgesetzten der Kommanderiebeamten, den Kreisinspektoren und noch höher oben von Regierungschefs, den Ministern in der Hauptstadt. Das war eine geringere Zahl: die dreizehn Inspektoren durften nur je einen Anwärter und die Minister nur drei oder vier vorschlagen. Diese sogenannten »blühenden Talente« *(mao-ts'ai)* waren in der Regel erfahrene Beamte, die keinen Junkerdienst mehr zu tun brauchten und gleich zu Präfekten ernannt wurden.

Solche zentralen Empfehlungen erfolgten zunächst nur unregelmäßig, ab 36 n. Chr. aber alljährlich. Schließlich nahm die Regierung mitunter außergewöhnliche Vorkommnisse, wie Sonnenfinsternisse und Naturkatastrophen, zum Anlaß, die »Weisen und Guten, Aufrichtigen und Rechtschaffenen« aufzurufen, vorbehaltlose Kritik am Kaiser zu üben, auf daß er seine Regierungspraxis verbessere; auch an »literarische Gelehrte« wurde bisweilen auf ähnliche Weise appelliert. Aus den so aufgerufenen Kategorien rekrutierten sich oft die Experten, die am kaiserlichen Hof als Räte beschäftigt wurden. Dies zusätzliche Verfahren vervollständigte die Auslese des Personals für die Zentralregierung in der Hauptstadt Ch'ang-an.

Gesellschaftliche Schichtung

In groben Umrissen ließen sich in der Bevölkerung der Han-Zeit drei Gruppen unterscheiden: Adel, Volk und Sklaven. Es war nicht mehr der Adel der vordynastischen Periode; ihn hatte schon der erste Ch'in-Kaiser seiner Rechte beraubt, und seine Nachkommen vermochten eine kurze Scheinblüte nach dem Zusammenbruch des Ch'in-Reiches nicht zu überleben. An seine Stelle war eine Neuschöpfung der Han-Kaiser getreten.

Schon Liu Pang hatte viele seiner verdienten Mitkämpfer zu Markgrafen gemacht, und das Han-Reich hatte diese Praxis beibehalten: verdienstvolle Männer wurden mit der Erhebung in den Adelsstand und der Verleihung von Apanagen belohnt. Außerdem wurden regelmäßig zu Markgrafen sämtliche Söhne von Lehnskönigen und die Angehörigen jeder neuen Kaiserin. Die Markgrafen bildeten die Spitze eines Systems von Rängen, die sich allerdings nicht ohne weiteres mit Adelstiteln des Abendlandes vergleichen lassen. Mit Ländereien wurden, abgesehen von den regulären Markgrafen, nur noch die Markgrafen der Grenzpässe, die neunzehnte Rangstufe, belohnt, aber auch nicht immer: manche von ihnen mußten sich mit dem bloßen Titel begnügen, der – anders als bei den eigentlichen Lehnsmarkgrafen – nie von einer Ortschaft abgeleitet war. Alle anderen Adelsränge stellten lediglich Ehrentitel ohne Anspruch auf Grundbesitz dar. Von der neunten Stufe aufwärts brachten sie die Befreiung von Wehrpflicht und Arbeitsdienst. (Die Arbeitsdienstpflicht dem Staat gegenüber ist nicht mit Frondiensten zu verwechseln, die Bauern auf dem Land der feudalen Grundherren zu verrichten hatten.) Aus Anlaß von freudigen Staatsereignissen (Thronbesteigung, Thronfolgerernennung) wurden solche Titel häufig der gesamten männlichen Bevölkerung oder den ältesten Söhnen aller Familien verliehen. In dem archäologischen Material finden sich einfache Soldaten erwähnt, die diese Art Adelstitel (der unteren Rangstufen) tragen. Gelegentlich waren Adelsränge, wenn auch nicht die höchsten, käuflich zu erwerben: auf diese Weise verbesserte die Regierung in schlechten Zeiten ihre finanzielle Lage. Ein besonderer Vorteil der Adelsränge war, daß man sich mit ihrem Erwerb von Strafen und Bußen loskaufen konnte. Eine besondere Rangordnung militärischer Verdienste – wiederum mit käuflich zu erwerbenden Rängen – wurde 123 v. Chr. von Kaiser Wu geschaffen; es ging nicht um Belohnung der Tapferkeit vor dem Feind, sondern zugegebenermaßen um die Auffüllung der Staatskasse, der die Hunnenfeldzüge alle Reserven entzogen hatten.

Das nicht zur oberen Adelsschicht gehörende Volk zerfiel natürlich in Arme und Reiche. Der übergroße Teil der Bevölkerung bestand aus Bauern. Über die Verteilung des Eigentums unter diesen Millionen ist kein Material überliefert. Zweierlei spricht dafür, daß die Lage der großen Masse der landwirtschaftlichen Bevölkerung wenn nicht miserabel, so doch jedenfalls sehr labil war: einmal wurde immer wieder darüber Klage geführt, daß die Reichen den Grundbesitz der Ärmeren aufkauften; zum andern brachte jede Naturkatastrophe eine gewaltige Abwanderung vom Lande mit sich: im Jahre 107 v. Chr. erfaßte die Landflucht zwei Millionen, im Jahre 153 n. Chr. drei- bis vierhunderttausend Menschen. Mehr als ein knappes Existenzminimum schienen die Bauern dem Boden nicht entlocken zu können. Im Jahre 178 v. Chr., in einer Zeit ruhigen Wiederaufbaus, hieß es über das Los der Bauern in einer Throneingabe des Ch'ao Ts'o:

> In einer Bauernfamilie von fünf Personen müssen nicht weniger als zwei Arbeitsdienst verrichten; das Land, das sie pflügen können, ist nicht mehr als hundert Mu (weniger als zwei Hektar), und es trägt nicht mehr als hundert Scheffel (etwa dreißig Doppelzentner). Im Frühjahr pflügen sie, im Sommer jäten sie, im Herbst ernten sie, und im Winter bringen sie die Ernte in die Scheune. Sonst sammeln sie Brennholz, reparieren Amtsgebäude und verrichten Arbeitsdienst. Im Frühling sind sie Stürmen und Staubwolken ausgesetzt, im Sommer der Hitze, im Herbst dem Nebel und Regen, im Winter der Kälte und dem Frost. Keine der vier Jahreszeiten bringt ihnen einen Ruhetag. Und sie müssen den Toten das Geleit geben, die Braut einholen, Hinterbliebene und Kranke besuchen, und auch das Großziehen der Kleinen und die Erziehung der Kinder gehören dazu. Und wo die Arbeit so schwer ist, trifft sie noch das Unheil der Überschwemmungen und Dürren, treffen sie drückende und grausame Maßnahmen des Staates und Steuern, die nicht der Zeit gerecht werden und bei denen der Befehl vom Morgen am Abend schon wieder anders lautet. Solange sie noch etwas haben, müssen sie es zum halben Preis verkaufen, und wenn nichts mehr da ist, müssen sie leihen und dafür Zinsen zahlen, die so hoch sind wie der geliehene Betrag. So gibt es denn Menschen, die ihre Felder und Gehöfte verkaufen und ihre Kinder und Enkel in Pfand geben, um ihre Schulden zu bezahlen.

Der Verfasser der Han-Geschichte, der um 80 n. Chr. schrieb, illustrierte die Lage der Bauern um 400 v. Chr. mit einer Haushaltsrechnung, die mit geringen Abwandlungen auch für die Han-Zeit gelten könnte (wie überhaupt der einem Wirtschaftskundigen aus dem 4. Jahrhundert zugeschriebene Passus möglicherweise viel späteren Datums ist, vielleicht sogar aus der frühen Han-Zeit stammt). Es geht wieder um eine fünfköpfige Bauernfamilie, die ein Ackergrundstück von nicht ganz zwei Hektar bearbeitet, das aber nicht hundert, sondern hundertfünfzig Scheffel erbringt (es ist vielleicht denkbar, daß im ersten Fall von gedroschenem Korn, nicht von Getreide, die Rede war, daß also kein Ertragsunterschied berücksichtigt zu werden braucht). Davon geht ein Zehntel für Steuern ab, die Ernährung der Familie beansprucht neunzig Scheffel (durchschnittlich anderthalb Scheffel je Person und Monat), und für alle anderen Ausgaben bleibt ein Rest von fünfundvierzig Scheffel an Geldwert von dreizehnhundertfünfzig Kupfermünzen. Davon wiederum wird der erstaunlich hohe Betrag von dreihundert Münzen für religiöse Zwecke (Opfer und Gemeinschaftsfeste) abgesetzt. Nimmt man an, daß Bekleidungskosten je Person jährlich dreihundert Münzen ausmachen, so schließt das Budget der Bauernfamilie – ohne

Ausfahrt
Malerei auf einer Vase vom Typ Hu, Han-Zeit. Prag, National-Galerie

Vogeljagd und Ernte
Abklatsch von einem Flachrelief aus einem Grab in der Provinz Ssu-ch'uan, Han-Zeit

Berücksichtigung der Ausgaben für Krankheit, Begräbnisse und etwaige zusätzliche Steuern – mit einem Fehlbetrag von vierhundertfünfzig Kupfermünzen ab.

Auch wenn man zweckbestimmte Schwarzmalerei unterstellt, kann man nicht vermuten, daß sich der Durchschnitt der Bauernbevölkerung Ausgaben erlauben konnte, die über das nackte Existenzminimum hinausgingen. Zahlreiche Angaben in den Quellen lassen darauf schließen, daß ein Familienvermögen von hunderttausend Münzen allgemein als »mittlerer« Besitz galt. So weigerte sich der sparsame Kaiser Wen voller Entrüstung, für den Bau eines Ahnentempels eine Million Kupfermünzen auszugeben. »Das«, meinte er, »ist ja das Gesamtvermögen zehn mittlerer Familien!« Oft wurden im Fall von Naturkatastrophen Familien mit einem Vermögen von weniger als zehntausend oder sogar zwanzigtausend Kupfermünzen die Steuern erlassen.

Im Vergleich zu Familien mit dem »mittleren« Vermögen von hunderttausend Münzen galten Menschen, deren jährliches Einkommen das Doppelte betrug, als reich. Als Reiche nannte der Historiker Ssu-ma Ch'ien nicht nur den Markgrafen, dessen Einkommen aus einem Gutsbezirk mit tausend Familien floß, sondern auch den Grundbesitzer und den Kaufmann mit einem Kapital von einer Million, das sich normalerweise mit zwanzig Prozent verzinste. Aus dieser begüterten Schicht gingen die Amtsanwärter hervor; Abkömmlingen von Kaufleuten war diese Möglichkeit versagt: noch dem Urenkel des Inhabers einer »Marktbescheinigung« blieb der Staatsdienst verschlossen. Wie streng diese Bestimmung gehandhabt wurde, ist nicht ganz klar; Kaiser Wu fand es jedenfalls 120 v. Chr. ganz praktisch, die Leitung der neuen Staatsmonopole mit früheren Großkaufleuten zu besetzen. Aber noch in der Spätzeit der Dynastie, als sich zentrifugale Tendenzen bereits kräftig durchsetzten und viele Gesetze durchlöchert waren, wurde die Zulassung von Kaufmannssöhnen zum Staatsdienst als Novum empfunden.

Eine fühlbare Machtsteigerung der reichen und angesehenen, aber nicht notwendigerweise adligen Familien machte sich erst seit dem Tod Kaiser Wus (87 v. Chr.), namentlich aber nach Kaiser Hsüan (72–49 v. Chr.) bemerkbar. Nach dem Sturz des Usurpators Wang Mang hatten sie bereits sichtbarlich die Macht in den Händen. Ebenso wie der erste Kaiser der späten Han-Dynastie (25–56 n. Chr.) stützten sich auch seine bedeutendsten Gegner auf regionale Gruppen von reichen Familien. Kaiser Wus Wirtschaftspolitik, die neben anderem auf die Beschränkung oder Zerschlagung der Macht dieser Familien zielte, scheint sie paradoxerweise gestärkt zu haben. Seine Staatsmonopole und vor allem das Spitzelsystem zur Eintreibung der den Kaufleuten 120 v. Chr. auferlegten Kapitalsteuern führten zur Enteignung beträchtlichen Boden- und Sklavenbesitzes. Der Handel wurde ein riskantes Unternehmen. Die Folge war, daß sich immer mehr Kapital in den Händen der großen Grundbesitzer ansammelte, die nun aber auch, da ein Vakuum entstanden war, den Handel mit landwirtschaftlichen Erzeugnissen übernehmen mußten. In der Literatur der späten Han-Zeit zeichnet sich diese neuartige Verschmelzung von Großgrundbesitz und Handel recht deutlich ab. In zunehmendem Maße rissen aber die Großgrundbesitzer auch das Land der armen Bauern an sich, die ihre Pächter oder Landarbeiter wurden. Da es ihnen an Kapital nicht mangelte, konnten sie auch Bewässerungsanlagen instand setzen oder neu bauen und zum Anbau verschiedener neuer Getreide- und Nutzpflanzen übergehen; sogar von der Mechanisierung ist die Rede: Wassermühlen zum Betrieb mechanischer Dreschanlagen wurden errichtet und nutzbar gemacht.

Besondere Privilegien standen dieser begüterten Schicht nicht zu, außer daß ihr Rangtitel der neunten oder einer höheren Stufe ihnen die Möglichkeit gab, der Dienstpflicht zu entgehen, oder der Verzicht auf einen Rang die Aussicht bot, im Falle von Bestrafungen eine Strafermäßigung zu erlangen. Wer wollte, konnte sich außerdem einen Ersatzmann besorgen, der für ihn Arbeits- und Militärdienstpflichten übernahm. Wirkliche Vorrechte genoß, wer Beamter geworden war: schon seit Anfang des 2. Jahrhunderts v. Chr. durfte kein Staatsbeamter, der sechshundert Scheffel Korn oder mehr verdiente, ohne Genehmigung des Kaisers verurteilt werden. Das ändert nichts daran, daß die Regierung gegen adlige Delinquenten mit großer Schärfe vorging. Und in den Geschichtswerken werden den »harten Beamten«, die sich mit der Ausrottung von Machtzentren der regionalen Prominenz um den zentralistischen Staat verdient gemacht hatten, lobende biographische Darstellungen gewidmet. Wahrscheinlich hatte das von Ssu-ma Ch'ien um 100 v. Chr. zitierte Sprichwort »Kein Millionärssohn stirbt auf dem Schafott« dennoch einiges für sich.

Weder der Adel noch die hohen Beamten genossen das Privileg der Steuerfreiheit. Jeder Grundeigentümer mußte dem Staat einen festgesetzten Teil seiner Ernte – seit 156 vor Christus eben ein Dreißigstel – als T'ien-tsu, als »Ackersteuer«, abliefern. Und jeder Untertan überhaupt zahlte eine Kopfsteuer: Männer und Frauen vom fünfzehnten Lebensjahr an hundertzwanzig Kupfermünzen jährlich, Kinder vom siebenten bis zum fünfzehnten Lebensjahr zwanzig Kupfermünzen. Zur Zeit der großen Hunnenkriege wurde zusätzlich eine Sondersteuer zur Förderung der Pferdezucht erhoben, die sich je Person auf drei Kupfermünzen belief. Die Kapitalsteuer, die ursprünglich 1,2 Prozent betrug, wurde, wie schon erwähnt, 119 v.Chr. stark erhöht: für Kaufleute, Geldleiher und verwandte Berufe auf sechs Prozent, für Handwerker mit eigenem Warenvertrieb auf drei Prozent; Kaufleuten wurde außerdem eine Wagen- und Bootssteuer auferlegt, die je Fahrzeug hundertzwanzig Kupfermünzen ausmachte. Außer der Grundsteuer wurden alle Steuern in bar entrichtet.

Außer Adligen von der neunten Rangstufe aufwärts waren alle Männer dienstpflichtig. Jeder Mann im Alter von dreiundzwanzig bis sechsundfünfzig Jahren war wehrpflichtig – mit zweijähriger Dienstzeit – und konnte außerdem jedes Jahr zum Arbeitsdienst für die Dauer eines Monats einberufen werden. Man durfte sich von der Dienstpflicht loskaufen, wenn man einen Ersatzmann bezahlen konnte. Über die Höhe des Loskaufgeldes schwanken die Angaben zwischen dreihundert und zweitausend Kupfermünzen monatlich. Diese beträchtlichen Summen kassierte der Staat. Der Arbeitsdienst wurde in der Kommanderie des Dienstpflichtigen geleistet; beschäftigt wurden die zum Arbeitsdienst Eingezogenen zumeist bei Bau- oder Instandsetzungsarbeiten an Gebäuden, Straßen, Deichen, Kanälen und Brücken, bisweilen aber auch bei der Errichtung von Monumentalgräbern der Kaiser oder hoher Würdenträger. Von der zweijährigen Wehrdienstzeit verbrachte der Rekrut das erste Jahr in seiner Heimatprovinz, wo er ausgebildet wurde: im nordwestlichen Teil des Reiches als Reiter, im Südosten als Seemann, in den übrigen Teilen des Reiches als Fußsoldat und Bogenschütze; im »achten Monat« (der etwa dem September entspricht) wurden die Rekruten vom Kommanderieverweser und von seinem Befehlshaber geprüft, unter anderem im Bogenschießen; von zwölf Pfeilschüssen mußten sechs das Ziel treffen, Scharfschützen erhielten eine Sonderbelohnung. Das zweite Dienstjahr bestand in Garnisondienst, entweder in der Nähe der Hauptstadt Ch'ang-an – für Untertanen der Königslehen in der entsprechenden königlichen Residenz – oder an der Grenze, zur Verteidigung gegen die Fremdvölker.

Archäologische Funde in zwei Zonen an der äußersten Nordwestgrenze zeigen, daß die in den Grenzgebieten stationierten Fußsoldaten und Acker-Dienstpflichtigen aus allen Teilen Chinas stammten, also Tausende von Meilen hatten zurücklegen müssen, um an den Garnisonort zu gelangen, daß die Reiterei dagegen aus den benachbarten Provinzen kam. Der Heeresdienst wurde als schwere Belastung empfunden. Welcher Prozentsatz der wehrpflichtigen Männer wirklich ausgehoben wurde, läßt sich nicht feststellen: die Gardetruppen in der Hauptstadt und die Grenzheere waren bei weitem nicht so zahlreich, daß sie die wehrpflichtigen Männer auch nur eines Jahrgangs hätten aufnehmen können.

Neben dem Adel und dem Volk hatte das China der Han auch seine Sklaven. Der Herkunft nach waren sie entweder gefangene oder verschleppte Fremde, namentlich aus den »barbarischen« Ländern im Süden, oder Chinesen, die von ihren Eltern in Notzeiten verkauft worden waren oder wegen nicht bezahlter Schulden in Sklaverei geraten oder als mithaftende Angehörige von Straffälligen zum Sklavendienst für den Staat verurteilt worden waren. Viele Staatssklaven fanden Beschäftigung in staatlichen Bergwerken, Eisenhütten und Salzwerken und in der Münze, wo die Geldstücke aus Bronze, die »Kupfermünzen«, geprägt wurden; sie arbeiteten Schulter an Schulter mit den zu Zwangsarbeit verurteilten Verbrechern. Andere Staatssklaven taten Dienst in Verwaltungsämtern oder auch bei den zahlreichen Gestüten, die dem Heer die im Kampf gegen die Hunnen unentbehrlichen Pferde zu liefern hatten. Sklaven in Privatbesitz wurden in der Mehrzahl offenbar in häuslichen Diensten verwendet; zwar ist bekannt, daß sie in manchen Fällen auch Landarbeit verrichteten, aber nicht entfernt in dem Umfang wie auf den Latifundien im Römischen Reich.

Zahlenmäßige Angaben über den Umfang der Sklavenarbeit liegen nicht vor; nach den Schätzungen von Wilbur dürfte die Sklavenbevölkerung ein Prozent der Gesamtbevölkerung Chinas nicht überschritten haben. Nach Berechnungen japanischer Gelehrter war es für den Großgrundbesitzer zur Han-Zeit wesentlich vorteilhafter, sein Land von Pächtern bestellen zu lassen, als zu hohen Preisen Sklaven zu kaufen und ihren Lebensunterhalt zu bezahlen. In gewissem Umfang genossen Sklaven einen Schutz vor Willkürakten der Besitzer; kein Sklavenhalter durfte zum Beispiel einen Sklaven töten. Besitz von Sklaven scheint übrigens als Luxus gegolten zu haben: als Vermögensbestandteil wurden Sklaven zu doppelt so hohen Sätzen besteuert wie alle anderen Kapitalgüter.

In der späten Han-Zeit bildeten sich in der Sphäre der Landwirtschaft neue Abhängigkeitsverhältnisse heraus, die der alten Form der Hörigkeit nahekamen: Bauernfamilien unterstellten sich formal einem Grundherrn, für den sie mit der Zeit mehr und mehr Dienste verrichteten und von dem sie in zunehmendem Maße Anordnungen entgegennahmen. Früher schon hatte es die Aufnahme von »Gästen« *(k'o)* in den Haushalt von

Reichen gegeben; sie bildeten eine Art Hofgesinde oder eine Gefolgschaft, wurden jedoch nie als Landarbeiter beschäftigt. Allerdings setzte mit den K'o der späten Han-Zeit eine Entwicklung ein, die im Zusammenwirken mit anderen Tendenzen zu einer Wiederbelebung mancher Elemente des Feudalismus in späteren Jahrhunderten führen sollte.

Denker der Han-Zeit

Ziemlich spät setzt im chinesischen Denken kosmologische Spekulation ein. Nur geringe Ansätze davon sind im 5. oder 4. Jahrhundert zu verspüren. Der Kosmologie wendet sich das Interesse erst an der Schwelle des 3. Jahrhunderts zu. Wichtig ist sie dann bereits sowohl für Denker wie Tsou Yen oder sogar den vermeintlichen »Lao-Tzu« als auch für die aus der konfuzianischen Schule stammenden unbekannten Verfasser der Anhänge zum kanonischen »Buch der Wandlungen«. Gerade bei diesen Konfuzianern zeigt sich schon die für spätere Zeiten so typische Verflechtung kosmologischer und ethischer Gedanken.

Die größte Bedeutung gewinnt diese Strömung in der frühen Han-Zeit. Jetzt wird bewußt der Versuch unternommen, eine in den Lehren des Konfuzius unübersehbare Lücke auszufüllen. Konfuzius hatte in seinen kurzen Sinnsprüchen über den Kosmos gar nichts ausgesagt, seinen Schülern kein Weltbild gegeben. Das tut nun Tung Chung-shu (179? bis 104?): er stellt den Menschen mit seinem Fühlen und Streben und auch in seinem gesellschaftlichen Sein in das schon von den Kosmogonisten entworfene System von Korrelationen hinein, in dem die beiden Urkräfte Yin und Yang, die fünf Elemente, die vier Jahreszeiten und die vier Himmelsrichtungen einen durchgängigen Wirkungszusammenhang bilden.

Die Urkräfte Yin und Yang sind das Bewegende der kosmischen Prozesse; das Yang verkörpert das Starke, Strahlende, Feste, Trockene, Männliche, das Yin das Schwache, Dunkle, Weiche, Feuchte, Weibliche. Sie arbeiten zusammen, wirken in stetig wechselndem Kräfteverhältnis zusammen. Yang wächst im Frühling, gelangt im Sommer zur vollen Stärke, nimmt im Herbst ab und verschwindet fast im Winter. Yin herrscht im Herbst und Winter vor, tritt im Frühling und Sommer immer weniger in Erscheinung. Zusammen bestimmen die beiden Kräfte die Jahreszeiten, das Wachsen, Blühen und Vergehen. Das Zusammenwirken ist wesentlich: der Dualismus von Yin und Yang ist kein Gegensatz wie zwischen Gott und Satan, Gut und Böse; Yin und Yang sind komplementär und keins für sich selbständig.

Wie sich die Kosmogonisten bemüht hatten, den Grundkorrelationen von Frühling und Osten, Sommer und Süden und dergleichen auch die Farben (Grün für Osten, Rot für Süden), die Geschmacksempfindungen, die musikalischen Töne, bestimmte Tiere und Götter, ja sogar Körperorgane, wie Leber, Milz und Herz, zuzuordnen, so versuchte Tung Chung-shu, auch die Eigenschaften der Menschen in den kosmischen Gesamtzusammenhang einzugliedern. Der Körper war Yang und stimmte mit dem Himmel überein, seine dreihundertsechsundsechzig Knochen entsprachen den Tagen des Jahres, seine fünf inneren

Flußboot und Wohnhaus
Tonmodelle aus Gräbern in der Provinz Kuang-tung, Han-Zeit
Peking, Historisches Museum, und Paris, Musée Cernuschi

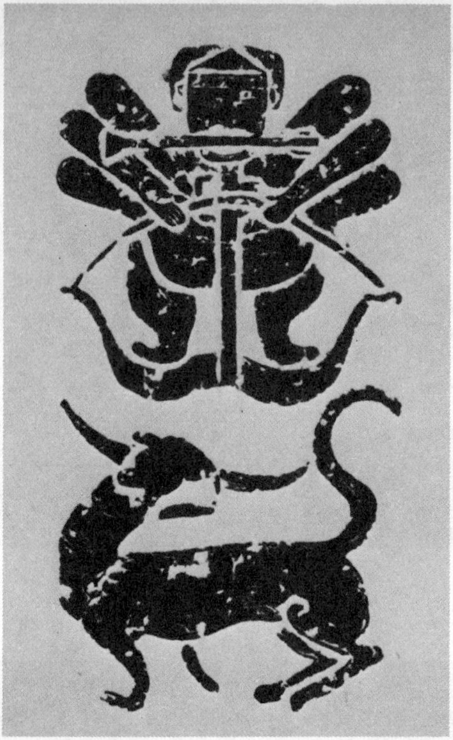

Armbrustschütze und Spannvorrichtung einer Armbrust
Abklatsch von einem Flachrelief am Eingang eines Han-Grabes in der Provinz Shantung
Unten: Stockholm, Östasiatiska Museet

Organe den fünf Elementen, seine vier Gliedmaßen den vier Jahreszeiten. Der Wechsel von Freude und Leid ging mit der gegenseitigen Ablösung von Yin und Yang einher, ließ sich mit den vom Himmel erzeugten Übergängen von Wärme und Kälte vergleichen. Die dem Menschen verliehene Natur oder Lebenskraft war Yang und äußerte sich als Güte *(jen)*, seine Gefühle waren Yin, das sich als Gier offenbarte.

Dies Ordnungssystem, das auf der Annahme wirklicher und wirksamer Beziehungen der Elemente beruht, projizierte Tung Chung-shu auch auf die Gesellschaft. Er sah im gesellschaftlichen Dasein drei Hauptverbindungen *(san kang)*: zwischen Fürst und Untertan, Vater und Sohn, Ehemann und Ehefrau, und stellte fest, daß jeweils das erste Glied Yang und übergeordnet, das zweite Yin und untergeordnet sei. Der als Yang betrachtete Fürst steht seinen Untertanen gegenüber wie der Himmel der Erde; er muß sich aber auch in Gefühlen und Verhaltensweisen nach dem Himmel richten: seine Gefühle sollen wie die des Himmels sein, seine tödliche Wut beispielsweise sollte sich nur im Herbst auswirken dürfen, wenn die Natur selbst abstirbt; die Zahl seiner Minister soll mit den Zahlenkategorien des Himmels übereinstimmen. In all diesen Identifizierungen ist immer von Güte *(jen)*, vom Gefühl für richtiges Verhalten *(yi)*, von Weisheit *(chih)* und Zuverlässigkeit *(hsin)* die Rede, die ins System der Beziehungen als wirkende Kräfte eingeordnet sind.

Tung Chung-shus Werk »Ch'un-ch'iu fan-lu« war außerordentlich einflußreich; nicht nur hatte Tung Chung-shu viele Schüler, sondern er war auch der Berater Kaiser Wus, und es ist auf ihn zurückzuführen, daß der Konfuzianismus als Staatslehre Anerkennung fand. Wie weit sein Einfluß reichte, zeigen die Dokumente des 79 n.Chr. abgehaltenen Palastkonzils zur Festlegung der gültigen Interpretation der kanonischen Bücher: was dort formuliert wurde, stimmte in vielem mit den fast zwei Jahrhunderte älteren Äußerungen Tung Chung-shus fast wörtlich überein. Eine These, die Tung Chung-shu mit großem Erfolg propagierte, war die Theorie der »drei Perioden«; aus der Überlegung, daß die fünf Elemente in einer bestimmten Reihenfolge auftreten, wurde gefolgert, daß sich diese Reihenfolge auch in den Herrscherhäusern manifestieren müsse: sei die Kraft eines Elements erloschen, so müsse ein anderes zur Geltung kommen. Diese These gab den Geschichtsschreibern Anlaß zu vielen Spekulationen und lieferte den Stiftern neuer Dynastien eine Legitimierungsgrundlage.

In einer anderen Beziehung waren Tung Chung-shus Ideen, ohne Neuheit zu beanspruchen, charakteristisch für seine Zeit; wie viele seiner Zeitgenossen glaubte er unerschütterlich an Vorzeichen und Mahnungen des Himmels. Durch die gesamte Han-Zeit hielt sich dieser Glaube in den weitesten Kreisen; man findet seine Spuren in manchen kaiserlichen Erlassen, in denen ungewöhnliche Naturereignisse als Mahnmale gedeutet werden. Erscheint Kaiser Wen noch als Mann von echter Frömmigkeit, so hat man bei Wang Mang, dem Usurpator, und Kuang-wu, dem Stifter der zweiten Han-Dynastie, nur noch den Eindruck eines starken Aberglaubens. Aus solchen Haltungen war im 1. vorchristlichen Jahrhundert eine besondere Gattung von Wahrsagetexten entstanden, die von erheblicher Wirkung gewesen sein müssen. Erhalten haben sich nur Bruchstücke dieser Texte, denn sie wurden später für staatsgefährdend gehalten und wiederholt verboten. Eine ihnen verwandte Literaturgattung sind die apokryphen kanonischen Bücher, die demselben Bedürfnis entgegenkamen wie das Werk Tung Chung-shus: auch sie trachteten danach, den ethisch-moralischen Lehren Konfuzius ein metaphysisches – oder vielleicht physisch-kosmisches – Fundament zu geben. Neu waren in ihnen kosmologische Berechnungen über Weltanfang (nicht als göttliche Schöpfung gedacht!), über den Abstand zwischen dem runden Himmelszelt und der viereckigen Erdscheibe und ähnliche kosmische Faktoren im menschlichen Dasein.

Gemeinsam war all diesen Texten die Glorifizierung, wenn nicht gar Vergottung des Konfuzius. Der eifrig lehrende, mahnende, fruchtlos umherziehende Schulmeister paßt nicht ganz zu der Vorstellung, die man sich vom Schöpfer der kanonischen Werke machen wollte. Wer den Willen des Himmels kannte und die Herrschaft des Hauses Han geweissagt hatte, mußte ein anderes Aussehen bekommen. Freilich gab es auch schon zur Han-Zeit Gelehrte, die sich gegen diesen Kult wandten; sie setzten sich sogar im Laufe der Zeit durch, und der große Meister wurde wieder menschlicher aufgefaßt. Zu ihnen gehörten Yang Hsiung (53 v. Chr.–18 n. Chr.) und Wang Ch'ung (27 bis etwa 100 n. Chr.). Sie waren aber durchaus noch Kinder ihrer Zeit: Yang Hsiung schuf eine eigene Fassung des Buches der Wandlungen, und Wang Ch'ung, der in geistreichen Aufsätzen gegen verschiedenerlei Aberglauben polemisierte, proklamierte nichtsdestoweniger seinen Glauben an Vorzeichen.

Im 2. Jahrhundert n. Chr. hatten sich die Denker von Konfuzius abgewandt, und ihre Schriften, von denen uns ein Teil zugänglich ist, deuten eine gewisse Renaissance der Gedanken der Rechtsschule an. Die konfuzianische Moral schien angesichts des wirtschaftlichen Niedergangs, wie ihn die Cliquenkämpfe unter der herrschenden Schicht ausgelöst hatten, und der dadurch bedingten gesellschaftlichen Zerrüttung nicht mehr auszureichen. Von einem strengeren politischen Regiment versprach man sich bessere Resultate. Ts'ao Ts'ao, der zukünftige Herrscher des Nordens, sollte zu einer späteren Zeit praktische Schlüsse aus diesen Lehren ziehen.

Unter der geistigen Aktivität, die das Han-Zeitalter kennzeichnete, nahm das Studium der alten Texte, besonders der kanonischen, einen hervorragenden Platz ein. Der 213 v. Chr. verkündete Bannfluch gegen die literarischen Urkunden war 191 gefallen, aber danach hatte man die größte Mühe, die vom Verbot befreiten Schriften wieder zusammenzubringen. Nach den alten Texten wurde eifrig gesucht, und wiederholt wird über die Auffindung von Fragmenten berichtet. Nach dem Vorbild des ersten Ch'in-Kaisers beschäftigten auch die Han-Kaiser an ihrem Hof »Gelehrte des umfassenden Wissens«, die sich zunächst einige Jahrzehnte mit den Lehrsystemen aller Philosophenschulen befaßten.

Dann konsolidierte sich eine neue Orthodoxie: im Jahre 141 v. Chr. wurde von Kaiser Wu – oder wohl, da er noch sehr jung war, von seinen Ministern – verfügt, daß nur noch Konfuzianer Hofgelehrte sein durften. Mit der Errichtung der Hochschule für Beamtenanwärter erfuhr das Studium der konfuzianischen Texte erst recht einen Auftrieb. Da die archaische Sprache der kanonischen Bücher ohne gelehrte Auslegung kaum zu verstehen war, gab das den Anstoß zur Entwicklung einer umfassenden Kommentarwissenschaft. Die Historiker der Han-Zeit haben uns die Namen der Männer überliefert, die seit dem Anfang der Dynastie die verschiedenen Klassiker weiter tradierten; bewahrt geblieben sind in der Hauptsache allerdings nur Arbeiten der Kommentatoren aus dem 1. Jahrhundert unserer

Zeitrechnung. Ihnen kann man entnehmen, daß es verschiedene Traditionen und verschiedene Auslegungsschulen für die einzelnen Texte gab, die mitunter heftige Fehden miteinander ausfochten. Schließlich waren die Texte viel mehr als gewöhnliche Bücher, und ihre Auslegung war eher religiöse Exegese als Resultat einer philologisch-historischen Erklärung, auch wenn sich hinter dem Interpretationsstreit soziale und politische Gegensätze verbargen, die gelegentlich auch deutlicher hervortraten.

Angesichts des zentralistischen Aufbaus des Han-Staates ist es nicht verwunderlich, daß auch die Wissenschaft Gegenstand des Staatsinteresses war; das bezeugt schon die Errichtung der Hochschule mit ihren besonderen Funktionen für den Staatsdienst. Ähnlich wurde – namentlich in den letzten Jahrzehnten des 1. Jahrhunderts v. Chr. – die Palastbibliothek zur Sammelstelle für alle alten und zeitgenössischen Texte. Hier amtierten die berühmten Bibliothekare Liu Hsiang und Liu Hsin mit ihren Mitarbeitern; die von ihnen verfaßten Kataloge der Sammlung haben sich zwar in ihrer ursprünglichen Form nicht erhalten, aber ein Kapitel der Geschichte der frühen Han-Dynastie von Pan Ku ist faktisch ein Auszug aus dem Katalog von Liu Hsin, der einen Eindruck von den um die Jahrtausendwende vorhandenen, später größtenteils verlorengegangenen antiken und zeitgenössischen Werken vermittelt.

Untergegangen ist vor allem die schöne Literatur: überliefert sind uns in der Hauptsache Gedichte, unter denen die Fu, gereimte Prosastücke in einer überschwenglichen Sprache, und einige melancholische Nachdichtungen der Volkspoesie die bedeutendsten sind. Dafür haben uns die Historiker unvergängliche Dokumente der Han-Literatur hinterlassen; namentlich Ssu-ma Ch'iens »Aufzeichnungen des Hofastrologen« sind ein großes Prosakunstwerk mit vielen unvergeßlichen Beschreibungen und Charakterisierungen.

Chinesische Expansion

Die Anfänge der Ausbreitung des chinesischen Kulturgebietes liegen im dunkeln. Ziemlich klar ist es noch für die Frühgeschichte, unter welchen Umständen die Träger der chinesischen Kultur im Stromgebiet des Gelben Flusses nach und nach in die von »Barbaren« bewohnten Gebiete eindrangen und sie den damaligen chinesischen Kleinstaaten einverleibten. Für die späteren Perioden kann man eine ähnliche Durchdringung nur vermuten, bis ihre massierte Wirkung plötzlich zutage tritt, als ein Staat wie Ch'in große Landstriche außerhalb der von Chinesen bewohnten Welt annektiert; so wird man wohl im Falle der »Barbarenländer« Pa und Shu, des östlichen und des westlichen Teils der heutigen Provinz Ssu-ch'uan, die Ch'in nach einem kriegerischen Konflikt 316 v. Chr. an sich riß, ein langes stilles Eindringen annehmen müssen, das der Annexion voraufging. Bald nach der Annexion ist eine beträchtliche – zum Teil vom Staat erzwungene – Auswanderung ins neuerworbene Gebiet zu beobachten, und man möchte meinen, daß die gewaltsame Einverleibung lediglich einen Migrationsprozeß von langer Dauer besiegelte.

In anderen Gegenden, von denen Genaues auch nicht bekannt ist, mag die Entwicklung anders verlaufen sein. So war beispielsweise Ch'u, das nicht nur an das chinesische Kulturgebiet angrenzte, sondern auch Teile davon jahrhundertelang beherrscht hatte, schon lange vor aller Annexion weitgehend chinesisch, zum mindesten in seiner Oberschicht. In wahrscheinlich etwas geringerem Maße galt das auch von den »Barbaren« des Yang-tzu-Deltas und des weiter südlich angrenzenden Küstengebiets, den Wu und Yüe, die ebenfalls während längerer Perioden über rein chinesische Bezirke geherrscht hatten.

Mit der Zusammenlegung des gesamten chinesischen Kulturgebietes unter den Ch'in nahm die Expansion festere Formen an, und das neue Reich vergrößerte sich rapid: im Norden und Nordwesten drangen die Heere in die Steppen vor, im Süden wurden südlich von Ch'u neue Kommanderien errichtet, drei zum Beispiel 214 v. Chr. im südchinesischen Binnenland – mit Teilen der heutigen Provinz Hunan, Kuangtung und Kuangsi und wohl auch einschließlich des Nordens des neuzeitlichen Viet-Minh-Staates. Von der Dichte der ursprünglichen Bevölkerung können wir uns kein exaktes Bild machen: noch über zwei Jahrhunderte später waren hier jedenfalls die chinesischen Siedlungen recht spärlich; sie wuchsen erst in späterer Zeit. Militärisch und politisch hatte sich der chinesische Machtapparat offenbar viel zu weit vorgewagt; sobald der Aufstand gegen die Ch'in 209 v. Chr. einsetzte, fielen diese Gebiete sofort wieder von China ab.

Die große und nunmehr bleibende Expansion in allen Himmelsrichtungen begann unter dem Han-Kaiser Wu. Was das Ch'in-Reich vorher versucht hatte und was mit seinem Sturz zerfallen war, wurde von neuem angepackt: wo sich früher abenteuerliche Siedler und wagemutige Handelsleute einsam vorgetastet hatten, marschierte jetzt das Reich. Eindeutig lassen sich die Expansionsmotive nicht erkennen: daß sie – vor allem im Nordwesten – weitgehend militärischer Natur waren, steht fest; aber auch Handel und Massenwanderungen dürften die Expansionsfreudigkeit der Staatsspitze beeinflußt haben.

Die Mauer im Nordwesten

Am auffälligsten war die Ausbreitung des Reiches im Nordwesten. Die Große Mauer ist ein landläufiger Begriff, und schon die griechischen und lateinischen Klassiker haben von den »Seres« und ihren »serischen« Geweben, von den Chinesen und ihrer Seide vernommen. So plötzlich die Erweiterung des chinesischen Gebietes nach dem Westen zu seit 129 v. Chr. anmuten mag, sie setzte nur Entwicklungen eines ganzen Jahrhunderts fort. Erst im 5. Jahrhundert v. Chr. scheinen die Einwohner Chaos, des nördlichsten der chinesischen Kleinstaaten, mit den berittenen Steppenvölkern in Berührung gekommen zu sein. Etwa um 316 eroberte der Staat Ch'in die Lung-hsi genannte Gegend im Osten der heutigen Provinz Kansu. Aber erst nachdem der erste Ch'in-Kaiser ganz China erobert hatte, richtete er sein Augenmerk auch auf Gebiete außerhalb des damaligen Reiches. So wurde zur Eroberung der Steppe innerhalb der großen nördlichen Schleife des Gelben Flusses, des Ordos-Gebiets, der Feldherr Meng Tien 214 v. Chr. gegen das nomadische Hirtenvolk Hsiung-nu ausgeschickt, das wahrscheinlich mit den dem Abendland besser bekannten Hunnen identisch ist. Gleichzeitig wurden strategische Straßen angelegt, die Große Mauer erbaut und bei

Wachtturm der Grenzstation Boro-tsonch in der Han-Befestigung am Edsen-gol in der Gobi

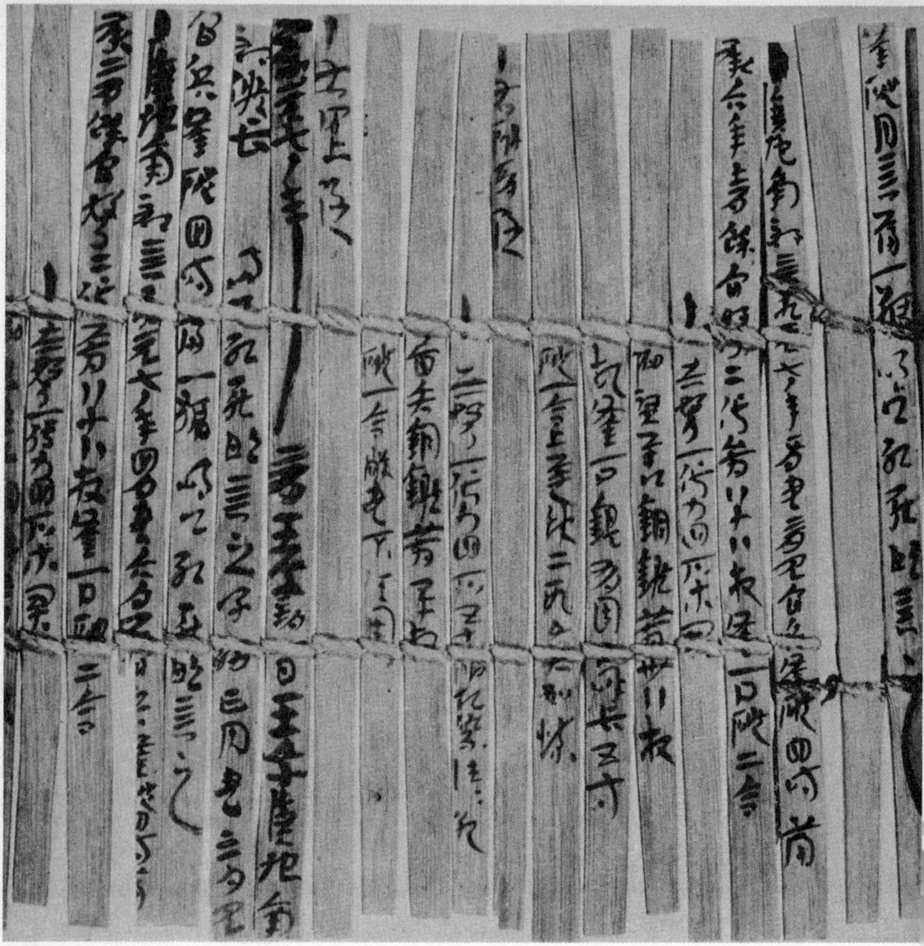

Inventar eines Wachtturmes in der Grenzbefestigung am Edsen-gol
Aus einer Schriftrolle mit Jahresberichten über den Bestand an Waffen und Geräten, Han-Zeit

dieser Gelegenheit auch im Norden neues Gebiet annektiert. Bei den Befestigungsarbeiten sollen dreihunderttausend Menschen, meist zu Zwangsarbeit verurteilte Sträflinge, Hand angelegt haben.

Die »zehntausend Meilen lange Mauer«, »Wan-li Ch'ang-ch'eng«, imponierte als Riesenwerk schon den Zeitgenossen, war indes nichts grundsätzlich Neuartiges. »Lange Mauern« nach der Art der Hadrian-Mauer in Nordengland hatten verschiedene Teilstaaten zum Schutz vor feindlichen Angriffen bereits Jahrhunderte zuvor gebaut, auch wenn die Feinde nur andere chinesische Staaten waren. Der früheste bekannte Fall ist der Grenzwall des Staates Ch'u, Anfang des 6. Jahrhunderts zur Abwehr der Staaten des Nordens erbaut. Ähnliche Befestigungen errichtete Ch'i um 500 gegen Ch'in und um 450 gegen Ch'u und Yüe. Ende des 4. Jahrhunderts ist zum erstenmal von Grenzverteidigungswerken gegen die Fremdvölker die Rede: die vom Staat Wei um 360 zum Schutz seines westlich des Gelben Flusses gelegenen Gebietes erbaute Mauer galt zwar auch den Ch'in, aber auf jeden Fall sollte ihr nördlicher Sektor den Hunnen des Ordos-Gebiets einen Riegel vorschieben. Die Ch'in bauten um 320 ihrerseits einen noch weiter westlich und nördlich verlaufenden Grenzwall, der sich an die Nordspitze der Wei-Mauer anlehnte; in den folgenden Jahrzehnten folgten Chao und Yen dem Beispiel der Ch'in.

Zwischen 215 und 209 ließ der erste Ch'in-Kaiser um die von Meng Tien eroberten Gebiete einen neuen Befestigungswall legen, eben die Große Mauer. Teilweise wurden dabei an der Nordgrenze die etwa hundert Jahre alten Grenzwälle von Chao und Yen benutzt, größtenteils war jedoch die Mauer ein neues Werk, namentlich im Westen, wo der Ch'in-Wall von 330 verlassen und die Grenzverteidigung Hunderte von Kilometern weiter westlich an den Gelben Fluß vorgeschoben wurde. Die Verteidigungswerke der Ch'in und der Han waren nun etwas ganz anderes als die sechzehnhundert Jahre spätere Ming-Mauer, die tatsächlich durchgängig eine Steinmauer ist, auch wenn zwischen den Steinwänden Erdschichten liegen. Im Gegensatz dazu bestanden die frühen Grenzbefestigungen hauptsächlich aus Wachttürmen, die durch einen Erdwall verbunden waren; die Türme standen auf Anhöhen und waren so angeordnet, daß von jedem Turm aus die beiden Nachbartürme links und rechts sichtbar waren; zum Teil waren die Türme hinter den Wall zurückverlegt und von eigenem Mauerwerk umschlossen. Hinter dieser ersten Verteidigungslinie lagen Festungen und befestigte Garnisonlager. Die Außenverkleidung der Wachttürme bestand aus riesigen Ziegelsteinen von 48 mal 48 mal 18 Zentimetern; der massive Kern war aus gestampfter Erde, die, weil ihr die Festigkeit des Lehms fehlte, mit Tamariskenzweigen und Kies verstärkt war. Der Wall selbst war ebenfalls gestampfte Erde, mit Zweigen und Kies befestigt; das Stampfverfahren war so wirkungsvoll, daß die Mauer an geschützten Stellen heute noch drei Meter hoch und zweieinhalb Meter stark ist.

Die etwa zehn Meter hohen und sechseinhalb Meter breiten Türme dienten als Ausguckposten: sichtete man nomadische Reiterhorden, so wurde sofort das nächste Garnisonkommando benachrichtigt. Als Signalvorrichtungen dienten nachts Metallkörbe mit lodernden Fackeln, die an einer Art Brunnenstange auf und nieder bewegt wurden; tagsüber wurden rot-weiß gestreifte Segel gehißt oder aus eigens zu diesem Zweck gebauten Schornsteinen Rauchsignale gegeben; im äußersten Notfall zündete man in der Nähe des Turmes aufgeschichtete Stapel Brennholz an. Die Besatzung der einsamen Wachttürme bestand aus je fünf oder sechs Mann, die vom Turm aus Ausschau hielten, an der Mauer entlang patrouillierten und dann auch Arbeiten verrichteten; zum Beispiel mußten Sandstreifen außerhalb der Mauer immer wieder aufgelockert und geglättet werden, damit fremde Spuren sofort entdeckt und gemeldet werden konnten. Neben den Fahnenstangen standen auf jedem Turm ein Schießpult für schwere Armbrüste, ein »Fernauge« genanntes primitives Richtgerät und unverwandt auf die Nachbartürme gerichtete »Guckröhren«, die das Sichten der Signale erleichtern sollten. In mancherlei Hinsicht glich der chinesische Vorstoß nach Mittelasien der militärischen Expansion des Römischen Reiches in Nordwesteuropa.

Die Mauern allein konnten, wie sich mehrfach zeigen sollte, den nomadischen Feind nicht jenseits der Grenze halten; sie schützten nur, wenn sie gut bemannt waren. Sie waren ein Nebenprodukt der chinesischen Expansion; erschlaffte der Expansionstrieb und zogen sich die chinesischen Streitkräfte aus den umstrittenen Grenzgebieten zurück, so war die unbemannte und unverteidigte Mauer keine Barriere gegen den Einfall der Nomadenvölker aus der mongolischen Steppe. Das zeigte sich sogleich bei der Erhebung gegen die Ch'in im Jahre 209: Truppen, Zwangsarbeiter und Dienstleistungspflichtige verließen in Scharen die unwirtlichen Grenzbezirke und ließen die Grenze praktisch unverteidigt. Unbehelligt konnten die Hunnen die ihnen entrissenen und von der Großen Mauer umzingelten Gebiete zurückerobern.

Kampf gegen die Hunnen

Das Verschwinden der chinesischen Grenzgarnisonen fiel zeitlich mit einer gewaltigen Machtentfaltung der Hunnen zusammen. Will man das Nomadentum gleichsam für eine Randerscheinung der großen Ackerbaukulturen halten, so kann man hypothetisch annehmen, die Zusammenlegung der chinesischen Teilstaaten zum Einheitsreich der Ch'in habe auch bei den Hunnenstämmen analoge Bestrebungen ausgelöst. Ohnehin waren die nomadischen Hunnen kein kulturloses Volk: sie hatten eine bestimmte Zivilisationsstufe erreicht, die in einer charakteristischen politischen Organisation ihren Niederschlag fand. Nicht unwesentlich waren auch direkte chinesische Einflüsse, zum Teil dank chinesischen »Überläufern«, die sich bei den Hunnen eingelebt hatten; manche von ihnen – gerade in der Han-Zeit – waren Adlige und Heerführer, die am Hunnenhof hohe Posten erhielten. Beispiele dafür bieten die Lehnskönige Han Hsin (200) und Lu Wan (195) und die Heerführer Li Ling (99) und Li Kuang-li (90). Ob mit, ob ohne direkte Einwirkung des chinesischen Vorbildes, jedenfalls gelang es dem Stammeshäuptling T'ou-man in den letzten Jahrzehnten des 3. Jahrhunderts, die einander ständig bekämpfenden Stämme der Hsiung-nu zu einigen und ein lockeres föderatives Staatsgebilde zu errichten. T'ou-man selbst mußte sich zwar vor den vordringenden Truppen der Ch'in weit nach dem Norden zurückziehen, aber sein Sohn und Nachfolger (und Mörder?) Mao-tun konnte die Wirren im chinesischen Reich und die Entblößung der Grenzen dazu benutzen, den Hunnen die Herrschaft über das von den Chinesen kurz vorher eroberte Gebiet wiederzugeben. Wieder gehörte ihnen das Ordos-Gebiet, damit aber auch der Oberlauf des Gelben Flusses und das Gelände am östlichen Teil der Großen Mauer. Mit ihrer konsolidierten Macht konnten nun die Hunnen weitere Streifzüge in China unternehmen; nach den ersten kriegerischen Auseinandersetzungen, bei denen Kaiser Kao selbst ins Feld gezogen war, fanden bis zum Beginn der aktiven Abwehr unter Kaiser Wu trotz allen Verträgen und allen Zahlungen der Chinesen immer wieder Raubzüge der Hunnen an den Nordwest- und Nordgrenzen statt.

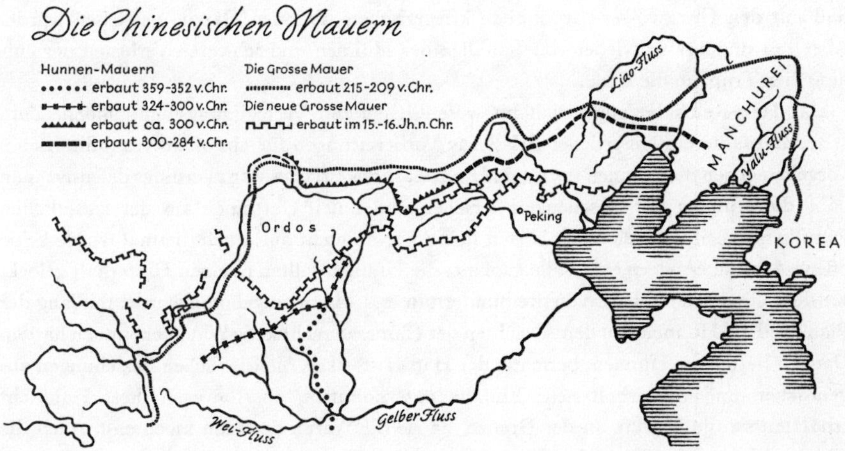

Im Jahre 200 v. Chr. hatte Kaiser Kao persönlich den Kampf gegen Han Hsin, König von Han, der sich den Hunnen unterworfen hatte, aufgenommen, wurde aber geschlagen und kam kaum mit dem Leben davon. Später wurde dem Hunnenfürsten eine chinesische Frau angeboten, die angeblich eine Tochter des Kaisers gewesen ist; dann warb Mao-tun um die Hand der Witwe Kaos – vielleicht dem Hunnenbrauch zuliebe, der die Ehe mit der verwitweten Schwägerin gebot. Aber weder solche verwandtschaftlichen Beziehungen noch chinesische Geschenke vermochten die Hunnen davon abzubringen, chinesisches Gebiet zu überfallen und zu plündern. Inzwischen hatten die Hunnen ihre Macht auch über die Oasenstädte Mittelasiens ausgebreitet, und um 176 v. Chr. vertrieben sie das Volk der Yüe-chih aus der heutigen Provinz Kansu. (Die Yüe-chih zogen nach Afghanistan und gründeten dort das Kushan-Reich.)

Friedensversuche wurden nach den großen Hunnenfeldzügen von 177 angebahnt. Man wechselte Briefe; Kaiser Wen schickte Geschenke, vor allem gemusterte und bunte Seide; dem Nachfolger des großen Mao-tun wurde wiederum eine chinesische Prinzessin als Braut zugeführt. Trotzdem hörten die Raubzüge nicht auf, und im Winter 167/166 stießen die Hunnen – mit angeblich hundertvierzigtausend Reitern – bis in die Nähe der Hauptstadt Ch'ang-an vor. Weitere Friedensbemühungen erbrachten 162 einen Vertrag, in dem den Hunnen Seide- und Lebensmittellieferungen zugesichert wurden. Die Einfälle der Hunnen galten vor allem der Nahrungsbeschaffung; eine gewisse Rolle spielte die chinesische Seide: die anfänglich bescheidenen vertraglichen Lieferungen nahmen später beträchtliche Ausmaße an, die möglicherweise den transasiatischen Seidenhandel beeinflußt haben.

Lange hielt der Frieden von 162 nicht vor: im Winter 159/158 brachen die Hunnen an zwei Stellen mit je dreißigtausend Reitern von neuem ein; darauf folgte 156 ein neuer Vertrag und 152 der Brautzug einer weiteren chinesischen Prinzessin. Wenn 148 wieder Raubzüge stattfanden, so unterwarfen sich auf der anderen Seite 147 einige untergeordnete Hunnenfürsten der Oberhoheit des Han-Reiches. Aus einer Bemerkung in den chinesischen Annalen, wonach 146 die Ausfuhr junger Pferde verboten worden sei, läßt sich schließen, daß mit den Grenzvölkern trotz allen kriegerischen Aktionen Handel getrieben wurde. Aber 144 und 142 ist wieder von Einfällen der Hunnen und schweren Verlusten der chinesischen Truppen die Rede.

Das Han-Reich begnügte sich im wesentlichen mit Verteidigungsmaßnahmen. Zum erstenmal faßte ein kaiserlicher Erlaß 133 Vorbereitungen für ein offensives militärisches Vorgehen gegen die Hunnen ins Auge. Die Tonart des Erlasses war allerdings defensiv: man habe die Hunnen mit Geschenken versehen und ihnen Gattinnen aus der kaiserlichen Familie gegeben, und dennoch hörten ihre Angriffe nicht auf; auch diesmal wurde keine offene Attacke, sondern eine Falle geplant: die Hunnen sollten in einen Hinterhalt gelockt werden. Obgleich ein Heer von dreihunderttausend Mann aufgeboten wurde, mißlang der Plan, weil die Hunnen von den Absichten der Chinesen rechtzeitig Wind bekommen hatten. Danach hätten die Hunnen, berichtet der Han-Historiker, die friedlichen Beziehungen abgebrochen und wiederholt neue Einfälle unternommen, aber »wegen ihrer Habsucht schätzten sie die Märkte an der Grenze, da sie die Waren der Han mochten«. Auch die Chinesen hätten den Handel auf den Grenzmärkten fortgesetzt, den Warenaustausch nicht unterbunden. Sie hätten damit, meint der Chronist der Han, den Hunnen »gefallen wollen«. Vielleicht sollte man das wichtigere Motiv darin suchen, daß der Grenzhandel auch für die Chinesen seine Bedeutung hatte.

China geht zum Angriff über

Aktive Maßnahmen gab es dann 130: zur Verteidigung der Bergpässe wurden zehntausend Dienstpflichtige in die nördliche Grenzkommanderie von Yen-men abkommandiert. Das hielt die Hunnen nicht davon ab, im Frühjahr 129 den Nachbarbezirk zu überfallen. Das veranlaßte die Chinesen endlich, zum Angriff überzugehen: von verschiedenen Punkten aus wurden vier Generale mit je zehntausend Mann Reiterei gegen die Hunnen »an den Grenzmärkten« ausgeschickt. Ins Feindesland bis zum Hauptlager der Hunnen, dem »ummauerten Lung« (am Ongin-Fluß?), stieß von den vier Feldherren nur einer vor, der später berühmte Wei Ch'ing. China wurde weiterhin von wilden Hunneneinfällen heimgesucht; namentlich im Osten, in den nördlich des heutigen Peking gelegenen Bezirken. Wei Ch'ing mußte wieder gegen die Hunnen ziehen, 128 im Norden, 127 im Westen, wo er das Ordos-Gebiet nach fast achtzig Jahren wieder unter chinesische Herrschaft brachte; am Gelben Fluß wurden hier die Kommanderien Shuo-fang und Wu-yüan geschaffen. Shuo-fang diente 124 als Ausfalltor für einen großangelegten nordwestlichen Kriegszug, bei dem die Han-Truppen fünfzehntausend Gefangene und fast eine Million Stück Vieh erbeuteten. Im Jahre darauf wurden zwei Nordfeldzüge geführt.

Besonders wichtig war für den Ausbau des chinesischen Einflusses in Mittelasien der Feldzug des jungen Huo Ch'ü-ping, der 121 vom Wei-Tal gen Nordwesten vorstieß: dank seinen Siegen konnten die Chinesen im Korridor der heutigen Provinz Kansu, der zu den abgelegenen Oasenstädten des Tarim-Beckens führte, festen Fuß fassen. Im selben Jahr fand weiter nördlich eine zweite Aktion statt, bei der die Chinesen bis zu den Seen von Chü-yen vordrangen; ein Hunnenfürst mit über vierzigtausend Kriegern unterwarf sich den Han. Die Feldzüge Huo Ch'ü-pings bewirkten, daß Nordwestchina längere Zeit von Hunneneinfällen verschont blieb. Eine große kombinierte Operation drängte die Hunnen 119 über die Gobi-Wüste bis in die Äußere Mongolei zurück. Freilich waren die Verluste auf beiden Seiten so groß, daß weitere Kriegshandlungen einstweilen unterbleiben mußten.

Neue militärische Aktionen im fernen Westen richteten sich dann gegen die Chiang, die westlich des schmalen Kansu-Korridors siedelten. Nachdem sie Beziehungen mit den Hunnen aufgenommen hatten, gerieten sie im Spätherbst 112 in Bewegung; gleichzeitig griffen die Hunnen vom Norden her an. Es gelang den Chinesen jedoch, die Chiang niederzuwerfen und die Hunnen zurückzutreiben. Das brachte noch keine Beruhigung: der wachsende Handelsverkehr mit den mittelasiatischen Oasenstaaten verlangte militärischen Schutz, und größere und kleinere Konflikte mit den Hunnen entbrannten immer wieder von neuem. Erwähnenswert sind die Feldzüge des Li Kuang, zwischen 104 und 100 v. Chr., die dem Zweck dienten, aus dem hinter Mittelasien liegenden Ta-yüan (dem heutigen Ferghana) zur Verbesserung des chinesischen Gestüts »blutschwitzende« Pferde zu holen.

Um diese Zeit hatten die Chinesen das Tarim-Becken zum Teil schon unter ihre Oberhoheit gebracht, wohl um den aufblühenden Karawanenhandel besser schützen zu können: chinesische Truppen waren 109 ausgezogen, die Oasenstädte Lou-lan (am Lob-nor) und Chü-shih (das heutige Turfan) zu unterwerfen. In den folgenden Jahren mußte jedoch der Kampf mit den Hunnen weitergeführt werden: große Feldzüge gab es wieder 103 und 99; die Kampagne von 99 war sogar darauf angelegt, die Hunnen endgültig aus Mittelasien zu vertreiben.

Das Ziel wurde nicht erreicht, auch nicht in der Aktion von 97, bei der drei Heere mit insgesamt zweihunderttausend Soldaten (davon mindestens achtzigtausend Reitern) vergebens nach dem Norden geworfen worden waren, und auch nicht im Feldzug von 90, der mit einem Debakel endete. Erst allmählich begann danach der Druck der Hunnen nachzulassen: einmal litt ihre Stoßkraft unter schweren inneren Streitigkeiten, zum anderen waren sie vollauf damit beschäftigt, die Stämme der Wu-sun im Westen und der Hsien-pi im Osten abzuwehren. Schließlich führten wachsende innere Spannungen zur Teilung des Hunnenreiches in zwei Staatsgebilde, eins südlich und eins nördlich der Wüste Gobi. Nach wiederholten chinesischen Expeditionen unterwarf sich der Herrscher der südlichen Hunnen 53 v. Chr. dem Chinesischen Reich, und 36 wurde der König der nördlichen Hunnen, der nach Westen ausgewichen war und sich gerade anschickte, einen für die chinesische Position in Mittelasien gefährlichen Großstaat ins Leben zu rufen, bei dem schwungvollen chinesischen Siegeszug in die entlegene Sogdiane am Talas-Fluß geschlagen; sein Kopf wurde eingepökelt nach Ch'ang-an gebracht und öffentlich zur Schau gestellt.

Vorstoß und Rückzug

Seit Mitte des 1. Jahrhunderts v. Chr. waren die Oasenstädte des mittelasiatischen Tarim-Beckens ganz in chinesischer Gewalt und seit 67 einem »Schirmherrn der Westlande« unterstellt; so blieb es, bis die Wirren, die zum Sturz Wang Mangs 23 n. Chr. führten, den chinesischen Einfluß in Mittelasien zunichte machten; dann kümmerte sich fünfzig Jahre lang niemand mehr um die fernen Gebiete. Durch den Kampf mit seinen Rivalen, von denen sich einer sogar mit den Hunnen verbündet hatte, völlig in Anspruch genommen, zog es Kaiser Kuang-wu, der Stifter der zweiten Han-Dynastie, vor, die Grenzen des Reiches zurückzunehmen und manche Präfektur aufzugeben. Den unterworfenen und danach von weiteren Schlägen heimgesuchten südlichen Hunnen gestattete er, sich auf chinesischem Gebiet innerhalb der Grenzmauern niederzulassen. Auf dies Fundament sollte sich die Herrschaft der Fremdvölker über Nordchina im 4. Jahrhundert stützen.

Nach einer langen Zeit des Niedergangs waren die nördlichen Hunnen um die Mitte des 1. Jahrhunderts n. Chr. wieder auf die Beine gekommen. Sie behaupteten sich erfolgreich in Mittelasien und unternahmen wieder Streifzüge in Nordchina. Ein Versuch Chinas, sie mit Handelsprivilegien zu besänftigen, war mißglückt. Trotz starken inneren Widerständen entschloß sich die chinesische Regierung, die längst aufgegebene Offensivpolitik von neuem aufzunehmen. Wieder gab es 73 und 74 militärische Aktionen im Norden und Nordwesten. Die Hunnenheere wurden geschlagen und mehrere Orte in Ostturkestan besetzt. Trotzdem war die kaiserliche Regierung unter dem Druck der »Isolationisten« geneigt, die Politik des militärischen Vorstoßes wieder aufzugeben. Heftig protestierte dagegen der Befehlshaber Pan Ch'ao, ein Bruder des Han-Historikers Pan Ku. Er warnte vor der großen Bedeutung der Tarim-Oasen als möglicher Vorratskammern für die Hunnen; er betonte zugleich, daß chinesische Garnisonen im Tarim-Becken dem chinesischen Staatsschatz nichts zu kosten brauchten, weil sie sich selbst verproviantieren könnten. Er setzte durch, daß die Besatzungen blieben.

Aber zu energischem Vorgehen gegen die immer aktiveren Hunnen war die Regierung nach wie vor nicht bereit. Dazu bedurfte es erst eines Kaiserwechsels und der Beeinflussung des neuen Kaisers durch seine Schwäger. Die von Tou Hsien 89 bis 91 geführten Feldzüge zeitigten beachtliche Erfolge: die nördlichen Hunnen wurden geschlagen, Pan Ch'ao eroberte mehrere weitere Oasenstädte und brachte damit (94 n. Chr.) das gesamte Tarim-Becken in chinesischen Besitz, und die Gefahr neuer Raubzüge der Hunnen war gebannt. Der Triumph war kurzlebig: nach dem Rücktritt Pan Ch'aos (102) und dem Tod des Kaisers (105) brach die chinesische Macht auseinander: es wurde beschlossen (107), die »Westlande« ganz aufzugeben; die Regierung fand, sie seien »zu kostspielig«. Noch einmal wurde 119 bis 127 gegen die wiedererwachende Macht der Hunnen und die Aufstände der Chiang energisch durchgegriffen, aber das war schon das letzte Aufflackern einer »zu kostspieligen« Politik, denn der endgültige Niedergang des politischen Einflusses Chinas in Mittelasien folgte, obgleich sich Verbindungen zwischen China und dem fernen Westen noch mehrere Jahrzehnte erhielten.

Militärische und wirtschaftliche Expansion

Ob die »pazifistischen« Konfuzianer oder ihre kriegsbereiten Gegner recht hatten, ist ebenso schwer zu entscheiden wie, ob Politik und Strategie oder Handelsinteressen für Chinas Drang nach Norden und Westen bestimmend waren. Ob es einer konsequent konfuzianischen Politik der Besänftigung der »Barbaren« und der erzieherischen Wirkung des guten Beispiels je gelungen wäre, den Aggressionen der plündernden Hunnen Einhalt zu gebieten, ist zum mindesten zweifelhaft. Die aktive Abwehroffensive unter Kaiser Wu hatte ihren guten Sinn: mit den großen militärischen Aktionen wurden jedenfalls die Hunnen aus rein chinesischem Gebiet vertrieben und ein aktiver Grenzschutz aufgebaut. Die Kehrseite der Medaille war eine anhaltend schwere Belastung der Staatskasse und natürlich auch der Bevölkerung. Erbittert schreibt der Historiker Pan Ku um 80 n. Chr., der Nachfolger Wus auf dem Thron habe »die von Kaiser Wu und seinen Feldzügen hinterlassenen Übel der Verschwendung und Extravaganz geerbt, weswegen denn auch das Reich gleichsam entleert und verödet und die Bevölkerung um die Hälfte verringert war«. Man mag zwar diesem Urteil eines überzeugten Konfuzianers einige Vorbehalte entgegenbringen, aber die zwischen 120 und 110 v. Chr. getroffenen Wirtschaftsmaßnahmen lassen kaum einen Zweifel daran, daß der chinesische Staat unter Wu schwere finanzielle Bedrängnisse durchmachte.

Nur auf wirtschaftliche, nur auf kommerzielle Motive läßt sich die chinesische Expansionspolitik darum nicht zurückführen. Gewiß blühte, wie es so schön heißt, der Seidenhandel. Aber wo kam die Seide her, die Zwischenhändler vieler Völker schließlich bis nach Rom brachten? Waren die Seidenballen freie Ware in den Händen freier Händler? Oder stammten sie nicht vielmehr aus erzwungenen Steuerabgaben, deren Erlös in Naturalien von Gesandten des Chinesischen Reiches nach Mittelasien mitgenommen wurde? Oder gar aus Lieferungen an die Hunnen, die sich im Zuge der Befriedungspolitik vermehrten? Wie dem auch sei: was der Seidenhandel einbrachte, konnte unmöglich auch nur die Kosten decken, die die Verteidigung der Grenzen, namentlich in Gegenden, wo sich die Garnisonen nicht aus Eigenem verproviantieren konnten, verursachen mußte.

Schon in einer Denkschrift des klugen Staatsmanns Ch'ao Ts'o aus dem Jahr 178 v. Chr. wurde die Notwendigkeit betont, die Verproviantierung der Truppen von der Zufuhr aus dem Innern Chinas unabhängig zu machen. Die eigentliche Stärke der Grenzverteidigung sollte, fand er, in der Beteiligung der in Grenznähe lebenden Bevölkerung liegen; deswegen befürwortete er die Ansiedlung geeigneter Menschen, die die Grenze mit der Waffe in der Hand verteidigen könnten, in den Randgebieten des Reiches. Tatsächlich kamen, wie dann später die Praxis gezeigt hat, die Kavalleristen der Grenztruppen aus den Grenzbezirken. Ch'ao Ts'os Rat wurde auch insofern befolgt, als überall, wo es die Verhältnisse erlaubten, neben der Kampftruppe militärische Formationen von Bauern und Bewässerungsarbeitern in Garnison gelegt wurden, die das Land urbar machten und an Ort und Stelle Getreide, Gemüse, Hanf und anderes mehr für den Heeresbedarf anbauten; bisweilen wurden sogar Getreideüberschüsse erzielt, die ins Binnenland gebracht wurden. Indes blieb in unwirtlichen Gegenden die Zufuhr von Lebensmitteln unerläßlich; auf sie deuten zum Beispiel die Ruinen eines gewaltigen Kornspeichers in der Gegend von Tunhuang hin: der Bau aus gestampftem Lehm hatte eine Länge von hundertvierzig und eine Breite von siebzehn

Metern. Die gesamte Versorgung der Grenztruppen in den entlegensten Grenzstationen unterstand übrigens, wie aus aufgefundenem Archivmaterial aus der Zeit zwischen etwa 100 v. Chr. und 100 n. Chr. hervorgeht, einer komplexen Verwaltungsorganisation mit umständlicher Buchführung, Monats- und Jahresberichten, Rückfragen der Zentrale und dienstlichen Rügen. Fragmente aus Jahresberichten eines einsamen Wachtturms zeigen anschaulich die minuziöse Gewissenhaftigkeit der bürokratischen Rechnungslegung: Jahr für Jahr werden treuherzig zwei Eisenkessel und ein untauglicher Kochherd aufgeführt.

Am Rande mag festgehalten werden, daß die Selbstversorgungsorganisation der chinesischen Heere in Mittelasien Jahrhunderte hindurch beibehalten wurde. Die Wiedereroberung der mittelasiatischen Besitzungen nach dem großen Mohammedaneraufstand der sechziger und siebziger Jahre des 19. Jahrhunderts und auch die Machtkonsolidierung des chinesischen Regimes in diesen Gegenden nach 1950 verdankte China zum größten Teil dieser Politik der T'un-t'ien, der »Garnisonsfelder«.

Kurz nach dem Beginn der großen Feldzüge gegen die Hunnen (129 v. Chr.) wurden Kaiser Wu und seinen Ratgebern überaus wichtige Auskünfte über ein Gebiet vorgelegt, das für sie erst später zum Gegenstand aktuellen Interesses werden sollte: die Oasenstädte des Tarim-Beckens und Zentralasien überhaupt. Die Angaben stammten von einem Mann namens Chang Ch'ien, der 126 nach jahrelangen Wanderungen durch Asien nach China zurückgekommen war; im Auftrag des Kaisers hatte er auf der Suche nach möglichen Bundesgenossen ganz Mittelasien durchstreift; eine Zeitlang, heißt es, sei er Gefangener der Hunnen gewesen. Er berichtete ausführlich über seine Erfahrungen und durchleuchtete die politische Lage im fernen Westen; neben den militärischen Vorteilen einer näheren Fühlungnahme mit Zentralasien wurden in seinem Bericht, von dem sich Teile erhalten haben, auch die günstigen wirtschaftlichen Perspektiven betont. Unbekannt ist, welchen Eindruck der Bericht am Hof gemacht hat; jedenfalls wurden, sobald der Kansu-Korridor fest in chinesischen Händen war (120), viele Gesandtschaften in die Oasenstädte entsandt. Ssu-ma Ch'ien, der die Anfänge der Expansion miterlebt hat, wetterte 100 v. Chr. über die Verschwendung, die mit diesen diplomatischen Missionen betrieben worden sei: unehrliche, korrupte Geschäftemacher hätten sich für die Gesandtschaften anwerben lassen, man habe ihnen viele Gaben für die Mittelasiaten mitgegeben, und mit diesen Gaben hätten sie zum eigenen Vorteil einen schwunghaften Handel getrieben.

Mit Hilfe der Gesandtschaften scheint der Seidenhandel in Gang gekommen zu sein. Unklar ist, ob sich daran chinesische Händler als private Geschäftsleute beteiligen durften. Noch 81 v. Chr. verteidigte der Kanzler den Seidenexport mit Argumenten, die darauf schließen lassen, daß das Ausfuhrgeschäft von Regierungsstellen betrieben wurde. Da heißt es:

> Für ein Stück chinesischer Seide bekommt man Erzeugnisse der Hunnen, die mehrere Unzen Gold wert sind, und zugleich wird der Staatskasse der Feinde Schaden zugefügt. So betreten schwerbeladene Karawanen Kopf an Schwanz unsere Grenzbefestigungen, und auf diese Weise bevölkern vielerlei Pferderassen unsere Gestüte, und Pelze, Filzteppiche und bunte Decken füllen unsere Lagerhäuser, und Jade, Korall und Glas (ursprünglich als Halbedelstein betrachtet) werden zu Schätzen unseres Landes. So strömen die Erzeugnisse der fremden Länder zu uns, aber kein Tropfen Gewinn strömt hinaus, so daß unsere Staatskasse überfließt und das Volk sein Auskommen hat.

War Seide schon im diplomatischen Verkehr der chinesischen Regierung mit den zentralasiatischen Machthabern der wichtigste Geschenkartikel, so war sie es erst recht im Auf und Ab der Beziehungen mit den Hunnen. Seide war der Hauptbestandteil der Freundschaftsgaben, die die chinesische Besänftigungspolitik den Hunnen zukommen ließ, und auch im Tauschverkehr auf den Grenzmärkten spielte sie neben Eisengerät und – man staune! – Armbrusten (deren Ausfuhr allerdings verboten war) eine beträchtliche Rolle. Im Laufe der Jahre wuchs der Umfang der Seidengeschenke an die Hunnen ins Unermeßliche. Anläßlich der Friedensverhandlungen von 174 beschenkte Kaiser Wen die Hunnen mit zehn Rollen Brokat und je vierzig Rollen dunkelroter, hellroter und grüner Seide, also insgesamt mit hundertsiebzig Rollen. Zweihundert Jahre später waren es gleich Tausende von Rollen, und 50 n. Chr. wurden die regelmäßigen Neujahrsschenkungen an den Hunnenhof mit zehntausend Rollen ungemusterter Seide nebst zuzüglich einer unbestimmten Anzahl Rollen Brokat angegeben. Daneben behielt der Grenzhandel seine große Bedeutung; bei allen Verhandlungen mit den Hunnen waren Aufrechterhaltung und Betrieb der Grenzmärkte ein Punkt, auf den nicht verzichtet wurde.

Aus griechischen und römischen Quellen wissen wir, daß der große Aufschwung der römischen Seideneinfuhr in der letzten Hälfte des 1. Jahrhunderts v. Chr. einsetzte. Etwa 30 v. Chr. sprachen Virgil und Horaz von den »serischen Stoffen«, und schon fünfzig Jahre später sah sich Kaiser Tiberius veranlaßt, ihren Gebrauch zu verbieten. Damit wurden jedoch Import und Handel nicht unterbunden, und um die Mitte des 1. Jahrhunderts stöhnten Seneca und Plinius über die ungeheuren Kosten, die der Verbrauch an ausländischen Luxusartikeln jedes Jahr verursache; nach Plinius' Berechnungen wandte das Römische Reich für den Handel mit Indien, Arabien und den »Seres« jahraus, jahrein hundert Millionen Sesterzen auf.

Aus klassischen Quellen erfährt man auch, daß die importierten chinesischen Seidengewebe sowohl einfache weiße Stoffe als auch bunte und gemusterte waren; über ihre Herstellung sind in den chinesischen Werken manche Einzelheiten zu finden. Auch in dieser Hinsicht hat die Archäologie in den letzten fünfzig Jahren unsere Kenntnisse vermehrt: sowohl an den Grenzen Chinas als an der Peripherie des Römischen Reiches sind Seidenreste aus der Han-Zeit gefunden worden. Grabfunde in Lou-lan (dem alten Kroirana) am Lob-nor und in der berühmten Handelsoase von Palmyra in Nordsyrien haben wunderbare Stoffe mit Blumen- und Tiermotiven zutage gefördert. Aus der Han-Zeit berichtet von solchen Stoffen das Lehrbuch Chi-chiu pien, »Rasch erreicht« (um 40 v. Chr.), und im 2. Jahrhundert n. Chr. besingt sie Dionysios aus Alexandreia in seiner »Periegesis«, wo es von den Chinesen heißt, daß sie »die bunten Blumen ihrer öden Landschaft weben und kunstgerecht köstliche Gewänder anfertigen, die den Glanz der Blüten ihrer Weiden haben«.

Bekannt ist, daß Angestellte oder Vertreter syrischer Kaufleute bis tief in Gebiete unter chinesischer Botmäßigkeit vordrangen, und ein in der Nähe von Tunhuang (dem Throana der klassischen Geographen) gefundener Seidenfetzen mit indischen Schriftzeichen bestätigt, daß sich Handelsleute aus dem westlichen Teil Mittelasiens schon früh auf rein chinesischem Gebiet bewegten. Von ähnlichen Abenteuern chinesischer Händler ist nichts überliefert. Wir wissen nur von Heerführern, die Streifzüge in die Weite unternehmen; so kommt Kan Ying 97 n. Chr. bis an die Ostküste des Persischen Meerbusens, läßt sich aber eine weitere Seereise, die ihn in Kontakt mit den Syrern gebracht hätte, durch vorgetäuschte Gefahren ausreden. Ob Römer und Chinesen einander je begegnet sind, steht dahin; zu einer Berührung der beiden Großstaaten ist es jedenfalls nie gekommen. Aus chinesischen und aus klassischen Quellen gewinnt man den Eindruck, daß die Perser, die Bewohner des Parthischen Reiches der Arsakiden, am Zwischenhandel zu gut verdienten, als daß ihnen an der Herstellung direkter Kontakte gelegen gewesen wäre. Bezeichnenderweise erwähnt ein klassischer Autor den Seidenhandel über Indien: »serische Stoffe« und sogar Flockseide kamen über die Pässe des Hochgebirges bis an den Hafen Barygaza und wurden von dort – unter Umgehung des Partherreichs! – auf dem Seeweg ins Römische Reich gebracht.

Was die Eroberung Mittelasiens China direkt eintrug, waren materielle Dinge: dort lernte China die Weintraube und die Luzerne nebst einigen anderen Nutzpflanzen kennen; eine chinesische Liste der Erzeugnisse des fernen Westens nennt verschiedenfarbiges – zweifellos syrisch-römisches – Glas und namentlich Blutkorall (als Geschmeide geschätzt). Natürlich stehen im Warenaustausch Luxusartikel an erster Stelle, aber das ist ein Wesensmerkmal des antiken Außenhandels überhaupt, zumal im Verkehr zwischen so entfernten Gebieten wie dem Römischen Reich (oder dem römischen Orient) und China. Dieser Handel lief über viele Zwischenhändler, und fast nie wurden große Mengen umgeschlagen. Von dieser Regel gibt es eine Ausnahme, die aber vielleicht auch nur relativ ist: Seide.

Ausbreitung des Buddhismus

Eine der wichtigsten Folgen der Erschließung des Tarim-Beckens, wenn nicht die wichtigste, war die Einführung des Buddhismus in China, von wo er einige Jahrhunderte später nach Korea – und von dort nach Japan – gelangen sollte. Auf diesem Weg verbreitete sich nicht nur der buddhistische Glaube, sondern auch seine im Nachfolgestaat des Diadochenreichs Baktrien, im Indoskythischen Reich der Kushan, geprägte Kunst, die einige typische hellenistische Züge – wie das enganliegende Gewand im Faltenwurf – bis in den fernsten Osten brachte. Fast zwei Jahrhunderte nach Chinas erster Berührung mit Mittelasien, also bis ins 1. nachchristliche Jahrhundert, sind Spuren des Buddhismus in China nicht zu entdecken. Dann plötzlich spricht ein kaiserlicher Erlaß aus dem Jahre 65 n. Chr. ganz nebenher von der Frömmigkeit eines Lehnskönigs und Bruders des Kaisers, der den Buddha verehrt und von dem Upāsaka (Laien) und Shrāmana (Mönche) Geschenke empfangen. Und um 100 n. Chr. schreibt ein Dichter von den schönen Frauen im kaiserlichen Harem, »die einen Shramana verführen könnten«. Diese beiläufigen Äußerungen lassen erkennen, daß Buddhaverehrung, gläubige Laien und buddhistische Mönche um diese Zeit nichts Neues mehr waren – weder in der damaligen Hauptstadt Lo-yang noch in Ostchina, dessen Lehnskönig in P'eng-ch'eng (im Süden der heutigen Provinz Shantung) residierte.

Die ersten buddhistischen Gläubigen in China scheinen fremde Händler aus Sogdiane und Baktrien gewesen zu sein. Unbekannt ist, wie sich der Buddhismus verbreitet hat. In der zweiten Hälfte des 1. Jahrhunderts hatte er offensichtlich schon Anhänger in den höchsten

Kreisen gefunden. Über die Ausbreitung des neuen Glaubens im Volk fehlen die Berichte; nur einmal ist ziemlich spät von einem um 193 errichteten Tempel mit einer vergoldeten Buddhastatue die Rede, wo viele Menschen buddhistische Texte studiert und fünftausend Personen aus den Nachbarorten, eigens zu diesem Zweck vom Frondienst befreit, den Predigten beigewohnt hätten.

Einiges mehr wissen wir aus den letzten Jahrzehnten des 2. Jahrhunderts: da wurden zum erstenmal buddhistische Werke ins Chinesische übersetzt; unter den fremden Missionaren, die diese Arbeit in Lo-yang machten, waren zwei Parther, drei Yüe-chih aus dem Kushan-Reich, zwei Sogdianer und sogar drei Inder. Der Meister las oder rezitierte den Text, ein Dolmetscher übertrug ihn mündlich, und chinesische Helfer, Mönche oder Laien, »empfingen es mit dem Pinsel«, schrieben, was sie hörten, auf; danach wurde der Text noch stilistisch überarbeitet. Es gab einige Klöster – vermutlich bescheidenen Ausmaßes – in Lo-yang, und es gab sie, ohne daß wir Details darüber wüßten, in Städten an den großen Handelsstraßen nach Mittelasien und wohl auch im Innern Chinas.

Inhaltlich glich sich der Buddhismus – bewußt oder unbewußt – dem einheimischen Taoismus an: nicht die Erlösungslehre, sondern der sogenannte buddhistische Yoga stand im Vordergrund. Erst Ende des 2. Jahrhunderts zog die Weisheitsliteratur der Prajnāpāramitā mit ihrer These von der »Leere« alles Erscheinenden größere Aufmerksamkeit auf sich: gerade die Gnostik fand Anklang bei gebildeten, mit ähnlichen taoistischen Spekulationen vertrauten Chinesen. Aus derselben Zeit datierten die ersten ausführlichen Lebensbeschreibungen des Gautama Buddha; man kann aus ihrem volkstümlichen Stil schließen, daß sie zur Erbauung der Masse, nicht zum Studium der gebildeten Schichten bestimmt waren.

Expansion nach Osten und Süden

Wie die ersten Vorstöße nach dem Westen, begann auch die Ausbreitung chinesischer Macht in östlicher Richtung Ende des 2. Jahrhunderts v. Chr. Zum Teil galt auch die Ostexpansion dem Ziel der Abwehr und Unterbindung von Raubzügen der Hunnen. Wenn die Feldzüge im Nordwesten, heißt es in zeitgenössischen Dokumenten, den Hunnen den rechten Arm abschneiden sollten, so die Expeditionen im Nordosten den linken. In der Praxis sah es wesentlich anders aus. Die südliche Manchurei, die Tiefebene, durch die der Liao fließt, war von Chinesen schon seit langem besiedelt und ursprünglich Teil des Feudalstaates Yen, dann in den ersten Jahrzehnten der Han-Zeit Teil des gleichnamigen Königslehens. Um 145 v. Chr. wurde sie – wie auch mehrere Kommanderien an der Nordgrenze – der Zentralregierung unmittelbar unterstellt. Ergebnislose Verhandlungen mit dem Herrscher des koreanischen Staates führten 109 v. Chr. zu einem Krieg, in dem Truppen aus der Südmanchurei mit Flotten aus Shantung zusammenarbeiteten; nach vielen Schwierigkeiten wurde der Norden Koreas 108 unterworfen und in vier Kommanderien eingeteilt, von denen zwei 82 v. Chr. wieder aufgelöst wurden. Japanische Archäologen haben Gräber aus der Han-Zeit im alten Lo-lang, der wichtigsten Kommanderie in der Nähe des heutigen Pyŏng-yang, ausgegraben; dabei sind Lackarbeiten aus den kaiserlichen Manufakturen zum Vorschein gekommen, deren Jahresdaten in die Zeit von 85 v. Chr. bis 69 n. Chr. fallen.

Die Eroberung Nordkoreas war definitiv. Dennoch ist es wahrscheinlich, daß der größte Teil der einheimischen Bevölkerung dieses großen Gebietes mit der chinesischen Besatzungsorganisation nur wenig zu tun hatte und auch weiterhin, wie es auch in anderen neueroberten Gebieten der Fall war, unter der Autorität der traditionellen eigenen Obrigkeit lebte.

Die anderen neueroberten Gebiete lagen im Süden; mit dem Kampf gegen die Hunnen hatte ihre Eroberung nichts zu tun: hier hatte schon längst die chinesische Kolonisation begonnen und das Eindringen des chinesischen Handels Erfolge erzielt. Jahrhunderte vorher waren die »barbarischen« Küstenstaaten Wu und Yüe mit ihren plötzlichen Eroberungen tief in chinesisches Gebiet vorgestoßen und hatten sich ebenso plötzlich wieder zurückziehen müssen. Wu im Yang-tzu-Delta wurde 473 v. Chr. von Yüe erobert, das die südlichen Küstenstriche, also faktisch die ganze heutige Provinz Fukien, umfaßte. Seinerseits wurde Yüe 333 von Ch'u geschlagen, wobei es die im Norden erkämpften Gebiete mitsamt Wu einbüßte. Das Yüe-Reich zerfiel, einige seiner Herrscher unterstellten sich dem Thron Ch'us; Ch'u aber wurde 223 von Ch'in verschluckt. Als dann die Ch'in das Reich vereinten, gehörten die Yüe eigentlich nicht dazu, obgleich auf ihrem Territorium eine Kommanderie errichtet wurde. Beim Sturz des Ch'in-Reiches sollen die Yüe den Aufständischen geholfen haben, und der Stifter des Hauses Han verlieh einem ihrer Herrscher den Königstitel.

Unter der Han-Dynastie blieben die von Bergen umgebenen Kleinstaaten in der heutigen Provinz Fukien im wesentlichen unbehelligt; sie boten keine unmittelbaren wirtschaftlichen oder strategischen Vorteile, und chinesische Bauern begannen erst am Ende der Han-Periode einzuwandern. In einem Krieg zwischen Tung-ou im Süden der heutigen Provinz Chekiang und Min-Yüe in Fukien intervenierten die Chinesen (138 v. Chr.); sie annektierten Tung-ou, drangen aber nicht weiter nach Süden vor. Als Min-Yüe 135 in den großen Yüe-Staat bei Kanton einfiel, genügte die Ankündigung eines chinesischen Eingriffs: der Krieg wurde abgebrochen. Auch ließen die Chinesen Min-Yüe unangetastet. Obgleich der Historiker behauptet, daß alle Einwohner nach dem Norden gebracht worden seien und das Land zur Einöde gemacht worden sei, wurde Min-Yüe auch 111 nicht besetzt, als es für einen erneuten Angriff auf südliche Gebiete immerhin erheblich gezüchtigt wurde. Nur an der Küste wurde in den achtziger Jahren des 1. Jahrhunderts v. Chr. eine Hafenstadt gegründet – offenbar ohne militärische Aktionen; hier konnten Schiffe, die Tribute aus den neueroberten Provinzen im Süden beförderten, Station machen und sich mit Lebensmitteln und Wasser versorgen. Die Übernahme des Küstengebietes durch das Reich scheint trotz den kriegerischen Eingriffen der voraufgehenden Zeit ziemlich friedlich vor sich gegangen zu sein.

Weiter westlich hatte das geeinte Reich des ersten Ch'in-Kaisers einen besseren Zugang zum Süden über Ch'ang-sha in der heutigen Provinz Hunan, südlich des Tung-t'ing-Sees. Im Zuge seiner fast explosiven Expansionspolitik überschritt denn auch der Kaiser gerade dort die südlichen Grenzpässe und errichtete zwischen 221 und 210 drei ausgedehnte Kommanderien in den heutigen Provinzen Kuangtung und Kuangsi; hier wurden sogar chinesische Sträflingskolonien gegründet. Als es mit den Ch'in aus war, fielen diese Gebiete aber wieder ab, und es gelang einem der ehemaligen Ch'in-Verwaltungsbeamten Chao Ts'o,

Opferfest vor einem Pfahlhaus
Bronzetrommel aus einem Tien-Grab am See K'un-ming in der Provinz Yün-nan, 2. Jahrhundert
K'un-ming, Museum der Provinz Yün-nan

Kurier zu-Pferd
Steinskulptur aus einem Grab in der Provinz Ho-pei, um 180

sich mit Hilfe der chinesischen Siedler zum König der Südlichen Yüe zu machen. Der erste Han-Kaiser ließ ihm diese Würde, obwohl die drei früheren Kommanderien 202 zum Königslehen von Ch'ang-sha geschlagen worden waren. Dagegen wollte die Witwe des Kaisers mit dem Reich des Chao Ts'o aufräumen, hatte aber mit ihrem Feldzug kein Glück. Nun nannte sich Chao Ts'o selbst Kaiser (181); in einem äußerst diplomatischen Schreiben wußte ihn dann Kaiser Wen dazu zu bewegen, den Titel nicht zu benutzen, wenigstens nicht im Schriftverkehr mit China.

Jahrelang blieb das Verhältnis zu China gut, auch wenn man einander an den Grenzen überfiel und ausplünderte; im Jahre 135 rettete sogar chinesische Hilfe den Staat vor dem Angriff von Min-Yüe. Aber der Versuch einer chinesischen Königinwitwe, das Südliche Yüe (Nan-Yüe) mit Hilfe einiger Hofbeamter und einer chinesischen Hilfsarmee zu einem Vasallenstaat Chinas zu machen, löste 112 einen Aufstand aus, bei dem nicht nur die Königin und der unmündige König, sondern auch die chinesischen Gesandten ermordet und die chinesischen Truppen geschlagen wurden. Das veranlaßte Kaiser Wu zu einem großangelegten Feldzug: sechs Heere drangen aus verschiedenen Richtungen an den Flüssen entlang in Nan-Yüe ein; im Jahre 111 fiel Kanton. Bezeichnenderweise wurde den Chinesen von manchen Adligen der Nan-Yüe geholfen. Das besetzte Gebiet wurde in neue große Kommanderien zerlegt, zwischen denen aber ausgedehnte Landstriche im ungestörten Besitz der ursprünglichen Einwohner blieben.

Das Reich erstreckte sich nun bis zur Küste Indochinas, wo das heutige Hanoi eine wichtige chinesische Siedlung bildete. Trotzdem blieb die Verwaltung zum größten Teil in den Händen der lokalen Oberschicht; ein Versuch, die direkte chinesische Bevormundung zu verstärken, führte 40 n. Chr. zu einer Erhebung dieser südlichsten Bezirke unter der Führung einer Frau, die im annamitischen Volksglauben heute noch verehrt wird. Die Wiedereroberung erfolgte 42 unter General Ma Yüan, und ab 44 konnte die Gegend wieder ins Chinesische Reich eingegliedert werden. Möglicherweise hat hier die bei antiken Schriftstellern Cattigara genannte Hafenstadt gelegen, die mit dem Westen und indirekt mit dem Römischen Reich Handel trieb. Auch aus chinesischen Quellen geht hervor, daß dieser südlichste Teil des Kaiserreiches in ziemlich regem Handelsverkehr mit dem Ausland stand. Nähere Feststellungen haben sich bis jetzt nicht treffen lassen.

Eroberungen im Südwesten

Kolonisation und Handel hatten ihren Anteil auch bei der Eroberung der weiter westlich gelegenen Gebiete Südchinas, der heutigen Provinzen Kueichou und Yünnan. Ein chinesischer Gesandter am Nan-Yüe-Hof in Kanton war auf Produkte aus dem westchinesischen Reichsgebiet gestoßen und hatte sich von Handelsleuten sagen lassen, daß sie diese Waren aus ihrem Heimatland Shu (im heutigen Ssu-ch'uan) ins unabhängige Reich Yeh-lang und von dort auf dem Flußweg nach Kanton beförderten. Da die Chinesen auf lange Sicht eine Aktion gegen Yüe planten, schien es zweckmäßig, zunächst einmal in Yeh-lang festen Fuß zu fassen. Yeh-lang wurde 130 v. Chr. mit der Zustimmung seines Fürsten zu einer chinesischen Kommanderie. Aber obgleich das traditionelle Häuptlingssystem beibehalten wurde, brach ein Aufstand gegen diese stille Annexion aus (126). Da alle Energien des Han-Reichs inzwischen durch den Kampf mit den Hunnen beansprucht wurden, unterblieben weitere Vorstöße in diesem südlichen Sektor.

Der nächste Versuch ging 122 noch weiter westlich: gegen das starke Reich der Tien. Doch fanden die chinesischen Gesandten keine freundliche Aufnahme. Ausgegangen war dieses Unternehmen wiederum vom Handel: der große Reisende Chang Ch'ien hatte in Mittelasien festgestellt, daß bestimmte Produkte aus Westchina über das Gebiet des heutigen Yünnan das entlegene Indien erreichten und von dort sogar noch weiter transportiert wurden. Das schien verlockend. Wichtiger war allerdings der recht lebhafte Handel in Pferden, Sklaven und Yakwolle, den die Kaufleute in Shu mit diesen Gegenden unterhielten. Was 122 nicht gelang, wurde 112 erneut in Angriff genommen, diesmal mit Erfolg: ein ursprünglich für den Angriff auf Kanton bestimmtes Heer wurde vom heutigen Ssu-ch'uan aus nach dem Süden geworfen; die Reiche Yeh-lang und Tien wurden 111 botmäßig, dazu eine größere Zahl kleiner Häuptlinge; die beiden Könige erhielten ein goldenes Siegel und wurden trotz dem Aufbau einer bescheidenen chinesischen Verwaltung weiterhin mit der Aufgabe betraut, ihre Völker zu regieren.

Wie in den anderen von den Han eroberten Gebieten mit nichtchinesischer Bevölkerung war die chinesische Herrschaft auch hier nicht eitel Freude: immer wieder gab es Aufstände, und hin und wieder war die Zentralregierung fast entschlossen, die neuen südwestlichen Territorien aufzugeben. Dieselben Han-Quellen bezeugen, daß solche Aufstände oft auf Erpressungen der chinesischen Provinzialbeamten, wenn nicht gar auf willkürliche Tributerhöhungen durch die Zentralregierung zurückgingen. Ruhig blieben diese Gebiete auch in späteren Zeiten nicht – bis in die allerjüngste Vergangenheit; zwischen 649 und 1253 bildete die heutige Provinz Yünnan sogar ein von China unabhängiges Reich unter der Herrschaft eingeborener Fürsten.

Über diese Landstriche und ihre Einwohner bringen chinesische Quellen nur ganz summarische Angaben: »Sie tragen das Haar in einem Knoten; sie treiben Ackerbau und wohnen in Siedlungen« (womit Wohnstätten ohne Stadtmauern gemeint waren); fast allen Personennamen wurde die Bezeichnung »Barbar« angehängt. Nach dem französischen Sinologen Henri Maspero gehörte die Bevölkerung der verschiedenen Yüe-Reiche im Südosten und Süden zu den Thai, die bis heute den größten Teil des südostasiatischen Raumes einnehmen; in den Einwohnern von Yeh-lang sah er Vorläufer der heutigen Miao, und die von Tien erschienen ihm als Lolo, die auch heute noch große Enklaven in Südchina bilden. Unterdes haben Ausgrabungen der letzten Jahre auf das Reich der Tien in Yünnan am Ufer des K'un-ming-Sees helle Schlaglichter geworfen.

Dort haben sich große Bronzetrommeln, als Grabbeigaben mit Kaurimuscheln gefüllt, gefunden, auf denen Szenen aus dem religiösen Leben angebracht sind: in Bronze gegossene Figürchen von Menschen und Tieren. Da gibt es eine Opferzeremonie um ein geradezu indonesisch anmutendes Pfahlhaus; da gibt es Kämpfe zwischen Reitern und Fußvolk, Bauern mit Kiepen und Vieh, breitgehörnte Stiere. Das Ganze vermittelt eine Fülle von Nachrichten über die materielle, zum Teil auch über die religiöse Kultur eines Volkes, von dem die schriftlichen – also die chinesischen – Quellen so gut wie nichts berichten. Daß diese Funde vom Volk der Tien stammen, beweisen das vom Han-Kaiser verliehene goldene Siegel und chinesische Münzen aus der frühen Han-Zeit. Der Stil verrät Verwandtschaft einerseits mit der aus Annam bekannten vorchinesischen Dongson-Kultur, anderseits mit der Kultur des südlichsten Staates des alten Chinas, Ch'u, mit dem der Staat der Tien nach den Quellen schon im 4. vorchristlichen Jahrhundert Verbindungen unterhielt. Überraschend weisen einige Züge auf Gemeinsamkeiten mit der Bronzekunst der Steppenvölker Innerasiens mit ihren lebhaften Tierplastiken hin. Weitere Funde mögen nähere Aufklärung bringen; auf schriftliche Zeugnisse dürfen wir allerdings kaum hoffen: in den Zeiten, auf die es ankommt, hatten diese Völker keine Schrift.

*

Politisch und geistig war die Expansion des Chinesischen Reiches zur Han-Zeit von weittragender Bedeutung. Die Öffnung der fruchtbaren Landbaugebiete südlich des Yang-tzu ist den Bewohnern Nordchinas ein für lange Zeit unausschöpfbares Auswanderungsziel. Und die Inbesitznahme dieser Gebiete ermöglichte weitere Expansion in Chinas Nachbarländer. Hielt aber China den neuen Süden mehr oder weniger fest in Händen, so waren die westlichen Eroberungen viel unstabiler; jede Schwächung des chinesischen Machtapparats bedeutete den Abfall der Neuerwerbungen, die jedoch zurückerobert wurden, sobald der Machtapparat wieder stärker wurde. Größer und dauerhafter waren die Folgen auf geistigem Gebiet; entlegene Gebiete, auch solche, die politisch nicht unter Chinas Botmäßigkeit kamen, unterlagen dem überwältigenden Einfluß der chinesischen Kultur. Nach und nach wurde Korea »sinisiert«, und von Korea aus erreichten chinesische Einflüsse direkt und indirekt Japan. Um die Zeitenwende ermöglichte es die Übernahme der chinesischen Eisenkultur einigen Stämmen auf der Insel Kyūshū, eine Vormachtstellung unter ihren Steinzeitnachbarn zu erringen, und im Jahre 57 n. Chr. brachten Vertreter dieser Gegenden – »das Land der Königin«, wie die chinesischen Quellen sagen – dem Kaiser von China ihren bescheidenen Tribut.

Für China selbst war vor allem die Berührung mit dem Westen bedeutsam. Sie brachte einen kulturellen Umbruch: aus dem Westen kam der Buddhismus nach China, und aus dem Westen kamen entscheidende künstlerische Einflüsse.

Herbert Jankuhn

DER URSPRUNG DER HOCHKULTUREN

Vorstufen städtischer Hochkultur im Vorderen Orient

Die Geschichte der Menschheit ist in dem weiten Zeitraum zwischen dem »Tier-Mensch-Übergangsfeld« und der Entstehung der modernen Zivilisation – wenigstens auf ökonomisch-technischem Gebiet und im Bereich der Sozialstruktur – nicht in gleichmäßig aufsteigender Linie vom primitiven Hersteller einfachster Geräte zum Mitglied der modernen Industriegesellschaft verlaufen. Sie ist im Gegenteil gekennzeichnet durch sprunghafte Entwicklungen, die tief einschneidend die Lebensbedingungen der Menschheit gewandelt und auf eine neue Grundlage gestellt haben. Ausgehend von Erfindungen und Entdeckungen, die nicht vereinzelt gemacht wurden, sondern gewissermaßen »gebündelt« auftraten, veränderten sich im Lauf verhältnismäßig kurzer Zeiträume alte Daseinsformen und wurden von neuen abgelöst.

Unter diesen sprunghaften Veränderungen der menschlichen Existenzbasis steht diejenige dem Verständnis des heutigen Menschen am nächsten, in der er sich selbst befindet: die industrielle Revolution. An ihr kann man auch am leichtesten die Komplexität eines solchen Vorganges ermessen, der sich nicht auf eine Veränderung der Gütererzeugung und der Eigentumsverteilung beschränkt, sondern sogleich das überkommene soziale Gefüge grundlegend wandelt und nicht zuletzt einen tiefen Einfluß auch auf die Richtung des menschlichen Denkens gewinnt.

Zugleich aber wird demjenigen, der sich als Historiker diesem Phänomen nähert, deutlich, wie schwierig es ist, selbst bei diesem, sich in vollem Licht historischer Überlieferung abspielenden Vorgang Klarheit in das enge Geflecht von Ursachen und Wirkungen zu bringen, und wie sehr jeder Versuch monokausaler Deutung eine ungerechtfertigte Simplifizierung dieser komplexen Erscheinung darstellen würde.

Überblickt man unter diesem Gesichtswinkel den langen Verlauf der Menschheitsgeschichte, so zeichnen sich, wenn man von der im einzelnen noch unbekannten Dienstbarmachung des Feuers absieht, zwei die menschliche Lebenshaltung ähnlich revolutionierend verändernde Vorgänge älterer Zeit ab: der Übergang von der aneignenden Lebensweise eiszeitlicher Jäger und Sammler zu der produzierenden Wirtschaftsweise nacheiszeitlicher Bauern und die Entstehung der städtischen Hochkultur; beides Vorgänge, die sich vor dem Eintritt der Menschheit in ihre eigentlich »geschichtliche« Phase abspielten, beides zugleich aber auch Neuerungen, die bis heute die Grundlagen menschlicher Existenz entscheidend mitbestimmen. In der geistigen Entwicklung der Menschheit werden noch andere Zäsuren zu beachten bleiben.

Durch den Übergang von der aneignenden zur produzierenden Lebensweise am Ende des Eiszeitalters wurde das menschliche Leben, als es sich auf die größere Sicherheit versprechende neue Wirtschaftsform einstellte, von der großen Unsicherheit befreit, die Jagd, Fang und Sammeln mit sich brachten. In diesem Zusammenhang veränderte sich auch eine Reihe anderer Bedingungen grundsätzlich. Die neue Lebensform begründete eine engere Verbindung mit dem Boden, und diese stärkere Tendenz zur Seßhaftigkeit, deren Anfänge allerdings schon in die ausgehende Eiszeit zurückreichen, führte zu beständigerem Zusammenschluß größerer Menschengruppen in bestimmten, abgegrenzten Arealen. Mit der in der neuen Lebenshaltung gegebenen Voraussetzung für eine weit stärkere Vermehrung der Menschheit ging eine Verdichtung der Besiedlung Hand in Hand, die wieder zu verstärktem Verkehr und Ausgleich der Menschen innerhalb solcher Siedlungsgebiete führte.

Erst mit dieser Entwicklung war die Voraussetzung für eine stärkere Angleichung der Menschen eines geschlossenen Gebietes aneinander und damit die Vorbedingung für die Herausbildung einheitlicher, regional unterscheidbarer Menschengruppen gegeben. Die Schwierigkeit für seßhafte Bevölkerungsteile, sich drohender Gefahr schnell durch weiträumige Flucht zu entziehen, führte auf sozialem Gebiet zu engeren und größeren Zusammenschlüssen, als sie bei Jäger- und Sammlergruppen möglich und zumeist auch tunlich waren.

Im geistig-religiösen Bereich endlich rückten Vorgänge, die mit der Fruchtbarkeit des Bodens und der Herden zusammenhingen, in den Mittelpunkt menschlichen Denkens, wie auch der gegenüber dem Jägertum stark veränderte Jahresablauf im bäuerlichen Milieu, mit seinem Zwang zu sorgfältiger Beachtung der richtigen Saat- und Erntezeiten, größere Beachtung fand.

In vielen Bereichen des Lebens veränderte sich mit dem Übergang zur produzierenden Wirtschaftsweise die Grundlage, und dieser Wandel war so tiefgreifend, daß Gordon Childe dafür in Anlehnung an den Begriff der »industriellen Revolution« die Bezeichnung »neolithische Revolution« geprägt hat, um damit die Größenordnung der Veränderung treffend zu kennzeichnen. Mag man an dem Begriff der neolithischen Revolution auch manches auszusetzen haben, als signifikante Bezeichnung eines tief in die Lebensverhältnisse der Menschheit einschneidenden Wandels behält er seine Berechtigung.

Die Entwicklung der Hochkultur steht diesem Vorgang an historischer Bedeutung und an Ausstrahlungskraft bis in die Gegenwart nicht nach. Eine terminologisch einheitliche Definition des Begriffes Hochkultur gibt es nicht, und es stellen sich die einzelnen Disziplinen, die sich mit ihr zu beschäftigen haben, wesentlich verschiedene Erscheinungen darunter vor. Hier wird die historische Begriffsbestimmung übernommen, nach der Hochkultur ihrem Wesen nach mit zwei Faktoren eng verknüpft ist: mit Stadt und mit Herrschaft.

Dabei wird unter »Stadt« nicht in erster Linie die konzentrierende Siedlung oder der politisch-ökonomische und auch religiöse Mittelpunkt eines Landgebietes begriffen, obwohl auch diese Funktionen bedeutsam sind, sondern die Stadt wird als Ausdruck einer gegenüber der bäuerlichen Dorfgemeinde stark veränderten Sozialstruktur aufgefaßt. Entscheidend für die Stadt sind Bevölkerungsschichten, die durch ihre Zugehörigkeit zu arbeitsteiligem Gewerbe, wie Handwerker und Händler, gekennzeichnet sind. Neben diesen vom Zwang der Lebenserhaltung durch Produktion von Nahrungsmitteln befreiten Schichten kann es auch in der Stadt bäuerlich wirtschaftende Bevölkerungsgruppen geben, aber sie bestimmen nicht allein, wie auf dem Dorf, das Bild. Die Stadt kann nicht als groß gewordenes Dorf aufgefaßt werden, sondern verdankt ihre Entstehung und ihre Existenz einer tiefgründigen Strukturwandlung der Gesellschaft, die durch die Emanzipation arbeitsteiliger Gewerbe aus dem Verband einer bäuerlichen Gesellschaft gekennzeichnet ist. Wirtschaftlich führte dieser Vorgang zu gesteigerter Gütererzeugung und entwickelten Produktionstechniken und zu vermehrtem Güteraustausch sowohl über weitere Entfernungen in Form eines echten Handels wie über kürzere Strecken in der Art eines Marktverkehrs.

Bei Herrschaft ist nicht an die zufällige und zeitlich begrenzte Machtentfaltung einzelner Menschen oder kleinerer Gruppen gedacht, wie es sie gelegentlich sicher auch schon in der primitiven bäuerlichen Dorfgemeinde gegeben hat, sondern an eine institutionalisierte Machtausübung, die an eine differenzierte Gesellschaft gebunden ist. Diese erhält ihr Gepräge von schärfer gegeneinander abgegrenzten Schichten, die nicht allein in ihren Tätigkeitsmerkmalen voneinander zu scheiden sind, sondern die sich auch in ihrer Wertung durch die Allgemeinheit, in ihrer sozialen und meist auch rechtlichen Qualität voneinander unterscheiden. In dieser Gesellschaft spielen Priester, Krieger, Beamte, Handwerker, Händler und Bauern eine Rolle, die nicht gleichwertig nebeneinanderstehen, sondern eine breite Skala von stärker bevorrechteten Gruppen bis hin zu unfreien Sklaven umspannen. Dabei ist es für diese frühe Herrschaft unwesentlich, ob ein König oder ein Gott beziehungsweise sein irdischer Repräsentant als Priester an der Spitze steht oder eine kleine sozial stark herausgehobene Menschengruppe die Herrschaft ausübt. Eine Folge dieser Herrschaft ist die früher oder später eintretende Ablösung des Gewohnheitsrechtes durch gesetztes Recht.

Schon in der frühen Zeit stadtartiger Bildungen scheint Herrschaft mit der Gewährung von Schutz gekoppelt zu sein, was seinen Ausdruck in bedeutenden, nur als Gemeinschaftsleistung größerer Gruppen möglichen Verteidigungsbauten findet, die eben darum eine entsprechende soziale Organisation voraussetzen. In diesen Bereich gehören auch die einem gekoppelten Repräsentations- und Schutzbedürfnis entspringenden Burg- und Palastbauten des Herrschers oder der herrschenden Schicht.

Eine Folge, die zwar vielleicht nicht wesentlich zu dieser Entwicklung gehört, die aber nach aller Erfahrung mit ihr eng verbunden ist, ist die Herausbildung differenzierter religiöser Vorstellungen und ihre Einbeziehung in die Begründung der Herrschaft. Einen Ausdruck findet diese über die individuelle Religionsübung des Einzelnen hinausgehende Religiosität der Gemeinschaft in repräsentativen Kultbauten, die ersichtlich nicht den Zweck haben, der Erbauung des Einzelnen zu dienen, sondern auf größere Gemeinschaften als Teilnehmer an öffentlichen Kulten abgestellt sind.

Endlich ist mit den meisten primären Hochkulturen die Existenz der Schrift verbunden, obwohl es auch voll ausgebildete Hochkulturen wie etwa amerikanische gibt, die ohne echte Schrift bleiben.

Alle diese Indizien zusammengenommen vermitteln ein Bild städtischer Hochkultur, die man nicht als organische Weiterentwicklung bäuerlicher Gemeinschaften betrachten kann, sondern die etwas grundsätzlich Neues darstellt, das sich in wirtschaftlicher Hinsicht durch die Ausbildung eines arbeitsteiligen Gewerbes mit komplizierten Produktionsverfahren und eines teilweise schon weite Entfernungen überspannenden Fernhandels, auf sozialem Gebiet durch eine differenzierte Gesellschaft und auf politischem Gebiet durch Entwicklung von Herrschaft von den bäuerlichen Dorfgemeinden älterer Zeit unterscheidet. Die Bezeichnung einer *urban revolution* für diesen Entstehungsprozeß wird man im Hinblick auf seine Größenordnung wohl für berechtigt halten dürfen.

Von den drei genannten sprunghaften Veränderungen des wirtschaftlichen und sozialen Gefüges der Menschheit: der neolithischen Revolution, der Ausbildung städtischer Hochkulturen und der industriellen Revolution der Neuzeit steht hier die Frage nach den Vorformen städtischer Hochkultur im Mittelpunkt der Betrachtung.

Ihr plötzliches Erscheinen im ausgehenden vierten Jahrtausend am Unterlauf von Euphrat und Tigris wird gewöhnlich mit der Einwanderung eines neuen Volkes, der Sumerer, erklärt, ohne daß dadurch dieses Phänomen befriedigend gedeutet werden kann.

Überblickt man die primären Hochkulturen in ihrer Verbreitung, so zeigt sich, daß sie sich als breiter Gürtel in den tropischen und subtropischen Zonen um die Erde ziehen. Verhältnismäßig eng benachbart sind die Stadtkulturen in Mesopotamien, Ägypten und in Indien; weiter entfernt müssen im Altweltblock die ostasiatische Gruppe und in der neuen Welt die mittelamerikanische und die andine Hochkultur genannt werden.

Eine eindeutige Entscheidung der Frage, ob es sich überall um echte Neubildungen handelt oder ob die Diffusion der Idee von einem Ursprungszentrum aus den Anstoß zur Entstehung sekundärer Zentren dieser neuen Lebensform gegeben hat, ist vorerst nicht mit voller Sicherheit zu treffen. Die Beeinflussung der ägyptischen Hochkultur durch die ältere mesopotamische erscheint einigermaßen gesichert, wenn auch die ägyptische Ausprägung selbständige Züge aufweist. Als wahrscheinlich können auch Verbindungen der Induskultur zur sumerischen betrachtet werden. Unklar bleibt vorerst die Stellung der frühen ostasiatischen Stadt und umstritten die Frage eines eventuellen Einflusses der alten Welt auf die amerikanischen Hochkulturen.

In den großen Grundzügen gesichert dagegen scheint das Altersverhältnis der verschiedenen Gruppen zueinander zu sein. Die Anwendung der auf der Zersetzung radioaktiven Kohlenstoffes der Formel C 14 beruhenden Methode zur Altersbestimmung in der Archäologie hat eine neue Möglichkeit der Erkenntnis synchroner Horizonte über weite Entfernungen geschaffen. So viel scheint heute als gesichert gelten zu können, daß die Herausbildung der mesopotamischen Hochkultur in der zweiten Hälfte des vierten Jahrtausends am Anfang der ganzen Entwicklung steht, daß in geringem zeitlichem Abstand Ägypten und das Indusgebiet folgen und daß sowohl die frühe ostasiatische Stadtkultur wie auch die amerikanischen Stadtkulturen wesentlich jünger sind.

Die Tatsache allerdings, daß beispielsweise die höchst eindrucksvolle Induskultur überhaupt erst vor einem Menschenalter entdeckt worden ist, gibt die Möglichkeit zu bedenken, ob nicht in den weniger erforschten Teilen der Erde noch weitere, vielleicht sogar ältere Beispiele früher Stadtkultur bisher noch unerkannt im Boden schlummern.

Nach unserem heutigen Wissensstand wird die Frage nach älteren Vorformen städtischer Wirtschaft und Gesellschaft an die bisher älteste, die mesopotamische Gruppe anknüpfen müssen.

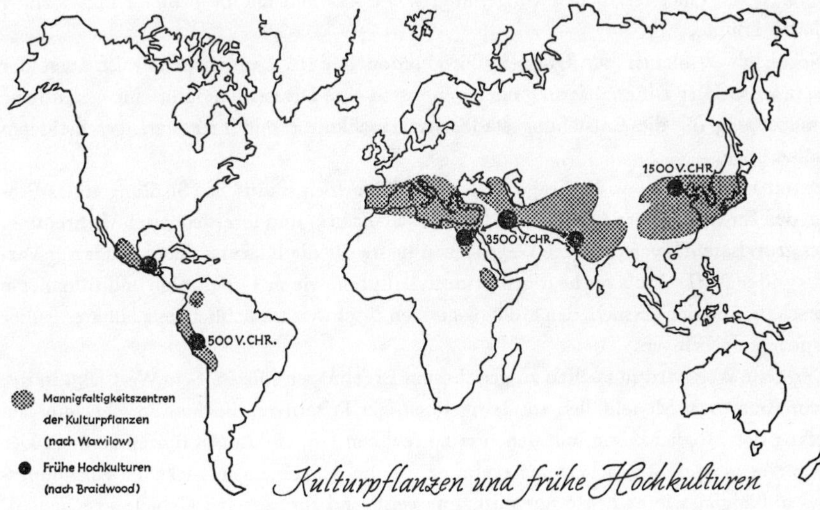

Kulturpflanzen und frühe Hochkulturen

Die Voraussetzungen

Die oben gegebene kurze Charakteristik städtischer Hochkultur zeigt deutlich, daß ihre Entstehung von gewissen Voraussetzungen abhängig ist, so vor allem von der Existenz einer leistungsfähigen nahrungsproduzierenden Wirtschaft.

Die für die Hochkultur typische Befreiung breiter Bevölkerungsschichten vom Zwang zur Urproduktion und ihre damit gegebene Freistellung für andere Aufgaben der Wirtschaft, der Verteidigung, des Kultus und der Verwaltung setzen voraus, daß Technik und Organisation der Lebensmittelerzeugung bereits einen hohen Stand erreicht hatten, der es ermöglichte, nicht nur für den Eigenbedarf zu produzieren, sondern einen Überschuß zur Unterhaltung nichtagrarisch lebender städtischer Bevölkerungsschichten zu erzeugen. Aus diesem Grund ist die Existenz früher städtischer Zentren innerhalb einer von Jagd, Fang und Sammeln lebenden Bevölkerung mit nur aneignender Wirtschaftsweise sehr wenig wahrscheinlich. Vergleicht man die Verbreitung der frühen Zentren städtischer Hochkultur mit den Ursprungszentren unserer Kulturpflanzen, wie sie der russische Forscher Wawilow festgestellt hat, so zeigt sich eine erstaunliche Koinzidenz, die auch dann bemerkenswert bleibt, wenn man berücksichtigt, daß nicht alle der von Wawilow dargestellten Zentren wirklich Entstehungszentren der von ihm angenommenen Arten waren.

Vorausgesetzt werden muß aber weiterhin eine entwickelte Organisationsform, die die städtische Bevölkerung in den sicheren Genuß agrarischer Überschußproduktion gelangen ließ. Das war ganz sicher als Regel nicht durch Raub möglich, sondern setzt entweder – und das ist das wahrscheinlichste – Herrschaft über eine ausreichende Nahrung produzierende Bevölkerung voraus oder erfordert eine Anziehungskraft der Stadt für den Güteraustausch mit einer ländlichen Umgebung, was aber wohl nie die primäre Entwicklung einleiten konnte.

Neben einer solchen zur Überschußproduktion fähigen Landwirtschaft ist auch der Ansatz zu sozialer Differenzierung oder wenigstens eine Disposition dafür eine wesentliche Voraussetzung für die Entstehung städtischer Hochkultur mit ihrer stark geschichteten Bevölkerung.

Damit schiebt sich vor die Frage nach den Frühformen städtischer Siedlungen das Problem der Entstehung der produzierenden Wirtschaftsform und ihrer frühesten Verbreitung. Zwei grundsätzlich verschiedene Wege stehen heute für die Klärung dieser Frage zur Verfügung: der Rückschluß aus heutigen Primitivkulturen, wie sie Geographie und Ethnologie erforschen, und der Versuch, den archäologischen Nachweis tatsächlich feststellbarer früher Beispiele zu erbringen.

Der erste Weg wird nur selten zu gesicherten Ergebnissen führen. Sein Wert liegt in der Beschreibung von Modellfällen am Beispiel heutiger Primitiver, die dem Forscher nur den Umfang der Möglichkeiten, mit denen er zu rechnen hat, vor Augen führen können. Der zweite Weg verspricht gesichertere Ergebnisse, ist aber von einem entwickelten Forschungsstand abhängig, wie er heute nur ausnahmsweise und für einzelne Gebiete gegeben ist. Aus der großen Zahl heute noch vorhandener Beispiele primitiver Anbauwirtschaft können nur wenige den Anspruch auf wahrscheinlich hohes Alter erheben.

Zwei grundsätzlich verschiedene Arten der Nahrungsproduktion stehen hier seit langem im Mittelpunkt des Forschungsinteresses: ein Pflanzertum mit der Zucht von Knollengewächsen oder der pfleglichen Nutzung von Fruchtbäumen, mit Fischfang und Schweinezucht zur Deckung des Bedarfs an tierischem Eiweiß und Fett in den südasiatischen Küstengebieten und ein Bauerntum mit Anbau von Getreide und mit Domestikation kleiner und großer Wiederkäuer, wie Schaf, Ziege und Rind, im Vorderen Orient.

Daneben bleiben Hinweise auf ein frühes Kultivationszentrum im Nigergebiet Westafrikas, auf ein an die Hirse gebundenes frühes Zentrum in Ostasien und auf das vom Maisanbau bestimmte Gebiet Amerikas bemerkenswert.

Die weitverbreitete Ansicht vom Ursprung der nahrungsproduzierenden Wirtschaftsform überhaupt im Bereich des südasiatischen Pflanzertums fand bisher keine Bestätigung in zeitgenössischen archäologischen Quellen. Sie bleibt ein Rückschluß aus neuzeitlichen Verhältnissen, der nichts über das tatsächliche Alter dieser Wirtschaftsform aussagt, der aber gleichwohl in der Forschung weitere Beachtung erfordert.

Das absolute Alter des chinesischen Hirseanbaus liegt noch nicht fest; indessen darf aus mancherlei Anzeichen geschlossen werden, daß Hirse in Ostasien eine sehr alte Kulturpflanze darstellt, während sie in Europa und den Vorderen Orient erst relativ spät, seit etwa 3000 v. Chr., eindrang. Der Maisanbau in Amerika, die Nutzung von Knollengewächsen, wie Kartoffeln, Oca und Quinoa, und der Anbau von Bohnen sollen hier übergangen werden.

Für eine besonders frühe Bedeutung des Nigergebietes als altes Anbauzentrum fehlen heute noch wirklich überzeugende Belege. Damit soll keineswegs gesagt werden, daß dieses Gebiet als selbständiges Ursprungszentrum früher produzierender Wirtschaftsform ausscheidet, sondern es soll nur ausgedrückt werden, daß wirkliche Belege für ein so hohes Alter vorerst noch fehlen.

Etwas gesicherteren Boden betritt man bei der Frage nach dem Alter des von Getreideanbau, Schaf-, Ziegen- und Rinderzucht lebenden Bauerntums im Vorderen Orient. Hier hat sich die Forschung auch weitgehend von rekonstruktiven Denkschemata frei gemacht und ist in der Lage, stärker von Beobachtungen an archäologisch überprüfbaren Fundkomplexen auszugehen.

Der Fruchtbare Halbmond

Alle Versuche, Alter, Entstehung und früheste Ausbreitung dieses neolithischen Bauerntums zu ergründen, führen in den Vorderen Orient. Die fruchtbaren Gebiete, die sich in großem Bogen von den Tälern des Euphrats und Tigris über die syrisch-palästinensische Küstenebene bis in das Niltal erstrecken, hat Breastedt unter der Bezeichnung des *fertile crescent*, des »Fruchtbaren Halbmondes«, in die Forschung eingeführt.

In der Mitte des Bogens liegt die syrisch-mesopotamische Wüste, die nach der Austrocknung dieses in den Pluvialzeiten offenbar tierreichen und Jägergruppen anlockenden Gebietes keinerlei Voraussetzung mehr für nahrungsproduzierende Wirtschaft bot. Die fruchtbaren Flußoasen des Euphrats und Tigris und die üppige syrisch-palästinensische Küstenebene werden im Osten von einem Gebirgsbogen begleitet, der sich von der Zagroskette im iranischen Gebiet über den Taurus zum Libanon spannt. Ihre von den winterlichen, regenspendenden Westwinden des Etesienklimas bestrichenen Hänge liegen im Bereich von Niederschlägen, die einen Regenfeldbau gestatten. Aber in den Flußoasen, die beide in einer Zone semiariden Steppenklimas liegen, ist großräumiger Anbau nur auf der Grundlage künstlicher Bewässerung möglich.

Weit schwieriger ist die Rekonstruktion der Klima- und Vegetationsgeschichte dieses Raumes, die beide für die Frage nach der Entstehung früher Anbaukulturen und Kultivationsmethoden von großer Bedeutung sind. In Mittel-, Nord- und Nordwesteuropa ist es in den letzten Jahrzehnten gelungen, aus mancherlei gesicherten Indizien geomorphologischer, botanischer und zoologischer Art, vor allem mit Hilfe der die Blütenstaubschichten in Mooren und Seeablagerungen untersuchenden Pollenanalyse, ein verhältnismäßig gesichertes Bild der Klimaentwicklung und Vegetationsgeschichte seit der Eiszeit zu gewinnen. Dagegen fehlen gesicherte Erkenntnisse für den Vorderen Orient heute noch weitgehend.

Zwar haben im Iran sorgfältige geomorphologische Beobachtungen eine Rekonstruktion der Klimaentwicklung wenigstens in groben Zügen gestattet. Aber die für die Verfeinerung des Bildes und die Sicherung der Zeitbestimmung notwendigen botanischen Untersuchungen fehlen, weil es hier entweder gar keine oder nur sehr wenige dafür geeignete See- und Moorablagerungen gibt. Lediglich die auf ausgegrabenen Siedlungen beobachteten tierischen Reste erlauben über die geomorphologische Beobachtung hinaus eine ungefähre Rekonstruktion des Klimas in der hier vornehmlich interessierenden Zeit zwischen 10000 und 5000 v. Chr.

Grundsätzlich zu bedenken bleibt vor allem die Tatsache, daß neben dem Klima und dem Boden die Lebensbedingungen für Mensch, Tier und Pflanze auch im Bereich des Fruchtbaren Halbmondes stark von der Höhenlage mitbestimmt werden, reichen doch die heutigen Klima- und Vegetationszonen von der Wüste über die Steppe und den Wald bis zu alpinen Regionen. So bleiben ähnlich wie in Mitteleuropa Baum- und Schneegrenze in ihren klimabedingten Schwankungen zu berücksichtigen.

Von einigen Fundplätzen im Irak, so vor allem von Palegawra, Zarzi und Shanidar und in Palästina von Eynan am Hule-See wurden Reste einer mittelsteinzeitlichen Kultur, des »Zarzien« und des »Natufian«, ausgegraben, die eine einfache, durch kleine Flintgeräte repräsentierte Steinindustrie aufweisen. Sie können der Zeit zwischen 9000 und 7000 v. Chr. zugerechnet werden. Auf ihre Bedeutung für die Frage nach Ort und Zeit des Überganges zur produzierenden Wirtschaft wird noch zurückzukommen sein. Zunächst sind vor allem die dort gefundenen Tierreste als Indikatoren für das Klima der Zeit wichtig. Rotwild, Reh, Gazelle, eine Equidenart (wahrscheinlich Onager, ein Halbesel), Wildrind, Wildziege, Wildschaf, Schwein, Fuchs, Wolf, eine Wildkatzenart in der Größe eines Luchses, Igel und Landschildkröten sprechen für ein Klima, das dem heutigen sehr ähnlich ist. Alle diese Tiere würden, hätte der Mensch sie nicht ausgerottet oder ihre Lebensbedingungen zerstört, noch heute in diesem Gebiet leben können. Vor allem die zahlreich gefundenen Schnecken deuten als empfindliche Anzeichen für feinere Nuancierung ein Klima mit heißen, trockenen Sommern und grasbewachsene offene Flächen an. Für Grasflächen sprechen auch die zahlreichen Gazellenreste. Dagegen weisen andere Arten, wie etwa Rotwild, Reh und Wildschwein, auf stärkere Bewaldung hin, die sich auch aus anderen Indizien für die Hänge der Zagroskette erschließen läßt; man wird sich diese Hänge mit einem vornehmlich von Eichen bestimmten, aber auch immergrüne Bäume enthaltenden Wald bedeckt vorstellen dürfen. Eingestreut darin oder als Zone in niedrigeren Lagen an ihn angrenzend sind offene große Steppenflächen anzunehmen.

Das dem heutigen ähnelnde Klima dieser frühen Zeit besagt also nicht, daß das heutige Landschaftsbild auch im ausgehenden Eiszeitalter und in der frühen Nacheiszeit vorherrschte. Abholzung des Waldes, Beweidung der offenen Flächen und eine als Folge davon auftretende Bodenerosion haben in der Zwischenzeit den Charakter der Landschaft weitgehend verändert.

Unklar bleibt vorläufig noch die Frage, ob ähnlich wie in Mittel- und Westeuropa auch im Vorderen Orient die Nacheiszeit kleinere Klimaschwankungen erlebt hat, die die Situation für den Menschen merklich beeinflussen konnten.

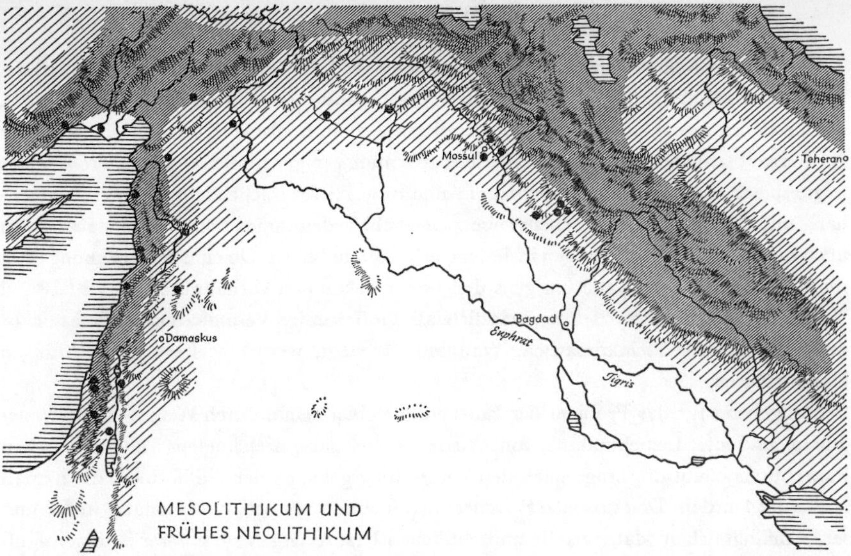

Frühe Siedlungen
IM VORDEREN ORIENT

Jährlicher Niederschlag — 60–100 cm; 40–60 cm; 20–40 cm

Siedlungsplätze ●

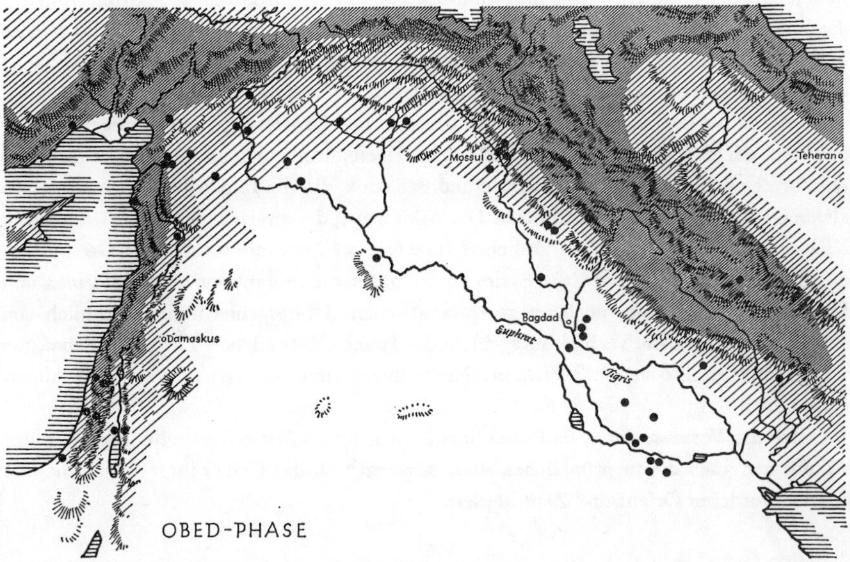

Für das iranische Hochland, das klimatisch ein Teil der asiatischen Landmasse ist und stärker kontinental getöntes Klima als das syrisch-palästinensisch-irakische Gebiet besitzt, konnte Bobek aus geomorphologischen Indizien auf ein trockenes Klima für die Mitte der Nacheiszeit schließen, wenn auch die Zeitbestimmung ungenau bleibt. Dieser Trockenheit folgte später eine feuchtere Klimaphase. Anhaltspunkte für solche kleinen, im Zusammenhang mit der menschlichen Lebensweise gleichwohl bedeutsamen Schwankungen scheinen auch die jüngsten Ausgrabungen in Jericho erbracht zu haben. Ob eine Austrocknung etwa im achten Jahrtausend, die übrigens den besser bekannten Verhältnissen in Mittel- und Nordeuropa entsprechen würde, wirklich als großräumige Veränderung aufzufassen ist oder ob nur eine kleinklimatische Wandlung vorliegt, werden weitere Beobachtungen klären müssen.

Maßgebend für das Problem der Entstehungsgebiete eines durch Weizen- und Gersteanbau und die Inzuchtnahme von Wiederkäuern gekennzeichneten frühneolithischen Bauerntums bleibt die Frage nach den Verbreitungsgebieten der Wildformen, die damals gezüchtet wurden. Der russische Forscher Wawilow hat, wie schon angedeutet, auf Grund sehr umfangreichen Materials die mutmaßlichen Ursprungsgebiete unserer heutigen Kulturpflanzen umrissen. Er ging dabei von der Annahme aus, daß die heute feststellbaren Gebiete größten Formenreichtums auch die Heimatgebiete der betreffenden Pflanzen sein müßten. Wenn das in der Regel auch zuzutreffen scheint, so gibt es doch erkennbare Ausnahmen, die darauf beruhen, daß Kulturpflanzen, aus ihrer ursprünglichen Heimat vom Menschen in ein anderes Zentrum reicher Variationen übertragen, dort zu neuen Variationen kamen und so zur Entstehung eines sekundären Mannigfaltigkeitszentrums führten, das nicht mit ihrem eigentlichen Ursprungsgebiet identisch zu sein braucht. Ein solcher Fall scheint bei der Weizenart des Emmer in Abessinien vorzuliegen, wo die Hochfläche offenbar zu einem sekundären Zentrum auffallenden Variationsreichtums geworden ist.

Immerhin ist das angedeutete Zusammenfallen der Ursprungsgebiete heutiger Kulturpflanzen mit den Zentren früher städtischer Hochkultur zunächst bemerkenswert. Die Wildformen von Emmer sind auf Syrien und Palästina, die von Einkorn auf Kleinasien und kleine Gebiete des Balkans beschränkt. Die Wildformen der zweizeiligen Gerste kommen in Kleinasien, Iran und dem nordöstlichen Irak vor, während die sechszeilige Gerste etwa das gleiche Verbreitungsgebiet in Syrien und Palästina einnimmt wie die Wildformen von Emmer, außerdem aber noch im zentralasiatischen Gebirgsgebiet auftritt. Ähnlich eng begrenzt sind auch die Verbreitungsgebiete der kleinen Wiederkäuer Ziege und Schaf, die von Kleinasien bis in die indischen Grenzgebirge und bis nach Zentralasien hinein vorkommen.

Unter der Voraussetzung, daß diese heute noch feststellbaren Verbreitungsgebiete der Wildformen auch die ursprünglichen sind, begrenzt sich das Gebiet ihrer Inzuchtnahme auf den Vorderen Orient und Zentralasien.

Flußoase im Jordan-Graben

Reste einer dörflichen Siedlung bei Qalat Jarmo im Osten Mesopotamiens, Anfang 7. Jahrtausend

Spuren früher bäuerlicher Wirtschaftsweise

Lange Zeit hindurch herrschte in der Forschung die Vorstellung, daß der für die weitere Entwicklung der Menschheit so wichtige Schritt zur bäuerlichen Wirtschaftsweise sich in den Flußoasen von Euphrat, Tigris und Nil vollzogen haben müsse. Erst neuere amerikanische Untersuchungen haben die Aufmerksamkeit der Forschung auf die hügelige Ostflanke Mesopotamiens, die Westhänge der Zagroskette, gelenkt. Dort gelang es Braidwood, bei Qalat Jarmo in einem Schutthügel Spuren einer sehr alten dörflichen Ansiedlung bäuerlichen Gepräges zu entdecken und in zwei Grabungskampagnen in den Jahren 1950/51 und 1954/55 zu untersuchen.

Der Platz liegt etwa achthundert Meter hoch, also nahe der unteren Grenze der zwischen sechshundertfünfzig und siebzehnhundert Meter angenommenen Zone lichten oder dichteren Laubwaldes und damit wohl in der Nähe offenen Graslandes. Die heutigen Niederschläge in Höhe von vierzig bis fünfundsechzig Zentimeter pro Jahr gestatten einen einfachen Regenfeldbau, was man wohl auch für die frühe Zeit annehmen darf. Das gerade an dieser Stelle sehr häufige Auftreten der Schnecke Helix Salomonica setzt trockene, heiße Sommer und Grasflächen voraus.

Die alte Ansiedlung, die Braidwood entdeckte und untersuchte, erstreckte sich über ein Gebiet von 1,3 Hektar, ein Teil ist durch Erosion zerstört. Das Dorf hat etwa zwanzig bis fünfundzwanzig Anwesen umfaßt und schätzungsweise einhundertfünfzig Einwohner beherbergt. Es hat nur wenige Jahrhunderte bestanden und ist von späteren Ansiedlungen nicht überlagert oder gestört worden. Bei den Ausgrabungen konnten sechzehn übereinanderliegende Siedlungsschichten beobachtet werden, die dadurch entstanden, daß die wenig widerstandsfähigen Hausbauten häufig erneuert werden mußten, so daß keine größeren Zerstörungen als Ursache dieser Hauserneuerungen in Frage kommen.

Es handelt sich also um ein wirkliches Dorf mit ansässiger Bevölkerung und nicht um einen periodisch immer wieder aufgesuchten und nur vorübergehend bewohnten Platz. Seßhaftigkeit der Ansiedler muß aus den ergrabenen Befunden gefolgert werden.

Die Häuser selbst sind in einer einfachen Technik mit Wänden aus Schlammlagen noch ohne Verwendung vorgeformter Ziegel errichtet. Sie setzen sich jeweils aus mehreren rechteckigen Räumen und Gängen zusammen, enthalten kunstvoll gebaute Öfen mit Schornsteinen in den Lehmwänden, Vorratsräume und offene Höfe, auf denen gekocht wurde. Die Fußböden bestehen aus dünnen über Schilflagen verstrichenen Schlammschichten und waren mit Schilfmatten belegt. Für die nicht erhaltene Dachkonstruktion wird man Schilfbedeckung annehmen dürfen. Vereinzelte Beobachtungen lassen auf das Vorhandensein von Fenstern schließen, und Türangelsteine deuten die Existenz von Holztüren an.

Diese komplizierten und entwickelten Hausanlagen finden sich schon in der ältesten Schicht an der Basis der Ansiedlung. In die Fußböden eingelassen sind große bassinartige Vertiefungen, die entweder als Feuerstellen oder als Vorratsbehälter gedient haben werden.

Die Kenntnis der Töpferei ließ sich nur für die jüngsten Schichten nachweisen, in denen Reste zum Teil fein bemalter Tongefäße gefunden wurden. Die Bewohner der älteren Schichten kannten das Töpferhandwerk nicht. Ihnen dienten als Behälter kunstvoll hergestellte Steingefäße, meist aus Marmor gearbeitet und oft unter geschmackvoller Ausnutzung seiner natürlichen Bänderung hergestellt.

Die schneidenden Steingeräte sind aus Flint oder Obsidian, einem Glas vulkanischer Herkunft. Bestimmend sind kleine Geräte, also »Mikrolithen«, und einfache Klingen, die teilweise, wie Spuren von Erdpech lehren, in Schäftungen aus organischer Substanz befestigt gewesen sein müssen. Auffallend sind Sichelklingen, die offenbar zum Schneiden von Getreidehalmen oder Schilf gedient haben, wie der feine politurartige Glanz ihrer Schneiden lehrt.

Daneben treten zum Teil sorgfältig bearbeitete Geräte aus Felsgestein auf, wie etwa Äxte, durchbohrte Steinkugeln, deren Zweck unbekannt ist, Quetschmühlen, Mörser, Stößel und ähnliche Geräte. Der Anfall von Tierknochen wurde zur Herstellung von Geräten, wie Nadeln und Pfriemen, benutzt. Auch Flechtmatten und Körbe, teilweise mit Spuren einer Dichtung aus Bitumen, haben sich erhalten.

Auffallend sind die zahlreichen Funde fein gearbeiteter Steingefäße, die ein entwickeltes Gewerbe voraussetzen, bemerkenswert auch der sehr hohe Anteil von Obsidian an den schneidenden Geräten. Dieses Material muß über weite Entfernungen herantransportiert worden sein, da es sich in der näheren Umgebung nicht findet. Das nächste Vorkommen liegt etwa vierhundert Kilometer von Jarmo entfernt am Wan-See, erforderte also einen schon sehr weitreichenden Güteraustausch.

Am bemerkenswertesten sind bei dieser frühneolithischen Ansiedlung die Zeugnisse für die Wirtschaftsform. Die Bewohner Jarmos bauten zwei Weizenarten, Einkorn und Emmer, und eine sechszeilige Gerste an. Die Getreidearten stehen morphologisch ihren Wildformen noch sehr nahe, schließen also eine lange betriebene Zucht wohl aus. Ob Erbsen und Linsen, die gelegentlich in den Siedlungsschichten gefunden wurden, schon kultivierten Pflanzen oder noch Wildformen zuzurechnen sind, steht nicht fest. Daß auch Wildfrüchte gesammelt wurden, zeigen Eicheln und Pistazien.

Die zahlreichen in der Siedlung gefundenen Holzkohlenreste bieten nicht nur eine willkommene Unterlage für eine Altersbestimmung durch die Radio-Karbon-Methode, sondern gestatten auch eine Rekonstruktion der Waldvegetation in der näheren Umgebung der Ansiedlung. Die Tatsache, daß neunzig Prozent der Holzkohle von Eichen, und zwar teilweise von alten, dicken Stämmen, stammen, bestätigt die Annahme eines Eichenwaldes in der Nähe.

Bezeichnend für die Art der Ansiedlung sind auch die Tierknochen. Ursprünglich hatten die Ausgräber in einem Vorbericht mitgeteilt, daß nur fünf Prozent des Knochenmaterials zu Wildtieren, fünfundneunzig Prozent dagegen zu Haustieren gehören, doch hat sich dieses Bild bei eingehenderen Untersuchungen gewandelt. Gefunden wurden Knochen von Onager, Gazelle, Wildziege, Hausziege, Schaf, einer Rinderart, Hirsch, Reh, Schwein, Bär, Wolf, Fuchs, Leopard, Katze, Dachs, Marder und Schildkröte, dazu Fischgräten, Süßwasserkrebse und Reste kleiner Nagetiere.

Mit Sicherheit als gezähmt kann nur die Ziege nachgewiesen werden; es wird aber stets zu bedenken sein, daß frühe Domestikationsstadien noch keine auffälligen Veränderungen im Knochenbau der Tiere zu bewirken brauchen, daß also ein Teil der wildtierartigen Reste sehr wohl schon zu Tieren in frühen Stadien der Inzuchtnahme gehören können.

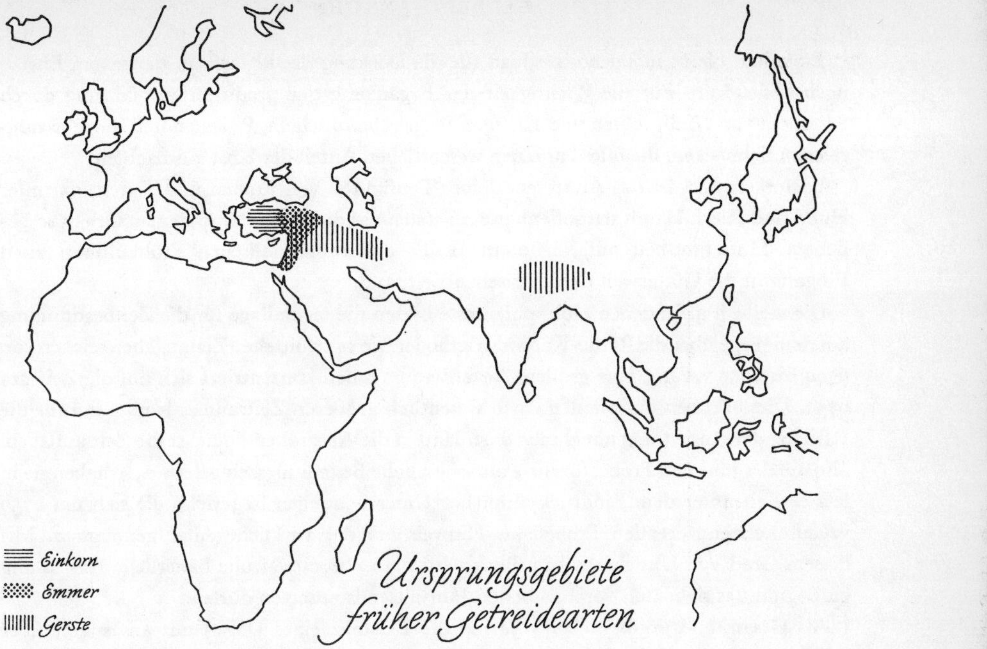
Einkorn
Emmer
Gerste
Ursprungsgebiete früher Getreidearten

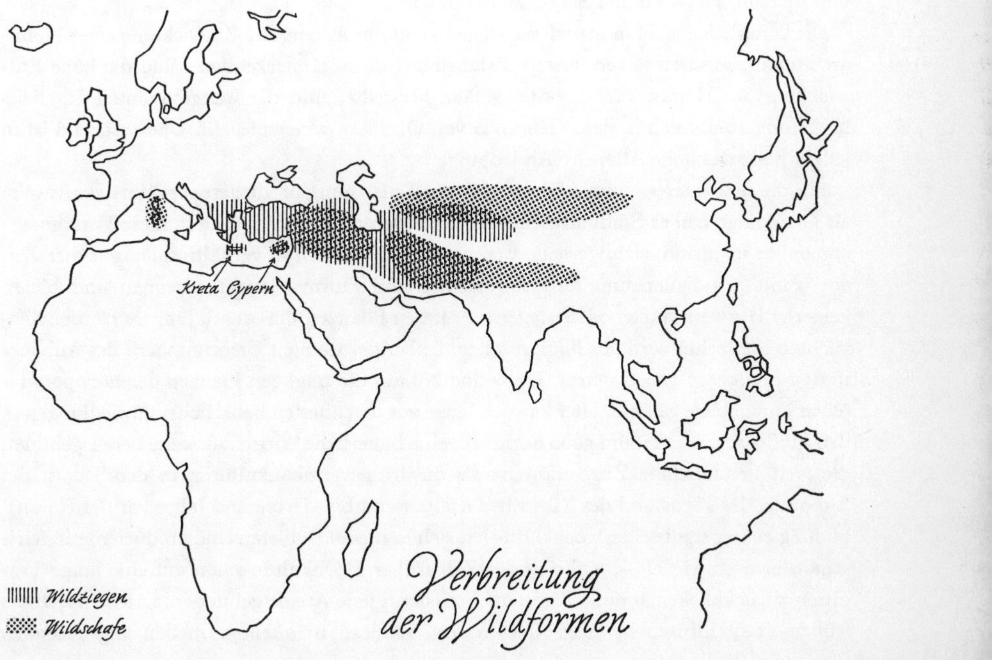
Kreta
Cypern
Wildziegen
Wildschafe
Verbreitung der Wildformen

Trotzdem bleibt in Jarmo die Jagd für die Deckung des Bedarfs an tierischem Eiweiß noch bedeutsam. Für die Wichtigkeit der Ergänzung der produzierten Nahrung durch Sammeln von Wildfrüchten und Kleintieren sprechen Eicheln, Pistazien und die sehr zahlreichen Schnecken, die offenbar einen wesentlichen Anteil der Kost ausmachten.

Bemerkenswert ist das Auftreten kleiner Tonfiguren von Frauen und Tieren, darunter Hund und Rind. Damit tritt offenbar zum erstenmal die Figur der später im Orient so beliebten Muttergottheit auf, die dann als Erbe der orientalischen Frühkulturen auch Eingang in die Götterwelt der klassischen Zeit fand.

Die vielfach gefundenen Holzkohlenreste bilden die Grundlage für die Zeitbestimmung auf dem Wege über die Radio-Karbon-Methode. Die so ermittelten Zeitangaben reichen von 9300 bis 4750 v. Chr., eine größere Anzahl von Proben konzentriert sich auf die Zeit um 6750. Diese Proben umspannen einen wesentlich größeren Zeitraum, als man ihn für die Existenz der Ansiedlung annehmen darf. Hatten die Ausgräber zunächst die Zeit um 4750, also die der jüngsten Probe, für die wahrscheinliche Besiedlungszeit gehalten, so haben sie in letzter Zeit unter dem Eindruck ähnlicher Untersuchungen in Jericho die sich um 6750 v. Chr. konzentrierenden Proben als Hinweis auf das wirkliche Alter genommen. Mit diesem Grad von Unsicherheit im Blick wird man also diese frühe bäuerliche Ansiedlung zu Beginn des siebenten vorchristlichen Jahrtausends ansetzen dürfen.

Als Gesamtbild ergibt sich für Jarmo die Existenz eines Dorfes mit ansässiger, über mehrere Jahrhunderte am Ort siedelnder Bevölkerung, die von Getreidebau und der Zucht kleiner Wiederkäuer lebte, zur Ergänzung dieser Nahrungsbasis ausgedehnte Jagd betrieb und Eicheln, Pistazien und Schnecken sammelte.

Die komplizierten Hausgrundrisse stehen nicht am Anfang der Entwicklung einer Wohnarchitektur, sondern setzen längere Erfahrung voraus. Bemerkenswert sind die hohe Entwicklung des Handwerks, das Steingefäße herstellte, und die weitgespannten Handelsbeziehungen, die sich in dem Gebrauch von Obsidian widerspiegeln. Überraschend ist in jedem Falle das hohe Alter der Ansiedlung.

Für die hier interessierende Frage nach der Entstehung produzierender Wirtschaftsweise als Grundlage früher Stadtentwicklung im Vorderen Orient vermitteln diese Forschungsergebnisse in Jarmo wichtige neue Erkenntnisse. Sie lassen in verhältnismäßig früher Zeit ein komplexes Bauerntum mit Getreidebau und Hornviehzucht erkennen und bieten keinerlei Hinweise auf eine Überlagerung älteren Pflanzentums durch jüngere Herdenviehzüchter. Weiterhin wird der Blick von dem früher vermuteten Ursprungsherd des Anbaues in den Flußoasen von Euphrat, Tigris und Nil auf die hügligen Flanken der mesopotamischen Flußgebiete gelenkt. Hier hat sich lange vor den ältesten bäuerlichen Ansiedlungen in den Flußoasen, die erst um 5000 beginnen, eine bäuerliche Wirtschaftsweise herausgebildet, die weit urtümlichere Züge aufweist als die frühen Anbaukulturen in den Tälern des Euphrats, des Tigris und des Nils. Etwa dreitausend bis viertausend Jahre vor der Herausbildung echter städtischer Hochkultur hat sich in diesen Gebieten eine produzierende Wirtschaftsform entwickelt, die also in der Zeit früher Hochkultur schon auf eine lange Tradition zurückblicken konnte. Sie ist auch nicht an jene Areale gebunden, in denen sich die frühen Stadtkulturen herausgebildet haben, sondern ist offenbar in den angrenzenden

Randgebieten des Fruchtbaren Halbmondes entstanden; erst etwa zwei Jahrtausende später sind dann die Flußtäler von Bauern aufgesucht worden.

Hier stellen sich allerdings zwei wichtige Fragen, die beantwortet werden müssen, bevor das Problem der Herausbildung stadtartiger Siedlungen gelöst werden kann: die Frage nämlich, ob die Funde von Jarmo wirklich an den Anfang anbauender Wirtschaftsweise gehören oder nicht vielmehr lang dauernde Vorstufen anzunehmen sind, und die Frage, ob der in Jarmo und in einigen wenigen ähnlichen Siedlungen des gleichen Areals nachgewiesene Getreideanbau und die Haustierzucht ausreichen würden, um die für die Herausbildung stadtartiger Siedlungen notwendige Überschußproduktion von Nahrungsmitteln zu gewährleisten. Die erste Frage steht nicht unmittelbar im Zusammenhang mit dem hier verfolgten Problem früher stadtartiger Siedlungen. Sie kann verhältnismäßig kurz mit einigen Hinweisen beantwortet werden.

Die komplexe Wirtschaftsweise der Bauern von Jarmo macht nicht den Eindruck unmittelbaren Anfangs. Dieser Fundstelle zeitlich voraus gehen einige Fundplätze im Irak, wie Karim Shahir, M'lefaat und Shanidar, und in Palästina einige ältere Fundplätze des Natufian. Sie gehören zeitlich wohl dem neunten oder achten Jahrtausend an. Die klimatischen Verhältnisse ihrer Zeit müssen denen von Jarmo ungefähr entsprochen haben, die Tierwelt, soweit sie bei einigen Fundplätzen des Natufian näher bekanntgeworden ist, wird durch die gleichen Arten vertreten wie in Jarmo, wenn auch noch ohne erkennbare Anzeichen von Domestikation. Unter den Steingeräten fallen einzelne Mörser und Stößel auf; Sichelklingen könnten auf das Schneiden von Getreidehalmen hinweisen, wenn man nicht damit rechnen müßte, daß vielleicht auch Schilf damit geerntet wurde. Auf Jagd und Fang deuten Harpunen, Pfeilspitzen und Angelhaken hin.

Als erste Menschengruppe der Nacheiszeit im Nahen Osten haben die Bewohner dieser Fundplätze das Leben in Höhlen aufgegeben und auf Freilandstationen gesiedelt. Daß sie nicht über längere Zeit seßhaft waren, lehrt das Fehlen von Schutthügeln, wie sie als natürliche Folge lang dauernder Besiedlung des gleichen Platzes in Jarmo entstanden. Die Bewohner dieser Freilandstationen scheinen noch eine fluktuierende Lebensweise geführt zu haben, wenn auch runde, zum Teil in den Boden eingetiefte Hüttenreste von M'lefaat und Shanidar und sorgfältig gebaute Rundhäuser mit teilweise innen bemalten Lehmwänden, wie sie auf der Siedlung des älteren Natufian von Eynan am Hule-See ausgegraben wurden, einen gewissen Hang zu stetiger Siedlungsweise erkennen lassen. Als erstes Haustier dieser Gruppe wird gemeinhin der Hund angenommen, obwohl vollgültige Beweise für seine Existenz in dieser Zeit noch nicht erbracht worden sind.

In der letzten Zeit mehren sich die Anzeichen dafür, daß diese frühe Menschengruppe schon mit dem Anbau begonnen hat, wenngleich Jagd und Sammeln nach wie vor die Hauptgrundlage ihrer Lebenshaltung bildeten. Das Zusammenwachsen des Getreideanbaus und der Tierzucht in Jarmo zu einer komplexen Wirtschaftsweise setzt wohl doch lange Versuche und Erfahrungen auf dem Gebiet von Zucht und Pflanzenanbau voraus. Sie brauchen nicht unbedingt von vornherein gekoppelt gewesen zu sein, sondern können lange Zeit nebeneinander gestanden haben oder auch in verschiedenen Arealen, unabhängig voneinander, betrieben worden sein.

In einem Punkte haben die Untersuchungen von Ansiedlungen dieser Gruppe unmittelbar vor dem Beginn stadtartiger Siedlungen unsere Kenntnis wesentlich gefördert. Auf dem schon oben erwähnten Fundplatz von Eynan am Hule-See wurden Gräber gefunden, die in runden Gruben – vielleicht aufgegebenen Rundhäusern oder Speicherbauten – angelegt waren. Meist lagen mehrere Tote in derselben Gruft, gelegentlich sind einzelne Schädel bestattet worden; damit deutet sich ein eigentümlicher Grabbrauch an, der später bei der Ansiedlung von Jericho wieder begegnen wird.

Eines der intakten Gräber, das einen Mann beherbergte, ließ eine aufwendige, die anderen Bestattungen an Sorgfalt und Ausstattung weit überragende Grablegung erkennen. Der hier so sorgsam bestattete Tote war durch den Grabbrauch auch noch nach seinem Tode aus der Masse der übrigen Bestatteten herausgehoben. Hier deuten sich erste Anzeichen einer sozialen Differenzierung schon in dieser frühen Zeit an, die wohl als Ausgangspunkt einer späteren, zu einer schärferen Schichtung der Bevölkerung führenden Entwicklung gelten könnte.

Noch schwieriger zu beantworten ist die zweite der gestellten Fragen, nämlich, ob eine Wirtschaftsweise, wie sie in Qalat Jarmo beobachtet werden konnte, eine über den Bedarf des einzelnen Bauern wesentlich hinausgehende Überschußproduktion ermöglichte. Die Tatsache, daß die Bewohner von Jarmo die Ergebnisse ihrer Anbauwirtschaft durch Jagd und Sammeln von Früchten und Schnecken ergänzten, scheint nicht unbedingt dafür zu sprechen. Die auch für die frühe Zeit anzunehmenden geringen Niederschlagsmengen lassen die Erzielung eines regelmäßigen und gesicherten Überschusses als wenig wahrscheinlich erscheinen.

Ein solcher wird in den ariden und semiariden Zonen des Vorderen Orients wohl nur auf dem Wege künstlicher Bewässerung zu erzielen gewesen sein. Die Frage, seit wann, in welcher Form und in welchem Umfange Bewässerung betrieben worden ist, gehört zu den vieldiskutierten, zugleich aber auch schwierigsten Problemen, die sich der Forschung stellen. Zeugnisse alter Bewässerung sind in der Regel mit späteren Anlagen überbaut und dadurch gestört worden, und nur ganz ausnahmsweise können Spuren solcher, in ganz frühe Zeit zurückreichenden Anlagen entdeckt werden, und auch dann bietet die Frage einer genauen Zeitbestimmung meist große Schwierigkeiten.

Hier werden in starkem Maße Beobachtungen an primitiven Verhältnissen heutiger Stämme weiterhelfen müssen. Zwei in ihren Ansprüchen an die Gesellschaft, aber auch in ihren Rückwirkungen auf sie verschiedenartige Systeme wird man wohl unterscheiden müssen: Bewässerungsanlagen in Stromtälern und Ausnutzung von Quellen.

Bei den Stromtälern geht es darum, jahreszeitlich begrenztes Hochwasser zu stauen und zu horten, um damit in den langen trockenen Wachstums- und Reifezeiten über verzweigte Kanäle und Schleusen die Felder zu bewässern. Solche Systeme müssen sich fast immer gegen beträchtliche Naturgewalten behaupten und sind eng mit großen Damm- und Kanalbauten wie auch mit Schleusenanlagen und ihrem geregelten Betrieb verbunden.

Anders ist die Situation in Quelloasen. Dort fällt der Zwang zu komplizierter Bändigung von Hochwasserfluten und deren schwierige Hortung fort. Ganzjährig laufendes Quellwasser braucht nur in einem System von Rinnen unter Ausnutzung des natürlichen Gefälles über das Land verteilt zu werden.

Die oft behandelte Frage, ob der Zwang zu großräumiger Bewässerung in den Flußtälern mit jahreszeitlich bedingtem Hochwasser im Vorderen Orient den Anstoß zur Entstehung von Staaten gebildet hat, wird man vermutlich negativ beantworten müssen. Die bei solchen Vorhaben notwendigen großen Bauten setzen zweierlei voraus: Verfügungsgewalt über eine große Zahl von Menschen zur Durchführung der Bauarbeiten selbst und eine gesicherte Herrschaft über das Landgebiet zum Zwecke des Schutzes der empfindlichen Bewässerungseinrichtung. Großräumige Bewässerungsanlagen in Flußoasen haben staatliche Gewalt eher zur Voraussetzung als zur Folge.

Daß auch in Flußtälern kleinräumige Bewässerungsanlagen im Rahmen isolierter Dorfgemeinden möglich sind, lehren Beobachtungen an rezenten Verhältnissen. Sie tragen vielleicht zur Stärkung örtlicher Autoritäten bei, haben aber nicht notwendig größere politische Zusammenschlüsse zur Folge. In Quelloasen stellt die Bewässerung nur geringe Ansprüche an die Sozialorganisation, es sei denn, die des Schutzes gegen Bedrohung von außen.

Treffen diese zum Teil hypothetischen Darlegungen im wesentlichen das Richtige, dann ergibt sich für die Frage der ersten Herausbildung stadtartiger Ansiedlungen, daß im Vorderen Orient die Areale, in denen nach unserer Kenntnis die ersten anbautreibenden Menschengruppen nachgewiesen sind, keine wirklichen Voraussetzungen für stadtartige Siedlungen bieten. Erst eine an künstliche Bewässerung gebundene und darum nur in Fluß- oder Quelloasen mögliche Landwirtschaft mit Überschußproduktion gäbe die für eine solche Entwicklung wesentlichen Grundlagen ab.

Die ältesten Spuren stadtartiger Siedlungen in Jericho

Im letzten Jahrzehnt haben nun große Grabungen in Palästina neue Erkenntnisse vermittelt. Sie wurden auf dem Telles-Sultan bei Jericho vorgenommen und gehören zu den bedeutsamsten Ausgrabungen unseres an archäologischen Entdeckungen reichen Jahrhunderts. Wie selten nur ist durch sie unsere Kenntnis der frühen Menschheitsgeschichte um neue wichtige und überraschende Züge bereichert worden.

Der Tell bildet einen ovalen oder ovoiden Schutthügel von über vier Hektar Flächeninhalt und fast dreißig Meter Höhe. Er liegt auf der Westseite des hier ungefähr dreihundert Meter unter dem Meeresspiegel eingebrochenen Jordangrabens. Der Fluß durchströmt ein enges, beiderseits von Gebirgen eingeschlossenes Tal, in dem sich heute eine Flußoase ausbreitet.

Am Fuß des Tells fließt eine ganzjährig austretende Quelle, die eine üppige Oase bewässert; in ihr leben heute etwa neunzigtausend Menschen. Der Platz liegt an einem alten Jordanübergang, der aus den Wüsten- und Steppengebieten des Ostens in das Gelobte Land westlich des Jordans führt, und hat als Eingang nach Palästina immer wieder eine große Rolle gespielt. Als Josua die Israeliten in das Gelobte Land führen sollte, schickte er

Kundschafter aus mit dem Auftrag »Gehet hin und besehet das Land und Jericho«. Darin spiegelt sich die verkehrsgeographische Lage des Platzes in späterer Zeit wider.

Die Bedeutung des Ortes in biblischer Zeit hat schon 1867 Anlaß zu ersten Ausgrabungen gegeben, ihnen folgten 1908 bis 1911 österreichisch-deutsche Untersuchungen unter Sellin und Watzinger, die vornehmlich dem biblischen Jericho galten. Zwischen 1930 und 1936 arbeitete John Garstang von der Universität Liverpool dort, und 1951 nahm Miss Kathleen Kenyon, die Direktorin der British School of Archaeology in Jerusalem, die Untersuchungen erneut auf. Sie führte sie bis 1959 mit aufsehenerregendem Erfolg fort.

Eine erschöpfende Veröffentlichung liegt, wie das bei einer so großzügigen Untersuchung nicht anders der Fall sein kann, noch nicht vor. Die Leiterin der Grabung und verschiedene ihrer Mitarbeiter, namentlich auf naturwissenschaftlichen Gebieten, haben sorgfältige Vorberichte publiziert, so kann man wenigstens in großen Umrissen ein Bild von den hauptsächlichsten Ergebnissen gewinnen.

Von dem fast dreißig Meter hohen Tell ist etwa die Hälfte neolithischen Bewohnern zuzuschreiben, und zwar aus einer frühen Stufe der jüngeren Steinzeit, die den Gebrauch der Keramik noch nicht kannte, so daß man hier wie auch bei den älteren Schichten von Jarmo von einem »präkeramischen Neolithikum« spricht, wie es jetzt auch an einzelnen anderen Fundplätzen nachgewiesen werden konnte. Fast fünfzehn Meter hoch sind die Schuttablagerungen dieser frühen Epoche in den unteren Partien des Tells.

Nachdem die letzten Grabungen der Jahre 1958 und 1959 bis in die tiefsten Schichten des Tells vorgedrungen sind, läßt sich in groben Umrissen ein Bild von seiner Entstehung entwerfen, wobei allerdings bemerkt werden muß, daß sich dieses Bild bei einer großräumigen Untersuchung des Platzes erweitern und vielleicht auch noch ändern würde.

Als älteste Anlage an der Quelle fanden die Ausgräber einen eigentümlichen rechteckigen Bau von drei Meter Breite und mindestens sechs Meter Länge, dessen Wände aus Steinlagen und dessen Boden aus einer Lehmschicht bestanden; Zeugnisse einer Benutzung dieser Anlage für Wohnzwecke, wie Herdstellen oder Abfallgruben, fanden sich nicht, so daß die Ausgräber geneigt sind, einen Kultbau darin zu sehen. Bestätigt werden sie in ihrer Annahme durch die Auffindung mehrerer großer Steinblöcke in den Wandsetzungen, die offenbar zur Aufnahme dicker Pfosten durchbohrt sind. Vermutlich haben sie zur Aufnahme von Kultpfählen einer mesolithischen, dem älteren Natufian zuzuschreibenden Anlage gedient. Die Bevölkerung dieser Zeit hat in der Umgebung des Baues zahlreiche Geräte zurückgelassen. Die Radio-Karbon-Datierung ergibt für dieses anscheinend abgebrannte Bauwerk die Zeit von 7800 v. Chr. Vermutlich haben hier mesolithische Jäger und Sammler des achten Jahrtausends neben der für sie bedeutsamen Quelle ein Heiligtum errichtet, das periodisch besucht wurde.

Aus einer etwas jüngeren, aber noch im achten Jahrtausend anzusetzenden Periode stammt in der Nähe dieses Baues eine Schuttschicht von vier Meter Mächtigkeit, die allerdings nicht die ganze Grundfläche des Tells einnimmt, sondern ganz wesentlich kleiner ist. Sie enthält zahlreiche Böden von leichten, offenbar nur kurzfristig benutzten Hütten, die von einer anscheinend noch fluktuierenden, aber immer wieder an diesen Platz zurückkehrenden Bevölkerung errichtet waren. In den oberen Schichten dieses kleinen Tells zeigen

Reste vom großen Turm an der Steinmauer der neolithischen Siedlung in Jericho, um 7000

Kopf einer bemalten Figur
Tonplastik aus Jericho, 6. Jahrtausend. Jerusalem, Palestine Archaeological Museum

solide gebaute Rundhäuser eines aus dieser Zeit auch von andern Stellen her bekannten Types an, daß die Menschen hier seßhaft geworden sind. Die Zeit beginnender Seßhaftigkeit an der Quelle brachte eine starke Ausweitung der Siedlung über fast die ganze Grundfläche des Tells mit sich. Die Bevölkerung ist also an dieser Stelle stark angewachsen und offenbar um diese Zeit auch zum Anbau übergegangen; die Einzelheiten des Vorgangs bleiben jedoch vorerst noch dunkel.

Das Geräteinventar dieser ersten ständigen Ansiedler des achten Jahrtausends entspricht völlig dem ihrer mesolithischen Vorgänger aus dem Natufian und deutet an, daß es Menschen der gleichen Gruppe waren, die an dieser Stelle den Übergang zur seßhaften Lebensweise vollzogen und zu einer produzierenden Wirtschaftsform übergingen. Das ist deshalb wichtig, weil dadurch mit großer Wahrscheinlichkeit ausgeschlossen werden kann, daß etwa eine bereits vollentwickelte neue Wirtschaftsweise von Neuankömmlingen auf diesen Platz übertragen wurde.

Um oder kurz nach 7000 trat an dieser Stelle ein Wandel ein. Die ganze Anlage wurde mit einer großen Steinmauer umgeben, der ein mächtiger Steinturm von etwa neun Meter Durchmesser und ungefähr gleicher Höhe angefügt wurde. Ein Eingang führte zu ebener Erde in den Turm, dort zu einer kleinen Kammer und über eine Treppe im Inneren auf die Plattform des Turmes empor. Diese eindrucksvolle Befestigung umspannt ein Gebiet von über vier Hektar, dessen Innenraum dicht mit gutgebauten Rundhäusern bedeckt war. Das Steingeräteinventar knüpft in seinen Formen und im Bestand an Werkzeugen an die vorhergehende Stufe an, läßt also eine grundsätzliche Kontinuität der Besiedlung vermuten. Mühlsteine, Mörser und Stößel sprechen für das Vorhandensein von Körnernahrung, wenn auch die aus diesen Schichten stammenden organischen Reste noch nicht daraufhin untersucht worden sind, welche Arten in dieser Zeit angebaut wurden.

An gezähmten Tieren gab es Hund, Katze und Ziege, die Ziege aber so spärlich, daß sie nicht den Fleischbedarf gedeckt haben kann. Dieser erfolgte vielmehr überwiegend durch Jagd, und zwar vornehmlich auf Gazellen, Wildrinder und Schweine. Entweder haben die Bewohner dieser Ansiedlung selbst in großem Umfange noch Jagd betrieben, oder sie haben erlegte Jagdtiere von umwohnenden Jägerstämmen eingetauscht. Keramik war unbekannt, an ihrer Stelle wurden sorgfältig hergestellte Steingefäße benutzt, deren Verfertigung eine beträchtliche handwerkliche Geschicklichkeit anzeigt. Das Auftreten von Geräten aus Obsidian läßt einen weitreichenden Handel mit diesem Material vermuten.

Die Toten wurden in der Siedlung bestattet. Beisetzungen abgetrennter Schädel, wie sie auch in Eynan begegnet waren, kommen verschiedentlich vor. In den Bereich der Religion führen offenbar kleine weibliche Figuren und solche von Tieren, die ähnlich wie in Jarmo von Vorstellungen zeugen, wie sie später im Vorderen Orient in der Verehrung einer Muttergottheit wieder auftauchen.

Mit dieser ersten vollentwickelten neolithischen Schicht noch ohne Keramik vollzog sich aber ein grundlegender Wandel. Eine schon vorher neben der Quelle seßhaft gewordene Bevölkerung nahm sprunghaft zu, ihre Zahl stieg nach Annahme der Ausgräber auf etwa zweitausend Menschen an. Der großartige Befestigungsbau mit seiner hohen Steinmauer, dem tiefen, in den Fels gesprengten Graben und dem mächtigen Rundturm zeigt ein erhöhtes Schutzbedürfnis und das Vorhandensein einer sozialen Organisationsform an, die es gestattete, große Teile der Bevölkerung zu einer Gemeinschaftsarbeit einzusetzen, wie sie der Bau dieser Befestigungsanlage erforderte.

Das Überraschendste der letzten Grabungen aber war die Aufdeckung großer Wassertanks für eine künstliche Bewässerung in der ältesten Phase des Festungsbaues. Angebaut an den großen Rundturm und die an ihn angelehnte Befestigungsmauer wurden große rundliche Behälter mit dünnen, sauber verputzten Wänden gefunden. Die Höhe der Wände beträgt in einem Falle mehr als drei Meter. Die abweichenden Formen, die verschiedenartige Größe und Technik der Bauten und das Fehlen von Eingängen schließen die Annahme von Häusern aus. Dagegen spricht die Freilegung dünner, vom Wasser abgelagerter Schlammschichten in einem Kanal, der zwei solcher Behälter verbindet, überzeugend für große Wassertanks.

Für die Wasserversorgung der befestigten Ansiedlung waren sie unnötig, da die Quelle selbst dafür zur Verfügung stand. Einen Sinn haben sie nur als Anlagen zur Landbewässerung. Wie sie gefüllt wurden, bleibt unklar, entweder handelte es sich um Zisternen, in die das Regenwasser geleitet wurde, oder sie wurden im Handbetrieb von der Quelle her aufgefüllt.

Nach kurzer Zeit wurden sie mit Schutt angefüllt und neue Tanks in einem höheren Niveau in gleicher Technik und Größe gebaut. Nachdem auch diese verschüttet und durch neue, noch höher liegende Behälter ersetzt wurden, lagen die Tanks fast neun Meter über dem Austritt der Quelle.

Der Sinn dieser Maßnahmen ist leicht einzusehen. Unter Ausnutzung des natürlichen Gefälles konnten von der Quelle aus nur verhältnismäßig kleine Areale im Osten und Südosten bewässert werden. Von den hochstehenden Wasserbehältern aus aber erreichte die künstliche Bewässerung auch weiter entfernt liegende Flächen im Westen und Süden der Quelle, wodurch sich das für den Anbau in Betracht kommende Gelände beträchtlich vergrößerte. Zugleich war der einzig empfindliche Teil der Bewässerungsanlage innerhalb der mächtigen Befestigung gut geschützt.

Und um noch einen wesentlichen Zug bereicherten die Ausgrabungen das Bild. Schon in der untersten Schicht der Behälter befand sich einer, der von den andern getrennt lag und als Speicher für Körner gedeutet werden mußte. Bei der Größe dieser Anlage kann es sich schwerlich um den Speicher eines Einzelnen gehandelt haben, sondern wohl nur um eine öffentliche Anlage. Auch in den höheren Schichten wurden außer den Wassertanks solche Speicher festgestellt. Über ihren Inhalt ist noch nichts bekannt.

Faßt man alle diese Einzelheiten zusammen, so rundet sich das Bild trotz aller Lückenhaftigkeit der Ergebnisse gut ab. Um oder kurz nach 7000 entstand an der Quelle von Jericho auf dem Platz einer kleineren älteren Ansiedlung dörflichen Charakters eine bedeutende, von etwa zweitausend Menschen bewohnte Siedlung. Der Bau einer großangelegten Befestigung mit tiefem Graben, hoher Steinmauer und mächtigem Rundturm läßt die Existenz einer entwickelten sozialen Ordnung erkennen, wofür auch die in diesem frühen Zustand überraschend großartige Bewässerungsanlage spricht.

Hier entstand an einer Quelloase zur selben Zeit, als sich am Westhang der Zagroskette im Gebiet des Regenfeldbaus das Bauerndorf in Jarmo entwickelte, eine Ansiedlung ganz andern Charakters. Sie wurde aufgegeben, ein Bachlauf fraß sich an einer Stelle in den Tell ein und spülte Teile alter Bauten fort, auf der Oberfläche trat durch Niederschläge und Wind eine Erosion ein. Das alles deutet darauf hin, daß die Ruinenstätte eine Zeitlang verlassen liegenblieb, bis am Ende des siebenten oder zu Beginn des sechsten Jahrtausends neue Ansiedler den Platz besetzten.

Wieder entstand auf dem Schutthügel eine befestigte stadtartige Besiedlung, wieder wurde der von einer Mauer umschlossene Innenraum dicht bebaut, diesmal in anderer Form als früher, nämlich mit mehrräumigen rechteckigen Bauten, zu denen auch Hofanlagen gehörten. Nicht nur die Form der Grundrisse, sondern auch die Art des Baues und die Form der verwendeten Ziegel unterschieden sich von der Ansiedlung der älteren Zeit. Wände und Fußböden wurden sorgfältig verputzt.

Wie ihre Vorgänger, so kannten auch die neuen Ansiedler auf dem Tell noch keine Keramik. Auch sie bedienten sich der Steingefäße. Das mit ihnen neu auftretende Inventar an Steingeräten läßt sich mit dem ihrer Vorgänger auf dem Tell nicht vergleichen. Darin deutet sich ähnlich wie in der ganz anderen Architektur der Häuser ein tiefer Bruch der Bevölkerung an. Konnte man die Bewohner der unteren präkeramischen Schicht von Jericho noch mit ihren Vorläufern an diesem Orte oder in der näheren Umgebung in Verbindung bringen, so scheint hier ein Bevölkerungsbruch deutlich zu werden. Woher die neuen Ansiedler kamen, ist noch unklar, aus einer örtlichen Wurzel sind sie jedenfalls mit großer Wahrscheinlichkeit nicht herzuleiten. Sorgfältig hergestellte Steingefäße lassen ein Handwerk, Obsidiangeräte einen Handel erkennen.

Die Tierhaltung entspricht, soweit der derzeitige Stand der Fundbearbeitung einen Schluß zuläßt, dem der alten Siedlung mit Rundbauten. Die Frage des Anbaus von Getreide und Hülsenfrüchten ist noch nicht geklärt. Jedenfalls wird man neben Getreide auch andere pflanzliche Nahrung, besonders Hülsenfrüchte, anzunehmen haben.

Unter den bisher freigelegten Häusern fällt ein Gebäude auf, in dem in einer Nische ein Steinsockel gefunden wurde. Darauf hatte offenbar eine in der Nähe gefundene sechsundvierzig Zentimeter hohe Säule aus vulkanischem Gestein gestanden. Dies deutet offenbar auf einen Kultbau hin, wofür auch der andersartige Grundriß des Baues mit First, Steinsockel und Säule spricht. Auch an einer anderen Stelle fand sich ein rechteckiger Bau, der vermutlich als Tempel oder öffentliches Gebäude anderer Art gedeutet werden darf, da er in seinem Grundplan so vollständig von den sonst üblichen Wohnbauten abwich.

Wohl das bemerkenswerteste Phänomen dieser Siedlungsschicht waren die Bestattungen. Sie lagen wie in der älteren Ansiedlung in oder unter den Häusern. Neben vollständig bestatteten Toten fielen Skelette auf, denen der Schädel fehlte, während die Unterkiefer meist noch beim Skelett lagen. Die Schädel fanden sich an anderer Stelle einzeln oder in größerer Zahl zusammengelegt, die Gesichtsteile mit Stuck übermodelliert, die teilweise sorgfältig geformte individuelle Züge erkennen ließen, die Augen waren mit Muscheln nachgebildet.

Diese offenbar Porträtähnlichkeit anstrebende Plastik stellt etwas völlig Neues dar. Sie ist kaum als »Kunst« aufzufassen, denn die Schädel wurden offenbar wieder beigesetzt. Daß hier aber eine religiöse Vorstellung waltete, nach der der Schädel als Sitz besonderer

Kräfte einer eigenen Behandlung unterzogen wurde, ist sicher. In diesem Kult der Schädel muß auch das Streben nach Wiederherstellung des individuellen Aussehens der Toten eine Rolle gespielt haben. Ob es sich bei den so behandelten Toten um getötete Feinde oder um eigene Ahnen gehandelt hat, ist viel diskutiert worden. Nimmt man alle für die Entscheidung dieser Frage zur Verfügung stehenden Indizien zusammen, so ist die auch von der Ausgräberin gegebene Deutung dieser Totenbehandlung als Ahnenkult wahrscheinlicher als die andere Erklärung. Kultbauten und Totenbehandlung lassen jedenfalls ausgeprägte und fest umrissene religiöse Vorstellungen erkennen, die sich auch in einem anderen Fund ausdrücken.

Garstang hatte 1935 Trümmer dreier fast lebensgroßer Figuren mit rotbrauner Bemalung gefunden, die als Augen eingesetzte Muscheln aufwiesen. Aus der Fundlage konnte damals ein genaues Alter nicht erkannt werden. Es handelte sich um die plastische Darstellung eines Mannes, einer Frau und eines Kindes. Nur von der Frauenfigur ließen sich große Teile zusammensetzen, so daß man einen Eindruck von dieser Plastik gewinnen konnte.

In der letzten großen Grabung des Jahres 1958 gelang es, ähnliche, nur stärker stilisierte, fast lebensgroße Figuren zu finden, und zwar diesmal in gesichertem Zusammenhang mit den oberen präkeramischen Schichten, die durch ein Radio-Karbon-Datum in der ersten Hälfte des sechsten Jahrtausends angesetzt werden. Damit ergibt sich auch für die aus der älteren Grabung Garstangs stammende Figurengruppe eine Datierung in die obere präkeramische Schicht, und das heißt in den Beginn des sechsten Jahrtausends. Beim Fehlen des erläuternden geschriebenen Wortes wird es wohl immer unmöglich bleiben, diese Figuren wirklich zu deuten. Daß sie aber der sakralen Sphäre angehören, ist sehr wahrscheinlich. Mag es sich bei ihnen um Ahnendarstellungen oder personifiziert gedachte und verehrte Gottheiten handeln, in jedem Falle zeigen sie entwickelte religiöse Vorstellungen an. Neben den kleineren Figürchen einer Frau und verschiedener Tiere, wie sie schon in Jarmo und im ältesten Jericho begegneten, treten hier die ältesten Beispiele statuarischer Kunst auf.

Das schon für die ältere Ansiedlung gewonnene überraschende Bild einer stadtartigen Ansiedlung wird in dieser jüngeren Schicht des präkeramischen Jerichos aus dem Anfang des sechsten Jahrtausends um einige wesentliche Züge bereichert, die in den Kultbauten und den fast lebensgroßen Statuen entwickelte geistig-religiöse Vorstellungen erkennen lassen.

Um 5000 etwa fand auch diese Siedlung ihr Ende. Ihr folgte nach einiger Zeit, in der der Tell als Ruine dalag, eine neue Ansiedlung neolithischer Siedler, die Keramik mitbrachten. Im Unterschied zu den beiden älteren Stadien der Besiedlung handelte es sich um nomadenhaft lebende Bewohner, die die Tradition der älteren stadtartigen Ansiedlung nicht weiterführten. Dieser Charakter der Ansiedlung erlosch für fast zwei Jahrtausende; erst gegen Ende des vierten Jahrtausends gewann der Platz wieder als stadtartige Ansiedlung neue Bedeutung.

Das hier entwickelte Bild einer unerwartet frühen stadtartigen Siedlung des siebenten und sechsten Jahrtausends schließt sich eng an die vorläufigen Berichte der Ausgräber an. Es gründet sich auf Ergebnisse von Ausgrabungen, die nach ihrem Umfang, gemessen an dem

Areal der ganzen Ruinenstätte, nur als Voruntersuchungen gewertet werden können. Eine völlige oder doch weit umfangreichere Abdeckung dieses wichtigen Platzes lag nicht in den Absichten der Ausgräber, ginge auch mit ihren riesigen Erdbewegungen über die der Forschung heute noch gesetzten Grenzen hinaus. Das, was sich aus den bisherigen Untersuchungen an neuen Erkenntnissen ergibt, ist aber auch so schon höchst eindrucksvoll.

Die ältesten Funde beleuchten das allmähliche Seßhaftwerden einer von Jagd und Sammelwirtschaft lebenden »mesolithischen« Bevölkerung an einer von der Natur bevorzugten Quelle und lassen damit einen Vorgang erkennen, wie er sich ungefähr gleichzeitig auch an den Westhängen der Zagroskette abspielte.

Ein entscheidend neuer Schritt aber vollzog sich um 7000, als an der die Oase speisenden Quelle eine stadtartige, fest ummauerte Ansiedlung mit einer großen Bevölkerung erwuchs. Der Zwang, für die steigende Menschenzahl zu sorgen, spiegelt sich in dem Beginn einer der Tendenz nach immer großräumiger werdenden Bewässerung. Eine Gefährdung dieser Lebensgemeinschaft zeigt der Festungsbau an, der, wie auch die Schaffung der Bewässerungsanlagen, eine über die Sozialordnung einer frühen bäuerlichen Dorfgemeinde weit hinausgehende organisatorische Zusammenfassung der Menschen zur Voraussetzung hat.

Das bei einem solchen Beispiel sicherlich sehr komplizierte Zusammenwirken zahlreicher Faktoren, wie klimatische Änderungen, wirtschaftliche Umstellungen und soziale Neuordnungen, in ihrer Kausalität zu erfassen geht leider über die Möglichkeit des Archäologen hinaus. Hier sind ihm enge Grenzen gesetzt, die er nicht zu überschreiten vermag und bei denen er das Fehlen des deutenden, geschriebenen Wortes ebenso bedauert wie der Historiker. Rückschlüsse aus späten Kulturen enthalten die Gefahr unzulässiger Typisierung historischer Vorgänge, die doch in der Einmaligkeit der individuellen Situation historisch wichtig sind. Man wird sich, so unbefriedigend das sein mag, mit der deskriptiven Analyse des Befundes begnügen müssen; doch auch sie schon ist im höchsten Maße interessant.

Jericho als Vorstufe städtischer Hochkultur

Unternimmt man den Versuch, die in Jericho sichtbar gewordene Entwicklung in den eingangs skizzenhaft umrissenen Ablauf der frühen Menschheitsgeschichte einzuordnen, so muß man sich kurz die beiden markanten, in die Zeit Jerichos fallenden Zäsuren in das Gedächtnis zurückrufen. Die »neolithische Revolution« und die »städtische Revolution« stellen beide tief eingreifende Wandlungen dar. In ihrem Charakter allerdings weisen sie grundsätzliche Unterschiede auf.

Der Übergang zur produzierenden Wirtschaftsform am Beginn des Neolithikums stellt primär eine Änderung im Verhältnis des Menschen zur Natur dar, wodurch er sich wirtschaftlich neue und große Möglichkeiten erschloß. Infolgedessen ist es kein Zufall, daß bei der Erforschung dieses Schrittes naturwissenschaftliche Disziplinen gleichberechtigt neben die Archäologie treten. In diesem Übergang änderte sich nicht nur die ökonomische Basis des Menschen grundlegend, sondern mit der Inzuchtnahme von Pflanze und Tier wandelte sich auch der natürliche Lebensraum des Menschen.

Wenn im Zusammenhang mit dieser Umwälzung auch soziale Veränderungen eintraten, wie etwa die Entstehung bäuerlich-seßhafter Dorfgemeinschaften, so sind sie nur als Folgeerscheinung der sich zunächst ökonomisch auswirkenden Veränderung im Verhältnis des Menschen zu seiner natürlichen Umwelt aufzufassen.

Im Gegensatz dazu bedeutet die Entstehung der städtischen Hochkultur primär eine Änderung im Verhältnis der Menschen untereinander. Sie bringt grundsätzlich keine neuen natürlichen Hilfskräfte, sondern macht vor allem die menschlichen Potenzen nutzbar. Dieser Vorgang gehört also überwiegend in die soziologisch-historische Sphäre, für deren Durchdringung naturwissenschaftliche Forschungsmethoden von geringerer Bedeutung sind. Hier muß sich die Forschung vornehmlich auf archäologisch-historische Beobachtungen und Methoden stützen.

Wenn sich im Gefolge dieses großen Wandels auch Neuerungen wirtschaftlicher Art einstellten, so sind sie als Folgen einer Veränderung der sozialen Struktur, also des Verhältnisses der Menschen und Menschengruppen zueinander, zu verstehen.

Hier stellt sich dem Forscher die Frage, wie sich die neuen Erkenntnisse in Jericho in diese Vorstellung einfügen und in welcher Richtung sie sie bereichern. Das sich allmählich vollziehende Seßhaftwerden nomadisierender Jäger an einer von der Natur besonders begünstigten Quelloase fügt sich einem großen Vorgang ein, der sich etwa zur selben Zeit auch an andern Stellen des »Fruchtbaren Halbmondes« vollzieht.

Ungewöhnlich und aus dem allgemeinen Rahmen der Entwicklung herausfallend ist eine starke Bevölkerungszunahme schon vor dem Beginn des Festungsbaus in Jericho. Ob ihre Ursachen in der Veränderung natürlicher Gegebenheiten, etwa einer stärkeren Austrocknung, liegen oder ganz anderer Art sind, läßt sich noch nicht mit Sicherheit sagen. Der Festungsbau selbst stellt mit der hinter ihm erkennbar werdenden Mobilisierung sozialer Kräfte etwas Neues dar und bleibt noch lange im Bereich der einfachen, bäuerlich organisierten Dorfgemeinden ohne echte Parallele.

In die gleiche Richtung weisen die großzügigen Bewässerungseinrichtungen der frühen Zeit, die nicht nur – wie vielleicht der Festungsbau – eine unter dem Druck momentaner Bedrohung erfolgte Zusammenfassung menschlicher Leistungskraft zur Voraussetzung haben, sondern eine dauernd wirkende und an feste Regeln gebundene soziale Organisation erfordern, bei der sich der Einzelne den Bedürfnissen der Allgemeinheit auf die Dauer unter- oder doch einordnen muß.

Die große Zahl von schätzungsweise zweitausend Bewohnern, der großartige Mauerbau und die überlegt angebrachten Bewässerungseinrichtungen sind primär in Veränderungen der sozialen Sphäre begründet. Den großen Steinturm als ein Zeichen der Herausbildung herrschaftlicher Kräfte oder Instanzen – nach Art etwa der späteren Zitadellen – zu deuten ginge über die Aussagekraft der bisher ergrabenen Quellen hinaus. Die Entwicklung von Kultbauten fügt sich aber dem Bild stärkerer sozialer Zusammenfassung gut ein. Zusammen mit dem Schädelkult und den ersten Versuchen einer statuarischen Kunst bezeugt sie eine

Religiosität mit dem Bedürfnis für differenziertere Kulte und den Beginn einer neuen Kunstübung.

Das Auftreten der sorgfältig gearbeiteten Steingefäße könnte auf eine Ausbildung spezieller handwerklicher Fähigkeiten, das Vorhandensein von Obsidian auf einen organisierten Handel hinweisen; beides sind aber doch Erscheinungen, die sich auch in Jarmo, also im Bereich bäuerlicher Siedlungen derselben Zeit, finden.

Ob und in welchem Umfange eine Gliederung der verschiedenen sozialen Schichten oder Berufsstände in Jericho vorlag, läßt sich den bisherigen Grabungsergebnissen noch nicht entnehmen.

Vergleicht man Jarmo und Jericho miteinander, so wird, gerade bei ihrer Gleichzeitigkeit, der große Unterschied beider Ansiedlungen klar. Die im wirtschaftlichen Bereich vollzogenen Neuerungen, die in Jarmo sichtbar wurden, bilden die Voraussetzung für eine Ansiedlung wie Jericho. Von jener unterscheidet sich diese durch Wandlungen im sozialen Bereich. Sie mögen im einzelnen noch unklar sein, als allgemeine Tatsache muß man sie aus den ergrabenen Befunden folgern.

Kann man so Jericho deutlich von der Gruppe der dörflichen Ansiedlungen bäuerlichen Charakters abgrenzen, so bleibt die Frage zu beantworten, wie es sich zu den Städten späterer Hochkultur verhält. Ähnlich wie die bäuerliche Wirtschaftsweise mit ihren kleinen Bauerndörfern erfaßt diese stadtartige Siedlungs- und Gesellschaftsform die Flußoasen erst später. Der Übergang ist noch unklar, der dazwischenliegende Zeitraum nicht leicht zu überbrücken. Erst zu Beginn des vierten Jahrtausends sind ähnliche Erscheinungen in den stadtartigen Plätzen der Phase von el-Obed wieder deutlich zu erkennen.

Hier nun besteht zunächst ein klarer quantitativer Unterschied. Die größte der bisher bekannten stadtartigen Ansiedlungen der Obed-Periode, der Tell Uqair, umfaßt etwa sieben Hektar, eine frühdynastische Stadt wie Uruk-Warka aber ungefähr vierhundertfünfunddreißig Hektar mit einer entsprechend größeren Bewohnerzahl.

In welchem Umfang diesen quantitativen auch qualitative Verschiedenheiten entsprochen haben, läßt sich nur schwer sagen. Das hat seinen Grund nicht nur in den Interpretationsschwierigkeiten der archäologischen Befunde, sondern auch in dem unzureichenden Forschungsstand. Aus der vorgeschichtlichen Zeit sind stadtartige Anlagen bisher nur angeschnitten, aber niemals ganz untersucht worden; bei den ältesten frühdynastischen Städten hat das Forschungsinteresse bisher vornehmlich den Sakralbauten gegolten. Bei den Sakralbauten zeigen sich nun deutlich formale Unterschiede und auch solche der Größenordnung, hinter denen die Entwicklung einer institutionellen Hierarchie sichtbar wird. Im Prinzip aber ist der Kultbau als integrierender Bestandteil schon in der stadtartigen Ansiedlung von Jericho vorhanden.

Daß sich etwa Jericho von Uruk-Warka nicht nur in der Größe, sondern auch qualitativ in den Institutionen unterscheidet, wird man annehmen dürfen. Manches auf sozialem Gebiet aber, was in der frühdynastischen städtischen Hochkultur neu gegenüber den vorhergehenden bäuerlichen Gemeinschaften auftritt, ist in Jericho bereits vorgebildet. Die Herausbildung städtischer Hochkultur aus einem bäuerlichen Milieu, die lange Zeit in ihrer scheinbar ohne jede Voraussetzung erfolgenden Plötzlichkeit überraschte, wird durch die neuen Entdeckungen in Jericho ihres Charakters eruptiver Unmittelbarkeit entkleidet. Hier lassen sich schon drei bis vier Jahrtausende vorher Ansätze zur Entwicklung »städtischer« Erscheinungen erkennen.

Die deutsche wissenschaftliche Terminologie gibt ohne gewagte Wortneuschöpfungen keine Möglichkeit, die Stellung einer Siedlung von der Art Jerichos zu den Bauerndörfern einerseits und zu den Städten auf der anderen Seite zu kennzeichnen, wie das im wissenschaftlichen angelsächsischen Sprachgebrauch durch die Reihe *village–town–city* üblich geworden ist. Wenn hier von »stadtartigen Siedlungen« gesprochen wird, so soll damit der Unterschied zum Bauerndorf und zur vollentwickelten Stadt der frühdynastischen Zeit angedeutet werden. Zugleich soll aber auch mit diesem Ausdruck ohne klar umschriebenen Begriffsinhalt deutlich werden, daß dieses Zwischenstadium in seinen Einzelheiten noch nicht näher definierbar ist.

So viel aber läßt sich doch den bisherigen Befunden mit Sicherheit entnehmen. Die frühdynastischen Städte Mesopotamiens traten nicht als etwas völlig Neues am Ausgang des vierten Jahrtausends auf, sondern hatten in diesem Gebiet bereits Vorformen, die außerhalb der Stromoasen in Jericho ein sehr frühes Stadium erkennen lassen. In ihnen sind verschiedene »städtische« Faktoren schon deutlich vorgebildet. In welchem Umfange aber dem quantitativen Unterschied zwischen diesen Vorformen und den frühesten Städten der sumerischen Hochkultur auch qualitative Verschiedenheiten entsprechen, ist ein der Forschung gestelltes noch ungelöstes Problem.

Franz Altheim

ERSTE BEZIEHUNGEN ZWISCHEN WEST UND OST

Weltgeschichtliche Betrachtung verlangt, daß die Gesamtheit der antiken Ökumene in ihren Zusammenhängen gesehen werde. Bei den Beziehungen, die in der Überschrift genannt sind, bildet China die äußerste Begrenzung der Alten Welt nach Osten. Hellas hingegen kann die gleiche Stellung im Westen nicht beanspruchen, zumindest nicht im geographischen Sinn. Will man in ihm gleichwohl den westlichen Grenzpfeiler des hier gemeinten Raumes erblicken, so hätte man den weiter ausgreifenden Wirkungsbereich griechischer Kolonisation und griechischer Kultur einzubeziehen, der sich über ganz Italien und Südgallien, über Sizilien und in geringerem Maß auch über Karthago, Sardinien und die spanische Ost- und Südküste erstreckt. Damit wäre man in der Tat zu den Säulen des Herakles, dem westlichen Ende der damaligen Welt, gelangt.

Hellas und China sind indessen nicht nur Grenzbezirke. Sie dürfen gleichzeitig als die beiden Hochkulturen gelten, die sich völlig ausgeprägt haben; beiden war beschieden, ganz sie selbst zu sein und alle ihre geschichtlichen Möglichkeiten zu durchleben. Sie haben jedoch Kulturen geschaffen, die allenfalls nach Höhe und Umfang den Vergleich miteinander aushalten. Hier wie dort hat man zwar von außen vieles und vielerlei übernommen. Doch alles wurde restlos der eigenen Form eingeschmolzen, zuweilen in solchem Maß, daß den fremden Ursprung zu ermitteln nur dem Zufall gelingt.

Die Kulturen zwischen Hellas im Westen und China im Osten, soweit sie ebenfalls als Hochkulturen gelten können – die der semitischen Völker, Irans und Indiens –, lassen sich nicht im gleichen Atemzug nennen. Sie sind entweder nach dem Auftreten des Hellenentums in ihrem Ablauf gestört, zumindest beeinträchtigt worden. Oder sie haben, wie die Kulturen des indischen Subkontinents, im behandelten Zeitraum sich auf den eigenen Bereich zurückgezogen und zunehmend darauf verzichtet, auf die Gesamtheit der antiken Welt zu wirken. Daneben gibt es solche Kulturen, die Höhe im Sinn einer vollen Entfaltung zu jener Zeit noch nicht erreicht haben. Das gilt etwa von Kelten und Germanen, deren große Zeit noch bevorstand. Eine ähnliche Stellung nehmen die Nomaden des nördlichen Eurasiens ein, jenes Gürtels von Ebenen und Steppen, der sich nördlich der Wüstenzone und der Ausläufer des zentralen Gebirgsmassivs von der Gobi bis zur Donau, Weichsel und Oder hinzieht. Diesem Gürtel wird sich die Betrachtung zunächst zuwenden. Denn auf ihn gehen die umfassenden Bewegungen zurück, die sich in den frühen Jahrhunderten des Altertums abzeichnen.

Ausgegangen sei von der Erfindung, die noch dem zweiten vorchristlichen Jahrtausend angehört: dem zweirädrigen Streitwagen. Er ist bis zur Wende zum ersten Jahrtausend und teilweise in dessen erster Hälfte das Gefährt des vornehmen Kämpfers. Man begegnet dem Streitwagen in China unter den Shang (1523–1028) und den Chou (1027–256), bei den vedischen Indern, bei Babyloniern und Hethitern, in Ägypten unter dem Neuen Reich und bei den mykenischen Griechen. Im indischen und iranischen Raum hat er sich bei den Göttern und Helden des Mahābhārata, den Hymnen des jüngeren Avesta und als königliches Gefährt bei den Achaimeniden, alsdann bei Assyrern und homerischen Griechen, im alten Italien (bei Etruskern und in Picenum, innerhalb der frühesten Kultordnung Roms) und schließlich bei den ältesten Germanengöttern gehalten. Noch der letzte Achaimenide tritt in den Schlachten bei Issos (333) und Gaugamela (331) auf dem Streitwagen dem zu Pferde anstürmenden Alexander entgegen. Wo immer die Heimat des Streitwagens zu suchen ist, er kann nur auf weiten Ebenen, die allein seine Verwendung gestatteten, erfunden und gebraucht worden sein. Ob er von den indogermanischen Streitaxtleuten verbreitet wurde, bleibe unentschieden. Denn im folgenden geht es um eine Kampfesweise, die den Wagenkämpfer zusehends verdrängte. Sie bediente sich des gerittenen Pferdes.

Das Reiten ist nicht nur eine späte Entwicklung, es ist auch nicht auf wenige beschränkt und niemals so vornehm wie das Fahren gewesen. Gewiß stand es Gott, Herrscher und adligem Herrn ebenso zu wie der Besitz eines Streitwagens. Da aber das Reitpferd weit weniger kostete als der Wagen mit seinen zwei, gelegentlich vier Zugpferden, war von vornherein dem Reiten die größere Verbreitung gewährleistet. Während das Gefährt immer nur wenigen Auserwählten vorbehalten blieb, gab es von Anfang an Reiterhorden und Reiterheere, Reiterstämme und -völker. Reiten und reiterliches Kämpfen vermochten ein ganzes Volk zu prägen, und man hat sich daran gewöhnt, von den Reiternomaden Mittelasiens oder des nordeurasischen Raumes zu sprechen. Mag es sich um Skythen oder Saken, um Sarmaten oder Massageten (Angehörige also nordiranischer Stämme) oder mag es sich um die gleich zu nennenden Hsiung-nu gehandelt haben, sie alle sind in ihrer Lebensform vom Reiten her bestimmt gewesen und haben als Reiterkrieger Geschichte gemacht.

Dem Reiten begegnet man erstmals bei jenen in ihre nachmalige Heimat einwandernden Iraniern, die von Südrußland aus über den Kaukasus, also von Nordwesten, kamen. Auf Bronzeblechen der Nekropole von Sialk in Medien sind Reiterkrieger dargestellt (Beginn des ersten Jahrtausends). Und in der Folge sollten Reiterei und reiterliche Fechtweise den Heeren des Kyaxares (625–585) und des Kyros (559–530), überhaupt denen der Achaimeniden einen Kampfeswert verleihen, den das persische Fußvolk gegenüber dem griechischen Hopliten nicht zu erreichen vermochte. Der persische und medische Adel zu Pferd, die Reiterscharen des iranischen Nordens und Ostens, Hyrkanier und Baktrer, die Skythen in persischen Diensten haben bis zuletzt ihren Mann gestanden.

Die umwälzende Wirkung, die vom Reiten des Pferdes ausgeht, zeigt sich zunächst an Kampfesweise und Bewaffnung. An die Stelle der Einzelkämpfer, die von ihrem Gefährt herab fochten oder, nachdem sie abgestiegen waren, sich im Zweikampf bewährten, tritt jetzt der reiterliche Masseneinsatz. Dazu gehören das Ausschwärmen der berittenen Bogenschützen, deren Pfeilhagel dazu bestimmt ist, die gegnerischen Reihen zu verwirren und zu erschüttern, der Angriff in geschlossenem Geschwader oder die »verstellte Flucht«, in der sich plötzliches Weichen mit nicht minder plötzlichem Standhalten und Vorprellen verbindet. Zu den Waffen des Wagenkämpfers, Lanze und Bogen, treten nun das lange, breite Hiebschwert und der Lasso; der große, den Mann deckende Rundschild wird von einem kleineren Durchmessers ersetzt, der sich zu Pferd handhaben läßt. Alsdann beginnt die typische Reitertracht – Hose als Schenkelschutz und hoher Lederstiefel, Ärmelrock und Gürtel, zuweilen noch der kurze Radmantel – sich neben dem langen, ungegürteten Gewand, der Sandale oder dem weichen Schuh Daseinsrecht zu erobern. Das Ausmaß der Umwälzung verdeutlichen die spätassyrischen Reliefs, die die von den Medern übernommene, neugeschaffene Reitertruppe darstellen.

Obwohl das homerische Epos das Reiten nicht kennt oder nicht kennen will, hat es sich im gleichzeitigen Griechenland bereits durchgesetzt. Spätgeometrische Bronzen und bemalte Terrakotten derselben Zeit stellen den Reiter dar. Boioter, Thessaler und Makedonen – Stämme also mit illyrischen oder thrakischen Bestandteilen – durften sich von Anfang an ihrer Reiterei rühmen. Vor allem die Thraker waren ein Reitervolk und kannten gleich den Skythen, die jenseits der Donau bis zum Don und im nördlichen Mittelasien nomadisierten, den berittenen, mit dem weittragenden Reflexbogen bewaffneten Bogenschützen. In Italien wußte die aus Mitteleuropa einwandernde Italikergruppe, die die Felszeichnungen (ab 800 v. Chr.) und Felsinschriften (ab 350) der Valcamonica (nördlich des Iseo-Sees) geschaffen hat, vom Streitwagen nichts mehr. Man stellt allein den Reiterkrieger mit Schild, Schwert und Lanze dar. Auch bei Kelten und Germanen drang das Reiten ein, und unter den Göttern war Wodan der erste, der zu Pferd vorgestellt wurde.

Schon diese Hinweise zeigen, daß die Heimat des Neuen nicht im mittelmeerischen Süden zu suchen ist. Im Gegenteil: wenn irgendwo, so hat sich hier die ältere Form, der Wagenkampf, am zähesten behauptet. Als Ausdruck des gesellschaftlichen und herrscherlichen Anspruchs, in Kult und Dichtung ist sie bis zur Mitte des ersten Jahrtausends geblieben. Umgekehrt wird das Reiten von solchen gebracht, die mit den Nomaden der eurasischen Tiefebene und deren Ausläufern an Theiß und Donau, an Oxos und Iaxartes in Berührung stehen oder ihnen geradezu entstammen. Die Wahrscheinlichkeit spricht dafür, daß das Reiten und seine kriegerische Verwendung dort erstmals aufgekommen sind. Dies bestätigt sich an China, wo der Übergang vom Fahren zum Reiten und die damit verbundene Revolutionierung der Kampfesweise sich nicht in der Frühzeit, sondern im vollen Licht der Geschichte vollzog.

Bis zum Jahr 300 v. Chr. hielt China an dem fest, was man von den Shang empfangen hatte. Noch immer bildete eine Macht von angeblich tausend Streitwagen den Rückhalt des Heeres. Aus dieser Stellung wurden sie verdrängt, als sich die Erkenntnis durchgesetzt hatte, daß sie nicht mehr genügten, den Kampf gegen die nördlich angrenzenden Nomaden zu bestehen. Die Kriegskunst Chinas sah sich genötigt, um mit Erfolg dem gefährlichen Feind zu begegnen, von diesem zu lernen. Als erster bewirkte König Wu-ling von Chao (325–298) den Umschwung. Sein Heer nahm die Kleidung der Hsiung-nu, Gürtelrock und

Hose, an und übte das Bogenschießen vom Pferde aus. Danach vernichtete es den Gegner im 26. Jahr von Wu-lings Regierung.

Diese Hsiung-nu, möglicherweise altaischen Ursprungs, aber schwerlich von einheitlichem Stamm, waren Nomaden. Ihr Bereich erstreckte sich vom Ordosgebiet (im Bogen des Huang-ho) und dessen Nachbarschaft bis in die Äußere Mongolei. Sie hatten von den nordiranischen Stämmen, den Massageten und Saken, deren Waffen und Tracht, vielleicht sogar das Reiten selbst übernommen. Gründer eines Großreichs der Hiung-nu, das sich bald von Korea bis zum Balkasch-See erstreckte, war Mao-tun (um 209–174). Unter ihm beobachtet man erstmals an Stelle der regellos angreifenden Schwärme eine geordnete und gegliederte Reiterei. Neben den berittenen Schützen begegnen Reiter, die mit Lanzen und Hellebarden bewaffnet und zuweilen von Panzern geschützt sind; auch diese Neuerungen mußten die Chinesen übernehmen, wie sie es zuvor mit den Bogenschützen getan hatten. Die Aufstellung dieser Reiterwaffe war der Tatkraft des Kaisers Wu-ti (141–87) und seiner Generäle zu verdanken. Man führte das Hiebschwert ein; an die Stelle des Speers trat die Reiterlanze. Auch Holzsattel und Steigbügel entlehnte man den Nomaden. Von Anfang an war der neuen Truppe Erfolg beschieden. Ihr Organisator Hokü-ping schlug die Hiung-nu nacheinander in sechs Feldschlachten. Doch erst im Jahre 58 v. Chr. gelang die Bezwingung des Feindes.

Die Reichsgründung Mao-tuns, die Auseinandersetzung Chinas unter den kämpfenden Staaten (480–221) und der älteren Han-Dynastie (206–9) mit den Hiung-nu werden nochmals begegnen. Waren sie im vorangegangenen Endpunkt einer Entwicklung, die anderswo früher und rascher durcheilt worden war, so werden sie später den Ausgangspunkt einer Kette von Ereignissen bilden, die ganz Asien und Osteuropa in sich begreifen. Zuvor gilt es, die Summe dessen zu ziehen, was bisher betrachtet wurde.

Die führende Rolle der Nomaden hat sich, was das Reiten angeht, bestätigt. Sie ist die gleiche im Osten wie im Westen. Damit ist die eingangs aufgeworfene Frage einer Antwort nähergebracht. Nordeurasien mit seiner nomadischen Lebensform verdient zweifellos nicht den Namen einer Hochkultur in dem Sinn, wie ihn Hellas und China, dann Indien, Iran und die semitischen Völker verdienen. Gleichwohl spielt die nomadische Welt eine Rolle, deren Bedeutung sich schwerlich überschätzen läßt. Man ist dort in der Lage, Formen zu liefern, die anderswo und aus freiem Antrieb niemals entwickelt worden wären, die sich aber im Siegeszug durchsetzen. Ein zweites tritt hinzu. Ohne wesentliche Grenzen spannt sich von Altai und Wüste Gobi bis zu Donau und Oder der nordeurasische Gürtel. Seine Südgrenze berührt das Gebiet fast aller Hochkulturen. Damit wird das nördliche Eurasien – nicht unmittelbar, aber durch eine überall sich äußernde Beeinflussung – zu einem Band, das die Hochkulturen miteinander verknüpft. Die Ebenen und Steppen nördlich des Schwarzen Meeres, des Kaspischen Meeres und des Aralsees, von Pamir, Tienschan und Altai schaffen eine Einheit, der sich weiter südlich vorerst nichts Ähnliches zur Seite stellen läßt. Es war keine Straße, die dort hindurchführte und Verbindungen schlug, sondern ein breites Bett für alle Strömungen, Bewegungen und Völkerstürme, die nach Osten oder Westen strebten.

Das Gesagte bestätigt sich, sobald man die Anfänge des Tierstils ins Auge faßt. Die Reliefkunst des östlichen Kleinasiens und des nördlichen Syriens (Aladscha Hüyük,

Karkemisch, Sendschirli), dem engeren oder weiteren Bereich der hethitischen Kunst angehörig, zeigen erstmals Reihen gehender und stehender Tiere. Diese Tierfriese werden von da ab ein bevorzugtes Motiv jenes Stiles bilden. Daneben erscheint ein zweites, das ihn kennzeichnet: der Tierkampf, vor allem im Tell Halaf. Manches mag noch dem 11. Jahrhundert angehören, doch die Masse der Darstellungen fällt bereits ins erste Jahrtausend. Es drängt sich auf, daß der Hirsch zunehmend von der Antilope ersetzt wird, überhaupt, daß die südliche Fauna das Übergewicht bekommt, obwohl daneben zuweilen noch eine solche nördlicher Herkunft erscheint. Der Antilope, die vom Luchs oder einer Raubkatze gerissen wird, geht eine Darstellung voran, darauf statt der Antilope der Elch, statt des Luchses der Vielfraß begegnet. Elch und Vielfraß sind in Vorderasien unbekannt: sie verweisen auf den nordeurasischen Waldgürtel als ihre Heimat. Mitgebracht wurden sie von den Mitanni, Angehörigen indischer Stämme, die von Südrußland aus über den Kaukasus nach Süden drangen und im nördlichen Syrien und Mesopotamien über einer churritischen Untertanenbevölkerung eine kurzlebige Herrschaft gründeten (um 1600–1400). In den Sprachen der ugrischen Stämme, die in Südrußland einstmals in Nachbarschaft der Indo-Iranier lebten, hat sich neben zahlreichen anderen Lehnwörtern der indische Name des Elches erhalten. Und von dessen Erlegung durch den Vielfraß oder den »Vielfraßmenschen« künden die Gesänge der gleichen Stämme, vornehmlich der Wogulen und Ostjaken.

Erneut ist man auf den nordeurasischen Bereich verwiesen, dem auch der Tierstil entstammt. Hier hat dieser Stil bei den Skythen Meisterwerke geschaffen, deren älteste noch ins 6. Jahrhundert gehören. Wieder begegnet der gejagte oder erlegte Elch als bevorzugter, wenn auch keineswegs als einziger Gegenstand. Daneben erblickt man weitere Cerviden sowie Pferd, Wolf und Adler, Wasservögel und Fische. Vorstöße der Kimmerier und Skythen haben diese Kunst nach dem östlichen Mitteleuropa und ins Donaugebiet, dann, im Gefolge der Meder und Perser, nach Iran gebracht. Die Bronzen Luristans (im Zagros: 7.–6. Jahrhundert), die Schätze von Sakiz (7. Jahrhundert) und von Achalgori im Kaukasus, Funde vom Oxos im Britischen Museum, die beiden letzten aus achaimenidischer Zeit, verdeutlichen den Rang des iranischen Tierstils. Eine weitere Provinz dieses Stils bilden die Werke der orientalisierenden Periode in Griechenland (ab 750). Die Tierfriese der protokorinthischen und korinthischen Keramik oder der rhodischen Kannen sind ohne Einwirkung des Tierstiles nicht denkbar.

Freilich muß noch ein anderes beachtet werden. Diese Schöpfungen der griechischen Archaik sind nicht nur einer fremden Welt verpflichtet. Sie sind darüber hinaus ausgesprochen griechisch und nur als Werke griechischer Gestaltungskraft verständlich. Wie immer, so wird auch hier die Frage nach der Originalität einer Schöpfung nicht mit der Feststellung beantwortet, daß ihre Motive übernommen seien. Sie entzieht sich überhaupt einem allein auf Gegenstände und Inhalte gerichteten Blick. Entscheidend ist, ob es gelang, Übernommenes und Überkommenes derart der eigenen Form einzuverleiben, daß es zu deren wesentlichem Bestandteil wurde. Dies gilt vor allem von dem, was die Archaik dem Tierstil verdankt. Auch daran mag erinnert werden, daß die vollendetsten Stücke des skythischen Stils nicht von dem Volk geschaffen wurden, nach dem es heißt. Griechische Werkstätten in den Kolonien am Schwarzen Meer haben sie hergestellt, und indem sie für die Bedürfnisse ihrer nomadischen Auftraggeber arbeiteten, haben sie dem, was den Fremden vorschweben mochte, erst die überzeugende Formung verliehen.

Auch nach China ist der Tierstil in früher Zeit gelangt. Er begegnet auf dem bronzenen Gerät und den gleichfalls bronzenen Waffen, die unter den Shang und den frühen Chou angefertigt wurden. Ihr hauptsächlicher Fundort ist An-yang und seine Umgebung im nördlichen Honan, jenseits des Huang-ho. Keine der Funde mögen früher als ins 12. Jahrhundert zu datieren sein. Diese nie wieder erreichten Meisterwerke wurden unter den Bauern und Städtern angefertigt, denen die Shang geboten. Indes enthält die Ornamentik Hinweise auf eine davon verschiedene Welt, denen manche der Motive und Formen entstammen. Und diese Hinweise, so überraschend und teilweise verwirrend sie sein mögen, müssen in Kürze verhört werden.

Unter den Waffen gibt es Stücke, deren Verwandtschaft mit Klingen aus den vorgeschichtlichen Fundstätten Rußlands und Sibiriens ins Auge fällt. Diese »nördlichen« Typen weisen somit auf den Bereich, daraus der Tierstil hergeleitet wurde. Doch gerade auf ihnen fehlt dieser Stil, den man doch erwartet hätte. Auch die Tiere, die auf den sakralen Bronzegefäßen als die machtvollsten entgegentreten – Tiger, Wasserbüffel, Elefant, Nashorn, vielleicht der Alligator –, kommen nördlich von An-yang kaum vor. Auf der anderen Seite sind die ebenfalls dargestellten Hirsche und Rentiere Bestandteile der nördlichen Welt, ihrer Jäger und Nomaden, ihres Tierstils. Ihnen zur Seite erscheint das Argali, Wildschaf der Berghalden Mittelasiens und des Altai. Hund und Hausschaf hingegen, Rind und Schwein, alles Haustiere des Bauern, fehlen in der Fauna der Sakralbronzen gänzlich.

Der Tierstil der Shang ist demnach dem Zusammenwirken einer nomadischen mit einer städtischen Bevölkerung erwachsen, vielleicht dort, wo beide Bereiche sich berührten. Er läßt den Zusammenhang mit den Nomaden noch erkennen, ist aber als Ganzes bereits eine Schöpfung der chinesischen Kunst. Er ist ihre »Antwort« auf die »Aufforderung«, die vom Nomadentum ausging, vergleichbar dem, was zuvor im nördlichen Syrien und Mesopotamien, mehr noch bei den Griechen festgestellt wurde.

Bedeutung und Leistung der nomadischen Welt stehen außer Zweifel. Überall zeigen sich Verbindungen, die nach Süden verlaufen; sie reichen von der Einwanderung bis zur Übernahme bestimmter Lebens- und Stilformen. Und neben einer Bewegung in nord-südlicher Richtung steht eine solche, die man als Ost-West-Linie bezeichnen könnte. Nördlich der mittelmeerischen Kulturen verlaufend und dem, was sich nach Osten in Iran, Indien und China anschließt, umgreift sie gleich einer gewaltigen Klammer die Gesamtheit der Alten Welt. Es war deutlich geworden, daß man im Süden Anregungen vom eurasischen Nordgürtel zwar aufnahm, jedoch durchaus imstande war, sie dem eignen Wesen einzuverleiben. Erhaltenes und Übernommenes wurden Bestandteil einer inneren Form, die der Gegenwelt zugehörte. So nimmt es nicht wunder, daß zu Ende des Zeitraumes, der bisher betrachtet wurde, die Hochkulturen sich ihrerseits in einer Bewegung zusammenfinden, die sie alle erfaßt – und erstmals auch Indien einschließt, das sich zuvor weitgehend außerhalb gehalten hatte. Von Reiten und reiterlicher Kampfesweise, vom Tierstil wendet sich der Blick den Propheten und Denkern zu, darunter an erster Stelle dem, der gleichsam den Vorposten gegenüber der eurasischen Welt bildet: Zarathustra.

Die Hinterlassenschaft dieses Mannes kündet von dem, was gegen die Grenzen seiner ostiranischen Heimat anbrandete. In Baktrien wußte man vom räuberischen, gesetzlosen Nomaden, vom blutigen Tieropfer und vom Rauschtrank, den man dabei genoß. Man kannte die Raub- und Wildtiere, in deren Darstellung sich der nomadische Tierstil gefiel. Zarathustra hat dem die Pflege des Rindes als Ausdruck einer friedlichen und gottgefälligen Gesinnung entgegengesetzt. Er hat das nährende, spendende und ganz für den Menschen lebende Haustier zur Verkörperung des »Guten Sinnes« werden lassen. Auch dies enthielt eine Antwort auf das, was auf der anderen Seite als Aufforderung, mehr noch: als Herausforderung auftrat. Und es geht noch um ein anderes: um die zeitliche Einordnung Zarathustras und die Folgerungen, die man aus ihr zu ziehen hat.

Zarathustras Lebenszeit liegt heute fest. Statt vager Ansetzungen, die sich zwischen der Jahrtausendwende und dem 7. Jahrhundert bewegten, weiß man heute, daß er 599/8 geboren wurde, seine erste Offenbarung 569/8 erhielt und 522/1 starb. Er war demnach jüngerer Zeitgenosse Jeremias und älterer des Deuterojesaia; zeitlich steht er zwischen den Männern, die den Höhepunkt jüdischen Prophetentums verkörpern. Prophetie in Ostiran und Prophetie in Juda bilden zwei Aspekte derselben geschichtlichen Erscheinung.

Es sei hinzugefügt: im benachbarten Indien war Buddha jüngerer Zeitgenosse Zarathustras, und in China fallen Konfuzius' Wirken und die Niederschrift von Lao-tzus tiefsinnigem Buch in dieselben Jahre. Für Griechenland bietet sich als gleichzeitiges Ereignis das Auftreten der älteren Vorsokratiker an. Zeitlicher Zusammenfall ist selten bedeutungslos. Häufung von Gleichzeitigkeit, große Namen in sich begreifend, bezeugt eine Epoche schöpferischer Entscheidungen. Unzureichende Kenntnis des Geschichtlichen und rasche Verallgemeinerung haben dazu geführt, daß man solch »geistige Achsenzeit« über Jahrhunderte sich erstrecken ließ. Man darf die Begründung, soweit sie versucht wurde, beiseite lassen. Die unmittelbare zeitliche Zusammengehörigkeit ergänzt die wesensmäßige. Sie ist nicht mehr und nicht weniger als die Geburt der moralischen Forderung.

Vorab darf nicht übersehen werden, daß zwischen den Genannten beträchtliche Unterschiede bestehen. Schon von Konfuzius zu Lao-tzu läßt sich schwer eine Brücke schlagen. Während dieser sich von bloßer Macht abwendet und in der Anschauung des Weltganzen und dessen innerer Gesetzmäßigkeit sein Genüge findet, sucht sein Zeitgenosse Macht mit sittlicher Haltung, Ausübung der Herrschaft mit brüderlicher Gesinnung zu verbinden. Buddhas Selbstläuterung und Verzicht auf individuelles Dasein hat wenig gemein mit dem unablässigen Kampf wider das Böse, dem aktiven Eintreten für das Gute, denen Zarathustras Forderungen gelten. Oder mit dem mahnenden und richtenden Ruf der jüdischen Propheten, deren Gottesglaube ständig ins öffentliche Leben eingreift, um es zu reinigen und zu durchdringen. Auch die griechischen Denker waren weit entfernt, sich von einer Welt abzuwenden, die sie vielmehr zu verstehen und zu gestalten bemüht waren. Gleichwohl dürfen sie alle in einem genannt und zusammengesehen werden.

Ihnen war gemeinsam, daß sie in einem Gegensatz zu den vorausgegangenen Jahrhunderten großer Religionsschöpfungen standen. Nach der Jahrtausendwende, nach dem Abschluß umfassender Völkerverschiebungen erwuchsen Götterwelten, die in Epos und Hymnik ihren gestalteten Ausdruck fanden. Die Götter des homerischen Epos und der Veden;

das Pandämonium der Shang- und frühen Chou-Zeit, ihre Schamanen und Orakel; die Jahve-Religion Davids und Salomons; die üppig wuchernde Mythologie Ras Schamras – sie alle sollten für die Folge ihre Bedeutung nicht einbüßen. Und doch ist der Gegensatz da. Weder Buddha, Konfuzius, Lao-tzu, die Vorsokratiker noch Zarathustra und die jüdischen Propheten leugnen die ihnen überkommenen Mächte. Aber sie suchen die Vorstellungen, die sich damit verbanden, zu vertiefen und zu reinigen. Sie wünschen den Ernst an die Stelle göttlichen Spiels, des Genusses himmlischen Daseins und der Opfer, die man bereitwillig entgegennahm, zu setzen. War es bisher so, daß jene Welt durch Glanz und Glückseligkeit sich auszeichnete, sich als Gleichnis irdischen Königtums gebärdete, so wünscht man jetzt eine Rechtfertigung; und dieses Verlangen macht vor dem Göttlichen nicht halt.

Kennzeichen der neuen Haltung waren Entmythisierung der göttlichen Fabelwelt, gereinigte Gottesvorstellung, Gründung im Sittlichen, begriffliche Klarheit an Stelle der Bilder und vor allem prophetische Verantwortung. Diese Merkmale traten nicht immer in gleichem Umfang und in gleicher Dichte hervor. Aber im Grundsätzlichen ist die Einheitlichkeit überall zu greifen. Genug: in jener Zeit hatte eine Bewegung die Länder zwischen Mittelmeer und China vereint. Sittliche Forderung wurde ergänzt durch begriffliche Einfachheit und Absehen vom Mythos; und wer solche Forderung erhob, wagte es, weil er sich als Künder und Sprachrohr Gottes fühlte. »Innerhalb weniger Menschenalter traten fast gleichzeitig in Ost und West die neuen Formen der Besinnung des Menschen auf sich selber hervor, die seither das geistige Leben der Menschheit bestimmen« (Hans Heinrich Schaeder). Gegenüber dieser Großtat verblaßt alles, was die Folgezeit gebracht hat.

Immerhin stand man auch in anderem Bereich vor umfassenden Schöpfungen. Im 7. Jahrhundert war die assyrische Macht zur Entfaltung gelangt und zusammengebrochen (Zerstörung Ninives 612). Das Zeitalter der Weltreiche war damit eingeleitet worden, und dem, was die Assyrer geschaffen und verloren hatten, war nach drei Menschenaltern die Herrschaft der Achaimeniden gefolgt (Abschluß: 525 Eroberung Ägyptens); ihr wiederum nach weniger als zwei Jahrhunderten der Eroberungszug Alexanders, der erst am Hyphasis sein Ende fand (326). Beiden Weltreichen war gemeinsam, daß sie im Nordosten Irans nicht über den Iaxartes, in Indien nicht über Punjab und Indus hinauskamen. Innerhalb dieser Grenzen hat sowohl die persische wie die griechische Kultur gewirkt, aber im Gegensatz zu dem Halt, das die politische und militärische Macht traf, hat die kulturelle Wirkung weiter ausgegriffen.

Unter Dareios I. (521–485) hat in königlichem Auftrag der Grieche Skylax von Karyanda das Industal vom Oberlauf an erforscht. Er hat damit eine Schiffsverbindung ermöglicht, die von der Mündung des Flusses bis ins Rote Meer reichte. Von dort ab führte ein Verbindungskanal zum Nil, von Pharao Necho (609–594) angelegt, aber inzwischen verfallen. In einer Inschrift, die Dareios unfern des heutigen Suez hat setzen lassen, rühmt er sich der Herstellung des Kanals, durch den Schiffe nach »Persien«, also bis in den Indischen Ozean, gefahren seien. Unterwerfung des indischen Nordwestens, See- und Landverkehr dorthin haben bewirkt, daß sichtbare Spuren der persischen Herrschaft und ihrer Kultur sich dem ganzen Norden des Landes eingeprägt haben.

Noch ein Jahrhundert nach dem Tod des letzten Achaimeniden (330) zeichnete man im indisch-iranischen Grenzland Inschriften in der aramäischen Verwaltungs- und Kanzleisprache des Reiches auf (Taxila-Sirkap, Pul-i Daruntah). In Indien selbst wurde eines der nationalen Alphabete, die Kharoshthi, aus dem Aramäischen abgeleitet und zur Vokalschrift weitergebildet. Alsdann wurde der persische Palastbau, der in Susa, Ekbatana und Persepolis seine großartigen Denkmäler hinterlassen hat, für ähnliche Anlagen im nordindischen Reich der Maurya (321 bis um 185) maßgebend. Die Pfeilerhalle des Königspalastes von Pātaliputra (heute Patna am Ganges) ahmt das achaimenidische Vorbild nach. Auch das berühmte Kapitell von Sārnāth steht in solcher Nachfolge, sowohl in der Gesamtform wie in den Tierdarstellungen, die es schmücken.

Ob die persische Kultur der Achaimenidenzeit auch über die Iaxartesgrenze gewirkt hat, werden die Ergebnisse der sowjetischen Ausgrabungen lehren. Heute schon steht der Teppich achaimenidischer Zeit und Fertigung vor Augen, einzigartiges Werk aus dem Besitz eines Nomadenfürsten, das der zweite Kurgan von Pazyryk im Altai enthalten hat.

Alexanders Eroberungszug hat sich in Indien und Mittelasien weniger ausgewirkt als die über zwei Jahrhunderte währende Herrschaft eines Nachfolgestaates, des griechischen Königtums in Baktrien. Es sei daran erinnert, daß Seleukos I. 304 die indischen Provinzen aufgegeben hatte und seine Nachfolger keinen Anlaß sahen, diesen Verzicht rückgängig zu machen. Man ließ sogar geschehen, daß der zweite Herrscher der Maurya-Dynastie, Ashoka (etwa 355–325), auch Arachosien, jenseits des Hindukush, besetzt hielt. Erst das ab 250 v. Chr. selbständig gewordene griechisch-baktrische Königtum nahm die Eroberung des nordwestlichen Indiens wieder auf (etwa 185) und behauptete dort größere Gebietsteile bis zuletzt. Zwar hat sich bisher keine griechische Inschrift gefunden. Aber griechische Münzen mit griechischer Legende kamen in Umlauf und behaupteten sich über den Untergang der Fremdherrschaft hinaus. Griechische Lehnwörter drangen ein, und an Erwähnung der Griechen in der Sanskrit-Literatur fehlt es nicht. Wie im nordöstlichen Ostiran (Kunduz am Oxos) und Muntschak-Tepe sich Reste korinthischer Tempel gefunden haben, so im nordwestindischen Taxila die ungleich größeren eines ionischen. Und von einem der Griechenkönige, dessen Herrschaftsbereich sich zwischen Indus und der Gangesebene erstreckte, glaubte man zu wissen, daß er sich zu Buddhas Lehre bekannt habe. Das in der Sprache des südlichen Kanon, in Pāli, abgefaßte Buch von König Milinda (Menandros, um 160–142/1) wußte zu berichten, wie er in Taxila sich mit buddhistischen Weisen besprach. Nicht anders, als es einst Alexander mit den indischen Gymnosophisten getan haben soll. Oder wie es König Ptolemaios II. (285–247), dem Aristeas-Brief zufolge, mit den jüdischen Schriftgelehrten hielt, die er zur Übersetzung der Thora nach Alexandreia hatte kommen lassen.

Sowenig wie in Ostiran hat im nordwestlichen Indien griechische Plastik zu dieser Zeit Spuren hinterlassen. Die Werke des Gandhāra-Stils beginnen erst unter den Kushan, vereinzelt auch früher, also in den Jahrhunderten der frühen Kaiserzeit. Dementsprechend bildete auch kein Werk aus hellenistischer Zeit das Vorbild; erst die Schöpfungen der kaiserzeitlichen Kunst, originale und Kopien, wie man sie damals liebte, übten ihren Einfluß aus. Griechische Münzprägung sodann konnte sich auf indischem Boden nicht behaupten, geschweige denn, daß sie das einheimische Schaffen berührte. Darstellung und Schrift begannen gleich üppigem Pflanzenwuchs die Münzfläche zu überziehen. Organischer Aufbau wurde ersetzt durch ein Wuchern, das die plastische Form in Ranken und Blüten auflöste. Selbst der so klaren und disziplinierten griechischen Schrift scheint sich die Formlosigkeit der einheimischen Kharoshthi mitzuteilen. Die Reliefs auf dem Stupa von Bharhut, die dem 2. Jahrhundert v. Chr. angehören, nehmen der griechischen wie der indischen Plastik gegenüber eine Sonderstellung ein. Kultische Starrheit, durchgeführte Frontalität und die Isolierung der Einzelfigur in der Fläche sind am ehesten Kennzeichen dessen, was man als parthische Kunst zu bezeichnen pflegt. Manche Wandgemälde aus dem parthischen Dura-Europos lassen sich vergleichen.

Neben der Festsetzung im nordwestlichen Indien wird von einem zweiten Vorstoß der baktrischen Griechen berichtet. Er brachte sie, wenn auch nicht in unmittelbare Berührung, so doch in den weiteren Bereich des aufstrebenden und allseitig ausgreifenden Chinas, der frühen Han. Worauf die Griechen stießen, war das »Seidenvolk« der Serer, und diese Verbindung sollte sich folgenreich auswirken. Roshan im Pamir (Rhoxanake), Endpunkt der späteren »Seidenstraße«, war in ihrer Hand. Wie weit man von dort nach Osten gekommen ist, bleibt vorerst eine ungelöste Frage. Indes sollte die Zeit nicht ferne sein, da man von chinesischer Seite einen Vorstoß unternahm, der Baktrien erreichte.

Immerhin mag eine erste Berührung vermerkt werden. Um 300 beginnen Tauschierarbeiten im China des »Streitenden Reiches« aufzutreten, Gold und Silber sind in die dunkle Bronze der Gefäße eingelegt. Auch die Kleinkunst bedient sich – auf Spiegeln, Agraffen und an Stangenaufsätzen – der gleichen Technik. Unter den Han setzt sich diese Kunstübung fort und erreicht ihren Höhepunkt. Schon immer hat man mit dieser Schöpfung die Nachricht in Verbindung gebracht, wonach es in einem Tempel des nordwestindischen Taxila eine Darstellung der Schlacht zwischen Poros und Alexander gegeben habe. Wieder war Gold in Bronze eingelegt: die malerische Ausführung, die Verkürzungen der Körper und die Verschmelzung der Farben wurden gerühmt. Die sowjetischen Ausgrabungen haben die Zwischenglieder erbracht. Man kennt ein griechisch-baktrisches Silberblech, mit Gold tauschiert: ein Brustbild der Göttin Artemis aus den Anfängen des 2. Jahrhunderts. Daneben stehen einheimische Arbeiten, vor allem aus Chwarezm am unteren Oxos. Noch in späteren Jahrhunderten waren die dortigen Tauschierarbeiten hochgeschätzt; man glaubte gar zu wissen, der Sagenkönig Yima habe sich bereits seinen Thron mit Gold und Silber einlegen lassen.

Das griechische Baktrien bildete einen äußersten Vorposten in Mittelasien. Der Wagemut seiner Herrscher blieb eine Ausnahme, und dasselbe darf vom Willen seiner Untertanen gelten, sich in einer fremden Welt zu behaupten. Seit der Mitte des 3. Jahrhunderts befand sich, weiter im Westen, das seleukidische Reich im Abstieg. Baktrien war allein gelassen, und wie immer wirkte sich der Bruderkampf in den eignen Reihen nachteilig aus. Die Entscheidung kam indessen von Norden. Von Chinas Nordgrenze bis zur Donaumündung zeichnete sich eine neue und umfassende Bewegung der Nomaden ab.

Hier muß nochmals der Aufrichtung des Großreichs der Hsiung-nu und seines Gründers Mao-tun gedacht werden. Unter den Stämmen, die er noch unterwarf, begegnen die

Yüe-chih. Sie waren eins mit den von den griechischen Autoren so genannten Tocharern. Unter Mao-tuns Sohn Lao-shang wurden diese nochmals von den Hsiung-nu besiegt (kurz nach 174) und begannen nach Westen zu wandern. Dabei verdrängten sie die Saken, die in Ferghana zusammen mit anderen nordiranischen Nomaden gewohnt hatten. Das Land wurde den Ankömmlingen überlassen.

Doch auch die Yüe-chih hielt es nicht lange in den neugewonnenen Sitzen. Von einem weiteren Nomadenstamm, den Wu-sun geschlagen, zogen sie weiter nach Westen. Sie wohnten jetzt nördlich des Oxos, und (so wird hinzugefügt) das weiter südlich gelegene Baktrien war ihnen untertan. Anders ausgedrückt: die Yüe-chih hatten zunächst den Iaxartes überschritten, hatten sich dann im Gebiet zwischen diesem und dem Oxos niedergelassen und bei dieser Gelegenheit nicht verabsäumt, sich auch das weiter südlich gelegene Land untertan zu machen. Betroffen war das griechisch-baktrische Reich, dessen Kernlande, die Sogdiane und Baktrien, ihm entrissen wurden. Apollodoros, Geschichtsschreiber dieses Reichs, berichtet als einziger von diesem ins Jahr 129/8 fallenden Vorgang. Auch er weiß vom Einbruch der Nomaden, und unter diesen werden neben anderen skythischen Stämmen »aus dem Sakenland jenseits des Iaxartes, welches den Saken und Sogdianern gegenüberliegt«, auch die Tocharer genannt.

Bereits in Ferghana waren diese Eroberer mit Parnern und Dahern, also mit Vettern der nachmaligen Parther, zusammengestoßen. Diese hatten hundert Jahre zuvor am Nordrand Irans sich festgesetzt und waren trotz wiederholter Versuche der Seleukiden, sich ihrer zu entledigen, nicht wieder vertrieben worden. Unter Mithridates I. vermochten die Parther ihrerseits die Seleukiden aus Medien und Babylonien zu vertreiben und eine ganz Iran umfassende Herrschaft zu errichten (141–139). Schon damals hatte sich die Gefahr in ihrem Rücken gezeigt, die das Nachdrängen der nomadischen Vettern hervorrief. Mithridates I. hatte diese Gefahr so ernst genommen, daß er persönlich zur Abwehr an die Nordgrenze geeilt war. Nach seinem Tod sollte man die Bewegung, die bis jetzt von Chinas Nordwesten bis nach Hyrkanien ausgriff, stärker zu spüren bekommen.

Die Erschütterung, der das neuerstandene Partherreich nach Mithridates' Tod (139/8) infolge eines neuen seleukidischen Angriffs ausgesetzt war, ließ einen Hilferuf des Nachfolgers, Phraates' II. (138–128), zu den Skythen, will sagen: den Tocharern und ihren nomadischen Genossen, gelangen. Diese folgten dem Ruf, aber noch ehe sie ankamen, war Phraates des Gegners Herr geworden. Er verweigerte den zu spät Gekommenen den ausbedungenen Lohn, und diese begannen nun, plündernd das parthische Gebiet zu durchstreifen. Phraates, der ihnen entgegentrat, wurde geschlagen und fiel in der Schlacht. Für viele Jahre sah es so aus, als sei das Fortbestehen des Partherreiches in Frage gestellt.

Die weitere Geschichte der Tocharer, Saken und Parther kann hier außer acht bleiben. Es genügt, daß diese Ereignisse sich als Bestandteile einer einzigen Welle verstehen lassen, die im Osten ihren Anstoß erhalten hatte. Da ist nun bemerkenswert, daß, noch vor dem Einbruch in Iran, auch weiter westlich die Nomaden in Bewegung gerieten.

Herodot kennt östlich der südrussischen Skythen und ihrer Grenze, des Don, die Sauromaten. Ein mächtiger Nomadenstamm, hauste er nördlich des Kaukasus. Im Jahr 179 war er, nunmehr als Sarmaten bezeichnet, weit nach Westen vorgedrungen und stand im

Begriff, sich über ganz Südrußland auszubreiten. Der Vorstoß machte der dortigen Skythenherrschaft ein Ende, und nur Reste von ihr behaupteten sich auf der Krim und jenseits der unteren Donau, in der Dobrudscha.

Die Verbindung zwischen dieser und der zuvor genannten Bewegung bilden die Alanen oder die Ass, die unter den Namen Asier am Überschreiten des Iaxartes 129/8 beteiligt waren. Kurz danach schoben auch sie sich weiter und setzten sich in den ehemaligen Gebieten der Sarmaten nördlich des Kaukasus fest, die diese bei ihrem Vorstoß gegen Westen verlassen hatten. Eine Zeitlang wurden sie dort als Aorser bezeichnet, als »Weiße« oder Westliche, und bekundeten dadurch, daß sie äußerste Vorhut einer von Osten ausgehenden Bewegung waren.

Daß es sich um eine zusammenhängende Wanderung handelte, bestätigt zunächst das Fundinventar der sarmatischen und alanischen Gräber. Die Kurgane (nomadische Grabhügel) des Kubangebietes enthalten schon in hellenistischer Zeit chinesische Spiegel der Han-Zeit und ihre Nachahmungen. Daneben begegnen in Gräbern der Wolgagegend zweirädrige Karren, die den Nomadenwagen Mittelasiens, bekannt von chinesischen Terrakotten und den Münzen ostiranischer Herrscher, gleichen. Auch die Schwertbügel aus Jade, die an der Wolga gefunden werden, sind in China und Korea beheimatet, dasselbe gilt für die Steigbügel aus den sarmatischen Gräbern. Diese Erfindung hatte die Kampfesweise zu Pferde wesentlich verbessert, da sie erstmals festen Sitz und damit die sichere Verwendung der langen Reiterlanze gestattete. Eben dieser Steigbügel war zuvor bei den Hsiung-nu und, von diesen entlehnt, in den Heeren der Han-Kaiser begegnet.

Eine weitere Bestätigung bedeutet das Auftreten eines neuen Tierstils bei den genannten Nomadenstämmen. Mit dem Ende des 4. Jahrhunderts zeigt er eine neue Bewegtheit. Sie äußert sich weniger auf den Sakralgefäßen als in anderen Kunstgattungen, die jetzt in China hervortreten: in der Steinplastik und auf den eingelegten Bronzen, auf den Reliefbändern der großen Tongefäße und in den durchbrochenen Metallarbeiten. Überall beginnen sich die Tierkörper gleichsam aus der Erstarrung zu lösen. Sie werden erregt, leidenschaftlich, energisch bewegt; in pathetischen Kampfszenen zeigt sich eine bisher unbekannte Bereitschaft, sich von dieser Seite des tierischen Wesens ergreifen zu lassen.

Neben der überkommenen Tierwelt tritt jetzt das Pferd auf. Ledig oder geritten, liegend oder in Bewegung – in immer neuen Bildern sucht man seiner habhaft zu werden. Es ist, als sei man staunend innegeworden, was es mit diesem Tier auf sich habe. Das Pferd ist nicht allein geblieben. Ihm zur Seite begegnen das Kamel, der Bär und, aus Iran übernommen, der Löwe. Damit ist die Frage nach der Heimat dieses »jüngeren« Tierstils berührt. Vor allem der Bär, dessen Kult zu den ältesten der mittel- und nordasiatischen Stämme gehört, führt wieder in jenen Bereich, aus dem der frühere Tierstil erwachsen war. Aber auch hinter dem Pferd und dem Kamel stand die nordeurasische Welt. Man stößt auf die große Bewegung der Nomaden im 2. Jahrhundert, die zuvor besprochen worden war.

Dem entspricht die Verbreitung des neuen Stils. Aus Westsibirien brachten ihn die Sarmaten nach Südrußland; man findet ihn im Gebiet von Minussinsk und im Altai, in Transbaikalien und in der westlichen Mongolei. Hier spricht er sich in erster Linie in den Metallarbeiten aus, und als Verfertiger dieser »Ordosbronzen« (wie man sie nach ihrem ersten Fundort bezeichnet) kommen vornehmlich die Hsiung-nu in Frage.

Prachtstücke dieser Art bilden die durchbrochenen und mit Reliefs verzierten Bronzeplatten, die als Gürtelschließen dienten. Phantastische Geschöpfe, aus Wolf und Adler zusammengesetzt, Drachen und Greifen bekämpfen einander oder reißen ein Pferd, eine Hinde. Tiger haben einen Yak erlegt und schicken sich an, ihm den Garaus zu machen. Daneben werden Eber und Rentier dargestellt. Entsprechende Motive begegnen in der Sagenwelt dieser Nomaden bis in neuere Zeit. Tierverfolgung und Tierverwandlung spielen eine große Rolle, und überall entsprechen einander Krieg und Jagd. Die verstellte Flucht war nicht nur den Hsiung-nu, sondern allen Reiternomaden geläufig. Wie für die Parther die Schlacht eine Jagd bedeutete, wie sie den umzingelten Feind gleich einem Wild zu Tode hetzten, sich in ekstatischer Erregung, entrückt und besessen, auf den Gegner warfen, so trug solche »schamanistischen« Züge auch die Kampfesweise der Hsiung-nu.

Als künstlerische Form fand der jüngere Tierstil in China Eingang. Die Handwerker gingen daran, was sie auf den nomadischen Gürtelplatten und anderem Metallwerk sahen, nachzubilden. In die erste Hälfte des 3. Jahrhunderts gehören die berühmten Lackgeräte aus Chang-sha, mit ihrer in verschlungene Bänder sich auflösenden Tierornamentik. In der Han-Zeit erhielten die Motive, vermehrt durch überkommene Bestandteile der Chou-Kunst, eine verfeinerte Gestaltung. Mit der veränderten Tracht des Heeres fanden neben den Gürtelplatten auch die hakenförmigen Schließen aus Bronze und Jade Beachtung; auch sie brachten Darstellungen im neuen Stil. Dasselbe galt für alles Gerät, das man sonst den Reiterstämmen entlehnt hatte: Hiebschwert, Zepter, Sattel und Standarte. Nur vollzog sich überall und stetig eine Umformung. Nicht nur wurden die Darstellungen technisch und künstlerisch verfeinert, auch die leidenschaftlichen Kampfszenen verschwanden, und es blieb die Bewegtheit geschmeidiger Tierleiber, die sich zu kunstvoll geordneten Gruppen zusammenschlossen. Was einst Ausdruck kriegerischer Haltung gewesen war, hatte sich ins Gefällig-Ornamentale gewandelt. In dieser denaturierten Form hat der Tierstil über die Han-Zeit hinaus fortbestanden.

Auch sonst wahrte China seine Form, wenn es Fremdes übernahm. Seine Geschichte spielte sich zu der Zeit, um die es hier geht, im Norden, im Tal des Huang-ho, ab. Im Gegensatz zu dem leichtlebenden, phantasiebegabten und intelligenten Südmenschen ist der Nordchinese schwerfälliger, aber auch zäher und zuverlässiger. Er zeichnet sich gegenüber dem Südchinesen durch seinen schweren und straffen Körperbau aus; er erkämpft seinen Lebensunterhalt durch Genügsamkeit, Standhaftigkeit und Fleiß. Bauer, der er ist, steht er einer Natur gegenüber, die groß ist im Schenken, aber unbarmherzig in ihren Launen. Furchtbar sind die Wirkungen der Naturkatastrophen auf das menschliche Leben. Nur durch Zusammenhalten und Genügsamkeit, durch Standhaftigkeit und Fleiß kann ihnen begegnet werden. Einer Naturkatastrophe vergleichbar waren auch die Einbrüche der Hsiung-nu und die Verheerungen in ihrem Gefolge. Man beschloß, ihnen mit der gleichen Zähigkeit zu begegnen, und, wie sich gezeigt hat, man verschmähte nicht, vom Feind zu lernen.

Doch Reitertaktik, von den Nomaden bezogen, bedeutete von vornherein etwas anderes. Sie war nicht auf chinesischem Boden gewachsen: durch bewußten Entscheid war sie zwar in ihrer fertigen Form übernommen. Sie wurde dann aber weiter ausgestaltet. Ererbte Formen wie die Kriegswagen bestanden fort, nur verstand man sie besser zu nutzen. Man wußte sie jetzt zur Wagenburg zu vereinigen, wie man auch Karrees und Igelstellungen zu bilden verstand. In der Armbrust schuf man sich eine Waffe, die nach mancher Richtung den Reflexbogen der Nomaden übertraf. Bisher hatten flüchtige Reiterschützen den schlanken, gefiederten Pfeil auf weite Entfernung hin ausgesandt. Der Armbrust aber bediente man sich zu Fuß. Ihre kurzen, gedrungenen Bolzen wurden auf nahe Entfernung, aber mit größter Durchschlagskraft abgeschossen. War der Bogen die Waffe des Verfolgers und Jägers gewesen, so galt die Armbrust dem Nahkampf und der Vernichtung. Sie wurde zum Symbol des seßhaften, bäuerlichen und städtischen Menschen, der nicht als geborener Krieger, wohl aber als disziplinierter Soldat gegen die Räuber antrat, die die Fluren und Siedlungen seiner Heimat mit Verwüstung und Brand bedrohten.

Das Gegeneinander von Herausforderung und Antwort, das zuvor zwischen den Nomaden im Norden und den Hochkulturen im Süden festgestellt wurde, setzte sich also in den letzten Jahrhunderten vor der Zeitwende fort. Allenthalben grenzte man an unruhig wogende, im Werden begriffene Nachbarstämme; den hochgezüchteten Kulturen und ihren Reichsbildungen trat eine noch gestaltlose, aber zukunftsträchtige Welt barbarischer Völker gegenüber. Deren bedrohliche Kraft zwang die Angegriffenen, neue Abwehrmittel zu ersinnen. Sie nahmen sie von ihren Gegnern, aber beschränkten sich nicht darauf, sondern bildeten das Übernommene um. Mehr noch: es gelang ihnen, indem sie auf ihr innerstes Wesen zurückgriffen, Formen zu schaffen, zu denen der Feind niemals fähig gewesen wäre. Man ging dazu über, das eigne Gebiet durch ein System großartiger Sperren zu schützen.

Vom Kansu im Innern bis zur Mündung des Yalu ins Gelbe Meer verlief die »Große Mauer«, die seit ihrer Erbauung durch Shih-Huang-ti (259–210) das Land der Mitte von den nördlichen Nomaden abriegelte. Als gegen Ende des 1. Jahrhunderts v. Chr. die Chinesen ihre Herrschaft weiter nach Westen erweiterten, wurde zunächst die dorthin führende Handelsstraße ausgebaut. Dann legte man Ackerbaukolonien und, zu deren Schutz, durchgehende Befestigungen an. Lou-lan, nördlich des Lob-nor an der hier vorüberführenden Handelsstraße erbaut, bildete den westlichen Abschluß der ganzen Anlage. Die Wallanlage selbst mit ihren eingebauten Wachttürmen, ihren Forts und Magazinen hat sich auf weite Strecken hin erhalten. Ein Wachdienst war eingerichtet: Signale und entzündete Feuer meldeten das Herannahen des Feindes. Begnadigte Strafgefangene, an die öde Nordwestgrenze des Reichs verbannt, oder barbarische Söldner bildeten die Besatzung.

Lou-lan selbst, an den Ufern des Salzsees gelegen, wurde gleichsam aus dem Nichts geschaffen. Die Umgebung war menschenleer, das umgebende Land trug sparsamste Frucht. Die meisten Lebensmittel und sonstiger Bedarf mußten aus dem Innern Chinas herangeschafft werden. In Lagerhäusern speicherte man auf, was man benötigte: Getreide zur Nahrung, die Waffenvorräte der Besatzung, Filztuch und Pelze, um den mittelasiatischen Winter zu bestehen. Kolonnen von mongolischen Kamelen, von Eseln und Pferden standen als Tragtiere zur Verfügung. Über dem Ganzen waltete ein Beamtenstab, der nach chinesischer Weise alles dem Papier anvertraute: Art und Preis der durchgehenden Waren, den Einlauf der Post und ihren Abgang, das angelangte und verbrauchte Material; über jeden Halfterstrick wurde Abrechnung verlangt.

Auch weiter westlich sind vom Ende des 3. Jahrhunderts ab solche Anlagen geschaffen worden. An erster Stelle ist der Aufbau einer Grenzverteidigung zu erwähnen, mit der sich das griechische Baktrien und die nördlich angrenzende Sogdiane gegen die nomadischen Sakenstämme schützten. Ihre Anfänge fallen in die Jahre der Eroberung durch Alexander (329/8). Das Land wurde mit befestigten Posten überzogen; den wichtigsten Stützpunkt bildete Alexandreia am Iaxartes, von vornherein als Sperrfeste gegen Einfälle jener Stämme gedacht. Die Stadt wurde an der Stelle von Alexanders Lager in kaum zwanzig Tagen erbaut; griechische Söldner, kampfunfähig gewordene Makedonen, Kriegsgefangene und Einheimische aus der Nachbarschaft bildeten die Bevölkerung. Die Oase Merv wurde von sechs Festungen geschützt.

Die Tätigkeit der Seleukiden wirkte sich auch für Baktrien aus. Als Antiochos I. (281 bis 261) das von den Nomaden eroberte Merv wieder aufbaute, umgab er die Oase jetzt auch mit einer Mauer. Außer Merv trug noch eine zweite Stadt Antiochos' Namen, wenn man auch ihre genaue Lage nicht kennt. Die selbständig gewordenen Könige des griechischen Baktriens setzten fort, was ihre Vorgänger begonnen hatten. Sie sind die Zeitgenossen derer, die in China die entsprechenden Anlagen ausgebaut haben. Gemeinsamer Kampf gegen die Nomaden führte hüben und drüben zur Ausbildung von Formen, die eine gewisse Ähnlichkeit aufweisen.

Eine Besonderheit freilich bedeutete die dichte Besiedlung mit Griechen und Makedonen. Sie lagen nicht als landfremde Besatzung an der Nomadengrenze, sondern hatten dort eine neue Heimat gefunden. Sie haben denn auch nicht gezögert, das ihnen anvertraute Gebiet in ihrem Sinn zu formen. Noch in die letzten Jahrzehnte des 2. nachchristlichen Jahrhunderts mag die griechische Inschrift von Surch Kotal im nordwestlichen Afghanistan gehören. Sie ist fehlerfrei geschrieben und nennt den griechischen Namen Palamedes. Erst zwischen 200 und 219 n. Chr. hat die griechische Beschriftung und die Darstellung griechischer Götter auf den Münzen der Kushan aufgehört. In Merv gab es, ausdrücklichem Zeugnis zufolge, im 3. oder 4. Jahrhundert noch Griechen, die ihre Götter verehrten. Dieselbe Stadt ist in spätsasanidischer Zeit zu einem Übersetzungszentrum geworden, wo nestorianische Missionare eine Auswahl aus Schriften griechischer Philosophen ins Syrische übertrugen.

Die Namen Surch Kotal und Merv zeigen, daß die Besiedlung vor allem die nördlichen Grenzlande erfaßt hat, wo die Bedrohung am unmittelbarsten sich auswirkte. Dabei gewannen unter Alexanders Nachfolgern die Militärkolonien vor den Städten den Vorrang. Weder Samarkand noch Baktra (Balch) sind zu Stätten griechischer Besiedlung und Kultur geworden. Wohl aber Merv, ein eigner Bezirk im Kleinen, der immer eine Vielfalt von Siedlungen und Festungen mit eingestreuten Feldern und Wiesen umfaßt hat. Solche und andere Militärkolonien, die »Katoikien«, waren die Stützen der griechischen Herrschaft und besaßen vor den Städten, auch der Zahl nach, den Vorrang. Diese neue, von den griechisch-baktrischen Königen geschaffene oder doch nach Kräften geförderte Einrichtung gab den Herrschern ein krieggeübtes Heer, und sie sicherte ihnen den nötigen Ersatz, indem die Kinder der Soldaten bei Erreichung des dienstfähigen Alters sogleich ins Heer eintraten.

Vorerst ein Schatten bleibt die Grenzwehr, die die makedonischen Könige seit dem Kelteneinbruch 279 aufzubauen begannen. Wo sie verlief, ist noch unbekannt. Weder Bodenfunde noch literarische Zeugnisse künden von ihr. Man weiß nur, daß die Abwehr der nördlichen Barbaren einen Großteil der Kraft Makedoniens unter den Antigoniden (276 bis 168) beansprucht hat. Dagegen besitzt man genauere Kunde vom bosporanischen Königtum auf der Krim. Dort waren die Reste der von den Sarmaten vertriebenen Skythen eingedrungen und hatten zeitweilig einen eigenen Staat gegründet. Zu ihrer Abwehr baute Asandros (47–16) eine Sperrmauer quer über die Halbinsel Kertsch, die alle zweihundert Meter mit zehn Türmen verstärkt war. Dahinter und auf der Halbinsel Taman, beiderseits des Ausgangs des Asowschen Meeres, lagen wieder die Militärkolonien.

Zu den Grenzwehren trat die Anbahnung durchgehender Handelsstraßen hinzu. Unter dem Kaiser Wu-ti (141–87) begannen die Chinesen die Eroberung der »Westländer«, vor allem des Tarimbeckens. Man machte sich daran, die dorthin führenden Straßen auszubauen. »Es wurden Rasthäuser in festen Zwischenräumen errichtet, von Tunhuang (in Kansu) westwärts bis zum Lob-nor«, berichten die Jahrbücher der älteren Han. Die beiden Handelswege, die das Tarimbecken durchzogen, mußten gegen die Überfälle der Hsiung-nu gesichert werden. Rastlos waren die Heerführer und Beamten des Reiches tätig. »Die Ausdehnung des Landes, die Berge und Flüsse, die Könige und ihre Statthalter, die Zahl der Bewohner, die Entfernungen auf den Straßen wurden genau geprüft und aufgezeichnet.« Dazu richtete man Herbergen, Relaisstationen und einen Kurierdienst ein.

Weiter nach Westen und Nordwesten drang der kaiserliche Gesandte Chang-kien vor. Auf zwei Zügen gelangte er nach dem bis dahin unbekannten Mittelasien und sammelte Kunde von dem Bestehen großer Reiche, hochentwickelter Kulturen und Länder. Seine Nachrichten umfassen Ferghana, Samarkand, Baktrien und die angrenzenden Teile Ostirans. Chang-kien brachte die Weintraube, die schwere Pferderasse iranischer Züchtung und den Alfalfa-Klee, den man zu ihrer Fütterung benötigte, nach China. Dort erkannte man die Bedeutung, die eine wirtschaftliche Berührung mit dem Westen gewinnen mußte.

Zunächst freilich verlegte man sich aufs Kriegführen. Um sich die wertvolle Pferderasse, die Chang-kien bekannt gemacht hatte, zu verschaffen, führte man zwei äußerst verlustreiche Feldzüge in Ferghana. Als man sich weiterer Exemplare dieser »blutschwitzenden Rosse«, der »Himmelsrosse des westlichen Weltendes« versichert hatte, begrüßte sie der Kaiser mit selbstverfaßtem Gedicht. Doch bald folgte den Kriegszügen der friedliche Handelsverkehr. Im Jahr 106 ging die erste Karawane von Osten nach Westen. Die Silberprägungen der Münze von Seleukeia am Tigris zeigen, daß der Chinahandel seit 70 v. Chr. in vollem Gang war. Der Geschichtsschreiber Apollodoros von Artemita, der eben sein Geschichtswerk über Baktrer und Parther abgeschlossen hatte, kannte das Seidenvolk der Serer. Jene Beziehungen, die einst die griechisch-baktrischen Könige eröffnet hatten, waren erneut geknüpft, nur reichten diesmal die Handelsverbindungen vom Huang-ho bis nach

Babylonien. Apollodoros, der mit den Banken und Handelsgesellschaften Seleukeias in enger Verbindung stand, ist selbst weit nach Osten gereist.

Damit war denn die Verbindung zwischen dem Griechentum im Westen und dem Reiche der Han im Fernen Osten hergestellt. Was bisher nur den Nomadenstämmen des nördlichen Eurasiens und auch ihnen nur als Folge der Gunst ihrer geographischen Lage möglich war, hatten sich schließlich auch die Hochkulturen des Südens erkämpft. Der Handelsweg, der von Seleukeia ausgehend über Ekbatana und Rhagai in Medien bis nach Baktrien verlief, dann über den Pamir hinweg ins Tarimbecken führte und durch Kansu nach Chang-an und Lo-yang, Hauptstädten und Handelsmetropolen der Han, gelangte, war eine Vorwegnahme der späteren »Seidenstraße«. Trotz der Entfernung und ungewöhnlichen Geländeschwierigkeiten, die man zu überwinden hatte, knüpfte sich erstmals das Band zwischen dem Zweistromland, Iran und China, und dieses Band sollte sich in den nächsten Jahrhunderten als haltbar erweisen.

Unter den Waren stand vermutlich von Anfang an die Seide an erster Stelle. Sie kam aus dem Innern Chinas und war eigens für die Ausfuhr in Rollen von bestimmter Größe gewebt; Preis und Herkunft waren daran verzeichnet. Die an der Straße liegenden Länder, der griechische Westen, und, schon frühzeitig, die Kaufleute Indiens stellten sich als Abnehmer ein. Sie alle brachten die Erzeugnisse ihrer Länder zum Austausch heran. Holztäfelchen mit mannigfacher Beschriftung künden von der Anwesenheit der Inder in den Städten des Tarimbeckens, Glaswaren aus dem syrischen Antiocheia nahmen ihren Weg bis nach Korea. Die Ornamentik der aus den griechischen Städten eingeführten Wollstoffe wurde von chinesischen Seidenwebern übernommen und umgebildet. Umgekehrt versuchte man in den Städten Phönikiens und in Alexandreia die seltenen und kostbaren Seiden des Ostens nachzuahmen.

Doch nicht nur wirtschaftlich war die Handelsstraße von Bedeutung. Wie der Krieger den Weg für den Kaufmann geebnet hatte, so ebnete dieser ihn für die Sendboten der großen Weltreligionen. Auf dem Weg über Baktrien erhielt China erstmals Kunde vom Buddhismus. Angeblich schon im Jahre 2 v. Chr. »erhielt ein Schüler der Hofgelehrten namens King-lu von einem Gesandten des Königs der Yüe-chih (der Tocharer) mündlich überlieferte Sutren des Buddha«. Später sollte sich die Religion des Erleuchteten anschicken, auf gleichem Wege China, dann die Mongolei, Korea und Japan zu erobern. Christen und Manichäer sollten ihr folgen, und selbst den Anhängern Mohammeds ist diese Straße nicht verschlossen geblieben.

Arnold J. Toynbee

DIE HÖHEREN RELIGIONEN

In dem vorliegenden Band erhielt der Leser Gelegenheit, sich mit verschiedenen, den Rahmen ihrer geschichtlichen Herkunft überdauernden Weltpotenzen bekannt zu machen: dem Judentum und der Lehre Zarathustras, dem Hinduismus und dem Buddhismus. Die Rolle, die diese vier Religionen im Leben ihrer Bekenner spielten, war nicht mehr dieselbe wie die der traditionellen griechischen Religion im griechischen Leben. Der Buddhismus der Theravādin- (oder Hīnayāna-) Schule (die spätere Mahāyāna-Schule erhielt feste Umrisse erst im 2. Jahrhundert n. Chr.) hatte zwar manche Berührungspunkte mit den beiden wichtigsten nachalexandrinischen Philosophien der Griechen, dem Stoizismus und dem Epikureertum, aber auch schon in diesem frühen Buddhismus verband sich die Philosophie mit der Religion, und mit der Zeit trat das Religiöse immer mehr in den Vordergrund. Ganz und gar irreführend wäre es, sich Hinduismus, Zarathustra-Glauben und Judentum als Philosophien vorzustellen. Eher wird man den Dingen gerecht, wenn man diese vier Lebensanschauungen (mit beiden Schulen des Buddhismus) als Religionen nimmt, freilich als Religionen einer besonderen neuen Art, die eine höhere Entwicklungsstufe anzeigte als die überlieferte griechische oder überhaupt eine bis dahin bekannte Religion.

Herauszuarbeiten wäre zunächst das, worin sich diese Religionen höherer Art von der herkömmlichen – griechischen und sonstigen – Religion, aber auch von der griechischen Philosophie unterschieden. Mit Hilfe einer provisorischen Begriffsbestimmung ließe sich dann eine Liste der entsprechenden Religionen entwerfen. Da ist zuallererst festzuhalten, daß die neuen Religionen nicht mehr an bestimmte gebietlich begrenzte Gemeinwesen gebunden waren. In Israel und Juda hatte vor dem Zeitalter der Propheten ebenso wie in der voralexandrinischen Periode in Athen und Sparta jede staatliche Betätigung und jede staatliche Einrichtung auch einen religiösen Aspekt, und umgekehrt gab es keine religiöse Betätigung und keine religiöse Einrichtung, die nicht mit den nichtreligiösen Seiten des nationalen Daseins unzertrennlich verknüpft gewesen wäre. Nicht nur waren auf dieser Religions- und Kulturstufe die Unterscheidungen zwischen »Kirche« und »Staat«, »geistlich« und »weltlich«, »geistig« und »irdisch« unbekannt; sie wären auch gar nicht verstanden worden. Die höheren Religionen bringen ein neues Element, indem sie ihre

Angehörigen in unmittelbare Berührung mit der Realität des Geistes hineinführen wollen, statt diese Beziehung indirekt, durch Vermittlung des organisierten menschlichen Gemeinwesens herzustellen. Mehr noch: diese Realität des Geistes ist in der Blickweise der höheren Religionen keine ortsgebundene nationale Gottheit, sondern etwas Universales und Absolutes. In der indischen Religionsfamilie wird sie noch nicht einmal persönlich gefaßt: weder das Brāhman der Hindus noch das Nirvāna der Buddhisten ist eine Gottheit. Gewiß unterscheiden sich bei den einzelnen höheren Religionen die Vorstellungen von der absoluten Realität des Geistes nicht unerheblich; aber das den höheren Religionen Gemeinsame liegt darin, daß sie sich weder an einzelne Völker noch kollektiv an alle Völker der Welt wenden. Sie wenden sich an die Einzelmenschen, alle Einzelmenschen, Männer und Frauen, in der ganzen Welt; das Menschengeschlecht selbst wird nicht als Vielzahl von Nationen, sondern als *eine* Familie begriffen, die alle jeweils lebenden und später noch zur Welt kommenden Einzelwesen umschließt. Die höheren Religionen befassen sich nicht mit dem Menschen als Stammesangehörigem, nicht mit der menschlichen Ameise, die nur um des Ameisenhaufens willen da ist, sondern mit dem Menschen als Person; für sie ist der Mensch ein Wesen, das in einer direkten Beziehung zur absoluten Realität des Geistes steht und dessen vornehmstes Daseinsinteresse darauf gerichtet ist und gerichtet sein sollte, mit der Realität in Kommunion zu treten und eine Lebensführung zu wählen, die ihm diese Kommunion möglich macht. Das, worum sich die höheren Religionen kümmern, sind nicht die Kollektivinteressen der menschlichen Gemeinwesen, sondern die persönlichen Interessen der Individuen: ihre Wünsche und Versuchungen, ihre Hoffnungen und Ängste, ihre Schmerzen und Kümmernisse.

Als Angehöriger einer höheren Religion erfährt der Mensch auf diese Weise, daß er nicht mehr der willenlose Sklave des lokal begrenzten Staatswesens ist. Aber diese revolutionäre Loslösung von den Institutionen der ortsgebundenen Gemeinwesen, die die menschlichen Individuen ihrem neuen, höheren religiösen Leben zu verdanken hatten, zwang die höheren Religionen, eigene Institutionen und eigene Zusammenschlußformen zu schaffen. Die neuen gesellschaftlichen Verbände waren in Grundsatz und Absicht nicht mehr politisch, dafür aber sollten sie die ganze Welt umspannen.

Die hier versuchte Beschreibung der besonderen Eigenart der höheren Religionen arbeitet natürlich mit primitiven Mitteln. Immerhin erlaubt sie eine erste Bestandsaufnahme. Demnach müßte die Liste der höheren Religionen die folgenden umfassen: das Judentum mit seinen Abzweigungen Christentum und Islam; den Zarathustrismus mit dem verwandten Mithras-Kult und dem Ableger Manichäertum; den Hinduismus mit seinen beiden Abzweigungen, dem Theravādin- und dem Mahāyāna-Buddhismus; schließlich den Taoismus. Das sind die wichtigsten Vertreter der Art, die sich erhalten haben. Aber natürlich ist die Liste unvollständig und willkürlich zusammengestellt: erstens beschränkt sie sich auf die der Alten Welt entstammenden höheren Religionen, obgleich der Kult des Gottes Viracocha im vorkolumbischen Peru einen nicht unbegründeten Anspruch hätte, in dieselbe Kategorie eingereiht zu werden; zweitens schließt sie weniger bedeutende Religionen aus: einige, die noch bestehen, und einige, die untergegangen sind. Wollte man alle Ansprüche berücksichtigen, so müßte man noch anführen: die orphische Religion in der hellenischen Welt;

den Jainismus, eine höhere Religion Indiens, die mit dem Buddhismus gleichaltrig, aber weniger erfolgreich gewesen ist; die Religion der Sikhs, ein Produkt der Begegnung von Hinduismus und Islam, und die Religion der Drusen, vermutlich ähnlichen Ursprungs; des Großmoguls Akbar hinduistisch-islamisch-zarathustrischen Synkretismus, Dīn Ilāhī (»Göttlicher Glaube«), der mit dem Tod des Stifters zerfallen ist; die Kulte der Isis, der Kybele und des Jupiter Dolichenus, die wie der Mithras-Kult mit dem Christentum um die Bekehrung der griechisch-römischen Welt wetteiferten, wie der Mithras-Kult dem Christentum unterlagen und dafür, ohne daß es eingestanden worden wäre, ins Christentum eingegangen sind; das Mormonentum, Sproß des protestantischen Christentums in Nordamerika; schließlich die Babi- und Baha'i-Religionen, späte Sprößlinge des schiitischen Islams Persiens.

Auch diese erweiterte Liste ist willkürlich verkürzt. Wo soll denn auch wirklich die Grenzlinie gezogen werden zwischen dem, was eine höhere Religion, und dem, was eine Philosophie oder eine Ideologie ist? Ist der Buddhismus eine höhere Religion, warum dann nicht auch Konfuzianismus, Epikureertum und Stoizismus? Gehört der Hinduismus in die Liste, warum dann nicht auch Pythagoreertum, Neuplatonismus und Theosophie? Und wenn wir Judentum und Christentum hineinnehmen, warum nicht auch den Kommunismus, der seinem jüdisch-christlichen Ursprung so charakteristische und wesentliche Züge seiner Ideologie verdankt wie die Mythen vom auserwählten Volk und vom tausendjährigen Reich, die Mission der Bekehrung des gesamten Menschengeschlechts und die fanatische Überzeugung, daß er allein die Wahrheit und die Wege zum Heil zu erkennen vermag?

Noch ein weiterer Mangel haftet unserer Liste der höheren Religionen an: auch wenn wir uns auf die Hauptvertreter der Spezies beschränken, können wir nicht daran vorbeigehen, daß auch von ihnen nicht alle der skizzierten Definition vollauf entsprechen. So sind zwar Judentum, Zarathustrismus und Hinduismus fraglos höhere Religionen: dazu machen sie schon ihre Vorstellungen vom Wesen der absoluten Realität des Geistes und ihre Idealbilder von der Heranführung des Menschen an diese Realität; aber sie sind, auch nachdem sie zu höheren Religionen geworden waren, Religionen der früheren Art geblieben. Ein Jude, ein Parse oder ein Hindu zu sein heißt nicht allein, der entsprechenden Religion anzugehören, sondern auch an einem Gemeinwesen des älteren Typus teilzunehmen, in dem das »Religiöse« nicht aus dem »Weltlichen« herausgelöst worden ist; das religiöse Bekenntnis verbindet sich mit der Zugehörigkeit zu einer ethnischen Gemeinschaft oder einer Kaste, die sich nur auf Leibeserben der Mitglieder überträgt; Erwerb der Zugehörigkeit durch freiwilligen Beitritt ist nicht nur ein Akt der Bekehrung, sondern auch ein Einbürgerungsvorgang, und deswegen ist die Aufnahme erschwert und findet nur selten statt. Im Buddhismus, im Christentum und im Islam, die sich von ethnischen Bindungen frühzeitig frei gemacht haben, ist es anders: schon seit ihren Anfängen gilt der Grundsatz, daß ein Buddhist nicht auch Angehöriger einer Hindu-Kaste, ein Christ nicht auch Jude, ein Mohammedaner nicht auch Araber zu sein brauche; dennoch ist im Islam die Unterscheidung zwischen »Kirche« und »Staat« nie im strengen Sinne durchgeführt worden, und sowohl Buddhismus als auch Christentum sind mancherorts und zu verschiedenen Zeiten in die Existenzformen einer nationalen Staatsreligion zurückverfallen. Im Islam steht zwar der politischen Gewalt (den Kalifen als politischen Erben Mohammeds) keine Entscheidung in Religionsangelegenheiten zu, sie bleibt – wie auch im Judentum – den gelehrten Kennern des Religionsgesetzes (den Ulema) vorbehalten; anderseits gilt aber im Islam – wiederum wie im Judentum – das Religionsgesetz in vielen Lebensbereichen, die Christentum und Buddhismus als weltlich betrachten, und das islamische Gemeinwesen (Ummah) ist wie das Gemeinwesen der Juden, der Zarathustra-Bekenner und der Hindus aus einem Guß: religiös und weltlich in einem. Der Prophet Mohammed selbst hat alle Gewalten unterschiedslos gehandhabt und im Koran zu allen erdenklichen Fragen Orakelsprüche niedergelegt; erst nach dem Tode des Religionsstifters wurde die Machtfülle, die er hinterlassen hatte, zwischen Kalifat und den Ulema geteilt. Ähnliches gibt es auch im Buddhismus und im Christentum: der Buddhismus der Thēravāda- (Hīnayāna-)Schule ist heute Staatsreligion auf Ceylon, in Burma, Thailand und Kamboja (mit daraus erwachsenden Spannungen zwischen der buddhistischen Mehrheit und den nichtbuddhistischen Minderheiten), das anglikanische protestantische Christentum ist, wie schon sein Name andeutet, die Staatskirche Englands, das Presbyterianertum die Staatskirche Schottlands und das Luthertum die Staatskirche der skandinavischen Länder. Nicht viel anders sieht es mit den höheren Religionen von geringerer Bedeutung aus. Die Religionsgemeinschaften der Jainas, Drusen und Sikhs sind faktisch zu ethnischen Gemeinwesen geworden – ähnlich dem jüdischen oder parsischen Gemeinwesen oder einer beliebigen Hindu-Kaste; im Punjab hat sich die Sikh-Gemeinschaft im 17. Jahrhundert unserer Zeitrechnung, also etwa zweihundert Jahre nach ihrer Gründung, einen kämpferischen politischen und militärischen Anstrich gegeben, ohne ihren Charakter als Religionsgemeinschaft aufzugeben; dasselbe haben in Iran die imamitischen Schiiten im 16. und die Zarathustra-Anhänger schon im 3. Jahrhundert der christlichen Ära getan. Bereits im 2. vorchristlichen Jahrhundert hatte das jüdische Gemeinwesen in Palästina eine ähnliche Wandlung durchgemacht.

Die Entstehung der Religionen der höheren Art war ein zähflüssiger und ungleichförmiger Prozeß. Die Religionen, die ihn durchschritten haben, sind nicht alle gleich weit gekommen; in einigen Fällen gab es auch Stillstand und Rückentwicklung. Ordnet man die höheren Religionen aus unserer Liste chronologisch nach dem Zeitpunkt ihres ersten Auftretens, so zeigt sich, daß sich ihre Entstehungsdaten auf eine Zeitspanne von rund zweitausendsechshundert Jahren verteilen: von den Anfängen der Wirksamkeit der Propheten in Israel und Juda im 8. Jahrhundert v. Chr. bis zur Gründung des Babismus, des Baha'ismus und des Mormonentums im 19. Jahrhundert. Im Vergleich zum Alter des Menschengeschlechts, das sich nach Hunderttausenden von Jahren bemißt, ist das eine kurze Zeit; aber sie macht mindestens die Hälfte der fünf Jahrtausende aus, die vom Urbeginn der Zivilisation bis zum heutigen Tag verstrichen sind, und gemessen an der durchschnittlichen Dauer des Menschenlebens oder der noch kürzeren Lebenszeit einer Generation, ist es ein gewaltiger Zeitraum. Innerhalb dieses langgestreckten Zeitraums drängen sich viele bedeutsame und folgenschwere Ereignisse in einer recht kurzen Periode zusammen, die ungefähr mit dem 6. Jahrhundert der vorchristlichen Zeit zusammenfällt. Das war das Jahrhundert der Religionsstifter: in ihm lebten Konfuzius, Laotzu, Siddhārtha Gautama, den wir als den Buddha kennen, der Stifter des Jainismus Mahāvīra, Zarathustra, der namenlose jüdische Prophet, der heute als »Deuterojesajas« gilt, und der griechische Philosoph und Prophet Pythagoras. Die bloße Aufzählung dieser Titanen des 6. Jahrhunderts ist eine hinreichende Begründung dafür, daß dies Jahrhundert als »Achsenzeitalter« in der Geschichte der Religion besonders herausgehoben wird.

Daß das fast gleichzeitige Auftreten mindestens eines halben Dutzends religiöser Genies in verschiedenen Kulturbereichen, die sich vom einen Ende der damals bewohnten Welt bis zum anderen erstreckten, gerade in diese Epoche fällt, ist eine unbestreitbare geschichtliche Tatsache. Was hatte diese Tatsache hervorgebracht? War diese Ansammlung der großen Gestirne ein zufälliges zeitliches Zusammentreffen? Oder haben diese genialen Menschen die ihnen gemäße Gelegenheit – jeder in seiner Heimatsprovinz – deswegen zu gleicher Zeit gefunden, weil gerade im 6. Jahrhundert große weltumspannende Fortschritte dank einer historischen Entwicklung möglich geworden waren, die die gesamte bewohnte Welt umfaßte? Die Analyse der geschichtlichen Situation am Vorabend des »Achsenzeitalters« deutet darauf hin, daß hier nicht bloß Zufall am Werk war.

Betrachtet man die unmittelbar voraufgehende Periode, also das 8. und 7. Jahrhundert v. Chr., so stellt man fest, daß die Menschen in allen Teilen der bewohnten Welt gerade in dieser Zeit immer schwereren Bedrängnissen ausgesetzt waren. In China, Indien, Südwestasien, Ägypten und der hellenischen Welt häuften sich die Kriege zwischen den Staaten und mehrten sich die Verwüstungen, die die Kriege verursachten. In der chinesischen Welt ging der Kampf zwischen den rivalisierenden Staaten seinem Höhepunkt entgegen. Der assyrische Imperialismus peinigte Südwestasien und Ägypten. Auch in Griechenland und Indien forderten die Kriege zwischen den Staaten immer größere Opfer. Im eigentlichen Kern der bewohnten Welt wurde im 7. Jahrhundert der Schaden, den die Staaten einander und jeder sich selbst zufügten, noch verdoppelt durch die verheerenden Folgen des Hordeneinfalls zentralasiatischer Nomaden. Die zerstörungsreiche Völkerwanderung verschonte zwar die chinesische und die hellenische Welt, überflutete aber das Indus-Becken ebenso wie Südwestasien. Bis ins 6. Jahrhundert setzte sich die erbarmungslose Aufeinanderfolge der Heimsuchungen fort. Im Jahre 586 wurde das Königreich Juda vernichtet und die Elite seiner Bevölkerung in die Gefangenschaft geführt; im Jahre 510 (oder ungefähr um diese Zeit) verfiel das griechische Siedlungsgebiet in Italien, der Stadtstaat Sybaris, der schonungslosen Zerstörung. Wenn es stimmt, daß man, wie der athenische Dichter Aischylos im 5. Jahrhundert meinte, durch Leiden lernt, mußten die Menschen ums 6. Jahrhundert schon beträchtlich viel Lernstoff angesammelt haben; das bot aber auch den religiösen Genies dieser Epoche eine ungewöhnlich günstige Gelegenheit, als Lehrer zu wirken.

Auch die größten Genies bedürfen, wenn ihre Arbeit Früchte tragen soll, eines geeigneten Milieus. Negativ läßt sich diese Wahrheit am Beispiel Echnatons illustrieren, der ein hervorragendes religiöses Genie, aber – so sehen wir es heute – »zu früh geboren« war. Für die Annahme, daß die Häufigkeit des Vorkommens von Genies (oder auch der allergrößten Genies) von Epoche zu Epoche und von Land zu Land sehr erheblich variiere, fehlen die Anhaltspunkte. Vor dem 6. vorchristlichen Jahrhundert wie auch danach mag es genausoviel religiöse Genies gegeben haben wie im 6. Jahrhundert selbst – und vielleicht ebenso gigantische. Warum die unauslöschlichen Spuren religiöser Genialität gerade in diesem Jahrhundert so zahlreich und so bedeutend waren, können nur die besonderen geschichtlichen Umstände der Zeit verständlich machen.

Diese Überlegung wird erhärtet, sobald wir die Zeitspanne, der unser geschichtlicher Überblick gilt, ausweiten. Fassen wir noch einmal die charakteristischen Züge des »Achsenzeitalters« und der ihm unmittelbar voraufgehenden Jahrhunderte zusammen. Da wurden verschiedene Völker aus der Heimat ihrer Väter vertrieben und mit anderen in Berührung gebracht, wobei mehrere kennzeichnende Entwicklungstendenzen im Spiel waren: Verbesserung des Verkehrs, Entfaltung von Handel und Gewerbe, Wachstum der Städte, Häufung und Verschlimmerung der Kriegsübel. Dank besseren Verkehrswegen konnten mehr Handelskarawanen, Heere und Verschlepptentrupps größere Entfernungen zurücklegen. Handel und Gewerbe ließen die Stadtbevölkerung anwachsen und vermehrten ihren Wohlstand – auf Kosten des flachen Landes und der Landwirtschaft. Die Heere ruinierten die kleinen Städte und verschleppten ihre besten Arbeitskräfte in ferne Großstädte. So wuchsen Samaria und Jerusalem auf Kosten der ländlichen Bezirke Israels und Judas, später wiederum Kalach auf Kosten Samarias und Babylon auf Kosten Jerusalems.

Im »Achsenzeitalter« und unmittelbar davor waren diese Tendenzen in großem Ausmaß wirksam; sie blieben aber nicht auf diese Zeit beschränkt und wirken seitdem ununterbrochen fort. Unsere eigene Generation erlebt ihr Wüten mit noch nie dagewesenen Breiten- und Tiefenwirkungen. Wenn wir vom »Achsenzeitalter« aus stromaufwärts statt stromabwärts blicken, können wir die gleichen Prozesse bis zur Entstehung der frühesten Zivilisation im Herzstück der damaligen Welt, im »Fruchtbaren Halbmond«, zurückverfolgen. Verbesserung der Verkehrswege, Spezialisierung in Handel und Gewerbe, Abwanderung aus den ländlichen Bezirken in die Städte, systematische Organisation des Krieges: das alles ist so alt wie die Zivilisation. Der Ausbau des Verkehrs und das damit ermöglichte Zusammenströmen von Techniken und Ideen mögen als die zentralen Hebel des Neuen gewirkt und den Zivilisationsprozeß in Gang gesetzt haben. Gerade der »Fruchtbare Halbmond« war die Gegend, in der die Kulturstufe der Jungsteinzeit zuerst von der höheren Stufe abgelöst wurde, die wir Zivilisation nennen; dasselbe Naturgeschehen – nach dem Zeitalter des ewigen Regenfalls zunehmende Entwässerung – hatte die Nahrungssammler und Jäger dazu genötigt, zu Ackerbauern und Viehzüchtern in den noch nicht verdorrten Oasen am äußeren Rand des »Fruchtbaren Halbmonds« zu werden; jetzt förderte es die Entwicklung des Verkehrs. Die nach der Pluvialzeit einsetzende klimatische Revolution verwandelte den größten Teil des Gebietes in offene Steppe und entschädigte damit die hier seßhaft werdenden Völker für das Austrocknen der Nahrungsquellen: man konnte die Steppe durchqueren, auf andere Völker stoßen, mit ihnen Handel treiben oder gegen sie Krieg führen. Die Steppe ist sozial und kulturell ebenso »leitfähig« wie das Meer. Das »Schrumpfen der Entfernung«, das in unseren Tagen dank dem letzten stürmischen Aufschwung der modernen westlichen Technik die größten Triumphe feiert, hatte bereits zu der Zeit – vor etwa fünf Jahrtausenden – eingesetzt, da die frühesten Zivilisationen im Irak, in Ägypten und im Indus-Tal entstanden.

In dieser Sicht zeichnet sich nun deutlicher einer der Gründe dafür ab, daß es ums 6. Jahrhundert v. Chr. eine erhöhte Nachfrage nach neuen, revolutionären religiösen Ideen und Idealen und auch ein entsprechendes Angebot gegeben hat. Zeitlich liegt das »Achsenzeitalter« ungefähr auf halbem Wege zwischen dem Beginn der frühesten regionalen Zivilisationen und unserer heutigen Zeit, in der die Menschheit infolge ihrer eigenen technischen Höchstleistungen vor der Alternative steht zu lernen, als *eine* Familie zu leben oder sich selbst zu vernichten. Die Kräfte des Zerfalls, die die Menschheit heute ihre geballte Wucht spüren lassen, hatten ums 6. Jahrhundert v. Chr. bereits so viel Macht gespeichert und so viel Chaos gestiftet, daß im weitesten Umkreis Schrecken, Enttäuschung, Unzufriedenheit und Unglück um sich griffen; unbezähmbar wuchs die Sehnsucht nach einer Lebensordnung, die besser sein sollte als alles, was Menschen bis dahin erlebt oder erträumt hatten.

Die Erfindung des Ackerbaus in der Jungsteinzeit hatte einen so beträchtlichen Fortschritt mit sich gebracht und die Lebensweise der früheren Nahrungssammler so sehr verbessert, daß in der darauffolgenden Zeit die biologischen Prozesse des pflanzlichen Wachstums, die der Ackerbauer zum Vorteil für das menschliche Dasein auszunutzen gelernt hatte, zum wichtigsten Vergottungsobjekt für die Menschen wurden. Später traten die technischen Errungenschaften des Neolithikums, unter denen der Ackerbau an erster Stelle stand, hinter einem neuen Gefüge organisatorischer Errungenschaften, die den Zugang zur Zivilisation offenlegten, sichtlich zurück; die Verehrung der Götter, die mit dem Wachstumskreislauf der Vegetation starben und auferstanden, wurde nun weniger wichtig als die Anbetung anderer Götter, die als Symbole der eigenen kollektiven Macht der Menschen Staaten, Völker und Gesellschaften der neuen Kulturstufe verkörperten. Die Zivilisationen, die sich auf dieser höheren Stufe herausbildeten und von denen jede mehrere Staaten und Völker umschloß, waren das Imposanteste, was die Menschen bis dahin für sich selbst vollbracht hatten. Aber sie hatten auch ihre Schattenseiten: die ersten zweieinhalb Jahrtausende des Zivilisationszeitalters hatten allen neuen gesellschaftlichen Gebilden genug Zeit gelassen, den Menschen die Schranken, Gebrechen und Übel der Zivilisation mit all ihren qualvollen Auswirkungen vorzuführen. Diese bittere Erfahrung ebnete den Weg für Propheten, die genug Phantasie und Mut aufzubringen vermochten, der herkömmlichen Zivilisation den Spiegel vorzuhalten und auf der Suche nach neuen Lebensvorbildern über sie hinauszugehen. Ihre Predigt fand Gehör, denn was sie klar und beredt verkündeten, hatten ihre Zuhörer bereits dumpf empfunden.

So sah die geistig-seelische Atmosphäre aus, in der die höheren Religionen ins Leben traten, und das war es, was ihren Stiftern und Organisatoren die moralische Autorität verlieh, die Unabhängigkeit der Religion gegenüber jeder weltlichen Gesellschaft und jeder weltlichen Kultur zu proklamieren. Allerdings waren diese Proklamationen nicht immer gleich zutreffend. Einige der neuen, höheren Religionen gingen so weit, sich von jeder Bindung an ethnische Gemeinwesen oder Gebietszivilisationen loszusagen, und wandten sich dann ausschließlich der Aufgabe zu, allen Menschen der Welt dazu zu verhelfen, ein harmonisches Verhältnis zur absoluten Realität des Geistes zu finden. Andere widmeten sich dieser ihrem Wesen nach universalen Mission nur teilweise und konnten sich nicht dazu aufraffen, auf jede Verankerung in einer besonderen Zivilisation oder in einem besonderen

Volk zu verzichten. Aber auch in den Fällen, in denen das ursprüngliche Treueverhältnis nicht ganz aufgegeben wurde, wirkte die Lockerung des Verhältnisses zum weltlichen Gemeinwesen geistig revolutionierend; institutionell bewirkte der Wandel, daß der Gattung der menschlichen Gesellschaften eine neue Spezies hinzugefügt wurde. Den regionalen Zivilisationen und ihren institutionellen Gebilden waren nun die Gemeinschaften der höheren Religionen – in christlicher Terminologie die Kirchen – übergeordnet, und jede von ihnen war ihrer Anlage und ihren Absichten nach universal.

Natürlich sind mit dem Erscheinen der höheren Religionen die Zivilisationen von der Bühne der menschlichen Geschichte nicht hinweggefegt worden. Sie erhalten sich auf einer niedrigeren Sprosse, so wie die jungsteinzeitliche Bauernkultur unter der Oberfläche der Zivilisation fortbesteht und wie sich sogar die vorneolithische Nahrungssammler- und Jägerphase des menschlichen Daseins heute noch in Schlupfwinkeln behauptet, in die der Ackerbau nicht eingedrungen ist. Da die höheren Religionen also überall auf Zivilisationen stießen, die zwar angeschlagen und in Mißkredit, aber keineswegs ausgestorben waren und das Terrain nicht geräumt hatten, zögerten sie nicht, »die Ägypter zu verderben«. Am gründlichsten haben das die Religionen besorgt, die sich von den alten territorialen Wurzeln ganz losgerissen und ungehemmt in die Missionsarbeit der Bekehrung aller Menschen gestürzt hatten. Eine Missionskampagne, die den ganzen Erdball zum Arbeitsfeld hat, kann es sich aber nicht leisten, verfügbare Kommunikationsmittel nicht zu benutzen oder neuartige Techniken nicht auszuprobieren, von denen sie sich versprechen kann, daß sie ihre Botschaft allenthalben vernehmbar und ihre Organisation weithin sichtbar machen werden. Instrumente dieser Art gibt es nicht erst seit der Neuzeit. Schon zu der Zeit, da die frühesten höheren Religionen Gestalt annahmen, hatten sich – dank der Tätigkeit der Kaufleute und Imperiengründer – einige leichter zugängliche Sprachen und Alphabete internationale Geltung verschafft; so hatte im Perserreich, dem Mittelpunkt der damaligen Welt, das Aramäische, das vorher schon durch Handelsleute und Verschleppte weite Verbreitung gefunden hatte, Anerkennung als Amtssprache erlangt; ähnlich waren im selben Perserreich ausgetretene Pfade der Händler und Räuber zu Verkehrsstraßen ausgebaut worden, die wirksam überwacht und mit Relaisstationen und Herbergen ausgestattet wurden. Eifrig machten sich die Missionsreligionen alle solche Möglichkeiten zunutze. Auch in der Verwertung neuer Erfindungen entwickelten sie nicht wenig Unternehmungsgeist: die chinesische Erfindung des Buchdrucks wurde schon sehr bald vom Mahāyāna-Buddhismus in den Dienst seiner Massenpropaganda in Ostasien gestellt.

Als Kunst des Massenappells ist die Propaganda selbst eine Erfindung der höheren Religionen. Nicht zufällig ist der Name, unter dem diese Kunst in den modernen westlichen Sprachen bekannt ist, von einer Einrichtung der römisch-katholischen Kirche, der *Congregatio de Propaganda Fide*, abgeleitet. Mit der Übernahme des hellenistischen Kunststils entdeckte christliche und buddhistische Propaganda zuerst, wie ein Appell visuell wirksam gemacht werden kann, und das Christentum entwickelte, indem es seine Lehren in Kategorien der hellenischen Philosophie kleidete, auch das Instrumentarium eines intellektuellen Appells. Freilich sind die ursprünglich für die Verbreitung der höheren Religionen ausgearbeiteten Propagandatechniken später auch für die religionsfremden Zwecke der politischen Demagogie und der geschäftlichen Werbung gebraucht und – mißbraucht worden. Dennoch bleibt die Kunst der Propaganda ein Geschenk der höheren Religionen an die Menschheit, ursprünglich als kleinere Nebengabe dargebracht; trotz allem Mißbrauch ist es eine Gabe von unschätzbarem praktischem Wert, und in einer Zeit, in der die gesamte Menschheit, um sich nicht selbst zu vernichten, lernen muß, als Familie zu existieren, wird sie, diesem erhabenen Zweck mit Verantwortungsbewußtsein dienstbar gemacht, zum unentbehrlichen Werkzeug zur Erhaltung des Menschengeschlechts.

Von allen von der Zivilisation geschaffenen Mitteln, die die höheren Religionen für ihre Zwecke zu nutzen wußten, haben sich als die brauchbarsten die auf Weltgeltung zielenden staatlichen Großgebilde erwiesen. Begonnen wurden die Weltreichsgründungen von Angehörigen der zerfallenden Zivilisationen zu einem anderen Zweck: um den Verfall und Niedergang der eigenen Zivilisation aufzuhalten. Und die soziale Leistung, die zur *raison d'être* der Imperien wurde, bestand darin, daß sie den chronischen Kriegen zwischen den Gebietsstaaten in einem Stadium ein Ende bereiteten, in dem bereits sichtbar war, daß die Zivilisation mit den Kriegen, die sie entfesselte, ihre eigene Zerstörung betrieb. Allerdings hat keines der Weltreiche das Ziel der Beseitigung des Krieges auf die Dauer durchsetzen können, und keinem von ihnen ist es gelungen, zu einem weltumspannenden Reich nicht nur im Programm, sondern auch in der Praxis zu werden. Nichtsdestoweniger haben einige dieser Reiche der Geschichte dadurch einen bleibenden Stempel aufgeprägt, daß sie, ohne es zu wollen, die Ziele der einen oder anderen höheren Religion verwirklichen halfen.

Von den jüdischen Propheten der Nachexilzeit stammt die kühne Idee, daß sowohl die babylonischen Imperialisten, die das Königreich Juda vernichteten, als auch die persischen Imperialisten, die den verschleppten Juden später die Heimkehr von Babylonien nach Palästina gestatteten, lediglich die unbewußten Vollstrecker der Absichten des Einen Wahren Gottes gewesen seien: sowohl im Hinblick auf die Juden im besonderen als auch im Hinblick auf die Menschheit im allgemeinen. Diese jüdische Idee haben die christlichen Kirchenväter aufgegriffen und ausgebaut. In ihrer Auslegung war Augustus' *Pax Romana* (ein Menschenalter vor dem traditionsgeweihten Zeitpunkt der Menschwerdung!) nicht, wie sie in oberflächlicher Sicht erschienen sein mag, das Werk menschlicher Staatskunst, sondern der Vollzug der göttlichen Vorsehung: mit der *Pax Romana* für die griechisch-römische Welt habe Gott die politischen und sozialen Voraussetzungen für die Ausbreitung des Christentums über den gesamten Erdball schaffen wollen.

Durch Konfrontierung mit geschichtlichen Tatsachen können diese transzendentalen jüdischen und christlichen Deutungen der in der menschlichen Geschichte wirksamen Kräfte weder bewiesen noch widerlegt werden; aber die Tatsachen selbst sind augenfällig und unbestreitbar. Der Stachel der Entwurzelung und Verbannung trieb die jüdische Diaspora in Babylonien, auch wenn sie noch eine teilweise geschlossene ethnische Gemeinschaft blieb, doch dazu, sich das Gepräge einer teilweise offenen Religionsgemeinschaft zu geben. Die persische Friedenspolitik und der persische Straßenbau gaben sowohl dem Judentum als auch der zarathustrischen Religion die Möglichkeit, sich in einem riesigen Gebiet – vom unteren Niltal im Südwesten bis zum Oxos-Iaxartes-Becken im Nordosten – zu verbreiten. Der römische Friede und die römischen Straßen erwiesen dem Christentum den gleichen Dienst – und übrigens nicht nur dem Christentum, sondern auch seinen erfolglosen Rivalen, den Religionen des Mithras, des Jupiter Dolichenus, der Isis und der Kybele wie auch der stoischen, epikureischen und neuplatonischen Philosophie.

Andere Großreiche haben für andere höhere Religionen dasselbe getan. In den Jahrhunderten, in denen das Römische Reich rund um das Mittelmeer unbeabsichtigt zur Verbreitung des Christentums beitrug, förderte das Kushan-Reich zu beiden Seiten des Hindukush, das in seinem Herrschaftsbereich das Indus-Tal mit dem Oxos-Iaxartes-Becken vereinigte, systematisch die Expansion des Buddhismus in seiner damals neuen Mahāyāna-Version. Es bildete einen Korridor, durch den das Mahāyāna von Indien nach Mittelasien und von dort rund um Tibet nach China, Korea, Japan und Vietnam wanderte. Vorher, im 3. Jahrhundert v. Chr., war der Buddhismus in seiner früheren Variante vom Maurya-Kaiser Ashoka über den ganzen Subkontinent Indien und über dessen Grenzen hinaus nach Ceylon und in die hellenische Welt getragen worden. Das Reich der Maurya-Dynastie, von Ashokas Großvater Candragupta begründet, hatte außer dem äußersten Zipfel der südlichen Halbinsel ganz Indien und dazu auch noch das östliche Iran unter seine Oberhoheit gebracht, und in allen Bezirken des riesigen Reiches diente Ashokas Bekehrung als Sprungbrett für den Buddhismus. Als Indien im 4. Jahrhundert n. Chr. im nicht ganz so gigantischen, aber immer noch weitgestreckten Reich der Gupta-Dynastie seine staatliche Einheit wiederfand, gab das neue politische Gebilde dem Hinduismus in seiner nachbuddhistischen Gestalt die Mittel an die Hand, den Subkontinent dem Buddhismus zu entreißen. Dafür fand der Mahāyāna-Buddhismus, nachdem er von Indien über das Kushan-Reich nach Ostasien vorgedrungen war, im Chinesischen Reich einen festgefügten staatlichen Rahmen, der ihm die Eroberung dieses unermeßlich großen neuen Missionsfeldes wesentlich erleichterte.

Dem Islam verschaffte die Eingliederung des Herzstücks der bewohnten Welt in die Kalifatsherrschaft die erforderliche staatliche Basis: ein Imperium, das ungefähr dieselben Gebiete umfaßte wie einst das Perserreich. Allerdings waren die Kalifen dagegen gefeit, ihre beträchtliche politische Macht zur Zwangsbekehrung ihrer christlichen, zarathustrischen und hinduistischen Untertanen zu benutzen. Der Prophet Mohammed hatte verfügt, daß die nichtmohammedanischen »Völker des Buches« (womit eigentlich nur Christen und Juden gemeint gewesen sein konnten) das Recht haben sollten, bei ihrem Glauben zu bleiben, sofern sie die Moslem-Herrschaft anerkannten und sich verpflichteten, Sondersteuern zu entrichten. Zahler von Extrasteuern waren den mohammedanischen Herrschern lieber als Bekehrte; am Ende bestanden die nichtmohammedanischen Untertanen des Kalifats selbst darauf, die Religion ihrer Väter mit dem Islam zu vertauschen. Das Reich des Islams wurde fürwahr – wie das Himmelreich im christlichen Evangelium – »im Sturm genommen«.

Von allen Weltreichen, die ihr Ziel nie erreichten, war das Mongolenreich das größte und barbarischste, aber auch das kurzlebigste: es entstand im 13. und zerfiel im 14. Jahrhundert n. Chr. Während seiner kurzen Blütezeit vereinigte es in einem Staatsgebilde Rußland mit Burma und China mit Persien und dem Irak. Die Chance, die es der Missionstätigkeit der höheren Religionen bot, sollte sich nur zu bald als vergänglich erweisen, doch war das potentielle Missionsfeld so riesig, daß ein halbes Dutzend Religionen um das große Glück stritten, vom Großen Khan oder von seinen Gebietsstatthaltern erhört zu werden. Am Wettrennen beteiligten sich nestorianisches Christentum, römisch-katholisches Christentum, Mahāyāna-Buddhismus und Islam. Im Anfang schien der Islam die schlechtesten, das nestorianische Christentum die besten Aussichten zu haben: der Islam war im Nachteil, weil manche seiner rituellen Pflichtvorschriften geheiligten mongolischen Bräuchen widersprachen; für den Nestorianismus sprach, daß er die angestammte Religion vieler uigurtürkischer Sekretäre der mongolischen Herrscher war und daß ihm auch einflußreiche Frauen mächtiger mongolischer Fürsten beigetreten waren. Es ist dann überraschenderweise anders gekommen: in die sterblichen Überreste des Mongolenreichs haben sich der Islam und der Mahāyāna-Buddhismus tibetischer Observanz geteilt.

In Wirklichkeit vermochten sich die Imperien, die die höheren Religionen ihren eigenen Zwecken hatten nutzbar machen können, mit diesen Religionen selbst weder in Ausdehnung noch in Lebensdauer zu messen. Institutionell gesehen, haben sich von allen menschlichen Einrichtungen die höheren Religionen bis jetzt als die am weitesten verbreiteten und langlebigsten erwiesen. Die heutigen Verbreitungsgebiete des Buddhismus, des Islams und des Christentums sind größer, als es die Besitzungen des Mongolenreichs in seiner besten Zeit waren. Noch frappierender ist das relativ sehr hohe Alter der höheren Religionen: von den sechs wichtigsten ist am jüngsten der Islam, der etwa sechs Jahrhunderte jünger ist als das Christentum, das seinerseits etwa sechs Jahrhunderte jünger ist als die zarathustrische Religion und das Judentum der Nachexilprägung. Unter den heute bestehenden Staaten gibt es, soweit ich weiß, nur zwei – Schweden und Kamboja –, deren ununterbrochene Existenz weiter in die Vergangenheit zurückreicht als die Anfänge der religiösen Mission des Propheten Mohammed.

Im Geschichtspanorama wirken diese Vergleiche recht eindrucksvoll. Aber Verbreitungsbereich und Alter kennzeichnen nur äußerlich den Lebensweg der höheren Religionen; sie informieren uns nur über die institutionellen Gebilde der Religionen, sagen uns jedoch nichts über deren innere Vorzüge – sei es als Vorstellungen von der absoluten Realität des Geistes, sei es als Wegweiser für die Lebensführung der Menschen. Unterdes lenkt die Krise der Gegenwart unseren Blick auf den großen Beitrag der höheren Religionen zur Selbsterhaltung des Menschengeschlechts. Seit der erste Techniker der Hominiden aus einem Stein das erste Werkzeug zurechtschlug, hat sich die Technik der Menschen in einem immer schnelleren Tempo entwickelt; sie hat uns bis zu dem Punkt gebracht, wo wir über ausreichende technische Möglichkeiten verfügen, die gesamte Menschheit vom Antlitz der Erde wegzuwischen. Diese Macht haben wir erlangt, bevor es uns gelungen ist, die Institution des Krieges abzuschaffen, die so alt wie die Zivilisation und neben der Sklaverei das schlimmste Übel ist, das mit der Zivilisation einhergeht. Angesichts dieser Situation bleibt der Menschheit, wie gesagt, außer der Perspektive der Selbstvernichtung nur die Alternative, die schwere Kunst des solidarischen Zusammenlebens zu erlernen. Wir haben auch nicht mehr viel Zeit, diese revolutionäre Reform unserer traditionellen Denk- und Verhaltensweise durchzuführen; unsere Aussicht, diese Aufgabe zu bewältigen, bevor eine von uns selbst heraufbeschworene Katastrophe mit tödlichem Ausgang über uns hereinbricht, wäre minimal, wenn nicht die höheren Religionen seit über zweieinhalbtausend Jahren daran gearbeitet hätten, das Fühlen und Denken der Menschen auf die große soziale und moralische Umkehr vorzubereiten, von der jetzt die Existenz der Menschheit abhängt. Von allem Anfang an hatten die höheren Religionen die Unabhängigkeit der Religion gegenüber der weltlichen Gesellschaft und Kultur proklamiert und so die Ketten zerbrochen, die die Menschen an die territorialen Gemeinwesen und die Gebietszivilisationen fesselten. Damit hatte die Erziehung der Menschen zu dem großen Entschluß begonnen, ihre Liebe und Treue von diesen Bruchstücken des Menschengeschlechts auf die menschliche Gattung als Ganzes zu übertragen.

Eine heilsamere Erziehung hätte es, wie wir rückblickend feststellen müssen, kaum geben können; den höheren Religionen ist die Menschheit zu großem Dank verpflichtet. Gelingt es uns, der Selbstvernichtung zu entrinnen, so werden wir das vornehmlich der Tatsache zu verdanken haben, daß die höheren Religionen unseren intellektuellen und moralischen Horizont in hohem Maße erweitert haben. Die Dankesschuld ist gewaltig. Aber die höheren Religionen bloß nach ihrem Beitrag zur Selbsterhaltung der menschlichen Gattung zu beurteilen hieße, sie mit der Nützlichkeitselle zu messen. Gewiß wäre die Selbstausrottung der Menschheit zugleich das Ende der irdischen Sendung der höheren Religionen, also auch das Ende dieser Religionen als menschliche Einrichtungen, die ihren Standort auf dem Planeten Erde haben; trotzdem ist die Erhaltung des Menschengeschlechts nicht das Hauptanliegen der höheren Religionen. Was sie zuerst und vor allem anstreben, ist die Chance, jedem menschlichen Wesen, das durchs Leben geht, die Kommunion mit der absoluten Realität des Geistes zu ermöglichen und ihm zu helfen, so zu leben, daß es die Harmonie des Zusammenstimmens mit der absoluten Realität erlangt und behält. Daraus ergibt sich der Maßstab, nach dem die höheren Religionen beurteilt werden wollen: sind ihre Vorstellungen von der absoluten Realität des Geistes wahre Vorstellungen, und ist die Lebensführung, die sie vorschreiben, die richtige Lebensführung?

Die Schwingungsweite dieser Vorstellungen reicht von der buddhistischen Vision von der absoluten Realität des Geistes als dem Zustand des »Erloschenseins« (Nirvāna), in dem »alle Leidenschaften verweht« sind, bis zur jüdischen Idee eines Gottes, der der Eine Wahre Gott und der Herr des Weltalls und dennoch eine Person in dem Sinne ist, in dem es der Einzelmensch ist. Aber eins ist ihnen allen gemeinsam: sie sind unmittelbare Anschauung der absoluten Realität des Geistes; in ihnen wird die Realität nicht vermittelt, nicht durch das verdunkelnde und entstellende Medium eines vergotteten menschlichen Gemeinwesens oder vergotteter Mittel der menschlichen Daseinsfristung, nicht als eine im Staat, in der Zivilisation, in Ernten und Viehherden verkörperte Gottheit gesehen. Die Anbetung menschlicher Nahrungsquellen oder der kollektiven Macht der Menschen ist vom Standpunkt aller höheren Religionen bloßer Götzendienst, irrige und irreführende Identifizierung bloßer Erscheinungen mit einer Realität, die in Wahrheit nicht in den Erscheinungen, sondern nur hinter ihnen und jenseits ihrer zu finden ist.

Zweifellos hat auch die minderwertigste menschliche Gemeinschaft noch ihren sozialen Mindestwert, und der soziale Wert einer echten Weltgemeinschaft, die die ganze Menschenfamilie umfaßte, wäre immens. Aber ein Weltstaat könnte eine Wohltat sein und wäre doch nicht mehr als öffentlicher Dienst am Menschen; die Verkörperung Gottes wäre er nicht. Keine menschliche Einrichtung könnte es je sein, und keine höhere Religion könnte einen noch so universalen Staat als Objekt der Anbetung dulden. Kompromißlos wurde die Vergottung des römischen Weltstaates – der Kult der *Dea Roma* und des *Divus Caesar* – von der christlichen Kirche verworfen. Es war ein fundamentales Prinzip, für das die christlichen Märtyrer ihr Leben hingaben, als sie mit der Weigerung, auch nur ein Gran Weihrauch auf Cäsars Altar zu opfern, in den sicheren Tod gingen. Diesem Konflikt zwischen Christentum und Cäsarenkult kommt überragende Bedeutung in unserer heutigen Situation zu, in der wir hoffen, einen wahren Weltstaat errichten zu können. Was immer das Wesen der absoluten Realität des Geistes sein mag, es kann mit keiner der Erscheinungen identisch sein, denen der Mensch im Laufe seines sterblichen Lebens auf Erden begegnet oder die er selbst hervorbringt. Wie alle anderen menschlichen Einrichtungen sind auch menschliche Gemeinwesen und Gesellschaften Menschenwerk. Staatsbürger zu sein kann weder das gesamte noch das höchste Ziel des Menschen sein; vielleicht ist es das für Ameisen oder Bienen, aber Männer und Frauen sind keine in Gesellschaft lebenden Insekten. Mensch sein heißt, auch wenn das menschliche Gemeinwesen ein Weltstaat ist, etwas Höherem als ihm, etwas darüber Hinausgehendem verpflichtet zu sein. Es heißt, seinem Gewissen zu gehorchen, wenn sich das Gewissen gegen Gebote des Gemeinwesens auflehnt, und diese Entscheidung um den Preis des eigenen Lebens zu treffen, wie es Sokrates und die christlichen Märtyrer getan haben.

Natürlich ist dieser Vorrang des Gewissens vor dem Gemeinwesen nicht unumstritten. Bevor die höheren Religionen aufkamen, wurde er weit und breit – nur eine kleine Minderheit bildete eine Ausnahme – als unmoralisch, ja als anstößig empfunden. Er stand im absoluten Gegensatz zur allgemeinen Meinung nicht nur in Sparta, sondern auch in solchen griechischen Stadtstaaten, die nicht ganz so sehr einem Ameisenhaufen glichen. In der heutigen westlichen Welt wird der Vorrang des Gewissens vor der Gesellschaft von all denen abgelehnt, die zu nachchristlichen oder antichristlichen Ideologien – Faschismus, Nazismus, Kommunismus – bekehrt worden sind. Bis jetzt hat sich allerdings die moderne westliche Welt geweigert, menschliche Gemeinwesen und Gesellschaften von neuem zum Objekt der Anbetung, dem ein totaler Anspruch auf Treue und Gehorsam der Menschen eingeräumt würde, zu erheben; durchgesetzt hat sich diese Weigerung freilich erst nach schweren Kämpfen mit den neuen totalitären Glaubensrichtungen, die den Sieg schon fast in der Hand hielten. Gleichwohl gibt es unter den westlichen Menschen, die heute für die Freiheit des Gewissens eintreten, viele, denen die von den höheren Religionen proklamierte Gleichsetzung des Gewissens mit den Anforderungen einer transzendentalen Realität des Geistes als untragbar erscheint; eher würden sie den Anhängern des Totalitarismus darin zustimmen, daß die höheren Religionen, falls sie überhaupt je ein »Mandat vom Himmel« (wie es bei Chinas dynastischen Historikern heißt) gehabt haben sollten, dies Mandat inzwischen verwirkt oder das ihnen auf Grund des Mandats entgegengebrachte Vertrauen längst vertan haben.

Tatsächlich hat dieser Vertrauensschwund, dem das Christentum als die höhere Religion der westlichen Welt ausgesetzt ist, schon in den letzten Jahrzehnten des 17. Jahrhunderts angefangen. Seitdem ist im Westen das Mißtrauen gegenüber dem Christentum immer mehr gewachsen und hat auch auf die anderen höheren Religionen übergegriffen, die in den nichtwestlichen Teilen der Welt dominierten, denn gerade in dem Zeitalter, in dem das Christentum im Westen abbröckelte, errichtete der Westen seine Vorherrschaft in der übrigen Welt. Jetzt schwindet diese westliche Vorherrschaft in der militärischen und in der politischen Ebene, vielleicht auch in der Ebene der Technik unaufhaltsam dahin; dagegen gewinnt sie immer noch an Boden in der Ebene der Ideen, und da die Abwertung der Religion zu den markantesten Zügen der modernen westlichen Ideologie, der liberalen wie der totalitären, gehört, trifft der Vertrauensschwund nunmehr nicht bloß das Christentum des Abendlandes, sondern auch alle höheren Religionen überhaupt. Daß sich die ablehnende Haltung gegenüber den höheren Religionen heute in der ganzen Welt geltend macht, ist nicht mehr wegzuleugnen. Umstritten sind aber die Fragen, die sich an diese Feststellung knüpfen. Läßt sich diese ablehnende Haltung mit guten Gründen rechtfertigen oder nicht? Und ist der durch sie bedingte Niedergang der höheren Religionen eine dauerhafte oder eine nur vorübergehende Erscheinung? Wir kommen der Antwort näher, wenn wir auf die Ursachen der beginnenden Ebbe des Christentums in der westlichen Welt des 17. Jahrhunderts eingehen.

Da gab es moralische Ursachen, die auf die Schrecken der europäischen Religionskriege zurückgingen, und intellektuelle, die mit dem Aufstieg der modernen experimentellen Wissenschaft zusammenhingen. Moralisch empfindsame Gemüter entsetzten sich über das grausame Treiben der christlichen Kirchen, die einander mit bluttriefenden weltlichen Waffen bekriegten und ihren Namen dafür hergaben, daß nichtreligiösen weltlichen Interessen ein pseudoreligiöses Mäntelchen umgehängt wurde. Und geistig regsame Köpfe hatten mehr als genug von theologischen Disputen, die – gleich den Kriegen, deren Feuer sie schürten – mit Wut und Haß ausgetragen wurden und kein Ergebnis zeitigten. Sie gingen denn auch entschlossen daran, die Auseinandersetzung vom unfruchtbaren Feld der Theologie zum ergiebigen Feld der Naturwissenschaft hinüberzulenken. Auf diesem Gebiet glaubten sie nützliche Wirkungen erwarten zu können, denn hier konnte ohne Leidenschaft diskutiert werden, und wenn man widerstreitende Ansichten der Prüfung durch das Experiment unterwarf, ließen sich der Diskussion sogar unanfechtbare Ergebnisse abgewinnen. Daneben entsprang die gewollte Verlagerung des intellektuellen Interesses auch der Absicht, durch Abkühlung der affektgeladenen Atmosphäre und durch Ausschaltung von Unduldsamkeit und Gehässigkeit zur Wiederherstellung des Ansehens der Religion beizutragen. Es ereignete sich aber das Unvorhergesehene, daß die Religion, die vordem moralisch in Mißkredit geraten war, nun auch intellektuell diskreditiert wurde: mit dem Fortschritt der wissenschaftlichen Entdeckungen erwiesen sich manche Glaubensvorstellungen, die mit der Welt der Tatsachen zu tun hatten, als unhaltbar, und eben diese Vorstellungen hatten entweder von vornherein zum hergebrachten Lehrgebilde der Religion gehört oder waren ihm später beigesellt worden.

Unlösbar sind die Probleme keineswegs, die der Konflikt zwischen Wissenschaft und Religion aufgeworfen hat. Überlieferte Glaubensvorstellungen, die in den Zuständigkeitsbereich der Wissenschaft gehören, sind in der Ebene der Religion nicht von wesentlicher

Bedeutung. Umgekehrt entziehen sich die Dinge, die für die Religion wesentlich sind, der Entscheidung der Wissenschaft. Die wirklich bewegenden Fragen, von deren Beantwortung die Zukunft der höheren Religionen abhängt, sind auch heute dieselben wie in allen früheren Zeiten. Da geht es um das Wesen der absoluten Realität des Geistes und um die Lebensführung, die der Mensch anstreben sollte, um sich in Übereinstimmung mit dieser Realität zu setzen und daran festhalten zu können.

Obgleich mehr als ein Vierteljahrtausend vergangen ist, seit sich am Horizont des abendländischen Christentums dunkle Wolken zusammenzuziehen begannen, haben die Widersacher der höheren Religionen auf diese Fragen keine neuen Antworten erteilt, die an die Stelle der bisherigen treten könnten. Das sind aber Fragen, die der Mensch weder beiseite schieben noch endlos vertagen kann. Er kann nicht durchs Leben gehen, ohne früher oder später vor diese Fragen gestellt zu werden; sie sind viel wichtiger, aber auch viel schwieriger zu beantworten als alle anderen Fragen, mit denen er sich auseinandersetzen muß. Soll sich der Mensch mit ihnen auseinandersetzen, so braucht er Beistand; diesen Beistand bieten ihm die höheren Religionen, sonst niemand. Das führt zu einer paradoxen Situation. Moralisch und intellektuell diskreditiert, behaupten die höheren Religionen dennoch das Feld, das ihnen auch keiner streitig macht, weil sich gar keine anderen Visionen von der Realität und von der menschlichen Lebensführung darbieten. Keine der nachchristlichen Ideologien hat eine Alternative vorzuschlagen gewußt, denn keine von ihnen hat eine Botschaft für den Einzelmenschen – außer etwa der Aufforderung, er möge sich in das Gefängnis zurückbegeben, aus dem ihn die höheren Religionen vor zweitausendsiebenhundert Jahren zum erstenmal herauszuholen versuchten. In Wirklichkeit sind diese Ideologien nur krampfhafte Versuche, zu der Lebensordnung zurückzukehren, in deren Rahmen die Menschen vor dem Auftreten der höheren Religionen existierten. Seitdem haben aber die Menschen die Freiheit gekostet und die Stimme des Gewissens zu erkennen und zu achten gelernt. Deswegen ist es wenig wahrscheinlich, daß die Ideologien mit ihrem anachronistischen Unterfangen Erfolg haben könnten. Nur auf kurze Sicht stellen sich ihre Chancen günstiger dar als die der höheren Religionen.

So sieht es denn im Jahre des Herrn 1962 so aus, als hätten die höheren Religionen eine Zukunft vor sich. Sollten sich eines Tages die Wolken zerstreuen, die sich über ihrem Haupt zusammengezogen haben, so wird vermutlich festzustellen sein, daß sich die äußere Erscheinung der höheren Religionen bis zur Unkenntlichkeit gewandelt hat. Ebenso darf man aber vermuten, daß der Wandel kaum mehr als oberflächlich sein wird, denn wenn sich diese Religionen am Leben erhalten, wird das nur auf Grund der anhaltenden Bedeutung ihres innersten Wesens für den irdischen Lebenswandel des Menschen geschehen sein können. Was immer die Zukunft der höheren Religionen auch sein mag, darf man unterdes, ohne zu übertreiben, sagen, daß ihr bisheriger Einfluß auf die Geschichte der Menschen das Bedeutsamste ist, was sich in der Geschichte zugetragen hat.

UNIVERSALGESCHICHTE
IN STICHWORTEN

NAMEN- UND SACHREGISTER

QUELLENVERZEICHNIS
DER ABBILDUNGEN

UNIVERSALGESCHICHTE IN STICHWORTEN

Der Vordere Orient

Palästina

Um 1500–1000 v. Chr.

Im Zusammenhang mit der aramäischen Wanderung dringen israelitische Stämme aus der nordarabischen Wüste in Palästina ein (bis 13. Jahrhundert). Teile der späteren Israeliten hielten sich im östlichen Nildelta auf; als Führer des Auszugs nach Palästina gilt *Moses* (= ägyptisch Sohn); sie verbinden sich mit den dort schon angesiedelten israelitischen Stämmen. Die Israeliten setzen sich in Palästina fest, kulturell und religiös beeinflußt, aber auch bedroht von der kanaanitischen Umwelt. Die alte Gemeinschaftsform des von »Ältesten« geleiteten Einzelstammes wird überwunden. Der neue Zwölfstämmeverband (um 1200 konstituiert) wird durch gemeinsame Herkunft und vor allem durch das gemeinsame Gottesrecht zusammengehalten. Dessen Wahrer und Ausleger ist der »Richter« in Israel (Richterzeit 1200–1000 v. Chr.). Der »Bund« zwischen Gott und den israelitischen Stämmen ist seit Moses bestimmend für die israelitische Religion. Dieser Gott wird unter dem Namen Jahve verehrt.
Im Zusammenhang mit der Seevölkerbewegung fassen die Philister an der Küste Palästinas Fuß (Gaza, Gath, Asdod, Askalon, Ekron), gründen dort einen Stadtstaatenbund und bedrängen israelitische Stämme (11. Jahrhundert). Im Ostjordanland dringen die Ammoniter vor (Landschaft Gilead). Unter dem Druck der Philister- und Ammonitergefahr Übergang zum Königtum.

1000–550 v. Chr.

Saul, der erfolgreiche Anführer gegen die Ammoniter, wird vom Zwölfstämmebund zum König proklamiert; erbitterter Krieg gegen die Philister während seiner – vermutlich nur zweijährigen – Regierungszeit (um 1000). Die Niederlage in der Jesreel-Ebene macht *Sauls* Befreiungswerk zunichte; er nimmt sich das Leben. Die Philister kontrollieren auch das Ostjordanland. Im Norden behauptet sich zwei Jahre lang *Sauls* Sohn *Esbaal* als König. Im Süden, in Juda, wird *David* in Hebron zum König erhoben, nach seinem Dienst am Hofe *Sauls* Lehnsmann eines

Vorderasien

1000–550 v. Chr.

Assyrien: *Adadnerari II.* (912–891) erneuert die nach dem Tode *Tiglatpilesars I.* (1078) verlorengegangene Machtstellung Assyriens. Unter *Assurnassirpal II.* (884–859) entsteht wieder ein Großreich, das durch straffe Verwaltung und unmenschliche Grausamkeit zusammengehalten wird; Ausbau des Heerwesens. In seinem Riesenpalast in Kalach zeigen monumentale Reliefs den König in Kampf-, Jagd- und Kultszenen. *Salmanassar III.* (859–824) führt viele Kriege gegen die syrischen Städte, gegen Kilikien, Urartu und Westiran; neben großen Erfolgen

Palästina

Philisterfürsten (erste Hälfte des 10. Jahrhunderts). *David* vereinigt Juda und Israel und vertreibt die Philister endgültig; die noch kanaanitisch gebliebenen Stadtstaaten werden Israel einverleibt. Erfolgreiche Kämpfe gegen Moabiter, Ammoniter und Edomiter; Aufbau eines palästinensischen Großstaates.

David stützt seinen Staat auf eine schlagkräftige Söldnertruppe, auf eine straffe Verwaltung und auf die neue politische und sakrale Hauptstadt Jerusalem, den Ort der Bundeslade. Er versäumt zunächst, die Erbfolge zu regeln. Aufstände, unterstützt von der Unzufriedenheit der Stämme, die sich von David vernachlässigt fühlen, schon zu seinen Lebzeiten. Schließlich bestimmt er *Salomo*, seinen und seiner zweiten Frau *Bathseba* Sohn, zum Nachfolger.

Salomo (gestorben 926) versucht, sein Reich mit diplomatischen Mitteln zusammenzuhalten. Er heiratet eine ägyptische Prinzessin der XXI. Dynastie. Der Handel blüht. Doch die von *David* angegliederten aramäischen Provinzen gehen verloren; Wiederherstellung des edomitischen Königtums. Ausgestaltung Jerusalems durch Palast und Jahvetempel, au, den der israelitische Kult konzentriert wird. Übergang eines großen Teils der Bevölkerung zu städtischer Lebensweise. Frondienstleistungen und Steuern werden eingeführt. Das Land wird in zwölf Provinzen eingeteilt, jede kommt einen Monat lang für die Hofhaltung auf. Unzufriedenheit über die Abgaben.

Salomos Sohn und Nachfolger *Rehabeam* (926–910) weigert sich, den Nordstämmen Erleichterung der Dienstleistungen zu gewähren. Diese spalten sich ab und erheben *Jerobeam I.* zum König (926–907). Beginn der Spaltung in das Königreich Juda im Süden, gefestigt in der davidischen Tradition, und Israel im Norden, das nach Umfang größer ist. Die Spannung zwischen beiden Teilreichen dauert in der Folgezeit an (Kämpfe zwischen ihnen um 890). Beide sind bedroht durch neue Vorstöße der Philister und Ägypter und durch das aramäische Damaskos (Beutezug des Pharaos *Scheschonk I.* 925).

Israel: Gründungsstätte ist Sichem. *Jerobeam* erhebt die alten Heiligtümer von Dan und Bethel zu königlichen Kultstätten, um im Kultus von Juda unabhängig zu sein. Nach *Jerobeams* Sohn *Nadab* (906) besteigt der Usurpator *Baesa* den Thron (905–883). Ihm gelingt es nicht, eine Dynastie zu begründen. Sein Sohn *Ela* (882) wird von *Simri* (881) ermordet. Das israelitische Heer erhebt einen seiner Anführer, *Omri* (881–871), zum König, der sich auch durchsetzt. Konsolidierung Israels; Ausbau einer königseigenen politischen und sakralen Hauptstadt Samaria. Die Spannung zu Juda läßt nach, Moab bleibt angegliedert. Höhepunkt der Dynastie der Omriden unter *Ahab* (870–852); Ausbau des Krongutes, Anlage von Befestigungen. Eindringen phönikischer Sitten und der Verehrung tyrischer Gottheiten nach *Ahabs* Heirat mit einer phönikischen Prinzessin;

Vorderasien

erfährt er einige Rückschläge. Die Witwe des Königs *Schamschiadad V.*, *Sammuramat* (810–806), Regentin für ihren unmündigen Sohn, wird zur *Semiramis* der griechischen Überlieferung, die ihr Feldzüge bis nach Indien zuschreibt.

Nach einer Periode der Schwäche begründet der Usurpator *Tiglatpilesar III.* (746–727) das Assyrische Weltreich: Arpad, Damaskos und Gaza werden erobert; nach jahrhundertelangen Kämpfen wird Babylonien Teil des Assyrerreiches; *Tiglatpilesar III.* wird unter dem Namen *Pulu* König von Babylonien (729). Sein Sohn *Salmanassar V.* (727–722) wird von seinem Bruder (?) gestürzt, der sich unter dem Namen *Sargon II.* (722–705) zum neuen König macht; er beseitigt die letzten Hethiterstaaten, besiegt das Reich von Urartu, bekämpft erfolgreich die Meder und wirft einen babylonischen Aufstand nieder. *Sanherib* (705–681) zieht gegen Jerusalem (701) und zerstört nach wechselvollen Kämpfen auch gegen Elam Babylon (689); er fällt einem Mord zum Opfer (681). Seine technischen Fähigkeiten sind bemerkenswert (Bewässerungsanlagen). *Assarhaddon* (681–669) erobert Ägypten: größte Ausdehnung des assyrischen Reiches. *Assurbanipal* (669–627) kann trotz anfänglicher Erfolge Ägypten nicht halten, da er im Südosten seines Reiches Schwierigkeiten hat: eine Erhebung Babyloniens unter seinem Bruder *Schamaschschumukin* wird niedergeschlagen (648).

Babylonien wird wieder assyrische Provinz; Elam wird durch die Zerstörung seiner Hauptstadt Susa schwer getroffen (640). *Assurbanipal* gründet die große Bibliothek in Ninive. Gegen Ende seiner Regierungszeit brechen innere Unruhen aus; ein Einbruch der Skythen kann zunächst wieder zurückgeworfen werden. Nach *Assurbanipals* Tod erliegt das Reich dem Angriff des medischen Königs *Kyaxares* und des *Nabupolassar* von Babylonien; Assur wird 614, Ninive 612 zerstört.

Babylonien: Der aramäische Stamm der Chaldäer wandert in Südbabylonien ein (um 850) und übernimmt nach und nach die Führung in diesem Raum. *Nabupolassar* (626–605) macht sich zum König von Babylonien; Westmesopotamien, Syrien und Palästina fallen unter seine Herrschaft. Sein Sohn *Nebukadnezar II.* (605–562) führt das Reich zu hoher Blüte. Im Kampf gegen Ägyptens Verbündete wird auch Jerusalem zerstört (587), die Juden werden in die »Babylonische Gefangenschaft« geführt; die »Hängenden Gärten«, Mardukheiligtum Esagila, Tempelturm Etemenanki (der »Turm zu Babel«), Ischtartor, Stadtbefestigungen. Der letzte König Babyloniens wird der Emporkömmling *Nabonid* (556–539), der »Archäologe auf dem Thron«; nach einem Aufstand geht er nach Arabien und erweitert dort sein Reich, ohne seine Hauptstadt Babylon zehn Jahre lang zu betreten; in dieser Zeit ist dort sein Sohn *Belsazar* *(Belscharussur)* Regent.

Palästina

dagegen Widerstand des Propheten *Elia*. Wechselvolle Kämpfe gegen Damaskos. Zusammenstoß mit der neuassyrischen Großmacht; Niederlage durch *Salmanassar III*. *Ahab* mit König *Josaphat* von Juda verbündet. Er fällt im Kampf um Ramot in Gilead (852). Auf *Ahab* folgen seine Söhne *Ahasja* (851) und *Joram* (850–845). Moab fällt ab. Landabtretung und Tributzahlung an das siegreiche Damaskos. Eine jahvistische Bewegung stürzt *Joram* und erhebt den von einem Abgesandten des Propheten *Elisa* gesalbten Offizier *Jhu* (844–818) auf den Thron. Dieser rottet die Familie *Omri* aus, tötet auch den in Israel weilenden verbündeten König *Ahasja* von Juda. Er unterdrückt den Baalskult und zahlt Tribute an die Assyrer. Unter *Jehus* Sohn *Joahas* (817–802) erneute aramäische Bedrohung. *Jehus* Enkel *Joas* (801 bis 787) erobert die an Damaskos verlorenen Gebiete zurück. Er kommt einer judäischen Kriegserklärung zuvor, fällt in Juda ein und plündert Jerusalem. Unter *Joas'* Sohn *Jerobeam II*. (786–747) Rückgewinnung ostjordanischer Gebiete, Ausbau des Handels. Propheten wie *Amos* und *Hosea* sagen den Untergang voraus, begründet in dem Abfall von der reinen Jahve-Religion (um 770/760). Nach *Jerobeams* Tod Thronwirren. Schließlich ist *Menahem* erfolgreich (745–737); er stützt sein Königtum durch Tribute an *Tiglatpilesar III*. von Assyrien. Nach seinem Tod erneut Wirren. *Pekach* (734–733) macht sich selbst zum König; Aufbau einer Koalition, zusammen mit Damaskos, gegen Assyrien; Juda weigert sich beizutreten und wird deshalb von Israel und Damaskos überfallen: syrisch-ephraimitischer Krieg (734/733); Jerusalem wird belagert. Assyrische Strafexpedition gegen Israel, das auf das Gebiet von Samaria beschränkt wird (733/732); Deportation der Oberschicht aus dem annektierten Gebiet, das dem assyrischen Verwaltungssystem eingegliedert wird. *Pekach* wird von *Hosea* (732–724) ermordet. *Hosea* verweigert *Salmanassar V*. die Tribute und wird deshalb gefangengenommen (724). Nach fast dreijähriger Belagerung wird Samaria von *Sargon II*. zerstört (722); Umsiedlung zahlreicher Israeliten nach Medien und Mesopotamien; Israel assyrische Provinz, fremde Zwangsumsiedler nach Samaria aus Hama und Babylonien.

Juda: Unter König *Asa* (907–868) Festigung gegenüber Israel, friedliche Regelung im Grenzraum Benjamin. *Josaphats* (König von 867–851) Sohn *Joram* (852–845) heiratet *Athalja*, *Ahabs* Tochter. *Athalja*, von phönikischer Herkunft, verbreitet den Baalskult. *Joram* verliert Edom. Nach dem Umsturz in Israel reißt *Athalja* die Herrschaft an sich (845 bis 839) und regiert tyrannisch. Die Nachkommen der Davidsdynastie werden ausgerottet. Die Jerusalemer Priesterschaft läßt die Königin töten und erhebt den heimlich aufgezogenen Daviden *Joas* zum König (838–800), der Tribute an Damaskos zahlt, um Angriffe auf Jerusalem abzuwenden (um 830). Nach

Vorderasien

Urartu: Die urartäischen Königreiche werden von *Arame* oder (wahrscheinlicher) von *Sardur I*. (um 835–825) vereinigt; Hauptstadt wird Tuschpa (jetzt Wan). In der Folgezeit ständige Kämpfe gegen Assyrien. Unter *Menua* (815–790) erstreckt sich das Reich vom Euphrat bis zum Wan-See und Urmia-See. Sein Sohn *Argischti I*. (790–760) und sein Enkel *Sardur II*. (760–734) stoßen bis zum Araxes und nach Halab (Aleppo) vor (zwischen 800 und 750). *Sardur II*. wird jedoch gegen Ende seiner Regierungszeit von *Tiglatpilesar III*. ins urartäische Gebirgsland zurückgeworfen. In der Folgezeit ständige Kämpfe mit den eingebrochenen indogermanischen Kimmeriern und Skythen und mit Assyrien. Untergang des Reiches (um 600). Die indogermanischen Armenier besetzen das urartäische Bergland (nach 600 v. Chr.), geraten jedoch bald unter persische Herrschaft.

Hethiter: Siehe auch Universalgeschichte in Stichworten Band I. Nach dem Zusammenbruch des hethitischen Großreiches (um 1200) bestehen nur noch einzelne Fürstentümer im Südosten: Karkemisch, Malatia, Marqasi und andere, die jedoch nach wechselvollen Kämpfen im assyrischen Reich aufgehen (Ende des 8. Jahrhunderts); als letztes wird Karkemisch erobert (717).

Lydien: Der Lyderkönig *Gyges* (680–652) unterwirft sich Westkleinasien mit Ausnahme der griechischen Küstenstädte. *Alyattes* (605–560) begründet Lydiens Großmachtstellung, er dehnt das Reich bis zum Halys aus und erwirbt einige Griechenstädte; Smyrna leistet Widerstand und wird zerstört (um 575). Unter König *Kroisos* (560–546) erreicht die lydische Macht ihren Höhepunkt; alle Griechenstädte mit Ausnahme von Milet werden unterworfen. Ein Präventivkrieg gegen die Perser scheitert jedoch und führt zur Einverleibung Lydiens in das persische Reich. Eine der bedeutendsten zivilisatorischen Leistungen der Lyder ist die Erfindung des gemünzten Geldes (7. Jahrhundert).

Phönikien: Unter den phönikischen Stadtstaaten entwickelt sich Tyros zur führenden Macht (1000 bis 774); dessen König *Hiram I*. (969–936) erwirbt großen Reichtum durch Handel im Mittelmeer und im Roten Meer. Auch unter dem Astartepriester und Usurpator *Itoba'al I*. (887–856) blüht die Stadt auf. In der Folgezeit geraten die phönikischen Stadtstaaten immer wieder unter assyrische Abhängigkeit. Nach dem Sieg *Nebukadnezars II*. über Ägypten (605) gewinnt das neubabylonische Reich die Oberherrschaft über diesen Raum. Ein Versuch Ägyptens, die syrisch-palästinensischen Kleinstaaten gegen Babylon auszuspielen, mißlingt; einzig Tyros unter *Itoba'al II*. widersteht der dreizehnjährigen babylonischen Belagerung (585–573?).

Die Phöniker gründen im ganzen Mittelmeerraum Kolonien, sie gelangen bis nach Spanien (älteste phönikische Faktorei in Gades nahe der Mündung

Palästina

Joas' Ermordung wird sein Sohn *Amazja* König (799 bis 785). Dieser erobert edomitische Gebiete; er wird aber von Israel vernichtend geschlagen und gefangengenommen. Er kommt wieder frei, doch der Palast- und Tempelschatz geht an Israel verloren. *Amazja* wird in einer judäischen Verschwörung getötet. *Usia* (784 bis etwa 755) geht tatkräftig gegen Philister und Edomiter an; er stößt bis zum Golf von El Akaba vor, um für Juda Zugang zum Meer zu gewinnen. Festigung des Reiches nach außen und innen. Aufstellung einer großen Söldnertruppe, Ausbau eines Festungsgürtels. *Usias* Sohn *Jotham* (gestorben 741) setzt den Aufbau fort. Gegen den Druck Israels im syrisch-ephraimitischen Krieg ruft *Ahas* (742–725) Assyrien zur Hilfe (733) – entgegen dem Rat des Propheten *Jesaja*. Faktische Abhängigkeit von Assyrien, Aufnahme seines Staatskultes in Jerusalem. *Ahabs* Sohn *Hiskia* (um 724–697) versucht unabhängig zu werden, er stützt sich dabei auf ein Bündnis mit Ägypten (südpalästinische Koalition). Tributleistungen eingestellt (705). Eine assyrische Expedition führt nach dem Sieg über Ägypten und die Philister zur Unterwerfung Judas; Bedrohung Jerusalems durch *Sanherib* (701).

Unter *Manasse* (696–642) volle Abhängigkeit Judas von Assyrien. König *Amon* nach kurzer Regierung ermordet; der legitime Erbe, der achtjährige *Josia*, wird König (639–608). Nach einer Zeit der Minderjährigkeitsregierung wird *Josia* selbständig. Sein Ziel ist die Wiederherstellung des davidischen Gesamtstaates und die Lösung von Assyrien. Beseitigung der assyrischen Kultinsignien; Neugestaltung der Lebensordnung im Geiste der Tradition, getragen von der deuteronomischen Erneuerungsbewegung. Volk und König verpflichten sich auf ein altes, im Tempel aufgefundenes Gesetzbuch, auf die Grundsätze des alten Gottesrechts. Neuaufbau des Heeres. *Josia* erobert Gebiete des ehemaligen Israels. Nach dem Zusammenbruch des Assyrerreichs wehrt *Josia* die ägyptischen Forderungen auf Palästina ab, er fällt im Kampf gegen Pharao *Necho* (608). Auf *Nechos* Befehl wird *Jojakim* König (608–599). Der Pharao ist für kurze Zeit Herr in Syrien und Palästina. Nach seinem Sieg über *Necho* wird der spätere König *Nebukadnezar II.* Oberherr von Juda (605). *Jojakim* versucht zweimal, die babylonische Oberhoheit abzuschütteln (zwischen 605 und 599); *Nebukadnezar* schreitet gegen die Aufstandsbewegung ein. *Jojakims* Sohn *Jojachin* (598) kapituliert; Jerusalem wird geplündert, die judäische Oberschicht nach Babylonien weggeführt (598). *Nebukadnezar* läßt Juda von einem jüngeren Sohn *Josias*, *Zedekia* (597–587), verwalten. Dieser strebt nach der Unabhängigkeit (589) und verbündet sich mit Ägypten. Nach einer Belagerung zerstört *Nebukadnezar* Jerusalem (587); vor allem die Stadtbevölkerung wird in die »Babylonische Gefangenschaft« geführt (586–538); Juda wird babylonische Provinz und bleibt von babylonischen Truppen

Vorderasien

des Guadalquivir; um 1100?) und durchfahren die Straße von Gibraltar. Die bedeutendste Gründung wird die »Neustadt« (phönikisch: Qart-hadascht, Karthago) von Tyros aus (814); schon seit dem 12. Jahrhundert bestand dort eine Kolonie von Sidon. Karthago wird früh selbständig und unterwirft sich die anderen nordafrikanischen Kolonien.

Die syrischen Kleinstaaten: Unter den aramäischen Kleinstaaten im syrischen Raum wird Damaskos (seit etwa 950) zur Vormacht; es kann zwei Jahrhunderte lang auf Israel und Juda politischen und militärischen Druck ausüben. Unter seiner Führung wehren sich mehrere syrische Stadtstaaten erfolgreich gegen die Unterwerfung durch Assyrien; schließlich erliegt Damaskos aber doch den Assyrern unter *Adadnerari III.* (um 800).

Neben Damaskos spielt Hama, das noch zum Bereich der späthethitischen Kultur gehört, zeitweise eine größere Rolle. Aber unter *Tiglatpilesar III.* wird der größte Teil Hamas assyrische Provinz (738). Versuche, zum Teil im Bund mit Ägypten, das assyrische Joch wieder abzuschütteln, scheitern. Hama wird Provinz Assyriens (720).

In Nordsyrien hatte zumeist Karkemisch am Euphrat eine Vormachtstellung und war ein wichtiges Zentrum der späthethitischen Kultur. Dann wurde es zur assyrischen Provinzstadt (717).

Iran: Der medische Fürst *Daiaukku* in assyrischen Annalen erwähnt (715). Die Perser werden in ihrer späteren Heimat bezeugt; von den Elamitern übernehmen sie Verwaltungssprache und Keilschrift. Das Königtum der Achaimeniden (Hachamanisch) beginnt (um 700), gerät aber später unter medische Oberherrschaft. *Phraortes* (675–653) König über Medien; in seine Regierungszeit fallen die Einbrüche der Kimmerier und Skythen. Dem Mederkönig *Kyaxares* (625–585) gelingen die Abwehr und Vertreibung der Skythen und der Ausgleich mit Alyattes von Lydien (Schlacht am Halys, 585); er beteiligt sich auch an der Vernichtung des assyrischen Reiches. Gegen *Astyages* (585–550) erhebt sich der Achaimenide *Kyros II.* von Anschan, der Medien zur persischen Provinz macht.

Palästina

besetzt. Schleifung aller Befestigungswerke. Ein Judäer als Statthalter eingesetzt. Ismael-Aufstand: Ermordung des Statthalters (586).

550–330 v. Chr.

Nach Unterwerfung des neubabylonischen Reiches durch den Perser *Kyros II.* wird Palästina in die persische Satrapienordnung einbezogen (539). *Kyros* ordnet in einem Edikt die Wiederherstellung des Tempels zu Jerusalem an (538); Tempelbau um 515 vollendet. Teile der Deportierten kehren schubweise zurück. Jerusalem wird kultisches Zentrum aller, die sich zum alten Zwölfstämmeverband Israel zugehörig fühlen; keine politische Eigenordnung, Hohepriester Oberhaupt der Kultgemeinde. Unter *Artaxerxes* (465 bis 424) politische und religiöse Neuordnung durch *Nehemia* und *Esra*, beide in persischer Verwaltung tätig. *Nehemia* (445–433) baut die Stadtmauern Jerusalems wieder auf; Schuldenerlaß zur Linderung wirtschaftlicher Not; Landleute in der Stadt angesiedelt; strenge Einhaltung der Sabbatruhe gefordert; Ehe zwischen Judäern und Angehörigen fremder Völker untersagt; das Abgabewesen geregelt. Ein neuer Stadtbezirk Jerusalem löst sich aus dem Amtsbereich des Statthalters von Samaria heraus. *Esra* gibt dem Volk ein sakrales Gesetz (um 430) — vermutlich der Pentateuch in der uns erhaltenen Form; Neukonstituierung der Jahve-Gemeinde nach dem Gesetz. Gegensatz der Kultgemeinde in Jerusalem und Juda zur Provinz Samaria verschärft. In Zusammenhang mit *Esras* Reformation Kanonisierung der überkommenen heiligen Schriften. Nach dem Zusammenbruch des Achaimenidenreiches (332) gerät Palästina unter die Herrschaft *Alexanders des Großen* und der Diadochen.

Vorderasien

550–330 v. Chr.

Iran: *Kyros II.* (559–530) begründet das Reich der Achaimeniden; er unterwirft Medien (550), Lydien (546), die Griechenstädte an der kleinasiatischen Küste und Ostiran (Iaxartesgrenze); nach der Eroberung Babylons (539) wird Babylonien persische Provinz, der letzte König *Nabonid* unterwirft sich und erhält ein Lehen in Ostiran. *Zarathustra* (599/8 bis 522/1) begründet eine neue persische Religion. *Kyros'* Sohn *Kambyses II.* (530–522) erobert Ägypten (525), seine Vorstöße gegen Nubien und Libyen mißlingen. Während seiner Abwesenheit erhebt sich der Magier *Gaumata*; er gibt sich als *Bardija* aus, den jüngeren Bruder des *Kambyses*, der von diesem nach seinem Regierungsantritt getötet worden war. *Kambyses* stirbt auf dem Rückweg nach Persien. *Gaumata* wird jedoch von persischen Adligen unter der Führung des Achaimeniden *Dareios* (521–486) gestürzt.

Dareios I. gründet das persische Großreich: nach der Niederwerfung zahlreicher Aufstände ordnet er die Verwaltung (Einteilung des Reiches in zwanzig Satrapien) und die Finanzen, baut das Straßennetz und eine Post aus und führt das Aramäische als einheitliche Reichssprache ein. In der großen dreisprachigen Inschrift von Bisutun berichtet er über die Niederschlagung der Aufstände. 519 oder 518 zieht er nach Ägypten und ordnet das Land neu. Sein Feldzug gegen die Skythen mißlingt (512). Der zunächst erfolgreiche Aufstand der Griechenstädte (500; Eroberung von Sardes, 497) wird niedergeschlagen (Zerstörung von Milet, 494); die Strafexpedition gegen die griechischen Mutterstädte mißlingt (Schlacht bei Marathon, 490). *Xerxes I.* (485–465) muß zunächst Aufstände in Ägypten und Babylonien überwinden; sein Feldzug gegen Griechenland scheitert (Seeschlacht bei Salamis, 480, Schlacht bei Plataiai, 479), Thrakien und die kleinasiatischen Griechenstädte gehen verloren. *Xerxes* fällt einer Palastverschwörung zum Opfer. Sein jüngerer Sohn *Artaxerxes I.* (465–424) muß einen Aufstand in Baktrien unterdrücken; ein Aufstand des ägyptischen Fürsten *Inaros* wird nach mehreren Jahren von *Megabysos*, dem Satrapen Syriens, niedergeschlagen (456). Mit den Griechen schließt *Artaxerxes* den »Kallias-Frieden« (449): Westkleinasien bleibt unter athenischer Führung selbständig. Der rechtmäßige Thronfolger *Xerxes II.* wird von seinem jüngeren Bruder *Sogdianos* ermordet, dieser von seinem Halbbruder *Ochos*, der als *Dareios II. Nothos* (Bastard) den Thron besteigt (424–405). Unter seiner Regierung macht sich Ägypten unter *Amyrtaios* selbständig (412). Die Perser greifen in den Peloponnesischen Krieg ein (ab 411). *Artaxerxes II. Mnemon* (405–359) muß einen

Palästina

Vorderasien

Aufstand seines Bruders *Kyros* niederwerfen (Tod *Kyros'* in der Schlacht bei Kunaxa, 401). Im Antalkidas-Frieden (auch »Königsfriede« genannt) vermittelt er zwischen Sparta und Athen, Westkleinasien und Cypern fallen ans Reich zurück (386). Ein Versuch zur Unterwerfung Ägyptens mißlingt (374). *Artaxerxes III. Ochos* (359–338) wirft Aufstände im Reich nieder und erobert erneut Ägypten (341). Er wird von dem Eunuchen *Bagoas* vergiftet, der auch seinen Sohn *Arses* (336) beseitigt und einen Großneffen des *Artaxerxes* auf den Thron setzt; dieser herrscht als *Dareios III. Kodomannos* (336–330). Er beseitigt *Bagoas*, erliegt jedoch selbst dem Angriff *Alexanders des Großen* (Schlachten bei Issos, 333, und Gaugamela, 331); auf der Flucht nach Ostiran wird er von dem aufsässigen Satrapen Baktriens, *Bessos*, ermordet.

Babylonien: *Kidinnu* (griechisch *Kidenas*), dem bedeutendsten babylonischen Astronomen, gelingt die Entdeckung der Präzession der Tagundnachtgleichen (um 380).

Phönikien: Unter persischer Herrschaft gliedert sich Phönikien in vier Vasallenkönigtümer (Sidon, Tyros, Arados, Byblos), die um 350 unter Führung Sidons von Persien abfallen. Sidon wird jedoch 345 wiedererobert. Die phönikischen Städte unterwerfen sich kampflos *Alexander dem Großen*, nur Tyros fällt erst nach längerer Belagerung (332).

Die syrischen Kleinstaaten: Persien fügt die syrischen Kleinstaaten seiner Satrapienordnung ein, bis es unter die Herrschaft *Alexanders des Großen* gerät (332). Die weite Verbreitung der Aramäer und ihres Handels bedingt die Verbreitung ihrer Sprache, die schließlich zur Verkehrssprache im ganzen Orient wird, im mündlichen und im schriftlichen Verkehr.

330 v. Chr. — 135 n. Chr.

Nach Anschluß an das Alexanderreich trennen sich die Samariter vom Judentum (»Samaritisches Schisma«); sie errichten ein eigenes Heiligtum auf dem Berge Garizim. In der Diodochenzeit ist das Land neben Syrien Zentrum der Kämpfe; es wird von *Ptolemaios I. Soter* besetzt (um 320). Die Schriften des Alten Testaments werden in Ägypten ins Griechische übersetzt (»Septuaginta«; um 200); Träger des Judentums in Ägypten ist vor allem die Judengemeinde in Alexandreia. Der Hellenismus dringt in die Städte Palästinas ein, beschleunigt durch die seleukidische Eroberung.
In den Kämpfen des Seleukiden *Antiochos III.* (223 bis 187) gegen die Ptolemäer ergreift Jerusalem Partei für den Angreifer und erreicht Zugeständnisse nach der Eroberung (um 200). Unter dem Hohenpriester *Josua-Jason* werden griechische Gebräuche eingeführt. Die Gemeinde ist gespalten in eine modern-hellenistische und eine gesetzestreue Partei.

330 v. Chr. — 650 n. Chr.

Iran: *Alexander* treibt eine Politik der Versöhnung und Verschmelzung zwischen Makedonen und Persern: Anlegen der persischen Königstracht (329), Hochzeit zwischen Makedonen und persischen Frauen (324). Nach *Alexanders* Tod (323) setzt sich in den Kämpfen um die Nachfolge im vorderasiatischen Raum *Seleukos* durch, der die Königswürde annimmt (305) und Babylonien zum Zentrum seines Reiches macht. Er begründet das Reich der Seleukiden. Nach dem Sieg bei Kurupedion steht er kurz davor, die Hauptmasse des Alexanderreiches wieder zu vereinen, wird jedoch ermordet (281). *Antiochos III., der Große* (223–187), besiegt Parther und Baktrer und gewinnt ganz Iran bis zum Hindukush zurück, erleidet jedoch eine Niederlage im Kampf gegen die Römer (Friede von Apameia, 188), wodurch seine Macht entscheidend geschwächt wird. Unter *Antiochos IV. Epiphanes* (175–163) bilden sich in der Elymais und in der Persis selbständige Königtümer.

Palästina

König *Antiochos IV. Epiphanes* (175—164) plündert das Jerusalemer Heiligtum und führt später den Kult des Zeus Olympios in Jerusalem ein. Ein Aufstand der gesetzestreuen Bevölkerung ist der Beginn schwerer Auseinandersetzungen. In der neuen, hellenistisch verwalteten und befestigten Stadtanlage, der Akra, dürfen keine gesetzestreuen Jerusalemer wohnen. In dem nun ausbrechenden erbitterten Glaubenskrieg gegen *Antiochos* und das hellenisierte Bürgertum übernehmen die Hasmonäer *Mattathias* (gestorben 166) und seine Söhne *Judas Makkabäus* (gefallen 160), *Jonathan* und *Simon* die Führung; Ziel der Kämpfe ist die religiöse und später auch die politische Freiheit.

Der Kultus der Jerusalemer Gemeinde wird wiederaufgenommen (164). *Jonathan* einigt sich mit dem Thronanwärter des Seleukidenreiches *Alexander Balas*: als Hoherpriester (seit 152) ist *Jonathan* auch politisch einflußreich. Unter der Herrschaft des *Demetrios II. Nikator* (146—145) ist er weiter um die politische Unabhängigkeit bemüht. Er wird in die seleukidischen Thronwirren verwickelt und getötet (142). Unter nomineller Oberhoheit der Seleukiden regiert *Simon* (142—135) faktisch selbständig. Seine Ermordung durch seinen Schwiegersohn *Ptolemäus* (134) führt zu Wirren in Jerusalem, das von *Antiochos VII. Sidetes* (138—129) belagert wird und nach der Eroberung alle Waffen abliefern und Geiseln stellen muß.

Johannes Hyrkanus I. (134—104) herrscht nach *Antiochos' VII.* Tod unabhängig und treibt Eroberungspolitik, begünstigt durch den Niedergang des Seleukidenreiches und gestützt auf das hellenisierte Stadtbürgertum (Samaria und Gaza zerstört, 107). Äußere Machtentfaltung und sittlicher Verfall der Hasmonäerdynastie. Nach *Hyrkanus'* Tod kämpfen die Mitglieder der Familie um die Herrschaft. *Alexander Jannäus* (103—76) nimmt den Königstitel an. *Pompeius* schreitet ein, um die Verhältnisse im Seleukidenreich zu ordnen (65). *Johannes Hyrkanus II.* wird politisch abhängig (kein Recht zur Steuererhebung), bleibt aber Hoherpriester; die Eroberungen gehen den Juden verloren. Samaria erhält die Selbständigkeit zurück.

Innerhalb der römischen Provinz Syria wird ein neuer Bezirk Judäa geschaffen, der die Teilnehmer des Kults von Jerusalem erfaßt. *Hyrkanus II.* wird Ethnarch und Bundesgenosse Roms (47). Für die Unterstützung *Caesars* im Kampf gegen *Pompeius* erhalten die Juden Zugeständnisse: Erblichkeit des Hohenpriesteramtes, eigene Gerichtsbarkeit der Kultgemeinde (47). Nach der Eroberung Jerusalems durch römische Truppen (37) tritt der von *Marcus Antonius* eingesetzte König *Herodes* (der Große, 39—4) aus Idumäa in Südpalästina seine Herrschaft an; mit römischer Duldung rottet er die Hasmonäer aus, die sich mit den Parthern verbündet hatten (37). Mit diplomatischem Geschick erwirbt *Herodes* ganz

Vorderasien

Demetrios II. (146—140) kann sich im Kampf gegen die Parther nicht behaupten und gerät in Gefangenschaft. *Antiochos VII. Sidetes* (138—129) faßt noch einmal alle Kräfte des seleukidischen Reiches für den Kampf gegen die Parther zusammen; zunächst erfolgreich, fällt er jedoch in diesem Kampf. Unter seinen Nachfolgern verliert das Reich der Seleukiden durch innere Zwistigkeiten immer mehr an Bedeutung und Umfang und wird schließlich eine leichte Beute der Römer (64, Feldzug des Pompeius).

Kleinasien: Das Seleukidenreich muß in Kleinasien einige Gebiete abtreten. *Mithridates I. Utish* begründet das Königreich Pontos (301), das sich auch gegen die Römer noch lange halten kann (bis 63 nach Christus unter *Mithridates VII.*). *Eumenes I.* gründet das Reich von Pergamon (263), das sich gegen die Kelten (Galater) behaupten kann (großer Zeusaltar, um 180), von König *Attalos III. Philometor* jedoch testamentarisch den Römern vermacht wird (133 vor Christus).

Das griechisch-baktrische Reich: Der baktrische Satrap *Diodotos* beginnt sich aus dem Verband des seleukidischen Reiches zu lösen (um 250). *Diodotos II.* verbündet sich mit den Parthern und verhindert so die Unterwerfung der Parther durch *Seleukos II.* (228). Auch *Euthydemos* vermag seine Selbständigkeit gegen die Seleukiden zu wahren, sein Sohn *Demetrios I.* erobert Nordwestindien (um 180); in seinem Rücken erhebt sich *Eukratides* gegen ihn, der nach dem Tode *Demetrios'* die Herrschaft in Baktrien und Teilen Nordwestindiens halten kann; Teile des griechisch-baktrischen Reiches zerfallen in Einzelherrschaften. *Eukratides'* Sohn *Heliokles* ermordet seinen Vater und tritt dessen Nachfolge in Baktrien und den noch verbliebenen Besitzungen in Nordwestindien an (nach 160). Er vermag sein Reich jedoch auf die Dauer nicht gegen die Parther zu verteidigen und verliert es schließlich ganz (um 135).

Die Parther: *Arsakes I.* gründet die arsakidische Dynastie (247). Der eigentliche Gründer des parthischen Reiches ist *Mithridates I.* (171—138); er dehnt seine Herrschaft über ganz Iran und Babylonien aus. Sein Sohn *Phraates II.* erliegt dem Ansturm der Skythen (Saken) und fällt im Kampf (128). In schweren Kämpfen stellt *Mithridates II.* (123—87) die parthische Macht wieder her. Nach seinem Tode folgen innerpolitische Wirren. Das Reich gerät mit den Römern in Konflikt; der vernichtenden Niederlage der Römer bei Karrhai (53) folgen wechselvolle Kämpfe, insbesondere um Armenien, das schließlich von *Antonius* erobert wird (34 v. Chr.). Weiterhin ständige Grenzkämpfe, in deren Verlauf Armenien schließlich römische Provinz und dann Klientelstaat wird (117 n. Chr.). Auch im Innern des Partherreiches gibt es ständige Kämpfe; so wird es schließlich eine Beute der Sasaniden (227).

Palästina

Palästina. Er baut Samaria zu Ehren des römischen Kaisers neu auf, errichtet einen Augustustempel und erneuert den Jerusalemer Tempelbezirk; rechtzeitiges Umschwenken von *Antonius* zu *Octavianus* (30).

Nach dessen Tod Aufteilung des Reiches unter seine Söhne: Judäa, Samaria und Idumäa an *Archelaos* (6 n. Chr. nach Gallien verbannt); Galiläa und Peräa an *Herodes Antipas* (4 v. Chr.—37 n. Chr., Landesherr von *Jesus*); er stirbt in der Verbannung in Gallien. Seine Gattin *Herodias* läßt *Johannes den Täufer* ermorden. Haß gegen die Herodianer und Römer führt zum Aufleben der national-religiösen Leidenschaften.

Jesus von Nazareth verkündet als Wanderprediger die Botschaft vom Anbruch der Herrschaft Gottes. Die offiziellen Vertreter der Jerusalemer Kultgemeinde verurteilen ihn als Gotteslästerer. *Jesus* erleidet den Schandtot der Kreuzigung.

Ein Bruder der *Herodias*, der in Rom erzogene *Herodes Agrippa I.* (41—44), wird von *Claudius* zum König von Judäa gemacht; er tritt zum Judentum über. Im Zusammenhang mit der Ausbreitung des Kaiserkultes in den Provinzen (um 40 n. Chr.) wird eine kaiserliche Kultstätte in Jerusalem errichtet. Die Bewegung der Zeloten zum Sturz der römischen Herrschaft gewinnt an Macht (ernste Konflikte um 50). Protestaktionen gegen römische Übergriffe weiten sich zum Aufstand aus. Jerusalem fällt in die Hände der Aufständischen. Auf seinem Palästinafeldzug besetzt *Flavius Vespasianus* Galiläa (Frühjahr 67); Angriff auf das von Parteigegensätzen zerrissene Jerusalem (69). Nach *Vespasianus'* Ausrufung zum Kaiser erobert *Titus* Jerusalem, das restlos zerstört wird (70); die überlebenden Einwohner fliehen. Mit der Zerstörung des Tempels ist den Juden der politische und religiöse Mittelpunkt genommen.

Unter *Trajanus* Aufstände der Juden der Diaspora (115—117). *Hadrianus'* Beschneidungsverbot (130) löst Aufstand in Palästina selbst aus, erste Erfolge im Süden unter dem Führer *Bar Kochba*; Proklamation der Befreiung Israels. Der Aufstand wird von römischen Truppen unterdrückt (133).

Jerusalem wird die römische Militärkolonie Aelia Capitolina und wird für Juden verboten. Unter Führung der Pharisäer, der Gegner der Zeloten, wird die heilige Überlieferung in den Synagogen (Gesetzesschulen) gepflegt, um die Auflösung des jüdischen Volkstums in der Diaspora zu verhindern; Zentrum des religiösen Lebens wird Jamnia. Dort werden die heiligen Schriften in einem endgültigen Kanon zusammengefaßt.

Vorderasien

Die Nomaden: Das iranische Hochland wird fortwährend von Nomadenstämmen aus dem innerasiatischen Raum bedroht. *Mao-tuns* Reich der Hsiung-nu (um 200 v. Chr.) bedroht die nordiranischen Gebiete ebenso wie später die Skythen und die Hephtaliten; *Kujula Kadphises* begründet die Herrschaft der Kushāna in Ostiran (150 n. Chr.). Alle diese Stämme beunruhigen immer wieder die Nordostgrenzen der Reiche auf persischem Boden.

Die Sasaniden: *Pabek*, *Sasans* Sohn, gründet eine örtliche Herrschaft in der Persis (208), er versteht sich als Nachkomme der Achaimeniden. Sein Sohn *Ardascher* besiegt den Partherkönig und besteigt den Thron (227—241). Er erneuert den Zarathustrismus. Unter seinem Sohn *Schapur I.* (239—272) wird um Mesopotamien und Syrien mit den Römern gekämpft; die von dem Babylonier *Mani* (geboren 216)

Vorderasien

gestiftete Religion kann sich ausbreiten. Erst unter *Bahram II.* (276–293) wird *Mani* auf Betreiben der zarathustrischen Priesterschaft hingerichtet (277) und der Zarathustrismus als Staatsreligion erneut bestätigt. Auch in den folgenden Jahrzehnten wechselvolle Kämpfe mit den Römern um die Grenzgebiete, Armenien wird schließlich geteilt (384), den größeren Teil erhält Persien. Eine neue Gefahr bilden die hunnisch-türkischen Hephtaliten, die in Sogdiane angesiedelt worden waren (um 360). Mit ihrer Hilfe kommt *Peroz* (459–484) auf den Thron, der den aus dem Oströmischen Reich geflüchteten Nestorianern eine Sonderstellung einräumt; später fällt er im Kampf mit den Hephtaliten. Unter *Kawadh I.* (488 bis 531) beginnt die mazdakitische Reform, die sich gegen den grundbesitzenden Adel richtet und vorübergehend eine Güter- und Weibergemeinschaft einführt; *Kawadh* muß zu den Hephtaliten fliehen, setzt aber schließlich Reformen durch. Sein Sohn *Chusro I.* (531–578) wirft zunächst die Mazdakiten nieder und ordnet dann sein Reich neu (Steuerordnung nach römischem Vorbild, feudalistische Gesellschaftsstruktur, Blüte der sasanidischen Kultur, Duldung gegenüber den Christen). Festigung des Reiches im Kampf gegen Ostrom, Zerschlagung der hephtalitischen Machtstellung, Unterwerfung Südarabiens. Unter dem Nachfolger treten Schwierigkeiten mit dem eigenwilligen Militäradel auf. Unter *Chusro II. Parwez* (590–627) reicht die sasanidische Macht wieder bis nach Syrien und Ägypten (Eroberung Jerusalems, Entführung der Kreuzesreliquie, 614); der oströmische Kaiser *Herakleios* kann jedoch die Lage wiederherstellen (Friedensschluß 628, Herausgabe der Kreuzesreliquie). Damit ist die Kraft des Sasanidenreiches gebrochen; der letzte Sasanide *Yazdgard III.* (632–651) wird nach der Niederlage seines Feldherrn *Rustam* gegen die Araber (Qadisiya, 637) und des letzten persischen Aufgebots (Nihawend, 642) nach langem Umherirren in der Nähe der Stadt Merv ermordet.

Der Ferne Osten

Indien

3000–1500 v. Chr.

Eine bäuerliche Bevölkerung mit jungsteinzeitlicher Kultur in den Tälern Pakistans besitzt gebrannte Keramik, auf der Töpferscheibe gedreht, mit geometrischen Ornamenten. Kupfer und Bronze nur für Schmuckstücke verwendet. Tonfiguren von Zebus und Frauen, stilisierte Tierfiguren zur Dekoration. Fundorte: Amri am unteren Indus, Kechi Beg; ähnliche Kulturen in Nal, Nundara, Zhob und Loralai aufgefunden.

China

Vom Ursprung bis 771 v. Chr.

Reste von Steinzeitkulturen finden sich über das ganze heutige China verbreitet; Funde im Huang-ho-Tal zeigen das Typische der chinesischen Kulturen. Es sind dies die »Yang-shao-Kultur« der bemalten Töpferei im Westen (Kansu bis West-Honan), die östliche »Lung-shan-Kultur« der schwarzen Keramik (Ost-Honan und Shantung), die »Mikrolithen-Kultur« der Gobi-Steppen und die spätere »Hsiao-t'un-Kultur« der grauen Töpferei, aus der die geschichtliche Kultur der Shang entsteht.

Während die Herrschaft einer vorangehenden *Hsia*-Dynastie (deren Epoche fast zweitausend Jahre später auf 2033–1562 festgesetzt wird) sich nicht erweisen läßt, muß die *Shang*-Dynastie um 1500 gegründet worden sein. Ihr Gebiet umfaßt den größten Teil der nordchinesischen Tiefebene und erstreckt sich zeitweise über den Mittellauf des Gelben Flusses hinaus; ihre Kultur hatte wahrscheinlich eine größere Ausdehnung als ihre politische Macht. Dem auch mit

Indien

Diese Bevölkerung breitet sich bis ins Industal aus; Harappa-Kultur (um 2500). Hochentwickelte Städte: Harappa im Punjab und Mohenjo-daro in Sindh mit gleichen kulturellen Zügen, streng geometrischer Grundriß, ausgebildete Kanalisationssysteme, ausgedehnter Handel mit Flußschiffahrt. Siegel mit fast naturalistischen Tierabbildungen (darunter Urbild des Shiva?). Einfache Gebrauchskeramik mit grauem oder rosa Überzug. Nach der Blütezeit dieser Kultur (etwa 2500–1800) wird sie innerhalb kurzer Zeit von Naturkatastrophen und Eroberern zerstört. Ihre Spätformen sind die Jhukar- und die Jhangar-Kultur von nur geringer Höhe.

China

Priesterfunktionen ausgestatteten Großkönig unterstanden zahlreiche Lehnsleute. Der Königssitz wird mehrfach verlegt; ständiger Kampf mit den umwohnenden Völkern (Chiang).

1500–1000 v. Chr.

Indien

Die frühvedische Periode. Die Ārya, kriegerische Stämme aus Iran, brechen in Nordwestindien ein (um 1500) und dringen weiter nach Osten und Süden vor. Ihre Überlegenheit beruht auf dem pferdebespannten Streitwagen. Eine rohe Viehzüchter-Kultur tritt an die Stelle der hochentwickelten in den Industädten. Anzeichen für Architektur und Städtebau fehlen gänzlich. Der älteste der vier Veden, der Rigveda, eine Sammlung von Opferhymnen, entsteht (um 1000).

Beginn der spätvedischen Periode. Der noch halb sagenhafte König der Kuru, *Parikshit*, beherrscht ein größeres Gebiet nördlich von Delhi, seine Residenz Āsandīvat ist wieder die erste entwickelte Stadt (11. Jahrhundert). Sein berühmter Sohn *Janamejaya* soll Taxila im Punjab erobert haben.

China

Im späten 12. oder im Laufe des 11. Jahrhunderts v. Chr. (1122? 1111? 1065? 1028?) werden die *Shang* von den an der Westgrenze ihrer Einflußsphäre wohnenden *Chou* gestürzt. Die Organisation der *Chou*, deren Hauptsitz im Westen (Wei-Tal) bleibt, ist ebenfalls feudalistisch, besondere Bedeutung hat dabei die Blutsverwandtschaft; über die hörigen Bauern herrscht der erbliche Adel. Erste Ansätze zur Ausdehnung der *Chou*-Macht in das Becken des Yang-tzu, wo die Herrschaft der *Ch'u* im Entstehen begriffen ist. Die *Chou*-Könige geraten in die Abhängigkeit ihrer Würdenträger, die in ihrem Kampf um die Macht sogar die Hilfe von »Barbaren« anrufen. Der König wird von ihnen ermordet, der Königssitz nach Osten, in das heutige Lo-yang, verlegt (771).

1000–550 v. Chr.

Indien

Herausbildung gewisser Kristallisationspunkte der politischen Kräfte; es entstehen unter anderem folgende Staaten: Magadha (mittlerer Teil des heutigen Bihar), Kāshi (Benares), Kosala (im östlichen Uttar Pradesh), Anga (West-Bengalen), Staatenbund der Vrijji (nördlich des Ganges), Vatsa im Süden des mittleren Ganges, Pañcāla (zwischen Ganges und Jumna), Avanti-Reich (Malwa), Gandhāra (mittlerer Indus), Kamboja (Ostafghanistan) (6. Jahrhundert).

Die ältesten Upanishaden (Geheimlehren) entstehen (7./6. Jahrhundert). *Vardhamāna Mahāvīra* (um 500) gibt der Lehre eines gewissen *Pārshva* (7. Jahrhundert ?) ihre endgültige Gestalt (Jainismus, nach dem Beinamen *Mahāvīras, Jina* = der Sieger). *Gautama Siddhārta* (um 560–480?) durchwandert nach seiner Erleuchtung (seither *Buddha* = der Erleuchtete) Nordostindien und stiftet eine neue Religion. Die Literatur der Dharmasutra (Abriß des religiösen Gesetzes) entsteht (6.–2. Jahrhundert).

771–221 v. Chr.

China

Mit der Verlegung der Hauptstadt und dem Verlust ihres Stammlandes sind die *Chou*-Könige machtlos geworden; die Lehnsleute sind nun praktisch unabhängig. Aus der großen Zahl der Stadt- oder Kleinstaaten bilden sich in ständigen Kriegen allmählich größere Fürstentümer heraus. Zusammenstoß mit der wachsenden Macht der *Ch'u*, die aus dem Yang-tzu-Tal in Ostchina eindringen; Bildung einer Liga, um diesem Vordringen Einhalt zu gebieten und Kriege der chinesischen Staaten untereinander zu verhindern (681). Die Ch'un-ch'iu-Zeit (benannt nach den »Frühlings- und Herbstannalen« des Staates Lu) ist die Periode der Entstehung größerer politischer Einheiten. Sie mündet um 450 in die Zeit der »kämpfenden Staaten«, die ihren Abschluß findet in der Einigung des ganzen chinesischen Kulturgebietes durch den im Westen gelegenen Staat Ch'in.

Indien

550–330 v. Chr.

In Nordostindien, das bis dahin noch zerstückelt ist, setzen sich die Könige von Magadha (Hauptstadt Rājagriha) durch; unter *Bimbisāra* (546–494) beginnt der *Buddha* seine Predigten; sein Sohn *Ajātashatru* unterwirft die Nachbarländer und verlegt die Hauptstadt nach Pātaliputra. Die weiteren Könige dieser *Haryanka*-Dynastie bauen ihr Reich auf Grund ihrer militärisch-technischen Überlegenheit weiter aus, sollen aber alle Vatermörder gewesen sein. Nach einem Aufstand begründet der Minister *Shishunāga* eine neue Dynastie (um 414–346), die wiederum von einem Usurpator gestürzt wird, der die *Nanda*-Dynastie begründet (angeblich neun Könige).

330 v. Chr.–250 n. Chr.

Mit *Candragupta*, der den letzten König der *Nanda*-Dynastie beseitigt (313 oder 322), beginnt die *Maurya*-Dynastie. *Candragupta* kann die nordwestindischen Gebiete zurückerobern, die lange Zeit unter persischem und später – nach dem indischen Feldzug *Alexanders des Großen* – unter makedonischem Einfluß gestanden haben; er läßt sich die Länder in seinem Besitz von *Seleukos I. Nikator* in einem Friedensvertrag bestätigen (304 ?).

Sein Enkel *Ashoka Piyadasi* (wahrscheinlich 272–236) errichtet, nach dem Mord an seinem älteren Bruder *Susima*, das erste indische Großreich. Nach der Eroberung von Kalinga, oder der Unterdrückung eines Aufstandes dort, ist er von den Grausamkeiten so erschüttert (100000 Tote und 150000 Deportierte), daß er zum Buddhismus übertritt und zum größten Friedensherrscher wird. Er ist duldsam gegenüber allen Religionen und regiert sein Reich mit Hilfe einer durchgegliederten Verwaltung. Unter seinen Nachfolgern wird wohl sein Reich geteilt, das nun rasch an Bedeutung und Umfang verliert; der letzte König der *Maurya*, *Brihadratha*, der nur noch Magadha besitzt, wird von seinem Feldherrn *Pushyamitra* ermordet (185); die von diesem begründete *Shunga*-Dynastie regiert noch hundertzwölf Jahre (bis 73). Nach dem Zerfall des Maurya-Reiches dringen die Griechen aus Baktrien in das Industal vor (um 170) und gründen dort verschiedene kleinere Reiche, von denen einzelne sich bis zum Beginn unserer Zeitrechnung halten können. Wenig später werden die Griechen von den Shaka, einem Stamm aus Ostiran, in die Berge zurückgedrängt. Die Shaka gründen einen feudalen Staatenbund, der später von den Parthern zerschlagen wird; die Parther beherrschen daraufhin das heutige Westpakistan bis etwa zur Mitte des 1. Jahrhunderts n. Chr. Im Süden Indiens bestehen seit der Epoche *Ashokas* drei Königreiche: Cera oder Kerala (im Südwesten, Hauptstadt Vanji, nicht lokalisierbar), Pāndya (Südspitze

China

In der Zeit des Umbruchs treten die vor allem sozialpolitisch interessierten großen Denker hervor; besonders *Konfuzius* (*K'ung fu-tzu;* 551?–479?) fordert sittliche Erneuerung, die nur aus der frommen Wahrung des überlieferten Brauchtums erstehen kann; aber er fügt der Tradition völlig neue moralische Werte ein. Seine Gedanken werden von *Mencius* (*Meng-tzu*, etwa 370–290) und von *Hsün-tzu* (gestorben 235) ausgearbeitet. *Hsün-tzu* steht auch im Einklang mit den realpolitischen Denkern der »Rechtsschule« (beginnend mit *Shang Yang*, hingerichtet 338). Deren Vertreter, besonders *Han Fei* (gestorben um 230 v. Chr.), betonen die Allmacht des Staates und des Herrschers, die auf strenger Zucht und der Gleichheit aller Schichten vor dem Recht beruhen soll. Konfuzianische und diktatorische Züge zeigt die Schule des *Mo Ti* (um 480–um 410), zu dessen Hauptthemen die »allumfassende Liebe« und die Verurteilung des Angriffskrieges gehören. Am Ende des 4. Jahrhunderts wirkt auch der große taoistische Mystiker *Chuang Chou (Chuang-tzu)*, zur selben Zeit wird das Tao-te-ching mit den Sinnsprüchen des älteren Mystikers »*Lao-tzu*« (6. Jahrhundert?) schriftlich fixiert. Ein Jahrhundert später schafft *Ch'ü Yüan* seine »Elegien von Ch'u« (Ch'u-tz'u).

221 v. Chr.–220 n. Chr.

Der erste Herrscher der *Ch'in*-Dynastie (221–206) nimmt nach der Reichseinigung den Titel »*Ch'in* Shih Huang-ti« (»Erster erhabener Herrscher der *Ch'in*«) an. Das Reich wird in Kommanderien und Präfekturen eingeteilt, die von zentral gelenkten Beamten verwaltet werden; erster Versuch, Maße, Gewichte, Münzen und Schrift zu vereinheitlichen. Eine »Bücherverbrennung« soll die Traditionen der Feudalzeit zerstören helfen. Erste militärische Expansion des geeinten Reiches nach Norden gegen die Hunnen (Bau der »Großen Mauer«) und nach Süden bis nahe Kanton.

Die Zentralisierung fordert Widerstände heraus; nach dem Tode des Ersten Kaisers brechen Aufstände aus. Nach den Wirren tritt schließlich *Liu Pang*, ein Mann aus dem Volk, als neuer Kaiser hervor (202) und gründet die *Han*-Dynastie. Das Verwaltungssystem der *Ch'in* wird im wesentlichen übernommen, trotz der Wiedereinführung der Lehnsorganisation; die Macht der Lehnsleute wird jedoch schon im Laufe

Indien

der Halbinsel, Hauptstadt Madurai), Cola (Südostküste, Hauptstadt Uraiyur), Schöpfungen des Tamilvolkes.

Die ältesten Teile der Epen Mahābhārata und Rāmayāna werden aufgezeichnet (4./3. Jahrhundert); zu dem Mahābhārata gehört das Meisterwerk der religiösen indischen Poesie, die Bhagavadgītā, die der Verehrung des Gottes *Krishna* gewidmet ist. Die Grammatiker *Pānini* (5. oder 4. Jahrhundert) und *Patañjali* (2. Jahrhundert) legen die grammatische Form des Sanskrit endgültig fest. Die großen juristisch-sozialen Handbücher (Dharmashastra oder Smriti) entstehen (3. Jahrhundert v. Chr. bis 5. Jahrhundert n. Chr.), die in dichterischer Form Rechte und Pflichten der Kasten niederlegen.

Die ostiranischen, aber von den Yüe-chih beeinflußten Kushāna-Könige machen sich zu Herren Nordindiens (1. Jahrhundert n. Chr.); größte Ausdehnung des Reiches unter *Kanishka* (144—168), der es zu großer Blüte führt (Eindringen von griechischen und iranischen Kultureinflüssen, Förderung des Buddhismus, Ausdehnung des Handels). Der letzte König der Kushāna, *Vasudeva*, wird von dem Sasanidenkönig *Schapur I.* besiegt und verliert mit dem Sindh-Gebiet Macht und Einfluß (zwischen 241 und 251); eine spätere Wiederherstellung des Reiches ist nicht sicher überliefert.

250—450

Im nordwestlichen Dekhan herrscht die Dynastie der *Shātavāhana* (etwa seit der Mitte des 1. Jahrhunderts v. Chr. bis um 220 n. Chr.) über das Andhrareich; arische wie auch westliche (mittelmeerische) Einflüsse wirken sich in dieser Zeit besonders aus. Daneben gewinnt der *Kshatrapa*-Staat an Bedeutung, der von Shaka-Adligen begründet wurde, die vor dem Druck der *Kushāna*-Könige nach Süden ausgewichen waren. Dieses Reich besteht mit wechselnder Bedeutung bis etwa 405. Gleichzeitig herrscht die *Vākātaka*-Dynastie, im Zentrum der indischen Halbinsel bis ins 5. Jahrhundert.

Mit *Candragupta I.* (etwa 310—335) beginnt das Guptareich, eine Vormachtstellung zu erringen (Hauptstadt Pātaliputra). *Samudragupta* (etwa 335 bis 375) erobert große Teile Nordindiens und dehnt seinen Einfluß auch in den Süden aus. Unter *Candragupta II.* (um 375—414) erlebt dieses Reich in politischer wie kultureller Hinsicht seine größte Blüte. Unter der Regierung seines Sohnes *Kumāragupta* (414—455) tauchen zum erstenmal die Hūna (Kidariten oder Chioniten) an den indischen Grenzen auf, die *Kumāragupta* jedoch noch aufzuhalten vermag. Aber in der Folgezeit beginnt der Abstieg des Guptareiches (Eroberung, Teilung und Zersplitterung).

Indische Kultur durchdringt Südostasien in einer weitläufigen Bewegung, die ihre größte Intensität in der Gupta-Periode erreicht; sie führt in der folgenden

China

des 2. Jahrhunderts ausgehöhlt und endgültig gebrochen. Von außen wird der Staat von den Hsiungnu, den Hunnen, bedroht, deren Stämme sich am Ende des 3. Jahrhunderts vereinigt haben; sie vertreiben unter anderen das Volk der Yüe-chih aus Kansu.

Den Höhepunkt ihrer Macht erreicht die *Han*-Dynastie unter Kaiser *Wu-ti* (141—87), der die Macht des Feudaladels bricht und den wachsenden Einfluß der örtlichen Magnaten einzuschränken sucht. Er schreitet gegen die Hunnen ein, erobert Nordwestchina und dringt in das Tarimbecken vor; im Nordosten werden die östliche Manchurei und Nordkorea erobert. Im Südosten erreichen seine Eroberungszüge die Küste Indochinas, doch bleibt die heutige Küstenprovinz Fukien unberührt. Im Südwesten werden Teile der heutigen Provinzen Yünnan und Kueichou in das Reich aufgenommen.

Im 1. Jahrhundert v. Chr. scheint die Kraft der Hunnen gebrochen; im chinesischen Reich gelingt es den Magnaten-Familien, die Macht allmählich an sich zu ziehen. Schließlich erhebt sich *Wang Mang* (9—23 n. Chr.) selbst zum Kaiser und begründet eine neue Dynastie. Seine innenpolitischen Reformen bleiben erfolglos; Heeresaufgebote und Naturkatastrophen führen zu Aufständen (unter anderem der »Roten Augenbrauen«), in deren Verlauf er gestürzt wird. In der Zwischenzeit sind die Eroberungen in Zentralasien zum größten Teil verlorengegangen.

In den Wirren und dem gegenseitigen Kampf zahlreicher Thronprätendenten (36 n. Chr. beendet) setzt sich ein Abkömmling der *Han*-Kaiser, *Liu Hsiu* (*Kuang-wu*, 25—57), durch und gründet die Spätere *Han*-Dynastie. Innenpolitisch bleiben dem Reich weitere ernste Erschütterungen erspart. Im Süden geht die Kolonisation weiter (Überseehandel von Kanton und den indochinesischen Häfen aus); im Norden zwingt der erneute Druck der Hunnen zu aktiven Gegenmaßnahmen, die zur Wiedereroberung von Teilen Zentralasiens führen (73—127); der Überlandhandel bringt chinesische Seide bis ins Römische Reich.

Die Macht der örtlichen Magnaten nimmt weiter zu; ihre Versuche, Einfluß auf die Zentralregierung zu nehmen, führen am Kaiserhof zu Cliquenstreit und Auseinandersetzungen um die Erbfolge; hierbei treten im 2. Jahrhundert die Palasteunuchen besonders hervor.

Mit dem Volksaufstand der »Gelben Turbane« (184 in Ssu-ch'uan und Shantung) beginnt die Herrschaft der Militärbefehlshaber. Nach der Niederwerfung des Aufstandes kämpfen die Generale um die Macht, die dem Kaiser im Streit der Cliquen seit langem entglitten war. Einer von ihnen, *Ts'ao Ts'ao*, gründet die Hausmacht der zukünftigen *Wei*-Dynastie; sein Sohn, *Ts'ao Pei*, zwingt den letzten *Han*-Herrscher zur Abdankung (220) und nimmt, wie übrigens auch seine Gegner, den Kaisertitel an.

Indien

Zeit zur Entstehung zahlreicher indischer Staatengebilde in diesem Raum.

Einer der größten indischen Philosophen *Vasubandhu* (etwa 400–480) formuliert seine Lehre in dem Abhidharmakosha; *Ishvarakrishna* (4./5. Jahrhundert) schreibt die Sānkhyakārikā; *Patanjali* (5. oder 6. Jahrhundert) ist der Verfasser der Yogasutra. *Ashvaghosha* (2. Jahrhundert) wird als Dramatiker und Epiker (Dichtung in achtundzwanzig Gesängen über das Leben des *Buddha*) berühmt; als größter indischer Dichter wird *Kalidāsa* angesehen, der die Epen Raghuvamsha (Heldentaten von dreißig Königen der Sonnenrasse), Kumārasambhava (Geburt von *Kārttikeya* oder *Kumāra*) und Abhijnāna-Shakuntalā verfaßt.

China

Ssu-ma Ch'ien (145?–85?) schreibt erstmals die Geschichte des chinesischen Kulturgebietes in seinen »Aufzeichnungen des Geschichtsschreibers«.

Liu Hsiang (77–8 v. Chr.) beschreibt in dem Katalog der Palastbibliothek die dort gesammelten Schriften; ausgenommen ist die zeitgenössische Literatur.

Pan Ku (32–92 n. Chr.) verfaßt, nach dem Vorbild *Ssu-ma Ch'iens*, seine »Geschichte der (früheren) Han« (Han-shu).

In einer Throneingabe des Jahres 105 n. Chr. beschreibt *Ts'ai Lun* sein Verfahren zur Herstellung von Papier aus Lumpen.

Tung Chung-shu (179?–104? v. Chr.) verbindet die konfuzianische Ethik mit der seit dem 3. Jahrhundert v. Chr. aufgekommenen Kosmologie (in seinem Werk Ch'un-ch'iu fan-lu). Er ist Berater des Kaisers *Wu*; auf seinen Einfluß geht die Einführung des Konfuzianismus als Staatslehre zurück.

NAMEN- UND SACHREGISTER

A

C

D

E

F

H

I

J

K

L

M

N

O

P

Q

R

S

T

U

X

Y

QUELLENVERZEICHNIS DER ABBILDUNGEN

Fratelli Alinari, Florenz (349) – The American Schools of Oriental Research, New Haven/Conn., nach M. Burrows, The Dead Sea Scrolls, 1950 (340) – Archives Photographiques, Paris (256, 288, 292) – Folke Bergmann über Sven Hedin-Stiftung, Statens Etnografiska Museum, Stockholm (556) – Dr. George G. Cameron, Ann Arbor/Mich., The American Schools of Oriental Research and the University of Michigan (144) – Délégation Archéologique Française en Afghanistan (457) – Directorate General of Antiquities, Baghdad (44, 300) – Walter Dräyer, Zürich (357, 412, 456, 470, 475) – Verlag M. DuMont Schauberg, Köln, nach Klaus Fischer, Schöpfungen indischer Kunst, 1959 (413, 474) – Werner Forman, Prag (76, 81, 96, 113, 116, 548) – Dr. Georg Gerster, Zürich (244) – Giraudon, Paris (552 unten) – Prof. Dr. R. Ghirshman, Paris (65, 212) – Sig. Luc. H. Grollenberg O. P., Nijmegen (257) – Dr. Herbert Härtel, Berlin (405, 471) – Hessische Treuhandverwaltung des früheren preußischen Kunstgutes, Wiesbaden (253) – Friedrich Hewicker, Kaltenkirchen/Holstein (88) – Hirmer Verlag, München (56, 57) – The Israel Exploration Society über The Electrotype Agency, London (348) – Dr. Kathleen M. Kenyon, London (592) – laenderpress, Düsseldorf-Golzheim (164, 213) – Enrico Mariani, Como (117, 176, 233) – Museum van Aziatische Kunst, Amsterdam (492, 493 oben, 496, 497, 505, 553 oben) – N. V. Uitgeversmaatschappij Elsevier, Amsterdam (272) – The Oriental Institute of the University of Chicago/Ill. (165, 176 innen, 177, 273, 585) – Palestine Archaeological Museum, Jerusalem/Jordan (341) – Willem van de Poll, Amsterdam (245) – Paul Popper Ltd., London (356, 440, 584) – Rijksmuseum voor Volkenkunde, Leiden (549, 557, 569) – James A. de Rothschild Expedition to Hazor über The Electrotype Agency, London (281) – Jean Roubier, Paris (64, 112, 160, 220) – Dr. Wolfgang Salchow, Köln-Bayenthal, aus Kunst und Kultur der Hethiter, Deutscher Kunstrat, Köln 1960 (89) – Emil Schulthess über Conzett & Huber, Zürich (145) – Pater S. Springhetti S. J., Centro Culturale San Fedele, Mailand (393, 404) – Uni-Dia-Verlag, Hermes Vertriebsges. K.G., Großhesselohe b. München (252) – University of Washington Press, Seattle/Wash. (493 unten) – Eduard Widmer über Conzett & Huber, Zürich (189) – M. Wolgensinger, Zürich (280) – Alle anderen Fotos verdanken wir den in den Bildunterschriften genannten Museen und Archiven.